中国共青团年鉴

—— 2003 ——

共青团中央 编

中国青年出版社

（京）新登字 083 号

图书在版编目（CIP）数据

中国共青团年鉴（2003）/共青团中央编．—北京：中国青年出版社，2004
ISBN 7-5006-6004-9

Ⅰ．中...　Ⅱ．共...　Ⅲ．中国共产主义青年团—年鉴—2003
Ⅳ．D29－54

中国版本图书馆 CIP 数据核字（2004）第 115609 号

*

中国青年出版社出版 发行
社址：北京东四 12 条 21 号　邮政编码：100708
网址：www．cyp．com．cn
编辑部电话：（010）64034349　发行部电话：（010）64010813
北京中科印刷有限公司印刷　新华书店经销

*

787×1092　1/16　54 印张　18 插页　1240 千字
2004 年 11 月北京第 1 版　2004 年 11 月北京第 1 次印刷
定价：160.00 元
本书如有任何印装质量问题，请与出版处联系调换
联系电话：(010)64033570
雄狮书店：(010)84039659

《中国共青团年鉴》(2003)

编辑说明

为全面记录近年来共青团工作在党的领导下取得的新发展，展示当代中国青年在建设中国特色社会主义进程中的时代风貌，特编辑《中国共青团年鉴》。

一、《中国共青团年鉴》是全面反映中国共青团工作情况和组织发展情况的大型工具书。其宗旨是为社会各界提供中国共青团的有关资料，为各级团组织开展工作提供理论政策指导、工作经验和有关信息。

二、本年鉴共分10个部分：

1. 开篇部分，收录了中国共青团第十五次全国代表大会的有关重要文件。

2. 特载部分，收录了党和国家领导人关于共青团工作和青年工作的重要讲话和指示。

3. 团中央书记处领导讲话部分，收录了团中央书记处领导同志的有关讲话。

4. 重要文件部分，收录了团中央以及与其他相关单位联合下发的重要文件。

5. 重点工作概述部分，记录了团中央开展的重点工作和重点活动。

6. 命名及表彰部分，收录了团中央单独表彰及与其他相关部门联合表彰的先进集体和先进个人。

7. 组织概况部分，记录了共青团组织概况和其他全国性青年组织的概况。

8. 事业发展部分，记录了团中央直属单位的概况和开展的主要工作情况。

9. 省级团委工作简介部分，记录了各省级团委开展的主要工作情况。

10. 附录部分，为共青团工作的大事记。

三、《中国共青团年鉴》记录的只是共青团工作的概况，为了解和研究共青团工作提供一个基本的线索，对于大量的具体工作特别是各地团组织开展的具体工作，因为篇幅原因未能详尽收录。

四、本年鉴由团中央机关各部门、各直属单位，各省级团委和各有关青年组织提供材料。团中央办公厅负责材料整理和编辑工作。

《中国共青团年鉴》涉及面广，资料收集工作繁杂，工作中难免会有差错和疏漏，不当之处，敬请批评指正。

2004年11月

∧2003 年7月22日，胡锦涛、吴邦国、温家宝、贾庆林、曾庆红、黄菊、吴官正、李长春、罗干等党和国家领导人出席共青团第十五次全国代表大会开幕式

∧2003 年 7 月 22 日，胡锦涛、吴邦国、温家宝、贾庆林、曾庆红、黄菊、吴官正、李长春、罗干等党和国家领导人亲切接见团十五大代表

∧2003 年7月25日，胡锦涛、曾庆红、吴官正等党和国家领导人在中南海怀仁堂与团中央新一届领导班子成员和团十五大部分代表进行座谈

∧2003 年7月22日，中共中央政治局常委、中央纪律检查委员会书记吴官正代表党中央在共青团第十五次全国代表大会上致祝词

△2003 年5月13日，中共中央总书记、国家主席胡锦涛在成都考察工作，与参加抗击非典的青年志愿者亲切握手

∧2003 年7月26 日，共青团十五届一中全会选举产生新一届书记处，中共中央政治局委员王兆国与团中央书记处成员合影

△2003 年1月30日，中共中央政治局委员王兆国到团中央机关考察工作并与局级干部进行座谈

△2003 年1月30 日，中共中央政治局委员王兆国在团中央考察信息化工作

∧2003 年7月27日，中共中央政治局委员王兆国接见第七届“中国青年五四奖章”获得者

△2003 年12 月9 日，中共中央政治局委员王兆国接见“中国杰出青年农民”称号获得者

∧2003 年12 月24 日，中共中央政治局委员王兆国在共青团十五届二中全会上讲话

∧2003 年 9 月 28 日，中央军委副主席、国防部长曹刚川在第四届全国少年军校检阅式上

∧2003 年4月28 日，周强同志与首都青年志愿者代表一起来到北京佑安医院，看望战斗在防治非典一线医护人员中的团员青年和团干部代表，并向他们赠送了“志愿者爱心包”

∧2003 年10 月24 日，周强同志出席《中华全国青年联合会与罗马尼亚教育、研究和青年部合作协议》签字仪式

∨2003 年10 月31 日，周强同志访问老挝并看望在老挝服务的中国青年志愿者

∧2003 年1月，孙金龙同志率全国青联志愿者艺术团赴辽宁慰问演出

∨2003 年5月16日，赵勇同志到北京市大兴区黄村镇薄村慰问“与你同心，防治非典”农村青年志愿者服务队

∧2003 年12 月29 日，胡伟同志在“培养计划”西部地区和民族地区挂职团干部总结座谈会上讲话

∨2003 年12 月29 日，杨岳同志在西南政法大学就高校共青团工作进行调研

∧2003 年9月20日，尔肯江·吐拉洪同志在青海就保护母亲河行动进行调研

∨2003 年11月，王晓同志与青年企业家一同考察江西九江及湖北黄冈的投资环境和合作项目

>2003 年11 月，张晓兰同志在上海就少先队工作进行调研

V2003 年1 月9 日，第13 届“中国十大杰出青年”颁奖晚会

∧2003 年1月10日，中国青少年法律研究论坛在北京举行

∨2003 年8月31日，全国大学生志愿服务西部计划出征仪式在中华世纪坛举行

∧2003 年 9 月 20 日，团十五届中央委员学习贯彻“三个代表”重要思想专题研讨班在北京举行

∧2003 年10 月30 日，由团中央主办的丰田杯“中国环游”国际公路自行车赛在北京举行

∨2003 年12 月，海外学人回国创业周启动仪式在北京举行

目　录

开篇　共青团第十五次全国代表大会

第一部分　特载

第二部分 团中央书记处领导讲话

周强同志讲话

杨岳同志讲话

尔肯江·吐拉洪同志讲话

王晓同志讲话

第三部分　重要文件

第四部分　重点工作概述

第五部分　命名及表彰

第六部分 组织概况

第七部分 事业发展

第八部分　省级团委工作简介

开　　篇

共青团第十五次全国代表大会

在同团中央新一届领导班子成员和团十五大部分代表座谈时的讲话

2003年7月25日

胡锦涛

今天，我们特地请大家到中南海来，是想和青年朋友们一起谈谈心。刚才，周强同志介绍了团十五大的情况，几位同志也作了发言，讲得都很好。我为你们取得的成绩感到高兴，也为你们表达的志向感到鼓舞。

中国共产主义青年团第十五次全国代表大会的召开，是我国各族青年政治生活中的一件大事。中共中央政治局常委和在京的政治局委员、候补委员，中央书记处书记等中央领导同志到会祝贺，吴官正同志代表党中央在大会上致祝词，体现了党对青年的关心和对共青团工作的重视。大会圆满完成了各项议程，选举产生了新一届团中央领导机构。我对大会取得成功、并向当选的团中央新一届领导班子成员表示祝贺。

青年是推动社会历史进步的一支伟大力量。无论是在人类社会发展的历史中，还是在中华民族发展的进程中，青年都起到了重要作用。中国共产党成立后，在党领导人民进行的长期奋斗中，我国青年运动确立了正确的发展方向，各族青年获得了实现理想和施展抱负的广阔舞台。在革命、建设和改革的各个历史时期，一代又一代先进青年在党的领导下，为争取民族独立和人民解放，为实现国家富强和人民幸福，进行了不懈奋斗，建立了卓越功勋。在这次抗击非典斗争中，广大团员青年尤其是青年医务工作者和科技工作者，同全国人民一道，迎难而上，顽强拚搏，为抗击非典做出了重要贡献，再一次展示了当代中国青年的风采。

现在，我国进入了全面建设小康社会、加快推进社会主义现代化的新的发展阶段。从国际上看，世界多极化和经济全球化趋势在曲折中发展，科技进步日新月异，虽然天下并不太平，但和平与发展仍是当今时代的主题，这为我们继续争取较长时期的和平国际环境和良好周边环境，集中精力进行现代化建设，提供了宝贵机遇。从国内看，改革开放以来，我们坚定不移地走中国特色社会主义道路，推动我国社会生产力、综合国力、人民生活水平不断迈上新的台阶，体制环境和对外经济关系发生了有利于加快发展的重大变化，为我们继续前进奠定了坚实的基础。党的十六大提出，要紧紧抓住并充分利用本世纪头20年这一重要战略机遇期，全面建设惠及十几亿人口的更高水平的小康社会。这是一个宏伟目标，也是一项艰巨任务。实现全面建设小康社会宏伟目标的历史时期，将是中国共产党团结带领全国各族人民开创中国特色社会主义事业新局面的重要时期，也将是我国广大青年发挥聪明才智、实现人生理想的重要时期。全面建设小康社会的伟大事业，需要青年为之奋斗，也为青年提供了建功立业的广阔舞台。每一个有志青年都应为能亲身投入全面建设小康社会的伟大事业而感到自豪。全国广大青年一定要牢记党和人民的重托,牢记自己肩负的历史使命,在“三个代表”重要思想的指引下,为实现十六大确定的各项任务贡献青春、智慧和力量。

这里,我想向全国广大青年提三点希望。

第一,要勤于学习。学习是进步的根基。“少小不努力,老大徒伤悲”的古训尽人皆知。古今中外,一切有作为、有成就的人,无不得益于勤奋学习。当今世界,科技进步日新月异,知识更新不断加快。在这样的时代,学习显得尤为重要和紧迫。青年处在学习的关键时期,一定要珍惜大好时光,发愤学习、刻苦钻研,打牢人生成长进步的根基。当代中国青年要为我国的现代化建设做出自己的贡献,固然需要掌握丰富的知识,具有适应社会发展需要的技能和本领,但更要有坚定的信念、顽强的意志和崇高的精神追求。广大青年要注重学习马克思列宁主义、毛泽东思想、邓小平理论和“三个代表”重要思想,注重砥砺品格、磨炼意志,树立正确的理想信念,培养高尚的道德情操。

第二,要善于创造。不断创造,不断开拓,是人类社会前进的规律。创造成就伟业,创造开辟未来。青年时期是最富有生命力和创造力的时期,青年是最具有创造热情和创造潜力的群体。在全面建设小康社会的进程中,有大量的新情况需要去认识,有大量的新课题需要去解决,有大量的新任务需要去完成。全国广大青年都要努力培养自己的创造能力、充分发挥自身的创造潜能,紧密结合全面建设小康社会的伟大实践,在不断认识和把握客观规律的基础上,勇于创造、善于创造、不断创造。创造的过程是一个必须付出艰辛努力的过程。重大的发明创造,总是长期积累、长期奋斗的结果。古人说得好,不积跬步,无以至千里;不积小流,无以成江海。只有在平凡的工作岗位上辛勤耕耘、默默用功,在困难和挫折面前不畏艰难、勇往直前,才能积小胜为大胜,不断地有所发现、有所发明、有所创造、有所前进。

第三,要甘于奉献。奉献是崇高的精神境界,是美好的人生追求,也是成就事业的前提。只有立志为国家、为民族、为人民奉献智慧力量,才能创造亮丽的青春年华。青年人富于理想,这是很正常的,但个人的理想追求只有同国家、民族、人民的追求和奋斗目标统一起来,才是最有价值的。一切有志青年都应有更高的追求,都应为祖国、为人民多做奉献。奉献的过程既是造福社会的过程,也是实现自身价值的过程。在奉献中,人们的思想境界和道德品质可以得到升华,人生的价值和作用可以得到社会肯定。广大青年要自觉把个人的命运同祖国和民族的命运紧紧联系在一起,把个人的理想追求同全面建设小康社会的伟大事业紧紧联系在一起,自觉服务祖国,无私奉献社会,艰苦奋斗,不懈进取,在火热的社会实践中创造出无悔的青春、永恒的青春。

长期以来,共青团作为党领导的先进青年的群众组织,作为党的助手和后备军,为党和人民的事业做出了重要贡献。在新世纪新阶段,共青团应始终坚持以邓小平理论和“三个代表”重要思想为指导,认真学习贯彻十六大精神,紧紧围绕党和国家工作的大局,充分发挥自身特点和优势,做好团的工作,加强团的建设,更好地团结带领广大团员青年为全面建设小康社会而奋斗。

时代在前进,党和国家的事业在发展,共青团的工作也必须随着时代前进而前进,随着党和国家事业的发展而发展。实现全面建设小康社会的奋斗目标,然后再奋斗几十年,到本世纪中叶基本实现现代化,把我国建设成为富强民主文明的社会主义国家，实现中华民族的伟大复兴，这是全国各族人民的奋斗目标，也是当代青年的历史使命和当代青年运动的主题。共青团事业的发展正处在一个新的历史起点上。在新的征程中，共青团要更好地担负起历史使命，必须坚持和发扬团的优良传统，结合新的时代特征与时俱进、开拓创新，推动共青团工作不断焕发出蓬勃的生机和活力。一是在工作思路上要创新。要紧密结合国内外形势的发展变化，紧密围绕党和国家的工作大局，主动适应我国改革发展的深入推进，深入思考新形势下共青团发展的重大课题，精心谋划共青团工作的创新思路，使共青团工作更好地体现党的要求，符合时代发展的需要。二是在工作方式上要创新。要根据当代青年的状况和特点，不断创新工作方式，丰富活动内容，使共青团工作既能符合党的要求、体现团的性质，又能为广大团员青年所接受、所欢迎。三是在自身建设上要创新。要适应社会结构发生的重大变化，适应社会经济成分、组织形式、就业方式、利益关系和分配方式日益多样化的新情况，合理设置团的组织，扩大团的工作的覆盖面，把更多的青年纳入到团的活动中来，增强团组织的吸引力、凝聚力和战斗力，发挥好党联系广大青年的桥梁和纽带作用。

做好新形势下团的工作，推动共青团事业的发展，开创共青团工作的新局面，关键是各级团的干部要带头奋斗，努力做让党放心、让广大青年满意的干部。在这里，我对团的干部提出三点要求：一是要忠诚党的事业。团的干部也是党的干部，都要增强党的观念，自觉坚持党的领导，自觉学习党的思想理论，自觉贯彻党的路线方针政策，在政治上、思想上、行动上同党中央保持高度一致。二是要热爱团的岗位。共青团工作是党的事业的重要组成部分，做好共青团工作意义重大。广大团干部要增强光荣感、责任感、使命感，立足团的岗位，脚踏实地，埋头苦干，努力在本职岗位上做出扎扎实实的业绩。三是要竭诚服务青年。共青团组织的性质和任务，要求广大团干部把对党负责和对广大青年负责统一起来。各级团干部要深入到广大青年中去，同青年们交朋友。要关注青年的愿望，关心青年的进步，维护青年的合法权益，真心诚意地为他们排忧解难，把广大青年紧密团结和凝聚在党的周围，共同推进我们的伟大事业。新一届团中央领导班子责任重大。希望你们不断提高思想政治水平和工作水平，努力成为忠实实践“三个代表”重要思想，求真务实、开拓创新的领导班子，做全团的表率。

青年是祖国和民族的希望。毛泽东同志把青年比作早晨八九点钟的太阳，形象地指出青年是推动国家发展和社会进步的生机勃勃的力量。邓小平同志高度重视青年的作用，指出在青年身上寄寓了我们事业兴旺发达的光辉前景。江泽民同志指出，青年兴则国家兴，青年强则国家强；青年有希望，未来发展就有希望。这些精辟论述，集中反映了党对青年的高度重视、热情关怀和殷切希望。各级党委要从全局和战略的高度，充分认识做好新形势下青年工作的重大意义，关心和支持青年工作，加强对青年的教育和引导，把广大青年全面建设小康社会的积极性、主动性和创造性充分调动起来。要进一步加强和改善对共青团的领导，认真研究和解决共青团工作中的重大问题，热情关心团干部的成长进步。要努力在全社会形成爱护青年、关心青年，鼓励青年成才、支持青年干事业的良好氛围，促进青年一代茁壮成长。

我相信，在党的领导下，在邓小平理论和“三个代表”重要思想的指引下，具有光荣传统的我国各族青年，一定能够在全面建设小康社会的征程上，再立新功，再创辉煌。

在全面建设小康社会的伟大实践中谱写新的青春乐章

——在中国共产主义青年团第十五次全国代表大会上的祝词

2003年7月22日

吴官正

青年朋友们，同志们：

中国共产主义青年团第十五次全国代表大会今天隆重开幕了。这是共青团在新世纪召开的第一次全国代表大会。开好这次大会，对于更好地团结动员广大团员青年，深入学习贯彻“三个代表”重要思想和党的十六大精神，为实现全面建设小康社会的宏伟目标而努力奋斗，具有十分重要的意义。

我受党中央委托，向大会表示热烈的祝贺！向全国各族青年、全体共青团员和广大青少年工作者表示亲切的问候！

改革开放以来，在中国共产党的坚强领导下，全国各族人民坚持以邓小平理论和“三个代表”重要思想为指导，团结奋斗，锐意进取，克服前进道路上的种种困难，胜利实现了我国现代化建设“三步走”战略的第一步、第二步目标，人民生活总体上达到小康水平，综合国力大幅度跃升，社会保持安定团结，民族凝聚力极大增强，国际影响显著扩大，中国特色社会主义事业取得了举世瞩目的历史性成就，在中华民族发展史上树起了一座新的里程碑。

在这一波澜壮阔的历史进程中，全国各族青年响应党的号召，高举爱国主义和社会主义的旗帜，以实现祖国的繁荣富强为己任，踊跃投身改革和建设的伟大实践，在各条战线上弘扬开拓精神，尽展奋斗英姿，为建设中国特色社会主义事业建立了突出功勋。各级共青团组织坚持党的基本路线不动摇，围绕大局，发挥优势，积极引导广大青年成长成才、建功立业，为改革开放和现代化建设做出了重要贡献。实践再次证明：当代中国青年是值得信赖、大有希望的一代，是党和国家事业发展的可靠接班人和强大生力军；中国共产主义青年团是我们党的忠实助手和后备军，是党联系青年群众的牢固桥梁和纽带。

本世纪头20年，对我国来说，是一个必须紧紧抓住并且可以大有作为的重要战略机遇期。机不可失，时不再来。党的十六大提出要抓住和用好这一难得的历史机遇，全面建设惠及十几亿人口的更高水平的小康社会，使经济更加发展、民主更加健全、科教更加进步、文化更加繁荣、社会更加和谐、人民生活更加殷实。实现这一目标之后，我们再经过几十年的奋斗，将实现现代化建设的第三步战略目标。江泽民同志曾经指出：“到本世纪中叶，基本实现现代化，把我国建设成为富强民主文明的社会主义国家，实现中华民族的伟大复兴，这是全国各族人民的奋斗目标，也是当代青年的历史使命和当代青年运动的主题。”广大青年要自觉担负起历史赋予的神圣使命，坚定地跟党走中国特色社会主义道路，积极投身全面建设小康社会的伟大实践，奉献青春，开拓奋进，不断创造无愧于时代的业绩。

为全面建设小康社会而奋斗，广大青年就必须树立理想、坚定信念。理想信念是人生的精神支柱和动力源泉。每个青年都有自己的理想抱负，这是青年人的特点。但个人的理想抱负只有与全民族的共同理想相一致、与祖国发展的历史洪流相融合、与人民前进的伟大步伐相统一，才能真正得到实现。正确的理想信念应当建立在对社会发展规律科学认识的基础之上。广大青年要牢固树立为全面建设小康社会而奋斗的理想信念，就必须努力学习和掌握马克思主义科学理论。“三个代表”重要思想是同马克思列宁主义、毛泽东思想和邓小平理论一脉相承而又与时俱进的科学体系，是新世纪新阶段全党全国人民实现全面建设小康社会宏伟目标的根本指针，为当代青年的成长进步指明了正确方向。广大青年要响应党中央的号召，积极投身学习贯彻“三个代表”重要思想的新高潮，在全面、系统、深入学习上下功夫，进一步加深对“三个代表”重要思想的时代背景、实践基础、科学内涵、精神实质和历史地位的认识，用“三个代表”重要思想武装头脑，把“三个代表”重要思想作为行动指南，切实增强实践“三个代表”重要思想的自觉性和坚定性，为自己的人生确立正确的理论指导和强大的精神支柱。

为全面建设小康社会而奋斗，广大青年就必须刻苦学习、发奋成才。学习是我们认识自然和社会、不断完善和发展自我的必由之路。科学技术日新月异的时代，全面建设小康社会的艰巨任务，对我们的学习提出了新的更高的要求。青年时期是一个人学习的黄金阶段。广大青年要跟上时代步伐，履行历史使命，就必须珍惜宝贵时光，勤奋刻苦学习，不断充实和提高自己，切实增强为祖国和人民服务的本领，提高应对竞争和挑战的能力。要全面学习，既抓紧学文化、学知识，又注重学技术、学技能，学习人类创造的一切优秀文明成果，不断开阔视野，扩大知识面，优化知识和能力结构。要善于学习，在学习科学知识的同时努力掌握科学方法，培养科学精神，在学习书本知识的同时自觉向实践学习，向人民学习，向生活学习，在亿万人民群众创造历史的伟大实践中增长学识和才干。要坚持学习，养成终身学习的良好习惯，始终保持高涨的学习热情和旺盛的求知欲望，使自己通过学习不断得到新的提高。只要全面学习、善于学习、坚持学习，广大青年就一定能够成为全面建设小康社会的有用之才。

为全面建设小康社会而奋斗，广大青年就必须与时俱进、开拓创新。具有不竭创新精神的民族，才是前途无量的民族；具有不竭创新精神的国家，才能成为繁荣昌盛的国家。全面建设小康社会、开创中国特色社会主义事业新局面是前无古人的事业，只有坚持与时俱进、开拓创新，才能把这一伟大事业不断推向前进。发展的希望在创新，创新的希望在青年。青年人风华正茂，最少保守思想，最具创新潜力，应坚持解放思想、实事求是、与时俱进，努力走在全社会创新的前列。要勇于创新，带头树立创新意识，发扬创新精神，保持创新锐气，努力为理论创新、制度创新、科技创新、文化创新以及其他各方面的创新做出应有的贡献。要善于创新，把创造热情和科学态度结合起来，把寻求突破和日积月累结合起来，在继承前人的基础上超越前人，努力取得更多更好的创新成果。要立足岗位创新，坚持求真务实的科学精神和扎实苦干的工作作风，把创新和做好本职工作有机统一起来，力争在本职岗位上有所发现、有所发明、有所创造、有所前进。亿万青年的创新实践必将汇成奔涌的创新洪流，为全面建设小康社会的宏伟事业源源不断地注入强大动力。

为全面建设小康社会而奋斗，广大青年就必须脚踏实地、艰苦创业。实干成就宏伟事业，苦干造就灿烂人生。一切辉煌的成就，都是通过艰苦奋斗取得的。要创造更加美好的未来，必须艰苦奋斗。广大青年必须懂得，社会主义初级阶段就是全民奋起、艰苦创业的阶段，全面建设小康社会的过程就是全民奋起、艰苦创业的过程。广大青年要清醒地认识我国的基本国情，真正懂得坚持艰苦奋斗的极端重要性，始终做到谦虚谨慎、艰苦奋斗。要矢志奋斗、永不懈怠，而不能无所作为、半途而废；要勤勉敬业、埋头苦干，而不能心浮气躁、好高骛远；要艰苦朴素、勤俭节约，而不能贪图享受、铺张浪费。越是艰苦的地方越需要青年去奋斗，越是艰苦的奋斗越能够成就事业。广大青年要自觉到艰苦的环境中去经风雨、见世面，在艰苦的磨炼中让青春绽放出绚丽的光彩。

为全面建设小康社会而奋斗，广大青年就必须陶冶情操、锤炼品德。社会主义物质文明、政治文明和精神文明的协调发展，是全面建设小康社会的必然要求。青年要在全面建设小康社会中担当重任，不仅要有丰富的知识、过硬的本领，而且要有高尚的情操、顽强的意志，努力成为有德有才、全面发展的人。这就要求广大青年大力发扬开风气之先的光荣传统，勇敢地站在开创社会文明新风的最前列，带头实践爱国守法、明礼诚信、团结友善、勤俭自强、敬业奉献的基本道德规范，积极促进与社会主义市场经济相适应、与社会主义法律规范相协调、与中华民族传统美德相承接的社会主义思想道德体系的形成和发展。要从自身做起，自警自省，自励自强，加强自身修养，规范自身行为，努力养成良好的道德习惯。要从小事做起，勿以善小而不为，勿以恶小而为之，在一点一滴中积累，在一言一行中培养，打牢自身道德修养的根基。要从参与做起，积极投身群众性精神文明创建活动，以自己的行动大力倡导为人民服务的思想和行为，大力倡导社会公德、职业道德和家庭美德，为提高全民族的道德素质和全社会的文明程度贡献力量。

时势造英雄，危难见精神。在抗击非典型肺炎疫病的斗争中，广大团员青年响应党和政府的号召，与人民同呼吸，与国家共命运，不畏艰险、勇挑重担，立足岗位、勤奋工作，特别是战斗在防治工作第一线的广大青年医护人员舍身忘我、冲锋在前，大力弘扬万众一心、众志成城，团结互助、和衷共济，迎难而上、敢于胜利的精神，用自己的青春和热血奏响时代的最强音，充分展现了当代中国青年的精神风貌。希望广大青年继续发扬这种伟大的精神，为改革开放和现代化建设不断建立新的功勋。

实现中华民族的伟大复兴，是包括广大青年在内的全体中华儿女的共同心愿。一切热爱中华民族的中华青年，都应增强民族自豪感，为实现中华民族的伟大复兴团结奋斗。海外留学青年虽然远离祖国，但祖国始终关注着你们，盼望你们早日学有所成，回国服务或以多种方式为中华民族的伟大复兴贡献聪明才智。我们要团结香港特别行政区、澳门特别行政区的广大青年，为实施“一国两制”、“港人治港”、“澳人治澳”、高度自治的方针，保持香港、澳门的繁荣和稳定做出贡献。要高举爱国主义旗帜，广泛团结全体中华青年特别是台湾青年，坚决反对“台独”分裂活动，积极促进两岸关系发展，为完成祖国统一大业共同努力。

共青团是党领导的先进青年的群众组织，是广大青年在实践中学习中国特色社会主义和共产主义的学校。团结和带领广大青年为党和人民的事业而奋斗，是共青团必须始终坚持的工作方向。要坚持以邓小平理论和“三个代表”重要思想为指导，自觉服从服务于党和国家工作的大局，主动适应时代发展和社会生活的变化，准确把握当代青年的特点和青年工作的规律，与时俱进，奋发有为，不断拓宽工作领域，全面履行各项职能，在全面建设小康社会的进程中努力开创共青团工作的新局面。要进一步发挥党的助手和后备军作用，坚持用科学理论教育引导青年，用宏伟目标凝聚激励青年，把广大青年的积极性、主动性和创造性充分调动起来，团结带领全国各族青年积极投身社会主义物质文明、政治文明和精神文明建设。要进一步发挥党联系青年群众的桥梁和纽带作用，坚持把竭诚为青年服务作为共青团一切工作的出发点和落脚点，积极协助政府管理青年事务，不断提高服务青年的能力和水平，更好地维护青年的合法权益，进一步巩固党的青年群众基础。要进一步加强共青团的自身建设，积极探索和创新社会主义市场经济条件下团的组织体系和运行机制，切实加强基层团组织建设，不断改进工作方式和工作作风，努力增强团组织的吸引力、凝聚力和战斗力，使共青团事业不断焕发出新的生机和活力。要坚持发挥共青团在青联中的核心作用，加强对学联的指导和对少先队的领导。要加强同各国青年组织和青年的交流与合作，同各国青年一道，推进人类和平与发展的崇高事业。

共青团工作的岗位是十分光荣的岗位，也是可以大有作为的岗位。广大团干部一定要珍惜这个岗位，牢牢铭记"两个务必"，身体力行"三个代表"，刻苦学习，勤奋工作，勇于创造，自觉奉献，努力做党放心、青年满意的干部。

胡锦涛同志曾经指出："一个有远见的民族，总是把关注的目光投向青年；一个有远见的政党，总是把青年看做推动历史发展和社会前进的重要力量。我们的民族就是这样的民族，我们的党就是这样的党。"全党全社会都要从党和国家事业薪火相传、后继有人的战略高度，关心青年一代的成长，支持共青团工作。各级党委要高度重视青年工作，充分认识当代青年在改革开放和现代化建设中的重要作用，充分信任青年，热情关心青年，正确引导青年，积极为广大青年各显其能、施展才华提供舞台和途径，注重了解青年的成长愿望和需求，认真解决他们学习、工作和生活中的实际问题，帮助青年在实践中成长为有理想、有道德、有文化、有纪律的中国特色社会主义事业建设者和接班人。要切实加强对共青团的领导，坚持以党的建设带动团的建设，支持共青团依照法律和自己的章程独立自主、创造性地开展工作，为共青团更好地发挥作用创造条件。

青年朋友们，同志们！

时代召唤青年，青年创造未来。党中央相信，全国各族青年一定能发扬光荣传统，在新世纪的伟大征程上再创新的辉煌。让我们紧密团结在以胡锦涛同志为总书记的党中央周围，高举邓小平理论伟大旗帜，全面贯彻"三个代表"重要思想，在党的十六大精神指引下，万众一心，奋发图强，为全面建设小康社会、开创中国特色社会主义事业新局面，为实现中华民族的伟大复兴而不懈奋斗！

在"三个代表"重要思想指引下团结带领广大青年为全面建设小康社会而努力奋斗

——周强在中国共产主义青年团第十五次全国代表大会上的报告

2003年7月22日

各位代表，同志们：

现在，我代表中国共产主义青年团第十四届中央委员会向大会作报告。

中国共产主义青年团第十五次全国代表大会，是在全党全国人民深入学习胡锦涛同志"七一"重要讲话，兴起学习贯彻"三个代表"重要思想新高潮的形势下召开的一次十分重要的会议，是共青团在新世纪召开的第一次全国代表大会。

大会的主题是:高举邓小平理论伟大旗帜,全面贯彻"三个代表"重要思想,深入学习贯彻党的十六大精神,抓住机遇,继往开来,与时俱进,艰苦创业,奋发进取,团结带领广大青年为全面建设小康社会而努力奋斗。

一、共青团工作的新发展和基本经验

过去的五年,是跨越世纪的五年,是我国改革开放和社会主义现代化建设取得辉煌业绩的五年。五年来,我们党面对国际局势的深刻变化和国内改革发展稳定的艰巨任务,紧紧抓住跨世纪的历史机遇,战胜各种困难和风险,团结带领全国各族人民不断开拓前进,胜利实现社会主义现代化建设第二步战略目标,阔步迈入全面建设小康社会、加快推进社会主义现代化的新的发展阶段。中国特色社会主义事业焕发出蓬勃的生机。

伟大的时代激扬青春的风采,宏伟的事业成就青年的理想。当代青年在改革开放和现代化建设的环境中成长,衷心拥护邓小平理论和"三个代表"重要思想,高度认同和追求实现中华民族伟大复兴的共同理想,具有强烈的爱国主义情感,乐于奉献社会,勇于开创新风。当代青年在市场经济的大潮中奋勇搏击,更加自主自立,更加务实进取,效率意识、竞争意识、创业意识、法制观念普遍增强。当代青年置身科技进步日新月异的时代,勤奋学习蔚然成风,终身学习的观念不断增强,创新热情和创造活力竞相迸发,在科技创新中的作用越来越大。当代青年面对经济全球化不断加快和我国对外开放深入发展的趋势,胸怀更加宽广,视野更加开阔,昂首阔步地走向世界和未来。在党的培养和关怀下成长进步的当代青年,是值得信赖的一代,是大有作为的一代,是大有希望的一代!

共青团事业是党的事业的重要组成部分,青年工作是党的群众工作的重要内容。五年来,在党的领导下,共青团始终坚持以邓小平理论和"三个代表"重要思想为指导,紧紧围绕全党全国工作大局,努力把握当代青年特点和青年工作规律,团结带领全国亿万青年在跨世纪新征途中取得了新的成就。

坚持不懈地用邓小平理论和"三个代表"重要思想武装全团、教育青年,帮助青年牢固树立实现中华民族伟大复兴的崇高理想和永远跟党走的坚定信念。始终把用科学理论武装全团、教育青年作为全团的首要任务。以团干部、大学生和各条战线青年骨干为重点,组织团员青年认真学习邓小平理论和"三个代表"重要思想。开展形式多样的社会实践活动,引导青年在实践中学习和宣传"三个代表"重要思想。抓住纪念新中国成立50周年、建党80周年、建团80周年等重要契机,以"党在我心中"、"永远跟党走"为主题,广泛开展宣传教育活动。充分发挥团属新闻舆论阵地的作用,积极开辟网上青少年思想教育新阵地。五年来,我们在青少年思想教育工作中形成了抓学习、抓骨干、抓实践、抓契机、抓阵地的有效做法,学习理论的热潮在广大团员青年中不断兴起,青年一代进一步坚定了对马克思主义的信仰,对中国特色社会主义道路的信念,对改革开放和现代化建设的信心,对党和政府的信任。

紧紧围绕党和国家工作大局,以开发青年人力资源为着力点,大力推动青年创新创业,为经济建设做出积极贡献。围绕农业和农村经济发展,以服务农村青年增收成才为主线,广泛开展青年农民科技培训,积极实施示范推广科技项目,带动大批农村青年增收致富。围绕国有企业改革和发展,大力开展青年创新创效活动和青年岗位能手活动,引导青年职工熟练掌握职业技能,投身创新实践,促进了企业经济效益的提高。围绕科教兴国战略,深入实施中国青年科技创新行动,通过青年专家科技服务团、科技创新论坛、大学生"挑战杯"科技竞赛、海外学人回国创业等形式,充分发挥青年人才在科技进步和经济发展中的作用。围绕可持续发展战略，大力实施保护母亲河行动，动员组织青少年参与生态保护和建设，向社会筹集资金2.2亿元，并得到日本小渊基金4.9亿日元的资助，完成工程项目882个，植树造林280多万亩，增强了青少年的生态环境意识，产生了广泛影响。围绕西部大开发战略，开展博士服务团、青年企业家西部行、少数民族团干部培训等活动，为西部地区提供了信息、技术、人才等多方面服务。五年来，我们立足实际，找准团的工作在全党全国工作大局中的切入点，动员和组织青年在促进经济社会发展中进一步发挥了生力军作用。

充分发挥引领社会风气之先的作用，动员广大青少年参与群众性精神文明创建活动，弘扬了社会新风。五年来，共组织青年5000多万人次参与扶贫开发、社区服务、大型活动、抢险救灾等方面的志愿服务，丰富和发展了雷锋精神的时代内涵。各级青年文明号集体以爱岗敬业、诚实守信、服务群众的实际行动促进了职业道德建设。大中专学生文化科技卫生"三下乡"活动，为农村两个文明建设做出了积极贡献。青年文明社区创建活动在活跃社区文化、方便群众生活、优化社区环境等方面发挥了积极作用。手拉手活动促进了广大少年儿童互助互学、共同进步。希望工程五年共筹资资助82万多名失学儿童重返校园，援建4034所希望小学和一批希望网校多媒体教室，进一步倡导了尊师重教、扶贫济困的良好风尚。颁布《全国青少年网络文明公约》，引导青少年文明上网。组织青少年与"法轮功"邪教作斗争，弘扬科学精神，维护社会稳定。大力表彰"中国青年五四奖章"获得者和"中国十大杰出青年"等青年典型，宣传人民解放军和武警部队青年官兵在保卫国家安全、完成抢险救灾等任务中的英雄事迹，使崇尚先进、学习先进、争当先进成为青年普遍追求的风尚。

着眼于青少年成长发展的多样化需求，提供了切实有效的服务。针对青少年学习成才的强烈愿望，深入开展青少年新世纪读书计划、大学生素质拓展计划、千宫百万培训、新世纪我能行体验教育等活动，帮助青少年全面提高素质。针对青年就业创业的迫切需求，大力实施帮助青年创业计划、进城务工青年发展计划，帮助青年提高就业和创业能力。针对青年日益增长的精神文化需求，广泛开展青年文化广场、青年文化节等活动，组织实施团的"五个一工程"，活跃青年文化生活。配合有关部门实施《未成年人保护法》和《预防未成年人犯罪法》，开展普法教育，深化优秀青少年维权岗创建活动和青少年自护教育活动，切实维护青少年合法权益。现在，服务青年已成为全团高度认同的重要理念，成为推进团的工作的重要着力点。

适应互联网快速发展的新形势，积极开辟网上青少年教育服务阵地，共青团信息化建设取得新突破。互联网对青少年学习、工作和生活产生着日益广泛而深刻的影响，也对青少年工作提出了新课题。适应新情况、新趋势，全团大力加强信息化建设。中青网被列入国家重点扶持的8家新闻宣传网站，日益成为广大青少年学习知识的阵地、交流思想的家园和文化娱乐的场所。建设了"血铸中华"、"民族魂"和毛泽东、邓小平等50多个专题纪念网站，形成青少年爱国主义教育网站群。中国共青团网站被评为政府上网工程网站建设示范单位，以中国共青团网站为龙头、包括300多个团属网站的工作网络，在各级团组织和广大青少年之间架起了新型桥梁。启动实施共青团县县上网工程，为实现县县上网、全团互联奠定了基础。通过互联网教育服务青少年，已成为共青团工作一个崭新领域，团旗已高高飘扬在互联网上。

坚持党建带团建，大力加强基层团组织建设和团干部队伍建设，团的建设迈出新步伐。贯彻落实全国基层党建带团建工作会议精神，使团的建设纳入党的建设总体规划之中。按照班子建设好、主题活动好、支部建设好、活动阵地建设好的基本标准，扎实开展创建五四红旗团委活动。在巩固国有企业和学校等领域团组织建设的基础上，着力推进非公有制经济组织、社区、民办高校等新领域的团组织建设。按照强乡带村的思路，大力加强农村基层团组织建设。积极推进团建创新，探索出联合建团、依托建团、社区建团、公寓建团等灵活多样的团组织设置方式。按照党中央的部署，扎实开展"三讲"教育和农村"三个代表"重要思想学习教育活动，促进了团干部队伍建设。团员的教育和管理工作得到加强，探索了流动团员管理的新模式。加大发展团员的工作力度，目前全国有共青团员6986万名。切实加强推优入党工作，共推荐299万名优秀团员加入党组织。

团的各项事业稳步发展。团属新闻出版机构坚持正确的舆论导向，稳步推进体制改革，制作生产了大批优秀的文化产品。以民族地区和西部地区为重点，加强青少年活动阵地建设。团属院校不断加强学科建设，综合办学能力进一步提高。全团大兴调查研究之风，青少年研究工作成果显著。团办实业在规范调整中实现了新的发展。青联组织广泛团结凝聚海内外各族各界中华青年，向各族青少年宣传党的民族和宗教政策，积极推动内地青年与港澳台青年的广泛交流。学联组织主动适应素质教育的要求，为广大学生学习成才提供了有效服务。少先队组织以体验教育为基本途径，开展了各种健康有益的实践活动。青年外事工作更加活跃，广泛开展同世界各国青年和青年组织的友好交流，成功举办中越、中日、中俄等大型青年友好交流活动和APEC青年节，积极拓展环境保护、志愿服务、青年人力资源开发等国际青年项目合作。

在这次全国人民抗击非典的斗争中，各级团组织坚决贯彻党中央、国务院的部署，统一思想，迅速行动，周密安排，动员组织广大团员青年充分发挥生力军作用。医疗卫生战线的团员青年发扬救死扶伤、无私奉献的崇高精神，临危不惧，舍己为人，奋战在抗击非典第一线。高校学生、进城务工青年和农村青年，积极参与群防群控，防止疫情蔓延。青年志愿者活跃在学校、社区、农村，为群众送医送药、咨询答疑、整治环境、捐款捐物、助耕帮困。广大团员青年与全国人民一道，万众一心、众志成城，团结互助、和衷共济，迎难而上、敢于胜利，进一步弘扬了伟大的民族精神，筑起了一道坚不可摧的抗击非典的新长城。

回首世纪之交的五年，我们深深地感到，中国青年和中国共青团走过的五年，是继往开来、与时俱进的五年，是激情澎湃、锐意创新的五年，是脚踏实地、艰苦奋斗的五年。在这不平凡的五年里所取得的成绩令人鼓舞。但我们也必须清醒地看到，团的工作和建设中仍然存在着一些困难和问题。在社会经济成分、组织形式、就业方式、利益关系和分配方式多样化的条件下，青少年思想教育的感召力和渗透力不强，新的方法和手段不多；与青年的需求相比，共青团组织服务青年的能力还有较大差距；一些基层团组织不够健全，作用发挥不充分，有的甚至处于瘫痪状态，新兴领域团建工作还存在较大困难；一些团干部存在联系青年不够、工作浮躁等问题。这些都需要我们在今后的工作中重点研究，着力解决。

回顾近年来的工作实践，我们进一步认识到，做好新形势下的青年工作，必须始终坚持以下基本经验。

第一，坚持以科学理论为指导，始终保持共青团组织的先进性。把党的指导思想作为自己的指导思想，是共青团组织保持先进性的根本保证。要始终以马克思列宁主义、毛泽东思想、邓小平理论和"三个代表"重要思想为指导，坚定自觉地贯彻党的基本理论、基本路线、基本纲领和基本经验。马克思主义青年观是青年工作的行动指南和强大思想武器，要坚持用马克思主义青年观来认识青年、指导工作，始终跟着党走在时代发展的前列。

第二，坚持党的领导，牢牢把握正确的政治方向。共青团坚持正确的政治方向，最根本的是要坚持党的领导。要在思想上、政治上、行动上同党中央保持高度一致，坚决贯彻党中央的决策部署，切实增强政治敏锐性和政治鉴别力。要以高度的政治责任感完成好党交给的团结教育青年的任务，带领广大青年坚定不移地走中国特色社会主义道路。

第三，坚持围绕全党全国工作大局，充分发挥青年在社会主义现代化建设中的生力军和突击队作用。共青团要始终把工作放到全党全国工作的大局中去思考、去把握、去部署，在大局中找准位置、发挥作用，动员和组织广大青年为促进改革发展稳定贡献力量。

第四，坚持抓好培育“四有”新人这一根本任务，全面提高青年一代的素质。培育“四有”新人是党赋予共青团的光荣责任。要把提高青年的思想道德素质放在首位，发扬在实践中育人的传统，引导青年牢固树立崇高理想和坚定信念，树立正确的世界观、人生观和价值观。要着眼经济社会发展的要求，帮助青年提高科学文化素质，增强创业和创新能力。

第五，坚持把竭诚服务青年作为全部工作的出发点和落脚点，不断巩固党的青年群众基础。要把服务青年贯穿于工作的全过程，在维护全国人民总体利益的同时，切实维护好青年的具体利益，帮助青年解决学习、工作、生活中的实际困难，真正把广大青年团结凝聚在党和政府的周围，把他们的积极性和创造性保护好、引导好、发挥好。

第六，坚持以改革的精神推进团的建设，切实增强团组织的吸引力、凝聚力和战斗力。在新的历史条件下，团的工作环境、工作对象和组织依托发生了深刻变化。要与时俱进，深入研究和解决团的建设中出现的新情况新问题，积极探索与社会主义市场经济发展相适应的组织体系和运行机制，不断增强团组织的生机与活力，努力扩大团组织的覆盖面和影响力。

回首世纪之交的五年，共青团事业的发展和广大团员青年的成长，凝结了以江泽民同志为核心的党的第三代中央领导集体的亲切关怀。我们深切地感到，党的正确领导是共青团事业不断前进的根本保证，各级党委、政府和社会各界的大力支持是共青团工作蓬勃发展的重要条件，广大团员青年和团干部的奋斗与奉献是共青团组织充满生机与活力的源泉。在这里，我们向亲切关怀共青团工作的党中央致以崇高的敬意！向各级党委、政府和社会各界表示衷心的感谢！向广大团员青年和团干部以及所有青少年工作者表示诚挚的问候！

二、全面贯彻“三个代表”重要思想

党的十三届四中全会以来，以江泽民同志为主要代表的当代中国共产党人，高举邓小平理论伟大旗帜，准确把握时代特征，科学判断我们党所处的历史方位，围绕建设中国特色社会主义这个主题，集中全党智慧，形成了“三个代表”重要思想。“三个代表”重要思想同马克思列宁主义、毛泽东思想和邓小平理论是一脉相承而又与时俱进的科学体系，是马克思主义在中国发展的最新成果，是新世纪新阶段全党全国人民继往开来、与时俱进，实现全面建设小康社会宏伟目标的根本指针。党的十六大把“三个代表”重要思想同马克思列宁主义、毛泽东思想和邓小平理论一道，确立为我们党必须长期坚持的指导思想。

新世纪新阶段，跟随党走过八十多年奋斗历程的中国共青团，已经站在新的起点上，开始新的征程。团结带领全国亿万青年投身全面建设小康社会的伟大实践，为实现我们党推进现代化建设、完成祖国统一、维护世界和平与促进共同发展的三大历史任务，在中国特色社会主义道路上实现中华民族伟大复兴而奋斗，这是历史和时代赋予共青团的光荣使命。共青团肩负起这样的使命，最根本的就是要全面贯彻“三个代表”重要思想，紧跟党走在时代前列。

贯彻“三个代表”重要思想，就要用科学理

论构筑青年一代的精神支柱。要坚持不懈地用“三个代表”重要思想教育青年，引导青年深刻认识“三个代表”重要思想的时代背景、实践基础、科学内涵、精神实质和历史地位，深刻认识“三个代表”重要思想的本质是立党为公、执政为民，不断增强学习实践“三个代表”重要思想的自觉性和坚定性，永远跟党走中国特色社会主义道路。要在广大青年特别是青年学生中兴起学习贯彻“三个代表”重要思想的新高潮，引导广大青年努力为我国先进生产力和先进文化的发展做贡献，努力为最广大人民谋利益。

贯彻“三个代表”重要思想，就要始终坚持马克思主义青年观。马克思主义政党始终把青年看做是国家的未来、民族的希望，看做是整个社会中一部分最积极最有生气的力量。坚持马克思主义青年观，就要深刻理解江泽民同志提出的“党的事业离不开青年，青年的成长更离不开党”、“青年兴则国家兴，青年强则国家强”等一系列光辉论断；就要用全面的、发展的观点看待青年，高度重视青年，充分肯定青年，热情关心青年，严格要求青年，尤其要了解和把握在改革开放条件下成长起来的新一代青年的特点，尊重青年个性的健康发挥，促进青年思想和身心的健康发展；就要在全社会营造爱护青年、关心青年、支持青年的良好氛围，形成大批青年人才脱颖而出、竞展风流的生动局面。

贯彻“三个代表”重要思想，就要始终坚持当代中国青年运动的正确方向。方向问题是中国青年运动的根本问题。中国青年运动要坚持的正确方向，就是在党的领导下，同人民紧密结合，为祖国奉献青春。要引导青年按照党的要求健康成长，树立远大理想，坚持发奋学习，注重锤炼品德，不断开拓视野，始终艰苦奋斗，坚持学习科学文化与加强思想修养的统一，坚持学习书本知识与投身社会实践的统一，坚持实现自身价值与服务祖国人民的统一，坚持树立远大理想与进行艰苦奋斗的统一，努力成长为有理想、有道德、有文化、有纪律的人，成长为对党和国家、对人民有所建树的人。爱国主义始终是中国青年运动的旗帜，是引领中国青年奋勇前进的强大精神动力。要用爱国主义旗帜团结凝聚最广大的青年，引导青年把满腔爱国热情转化为投身改革开放和社会主义现代化建设的实际行动。

贯彻“三个代表”重要思想，就要牢牢把握当代中国青年运动的主题。党的奋斗目标决定青年运动的主题。把我国建设成为富强民主文明的社会主义国家，实现中华民族的伟大复兴，是全国各族人民的共同理想，也是当代青年的历史使命和当代青年运动的主题。党的十六大着眼于新世纪头20年的发展，提出了全面建设小康社会的奋斗目标，这是实现现代化建设第三步战略目标必经的承上启下的发展阶段。今天，把握青年运动的主题，就是要用共同理想凝聚青年，团结带领青年为全面建设小康社会做贡献。

贯彻“三个代表”重要思想，就要努力把共青团建设成为团结教育青年的坚强核心。共青团是广大青年在实践中学习中国特色社会主义和共产主义的学校。在新的历史条件下，团的各级组织要努力成为贯彻“三个代表”重要思想的组织者、推动者和实践者。要进一步发挥好党的助手和后备军作用，动员和组织青年为促进经济发展和社会全面进步做贡献。要进一步发挥好国家政权的重要社会支柱作用，积极协助政府管理好青年事务。要进一步发挥好党联系青年的桥梁纽带作用，密切联系青年，竭诚服务青年，把最广大青年紧密团结在党和政府的周围。要始终坚持与时俱进，把握时代发展的要求，研究新情况，解决新问题，不断增强团组织的生机与活力。

归根结底，团的工作和建设都要始终坚持以“三个代表”重要思想为统领，努力做到服务大局有新贡献，服务青年有新作为，团的建设有新发展，不断开创共青团工作新局面。这是今后五年团的工作总体思路，各级团组织要从实际出发，勇于实践，开拓创新，努力将这一总体思路贯穿于团的工作和建设之中。

三、在全面建设小康社会的实践中建功立业

21世纪头20年，对我国来说，是一个必须紧紧抓住并且可以大有作为的重要战略机遇期。全面建设小康社会，为当代青年实现抱负、施展才华提供了广阔舞台，也赋予了当代青年艰苦创业、奋发进取的历史责任。胡锦涛同志勉励当代青年，“继承和发扬艰苦奋斗的优良传统，任何时候都不懈怠创业精神，都不涣散奋斗意志，积极创造无愧于前辈、无愧于后人的业绩”。各级团组织要引导广大青年增强机遇意识、责任意识，围绕发展这一我们党执政兴国的第一要务，聚精会神搞建设，一心一意谋发展，积极投身社会主义物质文明、政治文明和精神文明建设。

（一）带领青年投身社会主义物质文明建设。全面建设小康社会，最根本的是坚持以经济建设为中心，不断解放和发展社会生产力。共青团要组织引导广大青年积极投身经济建设和经济体制改革，促进国民经济持续快速健康发展。

带领青年参与经济结构战略性调整，为全面推进经济体制改革、加快经济发展做贡献。围绕全面繁荣农村经济，扎实推进农村青年增收成才行动，组织青年发展农业产业化经营，发展非农产业，促进农业和农村经济结构调整。适应企业改革发展的新要求，全面深化青年创新创效活动，帮助青年提高创新意识和创新能力，组织他们参与企业技术创新、管理创新、服务创新和信息化建设，促进企业增强市场竞争力。围绕科教兴国战略，全面推进青年科技创新行动，鼓励青年科技工作者在关键领域和科技发展前沿创新，推动青年科技人才与项目的对接，促进科技成果向现实生产力转化。围绕西部大开发战略，引导西部地区青年艰苦创业，推动东、中、西部地区青年开展多种形式的交流与合作，大力实施大学生志愿服务西部计划，引导大学生到西部、到基层建功立业。

大力开发青年人力资源，为经济发展提供人才智力支持。开发青年人力资源，培养造就青年人才大军，是共青团服务经济建设的有效途径，也是优势所在。要围绕实施人才强国战略，紧紧抓住培训这一基础环节，深入开展青年职工技能训练、青年农民科技培训、大中学生素质拓展和进城务工青年就业培训，帮助青年提高职业技能和综合素质。充分发挥共青团联系面广的优势，积极举荐扶持青年人才，为他们发挥作用、施展才华搭建舞台，促进青年人才资源的合理配置。适应经济全球化和我国加入世贸组织的新形势，积极为海外留学人员回国工作或以其他方式服务祖国牵线搭桥，大力支持国内优秀青年参与国际经济技术合作与竞争，广泛开展国际青年人才交流。大力宣传表彰青年成才创业典型，在全社会营造鼓励青年干事业、支持青年干成事业的良好氛围。

组织青年积极参与生态保护和建设，促进可持续发展。实现可持续发展，是推动经济社会协调发展的战略选择。要在青年中大力宣传计划生育、保护环境和保护资源的基本国策，帮助青年树立可持续发展观念。大力开展保护母亲河行动，促进生态环境的保护和建设，是青少年植树造林、绿化祖国传统的继承和创新，是新形势下共青团动员青少年乃至全社会参与可持续发展的有效途径。要积极培育生态文化，在青少年中普及生态和环保知识，传播环保理念，弘扬生态道德。广泛开展生态实践，引导青少年从小事做起，养成爱护生态环境的良好习惯。大力发展生态经济，动员青年参与国家重点生态工程建设，建好管好每一个保护母亲河项目，为建设山川秀美的锦绣中华做贡献。

（二）引导青年参与社会主义政治文明建设。建设社会主义政治文明是全面建设小康社会的重要目标。共青团要引导青年坚持四项基本原则，积极推进社会主义政治文明建设。

培养青年的社会主义政治文明意识。引导青年充分认识发展社会主义民主政治最根本的是坚持党的领导、人民当家作主和依法治国的有机统一，党的领导是人民当家作主和依法治国的根本保证；充分认识社会主义民主政治的本质是人民当家作主，社会主义民主使中国人民享受了历史上从未有过的广泛、真实的民主；充分认识人民代表大会制度、共产党领导的多党合作和政治协商制度以及民族区域自治制度最适合中国国情，具有自己的优势和强大生命力。培养青年的民主意识，引导青年珍惜民主权利，正确行使民主权利。培养青年的法律意识，帮助青年学习法律知识，自觉遵守法律，学会依法办事。培养青年的公民意识，帮助青年树立正确的权利义务观，增强国防意识和国家安全意识，增强社会责任感。

引导青年参与社会主义政治文明实践。引导青年在基层民主选举、民主决策、民主管理和民主监督中依法行使民主权利，促进基层民主管理制度建设。发挥好共青团代表和维护青年具体利益的作用，积极向人大、政协反映青年的意愿和呼声。组织青年开展义务普法宣传活动和法律援助活动，为急需帮助的群众提供法律服务。充分发挥青年在维护社会稳定中的作用，动员组织青年参与社会治安综合治理，坚决抵制和反对邪教，同各种打着民族宗教旗号分裂祖国、破坏社会稳定的行为作斗争。

（三）组织青年为社会主义精神文明建设做贡献。发展社会主义文化，建设社会主义精神文明，是全面建设小康社会的重要内容。共青团要牢牢把握先进文化的前进方向，坚持以科学的理论武装青年，以正确的舆论引导青年，以高尚的精神塑造青年，以优秀的作品鼓舞青年，丰富青年的精神世界，增强青年的精神力量，促进广大青年全面发展。要充分发挥青年引领社会风气之先的作用，引导青年努力做中华民族传统美德的传承者，体现时代进步要求的新道德规范的实践者，新型人际关系和良好社会风尚的倡导者。

在青年中弘扬和培育民族精神。中华民族在五千多年的发展中形成了以爱国主义为核心的团结统一、爱好和平、勤劳勇敢、自强不息的伟大民族精神。在青年中弘扬和培育民族精神，是共青团组织一项重要任务。要以重大活动、重大事件和重大节庆为契机，广泛开展主题教育活动，大力弘扬和培育民族精神。要探索新载体，构建新阵地，把民族精神教育融入到青年的学习、工作和日常生活之中。要广泛宣传革命先烈、民族英雄、仁人志士的崇高气节，使青年从中受到熏陶，汲取力量。在青年中弘扬和培育民族精神，归根结底，就是要使青年在世界思想文化相互激荡的环境中，爱国自信，勇超先进；在祖国和人民最需要的紧要关头，不畏艰险，勇往直前；在建设中国特色社会主义事业中，居安思危，奋发图强，让伟大的民族精神在民族复兴的征程中，始终焕发出夺目的光辉，显示出无穷的威力。

加强青少年思想道德建设。要以理想信念教育为核心，在青少年中深入开展邓小平理论和“三个代表”重要思想的宣传教育，引导青少年坚定理想信念，树立正确的世界观、人生观和价值观。要以为人民服务为核心、以集体主义为原则、以诚实守信为重点，引导青少年自觉实践社会主义道德，养成与社会主义市场经济发展相适应的道德观念和行为规范。要在青少年中大力普及科学知识，弘扬科学精神。要深入开展青年文明号、希望工程、手拉手、大中专学生“三下乡”和青年文明社区等群众性精神文明创建活动，突出思想内涵，强化道德要求，引导青少年在实践中提高思想道德素质，弘扬文明新风，自觉抵御各种腐朽思想文化的侵蚀和影响。要大力推进中国青年志愿者行动，拓展服务领域，扩大志愿者队伍，形成品牌项目，最广泛地动员青年服务社会、服务人民，使志愿服务成为包括青年在内的全社会广泛参与的高尚事业。

推动青年文化建设。文化塑造青年，青年创造文化。在大众传媒快速发展和社会生活方式发生深刻变化的新形势下，文化对青年的思想观念、价值取向和行为方式的影响日益深刻，青年的文化需求日益多样、文化创造日益活跃。共青团要坚持先进文化的前进方向，发展健康有益、充满活力的青年文化。广泛开展青年文化广场、大家乐等群体性文化活动，形成富有鲜明时代气息的文化活动品牌，使青年在参与中愉悦身心，陶冶情操。加强对青年时尚的引导，使青年在追求时尚、创造时尚的过程中引领健康文明的生活方式。加强阵地建设，充分发挥广播、电视、报刊、互联网、青少年宫等大众传播手段和青少年活动阵地在青年文化建设中的积极作用。广泛动员青年参与校园文化、社区文化、企业文化、乡村文化、军营文化和网络文化建设，引导青年文化工作者努力创作更多更好的文化艺术产品，为我国文化事业的繁荣发展注入新鲜活力。亿万青年的参与和创造，必将使中国特色社会主义文化的百花园更加绚丽多彩。

四、竭诚为青年成长发展服务

服务青年是共青团贯彻落实“三个代表”重要思想的必然要求，是增强团组织吸引力、凝聚力，充分发挥桥梁纽带作用的前提条件。共青团要坚持把竭诚服务青年作为全部工作的出发点和落脚点，以培育“四有”新人为根本，以帮助青年解决实际问题为着力点，努力把服务青年工作提高到一个新水平。

（一）协助政府做好青年事务。青年事务涉及青年教育、就业、健康、权益保护、文化生活等各个方面。共青团协助政府做好青年事务，就能推动青年全面有效地参与社会发展，把服务青年工作推向新的广度和深度。

推动制定实施有关青年的法律和政策。制定有关青年的法律和政策是青年事务的核心。推动有关青年的立法进程和青年政策的制定，能够为青年成长发展创造良好的法律政策环境，是共青团代表和维护青年具体利益的重要途径。要向立法机关积极反映青年的愿望，把维护青年的利益充分体现到有关法律法规之中。主动向政府反映青年的实际需求，努力把青年学习、就业、维权等事务纳入国家和地方经济社会发展规划。大力宣传有关青年的法律和政策，配合有关部门检查、监督、评估有关青年的法律和政策的执行情况，促进法律政策的落实与完善。

加强青年事务的管理。加强对青年外事工作的归口管理，促进青年对外交流，在对外交往、经贸合作、人才培养等方面为青年提供服务。加强对青年社团的管理和指导，促进青年社团规范健康发展，发挥青年社团在服务青年中的积极作用。配合有关部门做好预防青少年违法犯罪工作，优化青少年成长环境。积极适应政府职能转变，主动承担更多的政府授权委托的青年事务。

推动青年事务协调机制的建立。青年事务的管理涉及不同部门。建立青年事务协调机制，能够形成管理青年事务的合力，更好地促进青年成长发展。有条件的地方，要推动建立党委和政府领导、相关部门共同参与、团组织具体运作的青年事务协调机构。积极与有关政府部门联合开展工作，共同推动青年事务管理的发展。探索建立青年工作联席会议、青年工作委员会等青年事务协调机制。

（二）服务青年具体需求。青年需求多种多样，也非常具体。要紧扣青年成长发展中的主要环节，努力帮助青年解决实际问题。

服务青年学习成才。青年时期是学习的黄金时期，学习成才是青年的强烈愿望。要引导青年牢固树立终身学习的观念，勤奋学习，不断求知，全面提高综合素质。开展形式多样的读书学习活动，帮助青年多读书、读好书，学习新知识，掌握新技能。开展岗位学习活动，引导青年干一行，钻一行，掌握过硬本领，成为本职工作的行家里手。引导青年把学习书本知识与投身社会实践相结合，在实践中受锻炼、长才干。

促进青年就业创业。我国就业矛盾十分突出，青年的就业需求非常紧迫。共青团要急国家所急，想青年所想，切实做好促进下岗失业青年、城镇新增青年劳动力、农村富余青年劳动力的就业工作。要以市场需求为导向，抓好就业引导、就业培训、就业服务等环节，帮助青年转变就业观念，提高就业能力。青年既面临着就业的压力，又蕴涵着创业的潜能。要鼓励、扶持青年到第三产业、劳动密集型产业和高新技术产业创业。协助做好高校毕业生的就业工作，引导他们在改革开放和现代化建设的广阔天地建功立业。

帮助有特殊困难的青年群体解决实际问题。困难青年群体最需要帮助。各级团组织要把他们的安危冷暖时刻挂在心上，真心诚意关心他们，千方百计帮助他们。帮助下岗失业青年克服生活上的暂时困难，实现再就业。帮助农村贫困青年提高增收能力，拓宽增收渠道。帮助进城务工青年解决技能培训、子女教育、权益保护等方面遇到的困难。通过希望工程、济困助学等活动，帮助失学少年重返课堂，帮助经济上有困难的学生顺利完成学业。通过志愿服务等方式，做好残疾青年的帮扶工作。关心帮助失足青少年，增强他们走上社会的信心。

维护青少年的合法权益。配合有关部门实施好《未成年人保护法》和《预防未成年人犯罪法》，动员社会各方面力量，共同维护青少年合法权益。配合有关部门与黄、赌、毒等社会丑恶现象作斗争，加强对互联网服务营业场所的监管，优化青少年的成长环境。为权益受到侵害的青少年提供法律援助和舆论支持。开展自护教育，增强青少年自我保护的意识和能力。

（三）构建服务青年的工作体系。构建服务体系，扩大服务覆盖面，更有效地满足青年的需求，实现服务工作的持续发展。要适应青年日益增长的服务需求，努力构建面向青年、具有共青团特点、开放互动的服务体系。

丰富服务项目。项目运作已成为市场经济条件下共青团组织的重要工作方式。抓好具体的服务项目，有利于服务青年工作落到实处。在继续深化已有项目的基础上，不断推出新的服务项目，努力打造一批青年欢迎、政府支持、社会认可的服务品牌。“青年卡”具有银行卡和服务卡的功能，既能够为青年的学习、工作和生活提供便利，又能够密切团组织与青年的联系，要积极稳妥地加以推行。

加强阵地建设。阵地是服务青年的依托。要充分发挥团属青少年活动阵地、新闻出版机构和团校等在服务青少年中的重要作用。适应青年的多样化需求，不断开辟青年就业服务中心、青少年素质拓展基地、社区青少年法律学校等新的服务阵地。

强化服务手段。服务青年需要采取培训、典型示范等传统手段，也需要不断创新。互联网的发展开辟了共青团服务青年的新手段。要加强青少年信息网络体系建设，建好以中青网为骨干的各类团属青少年网站，建设青少年网络教室，开发网络信息，丰富服务内容，增强对青年的吸引力。推进共青团县县上网工程，提高全团的信息化水平，更好地为青年服务。

五、加强和改进团的建设

新世纪新阶段，要充分发挥广大团员青年在全面建设小康社会中的生力军作用，必须大力加强和改进团的建设。加强和改进团的建设，必须高举邓小平理论伟大旗帜，坚持以“三个代表”重要思想为根本指针；必须坚持党建带团建，使团的建设纳入党的建设总体规划；

必须把提高服务青年的能力作为加强团的建设的着力点,以服务促建设,以服务求活跃;必须以基层团组织建设为重点,在巩固的基础上推进团建创新;必须把思想建设、组织建设和作风建设有机结合起来,把制度建设贯穿其中。今后五年团的建设的目标是,与时俱进,开拓创新,逐步建立健全与社会主义市场经济相适应的组织体系和运行机制,不断提高团组织自我完善和发展的能力,进一步增强团组织的吸引力和凝聚力。

(一)加强团的组织体系建设。适应经济社会结构和青年群体分布的变化,巩固现有组织体系,大力推动团建创新,灵活设置基层团组织,实现组织体系的优化和完善,扩大团组织的覆盖面。

加强团的基层组织建设。坚持强乡带村,重点加强乡镇团委和小城镇团的建设,带动农村各类团支部活跃。巩固国有企业团组织机构设置,加强团干部配备,创新活动方式。加强高校团的建设,巩固班级团组织,探索依托公寓、社团等多种方式建团;加大民办学校的建团力度;加强中学团的建设,抓好团员发展的源头。加强街道团工委建设,努力形成以街道团工委为核心,具有开放性、协作性的社区团组织网络。加大非公有制经济组织和新型社会组织的建团力度。加强机关事业单位团组织建设。要加强基层团组织横向联系,实现资源共享,信息互通,优势互补。

创新团的基层组织形式。要在充分发挥基层团委、团支部等组织形式优势的同时,按照有利于联系团员青年、有利于增强内在活力、有利于整合工作力量的原则,积极探索灵活多样的基层组织形式。条件成熟的地区,可以探索以乡镇、街道团组织为核心,有阵地依托,直接组织联系团员青年的"青年中心",实现团的组织、工作、阵地有机结合,辐射带动基层团组织整体活跃。

探索团组织与团员的新型组织联系方式。要着眼于保持团组织与团员之间直接、经常、便捷的组织联系,逐步形成适应团员流动,易于确认身份,便于团员参与团的工作和生活的组织联系方式。团员组织关系可以与参加团的活动范围适当分离,鼓励流动团员就近就便参加团的活动,探索对团员实行多重组织覆盖。拓展团员证功能,完善团员证制度。广泛运用互联网等现代科技手段拓宽团组织和团员联系的渠道。

(二)加强团的运行机制建设。逐步建立适应现阶段我国经济社会生活发生的新变化和青年工作的新特点,自我运转能力更强,团员参与程度更深,社会化水平更高,更加富有效能的运行机制。

形成基层团建整体推进机制。进一步明确各级团组织的责任,实行目标管理,进行量化考核,把全团抓基层的要求落到实处。继续深化创建五四红旗团委活动,建立健全县级团委、基层团委、团支部三级团建联合创优机制。推行县(市)及其以下团组织按期集中换届,基层团组织换届时间尽量与党组织换届时间衔接。坚持和完善团内民主制度。进一步加强团内民主建设,是增强团组织内在活力的重要保证。要按照团章有关规定,坚持民主集中制,积极稳妥地发展团内民主。要采取具体有效的措施,活跃团内民主生活,保障团员对团的工作和事务的知情权、参与权、建议权、监督权。基层团组织换届要坚持差额选举的规定,按照规定程序进行。团支部书记可以采用不指定候选人,公开竞争的办法民主选举产生。

健全团的社会化工作机制。各级团组织要在党委的领导和支持下,加强与有关部门和机构的协作,协调社会各界共同关心支持青少年工作。积极吸纳青年志愿者和其他社会各界人士参与青少年工作,促进工作力量的社会化。广泛吸纳和有效整合社会资源,实现工作资源的社会化。抓住有影响的工作品牌,实行项目化、事业化运作,推动工作方式的社会化。

完善青少年工作格局。在党的领导下，充分发挥共青团在青少年工作中的核心作用，以青联、学联、少先队组织为骨干，以青年社团为延伸，努力形成青少年工作新格局。推动青联组织在爱国主义和社会主义旗帜下，最广泛地团结海内外各族各界中华青年，最大程度地凝聚青年人才，为全面建设小康社会和祖国统一大业做贡献。指导和帮助学联组织按照章程独立自主地开展工作，更好地引导和服务青年学生。要进一步发挥青年社团在青年工作中的积极作用。

全团带队是党交给共青团的重要职责。要进一步加强对少先队组织的领导，健全少先队的各级工作机构，重视和加强辅导员队伍建设，抓好团队衔接和推优入团工作，引导少年儿童自学、自理、自护、自强、自律，努力做中国特色社会主义事业的合格建设者和接班人。

（三）加强团组织的学习能力和服务能力建设。能力建设是团的建设的重要课题。要按照建设学习型组织和服务型组织的要求，加强团组织的学习能力和服务能力建设。

增强学习能力。学习是共青团的重要任务。在新的历史条件下，只有不断增强学习能力，团组织才能永葆生机与活力。要增强学习意识，形成全团重学习、人人讲学习的良好氛围。建立健全学习制度，团的领导机关要通过中心组等形式开展经常性学习，团的基层组织要把学习作为组织生活的重要内容。完善教育培训体系，加强团属教育培训阵地建设，注重在岗学习，开展有针对性的脱产培训。弘扬理论联系实际的学风，把学理论、学知识作为推动工作的重要动力。团的领导机关要率先垂范，带头学习，努力建设学习型机关。

增强服务能力。社会组织的凝聚力源于服务。共青团只有不断增强服务能力，提高服务水平，才能更好地团结凝聚青年。要加强调查研究，深入了解青年，认真研究青年在成长发展中遇到的新情况、新问题，找准服务青年的工作着力点。改进服务方式，牢牢抓住青年面临的具体问题，努力为青年办实事、解难题，使青年得实惠。强化服务工作与青年的互动，在服务内容上尊重青年的选择，在服务过程中关注青年的感受，在服务效果上注重青年的评价，从整体上提高服务青年的能力。

（四）加强团干部队伍和团员队伍建设。建设一支党放心、青年满意的团干部队伍和一支先进性强、模范作用突出的团员队伍，是团的事业不断发展的必然要求。

加强团干部队伍建设。团干部队伍是党的干部队伍的组成部分。团干部要身体力行“三个代表”，牢记“两个务必”，自觉做到“八个坚持、八个反对”，加强党性修养，刻苦学习，勤奋工作，勇于创造，自觉奉献。要始终坚持正确的政治方向，坚定理想信念，忠诚党的事业，热爱团的工作。要始终保持与时俱进的精神状态，锐意创新，开拓进取。要始终保持谦虚谨慎、不骄不躁和艰苦奋斗的作风，常怀感激之情，常葆进取之心。要始终保持清正廉洁，树立正确的权力观、地位观、利益观，自重、自省、自警、自励。要始终保持与青年的密切联系，深入青年，服务青年，做青年的朋友，做青年的表率。要牢记“群众利益无小事”，做到心里装着青年，凡事想着青年，工作依靠青年，一切为了青年，坚持为青年办实事、解难事、做好事。

各级团组织要协助党组织做好团干部选拔、配备和管理工作，加大团干部教育、培训和交流力度。积极向党政部门和社会各方面举荐、输送团干部。要重视兼职团干部、职业青少年工作者和青少年工作志愿者队伍建设。

加强团员队伍建设。加强团员队伍建设关键在于保持团员先进性。要广泛开展以学习实践“三个代表”重要思想为主要内容的团员先进性教育，增强团员的光荣感和责任意识。做好经常性团员发展工作。进一步加强推荐优秀团员做党的发展对象工作，为党源源不断地输送新鲜血液。切实做好服务团员的工作,努力为团员解决实际困难,使广大团员真正感受到组织的温暖。

实现祖国的完全统一,是海内外中华儿女的共同心愿。中国青年坚决拥护我国政府"和平统一、一国两制"的基本方针和江泽民同志关于现阶段发展两岸关系、推进祖国和平统一进程的八项主张,坚决反对一切分裂祖国的言行。我们要通过多种方式和途径加强两岸青年的交流,使两岸青年共同肩负起振兴中华、实现祖国统一的历史使命。

中国青年是维护世界和平、促进共同发展的重要力量。在中国与世界各国交流与合作日益广泛密切的形势下,中国青年应当对人类社会的文明进步有更大的贡献。我们要不断加强与世界各国青年的交流,增进了解,加深友谊,与世界青年一道,共同开创人类的美好未来。

各位代表,同志们,回首中国青年运动波澜壮阔的奋斗历程,中国共青团带领中国青年紧紧跟随伟大的中国共产党,在实现民族独立、人民解放和国家富强的伟大征程中,绘就了绚丽多彩的青春画卷。光辉的岁月留下我们奋斗足迹,宏伟的事业激励我们奋勇向前。让我们紧密团结在以胡锦涛同志为总书记的党中央周围,高举邓小平理论伟大旗帜,以"三个代表"重要思想为指导,团结带领全国各族青年,以昂扬的斗志、不懈的努力,在全面建设小康社会、加快推进社会主义现代化的进程中,创造出无愧于党和人民、无愧于时代的辉煌业绩,谱写出新世纪中国青年运动的崭新篇章!

中国共产主义青年团第十五次全国代表大会关于十四届中央委员会报告的决议

2003年7月26日通过

中国共产主义青年团第十五次全国代表大会审议了周强同志代表团十四届中央委员会所做的报告。大会认为,报告确定的"高举邓小平理论伟大旗帜,全面贯彻'三个代表'重要思想,深入学习贯彻党的十六大精神,抓住机遇,继往开来,与时俱进,艰苦创业,奋发进取,团结带领广大青年为全面建设小康社会而努力奋斗"的主题,反映了党的要求、时代的特点和青年的愿望,符合共青团工作实际。这个报告是全团工作的重要指导性文件。大会决定批准这一报告。

大会高度评价团十四届中央委员会的工作。大会认为,团十四大以来,在以江泽民同志为核心的党中央的坚强领导下,团十四届中央委员会抓住跨世纪的发展机遇,始终坚持以邓小平理论和"三个代表"重要思想为指导,紧紧围绕全党全国工作大局,以开发青年人力资源为着力点,团结带领全国各族青年积极投身经济建设和精神文明建设,采取切实措施服务青年成长成才,团的组织建设和各项事业取得全面发展。报告总结的新形势下做好青年工作的基本经验,对于青年工作和共青团事业的长远发展具有重要指导意义。

大会赞同报告对共青团全面贯彻"三个代表"重要思想的论述。大会指出,共青团要肩负起历史和时代赋予的光荣使命,最根本的就是要全面贯彻"三个代表"重要思想,紧跟党走在时代前列。贯彻"三个代表"重要思想,就要用科学理论构筑青年一代的精神支柱，始终坚持马克思主义青年观，始终坚持当代中国青年运动的正确方向，牢牢把握当代中国青年运动的主题，努力把共青团建设成为团结教育青年的坚强核心。归根到底，团的工作和建设都要始终坚持以“三个代表”重要思想为统领，努力做到服务大局有新贡献，服务青年有新作为，团的建设有新发展，不断开创共青团工作新局面。

大会同意报告提出的在全面建设小康社会的历史进程中共青团的主要任务。新世纪新阶段，各级团组织要引导广大青年增强机遇意识、责任意识，紧紧围绕发展这一我们党执政兴国的第一要务，聚精会神搞建设，一心一意谋发展，积极投身社会主义物质文明、政治文明和精神文明建设。要带领青年参与经济结构战略性调整，为全面推进经济体制改革、加快经济发展做贡献；大力开发青年人力资源，为经济发展提供智力支持；组织青年积极参与生态保护和建设，促进可持续发展。要培养青年的社会主义政治文明意识，引导青年参与社会主义政治文明实践。要在青年中弘扬和培育民族精神，加强青少年思想道德建设，推动青年文化建设。

大会同意报告作出的竭诚为青年成长发展服务的部署。大会指出，共青团要坚持把竭诚服务青年作为全部工作的出发点和落脚点，围绕培育“四有”新人这一根本任务，协助政府做好青年事务，服务青年学习成才、就业创业、困难帮扶、权益保护等具体需求，构建服务青年的工作体系，努力把服务青年工作提高到一个新水平。

大会同意报告提出的加强和改进团的建设的要求。大会强调，加强和改进团的建设，必须高举邓小平理论伟大旗帜，坚持以“三个代表”重要思想为根本指针，按照党建带团建的总体要求，加强团的组织体系建设和运行机制建设，提高团组织的学习能力和服务能力，建设一支党放心、青年满意的团干部队伍和先进性强、模范作用突出的团员队伍，不断提高团组织自我完善和发展的能力，进一步增强团组织的吸引力和凝聚力。

大会号召各级团组织和广大团员青年紧密团结在以胡锦涛同志为总书记的党中央周围，高举邓小平理论伟大旗帜，以“三个代表”重要思想为指导，以昂扬的斗志、不懈的努力，在全面建设小康社会，加快推进社会主义现代化的进程中，创造出无愧于党和人民、无愧于时代的辉煌业绩，谱写出新世纪中国青年运动的崭新篇章！

中国共产主义青年团章程

中国共产主义青年团第十五次全国代表大会部分修改
2003年7月26日通过

总　则

中国共产主义青年团是中国共产党领导的先进青年的群众组织，是广大青年在实践中学习中国特色社会主义和共产主义的学校，是中国共产党的助手和后备军。

中国共产主义青年团坚决拥护中国共产党的纲领，以马克思列宁主义、毛泽东思想、邓小平理论和“三个代表”重要思想为行动指南，解放思想，实事求是，与时俱进，团结全国各族青年，为把我国建设成为富强、民主、文明的社会主义现代化国家，为最终实现共产主义而奋斗。

中国共产主义青年团在中国共产党领导下发展壮大，始终站在革命斗争的前列，有着光荣的历史。在建立新中国，确立和巩固社会主义制度，发展社会主义的经济、政治、文化的进程中发挥了生力军和突击队作用，为党培养、输送了大批新生力量和工作骨干。党的十一届三中全会以来，共青团根据党的工作重心的转移，紧密围绕改革开放和经济建设开展工作，为推进社会主义现代化建设事业做出了重要贡献，促进了青年一代的健康成长。

中国共产主义青年团在现阶段的基本任务是：坚定不移地贯彻党在社会主义初级阶段的基本路线，以经济建设为中心，坚持四项基本原则，坚持改革开放，在建设中国特色社会主义的伟大实践中，造就有理想、有道德、有文化、有纪律的接班人，努力为党输送新鲜血液，为国家培养青年建设人才，团结带领广大青年，自力更生，艰苦创业，积极推动社会主义物质文明、政治文明和精神文明建设，为全面建设小康社会、加快推进社会主义现代化贡献智慧和力量。

中国共产主义青年团加强思想政治工作，坚持对青年的教育和引导，组织青年学习马克思列宁主义、毛泽东思想、邓小平理论和“三个代表”重要思想，广泛开展党的基本路线教育，爱国主义、集体主义和社会主义思想教育，社会主义道德教育，近代史、现代史教育和国情教育，民主和法制教育，增强青年的民族自尊、自信和自强精神，树立正确的理想、信念和世界观、人生观、价值观。对团员还必须进行中国特色社会主义共同理想和共产主义远大理想教育。努力帮助青年学习现代科学文化知识，吸收和借鉴人类社会创造的一切文明成果，抵御资本主义和封建主义腐朽思想的侵蚀，不断提高青年的思想道德素质和科学文化素质。

中国共产主义青年团带领青年在经济建设中发挥生力军和突击队作用，充分调动和发挥青年的积极性和创造性，组织青年参加改革开放和完善社会主义市场经济体制的实践，促进科教兴国战略和可持续发展战略的实施，树立科学技术是第一生产力的观念，掌握和运用先进的科学技术，学习和适应现代管理方式，诚实劳动，勇于创新，为发展社会生产力，增强综合国力，提高人民生活水平，实现我国经济发展的战略目标建功立业。

中国共产主义青年团充分发挥党联系青年的桥梁和纽带作用，积极协助政府管理青年事务，在维护国家和人民利益的同时代表和维护青年的具体利益，围绕党的中心任务，开展适合青年特点的独立活动，关心青年的工作、学习和生活，切实为青年服务，向党和政府反映青年的意见和要求，开展社会监督，同各种危害青少年的现象作斗争，保护和促进青少年的健康成长。

中国共产主义青年团高举爱国主义旗帜，坚决维护和发展全国各族青年之间的团结友爱，加强同香港特别行政区青年同胞、澳门特别行政区青年同胞、台湾青年同胞和海外青年侨胞的团结，按照“和平统一、一国两制”的基本方针，共同促进祖国统一大业的完成。

中国共产主义青年团在维护我国的独立和主权，坚持和平友好、独立自主、相互学习、平等合作、共同发展的基础上，积极发展同世界各国青年组织的交往和友好关系，反对霸权主义和强权政治，维护世界和平，促进人类进步。

中国共产主义青年团要完成现阶段的基本任务，必须不断加强团的建设。要发扬优良传统和作风，生动活泼、富于创造性地开展工作，把共青团建设成为团结教育青年的坚强核心。团的建设必须贯彻以下基本要求：

（一）坚持党的基本路线不动摇。全团要用邓小平理论、“三个代表”重要思想和党的基本路线统一思想和行动,团的各项工作都必须服从和服务于经济建设这个中心;必须把坚持改革开放和坚持四项基本原则统一起来,使党的基本路线在团的工作中得到全面贯彻。

(二)坚持党建带团建。把党的要求贯彻落实到团的建设之中,使团的建设纳入党的建设总体规划。

(三)坚持先进性与群众性的统一。教育、引导青年坚定正确的政治方向,发挥团员的模范作用;广泛团结青年,与青年保持密切的联系。

(四)坚持把竭诚服务青年作为团的一切工作的出发点和落脚点,更好地吸引和凝聚青年。

(五)坚持民主集中制。民主集中制是共青团根本的组织原则。要充分发扬民主,切实保障团员的民主权利。要实行正确的集中,加强组织性和纪律性,保证团的决议得到有效的贯彻执行。

(六)坚持不懈地抓好基层建设。基层组织是团的一切工作的基础。团的领导机关要确立基层第一的观念,发扬务实、求实的作风,深入基层,服务基层,不断增强基层活力。

中国共产主义青年团中央委员会受中国共产党中央委员会领导,团的地方组织和基层组织受同级党的委员会领导,同时受团的上级组织领导。

第一章　团员

第一条　年龄在14周岁以上,28周岁以下的中国青年,承认团的章程,愿意参加团的一个组织并在其中积极工作、执行团的决议和按期交纳团费的,可以申请加入中国共产主义青年团。

团员年满28周岁,没有担任团内职务,应该办理离团手续。

团员加入共产党以后仍保留团籍,年满28周岁,没有在团内担任职务,不再保留团籍。

第二条　团员必须履行下列义务:

(一)努力学习马克思列宁主义、毛泽东思想、邓小平理论和“三个代表”重要思想,学习团的基本知识,学习科学、文化和业务知识,不断提高为人民服务的本领。

(二)宣传、执行党的基本路线和各项方针政策,积极参加改革开放和社会主义现代化建设,努力完成团组织交给的任务,在学习、劳动、工作及其他社会活动中起模范作用。

(三)自觉遵守国家的法律法规和团的纪律,执行团的决议,发扬社会主义新风尚,提倡共产主义道德,维护国家和人民的利益,为保护国家财产和人民群众的安全挺身而出,英勇斗争。

(四)接受国防教育,增强国防意识,积极履行保卫祖国的义务。

(五)虚心向人民群众学习,热心帮助青年进步,及时反映青年的意见和要求。

(六)开展批评和自我批评,勇于改正缺点和错误,自觉维护团结。

第三条　团员享有下列权利:

(一)参加团的有关会议和团组织开展的各类活动,接受团组织的教育和培训。

(二)在团内有选举权、被选举权和表决权。

(三)在团的会议和团的报刊上,参加关于团的工作和青年关心的问题的讨论,对团的工作提出建议,监督、批评团的领导机关和团的工作人员。

(四)对团的决议如有不同意见,在坚决执行的前提下,可以保留,并且可以向团的上级组织提出。

(五)参加团组织讨论对自己处分的会议,并且可以申辩,其他团员可以为其作证和辩护。

(六)向团的任何一级组织直至中央委员

会提出请求、申诉和控告，并要求有关组织给以负责的答复。

团的任何一级组织或个人都无权剥夺团员的权利。

第四条 接收团员必须严格履行下列手续：

（一）申请入团的青年应有两名团员作介绍人。

（二）介绍人应负责地向被介绍人说明团章，向团的组织说明被介绍人的思想、表现和经历。

（三）要求入团的青年要向支部委员会提出申请，填写入团志愿书，经支部大会讨论通过和上级委员会批准，才能成为团员。被批准入团的青年从支部大会通过之日起取得团籍。

第五条 新团员必须在团旗下进行入团宣誓。誓词如下：我志愿加入中国共产主义青年团，坚决拥护中国共产党的领导，遵守团的章程，执行团的决议，履行团员义务，严守团的纪律，勤奋学习，积极工作，吃苦在前，享受在后，为共产主义事业而奋斗。

第六条 团员由一个基层组织转移到另一个基层组织，必须及时办理组织关系转接手续。

第七条 对于模范履行团员义务、在社会主义现代化建设和保卫祖国的事业中有显著成绩的团员，团的组织应当给以奖励。

奖励分为：通报表扬，由团的中央、省、市（地）、县级委员会和基层团委授予优秀共青团员称号。

第八条 对于不执行团的决议、违反团章的团员，团的组织应当本着惩前毖后、治病救人的精神，进行批评和帮助，情节严重的，给以纪律处分。

处分分为：警告，严重警告，撤销团内职务，留团察看，开除团籍。

留团察看的时间为六个月或一年。团员在留团察看期间没有选举权、被选举权和表决权，不得作青年入团的介绍人。留团察看期满，改正了错误的，应当及时恢复其团员的上述权利；坚持错误不改的，应当开除团籍。

第九条 对团员的纪律处分，必须经支部大会讨论通过，报上级委员会批准。

对团员给以开除团籍的处分，必须经县级委员会或被县级以上团的委员会授权的团的基层委员会批准。

第十条 团的组织对团员作出处分决定，必须严肃慎重，实事求是。支部大会在讨论决定对团员的处分时，除特殊情况外，应当吸收本人参加，认真听取他的意见。决定后如果本人不服，可以提出申诉，有关团组织必须负责处理或者迅速转递，不得扣压。

第十一条 团员有退团的自由。团员要求退团应向支部委员会递交书面报告，由支部大会决定除名，并报上级委员会备案。

团员没有正当理由，连续六个月不交纳团费、不过团的组织生活，或连续六个月不做团组织分配的工作，均被认为是自行脱团。团员自行脱团，应由支部大会决定除名，并报上级委员会批准。

第二章 团的组织制度

第十二条 中国共产主义青年团是按照民主集中制组织起来的统一整体。团的民主集中制的基本原则是：

（一）团员个人服从组织，少数服从多数，下级组织服从上级组织。

（二）团的全国领导机关，是团的全国代表大会和它产生的中央委员会。地方各级团的领导机关，是同级团的代表大会和它产生的团的委员会，团的各级委员会向同级代表大会负责并报告工作。

（三）团的各级领导机关，除它们派出的代表机关外，都由选举产生。

（四）团的各级领导机关应当经常听取并

认真处理下级组织和团员的意见;团的下级组织既要向上级组织请示、报告工作,又要独立负责地解决自己职责范围内的问题。团的各级组织要使团员对团内事务有更多的了解和参与。

(五)团的各级委员会实行集体领导和个人分工负责相结合的制度。

第十三条 团的各级委员会可以根据工作需要,设立适当的工作部门。团的县级以上各级委员会可以派出代表机关。

在团的各级代表大会闭会期间,同级党的组织和上级团的组织认为有必要时,经过共同研究,取得一致意见,可以调动或指派团组织的负责人。

第十四条 团的各级代表大会的代表和委员会的产生,要体现选举人的意志。选举采用无记名投票的方式。候选人的产生要广泛发扬民主,候选人名单要充分酝酿讨论。可以直接采用候选人数多于应选人数的差额选举办法进行选举,也可以采用差额选举办法进行预选,产生候选人名单,然后进行等额正式选举。选举人有了解候选人情况、要求改变候选人、不选任何一个候选人和另选他人的权利。任何组织和个人不得以任何方式强迫选举人选举或不选举某个人。

团的中央和地方各级委员会委员、候补委员中的专职团干部调离团的岗位,其委员或候补委员的职务自行卸免。委员缺额由候补委员按得票多少依次递补,卸免和递补须经全会确认。

第十五条 团的县级和县级以上委员会在必要时可以召集代表会议,讨论和决定需要由代表大会解决的重大问题。代表会议可以增选委员会的部分成员。增选委员会委员和候补委员的数额,不得超过该级代表大会选出的委员和候补委员总数的三分之一。代表会议代表的名额和产生办法,由召集代表会议的委员会决定。

第十六条 有关全团性的工作,由团的中央委员会作出决定,统一部署。

各级团组织的报刊和其他宣传工具,必须宣传党的路线、方针和政策,宣传团的上级组织和本级组织的决议与工作任务,反映青年的意见和要求。

第三章　团的中央组织

第十七条 团的全国代表大会每五年举行一次,由中央委员会召集,在特殊情况下,可以提前或延期举行。

全国代表大会代表的名额及产生办法,由中央委员会决定。

第十八条 团的全国代表大会的职权是:

(一)审查和批准中央委员会的工作报告;

(二)讨论和决定全团的工作方针、任务和有关重大事项;

(三)修改团的章程;

(四)选举中央委员会。

在全国代表大会闭会期间,中央委员会执行全国代表大会的决议,领导团的全部工作。

第十九条 团的中央委员会全体会议选举常务委员若干人,组成常务委员会;选举第一书记一人和书记若干人,组成书记处。中央委员会全体会议由常务委员会召集,每年至少举行一次。在中央委员会全体会议和常务委员会闭会期间,书记处行使中央委员会的职权。

第四章　团的地方和军队的组织

第二十条 团的省、自治区、直辖市、省辖市、自治州代表大会每五年举行一次。

团的县(市、旗)、自治县、市辖区代表大会每三年举行一次。

团的地方各级代表大会由同级团的委员会召集。在特殊情况下,经同级党的委员会和团的上级委员会批准，可以提前或延期举行。

第二十一条 团的地方各级代表大会的职权是：

（一）审查和批准同级委员会的工作报告；

（二）讨论和决定本地区团的工作任务和有关重要事项；

（三）选举同级委员会；

（四）选举出席上一级团的代表大会的代表。

团的地方各级委员会在代表大会闭会期间，执行上级团组织的指示和同级团的代表大会的决议，领导本地方团的工作，定期向上级团的委员会报告工作。

第二十二条 团的地方各级委员会全体会议选举各该级委员会的常务委员会和书记、副书记。团的地方各级委员会全体会议由常务委员会召集，每年至少举行一次。在委员会全体会议闭会期间，由常务委员会行使委员会的职权。

团的地方各级委员会的组成，必须经同级党的委员会和上级团的委员会批准。

第二十三条 中国人民解放军和中国人民武装警察部队中团的工作，是军队和武警部队政治工作的一个重要组成部分。军队和武警部队中团的组织在党的委员会和政治机关的领导下，根据团中央委员会和中国人民解放军总政治部或中国人民武装警察部队政治部的规定和指示进行工作。

第五章 团的基层组织

第二十四条 企业、农村、机关、学校、科研院所、街道社区、社会团体、社会中介组织、人民解放军连队、人民武装警察部队中队和其他基层单位，凡是有团员三人以上的，都应当建立团的基层组织。

团的基层组织，根据工作需要和团员人数，经上级团的委员会批准，分别设立团的基层委员会、总支部委员会、支部委员会。

在基层委员会、总支部下建立支部。如果工作需要，在基层委员会下也可以建立总支部。在一个支部内可以分若干个小组。

支部委员会、总支部委员会由团员大会选举产生，每届任期两年或三年，其中大、中学校学生支部委员会每届任期一年。基层委员会由团员大会或代表大会选举产生，每届任期两三年至五年。

第二十五条 团的基层组织设置应从实际出发，可以不完全与党组织和行政建制对应。适应街道社区、非公有制经济组织、社会团体、社会中介组织等单位和领域的特点，灵活设置团的组织。

第二十六条 团的基层组织是团的工作和活动的基本单位，应该充分发挥团结教育青年的核心作用。它的基本任务是：

（一）组织团员和青年学习马克思列宁主义、毛泽东思想、邓小平理论和“三个代表”重要思想，学习党的路线、方针和政策，学习科学、文化和业务。

（二）宣传、执行党和团组织的指示和决议，参与民主管理和民主监督，充分发挥团员的模范作用，团结带领青年积极投身改革开放和现代化建设，为物质文明、政治文明和精神文明建设做贡献。

（三）教育团员和青年学习革命前辈，继承党的优良传统，发扬社会主义道德风尚，树立与改革开放和社会发展相适应的新观念，自觉抵制不良倾向，坚决同各种违法犯罪行为作斗争。

（四）了解和反映团员与青年的思想、要求，维护他们的权益，关心他们的学习、工作、生活和休息，开展文化、娱乐、体育活动。

（五）对要求入团的青年进行培养教育，做好经常性发展团员工作，收缴团费，办理超龄团员的离团手续。

（六）对团员进行教育和管理，健全团的组

织生活，开展批评和自我批评，监督团员切实履行义务，保障团员的权利不受侵犯，表彰先进，执行团的纪律。

（七）对团员进行党的基本知识教育，推荐优秀团员作党的发展对象；发现和培养青年中的优秀人才，推荐他们进入更重要的生产和工作岗位。

第六章　团的干部

第二十七条　团的干部是团的工作的骨干。共青团要按照德才兼备的原则，大胆选拔年轻干部，保持团干部队伍年轻化的优势，努力实现团干部队伍的革命化、知识化和专业化，在“保留骨干、以资熟手”的同时，不断为党和国家输送年轻干部。

第二十八条　团的各级领导干部要做团员和青年的表率，模范地履行团员的各项义务，刻苦学习、勤奋工作、勇于创造、自觉奉献，做党放心、青年满意的干部。

（一）政治上要坚强。具有相应的马克思列宁主义、毛泽东思想和邓小平理论的水平，自觉实践“三个代表”重要思想，坚持讲学习、讲政治、讲正气，坚决执行党的基本路线和各项方针政策，立志改革开放，献身社会主义现代化建设事业。

（二）学习要刻苦。带头学习政治、经济、文化、科学技术和现代管理知识，不断提高思想政策水平和实际工作能力。

（三）工作要勤奋。有强烈的革命事业心和责任感，勤于思考，勇于创新，知难而进，积极主动地在青年中开展工作，努力做出实绩。

（四）作风要扎实。朝气蓬勃，实事求是，发扬民主，敢想敢干，深入基层，调查研究，讲实话，办实事，求实效，不搞形式主义，不沾染官僚习气，热心为青年服务，做青年的知心朋友。

（五）品德要高尚。顾全大局，公道正派，团结同志，助人为乐，诚实谦虚，清正廉洁，有自我批评精神，自觉接受团员和青年的监督。

第二十九条　团的各级组织负有协助党管理团干部的责任。要加强对团干部的选拔和培养，建立正规的培训制度，办好各级团校和培训班；建立和健全团干部的考核制度；主动向有关党委和团委推荐下级或同级团组织负责人人选，对团干部的调动提出建议。

团的各级组织要关心团干部的工作、学习、生活和休息，努力帮助他们解决实际问题，积极为他们的成长和转业创造条件。

对工作有显著成绩的团干部，团的组织应当给以表扬和奖励。

第三十条　团干部要认真了解党组织工作全局，主动汇报团的工作情况，积极负责地发表意见，结合团的工作实际，创造性地完成党组织交给的任务。

第七章　团旗、团徽、团歌、团员证

第三十一条　中国共产主义青年团团旗旗面为红色，象征革命胜利；左上角缀黄色五角星，周围环绕黄色圆圈，象征中国青年一代紧密团结在中国共产党周围。团的重要会议以及团日活动可以使用团旗。

第三十二条　中国共产主义青年团团徽的内容为团旗、齿轮、麦穗、初升的太阳及其光芒，写有“中国共青团”五字的绶带。它象征着共青团在马克思列宁主义、毛泽东思想的光辉照耀下，团结各族青年，朝着党所指引的方向奋勇前进。团的组织和团员应按规定使用团徽。

第三十三条　中国共产主义青年团团歌为《光荣啊，中国共青团》。

第三十四条　中国共产主义青年团团员证封面为墨绿色，象征着青春和朝气蓬勃的青年运动；封面上方印有红色烫金团徽，象征着共青团是团结教育青年的核心。团的组织和团员应按规定管理和使用团员证。

第八章　团的经费

第三十五条　团的经费来源主要是:团员交纳的团费、党和政府以及企事业单位关于青少年事业的专项经费、团属经济实体收益、正当的社会资助和团组织的其他合法收入。

第三十六条　团费的交纳和管理使用办法由中央委员会统一规定。

第三十七条　团属经济实体,必须认真执行国家的有关法律法规和政策,努力为社会经济发展服务,为青少年健康成长服务,为团的事业服务。

第九章　团同少年先锋队的关系

第三十八条　中国少年先锋队是中国少年儿童的群众组织,是少年儿童学习中国特色社会主义和共产主义的学校,是建设社会主义和共产主义的预备队。中国共产主义青年团受中国共产党的委托领导中国少年先锋队的工作。共青团要发扬"全团带队"的传统,健全少先队组织的各级工作机构,支持少先队创造性地开展活动,保护和关心少年儿童的成长,坚持以社会主义思想和共产主义精神教育少年儿童,引导他们听党的话,好好学习,天天向上,爱祖国,爱人民,爱劳动,爱科学,爱护公共财物,锻炼身体,培养能力,努力成长为社会主义现代化建设需要的合格人才,做共产主义事业的接班人。

中学共青团组织应加强对少先队员入团前的培养教育,少先队组织应积极推荐优秀少先队员作团的发展对象。

第三十九条　团的组织选派优秀团员或者聘请思想进步、作风正派、知识丰富、热爱少年儿童的教师、先进人物以及其他人员,担任少年先锋队的辅导员,并从思想上、工作上、生活上关心他们,帮助他们不断提高政治和业务水平。对有显著成绩的辅导员和少先队工作者,应当给以表扬和奖励。

中国共产主义青年团第十五次全国代表大会关于《中国共产主义青年团章程(修正案)》的决议

2003年7月26日通过

中国共产主义青年团第十五次全国代表大会审议并通过了十四届中央委员会提出的《中国共产主义青年团章程(修正案)》,决定这一修正案自通过之日起生效。

大会一致同意在团章中明确规定,中国共产主义青年团是中国共产党领导的先进青年的群众组织,是广大青年在实践中学习中国特色社会主义和共产主义的学校,是中国共产党的助手和后备军。大会认为,根据党的十六大通过的《中国共产党章程(修正案)》,对团的性质作这样的表述,必将进一步激励广大青年把胸怀共产主义远大理想同坚定中国特色社会主义信念结合起来,积极投身改革开放和社会主义现代化建设的伟大事业。

大会一致同意在团章中明确规定,中国共产主义青年团以马克思列宁主义、毛泽东思想、邓小平理论和"三个代表"重要思想为行动指南。大会认为,"三个代表"重要思想同马克思列宁主义、毛泽东思想和邓小平理论是一脉相承而又与时俱进的科学体系，是马克思主义在中国发展的最新成果，是新世纪新阶段全党全国人民继往开来、与时俱进，实现全面建设小康社会宏伟目标的根本指针，也是共青团工作和建设的根本指针。党的十六大把“三个代表”重要思想同马克思列宁主义、毛泽东思想、邓小平理论一道确立为党必须长期坚持的指导思想，提出了新的发展目标和行动纲领，对团的工作和建设提出了新的更高要求。共青团作为党的助手和后备军，必须把“三个代表”重要思想同马克思列宁主义、毛泽东思想、邓小平理论一道作为自己的行动指南，用“三个代表”重要思想武装全团，教育青年，构筑当代青年的强大精神支柱。这对于保证共青团在党的领导下团结和带领广大青年，为实现推进现代化建设、完成祖国统一、维护世界和平与促进共同发展这三大历史任务，在中国特色社会主义道路上实现中华民族伟大复兴贡献力量，具有重大而深远的意义。

大会一致同意在团章中对现阶段共青团的基本任务作出明确规定。大会认为，党的十六大确定了全面建设小康社会的奋斗目标，制定了21世纪头20年我国现代化建设的宏伟蓝图。在团章中对现阶段共青团的基本任务作出明确规定，对于共青团团结带领广大青年投身社会主义物质文明、政治文明和精神文明建设，为全面建设小康社会、加快推进社会主义现代化贡献智慧和力量，具有重要的作用。

大会一致同意在团章中增写共青团协助政府管理青年事务的职能。大会认为，积极协助政府管理青年事务，反映了新时期党对共青团的新要求。在团章中明确这项职能，有利于共青团进一步发挥好党联系青年的桥梁和纽带的作用，发挥好作为国家政权的重要社会支柱作用。

大会一致同意在团章中明确团的建设必须坚持党建带团建和竭诚服务青年的原则。大会认为，党中央和各级党组织高度重视团的建设。江泽民同志在纪念中国共青团成立80周年大会上的重要讲话中，明确指出要坚持党建带团建，把团的建设纳入党的建设总体规划之中。近些年，各级党组织从思想、组织、作风建设等方面带领团组织加强自身建设，探索出一些行之有效的办法。实践证明，党建带团建是加强团的建设的重要保证。大会认为，强调把竭诚服务青年作为团的一切工作的出发点和落脚点，能够更好地吸引和凝聚青年。把坚持党建带团建和竭诚服务青年的原则写入团章，有利于促进新形势下团的建设。

大会同意将《光荣啊，中国共青团》定为团歌。大会认为，团十二大将《光荣啊，中国共青团》确定为代团歌以来，代团歌在广大团员青年中广为传唱，发挥了很好的作用。将代团歌适当修改后定为团歌，有利于进一步加强团员意识教育，增强团组织的凝聚力和战斗力。

大会认为，适应新形势新任务的要求，总结近年来各级团组织在实践中探索形成的经验，在团章关于团的建设和工作的其他方面提出更加明确的要求，有利于共青团更好地完成党交给的任务，推进共青团事业在新世纪的新发展。

大会要求，各级团组织和全体共青团员要认真学习和执行团章的各项规定，紧密团结在以胡锦涛为总书记的党中央周围，解放思想，实事求是，与时俱进，开拓创新，在“三个代表”重要思想指引下，在党的十六大精神指引下，在全面建设小康社会、加快推进社会主义现代化的新征程中创造新的业绩。

共青团第十五届中央委员会委员、候补委员、书记处第一书记、书记处书记、常委名单

共青团第十五届中央委员会委员名单

（189 名，按姓氏笔画排序）

卫　华（女）	马正学（回族）	
马红梅（女，回族）	马春雷	王　宏（女）
王　剑	王　晓	王　晓（女）
王　锐	王永斌	王兴男
王孟全	王荣清（满族）	王晓栋
王晓锋	王海红（女）	王德君
井剑萍（女）	方更生	方春明
尹德明	邓海光	甘　霖
艾　玲（女）	石　华	卢雍政
史庆伟	付　潇	付晓利
白　希（满族）	白　杰（满族）	
尔肯江·吐拉洪（维吾尔族）		
尼玛卓玛（女，藏族）	吕　刚	吕福春
朱天钰（女，满族）	朱业平	朱学庆
伊力汗·奥斯曼（维吾尔族）		庄长兴
刘　广	刘　闯	刘　勇
刘文新	刘可为	刘志杰
刘宏健（女）	刘剑桥	刘秤荣
关成华（满族）	江广平	许　宏
孙国相	阳秋冬	苏喜在
李　历（女）	李　亚	李　虹（女）
李　晖（女）	李大忠	李龙熙（朝鲜族）
李伟群	李国华	李学谦
李晓军	李晓声	李新华
杨　卉（女，彝族）	杨　岳	杨玉经（回族）
杨玉柱	杨宏星	杨建华
杨筱怀	肖菊华（女）	吴　旭（女）
吴拥军（女）	吴康明	余　刚
余远辉（瑶族）	库兰·赛富汗（女，哈萨克族）	
汪明浩（满族）	沈千帆	
宋芳蓉（女，土家族）	宋希斌	张　立
张　伟	张　彤	张　惠（女）
张九萍（女）	张文全	张文杰
张立军	张光峰	张志刚（朝鲜族）
张忠林	张晓兰（女）	张恩亮（满族）
张绳道	陆　林	陆　晓
阿　旺（藏族）	陈　冬	陈　伟
陈　琛（女）	陈　靖	陈　磊
陈小艳（女）	陈志伟	陈昌龄
武卫东	林　强	杭　东
卓上雄（黎族）	罗　强	罗永纲
罗志虎（蒙古族）	罗国权	周　强
庞　果（女）	郑　林	郑浩峻
孟宪新	赵　钊	赵　勇
赵　彪	赵一德	赵建东
赵新峰	郝　明	荆南进
胡　伟	胡　军	胡　侠
胡学庆	胡增印	钟志生
段绍安	保建彬	侯大伟
姚　明	秦　军	袁宝成
夏　忠	夏光志	夏科家
顾晓红	晏绍前	倪宝贵
徐　强	徐绍川（满族）	徐总茂
翁志华	高　汛	高　波
高　洪	高宏志	高裕跃
郭长江	郭美荐	唐明英（女）
唐显凯	唐剑光	唐航浩
陶　宏	陶明伦	黄玉生
黄合新（女，壮族）	黄泽元	黄晓炎

曹爱华（女）　常志刚（蒙古族）　常继红（女）
彭　波　彭诚强　葛慧君（女）
董　雨　景小勇　程显峰（满族）
曾　佳（女）　谢京帅（女）　雷　平
路永利　蔡双亭　廖　飞（苗族）
谭　平　滕　红（女，布依族）
魏国强　魏洪波

共青团第十五届中央委员会候补委员名单

（129名，按得票多少排序）

孙　柱　许晓峰　何正清
江卫全　孙　欣（女）　辛志光
宋震寰（回族）　张志红（藏族）　张瑞奇
林飞燕（女，高山族）　和爱宏（傈僳族）
赵恒峰　曹　爱（女）　冯德强
戎立强　刘　敬　张　锦（女）
陈俊肖　林　戎　孟昆龙
王　舸　申淑征（女）　乔占伟
刘雅琴（女）　肖凤利（满族）　吴　纯（女）
胡　霞（女）　钟雪玲（女，畲族）
郭　颖（女）　韩亚君　马旭（女，回族）
王东云（女）　方文杰（女）　石如龙
冬　月（女，鄂伦春族）　刘华亮
许　玲（女）　张　震　陈　实（仡佬族）
杭　颖（女）　国亚萍（女）　孟德昌
徐广村　常　青（蒙古族）　蒋　辉
焦　荣（女）　皮志杰（女）　刘　哲
许　佳　孙俊俊（女，赫哲族）　李国庆
何亚兵（回族）　张　萱（女）　陈荣送
武文梅（女）　赵立平（女）　柳树国
秦　捷　顾苏闽　舒中华
廖立勇　马佳（女，回族）　毛　方（女）
伞翔宇　李桂臣　张怡宁（女）
范元丰　章雪晴（女）　丁小强
片多（女，藏族）　江　燕（女）　孙云晓
李　顺　杨　帆（女）　杨治花（女，回族）
陈跃楠　金佳慧（女）　孟　敏（女）
宫　辉　聂　巧（女）　郭　萍（女，裕固族）
韩玉冰（女，撒拉族）　傅　强
谭　雪（女）　王　莉（女）　王家仲
车红妮（女，俄罗斯族）
比丽克孜·夏克尔（女，维吾尔族）
陈　琳（女）　徐妍玮（女）　曾凡亚（女）
古丽思坦（女，维吾尔族）　卢　波
让　英（女，藏族）　杨　敏（女）　应　飚
郭　巧（女）　涂　猛　黄　卓（女）
韩国贺　燕　红（女，藏族）　魏　刚
任　洁（女）　张晶莹（女）　王　楠（女）
吴婷婷（女）　初建松　陈　砻
祝培莉（女）　洪剑涛（回族）
彭晓谭（女，土家族）　鲁伟鼎
简　洁（女）　周小兰（女）　舒笑笑（女）
黄　勇　黄秋艳（女，壮族）　薛庆峰
刘英妹（女）　张　菲（女）
冯红云（女，壮族）　张宁宁（女）　陈天桥
陈红红（女）　姚小毅　李中国
李文革　王　铁　樊　牛

共青团第十五届中央书记处第一书记

周　强

共青团第十五届中央书记处书记

赵　勇　胡　伟　杨　岳
尔肯江·吐拉洪　王　晓　张晓兰

共青团第十五届中央常务委员会委员名单

（26名，按姓氏笔画排序）

王　晓　尹德明　卢雍政
白希（满族）　尔肯江·吐拉洪（维吾尔族）
吕福春　朱学庆　刘可为
关成华（满族）　江广平　李学谦
李晓军　杨　岳　张晓兰（女）
陆　晓　陈　伟　陈　靖
周　强　赵　勇　胡　伟
胡增印　高　洪　郭长江
陶　宏　彭　波　葛慧君（女）

第一部分

特　　载

致《中华小记者》杂志七名小记者的信

2003年5月25日

胡锦涛

辛媛、张桉、丁丛、玉雪、罗洋、李晶、师阳同学：

你们好！5月15日的来信收到了。你们想在“六一”国际儿童节前夕采访我，希望同我“像朋友一样谈谈心”。我很愿意同你们当面交谈。但由于那时我要出国访问，因此给你们写封回信，算是接受你们的书面采访吧。

在“六一”国际儿童节即将到来之际，我要向你们，并通过你们，向全国各族少年儿童致以节日的祝福和亲切的问候！

我逐一阅读了你们每个人的来信。每封信都写出了你们的真情实感，说出了你们的心里话。你们在信中真诚表达了对奋战在抗病一线的白衣天使们的崇敬与热爱，寄托着对正同病魔搏斗的小朋友早日康复的美好祝愿，也谈了你们希望尽快恢复正常学习生活的迫切心情，提出了改进教学和开展体育活动的建议。尤其是你们都表示要努力学习，锻炼身体，将来为中华民族伟大复兴添砖加瓦，让祖国的明天更加美好。读了你们的信，我既为你们的爱国热忱和纯真爱心所打动，也对疫情影响了你们正常的学习生活而不安，更为你们在非常时期的磨练中变得更加坚强而深感欣慰。

非典型肺炎疫情是对我们国家和民族的又一次严峻考验。面对这个考验，我们大家万众一心，众志成城，依靠科学，同病魔展开了顽强的搏斗，已经取得了明显的成效。在这场没有硝烟的战争中，我们不仅增强了同疫病作斗争的能力，而且在全社会进一步弘扬了伟大的民族精神。同学们在历史课上都会了解到，我们中华民族在几千年的发展中历经沧桑，饱尝忧患，但愈挫愈奋，百炼成钢，靠的就是不屈不挠、自强不息的民族精神。我们坚信，有这种民族精神的强大威力，有全国人民的团结奋斗，就一定能够夺取抗击非典斗争的最后胜利，一定能够把我们的祖国建设得更加美好。

少年儿童是祖国的花朵，是民族的未来和希望。党和政府历来十分关心你们，像你们的爸爸妈妈、爷爷奶奶等亲人们一样，始终关爱着你们，千方百计为你们的身体健康和成长进步创造有利的条件。希望你们从小树立远大理想、坚定爱国信念，学习科技知识、掌握报国本领，培养优良品德、锻炼强健体魄，从各方面提高自身素质，努力成长为社会主义事业的合格建设者和接班人，时刻准备着，为祖国的现代化建设，为中华民族的伟大复兴贡献力量。

祝你们和全国少年儿童都身体健康，学习进步，生活幸福！

在参加全国政协十届一次会议工会、共青团、青联、妇联界委员联组讨论时的发言提纲

2003年3月4日

曾庆红

同志们：

大家好！

今天我来参加全国政协十届一次会议的工青妇和青联界委员联组讨论，看到这么多老同志、新同志，老朋友、新朋友，感到十分高兴。今天来有三个目的：

第一，受中共中央委托来看望大家。首先，我要代表党中央、代表胡锦涛总书记向新一届政协委员表示亲切的问候！同时还要向大家表示祝贺，祝贺我们新世纪第一次全国政协在昨天胜利开幕。明天，十届全国人大一次会议也将胜利开幕，各位委员也将列席，听取“政府工作报告”，和全国人大代表一样，讨论国家大事。两会的召开，是我们党和国家在新世纪新阶段的一件大事，也是全国各族人民政治生活中的一件喜事。

第二，来听取大家的意见。刚才听了12位委员的发言，很受教育和启发。大家提出了许多好的、建设性的意见，我将带回去，供中央在研究有关问题时参考。有些意见和建议，也可请同志们写成提案，供有关地方与部门研究采纳。

第三，利用今天这个机会，我想着重就我们工青妇和青联界别的全国政协委员如何充分发挥自己在人民政协中的作用这个问题，谈点认识和意见，不是长篇大论，而是有感而发。我感到，我们工青妇和青联界别的全国政协委员要充分发挥自己三个方面的优势，为建设社会主义物质文明、政治文明和精神文明做出更大的贡献。

一、要充分发挥人才资源优势，为实现全面建设小康社会奋斗目标做贡献

作为群英荟萃的全国政协和人才济济的工青妇和青联界别，其共同的特点是都拥有巨大的人才资源优势。首先，我已经注意到，工青妇和青联组织的现任或原任许多负责同志，都是这几个界别的政协委员，这些同志当然是我们群众组织中的人才。还有，比如，在工会组织联系的职工队伍中就拥有一大批劳动模范、优秀企业家、技术能手、能工巧匠和专业技术人才，他们是推动科技进步和创新、促进先进生产力发展的重要力量。在共青团和青联组织联系的广大青年中，同样蕴藏着丰富的人才资源。当代大学生、青年突击手、青年企业家、青年科学家等就是广大青年中的英才。在妇联组织联系的妇女界也有女干部、女企业家、女科学家、女教师、女医生等一大批优秀人才。还有遍布在工、青、妇、青联界别中的优秀的文学艺术家，包括歌唱家、舞蹈家、戏曲表演艺术家、作家、著名学者、优秀节目主持人，等等。把各界群众组织的人才优势充分发挥出来，把各类人才的智慧和力量凝聚起来，必将大大推进我国先进生产力和先进文化的发展，加快改革开放和社会主义现代化建设的进程。

希望工青妇和青联界别的政协委员要紧密配合工青妇组织和青联，采取多种形式去发现人才、培养人才、用好人才，把人才资源的优势凝聚到全面建设小康社会的目标上来。可以配合工会组织充分利用系统网络优

势，广泛开展人才信息交流，发现人才，整合人才资源。通过开展劳动竞赛、合理化建议、技术革新、技术协作和发明创造等活动，广泛实施群众性经济技术创新工程，推进企业技术进步，提高企业经济效益。可以配合共青团和青联组织牢牢把握培育“四有”新人的根本任务，充分发扬共青团在实践中育人的优良传统，通过广泛开展读书求知等各种学习实践活动，帮助青年提高综合素质和职业技能，努力造就大批现代化建设的青年英才。努力营造鼓励青年干事业、支持青年干成事业的社会氛围，充分发挥他们在改革开放和社会主义现代化建设中的生力军和突击队作用。可以配合妇联组织通过多种渠道和方式，帮助广大妇女提高自身素质，增强竞争能力，使更多的妇女真正成为“四有”、“四自”新女性，使大批妇女人才脱颖而出。可以紧紧围绕经济建设这个中心，通过深入开展“巾帼建功”等活动，团结广大妇女群众为全面实现小康社会的奋斗目标，更好地发挥“半边天”的重要作用，等等。

二、要充分发挥民主监督优势，为推进社会主义政治文明建设做贡献

人民政协作为中国共产党领导的多党合作和政治协商的重要的组织形式，它的一项重要职能就是实行民主监督。工青妇组织也具有民主监督的重要职责，尤其在群众监督方面具有十分明显的优势。工会作为工人阶级的群众组织，在监督《工会法》及有关的法律法规的执行、切实维护职工合法权益等方面，承担着重要的职责。共青团作为先进青年的群众组织，在宣传和执行党的指示和决议、保障团员青年的民主权利、参与民主管理和民主监督方面，承担着重要的任务。妇联组织在代表妇女参加国家和社会事务的民主管理、民主监督，促进有关妇女儿童法律、法规、规章的贯彻执行，维护妇女儿童的合法权益方面，也具有独特的作用。工青妇和青联界别的政协委员充分认识和充分发挥工青妇组织群众监督的优势，充分反映和有效集中各界群众的意见和建议，加强对权力的制约和监督，对于发展社会主义民主政治、建设社会主义政治文明，具有重要的作用。

工青妇和青联界别的政协委员要发挥好工青妇组织的群众监督优势，就既要敢于监督，又要善于监督。所谓敢于监督，就是要始终站在党和群众的立场上，勇于负起监督之责。依照政协章程，通过参加政协的各种活动，依法对政府及其有关部门的工作进行监督，特别是要监督他们在研究制定经济和社会发展计划，制定教育、劳动、工资、社会保障、物价、住房等重大政策、措施时，是否体现了职工、青年和妇女群众的切身利益；在贯彻执行有关政策时，是否维护和实现了最广大人民群众的根本利益。所谓善于监督，就是要结合各自的实际不断探索切实有效的监督方法。要通过改进方法，强化措施，切实把群众监督的优势充分发挥出来，切实维护好人民群众的根本利益。

三、要充分发挥群众工作优势，为实现中华民族的伟大复兴做贡献

人民政协组织的一个明显优势，就是重视政协组织的界别特点，通过委员同本界群众的联系，更好地代表各自群众的利益，反映各自群众的要求。而作为人民政协组成部分的工青妇和青联界别，其最显著特点也在于它广泛的群众性。这些组织与各自所代表的那部分群众联系比较密切，对他们的情况比较熟悉，在党的群众工作中有着自己独特的优势。在座的各位都是来自工青妇和青联界别的委员，要善于通过政协和工青妇组织这两个联系群众的重要渠道，以满腔的热情和高度的政治责任感去做好新形势下的群众工作，不断密切党与群众的血肉联系，更广泛、更充分地调动一切积极因素，为在中国特色社会主义道路上实现中华民族的伟大复兴做出积极的贡献。具体地说，就是要着重在以下三个方面下功夫：

一是要在教育引导群众上下功夫，当好党的路线方针政策的宣传员。工青妇和青联界别的政协委员要积极配合各级工青妇组织，按照培养“四有”新人的目标，根据职工、青年、妇女的不同情况，分层次、有重点地进行马克思列宁主义、毛泽东思想、邓小平理论和“三个代表”重要思想的教育，革命传统、理想、道德教育，民主、法制、纪律教育和科学文化教育，不断提高群众的思想政治觉悟和科学文化水平。特别要针对群众思想上存在的热点难点问题，有的放矢地进行教育引导，做好释疑解惑、凝聚人心、疏导情绪、化解矛盾、促进稳定的工作，把广大群众的思想和行动统一到贯彻执行党的路线方针政策上来。

二是要在团结联系群众上下功夫，当好党与群众的联络员。工青妇和青联界别的政协委员一定要深入群众，经常了解各自所代表群众的情绪和愿望、困难和疾苦，经常倾听他们的呼声和要求、意见和建议，并通过政协提案、有关会议等多种渠道，把这些情况如实地向党和政府反映，真正在党与群众之间架起一座联系、沟通的桥梁。当前，特别要注意围绕党和国家的中心工作，就职工下岗再就业，完善社会保障体系，维护职工、妇女和青少年权益，培养人才等关系群众切身利益的问题，积极反映情况，提出好的意见和建议，切实把维护群众利益的任务落到实处。

三是要在帮助和服务群众上下功夫，当好人民群众的服务员。作为群众组织，作为来自群众组织的政协委员，为所代表的群众服务是天职，不为群众服务是失职。服务群众，最重要的是要为群众多办实事，多办好事，满腔热情地化民忧、消民怨、解民困、帮民富。近年来，工会组织开展的“送温暖”工程、帮助下岗职工再就业；共青团开展的“希望工程”、青年志愿者行动；妇联组织开展的帮助农村妇女致富和城市下岗女工再就业、母亲水窖工程等，都很有特色，很有成效，希望能够坚持下去，并不断创新服务群众的活动内容、活动方式和活动方法，不断提高为群众服务的水平。服务群众，还要在维护群众权益上下功夫。近年来，侵犯群众合法权益的事件时有发生，群团组织和作为来自群团组织的政协委员一定要切实履行好维护各自所代表群众合法权益的重要职责，敢于同一切侵犯职工、青少年和妇女儿童合法权益的行为作斗争，真正把工青妇组织建设成为职工之家、青少年之家和妇女之家。

最后，我还想强调，在座各位委员政治、业务素质的不断提高，直接关系到工会、共青团、妇联组织的人才资源优势、民主监督优势和群众工作优势的发挥。为此，希望大家不断加强学习，不断提高自已，不断与时俱进。要努力学习一切与履行职责、做好工作有关的理论和知识，不断提高业务工作能力和水平，履行好政协委员的基本职责，以一流的工作业绩，为完成十六大和十届全国政协一次会议提出的各项任务做出应有的贡献。

预祝全国政协十届一次会议圆满成功。

在纪念学雷锋活动40周年大会上的讲话

2003年2月27日

李长春

同志们：

40年前，毛泽东同志发出了“向雷锋同志学习”的伟大号召。从此，一个亿万人民参与的群众性学雷锋活动在中华大地上蓬勃兴起，对于促进全社会精神文明建设的发展，特别是良好道德风尚的形成起到了重要作用。今天，我们在这里隆重集会，纪念学雷锋活动40周年，表彰全国学习雷锋、志愿服务先进集体和先进个人，就是要在新的历史条件下，继续发扬光大雷锋精神，推动广大人民群众积极投身改革开放和现代化建设的伟大实践，为实现党的十六大提出的全面建设小康社会的宏伟目标而努力奋斗。在这里，我代表党中央向全国各条战线上涌现出来的学习雷锋、志愿服务的先进集体和先进个人，表示亲切的慰问和崇高的敬意！

雷锋的一生是平凡而伟大的一生。他1940年出生在湖南省望城县一个贫苦的农民家庭，自幼便成了孤儿，是党和政府把他从苦难中解救出来，安排他上学读书、参加工作、参军入伍，使他从一个苦孩子成长为一名优秀的共产党员、伟大的共产主义战士。雷锋先后当过农业社的记工员、县乡政府的通信员、农场的拖拉机手、工厂的推土机手、人民解放军的汽车兵。无论在什么岗位上，他都以对党、对人民、对祖国的无限热爱，刻苦学习，忘我工作，服务人民，报效祖国，出色地完成组织交给的每一项任务。他走到哪里，就把好事做到哪里，把爱心撒到哪里，把温暖送到哪里。雷锋22岁时因公殉职，用他短暂的一生，谱写了无比壮丽的人生诗篇，树起了一座令人景仰的历史丰碑。

从雷锋牺牲到现在40年来，我们党三代中央领导核心毛泽东、邓小平、江泽民同志，在各个历史时期都就开展学雷锋活动作过重要题词、重要指示和重要讲话，为学雷锋活动的开展指明了方向。40年来，在各级党委和政府的高度重视和大力推动下，学雷锋活动一直延续不断，历久弥新，活动内容不断丰富，范围不断扩大，形式不断创新。随着学雷锋活动的广泛开展和日益深入，雷锋精神深深扎根于人民群众的思想之中。雷锋已经成为真情与爱心的化身，成为时代的楷模，成为我们社会衡量道德行为的标准。雷锋的先进事迹和崇高思想，随着时间的推移，越来越焕发出夺目的光彩，越来越显示出强大的生命力。

雷锋这位只有22年短暂生命的普通共产党员，能够在我们这个有十几亿人口的大国中，在我们这个有6600多万党员的大党中，在包含着不同历史时期的40年风雨历程中，产生如此重要而深远的影响，激励一代又一代人成长进步，从根本上说，就在于雷锋精神产生于社会主义建设的火热实践中，符合时代进步的潮流；就在于雷锋精神与我们党的全心全意为人民服务的根本宗旨是一致的，展示了共产党人的特殊品格；就在于雷锋精神继承了中华民族几千年的优良传统，体现了伟大的民族精神；就在于雷锋精神贴近实际、贴近群众、贴近生活，反映了广大人民群众对建设美好社会、创造美好生活的迫切愿望。雷锋精神是我们弥足珍贵的精神财富。

去年，我们党胜利召开了十六大。大会把

“三个代表”重要思想同马克思列宁主义、毛泽东思想、邓小平理论一道确立为我们党必须长期坚持的指导思想，明确提出了全面建设小康社会的奋斗目标和行动纲领，为新世纪新阶段党和国家事业的发展指明了前进的方向。在全党全国上下深入学习贯彻“三个代表”重要思想和十六大精神的时候，强调大力弘扬雷锋精神、深入开展学雷锋活动，具有特别重要的意义。实践“三个代表”重要思想，更好地代表先进生产力的发展要求、先进文化的前进方向、最广大人民的根本利益，需要用伟大的雷锋精神教育广大党员干部；落实十六大确定的各项任务，促进社会主义物质文明、政治文明和精神文明协调发展，实现全面建设小康社会的宏伟目标，需要用伟大的雷锋精神激励全体人民。全党全社会都要充分认识学习雷锋的现实意义，把学雷锋活动作为深入学习贯彻“三个代表”重要思想和十六大精神、不断开创中国特色社会主义事业新局面的实际行动，大张旗鼓地开展起来。

学习雷锋，就要牢固树立远大理想。一个人仅仅为自己而活着，这样的人生是渺小的。只有自觉地把个人的追求同国家和民族的前途命运联系起来，把个人的奋斗融入国家富强、民族振兴的历史洪流中去，这样的人生才是有价值的人生，才是壮丽的人生。我们向雷锋学习，就要像他那样，志存高远，胸怀宽广，毫无保留地把自己的一切奉献给祖国和人民。共产党员、共青团员尤其要切实增强责任感和使命感，牢固树立共产主义远大理想和中国特色社会主义坚定信念，始终追求崇高的人生境界，为全面建设小康社会，进而实现中华民族伟大复兴，贡献出自己的全部智慧和力量。

学习雷锋，就要发奋学习科学文化。当今世界，信息交流日益广泛，知识更新大大加快，新情况、新问题层出不穷，我们不懂得、不熟悉的东西不断增多。谁不勤奋学习、刻苦学习，谁就会落伍，谁就跟不上时代前进的步伐。我们一定要像雷锋那样，在学习上永不满足，永不懈怠，大力发扬“钉子”精神，以那么一种钻劲和挤劲，抓紧学习，追求新知。要认真学习马克思列宁主义、毛泽东思想、邓小平理论和“三个代表”重要思想，学习同自己业务有关的经济、政治、文化、科技、历史和法律等方面的知识，学习一切反映当今世界文明进步的新知识，不断地充实自己、提高自己、完善自己，更好地适应改革开放和社会主义现代化建设的需要。

学习雷锋，就要始终坚持艰苦奋斗。艰苦奋斗是中华民族的优良传统，是共产党人的政治本色。要把一个经济文化比较落后的国家建成富强民主文明的社会主义国家，要把一个低水平的、不全面的、发展很不平衡的小康社会建设成为惠及十几亿人口的更高水平的小康社会，要缩小我国同发达国家的差距，跻身世界强国之列，我们还有很长的路要走，还有非常艰巨的任务要完成，还可能遇到很多困难与挑战。我们要像雷锋那样，不管处在顺境还是逆境，都始终保持谦虚谨慎、不骄不躁的作风，始终保持艰苦奋斗的作风，做一颗永不生锈的螺丝钉，在本职岗位上兢兢业业、努力工作，在日常生活中勤俭朴素、厉行节约，坚决反对贪图享受、铺张浪费的不良风气，用自己的诚实劳动创造美好的生活。特别是各级领导干部要牢记“两个务必”，带头弘扬艰苦奋斗精神，结合新的时代要求，把艰苦奋斗同开拓创新统一起来，坚持与时俱进、锐意进取，把我们的事业不断推向前进。

学习雷锋，就要大力弘扬文明新风。雷锋对同志就像春天般温暖，他把好处和享受让给别人，把辛苦和劳累留给自己，把帮助别人当做人生最大的快乐和幸福。在发展社会主义市场经济的条件下，我们仍然要以雷锋同志为榜样，把有限的生命投入到无限的为人民服务中去，用实际行动促进团结友爱、诚实守信、助人为乐、见义勇为的良好社会风气的形成，自觉做中华民族传统美德的传承者、社会主义道德规范的实践者、新型人际关系的倡导者。特别是各级领导干部要时刻铭记党的全心全意为人民服务的宗旨，牢固树立正确的权力观、地位观、利益观，坚持立党为公、执政为民，切实做到权为民所用、情为民所系、利为民所谋，为人民群众办实事办好事，以党风政风的好转带动和促进社会风气的好转。

深入开展学雷锋活动，是新时期加强社会主义精神文明建设的重要任务。我们一定要适应新形势的要求，不断充实活动的内容，拓展活动的领域，创新活动的形式，努力营造弘扬雷锋精神、开展学习雷锋活动的良好的社会氛围，使这一活动在新的历史条件下发挥更大的作用。要把学雷锋活动同新世纪新阶段党和国家的各项工作紧密结合起来，同改革开放和现代化建设的伟大实践紧密结合起来，同群众性精神文明创建活动紧密结合起来，进一步增强学雷锋活动的时代性。要动员和组织社会各方面力量特别是广大青少年积极参与学雷锋活动，在全社会广泛开展送温暖、献爱心，志愿服务、扶贫济困、互帮互助活动，形成人人都关心他人、人人都受到他人关心的社会氛围，进一步增强学雷锋活动的群众性。要针对不同群体的不同特点，提出不同的要求，采取不同的方法和途径，进一步增强学雷锋活动的针对性和实效性。我们的时代是英雄辈出的时代，群众中不断涌现出学雷锋的先进典型。要善于发现典型，大力培养典型，广泛宣传典型，推动学雷锋活动深入持久地开展下去。各级党委和政府要从全面贯彻“三个代表”重要思想的高度，从发展先进文化、弘扬和培育民族精神的高度，切实加强对学雷锋活动的领导。共青团要发挥好党的助手和后备军的作用，发挥好党联系青年的桥梁和纽带作用，根据青少年的特点，创造性地开展学雷锋活动，使雷锋精神在广大青少年中生根开花、结出硕果。人民解放军要继承和发扬我军光荣传统，紧紧围绕打得赢、不变质两个历史性课题，坚持把学雷锋活动作为加强部队思想政治建设和各项建设的重要载体，教育引导广大官兵永葆人民军队的性质、本色和作风。

同志们，伟大的事业孕育崇高的精神，崇高的精神推动伟大的事业。让我们在邓小平理论和“三个代表”重要思想的指导下，在以胡锦涛同志为总书记的党中央领导下，全面贯彻落实党的十六大精神，坚持开展学雷锋活动，发扬光大雷锋精神，在全面建设小康社会、开创中国特色社会主义事业新局面的伟大实践中，谱写出更加雄壮的雷锋之歌！

致《中国青年》杂志创刊80周年的贺信

2003年10月18日

李长春

《中国青年》杂志社：

欣闻《中国青年》杂志创刊80周年，谨表示热烈的祝贺！

80年来，《中国青年》始终紧跟时代前进步伐，积极宣传党的路线方针政策，大力倡导正确的世界观、人生观、价值观，激励和引导一代又一代青年投身党领导的革命和建设事业，投身改革开放和社会主义现代化建设的伟大实践，为广大中国青年的成长和进步做出重要贡献。在青年时期，我也是这本杂志的忠实读者，曾对我的成长有重要的启迪。

新世纪新阶段，党的十六大提出全面建设小康社会的宏伟目标，赋予中国青年以新的历史使命，也为《中国青年》的发展指明了方向。《中国青年》将大有作为。希望《中国青年》不断发扬传统、与时俱进，坚持贴近实际、贴近生活、贴近群众，团结和引导广大青年投身中华民族伟大复兴，为中国青年事业的发展做出新的更大贡献。

祝《中国青年》永葆青春！

在接见第13届中国十大杰出青年时的讲话

2003年1月9日

王兆国

同志们、青年朋友们：

很高兴参加今天座谈会。首先，向荣获“中国十大杰出青年称号”的各位青年朋友表示热烈的祝贺！刚才听了大家的发言，由衷感到各位杰出青年对国家发展和社会进步做出了重要贡献，你们的奋斗经历对当代青年的健康成长具有重要的借鉴意义。借此机会，我谈几点意见，供大家参考。

一、实现全面建设小康社会的宏伟目标为当代青年成长立业提供了广阔舞台

改革开放20多年来，特别是党的十三届四中全会以来的13年，我国发生了翻天覆地的变化，获得了前所未有的发展，综合国力显著增强，人民生活极大改善。去年“9·11”事件发生后，国际政治局势非常复杂，世界经济发展总体衰退。在这种形势下，我国顶住了压力和挑战，经济持续快速增长，去年GDP增长了8%，财政收入突破18000亿元大关，外贸进出口6200多亿美元，列世界第五位，外汇储备近3000亿美元。加入WTO以后，我国对外开放水平进一步提高，吸收外资的规模和数量稳步上升，去年实际使用外资金额超过了500亿美元，成为全球吸收外商直接投资最多的国家。这些成就的取得，得益于改革开的政策，得益于邓小平理论的指导，得益于以江泽民同志为核心的党中央的领导，同时也得益于青年一代的拼搏、创造和奉献。

党的十六大确立了全面建设小康社会的宏伟目标，对我国政治、经济、文化建设和改革做出了全面部署，可以说蓝图已经绘就，目标非常明确。本世纪头20年将是我国面临的一个十分重要的战略机遇期，是在日趋激烈的国际竞争中实现民族振兴的关键时期，也是全国广大青年大有作为、大展鸿图的黄金时期。全面建设小康社会需要各行各业的青年为之努力、为之奋斗，这一宏伟目标的实现也为广大青年施展才华、建功立业提供了广阔舞台。我相信，在这个需要英雄也能够造就英雄的时代，在全面建设小康社会的伟大征程中，广大青年一定能够找准自己的人生坐标，实现自己的人生理想，创造自己的人生辉煌。

二、“中国十大杰出青年”为当代青年树立了具有鲜明时代特点的榜样

榜样的力量是无穷的、巨大的。在我们国

家革命、建设和改革的不同历史时期,都涌现了一大批具有时代特点的光辉典范,对促进社会发展进步起到了很好的示范作用。比如说张海迪,一个没有上过学的残疾人通过自己的不懈努力,克服了许多常人难以想像的困难,走出了一条社会主义时代的青年为祖国、为人民、为社会做贡献的光辉道路,创造了灿烂的人生。她最近又出版了一本名为《绝顶》的小说,得到了专家学者的高度评价。实践证明,在改革开放初期,树立张海迪这样的典型,对引导广大青年树立正确的人生路标,成为四化建设的有用之才,起到了很好的示范和推动作用。

树立典型必须具有鲜明的时代特点。不同时期的英模人物，其事迹的内容和表现形式会有所不同，但都集中体现了他们所处时代的精神风貌，也体现了不同时代的不同特点。比如，战争年代有为革命英勇献身的董存瑞、黄继光，和平时期有为人民无私奉献的雷锋等。“十杰青年”评选作为新时期典型树立工作的一个品牌，也充分体现了这一点。在改革开放和社会主义现代化建设新的历史时期，建设富强、民主、文明的社会主义现代化国家，实现中华民族的伟大振兴，已经成为这个时代不可抗拒的历史潮流。投身社会主义现代化建设的伟大事业，充分展现自己的聪明才智，贡献自己的青春年华，也是当代中国青年共同追求。我始终坚信，青年人只有把个人理想和人生目标融入到实现国家富强、民族振兴的伟大实践中，才能够最大限度地实现自己的人生价值，为国家和民族做出更大的贡献。今天在座的“十杰青年”都是这方面的典范。他们有的是中国的航天人，用自己的青春和热血谱写了我国航天事业的辉煌；有的是电子通讯行业的骄子，用他们的智慧、勇气和创造，使我们拥有了亚洲排名第一的联想电脑、民族品牌的手机TCL、自主知识产权的服务器浪潮等一批高科技产品和品牌；有的是驾驶新型战机的特级飞行员，把对祖国和人民的忠诚写在蓝天；有的是心脏外科领域的青年专家，在攀登医学高峰中展现了新一代军人的风采；有的来自文艺和体育战线，在舞台和赛场上为祖国赢得了荣誉；有的以能使更多的失学儿童走进学校，作为自己人生的最大心愿和追求；有的忠诚于党的新闻事业，为促进社会进步和公民文明素质的提高发挥了很好的作用。在他们身上，体现了时代发展的要求，也体现了与时俱进的精神。我们要注重发挥“十杰青年”的示范作用，引导广大青少年树立正确的世界观、人生观和价值观，把自己的青春年华献给振兴中华的世纪伟业。

三、要积极鼓励、大力培养青年,为他们建功成才创造良好条件

对于青年人,我一直认为要给予更多的鼓励。我曾经在表彰张华的大会上讲过,青年一代就是要以建设祖国、振兴民族为己任,共青团就是要鼓励青年一代干事业,并积极为他们干成事业创造条件。“十杰青年”评选活动的出现,顺应了改革开放的需要,符合青年成长的需求,真正把我国各行各业成绩显著、贡献突出的青年人才选拔了出来,对促进社会发展和广大青年的成长起到了很好的示范和带动作用。13年来,“十杰青年”评选坚持“公平、公正、公开”的原则,评选程序越来越规范,社会影响日益扩大,并在社会上形成了一种“十杰现象”,这说明“十杰青年”评选的模式是成功的,“十杰青年”是深得广大青年认可的。各级共青团、青联组织要把这个活动品牌保持好、发展好,更好地为广大青少年的健康成长服务。

青年一代具有推动事业发展的旺盛活力，是国家和民族的未来和希望。江泽民同志“5·15”讲话中特别强调，“青年兴则国家兴，青年强则国家强”。各级党委、政府要高度重视青年工作，大力支持共青团和青联的工作，在全社会形成爱护青年、关心青年、支持青年良好氛围。各级共青团和青联组织要认真研究在改革开放条件下成长起来的新一代青年的特点，把握新的历史条件下做好青年工作的规律，充分尊重青年的思想和性格特点，注重发挥青年典型的模范带头作用，为促进青年的发展和青年人才的成长提供切实有效的服务。

我们正处在一个事业兴盛、人才辈出的时代。我相信，在党的十六大精神和“三个代表”重要思想指引下，在以胡锦涛同志为总书记的党中央领导下，在“十杰青年”先进事迹感召下，一定会有更多的青年投身建设，奋发成才，走向成功。

在团中央视察工作时的讲话(要点)

2003年1月30日

王兆国

2003年1月30日，中共中央政治局委员王兆国到共青团中央机关视察工作，亲切看望团中央机关干部职工，并与大家座谈。

王兆国指出：近些年来，各级团组织围绕党的中心任务，与时俱进，开拓创新，创造性地开展工作，组织实施了许多具有时代特色和青年特点的活动，取得了明显的成绩。他指出：党中央历来高度重视青年工作，对青年一代的成长寄予厚望。改革开放以来，青年一代与祖国一起成长进步，政治上更加成熟，整体素质不断提高。未来20年是全面建设小康社会的20年，也是青年一代施展才华抱负、为祖国为人民做出贡献、实现人生价值的重要时期。广大青年要自觉按照党指引的方向健康成长，努力为祖国的建设和发展多做贡献。各级团组织要深入学习贯彻党的十六大精神，深入学习贯彻“三个代表”重要思想，把团员青年紧密团结在党的周围，围绕中心，服务大局，把青年的积极性和创造性充分调动起来，把青年的生力军作用充分发挥出来，团结带领广大团员青年为实现全面建设小康社会的宏伟目标而奋斗。他要求各级团组织当前要特别注意做好大学生的就业服务工作，同时要及时了解掌握青年的情况，加强对青年的引导。他强调，广大团干部要牢记“两个务必”，发扬共青团的光荣传统，锤炼扎实的工作作风，谦虚谨慎，戒骄戒躁，开拓创新，艰苦奋斗，更好地担负起新形势下团结带领青年的光荣责任。

抗非典团组织要充分发挥作用

——在团中央机关考察工作时的讲话(要点)

2003年5月6日

王兆国

2003年5月6日，中共中央政治局委员王兆国专程来到团中央机关，考察非典防治等工作，亲切看望机关干部职工，并就充分发挥共青团组织在抗击非典斗争中的作用，围绕中心、服务大局、做好各项工作作出重要指示。

王兆国对各级团组织和广大团员青年在抗击非典斗争中所做的工作给予充分肯定，对奋战在抗击非典斗争中的团员青年表示亲切的慰问。他指出，广大团员青年在与非典作斗争中表现出了良好的精神风貌，特别是奋战在抗击非典第一线的年轻医护人员，面对疫病，不怕困难，敢挑重担，勇于奉献，涌现出许多像“中国青年五四奖章”获得者张锦那样的先进典型。各级团组织要大力表彰宣传这些先进人物，用他们的事迹教育鼓舞广大团员青年。

王兆国指出，各级团组织要响应党中央的号召，大力弘扬万众一心、众志成城，团结互助、和衷共济，迎难而上、敢于胜利的精神，发挥自身优势，团结带领广大团员青年为夺取抗击非典斗争的完全胜利做出应有的贡献。要加强思想政治工作，把广大团员青年的思想统一到中央精神上来，引导高校学生安心学习、加强预防。当前要高度重视农村防治非典工作，农村团组织要动员广大团员青年积极参加群防群治。要开展好青年志愿者活动等，组织团员青年依法防治非典、科学防治非典，充分发挥好共青团组织在防治非典斗争中的积极作用。

王兆国强调，各级团组织要按照中央的要求，紧密联系青年实际，突出重点，区分层次，组织团员青年认真学习“三个代表”重要思想，进一步在团员青年中兴起学习实践“三个代表”重要思想的新高潮。要站在全局的高度，围绕中心，服务大局，做好各项工作。要重视做好青年特别是高校应届毕业生的就业服务工作，广泛开展青年创业行动，在全面建设小康社会的实践中充分发挥青年的生力军作用。

在福建省工、青、妇、科协、侨联座谈会上的讲话

2003年5月18日

王兆国

同志们：

我这次到福建来，主要是看望战斗在防治非典和生产一线的广大干部职工，并向大家表示诚挚的问候和亲切的慰问！

刚才听了几位同志的发言，讲的都很好，听了以后很受启发。借此机会，我谈三点意见。

一、总结经验、宣传先进，坚定战胜非典的决心和信心

目前，我国政治、经济形势总体很好。面对复杂的国际形势，党中央积极稳妥地处理了伊拉克战争、朝鲜核危机等敏感而棘手的问题，取得了很好的国际影响，赢得了国际社会的普遍赞誉；今年一季度国内的经济发展势头也很不错，各省的主要经济指标都比去年同期有较大幅度的提高。这些都充分体现了党的十六大以后，以胡锦涛同志为总书记的党中央高举邓小平理论伟大旗帜，全面贯彻“三个代表”重要思想取得的巨大成绩，充分体现了新一届中央领导集体是团结奋斗、坚强有力的领导集体。

与此同时，一场突如其来的非典疫情，对我国人民群众的生命安全构成了严重的威胁，对经济和社会发展等许多方面都带来了严峻的挑战。面对这场没有硝烟的战争，党中央、国务院高度重视、沉着应对，迅速采取了果断有力的措施。近一段时间以来，锦涛同志亲自到广东、北京、天津、山西、四川等地检查指导工作，邦国、家宝、庆林、庆红等同志也都亲赴一线，深入基层、深入群众，始终把人民群众的身体健康和生命安全挂在心上，指挥各级党委政府和人民群众一起共同抗击非典、战胜非典。新一届中央领导集体的率先垂范，得到了人民群众的信赖、拥护和支持，也得到了国际舆论的一致称赞。各地区、各部门按照中央提出的总体要求，依靠科学、依法防治，密切配合、协同作战，切实把防治非典作为当前的一项重大政治任务认真抓紧抓好，使一些地方的疫情得到了有效的控制。这充分说明我们党始终自觉实践“三个代表”重要思想，真正立党为公、执政为民，充分说明以胡锦涛同志为总书记的党中央完全有能力驾驭复杂局面，带领全党和全国人民战胜困难，把党和国家的事业继续推向前进。

必须看到，非典不是普通的疫情，至今我们对这个疫情的流行特点还没有完全掌握，也没有找到十分有效的防治手段。因此，对于这场疫情的防治工作，我们必须有充分的估计和长期斗争的打算。从一定意义上讲，能否打胜防治非典这场战役，既关系到人民群众的身体健康和生命安全，也关系到改革发展稳定大局，更关系到我国的国家利益和国际形象，需要全党和全社会的共同努力。

面对疫情带来的巨大困难和挑战，福建省委、省政府迅速采取了一些切实有力的措施，通过各种形式做了大量工作。早在今年2月初你们就提出了明确的应对措施和防治预案，全省收治的三例输入性非典病人已于4月9日全部治愈出院，并且连续40多天没有新发病例，应该说防治成效在目前全国各地是走在前列的。取得这样的成绩，说明全省各级党政领导是坚强有力的，指挥有方，组织得力；说明

全省广大干部群众特别是医务工作者具有很强的工作能力和奉献精神，其中也包含了工青妇及科协、侨联等群众组织所发挥的积极作用。你们不仅能够坚守阵地、确保一方平安，而且能够发扬团结互助的精神，主动支持其他地区，对全国抗击非典、发展经济做出了重要贡献。

在这场抗击非典的斗争中，福建省各级工会、妇联、共青团以及科协、侨联等群众组织积极响应党和政府的号召，充分发挥各自优势，想党政之所想，急群众之所急，办了许多的实事，做出了应有的贡献。比如工会积极协助政府和企业行政，向厂矿企业的职工宣传有关政策和防治知识，落实各项防护措施，有效地维护了企业正常的生产生活秩序；共青团积极开展青年志愿者和青年创业等活动，在抗击非典、发展经济的实践中发挥了青年的生力军作用；妇联在各级党委的领导下，积极支持政府的工作，主动配合有关部门做了大量的工作，充分体现了团结和带领广大妇女共抗非典战胜困难的“半边天”作用；在抗击非典的过程中，科协组织也是功不可没，各级科协通过加强科学认识、科学预防知识的宣传力度，对广大群众养成良好卫生习惯，克服恐慌心理起到了很好的促进作用；侨联组织不仅认真做好国内侨眷的防治工作，而且通过自己的联系渠道积极向港澳台海外募捐，并利用灵活多样的形式，向港澳台同胞及海外华侨华人的住在国广泛宣传我国抗击非典取得的成效，为维护我国的良好国际形象做出了积极的努力。对于各地工青妇及科协、侨联等群众组织在抗击非典当中做出的突出成绩，我们要给予充分的肯定，特别是对于各地在实践中摸索和创造出的一些成功经验，我们要注意及时总结、提炼，并通过各自的组织系统向全国推广，从而更加有力地指导和推动各地群众组织工作的进一步开展。

在抗击非典的过程中，全国各条战线都涌现出了一大批先进人物和劳动模范。如广东省防治非典医疗专家组组长钟南山院士（工程院院士），既是今年的“五一”劳动奖章获得者，也是广州市科协主席、广州市侨联负责人；又如光荣殉职的叶欣、邓练贤、范信德等同志，也是今年全国“五一”劳动奖章获得者。他们临危不惧，尽职尽责，把生的希望留给患者、把被感染的危险留给自己，置个人安危于度外，发扬连续作战的作风和大无畏的献身精神，夜以继日地同非典疫情作殊死搏斗，甚至不惜献出自己宝贵的生命。这些同志作为科技人员和医务工作者的楷模，他们的先进事迹感人至深，他们的崇高品德催人奋进。再如武警总医院的医生李晓红、北京朝阳医院的护士张锦，都是年轻的女同志，她们用自己的实际行动履行了医务人员“救死扶伤、治病救人”的天职，在她们的身上，体现了中国年轻一代知识女性充满爱心、耐心细致、吃苦耐劳、无私奉献的时代风貌。我们要充分利用工青妇及科协、侨联的工作网络和载体，大力选树和表彰这些先进人物，并通过在全社会广泛宣传他们的先进事迹，教育和鼓舞广大人民群众进一步坚定打胜防治非典这场硬仗的信心和决心。

二、围绕中心、服务大局，充分发挥工、青、妇及科协、侨联等群众组织的积极作用

从目前发病率比较高的地区看，非典主要是存在于社区和家庭当中，并且在一些地方已经得到了一定程度的控制。但我们绝不能掉以轻心，麻痹大意。这场突如其来的疫情已经对我国的旅游、航空、餐饮、外贸、吸引外资等方面带来较大的冲击，对国内正常的生产经营活动和人民生活的影响日益显现。特别是如果控制不严、措施不力，非典疫情就有可能向厂矿企业和农村蔓延、扩散。如果疫情扩散到企业，势必会对企业生产造成重大影响；如果疫情蔓延到农村，由于医疗条件较差，加上一些落后的观念和传统的陋习，将会产生更严重的后果。因此，对于这场战斗的艰巨性和复杂性，我们必须有充分的估计，并做好长期作战的准备。

要努力把非典造成的影响降到最低限度，各级工青妇及科协、侨联组织就要积极响应党和政府的号召，大力配合有关部门，坚持一手抓抗击非典、一手抓经济建设的方针，坚持依靠科学、依靠群众的原则，自觉围绕中心、服务大局，充分发挥群众组织的优势和作用。当前，需要重点抓好以下四个方面的工作：

1. 发挥党联系群众的桥梁纽带作用，狠抓各项方针政策的贯彻落实。要按照中央的统一部署，通过工青妇及科协、侨联等组织系统，坚决贯彻中央的各项决策，保证中央的政令畅通，自觉维护中央的权威。要通过我们的工作，把党中央、国务院的有关决策精神，转化为广大群众的自觉行动。要教育和引导广大群众在抗击非典的同时，聚精会神搞建设、一心一意谋发展，紧紧抓住发展这个第一要务，以解放和发展社会生产力为己任，为维护正常的社会生产、学习和生活秩序，保持经济和社会发展的良好势头，全面完成全年经济和社会发展的预期目标做出应有的贡献。

2. 广泛深入地开展各种形式的群众性学赶先进活动，在全社会大力弘扬“万众一心、众志成城，团结互助、和衷共济，迎难而上、敢于胜利”的民族精神。依靠群众战胜风险和考验，是我们党的一大政治优势。越是困难的时候，越是需要弘扬民族精神、增强民族凝聚力。在当前一手抓抗击非典、一手抓经济建设的特殊时期，各级工青妇及科协、侨联组织要积极响应党和政府的号召，通过开展多种形式的群众性活动，把各自所联系的群众组织起来，把人民群众的积极性、主动性和创造性充分发挥出来。特别是要注意通过对各条战线涌现出来的先进人物的广泛宣传，鼓励和支持人民群众大力弘扬民族精神，立足本职、学赶先进、争创一流，为全面战胜非典疫情、促进国民经济持续快速健康发展再立新功、再创新业。

3. 紧密结合群众组织的自身特点，开展深入细致的思想政治工作。思想政治工作是经济工作和其他一切工作的生命线。要切实搞好防治非典工作，思想政治工作同样具有关键作用。工青妇及科协、侨联组织要充分运用现有的各种宣传教育阵地和思想政治工作队伍，有针对性地开展多种形式的思想教育活动。要讲清防治非典的长期性和复杂性，使大家高度重视防治工作；要及时解疑释惑，消除恐惧心理，维护社会的团结稳定；要注意加强正面宣传和引导，坚持用事实说话，用成效说话；要大力提倡科学精神，不断提高广大干部群众的科技、文化、道德素质；特别是要加强对中央政策、有关法律的宣传贯彻工作，从而最大限度地把所联系群众的思想和认识统一到中央精神上来，最大限度地把广大职工群众的智慧和力量凝聚到全面建设小康社会的奋斗目标上来。

4. 立足群众组织的自身优势，切实代表和维护所联系群众的权益。工青妇及科协、侨联组织要切实承担起群众组织的责任，协助各级党委和政府认真落实各项应急防护和卫生保健措施，切实把所联系群众的生产生活秩序维护好，把大家的身体健康和生命安全保护好。特别是在一手抓抗击非典、一手抓经济建设的过程中，要高度重视、妥善解决好下岗失业人员和困难职工的生产生活及就业再就业问题。目前，下岗职工基本生活保障依然存在一些问题，就业和再就业的压力仍然较大。特别是这场突如其来的非典疫情，给民航、旅游、餐饮、商贸、出租等第三产业带来很大的冲击，应届大学毕业生安排就业、农民进城务工更加困难，进一步加重了全社会就业与再就业的压力。为此国务院专门提出，发生疫情地区的企业不得随意解雇员工，对疫情导致部分企业职工和个体经营者收入低于当地最低生活保障线的，要及时纳入“低保”。工青妇等群众组织要进一步加大工作力度，真心实意地为他们排忧解难,尽心竭力地帮助他们妥善处理好当前遇到的各种困难和问题。

三、牢固树立以"三个代表"重要思想统领全部工作的指导思想,在工青妇及科协、侨联组织中兴起学习"三个代表"重要思想的新高潮

最近中央政治局专门召开会议,研究部署了在全党兴起学习贯彻"三个代表"重要思想新高潮的工作。作为党的群众工作的重要组成部分,工青妇及科协、侨联组织要积极响应党的号召,始终把学习贯彻"三个代表"重要思想放在首位、作为主线突出出来,切实通过抓好学习贯彻工作来带动和促进其他各项工作的全面开展。工青妇及科协、侨联组织的党员干部特别是领导干部要带头学习"三个代表"重要思想,深刻认识其时代背景、实践基础、科学内涵、精神实质和历史地位,努力成为勤奋学习、善于思考的模范,解放思想、与时俱进的模范,勇于实践、锐意创新的模范。同时,要按照中央的统一部署,结合实际,周密安排,精心组织,扎实开展,把各自所联系群众学习贯彻"三个代表"重要思想的活动不断引向深入。

进一步兴起新的学习高潮,就要在全面掌握"三个代表"重要思想的理论体系上下功夫。"三个代表"重要思想是我们党根据国际国内形势的新变化,根据我国改革开放和现代化建设面临的新问题和新任务,根据党所肩负的历史使命和党的自身建设的实际,在深刻总结党的历史经验的基础上提出的精辟论断和科学结论。"三个代表"重要思想内涵十分丰富,内容博大精深,它涵盖了马克思主义哲学、政治经济学、科学社会主义的基本领域,总结了国际共产主义运动正反两个方面的基本经验,包容了中国特色社会主义经济、政治、文化的基本方面,深刻揭示了新的历史条件下共产党执政的规律、社会主义建设的规律和人类社会发展的规律,极大地丰富了马克思主义的理论宝库,是我们党在毛泽东思想和邓小平理论之后取得的理论创新的又一巨大成果。坚持"三个代表",是中国共产党的先锋队性质和根本宗旨的集中体现,也是指导各级群众组织在新世纪新阶段不断加强自身建设的强大思想武器。工青妇及科协、侨联的广大干部只有反复学习,认真领会,刻苦钻研,深刻理解,才能真正把握其思想体系,才能真正做到自觉实践、身体力行。

进一步兴起学习高潮,就要在掌握"三个代表"重要思想所贯穿的立场、观点和方法上下功夫。"三个代表"重要思想不仅是一个完整的理论体系,更是指导我们党在新世纪新阶段各项工作的科学指南。要通过开展一系列广泛深入的学习活动,使工青妇及科协、侨联的广大干部进一步掌握"三个代表"重要思想所贯穿的当代马克思主义的科学立场、观点和方法。只有工青妇及科协、侨联的广大干部有了"三个代表"这个主心骨,才能自觉运用马克思主义的科学立场、观点和方法,去分析和解决实践当中遇到的各种新的理论和实践问题;才能不断提高政治敏锐性和政治鉴别力,从而在大是大非面前始终保持坚定的政治立场,经得起各种困难和风浪的考验,努力做到高举邓小平理论伟大旗帜不动摇,坚持"三个代表"重要思想不动摇,坚持党的基本理论、基本路线、基本纲领和基本经验不动摇,自觉与以胡锦涛同志为总书记的党中央保持一致。

进一步兴起学习高潮,就要在用"三个代表"重要思想指导群众组织的工作实际上下功夫。"三个代表"重要思想作为一个理论体系,其中有大量的内容涉及到党的群众工作。各级工青妇及科协、侨联组织的党员干部特别是领导干部要在全面学习的基础上,努力做到结合实际、突出重点,牢固树立以"三个代表"统领整个工作全局的指导思想,坚持用"三个代表"重要思想分析、研究和把握新世纪新阶段党的群众工作面临的客观形势和发展趋势,进一步理清工作思路、明确工作方向、拓展工作领域、改进工作方法，用“三个代表”指导工作实践，用“三个代表”检验工作成效。特别是要通过学习来解决问题、推动工作，把学习的收获切实转变成形成新气势、开创新局面的具体措施和行动，切实转变成广大人民群众积极投身全面建设小康社会的现实生产力。

总之，按照“三个代表”重要思想的要求做好新世纪新阶段工青妇及科协、侨联等群众组织的工作，不仅关系到党的阶级基础和执政地位的巩固，也关系到改革发展稳定的大局，关系到全面建设小康社会奋斗目标和广大人民群众根本利益的实现。希望各级党委充分认识新形势下群众工作的重要地位和作用，进一步加强和改进对群众工作的领导，认真研究新世纪新阶段群众工作面临的重大问题，帮助工青妇及科协、侨联解决工作中遇到的实际困难，为他们充分履行职责、积极开展工作创造更好的条件；希望各级政府继续大力支持工青妇及科协、侨联的工作，进一步加强同他们的联系；在人大进行立法、政府研究制定有关政策措施时，对涉及群众切身利益的重大问题，要认真听取有关群众组织的意见，主动接受监督，进一步拓宽他们民主参与、民主监督的渠道。广大工青妇及科协、侨联的干部也要进一步认清身上肩负的崇高使命和艰巨任务，进一步增强光荣感、责任感和使命感，在以胡锦涛同志为总书记的党中央领导下，高举邓小平理论伟大旗帜，全面贯彻“三个代表”重要思想，解放思想，与时俱进，开拓创新，扎实工作，为加快实现福建省经济和社会发展目标，为全面建设小康社会做出新的更大的贡献。

在第七届“中国青年五四奖章”颁奖座谈会上的讲话

2003年7月27日

王兆国

同志们，青年朋友们：

参加今天这个活动，与各界先进青年的优秀代表——中国青年五四奖章获得者进行座谈，我感到非常高兴。首先，我向获奖的同志表示热烈祝贺！并通过你们，向战斗在各条战线的全国广大青年致以亲切的问候！

我们党历来高度重视青年和共青团工作。以毛泽东、邓小平、江泽民同志为核心的党的三代领导集体，都对青年和青年工作倾注了大量心血，寄托了无限希望。中国青年五四奖章是中国青年的最高荣誉，设立这个奖项七年来，党中央始终给予积极支持，江泽民、胡锦涛等中央领导同志曾先后多次接见“五四奖章”获得者，给共青团和广大青年以极大的鼓舞和鞭策。这些充分说明，青年一代的健康成长和青年作用的充分发挥，是党的事业兴旺发达的希望所在，是我们国家繁荣昌盛的希望所在，也是实现中华民族伟大复兴、创造未来美好生活的希望所在！

刚刚闭幕的中国共青团第十五次全国代表大会，是新世纪召开的第一次代表大会，也是全国亿万团员青年政治生活中的一件大事。胡锦涛总书记等党和国家领导人出席开幕式并亲切接见了全体与会代表，中共中央政治局常委、中纪委书记吴官正同志代表党中央致了祝词。25日下午，胡锦涛总书记和中央政治局常委曾庆红、吴官正同志以及中央书记处全体成员，又与团中央新一届领导班子、团十五大部分代表和中国青年五四奖章获得者进行了亲切座谈。胡锦涛总书记发表了重要讲话，他在讲话中充分肯定了青年和共青团为党和人民事业做出的重要贡献，深刻论述了中国青年在全面建设小康社会的进程中肩负的历史使命，殷切希望全国广大青年勤于学习、善于创造、甘于奉献，强调共青团要在工作思路、工作方式和自身建设上进行创新，要求广大青年干部忠诚党的事业、热爱团的岗位、竭诚服务青年，把广大青年紧密团结和凝聚在党的周围，共同推进中国特色社会主义的伟大事业。胡锦涛总书记的讲话和吴官正同志代表党中央的祝词高屋建瓴，思想深刻，语重心长，内涵丰富，明确了新世纪新阶段共青团工作的基本要求，进一步指明了广大青年的努力方向。广大团员青年一定要认真学习，深刻领会，坚决落实，积极投身全面建设小康社会的伟大实践，开创新的事业，建立新的功勋。

历史证明，党的事业发展离不开青年，青年的成长更离不开党。共青团作为党的忠实助手和后备军，作为党联系青年群众的牢固桥梁和纽带，其旺盛生机与活力是与党的事业发展紧密联系在一起的；先进青年作为引领社会风气的杰出代表，其茁壮成长和作用的发挥是与勇于承担时代赋予的使命分不开的。无论是在浴血奋战的革命战争年代，在热火朝天的社会主义建设时期，还是在改革开放和社会主义现代化建设的新时代，到处都能看到广大青年朝气蓬勃、奋发有为的英姿，到处都能听到广大青年锐意进取、与时俱进的步伐。在毛泽东思想、邓小平理论和“三个代表”重要思想的指引下，在争取民族独立和人民解放、实现国家富强和人民幸福的社会实践中，一代又一代青年茁壮成长，各条战线的英雄模范人物层出不穷，他们以坚定的理想信念、旺盛的生机活力、强烈的进取意识和奉献精神，立足本职岗位，建功立业成才，唱响了青春之歌，谱写了壮丽人生，成为推动社会历史进步的一支伟大力量。

在抗击非典的斗争中，广大团员青年积极响应党中央、国务院的号召，在团组织的带领下，迎难而上，不畏艰险，勇挑重担，甘于奉献，涌现出许多可歌可泣的英雄人物和先进事迹，用青春和热血展现了当代中国青年的壮丽风采。所有这一切都充分证明，当代中国青年志存高远、前程广大，是党和国家事业发展的可靠接班人，是中华民族的可靠接班人，是值得信赖的一代，是充满希望的一代，是大有可为的一代！

在这次中国青年五四奖章获得者当中，有舍生忘死抗非典的白衣战士，有国家重点工程的开路先锋，有勇于攀登科学技术高峰的优秀青年，有国有企业的管理人才，有年轻有为的大学校长，有军事战线的专家和尖兵，有爱岗敬业的技术能手，有致富思源的民营企业家，有敬老院里的爱心使者，有扎根山区的青年教师，有恪尽职守的新闻工作者，还有艰苦创业的青年楷模等等，真可谓群星璀璨、英雄荟萃。听了刚才几位同志的发言，感人至深，令人振奋。你们虽然来自不同战线，战斗在不同岗位，但都能解放思想，开拓进取，克服重重困难，创造了不平凡的业绩。你们身上体现的热爱祖国、报效祖国的爱国情怀，崇尚科学、不懈探索的创新勇气，艰苦奋斗、无私奉献的高尚情操，不畏艰险、顽强拼搏的革命斗志，是时代精神的具体展现，是国家和民族的宝贵精神财富，对当代青年的成长成才具有重要的示范和导向作用。

我们已经进入加快推进社会主义现代化、全面建设小康社会的新时代，这是一个英雄辈出、群星灿烂的时代，也是一个需要广大青年艰苦奋斗、努力创造和甘于奉献的时代。我国全面建设小康社会的伟大事业，为广大青年实现理想、施展抱负、建功立业提供了广阔舞台，也迫切需要当代青年承担起时代赋予的光荣使命，为推进物质文明、政治文明、精神文明建设贡献自己的青春、智慧和力量。榜样的力量是无穷的。希望团中央和全国青联坚持以“三个代表”重要思想统领工作全局，努力适应时代发展的要求，进一步加强“中国青年五四奖章”、“全国十大杰出青年”等评选表彰工作，充分发挥英雄模范人物的示范和导向作用。要不断树立和大力宣传具有时代特点、能引领社会风气的先进典型，用生动事迹带动青年，用创造精神教育青年，用高尚情操激励青年，引导和鼓励广大青年继承光荣传统，坚定不移跟党走，与人民相结合，为祖国献青春；要坚定理想信念，努力学习马克思列宁主义、毛泽东思想、邓小平理论和“三个代表”重要思想，自觉抵御西方政治思想和价值观念的影响，坚持走中国特色社会主义道路；要勇于不断创造，大力培养自己的创造能力，着眼时代发展潮流，积极探索，不断创新，勇攀高峰；要发扬奉献精神，把个人的理想追求同国家、民族、人民的追求和奋斗目标统一起来，自觉服务祖国，甘于奉献社会。使广大青年在全面建设小康社会的新征程中，做出无愧于党、无愧于人民、无愧于时代的伟大贡献。

共青团是党领导的先进青年群众组织，团结和带领广大青年为党和人民的事业而奋斗，是共青团必须始终坚持的工作方向。青年是国家的未来、民族的希望，是我们党的新鲜血液。青年兴则国家兴，青年强则国家强。各级团组织要把学习贯彻“三个代表”重要思想与竭诚服务青年紧密结合起来，注重了解青年的成长愿望和成才需求，积极为青年人才施展才华、发挥作用搭建舞台。要按照人才强国战略的总体要求，高度重视培养青年人才的工作，努力创造有利于青年成才和创业的良好环境，把青年人才的热情引导好，把他们的作用发挥好，形成人尽其才、才尽其用、人才辈出的生动局面。目前正在开展的大学生志愿服务西部计划、博士服务团、中国青年创业行动、创新行动和海外留学人员为国服务等活动，是共青团服务大局、服务青年的重要举措。要进一步抓好这些工作，更好地把广大青年组织起来、团结起来和带动起来，全面开创共青团工作的新局面。

希望获得“中国青年五四奖章”荣誉的青年朋友们，继续保持谦虚谨慎、不骄不躁的作风，不辜负党和人民的殷切希望，珍惜荣誉，再接再厉，继承和发扬“五四”光荣传统，大力弘扬新时代的创业精神，把爱国之情、报国之志化作开拓进取、再创辉煌的实际行动，为广大青年做出表率，努力成为伟大时代和伟大事业的创业者。

同志们，青年朋友们，全面建设小康社会的宏伟大业已经开启，中华民族伟大复兴的美好蓝图已经绘就。希望你们牢记党和人民的嘱托，肩负起时代赋予的光荣使命，勤奋学习，扎实工作，开拓进取，努力拼搏，为祖国和人民的事业，为实现全面建设小康社会的宏伟目标，不断做出新的更大的贡献。让我们紧密团结在以胡锦涛同志为总书记的党中央周围，高举邓小平理论伟大旗帜，全面贯彻“三个代表”重要思想，在党的十六大精神指引下，共同建设繁荣富强的祖国，共同创造幸福美满的生活，共同开辟更加美好的未来！

最后，祝青年朋友们学习进步，身体健康，事业有成！

在纪念《中国青年》杂志创刊80周年座谈会上的讲话

2003年10月18日

王兆国

同志们,朋友们:

今天,在党的十六届三中全会胜利闭幕、我国首次载人航天飞行圆满成功的喜庆日子里,我们欢聚一堂,召开这个座谈会,纪念《中国青年》杂志创刊80周年,回顾历史、总结经验,展望未来、明确方向,有着重要的意义。在这里,我首先向《中国青年》杂志社全体员工表示热烈的祝贺!向全体与会同志致以亲切的问候!向为这份杂志的发展呕心沥血、做出巨大贡献的老领导、老同志表示崇高的敬意和衷心的感谢!

党中央历来十分重视《中国青年》这份杂志,党的三代领导集体都曾对杂志的创办工作做出过明确的指示。今天,中共中央政治局常委李长春同志专门发来了贺信,大家一定要认真学习、全面贯彻中央的指示精神,发扬传统、与时俱进,团结和引导广大青年投身中华民族的伟大复兴,为中国青年事业的发展做出新的更大的贡献。

我曾经做过共青团和青年工作,与《中国青年》杂志社有过比较多的接触,对《中国青年》有着特殊的感情。正如刚才几位同志在发言中所讲的,《中国青年》是一本具有光荣传统、辉煌历史的杂志,我们的青年时代都是在这本杂志的启迪、教育和引导下度过的。一本青年杂志能够延续80年,和中国革命风云变幻的历史交织在一起,和一代又一代中国青年的命运结合在一起,创造了值得称道的辉煌业绩,必定有独到的历史经验值得总结和提炼,必定有宝贵的精神财富需要继承和发扬。

对于《中国青年》的光荣传统、历史经验和精神财富,可以简要地归结为三句话:

第一句话,始终坚持正确的舆论导向,服从服务于党和国家的工作大局,是《中国青年》80年成长的主线。在80年的历史中,《中国青年》始终满腔热情地宣传党的路线、方针、政策,鼓舞和激励了一代又一代青年投身新民主主义革命,投身社会主义革命和建设,投身改革开放的伟大实践,成为我们党教育青年、引导青年的坚强阵地。《中国青年》是中国青年运动的一部分,是中国共青团事业的一部分,也是我们党的事业的一部分。历史经验表明,只有自觉融入到党领导的伟大事业之中,《中国青年》才有生存的基础和发展的舞台,才能始终保持旺盛的生机与活力。

第二句话,始终走在时代的前列,紧紧把自己的命运与国家和民族的命运结合在一起,是《中国青年》80年最鲜明的特色。在大革命的日子里,党的早期领导人恽代英、萧楚女、邓中夏、张太雷等在上海创办和编辑出版了《中国青年》,以大无畏的革命精神,在青年中传播和宣传马克思列宁主义,唤醒了一批又一批青年积极投身革命。建国后,在毛泽东、周恩来、邓小平等老一辈革命家的亲切关怀下,《中国青年》积极响应党的号召,引领广大青年在社会主义革命和建设中立足本职岗位、建功立业成才。特别是在"文化大革命"结束后拨乱反正的关键时期,在"真理标准"讨论等一系列重大问题上,《中国青年》发挥了重要的作用。十三届四中全会以来,《中国青年》按照江泽民同志提出的要求,在团结和引导青年沿着党指引的中国特色社会主义道路奋勇前进方面,做出了积极的贡献。实践反复证明，只有始终在党的指引下，走在时代前列，与国家民族同呼吸、共命运，《中国青年》才能得到党的高度信任，才能得到包括广大青年在内的人民群众的衷心喜爱。

第三句话，始终为青年服务，努力构建中国青年的精神家园，是《中国青年》80年不变的使命。《中国青年》为青年提供的，主要是思想文化和道德情操方面的精神食粮。通过不断推出青年英模人物、为青年树立人生标杆，《中国青年》实践了为青年服务、构建青年精神家园的诺言。丁佑君、向秀丽、安业民、雷锋、王杰……一个又一个典型，正是通过《中国青年》走向广大青年，影响和带动了几代青年的健康成长。毛泽东同志“向雷锋同志学习”的题词，就是为《中国青年》“学雷锋”专辑而写的，并将学雷锋的活动在全国范围持续开展起来。这种服务还体现在与青年共同探讨人生等方面，20世纪80年代初，由《中国青年》发起的人生观问题大讨论，影响了当时整整一代人。所有这些说明，只有坚持不懈地用毛泽东思想、邓小平理论和“三个代表”重要思想武装教育青年，引导和教育青年树立正确的世界观、人生观和价值观，《中国青年》才能更加切实地服务青年、团结青年、凝聚青年。

今天，面对新世纪新阶段的新形势和新要求，《中国青年》要继承优良传统，坚持与时俱进，不断形成新的局面、创造新的业绩，必须进一步明确以下三点。

第一，要牢牢把握正确的政治方向。本世纪头20年，是我国经济发展的一个重要的战略机遇期，全面建设惠及十几亿人口的更高水平的小康社会，是一个宏伟的目标，也是一项艰巨的任务。在党中央的坚强领导下，在团中央的直接指导下，团结和引导青年投身于全面建设小康社会的伟大事业，是《中国青年》在新的历史时期的重要使命。要完成这一光荣使命，最重要的是要认真学习、深刻领会“三个代表”重要思想，坚持以“三个代表”重要思想统领整个办刊工作，努力用“三个代表”重要思想去教育青年、引导青年，把青年的思想和认识进一步统一到党和国家的战略部署上来，把青年的智慧和力量进一步凝聚到全面建设小康社会、实现中华民族伟大复兴的宏伟目标上来。

第二，要坚持突出面向青年的办刊宗旨。奋发进取、昂扬向上的一代又一代青年，是《中国青年》赖以生存和发展的肥沃土壤。只有深深地扎根于中国青年之中，《中国青年》才能始终保持来自青年、又服务青年的本色。必须看到，每一代青年都有自己的光彩，每一代青年也有不同的特点。今天的青年一代，是伴随着我国改革开放的历史进程成长起来的一代新人，他们有着强烈的竞争意识、民主观念、创新精神和较高的科学文化素质。要服务好今天的青年一代，首先就要了解青年一代，研究青年一代，真正做到有的放矢地解决他们思想上的困惑，切切实实地帮助他们走上健康正确的人生道路。在实现全面建设小康社会的历史进程中，《中国青年》只有坚持服务当代青年的成长成才，不断满足当代青年的精神需求，才能真正成为当代青年的良师益友。

第三，要始终保持奋发进取的精神状态。80年的辉煌已成历史，《中国青年》要继续走过未来漫长的道路，青春常驻、长盛不衰，最根本的就是要始终保持奋发进取这么一股劲头。在当前建立和完善社会主义市场经济体制的历史条件下，如何在风云变幻的市场挑战面前闯出一条新路，是《中国青年》面临的重大课题和艰巨任务。希望同志们在成绩和荣誉面前保持头脑清醒，居安思危、未雨绸缪；在困难和挑战面前不沮丧、不气馁，增强信心，迎难而上，勇敢地肩负起自己的职责，积极探索，锐意进取，与时俱进，开拓创新。只要大家同心同德、共同努力，《中国青年》就一定会拥有更加光明的前景和美好的未来。

同志们，胡锦涛同志在今年7月25日接见团中央新一届领导班子成员时强调指出："共青团事业的发展正处在一个新的历史起点上。"我相信，《中国青年》一定会珍视80年宝贵的精神财富，在以胡锦涛同志为总书记的党中央领导下，以邓小平理论和"三个代表"重要思想为指导，全面贯彻党的十六大精神，努力贴近生活、贴近实际、贴近青年，始终站在时代的前列，引领广大青年在全面建设小康社会的历史进程中再立新功、再创伟业！

在中国青年志愿者行动实施10周年座谈会上的讲话

2003年12月5日

王兆国

同志们，青年志愿者朋友们：

在中国青年志愿者行动实施10周年之际，团中央召开这个座谈会，回顾发展历程，总结成功经验，展望美好前景，很有必要，也很有意义。

当我走进会场，来到你们当中，立刻感受到青春的激情和活力。刚才，周强同志代表团中央作了热情洋溢的讲话，七位青年志愿者代表也作了生动的发言。你们的先进事迹感人至深，听了以后很受启发。你们用实际行动书写了青春的壮丽，你们的事迹得到了人民群众的赞扬。你们的实践证明，当代青年富有理想、充满激情，是大有希望的一代。首先，我向在座的各位青年志愿者代表，并通过你们，向踊跃参加志愿者活动的全国广大青年朋友致以崇高的敬意！向积极动员和组织青年开展志愿者行动的各级团组织和广大共青团干部表示亲切的问候！

10年的辛勤耕耘，铸就了今天的辉煌事业。在党和政府的关心支持下，中国青年志愿者行动从无到有、从小到大，经过10年的不懈努力和艰苦奋斗，不断实现飞跃，逐步走向了成熟。中国青年志愿者的爱心与奉献，志愿者行动的生机与活力，得到了党和国家领导人的高度肯定。江泽民同志明确指出，青年志愿者行动是当代社会主义中国一项十分高尚的事业，是大有希望的事业。胡锦涛同志也反复强调，青年志愿者行动是动员和带领广大青年投身三个文明建设的可贵尝试和新的创造，对促进青年健康成长具有积极的推动作用。

10年来，广大青年志愿者以脚踏实地的无私奉献和自愿参与的高尚行动，积极投身扶贫支教、西部大开发、社区发展、保护母亲河、抢险救灾、扶危济困、大型赛会等领域的志愿服务，为当代中国青年运动赋予了新的时代内涵，日益成为当代中国青年运动中的一支激昂旋律。

10年来，青年志愿者以自己的实际行动传承中华民族助人为乐、扶贫济困的传统美德，弘扬"奉献、友爱、互助、进步"的时代新风，志愿者的队伍不断壮大，志愿者行动的感召力和凝聚力逐步与日俱增，赢得了社会各界的高度认同，日益成为引领社会风气之先的一面青春旗帜。

10年来，共青团和青年志愿者组织采取切实措施，不断扩大中国青年志愿者行动的国际影响，逐步拓展国际交流与合作的领域和渠道，向全世界充分展示了当代中国青年的时代风采,日益成为全球志愿服务事业发展中的一个亮点。

在新世纪新阶段全面建设小康社会的伟大实践中,青年志愿者行动的发展前景将更加广阔。不久前召开的党的十六届三中全会,制定了完善社会主义市场经济体制、促进经济和社会协调发展的行动纲领,这是一个新的历史跨越、新的伟大实践,也是一项更加艰巨、更加宏伟的系统工程。全会按照“五个统筹”、“五个坚持”的要求提出的改革目标,体现了改革发展稳定三者紧密结合、相互统一的战略思想,体现了全面、协调、可持续的科学发展观。完善社会主义市场经济体制的战略部署,为青年志愿者行动进一步指明了方向,同时也为这一行动赋予了进一步发展的强大生机,提供了进一步发挥作用的广阔舞台。借此机会,我谈几点希望:

希望青年志愿者行动立足自身特点、发挥独特优势,在促进经济社会协调发展中做出更大贡献。促进经济社会的协调发展,既要发挥市场在资源配置中的基础性作用,又要发挥各类非市场手段的重要作用,从而有效地调动各方面积极因素、整合更多的社会资源,共同促进经济发展和社会进步。志愿服务在扶贫济困、促进就业和社会发展的方方面面起着独特的作用,尤其是对相对弱势的群体和相对滞后的地区会起到积极的帮扶作用。在全面建设小康社会的历史进程中,青年志愿者行动要进一步发挥自身特有的优势,努力成为党和政府管理社会和动员群众的有效补充。特别是要注意充分发挥青年志愿者行动在整个社会主流价值观中的导向作用。社会主义价值观、民族精神和公民道德的形成和巩固,是一个需要长期付出努力的过程,是一个实践性很强的过程。通过组织动员千千万万青年志愿者开展志愿服务,能够发挥积极的示范作用,引导全社会形成新的时代风尚、建立良好的人际关系,促进社会主义精神文明建设。

希望广大青年树立远大理想、弘扬奉献精神,在参与志愿者行动的过程中进一步得到全面发展。党的十六大把“促进人的全面发展”确立为全面建设小康社会的重要目标,党的十六届三中全会提出要树立科学的发展观,其中一条重要原则就是要坚持以人为本。青年是志愿服务的主要力量,引导青年在实践中得到锻炼、在奉献中健康成长,是促进青年发展的基本途径。参加志愿服务对青年而言是一种重要的社会实践,既是给予,更是收获。要把提供服务的过程当做自己了解社会、提高能力的学习过程,在服务的同时汲取从书本中无法得到的可贵营养、丰富阅历,不断提高自己的综合素质,在深入社会、深入基层、深入群众的过程中,了解国情、了解社情、增进与人民群众的感情。要把自己学到的知识同服务人民的实践紧密结合起来,充分发挥创新潜力和创造热情,大力弘扬奉献精神,以竭诚奉献来锤炼品格、陶冶情操,努力成为中华民族传统美德的传承者,体现时代进步要求的新道德规范的实践者,新型人际关系和良好社会风尚的倡导者。

希望各级团组织坚持与时俱进、勇于开拓创新,不断提高青年志愿服务事业的层次和水平。各级团组织要在已经取得成绩的基础上,不断提高,不断发展,把青年志愿者行动更广泛、更深入、更有成效地开展下去。要拓展工作领域,着眼我国经济社会发展全局,立足人民群众生产生活的基本需求,扎实推进现有的志愿服务项目,不断创新工作载体和活动方式,尤其要大力推进大学生志愿服务西部计划、青年志愿者扶贫接力计划。要加强机制建设,进一步建立健全志愿者招募、培训、管理、考核、激励等一整套工作制度,确保志愿者行动更加规范和可持续发展。

希望各级党委和政府继续关心支持、创造有利条件,进一步形成全社会共同参与青年志愿服务事业的好局面。青年志愿服务事业是一项崇高的社会事业，也是需要全社会共同参与的事业。各级党委和政府要大力支持青年志愿服务事业，将其纳入当地经济社会发展的总体规划和工作部署之中。要积极推动志愿服务立法，使志愿服务尽早成为公民的法律义务。全社会都要来关心、支持和参与志愿服务事业，共同推进这项事业实现更大的发展。

同志们，青年朋友们，青年志愿者行动已经走过了充满奋斗激情的10年历程。我们相信，有以胡锦涛同志为总书记的党中央的坚强领导，有邓小平理论和“三个代表”重要思想的正确指引，在全面建设小康社会的历史进程中，越来越多的有志青年一定会更加主动地投身志愿服务事业，越来越多的热心人士一定会更加热情地关心支持志愿服务事业，中国青年志愿者行动一定能够在新的起点上不断取得新的更大的成绩，铸就新的更大的辉煌。

在共青团十五届二中全会上的讲话

2003年12月24日

王兆国

同志们：

共青团召开十五届二中全会很重要，也很及时。会议深入学习贯彻党的十六大和十六届三中全会精神，规划和部署明年和今后一个时期团的工作。这对于共青团高举邓小平理论和“三个代表”重要思想伟大旗帜，更好地团结带领广大团员青年为全面建设小康社会而奋斗，具有非常重要的意义。

团十五大以来，全团上下深入贯彻胡锦涛总书记在同团中央新一届领导班子成员和团十五大部分代表座谈时的重要讲话精神，认真按照吴官正同志代表党中央在团十五大上所作祝词提出的要求，围绕大局，发挥优势，推动团的工作取得新的发展，呈现出新的气象。突出表现是：在团员青年中广泛兴起了学习贯彻“三个代表”重要思想新高潮，深入开展了“博士服务团”、“大学生志愿服务西部计划”、“保护母亲河”、“中国青年创业行动”等活动，着手规划了共青团事业的长远发展。团十五大到现在时间不长，团的工作能够取得这些成绩难能可贵，值得充分肯定。

近一个时期以来，中央先后召开了十六届三中全会、中央经济工作会议和全国宣传思想工作会议、全国人才工作会议等一系列重要会议，对事关我国改革开放和现代化建设全局的重大问题作出了战略部署。前不久，曾庆红同志主持中央书记处会议，听取了团中央书记处的工作汇报，对下一阶段的共青团工作提出了具体要求。各级团组织和广大团干部一定要认真学习领会，坚决贯彻落实，真正把中央精神体现到共青团工作和建设的各个方面去。下面，我就共青团如何结合实际贯彻中央精神讲几点意见。

一、始终站在确保党的事业后继有人的战略高度，坚持不懈地用“三个代表”重要思想教育青年

“三个代表”重要思想是与马克思列宁主义、毛泽东思想、邓小平理论一脉相承而又与时俱进的科学体系，是马克思主义在中国发展的最新成果，是新世纪新阶段全党全国人民实现全面建设小康社会宏伟目标的根本指针。党的十六大把“三个代表”重要思想确立为我们党必须长期坚持的指导思想。共青团作为党的助手和后备军，从来就是以党的指导思想为自己指导思想的。当前，必须牢固确立“三个代表”重要思想在团的工作和建设中的指导地位，坚持用“三个代表”重要思想统领团的工作和建设，切实把“三个代表”重要思想的要求贯穿团的工作和建设的全过程。

用党的指导思想教育青年、武装青年，是关系党的事业后继有人、关系中国特色社会主义事业兴衰成败的重大问题。培养一代“四有”新人，是党交给共青团的根本任务。在新的历史条件下，共青团要始终抓住这个根本，牢记为党培养青年的重要使命，始终坚持把用“三个代表”重要思想教育青年作为首要政治任务，按照武装头脑、指导实践、推动工作的要求，总结推广“抓实践、抓活动、抓骨干、抓社团、抓网络”的成功经验，把在团员青年中兴起学习贯彻“三个代表”重要思想新高潮的活动不断引向深入，用“三个代表”重要思想构筑青年一代的强大精神支柱，教育引导青年按照党指引的方向健康成长。

用“三个代表”重要思想教育青年，要突出理想信念这个核心。青年正处在世界观、人生观、价值观形成的关键时期，能不能树立正确的理想信念，对他们一生起着决定性作用。面对全面建设小康社会的历史任务，面对世界范围内各种思想文化相互激荡的复杂形势，面对西方敌对势力“西化”、“分化”中国的政治图谋，共青团一定要加大思想教育工作力度，引导青年树立为实现中华民族伟大复兴而奋斗的崇高理想，坚定跟党走中国特色社会主义道路的信念，提高抵御各种错误思想影响的能力，打好人生成长进步的思想基础。高校学生是青年中知识层次高、政治热情高、思想比较活跃的群体，各条战线的青年骨干在青年中具有广泛的影响力。要把青年学生和青年骨干作为开展教育的重点对象，抓住他们普遍关心的重点、难点、热点问题，从理论和实践的结合上帮助他们释疑解惑，并通过他们引导更多的青年树立正确的思想认识。要紧密结合时代要求和青年特点，创新青年思想教育的方式方法，坚持贴近实际、贴近生活、贴近青年，采取青年喜闻乐见、易于接受的形式，运用青年自己的语言，挖掘青年身边的事例，树立青年身边的榜样，努力做到春风化雨、润物无声，进一步增强思想教育的针对性和实效性。

二、牢牢把握我国面临的重要战略机遇期，最大限度地把青年的智慧和力量引导到推动经济社会发展上来

党中央在科学分析国内外形势的基础上，做出了21世纪头20年是我国必须紧紧抓住并且可以大有作为的重要战略机遇期这一重大战略判断。能否抓住机遇、加快发展，是关系一个政党、一个国家、一个民族兴衰成败的重大问题。历史上，我国曾有过丧失机遇而落伍的深刻教训，也有过抓住机遇实现快速发展的成功经验。现在，我们正处在又一个难得的有利发展时机，机不可失，时不再来，必须紧紧抓住机遇，只争朝夕地把各项事业推向前进。当代青年生逢其时，正是可以大有作为、大显身手的黄金年华。各级团组织一定要认清形势，着眼大局，牢牢把握重要战略机遇期，切实增强工作责任感和紧迫感，用全面建设小康社会的宏伟目标感召青年、团结青年、凝聚青年，动员和带领广大青年为完成改革开放和现代化建设的各项任务做出新的贡献。

当代青年富有创造的热情，拥有最新的知识，是现代化建设的一支重要力量。各行各业、各条战线的青年人才不断涌现，纵横驰骋于经济社会发展的广阔天地。共青团要紧紧围绕改革发展稳定各项工作，充分调动广大青年的积极性和创造性，使广大青年找到发挥才干的用武之地，使我们的事业获得生生不息的力量支持。要牢固树立和认真落实全面、协调、可持续的科学发展观，按照统筹城乡发展、统筹区域发展、统筹经济社会发展、统筹人与自然和谐发展、统筹国内发展和对外开放的新要求，设计开展团的工作和活动，更好地团结带领广大青年推动社会主义物质文明、政治文明和精神文明建设的协调发展。要鼓励和支持青年发扬改革创新精神，立足本职，为改革献计出力，在改革的实践中勇于探索、敢闯新路。要引导广大青年进一步增强社会责任感，自觉维护国家利益，自觉维护社会稳定，坚决同各种破坏社会和谐安定的行为作斗争。同时，共青团和青联、学联组织要高举爱国主义旗帜，发挥自身优势，采取多种形式，开辟多种途径，加强与港澳台青年和青年组织的联系与交流，为促进港澳稳定繁荣、推动祖国完全统一大业做出积极贡献。

共青团要为全面建设小康社会做出更大贡献，培养青年人才是关键之举、长远之策。"历览古今兴衰史，成败得失在于人"。当今时代，人才资源更成为推动经济社会发展的第一资源，成为各国竞争的焦点。这次出席全国人才工作会议，我有一个切身的感受，那就是我们党和国家事业的发展比以往任何时候都更加需要人才。实施人才强国战略，关键在于培养青年人才。共青团要把培养青年人才摆在更加突出的位置，用全面建设小康社会的生动实践和美好前景激发广大青年学习成才的旺盛热情，积极鼓励青年人才脱颖而出，支持青年人才加快发展，为青年人才发挥作用搭建舞台。要引导青年到艰苦的地方去，到国家和人民最需要的地方去，在实践中接受锻炼，增长才干，努力成为堪当重任的优秀青年人才。

三、主动适应社会生活的深刻变革，在不断开拓创新中进一步加强团的自身建设

我们正处在一个伟大的变革时代。25 年的改革开放，使我国社会生活的各方面都发生了深刻变革。随着社会主义市场经济体制的不断完善，这种变革还将以新的速度朝纵深发展。由此带来的"四个多样化"，带来的青年群体和青年分布的变化，使共青团的工作环境发生了很大改变，团的自身建设面临着很多新情况新问题。这就要求共青团坚持以"三个代表"重要思想为指导，把创新贯穿于团的建设全过程，在积极探索中取得突破，在主动适应中谋求发展，努力使团组织在新的历史条件下不断焕发出新的生机和活力。特别是团的基层组织，更要通过创新设置方式和组织形式，扩大覆盖面，不断增强凝聚力、吸引力和战斗力，更好地发挥党联系青年的桥梁纽带作用。需要特别强调的是，在创新的过程中，要始终坚持党的领导，始终坚持党建带团建，保证团的建设朝着正确方向健康发展。

实现团的事业新发展，团的干部是关键。广大团干部要自觉按照党的要求，始终牢记"两个务必"，认真实践"三个代表"，忠诚党的事业，热爱团的岗位，竭诚服务青年，努力做党放心、青年满意的团干部，做广大青年的表率。一是要加强党性修养，坚定理想信念，认真贯彻党的理论路线和方针政策，自觉同党中央保持高度一致，坚持在全党全国工作大局下行动。二是要树立创新意识，增强创新能力，不断研究新情况，解决新问题，开拓进取，永不懈怠，始终保持与时俱进的精神状态。三是要密切联系青年，始终把竭诚服务青年作为自己一切工作的出发点和落脚点，为青年群众多办好事、多解难事。四是要树立正确的政绩观，坚持真抓实干，发扬脚踏实地、埋头苦干的好作风，坚决克服浮躁之气、不实之风。五是要严格自律，清正廉洁，正确对待个人的名利地位，自觉抵御拜金主义、享乐主义和极端个人主义的诱惑和侵蚀。团干部都是年轻人，今后的人生道路还很长，现在对自己要求高一点比低一点好，抓得严一点比松一点好。在这方面，新一届团中央委员会责无旁贷，希望同志们以自己的实际行动，为广大团干部做一个好样子，在全团营造出一个好风气。

同志们，明年是全面落实十六大和十六届三中全会精神，深化改革、扩大开放、促进发展的重要一年，也是实现“十五”计划的关键一年。让我们紧密团结在以胡锦涛同志为总书记的党中央周围，高举邓小平理论和“三个代表”重要思想伟大旗帜，励精图治，团结奋斗，努力为全面建设小康社会创造新业绩、做出新贡献。

元旦、春节将至，向大家拜个早年，祝同志们在新的一年里身体健康，学习进步，工作取得更大成绩！

在全国大学生学习贯彻“三个代表”重要思想经验交流会上的讲话

2003年11月25日

刘云山

同学们，同志们：

在党的十六届三中全会闭幕不久，中宣部、教育部、团中央、解放军总政治部联合召开全国大学生学习贯彻“三个代表”重要思想经验交流会，这对于推动青年学生深入学习贯彻“三个代表”重要思想，具有重要意义。会前，我们参观了全国大学生学习贯彻“三个代表”重要思想成果展。刚才，几位会议代表从不同角度介绍了高校学生学习贯彻“三个代表”重要思想的经验和体会，特别是三位学生代表的发言饱含着同学们对理论、对实践的深入思考。周济同志、周强同志、袁守芳同志对下一步工作提出了要求，我完全赞同。从大家发言反映的情况看，各地各部门和各高等院校在大学生理论武装工作中做了大量工作，广大青年学生理论学习的热情很高，学习贯彻“三个代表”重要思想新高潮正在全国高校蓬勃兴起。下面，我结合大家的发言，讲几点意见。

一、从党和国家事业后继有人的战略高度，深刻认识当代大学生学习贯彻“三个代表”重要思想的重大意义

“三个代表”重要思想反映了我国最广大人民的共同意愿，是全党全国人民在新世纪新阶段继续团结奋斗的共同思想基础，是中国化的马克思主义、时代化的马克思主义、发展着的马克思主义，是指引我们实现全面建设小康社会宏伟目标的根本指针。用“三个代表”重要思想武装头脑、指导实践、推动工作，是全党全社会的一项重大政治任务，也是当代大学生的一项重大政治任务。

第一，做好当代大学生理论武装工作，是中国特色社会主义事业长远发展的战略要求。大学生是青年中知识层次较高、最有潜力、最具创造性的群体，将逐步成长为中国特色社会主义事业的建设者和接班人。能否用“三个代表”重要思想武装青年学生，决定着他们能否担当起国家未来发展的重任，关系着我们党能否继往开来地推进中国特色社会主义事业。大学生朝气蓬勃，正处于一生中最为美好的青春年华，也是世界观、人生观、价值观形成的最为关键的时期。只有用“三个代表”重要思想武装青年学生的头脑，才能使他们坚定不移地按照科学理论指引的正确方向阔步前进，成长为有理想、有道德、有文化、有纪律的一代新人，成长为全面建设小康社会的主力军，接好中国特色社会主义事业的接力棒。

第二，做好当代大学生理论武装工作，是党赢得青年、培养青年的根本途径。青年是民族的未来，是祖国的希望。马克思主义政党只有赢得充满朝气的青年，才能赢得充满希望的未来。我们应当清醒地看到，西方敌对势力始终没有放弃对我实施"西化""分化"的政治图谋，其重点对象正是我们的广大青年，其重要途径就是进行意识形态的渗透。因此，我们党要真正赢得青年，就必须坚定不移地用科学理论引导和教育青年。马克思曾经说过，理论一旦掌握了群众，就能焕发出巨大的力量。坚持用"三个代表"重要思想武装当代大学生的头脑，使广大青年学生对"三个代表"重要思想笃信之，奉行之。这有利于引导广大青年学生把科学理论化作确定人生价值导向的思想武器，把满腔豪情壮志化作服务人民、奉献社会的精神动力，把文化知识化作实际工作的智慧和能力，在改革开放和现代化建设的伟大历史进程中茁壮成长。

第三，做好当代大学生理论武装工作，是大学生自身健康成长的根本要求。"三个代表"重要思想既是党和国家的根本指针，也为青年健康成长指明了方向。大学生处在成长的重要阶段，面临着成为什么样的人这样一个重大问题。科学理论的指导是正确行动的前提，特别是面对复杂国际形势的影响，面对各种利益诱惑的考验，更加需要科学理论的正确引导。我们只有自觉按照"三个代表"重要思想的内在要求，发愤学习、刻苦实践，武装头脑、锤炼品德，做先进生产力的推进者，做先进文化的弘扬者，做最广大人民根本利益的维护者，才能够在成长进步、成才立业的道路上保持正确的方向，走在时代的最前列，成长为对国家、对人民、对社会有益的人；才能够与时俱进，开拓创新，真正成就一番事业，实现自己的人生价值。

二、坚持理论联系实际，把学习贯彻"三个代表"重要思想同当代大学生的成长进步紧密结合起来

大学生理论武装工作要紧紧围绕不断增强学习贯彻"三个代表"重要思想自觉性和坚定性这个根本，紧紧围绕立党为公、执政为民这个本质，紧紧围绕全面建设小康社会这个奋斗目标，坚持学习理论与指导实践相结合，坚持改造客观世界与改造主观世界相结合，坚持运用理论与发展理论相结合，努力在"新"字上求突破，在"深"字上下功夫，在"实"字上见成效，真正把"三个代表"重要思想作为宝贵的精神财富倍加珍惜，作为科学真理认真学习运用，作为根本指导方针长期加以坚持，并转化为当代大学生坚定的政治信仰、唯物辩证的思维方法和立身做人的基本准则，做到思想上坚定、行动上自觉。

一是要把学习贯彻"三个代表"重要思想同坚定理想信念结合起来，构筑起强大的精神支柱。崇高的理想和坚定的信念，是我们克服困难、赢得胜利的不竭精神动力。我们党历来重视青年的理想信念问题，始终强调要用科学理论构筑起广大青年的精神支柱。毛泽东同志曾强调，对于革命的理想，一定要"异常清楚、异常确定和毫不含糊"。邓小平同志强调，青年应当有远大的理想。一定要经常教育我们的人民，尤其是我们的青年，要有理想。江泽民同志指出，要有理想，有了崇高的理想，才会有坚定的信念和强大的前进动力。在当代中国，全面建设小康社会、实现中华民族的伟大复兴，是全国各族人民的共同愿望。青年学生应当坚定对马克思主义的信仰，坚定对中国特色社会主义的信念，把个人的奋斗和国家的前途、民族的命运紧密联系起来，积极投身全面建设小康社会的伟大实践。这是当代青年学子义不容辞的神圣职责，也是我们每个青年学生最大的人生追求。希望同学们把学习贯彻"三个代表"重要思想和坚定理想信念结合起来，志存高远、脚踏实地，勤奋学习、磨炼意

志，打牢人生成长进步的根基，为将来更好地投身改革开放和社会主义现代化建设事业练就过硬的本领。

二是要把学习贯彻“三个代表”重要思想同促进学习成才结合起来，努力成为适应时代要求的高素质人才。学习成才是大学生的根本任务，脱离了这一点，学习贯彻“三个代表”重要思想就成了一句空话。我们所处的时代，是科学技术日新月异的时代，有很多新知识、新技术需要学习和掌握。我们所从事的事业，是前无古人的伟大事业，有很多新情况、新问题需要探索和研究。党和国家对当代大学生寄予殷切期望，希望青年学生能够成长为代表先进生产力发展要求、代表先进文化前进方向，为最广大人民谋利益的优秀人才。按照这一要求，当代大学生一定要把学习作为自己的第一任务，珍惜大好时光，发愤努力、刻苦钻研，不断加强思想修养，不断攀登科学高峰，不断提高建设现代化的本领。学习是多方面的，既要认真掌握与专业相关的知识，又要努力学习理论知识、文化知识、科学知识、社会知识、历史知识等等，特别要善于学习各种新知识，掌握各种新信息。要在学习新知识、掌握新信息的基础上努力培养自己的创造能力，在不断认识和把握客观规律的基础上勇于创新、善于发现、不断创造。

三是要把学习贯彻“三个代表”重要思想同投身社会实践结合起来，在全面建设小康社会的生动实践中受教育、长才干、做贡献。理论的价值在于指导实践，学习的目的在于应用。“三个代表”重要思想是富于鲜明实践品格的理论，只有和实践紧密结合起来，才能把理论学深学透，才能实现理论的价值。全面建设小康社会的伟大实践，是学习贯彻“三个代表”重要思想的最好课堂，也是对学习贯彻“三个代表”重要思想成效的最好检验。当代青年学生要在学习书本知识、接受校内教育的同时，自觉走与社会实践相结合的道路，走与人民群众相结合的道路，在全面建设小康社会的伟大实践中了解国情、经受锻炼、增长才干，在与广大人民群众的共同奋斗中加强自身修养、提高精神境界，在自己人生奋斗历程中创造出无悔的青春。

三、加强组织领导，把当代大学生学习贯彻“三个代表”重要思想活动不断引向深入

爱护青年、关心青年，引导青年健康成长，是我们党的优良传统。党中央对大学生理论武装工作非常重视，胡锦涛总书记在同团中央新一届领导班子成员和团十五大代表座谈时对广大青年提出了殷切期望。各有关部门对青年学生学习邓小平理论和“三个代表”重要思想，做了大量卓有成效的工作。把大学生学习贯彻“三个代表”重要思想活动不断引向深入，是各级党政部门、共青团组织和高等院校的重要责任。我们要进一步增强政治意识、大局意识、责任意识，紧紧围绕培育有理想、有道德、有文化、有纪律一代新人这个根本目标，围绕培养德智体美全面发展的社会主义建设者和接班人这个根本任务，紧密结合当代青年的特点，扎实做好高校学生理论武装工作，让“三个代表”重要思想进教材、进课堂、进学生头脑，成为青年学生健康成长、奋发有为的行动指南和精神动力。

第一，要切实增强政治责任感，把用“三个代表”重要思想武装当代大学生头脑作为工作的重中之重认真抓好。我们做的是培养人的工作，在任何时候都要把提高学生的思想政治素质放在首位。思想政治上的清醒和坚定，来自于理论上的清醒和坚定。把当代大学生培养成为中国特色社会主义事业的建设者和接班人，最重要的是引导他们坚定对马克思主义的信仰、对中国特色社会主义事业的信念，增强对改革开放和现代化建设的信心、对党和政府的信任。要深刻认识“三个代表”重要思想对于人才培养工作的重大指导意义，以对党和人民的事业、对大学生成长成才高度负责的态度，把用“三个代表”重要思想武装大学生头脑作为首要政治任务抓紧抓好。

第二，要紧密结合当代大学生的特点，提高青年学生理论武装工作的针对性和实效性。要找准理论学习活动与大学生成长进步的结合点，多采取大学生喜闻乐见的形式，把我们要说的同大学生想听的结合起来，把逻辑的力量同情感的力量结合起来，把透彻的说理同鲜活的语言结合起来，使学习贯彻“三个代表”重要思想融入到大学生获取各种信息和知识之中，融入到大学生自我教育的各种活动之中，融入到大学生报国为民和实现个人理想的奋斗进程之中。要充分发挥报告会、主题活动、理论社团等一些传统工作载体的作用，积极探索在网上开展“三个代表”重要思想学习实践活动等新方式，使大学生理论武装工作更加丰富生动、富有成效。

第三，要加强协调配合，为大学生学习实践“三个代表”重要思想营造良好的环境。宣传部门要加大宣传力度，深入宣传“三个代表”重要思想的时代背景、实践基础、科学内涵、精神实质和历史地位，深入宣传青年学生学习贯彻“三个代表”重要思想创造的新经验，出现的新变化，展示的新面貌，涌现的新典型。教育部门要进一步加强和改进“三个代表”重要思想“进教材、进课堂、进学生头脑”工作，创新教学方式，改进教学方法，提高教学质量。团组织要按照“抓活动、抓实践、抓社团、抓骨干、抓网络”的思路进一步做好工作，引导广大青年学生在学习中加强实践，在实践中深化学习。各高等院校要在抓好大学生理论教学的同时，运用丰富多彩的方式，深入开展学习实践“三个代表”重要思想的主题活动。我相信，只要各方面充分发挥各自的优势，形成整体合力，就一定能把这项事关国家未来的大事做好。

同学们、同志们，让我们更加紧密地团结在以胡锦涛同志为总书记的党中央周围，高举邓小平理论的伟大旗帜，以“三个代表”重要思想为指导，加强学习、加强修养，增长知识、增长才干，为实现十六大确定的各项任务，为全面建设小康社会、开创中国特色社会主义事业新局面，奉献青春，施展抱负，贡献才华。

在高校毕业生到西部基层工作座谈会上的讲话

2003年11月5日

贺国强

同学们，同志们：

在全党把兴起学习贯彻“三个代表”重要思想新高潮活动不断引向深入，全国人民全面贯彻落实党的十六大和十六届三中全会精神的形势下，在大力实施人才强国战略和西部大开发战略的背景下，今天，中组部、人事部、团中央、中央编办、教育部、财政部等有关单位的负责同志，与到西部基层工作的高校毕业生代表一起座谈，充分肯定高校毕业生到西部基层工作的成绩，进一步总结经验，鼓励更多的高校毕业生到西部地区建功立业，这是一件很有意义的事情。

刚才，五位高校毕业生代表的精彩发言，饱含着报效祖国的豪情，充满着对西部人民的深情，洋溢着青春与奉献的激情，我听了以后深受感动，也使我想起了当年我到基层和西部地区工作的经历和感受。同学们当中，有的是毅然放弃城市较优越的工作和生活环境，主动投身到西部基层去工作；有的是自觉扎根祖国西部，并且作出了优异成绩；有的是青年志愿者，将在西部地区开展一到两年的志愿服务。你们把个人的远大理想与祖国的前途命运紧紧相连，听从党和国家的召唤，胸怀报效祖国、服务人民的崇高志向，作出了到西部去、到基层去、到祖国和人民最需要的地方去的郑重选择，迈出了人生中坚实的一步。在此，我对你们的选择和奉献深表敬意，对你们的成长进步感到由衷的高兴，并对支持你们的家人表示衷心的感谢！

刚才，张柏林同志、周强同志、袁贵仁同志作了很好的讲话，我完全赞成。下面，我谈三点意见。

一、充分认识鼓励和引导高校毕业生到西部基层工作的重要性

党的十六届三中全会通过的《关于完善社会主义市场经济体制若干问题的决定》明确提出，要加快西部和民族地区人才开发，建立促进优秀人才到西部、基层和艰苦地方工作的机制。鼓励包括高校毕业生在内的广大青年知识分子到实践中去，到现代化建设的第一线去，到基层特别是西部的基层地区去，投身于当地的经济社会发展，经受磨练，健康成长，这是一项事关全局的重要战略部署。我们要站在实践"三个代表"重要思想，全面贯彻十六大和十六届三中全会精神的高度，站在全面建设小康社会和实施人才强国战略的高度，充分认识这项工作的重要性。

第一，鼓励和引导高校毕业生到西部基层工作是培养青年人才、实施人才强国战略的重要举措。人才问题是关系党和国家事业发展的重大问题。近年来，根据国际国内形势的发展变化，党中央站在推进改革开放和社会主义现代化建设的战略高度，作出了人才资源是第一资源的科学判断，提出了人才强国战略和党管人才原则，制定并实施了加强和改进人才工作的一系列重大方针政策。人才的成长是有规律可循的。实践证明，青年知识分子成长成才，必须与实践相结合，与人民群众的需要相结合。引导高校毕业生到西部基层工作，可以帮助他们加深对国情和社情的了解，增进与人民群众的感情，增强适应社会的能力，砥砺品格，磨练意志，增长才干。逐步把引导高校毕业生到西部基层工作形成制度，长期坚持下去，必将造就一大批忠诚实践"三个代表"重要思想，忠于党、忠于祖国、忠于人民，既具有现代科学文化知识、又具有基层工作经验并富有社会责任感的优秀青年人才和青年干部，使他们在社会主义物质文明、政治文明和精神文明建设中大展鸿图，为全面建设小康社会提供更多更好的智力支持。

第二，鼓励和引导高校毕业生到西部基层工作是促进人才合理流动、推进西部大开发战略的重要举措。西部大开发，人才是关键。发展西部地区经济和教育、科技、文化、卫生等各项事业，需要有强大的人才支撑。由于区域经济社会发展不平衡和人才使用、流动等体制方面的原因，当前西部地区存在着人才总量不足、结构不合理、队伍不稳定等问题。加强西部人才队伍建设，既是实施西部大开发战略的一项重点任务，也是西部大开发中一个重要而紧迫的课题。引导高校毕业生到西部基层工作，可以有效地促进人才从东部到西部、从城市到乡村的流动，促进人才资源有效开发与合理配置，为西部建设输送大批急需的优秀人才，缓解西部地区人才不足的矛盾；引导高校毕业生到西部基层工作，可以发挥高校毕业生在知识、技能方面的专长，推动西部地区经济和社会事业的发展，并且可以带去新的观念、新的思路，从而为西部地区经济社会发展增添新的活力；引导高校毕业生到西部基层工作，还可以进一步提高全社会对西部建设关注、支持和参与的热情，进一步促进资金、技术等各类生产要素向西部地区流动。这些都有利于更好地贯彻十六届三中全会提出的科学的发展观的要求,进一步推进西部大开发战略的实施。

第三,鼓励和引导高校毕业生到西部基层工作是拓宽就业渠道、提高高校毕业生创业能力的重要举措。当前,高校毕业生就业形势比较严峻。实际上,不论与国外平均水平相比,还是从国内建设的需要来看,我国高校毕业生的数量不是多了,而是远远不够。之所以出现高校毕业生就业压力增大的情况,主要是由于人才结构不够合理、供需相对脱节和就业观念滞后等多种原因造成的。高校毕业生就业问题,直接关系到高校毕业生的切身利益,牵动着千家万户。党和政府始终高度重视这一问题,千方百计采取措施缓解目前存在的困难。引导高校毕业生到西部基层工作,能够有效地拓宽高校毕业生就业的渠道。西部地区尤其是基层的改革与发展急需人才,高校毕业生到那里会找到施展才华的广阔舞台。还要看到,引导高校毕业生到西部基层工作,也有利于促进高校毕业生转变就业观念,使他们在经受锻炼、经受考验的实践中,真正认识到越是祖国和人民需要的地方,越是现代化建设的第一线,青年学子越能得到锻炼、健康成长。我相信,一大批青年学子在西部创业的成功实践,必将感召和吸引更多青年人的参与,从而汇聚成当代青年知识分子热爱西部、投身西部、建设西部的新潮流。

二、切实推动高校毕业生到西部基层工作取得实效

中央对鼓励和引导高校毕业生到西部基层工作一直非常重视。今年，报经中央批准，中组部会同人事部、教育部、团中央等单位印发了《关于按照党管人才要求进一步做好高校毕业生就业工作的通知》和《关于选拔高校毕业生到西部基层工作的通知》，对选拔高校毕业生到西部基层工作进行了部署。这项工作是一个系统工程，需要有关部门密切配合，也需要各级党委政府、各用人单位共同关心、共同努力，加强领导、扎实推进，切实抓出成效。

一是要拓宽渠道，完善工作机制。实践表明，当代高校毕业生有到西部基层建功立业的愿望，西部基层也迫切需要高校毕业生去工作。把两个需求结合起来，关键在于畅通和拓宽渠道。各级党委政府要发挥宏观调控作用，通过有计划地从高等院校选调应届优秀毕业生到西部基层工作锻炼等方式，引导高校毕业生向西部基层流动。共青团组织要发挥联系青年的优势，通过开展志愿服务等方式，引导高校毕业生到西部基层工作。有关部门和大型国有企业要依托西部地区重点工程和项目建设，有组织地为西部地区输送所需要的高校毕业生专业技术人才。要充分发挥市场在人才资源配置中的基础性作用，积极运用市场机制引导高校毕业生向西部基层流动。同时，要及时总结选拔高校毕业生到西部基层工作和“大学生志愿服务西部计划”、“博士服务团”等方面工作的经验，进一步放开视野，拓宽思路，开辟高校毕业生到西部基层工作的新渠道，并不断完善工作机制，使引导高校毕业生到西部基层工作长期、深入、规范地开展下去。

二是要充分发挥高校毕业生在西部基层工作的作用。动员组织高校毕业生到西部基层去,重要的是要发挥好他们的作用。要努力保护好、发挥好高校毕业生的积极性和创造性。要爱才育才,牢固树立人才资源开发投入是收益最大的投入的观念,进一步为高校毕业生去西部基层创造良好的工作和生活条件。要用人所长,根据高校毕业生的服务意愿和专业特点,努力发挥高校毕业生的专业优势,使他们真正能够学以致用。要大胆使用,积极培养选拔那些在西部基层工作中德才兼备、做出突出贡献的高校毕业生,充实和加强各级干部队伍。要创造环境，一方面，要建立完善并认真落实相关政策，营造吸引、留住高校毕业生的政策环境；另一方面，要大力宣传在西部基层就业创业的高校毕业生典型，充分发挥他们的示范带动作用，努力营造良好的社会环境。总之，要努力做到尊重人才、爱护人才，推动大批优秀人才脱颖而出。

三是要为高校毕业生在西部基层工作搞好服务。组织引导高校毕业生走上西部基层的工作岗位，这只是我们工作的良好开端，大量的工作还体现在日常管理和服务之中。热情关心、严格要求，是我们党对青年知识分子的一贯方针，对于到西部基层工作的高校毕业生更应如此。西部地区、各用人单位要本着“谁用人、谁受益、谁负责”的原则，切实负起责任，通过建立健全各项规章制度，强化日常管理，确保高校毕业生的安全和健康，确保这项工作顺利、有效、持续地开展。要积极协调相关部门，落实相关保障政策，满腔热情地帮助高校毕业生解决工作、生活、学习中遇到的各种困难和问题，积极为他们排忧解难。派遣单位要与西部有关地区加强沟通、密切协作，通过各种切实可行的方式，共同做好服务工作。

三、希望高校毕业生在西部基层锻炼成才、建功立业

高校毕业生是党和国家宝贵的人才资源。党和政府引导高校毕业生到西部基层工作，既着眼于充分发挥高校毕业生在西部建设中的积极作用，更着眼于当代大学生的健康成长。祖国的西部天地广阔，青年人可以大有作为。基层是人才成长的沃土，在那里，青年人可以从丰富的实践和与人民群众水乳交融的密切联系中学到许多在书本上学不到的宝贵知识和本领，为今后的发展打下坚实的基础。借此机会，我对已经或即将到西部基层工作的高校毕业生提几点希望。

一是希望你们志存高远。远大理想是我们战胜困难、赢得胜利的精神支柱和力量源泉。一个人只有把个人的追求与国家民族的前途命运紧密结合起来，才能真正实现人生的价值。全面建设小康社会、实现中华民族的伟大复兴，这是新阶段全国各族人民的共同愿望。加快西部地区发展，支持西部地区尽快实现小康，是全面建设小康社会的内在要求。西部建设离不开人才，西部地区基层更加渴求人才。响应党的号召，开发西部、建设西部、振兴西部，这是当代青年学子义不容辞的历史责任。希望你们深入学习实践“三个代表”重要思想，始终坚定投身祖国西部大开发的信念，志存高远，脚踏实地，扎实工作，甘于奉献，用智慧和汗水在祖国西部建功立业，创造无悔的青春。

二是希望你们努力实践。实践是一个人成长成才的必由之路，也是高校毕业生提高能力和水平的大课堂、大熔炉。悠久灿烂的西部文化、气壮山河的西部大开发、勤劳质朴的西部人民，都为高校毕业生提供了生动的学习教材。面对西部的广阔天地，要善于做一个有心人，不断汲取营养，丰富和完善自己。要紧密结合西部基层实际和自己的工作实际，勇于实践，大胆创新，努力为当地的发展注入新的动力和活力。要在实践中努力加强自身修养，在忘我的工作中体会进步的喜悦，在无私的奉献中追求高尚的精神境界，在改造客观世界的过程中不断改造自己的主观世界。

三是希望你们艰苦奋斗。自古英雄多磨难。历史上，大凡有一番建树和成就的人都经受过艰苦环境的磨练。与改革开放同生共长的高校毕业生，与以往的任何一代人相比，有着自己特有的优势。但也要看到，你们经受艰苦磨练的机会比较少。广袤的西部地区相对东中部地区来说，环境和条件的确比较艰苦，客观上要求到西部基层工作的高校毕业生必须发扬艰苦奋斗的精神。同时，这也为高校毕业生磨练意志、增长才干提供了难得的机会。

在艰苦的环境里经受磨练，对高校毕业生是一种重要的人生经历，也是终生受用的宝贵财富。当然，面对西部比较艰苦的环境，大家一定要实事求是，注意健康、注意安全。我相信，通过西部艰苦环境的历练，大家一定会变得更加坚强、更加成熟，成为祖国和人民需要的有用之才。

四是希望你们建功立业。西部基层是你们建功立业的舞台。高校毕业生到西部去，只有为那里的人民群众做一些实实在在的事情，为当地的发展做出扎扎实实的贡献，才不会虚度光阴。高校毕业生从决定到西部基层工作的那一刻起，就要认真谋划事业发展的蓝图，着力打下开创事业的基础，积极投身成就事业的实践。成就事业，造福当地人民，参与西部大开发伟大实践的过程，也是自身积累经验、成长成才的过程。

伟大的时代成就伟大的事业，伟大的事业铸造壮丽的人生。我们坚信，有党中央、国务院的正确领导，有各级党委政府的高度重视，有相关部门的密切协作和精心组织，有社会各界的大力支持，特别是有高校毕业生的积极参与，引导高校毕业生到西部基层工作这项活动一定会不断取得新的更大的成效。让我们紧密团结在以胡锦涛同志为总书记的党中央周围，高举邓小平理论伟大旗帜，以“三个代表”重要思想为指导，为全面建设小康社会、实现中华民族伟大复兴而努力奋斗。

在第四届全国少年军校检阅式上的讲话

2003 年 9 月 28 日

曹刚川

在全党全军和全国各族人民兴起学习贯彻“三个代表”重要思想新高潮，满怀豪情迎接建国 54 周年之际，第四届全国少年军校检阅式在北京隆重举行。少年军校小学员们展示出饱满的热情、高昂的斗志、精湛的技能，十分令人振奋。我代表中央军委，对第四届全国少年军校检阅式的成功举办表示热烈的祝贺！向全国少年军校小学员们致以亲切的问候！向支持、关心少年军校活动的同志们表示衷心的感谢！

少年儿童是祖国的未来，是国家和民族的希望。开展少年军校活动，是对广大少年儿童进行“爱国、爱党、爱军”教育和国防教育的有效形式，也是实施素质教育、培养少年儿童“五自”能力的重要途径。我们高兴地看到，少年军校自 1989 年开创以来，获得了长足的发展，取得了丰硕的成果。现有全国各类少年军校一万三千多所，每年在少年军校接受国防教育和军训的少年儿童达两千多万人。少年儿童在少年军校学习和掌握了一些现代国防知识和军事技能，增强了爱国主义、集体主义和作风纪律的观念，增强了体魄，磨练了意志和品质，提高了综合素质。实践证明，开展少年军校活动对少年儿童的健康成长发挥了不可替代的作用。党的十六大要求，要加强国防教育，增强全民国防的观念。《中华人民共和国国防教育法》明确写入了开展少年军校活动的内容。我们要认真贯彻落实十六大的精神和《国防教育法》的要求，把少年军校活动广泛深入持久地开展下去。

要全面贯彻党的教育方针，坚持少年军校

活动的正确方向。要以“三个代表”重要思想为指导，坚持育人为本，用爱国主义、集体主义和社会主义思想教育少年儿童，帮助他们树立正确的理想信念和高尚的道德情操。要用人民军队的优良传统熏陶和影响少年儿童，培养他们不怕困难、勇敢顽强的意志品质。要通过军事训练活动和体验军营生活，使少年儿童养成自觉遵章守纪的良好习惯。总之，要采取生动活泼、丰富多彩的形式，促进少年儿童的全面发展，使他们从小就热爱党、热爱祖国、热爱人民、热爱人民军队、热爱社会主义，逐步成为有理想、有道德、有文化、有纪律的一代新人。要充分发挥各级组织和社会各界的积极性，使少年军校活动更加富有成效。要加强对开展少年军校活动重要意义的宣传，努力形成全社会关心、支持少年军校的良好氛围。要适应国家改革开放的新形势，积极探索社会化的运行机制。在办学方式和活动模式上，要从各地的实际出发，因地制宜，形成自己的特色。要针对少年儿童的特点，坚持寓教于乐，不断改进和丰富教学内容。各地要充分发挥国防教育资源的作用，进一步完善少年军校活动设施和场所。少年军校组织军训活动，要周密计划、科学安排、加强防护，确保少年儿童的安全。要进一步加强对少年军校活动的领导，促进少年军校活动健康发展。

共青团、少先队组织要认真履行职责，加强组织协调，广泛调动社会力量，充分挖掘社会的资源，把少年军校活动组织好、开展好。军队和武警部队要把积极参与少年军校活动，作为开展双拥共建工作的一项重要内容，进一步加大对少年军校活动的支持力度，从人力、物力上为开展少年军校活动提供帮助。军地有关部门和单位要密切配合，齐抓共管，共同建设一支高素质的少年军校工作者队伍，不断提高少年军校的办学水平。

少年军校的小朋友们，你们是祖国的明天和希望，肩负着长大以后全面建设小康社会、实现中华民族伟大复兴的崇高使命。党和人民寄予你们殷切的期望。希望你们从小树立远大的理想，增强爱国意识和国防观念，立志振兴中华，报效祖国。希望你们珍惜在少年军校的美好时光，刻苦学习，掌握基本的军事知识、国防知识和军事技能，为保卫祖国奠定扎实的基础。希望你们通过军校生活的磨练，锻炼意志，强健体魄，增强勇敢坚强、吃苦耐劳、团结协作、遵守纪律、乐于奉献的精神和品质。希望你们全面提高自身素质，努力成为社会主义事业的合格建设者和接班人，时刻准备着为建设和保卫祖国做出自己应有的贡献。

第二部分

团中央书记处领导讲话

周强同志讲话

周强在中国法学会青少年法律研究会成立大会上的致词

2003年1月9日

中国法学会青少年法律研究会成立大会今天在这里隆重举行,这是我国法律界和青少年工作中的一件大事。我代表共青团中央向大会表示热烈的祝贺,向参加会议的各位代表和同志们表示诚挚的问候!

青少年法律是我国社会主义法治的重要组成部分。长期以来,党和国家十分重视青少年的法制教育与保护工作,党的三代领导核心对如何保护青少年健康成长作过许多重要指示,为我们推进青少年法制建设、做好青少年法制工作指明了方向。1991年《中华人民共和国未成年人保护法》和1999年《中华人民共和国预防未成年人犯罪法》的颁布,标志着我国青少年法制建设取得了长足的进步。从此,青少年工作纳入法制化的轨道,青少年权益保护实现了有法可依。

江泽民同志在党的十六大报告中明确提出了全面建设小康社会的奋斗目标。实现这一宏伟目标,要求我们必须坚持实施依法治国,建设社会主义法治国家的基本方略,要求我们必须进一步发展社会主义民主政治,建设社会主义政治文明。青少年法制建设作为其中的一项基础性工作,需要进一步加强。青少年法律研究作为一门新兴学科,需要支持,需要推动。为此,共青团中央和中国法学会积极推动成立中国法学会青少年法律研究会,这是贯彻落实十六大精神,实践"三个代表"重要思想的一项具体举措,也是拓展工作领域,延伸工作手臂,探索服务青少年健康成长的新途径新方法的一项有益尝试。在这里,我代表共青团中央就研究会今后的发展提几点意见,供参考。

希望研究会成为研究青少年法律和公共政策的一个重要基地。成立研究会的目的就是研究青少年法律,促进青少年健康成长。研究会吸纳了国内最权威的学术机构和实务界的法律专业人才,要充分发挥这一智力优势,就青少年立法、司法和执法等问题开展专题研究,及时向立法机关和政府部门提出立法和政策建议,为构建和完善中国特色青少年法律体系发挥应有的作用。

希望研究会成为维护青少年权益的一支重要力量。研究会的许多成员来自司法机关和行政执法部门以及法律援助和服务部门,应当结合各自的职能,群策群力,协调配合,着力研究解决侵害青少年权益的突出问题和难点问题,切实维护青少年的合法权益。

希望研究会成为提高青少年法律素质的重要力量。研究会本身就是一支高素质的法制宣传教育队伍,应当充分发挥自身的优势,把加强青少年法制教育作为一项重要任务,组织会员经常深入社区,深入学校,开展丰富多彩的法制宣传教育活动,帮助广大青少年掌握法律知识,增强法律意识。

希望研究会成为培养青少年法律研究人才的摇篮。研究会应当大兴学习之风，努力把自身建设成为学习型组织。通过学习辅导、组织培训，不断提升成员的综合素质；通过举办论坛、开展研讨，积极为广大法律工作者特别是中青年优秀法律工作者施展才华搭建舞台，使更多的法律人才在依法治国的伟大实践中脱颖而出，成为社会主义法治国家的栋梁之材。

让我们在以胡锦涛同志为总书记的党中央领导下，高举邓小平理论伟大旗帜，以“三个代表”重要思想为指导，齐心协力，扎实工作，为加强法制建设，促进青少年健康成长，推进社会主义政治文明建设，全面建设小康社会做出积极贡献！

最后，预祝会议取得圆满成功！

周强在全国青联九届四次常委（扩大）会议上的讲话

2003年1月9日

这次全国青联常委（扩大）会议是在深入学习贯彻党的十六大精神的新形势下召开的。中共中央政治局委员王兆国在百忙中到会看望大家并发表重要讲话，这对我们是一个很大的鼓舞。孙金龙同志的报告全面总结了去年全国青联的工作，部署了2003年的工作。李士祥、张庆伟常委分别就举办奥运会与北京城市发展、神舟号飞船的研制与我国国防科技发展情况作了专题报告。会议完成了预期的任务，开得很成功。

在过去的一年里，全国各级青联组织围绕党政工作大局开展了一系列有影响、有分量的活动，特别是在服务社会、服务青年、服务委员方面做了大量富有创意的工作。青联委员们在事业上也不断有新发展。在全国乃至全世界产生重大影响的“神舟四号”飞船成功发射凝结了张庆伟、袁家军和雷凡培等青年科学家的心血和智慧，《中国青年报》盛赞他们是“航天科技集团三少帅”。青联委员中还产生了许多党的十六大代表。在其他各个领域，事业取得重要发展的青联委员也有不少。总之，在过去的一年，我们青联组织蓬勃向上，青联委员奋发有为，青联工作取得了引人瞩目的成绩。在此，我代表团中央书记处向为青联工作付出辛勤努力的主席、各位副主席、常委和委员表示衷心的感谢，向新增补的常委、委员表示诚挚的祝贺。借此机会，我想结合学习贯彻十六大精神谈几点意见。

一、深入学习贯彻十六大精神，围绕主题，把握灵魂，引导青年在全面建设小康社会的进程中建功立业

江泽民同志在党的十六大报告中指出：“高举邓小平理论伟大旗帜，全面贯彻‘三个代表’重要思想，继往开来，与时俱进，全面建设小康社会，加快推进社会主义现代化，为开创中国特色社会主义事业新局面而奋斗。”这是党的十六大的主题，是我们党和国家今后一个历史时期工作的主题，也是我们青联工作的主题。

江泽民同志在纪念建团80周年大会上的讲话中指出：“到本世纪中叶，基本实现现代化，把我国建设成为富强民主文明的社会主义国家，实现中华民族的伟大复兴，这是全国各族人民的奋斗目标，也是当代青年的历史使命和当代青年运动的主题。”这一重要论断与党的十六大的主题完全一致。青联汇聚了全国各界工作在一线的大批优秀青年人才，是推动我国经济社会发展的重要的人才资源宝库。青联组织的任务，很重要的一个方面就是凝聚各方面的人才，为推动我国现代化建设事业，为全面建设小康社会提供强大的智力支持。所以说，青联工作的主题同我们党和国家的工作主题是一致的，青联工作是与党和国家的中心工作紧密相连的。因此，青联在组织学习贯彻十六大精神的过程中，要紧紧围绕这一主题，要用全面建设小康社会这一宏伟目标来凝聚广大青联委员和各族各界青年，要用“三个代表”重要思想教育广大青联委员和各族各界青年，按照十六大精神和江泽民同志“5·15”重要讲话的要求组织带领广大青年在发展先进生产力、传播先进文化中发挥生力军作用，做出积极贡献。

在推动先进生产力发展方面，青联组织大有可为。青联汇聚了很多科技、教育、企业界的优秀青年骨干。近年来，青联组织发挥人才优势，围绕党和政府的重点工作，围绕科教兴国战略，开展了很多富有现实和深远意义的活动。比如中国青年科技创新行动，海外留学人员回国创业服务活动，设立和颁发中国青年科学家奖、中国青年科技创新奖，评选中国软件行业杰出青年活动等等，这些活动有的着眼于培养和激发青年的创造力，有的着眼于海内外优秀青年学人的交流互动，有的着眼于给有志于开发高新技术的青年提供科研成果的产业化平台，有的着眼于建立和完善鼓励优秀青年人才脱颖而出的激励机制。总之，这些活动从不同角度、不同方面促进了广大青年科学精神的培养，有效地激发了广大青年投身科教兴国战略的积极性，对推动先进生产力的发展起到了很好的作用。今后我们将进一步总结经验，深化和发展这些工作，并根据经济社会发展的需求，稳中求进，不断推出新的项目。

在发展先进文化方面，青联组织要在弘扬以爱国主义为核心的民族精神方面发挥积极作用。在全面建设小康社会，加快推进我国现代化建设过程中，增强民族凝聚力，弘扬民族精神对于全面提升综合国力具有十分重要的意义。江泽民同志指出，有没有高昂的民族精神，是衡量一个国家综合国力强弱的一个重要尺度。综合国力离不开民族精神、民族凝聚力，民族精神也是综合国力的重要内容。“神舟四号”飞船发射成功在全国人民、全国青年中激发起强烈的民族凝聚力和民族自豪感。近年来，全国青联志愿者艺术团在服务社会、服务人民、弘扬社会新风方面做出了很多积极的贡献。艺术团活动为文艺界委员搭建了一个既展示自身才华，又促使委员创作出更多为人民群众、为广大青年喜爱的文化产品的舞台，从而进一步繁荣了我国的文化事业，推动了先进文化的发展。希望全国青联各界别委员，尤其是文学艺术界的委员、常委们，努力研究如何弘扬主旋律，使我们的民族艺术焕发出时代朝气，使我们的民族艺术走向世界。同时也要思考，如何创造出更加健康向上，激励青少年为中华之崛起而奋斗的精神食粮，用先进文化塑造和丰富青年的精神世界，使广大青年成为民族精神的传人，在推动我国先进文化的发展方面发挥更大的作用。总之，青联组织中蕴藏着丰富的资源，具有在广大青年中塑造和弘扬民族精神的独特优势，我们一定要挖掘好这份资源，充分利用好这份优势。

二、加强学习，突出服务，充分发挥桥梁纽带作用

青联组织要把学习作为加强自身建设的一个重要任务来抓，广大青联委员也要适应新形势的要求，不断加强学习。青联组织不是名人俱乐部，它是一个有着强大凝聚力的组织，这种凝聚力来自委员们的共同理想，来自它为青联委员、广大青年施展才华、建功立业搭建了一个舞台。党的十六大报告中提出人才强国战略。在实施这个战略的过程中，共青团和青联组织可以充分发挥自身的优势。要发挥好这一优势，我们必须做好服务工作。我们在做人才的工作中，要以人为本，突出服务的理念，不断改进和创造服务手段。为青年人才施展才华、报效祖国提供服务就是我们工作的出发点和目的。近年来，我们在这些方面做了许多有益的探索。比如与中组部共同组织实施了博士服务团赴西部省份挂职，一方面为西部经济发展注入了高素质的人才资源，同时也为一批博士了解社会、服务人民、成就事业搭建了一个展示才华的平台。我们组织开展的博士西部行活动，留学人员回国创业活动等，在交流与互动中既服务了社会经济的发展，又服务了有志青年的发展。在各位委员的大力支持下，共青团和青联通过整合资源，形成了一些在全社会有较大影响的工作品牌。今后，我们还要适应新形势的要求，继续坚持和发扬青联的这些好传统、好作风，不断加强学习，通过富有成效的服务，为广大青年人才脱颖而出创造更好的条件，推动青联组织不断发展壮大，并不断提升青联服务社会和服务国家发展大局的能力。

青联组织是青联委员之家，在市场经济条件下，一个组织的凝聚力很大程度取决于其服务功能。青联组织要发挥好服务大局的功能，首先要做好服务委员的工作，要为委员的学习、交流和合法权益的维护提供切实有效的服务。在市场经济条件下，在信息时代，维护自身的合法权益变得越来越重要，需求也越来越大。全国青联政法界别工作委员会可以发挥自身优势，探索为委员维护合法权益服务的有效途径，同时也要为广大青少年权益保护提供服务。全国青联秘书处也要不断增强服务意识，努力拓宽服务领域，进一步提高服务水平。

三、适应新形势，研究新情况，解决新问题，实现新发展

在我国跨入21世纪的时候，党的十六大提出了全面建设小康社会、加快推进社会主义现代化的奋斗目标。我们面临着新的形势和任务，这就要求我们以积极主动的开放态度，研究和解决新问题，不断拓展新的工作领域，开创工作新局面。

第一，要探索新机制，丰富活动形式。全国青联要适应新形势要求，不断加强自身建设，不断开拓新的工作领域，特别要注重发挥界别工作委员会的作用。近些年，界别委员会的工作越来越活跃，发挥了很好的作用。但是，我们也要根据新形势、新任务的要求，进一步完善界别委员会的工作机制。经济社会的迅猛发展为青联工作提供了新的发展空间和工作领域，也提出了新的课题。为了适应这种发展，可以考虑增设新的界别工作委员会，也可以考虑在界别工作委员会下面设立一些工作委员会，以便更好地发挥青联各个界别、各条战线青年人才的作用，使我们工作的领域更加广阔。我们相信，全面活跃界别委员会工作，青联工作就一定会再上一个更新、更高的台阶，在社会上的影响也会进一步扩大。

第二，要广泛地吸纳人才。实施科教兴国战略，关键是人才。当今世界，人才和开发人力资源在综合国力竞争中越来越具有决定性的意义。青联凝聚着大批优秀青年人才，同时新的青年人才在不断涌现。我们的视野应该更开阔一些，工作更主动一些，及时把各界优秀青年人才吸纳到青联组织中来，把社会各界青年人才团结、联系起来，使青联组织成为名副其实的人才库。在这方面，除了青联组织，我们还可以通过各种青年社团，把社会各界的优秀青年人才最广泛地团结起来、凝聚起来，形成人才聚集效应。青联组织要不断发展、不断增强吸引力和凝聚力，很关键的一条就是要形成一个源源不断吸纳新人的机制。

第三，要实现大团结、大联合，为祖国的完全统一做贡献。江泽民主席在十六大报告中提出了新世纪我们党和国家的三大历史任务:“推进现代化建设、完成祖国统一、维护世界和平与促进共同发展。”青联组织要在实现三大历史任务的进程中发挥积极作用。要以爱国主义为共同理想,围绕实现祖国完全统一的伟大目标,进一步加强与香港、澳门、台湾青年组织、海外侨团青年机构以及留学人员机构的交流与合作,最终为实现大团结、大联合,为祖国的完全统一和中华民族的伟大复兴做出积极贡献。

总之,各级青联组织要深入学习贯彻党的十六大精神,以“三个代表”重要思想为统领,不断加强青联组织的自身建设,不断增强吸引力、凝聚力,提高服务水平,努力实现新发展,开创新局面。

同志们,朋友们!党的十六大为我国今后20年的发展描绘出了宏伟蓝图。让我们紧密团结在以胡锦涛同志为总书记的党中央周围,高举邓小平理论伟大旗帜,全面贯彻“三个代表”重要思想,与时俱进,开拓创新,艰苦奋斗,为实现全面建设小康社会的宏伟目标做出积极的贡献。

以“三个代表”重要思想为统领
开创团的宣传思想工作新局面

——周强在2003年共青团宣传工作会议上的讲话

2003年1月16日,根据录音整理

这次会议的主要任务是,以邓小平理论和“三个代表”重要思想为指导,深入学习贯彻十六大精神,认真学习贯彻全国宣传部长会议精神,按照团的十四届六中全会的部署,总结去年的工作,部署今年的工作,统一思想,凝聚力量,进一步开创团的宣传思想工作新局面。

刚刚过去的一年,团的宣传思想战线高举邓小平理论伟大旗帜,以“三个代表”重要思想为指导,紧紧围绕迎接、宣传、贯彻十六大,认真学习、宣传、实践“三个代表”重要思想这条主线,在广大团员青年中兴起了深入学习贯彻“三个代表”重要思想和十六大精神的热潮。纪念中国共青团成立80周年主题教育活动的广泛开展,在广大团员青年中和社会上集中唱响了“永远跟党走”的主题。青年志愿者行动蓬勃发展,在国内外的影响越来越大,扶贫接力计划、海外青年志愿者服务计划等引起了广泛反响。新世纪读书计划不断深化发展,深受广大青年和基层团组织的欢迎。大力宣传贯彻《公民道德建设实施纲要》,推动青少年网络文明建设,青少年思想道德教育取得明显成绩。团属新闻出版事业进一步发展,青年报刊的影响越来越大,实力不断加强。青少年活动阵地建设进一步加强,在服务青少年成长成才等方面发挥着越来越重要的作用。总之,2002年团的宣传思想工作,重点突出,主题鲜明,围绕主线兴起高潮,抓住契机深化教育,各项工作都有新的发展,取得了明显成绩,为今年的工作奠定了良好基础。这些成绩的取得,是团的宣传思想战线的同志们共同努力的结果。在此,我代表共青团中央书记处向团的宣传思想战线的同志们表示衷心的感谢和亲切的问候！

近些年来，共青团中央书记处始终高度重视团的宣传思想工作，这项工作一直保持了良好的发展态势，在实践中形成和积累了许多有益经验。一是坚持以马列主义、毛泽东思想、邓小平理论和“三个代表”重要思想为指导，贯彻党的宣传思想工作的方针政策，确保宣传思想工作的正确方向；二是坚持以培养有理想、有道德、有文化、有纪律的社会主义新人为目标，按照党对青年健康成长的要求，在促进青年成长成才中充分发挥作用；三是坚持围绕党的中心工作，服务全党全国工作大局，团结引导青年为促进改革发展稳定贡献力量；四是坚持把竭诚服务青年作为工作的出发点和落脚点，引导和帮助青年提高综合素质，推动青年在改革开放和现代化建设的实践中成长成才、建功立业；五是坚持抓住重大事件、重大活动、重大纪念日等契机，开展丰富多彩的主题教育活动，加强对青年的思想教育；六是坚持宣传、表彰具有鲜明时代特征的青年典型，为青年树立可亲、可敬、可信、可学的榜样，影响带动广大青年；七是坚持区分层次，因材施教，因地制宜，积极探索新形势下青年思想政治工作的有效途径，增强思想政治工作的针对性和实效性；八是坚持大力加强阵地建设，重视运用新闻舆论手段和文化艺术手段教育引导青年，充分发挥阵地在教育服务青年中的积极作用。这些经验对做好今后的工作具有重要意义，需要在今后的工作中进一步坚持、丰富和发展。

今年是深入学习贯彻十六大精神、全面建设小康社会的开局之年，是加快推进社会主义现代化、开创中国特色社会主义事业新局面的重要一年。做好今年的宣传思想工作，具有十分重要的意义。十六大精神为做好宣传思想工作指明了方向，也提出了更高的要求。最近，党中央召开了全国宣传部长会议，中共中央政治局常委李长春和中共中央政治局委员、中宣部部长刘云山作了重要讲话，分析了当前的形势，明确了今年宣传思想工作的指导思想、总的要求、工作重点和工作任务，提出要用“三个代表”重要思想统领宣传思想工作。我们要深入学习贯彻十六大精神，认真学习贯彻全国宣传部长会议精神，把十六大精神和全国宣传部长会议的要求贯彻到团的宣传思想工作中，做好今年的工作，开创团的宣传思想工作新局面。

贯彻全国宣传部长会议精神，共青团宣传思想工作要坚持以“三个代表”重要思想为统领，把“三个代表”重要思想作为根本指针，贯穿到团的宣传思想工作的全过程，体现在团的宣传思想工作的各个方面，坚持高举邓小平理论伟大旗帜不动摇，坚持贯彻“三个代表”重要思想不动摇，坚持贯彻党的基本理论、基本路线、基本纲领、基本经验不动摇。要紧紧围绕深入学习宣传贯彻十六大精神和“三个代表”重要思想这条主线，把团员青年学习贯彻十六大精神的热潮不断引向深入，进一步兴起学习贯彻“三个代表”重要思想的新高潮，兴起积极投身全面建设小康社会、加快推进社会主义现代化建设的热潮，把团员青年的思想和行动统一到十六大精神上来，智慧和力量凝聚到实现十六大确定的目标和任务上来，努力营造解放思想、实事求是、与时俱进的良好氛围，营造聚精会神搞建设、一心一意谋发展的良好氛围，营造倍加顾全大局、倍加珍视团结、倍加维护稳定的良好氛围。下面，我就做好今年团的宣传思想工作讲几点意见。

一、围绕主题，结合实际，把团员青年学习贯彻十六大精神的热潮不断引向深入

深入学习贯彻十六大精神，是全团当前和今后一个时期的首要政治任务。当前，一个学习贯彻十六大精神的热潮已经在广大团员青年中兴起，团的宣传思想战线今年的首要任务，就是要采取措施，把团员青年学习贯彻十六大精神的热潮不断引向深入。我们要按照中央的要求，围绕主题，把握灵魂，狠抓落实，在深入人心上下功夫，在开拓创新上下功夫，在力求实效上下功夫，把组织团员青年深入学习贯彻十六大精神这个首要政治任务抓紧抓好。

要紧紧围绕十六大的主题，帮助团员青年深入领会十六大精神。组织团员青年深入学习领会十六大报告，深入学习领会党章，帮助引导广大团员青年深刻领会十六大的主题。要深刻领会“三个代表”重要思想的科学内涵和精神实质，深刻领会党领导全国各族人民建设中国特色社会主义必须坚持的基本经验，深刻理解全面建设小康社会的奋斗目标和战略部署，深刻理解解放思想、实事求是、与时俱进这个精髓，全面准确地掌握十六大精神。要让十六大精神进社区、进学校、进企业、进农村、进军营，进一步扩大覆盖面，深入各行各业的青年当中。要重点抓好团干部和大学生，以此带动广大团员青年的学习。要紧密联系改革开放和现代化建设的实践，联系广大团员青年的实际，针对他们在学习过程中提出的热点难点问题，把十六大提出的重要观点、重要论断、重大决策、重大部署说充分说清楚，加强辅导，在深层次思想认识上统一思想，进一步增强团员青年学习贯彻十六大精神的自觉性和坚定性。

要开展具有青年特色的学习教育活动。党中央关于认真学习贯彻十六大精神的通知中，对共青团组织开展具有青年特色的学习教育活动提出了明确要求。各级团组织要发挥广泛联系青年的优势，针对不同青年群体的特点，通过开展主题鲜明、形式多样、青年喜闻乐见的学习教育活动，引导广大团员青年深入学习贯彻十六大精神。今年，全团将以“贯彻十六大，创造新业绩”为主题，深入开展学习教育活动。各地要按照团中央的统一部署，结合实际，推动这项主题活动在团员青年中广泛开展，引导团员青年学习掌握十六大精神，立足本职岗位，争创一流成绩，在全面建设小康社会的伟大实践中健康成长、建功立业。

贯彻落实好十六大精神，团的宣传思想战线要深入研究当代青年的思想状况。社会正处在飞速发展、深刻变化的时期，当代青年的思想状况已经发生了很大变化，呈现出许多新特点。团的宣传思想战线的同志，要加强调查研究，深入青年，了解青年，以十六大精神为指导，紧密结合青年实际，推动团的宣传思想工作深入发展，开创团的宣传思想工作的新局面。

二、把握灵魂，坚持不懈地用“三个代表”重要思想武装全团，教育青年

用“三个代表”重要思想统领团的宣传思想工作，就要坚持不懈地用“三个代表”重要思想武装全团，教育青年。“三个代表”重要思想是十六大的灵魂，学习贯彻十六大精神，核心是学习贯彻“三个代表”重要思想；用十六大精神统一思想和行动，首要的是用“三个代表”重要思想统一思想和行动；兴起学习贯彻十六大精神的热潮，最根本的是兴起学习贯彻“三个代表”重要思想的新高潮。各级团组织要充分认识用“三个代表”重要思想武装全团、教育青年的重大意义，牢牢抓住学习贯彻“三个代表”重要思想这个中心环节，用科学理论构筑青年一代的强大精神支柱。

理论武装始终是各级团组织常抓不懈的工作。“三个代表”重要思想提出以来，各级团组织广泛开展了丰富多彩的学习实践活动，在团员青年中持续兴起了学习贯彻“三个代表”重要思想的热潮。今年，要进一步兴起团员青年学习贯彻“三个代表”重要思想的高潮，引导广大团员青年在对“三个代表”重要思想的时代背景、实践基础、科学内涵和精神实质的认识上达到新的高度，在把握贯彻“三个代表”重要思想的根本要求上达到新的高度，不断增强团员青年学习贯彻“三个代表”重要思想的自觉性和坚定性。要把学习贯彻“三个代表”重要思想同学习贯彻江泽民同志在纪念中国共产主义青年团成立80周年大会上的重要讲话结合起来，引导广大团员青年树立正确的世界观、人生观和价值观，树立实现中华民族伟大复兴的远大理想，坚定永远跟党走中国特色社会主义道路的信念。要教育引导团员青年把“三个代表”重要思想化作推动自身健康成长、建功立业的巨大力量，按照“三个代表”重要思想指引的方向健康成长，努力为我国先进生产力和先进文化的发展多做贡献，努力为最广大人民谋利益。

为推动全团的理论武装工作，今年上半年，团中央将同中宣部、教育部联合召开全国大学生学习实践“三个代表”重要思想经验交流会，进一步推动全国大学生深入学习贯彻“三个代表”重要思想。

三、凝聚力量，动员广大团员青年为实现全面建设小康社会的宏伟目标而奋斗

团的宣传思想工作要始终保持正确的导向，立足统一思想，凝聚力量。舆论导向正确与否，对事业的兴衰成败、国家的稳定发展影响极大。江泽民同志指出，舆论导向正确，是党和人民之福；舆论导向错误，是党和人民之祸。我们一定要牢记这一科学论断，在任何时候、任何情况下都始终坚持正确的舆论导向，这是做好新闻宣传工作的重要原则，决不能有丝毫偏差和动摇。

要深入宣传全面建设小康社会的宏伟目标。党的十六大提出了全面建设小康社会的奋斗目标，展示出祖国建设与发展的美好前景，对全国人民、全国青年是一个巨大鼓舞。到2020年实现国内生产总值再翻两番的目标，将为实现现代化建设第三步战略目标，使我们国家达到中等发达国家水平打下坚实基础，为实现中华民族伟大复兴打下坚实基础。团的宣传思想战线要紧紧围绕这一目标，凝聚青年、激励青年。要深入宣传全国各地、各条战线在全面建设小康社会进程中的新举措、新思路和取得的新突破，深入宣传广大团员青年在祖国建设中展现的奋发进取的精神面貌，深入宣传各级团组织团结带领团员青年积极投身改革开放和现代化建设的各项工作，紧紧围绕经济建设这个中心，努力营造聚精会神搞建设、一心一意谋发展的良好氛围，动员广大团员青年在全面建设小康社会、加快推进现代化建设的伟大实践中充分发挥生力军作用。

团属青年报刊要严格遵守宣传纪律。各级团的领导干部，尤其是分管宣传的领导要加强对青年报刊的领导和管理，做到守土有责。最近各地团组织正面临换届，一大批新的年轻干部走上了团的领导岗位，给共青团工作带来了新思路和新活力。一些新走上领导岗位主管宣传工作的同志，对团的宣传工作，可能还不够熟悉和了解。在这样一个衔接的过程中，团属青年报刊的领导和管理一刻也不能放松，对青年报刊发展的服务一刻也不能脱节。要切实地负起领导责任，加强对青年报刊的管理，支持青年报刊抓住机遇，深化改革，加快发展。

四、弘扬和培育民族精神，切实加强青年思想道德建设

弘扬和培育民族精神，在扩大开放、加快现代化建设的新形势下具有十分重要的意义。十六大提出要大力弘扬和培育以爱国主义为核心的团结统一、爱好和平、勤劳勇敢、自强不息的伟大民族精神，为大力加强青年思想道德建设明确了方向和任务，具有十分重要的意义。团的宣传思想战线要在青年中大力弘扬和培育民族精神，这方面可做的事很多，可以发挥作用的天地很广。

要深化青年志愿者行动。青年志愿者行动经过这些年的发展，已成为社会主义精神文明建设中的一项重要活动，成为新形势下加强青年思想政治教育、加强青少年思想道德建设的有效载体，同样也是弘扬和培育民族精神的有效载体，是广大青年学习实践“三个代表”重要思想的有效途径。今年，是学习雷锋活动开展40周年和青年志愿者行动实施10周年，中宣部、中央文明办、解放军总政治部、共青团中央将联合开展纪念活动，团的宣传思想战线要抓住这一契机，以“弘扬雷锋精神、参与志愿服务、建设精神文明”为主题，把青年志愿者行动更加广泛地开展起来，提高到一个新的水平。要全面推行志愿者注册制度，加强志愿服务的队伍、组织、项目和机制建设，使青年志愿者行动进入一个比较规范、可持续发展的轨道。青年志愿者行动还要与青年工作有机结合起来，在原有的扶贫开发、城市公益活动的基础上拓展新的工作领域，推进海外服务计划、金晖计划、助残行动和社区发展计划的实施。要在团的专兼职干部之外着力培育以志愿者为骨干的青年工作者队伍，通过志愿者来更好地服务青年、联系青年，进一步加强青年的服务体系和工作体系建设。春节临近，各地要响应党中央的号召，充分发挥志愿服务在为困难群众送温暖方面的积极作用，切实为困难群众提供所需要的志愿服务，帮助困难群众排忧解难，为维护稳定、促进改革发展做出积极贡献。

五、竭诚服务青年，促进青年健康成长

胡锦涛总书记在纪念“五四”运动80周年大会上的讲话中明确要求团组织要竭诚服务青年。我们要认真贯彻胡锦涛总书记的重要指示精神，把竭诚服务青年切实落实到团的工作的各个方面。团的宣传思想战线要充分认识服务青年的重要意义，把服务青年贯彻落实到团的宣传思想工作中，把服务青年作为工作的出发点和落脚点。

要服务青少年学习成长的需要，深入推进青少年新世纪读书计划。党的十六大提出要形成全民学习、终身学习的学习型社会，促进人的全面发展。今天，创建“学习型企业”、“学习型机关”、“学习型城市”在全社会逐步形成风气。广大群众特别是青年的学习热情持续高涨，人们越来越深刻地认识到在经济社会飞速发展、科学技术日新月异、知识经济蓬勃兴起的时代学习知识的重要性。这些情况说明，青少年新世纪读书计划顺应了时代的发展和广大青年的要求，大有可为。这些年来的实践也充分证明，读书计划是一项具有强大生命力的、深受青年欢迎的活动。团的宣传思想战线要抓住机遇，围绕建设学习型社会的目标，广泛开展读书学习活动，不断深化读书计划，充分发挥读书计划在促进青少年健康成长和建设学习型社会中的作用。要加强青年读书阵地和机制建设，树立表彰读书学习的先进典型，为青年学习成才办实事、办好事，在青少年中大兴勤奋学习之风，促进青少年进一步提高综合素质。

要大力宣传青年典型，用先进典型教育引导广大青少年。前几年，《中国青年报》发表过一篇评论员文章，倡导全社会学习知识英雄。这些年，知识英雄概念深入人心。我们树立了一大批知识英雄，如联想集团的杨元庆、神州数码（中国）有限公司的郭为等。他们在广大青年中产生了极大的影响，成为新时期青年的榜样和偶像。当代青年是大有希望的一代，用可亲、可敬、可信、可学的典型对他们加以引导，对他们的健康成长具有十分积极的作用。这几年，青年报刊在宣传先进典型方面做了大量卓有成效的工作，要再接再厉，更加有效地宣传更多的青年典型，用典型的先进事迹激励和影响更多的青年。

六、抓住机遇，深化改革，加快发展，壮大团的宣传文化事业的实力

这次团的宣传工作会议上，同时召开团属报刊改革与发展研讨会暨中国青年报刊协会第18届年会。通过这个会议要进一步推动团属青年报刊深化改革、加快发展、壮大实力。发展是硬道理，对国家是这样，对青年报刊也是这样。当前，我国报刊市场的竞争日益激烈，尤其是加入WTO后，新闻出版业的竞争更加激烈，团属报刊的改革发展正处于关键时期。团属报刊要有强烈的紧迫感和机遇意识，认清形势，抓住机遇，按照党的十六大提出的文化建设和文化体制改革的方向，按照中央关于新闻出版广播影视业改革的要求，深化改革，加快发展，做大做强。

在团属报刊的改革发展中，要牢固树立为青年服务的办报办刊思想，真正把服务青年落实到办报办刊的所有方面，使团属报刊成为青年的良师益友，坚持服务青年、贴近青年。服务青年是青年报刊的根本出路所在，只有牢牢地抓住服务青年不放，青年报刊才能受到青年的欢迎，不断发展壮大。《青年文摘》、《北京青年报》的发展都说明了这一点。团属网站的建设也必须坚持服务青年，通过服务青年实现自身发展。近年来，在党中央的亲切关怀下，中青网建设上了一个大台阶，多次受到有关部门的表扬，以“民族魂”、“血铸中华”为代表的红色网站，在对青少年进行爱国主义教育、弘扬和培育民族精神中起到了很好作用，仅一年多的时间里，访问量就达600多万人次，成为网上青少年教育的重要阵地。各级团组织和青年报刊要高度重视信息化建设，努力构建服务青年的网络体系。要大力实施“县县上网”工程，大力推进大型企业上网、全国高校上网，继续办好中青网等团属青少年网站，加快团的信息化建设的步伐，实现团的组织体系与虚拟网络的有效结合，强化共青团的组织优势与网络优势，进一步创新青年工作体系，更好地为青年工作服务。在团属报刊的改革发展中，要严格遵守国家的有关法规和纪律，任何时候都要坚持党和人民喉舌的性质和职能，党管媒体不能变，党管干部不能变，正确的舆论导向不能变。

最后强调一下青少年活动阵地建设。青少年活动阵地是弘扬和培育民族精神，加强青少年思想道德和科学文化教育的有效载体。青少年活动阵地在教育引导青少年中发挥着越来越大的作用，随着社会主义市场经济的发展，这种作用的重要性会进一步显现。团属青少年宫是共青团事业的重要组成部分，是共青团的重要资源。各级团组织要充分认识青少年活动阵地的重要性，把青少年宫的工作纳入共青团的整体工作中来思考。青少年宫也要积极配合团的工作，竭诚为青少年的健康成长服务。要不断深化改革，开辟新的领域，挖掘青少年活动阵地的潜力，整合各方面资源，提高服务青少年的能力和水平，满足青少年日益增长的精神文化生活需求。要依托阵地，推进青少年文化体育工作，加强青少年文化建设。同时，还要采取积极有效的措施，推动青少年宫的事业发展，实现青少年活动阵地的社会效益、人才效益和经济效益的统一。要特别重视青少年宫的安全管理，加强安全检查，杜绝安全隐患，防止安全事故。各省级团委对青少年宫的安全运营、防火等切不可掉以轻心。

各级团组织要高度重视团的宣传思想工作，切实加强领导，建设一支政治强、业务精、纪律严、作风正的队伍。要关心团的宣传思想战线的干部，支持青年报刊的发展。要增强大局意识、政治意识、责任意识、忧患意识，时刻保持清醒的头脑。越是形势好的时候，越要把工作抓紧，充分发挥好共青团作为党的助手和后备军作用，更好地履行共青团的职责。

同志们，做好今年团的宣传思想工作，任务艰巨，意义重大。让我们紧密团结在以胡锦涛同志为总书记的党中央周围，高举邓小平理论伟大旗帜，以“三个代表”重要思想为统领，深入学习贯彻十六大精神，统一思想，凝聚力量，与时俱进，开拓创新，努力开创团的宣传思想工作的新局面，在团结带领广大团员青年为全面建设小康社会而奋斗的征程中做出新的、更大的贡献。

周强在全国青年外事工作会议上的讲话

2003 年 2 月 21 日

共青团十四大以来，青年外事工作在团中央书记处的领导下，在中联部和外交部的指导下，认真学习贯彻邓小平理论和“三个代表”重要思想，特别是邓小平外交思想，紧紧围绕为党政外交服务、为经济建设服务、为青年工作服务的工作方针，坚持和平友好、独立自主、相互学习、平等合作的对外交往原则，进一步拓宽了工作领域，强化了工作手段，开展了一系列主题鲜明、内容丰富、影响广泛的活动，呈现出领域不断拓宽、内容不断充实、影响不断扩大的良好发展态势，为我国外交事业和党政外交大局做出了应有贡献，同时也为团的工作发展做出了重要贡献。团中央书记处对青年外事工作是充分肯定的。在此，我代表团中央书记处向全团从事青年外事工作的全体同志致以亲切的问候。

这次全国青年外事工作会议是在全团深入学习贯彻十六大精神的新形势下召开的。会议的主要任务是，高举邓小平理论伟大旗帜，深入学习贯彻“三个代表”重要思想和十六大精神，总结五年来的工作，明确当前和今后一个时期青年外事工作面临的任务。总的要求是，以“三个代表”重要思想为指导，适应新形势，研究新情况，不断开创青年外事工作新局面。

这次会议得到了中联部和中共海南省委的高度重视和大力支持。中联部副部长张志军在百忙中专程到会指导并发表了具有指导意义的讲话，今天下午还要为全体代表做国际形势专题报告。中联部、外交部一直关心、支持青年外事工作，尤其是近年来，中联部作为青年外事工作的归口联系和指导部门对青年外事工作给予了有力指导和大力支持，戴秉国部长和中联部其他领导高度重视青年外事工作。春节前，戴秉国部长及中联部其他领导邀请工青妇负责同志专门就民间外交和工青妇外事工作进行座谈。刚才，中共海南省委常委王守初介绍了海南省的经济社会发展情况，使大家对海南有了进一步了解。海南省委办公厅和团省委为本次会议提供了周到服务。在此，我代表团中央，并提议全体与会代表，以热烈掌声向张志军副部长、王守初常委和省委办公厅及团省委表示衷心感谢。

博鳌是一个美丽的地方，在国内外很有影响。博鳌有一个很好的机制，是我国第一个国际会议机制。会议选在这里召开，也是让全团的外事工作者了解、借鉴博鳌的工作机制，更好地推进青年外事工作的发展。在今天上午的会议上，黄丹华同志将做工作报告，全面总结过去五年的青年外事工作，并对今后的工作进行部署。借此机会，我讲四点意见。

一、认清形势，抓住机遇，推动青年外事工作实现新发展

十六大是我们党在新世纪召开的第一次代表大会。大会把“三个代表”重要思想同马克思列宁主义、毛泽东思想、邓小平理论一道确立为党的指导思想，提出了新世纪新阶段党和国家的奋斗目标。这个奋斗目标是根据我们国家要在21世纪中叶基本实现现代化的总体要求而确定的奋斗目标，具有继往开来的意义，十分鼓舞人心。

“三个代表”重要思想是对马克思列宁主义、毛泽东思想和邓小平理论的继承和发展，反映了当代世界和中国的发展变化对党和国家工作的新要求。“三个代表”重要思想是新时期包括青年外事工作在内的共青团全部工作的根本指针，共青团组织必须以“三个代表”重要思想为指导，配合党政外交大局，结合共青团工作实际，全面推进青年外事工作。

认清形势，抓住机遇，推动青年外事工作实现新发展，可以从三个方面来理解。

第一，全面建设小康社会的宏伟目标为青年外事工作提供了广阔的发展舞台。党的十六大向全党、全社会提出了全面建设小康社会的奋斗目标。最近，党中央在中央党校举办了新当选中委十六大精神和“三个代表”重要思想学习研讨班，大家就十六大精神进行了深入研讨。一致认为，全面建设小康社会将使我们国家在今后20年内实现一个更大的发展。十六大报告指出，要实现全面建设小康社会的宏伟目标，必须进一步扩大开放，深化改革。这就为青年外事工作提供了广阔的发展舞台。在全面建设小康社会、进一步扩大对外开放的进程中，青年外事工作大有可为。最近我与很多同志尤其是东部一些省市的领导同志交换意见，深切感受到各地都在按照中央的部署聚精会神搞建设，一心一意谋发展，在对外开放、深化改革的许多方面都有很多新举措。共青团作为党的助手和后备军，要紧紧围绕党政中心工作和改革开放大局，进一步做好青年外事工作。

第二，经济全球化对青年外事工作提出了新的更高的要求，带来了新的机遇和挑战。经济全球化必然带来资本和人才流动的全球化，全球范围内资本流动，特别是人才流动的趋势越来越明显，大家都应该了解、关注这一趋势。可以举两个例子来说明这一问题。

最近，中国篮球队员姚明成了美国NBA的明星，在美国影响很大，很多美国人崇拜他。作为一名青年工作者，我很关注这一现象，姑且称之为“姚明现象”。“姚明现象”绝不是一个单纯的体育现象，而是全球范围内人才流动现象。姚明是中国人才进入美国主流社会的代表性人物，其意义远远超出了体育比赛本身。美国的主流媒体长期以来对中国的报道基本上是负面的，但对姚明的报道却主要是正面的，姚明引起了众多美国人对中国的关注，美国人通过姚明来认识中国人，来了解中国。这对增进中美两国人民之间的了解和友谊，促进中美关系的发展具有十分积极的意义。可以说，一个姚明要比我们花上亿美元进行宣传的效果还要大。还有，中国人史久镛当选国际法院院长，这是中国人第一次当选联合国系统国际组织主要负责人，是中国人才不断走向世界的重要标志，具有十分深远的意义。在这种人才流动趋势不断加强的大背景下，青年外事工作必然面临新的机遇和挑战。

第三，十六大报告提出的全面活跃民间外交的战略部署为青年外事工作带来了难得的发展机遇。青年外事是我国民间外交的重要组成部分。十六大提出全面活跃我国民间外交的战略部署，为青年外事工作带来了难得的发展机遇。在增进我国人民同世界各国人民的友谊，推动国家关系发展方面，青年外事可以大有作为，也应该大有作为。有两个例子可以充分说明青年外事在增进中国青年与世界人民尤其是青年之间的友谊，在维护世界和平、促进世界发展方面所占有的特殊而重要的地位。随着伊拉克局势的紧张，伊拉克驻华大使与全国青联联系，希望全国青联、全国学联公开申明支持他们，反对美国攻打伊拉克；巴勒斯坦驻华大使也要求全国青联与世界的青年组织一起反对以色列。这两个事例可以使我们认识到中国青年组织在国际青年运动中占有的重要位置，以及在维护世界和平、促进世界发展进程中所应发挥的重要作用。当然，我们要按照党政外交的统一部署采取具体行动。

从上述三方面来看，形势的发展把青年外事工作放到了越来越重要的位置，同时也对青年外事工作提出了新的更高的要求。我们要认清形势,抓住机遇,运用国际国内两种资源,服务经济建设,服务党政外交,促进共青团工作的发展,培养具有国际眼光的青年人才,在全面建设小康社会的进程中建功立业。

二、围绕第一要务,做好"三个服务",促进共同发展

十六大报告明确指出,为完成党在新世纪新阶段的奋斗目标,发展要有新思路,改革要有新突破,开放要有新局面,各项工作要有新举措。我们要积极响应这一号召,采取切实有效的措施,谋划青年外事工作的新发展。

改革开放以来青年外事工作取得了很大成就,其中一条重要经验,就是遵循党中央的要求,根据青年外事工作特点,适时提出了"四项原则"和"三个服务",即在对外交往中,遵循"和平友好、独立自主、相互学习、平等合作"的基本原则,同时积极运用和深入挖掘对外交往资源,始终坚持"为党政外交服务、为经济建设服务和为国内青年工作服务"的基本方针,这是在实践过程中经过不断总结和完善确立的青年外事工作的根本指导思想。青年外事工作的实践一再证明,"四原则"和"三服务"是指导青年外事工作的基本思想,对促进青年外事工作的蓬勃发展发挥了重要作用。

在新世纪新阶段,为全面贯彻"三个代表"重要思想和十六大精神,本着与时俱进的精神,我们要把促进发展作为一项重要的原则和指导思想,即在原来"四原则"的基础上加入"共同发展"的新内容,形成对外交往"五原则"。这样做主要有四个方面的原因。

首先,发展是我们党执政兴国的第一要务,也是十六大报告反复强调的一个重要思想。在对外交往原则中突出发展的思想,表明了中国共青团组织和广大团员青年永远跟党走,积极投身国家建设,推动社会全面进步的决心。

其次,发展是当今时代的两大主题之一。江泽民主席在十六大报告中明确指出:"维护和平,促进发展,事关各国人民的福祉,是各国人民的共同愿望,也是不可阻挡的历史潮流。"如何在世界多极化和经济全球化的趋势下,实现世界和平与人类的共同发展,是世界人民面临的紧迫课题,也是各国青年应承担的共同责任。在对外交往原则中加入"共同发展"的内容,将向国际社会表明中国青年与世界各国青年一道,共同推进世界和平与发展事业的崇高理想和坚强决心。

第三,强调发展是世界青年事务的要求,也是世界青年的普遍愿望。早在1985年,联合国就将国际青年年的主题确定为参与、发展、和平。时至今日,这一主题在推动世界青年事务发展的进程中依然显示出旺盛的生命力。在联合国和国际社会制定的一系列国际青年文件中,发展问题始终处于核心位置。《青年权利国际宪章》中对青年参与发展的权利做出了明确规定,《到2000年及其后世界青年行动纲领》中又进一步阐明了青年参与共同发展的10个优先领域。各国制定青年政策,着眼于发展是根本目的,促进发展是优先目标。各国普遍将青年视为有高度潜能的群体,不断加大开发青年人力资源的投入。2001年,在北京召开的"联合国青年主题小组会议暨青年发展国际磋商会议"上,我们就提出了"青年不仅是未来,也是现实"的观点,这也是着眼于发展来讲的;把青年看做是未来社会的重要力量,积极支持和鼓励青年参与社会经济发展;重视青年在现实中的作用,挖掘和开发青年人力资源;重视与青年组织之间的合作,加大国家对青年提供服务的力度,尽量满足青年发展中的特殊需求,并保护青年的合法权益。可以说,推动青年参与经济和社会发展,并在此过程中实现青年自身的发展,已成为当今世界青年事务的共识,这也是发展所包含的两方面内容。

最后,强调发展也是青年外事工作发展的

自身需要。“和平友好、独立自主、相互学习、平等合作、共同发展”的青年对外交往原则以我国独立自主的和平外交政策为基础，顺应了要和平、求稳定、谋合作、促发展的时代主流，体现了青年外事工作的特点。五项原则中，“和平友好、独立自主”是基础，“相互学习、平等合作”是手段，“共同发展”是目的。在国际青年交流中，中国青年组织主张反对霸权主义和强权政治，遵循国家和组织不分大小强弱一律平等的原则。面对世界多极化和经济全球化浪潮，积极倡导开展国家间在青年事务领域、政党间在青年运动框架内的平等合作，为推动建立和平稳定、公正合理的国际政治经济新秩序做出贡献。

三、适应新形势，研究新情况，发挥自身特点和优势，更加自觉地做好青年外事工作

青年外事工作是我国总体外交的重要组成部分，是民间外交的重要工作领域，是对外开放的重要推动力量，同时也是共青团工作的重要战线。“服务党政外交、服务经济建设、服务青年工作”的方针是共青团开展青年外事工作的核心思想，始终要牢牢把握。

我们党始终十分重视青年外事工作。在此，我简要回顾一下江泽民主席和胡锦涛总书记近年来关于青年外事工作的重要指示。

关于青年要有世界眼光，江泽民主席在2002年5月15日纪念中国共青团成立80周年大会上的重要讲话中指出，“当今世界发展很快，变化很大，青年要承担起建设现代化的历史使命，为人类社会进步做出贡献，必须了解世界发展变化的大势。要把目光投向世界、投向未来，而不能闭目塞听、坐井观天”。他还指出，“21世纪的中国青年应以放眼全球的宽阔视野、以赶超先进的雄心壮志、以中华民族自尊自强的豪迈气概，昂首阔步地走向世界”。

关于青年要做中外友好事业接班人，江泽民主席1997年会见日本前首相竹下登时说，“长江后浪推前浪，世上新人换旧人，中日两国都有一批为中日友好事业做出了宝贵贡献的老前辈，这项事业需要年轻人来继承和发展。中日友好事业需要培养更多的接班人”。胡锦涛同志在陪同美国总统布什在清华大学发表演讲时指出，“青年是国家的希望，世界的未来，也是推动中美友好的生力军，希望两国青年加强交流，增进友谊，互相学习，共同致力于世界的和平、进步与发展”。

关于中国青年组织要加强同外国青年组织的交流，胡锦涛同志在全国青联九届一次全委会和全国学联第二十三次代表大会上的祝辞中指出，“要积极扩大与国外青年和青年组织的友好交往，特别要加强同周边国家和发展中国家青年和青年组织的交流与合作，携手推进人类的和平进步事业”。

当前，青年外事工作面临着新形势、新情况和新任务，我们要进一步认真学习江泽民主席和胡锦涛总书记关于青年外事工作的一系列重要指示，认清形势，把握大局，充分发挥自身的特点和优势，更加自觉地做好新形势下的青年外事工作。

1. 服务党政外交大局，深刻理解和自觉配合党和国家的重大外交行动。青年外事工作要继续发扬为党政外交服务的光荣传统，广泛开展同世界各国青年的友好交流，推动国家间友好关系的发展。

2. 寻找切入点，加大为经济建设服务的力度。随着经济全球化趋势的不断发展，我国的对外开放进入了新时期。十六大报告提出，“坚持‘引进来’和‘走出去’相结合，全面提高对外开放水平”。这也为青年外事工作指明了发展方向。青年外事工作服务经济建设，也要坚持“引进来”和“走出去”的方针。我国加入世贸组织一年来，坚持以开放促改革、促发展，严格遵守世贸组织规则，成为全球对外资最有吸引力的国家之一。经济全球化是世界经济发展的客观趋势，谁也回避不了，都要参与进去。当今世界，任何国家都难以在封闭的状态下得到发展。青年外事工作要认清形势，增强机遇意识，抓住机遇，还要利用好机遇。青年外事工作要牵线搭桥，特别要开阔思路，充分利用好国际国内两种资源，利用友好交流的关系和渠道，帮助企业走出去，到国际市场上开拓事业。

关于服务经济建设，帮助企业走出去，我在很多会上都强调过这一问题。这些年来，团中央、全国青联在这一领域做了些探索，也积累了一定的经验。在我们的推动下，越南胡志明共青团中央、TCL越南公司签订了合作协议，由越南胡志明共青团中央帮助TCL公司在越南销售电视机，每销售一台，都按一定比例提成，作为越南共青团的工作经费。当时正值TCL公司刚进驻越南，越南市场上主要是日本和韩国的电视。通过这一合作项目，到2002年底，TCL电视已经占据了越南市场的10%。这一项目不仅帮助国内企业开拓了海外市场，同时也加深了两国共青团组织的合作关系。我们还与老挝人民革命青年团合作，向老挝派遣了首批海外志愿者，并准备进一步合作开展土地森林资源开发项目，国内企业家对此反响强烈。此外，我们与罗马尼亚青体部、俄罗斯青年联盟在农业领域和旅游资源领域的合作前景也非常广阔。这些合作项目的开展充分说明，在服务企业家走出国门、开拓海外市场方面，青年外事工作可以大有作为。

3. 开展国际项目合作，服务国内青年工作。共青团工作正处在深刻变化之中。青年外事工作要结合共青团工作实际，服务好共青团的重点工作。当前，需要做好四方面工作：一是要进一步深化青年项目运作；二是要进一步完善青年工作机制；三是要进一步强化工作手段；四是要进一步健全服务体系。青年外事工作在这四个方面都可以找到自己的切入点。外事工作的优势是具有广泛的国际资源和较开阔的视野，通过“请进来”和“走出去”，使国外的资金和一些先进的工作模式进入到共青团工作体制中来，加以结合和消化，就能够为共青团重点项目提供切实的帮助。在此，我着重讲一下推动国际青年项目合作问题。

通过国际青年项目合作，可以取得以下几方面的效果：

首先，可以进一步增进中外青年和人民之间的友谊。我们与埃及青年组织合作，通过社会化运作方式，组织中埃青年在埃及萨达特市郊的沙漠中开展植树造林活动，建立中埃青年友谊林，并修建了具有中国特色的古建筑。这一项目非常成功，在埃及可谓家喻户晓，成为中埃友谊的象征，得到了双方政府的充分肯定。

其次，可以在服务经济建设、促进生态保护方面取得实质性成果。我们与日本友好组织合作，申请“日中绿化交流基金”资助，在“保护母亲河”行动框架内开展了“中日青年生态绿化合作项目”，组织中日两国青少年在我国长江、黄河、珠江流域及北方沙漠化地区开展植树造林活动，取得了良好的生态效益和经济效益。同时，也进一步增强了中日两国青年之间的了解和友谊，培养了两国友好事业的接班人。

第三，可以为服务党政外交做出应有的贡献。在中联部的指导和支持下，我们先后邀请了日本政界实力人物野中广务、亀井静香等来华访问，受到胡锦涛、曾庆红同志的接见，对于进一步做好上层人士工作，消除中日关系中的误解起到了积极作用。

第四，可以培养青年项目人才。通过开展国际青年项目合作，可以培养一大批具有较高专业知识、语言能力和管理才能的专业人才，推动青年人力资源的开发。

推动国际化项目运作，必须围绕党政中心工作和外交政策选好切入点，选好工作项目。要把握世界经济发展趋势，在大局和青年需求中找项目。立足共青团工作实际，确立工作目标，规划工作项目。要把握好具体项目与共青团整体工作目标的关系，找准世界青年事务与国内青年工作的结合点，始终围绕大目标做好具体工作，开展一批有特色、具实效的国际合作项目，增强对国际青年事务的影响力，推动青年外事工作更好地为国内工作服务。

推动国际化项目运作，必须加强项目管理。建立一整套包括项目论证、规划、签约、实施、监督、评估的制度，保证项目顺利健康地发展。利用开展国际合作的机会，借鉴国内外先进经验，培养一批懂得项目运作、精通项目管理的专门人才，保证项目的可持续运作和发展。

4.进一步加强干部队伍建设。团的外事干部既是团干部，又是外事干部，对他们要有特殊要求。各级团组织，尤其是团省、区、市委要高度重视青年外事干部队伍建设，选拔那些政治上强、业务过硬、作风好的同志从事青年外事工作。青年外事干部要严格要求自己，坚定正确的理想信念，始终保持正确的政治方向，始终忠诚于党和共青团的事业。要以邓小平理论和“三个代表”重要思想为指导，加强学习，努力提高思想水平和业务水平。当今时代，经济社会飞速发展，科技进步日新月异，知识经济蓬勃发展，要做好外事工作就要更新知识，不断加强学习。十六大报告中明确提出要形成全民学习、终身学习的学习型社会。团的外事干部要把学习当做重要任务来抓，学政治、学经济、学文化，还要学外语和规则技巧，成为懂外语、善于同不同文化背景的人士打交道的专业型干部。青年外事干部还要廉洁自律、甘于奉献，自觉遵守外事纪律。各级团组织，尤其是团省、区、市委，要关心青年外事干部，要为青年外事干部的健康成长创造良好的条件。

四、加强指导，规范管理

首先，要进一步增强政治意识和大局意识。青年外事工作从计划安排，到项目的实施都要从讲政治、讲大局的高度来考虑，来把握，避免盲目性，从而更好地服务中心工作。

其次，要进一步加强指导。团中央国际联络部，各团省、区、市委要加强对青年外事工作的指导，加强对青年外事干部的培训，使他们熟悉青年外事工作，掌握党的对外方针政策。团干部，包括青年外事干部流动性很强，这既是我们的特点和优势所在，同时也为我们的干部队伍建设带来了新课题。改革开放程度的不断加深，不同文化间的相互影响不断加强，对我们的干部队伍建设提出了更高要求。在这种情况下，一定要加强管理，不断提高工作水平。有些同志对外开放的积极性很高，对青年外事工作的发展有很多大的设想，这种积极性要加以保护，同时也要积极引导。在青年外事工作中，决不能搞“洋跃进”，不能大干快上。要从实际出发，始终坚持“三服务”的基本方针。只有这样，才能实现青年外事工作的健康蓬勃发展。

第三，要严格遵守外事纪律。青年外事是团的重要工作战线，青年外事干部是团的专业型干部。在工作中一定要严格遵守外事纪律，坚决按规定行事。只有这样，才能确保青年外事工作的健康发展，确保青年外事干部的健康成长。

同志们，这次会议的胜利召开，为青年外事工作注入了新的活力。希望大家认真学习贯彻这次会议的精神。让我们紧密团结在以胡锦涛同志为总书记的党中央周围，高举邓小平理论伟大旗帜，全面贯彻“三个代表”重要思想，与时俱进，开拓创新，求真务实，艰苦奋斗，不断开创青年外事工作的新局面。

实施大学生志愿服务西部计划 引导大学生到祖国和人民最需要的地方建功立业

——周强在2003年全国高校毕业生就业工作电视电话会议上的发言

2003年6月3日

今天，国务院专门召开会议，部署2003年高校毕业生就业工作，充分体现了对高校毕业生就业工作的高度重视和对广大青年学生的亲切关怀。各级团组织将按照党中央、国务院的统一部署，认真贯彻落实黄菊同志在今天会议上所作的重要讲话和本次会议精神，积极配合教育、人事、劳动保障等部门，以动员应届大学毕业生到西部地区志愿服务为重点，努力为高校毕业生就业办实事、办好事。

根据国务院常务会议精神，团中央、教育部将共同实施大学生志愿服务西部计划。今年计划派遣6000名应届大学毕业生到西部志愿服务，以后在总结经验的基础上逐步扩大。实施这项计划有利于引导大学生到艰苦地方去、到基层去、到祖国和人民最需要的地方去建功立业；有利于促进西部贫困地区教育、卫生、扶贫等社会事业的发展；有利于开辟大学生就业的新渠道，缓解高校毕业生就业压力；有利于培养造就一批既有现代科学文化知识、又有基层工作经验和强烈社会责任感的优秀青年人才队伍；有利于弘扬"奉献、友爱、互助、进步"的志愿精神，推动经济社会的全面发展。近年来，团中央发起实施的青年志愿者行动已动员1亿多人次的青年在扶贫开发、社区建设、环境保护、大型活动、抢险救灾、海外服务等领域为社会提供了超过45亿小时的志愿服务，在服务社会、教育青年、促进发展等方面发挥了积极作用。1996年开始实施的青年志愿者扶贫接力计划，采取公开招募、自愿报名、定期轮换、长期坚持的接力机制，组织动员城市青年为中西部贫困地区提供每期半年至两年的基础教育、医疗卫生、农业科技推广等方面的服务。截至去年10月，全国31个省、区、市及中央直属机关实施了这项计划，共选派了13538名青年到中西部17个省、区、市开展服务，受援贫困县达到211个，已经初步形成了支教、支医两大支柱项目和省内发达地区支援欠发达地区、东西部地区对口支援两种模式，并形成了一套比较成熟的招募、培训、派遣、日常管理、考核评估等方面组织实施和管理机制。这项工作受到了贫困地区人民群众的普遍欢迎。参加扶贫接力计划的青年在艰苦环境中锻炼成长，了解了国情，增强了群众感情，业务技能得到了提高，道德情操得到了升华。总结借鉴实施青年志愿者行动特别是扶贫接力计划的经验、做法，我们有信心、有决心在党中央、国务院的关怀和领导下，与有关部门共同实施好大学生志愿服务西部计划。

今年是实施大学生志愿服务西部计划的第一年，现在离志愿者上岗服务只有两个多月的时间，从招募、选拔、培训到派遣，还有一系列工作要做，时间紧、任务重，各级团组织要与教育部门密切配合，精心组织、狠抓落实，以项目运作的方式扎实推进。一是要加强领导。团中央、教育部将成立专门的领导小组和项目管理办公室，统一规划、协调组织。各省、区、市，各受援县也要相应成立领导小组和项目管理办公室，具体落实项目实施工作。二是要广泛动员。通过各种行之有效的方式,尤其要注意发挥各高校共青团、学生会的作用,引导广大高校毕业生增强社会责任感,自觉选择到基层、到艰苦环境中锻炼成才。三是要择优选拔。在面向全国公开招募、自愿报名的基础上,根据西部贫困地区的需求,选拔那些思想过硬、品学兼优、具有较强奉献精神的毕业生参加这项计划。四是要搞好服务。要为志愿者安排好服务岗位,提供必要的工作和生活条件,积极协调有关部门,落实相关保障政策。五是要严格管理。各受援地区、受援单位要切实负起责任,加强对志愿者的日常管理工作,关心大学生志愿者的生活和安全,确保这项计划规范、有序地实施。同时,要加强项目资金管理,严格做到专款专用,提高资金使用效率。

在重点做好大学生志愿服务西部计划的同时,各级团组织、学联组织要想方设法、采取多种方式为高校毕业生就业服务。要调动社会资源,动员各级青联委员和青年企业家协会、青年乡镇企业家协会的会员单位吸纳大学生就业;要发挥网络优势,利用好“彩虹工程——中国大学生创业就业信息网”为大学生就业铺路搭桥;要鼓励大学生自主创业,通过小额贷款等方式,推动学生科技成果转化,直接帮助大学生自主创业,以创业促就业,并为社会提供更多的就业岗位;要加强大学生就业观念的引导,通过大力宣传扎根基层、艰苦创业的优秀大学生典型,引导大学生在艰苦创业的实践中实现自己的人生价值和报效祖国的理想。

周强在“大学生志愿服务西部计划”网络视频会议上的讲话

2003年6月12日

同志们:

今天,团中央、教育部、财政部、人事部召开会议,全面部署实施大学生志愿服务西部计划。这次会议,是贯彻落实党中央、国务院关于做好大学毕业生就业工作的一系列重要指示精神,开发青年人力资源,服务西部大开发战略的一次重要的工作会议。刚才,团中央书记处书记赵勇介绍了这项计划实施的有关情况,人事部副部长侯建良代表人事部,教育部党组副书记、副部长张保庆代表教育部就做好这项工作做了重要讲话,各级团组织要认真贯彻。中国人民大学校长纪宝成对中国人民大学实施这项计划谈了很好的意见,贵州团省委书记廖飞介绍了贵州省实施青年志愿者行动的情况。下面，我代表团中央书记处强调两点。

一、充分认识实施大学生志愿服务西部计划的重要意义

根据国务院常务会议精神,团中央、教育部、财政部、人事部将共同实施大学生志愿服务西部计划。这是一项十分重要的工作。共青团组织要从讲政治、讲大局的高度,从贯彻落实“三个代表”重要思想的高度,充分认识做好这项工作的重要意义。

首先,实施大学生志愿服务西部计划,是服务科教兴国战略和人才强国战略的有效途

径。实施科教兴国战略和人才强国战略，关键在于人才。人才资源是第一资源，大学生是人才资源的重要组成部分。各级团组织要充分认识到实施大学生志愿服务西部计划的意义，不仅仅在于促进青年学生实现充分就业，缓解当前高校学生面临的就业压力，而且在于发挥他们的聪明才智，使他们人尽其才，才尽其用。加强人才队伍建设，关键是抓住培养人才、吸引人才、使用人才这三个环节。通过实施这一计划，可以造就一批又一批政治上坚定，有现代科学文化知识，有基层工作经验和强烈社会责任感的优秀青年人才队伍，又可以使他们在广大西部地区、在基层发挥积极作用，为实施科教兴国战略和人才强国战略贡献力量。

其次，实施大学生志愿服务西部计划，是服务西部大开发战略的重要举措。实施西部大开发战略，关系全国发展的大局，关系民族团结和边疆稳定。组织大学生到西部开展志愿服务，从与贫困地区人民群众切身利益密切相关的教育、卫生、农技、扶贫等具体事情做起，可以广泛传播现代文明和科学知识，促进贫困地区群众观念的转变，直接推动西部贫困地区各项社会事业的发展；通过青年学生志愿参与西部建设，可以带动他们的家庭、学校以及朋友，从而吸引更多的青年人才和社会资源支援西部的发展，促进东西互动、城乡互动；一批又一批大学生以轮换的方式长期在西部地区服务，他们中还有一部分将留在西部就业创业，可以优化西部的干部结构、人才结构，更加合理地配置西部人力资源。可以预见，这一计划的深入实施，必将对西部大开发产生积极的现实作用和深远的影响。

第三，实施大学生志愿服务西部计划，是教育和引导青年健康成长的有效载体。鼓励青年知识分子到实践中去、到基层和艰苦的地方中去，经受磨练，增长才干，是我们党和政府的一贯方针，也应该成为一切有理想有抱负的青年正确的成长成才之路。大学生志愿服务西部计划，不是权宜之计，不是应急之举，而是一项长期的育人工程。随着我国经济社会的不断发展，特别是面对"四个多样化"对青年成长和青年工作带来的影响，我们尤其要加强青年学生成才观、就业观、发展观的教育。实施这项计划，可以更加扎实有效地帮助青年学生树立远大的理想和正确的成才观、就业观、发展观，增强他们的社会责任感，引导他们在艰苦创业的实践中实现自己的人生价值和报效祖国的理想。

二、扎实推进大学生志愿服务西部计划

实施大学生志愿服务西部计划，是党和国家交给我们的一项光荣而艰巨的任务。今年是实施这一计划的第一年，现在离志愿者上岗服务只有两个多月的时间，从招募、选拔、培训到派遣，还有许多工作要做。时间紧，任务重。各级团组织要与有关部门紧密配合，周密部署，精心组织，扎实推进。

一是要加强领导。各级团组织要把这项工作作为一项紧迫而重要的政治任务来抓，实行一把手负责制，统一协调。各省、自治区、直辖市和各受援县团组织要成立领导小组和项目管理办公室，指定专人负责，精心组织实施。团组织要与教育、人事、财政等部门加强联系，共同推动这项计划开好头、起好步。

二是要广泛动员。要充分发挥团属新闻舆论阵地的作用，大力宣传这项计划的意义，尤其要发挥各高校团委、学生会的作用，把青年学生到西部就业创业的热情充分调动起来，在青年学生中唱响"到西部去"的时代强音，动员他们自觉选择到基层、到艰苦环境中锻炼成才。

三是要搞好对接。这项计划是一项时间跨度和空间跨度都很大的工作，要做好各个环节、不同阶段的工作衔接。受援地团组织要深入调研，掌握基层对人才的实际需求，安排好志愿者的工作和生活。派出地团组织要精心做好选拔工作，根据按需选派的原则，把那些

思想过硬、品学兼优、具有较强奉献精神的毕业生选拔出来,同时要做好教育培训工作,帮助他们了解相关政策,做好思想上、心理上的准备。高校团组织要做好志愿者的推荐和各项服务工作。派出地、受援地和高校团组织之间要建立密切的工作联系,加强信息沟通,及时解决有关问题。

四是要做好服务。各级团组织要增强服务意识,完善服务机制,既要为志愿者安排好服务岗位,关心他们的工作、生活、健康和安全,又要协调各有关部门落实好相关保障政策,为志愿者成长发展提供切实有效的服务。

谢谢大家。

立足新起点,谱写新篇章

——周强在共青团十五届一中全会上的讲话

2003年7月26日

共青团第十五次全国代表大会胜利闭幕了。这次大会是一次团结的大会、奋进的大会、胜利的大会,对于共青团更好地团结带领广大团员青年为实现全面建设小康社会的宏伟目标而奋斗,具有十分重要的意义。党中央的亲切关怀是我们开好大会的根本保证。大会圆满成功,也是全体与会代表共同努力的结果。会议期间,全体代表始终保持了饱满的热情和振奋的精神,集中展现了昂扬奋进的良好风貌。可以说,我们这次大会的全体代表向党中央、向全国亿万团员青年交上了一份满意的答卷。

党中央对这次大会高度重视。党和国家领导人接见了全体与会代表,出席了大会开幕式。中共中央总书记、国家主席胡锦涛与团中央新一届领导成员和部分代表进行了座谈,并发表了重要讲话。中共中央政治局常委、中央纪委书记吴官正代表党中央向大会致祝词。胡锦涛总书记的重要讲话和党中央的祝词,高屋建瓴,内涵丰富,热情洋溢,语重心长,充分体现了党中央对青年一代的殷切期望和对共青团工作的高度重视,进一步明确了当代青年在全面建设小康社会的进程中所肩负的光荣使命和共青团组织所担负的重要任务,为当代青年的健康成长和共青团事业的蓬勃发展指明了方向。广大团员青年和团干部倍感振奋、备受鼓舞。各级团组织要认真学习、及时传达、坚决贯彻胡锦涛总书记重要讲话和党中央祝词精神,从中汲取推动共青团工作发展的强大力量。

新世纪新阶段,共青团事业的发展正处在一个新的历史起点上。作为新一届团中央委员会,我们肩负着庄严而神圣的使命。具有光荣传统的中国共青团,如何在新的征程中开好局、起好步,团结带领广大青年在全面建设小康社会的宏伟进程中不断创造新业绩、做出新贡献,谱写中国青年运动的崭新篇章,是我们新一届团中央委员会必须认真思索和回答的问题。就这个问题,我想集中谈三个方面的意见,与大家共同探讨。

一、关于团中央委员会的建设

团中央委员会是全团的最高领导机构。共青团有6986万共青团员、316万个基层组织,团中央委员会是大脑,是神经中枢。共青团要肩负起党赋予的光荣职责，团结带领团员青年在改革开放和现代化建设中建功立业、成长成才，团中央委员会要发挥重要的作用。因此，把团中央委员会建设好，意义十分重大。我们要按照胡锦涛总书记的重要讲话要求，把新一届团中央委员会建设成为忠实实践“三个代表”重要思想，求真务实，开拓创新的领导班子。结合新一届团中央委员会所面临的任务，在这里我强调两方面的工作。

1. 进一步发挥委员的作用。共青团是按照民主集中制建立起来的组织。团中央委员会贯彻民主集中制，既要强调集中统一，同时，必须充分发扬民主。团中央委员中既有团的各级干部，也有在各行各业作出突出成绩的优秀团员代表，把大家的作用充分发挥出来，对于做好团的工作具有十分重要的意义。委员作用的发挥，要体现在两个方面，一是充分贡献自己的聪明才智，更好地形成科学决策；二是广泛联系广大团员青年，增强团组织的凝聚力。要做到这些，必须更好地保障委员行使民主权利，包括知情权、参与权和监督权。为此，我们首先要在建立健全各种制度上下功夫。要建立团内情况通报制度，比如，团的重要文件、内刊要及时送到委员手中。要建立重大决策咨询制度和征询制度，在形成重大决策之前要广泛征询委员的意见。要建立重大课题专题研究制度，比如，组织委员就青年工作面临的重大课题进行集中研究。要建立委员联系团员青年的良好信息渠道。比如，在中青网等团属网站上开设委员邮箱，由此加强委员之间的沟通、加强委员与团员青年之间的沟通，使委员更好地听取团员青年的意见，包括对团的工作的意见、团员青年的呼声和愿望等。要建立委员督察制度，比如，就团中央委员会做出的决议决策的执行情况，就团的重点活动的开展情况，组织委员进行监督、检查和评估。要健全全委会决策机制，充分发挥团中央委员会全会的作用，涉及全团的重大问题需经全会充分讨论和表决。总之，要通过采取一系列的有效措施更好地把委员的作用发挥出来。

2. 进一步做好服务委员的工作。组织的凝聚力来源于服务。团中央委员会作为一个集体，不仅要服务青年，还要为每一位成员搞好服务，这样才能保证我们这个集体更有凝聚力、更有战斗力。团十四大以来，我们在服务委员方面做出了一些探索，比如，先后举办了多次团中央委员理论学习班。今后，我们还要进一步加大这方面工作的力度，重点要在关心委员的学习成长方面下功夫。团中央机关是团中央委员会的工作机构，承担着为委员做好服务工作的重要职责。要建立起与各位委员有效的联系途径，及时全面深入地了解和掌握大家在思想上、学习上、工作上的需求，使我们的服务更有针对性。要积极开展形式多样的学习活动，通过开展培训、组织考察调研、开展参观学习等方式帮助大家开阔视野、增长知识、提高才干。共青团具有联系面广的特点，有许多资源和优势，要更加积极主动地把这些资源和优势发挥出来，服务委员的学习成长。

把团中央委员会建设好，有赖于全体成员的共同努力。我们大家进入团中央委员会，每个人都是这个集体的一员。不论是连任的委员，还是新任的委员，我们都是一起工作的同事，也是一个大家庭的成员。只要我们团结一心、群策群力，心往一处想、劲往一处使，就一定能够把团中央委员会建设成一个充满活力、充满创造力、富有战斗力的坚强集体。

二、关于创造新业绩、开创新局面

新世纪新阶段，团结带领广大团员青年为全面建设小康社会而奋斗，是共青团肩负的光荣使命，是团中央委员会的神圣职责。党中央对我们寄予厚望，广大团员青年对我们充分信任，全社会都在关注着我们。我们必须以高度的政治责任感，以不懈的奋斗，努力创造新业绩，开创新局面。胡锦涛总书记在同团中央新一届领导班子成员和团十五大部分代表座谈时，明确要求我们在工作思路上要创新，工作方式上要创新，自身建设上要创新。我们要牢牢把握这一要求，始终坚持与时俱进、开拓创新，推动共青团事业不断焕发出蓬勃的生机与活力。

关于今后共青团工作的主要任务、总体思路、工作部署以及工作创新等问题，这次大会的报告都做了具体阐述。在这里，我围绕党中央对新形势下共青团工作提出的要求，就如何开创共青团工作新局面的问题以及时代发展变化对于共青团工作提出的一系列重大课题，谈一些思考，与大家共同研究探讨。

1. 如何在经济全球化的背景下思考团的工作。20 世纪 90 年代以来，经济全球化的趋势明显加快。随着我国对外开放的进一步扩大，特别是加入 WTO 之后，经济全球化对我国的影响日益深刻，对青年工作的影响也会愈来愈深。从目前来看，对青年工作至少有四个方面的重要影响。

第一，对青年人才的影响。经济全球化的一个重要影响是人才国际化，造成人才资源在全球范围内的配置，引发了波及全球的人才争夺战。我们必须看到，经济全球化对我们做好青年人才工作既带来了宝贵的机遇，也提出了严峻的挑战。一方面，我们可以充分利用国际资源培养人才尤其是高层次人才，引导他们更好地学习发达国家先进的科学技术和管理经验。近年来，我们通过引进国际智力、青年境外培训等方式，为我国现代化建设培养了大批青年人才，特别是具有国际眼光的涉外人才。另一方面，我们也需要努力做好吸引人才、凝聚人才的工作，为现代化建设提供人才智力支持。比如，吸引我国的海外留学生通过多种形式为国服务。应当说，人才国际流动带来的影响是多方面的，是综合的，需要我们不断深入研究。比如，“姚明现象”是我国青年人才国际流动的典型例子。他在美国 NBA 打球，其杰出表现不仅让美国民众看到了中国的篮球水平，而且增进了美国民众对我国的了解，在许多美国人心目中留下了一个中国青年的良好形象。他所起到的宣传中国的效果，我认为超过了上十亿、上百亿资金的投入。

第二，对青年价值观的影响。经济全球化的影响是多方面的，以资本为载体，西方文化和意识形态对我国的渗透日益增强，其影响青少年首当其冲。资料显示，某些西方学者和西方政治家认为，随着中国加入 WTO，西方价值观涌入中国，中国青年就会信奉西方价值观。客观上讲，伴随经济全球化浪潮而来的文化和意识形态的冲击确实应当引起我们高度重视。我们怎样在经济全球化的背景下，在广大青年中大力弘扬中华民族优良传统，大力弘扬社会主义、集体主义的价值观，这是一个非常严峻的课题，也是一个非常紧迫的课题。

第三，对青年文化的影响。在经济全球化的条件下，世界范围内各种文化相互激荡、相互交流的形势也必将进一步发展。这对我国青年文化的影响将十分深远。以青年时尚为例。现在，有一个形象的说法，今天纽约、巴黎、东京的青年时尚，有可能成为明天我国大城市中的青年时尚，也就是说，我国时尚尤其是流行文化与国际几乎是同步的。这从一个侧面生动反映了经济全球化对青年文化的深刻影响。面对这一形势，我们必须高度重视、深入研究怎样通过青年文化去影响青年，始终坚持先进文化的前进方向，发展健康有益、充满活力的青年文化，占领青年思想文化阵地。同时，要更好地发挥青年引领社会风气之先的作用，为促进先进文化发展做贡献。

第四，对青年成长发展的影响。在经济全球化的背景下，青年对外交流的渠道越来越多，青年学习成才逐步国际化。前几天，我国驻爱尔兰的大使对我说，爱尔兰到处是中国留学生，爱尔兰一个重要经济支柱就是中国留学生。这些对我们引导青年成长成才带来了一系列机遇和挑战。我们要通过国际化的渠道，利用国际资源，培养能够与世界各个民族的优秀青年相媲美的青年人才。同时也必须看到，这种发展趋势对我国青年成才也带来了一些负面影响，挑战也是很大的，需要我们进一步深入研究，积极寻求对策。

2. 如何认识全面建设小康社会给共青团工作带来的宝贵机遇。本世纪头20年是我国必须紧紧抓住并且可以大有作为的重要战略机遇期。在这一历史时期，我国改革开放和现代化建设的步伐必将大大加快，其中蕴含着推动共青团工作发展的宝贵机遇。党的十六大提出全面建设小康社会的奋斗目标，其中许多措施都会给青年工作带来机遇。当然，我们也面临新的挑战，需要保持头脑清醒。比如，围绕农业和农村经济发展，我们可以在帮助农村青年增收致富，引导农村青年参与城镇化进程、在城乡良性互动中发挥积极作用。比如，围绕企业改革和发展，我们可以在提高青年职工的创新意识和创新能力上加大工作力度，引导他们积极参与企业技术革新、管理创新，在促进企业增强市场竞争力中发挥作用。比如，围绕科教兴国战略，我们可以在引导青年参与科技创新上下功夫，充分发挥青年人才在科技进步和经济发展中的作用。比如，围绕可持续发展战略，我们可以进一步发掘保护母亲河行动在环境建设、培育人才等方面的综合效益，引导青年在保护环境、保护资源方面发挥更大的作用。比如，围绕西部大开发战略，我们可以发挥共青团在凝聚各方面人才上的优势，按照中央的要求集中精力抓好大学生志愿服务西部计划，联合中组部深入开展博士服务团活动，为西部地区的发展做出实实在在的贡献。概括起来讲，党的十六大提出的目标和措施，比如工业化、城镇化以及经济、政治、文化改革的目标都会给共青团工作带来机遇和挑战。总之，我们就是要善于从大处着眼，从小处入手，找准共青团工作在经济社会发展中的切入点，不断做出新贡献，不断实现新发展。

3. 如何认识社会主义市场经济条件下青年的社会动员机制和青年工作资源的整合机制。在计划经济条件下，青年的社会动员机制很单一，就是靠行政命令。同样，青年工作资源的整合配置方式也是单一的，主要依赖于行政手段。随着社会主义市场经济体制的建立与完善，社会动员方式与资源配置、整合机制都发生了深刻的变化。这对青年工作的动员机制和资源整合机制提出了全新的要求，需要我们认真研究，不断探索。这两个课题解决好了，我们才能真正做到在工作上的自觉，真正做到在工作方式、工作机制上的创新。从青年的社会动员方式看，一方面，要始终坚持共青团在组织动员青年方面长期形成的好传统、好做法；另一方面，需要在充分尊重当代青年自主自立的特点的基础上，综合利用多种手段来组织动员。经过多年实践，青年志愿者已成为共青团动员青年的有效方式。不论组织青年服务社会，还是组织青年参与青年工作，都可以运用这一方式。我们在乡镇和街道建立青年中心就需要广泛吸纳志愿者的参与。在这次抗击非典的战斗中，共青团组织通过青年志愿者来广泛动员青年参与，是一个有效的动员机制，发挥了积极的作用，得到了社会的认可，得到了党中央的充分肯定。从整合青年工作资源方面看，在市场经济条件下做好青年工作离不开强有力的物质依托，而吸纳物质资源出路在于面向社会，途径在于服务社会，归根结底是取之于社会、用之于社会。不论是动员组织青年，还是整合青年工作资源，都要在机制建设上不断做出探索。实践表明，青年志愿者、希望工程、保护母亲河行动在动员社会参与、广泛整合社会资源方面都做出了有益的探索。今后，要进一步在创新机制、创新方式上下功夫、做文章。

4. 如何认识国际互联网的迅猛发展对青年工作的影响。网络技术的发展和互联网的普及，对人们的学习、工作和生活方式带来了广泛而深刻的影响，导致全新的网络经济、网络文化和网络工作方式的出现。目前，我们虽然认识到了互联网已经和正在产生的一些重要影响，但是还难以预料它对人类社会今后还将产生哪些更加深远的影响。在我国，互联网对青少年产生的影响重大而深刻，这一趋势不可逆转。这对于我们做好青年工作至少提出了四个方面的要求。首先，我们必须努力占领教育青少年的网上阵地，让团旗在互联网上高高飘扬。其次，我们必须充分运用网络手段来服务青少年。第三，我们还要努力提高共青团工作的信息化水平。第四，如何在网络文化发展中发挥青年引领风气之先的作用，同时让网络文化在服务青年成长中更好地发挥作用。应当说，团的信息化建设是走在前面的，得到了中央领导同志的充分肯定和社会各方面的高度认同。但也要看到，青少年上网群体迅猛发展，以青少年为对象的网站越来越多，竞争日益激烈。如何牢牢占领网上阵地，形成共青团在教育服务青少年的网上优势，仍需我们作出不懈甚至是艰苦的努力。

除了以上四个课题，我们还面临许多其他课题。比如，青年的发展变化对共青团工作的影响，社区功能的发展对共青团工作的影响，非公有制经济的发展对共青团工作的影响，等等。对于这些问题，我们一直在思考。有的，我们已经做出了一定的探索和研究，有的仅仅是破了题，研究工作尚需不断深化。在今天的会议上，我们提出这些问题，是希望委员会的全体成员在本届任期内，共同研究思考这些问题，进而回答这些问题，推动共青团工作向更高水平发展。在今天这样一个日新月异的时代，我们必然还会面临层出不穷的新课题，这就需要全团同志始终保持与时俱进的精神状态，始终保持开拓创新的昂扬锐气，努力使我们的工作体现时代性、把握规律性、富于创造性、增强预见性和自觉性，不断开创共青团工作新局面。

三、关于团干部队伍建设

政治路线确定之后，干部就是决定性的因素。我们今天在这里所研究的问题、思考的工作，最终要落到实处，必须依靠广大团干部。面对新形势新任务，如何把我们的干部队伍建设好，我想谈四点意见。

要热爱团的事业。团的事业是党的事业的重要组成部分。团的干部肩负着为党做好青年工作的光荣职责。我们作为团的干部，之所以能够成长进步，每一步都离不开党的培养。要常怀感激之情，常葆进取之心，把对党的事业的忠诚落实到对团的事业的热爱当中，把对党多年培养教育的感激之情化作在工作中不断进取的动力。团的事业是充满理想的事业，是充满奉献的事业，是一个崇高的事业。我曾对团中央机关干部说过，团中央机关门前有一副不见诸文字的对联，也是写在机关干部心中的一副对联，这就是“追求理想者请进，贪图享乐者莫入”。正是理想与奉献，使我们对共青团事业的热爱得到升华，使我们获得前进的不竭动力。

要珍惜团的岗位。共青团的工作岗位，是学习的岗位、锻炼的岗位，也是一个奉献的岗位。回顾团的历史，一批又一批团的干部在这个岗位上度过了自己最美好的青春年华，得到了锻炼成长，在他们心中始终保留着对共青团的深厚感情。团的岗位也是一个常干常新的岗位，这个岗位充满激情、充满创造，每一个有追求、有抱负、肯干事的人都能在其中找到发挥作用的舞台。这些年从事团的工作，我时常受到感动，经常从工作中汲取前进的力量，经常在与团干部和团员青年的接触中得到启迪、得到升华。我有一个很深的体会，就是团的岗位可以大有作为，可以干很多的事情，而且形象很好。应当说，我们每一位团干部在这个岗位上工作的时间都是有限的，正因为其有限，我们更应当倍加珍惜这段经历，不断增强光荣感、责任感、使命感，脚踏实地而不心浮气躁，埋头苦干而不好高骛远，着眼发展而不搞短期行为，努力在本职岗位上做出扎扎实实的业绩。

要做青年的朋友。我们经常讲，要做青年友，不要做青年官。这既是一个思想上的要求，也是一个感情上的要求，还是一个实践上的要求。在思想上，就是要牢固树立服务青年的意识。要深刻理解，“三个代表”重要思想的本质是立党为公、执政为民，共青团从自己组织的性质和肩负的职责出发，贯彻“三个代表”重要思想，最根本的就是要把服务青年作为全部工作的出发点和落脚点。在感情上，就是要满腔热情地去关心青年，心中始终装着青年，急青年之所急，想青年之所想，时刻牵挂青年的安危冷暖。在实践上，就是要深入青年，了解青年，与青年打成一片，体察青年情绪，了解青年呼声，竭诚为青年办实事、做好事、解难事。

要做青年的表率。共青团是讲先进性的。这种先进性，既要体现在团的组织行为上，也要体现在每一个团干部的行动上，也就是说，团干部要在思想上、修养上、学习上、工作上努力成为青年的表率，要求青年做到的，自己首先要做到。只有充分发挥团干部的表率作用，团组织才能吸引凝聚青年、团结带领青年。团干部要按照江泽民同志的要求，始终保持蓬勃朝气、昂扬锐气、浩然正气。要严格自律，这是当好表率的前提。要防微杜渐，管得住小节，经得起考验。团干部始终做到严格自律，就能不断提升自己的精神境界，就能赢得青年的真心信赖与尊重，就能拥有一种感召人、凝聚人的人格力量。

同志们，党中央和广大团员青年对新一届团中央委员会寄予厚望和重托。我们的责任重大，使命光荣，任务艰巨。让我们紧密团结在以胡锦涛同志为总书记的党中央周围，高举邓小平理论伟大旗帜，全面贯彻“三个代表”重要思想，牢记“两个务必”，脚踏实地，艰苦创业，与时俱进，锐意进取，团结带领广大团员青年为全面建设小康社会而努力奋斗！

以“三个代表”重要思想为统领
开创青少年文化事业的新局面

——周强在团中央直属新闻出版单位工作会议上的讲话

2003年8月14日，根据录音整理

我们这次会议是认真学习贯彻胡锦涛总书记在中央政治局第七次集体学习时的重要讲话精神的一次会议，也是学习贯彻党的十六大精神和团的十五大精神、学习传达中宣部领导同志谈话精神的一次会议。会议的目的是统一思想，提高认识，明确任务，把握导向，加强管理，加快发展，始终坚持先进文化的前进方向，大力发展青少年文化事业。这次会议得到中宣部、新闻出版总署的高度重视和大力支持。刚才，新闻出版总署副署长柳斌杰同志做了重要讲话，介绍了中央最近关于新闻出版工作和文化事业改革发展的政策及有关情况，同时也对直属新闻出版工作提出了明确要求，希望大家认真学习领会，认真贯彻落实。刚才，赵勇同志做了讲话，就团属新闻出版事业发展过程中出现的新情况提出一些很有针对性的要求，我完全赞同。借此机会，我强调三个问题。

一、认清形势，统一思想

统一思想，就是坚持以“三个代表”重要思想为统领，把思想统一到胡锦涛总书记重要讲话上来。

首先要在新闻出版工作中全面贯彻“三个代表”重要思想，在推动全团兴起学习贯彻“三个代表”重要思想新高潮中充分发挥作用。关于兴起学习贯彻“三个代表”重要思想新高潮，团中央做过多次安排，不久前召开的团十五大做了全面部署。各新闻出版单位要按团中央的要求，结合实际，制定各自的计划和方案，认真学习实践“三个代表”重要思想，在广大团员青年中宣传好“三个代表”重要思想，把这项重要的政治任务落到实处。

要把思想统一到党的十六大关于新世纪新阶段的论述上来，统一到胡锦涛总书记关于文化战线面临形势的分析上来。党的十六大提出，当前我国正处在新世纪新阶段，全党全国人民要为全面建设小康社会，开创中国特色社会主义新局面而努力奋斗。胡锦涛总书记在中共中央政治局第七次集体学习时指出，当今世界，文化赖以发展的物质基础、社会环境、传播条件发生了深刻变化。我们要深入研究新形势下我国文化建设面临的新情况新问题，善于在更加开放的环境中建设中国特色社会主义文化。这些论述十分精辟。直属新闻出版单位要认真分析我们面临的形势，切实把思想统一到十六大和胡锦涛总书记关于文化战线面临形势的分析上来。

要把思想统一到胡锦涛总书记关于共青团工作正处于新的历史起点的重要判断上来。胡锦涛总书记在同新一届团中央领导班子和团的十五大代表座谈时指出，共青团工作正处在新的历史起点上。这是关于共青团工作面临的形势的一个十分重要的判断，内容极为丰富。胡锦涛总书记对全国广大团员青年提出的三点希望，对共青团工作提出的三个创新的要求，都是在这一判断基础上提出的。团的宣传思想战线特别是直属新闻出版单位的同志们，要深刻学习领会这一判断，把思想统一到这一判断上来。

要把思想统一到胡锦涛总书记关于发展文化事业的要求上来。胡锦涛总书记指出，“建设中国特色社会主义文化，必须牢牢把握先进文化的前进方向”，“发展各类文化事业和文化产业，都要坚持正确的导向，把社会效益放在首位，做到社会效益和经济效益的统一”。在谈到吸收借鉴国外文化发展成果时，他指出要遵循三个“一切有利于”的要求，即“一切有利于加强我国社会主义文化建设的有益经验，一切有利于提高我国人民精神境界的文化成果，一切有利于发展我国社会主义文化事业和文化产业的管理方式，都要积极研究借鉴”。同时要做到两个“决不”，即“要始终高举社会主义文化旗帜，在文化观念上决不照抄照搬，在发展模式上决不简单模仿，坚决防范和抵御各种腐朽落后的文化观念侵蚀干部群众的思想，确保国家的文化安全和社会稳定”。这些要求十分重要，很有针对性，直属新闻出版单位把这些要求落实好了，我们的青少年文化事业就能够开创新的局面，迈上一个新台阶。

胡锦涛总书记的重要讲话，回答了当前我国文化建设的重大基本理论问题，内涵丰富，思想深刻，具有很强的针对性和指导意义，为我国文化事业的发展指明了前进的方向。当前，团中央各直属新闻出版单位要把学习胡锦涛总书记重要讲话作为重要的任务，与学习贯彻党的十六大精神，兴起学习贯彻“三个代表”重要思想新高潮紧密结合起来，认真学习领会，坚决贯彻落实。

认清形势，统一思想，我们还必须对团属新闻出版事业的形势做出正确的分析和判断。

这些年来，团属新闻出版单位在宣传党的基本理论、基本路线、基本纲领、基本经验，服务大局、服务青年，促进改革和发展，维护社会稳定方面发挥了重要作用，做出了重要的贡献。尤其是今年以来，在"三个代表"重要思想宣传、抗击非典、团十五大宣传等一系列重大宣传报道中，团属新闻出版单位发挥了很好的作用。团属新闻出版事业自身也获得了长足发展，实力进一步增强。团属新闻出版工作者队伍是一支值得信赖、充满生机与活力、大有希望的队伍。在看到这些成绩的同时，我们也要看到团属新闻出版事业发展中存在的问题。主要的表现，一是不少新闻出版单位竞争力不强，活力不够；二是有的单位舆论导向出现偏差，险情不断，有的甚至酿成了恶劣的后果。分析原因，一是一些单位对新的形势不适应，对文化事业发展的规律认识不清，对如何办好报刊存在模糊认识。二是关注青年不够，了解青年不深，不能很好地教育引导服务青年。

团的十四届三中全会以来，书记处就反复强调，要适应新形势，研究新情况，深入青年，了解青年，服务青年。现在，共青团组织正在适应形势变化，逐渐由传统的教育型的组织向教育服务型的组织转变。对团属新闻出版单位来说，要深入思考互联网等新兴媒体对青年的影响和对传统新闻出版业的挑战，思考如何增强自身对青年的影响力，增强服务青年的能力。随着经济社会迅速发展，青少年变化加快。青少年当中新现象层出不穷，如最近的皇马现象（指皇家马德里及贝克汉姆亚洲行引起的青年追星现象）、互联网当中的闪族等。对这些现象，直属报刊现在还关注不够，更不要说有分量的引导和分析。不了解青年，何以谈服务；不了解青年，何以谈吸引青年。我们面对青少年这个庞大的读者群体，舞台大得很，市场大得很，潜力大得很。从一些报刊发展的经验来看，凡是格调高、有特色、服务社会服务群众服务青年、真善美的东西，就会有市场，就会受欢迎。《青年文摘》杂志、《北京青年报》、《读者》杂志以及团中央网络影视中心建立的网络教室，就是很鲜活的例子。大家对此要有足够的重视，要有忧患意识，要切实增强责任感，紧迫感，认清形势，提高认识，统一思想，办好团属新闻出版事业，充分发挥在教育引导服务青年中的作用。

二、牢记使命，守土有责

要始终牢记新闻出版单位是党和人民的喉舌。报纸、广播、电视等新闻媒体是党和人民的喉舌，要坚持团结稳定鼓劲、正面宣传为主，宣传科学理论，传播先进文化，弘扬社会正气，塑造美好心灵，倡导科学精神。江泽民同志指出："舆论导向正确，是党和人民之福；舆论导向错误，是党和人民之祸。"胡锦涛总书记在与中央宣传工作负责同志谈话时指出，值得警惕的是，往往形势好的时候，容易放松、削弱宣传思想工作，结果吃了亏，吸取教训后再来加强宣传思想工作。新一届中央委员会绝不能重蹈这个覆辙。这些重要论断，反复强调了宣传思想工作和新闻出版工作肩负的重要使命和重要职责，我们要认真学习领会这些重要论断，始终坚持正确的舆论导向。

要始终牢记我们的报刊肩负着为党教育、服务青年，培养合格的社会主义事业建设者和接班人的神圣职责。如果背离这一职责，共青团就没有必要去办报刊。我们的报刊要服务青少年，服务共青团工作，要大力宣传党中央对青年和青年工作的关怀，宣传共青团团结带领青年在推进中国特色社会主义事业伟大进程中的奋斗足迹和广大团员青年成长进步的时代风貌，团结动员亿万团员青年为实现全面建设小康社会的宏伟目标而努力奋斗。

牢记使命，守土有责，还要划清与资产阶级新闻观的界线，始终牢牢坚持马克思主义新闻观，坚持党性原则，坚持实事求是，坚持政治家办报，把握正确的舆论导向。不能天真地相信资产阶级新闻观所谓的"新闻自由"，把报刊当做个人理念的试验场所。要时刻警惕西方敌对势力对青少年的争夺，坚决防范和抵制西方价值观的渗透。不能有“愤青”意识，不能有侥幸心理，不能打“擦边球”。要始终牢记新闻出版工作使命，严守党的宣传纪律和国家的新闻出版法规，加强制度建设，严格责任制，坚持守土有责，牢牢把握正确的政治方向和舆论导向。

三、夯实基础，加快发展

团属新闻出版事业的发展必须坚持社会效益和经济效益的统一，始终把社会效益放在首位。要深化改革，加快发展。发展是我们党执政兴国的第一要务。邓小平同志讲过，发展是硬道理。对我们新闻出版事业来说，要解决前进道路上的困难和问题，必须靠发展。不发展，团属报刊就没有影响力，就不能更好地教育服务青年。

加快发展，领导班子是关键。要抓好领导班子建设，把直属新闻出版单位领导班子配好、配强，把领导班子建设成为政治强、业务精、懂管理的强有力的班子。领导班子成员要自觉增强政治意识、大局意识、责任意识，提高政治敏感性和政治鉴别力，提高业务工作水平，勤奋工作，守土有责，团结带领广大编辑记者和干部职工，努力做好直属新闻出版工作。

加快发展，队伍建设是基础。江泽民同志指出：基础不牢，地动山摇。这句话是针对党的建设讲的，对新闻出版工作同样适用。建设一支高素质的队伍，是直属新闻出版单位事业发展的坚实基础。总体上看，我们新闻出版工作者队伍是好的，年轻，有朝气，有闯劲，有开拓精神，有吃苦精神。特别是在这次抗击非典的战斗中，我们很多记者冒着生命危险到一线采访，表现了直属新闻出版工作者良好的素质和风貌。同时也要看到，我们的队伍是一支很年轻的队伍，一些编辑记者缺乏严格的训练，经历实践的锻炼不够，一些年轻同志身上还存在浮躁情绪。要加强编辑记者队伍的思想政治建设、业务建设，帮助他们牢固树立马克思主义新闻观，养成良好的职业道德，建设一支政治强、业务精、纪律严、作风正的直属新闻出版工作者队伍，夯实我们事业发展的基础。

加快发展，还要发挥优势，扬长避短。各级团组织构成的完善的组织系统，是我们最大的优势。要发挥各级团组织的作用，发扬“全团办报、全团抓发行”的优良传统，依托团组织切实推进直属新闻出版事业的发展。服务青年是团属新闻出版单位的责任，也是我们的优势。要竭诚服务青年，以服务促发展。要选准突破口。中央最近反复强调，宣传思想工作要坚持“三贴近”。“三贴近”是新闻出版事业贯彻“三个代表”重要思想的基本要求，也是报刊事业发展的突破口。我们的报刊图书要贯彻中央的要求，真正做到贴近群众、贴近实际、贴近生活，以此凝聚读者，拓展市场，增强活力，壮大实力。

加快发展，要与时俱进，开拓创新。“三个代表”重要思想的核心是与时俱进，开拓创新。一张报纸，一个刊物，几十年风格不变，思路不变，就很难适应时代的发展要求。要因时而变，及时调整办报办刊的思路，顺应经济社会的发展趋势，适应青少年读者的需求变化，引领青年文化的潮流，开拓新的发展领域，始终保持直属新闻出版事业发展的强劲动力。

总之，我们要通过这次会议，深入学习领会贯彻胡锦涛总书记的重要讲话精神，进一步提高认识，统一思想，齐心协力，在“三个代表”重要思想的指引下，努力开创青少年文化事业的新局面，把青少年文化事业提高到一个新水平。

周强致全国农村青年中心建设试点工作现场推进会的信

2003年8月26日

在全党全国人民深入学习贯彻党的十六大精神，认真学习胡锦涛总书记“七一”重要讲话，兴起学习贯彻“三个代表”重要思想新高潮的形势下，在共青团十五大胜利闭幕后不久，全团专题研究、部署农村青年中心建设试点工作，意义重大。我谨向会议的召开表示热烈的祝贺！向长期以来对共青团工作给予高度重视和大力支持的各级党政领导表示衷心的感谢！向参加会议的全体代表致以良好的祝愿，并通过你们向广大农村基层团干部和团员青年致以亲切的问候！

伴随着波澜壮阔的农村改革和发展进程，农村共青团和青年工作不断向前推进。特别是共青团十四大以来的跨世纪五年，全团紧紧围绕党的农业和农村工作中心，积极适应农村青年的变化，以服务农村青年增收成才为重点，进行了不懈的探索，迈出了可喜的步伐，积累了宝贵的经验。农村青年增收成才行动不断深化，保护母亲河行动成效显著，乡村青年文化活动高潮迭起。坚持党建带团建，实施强乡带村，进一步加强了农村基层团组织建设，形成了良好的发展态势。

进入新世纪，以全国农村青年工作会议为标志，农村共青团和青年工作步入一个新的发展时期。党中央把解决好“三农”问题作为全党工作的重中之重，放在更加突出的位置，为进一步做好农村共青团和青年工作指明了方向。实现全面建设小康社会的宏伟目标，为广大农村青年发挥聪明才智、实现人生理想提供了广阔的舞台，也为农村共青团和青年工作提供了良好的发展机遇。建设青年中心，是共青团深入贯彻党的十六大精神和“三个代表”重要思想，落实共青团十五大精神，主动适应时代发展要求和青年需求变化，进行组织创新，加强自身建设的一项十分重要的战略举措，任务光荣而艰巨。希望各级团组织以创新为动力，研究新情况，解决新问题，走出一条符合实际的新路子；希望各级团组织以服务为主线，改进服务方式，增强服务能力，把服务大局、服务青年贯穿于工作的全过程；希望各级团组织以发展为目标，把握发展机遇，开发人力资源，动员组织亿万农村青年为全面建设小康社会贡献青春、智慧和力量。

我相信，举全团之力，在各级党委政府的大力支持下，通过广大团干部和团员青年的共同努力，青年中心建设一定能够取得丰硕成果！农村共青团和青年工作一定能够取得新发展！

周强在团十五届中央委员学习贯彻“三个代表”重要思想专题研讨班上的讲话

2003年9月20日,根据录音整理

团十五大闭幕后不久,我们举办团十五届中央委员学习贯彻“三个代表”重要思想专题研讨班,这是全团深入学习贯彻“三个代表”重要思想、兴起学习贯彻新高潮的一项重要举措。这次研讨班之前,团中央召开了三天的工作会议,把机关各部门和直属单位的负责同志集中到一起认真学习“三个代表”重要思想,结合工作实际,研究如何进一步贯彻“三个代表”重要思想、开创共青团工作新局面。研讨班之后,还将分层次地把团的各级领导干部轮训一遍。

这次研讨班的任务,就是深入学习贯彻“三个代表”重要思想,深入学习贯彻胡锦涛总书记“七一”重要讲话和在中央省部级主要领导干部学习贯彻“三个代表”重要思想专题研讨班上的重要讲话精神,联系实际,狠抓落实,开拓创新,进一步开创共青团工作新局面。为了帮助同志们更好地学习领会“三个代表”重要思想,我们邀请了对“三个代表”重要思想和党的建设很有研究的几位领导作专题辅导报告。希望大家在研讨班期间,集中精力,开动脑筋,联系实际,深入交流,通过研讨班的学习,使思想上有新的收获,进一步推动工作上有新的提高。要通过这次研讨班,贯彻胡锦涛总书记“七一”重要讲话的要求,推动全团在对“三个代表”重要思想的时代背景、实践基础、科学内涵、精神实质和历史地位的认识上达到新的高度,在认真贯彻“三个代表”重要思想的根本要求,始终做到“三个代表”,推动共青团工作发展上取得新的成效。

借此机会,我讲三个方面的问题。

一、进一步提高对全团兴起学习贯彻“三个代表”重要思想新高潮重要意义的认识

胡锦涛总书记在“七一”重要讲话中把全党学习“三个代表”重要思想划分为三个阶段,共青团组织学习贯彻“三个代表”重要思想也经历了三个阶段。在这一过程中,我们对“三个代表”重要思想的认识在不断地提高和深化,联系共青团工作和青年工作的实际贯彻“三个代表”重要思想也在不断地深入。

2000年2月江泽民同志提出“三个代表”重要思想后,3月8日团中央书记处就召开会议,组织学习江泽民同志在广东考察工作时的讲话。3月中旬,我们召开了各条战线青年骨干学习“三个代表”重要思想座谈会。8月,在北京召开了省级团委书记学习“三个代表”重要思想座谈会。这是共青团学习“三个代表”重要思想的第一阶段,这一阶段主要是在广大团员青年中学习宣传“三个代表”重要思想。

2001年7月1日,江泽民同志在庆祝建党80周年大会上发表重要讲话,系统阐述了“三个代表”重要思想的科学内涵和基本内容。从这时开始,全团学习贯彻“三个代表”重要思想进入第二阶段。为深入学习江泽民同志“七一”重要讲话,认真贯彻“三个代表”重要思想,团中央于2001年7月在长沙召开了共青团农村“三个代表”重要思想学习教育工作座谈会,2002年2月在广州召开了全国青年学习“三个代表”重要思想座谈会,对全团深入学习贯彻

“三个代表”重要思想进行部署。2002年5月,江泽民同志在纪念建团80周年大会上发表重要讲话,为共青团和广大团员青年学习贯彻“三个代表”重要思想指明了方向,以讲话精神为指导,全团学习贯彻“三个代表”重要思想进一步深入。这一阶段,各级团组织紧密结合共青团工作和青年思想实际,努力把学习贯彻“三个代表”重要思想落实到团结带领广大青年在发展先进生产力、推动先进文化、实现人民利益方面发挥生力军作用上,取得了明显成效。

第三阶段是从党的十六大到现在。十六大把“三个代表”重要思想同马克思列宁主义、毛泽东思想、邓小平理论一道确立为党必须长期坚持的指导思想,提出了学习贯彻的根本要求和工作部署。十六大之后,我们在全团开展了“贯彻十六大,创造新业绩”主题活动,围绕主题,把握灵魂,狠抓落实,推动十六大精神的学习贯彻。今年7月1日,胡锦涛总书记发表重要讲话以来,全团对“三个代表”重要思想的学习贯彻进一步深化。胡锦涛总书记“七一”重要讲话和在中央省部级主要领导干部学习贯彻“三个代表”重要思想专题研讨班上的重要讲话,是对全党学习贯彻“三个代表”重要思想的再动员,对于进一步推动全党兴起学习贯彻“三个代表”重要思想新高潮,具有十分重要的意义。按照党中央的要求,贯彻胡锦涛总书记的重要讲话精神,全国广大团员青年兴起了学习贯彻“三个代表”重要思想新高潮。今年7月,召开了团十五大,以“三个代表”重要思想为指导,联系共青团和青年工作的实际对学习贯彻“三个代表”重要思想作了全面的部署;团十五大通过的修改后的团章把“三个代表”重要思想同马克思列宁主义、毛泽东思想、邓小平理论一道确立为共青团的指导思想,标志着全团学习贯彻“三个代表”重要思想进一步深入。学习贯彻“三个代表”重要思想是一项长期的任务,全团要进一步提高认识,统一思想,按照胡锦涛总书记重要讲话的要求,坚持不懈地用“三个代表”重要思想武装全团、教育青年,把“三个代表”重要思想的学习贯彻不断引向深入,进一步在全团兴起学习贯彻“三个代表”重要思想的新高潮。

兴起全团学习贯彻“三个代表”重要思想新高潮,关系到共青团的发展和未来,关系到坚持党的基本路线不动摇,关系到党和国家的前途和命运。共青团是党的助手和后备军,“三个代表”重要思想是我们党的指导思想,也是共青团的指导思想。“三个代表”重要思想是新世纪共青团工作的根本指针。掌握好这个根本指针,我们才能够把工作不断推向前进。我们只有真正掌握“三个代表”重要思想,在工作实践中自觉贯彻“三个代表”重要思想,才能发挥好党的助手和后备军作用,更好地履行共青团的职能,跟着党走在时代的前列,团结带领广大团员青年在全面建设小康社会的伟大实践中充分发挥生力军作用。从根本上说,能不能组织广大团员青年学习贯彻好“三个代表”重要思想,关系到党和国家的前途和命运。中国特色社会主义事业的兴旺发达,要求我们坚持党的基本路线不动摇。做到这一点,关键是教育好青年。组织广大团员青年学习贯彻“三个代表”重要思想,是关系到我们能不能坚持党的基本路线、基本理论、基本纲领、基本经验一百年不动摇,关系到党提出的全面建设小康社会、实现中华民族伟大复兴的宏伟目标能否实现的大问题。我们要从共青团的性质出发,从关系国家前途命运和党的事业后继有人的战略高度,深刻认识在全团兴起学习贯彻“三个代表”重要思想新高潮的重大意义,统一思想,群策群力,切实把在团员青年中兴起学习贯彻“三个代表”重要思想新高潮的工作做好。

二、进一步提高对“三个代表”重要思想的认识

兴起新高潮,要使我们对“三个代表”重要

思想的认识达到新的高度。首先要使团中央委员会对“三个代表”重要思想的认识达到新的高度，从而带动全团的学习贯彻。这也是我们这次举办团中央委员学习贯彻“三个代表”重要思想专题研讨班的目的所在。

“三个代表”重要思想是马克思主义在中国发展的最新成果，是新世纪新阶段全党全国人民继往开来、与时俱进，实现全面建设小康社会宏伟目标的根本指针，是全国人民团结奋斗的共同思想基础。要通过深入学习“三个代表”重要思想，引导全团深刻认识这一点，使我们对“三个代表”重要思想的认识达到新的高度。

回顾我们党的奋斗历程，回顾马克思主义中国化的进程，能够帮助我们更好地认识“三个代表”重要思想。我们党的历史上，每次马克思主义与中国革命和建设的实践相结合产生的新成果，都对党和革命建设事业的发展，起着至关重要的指导和推动作用。马克思主义中国化有三大理论成果，即毛泽东思想、邓小平理论、“三个代表”重要思想。在马克思主义中国化的进程中，经历过许多曲折。毛泽东思想是在党领导人民进行革命的进程中经过艰苦的探索形成的。延安时期，王明提出“山沟里出不了马克思主义”，毛泽东同志针锋相对地指出“书斋里发展不了理论”。实践证明，马克思主义必须紧密结合中国的实际，才能科学地回答中国革命和建设的基本问题。毛泽东思想是这样，邓小平理论也是这样。《邓小平文选》第一版就叫《邓小平论建设有中国特色的社会主义》，英文版就叫做《当代中国的基本问题》。“三个代表”重要思想同样如此，它是同马克思列宁主义、毛泽东思想和邓小平理论一脉相承而又与时俱进的科学体系，是马克思主义中国化的最新成果。它深刻地揭示了三大规律，回答了两大基本问题，三大规律就是社会主义的建设规律、共产党的执政规律、人类社会的发展规律。回答了两大基本问题，就是在邓小平理论的基础上，进一步回答了什么是社会主义，怎样建设社会主义的问题，在新的历史条件下创造性地回答了建设一个什么样的党，怎样建设党的问题，集中起来就是深化了对中国特色社会主义的认识。“三个代表”重要思想的形成，是马克思主义和科学社会主义发展史上具有重大意义的事情，“三个代表”重要思想是坚持马克思主义的典范，又是发展马克思主义的典范。

深入学习“三个代表”重要思想，我们要在对“三个代表”重要思想的时代背景、实践基础、科学内涵、精神实质和历史地位的认识上达到新高度，深刻认识“三个代表”重要思想是马克思主义中国化的最新成果。只有这样，我们才能够深刻认识“三个代表”重要思想对共青团工作的指导意义，以“三个代表”重要思想为统领，不断开创共青团工作的新局面。

三、紧密联系实际，在贯彻“三个代表”重要思想根本要求、用“三个代表”重要思想指导团的工作和建设上取得新的成效

1. 引导广大青年坚定理想信念，永远跟党走中国特色社会主义道路。理想信念至关重要。引导广大青年树立正确的理想信念，是党交给共青团的重要任务。我们党要把中国特色社会主义事业不断推向前进，需要培养一代又一代的社会主义事业接班人，这就要求我们必须用党的基本理论来构筑当代青年的强大精神支柱。要帮助广大青年坚定理想信念，树立正确的世界观、人生观、价值观，走正确的成长道路。“三个代表”重要思想坚持马克思主义世界观、方法论，创造性地运用它们分析当今世界和中国的实际，是我们认识世界和改造世界的强大思想武器。各级团组织要帮助广大青年深入学习掌握这一强大思想武器，引导青年树立远大的理想，坚定跟党走中国特色社会主义道路的信念，按照江泽民同志提出的要求，与人民紧密结合，为祖国奉献青春，把自己人生价值的实现同中华民族的伟大复兴紧密

结合起来，在全面建设小康社会伟大实践中建功立业，创造无愧于时代、无愧于人民的永恒的青春。

2. 坚持发展这个党执政兴国的第一要务，牢牢把握当代中国青年运动的主题。发展是硬道理，发展是我们党执政兴国的第一要务，发展是“三个代表”重要思想的一个很重要的内容。抓住发展这个第一要务，全面建设小康社会，实现中华民族伟大复兴，是党提出的奋斗目标，也是当代中国青年运动的主题。我们要牢牢把握这一主题，用这个主题凝聚广大青年，用全面建设小康社会的宏伟目标激励广大青年共同奋斗。

关于中国青年运动的问题，江泽民同志在纪念建团80周年大会上的重要讲话，从理论和实践上对当代中国青年运动的一系列根本问题都做了精辟的论述，为中国青年运动的发展指明了方向，同时也解决了我们思想上的一个问题，就是和平建设年代，同样存在青年运动。从国际上看，现在世界范围内广泛开展的很多社会运动，包括青年运动，构成当代社会发展的一个重要方面。比如说，反全球化的运动，这是社会左翼运动的主要内容，一方面经济全球化进程加快，另一方面是反全球化浪潮一浪高过一浪。国际形势要影响国内，国际上的社会运动会或多或少地反映到我们国内来。全国人民全面建设小康社会的伟大实践中，同样会遇到各种各样的困难和干扰。我们要贯彻“三个代表”重要思想的要求，紧紧围绕党政大局，牢牢把握当代中国青年运动的主题，牢牢把握当代中国青年运动的方向，任何时候都不动摇，团结带领广大青年为全面建设小康社会、实现中华民族的伟大复兴而不懈奋斗。

3. 坚持与时俱进，开创共青团工作新局面。与时俱进是“三个代表”重要思想的理论品质，坚持与时俱进是贯彻“三个代表”重要思想的关键所在。我们学习贯彻“三个代表”重要思想，坚持与时俱进，落实到工作中就是要不断开创共青团工作新局面。

怎样开创共青团工作新局面？在团十五届一中全会上，结合学习胡锦涛总书记在与团中央新一届领导班子成员和团十五大部分代表座谈时的重要讲话，我谈了一些意见，总的要求就是要学习好、落实好、贯彻好胡锦涛总书记重要讲话精神，立足新起点，谱写新篇章。胡锦涛总书记的重要讲话提出了一个十分重要的判断，就是共青团事业的发展正处在一个新的历史起点上，同时对全国青年提出了三点希望，对共青团工作和建设的创新提出了三点希望，对团干部提出了三点希望，为共青团工作和广大青年、共青团干部进一步指明了前进的方向，对于新世纪新阶段共青团事业的发展具有十分重要的指导意义。

立足新起点，对团干部尤其是团中央委员会的成员来说，首先要清醒地认识形势，对形势有一个准确的认识和判断。

从国内看，我国现在已经进入了全面建设小康社会、加快推进社会主义现代化的新的发展阶段。今后20年是我国难得的战略机遇期，也是我国现代化建设的重要时期。这20年，伴随着我国现代化建设的进程，伴随着社会主义市场经济体制的不断完善，社会结构、社会生活将会进一步发生深刻变化，由此将带来社会管理方式的深刻变化。团的工作要放在这样一个历史进程和背景中去思考和把握。可以预见，随着这个进程的深入，政府职能将进一步转变，许多事情要交给社会组织来办理。共青团要适应这种变化，看到其中的挑战和机遇，抓住机遇，增强服务能力，构建服务体系，更好地服务青年。抓住了机遇，共青团就能实现自身的发展，丧失机遇，对形势没有一个清醒的认识，我们就会落到时代的后面。

从国际上看，经济全球化、政治多极化、社会信息化和我国对外开放的进一步扩大，给共青团带来了许多挑战，也带来很多机遇。经济全球化背景下，国与国之间的竞争越来越激烈，这就要求我们必须进一步做好工作，团结带领青年为祖国现代化建设做贡献，尤其要做好青年人才工作，进一步构建、完善青年人力资源开发和青年人才培养体系。现在人才国际化的趋势越来越明显，像"姚明现象"，它的意义远远超出了体育界，姚明在我国对外宣传中也发挥了十分重要的作用。我们要认真研究这些问题，增强责任感、使命感和忧患意识，培养国际型人才，推动青年人才参与国际竞争。

对共青团工作也要有清醒的认识。在党中央的亲切关怀下，在全团的共同努力下，这些年共青团工作和建设都有了很大的发展。在看到成绩的同时，我们也要清醒地看到共青团工作面临的挑战和困难。在社会发生深刻变化的情况下，要适应新变化，研究新情况，解决新问题。应该看到，我们面临的变化还在进行当中，随着经济社会的不断发展，这些变化会进一步加深。适应这些变化，作为执政党的青年组织，团的政治属性一定不能变，同时，服务青年要进一步加强。我们要坚持用"三个代表"重要思想武装全团、教育青年，提高服务青年的能力和水平，把青年紧密团结在党的周围，巩固扩大党的青年群众基础。总之，立足新起点，就是要认清形势，把握大局，任何时候都要牢记"两个务必"，做到"八个坚持、八个反对"，艰苦奋斗，谦虚谨慎，任何时候都不能骄傲自满，任何时候都不能松懈奋斗的意志。雄关漫道真如铁，而今迈步从头越。新的起点，要求我们脚踏实地，埋头苦干，开创新的局面。

开创共青团工作新局面，需要我们不断创新。胡锦涛总书记对共青团组织提出了三个创新的要求，即工作思路的创新、工作方式的创新和自身建设的创新，为共青团工作和建设更好地体现时代性、把握规律性、富于创造性指明了方向。要坚持马克思主义的青年观，深入了解青年，把握青年工作规律；要把握大局，在党和国家工作大局中推进共青团工作，只有这样，才能真正落实创新的要求。团十五大之后，我们推出了青年中心的建设工作，要求大力加强青年文化建设，进一步探索适应社会主义市场经济体制的运行机制，这些都是在总结改革开放以来共青团工作经验基础上的创新。要鼓励基层大胆实践，努力探索新的思路、新的方法、新的载体。总之，我们要贯彻胡锦涛总书记重要讲话精神，坚持与时俱进，在新的历史起点上创造新的业绩。

4. 把握本质要求，努力把服务青年的工作提高到一个新水平。共青团组织学习贯彻"三个代表"重要思想，必须竭诚服务青年，这是新的历史条件下巩固和扩大党的青年群众基础的需要。关于竭诚服务青年，我谈几点体会。

第一，树立服务理念，强化服务意识。竭诚服务青年是共青团贯彻党的全心全意为人民服务宗旨的具体体现。"三个代表"重要思想的本质是立党为公、执政为民，把这一本质要求落实到团的工作中，就是要在思想、工作和行动上全面贯彻竭诚服务青年的要求，把服务青年作为共青团一切工作的出发点和落脚点，诚心诚意办实事，坚持不懈做好事，尽心竭力解难事，促进青年健康成长，把广大青年团结在党的周围，不断巩固和扩大党的青年群众基础。

第二，坚持群众路线，密切联系青年。胡锦涛总书记在"七一"重要讲话中把为人民服务提高到了我们党的政治立场的高度，我们要从这样一个高度来看待服务青年的问题，自觉地坚持党的群众路线，一切从实际出发，从青年中来，到青年中去，一切为了青年，密切联系青年，全心全意为青年服务。

第三，提高服务能力，健全服务体系。有了服务青年的意识，服务青年的愿望，还必须有服务青年的能力，包括我们整合资源的能力，动员青年的能力，这一点在社会主义市场经济条件下尤为重要。要发展团的事业，健全服务青年的体系，为青年学习、就业、工作和生活等方面提供实实在在的服务，同时要推动有关青年法律和政策的制定和实施，协助政府做好青年事务。只有这样我们才能提高服务青年的能力，增强对青年的吸引力和凝聚力。服务能力同样是共青团的影响力和战斗力所在，服务能力强，就能够更好地为党政大局服务，更好地团结带领青年。

第四，掌握工作方法，照顾青年特点。毛泽东、邓小平、江泽民对做好青年工作有一系列精辟的论述，提出了十分明确和具体的要求，党的三代领导核心既是青年的导师，又是青年工作的大师，具有做青年工作的高超艺术。我们要按照党的三代领导核心的要求，掌握群众工作方法，把服务青年的工作做深做细做实。要认真总结近年来服务青年的工作，采取符合青年特点、为青年喜闻乐见的方法开展工作，使服务青年的工作落到实处，见到实效。

第五，实现基本愿望，服务生产生活。服务青年首先要服务青年的基本愿望。学习成才是青年的基本愿望和要求。我们要通过各种形式，反映青年的愿望，实现青年的要求。要服务好青年的具体需求，关心他们的具体困难和问题，包括婚恋问题、学习就业问题。帮助一名青年，解决一个困难、一个问题，就可能影响一片青年。现在就业形势比较严峻，共青团在这方面要做出应有的贡献。要深入推进中国青年创业行动，加大工作力度，整合社会资源，把服务青年就业工作落到实处。要做好进城务工青年服务工作，帮助他们解难事、办实事、做好事。要做好海外留学人员等高层次青年的工作，在祖国现代化建设中充分发挥他们的作用。

第六，维护合法权益，帮助困难青年。要依法切实做好维护青少年权益的工作，代表和维护青少年的利益。从根本上讲，在社会主义条件下，人民的根本利益是一致的，但是不同群体、不同地区的群众具体利益是有差异的。作为青少年组织，我们要更好地代表好、维护好青少年的利益。要特别关注困难青年和社会底层的青年，帮助他们解决具体困难，多做得人心、暖人心的工作，多做排忧解难的工作，多做化解矛盾的工作，竭诚为困难青年服务，维护改革发展稳定的大局。

总之，我们要全面落实竭诚服务青年的要求，真正把服务青年作为全部工作的出发点和落脚点。在这个方面，这些年来我们思考过，但思考得还不深。我们做过很多工作，但还有很多工作要做。要把服务青年的成效作为衡量共青团学习贯彻“三个代表”重要思想取得成效的重要标准。

5. 保持先进性，切实推进共青团的自身建设。“三个代表”重要思想的核心是保持党的先进性，共青团学习贯彻“三个代表”重要思想，十分重要的就是要保持团组织的先进性。要坚持以“三个代表”重要思想为指导，保持共青团组织理论上、思想上的先进性，同时，按照“三个代表”重要思想的要求，切实加强团的自身建设，推动团建创新，使共青团组织不断焕发出蓬勃的生机和活力。

这里，我着重谈一下关于加强团干部队伍建设的问题。广大团干部要牢记“两个务必”，落实党中央提出的“八个坚持、八个反对”，始终做到艰苦奋斗、开拓创新、求真务实。新一届团中央书记处组成后第一次民主生活会，提出要按照胡锦涛总书记重要讲话的要求，把团中央书记处、团中央委员会建设成为忠实实践“三个代表”重要思想、与时俱进、求真务实、开拓进取的领导集体。要牢记江泽民同志提出的要求，始终保持蓬勃朝气、昂扬锐气和浩然正气。要牢记胡锦涛总书记对团干部提出的要求，忠诚党的事业，热爱团的岗位，竭诚服务青年，做党放心、青年满意的干部。团中央书记处、团中央委员会要做全团的表率，潜下心来抓学习，扑下身子抓工作，埋头苦干，与时俱进、艰苦奋斗，开拓创新。团中央委员会建设好了，就能够带动各级团干部队伍建设；团干部队伍建设好了，就能够带动整个团员队伍建设。要通过加强团干部和团员队伍建设，培养造就大批忠实实践“三个代表”重要思想的先进青年，为党源源不断地输送新鲜血液，壮大党的队伍，确保坚持党的基本路线一百年不动摇。只有这样，共青团学习贯彻“三个代表”重要思想才真正落到了实处，见到了实效。

总之，通过这次研讨班，要紧密联系共青团和青年工作的实际，联系当前的实际，抓住关键，把握本质，深入学习贯彻“三个代表”重要思想，不断开创共青团工作新局面。我相信，通过这次研讨班的学习，团中央委员会和全团在对“三个代表”重要思想的认识上会得到新的提高，从而推动团的工作和建设提高到新的水平。

周强在中国青年科技工作者协会三届二次理事会暨第六届中国青年科技创新奖颁奖典礼上的讲话

2003年11月23日，根据录音整理

在全党全国人民兴起学习贯彻“三个代表”重要思想新高潮，全面贯彻党的十六大和十六届三中全会精神，大力实施人才强国战略，以更加坚定的步伐迈向全面建设小康社会宏伟目标的形势下，中国青年科技工作者协会召开三届二次理事会，具有十分重要的意义。会上，我们对第六届中国青年科技创新奖获奖者、青年科技创新组织奖、先进集体获奖单位进行了表彰，举行了第三批青年科技创新教育基地和示范基地的授牌仪式。今后两天，我们还要开展“青年专家河南行”活动，组织青年专家到河南部分地市进行科技服务。会议开得很成功，为大家提供了一个学习交流的机会、开展合作的平台。借此机会，我谨代表共青团中央、全国青联对会议的召开表示热烈的祝贺，对新当选的青科协副会长、常务理事、理事和获得第六届中国青年科技创新奖的青年朋友们表示诚挚的祝贺，对参加科技服务活动的各位专家表示衷心的感谢！

刚才，李克强同志发表了热情洋溢的讲话，向大家介绍了河南的省情和发展情况。这两天，大家一定会亲身感受到河南是一片热土，看到河南的巨大变化和美好的发展前景。上午，白春礼同志做了很好的工作报告，对青科协过去一年的工作进行了全面总结，对今后一个时期的工作做了明确部署。2002年5月，青科协召开第三次会员代表大会以来，在会长、副会长的带领和全体理事的共同努力下，青科协的工作实现了长足发展，取得了明显成效，特别是“金桥计划”、“海外学人回国创业周”、“博士服务团”、“百名博士西部行”等重点工作得到进一步深化，产生了较好的经济效益、社会效益和人才效益，既促进了经济和社会的发展，又为青年科技人才施展才华提供了舞台。借此机会，我要特别感谢为青科协工作付出辛勤汗水的会长、副会长和各位理事。我们相信，在今后的一年里，通过大家的共同努力，按照这次会议的部署，协会工作一定能够取得更大的成绩。

下面，我谈三点意见。

一、大力弘扬载人航天精神，肩负起为全面建设小康社会而努力奋斗的历史使命

载人航天精神同“两弹一星”精神，同抗击非典精神，在精神内核上是一致的，都是中华民族伟大精神在新时期的发扬和光大，这也是包括广大青年在内的全国各族人民在新世纪新阶段实现全面建设小康社会宏伟目标的巨大精神动力。前不久，党中央、国务院隆重表彰了航天英雄杨利伟、神州五号先进集体和先进个人。会上，中共中央总书记、国家主席胡锦涛做了重要讲话，号召全党全国人民大力弘扬伟大的载人航天精神。青科协要充分发挥广泛联系和服务青年科技人员的作用，举办丰富多样的活动，努力在全国广大青年特别是青年科技人员当中形成一个学习和发扬载人航天精神的热潮，大力弘扬“特别能吃苦、特别能战斗、特别能攻关、特别能奉献”的载人航天精神，动员和组织广大青年科技人员为科教兴国战略的实施，为实现中华民族的伟大复兴做出积极的贡献。

要用伟大的载人航天精神激励广大青年勤奋学习，发奋成才，培养造就千百万青年人才大军。当今时代，人才资源是推动经济社会发展的第一资源。党和国家一直高度重视人才工作，大力实施科教兴国战略和人才强国战略。今年5月，中央政治局专门召开会议，研究部署进一步加强人才工作的问题，强调要适应全面建设小康社会的需要，重点培养一批适应社会主义现代化建设和改革开放要求的高层次人才。党的十六届三中全会再次强调，要“创新人才工作机制，培养、吸引和用好各类人才。以党政人才、企业经营管理人才和专业技术人才为主体，建设规模宏大、结构合理、素质较高的人才队伍”。今年12月，党中央和国务院还将召开全国人才工作会议，对今后一个时期进一步加强人才工作进行研究和部署。这些都充分体现了党和国家对人才和人才工作的关心和重视。当代青年富有创新的热情和创造的潜力，是新观念、新知识、新技术的主要掌握群体，是我国人才资源开发的巨大宝库。人才强国战略的实施，为当代青年人才脱颖而出、施展才华提供了前所未有的广阔舞台和有利条件。要教育引导包括青年科技工作者在内的广大青年学习和弘扬载人航天精神，在全面建设小康社会的伟大进程中艰苦奋斗、开拓进取，努力成长为对党和国家有所建树、有所创造、有所贡献的优秀人才。

要努力把包括青年科技人员在内的广大青年的智慧和力量凝聚到全面建设小康社会的各项任务上来。江泽民同志深刻指出，发展的希望在创新，创新的希望在青年。实现全面建设小康社会宏伟目标的20年，正是当代青年风华正茂、茁壮成长的20年，也必将是当代青年施展才华、奋发有为的20年。广大青年科技工作者要以邓小平理论和“三个代表”重要思想为指导，勤于学习，刻苦钻研，勇攀科技高峰，不断追赶世界科技的先进潮流。要善于创造，不断创造，积极面向市场进行科技创新，推动科技成果向现实生产力转化。要甘于奉献，把实现自身价值和服务祖国人民结合起来，艰苦奋斗，不懈进取，在全面建设小康社会的伟大实践中创造出无愧于时代的非凡业绩。

二、全面深化中国青年科技创新行动，大力培养青年科技人才

开发青年人力资源，培养造就青年人才大军，是共青团服务经济建设的有效途径，也是优势所在。1998年以来，按照党中央的要求，我们同科技部一起开展了中国青年科技创新行动，大力推进“金桥计划”，在增强青年创新意识，提高创新能力，促进青年科技人才脱颖而出，组织青年科技人才为科技进步和经济社会发展做贡献等方面做了积极的探索，取得良好的效果。比如，我们开展的“百名博士西部行”活动，为西部地区的发展提供了实实在在的服务。在甘肃的定西，博士们为当地人民群众带去了技术，促进了定西土豆产业的发展，对于定西地区的脱贫致富和经济发展起到了很好的推动作用。比如，我们开展的“海外学人回国创业周”活动，也积累了一些好的经验。在河北的华北制药集团，通过我们组织的留学

人员提供技术，华北制药集团提供资金，合作开发了三种新药，销售到日本，取得了良好的经济效益。此外，我们同中组部联合开展的博士服务团活动，在服务西部地区经济社会发展方面取得了实际的效果，受到了西部地区党政领导和人民群众的欢迎。我们要根据中央领导同志的指示，进一步做好这些工作。

需要强调的是，在实施中国青年科技创新行动的过程中，我们探索出了一系列开发青年人力资源的新载体和新模式。比如，我们通过与天津经济开发区的合作，由经济开发区提供资金等条件，鼓励和支持一批留学人员在开发区创业，成立了天津泰达华生生物园，现在发展势头很好。比如，黑龙江通过设立留学生创业基金，对于吸引留学人员创业、支持留学人员创业、孵化留学生创业企业都起到了积极的作用。再如，我们这些年一直坚持举办的中国青年创新论坛，凝聚了一大批优秀青年人才。我们与国家环保总局共同在山东东营开展的生态经济青年专家论坛，通过论坛形式把青年科技人员和海外留学人员组织起来，就生态环保领域的问题进行探讨，向有关部门、地方提出建议，同时也促进项目合作。这些做法都需要我们进行系统的总结。特别是在经济全球化进程加快，我国对外开放深入发展，国际范围内人才流动和竞争不断加剧的背景下，我们要进一步解放思想，开拓创新，不断探索和创造新的载体，更好地为经济社会发展服务，为青年科技人才的成长发展、施展才华服务。

团十五大提出，要大力开发青年人力资源，为经济发展提供人才智力支持，特别要充分发挥共青团联系面广的优势，积极举荐扶持青年人才，为他们发挥作用、施展才华搭建舞台，促进青年人才资源的合理配置。当前和今后一个时期，要紧紧抓住培养人才、吸引人才、用好人才三个环节，遵循人才成长规律，以全面提高青年科技人才能力素质、充分挖掘青年科技人才的潜能为重点，以促进人才与项目对接为着力点，以推动科技进步和科技成果产业化为目标，全面深化中国青年科技创新行动。关于这方面工作，我强调几点。

1. 推动青年科技人才与经济建设紧密结合。共青团组织做好开发青年科技人才资源工作，关键要发挥好桥梁纽带作用，为青年科技人才发挥作用牵线搭桥、搭建舞台，促进人才与经济建设的紧密结合。在我国，一方面，一些地方和企业的发展受到人才资源相对缺乏的制约；另一方面，一些科研院所、大专院校的科技人员由于信息缺乏等原因无法有针对性地进行研发，人才无用武之地，人才资源的作用没有得到充分发挥。针对这种情况，我们要充分发挥广泛联系青年人才的优势，抓住人才与经济的结合点，遵循市场规律，通过实施“金桥计划”，以组织青年专家科技服务团为重点，围绕地方、企业科技和经济的具体需求，组织引导青年科技人才与企业开展项目合作、技术攻关，为地方经济和产业发展提供规划、咨询、论证服务，推动人才、项目、资金的多元对接，从而消除人才与经济之间的断层，使研究、发展、生产的创新链真正连接起来。要通过建立青年科技信息服务站，广泛收集人才、技术、项目等多方面信息，逐步形成内容丰富、功能多样的人才和信息资源，为青年科技人才的创新实践提供服务。要为青年科技人才参与社会主义市场经济体制改革、适应加入世贸组织的新形势创造条件，帮助他们在更大范围、更广领域和更高层次上奋发创业，在社会主义市场经济的大潮中搏击风浪，在国际经济和科技发展的舞台上开辟新天地。海外留学人员是我国人才宝库中的重要组成部分。要继续加大海外学人为国服务工作力度，加强与海外留学人员的联系，积极吸引海外留学人员以不同方式回国工作或为国服务，不断为改革开放和现代化建设注入新鲜活力。

2. 促进青年科技人才脱颖而出。开展优秀青年人才的评选表彰活动，是共青团、青联组织选拔举荐青年人才的有效方式。要继续做好青年科学家奖、青年科技创新奖、软件行业杰出青年和各级青年科技人才评选表彰活动，加大对有突出贡献的青年科技人员和青年科技管理人员的表彰激励力度，以此为导向，形成覆盖基础研究、应用研究及科技成果产业化等各领域优秀青年人才的发现和举荐体系。党的十六大提出，要营造鼓励人们干事业、支持人们干成事业的良好氛围和机制。我们要按照这一要求，加大宣传力度，创造良好氛围，着力扩大优秀青年科技人才在社会上的影响，在全社会进一步营造尊重人才、尊重知识、尊重劳动、尊重创造的氛围，形成人尽其才、才尽其用的良好局面。

3. 发挥青年科技人才的聚集效应。聚集人才是共青团、青联组织有效开发和配置青年人才资源的重要手段。要充分发挥青科协等青年科技社团的作用，广泛发现和聚集科研、产业、管理、风险投资、法律等众多领域的青年人才，形成推动科技成果产业化的人才链，以人才链促进产业链的形成，以产业链推动人才链的延伸。要积极探索建立青年科技人才汇集机制，充分发挥市场机制在配置人才资源中的基础性作用，促进青年科技人才合理流动，实现青年科技人才资源的优化配置。特别需要强调的是，在社会主义市场经济深入发展的条件下，青年人才的需求和特点发生了深刻变化。我们要适应这些变化，积极探索新的凝聚人才的途径和载体。实践证明，以中国青年创新论坛为代表的形式多样的青年论坛，是共青团、青联组织凝聚青年人才、发挥青年人才作用的一种新的重要载体。要通过青年创新论坛、网络论坛等形式，充分挖掘论坛的组织功能，广泛凝聚各界高层次青年科技人才，为他们的交流合作提供舞台，努力把论坛建设成为市场经济条件下凝聚人才的平台。

4. 加强对青年科技人才的培养。在实践中培养人才是共青团、青联组织的传统和优势所在。要引导和帮助青年科技人才深入学习马克思列宁主义、毛泽东思想、邓小平理论和“三个代表”重要思想，坚定理想信念，培养高尚情操。要引导和帮助青年科技人才向实践学习，紧紧围绕物质文明、政治文明和精神文明建设，围绕党和国家的重大战略部署，到基层去，到西部去，到祖国和人民最需要的地方去，在火热的社会实践中、在与人民群众的紧密结合中受锻炼、长才干，成长为高素质的复合型人才。实践证明，中组部、团中央组织青年人才到西部和基层锻炼服务，既是青年人才为西部地区经济和社会发展做贡献的重要举措，又是在实践中培养高素质青年人才的有效途径。要在做好博士服务团工作的基础上，创造更多有效的形式，在实践中培养和造就一大批懂经济、会管理、有基层工作经验的高素质青年科技人才。

总之，开发青年科技人才资源，蕴含着共青团工作在新时期实现新发展的宝贵机遇。它与共青团传统的群众工作既有共性，又有其自身特点，需要我们与时俱进、开拓创新、不断探索。各级共青团、青联组织要从党和国家的大局出发，从青年的实际需求出发，从共青团事业发展的迫切要求出发，进一步更新人才观念，牢固树立青年人才资源开发的意识，把进一步深化青年科技创新行动，大力开发青年科技人才资源放在更加重要的位置抓实抓好。既要积极组织青年科技人才创新创业，又要注意遵循社会发展和市场经济的客观规律；既要为广大青年科技人才施展才华牵线搭桥，又要为青年科技人才成长发展提供服务；既要发挥共青团工作的传统优势，在营造良好的创新氛围上下功夫，又要在推动人才、项目、资金等资源的有效配置，促进科技与经济紧密结合上多做工作；既要坚持以往工作中好的方式方法，又要具有创新的思维和创新的精神，不断探索新思路、新方式、新方法。只要我们提高认识，统一思想，形成合力，开发青年科技人才资源的工作就会大有作为、大有发展。

三、切实加强中国青年科技工作者协会自身建设

青科协凝聚着我国科技界各条战线、各个领域的优秀青年人才。10年来,青科协积极培养青年科技人才,促进青年科技人才脱颖而出,在为青年创新创业搭建舞台、开发青年科技人才资源等方面做了很多工作,取得了显著的成绩。当前和今后一个时期,青科协要以"三个代表"重要思想为指导,全面贯彻党的十六大和十六届三中全会精神,紧紧围绕党和国家工作大局,深化重点工作,更好地为经济社会发展服务,为青年人才的成长发展服务。要突出服务功能,根据社会发展和青年科技工作者的实际需求,努力为广大青年科技人员提供多种多样、实实在在的服务,不断增强协会的凝聚力和活力,使青科协成为新时期青年科技工作者之家,把更多青年人才凝聚到党和国家的各项事业中来。在这里,我提三点希望。

1. 要把协会建设成聚集青年科技人才的宝库。青科协具有广泛联系青年人才的优势,这是协会做好聚集人才工作的重要保证。几年来,协会通过设立信息科技、生物科技、医药卫生、农业科技、新材料专业、科普工作、高科技园区工作、海外学人工作等专业委员会,充分发挥专业委员会的作用,开展了许多深受企业、园区和青年科技工作者欢迎的活动,取得了显著的成绩。这次理事会又增设了社会科学、交通建筑工程等专业委员会。这些专业委员会是很好的联系形式和服务手段。我们还要根据形势需要和青年科技工作者的要求,成立一些新的工作委员会,来联系更多的青年科技人才,为更多的青年科技人才施展才华提供平台。协会要发挥优势,积极推动不同行业、不同领域、不同学科的青年科技人才开展合作与交流,培养一批优秀的科技创新创业团队。

2. 要把协会建设成举荐青年科技人才的平台。向党和政府、社会各界举荐人才,是青年科技社团发挥开发青年人才资源作用的重要体现。协会要着眼于党政需要和企事业需要,面向全社会举荐人才。要充分利用电视、广播、报刊、网站等现代传播媒介,有计划地组织宣传,深入挖掘、树立、宣传青年科技人才的先进典型,通过承办青年科技人才的评选表彰活动,积极举荐青年科技人才,帮助青年科技人才走上更重要的岗位,取得事业上的更大发展。要积极促进支持青年科技人才的专门政策和措施,推动青年科技人才选拔机制的建立和完善,促进一批具有世界前沿水平的青年拔尖人才和学科带头人迅速成长,为优秀青年科技人才脱颖而出开辟"快车道"。

3. 要把协会建设成发挥青年科技人才作用的金桥。协会的一项主要职能,就是要为青年科技人才发挥作用、施展才华牵线搭桥和提供舞台。针对人才与经济建设相脱节的问题,可以抓住人才与项目对接这一环节,在人才与市场之间、科研院所与企业之间牵线搭桥,为青年科技人才投身经济建设提供舞台。针对东部地区人才集中、吸引力大与西部地区人才占有量小、又急需人才的问题,可以通过多种方式在东部与西部之间架起人才流动的金桥,也可以探索"不求所在,但求所用"的新的服务模式。针对海外留学人员迫切希望回国创业,但对国内情况不够熟悉、缺少信息等问题,可以通过多种渠道为留学人员回国工作服务,积极为他们回国创业和为国服务创造有利条件。

同时,要进一步加强青科协秘书处建设,不断增强服务意识,丰富服务手段,提高服务能力,切实为协会理事和会员提供更多有效服务,通过服务来团结和凝聚更多青年科技人才。

同志们、青年朋友们,一个充满希望的民族,必然是一个勇于创新、善于创新的民族;一个充满活力的国家,必然是一个青年人才辈出、潜能迸发的国家。全面建设小康社会、加快推进社会主义现代化,为包括青年科技工作者在内的当代中国青年施展才华、报效祖国提供了广阔舞台。让我们紧密团结在以胡锦涛同志为总书记的党中央周围，高举邓小平理论和“三个代表”重要思想伟大旗帜，同心同德，扎实工作，艰苦奋斗，勇于创新，为全面建设小康社会而努力奋斗。

坚持不懈地用“三个代表”重要思想构筑青年学生强大的精神支柱

——周强在全国大学生学习贯彻“三个代表”重要思想经验交流会上的讲话

2003年11月25日

各位领导，同志们，同学们：

在全党兴起学习贯彻“三个代表”重要思想新高潮的形势下，中宣部、教育部、团中央、解放军总政治部联合召开这次会议，具有十分重要的意义。中共中央政治局委员、中宣部部长刘云山出席会议并将发表重要讲话，充分体现了党中央对青年学生理论武装工作的高度重视和对广大青年学生的亲切关怀。大会交流了各地大学生学习贯彻“三个代表”重要思想的有益经验，展示了大学生学习贯彻“三个代表”重要思想的成果，必将对今后的学习贯彻工作产生很好的推动作用。各级共青团组织要认真学习贯彻刘云山同志的重要讲话，贯彻落实会议精神，会同有关部门，把大学生学习贯彻“三个代表”重要思想的热潮不断引向深入。

下面，我代表团中央就组织青年学生学习贯彻“三个代表”重要思想讲两点意见。

一、结合青年学生实际，扎实开展“三个代表”重要思想学习实践活动

“三个代表”重要思想是马克思列宁主义在中国发展的最新成果，是新世纪新阶段全党全国人民继往开来、与时俱进，实现全面建设小康社会宏伟目标的根本指针，是全党全国人民团结奋斗的共同思想基础。科学的理论必须掌握青年，青年的成长更离不开科学理论的指导。用“三个代表”重要思想教育武装青年特别是青年学生，关系党和国家的前途命运。青年是祖国的未来，民族的希望，青年学生是青年中掌握知识较多的部分。中国特色社会主义事业的兴旺发达，要求我们坚持党的基本理论、基本路线、基本纲领和基本经验一百年不动摇。做到这一点，关键是要用“三个代表”重要思想教育武装青年特别是青年学生，坚定青年的理想信念，团结凝聚青年为党的事业而奋斗。

青年时期是人生成长发展的关键时期，青年学生的健康成长需要“三个代表”重要思想的指引。当代青年伴随着我国改革开放的进程茁壮成长，亲身感受到祖国现代化建设的巨大成就，亲身体会到科学理论指导实践的巨大力量。在纷繁复杂的形势下推进中国特色社会主义事业，青年迫切需要科学的理论指引前进道路；在祖国现代化建设中建功成才、实现人生价值，青年迫切需要科学的理论指引前进的方向。“三个代表”重要思想贯穿着与时俱进的理论品质，是我们认识和改造世界的强大思想武器。它以时代的精神和真理的力量，强烈地震撼着青年学生，引起青年学生的巨大共鸣。广大青年学生对“三个代表”重要思想高度认同，衷心拥护，他们之中蕴藏着学习贯彻“三个代表”重要思想的巨大热情和内在积极性。我们要深刻认识青年之中蕴藏着的这种学习理论的热情和积极性，紧密结合青年的思想实际，帮助他们用“三个代表”重要思想武装头脑、指导行动，认识社会历史发展的规律，把握正确的前进方向，紧跟党走在时代发展的前列，在改革开放和现代化建设中充分发挥生力军作用。

用“三个代表”重要思想教育青年学生是党交给共青团的首要政治任务。几年来，各级团组织特别是高校团组织贯彻党的要求，针对青年学生的思想实际，充分发挥自身优势，坚持不懈地用“三个代表”重要思想教育武装青年学生，取得了积极的成效，积累了一些基本经验。

一是抓活动，创造生动活泼的学习局面。开展具有青年特色的学习教育活动，寓教育于活动之中，是共青团的传统和优势。各地团组织特别是高校团组织广泛开展报告会、座谈会、研讨会、宣讲团、主题团日、知识竞赛等丰富多彩的学习活动，吸引广大青年学生踊跃参与。各地还抓住建党 80 周年、建团 80 周年、“申奥”成功等重大契机，开展“党在我心中”、“永远跟党走”等主题教育活动，使理论学习在大学校园中有声有色，蔚然成风。

二是抓实践，加深对“三个代表”重要思想的认识和理解。“三个代表”重要思想深深根植于建设中国特色社会主义的鲜活实践，具有鲜明的实践品格。实践育人也是共青团教育引导青年的重要途径。每年寒暑假高校团组织都要在大学生中开展“三下乡”活动，课余时间组织大学生深入城市社区开展社区援助服务，通过多种形式的社会实践活动，引导青年学生在实践中学习宣传贯彻“三个代表”重要思想，提高认识，加深理解，增强学习贯彻“三个代表”重要思想的自觉性和坚定性。

三是抓社团，调动青年学生理论学习的主动性和积极性。学生社团是青年学生学习宣传研究“三个代表”重要思想的重要载体。近年来，高校学生理论学习社团蓬勃兴起，充分反映出青年学生学习贯彻“三个代表”重要思想的巨大热情。团组织抓住契机因势利导，加强对学生理论学习社团的扶持和指导，创造条件让理论学习社团开展活动，发挥青年学生在学习“三个代表”重要思想中的主体作用，营造良好的理论学习氛围。

四是抓骨干，充分发挥他们的示范带动作用。青年中的理论学习积极分子、理论学习典型，对推动青年理论学习具有特殊作用。培养骨干、树立典型是共青团教育引导青年的重要方式。在开展理论学习过程中，团组织注重培养和发现青年学生理论学习骨干，及时对青年学生中涌现出来的理论学习典型进行表彰和宣传，积极发挥他们的导向和示范带动作用，“点燃一盏灯，照亮一大片”，激励和引导青年学生深入学习贯彻“三个代表”重要思想。

五是抓网络，不断增强理论武装工作的渗透力和感染力。互联网在青年学生的生活中占据越来越重要的位置，对青年学生思想观念、价值取向和行为方式产生了很大的影响。团组织充分运用互联网，建立理论学习“红色网站”，开设网上理论学习资料库，开辟“三个代表”重要思想学习网页、专栏，建设青年学生学习宣传“三个代表”重要思想的网络阵地，充分发挥网络在推动“三个代表”重要思想学习贯彻中的作用。

三年多来，青年学生学习贯彻“三个代表”重要思想的工作取得显著成效。2001 年以来，全国共组织 4000 多支党员大学生“三个代表”重要思想实践服务团、数万支大学生“三下乡”实践服务团，参加活动的青年学生达数百万，足迹遍及全国近万个农村乡镇。广大青年学生学习贯彻“三个代表”重要思想的热情不断提高,对“三个代表”重要思想的认识不断深化,学习成才的紧迫感进一步增强。按照“三个代表”重要思想指引的方向健康成长,努力在祖国社会主义现代化建设中建功成才,已成为广大青年学生的自觉追求。在抗击非典这场没有硝烟的战斗中,广大青年学生临危不惧、挺身而出,用爱心和责任筑起了抗击非典的青春长城。在今年团中央、教育部、人事部等部委联合实施的“大学生志愿服务西部计划”中,当代大学生用实际行动奏响了到西部去,到艰苦的环境中去,到祖国和人民需要的地方去的壮丽凯歌。实践充分证明了广大青年学生是学习贯彻“三个代表”重要思想的一支朝气蓬勃的青春力量。

二、把用“三个代表”重要思想教育武装青年学生的工作不断引向深入

胡锦涛总书记在“三个代表”重要思想理论研讨会和省部级主要领导干部学习贯彻“三个代表”重要思想专题研讨班上的重要讲话,对进一步兴起学习贯彻“三个代表”重要思想的新高潮提出了要求。各级团组织特别是高校团组织要深入学习贯彻胡锦涛总书记的重要讲话精神,按照党中央的部署和要求,认真总结经验,进一步加大工作力度,紧密配合“三个代表”重要思想“进课堂、进教材、进头脑”的工作,发挥共青团组织的优势,推动青年学生学习贯彻“三个代表”重要思想的工作深入开展。

要进一步在用“三个代表”重要思想构筑青年学生强大精神支柱上下功夫。理想信念是人生的航标,是青年成长的强大动力。用“三个代表”重要思想教育武装广大青年学生,我们要在坚定理想信念、构筑精神支柱上下功夫。要引导青年学生树立正确的世界观、人生观、价值观,牢固树立实现中华民族伟大复兴的远大理想,坚定跟党走中国特色社会主义道路的信念。要引导青年学生在对“三个代表”重要思想的时代背景、实践基础、科学内涵、精神实质、历史地位的认识上达到新的高度,切实提高他们用“三个代表”重要思想分析问题和解决问题的能力。要引导青年学生把“三个代表”重要思想转化为成长成才的强大动力,自觉把个人的前途命运与国家、民族的前途命运紧密相连,踊跃投身改革开放和现代化建设的伟大实践,在实现中华民族伟大复兴的历史进程中实现自己的人生价值。

要进一步在引导青年学生为全面建设小康社会而勤奋学习、发愤成才上下功夫。全面建设小康社会的20年,是我们国家加快实现社会主义现代化的重要战略机遇期,也是当代青年施展才华、报效祖国人民、创造幸福生活的黄金时期。要引导青年学生适应现代化建设的要求,只争朝夕,顽强拼搏,努力学习马克思列宁主义、毛泽东思想、邓小平理论和“三个代表”重要思想,努力学习掌握各种新知识、新技能,不断提高自身的思想道德素质和科学文化素质,敢于在社会主义市场经济的大潮中搏击风浪,敢于在国际竞争的大舞台上竞展才华,努力成为社会主义现代化建设的合格人才。

要进一步在引导青年学生走正确的成长道路上下功夫。青年学生学习实践“三个代表”重要思想,要落实到走正确的成长道路上。在当代中国,广大青年学生成长成才的正确道路,就是学习实践“三个代表”重要思想,同人民紧密结合,为祖国奉献青春。人民群众的火热实践是青年学生汲取营养、获取力量的丰厚土壤,广大青年学生中也蕴藏着服务人民、奉献社会的巨大热情。要引导青年学生自觉到祖国和人民需要的地方去,到艰苦的环境中去,经风雨,受锻炼,长才干,努力为发展先进生产力和先进文化做贡献,脚踏实地地为广大人民谋利益。要按照“三个代表”重要思想的要求,引导广大青年学生坚持“四个”统一,勤于学习，善于创造，甘于奉献，努力成长为“四有”新人，成长为对党和人民有所建树的人。

要进一步在增强青年学生理论武装工作的感染力和实效性上下功夫。理论武装工作只有把握青年思想脉搏，顺应时代潮流，符合青年实际，努力做到贴近青年、贴近时代、贴近实际，才能取得实效。要尊重青年学生的主体性和选择性，多运用青年学生喜闻乐见的形式，多运用青年学生熟悉的语言，多运用青年学生身边的事例，不断增强理论学习的亲和力和感召力。要积极探索具有鲜明时代气息的活动载体，充分利用大众传媒和影视网络等现代科技手段，不断增强理论学习的感染力和吸引力。要紧密联系改革开放和现代化建设的实际，联系青年学生的思想、学习和生活实际，着眼于解决青年学生成长和发展的实际问题，不断增强理论学习的针对性和实效性。

同志们、同学们！时代召唤有志青年，奋斗铸就青春辉煌。让我们紧密团结在以胡锦涛同志为总书记的党中央周围，高举邓小平理论伟大旗帜，全面贯彻“三个代表”重要思想，勤奋学习，奋发成才，在全面建设小康社会、实现中华民族伟大复兴的宏伟实践中谱写无愧于时代、无愧于人民的青春之歌！

周强在团中央直属新闻出版单位负责人“三项学习教育”培训班结业式上的讲话

2003年11月29日，根据录音整理

在团属新闻出版单位开展“三项学习教育”活动，是深入学习贯彻“三个代表”重要思想，加强队伍建设的重要举措，也是进一步推动团属新闻出版单位深化改革、加快发展的重要举措。举办这次培训班，很及时、很必要，也很有针对性。培训班上，中宣部常务副部长吉炳轩做了重要讲话，赵勇同志提出了全面具体的要求，有关方面领导、专家做了很好的讲座。刚才，参加培训班的同志做了总结交流，讲得都很好。总而言之，这次培训班办得很好，取得了很好的成效。

党的十六大以来，直属新闻出版单位在学习宣传贯彻“三个代表”重要思想、党的十六大精神和团十五大精神中做出了积极的贡献，在贴近青年实际、竭诚服务青年中取得了新的成绩，得到了有关部门的肯定。新闻出版事业也实现了新的发展，有的单位改革发展迈出了新的步伐，呈现出良好的发展势头。书记处对直属新闻出版单位这一段时间的工作是充分肯定的。

团中央书记处一贯要求，直属新闻出版单位要始终坚持以“三个代表”重要思想为统领，坚持马克思主义新闻观，坚持讲政治、讲学习、讲正气、讲道德、讲法制，这与“三项学习教育”的要求是完全一致的。直属新闻出版单位要按照中宣部、新闻出版总署等部门的要求，深入扎实地把“三项学习教育”活动开展好，力争取得实实在在的成效。在这里，我强调四个方面的问题。

第一，增强政治意识，始终把握正确舆论导向。开展“三项学习教育”活动，首先要落实到增强政治意识、把握正确的舆论导向上。团属新闻出版单位是党和人民的喉舌，是共青团重要的思想舆论阵地，具有鲜明的政治属性。要坚持党性原则，体现党的主张和共青团的主张，任何时候都要在思想上和行动上自觉与以胡锦涛同志为总书记的党中央保持高度一致，这一点任何时候都不能动摇。越是在形势不断变化的条件下，越要加强“三个代表”重要思想和党的十六大、十六届三中全会精神的学习，越要加强马克思主义理论的学习。在当前国内国际形势发展变化的形势下，提高政治鉴别力、增强政治敏锐性尤其重要。学习贯彻“三个代表”重要思想，要解决好世界观、人生观、价值观的问题，解决把好关、把好度的问题。要把“三个代表”重要思想体现到办报办刊的指导思想上，贯彻到工作的全过程。

第二，增强大局意识，正确看待和把握形势。要引导广大青年正确看待经济形势。在以胡锦涛同志为总书记的党中央坚强领导下，今年经济发展克服了各种困难，保持了良好的势头。这个成绩来之不易，团属报刊要多做一些经济方面的宣传报道，要全面客观地看待经济形势，引导广大青年倍加珍惜来之不易的大好局面，倍加珍惜难得的发展机遇，倍加维护社会稳定，增强信心，看到希望。要引导广大青年正确理解中央的经济政策。党的十六届三中全会就深化经济体制改革，完善社会主义市场体制做了全面部署，中央经济工作会议出台了很多经济政策。中央经济工作会议之后，党中央、国务院将就经济生活中的重大问题做出一系列战略部署，团属报刊要引导广大青年认真学习领会、正确理解中央的经济政策。团属报刊首先要正确理解党的经济政策，只有这样才能更好地做好宣传报道工作。要引导广大青年正确看待敏感问题、热点问题。团属报刊负责人要学习好、领会好党中央的决策，注意把握好新闻宣传工作的导向，营造聚精会神搞建设、一心一意谋发展的良好氛围。要通过扎实有效的工作，切实把广大青年的思想和认识统一到中央精神上来。

第三，增强忧患意识，深化改革，加快发展。当前，团属新闻出版事业面临难得的发展机遇。中央高度重视文化事业的发展，就优化文化产业结构、促进文化产业发展提出了明确的要求，出台了一系列的政策。要贯彻中央的要求，抓住这一难得的机遇推动发展。要不断深化融资、人事制度、管理制度等方面的改革，加强管理，向管理要效益。要增强忧患意识，整合资源、扩大合作。有效整合配置团属新闻出版单位的书、报、刊资源，使之产生更大的效益；同时整合吸收国内国外的社会资源，加强对内对外的合作。要深入研究借鉴国内外新闻出版事业发展的先进经验，推动团属文化事业和产业的发展。

第四，增强责任意识，加强领导班子建设和队伍建设。要加强领导班子建设，把各个单位的领导班子建设成为坚强有力的领导班子。各个单位的负责同志要做到守土有责，要有强烈的责任感、强烈的机遇意识，谋发展、谋事业，团结一致，齐心协力，干好工作。“一把手”的敏锐性、鉴别力，直接影响到新闻出版工作的水平和事业的发展，要切实加强“一把手”建设。要抓好编辑记者队伍建设。团属新闻出版单位的编辑记者队伍有朝气、有活力，是一支值得信赖、有战斗力的队伍。也要实事求是地看到，我们的队伍年轻、经验不足，很多方面的知识还比较欠缺，政治敏锐性还不够，尤其是对党和政府的政策还不太熟悉，少数编辑记者甚至缺乏一些常识性的知识。要把队伍带好，加强培训、加强教育，引导编辑记者讲政治、讲道德、讲法制。要引导年轻编辑记者树立正确的名利观，正确处理好个人与国家、集体和他人的关系，培养良好的职业精神。

书记处相信，这次培训班之后，通过在直属新闻出版单位深入开展“三项学习教育”活动，必将进一步推动直属新闻出版单位加强领导班子建设和队伍建设，牢牢把握正确的舆论导向，深化改革、加快发展，更好地服务青年、服务大局，在引导广大青年为全面建设小康社会而奋斗的伟大实践中做出新的更大的贡献。

大力推进中国青年志愿者行动
在全面建设小康社会的伟大进程中做出新贡献

——周强在中国青年志愿者行动实施10周年座谈会上的讲话

2003年12月5日

青年志愿者朋友们，同志们：

今天，我们在这里纪念中国青年志愿者行动实施10周年，庆祝国际志愿者日，兆国同志在百忙之中出席会议，使我们深受鼓舞，倍感振奋。10年来，由共青团组织发起的青年志愿者行动在神州大地蓬勃发展，亿万青年秉承“奉献、友爱、互助、进步”的志愿精神，自觉实践“爱心献社会、真情暖人间”的庄重承诺，书写了当代中国青年运动的新篇章。

青年志愿者行动走过的10年是不平凡的10年。10年来，伴随着改革的深化、开放的扩大和社会主义市场经济体制的逐步建立、健全和完善，青年志愿者行动从无到有，从小到大，在探索中不断开拓前进。在这10年间，青年志愿者行动的各项建设稳步推进，志愿服务领域不断扩展，志愿服务队伍不断壮大，志愿服务理念在全社会广泛传播，遍布全国的青年志愿服务组织网络初步形成，部分省、市还颁行了志愿服务的地方性法规，参与志愿服务逐步成为一种新的社会风尚。

青年志愿者行动始终紧扣社会主义市场经济发展的要求，动员广大青年以志愿服务的方式在现代化建设中发挥了积极作用。青年志愿者行动与建立社会主义市场经济体制的进程是相适应的，市场经济为志愿服务的产生和发展创造了条件，志愿服务又促进了市场经济体制的进一步完善。10年来，青年志愿者在扶贫开发、社区建设、环境保护、抢险救灾、大型活动、海外援助等领域广泛开展志愿服务，青年志愿者扶贫接力计划、保护母亲河绿色行动营计划、大中专学生暑期“三下乡”志愿服务、青年志愿者海外服务计划等重点项目，成为广大青年施展才华、报效祖国的舞台。特别是今年开始实施的大学生志愿服务西部计划，在短短十几天内就吸引了4万多名青年学生报名参加，目前参加全国项目和地方项目的10090名大学生志愿者正在近300个贫困县的基层单位开展服务。青年志愿者行动紧扣新的历史条件下社会发展的要求，动员广大青年服务于人民群众生产生活的基本需求。改革开放的深入，市场经济的发展，使公众参与志愿服务的需求和社会对志愿服务的需求都在不断增长，青年志愿者行动把这两个需求有机地结合起来，促进了社会稳定与社会进步。10年来，各级团组织大力实施青年志愿者社区发展计划，积极开展助老、助残、维护社会治安、法律援助等长期项目，建立社区青年志愿者服务站3万多个，数千万青年以“一助一”结对、包户帮扶等方式，为250多万离退休职工、下岗职工、老年人、残疾人、五保户等困难群众提供了经常性帮助。青年志愿者行动适应了当代青年自主意识不断增强的特点，用民主、平等、正面引导的方式把青年凝聚起来。在改革开放和市场经济条件下成长起来的当代青年更加务实，自主性也明显增强。青年志愿者行动尊重青年的自愿选择和自愿参与，极大地激发了青年参与志愿服务的积极性和主动性。10年来，全国共有1亿多人次的青年向社会提供了超过45亿小时的志愿服务。广大青年在志愿服务的实践中成长成才、全面发展。青年志愿者行动体现了共青团在新的历史条件下与时俱进、开拓创新的要求，成为新时期共青团动员青年、服务青年、凝聚青年和教育青年的重要途径。市场经济的发展要求共青团在工作思路、工作方式和自身建设上不断创新，更好地服务大局，服务青年。青年志愿者行动具有鲜明的时代性和开放性特点，其社会化的运行模式和项目化的管理方式是市场经济条件下共青团的工作方式的重要探索和创新，对团的各项工作的发展都有一定的导向意义。

青年志愿者行动的发展始终得到了党和政府的高度重视和亲切关怀。江泽民同志为"中国青年志愿者"题名，并对青年志愿者工作做出重要批示。中共中央总书记、国家主席胡锦涛多次对青年志愿者工作做出重要批示，多次参加青年志愿者活动。党和国家其他领导同志也多次参加青年志愿者活动或做出重要批示。党的十四届六中全会、十五届三中全会先后两次将青年志愿者行动写入全会决议，极大地促进了青年志愿者行动的深入发展。

当前，青年志愿者行动面临难得的发展机遇。党的十六大提出了全面建设小康社会的奋斗目标，十六届三中全会进一步提出了"统筹城乡发展、统筹区域发展、统筹经济社会发展、统筹人与自然和谐发展、统筹国内发展和对外开放"的新要求，这为青年志愿者行动的深入发展指明了方向，提供了更加广阔的发展空间。各级团组织要自觉树立全面、协调、可持续的发展观，从全面建设小康社会、促进经济社会和人的全面发展的战略高度，充分认识青年志愿者行动的社会价值和重要作用，在完善社会主义市场经济体制的过程中把握青年志愿者行动的定位，使之成为推动社会发展的新的组织方式、新的社会动员方式、新的参与方式和新的导向方式，努力使志愿服务的理念更加普及、机制更加完备、社会影响更加广泛，在促进经济社会协调发展中发挥积极的作用。

今后共青团组织要着重从以下四个方面推动青年志愿者行动深入发展。一要加强队伍建设。广泛实施志愿者注册制度，在方便注册和方便服务两个方面下功夫，吸引更多的青年以及其他公众加入志愿服务行列。在建设规模宏大、相对稳定的志愿者队伍的同时，针对不同服务领域的特点，逐步建立起专业化的志愿者队伍，更好地满足社会各方面的需求。二要加强项目建设。从党政关注、社会急需、青年能为的结合点上确定工作重点和服务内容，科学规划、合理布局，构建全国项目与地方项目、短期项目与长期项目相互结合、相互补充的项目体系。三要加强组织建设。发挥各级团组织的主导作用，调动社会各方面力量广泛参与，切实加强各级青年志愿者协会和基层实施网络建设与管理，发挥好动员、协调和管理职能，保障志愿服务工作的有序运转。四要加强机制建设。积极争取政策支持和法律保障，建立和完善志愿服务的动员机制、管理机制、激励机制、筹资机制和协调机制，推动青年志愿者行动持续健康发展。

回顾青年志愿者行动不平凡的10年发展历程，展望志愿服务事业的发展前景，我们深感使命光荣、责任重大。让我们紧密团结在以胡锦涛同志为总书记的党中央周围，高举邓小平理论伟大旗帜，全面贯彻"三个代表"重要思想，在广大青年中进一步弘扬"奉献、友爱、互助、进步"的志愿精神，大力推进中国青年志愿者行动，在全面建设小康社会的伟大进程中做出新的贡献。

以“三个代表”重要思想为统领 认真贯彻党的十六届三中全会精神 进一步加强共青团机制建设

——周强在共青团十五届二中全会上的讲话

2003年12月24日

各位委员，同志们：

这次全会的主要任务是，以邓小平理论和“三个代表”重要思想为指导，深入学习贯彻党的十六大、十六届三中全会精神和中央经济工作会议、全国宣传思想工作会议、全国人才工作会议精神，落实团十五大提出的各项任务，部署明年和今后一个时期的工作，审议并通过《全面建设小康社会进程中共青团工作战略发展规划》，创新工作思路，完善工作机制，努力开创共青团工作新局面。团十五大期间，中共中央总书记、国家主席胡锦涛在同团中央新一届领导班子和部分代表座谈时明确提出，共青团要在工作思路上创新、工作方式上创新、自身建设上创新，为新世纪新阶段共青团工作指明了方向。中共中央政治局常委、中央纪委书记吴官正代表党中央致祝辞，对今后共青团工作提出了明确的任务。12月8日，中共中央政治局常委、国家副主席曾庆红主持中央书记处会议，听取了团中央的工作汇报，对共青团做好明年和今后一个时期的工作提出了明确要求。今天下午，中共中央政治局委员王兆国将发表重要讲话。我们要认真学习贯彻胡锦涛同志重要讲话精神，学习贯彻中央书记处指示精神和吴官正、王兆国同志的讲话精神，切实做好各项工作，推动共青团事业不断向前发展。

明年，是全团贯彻党的十六大、团的十五大精神的重要一年。团中央书记处关于团十五大以来的工作情况和明年的工作安排，已经印发给大家。着眼明年和今后一个时期的工作，要不断开创共青团工作新局面，必须以创新为动力，以机制为保障。下面，我代表团中央书记处就加强共青团机制建设，讲几点意见。

一、抓住机遇，迎接挑战，充分认识新形势下加强共青团机制建设的重要意义

党的十六届三中全会以邓小平理论和“三个代表”重要思想为指导，认真总结十一届三中全会以来我国改革开放在理论和实践上取得的重大进展，深刻分析了新世纪新阶段我国经济体制改革面临的形势和任务，明确了完善社会主义市场经济体制的目标、任务、指导思想和原则，对深化经济体制改革进行了全面部署。全会通过的《中共中央关于完善社会主义市场经济体制若干问题的决定》，是进一步深化经济体制改革，促进经济和社会全面发展的纲领性文件，对于全面推进我国改革开放和社会主义现代化建设，把中国特色社会主义伟大事业继续推向前进，具有重大的现实意义和深远的历史意义。学习贯彻党的十六届三中全会精神，必须充分认识完善社会主义市场经济体制的重大意义，全面把握科学发展观的精神内涵，深刻理解、自觉贯彻“五个统筹”的要求和“五个坚持”的原则。尤其要深刻认识到，完善社会主义市场经济体制的过程，本质上就是一个不断推进体制创新的过程。共青团贯彻落实党的十六届三中全会精神，必须努力建立健全与社会主义市场经济体制相适应的共青团工作机制。要从推动共青团工作持久发展的战略高度，从在新的历史条件下抓住机遇、迎接挑战的紧迫要求，充分认识加强共青团机制建设的重要意义。

1. 社会主义市场经济的深入发展要求共青团加强机制建设。党的十四大明确提出建立社会主义市场经济体制的改革目标以来，伴随社会主义市场经济的不断发展，我国经济社会结构和社会生活发生了深刻变化，出现了社会经济成分、组织形式、就业方式、利益关系和分配方式的多样化。党的十六大提出建成完善的社会主义市场经济体制和更具活力、更加开放的经济体系的战略部署，将推动我国经济社会结构和社会生活发生更为深刻的变革。在这一进程中，共青团机制建设将面临许多崭新的课题。

从组织职能来看，团的政治职能被赋予了新的内涵，团的社会职能不断强化。我们党根据市场经济条件下社会阶层结构的深刻变化，强调要增强党的阶级基础，扩大党的群众基础，不断提高党的社会影响力。共青团要发挥好党联系青年的桥梁和纽带作用，就必须把最广大的青年团结凝聚在党的周围，巩固和扩大党的青年群众基础。在政府职能转变的过程中，越来越多的社会事务交由社会组织来承担。共青团作为国家政权的重要支柱，必将承担越来越多的协助政府做好青年事务的职能。同时，共青团作为党的助手，在团结带领青年投身经济建设当中，方式和内容都发生了重要变化。计划经济体制下，在很多时候团的基层组织与党的基层组织一样，要承担直接组织生产的职能。市场经济条件下，随着现代企业制度的建立、非公有制经济的发展以及农村生产方式的变革，团组织一般不再直接参与生产经营。适应这些变化，共青团必须积极探索履行职能的新机制。

从资源配置来看，共青团获取资源和整合资源的方式、渠道发生了重要变化。一个社会组织，越有资源，就越有动员力和影响力；越有动员力和影响力，就越能获得资源。在计划经济条件下，共青团获取资源的方式，主要依赖行政手段，所拥有的资源足以影响青年的成长发展，因而对青年有强大的号召力和动员力。市场经济条件下，资源配置方式发生了深刻变化，市场在资源配置中发挥着基础性作用。一方面，仅靠行政手段获取资源已不能满足共青团事业持续发展的需要，必须依靠多种手段获取资源。另一方面，青年获取资源的途径多样化，不仅可以从团组织获取资源，也可以从市场和其他方面获取资源。在这种情况下，共青团要获得更多的资源来推进工作、服务青年，就必须建立起与之相适应的资源整合机制。

从组织依托来看，共青团必须适应经济组织和社会组织多样化的要求。在计划经济体制下，团组织依托党政体系建立起了从中央到地方，覆盖各个领域、各个系统的组织体系。随着市场经济的深入发展，社区、非公有制企业、中介组织、民办高校等新兴领域和新型组织大量出现，团的组织依托日益多样化。共青团扩大对青年的覆盖面，必须积极适应组织依托的变化，创新团的设置方式和组织运行机制。

2. 经济全球化和我国对外开放的不断深入要求共青团加强机制建设。进入21世纪，经济全球化趋势加速发展。随着全方位、宽领域、多层次对外开放格局的形成，特别是在加入世界贸易组织后，我国参与经济全球化的进程明显加快。在这一进程中，青年工作呈现出国际化的发展趋势。

掌握和应用国际规则。在经济全球化的过程中，无论是政府还是社会组织，都必须遵守国际规则和国际惯例。青年工作要应对经济全球化带来的机遇和挑战，必须熟悉和运用国际规则，建立起与之相适应的青年工作机制，保障借鉴国外青年工作有益经验，抵御西方渗透和演变，促进中国青年工作走向世界。

充分利用国际资源。经济全球化有力地推动了世界各国在经济、政治、文化、科技、环保等领域的交流与合作，为我们利用国际资源、推动工作发展提供了有利条件。如，环境保护已经成为一项全球性的事业，我们可以引进国际资源，推进青年环保项目。国际人才交流大大加快，我们可以通过引进国际智力、开展青年境外培训等方式，为我国现代化建设培养青年人才。跨国公司是经济全球化的主导力量，我们可以通过与跨国公司开展合作，获取推动工作发展的资源。总之，我们要开阔视野，拓展思路，积极探索利用国际资源的有效机制。

积极参与世界青年事务。当今世界，在和平与发展的时代主题下，世界青年事务蓬勃发展，交流不断加强，内涵不断丰富。我们要积极探索双边、多边合作机制，同时要在联合国青年政策框架内、国际青年组织框架内，广泛开展国际青年交流，尤其是国际青年事务的合作。

3. 共青团事业的发展要求加强自身机制建设。新世纪新阶段，共青团工作发展正处在新的历史起点上，要适应新形势、创造新业绩，必须进一步加强团的机制建设。改革开放尤其是建立社会主义市场经济体制以来，我们在加强共青团机制建设方面做了很多探索和创新，使团的工作和建设不断适应形势发展的变化。比如，我们在活动方式上积极探索和推广了项目化的机制。实践证明，凡是在机制建设方面进行的成功探索，都极大地推动了工作和建设的发展，都产生了久远的影响。但是，我们必须清醒地看到，共青团工作和建设还有许多与形势发展要求不相适应的地方，而且所面临的问题往往也是一些深层次的问题。要解决这些问题，从根本上讲，要靠机制建设。

共青团机制建设的总目标是，以“三个代表”重要思想为统领，立足新的历史起点，坚持解放思想、实事求是、与时俱进、艰苦奋斗，坚持竭诚服务青年，坚持与完善社会主义市场经济体制的进程相适应，坚持与经济全球化和我国对外开放深入发展的要求相协调，构建起服务大局、服务青年的能力更强，社会化水平更高，青年参与面更广，能够实现持续发展的运行机制。

共青团机制建设包括工作运行机制和组织运行机制两个方面，应当具有以下基本特征。一是开放性，实现团内团外资源、国际国内资源共享，服务青年与服务社会工作互联、平台互通。二是网络性，团的各级组织、各条战线、各项活动、各类阵地之间实现互通互联，团组织与党政部门、社会组织、工商企业、海外组织等之间，建立起网络化的工作联系。三是选择性，找准团的工作与经济社会发展之间的结合点与切入点，着眼人民群众生产生活的基本需求和青年成长发展的需要，不断丰富服务项目，为广大青年提供多样化的选择。四是互动性，尊重青年的自主意识，突出青年的主体地位，发挥青年的积极作用，以此来设计、实施和评价工作，形成青年组织与青年之间的良性互动。

二、进一步健全共青团工作运行机制

建立健全与社会主义市场经济体制相适应的共青团工作运行机制，必须进一步研究和把握新形势下青年的特点和青年工作规律，紧紧围绕共青团的根本任务和基本职能，不断研究新情况，解决新问题。

1. 完善教育青少年机制。把青年一代培

养成为“四有”新人，是共青团的根本任务。完成好这个任务，最核心的就是要以“三个代表”重要思想武装全团、教育青年，引导青年牢固树立把我国建设成为富强民主文明的社会主义现代化国家，实现中华民族伟大复兴的远大理想，树立坚持党的基本理论、基本路线、基本纲领和基本经验不动摇，坚定不移走中国特色社会主义道路的信念，树立正确的世界观、人生观和价值观。在新的历史条件下，共青团教育青年工作面临着许多新情况新问题，我们必须不断创新工作思路和工作方法，努力健全符合青少年特点的长效教育机制。

完善教育评价激励机制。做好青少年的思想教育工作，建立有效的评价激励机制是一个关键环节。要建立科学的评价指标体系，既要坚持正确的导向，体现爱国主义、社会主义、集体主义主流价值观的要求，又要符合青少年的特点，使青少年易于接受、易于理解、易于实践。评价体系力求科学，要与大学生的素质教育、人的全面发展要求结合起来；激励机制要与青少年的基本需求包括学习成才、就业创业等相结合，与教育行政等政府部门的行政激励手段结合起来，与企业激励手段结合起来。近几年来，共青团组织针对窗口行业开展的青年文明号活动，针对少年儿童开展的雏鹰争章活动，对促进青年养成良好的职业道德，促进少年儿童养成良好的行为习惯，起到了十分明显的作用。

健全有形化的日常工作机制。青少年教育重在实效，贵在坚持。要适应新形势，认真总结经验，健全青少年思想道德教育经常性工作机制，使青少年教育工作充分发挥潜移默化的作用。要丰富教育载体，针对不同青少年群体的特点，开展主题教育、团队日活动、志愿服务等活动，引导广大青少年在丰富多彩的活动中提高思想道德素质。要注重礼仪教育，通过入队、入团、18 岁成人仪式等庄重的仪式教育，增强广大青少年的光荣感和责任感。要强化阵地建设，发挥新闻舆论阵地、青少年活动阵地、网上阵地在教育青少年中的重要作用。

建立思想动态监测预警机制。深入了解、正确把握青年的思想动态，是共青团做好教育青年工作的前提和基础。从总体上看，当代青年高度认同“三个代表”重要思想，衷心拥护党的领导，拥护社会主义市场经济体制改革，表现出健康向上、奋发有为、求真务实的精神风貌。同时也要看到，青年的思想也会受各种因素的影响而发生变化。要建立青少年思想道德监测系统，及时跟踪变化情况，掌握动态信息，向党委和政府反馈。在此基础上要建立一套反应灵敏、准确高效的预警机制，通过对青少年思想道德状况一些重要指标的定期监测评估，及时发出预警信号，采取有效措施，疏导情绪，提高认识，切实加强思想道德建设。

形成全社会齐抓共管的教育机制。教育青少年是个系统工程，是全社会的共同责任。要进一步推动有关部门为青少年教育形成良好的社会环境，在全社会营造鼓励青年学习、关心青年成长、支持青年成才的社会氛围。要构建青少年教育网络，使学校、社会、家庭教育相互衔接，形成合力。

2. 完善服务青年机制。共青团要不断扩大和增强服务青年的覆盖面和有效性，提高服务青年工作的水平，关键是要适应青年需求多样化的趋势，努力构建和完善面向青年、具有共青团特点、开放互动的服务机制。

搭建服务平台。通过搭建服务平台，可以把服务大局、服务社会、服务青年有机地结合起来，把青年当中蕴藏的创造潜力和创新热情激发出来，把青年的聪明才智发挥出来。要继续坚持以开发青年人才资源、培养和造就青年人才大军为着力点，深化重点活动，开创青年人才工作新局面。共青团开展的许多活动就是服务青年成长成才的平台，就是服务青年参与经济建设和社会发展的平台。我们要围绕科教兴国、可持续发展、人才强国、西部大开发、振兴东北老工业基地等战略的实施，针对不同领域、不同行业青年的特点，大力开展青年论坛、青年人才西部行和东北行、博士服务团、海外学人为国服务等活动，积极为青年搭建平台，促进青年人才脱颖而出、竞展风流。要加大实施大学生志愿服务西部计划力度，引导大学生到西部、到基层建功立业，促进人才资源合理配置。深入实施青年职工技能振兴行动，培养和造就千千万万高素质的青年劳动者。

巩固服务阵地。阵地是共青团服务青年的依托。建立一个阵地，就能有效地服务和吸引一批青年。我们要进一步发掘团校、青少年宫、青少年素质拓展基地等阵地的服务功能，积极培育和发展青年就业服务中心、社区青年法律学校等新的服务阵地，进一步强化阵地在培养培训青年、服务青年就业创业等方面的作用。要充分发挥团属新闻出版单位、团属青少年网站、青少年电视频道等阵地的作用，为青年提供健康有益、丰富多样的文化产品和精神食粮。

强化服务手段。共青团要做好服务青年的工作，有赖于有效的工作手段。要注重发挥好培训、典型示范、扶贫济困等手段的积极作用。同时，适应时代发展的趋势，积极运用互联网、青年卡、现代媒体等新型手段，为青年的学习、工作和生活提供更为有效的服务。要运用中介手段，积极为青年与市场、项目的结合牵线搭桥，提供信息、技术、资金等服务，促进青年就业、创业。

3.完善动员青年参与机制。动员青年参与，是推动中国青年运动发展的重要手段。从一定意义上讲，团组织的动员力，决定着共青团作用的发挥，决定着共青团事业的发展。在新的历史条件下，我国的社会动员方式发生了深刻的变化。我们必须根据时代发展的要求，建立完善与经济社会发展相适应的动员青年参与的机制。

健全组织动员机制。共青团拥有6985万团员，把他们充分动员起来，团结凝聚起来，能够在推动经济社会发展中发挥重要作用，能够对广大青年产生强大的示范带动作用。共青团动员团员，要发挥两个优势。一是政治优势，就是坚持马克思主义科学理论的指导，坚持党的领导，从理想信念的层面上把青年凝聚起来。二是组织优势，运用从中央到地方、覆盖各行各业、各条战线的组织体系，通过层层动员迅速在全团形成声势、形成合力。政治优势和组织优势的发挥，有赖于坚持和贯彻民主集中制。民主集中制是共青团的根本组织制度和领导制度。通过加强民主集中制建设，就能够集中全团智慧，形成统一意志，做到步调一致，把党的主张和要求变为各级团组织和广大团员的实际行动。

健全社会动员机制。共青团历来重视对青年的社会动员。在计划经济体制下，主要依靠政治号召、典型示范动员青年。改革开放以来，包括青年在内的社会公众的思想观念、行为方式日益多样化，单纯依靠传统方式难以实现有效的社会动员。这就要求共青团组织必须努力构建新的社会动员机制。一要以人民群众生产生活基本需求和青年的根本需求为基础。只有符合人民群众和青年的利益和愿望，才能有效地动员群众和青年。如共青团组织在五六十年代以“到西部去、到祖国和人民最需要的地方去”为口号，动员了大批有志知识青年参与边疆建设。二要发挥政治优势，依靠党的领导和领袖的号召。我们党是领导中国特色社会主义事业的核心力量，党的领袖在人民群众中享有崇高的威望，依靠党的领导和领袖的号召，能够有效地动员广大人民群众和青年。60年代，毛泽东同志题词“向雷锋同志学习”，推动全社会形成了学习雷锋的持久的热潮。80年代初期，邓小平同志题词“学习张海迪，做有理想、有道德、有文化、守纪律的共产主义新人”，推动广大青年形成了学习张海迪的热潮。江泽民同志为希望工程、中国青年志愿者、保护母亲河题词题名，极大地调动了广大人民群众和青年参与的积极性，使之成为家喻户晓的公益活动。三要着眼青少年成长过程中多样化需求，着眼调动他们内在的积极性，广泛采取公开招募、招标、广告、志愿参与、结对互助、形象代言人、发展会员等新型动员方式。四要充分运用现代传媒手段。报刊、电视、广播、电影、互联网、短讯等在现代生活中的影响愈来愈大，对青少年的影响尤为深刻，是社会动员的有效手段。要针对信息时代公众注意力日益成为稀缺资源的趋势，发挥品牌项目的作用，有效运用现代传媒，吸引更多的公众关注和青年参与。要根据社会动员的目标、任务，广泛运用上述手段，充分调动广大青年参与经济建设和社会发展。

4.完善资源整合机制。做好青年工作，离不开强有力的物质依托。共青团要建立健全社会资源整合机制，充分利用团内团外、国际国内资源，推动共青团工作不断向前发展。

完善募集机制。向社会募集资金，是共青团开展活动、推动公益事业发展的一个重要途径。要研究把握经济社会发展急需、社会公众普遍关注、愿意参与的领域，选择工作项目。要围绕项目的实施，广泛开辟募集渠道，采取灵活多样的方式募集资金。比如，希望工程采取的“1+1”救助模式，保护母亲河行动采取的“5元一棵树，200元一亩林”的模式。要切实建立起规范、透明的资金管理和监督机制，不断增强社会公众的信任度，保证项目的可持续发展。

强化合作机制。深化与政府部门间的项目合作，主动争取政策和资金等支持，形成政府委托、支持，共青团承办、落实的工作机制。加强与国内企业和其他社会组织的合作，发挥各自优势，形成互惠、双赢的合作机制。积极开展与国外青年组织、有关机构和国际组织的合作，在参与国际青年事务的同时，为国内青年工作服务。如，中日两国青年组织在“小渊基金”的框架内联合开展保护母亲河行动，取得了明显的成效。

引进竞争机制。竞争是市场经济的一个重要特征。在市场经济条件下，共青团实施的一些工作项目可以引进市场竞争机制，选择最合适的合作伙伴，实现社会效益和经济效益的最优化。比如，采取项目公开招标的方式，可以吸纳社会资源，服务青年工作。比如，采取科技成果拍卖的方式，可以促进青年科技成果的转化。

5.完善青年事务机制。协助政府做好青年事务，是共青团组织的重要职能，是促进青年参与经济社会生活，实现全面发展的根本保证。

推动青年法律政策的制定和实施。制定有关青年的法律和政策是青年事务的核心。推动有关青年的立法进程和青年政策的制定，为青年成长发展创造良好的法律政策环境，是共青团代表和维护青年具体利益的重要途径。我们要广泛倾听青年的意见，反映青年的呼声，推动关系青少年切身利益的法律和政策的制定，同时，配合有关部门检查、监督、评估有关青年的法律和政策的执行情况，促进法律政策的落实与完善。

协助政府管理好青年事务。青年社团的管理指导、青少年违法犯罪的综合治理、青年外事工作的归口管理，都是政府委托共青团组织管理的青年事务。我们要积极配合有关部门进一步做好这些工作，发挥好协助政府管理青年事务的职能。同时，要积极适应政府职能转变，主动承担更多的政府授权委托的青年事务。

推动建立青年事务协调机制。许多党政部门的工作都包含青年事务的内容，我们要进一步加强与有关部门的合作，积极建立党委和政府领导、相关部门共同参与、团组织具体运作的青年事务协调机构，推动青年工作与各行各业、各条战线工作实现更为紧密的结合。

三、进一步完善共青团组织运行机制

良好的组织运行机制，是共青团充满生机与活力的根本保障。在新的历史条件下，单纯依托至上而下的组织架构、依靠行政命令来推进工作的模式已不再适应。我们要着眼于经济社会发展的新要求，在团的组织依托、设置方式、管理模式、联系青年的方式方面锐意创新，逐步建立完善自我运行能力更强，团员参与程度更深，吸引力和凝聚力更大，更加富有效能的组织运行机制。

1.加强基层团组织机制建设。团的基层组织是团的全部工作和战斗力的基础。在新形势下，团的基层组织面临挑战，一个重要的原因是，越是基层组织，掌握的资源越少，服务团员青年的能力和手段有限。要从根本上解决这一问题，有赖于加强机制建设。

健全基层团建整体推进机制。加强团的基层组织建设，是一项长期的艰巨任务，是一项系统工程。要坚持党建带团建，将团建纳入党建规划之中，充分发挥共青团作为党的助手和后备军的政治优势。要以创建“五四红旗团委”活动为载体，大力推进县级团委、基层团委、团支部三级联创，形成一套基层团建整体推进机制，使基层团组织建设得到普遍加强。

完善团内基层民主制度。按照团章有关规定，坚持民主集中制，积极稳妥地发展团内民主。采取具体有效的措施，活跃基层团组织民主生活，保障团员对团的工作和事务的知情权、参与权、建议权、监督权。基层团组织换届要坚持差额选举的规定，按照规定程序进行。团支部书记可以采用不指定候选人、公开竞争的办法民主选举产生。

探索团组织与团员的新型组织联系方式。着眼于保持团组织与团员之间直接、经常、便捷的组织联系，逐步形成适应团员流动，易于确认身份，便于团员参与团的工作和生活的组织联系方式。要根据实际情况，积极探索灵活多样的基层组织形式，对团员实行多重组织覆盖，努力做到哪里有团员，哪里就设置团组织。要通过互联网、青年卡等手段加强与团员青年的联系。

2.强化团组织联系青年的新型纽带。共青团为党做好青年群众工作，不仅要团结带领引导好团员，还要广泛联系和吸引青年，尤其是青年人才。要充分发挥青联、学联、青年企业家协会、青年乡镇企业家协会、青年科技工作者协会、青年志愿者协会、青少年研究会、青少年法律研究会、青少年网络协会等青年组织联系青年的作用，通过建立项目合作中心、国际交流中心、志愿者艺术团等新型纽带，努力把各方面的人才吸引和团结起来，形成广纳青年才俊的生动局面。

创新青年中心的运行机制。大力推进城乡社区青年中心建设，是共青团适应统筹城乡经济发展要求，适应青年社会结构变化，不断增强基层团组织生机与活力的重大创新。青年中心在本质上是一种社区青年组织，是基层团组织整合资源、凝聚人才的新平台，联系青年的新纽带。要积极探索和建立科学的运行机制。要在坚持团组织核心作用的基础上，通过建立各类协会、发展会员、成立理事会等形式，将街道、乡镇的青年人才聚集起来，将青年最大限度地联系起来。通过有效的服务活动，增强对广大青年的吸引力、凝聚力。要坚持服务青年、服务社区的理念。要广泛吸纳社会资源，通过争取政府支持、社会赞助、项目服务等方式解决资金来源问题，通过招募、选派大学生志愿者到青年中心任职等方式解决工作骨干问题，从而实现自我运转、持续发展。

3.完善团干部队伍建设的机制。团干部是推动团的事业发展的关键因素。加强团干部队伍的机制建设，有利于促进团干部健康成长，保持团组织的良好形象，不断增强共青团的社会公信力。新时期团干部队伍建设的总要求是，自觉学习实践“三个代表”重要思想，牢记“两个务必”，始终做到“八个坚持、八个反对”，忠诚党的事业，热爱团的岗位，竭诚服务青年，做党放心、青年满意的团干部。要围绕这一要求，抓住团干部成长发展中的关键环节，建立健全科学规范的团干部队伍建设机制。

完善团干部的教育培训机制。要切实加强团干部的教育培训工作，不断完善以理论基础、世界眼光、战略思维、党性锻炼、规则意识和业务能力为框架的教育培训内容体系，逐步形成分层次、分类别、多渠道、多形式、重实效、充满活力的教育培训格局。要充分发挥各级团属院校在培训团干部中的重要作用。要建立健全团干部参观学习、挂职交流、岗位轮换等机制，不断丰富知识阅历，积累实践经验，提高实际工作能力。

完善团干部的选拔任用机制。严格选拔团干部，把好进口关，是团干部队伍永葆生机活力的重要保证。要在坚持党管干部原则的前提下，充分发挥对下级团组织的协管职能，严格按照《党政领导干部选拔任用工作条例》的要求，不断扩大团干部的选拔视野，建立健全公开选拔、民主推荐、竞争上岗等选拔机制，努力推进团干部选拔工作的科学化、民主化、制度化，真正把一批思想作风端正、业务素质过硬、在团员青年中有较高威信、适合做青年工作的优秀青年人才选拔到团的岗位上来，为共青团事业发展提供有力的人才支持。

健全团干部的评价考核机制。一个好的评价考核机制，是促进团干部健康成长的有力保障。健全考核内容，从德、能、勤、绩、廉等方面进行全面考核。将上级考核与下级考核、党政考核与青年考核有机结合起来，完善民主推荐、民主测评、民主评议制度。完善激励机制，根据评价考核结果，做到奖惩分明。

建立监督和防范风险机制。要加强监督，使团的干部置于党团组织和广大青年的监督之下。要探索防范风险机制。共青团组织是政治组织，不能直接从事经营活动，不能从事与其政治属性不相符的活动。团干部要像珍惜自己眼睛一样维护共青团的良好形象和公信力。团干部服务青年是应尽的责任，不能变成利益的交换。在这些原则问题上不能有半点含糊。惟有如此，团干部才能经受住考验，成为党放心、青年满意的干部，团组织才能始终保持能干事、做好事、没烂事的良好公信力，才能充满朝气、充满活力、充满生机。

关于团干部建设，我再强调一下。团干部作为党的年轻干部的一部分。首先，要讲政治。要始终保持清醒头脑，增强政治鉴别力和政治敏锐性。第二，要有好的作风。要与时俱进，开拓创新，艰苦奋斗，谦虚谨慎。要严格要求自己，努力做到为民、务实、清廉。第三，要搞好团结。团结就是力量。要互相支持、互相补台。

同志们，做好明年的工作，为今后五年共青团工作发展打下良好的基础，具有至关重要的意义。让我们更加紧密地团结在以胡锦涛同志为总书记的党中央周围，高举邓小平理论和“三个代表”重要思想的伟大旗帜，全面贯彻党的十六大和十六届三中全会精神，与时俱进，开拓创新，扎实工作，艰苦奋斗，团结带领广大团员青年为实现国民经济持续快速协调健康发展和社会全面进步做出新的贡献！

周强在中国青年创业行动现场推进会上的讲话

2003 年 12 月 28 日，根据录音整理

这次会议是在全党全国人民深入学习贯彻党的十六大、十六届三中全会精神，认真贯彻落实中央经济工作会议和全国人才工作会议精神，大力加强就业和再就业工作的形势下召开的，是团十五届二中全会后召开的一次全团性的重要会议。这次会议的主要任务是，以“三个代表”重要思想为指导，贯彻落实全国再就业工作座谈会、团十五届二中全会精神，总结各地实施中国青年创业行动的做法和经验，研究部署如何深入开展中国青年创业行动，进一步推动促进青年就业和再就业工作。

在今年 8 月召开的全国再就业工作座谈会上，胡锦涛总书记强调，要继续发挥各级工会、共青团、妇联等群众组织和各民主党派、工商联的作用，为下岗失业人员送温暖、送岗位，为下岗失业人员家庭分忧解困，帮助和引导下岗失业人员实现再就业。王兆国同志一直非常重视青年就业和再就业工作，并对山东省青春创业行动做出重要批示。这次会议期间，他专门发来贺信，充分肯定了中国青年创业行动，对今后如何进一步开展这项工作提出了明确要求，并对全体与会同志致以亲切的问候。各级共青团组织要认真学习贯彻党中央、国务院召开的全国再就业工作座谈会精神，认真学习贯彻胡锦涛总书记、王兆国同志关于促进就业和再就业工作的重要指示精神，加大实施中国青年创业行动的力度，帮助更多的青年实现就业和再就业。

去年，团中央在北京召开了共青团全国促进青年再就业工作会议。会议明确提出，要切实抓好提高素质、鼓励创业、牵线搭桥、政策扶持、强化阵地等关键环节，逐步构建起与国家就业和再就业工作相衔接、具有共青团特点、符合青年需求的促进青年就业和再就业的工作体系。会议召开以来，各级团组织认真贯彻落实会议精神，广泛深入实施中国青年创业行动，引导和帮助青年通过创业实现就业和再就业，取得了明显的成效。主要表现在：绝大部分省、自治区、直辖市建立了促进青年就业和再就业工作领导小组，96 个重点联系城市建立了青年就业服务中心并逐步完善其功能，“中国青年创业网”网站开通并与地方联网，为工作的开展提供了组织保障和阵地依托；通过举办座谈会和报告会、树立青年创业典型等方式，深入持久地对青年进行就业观念和创业精神教育，走自主创业之路越来越成为广大青年的共识；大力实施“百万下岗失业青年技能培训工程”、“大学生素质拓展计划”、“跨世纪青年农民科技培训工程”，对下岗失业青年、城镇新增青年劳动力、进城务工青年进行了针对性强的技能培训，提高了青年的就业创业能力；启动“工岗快递”行动，积极开展职业介绍、就业咨询等中介服务。同时，各地团组织在开展促进青年就业和再就业工作中创造了许多好的经验。比如，山东省各级团组织实施“3 + 2”工程，即创业工程、就业工程、培训工程和学士后流动站、青春创业园区；在创业工程中提出要“四轮驱动驾马车”，即政策、资金、培训、服务四个“轮子”和一个大企业这驾“马车”，这都是青春创业行动的好做法、好经验。刚才，中共山东省委副书记姜大明发表了热情洋溢的讲话，充分体现了山东省委、省政府对共青团工作的关心，对青春创业行动的支持。在此，我代表团中央书记处，代表全体与会同志，

向长期以来关心支持共青团工作和青年工作的各级党政领导，向山东省委、省政府表示衷心的感谢！向受到表彰的中国青年创业行动优秀组织单位和先进个人表示热烈的祝贺！

下面，我代表团中央书记处就深入实施中国青年创业行动谈三点意见。

一、把实施中国青年创业行动摆到更加突出的位置

就业是民生之本，是人民群众改善生活的基本前提和基本途径。党中央、国务院高度重视就业和再就业工作，近年来先后做出了一系列重大决策，采取了一系列行之有效的措施，扩大了就业总量，拓宽了就业渠道，改善了就业结构。同时也要看到，我国在当前和今后一个较长时期内就业形势仍将十分严峻。一是总量矛盾突出。“十五”期间城镇每年新增劳动力升至峰值，达到1000万人，加上城镇下岗失业人员，城镇需要就业的劳动力达到2400万人。按现有经济发展速度，年度供大于求的数量在1400万左右。此外，农村还有1.5亿富余人员需要转移。二是就业的结构性矛盾相当突出。传统行业出现大批下岗职工，新兴产业、行业和技术职业需要的高素质劳动力又供不应求。同时，加入世贸组织后，世界经济结构调整对我国的影响更加直接，不同地区、行业劳动力供求不平衡还会加剧，劳动力素质与岗位需求不适应的矛盾更加突出。劳动力供求总量矛盾和就业结构性矛盾交织在一起，使就业和再就业工作任务更加艰巨。

就业与青年密切相关。从一定意义上讲，就业是一个青年问题。劳动力周期更替，决定了青年始终具有广泛的就业需求。在劳动力尤其是新增劳动力中，主要是青年。与当前全国就业总体形势相适应，我国青年就业和再就业的形势也十分严峻。在1400万下岗失业人员中，青年占30%左右；在城镇每年新增劳动力和高校毕业生中，青年占绝大多数，今年高校毕业生212万，明年将达到280万；在农村富余劳动力中，向非农领域转移和进城务工的主要是青年。面对这一形势，深化中国青年创业行动，做好促进青年就业和再就业工作，关系党和国家工作大局，关系青年的切身利益。各级团组织和广大团干部要统一思想，提高认识，自觉把实施中国青年创业行动摆上更加突出的位置。

1. 实施中国青年创业行动是实践“三个代表”重要思想的必然要求。“三个代表”重要思想是新世纪新阶段全党全国人民继往开来、与时俱进，实现全面建设小康社会宏伟目标的根本指针，学习贯彻“三个代表”重要思想的本质要求是立党为公、执政为民。共青团学习贯彻“三个代表”重要思想，必须坚持把实现人民的愿望、满足人民的需要、维护人民的利益作为根本出发点和落脚点，紧紧围绕人民群众最实际、最关心、最直接的利益来落实。群众利益无小事，就业和再就业对群众来说是根本大事。实施中国青年创业行动，推动更多的青年实现就业和再就业，是切实代表和维护好青年群众的利益，把“三个代表”重要思想有效落到实处的重要任务。还要看到，青年是推动经济社会发展的有生力量。促进青年就业和再就业，能够广泛有效地激发和调动青年创造的热情和积极性。亿万青年立足岗位的劳动，必将化为推动我国先进生产力和先进文化发展的强大洪流。

2. 实施中国青年创业行动是全面建设小康社会的必然要求。党的十六大提出了全面建设小康社会的奋斗目标，勾画了新世纪头20年中国特色社会主义经济、政治、文化等方面发展的宏伟蓝图。社会就业更加充分，是全面建设小康社会的一个重要目标。党的十六大确定了我国实施促进就业的长期战略和政策。党的十六届三中全会提出全面协调可持续发展的科学发展观，强调要把扩大就业放在经济社会发展更加突出的位置。统筹城乡经济社会发展，会带来农村富余劳动力向非农领域和城镇转移;深化国有企业改革,需要分流企业富余人员,部分职工下岗失业难以避免;经济结构战略性调整,会带来劳动力结构的调整;实施城镇化战略,会加快劳动力自由自主的流动,进一步加大城镇就业的压力;随着高校毕业生数量的增加,大学生就业难的问题也有日益加剧的趋势。我们还要看到,大学毕业生中还包括民办高校的学生,现在有近800万人。民办高校的发展一方面满足了青年求学的需求,培养了大批人才,促进了经济社会的发展,同时在大学毕业生就业方面也带来了很大的压力。前不久,党中央书记处在听取团中央工作汇报时强调,要把高校工作作为共青团工作的重点来抓。共青团是为党做青年工作的组织,必须高度关注大学毕业生就业问题,切实协助学校做好大学毕业生就业工作。总之,只有切实解决好青年就业和再就业问题,才能为经济社会发展创造良好条件,服务改革发展稳定的大局。

3. 实施中国青年创业行动是服务青年的必然要求。服务青年成长发展,是共青团增强吸引力和凝聚力的前提,是共青团事业实现长远发展的基础。促进青年就业和再就业,已经成为新形势下共青团服务青年的重要内容。做好这项工作,就是抓住了服务青年的关键。从世界范围来看,促进青年就业始终是青年组织的重要职责,青年就业已被确定为世界青年事务发展十大优先领域之一。深化中国青年创业行动,做好促进青年就业和再就业工作,能够增进青年对团组织的感情,增强团组织对青年的凝聚力,把广大青年凝聚在党的周围,不断巩固党的青年群众基础。

二、进一步加大实施中国青年创业行动的力度

根据全国再就业工作座谈会的部署和要求,结合共青团的特点和实际,深化中国青年创业行动的指导思想是,以"三个代表"重要思想为统领,以增加就业岗位、促进青年就业为目标,以扶持青年创业为主线,以技能培训、就业服务、观念引导为主要手段,加大工作力度,加快工作进度,努力把促进青年就业和再就业工作提高到一个新水平,为维护改革发展稳定大局做出新的贡献。为此,要集中力量抓好以下五个方面的工作。

1. 积极为青年开发就业岗位。发展经济是扩大就业的基础。解决就业和再就业问题,仅靠现有岗位的调剂是远远不够的,根本出路在于不断开发新的就业岗位。党中央、国务院确立了经济发展和扩大就业并举的发展战略,要求各级党委和政府把增加就业岗位作为一件大事认真抓好。在开发就业岗位方面,各级团组织做了积极的探索。当前的关键在于从共青团的实际出发,创新思路,扬长避短,形成特色。可以通过鼓励青年创业来开发就业岗位,帮助引导青年投身第三产业,大力发展中小企业,通过发展这些就业容量大的产业和企业来吸纳更多的青年就业。条件具备的团组织可以建设一些项目直接安置青年就业和再就业,比如,山西太原青年创业服务中心参股成立了"青创田园果蔬有限公司",在社区开设直销网点、综合市场183个,提供了3000多个就业岗位;山东成立了"学士后流动站",等等。此外,我们还可以积极探索"青年就业见习制度",开发农村卫生、社区治安、城市帮教等公益项目,为青年提供就业岗位;可以把促进青年就业和再就业与青年志愿者活动结合起来,通过实施大学生志愿服务西部计划,组织大学毕业生到西部去、到基层去工作,为大学生创造就业岗位,为社会培养人才,并有效缓解大学生的就业压力。今年,在党中央、国务院的高度重视和支持下,团中央、教育部等部门联合实施大学生志愿服务西部计划,在高校毕业生中倡导、鼓励青年学生到基层去,到西部去。不到一周时间报名就达4万多人,这充分说明了当代大学生中蕴藏着到基层、到西部、到人民群众最需要的地方去工作的精神。同时也说明，在一些地区大学毕业生就业还比较难，特别是专科毕业生的就业更难。明年，我们要进一步加大实施大学生志愿服务西部计划的力度，把项目做大做实，鼓励大学生不等不靠、自主创业。要大力宣传创业典型，引导大学生转变就业观念，吸收大学毕业生和城镇新增劳动力当志愿者，延缓他们的就业时间，减轻社会就业压力。总之，我们要开拓创新，积极探索，为青年开发更多的就业岗位。

2. 大力开展青年就业技能培训。前不久，党中央、国务院召开了全国人才工作会议。这是我们党在新中国历史上召开的第一次全国性人才工作会议。这次会议强调要培养大批高精尖专业人才，也要培养造就千千万万高素质劳动者大军。这次会议以及去年7月召开的全国职业教育工作会议，都反复强调职业技能培训的重要性。当前，我们国家对高素质技术工人的需求缺口很大，出现了高薪难聘高级技工的现象。从国际范围看，德国长期重视职业教育，有些经济学家把职业教育称之为德国经济发展的秘密武器。对我国来讲，加强青年就业技能培训的必要性主要体现在两个方面，一是提高就业能力、创业能力和适应职业变化能力，这是实现就业和再就业的基本条件；二是通过人力资源开发、提高人口素质、促进经济加快发展来解决就业问题，不能仅是被动地安置现有劳动人口。各级团组织要着眼于青年人力资源开发，进一步加大青年就业技能培训的力度。要坚持培训的市场导向，根据劳动力市场的用人需求和结构变化确定培训内容和组织教学，努力做到市场需要什么样的劳动力我们就培训什么样的劳动力。要开展"订单式"培训，加强与劳动用工单位的联系，提高培训的针对性和实效性。要把培训与职业技能等级鉴定、职业资格证书结合起来，积极向劳动和社会保障部门争取政策，争取更多的职业技能等级证书的授予权。总之，要通过这些措施广泛吸纳社会资源，不断提高培训工作的社会化水平，为青年的长期就业奠定基础。

3. 强化对青年创业的扶持。自主创业是青年就业的重要途径，也是青年成长发展的内在需求。创业需要积累，是一个十分艰辛的过程。对许多创业青年而言，他们对团组织是有感情、有所期待的，渴望团组织对他们进行创业扶持。作为青年人自己的组织，共青团理应自觉肩负起这一重要责任，切实做好扶持青年创业工作，唱响创业的主旋律。要开展青年创业培训，帮助青年学习工商登记、项目选择、市场营销等创业知识，引导青年迈出创业的第一步。要针对青年在创业过程中存在的资金、信息等方面的需求，积极探索成立青年创业专家指导团、发放青年创业小额贷款等帮扶措施。比如，团山东省委设立了6000多万元的青年创业基金，部分团市委联合金融部门设立了1.13亿元的银行贷款，为青年创业提供了有力的资金支持，有效降低了青年创业的成本。要在充分挖掘国内资源的同时，积极借鉴国外扶持青年创业的经验，引进适合中国国情的工作模式，加强与国外青年组织的交流与合作，充分利用国际资源服务青年创业。比如，上个月我们在北京与英国查尔斯王子基金会联合启动了青年创业国际计划，既吸纳了国际资源，又借鉴了外国青年组织在扶持青年创业方面的一些做法、模式。

4. 提高对青年就业服务的质量。就业服务是促进青年就业和再就业工作的重要环节。各级团组织和广大团干部要怀着对青年的深厚感情来开展工作，动实情，办实事，见实效，改善服务态度，创新服务方式，提高服务水平，为青年就业和再就业提供高水平的服务。要为青年提供政策方面的服务，争取鼓励青年就业创业的区域性政策，帮助青年用足用好有关政策。要开展"工岗快递"、供需见面及网上招聘等多种形式的中介服务，促进青年劳动力的优化配置，为青年就业和再就业牵线搭桥。要针对不同青年的不同需求，开展个性化、跟踪式服务，尽可能为青年就业和再就业创造条件，特别是各级团组织的青工部门要发挥广泛联系青年企业家的优势，加强与劳动保障部门培训机构和社会培训中介机构的交流与合作，做好牵线搭桥服务。要通过送信息、送岗位、送政策等方式，对下岗失业青年这一特殊困难青年群体提供更好的就业援助和服务。要加强青年就业服务中心建设，进一步完善“中国青年创业网”，搭建起有形和无形的工作平台，为服务提供依托。

5. 加强对青年就业观念的引导。观念对青年就业和再就业有着直接的影响。现在社会上存在的就业供需脱节的矛盾，很大程度上是由于就业观念相对滞后。要有针对性地对青年进行就业观念教育，树立职业平等、劳动光荣的观念，树立从事非全日制、临时性、季节性、弹性工作都是就业的观念。要积极培育青年创业典型，大力表彰宣传青年创业典型，创造有利于青年干事业、干成事业的良好社会环境，带动更多的青年走自主创业之路。

做好就业和再就业工作，是全社会的共同责任。共青团实施中国青年创业行动，要体现出三个特点。一是要坚持以创业为主题。就业问题的最大矛盾是总量问题，解决就业的根本出路在于创造新的岗位。青年思维敏捷，风华正茂，蕴含着巨大的创造热情和创业潜能。要将服务青年就业与帮助青年创业结合起来，推动青年把就业的过程当做创业的过程，在实现自身就业的同时为社会创造更多的就业岗位。二是要坚持以市场为导向。“劳动者自主择业、市场调节就业、政府促进就业”是我国就业和再就业工作的根本方针。其中，市场调节起着基础性的作用。这就要求我们紧扣市场需求，跟踪市场变化，不断强化工作的市场导向。三是要坚持以品牌为牵动。培育工作品牌是共青团工作的重要方式，也是牵动社会、影响青年的重要途径。促进青年就业和再就业工作涉及观念引导、技能培训、中介服务等多个环节。只有选好突破口，集中力量，培育品牌，才能赢得社会的支持，吸引更多的青年参与，促进活动深入开展。

三、努力把实施中国青年创业行动的工作落到实处

实施中国青年创业行动，做好促进青年就业和再就业工作是当前全团面临的一项重大而紧迫的任务。各级团组织要从实践“三个代表”重要思想的高度，从全党全国工作大局的高度，充分认识做好这项工作的重要性和紧迫性。要把促进青年就业和再就业的工作成效作为我们衡量团干部工作是否务实、是否有效的重要标准。我们经常讲，帮助青年就业和再就业不在于提多少动人的口号，多么动人的指标。即使只帮助了一个青年就业，也是工作做实了，如果没有真正帮助青年就业和再就业，就是工作漂浮，作风不实。各级团组织要加强工作领导，狠抓工作落实，务求取得实效。

1. 加强领导，明确责任。实施中国青年创业行动，关键在于各级团的领导机关和领导干部。各级团组织主要负责同志要亲自抓，负总责。要把这项工作纳入团的整体工作规划，把工作开展情况作为考核各级团组织和团的领导干部工作的重要指标。要层层建立工作责任制，一级抓一级，一级带一级，层层抓落实。要加强工作的组织领导，地市级以上团组织要成立中国青年创业行动领导小组，各省、自治区、直辖市团委要成立中国青年创业行动领导小组办公室，设在青工部，负责日常协调工作。共青团全国促进青年就业和再就业工作领导小组办公室要充分发挥协调和指导作用。

2. 攥紧拳头，形成合力。实施中国青年创业行动是全团的任务，需要团的各个部门、各条战线的共同努力。要集中全团力量，坚持上下联动，塑造整体工作形象。要分工协作，互相配合，发挥优势，形成推动青年就业和再就业工作的合力。要逐步实现工作的平衡发展，工作先进的地区要再接再厉，工作相对落后的地区要加大工作力度。

3. 脚踏实地，求真务实。实施中国青年创业行动，促进青年就业和再就业，是一项实实在在的工作，来不得半点花架子。各级团组织和团干部要本着对共青团事业负责、对青年负责的态度，动真情，办实事，做实功，求实效，力戒形式主义。要主动协助党和政府开展工作，不贪大，不贪多，一点一滴地做，一步一个脚印地做，努力做出成效。要深入青年，了解青年，把握青年的愿望，满足青年的需求。要坚持项目化运作，把工作细化成若干项目，依托项目抓落实。

4. 与时俱进，开拓创新。创新是推进工作的动力。要加强调查研究，充分尊重基层的自主性，充分调动基层的积极性，鼓励基层大胆去闯、大胆去试。要及时对工作中出现的新情况、新经验和青年的新变化作出科学分析和理论概括，形成规律性的认识，指导工作开展，推动工作思路的创新。要结合实际，勇于探索，大胆实践，创造性地开展工作，推动工作方式的创新。

同志们，促进青年就业和再就业工作的意义重大任务艰巨。让我们紧密团结在以胡锦涛同志为总书记的党中央周围，高举邓小平理论和“三个代表”重要思想的伟大旗帜，扎实工作，开拓进取，狠抓落实，不断开创促进青年就业和再就业工作新局面，为推动经济社会的全面发展做出新的更大的贡献。

孙金龙同志讲话

孙金龙在全国青联九届四次常委(扩大)会议上的工作报告

2003年1月9日

这次常委(扩大)会议是在全国上下深入学习贯彻十六大精神，各族各界青年兴起学习贯彻十六大精神热潮的形势下召开的。会议的主要任务是高举邓小平理论伟大旗帜，全面贯彻“三个代表”重要思想，深入学习贯彻十六大精神和中央经济工作会议精神，总结2002年工作，研究部署今年的任务，推动青联工作适应新形势，开创新局面。

一年来的主要工作

2002年是我们党和国家历史上非常重要的一年，党的十六大胜利召开，开启了全面建设小康社会，加快推进社会主义现代化的新征程。2002年也是中国青年运动史上非常重要的一年，中国共青团成立80周年。一年来，全国青联以邓小平理论和“三个代表”重要思想为指导，以迎接十六大、宣传十六大、贯彻十六大为主线，把培养青年人才和促进科技创新作为工作的着力点，高举爱国主义、社会主义旗帜，广泛团结凝聚海内外中华青年，积极为促进科技进步、经济发展、民族团结和祖国统一做贡献，各项工作取得了新进展，青联事业保持了良好的发展势头。

一、认真学习“三个代表”重要思想和十六大精神，进一步统一思想，提高认识

一年来，全国青联把深入学习“三个代表”重要思想作为首要任务来抓，在青联委员和各界青年中掀起学习热潮。4月8日，在上海浦东召开全国高新科技领域青年学习实践“三个代表”重要思想座谈会，贯彻“科学技术是第一生产力”的思想，动员青年科技专家和青年科技创业者在实践“三个代表”方面发挥重要作用。4月25日，在成都召开“博士服务团”学习实践“三个代表”重要思想座谈会，博士服务团成员结合挂职锻炼的体会，交流了对“三个代表”重要思想的理解，表示要发挥所长，为西部发展多做贡献。9月19日，在北京召开各界青年学习《江泽民论有中国特色社会主义》(专题摘编)座谈会，把学习建设有中国特色社会主义理论和学习“三个代表”重要思想结合起来。这些学习活动有力地促进了各界青年对“三个代表”重要思想科学内涵的深刻理解，进一步增强了贯彻实践“三个代表”的自觉性和坚定性。

2002年是中国共青团成立80周年。结合学习实践“三个代表”重要思想，全国青联开展了主题鲜明的纪念活动。5月2日晚，举办“永远跟党走”纪念建团80周年大型晚会，通过回顾奋斗历程，展示青春业绩，引导当代青年继承光荣传统，激发与时俱进豪情，为实现中华民族的伟大复兴贡献青春、智慧和力量。5月15日，江泽民同志在纪念中国共青团成立80周年大会上发表重要讲话，给各族各界青年以极大的鼓舞。全国青联立即组织参加大会的各界优秀青年代表召开座谈会，认真学习讲话，深刻领会党对青年一代寄予的殷切希望，进一步坚定永远跟党走中国特色社会主义道路的信心，自觉按照“三个代表”的要求健康成长。

党的十六大胜利召开后，在各族各界青年中引起了强烈反响。11月22日，全国青联组织各界青年召开座谈会，学习十六大报告，深刻领会“三个代表”重要思想的精神实质，深入理解十六大提出的宏伟目标和各项任务。11月21日，召开民族地区青年挂职干部学习十六大精神座谈会，来自西部地区的各族青年代表结合在较发达地区的挂职实践，畅谈学习体会，表示要在建设家乡、振兴西部中发挥更大作用。全国各级青联组织纷纷开展形式多样的学习活动，引导广大青年立足岗位，争创佳绩，把十六大精神贯彻落实到自己的工作和学习中，转化为成长成才、建功立业的实际行动，一个学习十六大精神，创造新业绩，开创新局面的热潮在各族各界青年和各级青联组织中蓬勃兴起。

二、引导各界青年积极投身祖国现代化建设，为促进经济社会发展做贡献

举办海外学人回国创业周活动，引导海外学人积极参与祖国建设。上次常委会以来，全国青联已连续组织开展了两次海外学人回国创业周活动，共组织来自美国、日本、英国等16个国家和地区的781名海外学人分赴52个科技园区开展考察、交流、合作活动，共举办项目发布会62场，发布项目487个，达成合作协议171项，实现了可观的经济效益，产生了很好的社会影响。李岚清副总理、中共中央政治局委员王兆国分别亲切接见了参加2001和2002创业周活动的代表，对海外学人给予热情的鼓励，对这一活动给予充分肯定。海外学人回国创业周活动已经成为开发利用海外人才资源，借鉴国际先进经验，推动人才、项目和企业实现有效对接的重要平台。

深化青年专家科技服务团活动，促进科技与经济的紧密结合。2002年7月，在山东举办了首届中国生态经济青年专家论坛，来自国内外生态经济领域的青年专家、企业界人士60多人围绕“生态·经济·可持续发展”主题进行深入学术交流和项目洽谈，共发布项目59项，签订意向性协议30个；10月，在天津召开生物技术与医药国际研讨会，国际知名生物技术专家、两院院士和100余名海外学人围绕

“生物技术与中国经济”的主题进行了深入探讨,对我国生物技术产业的发展提出了建设性意见;在大连和重庆举办新材料青年专家科技服务团,结合地方需求,探讨东西部新材料产业的合作。开通中国青年科技创新在线博览会,加强中国青年科技信息网建设,发布青年科技人才和科技成果信息,促进科技创新资源优化配置。

举办首届中国青年金融论坛,促进金融改革与发展。针对入世后我国金融业面临的严峻挑战,去年 11 月在上海举办了首届中国青年金融论坛,来自全国各地的金融界、企业界青联委员及相关行业高层人士共 150 余人,围绕“入世挑战·金融改革·青年发展”的主题,进行了专题报告、高层论坛和专题演讲,发表了《2002 中国青年金融论坛上海宣言》。推动金融业青年加深对金融改革的认识,增强投身改革实践的责任感和紧迫感。

组织志愿者艺术团深入基层开展慰问活动。去年 1 月,落实中办、国办有关精神,全国青联组织志愿者艺术团到湖南宁乡县花明楼镇和四川眉州市东坡区开展大型慰问演出活动,为当地群众送去新春的祝福。8 月,志愿者艺术团远赴乌鲁木齐和石河子,为新疆各族群众和生产建设兵团干部职工慰问演出。春节前夕,志愿者艺术团还深入劳教所、高校和建筑工地,开展慰问活动。一年来,文艺界委员和青年文艺工作者共有上百人次参加慰问活动,演出 10 多场,观众近 15 万人。去年,先后有 10 个省级青联成立艺术团地方分团,并开展了丰富多彩的慰问活动。陕、甘、青三省青联还首次跨省联合开展慰问黄河水电建设者的活动。志愿者艺术团已经成为青联组织发挥人才优势,服务社会,奉献人民,树立良好形象的一个有效载体。

动员青联委员积极奉献爱心,回报社会。去年,一些省份相继发生特大洪灾,不少中小学生失学,全国青联联合有关方面组织实施了“抗洪救灾助学行动”,刘迎霞、刘志强、陈金飞、邱继宝委员共同捐款 200 万元人民币救助灾区学生;李维、林圣雄、王宏委员向新疆捐款 115 万元人民币,支持民族地区教育文化事业;杨元庆、刘金虎、杨桂生委员向山西和广西捐赠价值 60 万元人民币的电脑设备 100 套,支持共青团开展“县县上网”工程,支持贫困地区信息化建设。全国青联医疗卫生界委员积极开展送医药下乡活动,义诊病人 252 人,免费发放价值 15 万元的药品。一些委员在当地的公益事业和慈善活动中,积极捐款,奉献爱心,回报社会。

三、完善机制,深化项目,为青年人才成长成才服务

完善“中国十大杰出青年”评选活动,促进青年人才脱颖而出。“中国十大杰出青年”评选活动受到了中央领导的高度重视,在 2002 年 12 月中旬召开的共青团中央第十四届六中全会上,中共中央政治局委员王兆国在讲话中对此给予了充分的肯定,也对进一步做好十杰青年工作提出了殷切的期望和明确的要求。第 13 届“中国十大杰出青年”评选活动在认真汲取过去 12 年评选活动好的做法和经验基础上,今年又进一步扩大了人选推报渠道,使更多优秀青年参加评选;利用媒体进行公示,引入互联网,扩大了社会参与面,加大了宣传力度,增强了社会影响力;首次设立评委库,通过电脑程序随机抽取产生评委,使评选更加公正、透明、客观、科学、规范。本届又推出了 10 名在我国改革开放和现代化建设中取得突出业绩,具有鲜明时代特征和较强导向性的青年典型。

深化“博士服务团”活动,促进高学历青年人才在实践中经受锻炼,增长才干。协同中央组织部选派了第三批“博士服务团”共 114 名博士、硕士分赴中、西部 11 个省(区、市)进行为期一年的挂职锻炼。挂职期间,博士服务团成员充分利用自身优势,将所学的知识应用于地方建设,为当地政府和企业发挥了参谋助手和桥梁纽带作用，在西部大开发第一线经受锻炼，增长才干，增强服务祖国和人民的责任感。3年来，通过开展这一活动，向西部选派了243名博士、硕士。实践证明，这一活动确实是促进青年知识分子健康成长的一条有效途径。

实施培养计划，促进西部和民族地区青年干部开阔视野，增强素质。组织来自16个西部和民族地区的47名青年干部到经济较发达地区挂职锻炼，通过培训学习、参观考察和实际挂职，亲身体验改革开放和现代化建设成就，加深了对西部大开发政策的认识，增强了建设家乡的责任感。5年来，全国青联通过实施这一项目，共选拔了215名民族地区优秀青年干部到较发达地区挂职锻炼，有力地促进了少数民族青年干部综合素质的提高。

加强赴港培训和海外研修工作，面向国际化培养青年人才。去年从35个省级青联选派66名内地优秀青年和青年工作者赴香港开展了两期青年管理人才高级研修班，并增强了培训的针对性和实效性。全国青联还与香港青年协会签署了《香港、内地企业及学生领袖人才特训计划合作意向书》，进一步加强在青年人才培养方面的合作。组织青年工作者赴欧美、日本开展信息、金融、管理等方面的培训，累计培训352人。这些活动有效地推动了内地青年人才直接了解和感受现代市场经济的发展，培养世界眼光和竞争意识，提高应对入世挑战的能力。

四、以大型活动为依托，推动港澳台青年交流活动深入发展，为促进祖国统一大业做贡献

与港澳青年及青年团体的交流蓬勃发展。在香港回归祖国5周年之际，全国青联与香港特区民政事务局、香港青年协会等在香港共同举办"龙声飞扬"万人青年音乐会，来自内地、香港、澳门和台湾的万名青少年同台演出，创下同时间同地点最多人敲击乐器吉尼斯世界纪录，充分展现了两岸四地中华青年携手并进，共铸民族辉煌的豪情，在香港引起了较大的反响。在香港青年联会成立10周年和澳门中华总商会青年委员会成立25周年之际，全国青联组织高级代表团参加纪念活动，巩固和发展与这些团体的良好合作关系。去年，还积极促成了香港童军总会与全国少工委和内地省级青联的首次交流。

对台青年交流工作不断深化。去年7月下旬，陈水扁鼓吹"一边一国"，全国青联利用对台青年交流渠道，强烈抨击和谴责这一分裂言论，并进一步宣传了一个中国的主张；在桂林成功举办了第四届"海峡两岸青年中秋联欢活动"，103名台湾各界青年通过参加一些富有民族特色的活动，进一步增进了对祖国的亲近感和归属感；接待164人台湾大学生访问团，取得了令人满意的效果；首次与香港团体共同开展对台青少年交流；组派祖国大陆青年企业界人士赴台考察交流，开辟与台湾青年经贸人士交流新渠道。

一年来，全国青联共接待1576人次25个来访团组，派出898人次8个出访团组，推动了两岸四地青年交流工作蓬勃发展。

五、深入开展调查研究，不断加强自身建设，推动青联组织健康发展

加强调研，掌握新情况，研究新问题。去年3月，全国青联秘书处组织专门力量，分3路深入11个省、区、市开展调查研究，就青联组织发展、重点工作、青年状况和社团发展等进行专题调研。通过召开座谈会，走访委员，听取汇报，了解情况，交流经验，初步研究和探讨了推进青联工作的一些思路和方法，有力地促进了青联工作的发展。

召开共青团全国统战工作会议，研究部署新时期青年统战工作。去年8月，在新疆召开了共青团全国统战工作会议，团中央书记处第一书记周强和中央统战部领导出席了会议。会议深刻分析了新世纪之初青年统战工作面临的形势任务，针对当前国内外形势发展和我国青年结构群体的变化，提出了今后的工作思路和发展方针，强调要充分发挥青联组织在联系青年、代表青年利益、促进青年成长等方面的作用，构建以共青团为核心、青联组织为主渠道、各类青年社团为基础的工作体系。

完善界别和委员交流工作制度，努力提高服务委员的水平。去年，专门召开主席会议，研究加强界别和委员交流工作。一年来，除继续推动科技、教育、文艺界别工作保持活跃外，金融界别在上海举办了首届中国青年金融论坛；医药卫生界别开展下乡义诊外，邀请专家为委员作健康保健报告；农林牧渔界别着眼入世挑战召开专题研讨会；体育界别面向委员开展健身联谊活动。去年，还首次举办了新增补委员见面会和以“学习英语、关注健康、崇尚运动、增进交流”为主题的委员活动日。界别和委员交流工作的加强进一步增强了青联组织的凝聚力，活跃了青联工作。

强化管理，推动青年社团健康发展。按照民政部的部署，开展青年社团分支机构、代表机构复查登记和年检工作，并根据有关要求对一些分支机构、代表机构进行调整合并或清理，增强了社团工作的规范性；落实中直工委的要求，对青年社团党的建设工作进行检查，促进青年社团健康发展。推动中国青年企业家协会和中国青年科技工作者协会顺利完成了换届工作。

一年来，青年外事工作自觉服务党政外交和青年工作大局，取得丰硕成果。成功开展了第三届“中越青年友好会见”、纪念中日邦交正常化30周年青年友好交流、“澜沧江—湄公河青年友好之船”、“中俄青年共游伏尔加河”等重点活动，巩固和加强了同周边国家青年业已存在的友好交往和合作关系；组织中国青年代表团参加了与“世界可持续发展高峰会”、“亚欧首脑会议”以及“APEC 领导人非正式会议”配套举行的青年活动，广泛宣传中国青年工作的成就；积极开展务实合作，新增中日青年生态绿化合作项目4个，引进日本小渊基金等资金1540万元人民币；围绕艾滋病防范、促进青年发展等主题，与联合国相关机构开展合作。去年全年全国青联共派出1940人次186批出访团组，接待1707人次59批来访团组，有力地推进了同世界各国青年和青年组织的友好交往。

在过去的一年里，我们虽然做了大量服务委员的工作，但是切身地感到服务手段、服务能力、服务水平还不能完全满足委员不断增长、不断变化的需求。工作中考虑委员总体性、一般性和宏观性需求多，针对委员个性化需求服务不够。在开展活动的同时，深入青年，及时了解把握青年思想动态，研究新情况、新问题不够。这些都有待于在今后的工作中进一步加强和改进。

回顾过去的一年，我们还欣喜地看到各会员团体充分发挥自身优势，不断开拓创新，各项工作取得了新的发展；各位委员锐意进取，扎实工作，事业蒸蒸日上，这些都为青联事业的发展增添了亮丽的色彩。在此，我代表全国青联向各会员团体和各位委员所取得的成绩表示祝贺，对推动青联事业所做出的贡献表示衷心的感谢。

今年的主要工作

今年是全面贯彻落实党的十六大精神的第一年，也是迈出全面建设小康社会，加快推进社会主义现代化建设新步伐的关键一年。面对新的起点，新的征程，我们要抓住机遇，乘势而上，推动青联工作开创新局面。

今年工作的指导思想是：高举邓小平理论伟大旗帜，全面贯彻“三个代表”重要思想，深入学习贯彻十六大精神和中央经济工作会议精神，高扬爱国主义、社会主义旗帜，用全面建设小康社会目标凝聚、激励各族各界青年，与时俱进，开拓创新，扎实奋斗，为实现党的十六大提出的奋斗目标和各项任务而奋斗。

一、把学习贯彻十六大精神不断引向深入

党的十六大，是我们党在新世纪召开的第

一次全国代表大会，也是我们党在开始实施社会主义现代化建设第三步战略部署的新形势下召开的一次十分重要的代表大会。大会把“三个代表”重要思想和马克思列宁主义、毛泽东思想、邓小平理论一道确立为我们党必须长期坚持的指导思想，提出了新世纪新阶段党和国家的奋斗目标，对于党和国家事业的发展具有重大而深远的意义。江泽民同志在大会上所作的报告，科学总结了改革开放以来特别是十四届三中全会以来的基本经验，进一步阐明了贯彻“三个代表”重要思想的根本要求，明确提出了全面建设小康社会的奋斗目标，对建设中国特色社会主义经济、政治、文化和党的建设等各项工作作出了全面部署，是我们党团结和带领全国各族人民在新世纪新阶段继续奋勇前进的政治宣言和行动纲领。十六大的召开，使各族各界青年深受鼓舞，倍感振奋，一个学习贯彻十六大精神的热潮迅速兴起。当前和今后一个时期，各级青联组织要把这股热潮不断引向深入。

进一步增强各族各界青年的责任感和使命感。十六大提出要用20年时间建设全面的小康社会，这是一项十分艰巨的任务。当代青年正值20、30、40岁，再过20年就是40、50、60岁。因此，全面建设小康社会的目标能否实现、实现得怎么样，在很大程度上取决于当代青年的奋斗、创造和作为。要帮助各族各界青年进一步提高认识，明确任务，勇敢地肩负起历史赋予的神圣使命，立足岗位，扎实奋斗，自觉地把青春、智慧和力量融入到全面建设小康社会的伟大洪流中。

进一步掀起广大青年学习实践“三个代表”新高潮。“三个代表”重要思想是十六大的灵魂，反映了当代世界和中国发展变化对党和国家工作的新要求，是我们党的立党之本、执政之基、力量之源，也是广大青年成才奋斗的强大思想武器和行动指南。在广大青年中要进一步掀起学习实践“三个代表”的新高潮，帮助广大青年深刻领会“三个代表”重要思想的精神实质，牢牢把握贯彻“三个代表”重要思想的根本要求，树立正确的世界观、人生观、价值观，努力成为实践“三个代表”的一支重要力量。

与时俱进，开创青联工作新局面。解放思想、实事求是、与时俱进是十六大报告的精髓。学习贯彻十六大精神，各级青联组织就要紧紧把握这个精髓，深刻分析我国改革开放和社会主义市场经济深入发展，社会经济生活出现“四个多样化”的形势下，青联工作环境和工作对象发生的深刻变化，准确把握新时期爱国统一战线的发展趋势，用十六大精神指导实践，研究解决问题，适应新形势要求，不断拓展工作领域，创新工作形式，开创青联工作的新局面。

二、发挥组织优势，动员各族各界青年为加快推进社会主义现代化建设做贡献

十六大指出新世纪头20年是我国一个重要的战略机遇期。全面建设小康社会的奋斗目标勾画了经济、政治、文化等各项事业的宏伟蓝图，为广大青年施展才华、建功立业提供了广阔舞台。当前，随着经济全球化的发展和加入WTO，我国面临着更加激烈的国际竞争，提高科技创新水平和劳动者素质是应对挑、赢得竞争的根本所在。青联组织荟萃了多方青年人才，拥有丰富的智力资源。如何发挥好自身优势，找准青联工作服务经济社会发展的切入点，是摆在各级青联组织面前的重要任务。

鼓励科技创新，引导青年在实施科教兴国战略中发挥生力军作用。以青年专家科技服务团为主要载体，深入实施金桥计划，组织高新技术领域青年人才，为地方经济建设和企业创新实践提供智力支持；以开展2003海外学人回国创业周活动为载体，推动出国和归国青年留学人员为国服务；发挥中国青年科技创新行动示范基地、教育基地作用，依托中国青年科技创新在线博览会，建立各级青年科技信息服务站，推动青年科技人才参与经济建设。

参与西部地区青年人才的引进和培养工作，

为实施西部大开发战略提供智力支持。继续协助中央组织部做好“博士服务团”工作，组织青年知识分子深入西部改革开放和现代化建设的第一线，发挥所长，为西部地区经济建设做贡献；推进“培养计划”，继续组织西部地区和民族地区青年干部到东部沿海经济较发达地区挂职锻炼，增强改革开放意识，提高适应西部现代化建设的能力。举办西部和民族地区青年干部培训班，提高政策理论水平，增强建设家乡的责任感。

着眼国际竞争和现代化建设需要，培养人才，树立典型。进一步发挥青联组织广泛联系优势，选派内地优秀青年人才和青年工作者赴港培训和出国研修，学习现代市场经济的先进管理经验，培养世界眼光，提高应对入世挑战和适应加快推进现代化建设的能力。继续深化“中国十大杰出青年”、“中国青年科学家奖”、“中国青年科技创新奖”、“中国软件行业杰出青年”等评选活动，完善评选机制，加大宣传力度，树立表彰具有鲜明时代特征和较强导向性的青年典型，努力营造促进青年人才脱颖而出的良好社会氛围。

动员青联委员积极回报社会，为维护社会稳定、弘扬时代新风做贡献。继续组织志愿者艺术团深入灾区、革命老区、贫困地区和重点工程第一线开展慰问演出活动，并推进这一工作项目在省级青联的推广，形成上下联动、整体推进的发展态势；组织医药卫生界委员开展医疗义诊、送药下乡等志愿服务活动；动员青联委员积极扶危济困，关心弱势群体，在维护社会稳定中发挥积极作用；注重发挥青联委员的影响力和号召力，积极倡导时代新风。

三、用全面建设小康社会的奋斗目标凝聚各族各界青年，巩固和发展中华青年大团结

十六大提出全面建设小康社会的奋斗目标，是依据我国基本国情和现代化建设的实际提出来的，符合广大人民群众的利益和愿望。这个目标展示了我国现代化建设的壮丽前景，具有极大的感召力和凝聚力。青年既是实践这一目标的建设者，又是实现这一目标的受益者。在这一目标下，各族各界青年将焕发无限的创造热情，与全国人民一道汇成团结一心奔小康的伟大洪流。

建设惠及十几亿人口的小康社会，必将激励各民族青年万众一心，团结奋进。建设惠及十几亿人口的全面小康社会，就是要促进地区间的协调发展，缩短中西部欠发达地区与东部沿海地区之间的差距。这必将为西部和民族地区的发展带来更大的空间，为西部和民族地区青年的建功成才提供更广阔的舞台。我们要通过开展各种活动，把西部和民族地区青年的积极性和创造性引导到加快推进现代化建设上来，为实现全面建设小康社会目标做贡献。

建设基本实现现代化的小康社会，必将推动内地与港澳台青年交流与合作不断深化。实现全面建设小康社会目标，核心是发展经济。经济的持续高速发展，必将推动内地与港澳台经济的日益融合，这就为加强和深化内地与港澳台青年在经贸、科技、教育等领域的交流与合作提供了巨大的潜力与空间。我们要通过开展各种活动，为港澳台青年了解国情，参与内地经济建设牵线搭桥。同时，祖国大陆经济实力不断增强，必然形成强大的感召力，促进台湾青少年对祖国认同感和归属感的提升，推动两岸青年共促统一局面的形成。

建设综合国力全面提升的小康社会，必将吸引海外赤子积极参与祖国建设。实现全面建设小康社会目标，我国的综合国力将显著增强，国际地位将不断提升，这将增强海外赤子的民族自豪感，进一步激发他们热爱祖国、报效祖国的热情。我们要通过开展各种活动，为海外华人华侨青年、留学人员参与祖国经济建设创造条件。

建设全面发展的小康社会，必将极大激发新的社会阶层青年的创业激情。实现全面建设小康社会目标，需要包括新的社会阶层人士在内的所有社会主义事业建设者共同奋斗。十六大报告指出,“在社会变革中出现的民营科技企业的创业人员和技术人员,受聘于外资企业的管理技术人员、个体户、私营企业主、中介组织的从业人员、自由职业者等社会阶层,都是中国特色社会主义事业的建设者。”这必将极大地激发他们的创业激情。在新的社会阶层中,青年比例很高,各级青联组织要积极主动地与他们建立联系,为他们的创业发展服务。

四、适应新形势,面向新任务,努力把青联组织建设成学习型组织

十六大报告提出形成全民学习、终身学习的学习型社会的目标,对青联组织来说,建设学习型组织既是适应新形势,面向新任务的必然选择,也是由本身固有属性所决定的。青联是由各行各业的优秀青年组成的,青联委员都是通过学习、创造和奋斗脱颖而出的,无论是从青年成长的需要,还是更好发挥人才作用的要求来说,学习都应该成为永恒的任务。青联组织应该在创建学习型组织方面走在前列,青联委员应该在学习方面成为典范。

在青联工作的制度安排和活动的设计中,要充分体现学习型组织的特点。在开展界别活动、委员活动日、新委员见面会等委员交流活动中要增添学习的内容。本次常委会在仅有一天半会期内安排两次学习报告,就是要在创建学习型组织方面发挥示范作用。从今年起,将面向广大青联委员和各类青年人才,以培养综合竞争力为核心内容,开展有针对性的培训活动,并形成制度化。总之,要把青联组织建设成广大委员和各类青年人才学习科学理论,掌握最新知识,增强个人修养和提高竞争力的课堂,成为委员相互学习,共同进步的平台。

青联工作涉及面广,政策性强,工作对象层次高。各级青联干部要着眼于新形势下做好青联工作的需要,搞好自身学习,努力扩大知识面,增强政策理论水平和业务能力,不断提高为委员服务的水平。

今年,还要积极配合党政外交,紧紧围绕青年工作重点,继续做好青年外事工作。召开全国青年外事工作会议,明确工作思路,开拓工作局面;启动新一轮“中越青年友好会见”活动,举办中日青年友好交流活动,开展中俄青年互访活动,进一步巩固和发展同周边国家青年的友好交往;加强与联合国及其他国际性、区域性组织在青少年权益维护、青少年发展领域的合作,不断提高我国在国际青年事务中的地位和作用。

各位常委、同志们,十六大为我们描绘了未来的美好蓝图,吹响了迈向新征程的号角。让我们紧密地团结在以胡锦涛同志为总书记的党中央周围,高举邓小平理论伟大旗帜,全面贯彻“三个代表”重要思想,与时俱进,开拓创新,扎实奋斗,为实现全面建设小康社会宏伟目标而努力奋斗!

孙金龙在全国各省级青联主席、秘书长工作会议上的讲话

2003 年 1 月 10 日,根据录音整理

同志们:

过去的一年,青年统战工作取得了较大的成绩,这与在座各位的努力是分不开的。在这辞旧迎新之际,作为联系这项工作的负责人,我代表书记处向为青联工作的蓬勃发展付出心血和劳动的同志们,表示诚挚的问候和衷心的感谢!

当前,青年统战工作呈现出良好的发展态势,工作不断活跃,组织的凝聚力日益增强,社会影响越来越大。事业的蒸蒸日上,有力地促进了青年统战干部的成长。有一些团省委统战部长、青联秘书长走上了团省委的领导岗位,有一些转到党委、政府有关部门或其他领域发挥作用,又有相当一批新人、新面孔充实到青年统战干部队伍中来,这表明各级党政领导对青联工作的高度重视,对青年统战干部的亲切关怀,也说明青年统战工作岗位是一个大学校、大熔炉,是一个学习、实践、锻炼的岗位,也是一个成长成才的岗位。新成员的加盟,带来新鲜血液,带来新的气象,对我们的工作也带来了新的思路。新同志热情高、干劲大、不拘一格、富有创新意识,这对我们的工作是非常宝贵的,希望大家能够长期保持。当然新同志也有个熟悉工作的过程。所以,借此机会谈几点意见供同志们参考。

一、加强学习,不断提高工作水平

学习是要始终抓紧抓好的事情。我们正处在一个日新月异、一日千里的时代,新鲜事物层出不穷。不学习,思维将会变得单薄,难以应对复杂的局面,难以胜任日益加重的工作;不学习,就不能与时俱进,推动工作开拓创新;不学习,就缺乏知识营养的供给,在竞争中被淘汰。

加强学习,首先要刻苦学习理论和政策。做好统战工作需要有扎实的理论功底。我们要认真系统学习马列主义、毛泽东思想、邓小平理论和"三个代表"重要思想,这是最基础、最根本的理论。当前,特别要认真抓好党的十六大精神的学习,除全面学习、全面领会外更要突出重点,尤其要认真学习党的十六大关于统战工作的新要求,自觉用江泽民同志"三个代表"重要思想武装头脑;我们还要学习党在长期的革命斗争和建设实践中积累的统战工作基本经验和理论,以及领袖们对统战工作的精辟论述。我们还要注重学习与统战工作业务相关性大的人才学、心理学、社会学等理论,用这些理论作指导,工作才能更富有成效。刚到岗位的新同志虽然过去对统战工作有所涉及和了解,但这是不够的,大家还要对统战工作的历史、基本理论、基本政策等有透彻的了解,做到精通。全国青联可以在适当的时候组织培训班,为大家尽快熟悉和了解统战工作提供服务。

做统战工作还要认真学习政策。统战工作政策性很强,无论是对台工作、港澳工作、民族宗教工作,还是人才工作,都有很严格的政策要求,我们的一切言行必须符合政策规定。近年来,应对形势的变化,中央也进一步加大了统战工作的力度,出台了许多新政策。大家要反复学,多咀嚼,吃深吃透中央精神,并贯彻落实到工作中去,始终保持政治上的坚定、清醒。

加强学习,还要努力学习新知识。青年统战工作联系的对象都是社会各界青年才俊,他们多是新观念的传播者、新技术的发明者、新文化的倡导者、新财富的创造者。面对这样一个青年群体,要与之交流,为之服务,进而引导他们,光有热忱是远远不够的。我们要对其工作领域有所了解,交流才能深入,所以我们要学习新知识,广泛涉猎多学科,尤其是多学点经济学、哲学、历史学知识,阳春白雪和下里巴人都得懂,才能与委员有良好的互动,做到在观念上不落伍,知识上不掉队.见识上不逊人,尤其是面对高层次的青年群体,要有起码的概念、知识,才能沟通。

加强学习,特别要注重调查研究,总结经验。调查研究,是把握青年统战工作规律的前提,没有调查就没有发言权。目前,在有些局部存在忽视调查研究,靠过去的经验决策,靠拍脑袋决策,缺少与委员深度交流的倾向。这固然与社会发展节奏加快,与统战工作任务加重的客观因素有关,但主观努力不够也是重要原因。建议大家少一点应酬,多下一些基层;腾出一点精力,多做一些思考;少说场面话,多做实在事。统战干部不是一般意义上的服务员、勤务员，也不仅仅是搞活动的高手，当然这些都不能丢，但在新形势下还要有更高的要求。要当好党政工作的信息员，决策咨询的参谋员，准确、及时反映我们所联系的这部分青年群体的心声。大家要能够真正沉下去，经常调研。要深入委员，深入基层，深入实践，总结新经验，掌握新知识，增长新本领。调查研究形式可以多样。当今时代，青年变化节奏很快，青年现象、青年问题层出不穷，而青年的变化也是对社会发展的反映，这就要求我们要多些调查研究。

加强学习，还应当注重向工作对象学习。我们的工作对象都是事业上的成功者，都是在本领域有所建树的优秀分子。他们中许多人的奋斗史就是一部很好的教科书，值得我们细细品味研读。大家应该充分利用统战工作岗位，珍惜大好学习机会，寓学习于工作中，边工作边学习，增长知识，开拓视野，品味人生，不断丰富和提高自己。

学习是勤奋者的事业，不能有丝毫懈怠。希望大家把学习当成一种生活方式和工作方式，在知识的殿堂和实践的热土中提高我们履行职责、完成使命的能力，积累我们终生受用的人生财富。知识决定命运，而知识的获取依靠学习，从这个角度讲，学习决定命运。

二、必须始终坚持讲大局，讲原则，讲服务，讲创新的工作方针

讲大局，就是要树立大局观、全局意识，从党政工作大局着眼，从共青团工作的大局着眼开展工作。统一战线是党的三大法宝之一，其存在就是以服务大局为前提的。青年统战工作也是一样，其基本内容无一不是围绕大局来设计开展的。我们要时刻增强这一意识，并自觉落实到工作中去。其次，青年统战工作还是共青团工作的重要组成部分，大家要有为全团服务的意识，要把青年统战工作置于青年工作和共青团工作的整体格局中来思考、把握，要充分发挥青年统战工作的优势，为全团服务。

讲原则，就是要讲政策，守纪律，严格按程序办事。政策是判定是非的准绳和依据，要始终坚持按党的基本政策办事。在原则性问题上，特别是在大是大非的问题上，一定要准确把握、吃透中央的政策，不能越雷池半步，不能似是而非。

统战工作涉及很多敏感问题和领域，有许多工作纪律和要求，我们要不折不扣地遵守。另外，经过长期的实践积累，我们自己也形成了很多工作程序和规范，这些部是保证工作高标准、高质量完成的前提，在实际工作中一定要严格做到按程序办事。不能用主观臆断代替必要的程序，不要因为关系好、情况熟，就省略了必要的程序，否则可能会好心办了坏事。讲求程序上的合法和规范，是对历史负责，对现在负责，对未来负责，对青联委员和组织负责，也是对我们本人负责。要处理好共青团工作生动活泼和讲规范讲程序的关系。市场经济在某种程度上说是法制经济、规则经济，而在此背景下的青年工作，也要进一步增强规范意识，程序意识，纪律意识。自团的十四大以来，周强同志始终强调团务工作要制度化、规范化。只有这样，我们事业的发展才是规范的发展，最稳固的发展。

讲服务，就是要把服务作为青年统战工作最基本的方法。现代管理的核心理念是服务，我们应把这一意识刻到骨子里，把服务做到位，做到家。首先，要提倡真诚感化，以情动人。统战工作是“争取人心、凝聚力量”的工作，是联系人、团结人、广交朋友的工作。所以，做好服务先要真诚，做共青团工作要真诚，做青联工作也要真诚，不能老是板着个面孔，一副拒人于千里之外的样子。这是青联工作吸引人、凝聚人的重要基础，所以我们提倡以情当头、以情动人、以情聚人，无论是日常交往还是开展工作都要在“心”字上做文章，在情感上下功夫，做到春风化雨润物无声。尤其是，我们的工作对象都是高层次人才，他们在物质上可能是无忧的，甚至是富有的,他们所希望的是在精神领域的沟通、交流、理解和支持,所以在工作中要真心投入,要用热情坦诚来营造肝胆相照、荣辱与共、甘苦共尝的良好氛围。其次,还要在委员中努力营造相互关心、相互学习、相互支持、共同进步的组织氛围,把青联组织建设成为团结和谐、共同奋进的美好家园。

讲创新,就是要始终弘扬与时俱进精神,紧跟时代发展步伐。创新与发展始终是做好青年统战工作的源泉和不竭动力。尤其近20年来,中国社会进入了发展最为迅速、变化最为显著的时期,旧有的模式被打破,旧有的观念被摒弃。伴随这个时代成长起来的新的青年群体也具有鲜明的时代特征。青年统战工作直接面对这样一个鲜活的、生动的、不断发展变化着的青年群体,面临的形势更加紧迫,创新的任务更加艰巨。“日新之谓盛德”就是要每日创新,这才是最高的道德境界,将创新提高到精神文明的最高层次。唐代诗人刘禹锡说过“以不休为体,以日新为用”。近代张之洞提倡“中学为体,西学为用”,较之刘禹锡境界相差甚远。我们不能固步自封,一成不变,凭经验主义办事;我们不能墨守成规,刻舟求剑,用过时的理论否定发展着的现实。大家要按照十六大要求,解放思想,实事求是,开拓进取,用创新的眼光看待和审视青年的变化,用创新的思维去研究青年人才成长规律,用创新的工作内容、活动方式去深化、细化我们的工作,立足当前,把握趋势,掌握主动,在创新中发展,在发展中再创新,才能全面开创青年统战工作的新局面。

三、树立良好作风

要树立良好的思想作风。青联组织不是名人俱乐部,青联工作也不仅仅是交朋友。有才华的精英为着共同的理想,汇聚在青联组织,相互激励、相互促进、相互帮助,在青联组织这个平台上共同提高,大家一起来为民族进步、国家发展、人民幸福贡献一份力量,这就是青联组织。大家都是工作在青年统战工作第一线的人员,我们要始终坚持用“爱国、团结、进步”的旗帜加强引导,多做正面激励。要树正气,倡善风,用我们的言行来体现青年统战工作的宗旨和目标。这里有三个问题有待大家共同研究和探讨。第一,在联系、联络青年的过程中,还存在局部引导不够的问题。目前,我们在工作中往往是联系、联络得多,引导、教育得少。我们的工作既要与青联委员打成一片,同时还要发挥党的青年工作者的作用,用蓬勃朝气、昂扬锐气、浩然正气和理想信念来引导他们。第二,在组织、动员青年的过程中要服务青年,多做点具体事。应该说,我们在服务宏观性、一般性、总括性需求方面做得还可以,但在服务个性化、具体化需求方面,我个人认为还有待进一步提高。所以,我们还要在丰富服务手段,增强服务意识,强化服务功能上继续下功夫。第三,在宣传、号召青年的过程中要进一步深入青年,研究青年。生活在今天的青年需求多元,选择余地很大,如何能够让我们的工作更有针对性,更加符合青年的需要,是我们在开展任何一项工作前要认真思考的问题。这就要求我们要深入青年,研究青年。

要树立良好的工作作风。就是指青年统战干部树什么形象,有什么样工作态度,有什么样精神面貌的问题。我们要乐业,要热爱所从事的这项事业。有了工作热忱,才会有创造激情。有许多人羡慕统战部门干部天天与名人打交道,其实这项工作很辛苦。有时甚至可能还会受委屈。我们只能用满腔的热情,周到细致的工作,才能真正达到凝聚委员的目的。

要树立清正廉洁的良好形象。青年统战工作对象价值观多元,生活方式多样,对一些问题的认识也不尽相同。身处这种工作环境,青年统战干部面对的考验可能相对多一些。在市场经济不断完善的转型时期,社会不良现象和风气也会或多或少影响到青联组织。做工作时,一方面要考虑符合统战工作的特点,要灵活一些，活泼一些，社会化一些，但同时也要认识到我们与其他团干部只是分工不同，工作领域不同，都是党的青年干部，团干部的本色不能丢。老青联常委、著名词作家晓光讲得好："青联是一方洁净的土地。"我们有责任、有义务永远保持它的纯洁性。

同志们，青年统战工作是一个学习的岗位、一个锻炼的岗位，也是一个大有作为的岗位。生逢盛世，又处在这样一个岗位，我们应该深感幸运和光荣。从事青年统战工作对我们的一生都是笔巨大的财富。所以，希望大家珍惜难得的机会，按照党的要求，勤奋学习，扎实工作，在实践中经风雨长才干，做到政治强、业务精、纪律严、作风正，做一名党放心、委员满意、青年满意的青年统战干部！

孙金龙在团中央机关2002年度总结表彰大会上的讲话

2003年1月20日

同志们：

今天，我们在这里召开总结表彰大会，总结2002年度机关工作，表彰各类奖项获得者，目的是总结经验，振奋精神，以更加昂扬的精神状态，更有创造性的工作，努力推动机关各项工作和整体建设再上新水平。

一、共青团工作和青少年事业取得全面发展

2002年是我们党和国家历史上非常重要的一年，党的十六大胜利召开；也是中国共青团和青年运动史上非常重要的一年，中国共青团成立80周年。在党中央的领导和关怀下，共青团坚持以邓小平理论和"三个代表"重要思想为指导，以迎接十六大、宣传十六大、贯彻十六大，认真学习"三个代表"、深入宣传"三个代表"、身体力行"三个代表"为主线，服务全党全国工作大局，服务青年成长成才，稳步推进团的各项工作，团的事业保持了良好的发展态势。

第一，大力加强青少年思想教育工作。

过去的一年，我们始终把深入学习贯彻"三个代表"重要思想和党的十六大精神作为首要任务来抓，通过举办"三个代表"重要思想研讨班、成立理论学习社团，开展党员大学生"三个代表"实践服务团、博士服务团、科技文化卫生"三下乡"，以及农村"三个代表"重要思想学习教育活动，在全团掀起了学习"三个代表"重要思想的热潮。为迎接党的十六大召开，各级团组织以"迎接十六大，创造新业绩"为主题，广泛开展形式多样、内容丰富的活动。十六大闭幕后，我们立即研究部署，全团迅速兴起了学习贯彻十六大精神的热潮。上半年，全团还以"永远跟党走"为主题，开展了纪念建团80周年系列活动，通过报告会、座谈会、读书活动、寻访革命圣地等形式，深入学习江泽民同志"5·15"重要讲话。

第二，扎实推进团的各项工作。

——以经济建设为中心的各项工作进一步深化。实施帮助青年创业计划，推进青年就业和再就业工作。深化青年创新创效活动、青年岗位能手活动，促进企业青工自主创业。实施跨世纪青年农民科技培训工程，培育农村青年经纪人队伍，开展青年农业标准化生产试点工作，启动青年星火计划，促进农业产业化进程。启动“青年绿色示范工程”，扎实推进保护母亲河行动。开展海外学人回国创业周活动，举办中国生态经济青年专家论坛、中国青年创新论坛、“挑战杯”中国大学生创业计划大赛，建立中国青年科技创新在线博览会；通过组织“博士服务团”到西部挂职、“青年企业家西部行”、西部地区团干部到经济较发达省（市）挂职锻炼等活动，促进了科教兴国和西部大开发战略的实施。

——在社会主义精神文明建设中进一步发挥作用。深化青年志愿者行动，推行志愿者注册管理制度，大力实施青年志愿者扶贫接力计划、海外服务计划。重点开展“志愿者为老服务金晖行动”和“百万青年志愿者助残行动”。建立希望之星助学基金，启动希望工程救灾助学行动。青年文明号活动突出“诚实守信”的主题，开展“青年文明号信用建设示范创建行动”、“百城万店青年文明号促销创效”等活动。青年文明社区创建活动进一步推进，社区青少年服务中心建设，“四进社区”活动，社区青年文化节，“大家乐”活动等不断深化。开展的“新世纪我能行”体验教育、手拉手活动和中国少年雏鹰行动，得到广大少年儿童的广泛参与。通过开展“文明好青年”活动试点工作、百万农村青年道德规范承诺活动，加强农村青年道德教育和道德实践。引导青少年自觉遵守《全国青少年网络文明公约》，营造健康文明的网络环境。在进一步加强团属新闻出版舆论阵地建设的同时，推进网上青年思想教育阵地建设，设立毛泽东、邓小平等人物专题纪念网站和八一南昌起义、“一二·九”运动网上纪念馆，“五四”前夕还开通了网上团史纪念馆。

——服务青年工作水平进一步提高。深化青少年读书计划，继续实施青年助学行动，全面开展大学生素质拓展计划，引导和帮助青年全面成长成才。联合有关部门制定并完善青少年维权岗管理办法，编制《青少年自我保护指南》、《青少年安全防范三十招》等书刊影视作品，帮助青少年提高自护能力。开展创建“青少年安全放心网吧”等活动，同时针对毒品、艾滋病、有害卡通读物等社会问题进行专项整治，促进青少年健康成长。开展为进城务工青年、特困下岗失业青年、农村贫困青年、残疾青年、贫困大学生办实事活动，实施“进城务工青年发展计划”，开展“三送一助”活动，服务困难青少年群体。

第三，团的自身建设和各项事业取得新发展。

全面贯彻实施《关于加强和改进团的作风建设的决定》，从团内不称职务、互称同志，压缩会议、精简文件等具体事情入手，大力加强团的作风建设。根据中办、国办下发的《关于进一步精简会议和文件的意见》，将下发文件在2001年的基础上精简了近20%。开展专题调研，设立全团调研奖。坚持党建带团建，进一步深化团建创新，并着力加强全国非公有制经济组织和社区团建工作。制定和实施《2002—2005全国团干部教育培训规划》，举办了西部基层团干部、西藏团干部、少数民族青年干部、新任职省级领导班子成员等培训班。大力推进“共青团县县上网工程”，初步形成县县上网、全团互联的格局。

组织台湾大学生访问北京、“海峡两岸青年中秋联欢”、“同根同心万里行”考察交流等活动，加强与港澳台地区青少年的交流。成功举办中越、中俄、中日青年友好交流活动，参与组织世界可持续发展高峰会、亚欧首脑会议以及与APEC青年论坛活动，服务了党政外交。深化“中日青年生态绿化合作项目”。推动与联合国系统的项目化合作，探索同国际组织合作推动青年工作的新渠道。组织百名团干部赴欧美、日本开展专业培训，促进了青年国际人才交流。

二、全面加强以党建为核心的机关整体建设

在过去一年中，机关各级党组织高举邓小

平理论伟大旗帜，全面贯彻“三个代表”重要思想，以迎接十六大、贯彻十六大为重点，服务全团工作大局，服务机关建设全局，在加强党的建设、精神文明建设和机关整体建设等各个方面取得了比较明显的成绩。

第一，机关党的建设进一步加强。

——认真学习贯彻“三个代表”重要思想。各级党组织一直把学习贯彻“三个代表”重要思想作为工作的首要任务，坚持用“三个代表”重要思想武装党员头脑，切实构筑了广大党员职工强大的精神支柱。特别是江泽民同志“5·15”、“5·31”重要讲话发表之后，各级党组织紧密结合实际，突出自身特色，通过集中学习、专题讲座、主题活动、深入实际调查研究等多种方式，创造性地组织开展学习活动，切实将讲话精神贯彻落实到实际工作中，在广大党员职工中掀起了学习的热潮。

——以实际行动迎接十六大，贯彻十六大。为以优异成绩迎接党的十六大召开，去年年初开始，我们组织开展了“创造新业绩，迎接十六大”活动，通过组织党员职工以饱满的热情深入学习贯彻“三个代表”重要思想，以崭新的风貌继承和发扬优良传统作风，以求实的精神发挥党员的先锋模范作用，以昂扬的姿态争创一流业绩等，使机关迎接党的十六大工作主题鲜明，内容丰富，收到了良好效果。党的十六大召开后，我们迅速组织传达，引导党员职工认真学习，深刻领会十六大的精神实质，统一党员职工的思想认识，积极采取多种形式把十六大精神落在实处。

——全面加强党的自身建设，努力探索机关党的工作新思路。按照从严治党的原则，各级党组织全面落实《中国共产党党和国家机关基层组织工作条例》，深入开展“达标创先”活动，加强日常考核，完善工作目标责任制，进一步调动了支部工作的积极性、创造性。从解决具体问题入手，进一步倡导并形成了求真务实、开拓创新的优良作风，中直工委检查组对此给予了充分肯定。按照中纪委、中直纪工委的各项规定，进一步建立健全了党风廉政建设的有关措施，通过学习优秀党员干部郑培民等先进事迹，加强了党员干部的“三观”教育。去年还召开了书记处与机关年轻干部座谈会，以“做党放心、青年满意的团干部表率”为主题，进一步加强了年轻干部队伍建设。

第二，群众性精神文明创建活动全面活跃。

一年来，各级党组织积极探索适合机关特点的有效载体，大力开展丰富多彩的机关精神文明创建活动，在机关营造了团结向上、奋发进取的良好氛围。进一步深化“创建文明单位、做高素质青年工作者”活动，先进集体层出不穷。“三八”和“五四”前夕，在机关分别开展第二届“优秀女职工”和“新世纪杰出青年”评选活动，表彰先进，树立典型，展示了干部职工的风采。机关工会推出“学习·爱岗·创业”主题活动，并通过举办机关职工子女暑期活动班等，加大了服务职工的力度。文明办继续举办“灵丘小朋友做客团中央”活动，在帮扶工作中发挥积极作用。机关团委进一步突出“读书·实践·成才”的工作主线，通过“相约星期五”口语培训、“快乐英语”系列讲座及英语大赛、网上论坛等形式，大力深化“英语我能讲”活动，浓厚了机关的学习氛围，受到了干部职工的普遍欢迎。另外，组织观看电影、音乐会演出，为职工提供光盘借阅，开展经常性的文体活动，丰富了干部职工的文化生活，以群众喜闻乐见的形式加强思想政治工作。特别是今年的“颂歌献给党”机关新年联欢会，主题鲜明，内容丰富，充分表达了机关干部职工贯彻十六大、永远跟党走的信念和情怀，全面展示了干部职工昂扬的精神风貌和丰硕的工作成果。

第三，机关整体建设有了长足发展。

在办公厅、机关服务局等有关部门的共同努力下，机关局域网建设一期工程顺利建成并投入使用,外网实现24小时因特网接入服务,并为机关部门配置了130多台新电脑。办公楼大厅安装使用大屏幕多媒体显示系统,已成为宣传青年工作,展示机关精神风貌的重要窗口。全面改造机关办公楼卫生间和浴室,完成了机关食堂整修、机关办公楼电路改造和电话管理系统的设备安装。在解决职工住房方面,去年运作并向机关干部职工出售了中直关厢经济适用房,将有100多名职工从中受益。完成全机关干部职工的住房补贴测算、公示和建账工作,并举办了"经济适用房售房及住房公积金贷款讲座"。去年以来,我们还增加了周末电梯运营时间,延长了活动室开放时间,组织安排机关干部职工体检以及落实灰楼单身宿舍翻建的规划许可等,切实为机关职工兴办了实事。

去年机关定点帮扶灵丘的工作进一步增加了力度。团中央直接和协调有关部门共投入资金180万元,捐赠物资价值160万元,建设项目30个。机关各部门踊跃承担援助项目,尽己所能,积极开展多种形式的帮扶活动,帮扶工作取得了可喜的成绩。

第四,"机关建设月"活动成效明显。

2002年底,我们以"贯彻十六大,创造新业绩"为主题开展了"机关建设月"活动。建设月期间,各部门认真学习领会十六大精神,全面贯彻"三个代表"重要思想,进一步推进以党建为核心的机关整体建设为主要任务,围绕提高思想认识和政治素质、增强创新能力和业务水平、强化内部管理和制度建设,组织开展了内容丰富、形式多样的活动,收到了比较明显的成效。

针对加强学习,办公厅向部门全体党员干部发放了学习辅导材料,并组织青年干部撰写了学习体会文章。组织部邀请中央党校教授作辅导报告,开展理论调研文章交流和评选,并组织参观了党史展览。权益部开展三次主题学习活动,并要求部门所有同志结合本职工作撰写学习体会。机关服务局组织收看了5位中央党校教授所做的讲座录像,并组织了十六大精神学习交流会。结合推动工作,青工部在深入学习的基础上,召开了部门工作务虚会,切实把十六大精神贯彻到各项工作中。青农部邀请国务院有关专家做"三农"问题发展报告,进一步开拓了工作思路。统战部在认真总结工作的同时,进一步探索新形势下的工作运行机制,研究部署新一年工作。国际联络部召开专门会议,认真总结,合理规划,引导部门党员职工进一步明确了工作思路。围绕提高素质,宣传部举行了十六大报告知识竞赛,并集中购买了书籍和光盘,推动部门同志学习掌握现代科技知识,全面提高综合能力。学校部深化"五个一"学习教育活动,并通过系列讲座等形式,开拓了部门同志的视野和思路。少年部积极开展谈心月、"青年干部成长大家谈"等主题教育活动,并积极倡导大家"为党健康工作一生"。

经过机关全体同志的共同努力,这次"机关建设月"活动取得了明显的成效。一是进一步增强了机关干部的政治意识。通过认真学习党的十六大精神,深入贯彻"三个代表"重要思想,机关干部思想理论水平得到了提高,增强了政治意识、大局意识、责任意识,切实把机关干部职工的思想统一到十六大精神上来。二是进一步提高了机关干部的整体素质。按照十六大的要求,广大干部职工自觉学习,勤于实践,锐意创造,全面提高了创新能力和业务水平。三是进一步推动了各项工作的发展。各部门紧密结合实际,以十六大精神指导实践,高质量地完成了年终各项工作任务,同时全面筹划新一年工作安排,为2003年工作开创新局面奠定了坚实的基础。

三、加强机关整体建设,推动共青团工作和青少年事业实现新发展

2003年是全面贯彻落实党的十六大精神的第一年。同时,共青团第十五次全国代表大会将召开。我们要高举邓小平理论伟大旗帜,全面贯彻“三个代表”重要思想，深入学习贯彻党的十六大精神，与时俱进，开拓创新，扎实工作，艰苦奋斗，努力推动机关整体建设和共青团工作实现新发展。

第一，努力开创共青团工作新局面。

——认真抓好十六大精神的学习贯彻。把深入学习贯彻十六大精神作为全团的首要政治任务抓紧抓好。要组织团员青年原原本本地学习十六大报告。要重点抓好团干部、大学生和各条战线的青年骨干的学习。要坚持在学习中贯彻，运用十六大精神指导实践、推动工作，真正把十六大精神贯彻到团的各项工作中去，体现到团的自身建设中去，落实到团结带领广大团员青年为实现党的宏伟目标而奋斗的实践中去。

——集中力量抓好团的重点活动。围绕经济发展，全面推进农村青年增收成才行动，帮助农村青年增收成才；深入开展青年创新创效活动，促进青年创新成果向现实生产力转化；深入实施中国青年科技创新行动，为青年科技人员和大学生成才报国、发展事业牵线搭桥；大力实施中国青年西部创业行动，为西部地区提供形式多样的人才智力支持；深化保护母亲河行动，广泛动员青少年参与国家生态建设；深化大学生素质拓展计划，促进大学生综合素质的不断提高。围绕培养“四有”新人这一根本任务，按照《公民道德建设实施纲要》的要求，通过深化青年志愿者、青年文明号、大中学生社会实践、手拉手、创建青年文明社区、青年文化节等活动，加大建设网上青少年思想教育阵地的力度，进一步加强青少年思想道德建设，大力弘扬民族精神，充分发挥青少年在精神文明建设中的生力军作用。

——努力抓好服务青年的工作。围绕培育“四有”新人的根本目标，抓住学习、就业、维权等重要环节，努力做好服务青年的工作。要围绕服务青少年学习成才的需求，深化青少年新世纪读书计划和希望工程。围绕服务青年就业创业的需求，进一步做好促进青年就业和再就业工作。围绕服务青少年健康成长的需求，深入推进维护青少年权益、预防青少年违法犯罪工作。同时，还要进一步做好服务有特殊困难青年群体的工作。特别是元旦、春节期间，要广泛调动社会资源，帮助有特殊困难的青年解决实际问题，把党的关怀和团组织的温暖送到他们身边。

——以“三个代表”重要思想为统揽，抓好团的自身建设。坚持党建带团建工作，把团的建设纳入党的建设的总体规划之中。深化创建“红旗团委”活动，进一步巩固县、乡、村三级团组织层层创建、整体联动的基层团建工作机制。加强非公有制经济组织、社区、民办高校等领域团的建设，不断扩大团组织的覆盖面。按照“党放心、青年满意”的要求，以作风建设为重点，加强团干部队伍建设。以团员意识教育为重点，加强团员队伍建设。

——以高度的政治责任感认真做好团的十五大筹备工作。今年我们将召开共青团第十五次全国代表大会，认真总结团十四大以来的工作，研究部署今后五年的工作。这是全团的大事。时间紧，任务重，头绪多，春节后就将进入会议体制。机关全体同志要以高度的使命感和责任感，振奋精神，凝聚力量，扎实做好团的十五大的各项筹备工作，确保会议顺利召开。

第二，进一步加强机关整体建设。

——全面加强机关党的建设。2003 年机关党的工作的总体思路是：高举邓小平理论伟大旗帜，全面贯彻“三个代表”重要思想，深入学习贯彻党的十六大精神，在中直工委和团中央书记处的领导下，坚持党要管党、从严治党的方针，紧紧围绕全党全国工作大局，结合机关实际，以改革的精神全面推进机关党的建设，进一步增强党组织的凝聚力和战斗力，团结带领广大党员为开创共青团工作新局面，为实现全面建设小康社会的宏伟目标而努力奋斗。

一是结合直属机关实际，深入学习贯彻党的十六大精神。组织广大党员认真学习十六大报告，深刻领会报告内容，把握精神实质。紧紧抓住学习贯彻“三个代表”重要思想这个中心环节，进一步增强贯彻落实“三个代表”重要思想的自觉性和坚定性。紧紧围绕十六大主题，深刻理解历史和时代赋予我们党的庄严使命。紧紧把握解放思想、实事求是、与时俱进这个精髓，用发展着的马克思主义指导新的实践。以“贯彻十六大，创造新业绩”为主题，在直属机关广泛开展学习教育活动，把学习贯彻党的十六大精神不断引向深入，真正把机关广大党员职工的思想和认识统一到十六大精神上来，把智慧和力量凝聚到实现十六大提出的任务上来。

二是加强直属机关党的基层组织建设，不断增强党组织的创造力、凝聚力和战斗力。继续贯彻落实《中国共产党党和国家机关基层组织工作条例》，围绕中心、服务大局、拓宽领域、强化功能，加强党的基层组织建设，扩大党的工作的覆盖面，使基层党组织成为贯彻“三个代表”重要思想的组织者、推动者和实践者。深入开展“达标创先”活动，严格对党支部的量化考核，评选先进，激励先进，努力营造争先创优的良好氛围。认真抓好党员教育管理工作。根据中央和中央组织部的总体部署和中直工委的要求，认真开展以实践“三个代表”重要思想为主要内容的保持共产党员先进性教育活动。

三是坚持从严治党，进一步加强和改进直属机关党的作风建设。继续贯彻落实《中共中央关于加强和改进党的作风建设的决定》，按照“八个坚持、八个反对”和《共青团中央关于加强和改进团的作风建设的决定》的要求，抓住“保持党同人民群众的血肉联系”这个核心问题，引导党员职工时刻与人民群众同呼吸共命运，全心全意为人民服务。加强党性党风教育。建立和健全各项规章制度，严格规范党员干部的行为，从源头上预防和解决腐败问题。

——进一步加强机关内部建设。围绕创造规范有序的办公程序、清洁优美的工作环境，努力提高内部管理水平。进一步完善机关计算机局域网服务功能，在机关计算机局域网现有功能基础上增加办公自动化服务功能，向着实现机关内部公文审批与流转的无纸化的方向努力。继续推进共青团县县上网工程建设，开通团内邮局，以中青网为依托，建设团内邮件服务系统，实现团内信息传递电子化。建设团内信息发布系统，构建中国共青团网站信息发布平台。继续做好精简文件的工作，发文数量保持在2002年的水平上。同时，进一步提高发文质量，切实改进文风。加强财务预算管理，抓好预算执行，强化核算工作，细化内部规章制度，保证财务职能有效运转。同时，做好资产管理与审计工作。继续做好安全保卫的宣传工作，不断提高机关干部职工的安全意识、参与意识和责任意识，坚持群防群治原则，做好机关的防火、防盗、防社会治安事件发生工作。机关后勤服务部门要本着服务要有新局面，办事要有新举措的总体思路，坚持解放思想，与时俱进，努力开创服务工作新局面。在做好已确定的服务承诺的基础上，进一步加大优化机关办公环境的力度，加大为机关干部职工服务的广度。要重点做好以下几件事：完成腾退旧房的出售工作，确保机关已婚无房职工都有拟购买的房源，同时保证部分未婚大龄职工也有拟购买的房源；与北京卫戍区合建的单身宿舍开工；北戴河培训基地培训楼竣工；改造装修机关活动室；改造装修机关办公楼楼梯；调整机关班车路线，为关厢新住宅区开通班车；机关保洁工作实行社会化管理。

同志们，让我们在以胡锦涛同志为总书记的党中央领导下，高举邓小平理论伟大旗帜，全面贯彻“三个代表”重要思想，深入学习贯彻十六大精神，与时俱进，开拓创新，扎实工作，艰苦奋斗，努力开创共青团工作新局面。

赵勇同志讲话

让青年志愿服务队的旗帜在农村非典防治第一线高高飘扬

——赵勇在共青团农村非典型肺炎防治工作电视电话会议上的讲话

2003年5月8日,根据录音整理

在抗击非典的特殊战斗中,大家辛苦了。首先,我代表团中央书记处向同志们并通过同志们向广大团干部表示亲切的问候!

自我国一些地区发生非典型肺炎疫情以来,以胡锦涛同志为总书记的党中央对防治和消除非典型肺炎工作高度重视,十分关心。党中央、国务院多次召开会议,专门研究和部署防治工作,作出一系列重大决策,采取了一系列坚决果断的措施。胡锦涛总书记、温家宝总理多次深入疫区和有关医疗、科研单位考察疫情,指导工作,慰问奋战在防治非典第一线的医疗科研人员和干部群众,坚定全国人民战胜非典的信心,广大青年深受鼓舞,倍感振奋。在全国非典型肺炎防治工作取得明显成绩,但非典型肺炎防治形势依然严峻的重要时刻,5月6日下午,国务院召开全国农村非典型肺炎防治工作电视电话会议,专门部署农村非典型肺炎防治工作和经济工作。温家宝总理在会上发表重要讲话,深刻指出要充分认识做好农村非典型肺炎防治工作的重要性和紧迫性,进一步提高认识,统一思想,加强领导,落实措施,千方百计确保农村不发生大规模疫情,确保广大农民群众身体健康和生命安全,确保农村经济健康发展和社会稳定。同一天下午,中共中央政治局委员王兆国专程来到团中央机关考察非典防治等工作,高度评价了前一阶段各级团组织和广大团员青年为抗击非典做出的积极贡献,就充分发挥共青团组织在抗击非典斗争中的作用,围绕中心,服务大局,做好各项工作作出了重要指示。我们这次电视电话会议的任务,就是要认真贯彻落实党中央、国务院关于防治非典的一系列重大部署和全国农村非典型肺炎防治工作电视电话会议精神,认真贯彻落实王兆国同志重要指示,动员组织各级团组织和广大团员青年积极行动起来,在农村非典防治第一线充分发挥生力军和突击队作用,为党和国家分忧,为人民群众解难,以实际行动为夺取农村非典型肺炎防治和农村经济发展的全面胜利做出应有贡献。

团中央书记处对防治非典工作高度重视。周强同志多次主持召开书记处会议，结合青年和共青团工作实际，研究出台了一系列具体措施，对农村团组织参与防治非典工作做出了初步安排并采取了相关措施，对高校、中小学、社区共青团和少先队组织参与防治非典工作进行了专门部署，对西部地区团组织开展防治非典工作予以专项资金支持。面对非典型肺炎这场突如其来的重大灾害，各级团组织和广大团员青年在党和政府的坚强领导下，不怕困难，勇挑重担，拼搏奉献，恪尽职守，为控制疫情传播、消除疫病、救治病人做出了艰苦努力，涌现出许多感人肺腑、可歌可泣的先进集体和先进个人，他们以自己的实际行动，奏响了“众志成城，团结奉献，科学求实，战胜困难，夺取胜利”这一时代强音中的壮美青春乐章，他们以实际行动传承、弘扬和实践了伟大的中华民族精神。荣获全国五四红旗团支部称号的北京佑安医院感染科临时团支部，荣获中国青年五四奖章的北京市朝阳医院综合科护士张锦，荣获全国优秀共青团员称号的北京胸科医院八病区护士王静，荣获全国优秀团干部称号的北京中日友好医院呼吸内科团支部书记刘纳，就是他们当中的优秀代表。在这里，我代表团中央书记处，向奋战在抗击非典这场没有硝烟的战争第一线的年轻医护人员，致以崇高的敬意；向通过坚守岗位、无私奉献的实际行动，抗击非典的广大团员青年表示亲切的问候！

前一段时间，各级团组织在党委、政府的领导下，紧紧围绕防治非典这项当前全党全国的重大任务，积极开展工作，积累了一些好的做法。一是高度重视。各地团组织特别是团的领导机关都自觉把参与防治非典型肺炎工作作为当前一项十分重要的政治任务来抓，普遍设立了防治非典工作领导小组和专门机构，具体指导开展有关工作。二是狠抓落实。针对重点群体，采取切实措施，特别是把团的领导机关和团属企事业单位防治非典的各项工作措施一一落到实处。三是加强宣传。充分发挥团属新闻舆论阵地和青少年活动阵地的作用，广泛宣传科学预防非典的知识，及时做好青年群众的情绪疏导工作。四是提供服务。组织青年志愿者开展“奉献青年爱心、全力抗击非典”主题活动，发动团员青年为战斗在一线的医务人员捐献“爱心包”，为其家庭、子女提供志愿服务，等等。北京团市委在这方面做了很多工作，成效显著。这些好的做法，我们要在今后工作中认真总结，长期坚持并不断完善。当前一项重要而紧迫的任务，就是抓住当前农村处于非典型肺炎始发期的有利时机，全力投入农村防治非典的战斗。

前一段时间的工作实践表明，广泛组建防治非典青年志愿服务队，最适合青年的特点和共青团工作的实际，也是全社会抗击非典所急需的，应当成为各级团组织带领团员青年为农村防治非典贡献力量的一个基本途径。各地要迅速行动起来，力争在较短的时间内，使全国每一个县、乡、村以及外来务工青年集中的城市社区都组建起至少一支防治非典青年志愿服务队，以服务队为主要工作载体，迅速投入农村防治非典的战斗中去。

第一，组织青年志愿服务队带头参加群防群控。千方百计防止非典疫情向农村扩散和蔓延，确保农村不发生大规模疫情，是当前非典防治工作中一项非常紧迫重要的任务。前一段时间，在医疗资源、物质基础、个体素质都比较好的城市，非典疫情已经造成了巨大的危害和压力，那么在医疗资源十分薄弱、农民普遍缺乏卫生防疫知识和防范意识的农村，无疑防治任务将会更加艰巨。一旦发生大规模疫情，后果不堪设想。防止疫病向农村传播，除了要依靠各级政府的加倍努力外，还必须广泛发动群众，依靠群众，群体预防，群体控制，真正打一场防治非典的人民战争，构筑起一道抵御疫情、抗击疫病的严密防线，这是阻断传播渠道、遏制疫情蔓延的关键。在这场群防群控的人民战争中，农村各级团组织要在党委、政府领导下，充分发挥自己的组织优势和团员骨干带头作用，发动、引导群众开展群防群控，抗击非典。要村自为战，以行政村或自然村为单位，以村团支部为核心，以团员青年为主体，组建一支比较稳定的防治非典青年志愿服务队，负责落实本村各项防治措施。比如在村口设立检查点，检查进出人员，对过往车辆进行消毒；对本村外出务工回乡人员进行监督隔离，督促村民进行消毒，密切关注本村群众的身体状况，对有疑似症状的及时进行报告，等等。要带头移风易俗，避免婚丧嫁娶大操大办，减少疫病传播机会。做好集贸市场、批发市场等农民群众经常聚集的场所的预防工作，积极配合有关管理部门做好防治预案以及消毒和检疫等工作。要特别重视配合有关方面做好农村中小学防治非典工作，周密安排，严防死守，坚决阻断非典进入农村学校的途径，组织学生参与对非典的群防群控。一方面确保学生的身体健康和生命安全，另一方面充分发挥学生在农村科学防治非典中的示范带头作用。

第二，组织青年志愿服务队广泛开展科普宣传。充分发挥基层团组织体系比较健全和团员青年人数众多的优势，依托乡村青少年服务中心、青年文化广场等活动阵地和宣传阵地，要组织城市的志愿者和乡镇中学老师中的青年志愿者，分片包干，深入村社，到田间地头进行讲解。在广大农村青年和农民群众中广泛地宣传普及科学防治非典的基本知识，让准确、可靠的消息畅通无阻。要通过电视、报纸、广播、板报、网络等媒体和组织宣讲、编印小册子、散发材料等行之有效的形式，大力宣传党中央、国务院关于防治非典型肺炎的大政方针和有关政策措施；深入宣传《中华人民共和国传染病防治法》，使之家喻户晓、人人皆知，使广大农村青年和农民群众明确在防治非典型肺炎中的权利、义务和责任，依法防治非典；大力宣传非典型肺炎的预防、治疗、控制的科学知识和成功经验、做法，普及勤洗手、勤换衣、勤通风和早发现、早报告、早隔离、早治疗等"三勤"、"四早"的有效防治措施，使其入村入户，到田间地头，为广大农民群众熟知和实行，帮助农民群众树立依靠科学，非典可防、可治的坚定信心，维护农村正常的生产生活秩序。要充分利用乡村中小学校，开展预防非典型肺炎宣传活动和主题班会、团队活动，以一个学生影响一个家庭，以一个村组带动一个乡镇，齐心协力共同和非典型肺炎做斗争。要开展扎实细致的思想政治工作，引导带动群众不信谣不传谣，澄清各种不实信息，坚决抵制巫婆神汉借非典生事，疏导群众情绪，稳定群众思想，及时消除群众恐慌，稳定人心。

第三，组织青年志愿服务队积极开展助耕帮困。当前，正值农村春耕夏收的大忙季节。这也是民工返乡的一个旺季。各地要认真贯彻落实中央提出的两手抓方针，一手抓好防治非典型肺炎这件大事，一手抓经济建设这个中心不动摇，全面推进农村青年增收成才行动，动员和组织农村青年抓好当前农业生产，把非典型肺炎造成的损失减少到最低限度。同时要格外重视配合当地党政有关部门开展抢收抢耕工作，确保不误农时，确保农业丰收。要围绕农民春耕夏收中遇到的实际问题，积极动员组织当地农村团员青年帮助农村卫生工作者、外出务工人员和非典型肺炎患者及疑似患者家庭抢收抢耕，让医务工作者在一线宽心，让务工人员在外放心，让患者在医院安心，努力解除他们的后顾之忧。同时，要积极开展送温暖、献爱心活动，对生活上有困难的农村家庭，要力所能及地送去生活用品和消毒用品，帮助他们解决实际困难。

第四，组织青年志愿服务队向生活陋习开战。要真正在农村编织起一个全民防治非典的网络，一个根本的环节就是要引导农村青年和农民群众向由来已久的生活陋习开战。我们知道，流感最初就是通过鸡传染给人的。人畜混居，露天茅坑，饭前便后不洗手，等等，对于防治疾病特别是非典这样的流行性疾病是极其不利的。要以防治非典为契机，组织引导农村青年广泛而迅速地掀起一轮爱国卫生运动的热潮，大搞室内外环境卫生，切实改变一些地方脏乱差的状况，树立良好的卫生意识，大力革除生活陋习，倡导科学、文明、健康的生活方式。以村镇街道、农贸市场、商业街区等农民群众经常聚集的活动场所为重点，组织发动团员青年集中开展环境整治、卫生扫除、清洁消毒、绿化美化等爱国卫生活动。教育引导团员青年带头搞好个人、家庭、房前屋后的环境卫生整治，消除卫生死角，做好灭蝇、灭鼠、灭蟑螂等工作。抓住契机要带头进行改水改厕，住房与鸡舍、猪圈、牛栏分离，创造一个清新整洁的环境，消除非典型肺炎传播、滋生渠道和环境。安徽团省委组织开展的改水改厕行动就取得了实效，在全省产生了良好影响。农村少先队组织要迅速启动“向生活陋习开战——红领巾行动”，发动少先队员从找出当地最需要克服、也能够克服的种种生活陋习，从克服自身不良的生活习惯做起，影响带动大家都来养成健康文明的生活习惯，特别是公共卫生习惯。

第五，组织青年志愿服务队切实服务进城务工青年。进城务工青年数量庞大、流动性强，他们的居住和卫生条件总体上来说比较差，防范意识和能力都比较弱，对非典型肺炎知识比较缺乏，是感染和传播非典型肺炎的高危人群。输出地团组织要协助做好外出务工青年的摸底工作，积极做好外出务工青年家人的工作，帮助他们解决实际困难。以村组为单位给外出务工青年寄出慰问信，通报家乡的情况，劝阻他们目前暂时不要返乡，鼓励他们服从当地政府安排，安心工作，减轻家乡预防工作的压力。河南、四川等地团的组织都采取了系列措施，做得生动活泼。输入地的团组织要在社区和用工单位中，加强对进城务工青年预防非典型肺炎知识的普及教育，让进城务工青年了解政府对于农民和农民工中的非典患者实行免费医疗等特殊政策，从隔离到治疗的全过程一律实行免费，包括免费提供住院和伙食。要积极开展“关爱进城务工青年行动”。各地团组织要督促、协助社区或用工单位对进城务工青年实行属地管理，坚决做到就地预防、就地观察、就地治疗，对患者绝不能发回原籍或推向社会，更不能在大范围疏散。社区、用工单位的团干部要做好进城务工青年的思想工作，转达党和政府对进城务工青年的关心和爱护，帮助他们认识到非典型肺炎防治工作的重要性，消除他们的恐慌心理。要耐心劝阻进城务工青年近期不要返乡，本着对自己负责，对家人负责，对社会负责的态度，切断疫病向农村传播的途径。开展“把平安报给家人、把科学送回家乡”活动，引导进城务工青年用电话、书信等方式向家乡的亲朋好友报平安，介绍非典型肺炎防治的有效办法。积极协调筹集社会资源向进城务工青年发放一批预防非典的书籍、挂图和消毒、防护用品，配合社区和用工单位指导他们做好生活场所和工作场所的防疫消毒，搞好个人卫生。号召进城务工青年积极配合医疗卫生部门的工作，发现疑似非典型肺炎病人，应立即向所在单位、社区和疾病预防控制机构报告。

防治和消除非典型肺炎，是贯彻落实“三个代表”重要思想的具体体现，不仅关系到广大人民群众的身体健康和生命安全，而且关系到我国改革发展稳定的大局，关系到中国的国际形象。各级团组织要进一步认识做好非典型肺炎防治工作的极端重要性，切实增强大局意识、责任意识和忧患意识，把思想统一到党中央、国务院关于加强非典型肺炎防治工作的要求和部署上来，坚决按照中央提出的沉着应对、措施果断、依靠科学、有效防治、加强合作、完善机制的总体要求，充分发挥团组织的优势，确保广大农民群众身体健康和生命安全，确保农村经济健康发展和社会稳定。

要建立行之有效的协调机制。4月中旬团中央就成立了非典型肺炎防治工作领导小组，周强同志任组长，书记处其他书记为副组长，并抽调专门人员组成办公室，统筹安排防治工作。各地团组织要建立相应的工作机构和协调机制，主要负责人要亲自抓、负总责，班子成员要分工负责,农村线长面广,更要统筹协调。团内各部门和各直属单位一定要树立全局观念、大局意识,坚决做到协同配合,共同努力,举全团之力,服从和服务于打好同非典疫情作斗争这场硬仗。

要建立快速高效的动员机制。全国有35岁以下的农村青年2.8亿,有2216万名农村共青团员,团组织覆盖面广,完全可以构建起快速高效的动员机制。要以统筹城乡经济社会发展、促进城乡良性互动的思路,建立起高效的动员运行机制,既要组织城市青年志愿者,又要发动农村青年志愿者,积极投身非典型肺炎防治战役。

要建立配套运行的应急机制。充分发挥团组织的组织优势,建立应急反应机制是共青团服务大局,配合做好非典防治工作的重要方面。要通过组织农村青年志愿者服务队等形式,主动配合有关部门从根本上改善防止疫病发生的卫生环境,实行治疗与预防相结合,建立起疾病防治的快速反应机制。组织广大农村团员青年主动担负起突发性疫情信息员工作,积极参与防治工作的全过程。有条件的地方,要专门建立一支维护公共卫生安全的青年志愿者储备队伍,当需要共青团在急难险重任务面前冲上去的时候,召之即来,来之能战,战之能胜。

要建立奖罚分明的激励机制。团中央将对在防治工作中涌现出来的先进集体和个人进行表彰奖励;对工作不得力的单位和个人,将以适当方式通报当地党委政府。各地要及时上报在抗击非典一线的先进集体和先进个人,大张旗鼓地宣传他们的事迹,树立起当代团员青年在战斗中的良好形象和时代榜样。各地也要建立相应的激励机制,推动当地团员青年更加积极主动地投身非典型肺炎防治工作。

让我们紧密团结在以胡锦涛同志为总书记的党中央周围,大力弘扬万众一心、众志成城,团结互助、和衷共济,迎难而上、敢于胜利的精神,团结带领广大团员青年在非典防治工作中充分发挥生力军和突击队作用,为夺取抗击非典完全胜利做出应有贡献。

赵勇在团中央直属新闻出版单位工作会议上的讲话

2003年8月14日,根据录音整理

同志们:

团十五大闭幕不久,书记处就决定召开直属新闻出版单位工作会议。这是新一届书记处召开的第一次工作会议,充分体现了书记处对直属新闻出版工作的高度重视。这次会议的目的,就是认真学习贯彻团十五大精神,贯彻落实中宣部领导谈话精神,以“三个代表”重要思想为指导,推动团中央直属新闻出版单位牢牢把握正确的舆论导向,科学定位,加快发展,规范管理,更好地服务大局、服务青少年。

今年以来,直属新闻出版单位围绕党政工作大局,围绕全团工作大局,做了大量卓有成效的工作,为改革开放和现代化建设,为青少年成长发展提供了有力的舆论支持。尤其在以下几个方面,取得了积极的成效:一是宣传贯彻党的十六大精神,推动团员青年兴起学习贯彻“三个代表”重要思想新高潮,各单位特别是中国青年报做了大量的工作，营造了很好的氛围。二是以“向雷锋同志学习”活动开展40周年为契机，推动群众性精神文明建设，做出了积极的贡献。三是围绕一手抓抗击非典、一手抓经济建设这个中心，把握导向，充分展现了在党中央、国务院坚强领导下全国人民抗击非典、促进经济发展的精神面貌。四是配合团中央的重点工作做了大量的新闻宣传工作，尤其是大学生志愿服务西部计划的宣传报道富有成效，有力地推动了重点工作的开展。五是围绕团十五大召开，会前、会中、会后做了大量的宣传报道，为团的事业发展营造了很好的氛围。六是各单位改革发展稳步推进，各单位的领导班子都在想方设法谋发展，总的态势是好的。

在看到成绩的同时，我们也要清醒地看到在新闻出版工作中还存在着一些问题，有些问题还很严重，中央领导做出批示，中宣部、新闻出版总署提出了批评。这些问题的出现，确实要引起我们高度警惕和深刻反思。究其原因，主要有以下几个方面：一是我们一些同志政治意识淡薄，对意识形态领域斗争的长期性、复杂性和尖锐性缺乏清醒认识，对错误的言论识别和抵制不力，个别同志误判了形势，认为新闻要放开，宣传报道可以再放得开一些；二是有些单位放松了管理，规章制度也不健全，执行制度不严格，对一些问题查处不力；三是有的子报子刊片面追求卖点，走偏了发展的路子。这些问题值得引起高度重视。

根据中央的有关精神，针对团中央直属新闻出版工作中存在的问题，就如何坚持正确的舆论导向，切实做好直属新闻出版工作，我谈四点意见。

一、始终坚持马克思主义新闻观，一刻都不放松地把握正确的舆论导向

舆论导向就是方向。团属新闻出版单位是党的新闻出版事业和团的事业的重要组成部分，具有鲜明的政治属性。新闻出版事业作为一种意识形态，作为宣传教育动员群众的一种舆论形式，必须体现我们党的政治立场、政治主张和政治观点，任何时候都不能回避导向问题。马克思主义新闻观是指导我们做好新世纪新阶段新闻出版工作的思想基础，也是新闻出版工作者正确的世界观、价值观、人生观的体现。人有人的灵魂，报刊有报刊的灵魂，图书有图书的灵魂，办报人的灵魂与报刊、图书的灵魂是一致的，我们要让马克思主义成为书报刊的灵魂，就必须首先让马克思主义成为办报人的灵魂。这是一个基本的要求。

马克思主义新闻观的核心是党性原则。马克思主义政党主办和领导的新闻出版事业在新闻出版活动中要体现党的政治主张、思想意识、思想方法、组织原则和行为准则。马克思主义新闻观与时俱进的根本要求，就是要把党性和人民性高度统一起来，为共产党长期执政服务，为人民的根本利益服务。对于这一点，任何时候都不能有丝毫的含糊。

团中央直属新闻出版单位这支队伍总体上是好的，是值得信赖的。但确实有少数同志尤其是有的年轻同志，对党的新闻出版工作的政治性认识不足，马克思主义新闻观的根基不牢，在坚持导向上容易出现模糊和摇摆，甚至有个别同志讲政治少了、讲实惠多了，讲大局少了、讲局部多了，讲服从少了、讲自我多了，有的甚至把报刊当做反映自己新闻观的试验场。这些认识是非常错误的，也是十分危险的。

坚持马克思主义新闻观，把握正确的舆论导向，这里强调以下几个方面：

坚持马克思主义新闻观，把握正确的舆论导向，就是要以“三个代表”重要思想为指导。要以“三个代表”重要思想作为新闻出版工作的出发点，我们所做的一切工作都要有利于促进先进生产力的发展、有利于促进先进文化的发展、有利于维护最广大群众的根本利益。要以“三个代表”重要思想作为谋划工作的总纲，作为评判是非功过的根本标准，符合的就要坚持，不符合的就要坚决纠正。要坚持不懈地把学习“三个代表”重要思想的活动不断引向深入，引导团员青年兴起学习贯彻“三个代表”重要思想新高潮。

坚持马克思主义新闻观，把握正确的舆论导向，就是要始终与以胡锦涛同志为总书记的党中央保持高度一致。坚持党性原则不是一句空话，要落实到具体行动之中。要有坚定的政治立场、敏锐的政治觉悟，自觉与以胡锦涛同志为总书记的党中央保持一致，决不允许对党的重大方针政策说三道四，决不允许与党的方针政策唱对台戏，决不允许用一些错误的舆论搞乱人民群众的思想。

坚持马克思主义新闻观，把握正确的舆论导向，就是要严格遵守党的宣传工作纪律和国家的法律法规。严格遵守党的宣传纪律和国家新闻出版法规，是直属新闻出版工作坚持正确导向的重要保障。遵守纪律法规，首先是要听招呼，要认真贯彻落实中央对宣传工作的要求和中宣部、新闻出版总署等部门新闻通气会的精神，做到令行禁止。其次是要守规矩，中央对新闻出版采编发稿、图书出版、广告发行、经营管理、融资都出台了配套文件，要严格按照规定做好报道，在规定允许的范围内谋发展。再有，舆论监督要掌握好分寸，要尊重事实，着眼于党的路线方针政策的落实，遵守有关纪律法规。

坚持马克思主义新闻观，把握正确的舆论导向，就是要注重建设性，注重实际效果，做到“三贴近”。我们所处的时代是建设的时代，我们面临的任务是全面建设小康社会、实现中华民族的伟大复兴。所有的报道都要着眼建设，在建设中体现我们的思想、在建设中体现我们的价值、在建设中体现我们的作为，建设性应该成为团中央直属新闻出版工作的基调。要坚持正面宣传为主，唱响主旋律，打好主动仗，多做建设性的报道，多组织建设性的出版物。批评报道要坚持实事求是的原则，出以公心，把握分寸，要在深入调查研究的基础上，从建设性出发进行报道。

坚持马克思主义新闻观，把握正确的舆论导向，就是要竭诚服务青少年健康成长、创业成才。团中央直属新闻出版单位承担着教育引导青少年的职责，也是为党做青少年工作的，必须从根本上考虑青少年的利益，服务青少年的长远发展。既不能脱离青少年，又不能一味迎合青少年；既要立足青少年的现实需求，又要着眼青少年的长远发展。必须纠正从事青少年报道没有前途、没有卖点、小家子气的错误认识，要高扬理想主义的旗帜，真正服务青少年成长成才。服务青少年的空间非常广阔，大有作为，要把服务青少年作为新闻出版的基本理念和基本内容，把服务青少年作为事业发展的基本平台。

二、团属报刊、出版社和网站要在青年文化建设中发挥主导作用

党的十六大强调了社会主义文化建设的重要性。胡锦涛总书记在主持中央政治局第七次集体学习时发表的重要讲话中指出，大力发展社会主义文化，建设社会主义精神文明，是贯彻落实“三个代表”重要思想的必然要求，是全面建设小康社会的必然要求，也是促进经济社会协调发展和人的全面发展的必然要求。我们必须从全面建设小康社会的全局和实现中华民族伟大复兴的高度，深刻认识加强文化建设的战略意义，在促进社会主义物质文明和精神文明建设的同时，更加自觉地推动社会主义文化建设。

周强同志在团十五大报告中强调，要坚持先进文化的前进方向，发展健康有益、充满活力的青年文化。团属新闻出版单位是先进文化建设中的一支有生力量，因为它联系服务着庞大的青少年群体。也正因为这一点，团属新闻出版单位在青年文化建设中应该发挥主导作用。文化塑造青年，青年创造文化，团属新闻出版工作在青年文化建设中有着发挥作用、大有可为的广阔天地。

具体来讲，团属报刊、出版社和网站在加强青年文化建设上发挥作用，可以从以下五个方面入手。

一是引领青年文化潮流。要站在时代前列，把握时代发展脉搏，跟踪青年文化发展的动态。要把握先进文化的前进方向，大力弘扬面向世界、面向未来、面向现代化的民族的科学的大众的社会主义文化。要引导时尚、引导文明健康的生活方式，引导青年文化朝着正确的方向发展。

二是打造青年文化精品。要树立强烈的精品意识，报纸要打造精品栏目，出版社要出精品图书，中青网要多建设精品网站。要深入了解青年的文化需求，结合他们工作、学习、生活的实际，贯彻“三贴近”的要求，多创作一些思想深刻、内容健康、艺术精湛、为青年喜闻乐见的优秀精神食粮。要通过我们联系的广大文艺工作者，结合团结教育引导青年的需要，有组织地开展优秀精神文化产品的生产。要通过生动有力的宣传介绍，充分发挥文化精品在教育引导青少年中的积极作用。

三是培养青年文化人才。团属新闻出版单位培养了一批熟悉党的新闻出版工作、胜任团的青年文化工作和富有创造才华的青年文化人才，要发挥他们的作用，把我们的事业做得更大。要培养政治素质高的高级管理者队伍、综合素质高的编辑人队伍和能够按照文化产业发展思路抓经营管理的经营者队伍，尤其是要培养“大家”。同时，要发挥青年思想文化阵地在宣传、推介、引导青年文化人才中的作用，引导青年文化工作者深入实践，深入青年，锐意创造，推动优秀青年文化人才脱颖而出。

四是推动青年文化活动。团属新闻出版工作在推动青年文化活动方面有着不可替代的作用。要发挥优势、整合资源、主动出击，大力推动青年文化活动，让青少年广泛参与其中，形成与青少年成长发展的良性互动。一方面，可以结合自己的优势和文化产品的特点，直接组织开展富有吸引力的青年文化活动，更主要的是，要结合团的工作，大力宣传和积极推动青年文化活动的开展。要推动开展各类青年群众性文化活动，动员引导青年参与家庭文化、校园文化、社区文化、乡村文化、企业文化、军营文化和网络文化建设，不断繁荣和活跃青年文化。

五是壮大青年文化产业。文化建设既有事业属性，也有产业属性，要坚持经济效益与社会效益相统一，不断发展壮大青年文化产业，为青年文化建设提供强大依托。团属新闻出版单位要认真学习贯彻党的十六大精神，深入贯彻落实党和国家关于文化体制改革的意见，解放思想，开拓创新，与时俱进，树立青年文化产业化发展的思路，创造产业化发展的机制，不断壮大团属新闻出版事业。

三、深化改革，创新机制，把直属新闻出版事业和产业做强做大

做强做大直属新闻出版事业和产业，可以更好地完成党交给的教育引导青少年的任务，可以更好地巩固和扩大党在青年群众中的基础。从国际国内文化产业发展的大环境考虑，我国加入世界贸易组织之后，新闻出版市场竞争更加激烈，文化产业的发展不进则退，青年文化市场我们不去占领，就有别的力量去占领，因此做强做大直属新闻出版事业和产业，也是巩固我们的青少年文化阵地的要求。同时，青少年不断增长的精神文化需求，也需要我们进一步做强做大直属新闻出版事业和产业，更好地为青少年健康成长服务。

直属新闻出版事业现在已经具备了一定的规模和实力，目前直属报纸期发总量约 246 万份，期刊月发总量约 620 万份，每年出版图书 800 多种。但这样的规模和实力与完成党交给的团结教育青年任务的要求、与满足3.5亿青少年健康成长的需求、与共青团事业发展的需要之间，还存在较大的差距。新的形势、新的任务对发展壮大直属新闻出版事业提出了新的要求。要深化改革，加快发展，壮大直属新闻出版事业，更好地适应新形势新任务的要求。

当前，直属新闻出版事业的发展面临很好的条件。首先是“三个代表”重要思想和党的十六大为新闻出版事业的发展指明了方向，目前国家文化体制改革试点工作正在展开。其次，我国进入全面建设小康社会的新阶段后，群众的文化消费进一步增长，到2005年，我国潜在的文化消费能力将达到5500亿元，青少年是文化消费的主体，在发展青少年文化产业中，直属新闻出版单位具有一定的优势。同时，党和国家对人民团体的新闻出版事业一直以来都给予很大支持。另外，直属新闻出版事业经过多年的发展有了一定的基础，近年来在改革与发展中积累了宝贵的经验。直属新闻出版单位要充分利用这些有利条件，抓住机遇，努力做强做大。

如何做强做大，我这里强调三点。

第一，深化内部改革。这些年来，直属新闻出版单位在深化内部改革中做了许多探索和尝试，比如中国少年儿童新闻出版总社在深化内部改革中就取得了很大的成绩。要总结推广中国少年儿童新闻出版总社的经验，认真贯彻中办、国办2001年17号文件精神，按照人事部的有关规定，实行全员聘任制、劳动合同制、绩效挂钩制，在人事、劳动和分配制度上进一步加大改革力度。

第二，整合相关资源。直属新闻出版单位现有42种报刊、两家出版社、近十家音像制作机构及十几家网站，资源非常丰富，通过多种形式整合起来，发展的前景非常广阔。整合资源关键是要整合信息资源，书、报、刊的信息资源要互通共享，充分利用。要整合市场营销资源，把每个单位的市场营销体系逐渐通过市场和资本纽带整合起来。要加强资本运作，在坚持正确导向、遵守纪律法规的前提下广泛吸纳资本，同时也要更好地经营资本。中国青年报社、中国青年杂志社、中国青年出版社、中国少年儿童新闻出版总社、中华儿女杂志社等都具有自己的优势和特点，要加强各报刊出版社的合作，构建多种合作的平台，明确各自的读者和市场定位，提高直属新闻出版事业的整体竞争力。报刊、图书、音像、网站等各类文化产品要发挥各自的优势，互相支撑，互相呼应，努力形成立体发展、共同繁荣的良好局面。

第三，培育增长优势。直属新闻出版单位的发展，一方面要立足现有的业务和项目，做精做强，同时要努力培育新的增长点。要在青少年健康成长的需要、市场经济发展要求和直属新闻出版事业发展优势的结合上下功夫，认真研究新形势下青少年群体的新特点、新需求，及时抓住新出现的市场空间，把广告产业、经营发行、营销以及相关的文化产业做大。要善于利用现有名刊大刊的品牌效应，依托良好的品牌形象积极开辟市场。

四、规范管理，严肃纪律，把直属新闻出版单位管理工作提高到新水平

加强管理是直属新闻出版单位坚持正确的舆论导向、促进事业发展的重要保证。制度不健全，管理不到位，必然出问题。最近直属新闻出版工作中出现的问题，大多与管理制度不健全、管理措施不到位有关。有很多差错，如果我们加强管理，完全可以避免。这方面出现的问题也表明，直属新闻出版单位总体上的管理水平有待提高，事业越发展，越是要加强管理。

加强管理重在建设。要进一步加强直属新闻出版单位领导班子建设、制度建设和队伍建设，切实把直属新闻出版单位的管理提高到新水平。

一是要加强领导班子建设。领导班子建设是事业发展的关键,也是加强管理的关键。加强直属新闻出版单位领导班子建设,要贯彻胡锦涛总书记在团十五大上对团干部提出的要求,做到忠诚党的事业,热爱团的岗位,竭诚服务青年。团中央书记处对直属新闻出版单位领导班子建设高度重视,希望各个单位自身也要有建设好领导班子的意识。要优化领导班子结构,班子中要有抓编辑出版的,也要有善于经营管理的。从领导班子成员个体来讲,要做到靠得住、有本事,有责任感才能把得住问题,有本事才能看得出问题。要加强领导班子的学习,通过系统的政治理论学习,提高班子成员的马克思主义理论水平和对党的路线方针政策的理解把握,增强政治意识、大局意识、责任意识,通过有针对性的新闻出版业务学习,掌握新闻出版业发展规律,成为办报办刊和出版工作的行家里手。要树立领导班子的威望,以勤奋的工作、优良的作风和出色的业绩来赢得干部群众的认可。要建立健全领导班子目标责任制,班子内部要明确责任,主要负责同志要切实负起责任。要加强团结,互相帮助,互相补台,形成强有力的领导班子,推动直属新闻出版事业的发展。

二是要加强制度建设。提高管理水平,核心是要加强制度建设。所有的工作都要有章可循,才能避免盲目性和随意性,管理工作才能走上良性发展的轨道。这次会议之后,各个单位要对照中宣部、新闻出版总署、国家广电总局出台的违纪违规警告制度,对照中央办公厅最近下发的四个文件,对照团中央书记处的要求,对现有的管理制度进行一次认真的梳理,好的制度要坚持,不健全的制度要完善,没有形成制度的空白点要补上。要通过加强制度建设,使每一个岗位、每一个环节、每一个流程都能照章办事,使采访、编辑、发稿等重要环节的管理措施真正落到实处。加强制度建设,许多单位都创造了很好的经验,直属新闻出版单位要相互交流,相互学习,相互借鉴。为进一步加强对直属新闻出版单位的管理,团中央准备制定新闻通气会制度和责任追究制度,各个单位也要制定相关的制度。

三是要加强队伍建设。要建设一支政治强、业务精、纪律严、作风正的直属新闻出版工作者队伍,培养职业精神,打造高素质的职业团队。要选好人、培养人、用好人,还要约束人。抓队伍建设,领导班子,尤其是主要负责同志,要从事业的长远发展出发,要求干部职工坚持正确的舆论导向,树立政治意识、大局意识和责任意识。对干部职工的业务知识培训,要舍得花大力气,要舍得投入,不断提高他们的业务素质和业务工作水平。要加强法制教育,引导广大干部职工牢固树立法律意识,依法办事。要关心爱护干部职工,既要充分肯定他们做出的成绩和贡献,也要指出他们存在的问题和不足,真正为他们的成长发展负责。

同志们,团的事业发展正处在一个新的历史起点上,团属新闻出版事业在整个团的事业发展中的地位和作用将越来越重要,我们要认清形势,着眼大局,增强责任,埋头苦干,把直属新闻出版工作做得更好。让我们紧密团结在以胡锦涛同志为总书记的党中央周围,高举邓小平理论伟大旗帜,全面贯彻"三个代表"重要思想,以扎实的工作和优异的成绩,为开创直属新闻出版工作的新局面,更好地服务大局、服务青少年健康成长,做出新的更大的贡献。

赵勇在全国农村青年中心建设试点工作现场推进会上的讲话要点

2003年8月26日,根据录音整理

这次会议的主要任务是,以“三个代表”重要思想为指导,深入学习贯彻团十五大精神,按照试点先行、积极稳妥的原则,对农村青年中心建设试点工作做出部署安排,以改革的精神加强和改进农村团的基层组织建设,不断增强团组织活力,最大限度地联系青年、服务青年、凝聚青年,动员和组织广大农村青年为全面建设小康社会贡献力量。团中央书记处对这次会议高度重视。第一书记周强同志专门发来贺信,对农村青年中心建设提出了明确的要求,这些要求具有很强的针对性和指导意义,我们要在这次会议上和今后的工作中认真学习贯彻。

青年中心,是指在城乡基层团委的领导和指导下,以35岁以下的团员青年为主要服务对象,以现代信息技术为主要服务手段,以服务青年成长发展为主要目标的社区型青年组织。建设青年中心,是周强同志在团中央的扶贫点山西省灵丘县调查研究时提出来的。随后团中央专门召开务虚会,进行了深入的探讨,大家一致认为建设青年中心是一个共青团工作和建设的战略性举措。之后,团中央有关部门选择一些有良好工作基础的地方进行了试点,初步探索出一些好的做法和经验。团十五大根据试点探索的情况,正式把建设青年中心作为一项战略任务写进工作报告,并在团代会上成为共识。今天上午,我们参观了台州的三个青年中心建设示范点,大家都觉得很受启发,不虚此行。刚才五个单位又介绍了很好的经验。应该说,通过上午的参观和刚才的交流,大家对青年中心的建设有了进一步的认识,大家对青年中心的建设是高度认同的。

一、建设青年中心是共青团在新的历史起点上推进团的事业发展的重大战略举措

胡锦涛总书记在同团中央新一届领导班子成员和团十五大部分代表座谈时提出了一个重要论断,即共青团事业的发展正处在一个新的历史起点上。这一论断是对共青团在新世纪新阶段面临的形势和任务的高度概括,对做好新的历史条件下共青团工作和青年工作具有十分重要的意义。这一重要论断内涵十分丰富,我们要很好地思考和研究。如何看待这个新的历史起点?实质上就是如何看待共青团事业发展的历史方位问题。这需要我们从面临的国际形势、国内形势和共青团自身的发展状况来把握。从国际上看,世界多极化和经济全球化的趋势在曲折中发展,科学技术突飞猛进,信息化的发展已成为时代的潮流,这对共青团工作和青年工作提出了前所未有的挑战,当然也蕴含着巨大的机遇。从国内的情况来看,社会主义市场经济体制已经初步建立,以加入世界贸易组织为标志,我国改革开放和现代化建设事业进入了一个新阶段,这对共青团的组织架构、具体职能和工作方式提出了新的要求。我们的每一项工作,都有一个在市场经济体制完善过程中找结合点的问题。从共青团自身发展来看,伴随着改革开放和市场经济的发展,共青团在继承中创新,在开拓中前进,实现了指导思想、工作理念上的与时俱进,也实现了工作方式、工作方法上的不断创新,但是总体上看,我们在组织形式、运行机制、活动方式等诸多方面还存在很多的不适应。新的历史起点是思考、谋划共青团工作必

须牢牢把握的一个根本出发点，同时也是一个认识上的制高点。贯彻团的十五大精神，不断开创共青团工作的新局面，首先就要在这个问题上统一思想，提高认识。要以这个新的历史起点作为谋划、把握、推进新世纪新阶段共青团工作的思考原点和逻辑起点，不断创新团的工作思路、工作方式和自身建设。建设青年中心，正是基于对团的历史方位的理解和把握，在深入思考共青团面临的一系列时代课题的基础上作出的一个战略性决策。

1. 建设青年中心是共青团适应经济社会发展新要求，更好地服务大局的战略选择。随着改革开放的深入发展，我国经济社会结构发生了深刻的变化，由计划经济向市场经济的转变是一种根本的转变。社会的变化，一个重要特征是社会资源获取方式从单一的行政分配转变为政府、市场、第三部门等多种渠道配置。这就要求共青团必须学会运用市场等多元手段来整合资源、服务大局。青年中心的建设正是适应了这个重大变化，既可以依托政府部门，也可以吸收民间资本，既要发展公益性事业，又可开展一定的市场经营。随着我们实践的深入，青年中心必将显示出服务大局的巨大力量。从服务物质文明的角度来看，青年中心可以把青年凝聚起来、组织起来，通过各种各样的教育和培训，尤其是远程教育，提高青年的综合素质，开发青年的人力资源，把青年的积极性和创造性凝聚到全面建设小康社会的奋斗中来，推动先进生产力的发展。从服务政治文明的角度来看，青年中心是一种自组织团体，通过组建理事会、协会等多种方式，可以为青年提供参与社会管理、参与民主监督的机会，这种民主参与、民主监督就是政治文明建设的一项重要内容。从服务精神文明建设的角度来看，青年中心可以通过发展青年文化为先进文化建设做贡献。青年文化历来具有时代性、创造性和成长性，在社会主义先进文化当中是一支有生的力量。青年文化有三大作用，一是可以引领社会文化潮流，二是可以满足青年文化的需求，三是可以用文化去锻造青年，锻造一代人。青年中心有大量丰富多彩的、青年喜闻乐见的文化活动，青年在参与青年中心的过程中可以传播文化、创造文化、享受文化。

2. 建设青年中心是共青团适应当代青年成长发展新变化，更好地服务青年的战略选择。当代青年在急剧地变化，有崭新的时代特点。一是青年的流动性加大。青年历来就有流动偏好，市场经济的深入发展给这种流动偏好创造了适宜的社会环境，这方面的重要体现就是进城务工青年群体的不断壮大。二是青年中出现分层，有各种各样的兴趣，有各种各样的团体，有强势群体和弱势群体的分化。第三个变化是越来越务实，那些大而无当、很空泛的东西对青年越来越没有吸引力和感召力。这三个特点对共青团工作提出了新的要求：流动性加大要求增强开放性，要在流动当中动态地吸纳各类青年、各方面青年；青年分层要求多样化，要求共青团提供多样的服务；青年务实的特点，要求我们的服务是很具体的，没有具体的东西青年就不会跟你走。青年中心的建设适应了这些新的要求。首先，我们这个组织是面向所有青年开放的，不受地域限制，不受组织关系限制。其次，青年中心提供的服务是菜单式的，有十几个服务项目，找工作、打电话、上网、培训等都可以，可以满足多样化的需求。第三，青年中心的服务是具体的、有形的，实打实，看得见，摸得着，青年都能受益。群众利益无小事。落实到共青团，就是要从青年的具体利益出发，实实在在地为他们服务，青年中心的建设就是在落实这一要求。

3. 建设青年中心是适应世界范围内组织转型的新趋势，更好地加强共青团自身建设的战略选择。组织转型是当前世界范围内组织发展的一股新潮流。这股潮流对中国组织的发展也日益产生重要影响。组织的转型呈现出三大趋势：一是科层制组织逐步向扁平化、功能化转型。过去，世界的许多大型企业采用科层制管理，等级森严，管理层次多。后来，日本松下率先进行改革，减少中间组织，强化组织直接面对服务对象的功能，更好地同顾客沟通交流，服务他们，凝聚他们，了解他们。很多社会组织，包括政府也在尝试向扁平化的方向发展，减少中间层次，直接面对群众。二是大量的管理型组织向服务型组织转变。美国提出建设服务型政府，西方很多政党提出要建设服务型政党。三是组织由单一的组织架构向网络化的方向发展。互联网的发展大大加快了这一进程，组织间的横向联系日益普遍。组织转型这三大趋势对共青团的自身建设提出了新的要求。我们怎样适应组织转型这个世界潮流？青年中心是我们的探索。首先，青年中心是直接面对青年的，中间没有任何层次，青年中心的每一个人都直接面对青年提供服务，实际上是一个显示终端，共青团各项工作的成效都将在这个终端上显示出来。第二，青年中心定位是一个服务型的组织，属性就是服务，这适应了向服务型组织发展的大趋势，通过服务来感召青年，通过服务把青年凝聚在党和政府的周围。第三，青年中心今后的发展是要在全国范围内联网，我们希望区域先联网，然后是全国性的联网。团中央要搞专门的青年中心综合服务平台，是开放性的，每个层次都可以往里面加东西，是互动的网络。全国5万个乡镇如果都通过这个平台联系起来，组织的力量就会充分显示出来。

青年中心是我们创新团的工作思路、工作方式、自身建设的一个战略性举措。青年中心的创新，建立在总结这些年我们的创新成果基础之上，其核心是组织架构的创新和运行机制的创新，通过把各种创新整合起来，以组织创新为牵动，构造起一个全新的运行机制。我们要站在新的历史起点上，从全局的战略高度来认识、思考、把握建设青年中心的必然性和重要意义。

二、把青年中心建设成为充满生机活力、服务功能强大的社区型青年组织

建设青年中心的总目标是举全团之力，用五年左右的时间在全国符合条件的农村乡镇和城市街道普遍建立起青年中心，并在此过程中积极构建主要面向青年的、区域性以至全国性的综合服务平台。青年中心是一个社区型的青年组织，它既不是团组织，也不是青年联合会，而是一个崭新的组织形态。因此，建设青年中心从根本上说要靠创新，核心是进行组织创新，这是最核心的概念。我们必须按照胡锦涛总书记对创新团的工作思路、创新团的工作方式、创新团的自身建设提出的明确要求来推动青年中心的建设，努力分步实现“七个一”的规范化建设标准，即有一个组织、一个骨干、一个依托、一个网络服务平台、一套服务项目、一个章程和一个统一的形象设计，逐步把青年中心建设成为充满生机活力、具有强大服务功能的社区型青年组织和现代服务平台。

1. 一个组织。青年中心是一种群众性的新型的组织形态，是在基层团委领导下的一个社区型青年组织，团组织在其中起核心作用。青年中心实行会员制，按照一定的程序，把凡是承认《章程》的35岁以下青年都吸纳进来，享有一定的权利，承担相应的义务。青年中心设立理事会，理事会隶属当地团委领导，请能人参与管理，共同推动中心的建设和发展。建立社团联盟，把各类合法组建的青年协会组织联接起来，可以成为其他协会的秘书处，也可以按一定要求吸收各类协会会员成为青年中心的会员。总之，要通过多种形式把青年中心建设成在当地有影响力、有亲和力的社区型青年组织。

2. 一个骨干。建好青年中心，关键在人。有了骨干，有了能干事的人，才能把青年中心办好办活。青年中心的日常管理工作要有一个骨干来承担，发挥关键性作用，要通过招募大学生志愿者等多种方式来解决。大学生有开阔的思维，有知识、能服务、懂网络，到青年中心工作能产生综合效应，同时，对大学生的成长发展也是一个很好的锻炼。今年团中央等单位共同选派了6000名大学生志愿者到西部从事志愿服务，原则上要求他们都兼任当地青年中心的副主任，同时还可以兼任乡镇团委副书记。没有选派大学生志愿者的地方，也应采取在本地选拔等多种方式，招聘大学生从事青年中心的管理工作。

3. 一个依托。青年中心要提供有形的服务，必须要有有形的载体，有强有力的阵地依托。要按照"不求所有、但求所用"的建设思路，鼓励各地因地制宜，采取各种形式建立青年中心的阵地依托。可以依托乡镇中学、乡镇文化站（中心）、广播电视站（中心）、图书馆、影剧院等已有的固定场所建设。可以整合当地现有资源，采取合作方提供场所阵地，团组织主要从事软环境建设等方式进行合作开发；可以调动社会力量，采用股份制等市场化手段进行合作建设。有条件的地方，也可以争取党政和有关部门支持进行自主建设，形成团属阵地。无论采取哪种形式，都要把青年中心建在交通便利、适宜青年聚集的地方，树立服务的窗口形象。

4. 一个网络。青年中心要创造条件配备至少一部电话、一台计算机、一台电视机，拥有卫星接收设备和互联网接入线路等一套电子信息设施，以逐步形成一个以现代电子信息技术为主要手段的服务平台。最有效的服务平台就是通过卫星通讯建网络，这种方式看得见、摸得着、有图像，深受青年欢迎。这个平台建立起来以后，可以实现全国联网，可以广泛开展对基层送科技、送信息、在全国销售产品等各种服务，可以产生巨大的经济效益和社会效益，有着广阔的发展前景。

5. 一套项目。项目运作是青年中心事业化发展的重要课题。如果没有项目运转，青年人不会经常来参与。每个青年中心都应结合实际，选择易于为青年提供便利服务的一个以上产业发展服务项目和其他服务项目，用项目促进青年中心建设，用项目吸引青年参与，用项目服务青年成长发展。设立服务项目，要按照区域经济发展的规律，按照当地经济社会发展的水平，因地制宜。各个地方应该有各个地方的特色，每个乡镇都应该有自己的特色，这样才能形成优势互补，把各方面的资源整合起来。

6. 一个章程。制定一个好的章程，是建设青年中心的基本前提。青年中心要制定规范的《章程》，要求大家都来遵守有关规定，履行应尽义务，这样才能确保青年中心长期健康发展下去。团中央将适时拟定统一的《章程》范本，供各地参照制定，以推动青年中心规范化运作、项目化服务、企业化管理。

7. 一个形象。青年中心要统一进行形象设计，共同树立形象、传播文化、打造品牌。团中央请有关单位设计了青年中心的标识，待最终确定后，各地要统一使用，在最醒目的地方亮出来，在青年中心的各项活动中用起来。有条件的地方，还要用统一的色彩粉刷装饰青年中心的房子，形成一道亮丽的风景线。今后，看到青年中心的标识，就像看到团旗在到处高高飘扬，就能感受到共青团的工作到处存在，感受到青年的身影到处闪现，这本身就是一个巨大的影响力和感召力。

随着实践的发展，青年中心建设的内容将会不断丰富。我们鼓励各地从实际出发，逐步达到"七个一"的规范化建设标准，然后在此基础上与时俱进，不断向前发展。

三、着力抓好三个关键环节，积极稳妥推进青年中心建设

青年中心的建设是一项全新的事业，也是一项复杂的系统工程，工作难度很大。我们要本着积极稳妥的原则，按照试点先行、全面铺开、全国联网、规范运作的步骤逐步加以推进。我们对各地组织开展这项工作没有设定时间表，各地要从实际出发，紧紧抓住建起来、活起来、亮起来这三个关键环节，积极推动工作开展。

1. 建起来。青年中心建起来，核心是组织创新，只有组织创新了，才是真正把青年中心建设起来了。组织创新，各地都是可以做的，任何地方都没有理由因为经济发展的差距来掩盖实际工作的差距。要明确青年中心的法律地位。明确了法律地位，才能保证青年中心长期健康运转。现在各地已探索出民办非企业法人登记、社团法人登记等方式，都是到当地民政部门登记，由团委书记做法人代表。究竟哪一种形式适合青年中心，既符合法律规定，又能最大限度地发挥青年中心的功能，各地可以大胆探索，相互借鉴。总的讲就是要依法建立，依法运行，依法管理，有法律保障。要探索青年中心的组织模式。模式可以多种多样，核心问题是两个，一个是共青团和青年中心的关系，共青团领导青年中心，在政治上任何时候不会出问题；再一个是要搞一种对青年很有吸引力的自组织形态，会员制是一种方式，理事会是一种方式，一定还有别的方式，需要大家大胆探索。要解决资金问题。建网络、开发软件系统等，必须要解决资金问题。可以采取多种方式来解决，争取政府支持一点，社会赞助拉一点，在发展过程中自己筹集一点，还可以用其他各种合作建设的方式。

2. 活起来。过去我们建青年活动阵地时，有一些经验教训需要很好地总结。一些活动阵地刚建成时青年很愿意来，时间长了却无人问津，活不下去了。建设青年中心，一开始就要注意活起来的问题，如果仅仅满足于搞会员登记，没有灵活完善的机制，几天后，没有补贴，水电费交不起，就要关门了，就会事与愿违。建设青年中心，一定要强调用务实的作风来做，建一个活一个，稳扎稳打，步步为营，不分指标，不搞刚性管理。要建好机制。活起来的核心问题是机制，要建一个既充分体现公益服务特点，又能够自我运转、收支略有节余的运转机制。青年中心可以收取相应的会费，争取社会捐赠资助，实现自收自支。如果没有必要的经费来源，光靠政府补贴，长期生存发展下去是很困难的。要优质服务。服务要跟得上，靠服务来吸引青年，通过实打实的服务项目形成服务品牌，真正服务青年，让青年真正愿意来。

3. 亮起来。青年中心建起来、活起来还不够，还要成为一个新的品牌，成为全团工作的一个亮点。亮起来的核心是要找到工作结合点，不要就事论事。共青团的各项工作都可以同青年中心结合起来，理论武装可以结合，增收成才可以结合，青年文化建设可以结合，希望工程可以结合，青年卡也可以结合，原则上没有哪项团的工作不可以和青年中心的建设发展结合起来。这样结合起来，就可以使青年中心成为全团各项工作的显示终端、服务终端，就会亮起来。要和各类青年组织结合起来，把各类青年组织的秘书处都放在青年中心，秘书长可由青年中心的负责人兼任，这样才能把各类青年组织有效地联系起来。要跟各种社会资源结合起来，通过青年中心来整合资源，信息资源可以利用，各种商家可以利用，资金可以利用，人力也可以利用。要跟其他各具特色的青年中心结合起来，单个的青年中心要同别的青年中心结合起来，相互联系，相互借鉴。各个青年中心不能单打一。

四、以良好的精神状态扎实推进青年中心建设

胡锦涛总书记对广大团干部提出的忠诚党的事业、热爱团的岗位、竭诚服务青年的要求，语重心长，切合实际，很有针对性和指导性，应该成为新时期新阶段共青团干部的座右铭，成为我们成长进步的基本方向。忠诚党的事业是政治要求，任何时候一心一意跟党走，坚定不移跟党走，这是共青团干部最基本的政治信念。热爱团的岗位是职业要求，共青团的事业是一份崇高而光荣的公共事业，选定了这项事业我们就要倍加珍惜，倍加努力，为这个岗位奉献青春，在这个岗位上干出成绩。竭诚服务青年是团干部的工作要求，团干部要自觉把竭诚服务青年作为全部工作的出发点和落脚点。各级团干部把这三条要求贯彻落实到青年中心建设的工作上去，关键是要保持良好的精神状态。

一是要始终保持一种学习的状态。时代在前进，党和国家的事业在发展，不学习就跟不上时代的步伐，就很难有新的思维。团的干部要带头学习，到实践中去学习，到青年中去学习，这是共青团联系青年、服务青年的基本要求。围绕青年中心的建设，我们要不断向社会各方面学习，并把自己学习的成果向青年传播，与青年交流，接受青年检验。

二是要始终保持一种忧患的状态。我们面临的形势很好，但也面临着种种严峻的挑战。党和国家事业的发展、共青团工作和建设的发展不断面临着新的问题，个人的发展也不断出现新的挑战，必须要强烈的忧患意识才行。有了这种忧患意识，才能对青年中心的建设意义有更充分的认识，才能激发起紧迫感和非干不可、非干成不可的决心。

三是要始终保持一种创新的状态。胡锦涛总书记深刻指出团的工作要实现工作思路、工作方式、自身建设“三个创新”。这“三个创新”的要求思想深刻，内涵丰富，必须深入理解、深刻领会。团的工作不创新就跟不上形势的发展，就满足不了日益变化的工作对象的需求。只有创新，我们才能不断地有新的进步，才能把青年中心建成一个充满生机和活力的新型组织。因此，团干部要始终以创新为习惯，以创新为动力，以创新为责任，痛苦着创新的痛苦，快乐着创新的快乐。

四是要始终保持一种奋斗的状态。奋斗是人生的真谛所在。奋斗的状态，具体讲就是对待工作要有激情，谋划工作要有思路，推进工作要有魄力，落实工作要有韧劲。建设青年中心不是一蹴而就的事情，建设过程中必须要有甘当苦力、埋头苦干的精神。只有保持奋斗的状态、保持一种韧劲，我们的工作才能得到很好的落实。

青年中心的建设是一项事关共青团工作和建设全局的全新工作，必须按照试点先行、积极稳妥、务求实效的原则，首先抓好试点。做好这项工作，农村是重点和难点，抓好农村青年中心的试点工作意义重大，任务艰巨。各级团组织要高度重视农村青年中心建设试点工作，举全团之力，常抓不懈，切实抓紧抓好。团的各条战线各个部门要密切配合，整合资源，齐心协力地推进农村青年中心建设。

赵勇在团十五届中央委员学习贯彻“三个代表”重要思想专题研讨班上的讲话

2003年9月25日，根据录音整理

同志们：在历时五天的团中央委员学习贯彻“三个代表”重要思想专题研讨班即将结束的时候，我代表书记处做一个小结，讲三点意见。

一、团中央委员学习贯彻“三个代表”重要思想专题研讨班取得了丰硕的成果

这次研讨班是把全团兴起学习贯彻“三个代表”重要思想新高潮不断引向深入，切实加强团中央委员会自身建设的一个重要举措。研讨班期间，周强同志做了重要讲话，郑科扬同志、雒树刚同志、冷溶同志做了精彩的专题报告。大家进行了热烈的讨论和集中交流。大家一致认为，这次研讨班办得很及时很必要，也很解渴、很开窍，为全团兴起新高潮注入了新的活力，也提供了新的动力，完全达到了预期的目的。昨天，六个组的代表在这里做了小组发言，对这个研讨班已经做了很好的总结。我再做几点补充。

这次研讨班，大家一致感到有几个突出的特点。一是学习的氛围很浓厚。委员们现在都在集中精力贯彻团的十五大精神，工作都非常繁忙，但是多数同志克服了很多困难，来参加这个研讨班，并且来了以后都静得下来，学得进去。有些同志通宵达旦在这里撰写论文，有的同志带病在这里坚持学习，还有六位同志在开班式之后请假回去参加人大常务会投票，又赶回来参加学习，确实表现了委员们勤于学习的良好精神状态。大家在这里学习，都聚精会神，专心致志，学习的氛围非常浓厚。二是学习的方式有所创新。大家一致认为，这次学习班把辅导和自学相结合，把学习和研究相结合，把理论和实际相结合。大家无论是在讨论当中，还是昨天的发言当中，都结合自己的思想实际和工作实际，对"三个代表"重要思想谈了自己深刻的认识。三是学习的目的很明确。从组织者的角度来讲，我们就是希望通过这个学习班，能够给全团作一个示范，树一个标杆。从每一个委员来讲，很多同志是带着问题、带着困惑来学的。昨天好几个同志发言讲，学习的目的是为了深化认识，是为了推进工作，是为了改造自己的主观世界。组织者的目的、学员们的目的都非常明确，也达到了预期的目的。

这次研讨班，大家一致感到有三个方面的主要收获。

1. 进一步深化了对"三个代表"重要思想的认识。把对"三个代表"重要思想的认识提高到一个新的高度，是全党兴起新高潮的一个基本要求和基本目的。通过学习，大家都普遍感到，"三个代表"重要思想的学习是常学常新，学了以后觉得得到了升华，受到了震撼，在以下几个方面有了新的认识，有了新的收获。

一是对"三个代表"重要思想产生的时代背景和实践基础有了新的认识。有的同志讲，"三个代表"重要思想到底是从哪里来的，过去有些模糊，这次通过听辅导报告，大家相互研讨，应该说思路理得很清楚了。它确实来源于时代的基本要求，来源于我们党和人民的实践，尤其是八九风波、东欧巨变、法轮功等重大事件，促使我们党产生的思考，特别是江主席讲的，这些重大事件，使他集中思考了怎么建设党的问题，怎么建设社会主义的问题。面对日益变化的形势，一个党如果没有与时俱进的理论，没有与时俱进的创新的实践，必然导致思想僵化，必然导致发展停滞，必然导致脱离群众，最后的结果就是自己垮台。

二是对"三个代表"重要思想这个科学体系有了新的认识。有的同志讲，过去有些认识，都是支离破碎的，从"三个代表"重要思想表述的三句话简单延伸出来，有这样那样的认识，没有把它作为一个完整的科学体系，脑子里面没有构架起这么一个理论框架。这次通过系统的梳理和辅导，以"六个贯穿"为骨架，即：贯穿了解放思想、实事求是、与时俱进这个精髓，贯穿了中国特色社会主义这个主题，贯穿了发展这个党执政兴国的第一要务，贯穿了社会主义物质文明、政治文明和精神文明协调发展的要求，贯穿了坚持党的先进性这个核心，贯穿了立党为公、执政为民这个本质，形成了一个基本的理论框架，感到收获很大。

三是对"三个代表"重要思想的指导意义有了新的认识。有的同志说，这个指导思想到底是我们党的指导思想，还是党建的指导思想，过去也存在一些模糊认识。通过学习，大家确实认识到了这是党和国家一切工作的根本指针，是全体人民共同奋斗的思想基础。这是认识上的一个进步、一个飞跃。

四是对"三个代表"重要思想与时俱进的理论精髓有了新的认识。大家都认识到"三个代表”重要思想是中国化的马克思主义，而且这个理论体系是开放的，不是封闭的，是不断前进的，而不是一劳永逸的。江主席在十六大报告里面讲得非常深刻，我们应该超越前人，后人也必然超越我们。“三个代表”重要思想还会与时俱进，还会不断发展。与时俱进的本质实际上就是与实践俱进，与真理俱进，与人民俱进。

2. 进一步增强了学习贯彻“三个代表”重要思想的自觉性和坚定性。学习贯彻“三个代表”重要思想对党员干部来讲，关键是要解决自觉性和坚定性的问题。自觉性和坚定性的本质是什么呢？就是解决理想信念问题和价值观的问题。这次通过学习，大家确实感到，“三个代表”重要思想回答了两大课题，即进一步回答了什么是社会主义、怎么样建设社会主义的问题，创造性地回答了建设一个什么样的党、怎么样建设党的问题。两大基本问题实际上是解决了我们的理想信念问题。大家还感到，“三个代表”重要思想既是改造客观世界的思想武器，又是改造主观世界的思想武器，实际上是解决了世界观、人生观、价值观的问题。有了这两个认识，我们就更加地自觉，更加地坚定。正如有的同志讲到，理论上的坚定和成熟才是真正的坚定，才是本质的坚定。我们这次学习，大家从立场、观点、方法论的角度，增强了自觉性和坚定性。

3. 进一步明确了以“三个代表”重要思想统领共青团工作和建设的思路。用“三个代表”重要思想统领团的工作和建设，这是周强同志在团的十五大报告当中提出来的。到底什么叫统领呢？统领就是把“三个代表”作为灵魂和主线，贯穿到共青团的工作之中，体现到共青团工作的方方面面。用“三个代表”重要思想统领团的工作，从本质上讲，是因为青年与“三个代表”的关系决定了我们必须用“三个代表”重要思想来统领。在学习当中，有的同志提出来，我们用“三个代表”重要思想统领团的工作，就是在部署工作的时候，要把“三个代表”重要思想作为一个方向；在推动团的工作的时候，要把“三个代表”重要思想作为动力；在检验团的工作的时候，要把“三个代表”重要思想作为标志。这些认识，都很鲜活、很深刻、很到位。统领团的工作，就是要把共青团组织建设成为“三个代表”重要思想的组织者、推动者、实践者。要用“三个代表”重要思想来分析不断变化的新情况，解决不断出现的新问题，指导团的工作和建设的新实践。用“三个代表”重要思想统领团的工作，从本质要求来讲，就是要把立党为公、执政为民真正落实到服务青年的全过程当中去。

总体来讲，这次研讨班为团中央委员进行了一次重要的理论武装，应该说，进一步增强了我们新一届团中央委员会的凝聚力和战斗力，为全团学习贯彻“三个代表”重要思想树立了样板，必将产生久远的影响。

二、把兴起学习贯彻“三个代表”重要思想新高潮不断引向深入

兴起新高潮，是全党的一项政治任务。胡锦涛总书记“七一”讲话之后，全党学习贯彻活动进入了一个新的阶段。共青团作为党的助手和后备军，在全党兴起新高潮的形势下，我们必须有新的作为，也可以大有作为。

2000 年以来，团的各级组织高度重视学习贯彻“三个代表”重要思想。通过这几年的理论武装，全团上下高度认同，形成了一些宝贵的经验；青年的思想也发生了新的变化，出现了很多新的气象，这都是我们进一步兴起新高潮的很好的基础。特别是当前全党非常重视，这为我们兴起新高潮提供了机遇。我们要抓住这个机遇来武装青年、教育青年，抓住了机遇，就能掌握整个工作的主动权，就能推动理论武装工作实现新的突破。。

兴起新高潮，我们总的想法要达到三个目的。一是要进一步增强亿万青年对党的信赖，坚定不移地跟党走中国特色社会主义道路。

二是要把广大青年的积极性和创造性最大限度地汇聚到全面建设小康社会的伟大洪流中来。三是要引导青年沿着“三个代表”重要思想指引的方向健康成长。总的目标，就是中央提出的两句话，认识上要达到新的高度，实践上要取得新的成效。怎么样达到这个目标呢？需要我们下苦功夫，要深入持久地抓，要有新的突破。

如何求得突破？我认为首先要解决一个表达方式问题。用什么样的表达方式让青年热爱，让青年自觉地认同，并且自觉地实践，实际上就是要解决一个方法论的问题。胡锦涛总书记提出新闻宣传要贴近群众、贴近实际、贴近生活。从本质上讲，就是方法论，就是表达方式，只有贴近群众的方式，贴近生活的方式，贴近实际的方式，才会有说服力，才有穿透力，也才有震撼力。我们的理论武装工作就是要在表达方式上有创新、有突破。从理论武装的方法论的角度来讲，我们要在以下几个问题上有新的认识。

1. 从理念上讲，要尊重青年的主体地位，尊重他们的主体意识，要多来一点换位思考，摒弃过去那种我讲你听的方式，把他们内在的积极性充分地调动起来、挖掘出来。要多用一些青年的语言、青年的认识去教育青年，去引导青年，让他们有些认识从他们的生活和实践中来，很鲜活，很深刻。要提倡向青年学习。

2. 从方式上讲，要强调团组织与青年的互动。团干部要到青年中间去，发表生动的演讲，倾听他们的呼声，有针对性地解决他们的问题。我记得，耀邦同志讲过，做青年工作要做好两件事情，一个就是一年集中做几件党政关注、青年满意的实事，做几件就行；另一个就是团干部经常到青年中间去发表演讲，讲完以后，那个地方的青年讲，让青年相互交流、相互学习。同时，要让青年骨干和普通的团员青年互动起来。光靠我们几个团干部恐怕解决不了什么问题，要强调组织与个人的互动，青年与青年的互动，青年骨干与青年的互动。

3. 从形式上讲，要坚持传统的好形式，在新的形势下，我们要更多地运用现代的手段。很多媒体都说现在的青年是看碟的一代、网络的一代、视频的一代。这说明这一代人的生活确实离不开这些东西。在他们离不开的这些传媒当中，如果有我们鲜活的理论武装的引导，就会在广大的面上对青年产生深刻的影响。

4. 从对象上讲，要区分层次，对不同层次的青年提出不同的要求，对不同层次的青年采取不同的办法。

5. 从评价上讲，要坚持实践标准。兴起新高潮，理论武装青年，最终的结果会体现在青年的作为和贡献上面，要用青年的作为和贡献来评价理论武装的成效。

为了不断兴起新高潮，团中央书记处根据中共中央关于在全党兴起新高潮通知的精神，研究决定以这次研讨班为起点在全团开展一项主题活动，就是“兴起新高潮，创造新业绩”。要以这个主题教育活动为主要的载体，把兴起新高潮真正做实，不断引向深入。这个主题活动主要包括八个方面的内容。

一是要大力加强团干部的理论学习和培训。兴起新高潮，团干部是关键。对于团干部来讲，就是要全面系统地学习掌握“三个代表”重要思想，努力成为坚定的马克思主义者，成为“三个代表”重要思想的忠实实践者、组织者和推动者。对于团干部的要求，相对来说是一个比较高的要求，这次团中央委员会已经带了一个好头。我们要按照分级培训、分类实施的原则，充分发挥团属院校的作用，层层举办培训班、学习班、读书班，开展大规模的集中系统的思想培训。团中央提出年底以前要确保全国18万专职团干部都得到一次培训，要不留死角。原则上各省级团委要对县以上团委班子成员，部分乡镇团委书记，大中型企业、大中专院校团委书记进行培训。各地市团委和团县市委要对乡镇和各条战线的基层团委、团总支、支部书记进行培训。各级团组织的一般干部，主要由本单位负责组织培训。在这个班上，团中央书记处的全体同志自始至终跟大家在一起学习，几场专题报告，团中央机关的全体干部都来听了。10月份，团中央的所有同志都集中起来，还要办三天的专题研讨班。

二是重点抓好青年学生的理论武装工作。青年学生是理论武装的一个重点群体。对于大学生来讲，我们的要求是，帮助引导他们树立正确的世界观、人生观、价值观，树立实现中华民族伟大复兴的远大理想，坚定跟党走中国特色社会主义道路的信念。11月份，团中央要联合中宣部、教育部、解放军总政治部召开全国大学生学习贯彻“三个代表”重要思想经验交流会，这是一个非常重要的会议。要以这个会议为牵动、为契机，进一步推动青年学生理论武装工作。要发挥共青团的优势，落实“五抓”。抓骨干，要培养一批学生骨干。抓实践，深入开展三下乡、四进社区、志愿服务等活动。抓活动，抓校外的科技文化各种活动，在活动中学习实践“三个代表”重要思想。抓理论学习社团，现在理论学习社团在大学里面是风起云涌，是一种自主组织形态，确实体现了青年的自主性。因为社团的牵头人都是普通学生，他们自己有兴趣组织起来，本身就很有凝聚力，学习就很有自觉性。抓网络，发挥高校网络的优势，把学习教育活动做得深入扎实。

三是要引导各条战线的青年骨干认真学习实践“三个代表”重要思想。对青年骨干，我们的要求是，要引导他们结合思想和工作实践，加深对“三个代表”重要思想的理解和把握，在推动先进生产力和先进文化的发展中做贡献，脚踏实地地为人民谋利益，为其他青年起到示范和带动作用。共青团组织联系着各个方面的青年骨干，青年联合会、各类青年协会、青年社团广泛联系着各类优秀青年。我们要发挥优势，把这些骨干组织好、引导好，尤其是要引导他们到群众中去，到实践中去，领会“三个代表”重要思想，实践“三个代表”重要思想。要大力组织博士服务团，青年科技专家服务团，尤其要推广上海、辽宁的一些经验，组织青年理论工作者下基层。这些理论工作者在下基层接触群众的过程中感慨万千，觉得“三个代表”确实指导党的实践，指导群众的实践，确实有威力。这种办法对青年骨干，尤其对理论工作者是非常有效的。我们还想在总结经验的基础上，与有关部门合作，组织青年理论工作者下基层，可以做成一个品牌。

四是要在广大青年团员中广泛开展丰富多彩的教育活动。对基层广大团员青年，我们要通过多种形式，使他们对“三个代表”重要思想有基本的认知和普遍的认同。有基本的认知和普遍的认同，就基本达到目的了。

对不同的青年群体提出的要求是不一样的，目的是引导他们在“三个代表”重要思想指引下，立足本职岗位，为全面建设小康社会贡献力量。团中央准备尽快编辑出版青年学习贯彻“三个代表”重要思想读本，针对青年的一些思想、工作当中的问题，非常鲜活地给他们做出解释，做出解答。各个地方也要采取多种方式，向广大青年进行宣传。比如，通过文化广场的方式，通过文艺宣传队的方式等等。浙江最近搞了100场文艺宣传，内容都是“三个代表”重要思想，搞得很鲜活，效果非常好，很受青年欢迎。

五是要积极利用互联网，加强对网络青年的教育引导。当前6820万网民，绝大多数是青年。调查表明，有很多青年网民，因为有了网络，基本是不看报、不听广播，也不看电视，就在网上掌握世界的动态，掌握各种信息。我们必须占领网络这个阵地。周强同志一直讲，要让团旗在互联网上高高飘扬。我们就是要把共青团的政治优势、组织优势凝聚成网上的优势。现在这个优势应该说还没有完全形成，我们都在努力。掌握网上的优势，关键是抓住这么几条:(1)把我们自己的网站办得有吸引力,办得很鲜活,很生动。(2)通过网上的丰富多彩的活动,把青年引导到我们的网站,凡是团属的网站,在主页上,都要有学习贯彻"三个代表"重要思想的专题网站或主要页面,要很直观,有冲击力。(3)要和社会的网站做好链接,要跟新浪网、人民网、新华网这些重点网站,尤其是搜狐、新浪这些青年网民比较集中的几个大网站做好友情链接,跟他们互联互动起来。尤其是大学里面,很多网站都是我们高等学校的团委直接操纵和掌握的,要把 BBS、聊天室办得很有影响力和正面的引导力,我们的团干部要发挥引导作用。

六是要大力推出学习贯彻"三个代表"重要思想的青年典型和工作典型。团中央宣传部和有关部门要重点挖掘这两年多来和下一步学习贯彻"三个代表"重要思想的集体典型和个人典型。典型的力量是无穷的,树立典型,仍然是共青团有效的工作方法。大家知道文学锋现象在青年当中,尤其是大学生当中,产生了很好的反响。我们要推出更多的文学锋,还要推出更多的基层团干部,这样来树立标杆,影响一大片。

七是要充分发挥团属新闻舆论阵地的积极作用。在这次报刊的清理整顿过程当中,党中央对共青团的媒体给予了格外的关注,我们不在清理整顿之列,这给了我们发展的契机和新的空间。我们要把团属新闻出版事业在坚持正确舆论导向的基础上做强做大。团中央最近就直属新闻出版单位坚持导向、加快发展的工作,专门召开了工作会议。团中央现在所属的报刊是 42 家,最近还可能再接收两家,一共是 44 家。我们要发挥媒体的优势,营造广大青年学习贯彻"三个代表"重要思想浓厚的氛围,围绕胡锦涛总书记在"七一"讲话中提出来的 14 个问题,组织一些生动的理论文章,进行有说服力的报道。

八是要努力探索建立学习贯彻"三个代表"重要思想的有效机制。有了好的机制,就可以调动大家的积极性,调动组织的积极性,调动青年的积极性。(1)要把学习贯彻"三个代表"重要思想纳入到团的自身建设当中,即纳入的机制。要建立健全各级团组织领导班子中心组学习制度,中心组学习的重要内容是学习贯彻"三个代表"重要思想。团中央书记处定期开展中心组学习,就"三个代表"重要思想,中心组已系统地学了 5 次,每一次都有新的收获,都有新的系统的认识。要把学习贯彻"三个代表"重要思想与班子的思想政治建设和班子的考查、评判有机地结合起来。(2)要把学习贯彻"三个代表"重要思想纳入到团的各项特色活动当中。活动是共青团的一个特色,也是组织活力的集中体现。我们开展的各项活动,都可以和"三个代表"重要思想找到有机的结合点。比如,我们组织大学生志愿服务西部计划就是动员青年学生响应党和政府的号召,到基层去,到艰苦的地方去,就是为人民办实事,就是践行"三个代表"重要思想,大家觉得很生动。我们还要积极探索把"三个代表"重要思想和保护母亲河、青年文明号、中国青年创业行动、青年科技创新等活动结合起来。学习贯彻"三个代表"重要思想涌现出来的先进典型,我们可以把它作为评选十大杰出青年、五四青年奖章、青年文明社区、创建五四红旗团委等活动的一个重要依据。(3)要把学习贯彻"三个代表"重要思想纳入到团的阵地建设当中。我们现在有 2200 个青年宫,1500 个少年宫,还有若干青年阵地,还要建很多的青年中心。这些团属青少年活动阵地、教育基地、青年中心都要有学习贯彻"三个代表"重要思想的专栏、板报,甚至一些生动的宣传形式。如果这样做起来的话,有那么多青年每天到那个地方去,能够感到、看到这些东西,对他们本身就是一个引导,对社会也是个昭示,可以说是一道亮丽的风景线。(4)要把学习贯彻"三个代表"重要思想纳入到各级团校的教学计划当中。我们团校每年培训的人将近10万人次，如果把“三个代表”重要思想纳入到团校的基本教学计划，至少我们每年可以对这10万人产生直接的教育和引导作用。

总的讲，把“三个代表”重要思想学习好、贯彻好、落实好，是一项长期的政治任务。团的各级领导机关，特别是团的各级领导干部，责任重大，要切实加强对这项工作的领导，制定周密的计划，采取有力的措施，确保各项工作落到实处。团中央下一步要对各地的学习贯彻活动进行督导，还要组织检查团，到各个地方进行检查。在适当的时候，团中央要召开总结表彰大会，对在“兴起新高潮、创造新业绩”主题教育活动中涌现出来的先进集体和先进个人进行表彰。希望我们全团上下，从团中央委员会开始，按照胡锦涛总书记“七一”讲话的要求，抓住当前这个有利时机，把学习贯彻“三个代表”重要思想新高潮不断地引向深入。

三、以与时俱进的科学理论指引与时俱进的中国青年运动

综观八十多年中国青年运动波澜壮阔的历史，始终是以与时俱进的理论作为指导，不断前进和发展的。八十多年的青年运动可以说就是在与时俱进的理论指引下不断前进的历史进程。中国青年运动从诞生的那一天起，就和马克思主义紧密结合在一起。马克思主义在中国的传播，催生了伟大的五四爱国运动。马克思主义中国化的每一次飞跃，都为中国的革命注入了强大的活力，也为中国的青年运动注入了强大的动力。“三个代表”重要思想作为与时俱进的科学理论，与青年运动的结合，必将推动中国青年运动在新的世纪谱写新的篇章，焕发出新的异彩。可以说，这是八十多年来的一个基本脉络和基本结论。怎么样用与时俱进的理论指引与时俱进的青年运动，我想谈五点认识。

1.“三个代表”重要思想是与时俱进的科学理论。“三个代表”重要思想既继承了马列主义、毛泽东思想、邓小平理论，又发展了马列主义、毛泽东思想、邓小平理论，它本身就是与时俱进的产物。在学习过程当中，大家已经有了深刻体会。这个理论的精髓是与时俱进，因为它是一个开放的体系，是在发展中诞生的。同时，这个理论指导着我们新的发展。我们讲它的精髓是与时俱进，实际上是讲三个层面，发展中诞生的理论；这个理论指导着新的发展；实践的发展必将推动理论实现新的发展。“三个代表”重要思想理论是坚持与时俱进的典范，反映了当今中国和世界发展变化的新要求，反映了这个时代的新要求，对社会主义的规律、我们党的执政规律、人类社会发展的规律的认识达到了新境界。它是一个适应时代发展要求的科学结论、科学判断、科学体系。

2. 青年运动是与时俱进的社会运动。回顾青年运动的历史，我们能够清楚地看到，青年运动从来就是与时俱进的社会运动的一部分，尤其是在改革开放和市场经济条件下，青年运动所表现出来的与时俱进尤为明显，尤为深刻。我们看青年运动的与时俱进，首先是这个运动的主体是与时俱进的。青年运动的主体是青年，青年这个群体深深地打上了时代的烙印。当代青年是伴随着改革开放一起成长的，有人概括成这一代青年是爱国的一代、是开放的一代、是务实的一代、是自主的一代、是学习的一代、是网络的一代、是创新的一代、是流动的一代，表现出鲜明的时代特征。同时，青年运动的内容是与时俱进的，价值取向也是与时俱进的，过去的取向是革命的取向，要砸烂一个旧的世界，建立一个新的世界。现在的价值取向是建设，我们已经进入了一个建设的年代。青年运动的内容已经由破与时俱进到现在的立，由革命与时俱进到现在的建设，这是深刻的变化。青年运动的形式也是与时俱进的，过去更多的是群众运动，现在是丰富多样的，是群众性、社会化的青年运动。如果说过去是一元化，那么现在是多元化的。无论是从运动的主体，还是内容，还是形式来看，青年运动都是与时俱进的。

3. 两个与时俱进之间存在着必然的内在联系。理论是与时俱进的，青年运动是与时俱进的，这两个与时俱进之间存在着必然的联系。这次讨论当中，有的团干部提出来，“三个代表”与青年，“三个代表”与共青团到底是什么关系？我们为什么要用“三个代表”重要思想来统领团的工作，为什么要用“三个代表”重要思想来构筑当代青年的精神支柱。这种必然联系表现在以下几个方面。从根本上讲，党要始终做到“三个代表”，必须掌握未来，必须掌握青年。这是从我们党的角度来讲，这是一个必然的要求，关系到党的基本路线一百年不动摇，关系到“三个代表”能不能长期地坚持，关系到我们党是垮台还是长期执政。一个政党不掌握青年，不掌握未来，必然要脱离群众，脱离主流，最后的结果除了垮台，没有别的选择。再一个必然就是青年本身。青年总是跟着先进力量走，因为青年的特点决定了总是自觉地选择先进的力量、拥护先进的力量、融入先进的力量、推动先进的力量。今天，“三个代表”重要思想就代表着先进的主张，代表着时代先进的力量。青年只有用“三个代表”重要思想武装起来，才能真正汇入到全面建设小康社会的时代洪流当中去。第三个必然是从青年运动的角度来看。与时俱进的理论之所以能够推动与时俱进的青年运动，实际上是由党的领导所决定的。中国青年运动历来就是中国共产党领导的社会运动的一部分，从来都是在党的领导下成长、进步、发展的。因此，党的指导思想应当充分地体现在青年运动当中，从而推动青年运动的发展。总之，与时俱进的科学理论只有和与时俱进的青年运动紧密地结合在一起，才能焕发出巨大的生机与活力；青年运动只有和与时俱进的科学理论紧密地结合在一起，才能有正确的方向，才能肩负起时代赋予的历史使命。

4. 如何用与时俱进的理论指导与时俱进的青年运动。就是要做到六个贯穿其中，即要把党的领导贯穿青年运动其中；要把走中国特色社会主义道路的信念贯穿其中；要把高举爱国主义的旗帜贯穿其中；要把全面建设小康社会，实现中华民族伟大复兴的主题贯穿其中；要把青年健康成长的道路贯穿其中，同人民紧密结合，为祖国奉献青春；要把竭诚为青年服务贯穿其中。

5. 坚持解放思想，实事求是，与时俱进，开创共青团工作新局面。周强同志在团十五届一中全会上以立足新起点、谱写新篇章为主题，就如何创造新业绩、开创新局面作了系统的部署。在前不久召开的团中央工作会议上，周强同志又做了重要讲话，就共青团下一阶段工作的总体格局做了深刻的阐述。应该说，怎么样开创新的局面，大的思路和框架都有了。借着今天这个机会，我根据书记处的要求，强调三项重点工作。

（1）关于青年中心的建设。我们所讲的青年中心，是指在城乡基层团委的领导和指导下，以城市社区和乡镇为依托，以35岁以下的青年为主要服务对象，以服务青年成长发展为基本目标，以现代信息传媒技术为主要服务手段，建立的一个新型社区青年组织。我们讲青年中心，不是青年之家，不是青年的活动中心，不是团组织，也不是青年联合会，它首先是一个社区青年自组织形态，是前所未有的。建设青年中心，是团的十五大工作报告里面提出来的，得到了大家的认可，尽管实践的时间不是很长，抓了一些试点，已经初步显示出它的生命力和活力。下一步，我们要集中全团的力量，把青年中心建设真正抓起来。我在这里强调四个方面。

第一，对团中央委员会的同志来讲，首先要认识到青年中心不是可搞可不搞，而是非搞不可。为什么非搞不可呢？这是从目前我们所处的环境和共青团面临的矛盾、这么多年实践经验的总结中得出的一个基本判断。从服务大局的角度来讲,我们怎么动员亿万青年更好地服务大局,现在确实对广大青年缺乏这种动员的手段。要通过建青年中心,通过这种社区组织把更广泛的青年凝聚起来,让他们参与到三个文明建设之中,来更好地服务大局。从服务青年的角度来讲,通过青年中心这个终端,直接面对青年。浙江的同志讲,叫提供菜单式的服务,这个青年中心里面有若干的服务项目,青年可以去选择,中心还联络了外面的一些商家,用青年卡的方式把它连接起来,为青年服务。在青年中心这个地方找到了一个支点,找到了一个落脚点,服务青年就落到了实处,就有了一个依托。从团的组织建设来讲,我们抓了这么多年的基层组织建设,留下来的东西不是很多。我们抓青年之家,抓了多少回合了,现在剩了没有几个。我们抓团支部建设,整了又瘫,瘫了又整。现在就团抓团,就基层抓基层,抓不起来。我们现在用一种开放的思路,一种开放的组织,这个组织既不是团的组织,又不是青年联合会。团组织只有28岁以下的团员才能进来,青年联合会是一些青年代表人物才能进来,而青年中心这个组织是面向所有青年的,35岁以下所有青年都能以会员制的形式参与其中,团委在里面发挥核心作用,又不是偏离共青团的。这个组织是一种自组织形态,共青团可以配套建设,从而增强共青团的整体实力。从世界范围来看,组织的转型有三大趋势:一个是组织的扁平化,减少中间环节,直接面对工作对象,比如松下公司的扁平化管理,政府职能部门的一站式办公,都是直接面对职工和老百姓。另一个趋势就是服务型,美国最早提出建服务型政府。我们作为一个群众组织,更要强调服务,青年中心就是一个服务型组织。第三个趋势就是网络化,任何一个组织都不可能孤立地存在,总是有一个物理的网络,上下左右贯通。同时利用英特网,一个物理网,一个虚拟网,有机地结合起来。青年中心开始在一个一个乡镇建起来,是相对独立的,一旦建立起来之后,今后会自然地形成一种网络和功能的互补,资源的共享。

第二,重在创新。我们搞的青年中心不是过去搞青年之家的路子,不是搞几间房子,搞几个乒乓球台就叫青年中心,也不是把过去的一些活动阵地换个牌子,新瓶装旧酒,如果这样搞,又走到过去的老路上去了。关键在创新,创新的核心是组织的创新,首先要建立起一个新型的青年组织,把这种新的组织形态建立起来,在这个前提下进行配套建设,我们现在的做法叫七个一,即一个组织,一个网络平台,一个青年骨干,一个依托,一套服务项目,一个全国的章程,一套全国统一的标识。大体上现在就这么一个标准,这个才叫青年中心。当然各地情况不同,并不强求一律,重在创新。

第三,突破难点。现在看到的难点是两个,一个是法律地位,一个是运行机制。法律地位问题,我们做了初步的研究,法律定位就是一个社团法人,在当地县民政局或城区民政局登记就行了,有独立的法人地位。机制上的一个难点就是要解决建起来以后能够长期地运转的问题。当然这里面要解决人的问题,要解决钱的问题,等等。人的问题,主要是通过大学生志愿者的方式,来解决骨干的问题,我们这次派了6000人,加上地方派的一共是9652人,他们多数都兼了乡镇的团委副书记,如果青年中心建起来,他们都可以在青年中心里面做主任或副主任,发挥骨干作用。当然还可以通过别的方式。钱的问题,服务项目可以采取市场运作的方式,可以搞社会募集或微利的服务,让项目能够维持自身的运转。还可以争取当地政府适当地有一点补贴,会员交一点会费,多种方式来解决这个问题。

第四,因地制宜。一切从实际出发,不搞一刀切,不搞一哄而起。周强同志在工作会议上强调要鼓励试,鼓励闯,允许看。这就是实事求是,一切从实际出发。我们讲的这个建设模式只是大体思路，在实践中还要不断地去深化我们的认识，完善我们的认识。在建设的模式上，在解决这些难点的问题上，鼓励各地大胆探索，尊重基层的首创，尊重青年的创造，但是，我们要说一句话，不能以各个地方经济上的差别掩盖工作的差别。我们讲实事求是，不是可以站着不干，这是全团的一件大事情。

（2）关于青年文化。团的十五大就青年文化建设做了专门的论述，十五大报告里面讲的青年文化，不是讲的一种亚文化，不是讲具体的企业文化、乡村文化、校园文化等，而是讲青年的一种主流文化，是讲的能够体现青年特点，反映时代要求的制度或思想的一个结合体，是一个大文化的概念。青年文化在一定程度上讲，是一种主流文化。它跟先进文化的关系，在一定程度上讲，是一种先锋文化。青年文化的内涵可以从这几个方面来表述，青年文化的指导思想是“三个代表”重要思想，青年文化的主要任务是文化育人，青年文化的主要内容是群众性的文化实践，青年文化的基础是不断发展着的文化事业和文化产业，青年文化的主要组织者是共青团。

大力发展青年文化是一个十分重要而又紧迫的课题。首先从国际的层面来讲，西方的文化渗透从来没有停止过，并且现在渗透得越来越厉害。美国推销到全世界的不是农产品也不是工业品，是美国的文化。美国现在出口产品当中，最大的是军火，第二位就是文化，文化产品。所有的出口额当中，美国的文化产业在 GDP 里面占到 29.7%，我们才占 2.2%。最近的韩国文化、日本文化对大学生都产生了很大的影响。在世界范围内文化相互激荡面前，我们的青年文化如果对青年没有吸引力，没有震撼力，我们就会成为别人的俘虏，西方对我们的和平演变真有可能得逞。

从国内的情况来看，胡锦涛总书记在第七次政治局集体学习会议上把先进文化的建设提到了前所未有的高度，强调社会主义先进文化凝结着中华民族伟大的生命力、凝聚力和创造力，是贯彻落实“三个代表”重要思想的必然要求，是全面建设小康社会的必然要求，是经济社会发展和人的全面发展的必然要求。青年文化在先进文化当中最具有成长性，最具有创造性，最具有活力，具有不可替代的作用。我们要把青年文化做大，在先进文化里面提高我们的贡献率。

从共青团自身来讲，党交给我们的任务是培养“四有”新人。本质上讲，人是文化的产物，我们培养“四有”新人，就要举起文化育人的旗帜，确立文化育人的理念。从青年自身的角度来讲，青年对文化的需求大幅度上升，上海的一个调查，青年的文化需求在整个收入里面占了 37%。青年的文化需求急剧地上升，他们自身的成长受文化的影响又越来越大。怎么样创造一个青年成长的良好环境呢？我们必须大力发展青年文化，用先进的青年文化为青年成长创造一个好环境。

如何发展青年文化？首先强调一下套路的问题。讲套路就是强调三个特色。一个是共青团的特色，青年文化要有共青团的特色，共青团的特色是什么呢？就是我们是有理想的，我们是有旗帜的，青年文化是要渗透我们共青团的理想、信念和价值观的，我们搞的青年文化不是简单的吹拉弹唱，要有一个深刻的理念把它穿在一起，有了魂，才能给大家以震撼，给大家以凝聚，给大家留下深刻的印象。第二个特色是要有时代特色。青年文化是跟时代发展联系在一起，因此要有时代特色。时代特色的本质是什么呢？就是要找到新的表达方式，去打动人，说服人。实际上我们讲时代特色就是研究表达方式的问题。同样的一个命题，用不同的表达方式收到的效果是截然不同的。第三个特色就是青年特色。就是求知求乐求新。青年文化要满足青年求知求乐求新的需求从而引导潮流、引导时尚，才有引导力。

我再强调一下打法。共青团抓青年文化确实是一个优势，我们也有很多积淀，今天我们要把青年文化做成一个工程，搞成一个品牌，做成一番事业。首先要坚持两手抓，一手抓精品，一手抓群众性的青年文化。群众性的青年文化我们有一些基础，还要提升。精品方面，我们要下很大的功夫。初步设想是每一个月要推出一个青年文化精品，影响青年，甚至在全社会产生影响。我们要搞卖座率很高的青年电影，搞影响很大的电视剧，搞在青年当中传唱的青年歌曲，搞很有影响的报纸里面的重点栏目，还跟青海卫视合作，搞青年喜闻乐见的电视栏目，还要在网站上办精品网站等等。第二个打法就是既要充分利用组织的手段，又要充分利用市场的手段。组织的手段我们运用得还是比较充分的，市场手段运用得不够。我们现在要更多地运用市场手段，整合社会资源。比如，搞电视剧，不一定团中央拿钱，找到了好的脚本，可以联系青联委员，联系一流的作家，找到一流的脚本，募集社会资金，委托某一个文化公司来做，或联合某一个文化公司来做，就完全可以做起来。比如搞一个五四晚会，把它搞成精品，全国青年到了五四这一天，都想看这台晚会，而这台晚会就渗透着我们的价值观和我们的理念。当然，这要靠市场手段来运作。

(3)关于大学生志愿服务西部计划。这件事情确实是我们全团做的一件大事，也是一件很有生命力的事情。我们用了很短的时间，做成了这么一件在全社会产生了巨大影响的事情，显示了共青团组织巨大的力量，这也说明当代青年充满理想，充满激情，很有责任感。关键是我们怎么去动员，怎么去挖掘这种积极性。

这件事情给了我们很多的启示，我们现在看这件事情，更多的不是从就业的角度来看，确实是从培养青年，培养优秀青年人才的角度来看。青年应该怎么成长，应该怎么发展，有它自身的规律。青年通过一到两年的志愿服务，增强了责任感，了解了国情，增进了与人民群众的感情；磨炼了意志，增长了才干，为自身的成长发展打下了很好的基础。所以现在社会上很多人，包括很多企业家都觉得这些大学生是有社会责任感的人，希望以后招用他们，一些政府部门也表示从他们之中招一部分做公务员。同时志愿服务也是人才配置的一个重要途径，一个方式的探索。我们讲解决西部的人才问题，要用综合的手段，市场手段只是一种，我们使用非市场的手段，靠理想动员青年，靠我们这个组织的感召力，靠一代人的理想和责任感。当然，也为解决就业，阶段性的就业，开辟了一个渠道，为下一步他们就业提供了平台，这个方面也是有重要意义的。

大家要看到，这个事情是一件很重要的事情，我们下决心要在党中央、国务院的领导下，在有关部门的支持下，长期做下去。今年是第一年，非常关键。现在人都下去到岗了，下去的时候，场面令人感动。下去以后就不是感动所能解决的问题了。我们要切实做好几项事情。

一个是要发挥他们的作用。要把他们放在乡镇放到基层，找到合适的岗位。按照文件的要求，除了具体的教育、科技工作之外，都要落实相应的管理职务，给他们更多的锻炼机会，给他们平台。同时，对确实安排得不合适的，还要及时做出调整，真正让他们学以致用，能够发挥他们的聪明才智，这样才能够凝聚他们，才能够在事业当中锻炼他们，造就他们。不要弄得无所事事，不要把他们作为一个花瓶摆在那个地方。

二是要搞好服务。现在已经暴露出一些情况，在体检的过程当中，有的学生有病需要就地治疗。有的学生下去以后，到一些偏远的乡镇生活确实很不方便，生活上有很多困难。还有的人在乡镇里面现在不能及时拿到补贴、保险，人身保险也没有及时办好。这些问题，都需要我们服务到位。各级团组织确实要动真感情，明确严格的岗位职责制，为他们排忧解难。发现了问题，要及时处理，重大的问题要及时报告，尤其要保证他们的安全。安全决不能出事，出了事情，那就是大事情了。总之，一定要把工作做细、做精、做实。

三是要形成合力。东部省份送出去决不是万事大吉，仍然负有责任，要做些跟踪服务，可以做一些走访，了解他们的所思所想，了解他们的工作情况。如果有困难，东部地区条件好一点，可以帮助解决这个困难。东部西部大家携起手来，形成合力，把这件事情做好。

四是要总结经验。既然我们要把这件事长期做下去，从现在开始，就要及时总结经验。确实这个里面有很多的问题需要我们去探索。怎么形成机制，这个协议怎么样，是否有约束力。他们服务期快满的时候，怎么样让他们真正找到好的就业岗位，在全社会增强说服力。整个过程当中，这套机制包括管理，包括服务，包括平时的经常性联系，包括法律的约束，包括就业，都需要我们很好地探索和总结。

强调这三项工作，不是其他的工作就不重要，就不是重点，因为这三件事情现在摆在全团面前，需要全团来共同使劲。其他的重点工作，要按照我们过去做过的部署，青年志愿者、青年文明号、中国青年创业行动、中国青年科技创新行动、青年文明社区创建、农村青年增收成才行动等等，都要按照已经做过的部署和要求扎扎实实地稳步向前推进。

同志们，团中央委员会是全团的最高领导机构，党中央对我们寄予殷切的希望，亿万团员青年对我们寄予厚望，本届委员会的同志们又处在一个新的历史起点上，我们更感到使命更加神圣，责任更加重大。我们要以“三个代表”重要思想为指导，在以胡锦涛同志为总书记的党中央坚强领导下，不辱使命，不负重托，创造新业绩，开创新局面。

赵勇在全国城市青年中心建设工作会议上的讲话

2003年10月24日

建设青年中心是周强同志在团十五大报告中提出的一项重要的战略举措。团十五大以来，全团上下对青年中心的建设高度关注，多数省市都已经开展了试点工作。在短短的几个月时间里，基层的同志们做了很多积极的探索，摸索了新的经验，一些社区的青年中心已经初步体现出了我们所要创造、追求的青年中心的雏形。这些探索虽然还是初步的，但十分宝贵。大家对建设青年中心进一步达成了共识。昨天下午我们参观了杭州市的闸弄口街道、紫阳街道和文新街道的青年中心建设。试点工作的总体感觉是，青年中心这一新生事物逐渐显示出了其强大的生命力。但是也要看到，建设青年中心是一项全新的探索，在工作中、认识上还存在一些这样那样的问题，这也都是正常的。这次会议就是要总结前一个阶段试点的经验，研究下一步怎样把青年中心的建设由点到面，逐步展开。

下面，我结合试点工作情况和同志们比较集中关注的问题，谈四点意见。

一、准确把握青年中心的性质

认清青年中心的性质，关系方向，关系全局，是一个带有根本性的问题。认识一旦发生错误，就会差之毫厘，失之千里。从各方面反映的材料和与同志们的接触交流中，我感到在试点的过程中，一些同志在认识上还有偏差。当然，这毕竟是开始，认识需要有一个不断提高、不断深化、不断统一的过程。

要看清楚什么是青年中心，首先我们要澄清几个模糊认识。也就是说，首先我们必须明确什么不是青年中心。有“四个不是”。

第一，青年中心不是青少年活动阵地。现在一些地方把青年中心作为一个阵地来建设，仅仅是建房子，买桌子，添置设施，这不是青年中心。过去各级团组织搞过很多活动阵地，比如青年之家、青少年科技文化读书站等等，现在所剩无几，作用也不大。一般地讲，青年中心需要有自己的阵地，但仅仅有阵地不等于就建起了青年中心。我打一个形象的比方，团中央有办公大楼，其他部委也有办公大楼，光说有办公大楼，里面有食堂，里面有电脑，那团中央和别的部委有什么区别呢？所以说，光从办公大楼这个角度是看不出来区别的。现在很多地方的社区中都有活动阵地，除了共青团的以外，其他部门也有阵地，那这些活动阵地有什么区别呢？活动阵地本身，并没有带有性质的规定性。阵地只是一个硬件，一个外壳，一个必要条件。关键是内容，内容不同，内涵不同，才决定了性质不同。

第二，青年中心不是团组织。团组织只能是团员才能参加，青年中心不仅是针对团员的组织，是面向全体青年的，是所有的青年都可以参加的组织。

第三，青年中心不是团建创新或团组织延伸。团建创新是在团的基层组织建设范畴进行的创新，青年中心不是团组织，而是一个青年组织。团组织的延伸，是把团组织的手臂伸长了一些，是量的变化，而青年中心却是质的变化，这个质的变化，归根结底，仍在于它是一个青年组织。

第四，青年中心不是青年联合会。首先的区别在于，青年中心是建立在基层的社区青年组织，但是青年联合会是不能往基层建的。这是一个十分明确的政策界限。还有一个重要区别，参加青年联合会的青年，主要是各方面的优秀代表人物，这些人总归是青年中的少数。而青年中心是所有的青年都可以参加，是对三亿五千万青年敞开大门的。

排除了这四个东西，大家就更加能看得清楚什么是青年中心。那么，青年中心到底是什么呢？从目前的认识看，可以这样概括：青年中心是为促进经济社会和人的全面发展而自我组织，自主管理，服务会员，服务社区的新型社区青年组织。

研究一下中国社会组织形态的发展历史就会发现，这样的社会组织是从来没有过的。过去在社会发展的局部环境、个别群体中，曾有过一些群众的自发组建、自我管理的组织，比如农村的花卉协会、养殖协会、蔬菜协会。但是我们在社区建立的这样一个覆盖全体青年，自主管理、自我服务的青年组织，这是从来没有过的。因此，从这个意义上说，建设青年中心的确是一个新的创举。这一创举，体现在四个方面，有四个“新”。

1. 新的组织形态。从组织形态上看，世界上各类社会组织有两种，一种是压力型，一种是自主制。压力型组织是自上而下建立的，一般来讲有严密的组织网络构架。而自主制组织没有上下层级关系，也不需要联网的。党组织、团组织属于压力型组织，是自上而下建立的。而青年中心是自主形态。它不是从中央到地方一级一级建立的，不需要团中央建立一个青年中心，省级团委建立一个青年中心，再层层往下建，一直到基层。不仅不需要这样做，而且也是绝对不能这么做的。这么做，实际上就形成了一个独立的全国性的青年组织，这在政治上是不容许的。青年中心也不需要自上而下联网。青年中心作为自主形态的组织，其自主性体现在四个方面。一是会员可以自由加入和退出，35 岁以下的所有青年都可以加入，也可以随时退出。二是组织架构由会员选举产生，有些类似村民委员会，它就是一种自主制，通过选举产生领导成员和组织架构。三是不以盈利为目的，不能把青年中心建成企业，或者是事业单位。四是每个青年中心都有独立的法律地位，这个法律地位就是，青年中心是社会团体，从法律上定位是社团法人。

2. 新的管理形态。青年中心具有新的管理形态，新在哪里呢？体现在两个方面。一个方面是，实行扁平化的管理。现在世界上组织转型有三大趋势，一是扁平化，二是服务型，三是网络化。青年中心是适应了这个趋势的，是直接面对青年服务的，没有中间层次。比如我们昨天在杭州几个青年中心看到的，青年中心的工作人员直接面对社区的每一个青年，直接开展服务，发青年卡，搞网络培训，搞文化服务，完全是扁平化管理方式，而不是分成多少个层次的。还有一个方面是，青年中心实行自主管理。什么叫自主管理？一个重要的体现就是团组织和团干部不参与青年中心的内部管理，而是由青年进行自我管理。比如，杭州德加社区青年中心里面，有摄影俱乐部、文艺俱乐部，还有一个舞蹈队，活动都是自主管理的。团工委书记也参与工作，性质上是为他们做秘书处的工作人员。其中，摄影俱乐部的牵头人是一位在IT行业的员工，他依托青年中心，组织一批志同道合、趣味相投的青年人，自己设计活动、开展活动。这些例子都十分鲜活地告诉我们，这个青年组织中的青年人是真正做到了自主活动、自主管理。

3. 新的活动形态。新的活动形态表现在四个方面。第一，青年中心的活动是小型分散的。因为青年中心是建在社区里的，不是全国性的，也不是全省、全市的，不可能也没有必要搞成整齐划一，而必然是小型分散的。具体来看，很多活动是以俱乐部的方式、社区社团的方式、功能社团的方式来开展的。第二，青年中心的活动是经常性的。我们的基层团组织开展活动，经常是三五、五四、六一、国庆等节假日期间集中搞一下。而我们参观的那个摄影俱乐部的同志就告诉我，他们是每个月至少要有两三次活动，经常把大家联络在一起。第三，青年中心的活动是动态的。这个动态指的是青年参与的情况。具体地讲，就是根据活动的特点，尊重会员的需求，有时候是全部成员参加，有时候是部分成员参加，不要求整齐划一。这个动态背后，实际上体现了对青年主体选择的充分尊重。这个工作理念也是我们在团的工作中常讲的，而在青年中心中，这样的一种理念具体化为一种机制保障下的活动模式。第四，青年中心的活动是互动性的。这个互动也是我们常讲的，主要是强调团组织与团员青年、团干部与团员青年以及团员青年之间要实现互动。在青年中心当中，每一个会员既是服务的对象接受服务，又是服务的提供者；既是参与者，又是建设者。这样，就真正实现了一种充满生命力的互动。

4. 新的运转形态。第一，青年中心的运转是以需求为导向的，开展什么活动，提供什么服务，可以灵活地根据社区青年的要求、热点和兴奋点来决定。第二，青年中心的运转是开放型的，可以在活动中吸纳社会资源、社会成员参加。可以请企业用资金赞助建设青年中心。也可以吸纳一些老同志进来，不仅是青年可以来参与、来支持，其他年龄层的也完全可以。第三，青年中心的运转是可持续的。在成员上，青年总在长大，这一拨青年离开了这个社团，下一拨青年又进来了，它始终是一股活水；在经费上，可以收取适当的会费，还可以组织一些非盈利的经营活动来维持社团法人的运转。会费每个会员一般不超过800元钱，这有明确的法律规定。当然，各地情况不同，据我们了解，有关部门在实践中掌握的标准也是可以突破的。可以做一些项目来收取费用。比如摄影协会要搞活动，大家交一点费用，一起来组织，这是允许的，是合理合法的。

总之,青年中心的宗旨就是为了促进经济和人的全面发展。性质就是自我组织、自主管理,服务会员、服务社区的新型社区青年组织。特点就是新的组织形态、新的管理形态、新的活动形态和新的运转形态。

二、深刻认识建设青年中心的重大战略意义

团中央书记处把青年中心建设作为一项重大战略,给予了高度重视。团的十五大以后,团中央书记处第一书记周强多次强调青年中心工作。他在团十五届一中全会上、团中央工作务虚会上、团中央委员学习贯彻"三个代表"重要思想研讨班上,反复强调这项工作,要求深入研究、切实抓好这项工作。为什么要举全团之力、下大决心建设青年中心呢?我们怎么理解?必须从青年中心建设的定位上去看。具体地看,要从四个方面来认识。

1. 建设青年中心是适应建立公民社会的重大创新。研究社会机构形态的学者普遍认为,改革开放以前,我国从整体上讲是一个单制的构成。怎么理解呢?就是在计划经济体制下,政府包办一切。伴随着改革开放的深入发展,中国社会发生了深刻的转型,而且这种转型还在继续。在转型的过程当中,社会由单制的构成变为政府、市场、非盈利部门三个支柱共同构成。党和政府、市场、非盈利部门共同来推进社会进步。这一转型的方向,在实质上可以认为,我们正在建设一个公民社会。建设公民社会的意义很深远,首先是建设法治社会的基础。在政府一统天下的社会里面不可能谈法治社会,权力是大于法律的,只有建立公民社会才能建立法治社会。建设公民社会的意义还在于,有利于公民参与国家事务和社会公共事务。在日常生活中,人们参与国家事务很难,但通过参加社区事务来为国家建设和社会发展做贡献就是一个重要的模式和平台。在公民社会的建设中,强调的是公民的自主参与和公民间的合作精神,社区扮演重要的角色。在这一过程中,青年是一支最积极、最活跃的力量。在社区中,青年可以充分展示自己,找到参与活动的平台。建设公民社会,必然需要包含一个由存在于国家活动和经济生活范围之外的中介组织的群体。我们建设青年中心这一新型的青年组织,是构造公民社会的一个重要的方面。青年中心可以把青年都组织起来,政府很多事情不需要或者不便于直接做的,可以交给青年中心去做。

2. 建设青年中心是适应青年社会结构变化的重大创新。在改革开放和社会主义市场经济深入发展,我国出现"四个多样化"的条件下,我国青年社会结构发生了急剧的变化。集中表现为青年的分层化、价值观的多样化和流动性加大。青年分化为若干阶层和群体。青年的价值观不是过去单一的,不能再用一个号召、一个主张推动青年都自觉参与。青年的流动性大大加快。比如,农村青年动态地保持着一个亿左右的打工青年在乡村与城市之间流动;比如,城市青年一般不是终身选择一个职业,而是在社区之间、在单位与单位之间流动着的。在这种重大而深刻的变化过程中,青年需要找到一个归宿,特别是组织的归宿,这是一种共同的心理需求。青年中心这样一种新型的社区青年组织,以其特有的优势,能够让很多青年找到归属感,从而吸引更大多数的青年。我们有6984万团员,只是覆盖了28岁以下的青年群体。要适应青年结构的变化扩大青年工作的覆盖面,仅靠团组织是满足不了的。同时,要不断巩固扩大党的青年群众基础,仅仅靠团的组织也不够。因此,我们要通过建设青年中心这一社区的青年组织,把35岁以下的青年覆盖起来、凝聚在党和政府的周围。这是适应青年社会结构变化的一个必然的选择,也是巩固党执政的青年群众基础的必然的要求。

3. 建设青年中心是适应市场经济条件下解决青年问题的重大创新。实际上,面对各种发展中的矛盾，前进中的困难，靠党委政府去解决，的确是主要的途径，也是应当努力做好的。但同时也要充分认识到，人民群众当中蕴涵着巨大的力量。这样的力量既包括物质力量，也包括精神力量，一旦组织起来，发挥出来，就能焕发无穷威力。从青年工作的实际看，服务青年是我们的重要任务，是我们一切工作的出发点和落脚点。现在青年当中矛盾很多，问题很多，尤其是弱势青年群体，比如打工青年、流浪青年、社会闲散青年等，面临这样那样的问题，面临这样那样的困难。我们一直在努力提高服务青年的工作水平，但我们也始终面临着青年需求不断增加、不断多样化与团组织自身服务能力有限的矛盾。关于这个矛盾，我们换一个角度来理解就是，单单依靠共青团组织去为青年服务是不够的。从国际青年事务的实践看，服务青年、帮助他们解决实际困难的途径有两种，一是靠组织行为，自上而下地来解决；一是要靠自主行为，由青年自己通过互助等形式来解决。我们也需要进一步把青年组织起来，发挥青年的能动性，来解决青年自身面临的矛盾和困难。要达到这样一种目的，关键在于建立起一种有效的机制，把青年中蕴涵的潜力发挥出来，立足青年共同的需求，形成一种互动的、你为我服务、我为你服务的良好局面。无疑，青年中心就是这样一种机制的载体，可以建立、巩固和强化青年自己解决矛盾和困难的机制。

4. 建设青年中心是适应共青团组织不断增强生机和活力的重大创新。近年来，我们坚持共青团组织跟着青年走，哪里有团员就在哪里建设组织，不断推进在新兴领域的建团工作，通过这种方式扩大了覆盖面，吸纳了新领域的团员青年，补充了新鲜血液，从而起到了增强活力的作用。要看到，增强团组织的生机与活力，根本的源泉是什么？是对于团员青年的吸引力和凝聚力。如何增强团组织对团员青年的吸引力和凝聚力，我们做了多年的探索。今天，是否可以在理论的层面，从这样一个角度来探讨这个课题，这就是，增强团组织活力的问题，在一定意义上是一个如何处理团组织的先进性和群众性的问题。先进性，核心是团跟党走的问题；群众性，核心是青年跟团走的问题。当然，这两个问题是不能截然分开的。但现实当中，我们永远也不必担心团跟不跟党走的问题，关键在于广大团员青年跟不跟团组织走的问题。建设青年中心，我们就找到了一个与共青团相得益彰的互动平台。青年中心和基层团组织之间是平等的伙伴关系。在这个互动的伙伴关系中，团组织的先进性体现得更加集中，青年中心的群众性体现得更为明显，两者之间的互动能够为团组织注入新的活力。为什么青年中心不是团组织又能为团组织带来活力呢？实践告诉我们，一是，两者的成员之间可以互动，既可以是团员又可以作为会员，在青年中发挥先进性的作用。二是，资源可以互动，搭建的平台和阵地，团组织和青年中心都可以用，甚至是共同用，实现资源共享，从而增强共青团基层组织生机和活力。三是，活动和项目可以互动，很多团的工作和青年工作的显示终端都会在青年中心，比如，青年文化活动培训、青年农村星火带头人活动等等，可以通过青年中心吸引、感召和动员更多青年的参与。这些，都是青年中心可以为增强团组织生机与活力发挥作用的地方。

总之，建设青年中心是共青团贯彻落实“三个代表”重要思想的生动实践，是服务经济社会发展的重大举措，是服务青年成长发展的重大战略。

三、找准共青团在青年中心建设中的定位

基层团组织在青年中心建设中如何定位的问题，是试点工作中同志们比较集中关注的一个重要问题。无疑，青年中心的建设是由团组织来进行的，发明权、建设权在我们。但是，在建设当中，以及在建起来以后，团组织与青

年中心是个什么关系,应当如何定位、如何把握,需要我们认真研究。总的来讲,共青团既不能大包大揽,也不能袖手旁观。具体地讲,团组织要扮演四个角色:

1. 团组织要扮演“第一推动力”的角色。在一个社区里面,很难自然而然地产生一个群众里面的青年领袖来组织大家搞一个青年中心。在实践中,这种情况会有的,但也是个别的。万事开头难。谁去发动青年、组织青年、整合各种资源,把青年中心建起来?共青团要在里面当第一推动力,由我们来牵这个头。

2. 团组织要扮演“核心”的角色。共青团是青年中心的组织核心。虽然青年中心不是团组织,但也绝对不是自成体系的青年组织。共青团是为党做青年工作的,是团结教育服务青年的坚强核心。这是党中央的一贯要求,也是《团章》明确规定的内容。这个核心作用的发挥,从团员来讲,可以成为青年中心的会员,并要在其中发挥先锋模范作用;从团组织的角度来讲,团委书记应该在青年中心理事会中发挥核心的作用。发挥核心作用不是操纵,而应当在青年中心的章程规定范围内活动,是依法照章办事。

3. 团组织要扮演“互动”的角色。互动的前提是平等,共青团与青年中心是在平等的组织平台上,让团队工作和青年工作互动起来。团组织有许多传统的、有影响力的活动和项目,要在互动当中发挥主动性,向青年中心提供、输出包括培训、文化、志愿服务等活动,这样有利于青年中心有事做、活起来,也有利于在全社会进一步形成共青团工作影响力。

4. 团组织要扮演“服务”的角色。共青团要为青年中心提供一定的服务。要帮助青年中心选举产生领导人,帮助他们利用共青团的阵地培训青年中心的骨干,帮助他们整合社会资源,争取政府给他们支持,可以协调民政部门为他们进行社团法人登记,可以给予相应的优惠政策,等等。

关于如何处理团组织和青年中心的关系问题,目前在实践中、认识上,都存在这样那样的一些问题。这很正常。我们之所以要试点,就是要全面地去探索,包括探索如何处理这个关系的问题。实事求是地说,团组织与青年中心的关系问题,在制度建设的层面上是一个组织架构问题,我们还不能说今天已经完全搞清楚了。但有一点是很明确的,不能在青年中心下面再搞一个团务部,否则就搞偏了。在实践中,我们要不断地去完善。总结我们今天的认识,共青团要在里面扮演的角色,就是首先作为第一推动力把它推起来,然后要在里面发挥核心作用,要能够跟它互动起来,为它多做服务工作,就是这样一个角色。

四、抓住建设青年中心的关键环节

刚才讲了许多认识性的问题。现在讲一下操作性的问题。搞好青年中心建设,从实践中看,我们初步总结了一些经验,得出了一些规律性的认识。所谓规律性的认识,就是带有普遍意义的。毋庸置疑,东部、中部、西部经济社会发展不平衡。在杭州闸弄口那个地方是黄金地段,现在拿出来作为公益性的社区中心,整个一条步行街都是社区服务,做得非常好。有的来自西部的同志看了就说,我们那里几十年也干不到这个程度。这是客观的,讲的是差异性。我现在要讲的是普遍性,是大家都能干的。具体来讲,就是要抓住四个关键环节。

1. 要建立理事会。现在多数地方的试点,都把青年中心的领导机构叫做理事会,我看这个名目很好,当然叫别的也可以探讨。青年中心是一个群众性的组织,群众性组织的架构必须有骨干,农村有星火带头人,城市有 IT 行业带头人等骨干,可以由这些骨干来牵头。这些青年骨干在当地青年中很有影响,甚至有的很有经济实力,也愿意做公益事业,愿意为青年服务。我们要把骨干组织起来建立理事会,要抓好选举工作。大家都上过大学,大学里面的青年领袖多有号召力!这个号召力,一个重要原因就是，他们是民选产生的。我们要把青年骨干组织起来组成理事会，要做好选举工作。青年更愿意信服、愿意支持他们自己选出来的人。要完善轮换机制，原则上可以考虑一年一轮换。香港青年所有的组织都是一年一轮换。我们的青年联合会，以及跟我们共青团有密切联系的青年组织都是一年一轮换的。这样就能保持活力，推动青年中心持续发展。

2. 要发展会员和会员团体。要吸纳大批青年成为青年中心的会员。同时，社区中有各种各样的俱乐部和协会。比如，文学社、诗社、网球俱乐部、桥牌俱乐部、文学俱乐部、摄影俱乐部等。我们要吸引这些团体会员。寻找会员的工作，在哪里都能做，都有机会做。在农村可以找一个星火带头人，你把他发展好了，他就可以组建一个社团。一个搞养殖的可以搞一个养殖协会；一个搞加工的可以搞一个技能工协会，他就能把其他青年带进来，这样开放式的会员机制就形成了。

3. 要建立稳定高效的青年中心秘书处。青年中心的理事会是一年一换，会员也是动态的，但是秘书处要相对稳定。比较好的办法就是招募青年工作志愿者组成秘书处。杭州的做法就是如此，他们借鉴全国大学生志愿服务西部计划的思路，搞了一个地方项目，招募了一批志愿者，由财政给生活补贴，然后把他们派到社区里面去作为骨干，团干部在秘书处里面扮演服务的角色。志愿者不一定要当理事长，也可以在秘书处做一点服务工作。秘书处的架构相对是稳定的。打个比方，全国学联秘书长相对是稳定的，学联主席可能是清华的，也可能是北大的，但是这个秘书长是团中央的学校部长，机制上就稳定了。秘书处稳定了，青年中心的组织架构才能稳定。今年我们招募了9652名志愿者，明年要把规模扩大，这些志愿者，是我们社区青年中心的宝贵资源。

4. 要加强青年中心的服务能力建设。要从各地区的实际出发，因地制宜，量力而行，配置必要的服务设施。有没有楼、有没有房子不是最重要的，有房子固然好，即使没有，前面三个环节抓好了，青年中心也能起作用。各地要从实际出发，有一间房也行，有一点活动设施也行，有的甚至可以借别人的活动设施。要组织开展丰富的服务项目，吸引青年的参与。服务能力有大有小，要从经济和社会发展水平、社区的发展状况出发，努力提高服务能力。少年儿童不能作为青年中心的会员，因为对于少年儿童，党中央有明确的要求，全国统一由少先队组织来教育服务，并且中央对少先队组织有明确的结论，少先队组织是全员化的。所以把少先队员带到青年组织里来就不合适了。但青年中心有了阵地，少年儿童的活动就没有问题了。同时，老同志也能来参加青年中心的活动，虽然他们不是青年中心的会员，但青年中心的阵地、设施，包括一些论坛，都可以服务更大范围的人民群众。

建设青年中心是一项开创性的工作。只要我们尊重规律，尊重实践，尊重青年，尊重创造，埋头苦干，稳步推进，一定能够不断取得新的成效。我们这个会是在伟大的文豪鲁迅的家乡召开的，我由此想到鲁迅先生讲过的一段话。大意是，中国的事情光看落在文字上的高论是不行的，因为有人说要做其实是不做的；有人说不做其实是要做的；有人说这样做其实是那样做的；有人其实自己是这么做，到时候说别人要这么做的；有人一声不响其实就做到了的，当然也有说这样就这样的。鲁迅先生几十年前说的一段话今天听起来仍然振聋发聩。我想我们只要说到做到，我们就一定会把事情办得更好。

同志们，让我们紧密团结在以胡锦涛同志为总书记的党中央周围，高举邓小平理论伟大旗帜，以“三个代表”重要思想为指导，全面贯彻落实团十五大精神，努力把青年中心建好、用活，推动共青团工作不断向前发展，不断开创共青团工作新局面！

赵勇在青年文化建设座谈会上的讲话

2003 年 11 月 4 日，根据录音整理

通过今天座谈会的交流研讨，我们形成了这样一些共识：一是在新世纪新阶段加强青年文化建设对国家和民族、对青年一代的健康成长，都是重要而紧迫的课题。二是加强青年文化建设是一个长期战略，将伴随着全面建设小康社会、实现中华民族伟大复兴的历史进程。三是对青年文化和先进文化的关系，青年文化建设的核心理念、主要功能、基本原则、主要内容、工作机制等有了一些一致的认识。这些共识对全团加强青年文化建设具有重要意义。在此，我谈四个方面意见，供大家参考。

一、大力发展社会主义文化是全面建设小康社会、实现中华民族伟大复兴的重大战略

胡锦涛总书记在中央政治局第七次集体学习时强调，大力发展社会主义文化，建设社会主义精神文明，是贯彻落实“三个代表”重要思想的必然要求，是全面建设小康社会的必然要求，也是促进经济社会协调发展和人的全面发展的必然要求。我们必须从全面建设小康社会的全局和实现中华民族伟大复兴的高度，深刻认识加强文化建设的战略意义，在推进社会主义物质文明和政治文明建设的同时，更加自觉地推进社会主义文化建设。这一论断极其深刻，突出强调了文化建设的重要性，明确了文化建设的战略地位，为大力发展社会主义先进文化指明了方向。

大力发展社会主义先进文化，将为全面建设小康社会、实现中华民族伟大复兴提供思想保证。我国是一个多民族的发展中国家，我们党是一个拥有 6000 多万成员的大党。要把全党全国人民的意志和力量凝聚起来，必须牢固构筑起坚实、统一的思想基础。我们党在 80 多年的奋斗历程中形成了三个伟大的理论体系：毛泽东思想、邓小平理论和“三个代表”重要思想，一脉相承又与时俱进地构成了我们党和全国人民共同奋斗的思想基础。先进文化是民族的灵魂，是维系国家统一和民族团结的精神纽带。大力发展社会主义先进文化，就是要在当代中国人民全面建设小康社会、实现中华民族伟大复兴的奋斗中，用“三个代表”重要思想构筑起包括广大青年在内的全体人民的强大思想基础，结合新的实践和时代发展要求，以文化为载体传播主流价值观，以科学的理论武装人，以正确的舆论引导人，以高尚的精神塑造人，以优秀的作品鼓舞人，从而不断增强中华民族的凝聚力、创造力，把亿万人民紧紧吸引在中国特色社会主义文化的伟大旗帜下。

大力发展社会主义先进文化，将为全面建设小康社会、实现中华民族伟大复兴提供精神动力。民族的产生源于文化，民族的盛衰系于文化。一个民族要实现持续发展，一个国家要实现繁荣昌盛，就必须拥有强大的精神动力。民族精神是一个民族赖以生存和发展的精神动力和精神支撑，是民族文化最本质、最深刻的体现，是综合国力和民族生存发展能力的重要体现。中华民族在五千多年的历史长河中形成了伟大的民族精神。我们党领导人民在长期实践中，不断结合时代和社会的发展要求，丰富和发

展着这个民族精神。在当代中国，我们的精神动力源于社会主义先进文化。大力发展社会主义先进文化，就是要紧密结合新的实际，大力弘扬和培育伟大的民族精神，把全国各族人民的智慧和力量凝聚在爱国主义的伟大旗帜下，使坚不可摧的民族精神成为每个公民的精神追求，成为在未来岁月中薪火相传、继往开来的强大精神动力，使全国人民始终保持昂扬向上的精神状态，战胜各种艰难险阻，把中国特色社会主义事业不断推向前进。

大力发展社会主义先进文化，将为全面建设小康社会、实现中华民族伟大复兴提供智力支持。人才资源是第一资源。世界上成功实现发展的国家都善于利用其比较优势构筑核心竞争力。我国人口众多，既是制约我们发展的重要因素，也是潜在的比较优势。化被动为主动，就是要在建设中国特色社会主义的伟大事业中，把人口规模转化为人才队伍，把人口压力转化为人才优势。就是要把人才工作作为推进各项事业发展的一项重大任务，努力造就数以亿计的高素质劳动者、数以千万计的专门人才和一大批拔尖创新人才，建设规模宏大、结构合理、素质较高的人才队伍，开创人才辈出、人尽其才的新局面。在当今高度信息化的知识经济时代，如果不能通过文化的力量把巨大的人口压力转化成巨大的人才优势，进而转化为巨大的经济优势，就很难实现中华民族的伟大复兴。只有拥有用先进文化武装起来的高素质的人才资源，形成支持创新、鼓励创新的文化氛围，才能为社会主义现代化建设提供有力的智力支持，构成我国的核心竞争力，推动经济社会的发展。

大力发展社会主义文化，将形成全面建设小康社会、实现中华民族伟大复兴的竞争活力。在当今迅猛发展的高新科技支持下，新的文化产业群作为国民经济新的增长点迅速崛起，在质和量上都大大超出以往，在不少国家特别是发达国家已经成为重要的支柱产业，在整个经济总量中占据相当的比重。美国去年文化产业占 GDP 总量的 10%，日本占 18.3%，我国占 2.2%。去年美国出口的产品中占第一位的是军火，第二位的就是文化，今年上半年已上升为第一位。美国有些人一再声称，今后霸权主义更主要依靠文化进行输出和渗透。在这种情况下我们如何构筑核心竞争力成为一个严峻课题。构筑民族核心竞争力要靠文化的支撑。只有大力发展、繁荣文化，才能使文化有一种张力，形成竞争活力。文化本来就是我们的优势所在。我们党把代表先进文化的前进方向明确写到自己的旗帜上。博大精深、源远流长的中华文明是我们取之不竭的宝贵源泉。作为世界上最大的发展中国家，我们必须努力把我国建设成文化强国，使中国特色社会主义文化具有强大的生命力、吸引力和感召力。

二、共青团要把加强青年文化建设作为紧迫的战略任务

文化的概念是一个动态的社会现象，引导人类不断超越。它是人类的意义之源，有了文化才产生了对人类的认识；是人类的力量之源，没有文化、处于未开发状态时人类的力量是渺小的，有了文化尤其有了工业文明、现代文明，人类的力量在急剧增长；是人类的秩序之源，建立社会秩序的源头在文化。现在我们有一个基本共识：文化是一种在实践中获得，并反过来指导和规范实践的日趋丰富多样的价值和认知体系。青年文化是整个文化系统中的一种特殊文化现象。文化塑造青年，青年创造文化。可以说，青年文化是具有鲜明时代特征和青年特点的价值和认知体系，是社会主流文化的重要组成部分。这是由青年运动和青年本身的特点所决定的。在新的形势下，把青年文化建设作为战略来思考和推动，具有特殊意义。

把青年文化建设摆到战略位置，是共青团组织实践“三个代表”重要思想的必然要求。“三个代表”重要思想是与实践俱进、与人民俱进、与民族俱进、与真理俱进的理论体系。与时俱进不仅是一种品质,更是一种方法论。有了这种方法论,给我们党带来了无穷无尽的生机和活力。青年运动是与时俱进的社会运动。党的指导思想实现与时俱进,必然要体现在工作的方方面面。青年运动在党的领导下,自然要把与时俱进的理论体现在青年运动中。青年运动的历史始终是在与时俱进的理论指导下实现自身发展。代表先进文化的前进方向,我们党要站在时代的前列,这就需要用文化引领时代潮流,同时彰显我们党、社会主流价值观的力量。青年和青年运动的特点、基本规律,决定了青年文化历来是先锋文化的重要组成部分。青年在某种程度上发挥着某种先锋的作用,青年运动也在一定程度上、在文化领域起了开风气之先的作用。代表先进文化的前进方向,就要引导青年文化为先进文化的发展做贡献。要以主流文化引领一代青年的成长,让他们承接历史和现代。在践行"三个代表"重要思想的首要政治任务中,发展青年文化,自然是一个战略性的层面。

把青年文化建设摆到战略位置,是全面建设小康社会、实现中华民族伟大复兴的必然要求。中华民族的伟大复兴在一定程度上讲是文化的复兴。从世界历史上看,文化的力量无坚不摧。欧洲的文艺复兴实际上是一种文化复兴,摆脱了中世纪的黑暗,对今天的欧洲文明、现代化产生着基础性的作用。中华民族五千年绵延不断、文化没有中断,是一个惟一的世界文化奇迹。但是100多年来,中国文化受到了外来文化的冲击。实现文化复兴,就是要以"三个代表"重要思想为统领,实现中国传统文化的现代化,为全面建设小康社会和中华民族的伟大复兴提供思想保证、精神动力、智力支持和竞争活力。青年是文化发展的生力军,是社会主义文化建设中生机勃勃的力量。他们是先进文化的追随者、受益者,是文化建设的参与者、评判者,也是新文化的创造者、推动者,在创造文化的过程中越来越成为主体力量。另一方面,青年是文化消费的主体力量,他们的偏好与选择甚至影响着整个文化产业的走向与发展,在他们身上寄托着新文化的希望。当代青年文化对社会主流文化的作用越来越明显,青年文化能够也应当在新时期的文化建设中发挥重要作用。

把青年文化建设摆到战略位置,是应对世界变化的必然要求。随着世界多极化、经济全球化的不断发展,西方敌对势力对我国的文化渗透日益加剧。由于经历局限、心理特点等,青年对各种思想文化的甄别和选择能力还比较欠缺,存在着盲从和路径依赖。如果我们不以先进文化赢得青年,青年就会成为各种落后文化、消极文化的受害者。我们每天都感受得到世界的快速变化,全球化拓宽了人类文化的视野,增强了人们前所未有的人类意识,创造了文化的多样性,为文化的广泛传播创造了条件;同时使文化现象更新速度加快,引起世界范围内传统文化的危机和失落,加剧了强势文化对弱势文化的侵略,在快餐文化中很多人失落了崇高和英雄主义的气质。市场化加速了文化的传播、交流和创新,满足了人们不断增长的需求,促进了繁荣;但市场化中存在过分夸大金钱、财富的作用,贬低精神追求的意义和价值的现象,容易用经济的标准来取代文化的标准,最终侵蚀大众的理想和道德。信息化带来文化深层传播方式革命,带来了人们生活方式的变化,同时也可能带来很多文化的、人的异化现象。青年现象总是和世界变化联系在一起的。青年处在文化冲击的前沿,青年文化也要在这种冲击中做出反应。要应对挑战和变化,我们必须树立起强烈的危机和责任意识,增强在世界上的文化竞争力。

把青年文化建设摆到战略位置,是促进青年全面发展的必然要求。人的全面发展最重要的阶段是青年。人的社会化是伴随一生的过程,社会化过程最紧要的是青年阶段,青年的全面发展十分重要。一个民族和国家是不是有生机和活力，和青年的效率和状态密切相关。青年发展应当是全面的发展，人格、品格、道德修养、创新能力、科学知识、理性精神等等都是全面发展的内容。如何实现青年全面发展，总结这些年来的经验，我们要在实践育人的基础上明确提出文化育人，使实践育人和文化育人成为青年全面发展的重要途径。在开放的现代社会里，青年的成长发展对文化的需求更为强烈。我们说现在的青年是“网络的一代”、“读碟的一代”、“影视的一代”等等，实际上都是讲文化对他们的影响。现在的文化产品和服务还远远满足不了青年的需求，有很多青年还处在文化饥饿状态，处于粗放式阶段的供给还难以真正触及青年的灵魂。要完成好党交给的任务，就要考虑青年的全面发展，构建起文化育人的体系，把文化育人摆在战略层面推动青年的成长。

我们有加强青年文化建设的优势。首先是政治优势。“三个代表”重要思想的提出为加强文化建设奠定了坚实的思想基础，党的十六大对加强文化建设作出了全面部署。这是我们的首要优势。其次是文化优势。博大精深的中华文明为创造中国特色、中国风格、中国气派的文化成果提供了取之不尽的宝贵源泉。第三是青年的创造优势。全面建设小康社会使青年一代的创造潜能竞相迸发，他们在青年文化建设中的主体作用越来越得到充分展现。第四，共青团组织的工作优势。我们有始终重视青年文化建设的宝贵传统，在工作中积累了比较丰富的经验，拥有和联系着一支数量大、素质过硬的青年文化工作者队伍，也拥有健全的青年文化建设的阵地和载体。这些都是我们在新形势下进一步加强青年文化建设的有利条件。

三、要研究和解决青年文化建设的若干重大理论问题

青年文化建设是一个重大战略，一个社会系统工程，关系到一代人的成长，关系到全面建设小康社会、实现中华民族的伟大复兴。有若干重大理论问题需要我们思考和探索。

1. 关于青年文化和先进文化的关系。先进文化既是人类文明进步的结晶，又是推动人类社会前进的巨大动力。党的十六大明确提出，在当代中国，发展先进文化，就是发展面向现代化、面向世界、面向未来的，民族的科学的大众的社会主义文化，以不断增强人们的精神力量，不断满足人们的精神文化需求。青年始终是推动文化发展的生机勃勃的继承者、实践者和创造者，青年文化始终是社会主义先进文化中的重要组成部分和推动力量。亿万青年的参与和创造，必将使中国特色社会主义文化事业越发焕发出生机和活力。

2. 关于青年文化建设的核心理念。任何一个社会运动都有核心理念，一个核心理念的提出牵一发动全身，凝聚人们的意志，开辟实践的道路。改革开放初期，北京大学提出“团结起来，振兴中华”，清华大学提出“从我做起，从现在做起”，都反映了那个时代青年运动的理念。今天我们要赋予青年文化建设新的深刻内涵，创造青年文化建设的核心理念，从国家、民族的角度，就是要弘扬和培育民族精神；从青年自身的角度，就是要锻造完美人格。大力实施青年文化行动，就是落实青年文化建设理念的构想。

3. 关于青年文化建设的主要功能。青年文化是以青年为主体的文化现象，具有青春的特质，洋溢着时代风采。主要有三方面的功能：一是满足青年日益增长的精神文化需求，丰富青年的文化生活，提高青年的文化素质，在满足急剧上升的青年文化需求中服务青年；二是在社会文化的发展中发挥某种先锋作用，充分发挥青年的积极性和创造性，为青年参与先进文化的发展提供广阔的舞台，开辟崭新的天地，推动文化的创新；三是发挥文化育人的功能，引导青年一代在先进文化的哺育下健康成长，全面发展，成为“四有”新人。

4. 关于青年文化建设的基本原则。一是用“三个代表”重要思想统领青年文化建设，牢牢把握先进文化的前进方向，这是最重要的原则。二是坚持传承中华传统文化的精华，以弘扬和培育民族精神为重点，使广大青年始终保持昂扬向上的精神状态，为青年成长发展提供不竭的动力源泉，构筑坚不可摧的精神长城。三是以文化育人为主题，着眼于服务青年的健康成长，促进青年全面发展。四是尊重青年主体地位，突出青年特色，激发青年内在的活力、积极性和创造性，以青年喜闻乐见的方式开展文化活动，满足青年的文化需求。五是大胆创新，增强文化的感召力，运用社会化、事业化、产业化的运作方式，牵动全社会，影响青少年。六是尊重规律，重在建设，决不搞“水上浮漂”，不断建设，不断积累，稳步发展。

5. 关于青年文化建设的主要内容。一是要加强青少年思想道德建设。道德建设的核心就是世界观、人生观、价值观的培育，要通过文化加强青少年基本的常识、道德建设。二是要弘扬和培育民族精神，在外来文化的冲击面前，使民族的优良传统发扬光大，薪火相传。三是要把科学和理性的精神作为主导的层面。青年讲科学和理性，民族、民族的文化就会永远有内核，永远有力量。四是加强与世界青年文化的对话、交流、竞争，使我们的文化更加强壮，更有竞争力，更加有力量。

6. 关于青年文化建设的工作机制。加强青年文化建设是一项系统工程。要动员社会各方面广泛参与，采取多种形式，开辟多种渠道，吸引各级各类组织机构和各方人士参与青年文化建设，建立和形成开放的工作机制。注意调动各类主体的参与积极性，吸收各方面的智慧，汇聚各方面的资源和力量，边实施边规范，边开展边完善，边建设边发展，不断提高青年文化建设的水平，促进青年文化的繁荣。要坚持社会效益第一的原则，充分运用市场化、项目化的运作手段，推动青年文化建设更好地适应社会和青年的需要，可持续地发展。

青年文化建设是一项常创常新的事业，需要我们把握基本规律，不断研究新情况，总结新经验，解决新问题。

四、以创新的精神大力加强青年文化建设

加强青年文化建设是一个事关全局的长期基础性工程，共青团肩负着义不容辞的责任。我们要深刻认识青年文化建设的战略意义，按照坚持先进文化前进方向的要求思考青年文化建设，瞄准世界文化发展的前沿谋划青年文化建设，解放思想，实事求是，与时俱进，推进青年文化建设。

第一，要把青年文化建设摆到战略位置。把青年文化建设摆到战略位置，本身就是一个重大创新。不能仅仅把青年文化看做服务青年的一个手段，团的工作的一项具体内容，而要从整个青年运动保持生机活力的战略高度，从青年运动能不能在“三个代表”重要思想指引下健康发展的高度来看青年文化。全团要有青年文化战略理念，全团和各地都要有青年文化的战略规划。要以青年文化战略统揽青少年思想道德教育，着重实施六个具体战略：通过品牌运作战略形成全团统一的青年文化品牌，使青年感兴趣，吸引人们的普遍关注，使人们在多年以后回顾起来依然能够脱口而出。通过汇聚人才战略把各方面的人才挖掘出来、汇聚起来，造就青年文化人才队伍，为青年文化人才脱颖而出创造条件，发挥专家学者在青年文化建设决策咨询中的重要作用。通过打造精品战略着力打造影视剧、歌曲、图书等精品作品，综合运用现代传媒手段来充分展示当代青年的风采，从文化传播的角度进一步阐释青年文化建设的深刻内涵，在全社会产生影响。通过活跃基层战略把基层团组织、青年社团激活起来，让每一个青年都成为青年文化建设的主人，把开展常项工作与利用重大契机结合起来，大力加强校园文化、社区文化、企业文化、乡村文化、军营文化和网络文化建设。通过市场取向战略大力整合资源，积极构建符合经济规律、突出社会效益、富有共青团特色的青年经济文化联合体，壮大青年文化事业和文化产业，实现青年文化的持续繁荣。通过国际交流战略广泛开展国际交流，推动青年文化的国际化，在交流、合作、融合的过程当中，使青年文化产生更强的国际竞争力和张力。

第二，要创新青年文化建设的表达方式。加强青年文化建设目前处于起步阶段，这项工作本身也是一个开放的体系。要按照社会主义文化建设的要求，大胆探索，大胆创造。要深入研究新形势下青年文化建设面临的新情况新问题，了解、掌握当前青年的文化需求，认识和把握青年文化建设的特点和规律，积极探索完善社会主义市场经济体制条件下青年文化事业和文化产业发展的新机制，善于在更加开放的环境中加强青年文化建设。要积极吸收借鉴国外青年文化发展的有益成果，坚持以我为主、为我所用，辩证取舍、择善而从。要结合实际创新青年文化建设的思路和方式，创新青年文化建设的形式，创新加强青年文化建设的机制，不断增强青年文化建设的针对性、实效性和时代性。增强青年文化的吸引力和感召力，核心的问题是要创新表达方式，包括创造新的各种各样的载体、新的表现形式。集中起来看，就是要尊重青年的主体地位，用他们喜闻乐见的形式和语言，真正激活青年的积极性和创造性，形成内在的参与热情和强大动力。就是要充分运用现代传播手段，包括网络和其他多种传媒对他们施加影响。就是要引导更多的青年参与青年文化实践，推动青年文化的发展。创新表达方式要有世界眼光，研究世界各国、各种文化能对世界产生影响的方式。要借鉴外脑，成立高层次的指导咨询机构。要尊重青年的创造，总结青年文化创造经验，以新的方式吸引、凝聚和引导青年，影响社会。

第三，要寻求青年文化建设的重点突破。团中央将联合文化建设的重点部门共同下发文件，对青年文化建设作出部署。要通过主流媒体组织青年文化讨论，通过青年报、网站等，发动大家都来讨论青年文化。要召开青年文化建设工作会议，对全团作出部署。要找到新的表达方式启动这个重大工程。要联合社会各方面，包括税收、财政等部门，抓一些示范性活动来牵动，形成机制，促进文化事业和产业的发展。加强青年文化建设，要加强规划，注重积累，循序渐进地积极推进。这项工程启动后要迅速形成活跃的青年文化建设局面。从这个要求出发，明年和今后一段时期内重点组织的活动有：一是举办青年文化论坛，邀请文化名人和各方人士，就青年文化建设和青年文化现象、青年文化热点发表意见，引导青年文化发展。二是举办“五四”主题青年晚会，以青年喜爱的文艺形式，突出一个青年文化主题，突出文化育人的深刻内涵，展示青年文化建设成果，努力把晚会办成广大青年期待和喜爱的节日文化大餐。三是举办中国青年时代风采电视大赛，运用电视传媒手段，吸引各界青年广泛参与，使之成为青年展示才华、展示风采的重要平台，成为推动青年人才脱颖而出的一个渠道。还要分别采取全国范围内各地联动、不同地方主办或区域性实施的方式，开展中国青年欢乐节、青年现代艺术节、青年服饰文化节、青年电影节、海峡两岸暨港澳地区青年文化交流、国际青年文化节等等活动，既产生强烈的震撼力和冲击力，又发挥潜移默化、润物无声的育人作用。总之，加强青年文化建设，我们要努力形成积极向上的青年文化氛围，大力培养发现青年文化人才，积极创作推广青年文化精品，广泛开展丰富多彩的青年文化活动，不断发展青年文化事业和文化产业。各地都要结合各自特点，从这些方面找到突破口，在整体设计、规划的基础上重点突破。

青年文化建设意义重大，任务紧迫，大有可为。让我们紧密团结在以胡锦涛同志为总书记的党中央周围，全面贯彻“三个代表”重要思想,牢牢坚持先进文化的前进方向,把加强青年文化建设作为一项紧迫的战略任务,以创新的精神大力发展健康有益、充满活力的青年文化,促进青年一代的健康成长,为全面建设小康社会、实现中华民族的伟大复兴不断做出新的更大的贡献。

赵勇在团中央直属新闻出版单位负责人“三项学习教育”培训班结业式上的讲话

2003年11月29日,根据录音整理

经过四天紧张的学习研讨,我们这次团中央直属新闻出版单位负责人“三项学习教育”培训班就要结束了。刚才,彭波、梁长春、胡守文、陈安钰、申平华、陶海心六位同志结合各自的工作实际做了精彩的发言,我们听了很受鼓舞,感到这次培训班确实办得很及时,很成功。实际上刚才大家已经对培训班做了很好的总结,稍后周强同志还要作重要讲话。下面,我代表团中央书记处对这次培训班做一个小结,谈三点意见。

一、培训班达到了预期目的,取得了丰硕成果

对这次培训班,书记处高度重视,周强同志几次听取汇报,并将出席培训班做重要讲话。培训班主题突出,内容丰富,几场报告很有分量。尤其是吉炳轩同志、王天玺同志的报告,大家听了以后觉得很解渴,很受启发。大家学习的状态非常好,达到了预期的目的。大家平时都很忙,难得静下心来学习,所以这次学习都很投入。很多同志加班加点写学习心得,有的同志在单位值班,还抽空赶来听了几场报告,表现出良好的精神状态和务实的作风,完全符合书记处在开班式上提出的要求。综合大家发言,我感到这次培训班主要有以下几个方面的收获。

一是提高了认识。大家都觉得在团属新闻出版单位开展“三项学习教育活动”很必要,也很及时。团属新闻出版单位的特殊性质,决定了我们在开展“三项学习教育活动”,把握正确舆论导向方面,应该努力走在所有新闻出版单位的前面。共青团有开风气之先的传统,学习上更要走在前面。大家在学习中都感到,要发展,关键在导向,关键在队伍,关键在管理,统一了这个思想,提高了这个认识,我们下一步的发展就有了很好的思想基础。

二是理清了思路。团属新闻出版事业必须加快发展。通过这次培训班,大家进一步理清了发展的思路。发展就是要坚持以“三个代表”重要思想统领新闻出版工作,发展就是要坚持马克思主义新闻观的指导地位,发展就是要把我们的队伍建设好,发展就是要坚持青年的特色,坚持办报办刊的基本定位和方向,完成党交给的任务,赢得青年,赢得市场,获得良好的社会效益和经济效益。

三是明确了任务。通过这次培训班,大家充分认识到开展学习教育活动的重要性和必要性,进一步明确了在所有的干部职工中普遍开展“三项学习教育活动”的任务;大家认识到,当前直属新闻出版工作队伍存在观念落后、管理落后、队伍建设落后的问题,进一步明确了加强队伍建设的任务;大家还认识到直属新闻出版单位必须发展才能解决存在的问题,进一步明确了发展的任务。

四是增强了信心。通过这次培训班，大家进一步认识到，对团属新闻出版事业，党中央是高度重视的，团中央书记处是高度重视的，直属新闻出版单位发展存在重要的机遇，进一步增强了发展的信心。要切实抓住机遇，深化改革，以“少年之志、青年之心、壮年之力”来推动直属新闻出版事业的发展。

二、扎扎实实开展好直属新闻出版单位“三项学习教育活动”

根据中宣部统一部署，团中央书记处决定从现在开始，用一年的时间在直属新闻出版单位开展“三项学习教育活动”。如何抓好这项活动，中宣部等部门已经提出明确要求。结合团中央直属新闻出版单位的特点，我再强调几点。

第一，要实现学习教育活动的三个目标。

一是认识上要有新的提高。要把采编人员和经营人员都组织起来进行学习，提高认识，统一思想。把认识统一到中央的要求上来，统一到“三个代表”重要思想上来，统一到马克思主义新闻观的基本要求上来，统一到新闻出版事业和产业面临的形势和团属新闻出版单位发展的任务上来。

二是队伍建设要有新的加强。大家对加强队伍建设的重要性都有切身感受，不抓队伍，事业发展“皮之不存，毛将焉附”。要抓住这个契机，使直属新闻出版队伍建设有明显的加强。现有的干部职工队伍要提高综合素质，调动内在积极性；同时要有战略眼光，广纳贤才，吸收一些优秀青年人才，多做一些人才储备。

三是发展要有新的成效。促进发展是“三项学习教育活动”的重要目标。新闻出版事业做强也好，做大也好，要有新的举措，要取得广大干部职工认同的新的成果。要通过学习教育，推动直属新闻出版事业不断开拓创新，不断取得新的进步。

第二，要明确学习教育活动的三项任务。

团属新闻出版单位的“三项学习教育活动”要根据中宣部总体部署，精心组织，分步实施。特别要明确以下三项任务：

一是学习培训。这次培训班开了个好头。各单位要按照这个模式，结合各自实际，分期分批对中层干部、编辑记者和其他职工展开有针对性的学习培训活动。要指定研读书目，安排自学时间，保证学习质量。要组织必要的讲座和交流活动，增强学习教育活动的吸引力和实效性。学习培训不留死角，所有的干部职工都要参加。

二是查找问题。要深入调查研究，广泛听取意见，虚心接受群众监督，对照中宣部文件的要求，认真查找在贯彻“三个代表”重要思想、坚持马克思主义新闻观和职业精神职业道德方面存在的突出问题。各单位要结合本单位实际，查找本单位在这三方面存在的问题，每一位同志也要结合各自的工作和思想实际查找自身存在的问题。

三是整改提高。要针对查找出来的问题，切实加以整改。要通过学习教育活动，进一步增强以“三个代表”重要思想统领直属新闻出版工作、坚持马克思主义新闻观的自觉性和坚定性，努力锤炼职业精神和职业道德。要制定整改措施，完善规章制度，进一步提高管理水平，建设一支政治强、业务精、纪律严、作风正的高素质的团属新闻出版工作者队伍。团中央“三项学习教育活动”领导小组将在适当时间，对各单位开展活动的情况进行专项检查。

第三，要落实学习教育活动的三个要求。

一是加强领导。书记处对学习教育活动高度重视，周强同志几次听取汇报，培训班后还要专门作出安排部署。各单位的领导班子要统一思想，一把手要亲自抓。“磨刀不误砍柴功”，打牢了政治理论功底，打牢了政策法规功底，打牢了业务知识功底，我们的事业才会有更好的发展。

二是重在教育。这次学习教育活动不搞

运动，不搞人人过关，坚持正面教育为主，重在教育，重在统一思想，重在提高认识。

三是讲求实效。学习教育活动不是为学习而学习，学习的目的是促进事业的发展。各单位要结合各自的实际，找准突出问题，切实进行整改。要争取通过一年的学习教育活动，各单位都能在解决存在的突出问题、促进队伍建设、促进事业发展方面，取得实实在在的效果。

三、以开展“三项学习教育”活动为动力，努力把团属新闻出版事业和产业做强做大

在团属新闻出版单位扎实开展“三项学习教育”活动，目的就是要推动团属新闻出版单位在坚持正确舆论导向的前提下，做强做大团属新闻出版事业和产业，更好地服务青年、服务大局。把团属新闻出版事业和产业做强做大，关键在于要有一个好的领导班子、一支好的队伍、一个好的发展战略、一套好的机制以及一批好的品牌。做到这些，要特别处理好以下几个关系：

第一，处理好把握导向和加快发展的关系。坚持正确的舆论导向，是新闻出版事业和产业发展的前提，是关系到新闻出版单位生死存亡的根本问题。在发展的过程中，一种错误的观点认为，强调导向会束缚手脚、影响发展。持这种错误观点的人，首先对新闻出版的性质认识不清。团属新闻出版事业是党的新闻出版事业和团的事业的重要组成部分，是为党做意识形态工作的，是为党做青少年教育工作的，我们办报办刊的目的，就是坚持正确的舆论导向，唱响主旋律、打好主动仗。从实践看，这种观点也是不能成立的。现在对违纪违规新闻出版单位的处理是第一次警告、第二次停刊，出现重大问题的更是一次停刊，也就是说，导向出现偏差特别是出现严重错误，就根本谈不上发展。还要看到，坚持正确的舆论导向，会对事业和产业发展起到支持和推动作用。绝大多数实力强、效益好的新闻出版单位，都是在坚持正确导向中赢得市场的，都是导向正确、引导有力的标兵，《青年文摘》就是很好的实例。同时，只有不断把事业和产业做强做大，才能更好地坚持导向，才能提供更大的平台吸引人才，才能不断提高舆论引导水平，更好地服务青年、服务大局。把握导向和加快发展的关系，是做强做大团属新闻出版事业和产业首先要处理好的关系，要两手抓、两手都要硬。

第二，处理好服务青年和服务大局的关系。团属新闻出版单位是党和人民的喉舌，服务大局是党赋予的神圣使命。团属新闻出版单位同时是党联系青年的重要纽带，是共青团重要的思想舆论阵地，服务青年是我们担负的特殊使命。服务大局和服务青年是辩证统一的，对团属新闻出版单位来讲，要强调通过服务青年来服务大局。服务青年是团属新闻出版事业的定位和方向，在整个新闻出版事业的格局中，党对团属新闻出版单位的要求就是教育引导青年健康成长。团属新闻出版单位要结合自身的定位和特点，牢牢坚持服务青年的方针，做好服务青年这篇大文章，在服务青年中服务大局，而绝不能空谈服务大局。服务青年的水平同时也决定着团属新闻出版事业和产业发展的水平，只有赢得青年，才能赢得市场。青少年文化市场是一片沃土，是团属新闻出版事业和产业发展的广阔舞台。当前，团属文化事业和产业还远远满足不了青年的需求，对青少年的影响力和覆盖面也还很有限。团属新闻出版单位要通过不断提高产品质量、创新表达方式，更好地满足青年的精神文化生活需求，努力提高服务青年的水平，增强对青年的吸引力和影响力，只有这样，团属新闻出版事业和产业的发展才能具有不竭的动力。

第三，处理好发展文化事业和发展文化产业的关系。文化事业强调公益性，文化产业强调经营性，两者相互促进、辩证统一。

所有的团属新闻出版单位，既有文化事业，又有文化产业。因此，既要尊重文化事业发展的规律，又要尊重文化产业发展的规律。文化事业的规律是新闻出版事业自身的规律，要坚持马克思主义新闻观，坚持党对新闻事业的领导，始终保持编辑出版业务的独立性，在这一点上任何时候都不能含糊。同时，各单位经营、广告包括三产等工作，都带有明显的产业性质，要尊重市场经济的运行规律，运用市场手段抓好经营，占领市场；要加强资源整合，走集团化发展的道路，努力建设现代营销体系；要按照中央关于文化建设和文化体制改革的规定，在规范运作的前提下，运用市场手段进行融资改制，更好地发展团属新闻出版事业和产业。在发展文化事业和文化产业中，尤其要强调，不能把事业当产业办，也不能把产业当事业办。把事业当产业办，会使编辑出版业务失去独立性，进而出现导向、格调等问题；把产业当事业办，会使发展缺乏活力。

第四，处理好深化改革和加强管理的关系。改革是发展的动力。当前，团属新闻出版事业发展中最大的障碍是观念落后、管理落后、队伍建设落后。书记处一再强调，解决这些问题必须深化改革。在8月14日直属新闻出版单位工作会议上，周强同志特别强调，书记处支持各单位深化改革、加快发展。现在，大家对改革的必要性，都已经形成了共识。越是深化改革，就越要加强管理。深化改革要积极稳妥，要以做好现有的工作、管理好现有的队伍和事业为基础。在深化改革特别是在扩张规模的过程中，管理一定要跟上，队伍建设要始终常抓不懈，内部机制要及时理顺并进一步健全，真正做到统筹兼顾。只有这样，改革才能取得扎扎实实的成效。那种一味扩大规模、融入资金而忽视加强管理的做法，会搞乱干部群众的思想、影响到内部建设，使本单位陷入新目标不能实现、原有基础也受到损害的被动局面。各单位要牢固树立对深化改革与加强管理关系的正确认识，从推动党的新闻出版事业和团的事业发展的战略高度，进一步研究探索深化改革、加强管理的有效措施，扎扎实实地推动团属新闻出版事业和产业发展不断取得新的成绩。

第五，处理好经济效益和社会效益的关系。团属新闻出版单位任何时候都要把社会效益放在第一位，在这个基础上寻求经济效益，努力实现经济效益与社会效益的有机统一。强调社会效益是团属新闻出版事业的性质决定的，不能把新闻出版物等同于一般的商品来对待，要坚持把社会效益放在第一位，离开了社会效益，创造再大的经济效益也是无源之水、无本之木。经济效益的好坏同样密切关系到新闻出版单位的生存和发展，要努力在深化改革、创新机制上下功夫，在培养和吸引人才上下功夫，在适应市场规律改善经营管理上下功夫，以与时俱进、开拓创新的精神，在激烈的市场竞争中站稳脚跟，不断壮大自身的经济实力。书记处对各单位和各单位领导班子的评价，向来强调两个效益的统一，把社会效益摆在第一位，各单位对中层部门、对干部职工的评价也要坚持两个效益的统一。

同志们，以这次培训班为标志，团属新闻出版单位“三项学习教育活动”拉开了序幕。书记处相信，随着“三项学习教育活动”在团属新闻出版单位扎实深入地开展，团属新闻出版事业必将实现新的更大的发展。

老百姓得实惠，志愿者长才干

——赵勇在大学生志愿服务西部计划工作会议上的讲话

2003年12月3日

这次会议开得很好，大家交流了情况，研究了问题，明确了方向，增强了信心，必将推动大学生志愿服务西部计划深入发展。借这个机会，我讲五点意见。

一、以实施大学生志愿服务西部计划为标志，青年志愿服务事业进入了跨越式发展的新阶段

这次会议的召开，恰逢中国青年志愿者行动实施10周年。经过10年的发展，青年志愿者行动已经成为当代中国青年运动的嘹亮旋律和重要内容，显示出蓬勃的生机和强大的活力。中国青年志愿者行动的发展大体可分为三个阶段：从1993年到1998年是起步阶段，青年志愿者行动从无到有，由小到大，在社会上初步具有一定的影响力。从1998年到2003年是发展阶段，组织实施了社区志愿者“一助一”结对服务计划、扶贫接力计划、绿色行动营计划，开展了大学生“三下乡”活动、中学生成人预备期志愿服务活动、志愿者艺术团等工作，逐步建立了各级志愿者协会和3万多个社区志愿者服务站，推行了注册志愿者制度，青年志愿服务事业不断发展。今年6月以来这半年是第三阶段，以实施大学生志愿服务西部计划为标志，青年志愿者行动进入了一个跨越式发展的新阶段，初步形成政府资助、团组织承办、社会化运作、项目化管理的工作格局。我们之所以作出这样的判断，是基于以下四个认识。

（一）青年志愿服务正在成为弘扬社会主流价值观的重要导向方式。社会文明发展到一定程度，总是要通过占据支配地位的价值观来引导和支配人们的行为方式。社会成员对主流价值观越是认同，社会凝聚力就越强，民族就越具有不可战胜的力量，其综合国力就越强大。主流价值观的形成和巩固可以通过多种方式，比如政治的、文化的、经济的等等。青年志愿者行动既体现了中华民族扶贫济困、助人为乐的传统美德，又反映了社会文明进步的新要求，是民族精神的重要组成部分。志愿服务开辟了倡导和彰显社会主流价值观的崭新途径，通过千千万万青年志愿者志愿服务的实践，可以有效引导全社会形成新的道德风尚，建立良好的人际关系，促进社会主义精神文明建设。

（二）青年志愿服务正在成为推动社会发展创新的重要动员方式。经济发展并不等于社会发展。我们讲科技创新、理论创新、管理创新，社会发展同样也要讲创新。社会发展的创新就是要调动人民群众内在的积极性，发挥社区的作用，发挥每个公民的积极作用，把他们的活力和创造力激发出来，这是形成公民社会的基础。社会发展的创新有多种方式，志愿服务是一种重要方式。扶贫接力计划、西部计划、社区发展计划等工作在促进社会发展方面都能发挥不可替代的作用。青年志愿者还带动了老年志愿者、巾帼志愿者及其他群体的志愿者，把整个社会都带动起来了。所以，志愿服务是一种很重要的社会动员方式，是社会发展创新的一个重要举措。

（三）青年志愿服务正在成为广大青年报效祖国、服务人民的重要参与方式。在不同的历史时期，青年报效祖国、服务人民有着不同的方式。发动青年以志愿服务的方式为国家发展做贡献，是新世纪新阶段青年一代报效祖国、服务人民的重要方式。我们在西部计划招募、派遣的过程中强烈地感受到，当代青年充满理想和激情，富有社会责任感，确实是大有希望的一代。青年的报国之志可以通过各种各样的方式来实现，但是能够不分地域、不分年龄，能够共同参与的，就是志愿服务，志愿服务为所有青年创造了就近就便、随时随地参与的有效方式，这在中国社会发展史上是前所未有的。

（四）青年志愿服务正在成为市场经济条件下青年运动的重要组织方式。我国的青年运动过去主要采取的是群众运动的方式，但在市场经济条件下，青年运动体现出多样化的特点，更多地体现在立足岗位、立足个人意愿，以实际行动为现代化建设做贡献的具体实践之中。青年志愿者行动正是这样的具体实践，它同时渗透到了团的工作的方方面面，渗透到了各条战线、各个部门的工作中，所以我们说青年志愿服务正在成为共青团工作和青年运动的重要组织方式，成为市场经济条件下共青团工作的一个亮点、一个新的创造。

当前青年志愿服务事业正面临新的发展机遇。党的十六大为我们规划了全面建设小康社会的宏伟蓝图，十六届三中全会制定了完善社会主义市场经济体制的奋斗目标，提出了全面、协调、可持续的科学的发展观，提出了“五个统筹”的新要求。这都为青年志愿者行动的深入发展创造了广阔的空间。比如适应统筹城乡发展的要求，可以通过志愿服务来配置资源，促进城乡资源互动；适应统筹区域发展的要求，我们要进一步加大实施西部计划的力度，促进西部大开发战略的实施。实现人的全面发展更是离不开志愿服务的生动实践。青年只有在实践中锤炼摔打才能加速社会化进程，才能得到全面的锻炼，实现全面发展。所以说在新的科学发展观的指引下，青年志愿者行动的发展前景必将更加美好。

总结10年的经验，贯彻落实十六大和十六届三中全会精神，今后青年志愿者行动要围绕两个重点内容展开。一是抓好“项目志愿者”，根据不同领域、不同服务时间制定项目菜单，建立一个开放的、与时俱进的项目体系，让志愿者根据自己的意愿和能力自主选择服务内容和方式。从全国来讲，当前要重点抓好两个项目，一个是西部计划，这是重中之重；一个是扶贫接力计划，要创新招募方式，建立经常性的招募机制，有针对性地招募大学生和各行业的工作骨干到基层、到贫困地区开展长短期相结合的志愿服务。各地在积极实施全国重点项目的同时，可以结合本地实际抓若干地方项目，形成特色。二是抓好“社区志愿者”，即立足社区做好志愿者注册工作，使志愿者的注册和服务更加便利化，使志愿者可以根据居民、村民的需求随时随地提供志愿服务。

二、从经济社会和人的全面发展的战略高度，进一步提高对大学生志愿服务西部计划的重要性的认识

西部计划尽管实施时间不长，志愿者在西部基层服务的时间只有三个月，但却取得了令人振奋的阶段性成果，确实是老百姓得实惠、志愿者长才干。昨天我到乐至县和金堂县看望了几十名大学生志愿者，情况令人振奋。所到之处，党政领导异口同声，纷纷要求增加大学生志愿者的指标；所到之处，老百姓交口称赞，都说志愿者太能干了，为他们做了很多事情；所到之处，大学生志愿者一致反映参加西部计划“太值得了”，“在基层、在群众中学到很多东西”。志愿者身上洋溢着的青春气息，使我们看到了民族和国家未来的希望，真是令人高兴、令人感动啊！西部计划取得的初步成效得到了党中央、国务院领导同志的高度关注，曾庆红同志、王兆国同志多次对这项工作给予肯定并提出重要的指导意见，使我们备受鼓舞。可以说开局良好，前景广阔。当前我们要从经济社会和人的全面发展的高度，进一步加深对西部计划的认识，不断增强推进这项工作的使命感和责任感。

（一）西部计划是培养和造就有理想、有责任感、有良好综合素质的优秀青年人才的重要途径。党和政府历来重视和倡导青年知识分子走与人民相结合、与实践相结合的成长道路。组织实施西部计划，符合党和政府的一贯要求，抓住了青年学生成长发展的根本规律，因而得到青年学生的热烈欢迎。这项工作具有鲜明的时代特点：大学生参加西部计划是自愿的，不同于“上山下乡”；大学生没有什么显赫职位，不同于“挂职锻炼”；大学生一下子沉到了最基层，到了最艰苦的地方，不是来“镀金”的；大学生到西部基层服务一年就能享受国家相关政策，而绝大多数却选择了两年的服务期。因为这项工作具有独特特点，所以它在培养人才方面能够发挥独特的作用。最近在内蒙古服务的北京大学学生莫锋给我写来一封信，述说了他在思想上受到的强烈震撼和深刻的思考，他说在基层的服务使他懂得了奉献、懂得了责任，这是年轻人成长中最重要的东西。我觉得莫锋的话讲得很深刻。我们实施西部计划的主要目的，就是要引导大学生了解国情，懂得责任、懂得奉献、懂得创造。青年如果懂得了这些，就会有很强的思想素质，就会为塑造完美的人格打下基础，就会奠定一生奋斗的基础。

（二）西部计划是服务西部大开发、增强西部发展后劲的重要途径。西部计划对西部大开发所起的推动作用将是巨大的、久远的，是具有成长性、建设性的。首先，西部计划满足了西部对人才的渴求。西部大开发，关键在人才。大学生志愿者来到西部，对构建人才资源东西互动、城乡互动的机制是一个极大的促进。其次，西部计划为老百姓办了很多实事、好事。志愿者在西部地区的最基层开展服务，所做的都是当地政府、老百姓最需要的事情，因而都受到人民群众的热烈欢迎。再次，这项工作激活了西部地区的人才资源。看到从外面来的志愿者都干得这样好、这样努力，作为本地人还有什么理由不努力工作，改变贫穷、落后的面貌呢？同时志愿者还传播了文明的生活方式，带来了新观念、国际眼光和开放思路等，更重要的是，相当一部分志愿者今后会留在西部，对西部的发展产生直接的推动作用。

（三）西部计划是缓解就业压力、开辟就业新渠道的重要途径。大学生就业问题是党和政府高度重视、全社会普遍关注的事情。2004年我国高校毕业生将有280万人，他们不可能全部成为“白领”、公务员，相当一部分人要到基层去，要自主创业。西部计划对于缓解目前就业压力、促进大学生就业至少发挥了三方面的作用：一是可以引导一批又一批大学生到西部去、到基层去锻炼成长、建功立业，具有鲜明的导向作用；二是可以引导一部分青年学生立足基层、扎根基层，自主创业，拓宽了就业路子；三是可以增强大学生就业创业的本领，提高大学生就业创业的技能。

（四）西部计划是在新的历史起点上推动共青团事业新发展的重要途径。胡锦涛总书记指出，当前共青团事业的发展正处在一个新的历史起点上。这就要求我们立足新起点，实现新发展，创造新业绩。怎样在新的历史起点上创造新业绩呢？西部计划的实施为我们提供了重要启示。第一，它为共青团事业的全面发展树立了新的形象。西部计划塑造了新时期、新阶段共青团工作的新形象，这个新形象就是能干大事的形象、能把大事做实的形象。共青团作为党的助手和后备军，就应该树立这种务实、能干的新形象。第二，它为共青团事业的全面发展注入了新的活力。在新世纪新阶段共青团事业发展的方方面面都可以找到与西部计划的结合点，大学生志愿者是推进团的各项工作不断前进的一支生机勃勃的力量。

第三，它为共青团事业的全面发展拓展了新的职能。党中央明确提出共青团要承担协助政府管理青年事务的职能。西部计划是国务院常务会议决定的，实施西部计划，是共青团协助政府管理青年事务这一职能的最大拓展。这项工作使共青团的职能更加丰富、更加健全、更加具有牵动力。第四，它为共青团事业的全面发展构建了新的机制。这个机制就是项目化的动员机制、运作机制、管理机制和考评机制，这是新时期共青团的重要工作方式。深入实施西部计划，将极大地推动共青团事业形成全面发展的新机制。

三、着眼长远构建大学生志愿服务西部计划持久发展的运行机制

西部计划是全团的一项重要的人才工程。从今年的情况看，党政高度认同，群众热烈欢迎，大学生积极参与，正在显露出巨大的生命力。促使西部计划深入持久地开展下去，需要我们努力探索促进这项工作持久发展的运行机制，常抓不懈，抓出成效。

一是组织机制。首先要有协调机制。一方面要做好团内协调，形成合力，另一方面要主动争取党政领导的重视和支持，无论是哪一级都要请党政领导来挂帅支持、协调各方。其次要建立专门的工作机构。西部计划越做越大，没有专门工作机构是不行的。各地特别是西部的12个省（区、市）都要成立专门的工作机构，有条件的地方要在志愿者行动指导中心的基础上尽快成立志愿者工作部。当然，即使这个专门机构成立了，也要强调团内相关部门的整体协调。还要充实工作人员，除了行政编制，还可以选调优秀志愿者来做这项工作。

二是招募机制。招募一批高素质的大学毕业生对西部计划非常关键。要广泛宣传西部计划的重大意义，宣传当代大学生远大的理想和高度的社会责任感，激励优秀大学生积极参与。需要强调的是招募对象的主体应是本科生，西部急需的专科生可以适当增加。要借助高校党团组织的优势、网络优势和社会各界的优势，通过组织报告团、演讲会等多种方式，发挥大学生志愿者的典型示范作用，鼓励大学生踊跃报名参加。要明确招募责任制，特别要明确高校对志愿者的第一责任人地位，促使高校招募身体健康、德才兼备的优秀学生到西部地区服务。

三是选派机制。首先要明确大学生志愿者服务地主要在西部地区（包括湖南、湖北的两个自治州和新疆生产建设兵团）的最基层，一定要把这个定位搞清楚，不能把注意力放到东部地区或者是城市里去。其次是选派之前一定要加强集中培训，努力推出一批富有针对性的培训教材，引导大学生志愿者进一步树立新观念，引导他们正确看待改革、开放，正确看待东西部差距、城乡差距，正确看待我国在发展中遇到的各种社会问题。再次就是供需结合，根据西部的实际需求和大学生的服务意愿，把这两个需求有机对接起来，使大学生更好地发挥作用。鉴于西部对大学生志愿者有着强烈的需求，在今后的选派中要探索竞争机制，倡导县委书记、县长主动来团省委申报，团省委根据各县提供的岗位、数量确定服务县及选派志愿者的数量。选派志愿者要适当控制规模，要相对集中在一些县，从实践来看，每个县平均50人左右为宜。

四是培养机制。首先要科学定岗，努力为志愿者找到合适的岗位，使他们更好地发挥作用。其次团干部要经常深入志愿者中间，召开座谈会和他们相互交流，还可以利用各级团校把志愿者组织起来集中加强指导。再次就是为志愿者发挥作用搭建舞台，既要使每一名志愿者人尽其才，又要把一个县、一个地区的志愿者组织起来，发挥其整体优势。

五是管理机制。加强管理的基本原则是“谁用人、谁受益、谁负责”，县级项目办是第一责任人，同时各级团组织都负有管理的责任。要做好安全管理。要有高度的责任感，始终把安全这根弦绷得紧而又紧,始终做到警钟长鸣。要有安全责任人,建立安全制度。要做好诚信管理。绝大多数志愿者都会履行承诺,但是不排除个别人在服务期间"敲退堂鼓"的可能。我们要建立诚信管理机制,学校要在大学生志愿服务期满以后再发派遣证,并且对缺乏诚信的大学生在发派遣证时要注明。要做好生活管理。志愿者的生活和交通补贴要及时发放,保险理赔要尽快支付,绝对不能因为这些因素增加志愿者的生活负担,影响他们的积极性。

六是就业机制。志愿者服务期满后能不能顺利就业,一定程度上关系着西部计划能不能长期搞下去。首批一年期的志愿者很快就要结束服务,因此现在就要着手建立服务志愿者就业的机制。一要吸引社会更多的关注和支持,积极向用人单位推荐优秀志愿者就业。二要引导志愿者在服务地、在西部就业,营造志愿者留下来在西部创业的良好环境。三要鼓励志愿者自主创业,靠自己的智慧和本领开拓一番事业。

七是评估机制。要对服务地的各级团组织及其负责人进行评估,并将评估结果抄送同级党委、政府。要对志愿者的服务状况进行评估,对志愿者的奖励要分成若干等次,相应的政策待遇也不一样。要在评估的基础上逐步建立一套奖惩体系,对表现优秀、成绩突出的志愿者要奖励,而且在政策上也要有所倾斜。

八是配套机制。首先要和团的其他工作统筹兼顾,配套推进。要和青年文化建设、青年中心、青年统战、青年社区建设等工作结合起来,引导大学生志愿者要在其中发挥重要作用。其次要把全国项目和地方项目统筹兼顾,配套推进。东、中部省份也有欠发达地区,所以我们倡导每个省都搞地方项目。如果各省都把地方项目做起来,这项计划就会在全社会产生更加广泛的影响,团的地位就会大大提高,团的活力就会大大增强。

九是保障机制。要不断完善政策保障。中央部委的政策由团中央牵头来协调、争取,地方的政策由各级团组织牵头共同来争取。要围绕考公务员、考研究生这两个志愿者最关心的问题制定一系列地方政策,其他方面可以搞中央和地方两种政策。要多方面建立基金保障。团中央将采取措施面向全国、面向海外为西部计划等志愿者工作募集资金,建立志愿服务基金。各地也可以采取这个办法,为使这项工作持久、健康发展提供强有力的物质保障。

四、齐心协力做好当前几项重点工作

根据大家讨论的情况,当前我们要集中力量解决好下面几个问题。

一是要进一步营造良好的舆论氛围。前一阶段我们已经做了许多舆论宣传工作,社会对西部计划已有了初步共识,但这还远远不够。我们要大张旗鼓地宣传志愿者在西部基层发挥的巨大作用,宣传优秀志愿者的感人事迹和精神境界,宣传这一代大学生的远大理想和崇高社会责任感,宣传他们在西部就业、创业的优秀典型,形成人人关注西部计划、关心大学生志愿者、青年学生更加踊跃参与的社会氛围。

二是要积极搭建平台,更好地发挥志愿者的作用。到西部去的大学生志愿者都想干点事情,做点积累,这是有理想、有责任感的表现。如果不给他们安排能够发挥作用的岗位,他们的积极性就会受到挫伤,从而影响整项工作的效果。各地要根据他们所学专业、特长安排对口的工作,尽可能为他们发挥作用创造条件。各级团组织要积极搭建平台,充分发挥他们在传播先进文化、推动社会发展方面的积极作用。

三是要认真做好春节返家、返回驻地的工作。春节即将来临,为了使志愿者在春节前后能及时返家、返回服务地,各地要多做认真细致的工作。春节之前各级团组织的负责同志都要尽可能到志愿者中间走访一次，同他们谈心、沟通，帮助他们解决各种实际困难，提供必要的帮助。

四是要加强志愿者与外界的交流。目前志愿者与外界、与各级项目办交流不便是一个突出问题。为此，全国项目办要专门办一份面向西部基层广大志愿者的内部报纸或刊物，定期把各种信息反馈给所有志愿者。要充分发挥中青网、中国青年报等团内资源的作用，努力使有上网条件的志愿者都能网上交流，使每一名志愿者都能订阅一份中国青年报，使他们迅速便捷地了解有关信息。

五是要及早动手，做好志愿者的就业服务工作。刚才在讲建立就业机制时已经讲了这个意思，希望大家未雨绸缪，尽早着手做好志愿者的就业服务工作。

六是要加强对志愿者的引导。现在西部计划刚刚开始，社会各界很关注，西部的群众也很欢迎，但是这种状况不可能长期持续。因此我们要引导大学生摆正位置，始终保持良好的心态，踏踏实实、专心致志地做好志愿服务工作。要引导大学生树立志愿服务意识，弘扬志愿精神，抱着服务、学习、锻炼的目的，勤于学习，善于创造，甘于奉献。

七是要及早筹划2004年的工作。今年我们打了一个突击战，在很短的时间内完成了招募、派遣等一系列工作。在今年工作的基础上，明年的西部计划要有进一步的发展。这要求我们宣传和招募都要尽早筹划，尽早摸准西部需求情况。地方配套的项目也要早做准备，争取早日启动起来。要认真研究明年西部计划全面展开以后的各项具体措施，从机制、政策上早做准备。

五、以良好的作风扎实推进大学生志愿服务西部计划

西部计划为团干部提供了拓展事业的舞台，也是检验、考验团的队伍的试金石。各级团组织要把实施西部计划作为锤炼队伍的大好契机，动真感情，下苦功夫，解难问题，创新业绩，努力在全面推进西部计划的实践中把自己造就成党放心、人民满意的团干部。

西部计划这件事情很实，要长期不懈地把这件实事做下去，关键要有好的、扎实的工作作风。各级团的领导机关、领导干部都要经常深入到在西部服务的志愿者当中，了解他们的工作和生活情况，交流思想认识，并把它作为锤炼作风的一个好机会、好途径。任何时候都要牢记“两个务必”的要求，脚踏实地，真抓实干。一要进一步提高认识，真正把西部计划摆到全局的高度，放到推动共青团事业、青年运动蓬勃发展的战略高度来认识和实施。二要下苦功夫。西部计划这件事涉及这么多人，每一个人的利益都是具体的，每一个人的成长发展都是具体的，来不得半点虚的东西。我们必须下苦功夫，把问题研究透彻，迎难而上，解决问题，取得实效。三要真诚对待每一位志愿者。团干部要经常和志愿者谈心、交流，及时了解他们的思想，认真帮助他们解决困难，真正做到对待志愿者用真心，解决问题出真力，做志愿者的知心朋友。四是要戒骄戒躁，创造新业绩。我们不能满足于各方面的赞扬，要多找找工作中的问题和困难，清醒地认识到下一步西部计划面临的艰巨任务，不断克服困难，不断取得新成绩。

同志们，大学生志愿服务西部计划刚刚有了一个良好的开端，这就像万里长征迈出了第一步，今后我们要走的路更长，任务更重。让我们高举邓小平理论和“三个代表”重要思想的伟大旗帜，深入贯彻党的十六大和十六届三中全会会议精神，在以胡锦涛同志为总书记的党中央坚强领导下，以扎实的作风、严谨的态度、细致的工作，把大学生志愿服务西部计划切实抓出成效，谱写当代中国青年运动的新篇章。

赵勇在全国少工委四届五次全委会上的讲话

2003 年 12 月 17 日，根据录音整理

非常感谢大家的信任，选举我做全国少工委主任，这既是光荣，更是沉甸甸的责任。我当尽心竭力履行自己的职责，尽自己的所能，为各位委员，为少先队工作做好服务。

团十四大以来，我和大家一道做了五年的少先队工作。在这段难忘的日子里，我常常被可爱的少先队员感动着，从他们身上感受到成长的美好希望，这希望令人振奋；我常常被可敬的少先队工作者感动着，从他们身上感受到奉献的巨大力量，这力量催人奋进。五年的少先队工作是一份美好的经历，是一份充满收获的积淀，是我一生的宝贵财富。

近几年来，在团中央书记处的领导下，在教育部门的大力支持下，在广大少先队工作者的共同努力下，少先队工作取得了长足的进展，适应新形势的新要求，提出了新的理念，推出了新的举措，取得了新的成效。

一是少先队的教育理念有了新的深化。在第四次少代会上，我们提出了体验教育的工作理念，更加强调实践育人这一基本的教育规律，尤其结合少先队的工作特点，发挥少先队的优势，在体验这个环节上，来推动少先队工作的全面活跃和整体水平的提高。二是少先队工作的目标有了新的定位。在锡山会议上，我们提出把竭诚为少年儿童健康成长服务作为一切工作的出发点和落脚点，我们以此作为我们的追求，作为我们的工作目标。三是少先队工作的机制有了新的探索。在海口会议上，我们提出要构建起与经济社会发展相适应的少先队工作社会化的机制，实践证明是有效的，少先队工作发展的根本出路在社会化。四是对少先队工作的任务有了新的共识。在南京会议上，我们进一步明确要把加强少年儿童思想道德教育摆在首要的位置，这是党交给我们的重要任务。五是少先队工作的组织建设有了新的拓展。在杭州会议上，我们提出了在社区建立少先队的课题。这是一个新的探索，呈现出很好的发展势头，后来也写进了少先队的章程。我们还在井冈山专门召开会议，研究加强农村少先队工作的问题，尽管目前还是个薄弱环节，但是我们关注到这个事情，在着力推动这个事情。

总结这几年，我们既要看到少先队工作有了新的进展，也清醒地看到还存在很多薄弱环节，面临很多新的挑战。同志们对团中央的工作，对全国少工委的工作，对我在做全国少工委常务副主任期间分管少年部期间的工作都给了很多的关心和支持。借此机会向所有为少先队事业的发展做出贡献的同志们，尤其是向教育部门的负责同志和同志们表示衷心的感谢和由衷的敬意！

回顾这段工作，我深深地感到少先队永远是火炬。少年儿童自戴上鲜艳的红领巾那一天，就把党的要求、社会的要求变成自己的实践，变成自己的行动。在党的关怀下，在少先队组织的引导下，沿着火炬照亮的前程，不断地发展，不断地成长，一代又一代的人才从少先队走出来。

我深深地感到少先队永远是基石。少先队从成立的那一天起，就强调少年儿童的全面发展。从一个人的成长来讲，少年儿童的阶段将打下一生的基础，少先队的工作在其中奠定着他们成长发展的基石。从共青团的事业来讲，少先队是基石，共青团的源头在少先队，团

员的素质如何，共青团组织的活力如何，在很大程度看少先队工作的基础打得牢不牢。从党的事业发展来讲，人才强国战略要从娃娃抓起，民族的希望从少年儿童阶段就开始铸造，就开始奠基。少先队的工作无论是从人的成长，从共青团的事业，从国家和民族的事业发展来讲，都是基石。

我深深地感到少先队永远是激流。一批一批的少先队员成长起来，又有一批一批的少年儿童走进少先队这个组织，就像一支奔腾不息的河流奔向大海，奔向未来，永远不会停息，推动着我们事业的发展。

回顾这几年的历程，我也深深地感到做好少先队工作有几条基本的原则：第一，始终坚持邓小平理论和"三个代表"重要思想为指导，与时俱进，开拓创新。第二，始终坚持把思想道德教育摆在首位，按照素质教育的要求，全面开展我们的工作。第三，要把实践育人作为基本的途径，以体验教育作为我们基本的教育理念，发挥少先队独特的作用和优势。第四，要尊重少年儿童的主体地位，真正地尊重人、关心人、理解人，着眼少年儿童的全面发展，建立起一套适合少年儿童的活动的机制、激励的机制。第五，要始终坚持紧紧地依靠教育行政部门，推动少先队工作的社会化。这些年来，我们推出的新的举措，取得的新的进步，都离不开各级教育行政部门的大力支持，离开了这一条，我们是很难有所作为的。这些宝贵的经验值得我们长期地坚持，并且不断赋予新的时代内涵。

关于明年的工作和今后一个时期的工作，王湛同志、晓兰同志都做了全面的安排，我只想强调一点，就是要认真贯彻前不久召开的全国宣传思想工作会议精神，把加强少年儿童思想道德教育摆在更加突出的位置，抓紧抓实，抓出更大的成效。这次全国宣传思想工作会议是1994年以来中央召开的一次重要会议，胡锦涛总书记、李长春同志、刘云山同志都在会上发表了重要讲话。胡锦涛总书记发表的讲话从国际国内的大局和历史发展的战略高度，深刻阐述了加强思想宣传工作，加强思想道德建设的重要意义，是一个纲领性的文件。在讲话中特别强调全党都要重视加强青少年，尤其是未成年人的思想道德建设。未成年人主要是少年儿童。中央做出这样的决策，提出这样的要求，是从党和国家长远发展的战略考虑的。加强少年儿童的思想道德建设关系到国家和民族的未来，关系到人才强国战略能不能真正实施，关系到全面建设小康社会能不能真正地实现，是一项十分重要的战略任务。各级共青团和少先队组织要按照中央的要求，把加强少年儿童的思想道德教育，摆在十分突出的位置。

加强少年儿童思想道德教育要认识新挑战。少年儿童的思想道德教育面临很多新的情况，最大的挑战是三个方面。一是全球化给少年儿童思想道德教育带来新的挑战。全球化带来的就是文化渗透。一些国家借助他们经济的强势，把他们的文化和价值观向全球推行。美国的政治家早有预言，打败共产主义不再靠武器，主要是靠文化，向全世界出口的产品今后不再是农产品和工业品，而是文化产品。他们今年向全世界出口最多的是文化产品，包括影视产品，在这个过程中确实存在一个文化渗透的问题。当代少年儿童接受了很多西方的文化，有积极的也有很多消极的东西。日流和韩潮对少年儿童影响很大，包括各种各样的口袋书、各种各样的盗版的碟，对少年儿童成长影响太大了。这个事情把握不好可能影响我们一代人。少年儿童对中华民族优秀文化和传统美德是不是认同，是不是有信心，这件事情实在是太重要了。二是信息化带来的。信息化为传播知识开辟了新的途径，比如发展远程教育等等。我们要适应，要推进，这是毋庸置疑的。同时信息化带来的是快餐文化，尤其是表现在少年儿童身上的读图时代快餐文化。我们传统当中很多是宝贵的东西，值得我们继承，值得我们发扬，但这种读图时代、快餐文化把这些东西丢掉了。三是市场化带来的。市场化积极的方面很多,市场化带来了活力,促进了经济的发展。但消极的一面我们也要认识到,市场化让人们过分地夸大了财富的作用,使英雄主义、崇高都变得被一些人不那么看重,尤其是如果对少年儿童过分地夸大金钱和财富的作用,对思想道德建设产生很大消极的影响。我们要看到这些双刃剑,认识这些新的挑战。思考怎么样在这样的背景下,完成好党交给我们的任务。要从少年儿童开始,逐步树立起正确的"三观",养成良好的道德习惯,从少年儿童这个阶段就打牢思想道德的好基础,尤其是养成好的习惯,这个任务是非常艰巨的。

加强少年儿童思想道德教育要开辟新途径。现在我们越来越看到对人的影响最大的因素是文化。人创造文化,也是文化的产物,是环境的产物。在这个环境下,人的成长、少年儿童的成长,越来越依赖于文化,所以我们要发挥文化育人的独特的作用,发挥共青团、少先队文化育人的独到的优势,以体验教育为基本途径,创造更加鲜活、更加生动、更加个性化的活动载体,让少年儿童在实践体验中,培育和弘扬民族精神,养成做人做事的良好习惯。我们要不断开辟新的途径,要不断赋予体验教育以新的内涵,刚才王湛同志讲不要千人一面,要创造更多鲜活的、生动的活动载体,让我们的思想道德建设有更多适合少年儿童的生动的途径,真正地内化成为他们自身素质的一部分。

加强少年儿童思想道德教育要拓展新的手段。现在家庭教育、学校教育、社会教育成为思想道德教育的三个领域,也是三个支柱,缺一不可。我们前几天召开了青少年社会教育的高层论坛,大家形成了高度的共识。社会教育对促进少年儿童的全面发展起着非常重要的作用,我们要高度关注。共青团、少先队所做的工作在很大程度上是社会教育,是社会教育当中一支重要的力量。我们现在要拓展新的手段,首先是要重视媒体的作用。我们过去讲三种媒体,后来讲四种媒体,现在发展成五种媒体,广播、电视、电影、网络和短信息。短信息今年的信息量是两千亿条,营业收入是200亿元。上海的东方网站搞了一个对青少年的短信平台,效果非常好。我们要充分利用这五种媒体。最近中央电视台要开通少儿频道,少儿频道要有少先队的声音,要利用这个频道来做少年儿童的思想道德建设。团中央和青海卫视的合作要建立一个以青年为特点的综合卫视频道,我们要利用这个载体来做少年儿童的思想道德教育。要充分利用这些新的媒体,新的手段,尤其要建设一些新的阵地。在社区里面要建设起一些适合少年儿童经常性活动的加强思想道德建设的阵地。我们正在全面建设青年中心,在青年中心里面今后要有少年儿童的教育活动设施。还要充分利用爱国主义教育基地,对少年儿童进行思想道德教育。

加强少年儿童思想道德教育要构建新的机制。少年儿童思想道德建设党中央高度重视,是一个庞大的社会系统工程。我们要抓住这个机遇,形成社会化的工作机制和运行机制。要按照刚才王湛同志提出的要求把少先队的思想道德教育纳入到整个学校德育工作当中,要与改革和加强德育工作相协调、相一致,从中发挥我们的重要作用。要纳入到全党加强思想道德建设的总格局当中,争取更多的政策支持,包括少年儿童到各种活动阵地的优惠政策。要有形化。要纳入到全团加强青少年思想道德建设的总的格局当中,要形成更大的力量,营造更好的氛围。团内的各种宣传媒体青年报、少年报要以更大的力度来加强和推动少年儿童的思想道德建设。总之,要抓住机遇,趁势而上,把少年儿童思想道德建设提高到一个新的水平,并以此带动和推动整个少先队工作上一个新的台阶。

全团带队是党赋予共青团的一项重要职责。最近周强同志专门主持召开书记处会议,研究了全团带队的问题。团中央下发了专门的文件，提出了明确要求。希望各级团组织狠抓落实，要从全局的高度，从全面建设小康社会的高度重视少先队的工作，加强少先队的工作。首先要从组织上带队。少先队的机构只能加强不能削弱。少先队工作机构有两个职能，少年部是共青团做少年儿童工作的一个部门，少先队工作委员会是少年儿童作为群众组织的工作机构，不能随意撤并这样的机构。少先队是共青团的半壁江山，少先队工作委员会的运作机制和团的中央委员会的运作机制是一样的，是个委员会的建制，不能随便就撤并，要由教育部门和社会各界一起来参与。任何一级团组织都不能撤并这样的机构。有部分团省委少年部和学校部合并了，但力量只能加强不能削弱，有条件的都要单独设置，合并的也要争取单独设置少年部。这是一个党多年立下的规矩，也是党多年交给共青团的一项重要的任务。第二是要从队伍上带队。要把少年部的干部，把少先队工作委员会办公室的干部配齐、配强，除了保留少数的骨干之外，总体上要和其他团干部一样培养、锻炼、转业、交流，保持活力。同时要下大力气加强辅导员队伍的建设，团费当中已明确要至少拿出10%用于少先队辅导员的培训，各地一定要抓好落实。要利用团校、青少年宫来做少先队辅导员的培训，尤其要利用远程教育的设施做辅导员的培训，把辅导员的队伍建设好。第三是要从工作上带队。要纳入共青团整体工作的格局，要给平台，给实际的支持。实际上这些年团的很多工作最初起步都是从少先队开始的，“保护母亲河”行动提出来以后第一个行动是少先队的“手拉手捡回一个希望，还母亲河一片绿色”。它和共青团的很多工作都紧密地连在一起。第四个就是要从作风上带队，团的工作，少先队的工作，来不得半点虚的。做人的工作确实要用心，要上心，带着感情去做。要真正按照胡锦涛总书记在与团的新一届领导班子成员座谈时对团干部提出的新要求，真正把团干部的作风建设好，把少先队干部队伍的作风建设好，带着感情做好少先队工作。

我相信，有团中央书记处的领导，有教育部的大力支持，有大家的共同努力，少先队的工作一定会不断迈上新的台阶，为实施人才强国战略，为全面推进素质教育，发挥我们独到的作用。让我们更加紧密地团结在以胡锦涛同志为总书记的党中央周围，高举邓小平理论和“三个代表”重要思想的伟大旗帜，与时俱进，埋头苦干，肩负起党交给我们的神圣职责，把工作做得更好。

赵勇在共青团十五届二中全会上的总结讲话

2003年12月26日

同志们：

在党中央的亲切关怀和同志们的共同努力下，这次全会圆满完成各项议程，今天下午就要结束了。下面，我代表团中央书记处作会议总结，讲三点意见。

一、关于这次全会的主要收获

这次全会是一次十分重要的会议。会前，中共中央政治局常委、国家副主席曾庆红同志主持召开中央书记处会议，听取了团中央书记处的工作汇报，对共青团做好明年和今后一个时期的工作提出了明确要求，指明了方向。中共中央政治局委员王兆国同志出席会议并代表党中央发表热情洋溢的重要讲话，周强同志代表书记处作了主题报告，大家分组进行了充分而又热烈的讨论，过一会儿，几位书记还将就几项重点工作作具体部署。大家一致认为，这次会议开得很好，必将产生重要的、长远的指导作用。这次会议的收获主要体现在以下三个方面。

1. 进一步增强了做好新形势下共青团工作的责任感和使命感。全会认真学习了党中央书记处对共青团工作的重要指示和中共中央政治局委员王兆国同志的重要讲话。大家一致认为，党中央书记处的重要指示和王兆国同志的重要讲话，高屋建瓴，内涵深刻，充满信任，充满期望，充分体现了我们党对共青团工作的高度重视和对青年一代健康成长的亲切关怀，使大家进一步明确了在新的历史起点上推动共青团事业实现新发展的努力方向，对做好当前和今后一个时期的共青团工作具有十分重要的指导意义。大家一致表示，决不辜负党中央的殷切期望，一定要以强烈的使命感和高度的责任感，把党中央书记处的重要指示和王兆国同志的重要讲话精神全面贯彻到团的各项工作和建设中来，坚持不懈地用"三个代表"重要思想武装全团、教育青年，最大限度地团结凝聚青年为完善社会主义市场经济体制、全面建设小康社会而奋斗，在不断开拓创新中进一步加强和改进团的自身建设，开拓创新，奋发有为，扎实工作，努力开创共青团工作新局面。

2. 进一步明确了在完善社会主义市场经济体制进程中加强共青团机制建设的意义、思路和目标。周强同志在这次全会上所作的讲话，以邓小平理论和"三个代表"重要思想为指导，深刻分析了共青团在新的历史起点上如何进一步加强共青团机制建设这一重要课题。讲话全面系统深入，思想性、指导性、操作性都很强，得到了与会同志的高度评价。大家一致认为，周强同志的讲话贯彻党的十六大和十六届三中全会精神，紧扣时代发展的要求，结合共青团工作和青年工作实际，从主动适应新形势新任务加强共青团机制建设这一战略性、全局性问题出发，进一步明确了共青团在新的历史起点上的战略思路，对于做好当前和今后一个时期的共青团工作具有非常重要的指导作用。

通过学习讨论，大家进一步认识到，改革开放特别是党的十四大确立社会主义市场经济体制改革目标以来，共青团积极适应建立社会主义市场经济体制对共青团提出的新要求，团的工作和建设在继承中不断创新，在把握规律中不断创新，始终保持着蓬勃发展的态势。共青团所进行的探索和创新，在一定意义上说，就是共青团工作机制的探索和创新。在完善社会主义市场经济体制的进程中，共青团机制建设的任务更加艰巨，同时也面临难得的机遇，必须加大力度，力求突破。大家认为，周强同志的讲话围绕健全共青团工作运行机制和组织运行机制两个方面，完善教育青年机制、服务青年机制、动员青年参与机制、资源整合机制、做好青年事务机制，以及加强基层团组织机制建设、强化团组织联系青年的新型纽带、完善团干部队伍建设机制等，进行了充分的阐述，为全团加强机制建设指明了努力方向。大家共同表示，一定要把机制建设作为一项管总的、基础性的大事来抓，通过扎实的工作和持续的努力，为共青团事业永葆生机和活力做出一份历史性的贡献。

3. 进一步规划部署了今后五年的共青团工作。团十五大报告对今后五年的共青团工作作出了总体部署安排。这次会议讨论通过的《全面建设小康社会进程中共青团工作战略发展规划》，以党的十六大和十六届三中全会精神为指导，贯彻落实团十五大提出的任务，从加强青年思想教育、积极引导青年参与、努力促进青年发展、协助做好青年事务、加强青年组织建设的基本思路出发，对共青团工作进一步作出了规划部署，是今后五年推动共青团工作发展的又一个重要指导文件。实施好《规划》，对于共青团站在新起点，谱写新篇章，团结带领广大青年积极投身社会主义物质文明、政治文明和精神文明建设，为全面建设小康社会而努力奋斗，具有重要的推动作用。

在讨论过程中，大家高度赞同《规划》确定的总体目标、指导原则和工作布局。大家认为，《规划》思想导向性强。《规划》以“三个代表”重要思想为统领，遵循解放思想、实事求是、与时俱进的思想路线，体现以青年为本的工作理念，突出青年的主体地位，积极引导青年，竭诚服务青年，推动青年按照党的要求健康成长、全面发展，通篇和每一大部分里面都把大的工作背景说清楚了，把核心的工作理念说清楚了，把基本的工作思路说清楚了，具有鲜明的思想导向性。大家认为，《规划》项目导向性强。在充分继承现有工作品牌的基础上，坚持与时俱进、开拓创新，把握时代脉搏，贴近青年需求，整合并推出了一系列新的工作项目，便于各级团组织和广大团干部进一步明确工作创新的方向。

总之，全会进一步认清了形势，统一了思想，明确了任务，坚定了信心，开得很成功。相信全会对做好当前和今后一个时期的共青团工作，一定会起到重要的指导和推动作用。

二、切实加强和改进青年思想政治工作，把广大青年的积极性和创造性凝聚到全面建设小康社会的奋斗中来

思想政治工作是我们党和国家的重要政治优势，是经济工作和其他一切工作的生命线。青年思想政治工作是贯穿共青团全部工作的红线和灵魂。高度重视和切实做好青年思想政治工作，统一青年思想、凝聚青年力量、化解青年矛盾、理顺青年情绪、激励青年团结奋斗，是党对共青团的一贯要求，是共青团组织的基本工作职责。不久前召开的全国宣传思想工作会议，是党中央召开的一次具有全局意义的重要会议，胡锦涛总书记、李长春同志和刘云山同志分别作了重要讲话。会议对我们认清形势、统一思想、深化认识、明确思路，进一步做好团的宣传思想工作特别是青年思想政治工作，具有十分重要的指导意义。党中央书记处在听取团中央汇报时明确指出，要把加强青年思想政治工作放在突出位置来抓。这里，我结合学习贯彻全国宣传思想工作会议和党中央书记处的重要指示精神，就加强和改进新形势下的青年思想政治工作讲几点意见。

1. 充分认识新世纪新阶段做好青年思想政治工作的极端重要性。做好青年思想政治工作，关系巩固和扩大党的青年群众基础，关系中国特色社会主义事业的薪火相传和成败兴衰。进入新世纪新阶段，面对新形势新任务，全团必须从全局和战略的高度，从能否真正完成好党交给的光荣历史任务的高度，进一步认识切实加强和改进青年思想政治工作的极端重要性。

第一，切实加强和改进青年思想政治工作，是面对经济全球化、市场化和信息化的时代潮流，正确引导青年的紧迫要求。一代人的思想状况如何，是由其所处时代的经济社会发展状况所决定的。当今时代，经济全球化、市场化和信息化已经成为不可阻挡的潮流。我们思考青年思想政治工作，一定要认真研究和把握时代发展的大方向大趋势。总的看，经济全球化、市场化和信息化为我们做好青年思想政治工作带来了宝贵机遇。比如，经济全球化为青年更好地学习西方先进的技术、科学的管理方式和经营方式，吸收借鉴人类创造的一切文明成果提供了有利条件。经济市场化注重效率、强调竞争、讲求务实的特点，使青年更加自主自立，更加务实进取，更加具有效率意识、竞争意识、创业意识。信息化为信息的传播、交流提供了更加多样和便捷的渠道，为青年全面了解认识社会、全面提高自身素质创造了更好条件。同时必须看到，经济全球化、市场化和信息化也必然给青年的精神文化生活带来

这样那样的深刻影响，必然给青年思想政治工作带来一系列新情况新挑战。

经济全球化对青年思想政治工作的挑战是复杂的、多方面的。比如，伴随经济全球化进程，西方大国对我国加紧进行文化渗透、文化侵略。他们凭借其强大的经济优势和技术优势，通过控制传媒、大量生产和出口电影、音乐文化产品等形式，千方百计推销其价值观。美国控制了世界75%电视节目和60%以上广播节目的生产和制作，每年向国外发行的电视节目总量达30万小时。美国电影占据世界总放映时间的一半以上，占据世界电影市场总票房的三分之二。文化产品已经成为美国最大的出口产品，每年的出口额高达600多亿美元。这种以形形色色文化产品为外包装的价值观的渗透，对社会公众尤其是青年的影响不容低估。又比如，在意识形态领域争夺青年的较量愈演愈烈。西方敌对势力一刻也没有放弃西化、分化我国的图谋，从来不讳言把所谓的“希望”寄托在中国青年身上。他们大肆鼓吹资产阶级自由、民主，通过各种手段对我国进行思想渗透，企图动摇马克思主义在我国意识形态领域的指导地位，搞乱人们尤其是青年的思想。

市场经济深入发展对青年思想政治工作的挑战主要来自两个方面。一方面，市场经济对青年的思想观念、价值观念和行为方式带来深刻影响，青年的思想空前活跃，青年的价值取向日益呈现出多样化趋势。比如，功利主义有所抬头，平民意识不断强化，多样选择日益凸现，个人本位受到认同等，正在成为青年思想价值观念变化发展的一些新倾向。社会上各种青年文化、青年现象五花八门，波波族、哈韩族、哈日族、新贫族、博客、月光女神等等，不一而足。在这种情况下，青年思想政治工作老办法不管用、新办法不会用的问题十分突出。另一方面，市场经济自身弱点和消极方面对精神生活带来的影响，在青年中也不同程度地得到反映，有的还比较突出地表现出来。一些青年受拜金主义影响，过分夸大财富和金钱的作用，价值观发生扭曲，道德行为失范，极端个人主义、享乐主义在一些青年中很有市场，有的甚至走上违法犯罪道路。

信息化对青年思想政治工作的挑战同样是全面而深刻的。有两个方面尤其要引起我们的高度重视。其一，信息化的加速推进，急剧扩展了影响青年的信息传播渠道和空间。网络是什么？是第四媒体，是新的生活方式，是新的生产方式，是新的社会管理方式，是新的文化形式，是新的社会群体形成方式，等等，怎么认识都不过分。我国网民数量高达7800万，其中80%以上是18至35岁的青年。手机短信作为一种新兴媒体，年发送量高达2000亿条，被称为第五媒体，接发短信者绝大多数是青年，由手机短信还衍生出所谓的“拇指文化”。不管是第四媒体，还是第五媒体，它们对青年的影响越来越大，但是我们还远远没有掌握通过这些现代信息媒体做青年思想政治工作的主动权、主导权。其二，信息化的加速推进，使有害信息对青年可能带来的危害急剧增大。在信息高度开放的情况下，每个人既是信息的接收者，也是信息的传播者，同时还是信息的制造者，好的信息可以发挥出更大更好的正作用，坏的信息也可以发挥出更大更坏的负作用。各种黄色、反动、迷信的不良信息和低俗之风以网络、短信为载体进行传播，对青年的消极影响和身心危害不可低估。一项调查表明，互联网上一年就有45万个色情图片和文件。一些非法组织利用网络发布信息、传达指令，“法轮功”邪教就在网上大肆传播歪理邪说，兴风作浪。网络导致的部分青少年思想混乱、网上不道德行为和违法犯罪行为也在逐渐增多。据国内外已经发现的信息犯罪案件统计，犯罪年龄在18至40岁之间的占80%左右，平均年龄只有23岁。而且许多青少年并不认为自己的行为是犯罪，而是把它当做一种智力“游戏”或“挑战”。

第二，切实加强和改进青年思想政治工作，是面对全面建设小康社会的艰巨任务，凝聚青年力量的紧迫要求。抓住宝贵发展机遇全面建设小康社会，使青年思想政治工作的重要性进一步提升。本世纪头20年，是我国必须紧紧抓住并且可以大有作为的重要战略机遇期。全面建设小康社会的20年，正是当代青年风华正茂、年富力强的20年，也正是当代青年奋发有为、建功立业的20年。全面建设小康社会，既为当代青年施展才华抱负、报效祖国人民提供了广阔舞台，也赋予了当代青年艰苦创业、奋发进取的历史责任。在这个宏伟的历史进程中，共青团的使命就在于用全面建设小康社会的共同理想激励青年、凝聚青年。我们要通过卓有成效的青年思想政治工作，使全面建设小康社会的宏伟目标在青年中深入人心，使推动社会主义物质文明、政治文明和精神文明协调发展的思想在青年中深入人心，使全面、协调、可持续的科学发展观在青年中深入人心，使实现社会全面进步和人的全面发展的观念在青年中深入人心，最大限度地把广大青年的智慧和力量凝聚到为实现全面建设小康社会而奋斗中来。

在完善社会主义市场经济体制进程中全面建设小康社会，使青年思想政治工作的作用进一步提升。完善社会主义市场经济体制，是一项前无古人的伟大事业，带来的经济和社会深刻变革前所未有。这就意味着全面建设小康社会的进程不会是一帆风顺的，在前进的道路上必然还会有这样那样的困难和风险，迫切要求我们通过深入细致的青年思想政治工作，引导青年正确看待和对待前进中的问题。不断完善社会主义市场经济体制，不可避免地会产生一些社会问题，引发一些社会矛盾，人民内部矛盾在一些时候、一些地方、一部分群众中间还会表现得比较突出。青年是社会中最敏感的一部分群体，是社会的“晴雨表”。这些矛盾因素若不能及时化解，青年的情绪若不能及时理顺，就有可能转化为影响社会安定团结的不稳定因素。引导青年正确看待这些社会问题，正确认识这些矛盾因素，事关改革发展稳定的大局，事关全面建设小康社会的大业。我们必须从全面建设小康社会的全局出发，切实做好新形势下的青年思想政治工作，积极引导广大青年正确对待改革中的利益关系调整，把改革的必要性和重要性向青年讲清楚，尤其要把与青年自身利益相关的情况给青年讲明白，帮助青年分清是非原则，澄清模糊认识，把个人利益和集体利益、局部利益和整体利益、眼前利益和长远利益统一起来，理解改革，支持改革，齐心协力投身改革，自觉维护改革发展稳定的大局。

第三，切实加强和改进青年思想政治工作，是立足新的历史起点，推动共青团事业新发展的紧迫要求。当前，全团正站在新的历史起点上，努力推动共青团事业实现新发展。越是在事业发展的重要关头，我们越要紧绷青年思想政治工作这根弦，越要采取有力措施切实加强和改进青年思想政治工作。青年思想政治工作淡化了、忽视了，共青团工作的生命线也就丢掉了，我们就不可能真正完成好党交给的光荣任务，我们就不可能真正在新的历史起点上实现共青团事业的新发展。从首要政治任务来看，坚持不懈地用邓小平理论和“三个代表”重要思想构筑青年一代的精神支柱，是共青团的首要政治任务。把握住这一条，就把握住了方向，就把握住了重点，就把握住了灵魂。理论武装，本身就是青年思想政治工作的核心内容。理论武装工作成效如何，从来就是青年思想政治工作的根本标准。从工作格局来看，青年思想政治工作是团的根本工作职责和重要政治优势，贯穿共青团全部工作和建设。青年思想政治工作在全团工作格局中的地位，是由共青团的政治属性和由此而承担的使命决定的，说到底，是由党与共青团的特殊政治关系决定的。正是从这个意义上我们说，青年思想政治工作是共青团全部工作的生命线。

长期以来，在党的领导下，青年思想政治工作取得了可喜成绩，积累了一些好做法、好经验，为我们适应新形势进一步做好工作打下了良好基础。同时也要看到，当前青年思想政治工作还不能完全适应新形势新任务的要求，面临许多新挑战新课题。一是思想认识不到位。有的同志认为，青年思想政治工作是软工作，说起来重要，干起来不要。有的同志认为，青年思想政治工作是慢工作，下的功夫不少，看得见的成绩有限，费力不讨好。还有极少数同志甚至认为，现在都讲多样化了，一人一个想法，青年思想政治工作没大必要。二是工作适应性不强。适应青年变化和特点的想法不多、办法不多，工作针对性不强，方法手段滞后，影响力不足，能够应对突发事件的办法更是不多，甚至是事前根本就没有想法，没有预案。三是工作覆盖面不广。主要是对新的青年群体难以有效覆盖，工作盲点不少，基层青年思想政治工作薄弱的问题比较突出。四是工作机制创新不够。这些，都需要我们加紧研究解决，在认识上、实践上切实改进。

总之，我们一定要牢固树立政治意识、大局意识、责任意识，居安思危，常怀忧患，切实增强使命感和责任心，努力把青年思想政治工作提高到一个新水平。

2. 进一步明确青年思想政治工作的时代内涵。思想政治工作既是一个老生常谈的工作，又是一项常抓常新的事业，必须根据实践的发展和时代的要求不断赋予新的内涵。做好新形势下的青年思想政治工作，必须紧扣党的指导思想与时俱进，必须紧扣全面建设小康社会的伟大实践凝聚人心，不断增强工作的主动性、针对性和实效性，把广大青年的积极性和创造性引导好、保护好、发挥好，使青年成为建设社会主义物质文明、政治文明和精神文明的有生力量。

用“三个代表”重要思想教育青年，坚定青年的理想信念，是青年思想政治工作的核心。理想信念是指引人们奋斗的航标和灯塔，是帮助人们战胜困难的精神动力。长期以来，我们始终坚持用马克思主义科学理论教育青年，引导青年把个人理想与国家、民族、人民的奋斗目标统一起来。“三个代表”重要思想同马克思列宁主义、毛泽东思想和邓小平理论一脉相承而又与时俱进，是马克思主义在中国发展的最新成果。用“三个代表”重要思想武装全团、教育青年，构筑起青年一代的强大精神支柱，是新时期青年思想政治工作的核心任务。只有用“三个代表”重要思想武装青年，才能引导广大青年既坚定实现共产主义的远大理想，又立足我国正处于并将长期处于社会主义初级阶段这个实际，坚定不移地走中国特色社会主义道路，脚踏实地地为实现全面建设小康社会的宏伟目标，为实现中华民族的伟大复兴而努力奋斗。

大力弘扬和培育以爱国主义为核心的伟大民族精神，是青年思想政治工作的重点。民族精神是一个民族生生不息的精神支撑。中华民族的伟大民族精神具有丰富的内涵。爱国主义是民族精神的核心。在青年中弘扬和培育伟大民族精神，首先要高扬爱国主义旗帜。要引导广大青年学习中华民族的优秀传统文化，了解中华民族五千年来文明发展的历史，进一步增强青年的民族自尊心和自豪感。要把青年的爱国主义教育与社会主义教育结合起来，在青年中倡导一切有利于民族团结、祖国统一、人心凝聚的思想和精神，倡导一切有利于国家富强、社会进步、人民幸福的思想和精神，倡导一切用诚实劳动创造美好生活的思想和精神，把广大青年的智慧和力量凝聚到全面建设小康社会的实践中来，不断增强中华民族的凝聚力。创新是民族进步的灵魂，是民族精神的重要内容。在中国革命、建设和改革的伟大历史进程中，我们党领导人民以独特的井冈山精神、长征精神、延安精神、红岩精神和

“两弹一星”精神、大庆精神、抗洪精神、载人航天精神等，进一步丰富和发展了伟大的民族精神。开展青年思想政治工作，必须结合时代和社会发展的要求，引导广大青年充分认识我们民族的历史和传统，深刻体会民族精神在当代不断丰富和发展的历程，使民族精神代代传承，发扬光大。

切实加强青年思想道德建设，是青年思想政治工作的基础。道德是立身之本，是成长之基，是开展思想政治教育的前提。青年时期是思想道德形成的关键阶段，能否引导青年在成长阶段奠定良好的道德基础，形成良好的道德习惯，将直接影响青年一生的立身处世和成长发展。要深入贯彻落实《公民道德建设实施纲要》，立足青年的时代特征，采取灵活多样的教育方式，注重点点滴滴习惯的养成，不断提高青年的道德素质。同时，要充分发挥青年在道德教育与实践中的主动性和能动性，引导他们成为中华民族传统美德的传承者、体现时代进步要求的新道德规范的实践者、新型人际关系和良好社会风尚的倡导者。

坚持以人为本，努力培育“四有”新人，是青年思想政治工作的目标。党的十六届三中全会提出要坚持以人为本，树立全面、协调、可持续的发展观，促进经济社会和人的全面发展。人的全面发展是人类社会发展的终极目标。从这个意义上讲，我们做的一切工作都应该以服务人的全面发展为最终目的。思想政治工作是做人的工作，自然更不例外。坚持以青年为本，努力促进青年的全面发展，努力培育有理想、有道德、有文化、有纪律的“四有”新人，是我们贯彻党的十六届三中全会精神的必然要求，也是我们在新的历史起点上做好青年思想政治工作的必然要求。要引导青年树立全面发展的观念，使自己在劳动能力、社会关系和个体素质等方面得到自由而充分的发展，在奉献社会、服务人民的奋斗中实现人生价值。要积极促进青年社会化的进程。帮助青年尽快适应社会角色的转变，掌握人际交往、参与社会的基本规则；帮助青年进行职业设计、规划人生；引导青年担负起作为社会人的责任，确立符合社会发展需要的价值观、伦理观和做人做事的原则，从而促进青年融入社会，促进青年成长成才。

3. 坚持实践育人、文化育人、服务育人，把青年思想政治工作落到实处。共青团组织在做青年思想政治工作中发挥着重要作用，具有鲜明的政治优势、组织优势和工作优势。在新的历史条件下，要充分发挥自身优势，从实践育人、文化育人和服务育人三个方面入手，举全团之力常抓不懈，努力把青年思想政治工作的各项任务落到实处，取得实效。

一是要充分发挥实践育人优势，构建和完善青少年广泛参与的实践教育体系。实践最能说服人，最能塑造人，人的正确认识归根结底要从实践中来，要用实践来检验。实践育人是开展青年思想政治工作的基本途径。多年来，共青团组织正是通过广泛开展大学生“三下乡”社会实践、青年企业家西部行、大学生志愿服务西部计划等多种实践活动，使广大青年对国情民意有了真切了解，对邓小平理论和“三个代表”重要思想有了深入认识，对改革开放的路线方针政策有了高度认同。同时要看到，“知行脱节”的问题在相当一部分青年中还不同程度地存在。解决“知行统一”问题的最好办法就是实践。共青团改进和加强青年思想政治工作，必须充分发挥实践育人的优势，引导和帮助青年实践出真知，实践出真情，实践促知行统一。

发挥实践育人的优势，就要把青年思想政治工作的内容和目标有效地融入到各类实践活动中去。在活动开展的所有环节，都要紧扣思想政治工作的核心理念，都要体现实践育人的工作要求。比如，青年文明号强调诚信意识，手拉手昭示互助精神，青年志愿者激发奉献热情，保护母亲河普及环保理念，等等。

发挥实践育人的优势，就要充分尊重青年参与实践的主体地位。要针对当代青年主体意识、参与意识日益增强的特点，注意调动青年的内在积极性和创造性，引导青年在实践中自我体验、自我教育、自我提高，在改造客观世界的同时改造主观世界。

发挥实践育人的优势，就要把握关键环节，努力形成并不断完善实践教育的完整体系。在少年儿童中，要以雏鹰争章行动为牵动，广泛开展体验教育活动，让他们在体验中认识事物、形成观念、规范行为。在中学生中，要以实践教育为主题，深入开展志愿服务、18岁成人仪式等活动，使他们在实践中养成道德、了解社会，成长为合格公民。在大学生中，要以“三下乡”、“四进社区”等活动为载体，广泛开展各类社会实践活动，帮助他们了解国情、坚定信念、密切与人民群众的联系。在各类青年劳动者中，要结合具体情况，立足工作实际，广泛开展岗位建功等活动，引导他们在工作实践中巩固知识、提高技能、全面发展。在青年理论工作者中，要大力组织开展“万名青年理论工作者下基层”等活动，推动他们深入实践、深入基层、深入群众，更好地传播理论研究成果，更好地汲取理论创新源泉。这五个方面广泛覆盖了青年全体，相对区分了成长阶段，既相互衔接，又各有侧重，要从这五个方面着手努力形成一个相对完整的实践育人体系。

二是要大力弘扬文化育人理念，全面实施青年文化行动。人是文化的产物，文化是个人成长的重要环境。开展青年思想政治教育工作，必须充分认识文化对青年成长的重要作用，不断提高文化育人的能力。应该说，我们在这个方面做了大量工作，比如校园歌手大赛、乡村青年文化节、大家乐、共青团“五个一”工程评选等，都丰富了广大青年的文化生活，也产生了积极的文化育人效果。但也要看到，过去我们的认识还有一定的局限性，对文化育人的客观规律认识和把握还不够，还没有把各类文化活动当做一个有机整体来看待，也没有把文化育人上升到一项战略任务的高度来大力推进。面对大众传媒快速发展和社会生活方式深刻变化的新形势，面对文化尤其是时尚文化对青年日益便利快捷、广泛深刻的影响，我们必须把文化育人当做共青团服务青年、引导青年，加强和改进青年思想政治工作的一项重大战略来实施，坚持先进文化的前进方向，弘扬文化育人的理念，提高文化育人的能力。

要全力打造青年文化精品。文化精品是青年关注的焦点，一本好书就可能影响一个人一生的重要选择。我们要通过组织创作和推广一批电影、电视剧、歌曲、曲艺、图书等文化精品力作，通过在报刊开辟精品栏目，通过建设精品文化专题网站等多种渠道多种方式，在青年文化建设中努力形成若干具有标志性和重大社会影响的文化精品，充分展示青年一代的时代风采，既在社会上产生强烈的震撼力和冲击力，又对青少年发挥潜移默化、润物无声的作用。

要广泛开展青年文化活动。一方面，要通过招标、竞标等形式联合社会力量开展示范性和导向性文化活动，打造一批极具感召力、影响力和时代感的品牌活动，重点推进新世纪读书计划、五四晚会、青年欢乐节、青春中华系列活动等。另一方面，要广泛开展群众性青年文化活动，全面活跃校园青年文化、社区青年文化、乡村青年文化、军营青年文化和企业青年文化，促进基层青年文化的发展繁荣。

要大力推介青年文化名人。崇拜偶像是青年的普遍特点。要高度重视和充分发挥影视明星、体育明星等青年偶像的“名人效应”。要以培养、选拔、推广三个环节为着力点，开展多种形式的竞赛评选活动，为各类优秀青年文化人才脱颖而出搭建舞台，通过不断推出青年文化名人来形成热点、牵动青年、影响社会。

要不断壮大青年文化事业产业。发展壮大青年文化事业和文化产业，是青年文化做大、做实、做强的重要内容和依托。要以市场为导向，大力整合青少年报刊、出版、网络影视等团属青年文化事业资源，积极构建符合经济规律、突出社会效益、富有共青团特色的青年文化经济联合体，借助市场手段不断发展壮大。要在巩固青少年宫、青年之家和各类青少年教育基地等基础上，积极开辟广播电视青年频道、报纸杂志青年栏目、青少年网站等阵地，主动开拓青年文化事业产业发展的新增长点。

要切实加强青年文化交流。交流与合作是文化传播、发展和壮大的重要途径。要不断加强区域、城乡之间的文化交流，促进地方特色文化的推广和交融，扩大先进文化的影响力。要不断增强与港、澳、台地区的青年文化交流与合作，使内地青年与港、澳、台以及全世界华人青年相互了解、相互信赖，增进青年对民族的认同和对祖国的情感。要广泛开展国际交流，借鉴世界各国先进文化成果，推动中华青年文化走向世界，使中华青年文化产生更强的国际竞争力和吸引力。

三是要竭诚做好服务育人工作，不断提高服务青年的能力和水平。服务青年是共青团的重要工作理念，是共青团全部工作的出发点和落脚点。青年思想政治工作能否被青年接受，能否影响青年，在很大程度上取决于共青团服务青年的能力和水平。很多时候，有的人觉得思想政治工作难做，抱怨道理讲不通、说不明、推不动，一个很重要的原因就是没有很好地贯彻服务青年的宗旨。只要我们始终坚持服务育人宗旨，心里装着青年、凡事想着青年、工作依靠青年、一切为了青年，青年思想政治工作一定能够取得更好成效。

要把思想政治工作与促进青年的成长发展结合起来。成长发展是青年的根本需求，要紧紧围绕青年学习、就业、身心健康等成长发展的重要环节，竭诚做好服务工作，使青年在成长过程中少走弯路、少遇挫折。这样，青年思想政治工作就有了坚实的基础。

要把思想政治工作与支持青年参与结合起来。青年的最大特点就是充满活力，参与的热情高、动力足。如果参与的渠道不畅、机会渺茫，就会给青年的思想带来负面影响，给我们的思想政治工作增加难度。要通过各种渠道搭建舞台、创造条件，引导青年积极参与社会主义物质文明、政治文明和精神文明建设，积极融入经济社会生活。

要把思想政治工作与帮助青年解决实际困难结合起来。尤其要满腔热情地关心帮助青年中的困难群体，因为社会矛盾最容易在困难群体当中激化，困难群体的利益也最容易被边缘化，从而引发社会的不稳定。要认真了解下岗失业青年、农村贫困青年、进城务工青年、经济困难学生等青年困难群体的生活状况和现实需求，倾听他们的呼声，把握他们的情绪，关心他们的疾苦，尽心尽力为他们做实事、办好事、解难事，多做得人心、暖人心、稳人心的工作。

要把思想政治工作与维护青年合法权益结合起来。合法权益受到侵害往往会造成青年思想波动，影响重大。要通过法律援助、青少年维权岗等途径尽力维护青年的合法权益。要高度重视做好信访工作，做到热情接待、耐心解答、认真处理、及时反馈，努力为青年排忧解难，努力化解青年中的矛盾，而不能增添不必要的困难，激化不必要的矛盾，使青年思想政治工作陷入被动。

要把思想政治工作与推进青年公共政策结合起来。随着社会主义法制的完善和依法治国基本方略的实施，政策法律在规范青年生产生活中的作用越来越大，也日益成为教育引导青年的重要手段。要从青年最关心的事情做起，从青年利益最相关的事情做起，力争把青年中带共性和规律性的问题上升到政策法律法规层面，积极推动青年公共政策的制订和实施，最大限度地扩大青年思想政治工作的受益面和实际效果。

实践育人、文化育人、服务育人是我们在总结以往青年思想政治工作经验的基础上，提炼出的三大工作理念。实践是途径，文化是环境，服务是手段，三者相辅相成，各有侧重，是一个有机的整体。

4. 大力推进青年思想政治工作创新。创新是发展的动力。要用时代的要求审视青年思想政治工作，用发展的眼光研究青年思想政治工作，以改革的精神推动青年思想政治工作，在继承发扬优良传统和成功经验的基础上，努力形成新思路，探索新办法，开辟新途径，取得新成效，使青年思想政治工作更好地体现时代性，把握规律性，富于创造性。

一是在思想观念上创新。要牢固树立青年思想政治工作以青年为本的观念。思想政治工作从根本上说是做人的工作，必须坚持以人为本，尊重青年的主体地位，尊重青年的性格特点，多从青年的角度来思考问题，多从青年的角度来评价工作，既要坚持必要的灌输，又不能停留在我讲你听，把青年当做完全被动的教育对象。要牢固树立大实践、大文化、大服务的观念。实践育人、文化育人、服务育人多管齐下，多种手段并用，形成青年思想政治工作的强大合力。

二是在表达方式上创新。只有贴近实际的方式，贴近生活的方式，贴近群众的方式，才有说服力、感染力和震撼力。脱离实际、脱离生活、脱离青年，青年思想政治工作就失去了根基，就会苍白无力。要深入到青年中去，倾听青年的呼声，了解青年的意愿，主动向青年学习，准确把握新形势下青年思想活动的特点，切实增强青年思想政治工作的时代感。要密切结合青年的思想实际和学习工作生活实际，多采用青年喜闻乐见的形式，多运用青年熟悉的语言，多联系青年身边的事例来做思想政治工作。要眼睛向下，重心下移，真正做到尊重理解青年、关心帮助青年，充分调动青年的内在积极性，把青年思想政治工作真正做到青年的心里去，努力做到春风化雨，内化于心。

三是在工作手段上创新。要适应时代发展的新特点和青年成长发展的新变化，在坚持传统有效手段的基础之上，不断拓展青年思想政治工作的渠道和空间，积极探索新的工作手段和工作载体。充分运用互联网等高新技术手段来开展青年思想政治工作，是我们创新工作手段的一个重要方面。要充分利用网络资源，把共青团的政治优势和组织优势凝聚成强大的网上工作优势，利用网络这种新手段新平台来更好地教育引导青年。

四是在工作机制上创新。青年思想政治工作既是一项重要而紧迫的工作，又是一项长期而艰巨的任务，不可能一蹴而就、一劳永逸，不可能指望靠某个部门、某项活动就能把工作做好，必须建立灵活有效的协调机制和常抓不懈的工作机制。要把共青团组织开展的青年思想政治工作纳入到党的青年思想政治工作之中。要充分利用各种社会资源，广泛协调各方面力量，整合团的各条战线的工作，形成齐抓共管、协调推进的工作局面。要把青年思想政治工作纳入团的各项特色活动当中，纳入团的自身建设当中。要在全团大力倡导科学的政绩观，建立健全青年思想政治工作的考核评价机制，把这项工作作为评价团组织、团干部的重要内容。

三、以昂扬奋进的精神状态全面贯彻落实全会精神

这次会议对明年和今后一个时期的共青团工作作出了总体部署，提出了新的更高的要求，下一步关键是抓好落实。

第一，要始终保持奋发有为的进取精神。奋斗成就伟业，拼搏书写人生。党中央亲切关怀和高度重视我们，广大团员青年充分信任和热切期待我们，伟大时代为我们提供了广阔舞台和宝贵机遇，我们惟有以时不我待、只争朝夕的精神，满腔热情、殚精竭虑地投入工作，扎扎实实地做出成绩，抓住机遇，乘势而上，才能不辱使命，不负重托。我们一定要有强烈的职业荣誉感、责任感，满怀激情地对待每一项工作，尽心尽力地做好每一项工作，只要定下来的事情，就要主动去办、认真去办，办得好、办得快。

第二，要大力弘扬干事创业的良好风气。实干兴团，空谈误团。团的工作只有抓实抓细抓具体，才能取得实实在在的效果。我们一定要以对党和人民的事业高度负责、对团员青年高度负责的精神，把心思主要放在工作和学习上，把精力倾注在团的事业发展上，恪尽职守，埋头苦干，努力把全会确定的各项工作任务落实到实际工作中去。

第三，要着力锤炼重在建设的务实作风。切实按照周强同志的讲话精神抓好共青团机制建设，是落实好全会确定的各项任务的重要突破口和工作着力点。我们一定要鼓实劲、出实招、求实效，切实做到工作务实、作风扎实、措施落实，把机制建设贯穿到团的各项工作和建设当中，以机制建设保证工作更好开展，以机制建设促进工作更好开展，以机制建设不断巩固扩大工作成果。

第四，要牢固树立统筹兼顾的科学态度。全面贯彻落实全会精神，推动共青团工作再创新局面，必须充分发挥共青团的整体优势，统筹兼顾，协调推进，突出重点，形成合力，上下联动。我们一定要在实际工作中牢固树立统筹兼顾的科学态度，统筹不同的工作对象、不同的工作区域和不同的工作项目，打破团的各部门、各战线之间的界限，加强协调，相互配合，共同推进。要在统筹兼顾的基础上突出工作重点，集中力量，整合资源，协调运作，形成合力，在全面推进工作中进一步打响我们的重点品牌，不断扩大共青团工作的社会影响。要立足于活跃基层，着力于活跃基层，切实推动各项工作在基层的贯彻落实，使团的基层工作有声音、有作为，使团的基层组织有影响、有地位。

同志们，明年是全团贯彻落实团十五大提出的各项任务的开局之年，是全面贯彻落实《全面建设小康社会进程中共青团工作战略发展规划》的开局之年，做好明年的各项工作意义重大。我们要更加紧密地团结在以胡锦涛同志为总书记的党中央周围，以邓小平理论和“三个代表”重要思想为指导，与时俱进，开拓创新，扎实工作，奋发进取，团结带领广大团员青年为完成党中央提出的明年工作任务做出新的贡献！

元旦春节就要到了，祝同志们新年愉快、身体健康、家庭幸福、工作顺利！

黄丹华同志讲话

黄丹华在全国青年外事工作会议上的工作报告

2003年2月21日

这次会议是新世纪召开的第一次全国青年外事工作会议，具有十分重要的意义。这次会议的主要任务是，以邓小平理论和“三个代表”重要思想为指导，深入学习贯彻党的十六大精神，总结经验，认清形势，明确任务，努力推进青年外事工作的新发展。下面，我就过去五年的青年外事工作进行回顾和总结，并就今后青年外事工作的任务讲几点意见。

一、过去五年工作的回顾

过去的五年是青年外事工作高举邓小平理论伟大旗帜，深入学习贯彻“三个代表”重要思想，努力拼搏，锐意进取的五年；是青年外事坚持为党政外交服务、为经济建设服务、为青年工作服务的宗旨，在巩固中不断发展，在发展中不断创新的五年。五年来，青年外事工作在党中央的领导下，在中联部、外交部的指导下，与时俱进，开拓创新，取得了显著的成绩。

1. 跨世纪青年交流谱写新篇章。过去的五年是世纪之交的五年，世纪之交赋予青年对外交流崭新的时代内涵。我们顺应时代潮流，把握形势发展变化，遵循“和平友好、独立自主、相互学习、平等合作”的原则，积极参与世界青年事务，广泛开展同世界各国青年的友好交流，不断巩固、发展与世界各国青年组织的合作关系，日益增进与世界各国青年和人民之间的理解和友谊。

与社会主义国家青年组织的友好交往关系进一步加强。中国共青团继续保持并深化同越南胡志明共青团、朝鲜金日成社会主义青年同盟、古巴共产主义青年联盟、老挝人民革命青年团之间的友好合作关系，高层交往不断，有针对性地开展了形式多样的交流与合作。特别是中越青年交流在巩固已有交往成果的基础上，按照中央的要求，从2000年起连续三年成功举办了“中越青年友好会见”活动，这是近年来我们对社会主义国家交往当中规模最大、影响最深远的活动。我们以此为龙头，开展了“中越边境青年友好交流”、“中越边境青年大拜年”等一系列形式新颖、内容丰富的友好交流活动。

与发达国家的青年交流稳步发展。在国家间合作关系的框架内，巩固老关系，开辟新渠道，取得了显著成效。1999年11月举办了全国青联和美国青年政治领袖理事会建立交往关系20周年庆祝活动，双方总结了经验，规划了发展方向，为中美青年交流跨世纪的稳定发展奠定了基础；与日本内阁府、日本青年团协议会、日本青年会议所、东京青年会议所、日中青年研修协会、创价学会等机构和组织开展的传统交流项目进一步深入，并在交往方式、交往内容上不断创新。根据中日两国政府签署的进一步发展青少年交流的框架合作计划，从1999年起连续四年成功接待100名日本青年来华访问；与英国文化委员会开展常规交流项目以外，还与英国“爱丁堡奖励计划”、“联系青年国际”等组织开展了有关志愿服务、青年创业和环境保护的专题交流；从2000年起应邀参加由法国国民教育部主办的法国公民节，同时启动了在青年创业领域的中法合作计划；新增了德国青年公务员联盟、德中友协等对德交往渠道，开辟了与比利时、马耳他的青年交流。此外，与芬兰、希腊、西班牙等国的交流也在巩固中有所发展；通过举办中澳青年研讨会，与澳大利亚政治交流理事会的合作关系进一步深入，同时与“澳亚青年领袖计划”建立了交往关系。如果说20世纪90年代初期和中期是我们与发达国家青年交流的恢复期，那么过去的五年则是稳步发展、成效显著的五年。

与周边国家的青年交流不断深化。周边国家是我国总体外交的重点，也是青年对外交流的重点对象。五年来，继续巩固同各周边国家青年组织合作关系的基础，弘扬睦邻友好，发展传统友谊，已有的交流合作关系得到进一步深化。对俄罗斯交往方面，担任了中俄友好21世纪委员会青年委员会主席，并在21世纪委员会和中俄教、文、卫、体委员会框架下开展了“中俄青年大联欢”、“中俄青年共游伏尔加河”等具有规模效应的系列交流活动；在贯彻落实中韩两国政府签署的有关加强青年交流协议的基础上，对韩青年交流规模扩大，质量不断提高；在广西团校设立了中国广西国际青年交流学院，培训周边国家特别是东盟国家的青年干部，受到越南、老挝、柬埔寨和泰国等国家的欢迎和高度重视；配合中国—东盟自由贸易区的建设和湄公河次区域的开发，组织实施了两次"澜沧江—湄公河青年友好之船活动"，进一步加深了与流域内东盟国家青年组织间业已存在的合作关系，提高了中国青年组织在地区青年事务中的地位；与马来西亚、巴基斯坦、印度、印度尼西亚、斯里兰卡等国青年组织的友好交流关系继续深化，人员互访频繁；尤其具有突破意义的是恢复了与蒙古的青年交流关系，结束了对蒙青年交流滞后于两国关系发展的局面。

与广大发展中国家的青年交流得以巩固。长期以来，中国青年支持广大发展中国家青年反对强权政治和霸权主义、谋求国家发展、维护自身正当权益的斗争，中国青年组织与广大发展中国家青年组织加强团结与合作，保持着情同手足的友好关系，这一友好关系在过去的五年中得到有效的巩固和发展。与埃及青体部合作，在尼罗河畔建立了中埃青年友谊林，现已成为中埃友谊的象征，为双方友好合作关系的发展注入了新活力；通过高层互访，与沙特阿拉伯、叙利亚、摩洛哥、尼日利亚、南非、津巴布韦、以色列、墨西哥、秘鲁、阿根廷、巴西和智利等国青年机构和青年组织之间的友好合作关系不断巩固，双方的理解和信任进一步增强；与塞舌尔青年组织合作，在当地开展了青年技能培训项目；与纳米比亚、约旦、也门、伊朗、乌兹别克斯坦、哈萨克斯坦、吉尔吉斯斯坦和阿塞拜疆等国的青年组织恢复和建立了交往关系，开展了人员互访交流。

多边青年交流成效显著。与联合国系统在青年事务领域的合作进一步加强。1998 年 5 月，全国青联与联合国青年股首次签署了《合作备忘录》，同年 8 月，受我国政府委派，中国青年代表团参加了首届世界青年事务部长会议；1999 年 11 月，首次在北京召开了"联合国青年主题小组会议暨青年发展国际磋商会议"；全国青联代表参加了联合国千年首脑会议青年论坛、非政府组织论坛、联合国世界青年论坛、可持续发展首脑峰会青年论坛和亚欧首脑会议青年论坛等一系列重要会议；积极参与各区域性国际组织框架下的青年活动。为配合 APEC 领导人非正式会议在我国举行，2001 年举办了首届"APEC 青年节暨杰出青年企业家论坛"。APEC 21 个经济体的 200 多名代表齐聚北京和上海，围绕"青年迎接新经济的挑战：促进共同繁荣"的主题进行坦率讨论，达成广泛共识。APEC 青年节得到了 APEC 外交部长和外经贸部长双部长会议的充分肯定，在 APEC 框架内创造了青年工作的模式，现已成为 APEC 组织的固定活动；有针对性地同国际非政府组织开展交流与合作，继续担任亚洲青年理事会副主席，加入了国际业余科技活动协会和国际志愿服务协调委员会。1999 年，全国青联分别获得"联合国亚太经社会人力资源开发奖"和"联合国世界青年奖"，充分表明国际社会对中国青年工作的认可与肯定。

2. 国际化项目合作成为新亮点。在过去的五年里，青年外事充分发挥桥梁和纽带作用，调动国际国内两种资源，在经济及社会发展领域开展了一系列国际青年项目合作，取得了显著的社会和经济效益。国际化项目合作已经成为新世纪青年外事工作的新亮点。

配合"保护母亲河行动"，从 2000 年起申请日本"日中绿化交流基金"资助，开展了"中日青年生态绿化合作项目"。三年来，共引进资金 4. 96 亿日元（约合人民币 3600 万元），兴建项目 18 个，分布在北京、河北、内蒙古、辽宁、安徽、江西、河南、湖北、湖南、广西、重庆、四川和宁夏 13 个省、区、市，项目完成之后的总造林面积将达 5900 多公顷。为推动这一项目的深入发展，于 2002 年中日邦交正常化 30 周年之际，举办了“中日青年环保合作论坛”。

围绕青年志愿服务行动，与新加坡全国青年理事会等组织合作实施了“中新青年跨世纪交流计划”，由新方出资，并组织新加坡青年志愿者来华开展兴建(修缮)学校活动。从 1999 年至今，已在山西、内蒙古、江西、湖南、广西、贵州、云南、西藏、陕西和新疆等地区兴建或修缮了 12 所学校，参加活动的新加坡志愿者人数达 600 多人次；同亚欧基金等组织合作，举办了一系列以环保、文物保护为主题的劳动营活动；2002 年 4 月，与外经贸部合作举办了志愿服务国际会议，通过了《志愿服务国际会议北京宣言》，该宣言被联合国志愿人员组织列为 2001 年“国际志愿者年”后续行动的重要成果；接受新加坡青年志愿者分别赴甘肃、青海从事志愿服务；启动了“青年志愿者海外服务计划”，向老挝、缅甸派遣青年志愿者开展教学、医疗等活动。

结合青年发展问题，与联合国亚太经社会、联合国教科文组织、国际劳工组织、世界卫生组织、联合国志愿人员组织、联合国开发计划署、联合国环境规划署、联合国协会世界联合会等相关机构合作，引进资金、智力和模式，举办了 11 期有关青年权益保护、青年就业的培训项目；在联合国的框架下，与英国、法国、菲律宾、印度等国的有关机构合作，开展了青年人力资源培训和经贸合作的项目。

此外，在体育文化领域，对已有 10 余年历史的“中国环游”国际公路自行车比赛进行了改革，在资金来源、操作方式上更为多样化、规范化和科学化，使这项传统项目焕发出了新的活力。

3. 青年对外交往形成新局面。随着改革开放的不断深入和我国青年工作国际化程度的提高，目前以共青团中央为核心的全国青联及其会员组织已同世界上 100 多个国家的近千个各种类型的青年组织和青年机构建立了不同形式的交往关系；五年来，团中央共派出各类出国访问团组 1025 批，8370 人次；接待各国访华团组 273 个，6132 人次；交流范围超出了青年组织及青年工作自身，上层达至政府首脑、国会议员，横向涉及政治、经济、文化、环保、技术合作和体育等领域；团中央直属单位和地方团组织对外交往的积极性不断增强，呈现出十分活跃的局面。一个全方位、多渠道、宽领域、深层次的青年对外交往新局面已经形成。

团中央各直属单位对外交往的渠道不断拓宽，交往人数不断增加，交往领域日益专业化，交往方式更加多样化。中国青年国际人才交流中心适应我国加入 WTO 后的形势要求，利用各种渠道，五年共培训各类青年人才 2985 人，同时组织实施了“百名团干部赴国外研修培训计划”，目前已派遣近 300 名各级优秀团干部赴发达国家研修培训。为深化推广青年引智成果，推动青年国际人才培养事业的深入发展，于 2002 年 4 月召开了第二届全国青年归国研修生会议暨人才工作研讨会。除人才培养工作以外，中国青年国际人才交流中心还积极参与并推动中日青年环保合作的不断深入发展；中日青年交流中心充分利用自身所拥有的设施、设备及开业 12 年来所形成的影响，在坚持以对日交流为重点的同时，开展了全方位的国际交流。在交流领域方面，由以文化交流为主向包括教育、体育、旅游等在内的更广泛的领域拓展，并圆满完成了承担 2001 年第 21 届世界大学生运动会水球比赛的任务；中国青少年发展基金会目前已经同世界上 30 多个基金组织建立了交往关系，过去五年内接受的海外捐款占捐款总数的 30%，并于 1999 年成功召开了“非营利组织发展与中国希望工程研讨会”；中国青年报社分别与日本朝日新闻社、日本驻华大使馆合作，举办了“21世纪中日关系”和“中日韩青年友好交流”征文活动，在中、日、韩三国引起广泛反响，有利地烘托了中日、中韩国家关系发展的良好氛围；中国青年政治学院充分发挥自身特色，大力开展国际校际交流；中国少年儿童出版总社成功申办了2006年世界少儿读物联盟代表大会；中国青少年研究中心与世界上30多个国家和地区的青少年研究机构开展了学术交流与合作；中国青年旅行社总社、中华儿女杂志社、中国青年实业发展总公司、中国青少年发展服务中心和中国少先队事业发展中心等单位的对外交流也取得了积极的成果。

地方青年外事工作在地方党政部门的领导下，在团中央的协调下，积极开展了符合地方经济社会发展和青年工作要求的对外交流活动。团北京市委、天津市委专门设立了国际联络部，在推动地方青年外事工作发展方面进行了积极的探索。

为进一步激励广大青年外事工作者在新的历史条件下继续建功立业，推动青年外事战线的人才培养工作，1999年，我们以团中央、全国青联的名义发起倡议，并联合中联部、外交部、外经贸部和对外友协共同举办了“中国杰出（优秀）青年外事工作者”评选表彰活动，得到了社会各界的普遍关注和充分肯定。

五年来青年外事工作的成绩是在党中央的亲切关怀下，在中联部、外交部的指导下，在各省级团委的支持下取得的，特别是一些大型项目和重点活动的实施，都得了各级团组织的倾情相助和大力支持。在这里，我们向长期以来关心、支持青年外事工作的中联部、外交部，向为青年外事工作做出贡献的各级团组织，向从事青年外事工作的全体同志表示衷心的感谢！

二、过去五年的基本经验

五年来青年外事工作的具体实践，使我们对在新形势下如何更好地开展青年外事工作有了更深刻的体会。总结五年来的青年外事工作，有三点基本经验。

1. 始终坚持并不断深化青年外事基本原则和基本方针。

青年外事基本原则，即“和平友好、独立自主、相互学习、平等合作”是我国对外方针政策在青年外事工作中的体现。它以我国独立自主的和平外交政策为根本原则，顺应了要和平、求稳定、谋合作、促发展的时代潮流，体现了青年对外交往的特色，是新时期开展青年外事工作的重要指导原则。五年来，正是由于我们在对外交往中始终坚持基本原则，中国青年与世界各国青年的交往关系才能不断巩固和发展，中国青年组织的国际地位才能不断提高，中国青年为推进世界和平与发展进程所做出的努力才能为国际社会所认可。当然，基本原则的内容并不是一成不变的，它要随着国际国内形势的变化、党对共青团工作的要求以及青年外事自身的发展而不断调整、深化。本次会议把“共同发展”确定为青年外事的一项新的基本原则，将更加突显青年外事基本原则与时俱进的特征。

“青年外事为党政外交服务、为经济建设服务和为青年工作服务”的方针明确了青年外事工作的职责，规定了青年外事工作的任务。首先，青年外事始终坚持把为党政外交服务放在首位，这是青年外事的立业之基。五年来，我们认真完成了党中央交办的一系列外事任务，为配合国家总体外交做出了积极贡献。同时围绕党政外交大局，充分发挥青年外事的特点和优势，提高交往层次，做重点国家、重点人物的工作，推进高层政治对话，发挥了积极的作用。在对外交往活动中，特别是国际多边活动中积极开展了人权、“法轮功”、台独、疆独、藏独等涉我问题的斗争，在维护国家的安全和主权方面，彰显了青年外事的独特作用。其次，青年外事充分发挥桥梁和纽带作用，广掘资源，服务国内经济建设。五年来，我们不断强化为经济建设服务的意识，通过各种渠道加强与各国青年在经济领域的对话与交流，推动中外青年之间的合作，取得了良好的经济和社会效益。第三，青年外事工作是共青团的对外交往战线，是共青团工作的重要组成部分，必须始终坚持为共青团重点工作服务。只有坚持与团的重点工作相结合，青年外事才能有纵深发展的空间；只有充分利用共青团重点项目的工作平台，外事工作才能在共青团总体工作中发挥作用。五年来，我们在环保、志愿服务、青年人力资源开发等领域实施了一系列对外交流项目，有力地配合了共青团重点工作。同时进一步加大了外宣力度，以更高的质量、更快的速度向国际社会宣传共青团开展的重点工作，全面树立了中国青年和青年组织的新形象。

2. 坚持创新，与时俱进，不断为青年外事的发展注入新动力。

创新是青年外事发展的不竭动力。创新既是时代对青年外事提出的要求，同时也是青年外事自身发展的需要。

首先，抢抓机遇，开拓创新。机遇稍纵即逝，我们抓住机遇，不断开拓青年外事的新渠道，"中日青年生态绿化合作项目"的设立就是很好的范例。其次，工作领域不断创新。从交流领域来看，在做好传统的政治交流的基础上，经济、文化、环保、青年就业和权益保护等非传统领域所占据的比重越来越大。非传统领域的交流与传统领域的交流形成互动，进一步深化和发展了传统的政治交流。从交往对象来看，一是交往的组织日益多元化。与各国对青年事务关注程度不断提高、青年问题多样化和青年事务社会化的发展趋势相适应，建立了与从政府青年机构、政党青年组织到非政府青年组织，以及与青年事务相关的其他行业、界别组织的不同层次的合作关系；二是交往的人员日益多样化。根据交往国家的不同情况和交往目的的具体要求，开展了与政界首脑、国会议员，青年机构、青年组织的领导人，基层青年工作者，以及关注青年事务的各界人士的对话与交流。第三是工作方式的创新。其中最为突出的是项目化运作方式的普遍采用。以项目化运作方式实施青年项目是当前国际流行的青年工作方式。它具有目标明确、操作性强、可持续发展、便于合作的特点，已经成为青年外事工作方式创新的一个重要方向。一是在项目策划时，考虑项目的综合效益和长期效应；二是大型项目实施中，注意整合社会资源，充分实现国际国内两种资源的对接、互动，力争项目效益的最大化。

3. 巩固和培植名牌项目，以项目带动青年外事工作全局的发展。

青年外事人力、物力资源有限，不可能面面俱到。实施名牌战略，巩固和培植名牌项目，并通过名牌项目的辐射作用，带动青年外事工作全局的发展，是我们在新形势下探索出的实现青年外事持续发展的有效途径。

青年外事在历史上已经形成了一批名牌项目，在巩固和发展这些已有名牌项目的同时，我们在过去的五年内实施了一批内容丰富、形式新颖、影响深远的新名牌项目，取得了显著的成效。如"中越青年友好会见"活动的实施强化了两国青年发展中越友好事业的责任感和使命感，对中越两国发展长期稳定、面向未来的睦邻友好与全面合作关系起到了积极的推动作用；"中俄青年大联欢活动"激励两国青年继承和发扬中俄传统友谊，为进一步发展和加深中俄战略协作伙伴关系做出贡献；"APEC 青年节暨杰出青年企业家论坛"为 APEC 领导人非正式会议铺路造势，烘托气氛；"中新青年跨世纪交流计划"在改善项目实施地教学条件的同时，为中新青年交流注入了新的动力；"中日青年生态绿化合作项目"有效配合了"保护母亲河行动"的深入开展，提高了"保护母亲河行动"的国际化程度。

实践证明，通过创立名牌项目的方式，可以最大限度地利用资源，整合资源，推动青年外事工作的整体发展。在新形势下，我们可以在这一领域大有作为。

三、青年外事面临的形势和主要任务

当前，青年外事工作面临着难得的发展机遇，也面临着严峻的挑战。我们要认清形势，把握大局，更加自觉地做好新形势下的青年外事工作。

全面建设小康社会的目标，对青年外事的发展提出了新的要求。党的十六大明确提出全面建设小康社会的奋斗目标，这是符合中国实际的战略目标。全面建设小康社会是我国实现现代化建设第三步战略目标必经的承上启下的发展阶段，也是完善社会主义市场经济体制和扩大对外开放的一个关键阶段。21 世纪头 20 年是我国全面建设小康社会的 20 年，是我国应该紧紧抓住并且可以大有作为的重要战略机遇期。中国社会全面实现小康，将是人类历史上空前的壮举，具有深远的国际意义。中国的发展将推动亚太地区的和平与发展，将为世界和平与发展事业做出更大的贡献。

全面建设小康社会需要和平的国际环境和良好的周边环境。为创造有利于全面建设小康社会的良好的国际环境和周边环境做贡献是青年外事的大局所在。青年外事工作必须紧密配合党政外交大局，通过开展广泛的国际交流与合作，增进我与世界各国青年之间的了解、理解和互信，消除国际社会对我国的疑虑，培养对华友好事业的接班人。

伴随着全面建设小康社会目标的提出，以及我国加入 WTO 和申奥、申博的成功，我国的对外开放进入了新时期。青年外事要服务于改革开放和经济建设，必须发挥自身优势，努力促进对外合作。青年外事掌握共青团工作和外事工作两种资源，拥有组织优势、资源优势和人才优势。必须充分发挥优势，挖掘资源，通过开展国际合作，为经济社会发展和青年成长成才服务。

国际形势的深刻变化，为青年外事发挥作用带来了机遇和挑战。和平与发展仍是当今时代的主题。维护世界和平、促进共同发展是中国外交政策的宗旨，也是各国人民和青年的共同愿望。和平需要维护，发展需要促进，已成为世界各国青年的普遍共识。综观风云际会、复杂多变的国际形势，呈现出总体和平、局部战乱，总体缓和、局部紧张，总体稳定、局部动荡的基本态势，其走向并未发生根本性变化。世界多极化和经济全球化趋势的发展，给世界和平与发展带来了机遇和有利条件。但是，不公正、不合理的国际政治经济旧秩序没有根本改变。影响和平与发展的不确定因素在增加。传统安全威胁和非传统安全威胁的因素相互交织。南北差距进一步扩大。世界还很不安宁。在此背景下，青年要和平、求发展的愿望更加强烈，青年和青年组织更加积极活跃地参与国际事务和青年事务，已逐步成为维护世界和平、促进共同发展的一支重要的有生力量。

在求和平、谋发展方面，我们的愿望同世界各国青年的愿望相一致，国际社会也需要我国青年组织发挥同我国国际地位相符的积极作用。这为我国青年和青年组织更为主动地参与国际事务和青年事务，促进建立公正合理的国际新秩序，促进国际关系民主化，促进共同发展，共同繁荣，同世界各国青年一道共同推进世界和平与发展的崇高事业带来了机遇和挑战。

青年运动的发展态势，为青年外事开展国际合作提供了更为广阔的空间。在和平与发展的时代主题下，国际青年运动呈现出加强交流与合作的发展态势，各国及区域青年组织、机构调整政策，加大力度打开合作的大门，积极融入到国际交往的洪流之中。从合作方式看，在传统的双边交流基础上，越来越多的青年组织走上了多边交流合作的道路，且由过去较为单纯的友好交流，逐渐发展到开发更多的有利于社会发展的项目合作，通过合作促进交流；从交流领域看，从传统的政治、体育、文化等领域，发展到信息技术、卫生健康、环境保护、消除贫困、社会责任、经济发展和扶持弱势群体等事关人类可持续发展的新领域；从组织形式看，越来越多贫富悬殊、大小不等、观点相左、领域各异的组织能够求同存异，相聚一起就某一个共同关心的问题谋求对话与协商；从社会支持度看，国际社会、各国政府、公共机构、私人团体越来越多地提供各种资源支持青年广泛开展国际交流与合作。国际和区域的重要会议甚至专门设立青年论坛，为青年对话搭建舞台。这些因素为我国青年同世界各国青年广泛开展交流与合作提供了良好的国际环境。

我们要认真研究青年外事面临的新情况、新问题，抓住机遇，迎接挑战，探索青年外事工作发展的新思路，推动青年外事工作再上新台阶。

1. 以“三个代表”重要思想和十六大精神为指导，进一步深化青年外事指导思想。

十六大报告的灵魂是“三个代表”重要思想。“三个代表”重要思想是党的指导思想，同时对我国各项工作包括国际工作都具有十分重要的指导作用。十六大报告有关国际形势和对外工作的论述是“三个代表”重要思想在对外工作中的具体体现，也是13年来我们党和国家国际战略思想和实践活动的系统总结，是对毛泽东、邓小平国际战略思想的继承与发展。十六大报告在对国际形势辩证分析、准确判断的基础上，对我国的对外方针和政策进行了明确阐述，提出了十条方针和政策，对青年外事具有重要的指导意义。

贯彻“三个代表”重要思想和十六大精神，推动青年外事工作实现新发展，要求我们必须按照“三个代表”重要思想和十六大精神的要求，进一步深化青年外事的指导思想。从历史上看，青年外事的指导思想是随着形势的发展变化而不断调整的。从1984年以来，我们先后提出了青年外事的“四原则”和“三服务”方针，此后经过不断的调整和深化，到1997年正式确立了“和平友好、独立自主、相互学习、平等合作”的基本原则，以及“为党政外交服务、为经济建设服务、为青年工作服务”的基本方针。上述基本原则和基本方针的确立，顺应时代发展的潮流，满足青年外事自身发展的需要，为青年外事工作的健康稳定发展提供了强有力的思想保障。

进入新世纪，国际国内形势的发展变化、国际青年运动的基本态势既为青年外事工作提供了新的发展机遇，同时也带来了新的挑战。贯彻“三个代表”重要思想和十六大精神，对青年外事指导思想进行深化，是形势的发展对青年外事提出的要求，也是青年外事工作自身发展的需要。

对这一问题，刚才周强同志已经做了深刻的论述。具体来讲，青年外事的指导思想就是以“和平友好、独立自主、相互学习、平等合作、共同发展”为基本原则，以“服务党政外交、服务经济建设、服务青年工作”为基本方针。遵循青年外事的指导思想，进一步明确当前及今后一个时期青年外事工作的基本工作思路，这就是：广泛开展同世界各国青年的友好交流与合作，增进青年之间的友谊，促进国家关系的发展；加大力度引进国际资源，推动共青团重点项目的国际合作；引导广大团员青年学习理解党政外交方针政策，自觉支持和配合国家重大外交行动。

2. 突出重点，全面拓展，不断推进青年对外交往的新发展。

青年外事面对新形势，新任务，要进一步突出重点，以重点带动全局，推进对外交往的全面发展。

在巩固已有交往格局的基础上，进一步做

好重点国家、重点组织和重点人物的工作。到目前为止,我们已经建立了包括发达国家、周边国家和发展中国家在内的全方位的青年对外交往格局。面临新形势,在巩固已有格局的基础上,我们要进一步做好重点国家、重点组织和重点人物的工作。在纷繁复杂的国际关系中,大国关系有着十分重要的作用。改善和发展同大国的关系,是我国新世纪对外工作的重要内容;善邻方能固国。党的十六大报告提出以邻为善,与邻为伴,体现了我国善待邻邦的真诚愿望。在今后的工作中,青年外事要以大国和周边国家为重点,在以下几方面加大工作力度:贯彻党和国家领导人有关指示精神,继续开展与有关国家的一定规模的青年交流项目,烘托国家关系的整体氛围,培养友好事业的接班人;要进一步加强同政府青年机构、政党青年组织和涉及青年事务的重要社会组织的交流,广泛开展合作,相互学习,相互借鉴;要加大对年轻政治家的工作力度,针对他们对华缺乏足够了解和感情的现状,增大交流力度,增进理解和互信,培养对华友好新一代。

积极参与世界青年事务,加强与各类国际组织的合作。在青年事务全球化趋势和国际青年运动交流与合作趋势不断发展的大背景中,积极参与世界青年事务,加强与各类国际组织的合作,有利于进一步提高中国青年和青年工作的国际知名度和影响力,有利于中国青年在解决世界青年及全人类面临的共同问题的进程中发挥更为积极的作用。要积极支持并参与联合国系统开展的青年活动;在其他国际性和区域性组织开展的青年活动中继续发挥作用;在条件允许的情况下,举办区域性或全球性的多边青年交流活动,不断提高中国青年组织在国际青年事务中的地位。

3. 采用“引进来”、“走出去”的方式,进一步加大项目合作的力度。

我们首先要巩固已有项目,特别是名牌项目,并不断赋予已有项目新的活力,提高合作质量和层次。其次要立足创新,广开渠道,广掘资源,进一步加大对外项目合作的力度,培植新的名牌项目,以项目推动青年外事工作进一步活跃。

做好政治性交流项目是青年外事的首要任务。我们要从服务党政外交大局,推动国家关系发展的高度出发,结合形势的发展,针对交往对象的不同特点,开展更富有特色的友好交流项目。

要加大青年人力资源的开发力度。全面建设小康社会,实现中华民族的伟大复兴需要大批具有国际竞争力的青年人才。我们要进一步加强与国际社会在这一领域的合作,拓展渠道,丰富手段,针对新时期青年成长成才的切实需要,通过研修、短期培训等各种方式,加大培养具有世界眼光和国际竞争力的优秀青年人才。

要加大青年事务领域的项目合作力度。在全球化浪潮下,各国青年事务面临的共同点增多;国际青年运动中交流与合作的发展趋势日益明显;随着青年利益需求的多样化,我国青年工作面临着许多新情况、新任务。上述背景使我们开展青年事务国际项目合作的紧迫性和可行性都进一步增强。青年外事要找准国内青年工作和国际青年运动的结合点,加大青年事务领域国际项目合作的力度,更好地配合共青团重点工作。

要进一步加大经济社会发展领域的项目合作力度。在全面建设小康社会的进程中,经济社会发展的各个领域都为青年外事开展国际项目合作提供了广阔的空间。青年外事要进一步强化为经济社会发展服务的意识,搭建国际舞台,创造国际条件,提供国际载体,在经贸、环保、扶贫和志愿服务等各个领域加大国际项目合作力度,在全面建设小康社会的进程中建功立业。目前我们正在考虑在全国青联内设立国际青年商会,其主要任务就是同各国青商会开展合作,推动中国青年企业家走向世界。

为完成上述任务,我们必须做好三方面的

工作。

——进一步加强团中央与各直属单位及地方外事工作的互动与协调。

青年外事是一项系统工程，需要在统一、有序的状态下运行。团中央各直属单位的外事工作要服从团中央书记处统一领导，地方青年外事工作要服从地方党政的领导。各级团组织要把青年外事工作作为共青团工作的重要组成部分来认真对待，增强对外事工作重要性的认识。没有设立国际联络部的，要在统战部内派专人负责外事工作。要认真完成团中央交办的外事任务，做好外国来华代表团的接待工作。同时，可以结合地方青年工作发展的需要，在团中央和地方党政的指导下开展对外交往活动。团中央要加强对地方青年外事工作的指导和协调，在项目设计时考虑地方的需求，把适当的项目交由地方完成，充分调动地方的积极性。在时机成熟的时候，团中央国际联络部可考虑借鉴国外工作模式，举办项目年度洽谈会，实现资源的互动、对接和共享。

——进一步发挥全国青联及其会员团体的对外交往作用。

区别不同情况，以共青团和全国青联名义开展对外交往是青年外事工作的重要特征之一。在世界青年事务中，联合国承认全国青联为中国青年事务的协调机构。要进一步做好青年外事工作，就要充分发挥全国青联及其会员团体的对外交往作用，利用他们在各自领域内的专业优势，结合国际青年运动的新特点，发展与国外对口团体和专业人士的友好关系。在工作中，要注意根据外事工作的实际需要，有针对性地使用全国青联及其会员团体的名义，以取得最佳效果；要注意发挥青年组织的特点，在国际非政府青年运动中发挥作用；要注意发挥民间社团的优势，广泛吸引国际资源，服务国家经济社会发展。

——进一步加强自身建设，全面提高青年外事的工作水平和管理水平。

青年外事工作的不断发展对青年外事自身建设提出了更高的要求。我们要以“三个代表”重要思想和十六大精神为指导，不断加强自身建设，全面提高青年外事的工作水平和管理水平。

首先，要加强青年外事的干部队伍建设。青年外事工作政策性强，涉及范围广，能力要求高。青年外事干部的政策理论水平和业务能力的高低，直接影响到青年外事工作整体的发展状况。青年外事干部要不断加强理论学习，培养坚定的政治立场，以国家利益、民族利益为最高准则；要提高对国际形势的分析、把握能力，善于应付各种复杂的情况；要加强对国情、民情和团情的了解；要不断提高外语水平，掌握熟练的专业技能和丰富的科学文化知识；要不断提高组织管理和综合协调能力；要勇于开拓，不断创新。

青年外事干部要努力改进工作作风。青年外事干部的作风直接影响对外交往的形象。要强化大局意识和责任意识；要有高度的组织纪律性；要强化服务意识，提高服务水平；要严守外事纪律；对外交往中要坚持交往组织不论大小、强弱一律平等的原则，尊重不同文化之间的差异。

要建设一支政治觉悟高、业务能力强的高素质的干部队伍。要通过多种培训方式，提高青年外事干部的政治素质、业务能力和工作水平；要注重干部队伍的梯次配备，保障工作的延续性。

其次，要不断完善管理机制。各级青年外事职能部门要加强内部管理，团中央国际联络部要加强共青团系统外事归口管理工作；要根据形势的变化确定管理内容，调整管理方式；要处理好管理与服务的关系。

第三，要进一步加强调研和外宣工作。要进一步增强调研意识，在对外交往中注意了解、把握世界青年事务和国际青年运动的发展趋势、各国青年和青年工作的最新动态，发挥好青年外事的参谋作用；要不断促进外宣手段的多样化、科技化和形象化，提高外宣效果，塑造中国青年的良好形象，扩大中国青年组织的国际影响。

同志们，回顾过去五年来的工作，青年外事工作紧密围绕党政外交大局，配合共青团重点工作，锐意创新，务实进取，取得了显著成绩。进入新世纪，在国内改革开放不断深入、国际环境发生深刻变化的大背景中，青年外事工作既面临着难得的发展机遇，也面临新的挑战。让我们紧密团结在以胡锦涛同志为总书记的党中央周围，高举邓小平理论伟大旗帜，以“三个代表”重要思想为指导，深入贯彻落实十六大精神，与时俱进，开拓创新，扎实工作，以优异成绩迎接共青团十五大的胜利召开！

崔波同志讲话

崔波在2003年共青团宣传工作会议上的讲话

2003年1月16日，根据录音整理

做好2003年全团宣传思想工作，有利条件很多。从大的方面看，第一，我们党的事业、国家的发展正处于历史上的最好时期，为我们提供了有利的大环境。第二，十六大把“三个代表”重要思想同马克思列宁主义、毛泽东思想、邓小平理论一道确立为党必须长期坚持的指导思想，为团的宣传思想工作提供了强大的精神动力和理论武器。第三，十六大围绕全面建设小康社会的奋斗目标，对中国特色社会主义经济、政治、文化建设等各方面作出了全面部署，明确了各方面改革和发展的方针原则、重大政策和工作重点，为做好团的宣传思想工作明确了任务，指明了方向。第四，今年上半年将要召开团的十五大，将对全团深入学习贯彻十六大精神，开创共青团工作新局面，进一步团结动员广大团员青年为全面建设小康社会而奋斗进行部署，这是推动共青团工作取得新发展的重要契机。第五，去年以来，各省(市、区)大都召开了团的代表大会，一大批年轻有为的同志充实到领导班子中，为团的工作注入了新的活力。从一些具体的工作来看，今年是开展学习雷锋活动40周年和青年志愿者行动实施10周年，为全面推进青年志愿者行动提供了非常重要的机遇，如果抓住机遇做好工作的话，会把青年志愿者行动推上一个新台阶。就团属青年报刊来说，2001年的中办17号文件、2002年的中办16号文件和2000年人事部关于加快推进事业单位人事制度改革的意见，为团属青年报刊自身的改革与发展明确了重大方针政策，提供了基本的框架，必将有力地推动团属青年报刊的改革与发展。当然，团的宣传思想工作也面临一些困难。比如，各级宣传部门的人手少，干部的更替今年比较集中，工作也有一个熟悉的过程等等。但总体上有利条件还是为主的。

团的十四届六中全会提出要努力开创共

青团工作的新局面,周强同志在昨天的讲话中,也强调要以“三个代表”重要思想为统领,进一步开创团的宣传思想工作新局面。怎么开创呢?怎么才能把这次会议的精神落到实处呢?我认为很重要的一点,就是要把“三个代表”重要思想落实到团的宣传思想工作之中,就是要实现团的宣传思想工作更好地与时俱进。围绕这个问题,我讲四点意见。

一、与时俱进是党的十六大精髓的重要内容和贯彻“三个代表”重要思想的关键,是开创团的宣传思想工作新局面的强大思想武器

与时俱进是江泽民同志提出的一个重要思想,具有丰富而深刻的时代内涵。这个重要思想极大地激发了整个社会改革和发展的活力。深刻理解和准确把握与时俱进这一重要思想,对于开创团的宣传思想工作新局面具有决定性的意义。要理解和把握好与时俱进,就要看到,“时”是不依人的意志为转移的客观变化,或主要矛盾的发展变化,是“俱进”的动因和依据;“进”是客观变化在人们主观意识当中的必然反映,是主要矛盾发展变化以后对次要矛盾的带动,也可以是次要矛盾对主要矛盾发展变化的主动适应,是“时”的必然要求。简单地说,与时俱进就是时代变化了,实践变化了,我们的思想观念、行为方式以及管理体制就要随之而发生变化。当然,与时俱进,既要与“时”紧紧跟随,但也不能超越时代冒进。与时俱进,首先是一种科学的、积极的思想方法、思想品格,要求我们在事物纷繁复杂的发展变化中把握规律性和趋势性,以一种前瞻性的视角改造主观和客观世界,推动事物不断向前发展。其次,与时俱进也是一种积极向上、永不懈怠的精神状态,要求我们始终保持积极主动、奋发向上、永不满足的追求,充分发挥人的主观能动性,自觉地站在时代发展的前列。第三,从一定意义上讲,与时俱进,也可以看做衡量工作成效的重要客观标准。

与时俱进,是党的十六大的精髓的重要内容和贯彻“三个代表”重要思想的关键,是我们党的思想路线的重要组成部分。解放思想、实事求是、与时俱进是十六大确定的我们党的思想路线,其内容是我们党在不同历史时期提出来的,体现了党的思想路线不断丰富和完善的过程。实事求是是指要研究客观事物的规律性,使主观更好地符合客观实际,这是党的思想路线的核心。解放思想在70年代末提出,非常明确的指向就是要打破“左”的思想束缚,要研究新情况,解决新问题,强调人们的思想观念如何从错误中走出来。与时俱进实际上体现的是一种着眼于已经发展的事物,着眼于已经变化发展的客观实际,来校正、纠正、改正我们的主观认识,是一种面向未来的思维。从“三个代表”重要思想本身来看,先进生产力的发展要求、先进文化的前进方向、最广大人民的根本利益都是在不断发展变化的,“始终代表”就是我们党自身要不断地适应发展变化的要求,这本身就是一种动态的、开放的、不断前进的过程。十六大报告深刻指出,贯彻“三个代表”重要思想,关键在坚持与时俱进,核心在坚持党的先进性,本质在坚持执政为民。从中可以体会到,与时俱进是“三个代表”重要思想的内涵之一,我们贯彻“三个代表”重要思想,应该紧紧抓住与时俱进这个关键。从党的十六大来看,无论是把“三个代表”重要思想同马克思列宁主义、毛泽东思想、邓小平理论一道确立为党必须长期坚持的指导思想,还是提出全面建设小康社会奋斗目标,以及做出21世纪头20年是必须紧紧抓住并且可以大有作为的重要战略机遇期的判断,都体现了我们党在进一步明确自己指导思想、任务、纲领过程中的与时俱进。

以“三个代表”重要思想为统领,开创团的宣传思想工作新局面,就要实事求是地分析面临的形势,总结取得的经验,找到存在的问题及其产生问题的原因,然后着眼于未来发展的趋势,确定前进的方向和具体措施,无疑,与时俱进是进行这项工作的强大的思想武器。

二、进一步增强团的宣传思想工作的针对性、实效性和吸引力、感染力,关键在于与时俱进

改革开放以来,团的宣传思想战线围绕服务大局、服务青年,积极探索新时期开展宣传思想工作的新路子,取得了显著成绩,积累了许多有益的经验。同时,也要清醒地认识到,我们正处在一个飞速发展变化着的时代,科技进步日新月异,各种思想文化相互激荡,对外开放和发达的传媒使我们与世界的交流与互动愈加广泛频繁,社会生活正在发生巨大而深刻的变化,青少年的思想观念和行为方式的独立性、选择性、多变性、差异性明显增强,青年的精神文化需求呈现多层次、多样性、多方面的特点,青年群体在结构、类别上的分化还在不断进行当中。与时代的发展和青年的变化相比,团的宣传思想工作在方式、方法、手段和机制等方面明显地存在着滞后的问题。当然,这种滞后在一定程度上、一定时期内是正常的。因为社会管理运行机制的发展变化是建立在社会发展变化基础之上的。现在的问题是,团的宣传思想工作的方式、方法、手段和机制滞后的差距过大,使得长期以来有着光荣传统、发挥着重要作用的宣传思想工作的针对性、实效性和吸引力、感召力受到了影响。解决这个问题,是开创团的宣传思想工作新局面的重点和难点,也是关键点。增强团的宣传思想工作针对性、实效性和吸引力、感染力,过去行之有效的好传统、好办法要坚持,更重要的是按照体现时代性、把握规律性、富于创造性的要求,勇于面对新情况,不断探索新的方式、方法、手段和机制。

团的宣传思想工作要与时俱进,首要的是增强针对性。针对性的问题已经讲了很多年,道理人人都懂,可是效果并不理想,这是为什么?我想,原因固然很多,但根本的还是在于缺乏深入扎实的工作作风,没有把对上负责和对下负责真正统一起来,因而有意无意地阻碍了针对性的落实。对上负责,这是没有疑义的,对于团的宣传思想工作来讲,尤其显得突出和重要。但对上负责不是消极的、被动的,也不是简单地照搬照抄,当传声筒,更不是做表面文章,去糊弄上级组织和领导。真正的对上负责是和对下负责紧密联系在一起的,没有真正的对下负责,对上负责就成了空中楼阁,成了一个空壳。在党中央三令五申要克服形式主义和官僚主义的今天,希望团的宣传思想战线的同志对这个问题要有清醒的认识,要有一个端正的工作态度。在新的形势下,要真正做到对下负责、对青年负责,就要使宣传思想工作具有很强的针对性。增强工作的针对性,是一个扎实的甚至是艰苦的、不那么张扬和风光的工作过程。团的宣传思想战线的同志务必具备深入扎实的工作作风,把与时俱进首先落实到切实增强工作的针对性上来。要把增强工作的针对性作为一项硬性要求贯彻到工作中去,要作为开展工作的目标和手段,要作为衡量工作的标准,以此督促我们深入基层,深入青年,深入到实际工作中,以督促我们在工作中下苦功夫、硬功夫去克服困难,以督促我们多做深入细致的工作,潜下心来做那些默默无闻的工作,真正解决好工作针对性的问题,从而把宣传思想工作做到青年的心坎上。

增强宣传思想工作的针对性,当然也要讲科学、讲方法。宣传思想工作的针对性,主要包括对象的针对性、内容的针对性和工作方式、方法和手段的针对性。只有把这三方面的针对性都做好了,才能切实把增强团的宣传思想工作的针对性落到实处。对象的针对性,是另两个方面甚至是所有针对性的基础,指的主要是区分不同的群体、区分同一群体的不同层次。比如,青年工人、青年农民是我们过去十分熟悉、十分清楚的概念,但现在他们内部又有了许多的分层。同是青年工人、青年农民,由于所处的环境不一,富裕程度不一,思想观念和行为方式都会产生很大差异，思想教育的内容、方法也应有很大不同。因而在宣传思想工作中落实好对象的针对性，十分重要，是一项基础性的工作。

团的宣传思想工作的基本内容是不能变的，在实践中培养“四有”新人的目标是不变的。工作内容的针对性主要是指针对不同职业、不同年龄、不同地区的青年群体，根据工作对象的实际状况、思想状况以及接受能力，区分层次，有针对性地进行教育引导。

方式、方法和手段的针对性，主要是如何让教育对象充分有效地接受教育的问题。即使是好的内容，如果没有好的形式，青年也是不接受的。所以我们要多下功夫，力求使工作做到生动活泼、青年喜闻乐见，不断增强宣传思想工作的吸引力和说服力。

团的宣传思想工作与时俱进，就要进一步突出实践育人的特点和优势。实践育人是共青团与教育部门、家庭、社会育人的区别，也是共青团的特点和优势。过去我们往往把实践育人一般地理解为在动员组织青年为社会做贡献过程中的育人。在宣传思想工作中则强调灌输的时候多，强调实践相对不够，这都是值得注意的。近些年我们开展的青年志愿者行动，18 岁成人仪式教育都是实践育人的有效载体。共青团育人的“实践”应该包括社会实践、生活实践，也应该包括游戏、活动。游戏的概念是广泛的，不仅仅是指电子游戏一类的东西，还包括各类体育运动等。有个专家跟我讲，希望共青团注意通过游戏教育青少年。他举例说，与中国的太极拳内化着中国的传统文化一样，日本的剑道也是贯穿日本传统文化的教育。像这种类型的“游戏”实际上是今后我们对青少年进行教育的有效方式。我们过去都把这类活动归类为“玩”，只是作为活跃气氛的方式，并没有作为育人的手段。这恐怕是不恰当的。各种富有意义的仪式内涵有许多深刻的思想，青少年参与其中也是一种实践。一次感受深刻的仪式能让人记一辈子，能从中受到很大的教育。在新形势下，这些方式、手段都应该纳入到团的育人方式的视野，加以很好的利用。

团的宣传思想工作与时俱进，就要在营造有利于青少年成长成才、建功立业的文化舆论环境上下功夫。从一定意义上看，文化对人的培养和熏陶是更根本的、更稳定的。有调查资料表明，现代青年学习知识、获得信息，最主要的途径已经不再是学校了，而是大众传媒。这也就告诉我们，一定的文化环境和舆论环境对青年的成长起着至关重要的作用。过去尽管我们对青少年成长的外部文化环境、舆论环境一直是关注的，也提供了一些文化读物，开展了一些文化体育活动，进行了一定的青年文化建设，但与新形势、新要求相比，我们的导向性的工作做得不够，建设性的工作也做得不够。今后，团的宣传思想战线要把营造有利于青少年健康成长、建功立业的文化舆论环境作为重要任务。

营造有利于青少年成长成才、建功立业的文化舆论环境，团组织可以做很多的工作。比如，在调查研究的基础上，向党委、政府及有关部门提出一些建议，推动相关立法，向政协提交有关议案，组织开展各种富有意义的活动并通过新闻宣传扩大社会影响等等。团属新闻出版机构在这方面具有不可替代的重要作用，要自觉地把营造有利于青少年成长成才、建功立业的文化舆论环境作为自己的重要任务和特殊使命，作为办报办刊出书的出发点和落脚点，作为自己服务青少年的切入点和重点。不仅要努力为青少年提供积极健康的精神食粮，还要高度关注整个文化舆论环境的状况和走势，并通过团属书报刊的声音予以积极的影响。我曾经说过，团属报刊、出版机构是市场经济条件下团组织履行职能、发挥作用的重要的载体，绝不仅仅是这些单位自身是否发展、能否发展的问题，道理就在这里。如果我们这块阵地不强大，在新闻传媒高度发达的形势下，团组织将难以履行自己的职能。

团属报刊、出版机构要在营造有利于青少年成长发展的文化舆论环境方面发挥应有的作用，就必须有一定的规模，就必须在整个文化舆论环境中有相当的影响力，也就是说在现有的基础上要有大的发展。这也就是我们这次会议把团属报刊、出版机构的改革与发展作为重要议题的原因。关于团属报刊出版机构的改革与发展问题，主要的内容都体现在会议纪要上面了，我只想强调以下几点。首先，要从新形势下团组织自身发展的战略上，从市场经济条件下团组织履行职能、发挥作用的重要载体的高度来认识团属报刊、出版机构的改革与发展问题。第二，团属报刊、出版机构，要坚定不移地把服务青年作为办报办刊的基本思路。当然，这里指的服务青年，并不是仅仅指服务于青年的各种具体需求，而是要渗透到办报办刊的理念中，落实到办报办刊的思路中，落实到读者定位、内容选择和文风等各个方面。第三，在市场竞争越来越激烈的形势下，团属出版机构要在参与竞争中获得发展，最重要的在于提高自己办报办刊的质量，在于我们的报纸、杂志、图书受不受青少年的欢迎？可读性到底怎么样？只要真正受青少年欢迎了，市场就会打开，就能实现经济效益和社会效益的统一。从一定意义上讲，在社会主义市场经济条件下，在导向正确的前提下，没有经济效益也谈不上社会效益。在这里还有一个机关报、机关刊该怎样理解的问题。我认为，团的机关报、机关刊的性质最主要的表现是刊物、报纸所坚持的价值导向是共青团所倡导的；其次，读者群体是广大青年。只要保证这两条，尤其是第一条，就保持了机关刊、机关报的性质，报道了多少团的会议，刊登了多少文件讲话不是主要的。今后应该把推动工作的刊物与教育引导青年的刊物适当分开。从团中央来说，《中国共青团》就是标准的推动团的工作的，发行对象就是团干部。其他的刊物则主要是价值导向的问题，当然也要报道团的主要活动，但要从不同的角度、用不同的方式。因此团组织不要要求青年报刊刊登过多的会议、文件，最好通过内部刊物、工作通讯来刊登。团属新闻出版机构对团的重要活动、会议的报道，则要下功夫研究宣传报道的方式。实际上，我们好多活动都蕴藏着很深的文化内涵、思想内涵，只要把这些丰富的内涵挖掘出来，把鲜活的故事讲出来，报道团的工作照样能吸引人，照样能有读者。第四，要确立先做强、后做大的发展理念。所谓做强，就是先把自身的内部机制搞顺畅了，使报社、杂志社、出版社内部充满活力，然后再往大发展。如果内部的机制不搞顺，就急于投资，最终的结果很可能是投的越多亏的越多。这与商品生产的规律是一样的，首先必须打造一个好产品，然后再去开拓市场。

三、团的宣传思想战线坚持与时俱进要把握的几个问题

第一，要牢牢把握先进文化的前进方向，始终坚持以“三个代表”重要思想为指导。与时俱进的“进”必须符合时代发展的要求。在纷繁复杂的时代发展进程中，如果对“时”没有把握好，把非主流的东西当做主流的东西，随之而“进”，就会“进”错了方向。“三个代表”重要思想为我们把握与时俱进指明了方向，提供了检验的标准，是我们坚持与时俱进的出发点和落脚点。

第二，要把服务青年作为全部工作的出发点和落脚点。服务青年的思想是在团的十三大以后正式提出来的。经过八九年的时间，已经为全团所接受，得到了中央领导同志的认可。江泽民主席和胡锦涛总书记都曾提出，竭诚服务青年，是团的一切工作的出发点和落脚点。80年代中后期，团中央确立以经济建设为中心、全面活跃共青团工作的指导思想，从工作内容上克服了“左”的思想的影响，是一个很重要的进步。把服务青年作为团的一切工作的出发点和落脚点，才真正完成了在工作指导思想上克服“左”的影响的任务，是又一次重大进步。我们要从这样的高度来理解服务青年的问题。团的宣传思想战线在指导思想上，一定要牢固确立服务青年的意识。只有通过服务青年，才能凝聚青年；也只有把青年凝聚在身边，才有可能对他们进行教育引导。在服务青年上，我们面临的难点是如何提高服务青年的能力和水平，因为现在团组织服务青年的能力与青年的多样化需求之间的差距太大了。这个问题比较复杂，需要全团共同探索。在这里，我想强调，团属报刊、出版机构以及各级各类青少年活动阵地是增强团组织服务能力的重要增长点。从这几年的实践看，构建共青团服务青年的体系有四个增长点或者称为四个依托。一是团的组织系统；二是团属报刊、出版、网络机构；三是青少年活动阵地；四是团属院校。

第三，要处理好继承与创新的关系。与时俱进，开创团的宣传思想工作新局面，并不是要另搞一套，而是要在坚持已有的工作经验的基础上进行开拓创新。目前，团的宣传思想工作形成的工作格局还是比较合理的、符合实际的。创新应更多地集中在工作方式、方法和手段方面。不要这次会议后，大家劲头十足，回去就把过去的东西都否定了。再加上有的同志是刚到团的宣传工作岗位，不了解情况，别无意中否定了一些好的工作传统。

四、努力提高自身素质，增强与时俱进的本领和能力

办好一切事情的关键在人。能否与时俱进地开创团的宣传工作新局面，关键在于我们是否有一支政治强、业务精、纪律严、作风正的宣传干部队伍，在于全体宣传思想战线的干部是否具有较高的理论水平、实际操作能力以及创新精神。因此，团的宣传思想战线的同志们都有一个面对与时俱进的要求，提高自身能力和水平的任务。

首先，要充分认识新形势下团的宣传思想工作的重要性，进一步增强做好宣传思想工作的光荣感、责任感和使命感。这一点，周强同志在讲话中讲了很多，也很透彻。我在这里只想强调，现在，团的工作做得越来越实了，比如，青年志愿者行动、希望工程、保护母亲河等等，团内团外对这些做得比较实的工作评价越来越高，但也容易认为宣传思想工作是虚的，因而有时评价没有那么高，有的同志就觉得光荣感差一些。应该看到，市场竞争机制在唤发人们追求个人财富和个人利益的巨大动力、推动经济发展的同时，也带来不小的负面影响。越是在这样的情况下，就越需要引导人们追求真善美的宣传思想工作，越需要能给人以解疑释惑、抚慰心灵、鼓舞干劲的宣传思想工作，越需要鞭打邪恶、张扬正气的宣传思想工作。所以，宣传思想工作确实是很重要的、很光荣的，担负着特殊的责任和使命。另一方面，做宣传思想工作是与人的思想观念打交道，似乎是看不见摸不着。但人都是有思想的，宣传思想工作实际上都在起作用；工作的效果有时在短时间内很难显现出来，但从一个较长的时间段看又是非常明显的。共青团是政治性很强的群众组织，宣传思想工作从一定意义上讲，是团的工作的灵魂。因为，团的所有工作都是围绕育人展开的，都是思想政治工作的一部分。团的宣传系统的同志要在其中起到理论研究、规划指导、示范带动的作用。只要这个作用发挥好了，共青团组织的政治功能、教育功能就会得到较好的发挥，这难道能说不重要吗？在当前的形势下，做宣传思想工作难度确实比较大，也正因为如此，这个岗位也十分锻炼人。

其次，宣传思想战线的干部要不断提高自身素质。要增强学习的自觉性，多读书，高度关注思想理论界的最新成果，随时跟踪青少年思想、时尚的变化及他们关注的热点问题，经常分析舆情，做到准确把握青少年成长发展的文化舆论环境；要切实深入到青少年之中，在直接了解第一手资料的同时，正确运用现代调查研究手段，做到随时跟踪并较为准确地把握青少年思想变化的状况；要提倡每个同志集中精力长期跟踪某一个方面问题的研究，成为某个方面的专家；要鼓励创新精神，鼓励敢于思考问题、善于解决问题，提倡民主讨论、集思广益，提倡讲真话实话，提倡扎扎实实的工作作风。

第三，要加强对团的宣传思想工作的领导。团的宣传思想工作涉及意识形态，政治敏感性强，政策水平要求高，尤其是在面临着许多新情况新问题的形势下。从一定意义上讲，这项工作直接与共青团的政治形象联系在一起。在新的形势下，各级团委特别是主要负责同志务必要高度重视团的宣传思想工作，加强对工作的研究和领导。要为团的宣传部门特别是所属新闻出版单位选好、配好领导班子，配备精兵强将，确保团的宣传思想战线的战斗力。要广泛吸纳人才，积极创造条件，使高素质的人才进得来，留得住；同时又要严格管理，加强教育，使团的宣传思想战线的干部始终成为一支既具有旺盛的活力，又比较成熟，战斗力很强的队伍。

最后，再强调两点。第一，一定要牢牢把握正确的舆论导向。全国宣传部长会议后，整个宣传文化系统都在搞调研，准备形成一系列文件，中央各新闻媒体也正在酝酿较大动作的改版，团属新闻出版机构也普遍有发展的紧迫感，这是好事，但不管是改革，还是改版，一定要在保证正确的舆论导向和确保稳定的前提下进行。第二，要切实抓好青少年宫的安全工作。

胡伟同志讲话

以"三个代表"重要思想为指导全面深化青年文明号活动

——胡伟在全国青年文明号活动组委会办公会议上的讲话

2003年2月21日，根据录音整理

同志们：

刚才，王晓同志代表组委会办公室通报了2002年青年文明号活动的基本情况，提出了今年的工作打算，我都同意。各成员单位的有关负责同志结合本行业、本系统实际就如何深化青年文明号活动发表了很好的意见，我听后很受启发。借这个机会，我谈三点意见，与大家交流。

一、深入学习贯彻党的十六大精神，以"三个代表"重要思想为指导确定今后一个时期深化青年文明号活动的总体思路

今年是全面贯彻党的十六大精神的开局之年。"三个代表"重要思想是新形势下进一步加强党的建设、不断推进建设中国特色社会主义事业的伟大纲领，也是新时期做好各项工作的根本指针。根据青年文明号活动的特点，我认为在总体思路上有三个方面应该很好地把握。

一是立足推动先进生产力的发展，紧紧围绕开发青年人力资源深化青年文明号活动。深化青年文明号活动，就要采取有效措施，进一步加大青年人力资源开发力度，通过培育青年优良职业道德，提高青年职业技能水平，引导青年投身创新实践,完善青年人才培养机制,促进高素质青年人才的涌现,并促进人才资源转化成新的生产力,为推动先进生产力的发展做出积极贡献。

二是立足弘扬、传播先进文化，紧紧围绕提高青年思想道德素质深化青年文明号活动。青年文明号活动的基本功能就是育人。多年的实践证明，青年文明号活动已经成为各行业、各系统加强青年思想政治工作的重要载体，成为培养高素质青年人才的有效途径。深化青年文明号活动，要注重发扬青年开风气之先的优良传统，立足培育“四有”新人，通过开展形式多样、内容丰富的主题活动和群众性的青年文化建设活动，不断深化青年文明号活动的文化内涵，引导青年为弘扬社会新风、促进先进文化的发展做出积极贡献。

三是立足代表人民群众切身利益，紧紧围绕服务群众生产生活基本需求深化青年文明号活动。深化青年文明号活动，就要把“全心全意为人民服务”的宗旨贯穿于活动的始终，通过建立健全规章制度，规范约束青年的职业行为，帮助青年养成良好职业习惯，保障人民群众的切身利益得到真正维护。要针对群众生产生活的迫切需要，通过开展上门服务、咨询服务、跟踪服务和为特殊困难群众送温暖活动，把真情、优质、便捷送到老百姓的家中。

深化青年文明号活动,是我们学习贯彻党的十六大精神和“三个代表”重要思想的具体实践。在“三个代表”重要思想的指引下，青年文明号活动的意义和内涵将会不断得到提升。

二、深化青年文明号活动必须突出重点

回顾青年文明号活动九年的发展历程，有一个重要的启示，那就是活动之所以始终充满活力、蓬勃发展，就是因为我们始终紧紧围绕党政工作大局和经济发展全局确定工作重点，在突出重点中全面推进。青年文明号活动也只有攥紧拳头打名牌、推重点，才能有所突破，才能推动工作的全面发展。在4398个全国青年文明号中，窗口服务行业的青年集体占到了四分之三左右，这是整体工作格局中很重要的一块。我们今年深化青年文明号活动的重点仍然是下大力气实施“青年文明号信用建设示范行动”，以此带动活动的全面发展。

“青年文明号信用建设示范行动”推出后,取得了一定的成效,同时我们也要看到,工作还有很大的发展空间。去年,全国青年文明号活动组委会制定了十六字的“全国青年文明号信用公约”。在全国青年文明号集体中广泛推行信用公约,有利于动员和组织青年在本职岗位上自警自律、履约践诺;有利于传播信用道德、营造重信誉守信用的良好氛围;有利于引导群众对青年文明号集体的诚信行为进行监督。要把推行信用公约、宣传信用公约、实践信用公约作为今年深化青年文明号活动的切入点。

要通过向青年职工宣讲诚信的重要意义并组织他们面向青年文明号信用公约宣誓,使“诚信为本,有诺必践,恪尽职守,率先垂范”扎根于每一个青年职工心中,引导他们在遵守和实践基本信用规范的基础上不断加强自身道德修养。要细化、量化信用公约的要求,制定出针对性、操作性强的信用承诺内容和践诺方案,从当前行业和系统中存在的比较突出的信用问题抓起,从本职岗位抓起,从一点一滴的小事抓起,动员广大青年投身信用实践。要使青年职工在为群众服务时用重信守诺的观念和行为影响和感染身边的每一个人,带动更多的人参与社会信用体系建设的实践。要发动群众根据信用承诺内容对青年文明号及其成员进行评价考核,使每个青年职工都认识到不讲诚信是要付出代价的,从而严格约束自己的言行。

三、以与时俱进的精神进一步加大对青年文明号的管理力度

强化管理,是青年文明号保持先进性的重要手段,是青年文明号活动健康发展的根本保证。目前,全国青年文明号有4398个,各级青年文明号有11万多个。这些青年文明号是千万职业青年职业实践成果和心血结晶,维护和保持青年文明号的形象和声誉,需要切实加强对青年文明号的管理。

进一步加大对青年文明号的管理力度,我认为关键要做好以下几方面工作:

一是完善管理内容。不仅要对青年文明号进行监督管理,还要加强青年文明号的基础管理工作。完善基础管理,就是要建立档案资料、严格考核标准、规范申报程序,实现管理工作科学化、制度化、规范化。

二是创新管理手段。要充分发挥互联网络信息量大、资源共享、获取方式便捷的独特优势,建立全国青年文明号网络管理系统。

三是扩充管理队伍。可以聘请一大批人大代表、政协委员、新闻记者和社会热心人士等作为全国青年文明号特约监察员,并以此示范引导各级青年文明号活动组委会建设一支监督管理队伍,对青年文明号进行经常性地监督和管理。

胡伟在共青团全国青工工作电视电话会上的讲话

2003年3月10日

过去的一年,团的青工战线的各项工作取得了显著成绩,借此机会,我代表共青团中央书记处向青工战线的同志们致以亲切的问候。今年是贯彻党的十六大精神的开局之年,也是共青团发展史上具有特殊意义的一年,团十五大即将召开。做好今年全团青工工作,意义重大。刚才,王晓同志代表团中央青工部总结了去年全团青工工作,安排了今年的工作,我都同意。吉林的刘剑桥同志、上海的顾洪辉同志、河南的王战营同志、重庆的何友生同志作了很好的交流发言,我听后很受启发。据我了解,各省级团委对做好今年的工作都有明确而又具体的安排。我认为,做好今年青工工作,关键是要贯穿一条主线,把握一条原则,强化一个保障。

贯彻一条主线,就是要把"三个代表"重要思想作为青工工作的指南

我们党在科学判断党的历史方位的基础上提出了"三个代表"重要思想。党的十六大把"三个代表"重要思想写入党章,与马列主义、毛泽东思想和邓小平理论一道确立为党的指导思想。共青团是党的助手和后备军,与党有着特殊的政治关系。这一政治属性决定了共青团必须始终以党的指导思想作为自己的行动指南。青工战线各级团组织和团干部要把学习贯彻"三个代表"重要思想作为当前的首要政治任务,切实抓紧抓好。

用"三个代表"重要思想武装教育青年职工。采取培养理论学习骨干、开展理论学习和主题实践活动等方式,在广大青年职工中形成学习"三个代表"重要思想的热潮,用"三个代表"重要思想构筑当代青年的强大精神支柱。要在深入上下功夫,帮助青年职工深刻理解"三个代表"重要思想的科学内涵和精神实质,充分认识中国共产党是代表中国先进生产力的发展要求、先进文化的前进方向和中国最广大人民的根本利益的马克思主义政党，是与时俱进、开拓创新的党，坚定跟党走中国特色社会主义道路的信念。引导青年职工按照“三个代表”的要求健康成长，在为先进生产力和先进文化发展做贡献、为广大人民谋利益的实践中，成长为“四有”新人，成长为对党和国家、对人民有所建树的人。

以“三个代表”重要思想统揽青工战线各项工作。以“三个代表”重要思想来指导、认识、评价团的工作，自觉把“三个代表”的要求贯彻落实到团的各项工作中去。要始终把青工战线团的工作放在经济社会发展的大局中去把握、去推进，广泛开展已为实践证明有效的各项活动，引导广大青年职工踊跃投身企业改革发展、精神文明建设的实践，充分发挥他们在促进先进生产力和先进文化发展中的生力军作用。坚持把竭诚服务青年作为全部工作的出发点和落脚点，在维护全国人民总体利益的同时，更好地代表和维护青年职工的具体利益，努力为青年职工办实事、办好事。深入研究市场经济发展和“四个多样化”条件下，团的青工工作面临的新情况和新问题，勇于实践，大胆创新，始终保持工作的蓬勃生机。

把握一条原则，就是要始终坚持服务大局和服务青年

坚持服务大局和服务青年，是从团的工作实践中得出的一条重要经验，充分体现了“三个代表”重要思想的要求。通过服务大局，可以把广大青年职工的力量凝聚到为先进生产力和先进文化发展做贡献的实践上来；通过服务青年，可以把代表最广大人民根本利益的要求有效落到实处。当前，全面建设小康社会就是大局，成长成才是青年的根本需求。青工战线各级团组织要紧紧围绕全面建设小康社会和服务青年成长成才，把各项重点工作不断推向前进。

围绕促进就业的长期战略，全面推进促进青年就业和再就业工作。促进青年就业和再就业工作是当前和今后一个时期全团面临的重要而又紧迫的任务。去年召开的共青团全国促进青年再就业工作会议明确提出了“要努力构建与国家就业和再就业工作相衔接、具有共青团特点、符合青年需求的工作体系”的总体目标，并提出了三年的目标。今年是贯彻落实全国促进青年就业会议精神的第一年，也是为构建工作体系打基础的一年。做好今年的工作，对于实现三年的目标进而实现工作的总体目标至关重要。要切实把握构建工作体系的要求，努力取得更大的工作成效。在组织阵地体系方面，要重点加强城市青年就业服务中心（站）建设，基本建成上下贯通的阵地网络；在活动项目体系方面，要重点实施“百万下岗失业青年技能培训工程”、“工岗快递”行动和“帮助青年创业计划”，努力打造项目品牌；在政策保障体系方面，要重点以“真情助困进万家”活动为载体，把国家的有关政策宣传好、落实好；在评价考核体系方面，要重点加强团内评价考核，探索引入社会评价机制。

适应走新型工业化道路的要求，深化青年创新创效活动和青年岗位能手活动。走新型工业化道路是党中央在我国进入全面建设小康社会、加快推进社会主义现代化建设的新的发展阶段作出的一项重大战略决策。走新型工业化道路，归根到底取决于劳动者素质的提高和大量合格人才的培养，取决于人力资源开发的水平。企业人力资源是社会人力资源的重要组成部分，青年是企业人力资源开发的主体。要大力深化青年创新创效活动。这项活动仍然是当前企业共青团工作的重中之重，去年7月，长春会议提出深化青年创新创效活动就要进一步统一认识、探索推广有形载体、健全完善机制的要求，在此基础上，要把提高青工素质作为深化活动的重点，以开发青年人力资源为着力点，加大提高青工职业素质的工作力度，实施好青工技能拓展计划。要切实抓好职业培训、创新竞赛、成果转化、评选表彰等工作环节，引导青年增强创新意识，提高职业能力，投身创新实践，成为高素质劳动者和拔尖创新人才。要深化开展青年岗位能手活动，推动青年立足岗位，锻炼提高，成为本职工作的行家里手。

围绕加强职业道德建设，深入开展青年文明号活动。职业道德与市场经济密切相关。良好的职业道德既能规范市场经济秩序，促进市场经济的发展，又能带动社会风气的好转，促进全社会精神文明建设。当前，我国职业道德建设的总体状况是好的，但也存在一些问题，最突出的就是信用缺乏。为此，今年要继续把"青年文明号信用建设示范行动"作为深化青年文明号活动的突破口，进一步喊响公约，使公约不仅成为创建集体的行为准则，更要成为广大人民群众对青年文明号的基本认识和要求。要切实抓好信用公约宣誓、教育、践行三个关键环节，引导青年文明号集体弘扬诚实守信的职业道德，在构建社会信用体系中发挥示范作用。

着眼于培养一支高素质的企业经营管理者队伍，进一步做好青年企业家协会工作。企业经营管理者素质的高低直接决定了企业的兴衰成败，市场经济的发展强烈呼唤一支高素质的企业经营管理者队伍的崛起。今年，青年企业家协会要着眼于培养一大批优秀青年企业家、促进企业经营管理者队伍建设，重点做好两个方面的工作。一是扩大会员队伍，优化会员结构，加快协会专门委员会建设，把更多的青年企业家凝聚起来。二是坚持服务宗旨，进一步开发协会的服务功能，实施"新世纪青年企业家培养计划"，开展多种形式的经贸洽谈活动，为青年企业家事业发展、成长成才创造条件。

强化一个保障，就是要切实加强青工战线团的建设

团的建设是团的工作的保障。当前，青工战线团的建设中面临着许多新的情况，出现了一些新的问题。比如，部分国有企业出现了团员人数锐减、工作职能定位不清等，相当数量的非公有制经济组织存在团建"空白点"问题。青工战线各级团组织要从巩固党的青年群众基础、增强团组织的内在活力、实现共青团事业长远发展的高度，充分认识加强团的建设的重要意义，抓实抓好青工战线团的建设。

加强青工战线团的基层组织建设。坚持党建带团建，不断探索创新团的基层组织建设的新路子。巩固国有企业、机关事业单位团组织，通过创建"五四红旗团委"活动，提高基层团组织建设整体水平。加大非公有制经济组织和新型的中介组织、社会组织建团力度，扩大团组织的覆盖面。适应国有企业、机关事业单位改革的要求，结合团员青年的工作生活状况的实际，创新建团方式，灵活设置团的组织。注重发挥青年社团的作用，有效延长团的工作手臂。根据"流入地为主、流出地为辅"的原则，加强对流动团员的管理。

加强青工战线团的工作运行机制建设。立足于强化团组织的功能，逐步建立健全团的工作运行机制。找准团的工作、企业发展和团员青年需求的结合点，探索新的活动方式，增强团的工作的适应性，争取企事业单位领导和团员青年的欢迎和支持。积极扩大团内民主，保障团员对团的工作和事务的知情权、建议权、参与权、监督权，条件许可的企业可以在团员直接选举等方面进行探索。吸纳社会资源，动员社会力量，建设开放的工作体系。加强制度建设与创新，实现团的工作的规范有序开展。

加强青工战线团干部的思想作风建设。贯彻落实"八个坚持、八个反对"，努力建设一支"党放心、青年满意"的团干部队伍。教育团干部身体力行"三个代表"，自觉加强党性修养，保持正确的政治方向。与时俱进，开拓创新，努力进行团的理论创新、制度创新和工作方式创新。深入青年,了解青年,竭诚服务青年。脚踏实地,真抓实干,克服短期行为,力戒形式主义,狠抓工作落实。艰苦奋斗,甘于奉献,树立正确的世界观、人生观、价值观,始终保持积极向上的人生追求和奋发进取的精神状态。

同志们,共青团中央书记处对青工工作寄予了很大期望。让我们振奋精神,再接再厉,不断开创青工工作的新局面,以实际行动迎接团十五大的胜利召开。

胡伟在“合作与发展”——长三角杰出青年座谈会上的讲话

2003年6月23日

在全国上下万众一心抗非典,迎难而上促发展的形势下,浙江、上海、江苏三省市团委共同举办并邀请江西省杰出青年参加“合作与发展”——长三角杰出青年论坛,很有意义,必将进一步加强四省市杰出青年的交流与合作,激发广大青年投身长三角经济一体化建设的积极性,为推动长三角地区经济社会发展做出积极贡献。在此,我代表共青团中央、中华全国青年联合会、中国青年企业家协会,代表团中央书记处第一书记周强同志向活动的举办表示热烈的祝贺,向长期以来关心支持共青团工作的中共浙江省委、省人民政府和浙江省各级党政领导表示衷心的感谢!

进入21世纪,我国进入了全面建设小康社会、加快推进社会主义现代化的新的发展阶段。党的十六大确立了全面建设小康社会的奋斗目标,描绘了我国社会主义现代化建设的宏伟蓝图。在全面建设小康社会的进程中,长三角地区的地位和作用尤其重要。由上海、江苏、浙江组成的长三角地区是中国经济发展速度最快、经济总量最大、发展前景最好的地区,也是世界公认的第六大城市群。有资料显示,2001年,这一地区以占全国2.2%的陆地面积、10.4%的人口,创造了占全国22.1%的国内生产总值、24.5%的财政收入和28.5%的进出口总额。加快东部地区发展,建设以上海为龙头的长三角及沿江地区经济带,是长三角地区广大人民的根本利益所在,也是全面建设小康社会的必然要求。推进长三角经济一体化,实现资源共享、优势互补,对于形成长三角新的区域优势,推动我国经济持续快速健康发展,加快全面建设小康社会的进程,具有重要的意义。

推进长三角经济一体化建设,全面建设小康社会,为广大青年成长成才、建功立业提供了难得的机遇,搭建了广阔的舞台。从一定意义上讲,本世纪头20年的战略机遇期,也是当代青年成长发展的重要时期。我们在座的各位青年都处在三四十岁的年龄段,思维敏捷,风华正茂,事业初成。未来20年,我们的事业将迎来更大发展,全面建设小康社会的目标将在我们和全国人民的共同奋斗中得以实现。广大青年要牢记时代赋予的使命,自觉把人生的追求同祖国人民的事业紧密相联,以青春、智慧和汗水,汇聚成推动长三角经济一体化建设和全面建设小康社会的奔涌洪流。

青年企业家是青年群体的重要组成部分。当代青年企业家是党的改革开放政策的受益者,也是现代化建设的实践者,在推动长三角经济一体化建设中肩负着尤为重要的责任。长三角地区青年企业家特点十分鲜明,受地方文化的影响，具有勤劳智慧、自强不息的优秀品质；受市场经济的熏陶，具有较强的市场经济观念，敢于并善于赢得市场竞争。广大青年企业家要增强责任感和使命感，认真学习、深刻领会、努力贯彻“三个代表”重要思想，把实现全面建设小康社会的目标作为奋斗的方向，把“致富思源，富而思进”作为前进的动力，把国家富强、民族振兴、人民幸福作为人生的理想追求。要千方百计做优做强企业，为经济社会发展奠定坚实的基础。要主动参与经济竞争与合作，抓住产业结构调整和经济一体化建设带来的机遇，在竞争中实现合作，在合作中实现发展，在发展中实现互赢。要发扬艰苦奋斗的作风，不自满，不懈怠，努力用奋斗成就事业，充实人生。

服务党政工作大局，服务青年成长成才，是共青团的重要任务。四省市团组织要坚持以“三个代表”重要思想为指导，不断强化政治意识、大局意识、责任意识，与时俱进，开拓创新，团结带领青年为长三角经济一体化建设做出新的更大的贡献。要立足于开发青年人力资源，发挥共青团联系面广的优势，建立起人才与项目对接的桥梁，尤其要为青年科技人员、青年企业家等高层次青年人才发挥作用、施展才华搭建舞台。要提高服务青年的水平，帮助青年解决事业发展所面临的实际问题，创造利于青年干事业、干成事业的良好环境。要进一步加强四省市共青团工作和青年工作的交流，提高交流层次，健全交流机制，形成工作合力。团中央、全国青联、中国青年企业家协会将创造条件，大力支持四省市青年参与长三角经济一体化建设。

我们相信，以本次论坛为契机，广大青年一定会以更加昂扬的姿态投身长三角经济一体化建设，在全面建设小康社会的实践中创造出无愧于时代的青春业绩。

胡伟在博士服务团总结动员会上的讲话

2003年9月27日

今天，中组部、团中央在这里举行博士服务团总结动员会，具有重要意义。刚才，听了几位同志的发言，很受启发。中组部副部长王东明还要作重要讲话。首先，请允许我代表共青团中央，向圆满完成挂职锻炼任务的同志们表示衷心的祝贺，希望大家以成绩为动力，在今后的工作中不断取得新进步、创造新业绩。同时，我们也希望，即将出发的第四批博士服务团成员，能够学习前三批博士服务团同志们的好经验，深入基层，虚心学习，发挥优势，为西部地区发展做出更多贡献。下面，我简单地谈几点意见。

一、博士服务团的实践证明，组织青年人才到西部锻炼服务，是开发青年人才资源，为全面建设小康社会提供人才智力支持的有效途径

人才资源是最宝贵的资源。当今世界，国与国综合国力的竞争，说到底是人才的竞争，是人才数量、质量和能力的竞争，也是人才开发机制的竞争。大力开发青年人才资源，特别是要培养和造就大批德才兼备、创新能力强、适应经济和社会发展需要的高素质青年人才，使他们的创新热情和创造活力竞相迸发出来，把丰富的人力资源优势转变为现实发展的优势，为全面建设小康社会提供有效的人才智力支持，是我们面临的重大战略任务。

党的十六大指出，积极推进西部大开发，促进区域经济协调发展，是全面建设小康社会的重要内容，也是关系到全国发展大局，关系到民族团结、边疆稳定的重大战略问题。西部大开发，人才是关键。通过开展博士服务团工作，为西部地区引进和输送一批急需的高层次青年人才，既为西部地区提供了人才智力支持，又促进了青年人才资源的合理配置，为青年人才施展才华提供了广阔的舞台。前三批博士服务团成员从实际出发，立足专业优势、知识优势和信息优势，充分发挥团队作用，注重专业互补，相互配合，联合攻关，解决了地方科研、技术和产业发展等方面的许多重点、难点问题，得到地方党政部门和广大人民群众的充分肯定和高度评价，成为促进地方经济社会发展中的一支重要力量。

青年人才资源是人才资源中最有活力、最有潜力的部分。共青团十五大提出，要把大力开发青年人才资源作为今后的重点工作。几年来，团中央在这方面做了一些有益的探索，如通过实施“金桥计划”，开展百名博士西部行、青年专家科技服务团、海外学人回国创业周等活动，以充分挖掘青年人才的潜能为重点，以促进人才与项目对接为核心，在大专院校、科研院所与企业、东部地区与西部地区、海外学人与国内建设之间架起人才与经济对接的桥梁，推动了青年人才资源的合理配置，逐步探索了一条以市场调配与组织手段相结合，引导和带领青年人才参与经济建设和西部开发的新途径，为促进科技进步和经济发展提供了人才和智力支持，在促进人才资源更加合理配置方面进行了有益的尝试。

二、博士服务团实践证明，同人民紧密结合，为祖国奉献青春，是当代青年按照“三个代表”重要思想的要求健康成长的必由之路

中华民族是一个人才辈出的民族。在不同的历史时期，都涌现出了大批具有时代特点的杰出青年人才。江泽民同志在中国共产主义青年团成立80周年纪念大会上指出，中国青年运动80年的生动实践告诉我们，一切有理想有抱负的中国青年，只有在中国共产党的领导下，同人民紧密结合，为祖国奉献青春，才能大有作为。实践证明，组织博士服务团到基层锻炼服务，既是青年人才服务祖国、奉献人民的重要渠道，又是青年人才在全面建设小康社会的伟大实践中锻炼成长的有效途径。它实现了改造客观世界与改造主观世界的统一。博士们在促进西部经济和社会发展的同时，加深了对国情的认识，坚定了理想信念，升华了自己的世界观、人生观和价值观；它实现了为人民群众谋利益和向人民群众学习的有机结合。博士们通过自身的实际行动，在为人民群众办实事、办好事的同时，又在与人民群众的紧密接触中，锤炼了品德，学习到了人民群众好的作风、好的品质；它实现了知识与实践的有效对接。博士们都是高层次的知识分子，在专业知识领域具有独特的优势，但在基层的实践中，往往会遇到很多自己专业领域以外的情况和问题，在处理情况、解决问题的过程中，大家进一步增强了实践的能力，促进了知识向现实生产力的转化。

发展的希望在创新，创新的希望在青年。胡锦涛总书记在与共青团十五大部分代表座谈时指出：“实现全面建设小康社会宏伟目标的历史时期，将是中国共产党团结带领全国各族人民开创中国特色社会主义事业新局面的重要时期，也将是我国广大青年发挥聪明才智、实现人生理想的重要时期。全面建设小康社会的伟大事业，需要青年为之奋斗，也为青年提供了施展才华、建功立业的广阔舞台。”胡锦涛总书记的讲话，深刻阐明了当代青年与全面建设小康社会的关系，充分体现了党和人民对青年的殷切期望，对于广大青年成长成才，具有重要的意义。全面建设小康社会的神圣使命历史地落到了当代青年的身上。当代青年生逢其时。希望包括博士服务团成员在内的广大青年,一定要牢记党和人民的嘱托,牢记自己肩负的历史使命,按照胡锦涛总书记提出的“勤于学习,善于创造,甘于奉献”的要求,自觉投身于学习实践“三个代表”重要思想的新高潮,把实现自身价值和服务祖国人民结合起来,在全面建设小康社会的伟大实践中与时俱进,开拓创新,成长为对党和人民有所贡献、有所建树的一代新人。

三、共青团、青联组织要高度重视,积极主动地做好博士服务团工作

几年来,有关省区市共青团、青联组织积极配合地方党委组织部门、派出单位和接收单位,在为博士服务团创造良好的工作环境、组织集体活动、丰富业余生活等方面,做了大量工作,取得了良好效果,积累了一些好的经验和做法。大家要在认真总结经验的基础上,进一步加大工作力度,不断探索新方法,取得新成绩。下一步,要重点做好三个方面工作。

一是要高度重视,加强对博士服务团工作的组织领导。有关省区市的共青团、青联组织要把做好博士服务团工作作为一项重要政治任务,摆上议事日程,认真地抓好落实。要加强对有关省区市团组织为博士服务团服务情况的检查督促,增强做好博士服务团工作的责任感和自觉性。要认真总结工作经验,促进相互交流,努力提高服务水平。

二是要增强主动意识,积极配合有关部门开展工作。要协助党委组织部门通过组织培训、考察等多种形式,提高博士们的思想政治水平。要主动与接收单位联系,掌握了解博士服务团成员的工作生活情况,协调解决他们工作、生活方面的问题。要尝试建立博士服务团走访制度,定期了解博士们的思想、生活状况,积极配合有关地方和单位做好博士们的思想工作,使博士们集中精力搞好锻炼服务。

三是要找准工作切入点,把博士服务团工作与青年工作有机结合起来。要充分发挥博士的人才智力优势,积极吸纳博士加入青联、青年科技工作者协会等组织,把更多的优秀青年人才团结凝聚起来,充分发挥人才聚集效应。要把博士服务团工作与实施青年科技创新行动、开展青年专家服务等活动紧密结合起来,创造和探索一些有利于博士搞好服务、锻炼成长的活动载体,丰富博士服务团的活动形式,提高服务的质量和效率。要发挥好共青团在树立和宣传青年典型方面的优势,充分利用团属新闻报刊和其他社会传媒,进一步加大宣传力度,认真深入挖掘、树立、宣传博士服务团成员的先进事迹,努力营造良好的舆论环境和社会氛围。

再过几天,第四批博士服务团成员即将踏上新的征程。我们相信,大家一定会珍惜这次宝贵的机会,在邓小平理论和“三个代表”重要思想的指引下,深入基层,扎实工作,开拓创新,在西部大开发和全面建设小康社会的伟大实践中再立新功、再创佳绩。

祝同志们工作顺利,身体健康!

胡伟在“汇聚北京 CBD——全国青联企业界委员 2003 交流活动”开幕式上的讲话

2003 年 10 月 8 日

各位委员,同志们,朋友们:

国庆节刚过,全国青联就组织企业界委员汇聚北京 CBD,探讨未来趋势,寻求合作商机,共谋事业发展,很有意义。我和全国青联的各位同事能够参加这次活动,感到非常高兴。在此,我代表共青团中央、全国青联向各位委员表示诚挚的问候!向给予此次活动大力支持的中共北京朝阳区委、朝阳区政府表示衷心的感谢!

经过 20 多年的改革开放,我国经济取得了巨大发展,综合国力明显增强,各项事业全面进步。进入新世纪以后,中国更成为世界经济的亮点,显示出巨大的发展潜力。放眼世界和未来,经济全球化步伐明显加快,国际竞争日趋激烈,科学技术迅猛发展,经济和社会发展前景无比广阔。当代青年企业家生逢其时,在改革开放和经济高速增长的历史进程中,抢抓机遇,迅速崛起,依靠自己的智慧、胆识和不懈奋斗,创造出无愧于时代的业绩,充分展现了新一代创业者的风采。

党的十六大提出,要用 20 年的时间全面建设惠及十几亿人口的更高水平的小康社会。这是一个宏伟的目标,也是一项艰巨的任务。当代青年正值二、三、四十岁,将历史地承担起这一神圣而重大的使命,直接参与经济建设,推动生产力发展的青年企业家更是责无旁贷。在实现这一宏伟目标的过程中,我们既迎来了难得的发展机遇,更面临着严峻的挑战。随着我国融入世界经济的步伐进一步加快,国际资本大量涌入,世界一流企业蜂拥而至。而我们的经验相对缺乏,实力还不够强大。如何在参与国际竞争与分工中抢占先机,赢得更大的发展空间,是摆在每一位企业家面前的严峻课题。任务不仅艰巨,还很紧迫。全国青联企业界委员是企业家队伍中的佼佼者,有的已经成为我们民族工业的排头兵。你们具有全新的观念,你们所领导的企业机制灵活并极具成长性,是体现我国核心竞争力的优势群体。这就要求广大企业界委员要认清形势,明确责任,以高度的使命感、只争朝夕的紧迫感和舍我其谁的魄力勇立时代潮头,在中国企业搏击国际市场,对抗世界一流强手中尽显风流,在世界舞台上为中国企业家赢得光荣。

前不久,胡锦涛总书记在同团中央新一届领导班子成员和团十五大部分代表座谈时,深情寄语当代青年要勤于学习、善于创造、甘于奉献。这是党对青年一代的殷切期望,为当代青年的健康成长进一步指明了方向,也为当代青年企业家人生奋斗、事业成功指明了正确道路。

学习是青年企业家的立身之本。我们正处在一个科学技术日新月异,知识更新不断加快,新知识层出不穷的伟大时代,学习比任何时候都显得重要和紧迫。我们正值青年时期,精力充沛,思维敏捷,处在学习的黄金年华,处在打牢人生成长进步根基的关键时期。我们所从事的工作,就是要不断开拓新的领域,努力抢占先机,不学习就不可能具备开拓事业的广阔视野和洞察商机的敏锐眼光,甚至可能在激烈的竞争中遭到淘汰。因此,学习在今天已经成为一种社会潮流和时尚,青年企业家更要把学习始终作为重要任务,伴随终身,用学习充实人生,用知识完善自我。在学习中,既要精通经营管理知识,又要涉猎新知识;既要掌握专业知识,又要通晓国际惯例规则,熟知国家政策法规;既要注重对有形知识的学习,又要善于从自己和他人的成功和失败中总结经验与教训,从实践中不断汲取事业发展的营养,使自己成为既有丰富的理论知识,又有较强实践能力的新型管理人才。

创业是青年企业家的根本任务。企业是社会财富的直接创造者,是推动经济发展的基本单元。各位青年企业家今天的成功是不断创业的结果,更是开拓新的事业、实现更大发展的基础。开拓新的事业,最根本的是要坚持创新。创新是企业家的本质特征。美国《财富》杂志分析了全球最具竞争力企业的成功经验,对全球最受赞赏公司进行排行的依据,第一是创新,第二是创新,第三还是创新。这个概括集中反映了全球企业发展的客观现实和本质要求。青年企业家作为最具活力的创业者,要不拘泥于固定思维,敢于打破条条框框,从企业实际出发,勇于创新,为企业发展提供不竭动力;开拓新的事业,仍然需要艰苦奋斗。应该说,我们是在党的改革开放政策指引下,靠自身的艰苦奋斗取得成功的。与创业之初相比,今天的条件和可支配的资源要优越得多,但艰苦奋斗的精神不能丢。因为从总体上讲,在相当长的时间内,我们与世界强手在资本、技术、人才等方面的竞争还不会占得优势,艰苦奋斗将始终是我们战胜困难,取得胜利的有力武器。对于青年企业家来说,今天取得的成功只是阶段性的,青年企业家要始终艰苦奋斗,永远追求卓越,不断将事业发展推向新的高度;开拓新的事业,还必须规范发展。市场经济是法制经济,也是信用经济。依法经营,诚实守信是市场经济最基本的要求。青年企业家要把讲法制、讲规则变成自觉的行为,把讲诚信、讲规范视作自己的生命去爱惜和重视,恪守新一代企业家良好的职业操守,做遵纪守法和社会诚信建设的典范;开拓新的事业,更要强调团结协作。经济和社会发展的规律告诉我们,越是社会化大生产,越是社会分工精细,越需要团结协作。人才汇聚是青联组织的最大优势,交流合作是青联组织文化的鲜明特点。各位委员有着相似的成长经历和创业历程,又有了一定的事业基础,具备了合作的良好前提。各位委员要发扬青联的优良传统,加强联合,广泛合作,相互借鉴,取长补短,联手打造中国民族工业的竞争力。

奉献是青年企业家的天职。当代青年企业家是在改革开放中成长起来的,事业的成功既凝结了个人的智慧和汗水,也离不开党的关怀、人民的支持和社会的扶助。因此,青年企业家要时刻铭记党的关怀和期望,牢固树立祖国至上和服务人民的观念,把个人的奋斗融入社会发展的洪流中,让自己的每一份努力和创造都体现在推动社会进步的事业中。要"致富思源、富而思进",发展了自家不忘国家,富裕了个人不忘他人,积极投身公益事业,帮助弱势群体,主动回报社会和人民。企业家的奉献还体现为严格自律。企业家作为财富的创造者和拥有者,已成为公众人物,如何取财、用财越来越受到全社会的关注。从某种意义上讲,社会是通过你们的言行举止来认识和评价这一代青年的。这就要求青年企业家要自觉加强道德修养,时刻注意自己的一言一行,坚决抵制拜金主义、享乐主义和极端个人主义思想的侵蚀,永葆艰苦创业的本色,以卓越的才华和丰满的人格在社会上树立一代青年大有希望的良好形象。

竭诚服务委员是青联组织的基本工作方针,也是青联组织旺盛活力之所在。各位企业界的委员正处在学习提高、事业发展的重要时期,在学习、工作和生活中有着丰富而具体的需求。青联组织要进一步增强服务意识,拓宽服务领域,创新服务手段,努力提高服务水平。针对企业界委员的实际情况,全国青联今后将进一步加大服务工作的力度；将借助和挖掘国内外的资源，建立专门针对青联委员的培训基地，帮助委员学习新知识、交流创业经验、培养世界眼光，增强素质，提高竞争力；将大力宣传和树立青年企业家典型，为更多青年企业家的脱颖而出营造良好的社会氛围；将针对地方经济社会发展的需求和企业界委员普遍关注的热点，通过开展形式多样的活动，构筑服务委员事业发展的平台。总之，青联组织要想尽各种办法，不遗余力地为委员的学习进步和事业发展做好服务。

北京是伟大祖国的首都，正在向现代化国际大都市的目标迈进。朝阳区是北京对外交往和国际合作的重要窗口，作为2008奥运主要场馆和北京CBD所在地，为国内外企业界人士提供了巨大的商机和广阔的创业平台。希望各位委员利用参加活动的机会，多了解北京市及朝阳区改革开放的成就和未来建设发展的规划，积极贡献智慧和力量。

同志们、朋友们，改革开放的伟大实践留下了青年企业家创业奋斗的坚实足迹，全面建设小康社会的宏伟蓝图必将铸就青年企业家新的辉煌。让我们紧密团结在以胡锦涛为总书记的党中央周围，高举邓小平理论伟大旗帜，全面贯彻“三个代表”重要思想，刻苦学习，锐意创新，扎实奋斗，自觉奉献，在推进改革开放，加速社会主义现代化建设的历史进程中做出新的更大的贡献。

胡伟在中国青年科技创新行动经验交流会上的讲话

2003年11月22日

郭长江同志作的中国青年科技创新行动的工作报告回顾了中国青年科技创新行动近五年来的工作，并对今后一个时期的工作作了部署。工作报告和北京、河南、江苏、沈阳、宁波的经验交流体现了中国青年科技创新行动在书记处的正确领导下，在全团的共同努力下，取得的令人鼓舞的成绩。五省市的经验正是全国各地开展青年科技创新行动的一个很好的缩影。借此机会，我对于进一步做好工作，全面深化中国青年科技创新行动简要谈几点意见。

一、中国青年科技创新行动进入了一个新的发展阶段

中国青年科技创新行动是共青团组织团结带领广大青年积极参与科教兴国伟大实践，推动科技进步和经济发展的重要举措，是新形势下共青团充分发挥党的助手和后备军作用，服务大局、服务党和国家中心工作的新探索和新尝试。团中央书记处一直高度重视青年科技创新工作。我清楚地记得，1998年9月，当我到统战部工作前夕，书记处和周强同志交给我一个任务，就全团实施青年科技创新行动的可行性，如何推动这项工作做一个调研，向书记处提出报告。当时，我们先后去了广东、上海、北京等地，听取了团干部和青年科技工作者、青年专家的意见，在这个基础上形成了推进这项工作的一个基本思路。1999年，在共青团十四届三中全会上，团中央以全会的名义就实施中国青年科技创新行动作出了决定。团中央全会就一项具体活动作出一个专门的决定，充分体现了对开展中国青年科技创新行动的重视。

中国青年科技创新行动实施以来，各级团组织高度重视，精心组织，扎实推进，取得了显

著的成效。这些成效集中体现在四个方面:一是团结凝聚了海内外一大批高层次的青年科技人才,为他们施展才华搭建舞台。大家可以从这次中青科协三届二次理事会到会人员的数量和层次中体会到,我们确实团结凝聚了一大批高层次青年科技人才。在某种程度上说,衡量青年科技创新行动搞得好不好,有一个很重要的标准,就是能不能真正团结凝聚一大批我国最优秀的青年科技人才;二是以实施"金桥计划"为主要抓手,有效促进了科研与产业的紧密结合,为推动科技进步和经济发展做出了积极贡献;三是广泛开展群众性青少年科技创新活动,营造了良好的创新氛围,增强了广大青少年的创新意识和创新能力;四是初步建立了青年科技创新行动项目化、社会化的运行机制,形成了统筹协调的工作格局。五年来,中国青年科技创新行动工作思路进一步明确,主要的工作项目、工作载体、工作品牌初步形成,工作机制逐步完善,在社会上产生了较大的影响,成为新时期共青团的一个重要工作,得到了地方党政领导的高度重视和大力支持,受到广大青年科技工作者的热烈欢迎。

在这些年的实践中,我们也逐渐形成了一些重要的认识。一是始终不渝地以经济建设为中心,牢牢把握科技进步和社会发展的方向;二是着眼于青年人力资源的开发,努力提高青年的科技素质和创新能力,促进青年人才脱颖而出;三是坚持以市场为导向,抓住人才与项目对接这个关键环节,推动科技和经济有效结合;四是坚持开放式的工作思路,以与时俱进、开拓创新的精神扎实推进工作。这四条是各级团组织在实施青年科技创新行动过程中探索的基本经验,也是我们全面深化中国青年科技创新行动必须始终遵循和坚持的。

当然,在充分肯定成绩的同时,我们也要清醒地看到,在工作中还存在一些不足和问题。比如,有些地方把这项工作理解为仅仅是团中央、全国青联才能做的高层次青年科技活动,没有认识到这项工作在不同层面上都有很重要的内容,都有很多事可以做;有的地方统筹协调不够,缺乏统一的协调机制;有些地方尚未找到合适的活动载体,仅仅局限于评比、表彰等。对此,我们要高度重视,认真研究,切实加以改进。

今年7月,胡锦涛总书记在同团中央新一届领导班子成员和团十五大部分代表座谈时指出,共青团事业的发展正处在一个新的历史起点上。认清"新的历史起点",首先要认清团的事业发展的历史方位问题。历史方位说到底是一个"从哪里来、到哪里去"的问题。多年来,特别是改革开放以来,团的事业确实走过了一条不断探索、不断发展的道路。随着改革的不断深化,团的工作遇到了一系列前所未有的问题。通过全团上下20年的积极探索与实践,团的事业不仅没有萎缩,而且在整个改革开放的历史进程中发挥了应有的作用,始终充满着旺盛的生命力。党的十六大提出了全面建设小康社会的宏伟目标,共青团应该怎么办,共青团事业如何发展,如何在经济社会飞速发展、全球经济一体化不断加快的过程中发挥共青团应有的作用,这是每一个从事共青团工作的同志必须认真思考和研究的问题。在全面建设小康社会、加快推进社会主义现代化建设的新的历史发展阶段,经济和社会发展比以往任何时候更加依赖于科技进步和劳动者素质的提高。与此同时,广大青年发挥自身潜能、实现个人价值和报效祖国的愿望空前强烈。这既对青年科技工作提出了更高的要求,也为深化青年科技创新行动提供了新的强大动力。

通过几年的实践,我们深切地感到,青年科技创新行动是在一个原先我们并不熟悉的领域,开始尝试和逐步探索出来的一项活动。我们共同走过了最初的起步阶段,进入了一个全面深化、协调发展的新阶段。我们要在原有工作基础上,不断研究新情况,解决新问题,创造新业绩,开创新局面。

二、进一步统一思想，提高认识，全面深化中国青年科技创新行动

全面深化中国青年科技创新行动，首先要提高认识，始终将这项工作放在经济社会发展大局和共青团工作的全局中去思考、去把握，努力体现发展新阶段的新要求、新特点、新规律。我们可以从以下三个方面来进一步提高认识。

1. 从实施科教兴国战略的高度来认识全面深化中国青年科技创新行动。

科教兴国战略是党中央根据国际国内形势发展变化，立足我国国情作出的重大战略决策。20 世纪是人类历史上科学技术发展最辉煌的时代。进入 21 世纪，科学技术对社会经济发展将产生更大的影响。科学技术发展的整体性、综合性和交叉性不断增强，科技知识的生产、传播和转化应用空前加快。一项重大科技进步和科学创造，往往会带动一个产业甚至一个产业群的兴起，促进国民经济实力的跃升。IT 产业的崛起就深刻地印证了这一点。在可以预见的将来，在生物技术、新材料技术、空间技术、人工智能技术领域也很有可能再形成一个或多个产业群。从某种意义来讲，能否在科技领域占有一席之地，决定着一个国家综合竞争能力的强弱。

我国是一个发展中国家，面对日益激烈的国际竞争，要赶超世界先进水平，必须坚定不移地实施科教兴国战略。党的十六届三中全会强调，要促进全社会科技资源高效配置和综合集成，提高科技创新能力，实现科技和经济社会发展紧密结合。在这样一个历史进程中，共青团组织如果能够发挥应有作用，是多么有意义，从根本上讲这也是共青团的重要任务。我们要按照党的十六届三中全会的要求，充分发挥自身优势，广泛聚集各类青年科技人才，进一步推动科技资源的优化配置，努力促进科技与经济紧密结合，为科教兴国战略做出应有的贡献。

2. 从实施人才强国战略的高度来认识全面深化中国青年科技创新行动。

国与国的竞争，地方经济的发展，在很大程度上取决于人才。美国之所以能够成为惟一的超级大国，很大程度上是在于它享用了全世界最优秀的人才资源。我们可以看到，近些年，除和平奖、文学奖外的诺贝尔奖获得者绝大部分都是美国人或是在美国工作的外国人，充分说明了人才的效应。随着经济全球化发展和知识经济时代的到来，包括科技人才在内的各类人才已经成为最重要、最宝贵的战略资源。谁拥有的人才数量越多、素质越高，人才作用发挥越充分，谁在激烈竞争中所处的位置也就越有利。近年来，世界各国纷纷出台各种人才战略，加紧了延揽人才的步伐。比如美国提出“培养 21 世纪美国人”，放宽对高科技人才入境的签证；日本提出强化人才培训，加强独创性基础研究的新措施；欧盟提出“将知识化放在最优先地位”等等，对人才尤其是科技人才的争夺，已经发展成为一场没有硝烟的世界大战。

小康大业，人才为本。未来 20 年，是我国经济社会发展大有作为的重要战略机遇期。抓住机遇，加快推进我国社会主义现代化建设，关键在人才。我们党历来高度重视人才工作。党的十六大明确提出，必须坚持人才资源是第一资源的思想，必须坚持把尊重劳动、尊重知识、尊重人才、尊重创造作为党和国家的一项重大方针，营造鼓励人们干事业、支持人们干成事业的社会氛围。党的十六届三中全会进一步强调，要营造实施人才强国战略的体制环境，创新人才工作机制，培养、吸引和用好各类人才，重点培养一批高层次和高技能人才。党中央、国务院在今年 12 月还要召开全国人才工作会议。会议的召开将对全国的人才工作、科技发展有巨大的推动作用。

把青年一代培养成“四有”新人，是党赋予共青团的光荣责任，始终是共青团的根本任务。中国青年科技创新行动是在实践中培养青年人才的重要举措。通过实施中国青年科技创新行动，可以为广大青年科技工作者的成长成才、创新创业提供更加有效的服务;可以通过架起人才与社会需求紧密结合的金桥,充分发挥人才的作用,促进人才资源转化为现实生产力,使人才效益转化为经济效益,从而激发出人才的巨大创造活力;可以通过群众性的科技创新活动,帮助广大青少年增强创新意识,提高创新能力。这项工作,既服务了共青团育人的根本任务,又为全面建设小康社会提供了坚强的人才保证和智力支持。

3. 从培育共青团事业新的增长点的角度来认识全面深化中国青年科技创新行动。

中国青年科技创新行动是共青团工作的一个新领域,是共青团事业实现新发展的一个重要增长点。它与共青团传统的群众性工作既有共性,也有其鲜明特点。在工作领域上,它连接着科技与经济,推动着科技成果向现实生产力的转化。在工作对象上,它既为高层次青年人才提供服务,又立足于提高广大青年一代的科技素质和创新能力,具有高层次性和群众性相结合的特点。在工作重点上,它既要通过宣传发动,营造良好的社会氛围,又要在推动人才与项目、成果与市场的对接上下功夫。在工作方式上,它既要继承共青团传统的工作方法,又要探索在市场经济条件下开展工作的新途径。科技创新涉及科技、经济、法律、金融等诸多领域,专业性较强,属于现代经济发展的前沿领域。做好这项工作,对于促进科技创新与科技成果产业化,提高我国经济竞争能力,实现可持续发展具有重要的意义。同时,共青团也能够更好地服务经济建设这一中心,开拓新领域,实现自身事业的新发展。

三、当前要着力深化的几项重点工作

1. 要以开发青年人力资源为着力点,全面深化中国青年科技创新行动。

我国是人口大国,拥有丰富的人力资源。但是,目前我国的人力资源能力建设与社会经济发展要求还不相适应,人力资源的潜在优势转变为现实的人才优势的任务还很艰巨,特别是在全球激烈的人才竞争中,与发达国家相比,我们还处于劣势。如何把丰富的人力资源优势转变为现实发展的优势,为改革开放和现代化建设提供有效的人才保障,是当前和今后很长一段时期所必须解决的重要战略问题。

青年是人生成长成才的关键时期,是人力资源开发的重点。团十五大报告指出:“开发青年人力资源,培养造就青年人才大军,是共青团服务经济建设的有效途径,也是优势所在。”当代青年富于理想,充满热情,满怀抱负,立志在伟大的创业实践中建功立业。他们接受新事物能力较强,能较快掌握和运用新知识、新技能,在科技创新等方面表现出越来越明显的优势,在人力资源开发中的优先地位也越来越得到重视。青年人力资源的开发过程,也是一个提高人的素质,挖掘人的潜力的过程。全面深化青年科技创新行动,就要着眼于青年人力资源的开发。要从强化青年创新实践,培养创新精神,提高创新能力,营造创新氛围等方面入手,全面提高青年的素质,推动青年人力资源转化为青年人才资源。要紧紧抓住培养、凝聚、举荐、配置等环节,遵循人才成长规律,最大程度地开发他们蕴藏的巨大潜能,最大程度地调动他们的积极性,发挥他们的创造力,团结带领广大青年为全面建设小康社会做出新的贡献。

2. 要以培育和创新活动载体为突破口,全面深化中国青年科技创新行动。

一个好的思路,必须有好的工作载体来实现。好的工作载体,是工作落实的催化剂,是工作深化的加速器。不断培育和创新活动载体,才能够促进中国青年科技创新行动全面深化。这首先是由共青团的工作特点决定的。共青团是为党做青年群众工作的,群众性的特点决定了共青团的工作必须依靠有形的载体来吸引青年、发动青年、组织青年。其次是由青年科技创新行动的内在要求决定的。青年科技创新行动涉及面广,参与单位中既有大专院校、科研院所，也有企业、园区，参与人员中既有青年科技工作者、青年学生，也有企业经营管理者和企业职工、青年农民等不同群体。这项工作，还要面向海内外，需要跨地区、跨部门、跨行业来开展。如此丰富的工作内容，只有找到具体有形、操作性强的活动载体，才易于工作落实和青年参与。刚才，河南同志介绍的“青年专家中原行”活动就是很好的载体。江苏、甘肃、吉林、北京也都开展了类似的活动，效果很明显。今后，我们要把创新工作载体，作为衡量一个地方青年科技创新工作的重要指标。各地要进一步探索参与面广、针对性、操作性强的活动载体，做到不求多，而求精；不求大，而求实；不求整齐划一，而要力求特色，打造精品，建立长效机制。

加大对青年社团的建设和引导，是共青团在市场经济条件下发挥作用的一个重要途径。青科协是共青团延长工作手臂，广泛团结凝聚青年人才的一个非常重要的载体。目前，已有16个省建立了省级青年科技工作者协会。已经建立协会的地方，要很好地研究如何发挥青科协的作用。青科协作用的发挥，我认为，关键是两条，第一，要通过各种途径团结凝聚一大批青年科技界的代表人士。第二，要充分发挥好专业委员会的作用。中国青年科技工作者协会成立之初，当时的会员基本上是基础理论研究领域的青年专家。二届会员代表大会以后，通过吸收部分高新技术、科技成果产业化领域的青年科技人才，丰富和优化了协会的会员结构。最近，我们又在探索在原有自然科学的基础上向社会科学、人文科学发展，最终要把青科协建设成为能够包容各个领域青年科技精英的组织。没有建立协会的地方，要尽早地把协会建立起来。共青团在整体推进各方面工作的基础上，要重视“两头”的工作，一头是相对弱势的群体，这方面始终是服务青年的最重要、最基本的内容，是雪中送炭的工作。比如说，待业青年、未成年人、外来务工青年等。另一头要十分重视团结、联系青年骨干。把“两头”抓好了，从而带动团的各项事业的发展，共青团工作就能够达到一个新的水平。一个人在14岁至28岁时，大体是在学习和初步积累的过程当中。而在28岁到45岁之间是一个人最具创造活力的时期，如果共青团不注意团结凝聚这个年龄段的青年骨干，就很难完成巩固党的青年群众基础的任务。所以，共青团要在市场经济条件下更好地发挥作用，就要大力加强青科协等各领域、各层次的青年社团建设，最广泛地团结各族各界青年，把更多优秀青年人才凝聚到党和国家的各项事业中来。

3. 要以促进人才资源的合理配置为关键，全面深化中国青年科技创新行动。

目前，我国人才资源开发工作中面临的最大挑战是人才资源的配置和管理不适应经济和科技发展的要求。统计表明，就总量而言，我国的科技人才已达一千多万。但人才在不同所有制单位间分布不合理，全国专门人才总量的74%集中在国有单位，导致人才紧缺与浪费现象并存；人才队伍产学研脱节严重，企业每万人中拥有的研究与开发人才不足3人，而日本是49人，德国是35人。一方面有些领域非常缺乏人才，另一方面有些领域人才相对过剩，作用没有得到充分发挥，或者说他们的成果转化得不够。这就是体制上和资源配置上的不合理。在这方面，共青团是可以有所作为的。我们的优势在于团结凝聚了一大批各行各业的青年人才，同时，共青团又有比较严密的组织体系，联系了社会的方方面面，把这两方面结合起来，在中间牵线搭桥，形成多元对接，这应该是共青团最大的优势。全面深化青年科技创新行动，大力开发青年人才资源，就要紧紧抓住配置这个环节，充分发挥共青团联系面广的优势，积极举荐扶持青年人才，促进不同区域、不同行业青年人才的合理流动和优化配置，为他们发挥作用、施展才华搭建舞台。要以人才与项目对接为抓手，在大专院校、科研院所与企业之间、东部与西部之间、国内与海外之间架起人才流动的金桥,促进人尽其才,才尽其用。

4.要以推进青年专家科技服务活动为重点,全面深化中国青年科技创新行动。

青年专家科技服务活动是中国青年科技创新行动有效的工作载体,形式灵活、简便,易于操作。各级团组织都可以根据地方和企业发展的需求,按照实际、实用、实效的原则,组织不同领域、不同层次的青年科技工作者来开展这项工作。既可以组织高层次青年科技人才从科研院所到企业、从海外到国内、从城市到农村、从相对发达地区到欠发达地区开展服务,也可以针对区域经济发展的差异,组织本地青年科技人员就近就便提供服务。比如,江苏团省委开展的"青年专家苏北行"就是一种非常好的形式。各地可以充分利用本区域内经济发展的差异,组织青年专家服务团服务地方经济建设。不仅团中央、全国青联要组织青年专家科技服务活动,各省、地、市、县都可以充分利用当地的青年科技人才资源,组织不同层次的青年专家科技服务活动,开展对接工作,形成统一品牌,为促进地方科技进步和经济发展提供服务。同时,引导和帮助青年科技工作者在实践中增长才干、提高能力,培养高素质的青年科技人才队伍。

各级团组织要充分发挥互联网的优势和作用,建立各级各类青年科技信息服务站,广泛收集人才、技术、项目、资金等供需双方的信息,形成汇集各种创新要素的信息平台,逐步建立起全国互联、上下互动的信息资源网络,为推动青年科技创新打下坚实的基础。要充分发挥全面开展青年专家科技服务活动的品牌带动效应,促进青年科技创新行动各项工作蓬勃开展,不断提高工作水平。

四、全面深化中国青年科技创新行动,就要加强领导,狠抓落实

思路一经确定,关键在于落实。中国青年科技创新行动作为全团的一项重点工作,涉及团的各级组织、各条战线、各个部门,集中全团力量,狠抓落实是做好这项工作并使之取得实效的重要保证。

抓落实,就要加强领导,明确责任。各级团组织特别是团的领导机关必须在思想上予以高度重视,切实把深化中国青年科技创新行动作为新时期共青团的一项重要任务,摆上应有位置。团的主要领导要亲自抓,分管领导要具体抓,形成领导把关,具体部门负责协调,各条战线密切配合的工作格局。无论是哪一级团组织,无论是哪一条战线承担这项工作,都要责任明确,工作到位。各省级团组织要采取切实措施,加强对基层的指导和协调,搞好典型示范,调动基层的积极性,推动青年科技创新行动在市、县两级团组织普遍开展。

抓落实,就要因地制宜,做好规划。全面深化中国青年科技创新行动要面向基层,注重实效。各级团组织要认真研究,结合本地实际,制定操作性强、实效性强的工作规划和具体实施方案。可以针对园区、企业、高校、科研单位的实际,设计符合需求的活动,促进人才与项目的对接。要明确工作目标、工作内容、工作方式,一级抓一级,层层抓落实,有计划地深化工作,抓出特色。

抓落实,就要完善机制,注重考核。各级团组织要加强机制建设,建立健全项目化、市场化运作模式,推动工作的持久、深入、有效地开展。各级团组织要善于调动各方力量,整合资源,形成合力,打出品牌,形成自上而下、多渠道、多层次的工作网络,建立团内与团外的内外协调、团的各条战线相互配合和团的各级组织上下协调的机制,形成全国统一领导、部门分工协作、地方分级负责、各方共同参与的开放式的工作格局。明年适当的时候,我们将对各地深化中国青年科技创新行动的工作进行检查、考核,推动这项工作进一步落到实处。

抓落实,就要提高水平,搞好服务。青年科技工作作为青年统战工作的重要组成部分,服务的对象大多是高层次的青年人才,这就对我们的工作提出了很高的要求。我经常讲一个观点,做好青年统战工作关键要做到四讲。第一,讲原则。统战工作是一项政策性、思想性很强的工作,外事工作无小事,统战工作也是无小事。统战工作不讲原则就要迷失方向。第二,讲感情。做统战工作不讲感情,就没有朋友,更谈不上团结凝聚青年人才。第三,讲水平。统战工作重在润物细无声,重在求真务实、真抓实干,始终以严谨认真的态度对待每一项工作。工作有了很高的水平,才能有吸引力。第四,讲服务。服务是统战工作的基础,搞好服务才能有凝聚力。有了这四个方面,就能够把统战工作做好,把青年科技工作做好,才能把更多的青年人才团结凝聚起来。

总之,青年科技创新行动在大家的努力下,已经走过了初始阶段,形成了思想、理论、做法、载体等一系列的成果。我们相信,这次会议之后,中国青年科技创新行动一定能够在现有基础上取得更大的成绩。

同志们,时代在前进,党和国家的事业在发展,共青团的工作也将随着时代前进而前进,随着党和国家事业的发展而发展。我们相信,在全团上下的共同努力下,在社会各界的大力支持下,在广大青年科技工作者的热情参与下,青年科技创新行动在新世纪新阶段一定会取得更大发展,一定能够为全面建设小康社会做出更大的贡献!

胡伟在第14届“中国十大杰出青年”评审会上的讲话

2003年11月27日

刚才,大家观看了31名候选人的事迹录像片,可以说每一位候选人都在各自岗位和领域内取得了很好的成绩,都是各条战线优秀青年的代表,条件都很好。郭长江同志就公示情况作了具体说明,相信大家能好中选优,把最杰出的选出来。

下面我谈几点具体意见,供大家参考。

1.解放军是一个特殊的群体,在保卫祖国、服务人民方面承担着特殊的责任。同时,它也是一个青年比例较高,青年人才集中的领域。在历届评选中都有解放军的人选当选,有的年份还有两位当选。今年,总政推报的人选是军事医学科学院微生物流行病研究所应用分子生物学研究室主任、博士生导师、研究员陈薇。她在非典袭来的危急关头刻苦攻关,冲锋在前,在国内外率先推出了防治非典新药——“重组人ω干扰素”,可以说是抗击非典科研战线的杰出代表。

10月15日,我国首次载人航天飞行取得圆满成功。有关方面建议,出色完成此次飞行任务的“航天英雄”杨利伟应该参加今年的“十杰”评选。经与总政沟通,10月27日总政组织部正式推报杨利伟参选。所以,今年的候选人中有两位业绩突出、代表性很强的解放军人选。

在历届评选中,各位评委对解放军人选都给予了特别的关注,每届都是高票当选。今年有些新评委参加,我想再说明一下。

2. 非典是今年人类共同经历的一场危机。在抗击非典的特殊战斗中,中国成为了全球的焦点，与非典病魔进行面对面较量的广大医护人员更是受到了格外关注和尊敬。今年的候选人中就有几位战斗在抗击非典一线的医护人员的杰出代表，事迹都非常感人。我想今年的评选，应该考虑到这个因素，当选者中应该有医护人员的代表。要注意在抗击非典中表现突出的候选人。

3. 这些年来，对企业界一直有一个规定，就是企业界当选者不超过两名，如果超过两名，按得票多少取前两名。去年，考虑到企业界候选人较多，且其中不少既是优秀的企业管理者，也是杰出的科技工作者，因此组委会决定将企业界当选名额的限制适当放宽。在本届评选活动组委会第二次会议上，大家一致同意今年的评选仍然按照不超过两名处理。近几年，我们在评选企业界候选人时，注重企业的素质和企业家的素质，企业界的当选者绝大多数都在本行业有较大影响，有令人信服的业绩。希望大家继续按照已经形成的好的做法，齐心协力把这届十杰评好。同时，在评选时，也要适当注意不同所有制结构的人选。

4. 近年的评选中，我们在关注成绩卓著、贡献突出的代表性人物的同时，还兼顾了扎根基层，默默奉献的典型，得到了社会的广泛认可。今年，建议大家继续关注来自基层的候选人，正如网友在留言中表达的看法，“给平凡的劳动者更多的鲜花和掌声”。

5. 请各位评委在评选中兼顾女性和少数民族候选人。

最后，感谢各位组委、评委的辛勤劳动。

胡伟在共青团十五届二中全会上的讲话

2003年12月26日

根据书记处安排，我就青年人才工作谈几点思考，与同志们共同交流。有关人才工作的重要性，同志们都很清楚，我下面谈四个方面。就是：明确三个认识，树立一个观念，构建一个框架，抓好五项工作。

一、关于明确三个认识

这三个认识是：背景，职责，生长点。谈三个认识，核心是要解决一个为什么的问题，就是为什么团中央书记处要下大决心，花大力气，来研究和推动青年人才工作。

1. 关于背景，认识做好青年人才工作的时代背景。

做好青年人才工作的时代背景包括国内和国际两个方面。

从国内看，做好青年人才工作的大背景就是我们党提出的全面建设小康社会的宏伟目标和实施人才强国战略。总的说，一是发展需要人才，二是青年渴望成才。共青团要做的，就是把两个需求结合起来。最近党中央、国务院召开了全国人才工作会议。专题召开这样的会议，在我们党和新中国历史上还是第一次，这标志着我们党对人才工作重要性的认识达到了一个新高度，标志着我国人才工作进入了一个全面展开、整体推进的新阶段。青年人才工作在整个人才工作中居于特殊地位。在提交会议讨论的党中央、国务院关于进一步加强人才工作的《决定》中，将大力抓好青年人才队伍建设作为重要内容，提出“培养和造就一大批素质优良、勇于创新的青年人才，是实现人才工作可持续发展的迫切需要”。胡锦涛总书记在讲话中指出:“青年是祖国的未来、事业的希望。青年人才队伍建设决定着整个人才队伍的前景。要下大力气抓好青年人才队伍建设,建立和完善各类青年人才工作制度,支持优秀青年脱颖而出。”这些都为新时期做好青年人才工作指明了方向,提出了新的更高的要求。很显然,其中也蕴涵着我们进一步做好工作的宝贵机遇。

从国际看,经济全球化的趋势对青年人才工作提出了新机遇、新挑战。关于经济全球化对青年人才工作的深刻影响,周强同志在团十四届三中全会和十五届一中全会以及这次会议上,都作过深刻、全面的阐述。我理解,主要可以从这三个方面来看。一是人才资源已成为最重要的战略资源。综合国力竞争说到底是人才的竞争。由此,立足本土培养人才的重要性进一步突出。二是全球爆发人才争夺战。各国尤其是大国千方百计争夺人才。发展中国家,包括我国,是其争夺人才资源的主要对象。我们面临如何吸引人才、留住人才的严峻课题。三是人才培养国际化。这就要求我们在利用国际资源培养人才方面有更大作为。

2. 关于职责,认识做好青年人才工作是共青团的职责所在。

共青团的职责,讲透了就是为党培养人的。共青团是广大青年学习中国特色社会主义和共产主义的学校。这个判断中,包含着党与团、党与青年、团与青年的深刻关系。青年在这所学校学什么?要认识中国特色社会主义,坚定跟着党走中国特色社会主义这个信念。要学习本领,有能力去参与中国特色社会主义的建设。因此,从根本上说,共青团这所大学校是党办的,办这所学校是面向青年、培养青年的。

共青团的根本任务是培育“四有”新人。“四有”新人是个什么概念?说到底,是个人才标准。这个标准,就是我们党所要求的标准,它与历史上“又红又专”的标准,与我们党讲干部的德才兼备的标准,在内涵上是相继承、相一致的。在改革开放的条件下,邓小平同志提出“四有”,赋予了人才标准以新的、更加丰富的时代内涵。我们理解团的根本任务,只有从为党的事业培养人才的角度去理解,才能理解透,才能把握准。

3. 关于生长点,认识做好青年人才工作是共青团立足新起点、开创新局面的重要生长点。

可以从四个方面来理解。

从工作对象看,当今时代是一个青年人才辈出的时代,这在历史上是从未有过的。成才已经成为一代青年的强烈共识和追求。这是我们做好工作的重要基础。

从党的要求看,全国人才工作会议进一步重申和强调了党管人才的原则,并对做好人才工作提出了新要求。要善于把握要求,抓住机遇。以往我们讲“党管干部”,现在我们又加上“党管人才”。我理解,人才是党执政的重要基础,就像是一根根柱石,支撑着我们执政的大厦。

从工作基础看,我们做青年人才工作有许多优势。(1)实践优势。长期以来,全团在实践中形成了许多好的工作项目。(2)资源优势。共青团广泛联系青年人才,能够有效动员和吸引青年人才。比如青科协、青企协等社团,尤其是青联组织已经成为联系、凝聚优秀青年人才的一个人才高地。我们讲人才高地,不是简单的数量概念,拥有多少个博士、硕士,而是青联组织已经成为各行各业杰出青年向往的地方。(3)工作体系优势。全团积极推动青年事务发展,与党政有关部门、工商企业、社会组织和海外有关机构、组织之间,建立了广泛有效的工作联系,有的形成了良性运转的机制。

从机制建设看,加强青年人才工作,可以探索许多有别于传统的共青团工作的新机制、新模式,从而为团的事业持续发展创造条件。

以上谈到的是青年人才工作的背景、职责、出发点等三个方面的认识,是对于青年人才工作背景的思考。

二、关于树立一个观念，就是科学的青年人才观

培养人才，观念先行，首先要解决人才观的问题。关于科学的青年人才观，我的思考有三个来源。

第一个来源，江泽民同志在“5·15”讲话中有一段深刻论述，非常发人深省。他说，各级领导干部要学会用新观念、新视角去看待青年，善于发现青年人才，大力培养青年人才，千方百计为青年人才成长创造条件、提供舞台。我个人理解，这段论述的核心，就是要解决一个人才观的问题，而且是针对青年人才的。

第二个来源，全国人才工作会议给人才作了一个明确的定义：只要具有一定的知识或技能，能够进行创造性劳动，为社会主义物质文明、政治文明、精神文明建设做出积极贡献，都是党和国家需要的人才。这一定义体现了一种大人才观，为我们如何看待和认识青年人才、如何做好青年人才工作提供了新的理念、新的标准和新的原则。

第三个来源，胡锦涛总书记在人才工作会议上，关于人才，鲜明地提出了三个观念。我们要以此为出发点，深刻理解和把握，树立一个科学全面的青年人才观。

牢固树立“人才资源是第一资源”的观念。充分认识人才在促进社会经济发展中发挥着基础性、战略性、决定性作用，确实看到不论做什么工作，人才优势是最大优势。

牢固树立人人都能成才的观念。时代为青年发展成才创造了广阔天地。要为每一个青年充分发挥潜能和价值创造条件，努力形成使勤于学习、勇于创造者成才的环境。

牢固树立以人为本的观念。充分调动青年人才的积极性、主动性和创造性，尊重青年的特点和个性。对青年人才，既要立足现在，又要着眼未来；既要严格要求，又不能求全责备；既要鼓励创新，又要宽容失败。

我个人有一个思考，马克思主义青年观中，应该包括青年人才观的内容。我们应当在这个方面作出进一步探索，以提炼思想，提高认识，指导工作。

三、关于构建一个框架，就是青年人才工作的总体框架

这个框架，解决的是我们在宏观上，如何推进青年人才工作的问题。这个框架反映在《规划》当中。我在此谈几点认识。

一是明确目标。推进青年人才工作的目标是什么，要从几个层面来理解。(1)培养什么样的人才。要坚持德才兼备，必须把思想道德标准放在首位。(2)培养哪些人才。要着重建设两支队伍，培养一大批高层次青年人才，培养一支宏大的高素质青年劳动者大军。(3)工作成果的标准。要努力使青年人才总量有较大增加，综合素质明显提高，青年人才队伍结构进一步优化，青年人才分布更趋合理。(4)工作机制的标准。要形成适应完善社会主义市场经济体制要求、符合青年人才成长规律、具有共青团特点的青年人才工作运行机制。

二是完善机制。(1)推进机制。紧紧抓住青年人才的培养、凝聚、举荐、配置的四个关键环节，立足实践育人的基本途径，切实抓好每一个项目。(2)保障机制。加强与党政有关部门的沟通与合作，积极吸纳各方面社会资源共同参与青年人才开发，形成开放互联的工作模式。(3)运行机制。各级团组织要从实际出发，努力形成既分层次、分类别、多渠道，又突出品牌、形成合力的工作格局。

三是强化服务。(1)服务载体有形化。以市场为导向，加强各类青年人才交流中介服务载体的建设。(2)服务内容多样化。拓展青年人才资格评价、在职培训、价值咨询、择业指导等服务领域。(3)服务体系网络化。建立青年人才资源社会预测、信息收集、趋势监控、流动引导的信息化服务网络。

四是巩固基础。(1)组织基础。大力加强团的基层组织建设和青年中心建设。(2)延伸

手臂。充分发挥青联、青年企业家协会、青年科技工作者协会、青年志愿者协会等团体的作用,广泛联系青年人才。(3)依托阵地。核心是增强阵地的吸引力和影响力,强化和发掘各类阵地在培养人才中的功能。

五是落实保障。(1)政策保障。积极争取党政对青年人才工作的重视,把青年人才开发工作纳入党政人才工作的统一规划和经济社会发展规划,突出青年人才工作在整个政府青年事务的含量和分量。(2)物质保障。广泛吸纳社会资源,多渠道、多形式地筹措资金,逐步建立起青年人才工作资金和物质保障。

四、关于抓好五项重点工作

一是提高青年劳动者的劳动技能和职业素养。着眼提高各类青年劳动者的职业技能,开展培训、竞赛、评比表彰等。比如,青工技能振兴计划、青年农民培训工程。这些工作,重点是抓项目,关键在建机制。关于培训,方向是逐步实现规范化,目标是与国际规则接轨、与国家职业技术标准接轨,标志是实现团的青年培训证书化。

二是加强高层次青年人才队伍建设。我国高层次青年人才培养任务十分紧迫,共青团在其中要有所作为,也大有可为。(1)要搭建平台。平台可以凝聚人,也可以为青年人才施展才华创造条件,提供可能。实践表明,举办各种论坛,例如中国泰达生物论坛、海外学人回国创业周等都是很好的形式,也是一种新的平台,应该进一步做好。(2)要组织高层次青年人才赴基层开展服务,比如博士服务团、青年专家服务团、百名博士西部行等,使青年人才既做贡献,又受教育。这是一种高层次的服务。(3)要培养一批熟悉国际惯例的优秀青年人才。

三是加强对青年学生的培养。高校学生是青年人才的重要来源。最近,中央领导同志反复强调要加强对青年学生的教育和引导工作。关于青年学生的培养,杨岳同志已经做了很好的讲话,这里我不再重复。

四是积极吸引和服务海外学人为国服务。(1)要按照“支持留学、鼓励回国、来去自由”的方针,积极宣传祖国建设成就与留学人员政策,更广泛地组织和动员海外学人报效祖国。(2)要建立广泛联系海外青年学人的有效渠道,把组织海外学人开展“创业周”等集中活动与经常性活动结合起来。(3)继续做好组织海外学人回国创业工作,加强海外学人回国创业基地、园区等有形载体的建设,促进海外学人与项目合作对接,推动他们投身祖国建设。

五是努力做好西部和东北地区青年人才工作。(1)要立足本地培养人才,深入开展西部青年创业行动、万名西部团干部培训工程等活动,促进西部和东北地区人才的开发培养工作。(2)要进一步完善共青团促进人才向西部和东北地区流动的机制,按照“不求所有、但求所用”的思路,开展“百名博士、百名企业家西部行、东北行”等活动,推动青年人才柔性配置。(3)要努力推动西部、东北地区出台更多的吸引鼓励青年人才创业的政策措施,为青年人才参与当地建设提供更好的社会氛围、政策保障和创业空间。

以上是结合这次全会精神,对青年人才工作的一些思考,请大家批评指正。

书记处已经决定,明年一季度将召开全团青年人才工作会议,总结近年来共青团组织服务大局、服务青年,做好青年人才工作的做法与经验,研究部署贯彻全国人才工作会议精神,进一步推动青年人才工作的各项任务和措施。希望各省级团委、各位委员认真思考、做好准备。

杨岳在中国法学会青少年法律研究会成立大会上的报告(摘要)

2003年1月9日

中国法学会青少年法律研究会筹备工作已经顺利完成。我代表研究会筹备处向大会作筹备工作报告。

一、成立研究会的目的和意义

首先,成立研究会是贯彻落实党的十六大精神,促进依法治国、建设社会主义政治文明的需要。实现党的十六大提出的宏伟目标和各项任务,要求我们更好地把坚持党的领导、人民当家作主和依法治国有机统一起来,进一步发展社会主义民主,健全社会主义法制,建设社会主义政治文明;要求我们在整个改革开放和社会主义现代化建设的进程中,坚持依法治国的基本方略。

青少年法制建设是社会主义法制的重要组成部分,是实施依法治国基本方略、建设社会主义法治国家的一项基础性工作,也是社会主义政治文明的重要环节。成立研究会,是贯彻落实党的十六大精神,推进青少年法制建设的具体举措,能够通过动员协调社会力量,发挥学术团体的独特作用,积极开展青少年法律研究,促进我国的民主法制和社会主义政治文明建设。

其次,成立研究会是推动青少年法制建设,优化青少年成长环境的需要。长期以来,党和国家十分重视依法管理青少年事务,初步建立了依法保护青少年健康成长的工作框架。随着经济社会发展,目前青少年法制建设还有许多不完善的地方,还需要社会各方面共同努力。

成立研究会,能够通过开展青少年立法、司法、执法研究,推动青少年立法、司法和执法制度的建立与完善;能够通过加强沟通和交流,拓宽青少年法律服务和法律援助的途径和范围,健全青少年法律服务的维权网络;能够通过深入系统地研究青少年犯罪的成因和对策,预防和减少青少年违法犯罪。总之,能够通过推动青少年法制建设,努力为青少年健康成长创造良好的法制环境,提供有力的法制保障。

第三,成立研究会是加强青少年法制教育,提高青少年法律素质的需要。成立研究会不仅能够团结和凝聚一大批既懂法律又熟悉青少年特点的法律工作者,组建一支专业化的高素质的法制宣传教育队伍,分门别类、深入浅出地普及法律知识,增强法制教育的针对性和实效性;而且能够不断总结各地青少年法制宣传教育的成功经验,研究探索青少年法制教育的特点和规律,指导基层卓有成效地开展青少年的普法教育活动,推动青少年法制教育走向深入。

第四,成立研究会是培养青少年法律研究人才,加强法制工作者队伍建设的需要。依法治国,建设社会主义法治国家,需要有高素质、高度职业化的法律工作者队伍。成立研究会,能够通过沟通与交流,提高青少年法律界的业务素质和服务水平;能够通过开展各项活动和培训,发展新的会员,扩大青少年法律工作者队伍;能够通过对外交流与合作,开拓视野,吸收国外先进的、有益的法律研究成果;能够通过制定青少年法律人才发展战略,积极举荐,表彰先进,激励广大青少年工作者积极投身建设社会主义法治国家的伟大进程。

二、主要筹备工作

中国法学会青少年法律研究会,从酝酿到正式成立,一直得到有关部委、高校院所和各方面各地区的关心、支持和帮助,得到广大青少年法律研究和实践工作者的关注、参与和配合。在整个研究会的筹备阶段,中国法学会、共青团中央做了大量的基础性工作,特别是中国法学会和团中央书记处的主要领导对此非常关心和重视,多次听取筹备工作汇报并协调解决有关问题,为筹备工作顺利进行奠定了重要的基础。下面,我简述一下筹备过程。

2002 年 3 月团中央书记处提出成立"中国法学会青少年法律研究会"的设想,5 月 10 日,共青团中央致函中国法学会,商请成立研究会。5 月 13 日,中国法学会回函同意成立研究会。7 月 9 日,团中央办公厅下发了成立大会筹备工作的通知,要求各省、自治区、直辖市团委推荐理事、团体会员和团体会员代表。8 月至 10 月,共青团中央致函有关部委和在京高校院所,商请推荐研究会副会长、常务理事、理事。经过反复协商,产生了研究会成立大会代表名单。11 月至 12 月,经共青团中央和中国法学会多次沟通,确定成立大会的具体方案。12 月 20 日,经团中央书记处和中国法学会领导批准,研究会筹备处下发了召开成立大会的通知,确定在 2003 年 1 月 9、10 日在北京召开研究会成立大会。

三、关于《章程》(草案)的说明

《章程》(草案)共五章 23 条。

《章程》第一条开宗明义规定了研究会的性质,确定"中国法学会青少年法律研究会是从事青少年法律研究与实践的学术团体,是中国法学会的专业研究会",第四条规定了研究会在中国法学会领导和共青团中央指导帮助下,按照自身特点依法开展活动。

研究会的宗旨和任务在第一章总则第 3 条和第二章规定。集中起来有以下几点:第一,强调了团队。要求团结和组织青少年法制工作者,聚集各方面力量,调动一切有利因素,建立青少年法律研究的专业化团队。第二,体现了结合。研究会既有青少年法学工作者,又有青少年法律工作者,既开展青少年法律理论研究,又开展青少年法律实践活动,体现了理论与实践的有机结合。第三,突出了交流。一方面总结交流青少年法学研究的工作经验,另一方面开展国内外青少年法律方面的交流合作。第四,强调了服务。一是为青少年法制建设服务;二是为提高青少年法律意识和公民素质服务;三是为依法维护青少年合法权益提供服务;四是为本会会员服务。

关于组织架构问题。章程草案规定研究会由代表大会、理事会、常务理事会三级组成。代表大会行使下列职权:制定和修改本会章程,审议理事会工作报告和财务报告,决定理事会成员组成,决定本会重大事宜。理事会行使下列职权:审议本会会务报告,选举会长、副会长和常务理事,必要时可增免理事会个别成员,制定内部管理制度,决定重大事宜。常务理事会行使下列职权:召开理事会会议;在理事会闭会期间,行使理事会的职权;会长和秘书长主持本会的日常工作;必要时可增免常务理事会个别成员,提请下次理事会追认。

关于经费问题。草案规定了五种经费来源,这是按照国家政策作出的规定,也是研究会开展工作的实际需要。

四、人员组成情况

协商产生会员是研究会筹备工作中的一项重要内容。筹备单位在给中央部委和有关单位以及各省、自治区、直辖市团委致函或发通知中，就理事的条件、产生办法、推报方法等作出了具体规定。

根据中央部委和有关单位以及各省、自治区、直辖市团委的推荐，研究会筹备处按照通知和推荐函的规定严格把关审核，协商产生了中国法学会青少年法律研究会成立大会代表名单和研究会领导机构建议名单。

这次研究会人员组成有以下几个特点：一是兼顾法律理论和实践，法律理论研究人员共有55人，占总数比例43%，法律实践工作者共有73人，占总数比例57%；平均年龄39.9岁。二是层次较高。研究生以上学历的占总数78%，法律专业毕业的占总数81%。三是分布面较广，代表来自19个部委和23所高校，地方代表来自31个省、市、自治区和新疆建设兵团。四是工作和研究领域范围广泛。既有从事立法、司法、执法和法律监督、法制宣传教育的，又有从事社会治安综合治理、青少年工作的，既有从事宪法、行政法、刑法、民法等各个法律学科的，又有青年学、社会学、教育学等方面的专家。

五、今后工作的初步设想和建议

作为一个由我国青少年法律和实践工作者中高层次人才组成的社会团体，首先要考虑如何贯彻党的十六大精神，确定自身的发展目标；其次要考虑如何根据依法治国、建设社会主义法治国家的根本要求，提出具体的工作任务；第三要考虑如何按照研究会的章程和宗旨，服务青少年健康成长，不断拓展工作领域和服务手段。

根据这一思路，确定以下几个方面的工作设想：

1. 为构建青少年法律体系服务

完备的法律体系是法治的基础。青少年这一社会特殊群体的法律保护尚未形成比较完善的体系，需要每一位青少年法律工作者从保障青少年健康成长，推进依法治国的进程的高度，为构建我国青少年法律体系而积极努力。

研究会将在这次成立大会上举办“青少年法律研究论坛”，围绕“青少年法律和公共政策框架”这一主题开展研讨和交流。今后研究会要发挥人才优势，把有关青少年的立法、司法和其他相关内容作为一个系统进行综合研究，把视野拓展到全面构建青少年法律体系上，进一步研究、丰富和发展青少年法律的主要内容，如青少年法学基础理论、青少年家庭法、青少年学校法、青少年国家保障法、青少年矫治法、青少年刑事犯罪法、青少年司法制度等内容，同时还要进一步开展关于青少年工作的法律和公共政策研究。

2. 开展青少年维权工作实践

要充分动员社会力量，发挥青少年法律工作者队伍的优势，开展青少年维权工作，更好地服务青少年的健康成长。

一是开展青少年法制教育工作。按照“四五”普法规划要求，深入社区和学校，依托社区青少年法律学校开展一系列青少年易于接受的社会法制实践活动。研究青少年法制教育对提高全民法律素质、推进依法治国的作用，研究法制教育与道德、文化互相促进的关系，探索青少年法制教育工作的特点和规律，为不断提高青少年法制教育的科学性、时效性提供有力的理论支持。

二是开展青少年法律援助工作。研究会将组织青少年法律实践工作者，为弱势青少年群体提供法律援助和法律服务，参与解决青少年发展中的难点问题，同侵害青少年合法权益的现象作斗争，营造维护青少年权益的良好社会氛围。

3. 加强预防青少年违法犯罪工作

预防青少年犯罪是社会治安综合治理的一项重要内容，也是促进青少年健康成长的重要措施。中央综治委专门成立了预防青少年违法犯罪工作领导小组，研究会应当发挥领导小组的参谋作用，通过凝聚各有关部门、各个领域的青少年法制工作者，加强对青少年违法犯罪问题的研究，研究青少年违法犯罪的新特点、新动向，为青少年违法犯罪的综合治理献计献策；通过探讨、总结预防青少年违法犯罪的经验和做法，如青少年思想道德和法制教育、少年司法制度建设、青少年帮教工作、预防青少年违法犯罪社区教育工作等，努力掌握新形势下预防青少年违法犯罪工作的特点和规律，更好地支持预防青少年违法犯罪工作。

4. 加强研究会自身建设

第一，开展研究。积极制定研究规划，开展分专题、分领域的调查研究，努力为会员构筑青少年法律研究的平台：一是通过定期或不定期地开展课题研讨会和专业论坛，交流青少年法律研究成果和思想；二是通过本会内部刊物《青少年法律研究会通讯》，及时传达最新青少年法律研究成果和信息；三是通过建设研究会网站，相互交流青少年法律研究资讯，开展网上学术活动。

第二，提供服务。研究会既是一个研究的社会团体，又是一个服务法制、服务青少年、服务会员的社会团体，特别要搞好对会员的服务，为他们的学习、工作提供切实有效的服务。

第三，加强学习。要拓宽培训渠道，与有关部门联合开展各种培训，积极创造条件开展境外培训，给广大青年法律工作者提供更多的深造机会，不断提高他们的法律素养，优化他们的知识结构。

第四，组织联谊。设立研究会专业委员会，开展专题交流。邀请国外青少年法律研究组织和专家来访。经常组织内容各异、丰富多彩的联谊活动，不断增强研究会的凝聚力和吸引力。

各位代表，这次会议的筹备工作得以顺利完成，离不开领导的重视、会员的支持和有关工作人员的辛勤劳动。在此谨向他们表示诚挚的敬意和衷心的感谢！

狠抓落实、开拓创新，推动社区和权益工作再上新台阶

——杨岳在2003年共青团社区和权益工作会议上的讲话

2003年1月10日，根据录音整理

这次共青团社区和权益工作会议是在全国上下全面贯彻“三个代表”重要思想，深入学习贯彻党的十六大精神，全面建设小康社会的形势下召开的。不久前召开的团十四届六中全会认真传达学习了中央领导同志的一系列讲话精神，对全团工作进行了全面部署，对社区权益战线工作提出了新的、更高的要求。此次会议既是社区权益战线认真学习贯彻党的十六大精神的一次重要会议，也是贯彻团十四届六中全会精神，开拓进取，求真务实，努力开创社区和权益工作新局面的一次重要会议。

借此机会，我讲三点意见。

一、抓住机遇，服务经济社会发展大局

江泽民同志在党的十六大报告中明确指出：“综观全局，21世纪头20年，对我国来说，是一个必须紧紧抓住并且可以大有作为的重要战略机遇期。”这是党中央审时度势判断国际国内形势得出的一个重要结论，也是指导我国经济和社会发展的一个重要战略思考。有关专家认为，这个战略机遇期是中国历史上继

郑和下西洋、洋务运动和冷战之后的第四次战略机遇期。它伴随着经济全球化、经济自由化、区域一体化和知识经济时代的到来而出现,建立在以信息技术为代表的第四次科技革命的基础上,也是一个战略发展期。它既源自于当前国际局势和国际关系的大变动,经济结构的大调整,世界市场的大竞争,经济、技术和社会的大融合,即归结为世界政治、经济格局酝酿的一个新的大调整;也归因于党的十一届三中全会以来改革开放的不断深入为我国经济和社会发展奠定了坚实的基础,特别是深化改革、扩大开放、加入WTO,使得中国经济融入到世界经济一体化的洪流之中,中国经济有了真正站在世界经济的大背景之下来整合优化资源的条件。抓住这个战略机遇期,就是要抓住这一段大调整、大融合的新机遇,使得更多的世界资源向中国集中,通过20年的努力,实现我国经济和社会的快速发展,实现全面建设小康社会的新发展。在这20年中,我国政治、经济的发展将给国家方方面面带来巨大的变革,将给人民生活带来巨大的变化,也将给各条战线的工作包括共青团和青年工作提供难得的机遇。我们应当认清形势,把握机遇,努力在服务大局中有所作为。

(一)牢牢抓住战略机遇期,服务经济的快速发展

一是服务于扩大内需的方针。1998年党和政府确立扩大内需的方针,拉动经济的增长,核心体现在实施积极的财政政策和稳健的货币政策。当前,外贸进出口显现了对经济发展单方面的推动作用,但由于中国人口众多,市场潜力巨大,中国的经济增长应主要依靠扩大内需。拉动消费需求,是2003年经济增长的重点,也是未来20年甚至更长一段时间里拉动我国经济增长的重要因素。特别是由于农村的消费市场还没有真正启动,农民收入基数低,增长幅度小,大大制约了我国经济的快速发展。据有关部门统计,2002年我国农村人均收入只有2000多元。因此,如何尽快提高农民收入,是当前和今后一段时期我们工作的一个重点。调查表明,打工已成为近年来农民收入增长的主要来源,而务工的农村人口又主要以青年为主。据深圳市调查,深圳宝安区和龙岗区进城务工青年给家里寄钱,2002年通过邮局汇款96.5亿元,其中龙岗区总计汇款达40.5亿元,宝安区总计汇款达56亿。共青团联系着广大进城务工青年,服务广大进城务工青年,应当通过提高他们的就业技能,增加收入,以此来推动农村的消费需求,从而带动经济的快速发展。

二是服务于城镇化发展的战略。为适应经济和社会发展的需要,我国实行了城镇化发展的重要战略。这不仅是实现我国城市化发展指标的重要保证,对我国工业化的基本实现、信息化的高度发展、城市产业结构向高端调整以及恩格尔系数和基尼系数的合理调节也都有着重要的意义和影响。目前,我国的城镇化率是37.7%,预计在20年内将达到50%左右。实际上就是要从第一产业中解放大批富余劳动力。与改革开放初期相比,我国乡镇企业目前接纳劳动力的能力明显下降,亟须城市提供新的就业岗位消化农村剩余劳动力,特别要通过加快经济发展,提供更多的就业岗位来满足需求。对于共青团工作而言,新增劳动力的主体是青年人,这就要求各级团组织服务于城镇化的发展战略,以社区为平台,积极引导青年就业,创造更多的就业岗位,促进城乡青年人口流动中各种问题的解决。

三是服务于人才强国战略。为满足我国经济高速发展对人才的需要,适应知识经济时代以人才资源为核心的国际经济竞争的大趋势,我国制定了人才强国战略,明确提出要实施人才强国战略来服务于这次战略机遇期,服务于经济和社会全面发展的目标。针对信息时代的人才集中产生于青年群体的特征,青年人才资源的合理培养、开发和使用,将为我国

整个社会经济的发展注入极大的活力，使我们在日益激烈的国际竞争中立于不败之地。共青团组织应当把握城市化高速发展和经济结构调整的机遇，加大进城务工青年人力资源的开发力度，为他们在城市建设中施展才华搭建广阔舞台。通过优化青少年成长环境，特别是立足社区，构建学习、培训网络，创建学习型社区，使社区成为青少年成长成才的摇篮。

（二）牢牢抓住战略机遇期，服务社会的全面进步

“小康”最早源自《诗经》“民亦劳止，汔可小康”。1979年12月6日，邓小平同志会见日本首相大平正芳时使用“小康”来描述中国式的现代化。1982年9月，党的十二大首次使用“小康”概念，并把它作为主要奋斗目标和我国国民经济和社会发展的阶段性标志。党的十六大报告指出，目前，我国人民生活总体上已达到小康水平，但现在达到的小康是低水平的，不全面的，发展很不平衡的小康，是小康的初级阶段。我们要在本世纪头20年，集中力量，全面建设惠及十几亿人口的更高水平的小康社会。从“总体小康”到“全面小康”，从“小康水平”到“小康社会”，这是认识的深化、理论的发展、目标的提高、追求的升级。“小康水平”主要着眼于物质生活方面的指标。“小康社会”则涵盖社会生活的方方面面，意味着社会全面进步到小康状态。小康社会不仅包括物质生活的提高，还包括人们的精神生活，享受的民主权利以及生活环境的改善等等，正如十六大报告所概括“经济更加发展，民主更加健全，科教更加进步，文化更加繁荣，社会更加和谐，人民生活更加殷实”。建设全面的小康社会，对社区建设提出了新的要求。社区作为一个“微型社会”，集中体现着小康社会的各个方面，是小康社会的重要基础。社区建设是全面推进小康社会的重要实践，社区政治、经济、文化等各方面功能的强化，都将在推进小康社会的进程中发挥重要作用。

抓住战略机遇期，服务于社会的全面进步，就必须进一步加强社区和权益工作。只有围绕社区青年的根本利益，不断加强社区青年学习、就业等方面的服务，丰富社区青年的精神文化生活，才能实现社区和青年发展的良性循环，推动全面小康社区目标的实现，进而推动社区的物质文明和精神文明。只有以建设民主自治社区为目标，加强社区的基层民主建设，不断扩大社区青年的民主参与，才能进一步推动社区政治文明的发展，进而推动整个社会的政治文明。只有切实维护青年的各项权益，广泛建立共青团组织的权益工作网络，保障青年的发展权、受教育权、就业权、社会保障权等权利的实现，才能创造有利于青年健康成长的社会环境，推动青年的全面发展，为实现社会的全面进步贡献更大的力量。

（三）牢牢抓住战略机遇期，服务深化改革、保持稳定的新任务

随着体制转轨和社会转型，我国社会结构发生了深刻变化，利益关系深度调整，传统计划经济体制下形成的社会矛盾不断出现，社会弱势群体的生活保障和权益维护问题日趋迫切。当前，我国就业岗位的供需矛盾相当突出，每年新增劳动力的就业安置、下岗职工再就业问题以及农村剩余劳动力转移等等，使我国面临着巨大的就业压力。这样的就业压力反映在社会的方方面面，处理不好就会引发各种各样的社会问题。这些深层次社会矛盾的出现，对社会的稳定和安定构成新的挑战，也对我们的工作提出新的更高的要求，如何服务好改革、发展、稳定的大局，团结凝聚共青团所联系的这些青年群体，特别是协助党和政府关心、关注弱势群体，化解不良情绪，消化矛盾，是共青团组织一项义不容辞的政治责任。

共青团社区和权益工作必须与时俱进，锐意创新，紧跟时代和党政步伐，进一步密切与青年的联系，维护青年利益，促进青年发展，带领青年支持改革、拥护改革，真正成为推动改

革的参与者和实践者。针对改革带来的政治经济体制的重大变革，针对社会转型期出现的新问题，尤其是经济体制改革和随之而来的新的思想观念的巨大冲击，共青团社区和权益工作只有充分发挥理顺情绪、化解矛盾的作用，引导青年顾全大局、珍视团结、维护稳定，正确看待改革中的利益调整，才能推动青年成为维护社会稳定的重要力量。也只有适应社会转型期青年群体结构调整的要求，通过协助政府做好青少年事务管理工作，积极参与社会保障网络建设，关心进城务工青年等社会弱势青年群体的生存、发展状况，切实维护青少年合法权益，才能为青少年的发展提供必需的资源和空间，将广大青少年的智慧和力量凝聚到经济建设、政治建设和文化建设上来。

二、强化服务，找准社区和权益工作的着力点

竭诚为青年服务，是共青团贯彻“三个代表”重要思想的必然要求，是共青团工作的出发点和落脚点。王兆国同志代表党中央在团的十四届六中全会上讲话中明确指出，“共青团要适应新形势的要求，适应青年的需要，进一步强化服务意识，切实做好服务青年的工作”。共青团是党领导的先进青年的群众组织，发挥着党联系青年的桥梁纽带作用。竭诚服务青年，既是党对共青团组织的要求，也是共青团组织的重要责任。社区和权益工作是共青团组织服务青年的重要途径，每项工作都要以是否能够服务青年群体，是否能够满足青年需求为重要标准。在新时期、新形势下，社区和权益战线服务青年工作要着力把握好以下几个环节。

（一）服务重点群体

增强服务工作的针对性，关键要准确把握服务对象。对社区和权益工作来讲，服务的重点应当放在弱势青少年群体身上，尤其是那些需要特别关注的青少年群体。从目前情况来看，闲散青少年、进城务工青年、困难青少年和困难群众都是我们应当服务的重点对象。

首先要服务闲散青少年群体。闲散青少年是指基本上处于失学、失业、失管状态的青少年群体。当前，社区闲散青少年已经成为一个突出的社会问题。据中国青少年研究中心调查显示，我国目前大约有1000万闲散青少年。他们大多数是未成年人，大部分有学业失败经历，文化程度普遍偏低，就业技能比较差，文盲、小学和初中水平的占97%。许多闲散青少年还有一定的不良行为甚至严重不良行为，尤其在14岁前后为高发年龄段，容易走向违法犯罪。通过对2361名少年犯调查发现，1445人属于闲散未成年人，占总数的61.2%。据有关专家分析，由于他们文化程度低，无一技之长，在就业和生活中处于劣势，常常受到社会的歧视，权益得不到保障，往往对生活失去信心，对社会产生抵触情绪，滋生不良行为，甚至引发犯罪，成为影响社会不稳定的因素。把闲散青少年作为社区和权益工作的重点，预防和减少青少年违法犯罪既是共青团组织服务青少年的客观要求，也是服务社会稳定大局的战略需要。今年，共青团中央、中央综治委预防青少年违法犯罪工作领导小组和中央综治办等部门将一起实施《青少年违法犯罪社区预防计划》，重点就是要把社区闲散青少年群体调查清楚，采取有效措施，配合党和政府做好管理和服务工作。

其次要服务进城务工青年群体。进城务工青年是伴随着改革开放而出现的一个新群体。他们离开家乡到城市务工，是对城市劳动力的有益补充，是人力资源的有效利用和开发。据专家估计，目前，我国进城务工青年大约有1亿，“十五”期间还将增加1000万。他们既是城市建设的主力军，也是服务于农村建设的重要力量。但是，由于我国长期以来二元社会结构的影响，农民离开土地到城里打工还面临方方面面的困难。他们的文化素质低，就业技能少，有时合法权益都得不到有效保障。

共青团组织要通过继续深入实施“进城务工青年发展计划”，来为进城务工青年提供支持和帮助，帮助他们提高素质，掌握技能，解决实际困难，切实维护他们的合法权益，为他们的发展营造良好环境。

第三要服务困难青年群体和困难群众。关心困难青年群体和困难群众，服务社区群众的生产生活，服务广大困难家庭和下岗职工，解决好他们的现实困难，是社区和权益工作的重要内容，也是共青团服务改革、发展、稳定大局的一项具体举措。据有关部门统计，我国城市目前最低生活保障以下人口还有2000多万，下岗失业人员大约有1400多万，生活中有许多燃眉之急，需要得到帮助。共青团是党的助手和后备军，应当以实际行动替党和政府分忧，通过多种渠道，积极创造条件，关心他们，服务他们，为他们克服困难，享有正常生产生活作出积极的努力。

（二）服务主要需求

随着经济社会的迅速发展，青少年的需求日益多元化。在不同的成长阶段，青少年的需求也具有不同的特点。做好服务工作，增强工作的实效性，必须着眼于解决青少年成长中的主要问题，着眼于满足青少年发展中的主要需求。

一是服务青少年的学习需求。党的十六大报告把“形成全民学习、终身学习的学习社会，促进人的全面发展”作为全面建设小康社会的重要目标之一。学习已经成为影响人的终身发展的一个决定性因素。学习型社会包含方方面面的内容。其中一个很重要的方面是建设学习型社区。学习型社区就是以人为本，以社区建设为基础，以学习为动力，以学习型家庭建设和学习型单位建设为重点，以满足社区居民需求和不断提高居民素质为目的，采用多种形式，学思想，学文化，学科学，有效调动一切积极因素，营造良好的外部环境，建设现代文明新社区的一种新形式。当前，我们面临着知识经济的时代，如何在工作中服务青年的学习需求，促进学习型社区的建设，是社区和权益工作面临的一个新课题。各级团组织要立足社区，从社会的要求出发，从青年的需求出发，在学习的形式、手段和内容上进行探索，积极创造条件，服务广大青少年的学习成才。

二是服务青年的就业需求。就业是青年发展的基础和保障，就业权是青年的一项基本权利。当前，青年的就业问题比较突出，党和政府一直非常关注。农村每年新增的857万劳动力基本上是青年，国有企业515万下岗职工中也有很多是青年，还包括高考扩招后今年新增的67万名毕业大学生。据上海调查，下岗职工已由以前的“4050”现象变为现在的“2030”现象，下岗职工35岁以下的占50%。促进和服务青年就业，不仅是党和政府的要求，也是广大青年的迫切愿望。党和政府多次提出倡导灵活的就业方式，其中推动社区服务业的发展，增加社区就业岗位是一个重要方面。不久前，团中央召开的青年再就业工作会议对多项工作进行了部署。涉及到社区和权益工作部门，就是要依托社区，配合党政部门创造新的社区就业岗位，完善社区的中介服务，积极推广一些省市在社区建立就业服务中心等中介机构，建立就业信息服务网络的成功经验，通过加强对青年的就业培训，特别是开展职业技能方面的培训，提高青年在市场中的就业竞争能力。

三是服务青少年的维权需求。代表和维护青少年权益是党交给共青团的一项光荣任务，也是共青团组织的三项社会职能之一。长期以来，各级团组织围绕维护青少年权益，积极整合社会资源，动员社会力量，着力解决侵害青少年权益的突出问题，有效地服务了青少年的维权需求，收到了良好的社会反响。但是，我们也应当清醒地看到，当前，社会上还存在着诸多影响青少年健康成长的不利因素，侵害青少年权益的事件时有发生,拖欠进城务工青年工资、未成年人人身权益受侵害、不良“网吧”“口袋书”危害青少年等问题都亟待解决。共青团组织要在原有的基础上进一步深化维权服务,采取切实有效的措施,研究新情况,解决新问题,大力优化青少年成长环境,减少青少年侵权案件的发生。

(三)强化服务手段

随着市场经济条件下资源配置方式的深刻变化,团组织依靠单一的服务手段已经无法满足青少年日趋多样化的需求,探索并强化新的工作手段已经成为新形势下共青团组织的必然选择。具体到社区和权益工作,应当重点从以下几个方面着手。

一是借助行政化的手段。行政化手段是政府职能部门管理各项社会事务的一项基本手段,是最直接、最容易规范的管理方式。共青团是群众团体,本身未被授予行政职权,但要按照党的要求履行协助政府管理青少年事务的职能,就必须借助行政化的手段。近年来,社区和权益工作在这方面进行了一些探索和实践,即通过联合有关部门开展活动,建立联动机制,协调机制,把青少年事务分解和纳入到政府职能之中,构建起服务青少年成长、解决青少年问题的长效机制,取得了一些成功经验。今后,要进一步拓展与政府有关部门合作渠道,通过借助行政化的手段,延伸工作手臂,完善工作机制。

二是运用市场化手段。随着青少年事业不断发展壮大,仅仅依靠行政拨款、公益捐助的方式已经不能满足共青团各项工作的需要。市场化手段就是按照市场经济规律,遵照活动主办方各自的工作目标,分工合作,互惠互利,实现资源的有效配置,使工作项目自我运行,持续发展。近年来,各地对市场化的工作手段进行了积极探索,例如浙江团组织和浙江移动采取市场化的运作方式,合作建设“天天青少年活动中心”,就是一个很好的尝试。共青团组织素有开风气之先的传统,各地要主动适应形势需要,结合本地实际,把运用市场化手段作为今后工作的一个探索方向,以期实现以小聚多的资源整合效应。

三是探索事业化手段。事业化既是一种工作思路,也是一种工作手段。共青团工作的任何一个活动项目真正形成长效发展,大多是通过事业化方式实现的,希望工程和保护母亲河行动就是很好的例证。就社区和权益工作而言,一项活动只能解决短期问题、解决局部问题,不能实现权益工作长期有人做、有人管。团的工作者应该更多地研究哪些工作品牌和活动项目能够实现事业化的发展。今后,社区和权益工作要进一步深化,必须重点加强维权工作的机制建设、阵地建设和网络建设。各地要根据团中央的总体部署,着眼于社区和权益工作的长远发展,运用事业化的思路和手段,深刻把握各个项目的工作内涵,创造性地开展工作,为社区和权益工作的长远发展提供支撑。

四是推广和应用信息化手段。计算机和网络技术的发展,改变了社会生活的运行模式,也改变了当代青年的生活方式。据统计,我国青少年网民截至去年已经达到3755万多人,而且还在迅速增长。在京、沪、穗等城市,青少年上网比例达到75.3%以上,其中高中生为84.2%,初中生为69.6%,小学生为47.4%。近年来,党和政府大力推进信息化建设,互联网已经成为当代青年学习、生活、工作的重要手段。青少年的需求与互联网的关系越来越紧密,党和政府的各项工作与互联网的联系越来越密切。共青团组织不利用好信息化的手段就不能满足青年不断变化的需求,就不能适应党政的工作要求。社区和权益部门要积极适应数字社区建设的新要求,把社区信息化建设纳入到“青年文明社区”创建活动中去,积极地探索应用信息化手段开展工作,服务青少年的发展需求。

(四)构建服务网络

网络建设是共青团组织服务青少年的重要保障。王兆国同志在团的十四届六中全会上讲话指出:"青年需要共青团提供的服务非常多,当前的问题是团组织的服务能力和青年的服务需求之间存在着较大的差异。"能不能满足青年需求,很大程度上取决于我们能不能构建一个覆盖方方面面的服务网络。这就要求我们通过加强网络建设,不断提高服务能力。

一是完善队伍网络。服务对象、需求和手段的落实都需要工作队伍来实施。从多年来的实践看,组织和队伍是我们工作的关键和基础。社区和权益工作发展时间比较短,仅仅依靠专职团干部开展这项工作非常有限。我们应当借鉴港澳地区和国外的成功经验,既要动员社会各方面的人才资源,发展壮大由各行业青年组成的志愿者队伍,又要加强专业化社区工作者队伍的建设,通过组建、发展、壮大专门化的社工队伍,逐步建立专、兼职相结合,社会化的工作网络。

二是建设好培训网络。培训是服务的一个重要手段,培训网络也是服务网络的一个重要组成。共青团组织服务青少年的学习需要和就业需求,都离不开培训工作。这几年,社区和权益部门从进城务工青年入手,实施"千校百万"进城务工青年培训计划,通过建立培训站、点,开展综合知识和职业技能培训,帮助一大批进城务工青年学习了知识,掌握了技能,提高了就业能力。实践表明,培训是服务青年的有效途径。各级团组织应当立足社区,主动协调各方面的力量,开辟多种培训渠道,扩大培训范围,提高培训质量,促使教育资源在社区共享,教育内容在社区结合,教育工作在社区衔接,逐步形成能够满足不同青年群体需求的培训网络。

三是构建好维权网络。当前,影响青少年成长的社会问题日益复杂,仅仅依靠某一个部门难以彻底有效地解决。建设好维权网络,从宏观来看,有利于联合有关部门对危害青少年健康成长的突出问题齐抓共管,集中整治,从微观来看,有利于促使基层行政执法部门对青少年侵权个案密切配合,全面解决。维权网络的建设应当充分利用现有的工作机构,如依托各级未成年人保护工作委员会、各级团组织权益保护部门、青少年宫、律师事务所、心理咨询机构及法律援助部门等,重点是加强各级"青少年权益保护中心"的建设,努力构建以"青少年权益保护中心"为枢纽,以优秀"青少年维权岗"单位等基层行政执法部门为终端,覆盖所在街道和社区不同青少年群体的维权网络和机制。

三、把握规律,推动社区和权益工作取得新发展

回顾共青团社区和权益工作的发展历程,这几年,各项工作之所以出现整体推进、蓬勃发展的良好态势,其根本在于各级团组织坚持以服务青年为工作立足点,始终注重研究和把握时代发展的趋势,始终注重围绕党政中心工作,始终注重服务青少年群体的需求,始终注重推动共青团组织的自身发展。这些工作经验是新形势下推动工作发展的重要基础和宝贵财富,我们必须坚持与时俱进,主动适应经济社会的迅速发展,准确把握工作规律,研究构建新时期共青团工作新的组织体系、运行机制和阵地化建设等问题,努力推动共青团社区和权益工作取得新突破,实现新发展。这里,我着重强调四个方面。

(一)着眼覆盖,构建组织网络

组织建设是共青团的生命源泉,青年服务社会、社会服务青年都需要有完善的组织网络作保障。多年的实践证明,共青团各项工作之所以能够不断推进,不断发展,就是因为在广泛的领域内,在不同的群体中,有着完善的组织体系。扩大和巩固共青团的组织网络,是团结凝聚青年的一项重要工作任务。当前,团的组织建设面临很多新的挑战，适应四个多样化的新形势，研究创新共青团新的组织设置，新的运行方式，既是共青团组织自身发展的迫切要求，也是服务青年的实际需要。

哪里有青年，哪里就有团组织，这是团的性质所决定的。按照党建带团建的原则，凡是有党组织的地方，就要积极争取支持，大力推进团组织的建设；还没有建立党组织的地方，只要条件具备，也可以探索率先成立团组织。就城市社区团的工作来说，重点要加强街道团工委建设，建立以社区、驻区单位团组织为核心的覆盖整个区域的团组织网络，促进团的工作横向联合。同时，进一步加大非公经济组织团建力度，通过分类指导，灵活设置，把流动青年团结凝聚在团组织周围。在此基础上，积极发展各类青少年外围社团组织，根据不同的爱好和需求，建立松散联谊型的青少年活动组织，延伸青少年工作的"手臂"，完成团组织对更广泛青少年的覆盖。

（二）培育品牌，深化项目运作

项目化运作是服务青少年的有效工作手段。项目化运作具有前期论证、资金保障、持续发展三个基本特征，能够最有效地配置资源，是增强工作针对性和实效性一种科学的管理方法。目前，国外青年组织项目化运作的模式比较成熟，通常都是由政府和有关机构设计项目，提供资金，进行评估，由青年组织去申请和运作。目前，项目化运作越来越成为共青团组织服务党政工作大局、服务青少年健康成长的一种重要工作方式。良好的项目有利于扩大社会影响力，广泛吸引社会资源，有利于得到青少年的认同，调动他们参与的积极性，有利于促进自身发展，提高服务青少年的持续发展能力。

具体到社区和权益工作，项目化运作的空间十分广阔。禁毒教育、艾滋病健康教育、自护教育以及预防青少年违法犯罪都是国际化的课题，我们已经在预防艾滋病方面按照项目化的方式进行了成功尝试。今后，要进一步借鉴团内成功项目的运作经验，深入研究，积极实践，不断提高项目运作水平。一是规划设计好项目。紧紧把握党政工作大局，结合各地工作实际和青少年的需求，着眼于社区和权益工作的持续发展，筛选好工作项目，社区工作要在社区文化和社区服务上进一步探索，维权工作要在网络建设上下功夫。二是培育管理好项目。建立和完善项目论证、监督、评估的制度，制定好工作目标，规划好工作步骤、工作队伍和工作手段，保证工作项目健康发展。

（三）强化依托，推进阵地建设

多年来的实践表明，加强阵地建设是共青团组织能够持久服务青少年的重要手段和依托，也是共青团组织服务青少年的旗帜和形象。一两次活动其影响力是短暂的、有限的，只有建立稳固的阵地，才能真正形成对一个群体长期的吸引力。而目前的实际情况是，能够有效服务青少年的阵地非常缺乏，相反，随着我国经济社会的快速发展，社会上产生出一大批网吧、录像厅、游戏厅等容易对青少年产生不良影响的场所，如果共青团组织不建立完善自己的阵地网络，就难以吸引青少年，服务青少年也就无从谈起。

强化阵地依托就要适应形势的变化，不断地研究运用行政的、市场的、社会的多种手段，推动青少年校外教育和活动阵地早日实现多样化、社会化和网络化。一是要在硬件建设上下功夫。这几年，各地在这方面进行了很好的探索，例如，在社区建立青少年维权中心、青少年法律学校、知心家庭学校和青少年法制教育基地，在进城务工青年集中的地方建立打工之家、培训学校等活动阵地，都取得了很好的效果。二是要在资源整合上下功夫。通过积极推动社区内学校、企业、单位原有的各种文化体育活动场所、设施向青少年开放，促进社区资源的共享。三是要重视网络阵地建设。利用各地加快社区信息化建设的有利契机，进一步加强与青少年有关的网站的建设,不断丰富网络内容,突出青少年特色,使之成为服务青少年需求的新型阵地。

(四)整合资源,形成社会化工作机制

社会化的工作机制既是共青团的组织特点所决定的,也是社区和权益工作职能及要求所决定的。共青团是青年的群众组织,做的是社会工作。社区和权益工作是青年工作的窗口,面向青年,服务青年,这种群众性和社会性的特征,更要求我们必须加强社会化的工作手段,借助一些行政力量,借助一些社会资源,形成社会化的协调机制和工作运行机制,以达到长久推进社区和权益工作的目的。

市场经济条件下,社会资源可以自由地流动和重新配置,这就给我们充分地、更好地利用社会资源提供了方便。尤其是这种资源流动在以经济利益最大化为特征的同时,也兼顾实现社会效益。这就需要我们不断改进社会动员方式,采取多种有效的手段,广泛吸收社会资源为青少年服务。通过合理利用行政资源,充分利用经济资源,有效利用文化资源,使三者有机结合,取得更大的社会效益。在这些方面,各地也进行了一些有益的探索和实践。我们应当在此基础上,适应形势的变化,进一步去深化和推进。

同志们,社区和权益工作是共青团组织的一项崭新事业,具有巨大的发展潜力。党的十六大为共青团社区和权益工作指明了方向,提供了更加广阔的舞台和空间。团的十四届六中全会对做好新时期社区和权益工作提出了更高的要求。让我们在以胡锦涛同志为总书记的党中央领导下,高举邓小平理论伟大旗帜,以"三个代表"重要思想为指导,深入学习贯彻党的十六大精神,为推动社区和权益工作取得新的发展,为实现全面建设小康社会的宏伟目标做出新的更大的贡献。

杨岳在中央国家机关共青团工作会议上的讲话

2003年1月16日

各位领导,同志们:

新年伊始,中央国家机关团工委召开共青团工作会议,学习贯彻党的十六大精神,传达落实共青团十四届六中全会精神和工委2003年工作意见,研究部署2003年中央国家机关团的工作,同时对优秀(杰出)青年进行表彰。团中央书记处对中央国家机关团的工作高度重视,团中央第一书记周强同志委托我来参加今天的会议。首先,我谨代表团中央书记处向刚刚受到表彰的中央国家机关优秀(杰出)青年表示热烈的祝贺!同时也借此机会,向长期以来关心重视共青团工作和青年工作的中央国家机关工委的领导同志表示衷心的感谢!

中央国家机关在管理国家和社会事务中担负着重要使命,特殊的工作性质决定了中央国家机关共青团工作在全团的位置。近年来,中央国家机关各级团组织紧紧围绕机关中心工作和机关青年的实际特点,开展了卓有成效的工作,在全团产生了积极的影响。一是始终把青年理论武装作为工作的重点常抓不懈。特别是在过去的一年里,团工委组织力量编写了《"三个代表"青年读本》,这本书深入浅出,通俗易懂,对在青年中宣传和普及"三个代表"重要思想起到了积极的推动作用;同时,团工委组织开展的机关青年学习十六大精神及“三个代表”重要思想知识竞赛活动，吸引了机关数万名青年的参加，成为全团学习贯彻十六大精神的一个亮点。二是紧密配合各级党组织开展了有针对性的青年思想政治工作，保证了思想政治工作这一党的优良传统和政治优势作用的发挥，为保证中央国家机关各项工作任务的实现做出了积极的贡献。三是着眼于青年的实际，一以贯之地做好服务青年成长成才的工作，形成了中央国家机关人才辈出的优良传统和良好氛围。四是结合中央国家机关工作的特点，开展丰富多彩的教育活动，引导青年在各种健康有益的活动中增长知识、磨炼意志、砥励品格，特别是在青年文明号、青年志愿者和保护母亲河行动中，形成了中央国家机关团组织自身的工作特色。五是以改革的精神，积极探索新形势下共青团工作新的运行机制，团建创新工作不断深化。特别是在过去一年里，在工委的大力支持下，筹划成立了中央国家机关青年工作领导小组，实现了中央国家机关青年工作领导体制的创新发展，具有十分重要的意义。团工委也先后获得了全团团建创新组织奖和全团读书活动优秀组织奖等多个奖项，充分表明中央国家机关共青团工作是充满活力、卓有成效的；中央国家机关各级团干部和广大团员青年是团结向上、富有战斗力的。

2003年是全党全国人民学习贯彻党的十六大精神，向全面建设小康社会目标迈进的第一年。前不久召开的共青团十四届六中全会，深入学习党的十六大精神，全面贯彻“三个代表”重要思想，全会传达学习了胡锦涛总书记在与工青妇负责同志座谈时的重要讲话和曾庆红同志代表党中央书记处对共青团工作的重要指示，认真学习了王兆国同志的重要讲话。团中央第一书记周强同志以《深入贯彻党的十六大精神，努力开创共青团工作新局面》为题，作了重要讲话，进一步明确了新世纪新阶段共青团工作的主要任务，对2003年团的工作进行了全面部署。新的形势、新的任务，召唤着全国广大团员青年在祖国现代化建设的新征程中施展才华、成就伟业。中央国家机关的青年处于政府工作的特殊岗位，同志们的精神状态和工作状况如何，不仅事关中央国家机关的工作成效，也会对其他兄弟团组织产生深刻的影响。我们希望中央国家机关的各级团组织一定要把广大青年的积极性引导好、保护好、发挥好，团结带领青年为实现党的十六大确定的各项任务做出自己的贡献。刚才，学庆同志代表团工委作了很好的工作报告，对于2003年中央国家机关团的工作进行了部署；工委献甫书记还要作重要讲话，将对2003年中央国家机关团的工作提出新的要求。在此，我代表团中央书记处讲三点意见。

一、要把深入学习贯彻党的十六大精神，作为首要政治任务抓紧抓好

深入学习贯彻党的十六大精神，是全团当前乃至今后一个时期首要的政治任务。党的十六大把“三个代表”重要思想确立为我们党必须长期坚持的指导思想，是十六大的灵魂，这为当代青年树立正确的世界观、人生观、价值观提供了强大的思想武器，也为各级团的组织把握时代发展的脉搏，不断推动青年运动的健康发展提供了科学的理论指导。认真学习领会、深入贯彻落实党的十六大精神和“三个代表”重要思想，无论是对于茁壮成长过程中的青年而言，还是对于蓬勃发展进程中的青年运动而言，都具有十分重要的意义。作为中央国家机关的团的组织，要认真组织团员青年原原本本地学习党的十六大报告，在团员青年中掀起学习党的十六大精神的热潮，掀起学习和实践“三个代表”重要思想的新高潮，切实把团员青年的思想统一到十六大精神上来，统一到“三个代表”重要思想上来。要用“三个代表”重要思想构筑当代青年的精神支柱，引导青年树立正确的世界观、人生观和价值观，树立实现中华民族伟大复兴的理想，坚定永远跟党走中国特色社会主义道路的信念，努力为我国先进生产力和先进文化的发展做贡献，努力为最广大人民谋利益。

要用"三个代表"重要思想指导团的各项工作。大力发扬理论联系实际的学风，不断增强运用十六大精神和"三个代表"重要思想指导实践、推动工作的自觉性和主动性。要充分发挥共青团广泛联系青年群众的优势，深入开展"贯彻十六大，创造新业绩"主题教育活动。引导广大团员青年立足岗位，争创佳绩，把十六大精神贯彻落实到自己的工作和学习之中，转化为成长成才、建功立业的强大动力和切实行动。要把"三个代表"重要思想贯彻落实到团的工作的各个领域，体现在团的建设的各个方面，不断促进青年的健康成长和青年运动的蓬勃发展。

二、积极引导广大团员青年在全面建设小康社会的征程中建功成才

引导青年在实践中健康成长是共青团组织的传统和优势所在。从一定意义上讲，青年报效祖国、服务人民的过程，也是塑造品德、升华人生的过程。党的十六大确立的全面建设小康社会的奋斗目标，描绘了我国在新世纪头20年发展的宏伟蓝图，不仅极大地鼓舞了广大团员青年投身改革开放和现代化建设的热情，也为当代青年积极实践、建功成才提供了舞台、创造了条件。各级团组织要帮助广大团员青年深刻理解全面建设小康社会的丰富内涵，充分认识全面建设小康社会，就是要发展社会主义市场经济，建设社会主义民主政治和社会主义先进文化，不断促进社会主义物质文明、政治文明和精神文明的协调发展。要用全面建设小康社会的奋斗目标来凝聚青年、激励青年，引导广大青年增强使命感和责任感，以昂扬向上的精神状态和奋发进取的实际行动，在全面建设小康社会的伟大实践中，不断创造新业绩、做出新贡献、促进自身素质的新提高。要充分发挥青年的创造热情，积极引导广大青年主动适应政府职能转变的要求，为形成行为规范、运转协调、公正透明、廉洁高效的行政管理体制发挥自己的聪明才智。

三、以改革的精神，推进团组织的自身发展

我们正处在一个变革的时代，变革的时代召唤着创新的精神、创新的思维。共青团组织伴随着我国人民求生存、求发展的革命历程，走过了漫漫八十年。如何适应新的形势、新的任务，不断推动团组织的创新发展，不断增强团组织的凝聚力、战斗力，是当前各级共青团组织也包括中央国家机关团组织迫切需要解决的问题。要构建与社会主义市场经济相适应的运行机制，创新组织设置形式，探索新型团员管理方式，健全青年组织体系，不断扩大团组织的覆盖面，巩固党的青年群众基础。要积极推动团员青年的学习，不断强化团组织的学习功能，努力把团组织建设成为青年学习中国特色社会主义和共产主义的大学校。要牢固树立为青年服务的意识，不断强化服务手段、拓展服务载体、增强服务功能，不断增强团组织的凝聚力。要按照党放心、青年满意的标准，加强团干部队伍建设，努力造就一支高素质的团干部队伍。

同志们，新的一年蕴含着新的机遇，承载着新的希望。衷心祝愿同志们在新的一年里，与青春作伴，与祖国共荣，与事业同行；衷心祝愿中央国家机关团的工作，再创新业绩，再造新辉煌！春节将至，在此也提前给大家拜个早年，祝各位领导、同志们新春快乐，身体健康，事业发展！

杨岳在团中央系统处级以上干部学习贯彻“三个代表”重要思想专题研讨班开班式上的讲话

2003年10月21日，根据录音整理

按照书记处的要求，今天，我们在这里举办团中央系统处级以上干部学习贯彻“三个代表”重要思想专题研讨班，目的是为了深入学习胡锦涛总书记“七一”重要讲话和在省部级主要领导干部学习贯彻“三个代表”重要思想专题研讨班上的重要讲话精神，学习党的十六届三中全会精神，进一步推动团中央直属机关兴起学习贯彻“三个代表”重要思想新高潮，把思想和行动进一步统一到“三个代表”重要思想和十六大精神上来，把智慧和力量进一步凝聚到实现十六大确定的各项任务上来，为在全团兴起学习贯彻“三个代表”重要思想新高潮做出表率。

借此机会，我谈三点意见。

一、始终把学习贯彻“三个代表”重要思想作为首要政治任务

“三个代表”重要思想反映了我国最广大人民的共同意愿，体现了当今世界和中国发展的时代精神，显示了马克思主义科学理论的强大力量，是全党全国人民在新世纪新阶段继续团结奋斗的共同思想基础。始终做到“三个代表”，是我们党的立党之本、执政之基、力量之源。党的事业离不开青年，青年的成长更离不开党。我们党能否始终坚持“三个代表”，能否始终坚持基本路线不动摇，取决于一代又一代青年的健康成长。共青团作为党领导的先进青年的群众组织，必须从党的事业薪火相传、兴旺发达的战略高度出发，切实肩负起用“三个代表”重要思想武装团员青年，构筑青年一代强大精神支柱的庄严政治责任。团中央始终把学习贯彻“三个代表”重要思想作为首要政治任务，坚持不懈地抓学习研究，抓贯彻落实，不断提高对“三个代表”重要思想的认识，不断增强用“三个代表”重要思想指导青年工作和共青团工作的自觉性和坚定性。

第一，书记处高度重视，始终把学习贯彻“三个代表”重要思想作为首要政治任务来抓。

书记处持之以恒抓学习。2000年3月16日，书记处召开会议，深入学习江泽民同志在广东考察工作时的讲话。2000年8月，在北京召开了省级团委书记学习“三个代表”重要思想座谈会。2001年7月，在长沙召开了全国共青团农村“三个代表”重要思想学习教育工作会议。2002年2月，在广州召开了全国青年学习“三个代表”重要思想座谈会。2003年9月，在北京举办了团十五届中央委员学习贯彻“三个代表”重要思想专题研讨班。书记处还率先垂范，抓好书记处理论中心组的学习，把学习“三个代表”重要思想作为重中之重，强调要抓好时间、内容、人员和效果“四个落实”。2000年理论学习中心组集中学习23次，2001年和2002年各24次，今年已集中学习21次。在学习内容上，强调原原本本研读原著，认真研读了江泽民同志《论“三个代表”》、《论党的建设》和《江泽民论有中国特色社会主义（专题摘编）》等一系列重要著作，认真研读了十六大报告和党章，认真学习了胡锦涛总书记“七一”重要讲话，并把《“三个代表”重要思想学习纲要》作为重要辅助材料。在学习方式上，坚持集中学习与个人自学相结合、系统学习与专题讨论相结合、理论学习与调查研究相结合，严格学习制度，不断提高学习效果。书记处第一书记周强同志亲自抓学习计划的落实，抓学习制度的执行，抓学习效果的检查。书记处认真学习"三个代表"重要思想，为全团、为直属机关树立了榜样，起到了示范表率作用。

第二，在广大青年中不断兴起学习贯彻"三个代表"重要思想新高潮。

共青团用"三个代表"重要思想武装团员青年，核心就在于要引导广大团员青年坚定跟党走中国特色社会主义道路的信念。着眼于此，必须从当代青年的思想实际出发，不断探索和总结行之有效的方法来推动广大青年学习"三个代表"重要思想。在实践中逐步形成了"五抓"的做法，即抓骨干、抓实践、抓契机、抓阵地、抓引导。抓骨干，就是重点抓好团干部、大学生和各条战线青年骨干的学习，采取举办团中央委员学习"三个代表"重要思想读书班、组织团中央学习"七一"讲话宣讲团、开展全国青年学习"三个代表"重要思想知识竞赛等方式，带动全团学习。抓实践，就是通过开展暑期大中专学生"三个代表"重要思想实践团等形式多样的社会实践活动，引导青年在实践中学习和宣传"三个代表"重要思想。抓契机，就是利用纪念新中国成立50周年、建党80周年、建团80周年等重要契机，以"党在我心中"、"永远跟党走"为主题，广泛开展"三个代表"重要思想宣传教育活动。抓阵地，就是充分发挥团属新闻舆论阵地的作用，同时积极开辟网上"三个代表"重要思想宣传教育新阵地。抓引导，就是结合当代青年的思想实际，引导团员青年不断深化学习。例如，为学好江泽民同志在纪念中国共产主义青年团成立80周年大会上的重要讲话，组织专门力量撰写文章，在《中国青年报》发表了题为《新世纪青年工作的重要指南》的社论，连续发表了《始终坚持中国青年运动的正确方向》等8篇特约评论员文章，并编写了《当代中国青年运动》一书；为了学好胡锦涛总书记"七一"重要讲话，组织专门力量撰写文章，在《中国青年报》连续发表了《根本指针，行动指南》等8篇评论员文章。为进一步把团员青年的学习引向深入，团中央会同中央文献研究室选编了《毛泽东邓小平江泽民论青少年和青少年工作》一书，并编写了《学习江泽民同志"七一"重要讲话——答青年50问》、《新时代的伟大旗帜——"三个代表"青年读本》等书籍。这些做法和举措，都有力地促进了青年的学习。

党中央发出《关于在全党兴起学习贯彻"三个代表"重要思想新高潮的通知》后，团中央书记处多次召开专门会议，学习传达中央通知精神，研究贯彻落实措施，对全团的学习做出部署。6月23日，团中央发出《关于在全团兴起学习贯彻"三个代表"重要思想新高潮的通知》，要求各级团组织认真学习贯彻中央通知精神，广泛开展具有特色的学习贯彻活动，迅速在团员青年中兴起学习贯彻"三个代表"重要思想的新高潮。通过学习，"三个代表"重要思想在全国亿万青年中深入人心，广大青年衷心拥护"三个代表"重要思想，高度认同"三个代表"重要思想，努力实践"三个代表"重要思想。

第三，直属机关坚持不懈地深入学习贯彻"三个代表"重要思想。

2000年5月，中直工委就学习贯彻"三个代表"重要思想下发通知后，团中央直属机关党委及时对直属机关学习"三个代表"重要思想进行了部署。各级党组织开展了各种形式的学习活动，交流学习"三个代表"重要思想的体会，总结学习经验，努力引导广大党员职工全面、深入地学习领会"三个代表"重要思想。江泽民同志"5·15"、"5·31"重要讲话发表之后，各级党组织紧密结合实际，突出自身特色，通过集中学习、专题讲座、主题活动等多种方式，创造性地组织开展学习活动，切实将讲话精神贯彻落实到实际工作中。围绕迎接党的十六大，去年年初开始，直属机关组织开展了"创造新业绩，迎接十六大"活动，通过组织党员职工以饱满的热情深入学习贯彻"三个代表”重要思想，以崭新的风貌继承和发扬优良传统作风，以求实的精神发挥党员的先锋模范作用，以昂扬的姿态争创一流业绩等，使直属机关迎接党的十六大工作主题鲜明，内容丰富，收到了良好效果。党的十六大召开后，各级党组织组织广大党员职工认真学习，深刻领会十六大的精神实质，统一思想认识，积极采取有效措施把十六大精神落到实处。以“贯彻十六大，创造新业绩”为主题，在直属机关广泛开展了学习教育活动，把学习贯彻党的十六大精神不断引向深入，把直属机关广大党员职工的思想和认识统一到十六大精神上来，把智慧和力量凝聚到实现十六大提出的任务上来。团十五大之后，直属机关各级党组织按照书记处的要求，开展了“牢记使命、狠抓落实、再创佳绩”主题活动，组织广大党员职工认真学习胡锦涛总书记在同团中央新一届领导班子成员和团十五大部分代表座谈时的重要讲话，认真学习胡锦涛总书记“七一”重要讲话、在中央省部级主要领导干部学习贯彻“三个代表”重要思想专题研讨班上的重要讲话精神，以“三个代表”重要思想为指导，认真贯彻团十五大精神，与时俱进，锐意进取，不断创造新业绩，开创共青团工作新局面。最近，为了贯彻落实中共中央《关于在全党兴起学习贯彻“三个代表”重要思想新高潮的通知》精神，按照中直工委和团中央书记处的要求，在机关开展了学习“三个代表”重要思想理论征文活动，在直属机关开展了评选党支部“最佳学习活动”，这是推动直属机关兴起学习贯彻“三个代表”重要思想新高潮的重要举措，希望各级党组织认真组织，抓好落实。

二、以“三个代表”重要思想为统揽，立足新起点，开创新局面

胡锦涛总书记在同团中央新一届领导班子成员和团十五大部分代表座谈时指出，共青团事业的发展正处在一个新的历史起点上。这一论断，是对共青团在新世纪新阶段面临的形势和任务的高度概括。“三个代表”重要思想的精髓是解放思想、实事求是、与时俱进。坚持这一理论精髓的要求，对共青团而言，就是要以“三个代表”重要思想为指针，深入研究所面临的新形势、新任务，把体现时代性、把握规律性、富于创造性的要求统一起来，努力做到胡锦涛总书记在同团中央新一届领导班子成员和团十五大部分代表座谈时提出的工作思路上要创新，工作方式上要创新，团的自身建设上要创新，努力开创共青团工作新局面。

第一，坚持学习与增强政治意识相结合，不断加强理论武装工作。

在学习“三个代表”重要思想过程中，要强调讲学习与讲政治的统一，把增强广大青年的政治意识、坚定理想信念作为学习的重要目的，更好地发挥学习在提高认识、统一思想方面的重要作用。要充分认识到，在当前国际局势错综复杂和世界范围各种思想文化相互激荡的形势下，坚持用“三个代表”重要思想构筑广大团员青年的精神支柱，打牢团结奋斗的共同思想基础，关系中国特色社会主义事业的前途命运，关系实现中华民族伟大复兴的宏图伟业。要从党的事业后继有人、国家兴旺发达的战略高度，把坚持不懈地用“三个代表”重要思想武装全团、教育青年，在全团进一步兴起学习贯彻“三个代表”重要思想新高潮，作为共青团当前和今后一个时期首要政治任务抓紧抓好。要紧密结合全面建设小康社会的实践，紧密结合广大团员青年的思想实际，在深入人心上下功夫，在开拓创新上下功夫，在力求实效上下功夫，区分层次，针对不同的青年群体采取不同的方法，提出不同的要求，努力使学习贯彻活动落实到基层，落实到青年身上。在团干部中，要采取分级培训、分类实施的方式，层层举办“三个代表”重要思想培训班、学习班、读书班，在今年年底以前，对全国专职团干部培训一遍。在团员中，要开展以学习实践“三个代表”重要思想为主要内容的团员先进性教育活动，用“三个代表”重要思想武装团员，保持团员思想上先进，政治上坚定，进一步增强团员在生产、生活和学习各方面的模范带头作用。此外，还要组织编写《学习“三个代表”重要思想（青年读本）》，组织青年专家学者深入基层、深入青年开展宣讲活动，加强对团员青年的学习辅导。要加大团属青年报刊宣传学习实践“三个代表”重要思想的力度，营造浓厚的学习氛围，推动学习贯彻活动的深入开展。

第二，坚持学习与促进解放思想相结合，不断推动工作创新。

要通过学习贯彻“三个代表”重要思想，努力掌握贯穿“三个代表”重要思想的马克思主义的立场、观点和方法，思路上不断有新的解放，理论上不断有新的发展，实践上不断有新的创造。周强同志在团的十五届一中全会上，围绕党中央对新形势下共青团工作提出的要求，根据当前共青团面临的时代发展变化的需要，就如何在新的历史条件下开创共青团工作的新局面，着重提出了关系共青团发展的四个重大问题，一是如何在经济全球化的背景下思考团的工作，二是如何认识全面建设小康社会给共青团工作带来的宝贵机遇，三是如何认识社会主义市场经济条件下青年动员机制和青年工作资源的整合机制，四是如何认识国际互联网的迅猛发展对青年工作的影响，另外，还谈到了其他一些问题，例如，青年的发展变化对共青团工作的影响，社区功能的发展对共青团工作的影响，非公有制经济的发展对共青团工作的影响等等。所有这些问题，都是在新的历史条件下共青团事业发展所面临的带有全局性和战略性的重大课题。我们要进行深入研究和思考，努力在认识上有新的提高，在实践上有新的突破。具体落实到工作中，我们对已经形成的工作品牌，比如保护母亲河、青年志愿者、青年文明号、手拉手、青年文明社区、大学生素质拓展计划、青年科技创新等，都要不断深化、创新，努力取得新的成效。同时，我们要在继承中创新，对团的一些重点课题，更要深入研究，大胆创新，尽快突破。例如，青年中心的建设，是团十五大提出的一项战略性决策，对于共青团工作和团的建设具有开创意义和战略意义。一段时间以来，我们在浙江台州、辽宁沈阳、山西灵丘等地积极推进农村青年中心的建设，在北京朝阳、上海长宁、浙江杭州和吉林四平等地推进城市青年中心试点工作，积累了一些成功经验和做法。我们要进一步统一思想，提高认识，因地制宜，稳步推进。要明确标准，抓住“建起来”、“活起来”、“亮起来”三个环节，把每一个环节做扎实。要区分城市和农村的特点，区分东部地区、西部地区的不同情况，区分发达地区和欠发达地区的情况，加强分类指导。要根据青年的需求和经济社会发展的变化，在明确青年中心法律地位、丰富青年中心的工作内容和工作项目、强化日常管理上作出探索，逐步形成自我发展、良性循环的运行机制。又如，关于青年文化建设。加强青年文化建设是共青团的一个重要课题。胡锦涛总书记在中央政治局第七次集体学习时发表重要讲话，回答了当前我国文化建设的重大理论问题，为我国文化建设指明了前进方向。我们要认真贯彻落实胡锦涛总书记重要讲话精神的要求，牢牢把握青年文化的前进方向。要满足青年不断增长的文化需求，用先进的青年文化去影响青年、培养青年。要集中力量，整合资源，打响青年文化这个品牌。要加强青年文化阵地建设，培养青年文化精品，积极开展青年文化活动，推动青年文化事业不断发展。总的来说，我们要坚持和发扬团的优良传统，结合新的时代特征，与时俱进，开拓创新，推动团的工作不断焕发出蓬勃的生机和活力。

第三，坚持学习与加强团的建设相结合，不断增强团组织的凝聚力和战斗力。

学习贯彻“三个代表”重要思想，必须联系团的建设的实际，按照“三个代表”重要思想的要求，把共青团建设成为团结教育青年的坚强核心。要广泛开展以学习实践“三个代表”重要思想为主要内容的团员先进性教育，增强团员的光荣感和责任意识。要始终牢记“两个务必”，坚持“八个坚持、八个反对”，加强团干部作风建设，使广大团干部忠诚党的事业，热爱团的岗位，竭诚服务青年，努力做党放心、青年满意的干部。要在始终坚持团组织的根本性质和宗旨的前提下，着眼增强团组织的适应性，扩大团组织的覆盖面，合理设置团组织，以能力建设为重点，不断增强团组织的凝聚力和战斗力，发挥好党联系广大青年的桥梁和纽带作用。要适应经济社会结构和青年群体分布的变化，一手抓现有组织体系的巩固，一手抓团建创新，在非公有制经济组织、农村、民办高校等领域灵活设置基层团组织，特别要大力推进城市社区和农村乡镇青年中心建设，形成工作阵地、活动载体、青年工作者队伍的紧密结合，拓宽团组织和团员青年的联系渠道，增强团组织对团员青年的影响力和吸引力。要继续探索项目化运作的方式，逐步建立起自我运转能力强、团员参与程度深、社会化水平高，更加富有效能的运行机制。

三、认真办好这次专题研讨班

这次研讨班是团中央认真贯彻落实《中共中央关于在全党兴起学习贯彻“三个代表”重要思想新高潮的通知》精神、中组部《关于今年下半年对县处级以上领导干部进行“三个代表”重要思想轮训的实施意见》和中直工委《关于建立中直机关处级以上领导干部理论学习考核制度的若干意见(试行)》的要求，进一步推动直属机关和全团兴起学习贯彻“三个代表”重要思想新高潮的一个重要步骤，也是加强直属机关干部队伍建设，提高干部素质的一个有效举措。为此，我们要务求实效，集中精力办好这次研讨班。

一要认真研读。原著是全面的、系统的。只有学习原著，我们才能深刻地了解江泽民同志是如何针对具体问题来阐述普遍性原理和观点的，也才能通过原著中丰富翔实的材料和精辟的语言来加深我们对普遍性原理和观点的理解。为此要认真研读江泽民同志《论“三个代表”》、《论党的建设》和《江泽民论有中国特色社会主义(专题摘编)》等一系列重要著作，把《“三个代表”重要思想学习纲要》作为重要辅助材料。同时，要紧密结合学习党的十六大报告和党章，结合学习胡锦涛总书记“七一”重要讲话和在省部级主要领导干部学习贯彻“三个代表”重要思想专题研讨班上的重要讲话精神，结合学习胡锦涛总书记在同团中央新一届领导班子成员和团十五大部分代表座谈时的重要讲话精神。要通过学习，努力系统掌握“三个代表”重要思想在建设中国特色社会主义的思想路线、发展道路、发展阶段、发展战略、根本任务、发展动力、依靠力量、国际战略、领导力量和根本目的等重大问题上取得的丰硕成果；系统掌握这一重要思想在经济、政治、科教、文化、军事、统战、民族、宗教、外交和党的建设等方面提出的新思想、新观点、新论断；系统掌握这一重要思想在回答什么是社会主义、怎样建设社会主义和建设什么样的党、怎样建设党的问题上的一系列新阐述；系统掌握这一重要思想的时代背景、实践基础、科学内涵、精神实质和历史地位；系统掌握贯彻这一重要思想关键在坚持与时俱进、核心在坚持党的先进性、本质在坚持执政为民的根本要求。

二要积极研讨。同志们来自不同的部门、不同的单位，平时很难聚到一起。这次研讨班分组时，特意打破了部门和单位的界限，有意识地让大家扩大接触面，为大家提供了相互了解、相互交流、研究讨论的机会。9月21日至23日，郑科扬、雒树刚和冷溶等三位领导同志围绕学习贯彻“三个代表”重要思想，作了很好的辅导报告。大家听了之后，很受启发，收获很大。大家在听了这几个辅导报告的基础上，围绕“三个代表”重要思想的时代背景与实践基础、“三个代表”重要思想的科学内涵和精神实质、“三个代表”重要思想是马克思主义在当代中国发展的最新理论成果、“三个代表”重要思想和中国特色社会主义的执政党建设、“三个代表”重要思想和共青团事业新发展等5个专题，进行认真讨论，畅所欲言，谈认识、谈体会、谈感受。研讨班成立了简报联络组，每个组有两个联络员，负责整理大家的发言内容，及时编发简报，把大家的思想火花反映出来。

三要联系实际。胡锦涛总书记指出，理论的价值在于指导实践，学习的目的在于运用。学习贯彻“三个代表”重要思想，关键在于理论联系实际，用发展着的马克思主义指导新的实践。只有联系实际才能解决实际问题，只有解决实际问题才能体现“三个代表”重要思想的意义和价值。为此，我们这次研讨班要强调弘扬马克思主义的学风，坚持学习理论和指导实践相结合，既要防止简单化、片面化、庸俗化的倾向，又要避免脱离实际，空谈理论的做法。在学习中紧密联系改革开放和现代化建设的实际，紧密联系共青团工作和青少年事业的实际，紧密联系团中央直属机关的实际，既使思想上切实有新的提高，又使各部门、各单位的工作切实有新的发展。

四要严格要求。当前，各部门、各单位的工作任务很重，但是按照中央要求，书记处还是下决心举办这次研讨班，集中几天的时间来学习，这对大家来说是十分宝贵的。《中共中央关于在全党兴起学习贯彻“三个代表”重要思想新高潮的通知》中强调，兴起学习贯彻“三个代表”重要思想新高潮，领导机关和领导干部是关键。团中央直属机关是全团的最高领导机关，大家是团中央直属机关的干部，更要在学习贯彻“三个代表”重要思想上发挥带头作用，做到学在前面、用在前面，做勤奋学习、善于思考的模范，做持久学、深入学的模范，做学以致用、用有所成的模范。要遵守研讨班纪律，没有特殊情况原则上不能请假，各组召集人和联络员要做好考勤工作。要充分利用时间，集中精力，强化学习，提高效率。

总而言之，大家要通过这次研讨班，在对“三个代表”重要思想的时代背景、实践基础、科学内涵、精神实质和历史地位的认识上达到新的高度，不断增强贯彻“三个代表”重要思想的自觉性和坚定性，为直属机关广大职工做出表率，为全团广大团员青年做出表率。

杨岳在团中央系统处级以上干部学习贯彻“三个代表”重要思想专题研讨班结业式上的讲话

2003年10月22日，根据录音整理

刚才，六位同志作了很好的发言，听了之后，很受启发。这说明，我们这次研讨班办得很成功。在这里，我代表书记处对这次研讨班作一个小结，讲三点意见。

一、专题研讨班取得了丰硕成果

这次研讨班是继团中央委员学习贯彻“三个代表”重要思想专题研讨班后，继续把全团兴起学习贯彻“三个代表”重要思想新高潮引向深入，切实加强团中央直属机关自身建设的一个重要举措。研讨班期间，同志们结合周强同志和郑科扬、雒树刚、冷溶等三位专家的专题报告，结合团的建设和工作实际，进行了热烈的讨论和集中交流。大家一致认为，这次研讨班办得很必要、很及时，提高了认识，开阔了思维，明确了思路，取得了丰硕成果。有几个突出特点。

一是书记处高度重视。这次研讨班是近年来团中央系统内部举办的规模最大、参加人数最多的一次，绝大多数处级以上干部都参加了，大家能够在繁忙的工作之中抽出时间，聚到一起集中学习、集中研讨，机会非常难得。书记处高度重视这次研讨班，周强同志对这次研讨班寄予了深切的希望，希望同志们珍惜这次学习的机会，以此为契机，立足新起点，创造新业绩，把兴起学习贯彻“三个代表”重要思想新高潮不断引向深入。

二是同志们学习热情高涨。这次研讨班主要采取分组学习和集中讨论相结合的方式。集中讨论时，同志们在一起充分地研究问题，发言踊跃，畅所欲言，经常就一个小问题展开热烈的讨论；自学时，同志们都废寝忘食，仔细研读学习资料，认真撰写学习心得，对每一个问题都孜孜以求。在整个研讨班期间，同志们始终保持饱满的精神状态，全身心地投入到学习当中，无论会上会下，同志们都聚精会神搞学习，专心致志想问题，学习氛围非常浓厚，充分展现了团中央系统同志们勤于学习，精于思考的良好作风。

三是学习研讨深入。这次研讨班期间，同志们紧密结合学习贯彻团的十五大精神，紧密结合如何推动共青团工作和青少年事业实现新的发展，牢牢地把握“三个代表”重要思想的时代背景、实践基础、精神实质、历史地位和指导意义，展开了广泛深入的研讨。有的同志是抱着精益求精的态度而来，在研讨过程中进一步加深了对“三个代表”重要思想的认识；有的同志是带着实际工作中的问题而来，在研讨过程中寻求解决问题的办法。无论是抱着哪种目的来，同志们在研讨过程中都能够将学习与研究相结合、将理论与实践相结合，最终深化了认识，掌握了学习方法，明确了工作思路，为全团兴起学习贯彻“三个代表”重要思想新高潮注入了新的活力，为在实际工作中贯彻落实“三个代表”重要思想提供了新的动力。

这次研讨班，大家一致感到有三个方面的主要收获。

1. 进一步深化了对“三个代表”重要思想的认识。

通过学习，大家普遍感到，对“三个代表”重要思想的学习是常学常新，越学认识越深刻，理解越透彻。

第一，对“三个代表”产生的时代背景和实践基础的认识有了进一步的深化。任何理论都是适应时代和实践的需要而产生的。进入新世纪，我们党所处的历史方位发生了很大变化。从国际看，科学技术突飞猛进，世界多极化和经济全球化趋势在曲折中发展，综合国力竞争日趋激烈，这对党提高科学判断形势的能力、应对复杂局面的能力提出了新的要求。从国内看，我国进入全面建设小康社会、加快推进社会主义现代化的新的发展阶段，社会经济成分、就业方式、组织形式、利益关系和分配方式日益多样化，各种深层次矛盾逐步显露，这对党提高驾驭市场经济的能力、依法执政的能力、总揽全局的能力提出了新的要求。从党自身情况看，历经革命、建设和改革，我们党已经从领导人民为夺取政权而奋斗的党，成为领导人民掌握全国政权并长期执政的党，已经从受到外部封锁和实行计划经济条件下领导国家建设的党，成为对外开放和发展社会主义市场经济条件下领导国家建设的党。这些变化像是一把双刃剑，如何驾驭这些变化，发挥其积极影响，遏制其消极影响，这对党提高领导水平和执政水平、提高拒腐防变和抵御风险能力提出了新的要求，给党和国家的建设提出了新要求。“三个代表”重要思想正是在这样的条件下，根据对国际环境、国内环境和党的历史方位变化的清醒认识，对历史发展规律的科学把握，着眼于提高党执政能力，在邓小平理论的基础上，进一步回答了什么是社会主义、怎样建设社会主义的问题，创造性地回答了建设什么样的党，怎样建设党的问题。

第二，对“三个代表”重要思想的科学内涵和逻辑体系有了新的认识。过去有很多同志对“三个代表”重要思想的认识是片断性的，只见树木，不见森林，只看到了他是党的指导思想，而没有看到他是我们党和国家一切工作的根本指针。我们党执政，旨在“为民”，志在“兴国”。江泽民同志指出，要正确处理改革、发展和稳定的关系，发展是目的，是深化改革、保持稳定的出发点和落脚点，改革是发展的根本途径和强大动力，稳定是发展和改革的前提。“三个代表”重要思想从这几个方面全面回答了党应当“如何执政兴国”的重大问题，正确处理了建设中国特色社会主义实践中迫切需要解决的问题。

第三，对“三个代表”重要思想的科学体系和与时俱进的理论精髓有了新的认识。“三个代表”重要思想与马克思主义、毛泽东思想和邓小平理论是一脉相承的，是科学的、开放的、不断前进的体系，精髓在于解放思想、实事求是、与时俱进，不断吸收世界文明的成果，总结中国特色社会主义实践中的经验。这个过程中就要求不断的创新，在理论上创新、在实践中创新，没有创新就必然导致思想僵化、必然导致脱离实际、必然导致脱离群众、最终导致发展停滞，这就要求我们与时俱进，常学常新、常用常新。

2. 进一步增强了学习贯彻“三个代表”重要思想的自觉性和主动性。

对于党员干部来说，学习贯彻“三个代表”重要思想关键在于自觉性。自觉性不是头脑中固有的，它源于对这一重要思想本质要求的准确把握和对其科学内涵的透彻领悟，源于在实践中不断的思考和磨练，源于对世界观、人生观和价值观的不断改造。

通过这次学习，大家体会到不但要用“三个代表”重要思想改造客观世界，还要用它改造主观世界，要自觉把确立坚定的理想信念放在事业和人生的首位，自觉与党中央保持高度一致，不断把“三个代表”重要思想内化到自己的头脑当中，融入到工作实践中，使自己在理论上、思想上更加成熟，更加坚定。在任何风浪中始终坚持正确的政治方向和立场。通过这次学习，大家普遍有了一种形式逼人、时不我待的紧迫感，有一种深切的忧患意识，有一种昂扬向上、奋发有为的精神状态。

3. 进一步坚定了做“三个代表”重要思想忠实实践者的信心和决心。

始终做到“三个代表”是兴起新高潮的根本要求。周强同志在团十五大报告中提出，团的工作和建设都要始终坚持以“三个代表”重要思想为统领。怎么统领呢？就是要把“三个代表”重要思想作为共青团工作和建设的根本指针，作为思想之“魂”、统揽之“纲”、行动之“据”。就是要把立党为公、执政为民真正落实到服务青年的全过程中，体现在服务青年的方方面面。就是要用“三个代表”重要思想分析不断变化的新情况，解决不断出现的新问题。就是要把“三个代表”重要思想作为推进团的工作的动力，检验团的工作的标尺。所谓“知易行难”，学习的目的全在于应用，一切组织、推动工作的目的，也正是为了使“三个代表”重要思想成为人们的自觉实践，成为推动我们事业发展的强大力量。同志们都表示要以身作则，成为忠诚实践“三个代表”重要思想的表率，把共青团组织建设成为贯彻“三个代表”重要思想的组织者、推动者和实践者。

二、团中央直属机关各级领导班子、领导干部要成为学习贯彻“三个代表”重要思想的表率

进一步兴起学习贯彻“三个代表”重要思想新高潮，领导班子和领导干部是关键。团中央直属机关各级领导班子和领导干部要重点抓好自身的学习贯彻，要学在前面，做持久学、深入学的表率；要用在前面，做学以致用、用有所成的模范。

1. 增强政治的坚定性，做到“真信”。

理论上的成熟是政治上坚定的前提。学习贯彻“三个代表”重要思想，首先要用“三个代表”重要思想武装头脑，牢固树立“三个代表”重要思想在我们一切工作中的指导地位，自觉用“三个代表”重要思想指导自己的思想和行动，不断增强政治的坚定性，做到“真信”。

首先，要坚定对“三个代表”重要思想的政治信仰。“人无信不立”，一个人如果没有理想信念就没有立身之本。理想信念是人们的政治立场和世界观在奋斗目标上的集中反映。我们在建设中国特色社会主义的实践过程中，就是要用“三个代表”重要思想构筑我们的精神支柱、信念支柱。有了这样的精神支柱，我们就能经受住各种考验，在关键时刻、在各种政治风浪中始终坚持正确的政治方向和政治立场；失去这个精神支柱，就会失去精神动力，迷失政治方向，就等于没有灵魂，没有主心骨，没有凝聚力。

其次，要把“三个代表”重要思想作为我们的立身之本、做人之要。领导班子、领导干部要始终用“三个代表”重要思想对照、检验自己的思想和行动，不断增强在群众中的凝聚力和感召力，做到三个“自觉”。一要自觉把“三个代表”重要思想当做必须牢牢把握的指导思想和行为准则。二要自觉把“三个代表”重要思想作为分析解决问题的思想方法。三要自觉把贯彻“三个代表”重要思想作为价值追求。

再次，要确立“三个代表”重要思想在实践中的指导地位。指导思想具有决定性的作用。要真正将“三个代表”重要思想内化到头脑当中，融入到实际工作当中，统一思想，统一意志。“三个代表”重要思想的本质是立党为公、执政为民。我们要牢牢把握住“三个代表”重要思想这一本质，树立“群众利益无小事”的思想，用“三个代表”重要思想指导新世纪新阶段共青团工作和建设的实践，竭诚为青年服务。

2. 要增强学习的自觉性，做到“真学”。

对“三个重要”思想的学习，真正能够认识到位、理解透彻、把握准确，并用于指导实践，并不是一件容易的事情。“三个代表”重要思想内涵丰富、博大精深。要求我们要自觉地学、认真地学、系统地学，不断增强学习的自觉性，做到“真学”。

学习要讲究方法，真正把“三个代表”重要思想学深悟透，一是要理清发展脉络，深刻领悟“三个代表”重要思想的理论根源。要从理论源头上理清马克思主义发展的历史脉络，在学史明理中领悟真谛，在掌握历史中发现创新，在解放思想中统一思想。二是要把准历史方位，充分认识“三个代表”重要思想的时代背景和实践基础。要站在历史与现实、理论与实践的高度，全视角地准确把握“三个代表”重要思想提出的历史方位。三是解读丰富内涵，全面掌握“三个代表”重要思想的科学体系。学习“三个代表”重要思想，要紧紧抓住建设中国特色社会主义这个主题，紧紧围绕对“什么是社会主义、怎样建设社会主义”和“建设什么样的党、怎样建设党”这两个根本性问题的科学回答，深刻领会解放思想、实事求是、与时俱进这个精髓，既从整体上把握“三个代表”重要思想，又从各个领域、各个方面加深理解。

3. 要增强实践的创造性，做到“真用”。

理论的价值在于指导实践，学习的目的全在于运用。兴起学习贯彻“三个代表”重要思想的新高潮，不仅要在对“三个代表”重要思想的认识上达到新高度，而且要在贯彻“三个代表”重要思想的根本要求、实践“三个代表”的行动上取得新成效，把“三个代表”重要思想转化成为指导实践、推动工作、解决问题的强大动力，不断增强实践的创造性，做到“真用”。

要做到“真用”，首先，要强化统领意识，牢固确立“三个代表”重要思想在团的工作和建设中的指导地位。要自觉地把“三个代表”重要思想作为指导团的工作思路的“魂”，统领实际工作的“纲”，作为衡量和检验一切工作成效的根本尺度。其次，要作好理论与实践相结合，切实把“三个代表”重要思想落实到各项工作之中。要善于从解决实际问题入手，不断提炼和研究重大问题，真抓实干、埋头苦干、踏实肯干，最终解决这些问题。最后，要牢牢把握与时俱进这一精髓，坚持用“三个代表”重要思想推进团的工作和建设创新。牢固树立“创新就是责任”、“创新促进新发展”、“创新造就新业绩”的观念，进一步强化创新意识，不断提高创新的敏锐观察力、准确判断力和果敢魄力，不断开创团的各项建设和工作的新局面。

三、以建设学习型机关为载体，进一步兴起学习贯彻“三个代表”重要思想新高潮

党的十六大报告把建设学习型社会确立为全面建设小康社会的目标和任务之一，提出要“形成全民学习、终身学习的学习型社会，促进人的全面发展”。团十五大报告提出，团的领导机关要率先垂范，带头学习，努力建设学习型机关。把团中央机关建设成学习型机关，是周强同志和书记处对团中央机关建设提出的新课题和新要求。当前，要把开展建设学习型组织、学习型机关的活动，作为在团中央直属机关兴起学习“三个代表”重要思想新高潮的重要载体，作为全面提高直属机关干部队伍素质、推动各项工作再上新台阶的重要举措。

一要提高认识。

团组织是一个学习型组织，团的事业是常新的事业，团的岗位是一个学习的岗位。创建学习型机关、学习型组织，必须首先解决好直属机关干部、尤其是领导干部的思想认识问题，提高对学习重要性和必要性的认识，加强对学习紧迫性的理解，从而增强大家参与机关学习和坚持自学的主动性。联合国教科文组织有一个资料，在农业经济时代，如果一个人读6年到7年的书，就足以应付未来40年的工作和生活需要，在工业经济时代，你要想应付未来40年的工作和生活，需要延伸到15年和16年的学习。在当今知识经济时代，学习时间要延长到整个人生的历程。这表明在知识经济迅猛发展的今天，学习的确是我们每个人生存和发展的迫切需要。

其次，要把学习摆在更加突出的位置，把学习作为提高自身素质、解决自身发展后劲的一种有效手段，增强学习的原动力，变“被动学”为“主动学”，变“应付式”为“自觉式”，变“要我学”为“我要学”，从根本上调动自身学习的积极性，使学习真正成为每一个干部职工的自觉行动，成为一种经常化、普遍化、制度化的行为，成为工作生活的重要组成部分。

再次，要把每一项工作都视为一个学习的机会，从工作中学习，视学习为一项必要的工作，像工作一样认真刻苦学习，并养成良好习惯。要通过开展互动学习，如直属机关党委开展的征文评选活动，在直属机关内部，围绕建设学习型机关、学习型组织展开讨论，明确“三个想一想”，即想一想我们的岗位要求我们做什么，想一想我们是不是适应这一岗位，想一想我们今后应该如何去做。要广泛发动，在机关形成支部重视抓学习，领导党员干部带头学，形成和保持浓厚的学习氛围。

二要创新载体。

建设学习型机关是一项系统工程，也是一项创新性的工作，需要在实践中不断探索，不断创新学习载体。一方面要充分利用和完善原有的学习载体，如党委中心组学习、每周学习日、专家讲座、辅导报告等；另一方面要坚持与时俱进，不断创新学习载体，如读书会、研讨会、演讲会，以及现场交流、实地考察、课题调研等丰富多彩的学习形式。要善于利用现代科技手段，以互联网为载体，用最好的方式、最快的速度传授最新的知识。各单位还要结合实际，大力开展各种形式的机关文化、企业文化、校园文化建设活动，广泛开展群众喜闻乐见、健康向上的文体活动，做到寓学习教育于各种健康向上的活动之中。当前，机关部门、各直属单位党组织要结合学习贯彻党的十六届三中全会精神，深入开展形式多样的学习活动。

三要完善制度。

建设学习型机关意味着学习的规范化、经常化、制度化，做到有计划，有落实，有效果。通过制度和机制的刚性约束，使平时想学习而觉得没有时间学习的干部挤时间学，使那些平时想学而又不知道怎样学习的干部系统地学，使那些没有理论和知识需求而懒得学习的干部懂得必须学，使一部分认为学过了的干部认识到自身的差距必须继续学，尤其使那些认为不学习照样工作的同志，改变错误认识，充分认识学习的重要性。在这方面，直属机关各级党组织进行了很好的探索，积累了很多好的经验。比如建立定期集中学习、定期集中辅导、定期检查考核、指定阶段学习重点等制度，都对进一步深化学习贯彻"三个代表"重要思想起到了很好的推动作用。各单位要根据自己的实际情况，制定本单位创建学习型机关的活动方案和具体的推进制度，把创建学习型机关的要求纳入到直属机关各项工作之中，把建设学习型机关活动情况作为文明机关（单位）创建、直属机关领导班子建设考核、评比、表彰的重要内容。要制定考核和评价干部学习成效的具体措施，奖励先进。要建立述学、考学、评学的制度，完善各项考核指标体系，定期进行检查考核，强化监督检查。通过建立制度推动直属机关自觉学习风气的形成，通过坚持制度确保学习取得良好效果。这次研讨班之后，机关各部门、各直属单位要认真组织开展处级以下党员干部学习贯彻"三个代表"重要思想活动，并将学习情况及时报直属机关党委。

同志们，进一步兴起学习贯彻"三个代表"重要思想新高潮是当前全团的首要政治任务。团中央直属机关要在学习好、贯彻好"三个代表"重要思想方面走在全团前列，领导班子、领导干部要切实发挥表率作用。各部门、各单位要结合实际，以创建"学习型组织"、"学习型机关"为载体，进一步兴起学习贯彻"三个代表"重要思想新高潮。我们要以"三个代表"重要思想为指导，在以胡锦涛同志为总书记的党中央的坚强领导下，与时俱进，刻苦学习，勤奋工作，立足新起点，创造新业绩，开创新局面。

杨岳在全国城市青年中心建设工作会上的讲话

2003年10月25日，根据录音整理

党的十六大和十六届三中全会提出了全面建设小康社会的奋斗目标和完善社会主义市场经济体制的战略部署，对处于新的历史起点的共青团工作提出了十分明确的要求。我们要按照胡锦涛总书记"在工作思路上创新，在工作方式上创新，在自身建设上创新"的要求，立足新起点，开创新局面。建设青年中心是推进共青团事业发展的重大战略举措，是开发青年人力资源、培养青年人才、提高青年素质的必然要求。在社会主义市场经济条件下，我们必须积极探索共青团工作、青年工作新的运行机制和组织形态，实现新的历史时期工作方式的重大转变。要通过大力推广青年中心"服务青年、联系青年、凝聚青年"的工作理念，把青年中心建成社区型青年组织，作为直接联系青年的新型纽带，在青年的自我服务、自我管理、自我教育方面发挥作用。

从1996年开始，各地团组织积极开展创

建“青年文明社区”活动，不断探索和提高社区共青团工作水平，探索有效组织、联系、服务青年的工作方式，取得了丰硕的成果，为开展城市青年中心建设奠定了坚实基础。这就更加要求城市青年中心建设速度更快，标准更高，成效更明显，在三个年度内基本在全国5000多个街道完成青年中心建设工作。各地要按照《全国城市青年中心建设试点工作方案》的要求，选定15%—20%的街道进行城市青年中心试点建设工作，通过试点探索适合各地情况的青年中心建设模式。2004年，要进一步加大青年中心建设力度，实现全国31个省、自治区、直辖市70%—80%的街道建立青年中心的目标。到2005年，再经过一年多的努力，进一步完善青年中心建设，基本完成城市青年中心建设的全面覆盖。

昨天，团中央书记处常务书记赵勇对于进一步加强城市青年中心建设工作提出了明确要求。同志们要认真学习领会，抓好落实。会议期间大家实地考察了杭州城市青年中心试点工作情况，听取了浙江省杭州市、吉林省四平市、北京市朝阳区、上海市长宁区的城市青年中心建设试点工作介绍，同志们反映很受启发，有很多做法值得借鉴和学习。

结合赵勇同志的讲话精神，我对今后进一步推进城市青年中心建设谈几点意见。

一、青年中心建设要坚持四个原则

1. 坚持继承性。城市青年中心建设是近年来创建“青年文明社区”活动和建设社区青少年服务中心基础上的继承和发展。经过8年的实践，各地积累了很多开展社区青年工作的经验，积累了一些服务青少年的品牌和项目。城市青年中心工作不是另起炉灶，是总结现有的城市社区青少年组织方式、服务方式的基本经验，研究解决新形势下团组织服务、联系、凝聚青年的有效形式和载体，提高共青团组织服务青年的能力和水平的途径。工作实践中，要认真研究青年中心和社区青少年服务中心的历史沿革关系，继承已有的优秀工作品牌、良好的阵地基础，探索青年中心的有效组织形式，找准功能定位，完善项目体系，开拓新的功能体系，全力加强城市青年中心建设。

2. 立足公益性。青年中心的定义和服务青年、联系青年、凝聚青年的宗旨决定了青年中心是不以盈利为目的的新型社区青年组织。公益性的原则是青年中心区别于社会上其他组织的重要标志，否则就会背离青年中心建设的初衷。青年中心对于弱势和困难青年群体尤其要坚持公益性服务的原则，要学习国际上一些发育比较成熟的非盈利性组织（NPO）项目基金的管理经验，引入低偿收费保障机制，将青年中心的低偿收费项目所得继续用于青年中心无偿项目的运转。要通过公益性的项目，帮助青年学习成才、促进青年就业创业，帮助特殊困难青少年群体解决实际问题，维护他们的合法权益。

3. 注重实践性。要“先建设，后规范”，鼓励基层从具体工作、具体项目入手大胆实践，在实践中不断探索青年中心开展工作和有效运转的方式。在青年中心试点建设阶段，要以不设框框、不观望、不等待、不争论的态度开展工作，切实把创新的理念贯穿于青年中心建设中，不断拓展和完善青年中心职能，力求创造出适合不同地区特点的不同工作模式，为全面推进青年中心建设提供经验。不能因经济发展水平低而降低对城市青年中心建设工作的要求。各级团干部不能坐而论道，要主动深入基层参与青年中心建设试点工作，在实践中探索青年中心的发展思路，在实践中及时总结基层的创造，并积极地宣传、推广。

4. 突出实效性。要以务实的作风抓好青年中心建设。青年中心建设必须符合各地实际，因地制宜，突出实效性。各地团组织要深入基层，及时、全面地了解青少年基本状况、社区青少年组织活动情况、青少年需求情况、青少年活动阵地情况，并定期向有关专家进行咨询，建立相应的数据资料库，为青年中心服务项目的设计、管理、运转提供第一手资料，提高服务项目的针对性和实效性。要主动关注青年中的弱势群体，把青年中心的工作职能、工作项目、工作资源的重点放在弱势青年群体上，关心他们的冷暖疾苦，为社区困难青年、失业青年、进城务工青年提供实实在在的帮助和服务，这也是巩固党在青年中的执政基础的要求。

二、青年中心建设要强化四种观念

1. 重服务的观念。青年中心的宗旨是服务青年、联系青年、凝聚青年，服务是有效联系和凝聚青年的基础。各级团组织和团的干部要始终坚定不移地把竭诚服务青年作为青年中心建设的出发点和落脚点，作为检验工作实绩的标尺。在全面建设小康社会，完善社会主义市场经济体制的过程中，政府将进一步转变职能，很多原来由政府承担的社会服务、社会管理、公共管理等社会事务要转移给社会团体、中间组织承担，社会管理和服务的空间将十分广阔。这为城市共青团工作和青年中心的建设提供了新的发展机遇。我们要研究和探索在政府职能转变过程中共青团能够承接的社会管理、公共管理事务，通过服务贴近青年。要处理好协助政府管理青少年事务的管理职能和服务之间的关系，通过服务手段体现管理职能。

青年中心是一种服务型组织。青年中心必须从满足不同青年群体的需求出发，强化服务的针对性、实效性，尤其要注重对弱势青年群体的服务。突出针对性就是针对不同青年群体设置不同的服务项目，比如针对弱势青年群体，可以提供闲散青少年技能培训、待业下岗职工再就业培训、进城务工青年职业技能培训等服务项目；针对社区内在职、在校青少年群体可以实施文体健身、社团培育、社会实践、体验教育、心理生理咨询等服务项目；针对优势群体可以实施社区青年联谊服务、社区青年创业扶持服务、社区青年中介服务、社区参与服务等服务项目。要根据青年的多样化需求，提供菜单式服务。菜单式服务包括若干个服务项目供青年选择，更容易让青年满意，使服务取得实效。例如，上海市长宁区华阳街道青年中心设计了包括文娱、体育、收藏、制作、阅读、影视、参观、培训、报告9大类，46个项目的活动菜单，供青少年选择，取得了良好的服务效果。

2. 求创新的观念。体现创新性，就是要充分尊重基层的首创精神。全国各地千差万别，青年的需求也多种多样。我们鼓励各地基层团组织因地制宜，在建设方式、资金筹集、队伍建设、项目开发等方面创新，创出地方特色，走特色发展的道路，努力实现“一街一品”、“一社一品”。杭州的几个青年中心试点各具特色，每一个青年中心结合自身社区特点设置的项目也不一样，青年中心本身承接的职能也不完全一样；杭州团市委还将和通讯公司联合开通“短信平台”，形成青年中心与青年主动、便捷、直接的联系渠道，这体现了青年中心在工作手段上的创新。上海华阳街道团工委和教育部门一起合作在青年中心开设了一系列的实践项目，有编织、航模、陶艺等，这些项目是教育部门推进素质教育的项目。这些就是积极创新的示范，各地要拓展思路，大胆创新，使青年中心建设异彩纷呈、百花齐放。

3. 促整合的观念。要以青年中心为平台，发挥地缘优势，充分整合街道社区内已有的青少年服务场所，充分利用驻街企事业单位青少年活动资源，充分调动辖区内各级共青团组织自身的资源，实现资源的整合和共享。首先是团内资源的整合。青年中心建设是全团的重要工作，不仅仅是个别部门的事情。各条战线都要向青年中心建设工作倾斜，从项目规划、资金筹集、宣传发动等方面把团内各条战线和部门的优势、重点工作项目整合起来，逐步丰富青年中心工作内涵。其次是行政资源的整合。要把青年中心和社区党政工作紧密结合起来，争取有关职能部门的支持，把青年中心建设成为党政青年工作的载体，并发挥部门职能优势，齐抓共管。第三是社会资源的整合。这是城市青年中心建设的重要环节，要通过资源共享、合作开发等方式，整合街道社区内已有的青少年服务场所和驻街企事业单位青少年工作资源，把他们发展成为青年中心的团体会员，实现阵地、信息、人力等资源的整合和共享，为青年中心所用、为青年所用。

4. 抓建设的观念。建设青年中心是一项具有全局性的、战略性的重大工作举措，不是一个阶段性的活动。必须把工作的着力点放在建设上，按照事业化发展和项目化管理的思路，在调查研究的基础上进行统筹规划。各省、自治区、直辖市要结合团中央建设城市青年中心的总体目标，根据本地区社会经济发展总体状况和社区青少年需求制定相应的青年中心建设长期发展规划和阶段工作目标。

抓建设必须重视抓好青年中心的队伍、项目、机制等关键环节的建设。通过抓好青年中心工作人员的选拔、招募、培训和管理，努力培育一批热心青少年事业、有较强组织能力、工作责任心强、有奉献精神的青年中心工作者，构建一支专兼职结合的青年中心工作队伍；要设计出符合青年需求的品牌化工作项目；要着力加强运转机制和保障机制建设，遵循市场经济规律，通过市场化的手段提供青年满意的服务，同时合理安排市场化项目和公益化项目的比例，通过有效的市场运作实现公益化服务的良性发展，达到“以服务养服务”的目标。

三、青年中心建设要避免四种倾向

1. 避免简单化。青年中心建设是团十五大确立的一项长远工作。对这项工作的认识不能仅停留在建一个阵地、挂一块牌子、搞一个项目这样层面的认识上，不能简单把社区原有的青少年活动阵地“翻牌”。要从青少年组织架构、工作人员队伍建设、服务项目开发上狠下功夫，切实把社区共青团和青年工作的组织、阵地、项目有机地结合起来，相互融合。

2. 避免程式化。青年中心建设处于探索、思考的阶段，团中央虽然在大的原则方面有统一的规范要求，但在具体的推进过程中要因地制宜，鼓励基层的实践创造。青年中心章程、青年中心形象标识系统需要统一规范，但是在青年中心建设模式、功能开发、项目设计上要充分鼓励各地积极实践、大胆创新，避免一刀切、僵化、泛化倾向。

3. 避免形式化。青年中心建设需要大家以办事业的精神扎扎实实地去研究去实践，每一项青年中心的工作都要有实际效果，能长久发展。不能以搞活动的方式来建设青年中心，认为只要有了牌子就建成了青年中心。不能片面追求形式的完美，而忽视青年中心的实质性功能的发挥，这对团干部来说也是一次提高工作能力和工作水平的机会。坚决杜绝“盆景工程”、“形象工程”，要围绕党政中心工作，多为青年雪中送炭，杜绝做表面文章。

4. 避免行政化。团组织的性质是人民团体，是做群众工作的，不是行政管理部门，必须按照人民团体的工作方式来推动工作，避免行政化倾向。团干部不是“官”，不能只坐在办公室不去和青年接触。团组织要把工作层面直接放在广大青年身上，为青年服务。现在很多行政管理部门已经通过“一站式”服务拉近了与人民群众的距离，青年中心更要避免行政化的倾向，要采取非行政手段开展青年中心建设、发展青年中心会员、运转青年中心项目，把青年中心建设成为直接面向青年、贴近青年、服务青年的窗口。

这次工作会议既是前一阶段试点工作的初步总结，也是下一阶段全面推进城市青年中心建设的部署和推动。各级团组织要高度重视青年中心建设工作，用青年中心这项工作带动城市共青团工作的全面发展。借此机会，我代表在座的全体同志，向中共浙江省委、中共杭州市委的领导对共青团工作的关心、支持表示衷心的感谢，向为这次会议付出辛勤劳动的浙江团省委、杭州团市委的全体同志表示感谢。

打造社区青年文化，丰富青年文化内涵

——杨岳在全国社区青年文化建设研讨会上的讲话

2003年12月15日

我们召开这次研讨会是为了总结共青团组织近年来开展的社区青年文化建设工作，探讨青年文化与社区文化在新的历史时期的融合与发展，研究打造社区青年文化的工作思路和有效措施。近年来，社区青年文化建设始终是共青团社区工作的重要内容，各级团组织围绕创建“青年文明社区”、青年文明社区大家乐、社区青年文化节等项工作，积极探索、精心组织，不断丰富社区青年文化内容，创新活动形式，开展了青年文化节“千场展演”、“青年文明社区大家乐”评展、文明新风进我家、劲舞大家跳、百部爱国影片进社区、书友之夜、青春大舞台等活动，取得了显著的工作成效，得到了党政部门的肯定和青少年的广泛参与。共青团在参与社区青年文化建设的实践中也逐步叫响了自己的品牌，形成了自己的特点：

1. 参与主体有明确的青年指向。社区青年文化的创造者、参与主体、承受者都是青年，其发展的直接动因来源于广大青年的需求。青年的文化需求和社区文化建设的充分结合是塑造社区青年文化的出发点和归宿，也只有这样，社区青年文化才能长期扎根，才能可持续地发展下去。

2. 组织方式符合青年活动特点。社区青年文化活动没有固定的模式，不受场地条件的限制，可大可小，完全根据具体需要来组织。既可以参与到由有关部门、街道和社区组织的社区大型活动中，也可以在群众自发开展的小型文体活动中进行，不受雅俗、规模限制。

3. 活动内容满足青年多样需求。社区内青年结构复杂，层次各异，对文化的需求各不相同。社区青年文化源于青年，服务于青年，活动内容多种多样，融文化、体育、教育、科普、卫生、社区服务于一体，以灵活多样、多渠道的形式满足了不同层次青年的文化需求。

4. 实现方式体现青年的自娱性。社区青年文化的实施主体是社区内的青年，它的内容是青年日常生活的反映，是青年对时尚追求的自我体现，所以社区青年文化具有明显的自娱性。青年们通过参加各种文化活动形式，积极参与、自我表现、争优争先，以满足精神上的愉悦、心态上的调整，并从中体验成功，树立自信，陶冶道德情操，提高审美情趣。

5. 影响范围超越了青少年群体。社区青年文化作为社区文化的组成部分，必然面向全体社区居民，从而使青年文化活动由青年个体扩展到青年群体，由家庭、楼院延伸到小区、街道，由群体文化到社区文化，从多种知识学习、兴趣社团到各类志愿、便民服务等等，都使社区青年文化足以影响每个人和每个家庭、楼院、企业、学校。

总结分析共青团这些年来开展社区青年文化建设的实践，得出了三点比较成熟的经验，在今后的工作中需要我们继续加以坚持。一是开展社区青年文化建设必须以“三个代表”重要思想为指导；二是开展社区青年文化建设重在继承中华优秀传统文化，弘扬和培育民族精神，以文化培育青年，以充满青春气息的文化影响和

带动社区文化的建设和发展；三是开展社区青年文化建设要采用符合青年特点、青少年喜闻乐见的方式来激发青年的内在活力和主动参与的积极性，满足青年的文化需求。

结合福建团省委、上海团市委、深圳团市委、青岛团市委负责同志的发言和有关专家的观点，我就如何进一步加强社区青年文化建设，谈几点意见，供大家参考。

一、着眼长远，高度重视社区青年文化建设

1. 高度重视社区青年文化建设是我国文化发展战略的需要。文化安全已经构成当代国家安全的重要组成部分，面对西方敌对势力对我国的西化、分化，更加需要加强我国的文化建设。中共中央政治局常委罗干在全国政法工作会议上指出，要从国家安全战略的高度重视西方敌对势力对我国西化、分化的图谋。他强调，当前以美国为首的西方敌对势力对我实施西化、分化的图谋不会改变，妄图推翻中国共产党的执政地位，颠覆社会主义国家政权的既定目标不会改变，利用所谓人权、民主、宗教、新疆、西藏、台湾等问题进行渗透、颠覆的基本手段不会改变。

经济全球化随之而来的是市场的开放。有专家指出，经济的全球化同时带来文化全球化的趋势，西方敌对势力对我国文化侵略随之而来，冷战以后国家安全已经从一般意义上的军事、外交、情报等领域扩展到社会生活的各个方面，包括社会、政治、经济、金融、文化等等，而且各个领域相互联系、相互影响。苏联和东欧前社会主义国家发生剧变以后，西方敌对势力下一个和平演变的目标直接指向了社会主义中国，和平演变的手段逐步从军事的威胁演变为文化的侵略，通过文化产品的输出，着眼于改变我们下一代、青年一代的价值观、世界观、思维方式，从而接受西方的价值观念。我们从事共青团和青年工作的同志也要从国家安全和社会安全的角度清醒地认识这一点。

目前西方文化对我国的渗透、侵略主要表现为以下几个方面：

（1）宗教文化影响。现代人生活节奏快，心理压力大，面对的世界瞬息万变，导致人们对宗教慰藉的需求不断增长。西方敌对势力利用这一时机，已经将宗教作为主要的思想渗透手段，以援助、传授教义、图书和影视产品、网络等形式对我国文化进行渗透，而且将宗教渗透和政治渗透结合起来；一些非法宗教组织在境外势力的扶持下，发展信徒，与我们争夺群众，特别是争夺青少年。我国实施的是宗教信仰自由政策，但是坚决反对非法的宗教活动，抵制西方国家通过宗教渗透干预我国内政。

（2）传媒文化影响。西方国家通过影视作品宣传西方的意识形态，妄图对我国青少年的思想意识进行渗透，以实现和平演变的图谋。同时西方的不良影视作品还对青少年的身心健康产生了负面的影响。数据表明，青少年的违法犯罪行为和暴力文化有密不可分的联系，美国圣路易斯华盛顿大学一位教授在研究美国中学生暴力倾向后指出，美国崇尚享乐、自我中心的文化是青少年暴力事件的罪魁祸首。

（3）时尚文化影响。目前时尚文化对青少年冲击很大，青少年中的哈韩、哈日、哈狗的现象渐渐引起社会越来越多的关注，并且逐步形成"哈一族"青少年群体，这些文化所宣扬的意识形态和我们的传统文化、现代精神是相违背的，已经不可避免的对我国当代的青少年产生了负面的影响。

2. 高度重视社区青年文化建设是青年全面成长的需要。胡锦涛总书记在中央政治局第七次集体学习时指出："大力发展社会主义文化，建设社会主义精神文明是贯彻落实'三个代表'重要思想的必然要求，是全面建设小康社会的必然要求，也是促进经济社会协调发展和人的全面发展的必然要求。我们必须从全面实现小康社会的全局和实现中华民族伟大复兴的高度深刻认识加强文化建设的重要意义，在推进社会主义物质文明和政治文明建设的同时，更加自觉地推进社会主义文化建设。”我们要努力构建中国特色的青年文化体系，通过文化的建设改进青少年思想政治教育的手段，加强对青少年的爱国主义、集体主义教育，激发青少年的主动性和创造性，将青少年的聪明才智凝聚到祖国现代化建设和全面建设小康社会的伟大目标上去，最终实现青少年的自身价值和社会价值的统一，促进青年全面成长。

3. 高度重视社区青年文化建设是社区建设和发展的需要。随着我国经济社会发展和城市管理体制改革，社区建设的方方面面取得了很好的成效。增强社区居民的归属感，融洽社区居民的人际关系，提升社区的文化品位，培育社区居民的共同意识，越来越成为社区建设的重要内容。青年文化是有中国特色社会主义精神文化的重要组成部分。青年是社会的晴雨表，青年引领社会风气，建设好青年文化也是建设有中国特色的社会主义文化的重要内容。因此，青年文化在加强社区文化建设、培育社区精神等工作中必不可少。在社区文化建设中，青年是排头兵，一定要把青年文化建设好、弘扬好。

二、坚持创新，打造社区文化

胡锦涛总书记在同团中央新一届领导班子成员和团十五大部分代表座谈时指出，共青团事业的发展正处在一个新的历史起点上，共青团工作要在工作思路上创新，在工作方式上创新，在自身建设上创新，推动共青团工作不断焕发出蓬勃的生机和活力。我们要在社区青年文化建设上推出新的举措，作为贯彻“三个代表”重要思想、落实团十五大精神的重要内容。

1. 打造社区青年文化是加强思想政治工作的重要举措。随着市场经济体制的建立和社会的不断发展，青年面临的世界越来越纷繁复杂，加强对青年世界观、人生观、价值观的适当引导就显得越来越重要。一个国家在社会转型、体制转轨阶段，社会问题在青年身上得到了集中体现，特别是随着人们从单位向社区的回归，社区的服务功能、教育功能、管理功能逐渐凸现出来，青年的思想教育更要由单位、学校的说教式向潜移默化的文化影响转变，即文化育人，这就要求通过社区这一平台加强青年思想政治工作。社区思想政治教育的基础性工作和关键环节，是要找到适应社区青年思想政治工作的有效的社会动员和资源整合方式，而社区青年文化具备的特点恰恰符合这些要求。社区青年文化建设是提高社区青年思想道德和科学文化素质，积极引导广大青少年投身社区两个文明建设的重要工作途径，是青年最容易接受的工作载体，是调节青年心理情绪，调动青年积极性的重要方法。加强青少年思想政治工作，也是党对青年成长的要求，是青年自身成长的要求。我们要探索在新形势下以社区为平台的社区青年文化建设，从而加强青少年思想文化建设。

2. 打造社区青年文化是团组织参与社区文化建设的有效途径。青年是文化建设的主力军，富有青春朝气和引领时尚的激情，要充分发挥青年文化在社区文化中的龙头作用。发展社区文化是当前社区建设和社区发展的重要工作内容，这是因为通过社区文化开展工作容易组织，群众容易接受，对于凝聚人心、凝聚党心起着重要作用。社区文化是社区内部进行对话、交流的基础，社区青年文化是在此基础之上对青年的引导机制，是根据青年身心发展特点逐步形成的文化氛围。共青团组织充分地参与社区文化建设对于做好新时期的青年工作，巩固党在青年中的执政基础意义重大。社区青年文化也是共青团社区工作的重要组成部分，为团组织主动贴近和服务广大青年提供了新的方式。同时，加强社区青年文化建设，广泛开展丰富多彩的青年文化主旋律活动，对整合社区团的资源有着极其重要的作用。社区青年文化的重点不是改变青年在社区的环境或物质条件，而是创造青年在社区内的交流和发展机会，树立青年的社区意识，参与社区的建设和发展。

3. 打造社区青年文化是加强青年文化建设的重要环节。青年生活、休息在社区,社区青年文化作为青年文化的组成部分,发挥着丰富青年业余文化生活,传播文明新风,倡导健康生活方式,展现社区群众性青年文化活动风貌的作用。社区青年文化也是具有青年特色的校园文化、企业文化、军营文化和网络文化在社区的综合体现和汇集。青年在社区的状态最真实,也最容易真实地表达其文化需求,所以社区青年文化是加强青年文化建设不可偏废的重要内容。打造社区青年文化,可以有效巩固青年文化建设基础,满足青年的文化需求和参与社区生活、社区建设的愿望。

4. 打造社区青年文化是促进青年全面发展的必要手段。青年时期是人一生中极其重要的阶段,是世界观、人生观、价值观形成的时期。社区是青年人格养成的客观环境,社区环境和社区氛围对青少年的成长发挥着潜移默化的影响。我们都知道"孟母三迁"的故事,就是讲社区对人的影响不可忽视,社区之间人对人的影响不可忽视。在现代社区中,正确的价值观占主导地位,将有助于青年的健康成长,对青年行为发挥积极的正面引导作用,为青年正确人生观的建立奠定基础,杜绝青年越轨行为的产生,使其自觉遵守社会的行为规范。社会学的研究表明,在青年犯罪率较高的地区,往往社区文化欠佳,次文化和亚文化盛行。在这类社区中长大的青年,是非观念不强,自私心理较重,行为自制力低,这些不良人格因素与犯罪行为有关。因此,打造健康向上的社区青年文化,对于促进青年全面发展具有积极的推动作用。青年通过参与社区青年文化活动不断体现自身价值,推进社区文化发展和社会文明程度。

三、形成合力,加强社区青年文化建设

塑造积极、健康的社区青年文化,共青团组织具有责无旁贷的责任,要紧紧把握时代脉搏,结合青年中心建设工作,在原有的工作基础上,根据青年的心理特性和需求,加强这方面工作。

1. 服务青年的文化需求。要尊重青年在社区青年文化中的主体地位,从青年的视角去组织开展社区青年文化活动,不能包办,要积极鼓励青年自己来当社区青年文化活动的组织者和参与者。社区的特性是社区居民的参与性和自主性,就是要鼓励居民参与社区管理、服务和社区文化建设。结合青年的特点,就是要瞄准青年的特点找准文化建设的定位。事实也证明,一些青少年根据自己兴趣爱好组织的活动就很有青年市场,而一些组织行为色彩重的活动效果就不如人意,所以要着眼于青年的文化需求推动社区青年文化建设。

2. 整合社区文化资源。整合社区文化资源包括硬件和软件方面的资源,在硬件建设上,要推动社区内现有资源的整合,社区内现有的文化资源应全部面向社区居民,实现共享;另一方面,要采取市场化、社会化的运作方式吸引社会资源,投入到社区青年文化设施建设,服务于社区的文化建设,服务于青少年健康成长。各地已经有了不少的好的经验和做法,福州市举行的社区青少年"三人篮球"运动,就是在这方面积极的尝试。在软件建设方面,社区内已经有了很多丰富多彩的文化活动项目,文化部和有关部门在社区实施了文化信息共享工程,在社区内通过信息化的手段实现文化系统博物馆、图书馆、影剧院、艺术团体、文化产品的资源共享。共青团组织要积极和文化部门、民政部门进行积极的合作,主动参与,实现社区文化信息的资源共享。

3. 促进不同类型青年文化在社区的融合。要针对不同地区、不同发展水平的社区引进充满青春活力和青年特点的校园文化、企业文化、军营文化和务工文化,促进多种青年文化在社区的融合,形成互动,让每一个青年、每个青年群体都参与到社区青年文化建设中来,形成青年文化与社区文化良性互动的机制,产生区别于其他文化的独特社会效果。通过融合

形成内容丰富、各具特色的社区青年文化，帮助青年实现提高自身素质、发展人际关系、激发内在活力、丰富业余文化生活的愿望。武警上海总队一支队团委和黄浦区团委携手开展了以“思想工作联抓、公益事业联做、文体活动联谊、人才培养联手”为内容的“四联”活动，成效显著，得到武警总部和团中央的肯定。部队为社区青年上国防课，开展军训，军地联办“进城务工青年学校”，武警战士长期照顾孤寡老人等工作深深地影响了社区青年；社区青年为战士们制定了英语、电脑培训计划。军营文化进社区为警营官兵、社区青年搭起了服务和奉献的平台，同时也提供了自身成长和发展的舞台。我们最近将要实施校园文化进社区活动，引导高校文化进社区，既是丰富社区文化活动，也是广大高校大学生受教育、长才干的一个重要形式，我们已经提出了动员一百所高校到一千家社区搞一万场文艺演出的活动计划。

4. 扶持社区青少年文体社团。随着资源配置方式的转变，利益主体和社会文化的多元发展，青年社团对青年的吸引力越来越大，周围聚集的青年越来越多。青年在社团中可以找到志同道合的朋友，可以找到自己学习、模仿的目标，可以锻炼组织能力和交际水平，可以在活动中体会成功，树立自信。所以，近年来青年社团包括虚拟网上青年社团发展迅猛，共青团要积极关注新型社区青年文化组织的发展，把他们团结在团组织周围，成为我们开展共青团工作和青年工作的一支重要工作力量。加强青年中心建设也是着眼于此，通过青年中心建设来团结凝聚更多的青年团体、更多的青年，体现共青团核心作用。这也是尊重青年主体地位，扩大社区共青团工作覆盖面，建立社区青年工作骨干队伍的要求。比如杭州市西湖区文新街道德加社区就有十多个青年文化社团聚集了几百个青年，形成了社区文化建设的一支重要力量。共青团组织要通过资金和政策的扶持发掘、培育社区青少年文艺团体，积极鼓励支持他们的日常活动，为他们提供物质和政策支持，通过文化的力量实现对青年群体的有效覆盖。

5. 培育社区青年文化活动品牌。总结多年来的经验，社区青年文化的发展不能靠泛泛的发动，要靠青年欢迎的具体项目来团结青年，推动社区文化的发展。要打造和培育社区青年活动品牌，比如我们多年坚持的大家乐活动，经过几年的发展，这个活动品牌已经成为广为接受的社区文化品牌。这次我们到福建来观摩社区“三人篮球”活动，就是要推广社区“三人篮球”活动项目，把社区“三人篮球”项目逐步发展成为社区里较有影响的文化品牌，国家体育总局有关部门对这项活动给予了积极支持。希望各地团组织开动脑筋，着力加强社区青年文化品牌培养，坚持好的品牌，同时积极开发新的被青少年认可的品牌，通过社区青年文化品牌建设凝聚青年，吸引青年。

同志们，社区青年文化建设对于加强青年文化建设，促进社区文化的发展具有十分重要的作用。我们要通过打造社区青年文化寻找青年文化事业与社区建设发展的交汇点，服务城市和社区的文明建设；探索社区青年文化与青年发展的着眼点，促进青年的成长成才；发现青年对文化的兴奋点，吸引更多的青年参与社区青年文化建设，使社区青年文化更好地面向广大青年。在此，我代表与会同志向中共福州市委、福州市政府的有关领导表示衷心的感谢！向为这次会议顺利召开付出辛勤劳动的共青团福建省委、福州市委的同志们表示衷心感谢！

杨岳在共青团十五届二中全会上的讲话

2003年12月26日

2004年是完善社会主义市场经济体制,全面建设小康社会的关键一年,也是贯彻落实党的十六大精神和团的十五大精神,按照党中央书记处指示精神推动共青团工作,立足新起点、开创新局面的重要一年,是落实《全面建设小康社会进程中共青团工作战略发展规划》部署,加强共青团机制建设,取得新成效的关键一年。按照党中央书记处指示精神、兆国同志重要讲话精神和周强同志讲话要求,就学校战线和社区权益战线重点工作讲几点意见。两条战线的工作将专门召开会议进行部署,在此谈些思路和看法,仅供同志们参考。

一、关于学校战线的工作

学校战线要按照党中央书记处"要把加强青少年思想政治工作放在突出位置来抓"的指示要求,抓住理想信念教育这个思想政治工作的核心,进一步加强学校共青团工作,以"大中学生素质拓展计划"为统揽,强化团的思想教育功能,加强团的基层组织建设,竭诚服务青年学生成长成才,突出抓好理论武装、校园文化、服务能力和组织建设等方面工作。

1.加强理论武装工作。学校共青团要始终坚持把用"三个代表"重要思想武装教育青年学生作为首要政治任务,努力构筑当代青年学生强大的精神支柱。要着眼"三进"(进课堂、进教材、进学生头脑),深化"五抓"(抓活动、抓实践、抓骨干、抓社团、抓网络),特别要发挥学生骨干、理论社团、网络阵地的作用,增加形势政策教育内容,突出实践教育的环节,围绕全面建设小康社会与青年学生历史责任开展主题教育和主题团日活动,在增强学生学习理论的主动性、理论学习的针对性、实效性上下功夫。

2.建设校园文化。学校团组织要强化文化育人功能,占领校园文化阵地和网络阵地,坚持思想观念、宣传舆论的正确导向。要尊重青年学生的主体性,提高青年学生的参与性,激发青年学生的创造性。要把校园文化建设作为推动民办高校团的建设和团的工作的重要切入点和着力点。

科技活动,要着眼提高。深化"挑战杯"竞赛活动,突出创新、创业的主题。探索单科竞赛活动,扩大参与面,进一步完善竞赛体系。

文化活动,要培育品牌。巩固"中国大学生校园歌手大赛"等已有活动品牌,筹划校园DV大赛、Flash大赛、大中专学生职业技能大赛等活动项目,培育引导新的校园文化热点,用品牌活动牵动校园,加强正面引导,提高青年学生的综合素质。

学生社团,要支持发展。要加强社团建设,特别是制度建设和队伍建设,使学生社团成为团学组织的有益帮手和助手,成为培养学生骨干、锻炼提高素质能力的学校。在对高校社团进行调研基础上,将于适当时机与教育部共同召开加强高校学生社团工作会议。

3.提高服务能力。学校团工作要坚持教育与服务并重,加强服务能力建设。要把握心理健康服务和就业创业服务两个重点。大中学校都要关注学生心理健康问题,抓好阵地建设,特别是网络阵地建设;其次要抓好队伍建设,加强团干部心理辅导专业技能培训,提高素质,要吸纳专家、学者、医生,发展学校心理咨询兼职队伍。支持心理健康专业类学生社团的发展,提高学生骨干的意识和能力,加强学生的自我教育和自我管理，减少心理问题，做好预防工作。

强化就业创业服务。结合大学生素质拓展证书发放和电子版的推广普及，加强就业创业的引导，完善学生就业创业机制。着力推进“大学生志愿服务西部计划”、“选拔高校毕业生到西部基层工作”等重点工作品牌。实施“大学生就业见习行动”，加强就业辅导，建设见习就业基地，在促进学生转变择业观念、提高就业能力、提供信息服务等方面下功夫。

4. 加强组织建设。学校团的组织建设是各项工作的前提，是基础，是保障，必须坚持不懈地抓实抓好。组织建设的着力点要放在基层团支部，增强团支部的活力、凝聚力和战斗力。要加强激励机制建设，不在评上下功夫，要在建上求实效，促进基层支部细胞的活跃。

要加强队伍建设。围绕学生思想动态监测预警机制的建设与完善，加强学校团干部队伍和学生骨干队伍建设，畅通信息渠道，完善信息收集网络，形成经常性的动态监测机制，以能够及时、全面、准确地把握学生思想动态。要加强处理校园突发事件应急机制的建设，增强团学干部队伍政治意识和维护稳定意识，加大培训力度，提高应急能力和组织发动、控制事态能力，发挥团学组织的积极作用，维护校园稳定和社会安定。

二、关于社区权益战线工作

社区权益战线要围绕“青年成长社区计划”，以城市青年中心建设为龙头，抓好社区团建创新，打造社区青年文化，服务重点群体，加强维权和预防工作，推动城市共青团工作的新发展。

1. 全力推进城市青年中心建设。要坚持体现继承性、立足公益性、注重实践性、突出实效性的原则，树立重服务、求创新、促整合、抓建设的工作理念，加快城市青年中心建设步伐。建设中要加强统筹规划，坚持基本规范化目标，把握功能定位，拓展服务项目，完善运行机制，鼓励基层实践创造。要发挥共青团组织的核心作用，建设好“服务青年、联系青年、凝聚青年”的新型社区青年组织，构筑好新平台，培育好新纽带，建设好新阵地。当前要在已有社区青少年活动阵地基础上加快推进城市青年中心试点工作，用一年时间实现20%的覆盖率，三年时间实现城市街道青年中心的整体覆盖。

2. 打造社区青年文化。突出文化育人，充分调动社区青年积极性和创造性，以弘扬和培育民族精神为主线，积极培育社区文化和社区精神。要整合社区文化资源，借助行政资源和采取社会化运作，推动建设青少年体育俱乐部等活动阵地，要培育社区文化活动品牌，开展社区青年文化节，推广社区三人篮球运动，促进校园文化、企业文化、军营文化、务工文化的融会互通。要大力扶持社区青少年文体社团，建设“大家乐舞台”等社区文化阵地，活跃社区文化，丰富社区群众精神文化生活，增强社区的归属感和凝聚力。

3. 服务重点群体。要关注社区困难弱势群体，丰富服务手段，完善服务内容，争取各类资源，扎扎实实多办实事，多做好事。要进一步深化“进城务工青年发展计划”，创新进城务工青年团建模式，建设进城务工青年之家等服务阵地，完善服务项目体系，培育和引导务工文化，维护合法权益。推进千校百万进城务工青年培训计划，加强就业中介和社区就业信息服务，促进有序流动和安置就业，大力加强职业技能培训，提高就业能力。

4. 强化维权和抓好预防。以省市青少年权益保护中心建设和深化青少年维权岗创建工作为着力点，净化社会环境，提供法律援助，完善维权网络和建立维权协调处理机制。大力推进“青少年违法犯罪社区预防计划”，夯实犯罪预防的基层基础。抓住社区闲散青少年重点群体，做好服务和管理工作，增强帮扶工作的针对性和实效性，加强研究逐步建立青少年违法犯罪监测预警机制，努力减少青少年违法犯罪。

尔肯江·吐拉洪同志讲话

尔肯江·吐拉洪在全国农村青年中心建设试点工作现场推进会上的讲话要点

2003年8月26日,根据录音整理

全国农村青年中心建设试点工作现场推进会,是在全团深入学习贯彻党的十六大和胡锦涛总书记"七一"重要讲话精神,进一步兴起学习实践"三个代表"重要思想新高潮;深入学习贯彻团的十五大精神,努力开创共青团工作新局面的重要时刻召开的一次重要会议。团中央书记处对这次会议的召开高度重视。会前,团中央书记处办公会议专门听取了青年中心建设工作的情况汇报,提出了推动这项工作的具体措施。

团中央书记处第一书记周强专门给会议发来贺信,要求各级团组织以创新为动力,研究新情况,解决新问题,走出一条符合实际的新路子;以服务为主线,改进服务方式,增强服务能力,把服务大局、服务青年贯穿于工作的全过程;以发展为目标,把握发展机遇,开发人力资源,动员组织亿万农村青年为全面建设小康社会贡献青春、智慧和力量。团中央书记处常务书记赵勇同志在讲话中全面深入地分析了建设青年中心的必然性和重要意义,强调指出建设青年中心是共青团在新的历史起点上推进团的事业发展的重大战略举措;明确提出要按照"七个一"的规范化建设目标,逐步把青年中心建设成充满活力和具有强大服务功能的社区型青年组织;要求各级团组织和团干部始终保持学习的状态、创新的状态、忧患的状态和奋斗的状态,做好试点工作,解决关键问题,努力把农村青年中心建设工作扎实向前推进。周强同志的贺信和赵勇同志的讲话精神,对于我们统一思想,提高认识,扎实推进青年中心建设工作具有很强的针对性和指导性,各级团组织要认真学习领会,在实际工作中切实贯彻落实。

结合贯彻落实周强同志贺信和赵勇同志讲话精神,以及团中央日前印发的《全国农村青年中心建设试点工作方案》,我再提几点具体要求:

一是要高度重视,加强领导。各级团组织要把农村青年中心建设作为关系到农村团的工作全局的大事来抓,放在突出位置,摆上重要日程,切实加强组织领导。要专门成立试点工作领导小组,书记亲自抓,分管书记具体抓,有关部门配合抓。团内各部门要协调一致,齐抓共管,整合资源,形成合力,共同推进农村青年中心建设。

二是要争取支持,狠抓落实。要积极争取各级党委政府的关心支持,为青年中心建设提供有力的政策保障。特别是试点地区的团组织,要把试点工作作为各项工作的重中之重,积极争取党委政府的重视和有关部门在人力、物力、财力等方面的具体支持。要围绕逐步实现青年中心建设"七个一"的总体目标,办实事,用实功,求实效,一件事一件事地抓,一个方面一个方面地完善，切实把青年中心建设成为极具活力和服务力的新型社区型青年组织。

三是要因地制宜，大胆创新。对青年中心这项全新的工作，各地要坚持一切从实际出发，采取灵活多样、切实可行的建设方式。条件具备的地方，可以建设软硬件配套、功能较为齐全的青年中心；条件尚不完备的地方，青年中心的建设可以相对简单，不求全责备，待条件成熟以后再逐步丰富和完善。要充分尊重基层团组织的创造精神，鼓励基层团组织开动脑筋，放开思路，大胆地试，大胆地闯，努力在实践积累的基础上，闯出一条团建创新和服务大局、服务青年的新路子。

四是要总结成果，推广经验。要加强工作联络，加强信息沟通，及时了解试点工作动态，及时将试点工作的情况汇总上报。要深入调查研究，善于总结基层好的做法，使之尽快从感性认识上升到理性认识，形成一整套可操作、可推广的工作经验。要抓好一个点，带动一个面，积极稳妥地推动青年中心建设在更大范围内试点，为全国普遍推开做好思想发动和实践准备工作。

尔肯江·吐拉洪在“保护母亲河——真情无限纪念林”建设启动仪式上的讲话

2003年9月20日

今天，我们在母亲河——黄河岸边，为“保护母亲河真情无限青海纪念林”揭碑，这标志着“保护母亲河——真情无限纪念林”活动正式进入建设施工阶段。

保护和改善生态环境，实现可持续发展，是我国现代化建设始终坚持的基本方针。1999年初，为深入贯彻落实党和政府关于生态环境建设的一系列重要指示精神，引导和动员广大青少年和社会各方面力量参与国家生态环境建设，共青团中央联合全国绿化委员会、全国人大环境与资源保护委员会、全国政协人口资源环境委员会、水利部、农业部、国家环保总局、国家林业局、中国青少年发展基金会共同发起实施了“保护母亲河行动”。这是一项以保护和改善生态环境为宗旨的社会公益活动，它通过广泛宣传生态文明理念，对广大青少年和社会公众进行生态环境教育；通过“5元钱捐植一棵树”、“200元钱捐植一亩林”、“天天环保”、“绿色承诺”等方式，探索了一条动员社会公众参与国家生态环境建设的新途径；通过建设保护母亲河工程，“青春在绿色工程中闪光”活动直接参与国家重点生态工程建设；通过开展“生态监护”、“保护母亲河号创建”等活动广泛开展体验；通过“中日青年绿化活动”、“澜沧江—湄公河友好之船”等活动加强国际间青少年生态环保交流。5年多来，保护母亲河行动共筹资2.5亿元人民币，建设了882个规划面积287万亩的生态工程；动员了3亿多青少年和社会公众参加，已经成为广大青少年和社会公众参与生态环境建设的一个重要渠道，成为对青少年进行爱国主义教育和生态环境教育的一个新的有效载体。2002年“五四”青年节，江泽民同志为保护母亲河行动亲笔题词“保护母亲河”。

为进一步加大保护母亲河、保护生态环境的宣传力度，动员社会力量在黄河、长江等母亲河沿线植树造林、治理水土流失，为改善母亲河流域的生态环境做贡献，全国保护母亲河行动领导小组办公室和中央电视台《真情无限》栏目联合开展了“保护母亲河——真情无限专题节目制作活动”。这是保护母亲河行动社会化运作的又一成功探索，是与强势媒体合作的成功范例，对于保护母亲河行动的社会化发展具有重要意义。首先，开拓了保护母亲河行动募集工程建设资金的新思路。以流域为区域专项募集捐款，以建设纪念林为主要内容，捐款指向明确，可以积少成多，有利于集中分散的资金建设保护母亲河工程。第二，将宣传保护母亲河的理念与建设工程有机结合，增强了宣传效果。《真情无限》栏目是中央电视台三套黄金档的名牌栏目，在观众中有稳定的收视群体。每月一次的真情无限林公益拍卖节目包括介绍黄河沿岸自然情况的专题片、文艺节目以及环保理念的阐述，形式新颖，内容丰富，形成系列，大大增强了保护母亲河行动的社会影响力。第三，探索了一种整合社会各方面资源，发挥各方优势共同推动保护母亲河行动发展的新模式。艺术家贡献自己的作品，社会团体、企事业单位通过购买艺术品的形式捐款，媒体发挥综合优势，宣传艺术家们和捐款单位的义举，电视观众通过观看节目接受生态环境教育，一举多得，综合效应显著。

“保护母亲河——真情无限纪念林”是“保护母亲河——真情无限专题节目制作活动”的固化的、有形的成果，是活动组织者、参与者和广大电视观众爱心的凝聚，活动开展的青海、四川、甘肃、陕西、宁夏、内蒙古、山西、河南、山东等9省区的团组织要积极配合相关电视片的拍摄、纪念林地点的选择等工作，特别是要建设好、维护好纪念林，确保建设质量和效果，集中连片，形成景观，并逐步完善功能，把纪念林建成对青少年和社会公众进行生态环境教育、开展生态体验活动的基地。全国保护母亲河行动领导小组办公室要与《真情无限》栏目密切协作，不断提升节目的教育性、娱乐性、可视性，把节目办成宣传生态文明理念的窗口、弘扬生态文化的品牌、打造生态文艺精品的阵地。

保护母亲河，保护生态环境是一项长期而艰巨的任务，也是一项崇高而伟大的事业。让我们高举邓小平理论伟大旗帜，深入贯彻“三个代表”重要思想，落实江泽民同志“保护母亲河”题词精神，为我们的母亲河永远明净，为再造祖国秀美山川，为中华民族可持续发展做出新的更大贡献！

尔肯江·吐拉洪在全国农村青年中心试点工作座谈会上的讲话

2003年11月1日

这次座谈会，是继全国农村青年中心建设试点工作现场推进会和全国社区青年中心建设工作会议之后团中央推进青年中心建设的又一重要举措，团中央书记处对这次会议非常重视。这次会议的主要任务是通过进一步交流试点工作的做法和经验，共同研讨推出《农村青年中心章程(试行范本)》,努力实现各地青年中心建设思想认识上的进一步统一,内部运作上的进一步规范,试点实践上的进一步深入,全面推进全国农村青年中心试点建设工作。

青年中心建设工作非常重要。今年年初,周强同志在团中央扶贫点山西省灵丘县调查研究时提出要在全国农村和城市社区建立青年中心以后,团中央召开务虚会对青年中心建设进行了专题探讨,大家一致认为建设青年中心是新世纪新阶段推进共青团工作和建设的战略性举措,适应了社会的发展要求,适应了青年的多样化需求,适应了党政对青年工作的要求。随后,团中央在一些地方进行了先期试点,初步探索出一些好的做法和经验。团十五大根据试点探索的情况,正式把建设青年中心作为一项战略任务写进工作报告,并在会上达成共识。8月下旬,团中央召开全国农村青年中心试点工作现场推进会,进一步明确了总体工作思路,确定了试点工作范围,提出了具体落实措施,并对农村青年中心试点工作进行了全面的部署。最近周强同志对青年中心建设作了一系列重要的指示,赵勇同志作了一系列详细的安排和部署,并提出了许多非常好的工作思路和指导意见,我们要在实际工作中认真学习贯彻,狠抓落实。下面,谈三点意见:

一、进一步提高对农村青年中心建设试点工作的认识

建设青年中心是共青团组织实践“三个代表”重要思想,深入贯彻党的十六大精神和落实共青团十五大精神,在新的历史起点上推进团的事业发展的重大战略举措,是共青团适应公民社会发展的重大创新,是适应青年社会结构变化的重大创新,是适应市场经济条件下解决青年问题的重大创新,是不断增强内在活力的重大创新,是共青团组织更好地服务大局、服务青年和加强自身建设的战略选择。之所以讲四个创新,是由于社会发展变化很快,青年的需求日趋多样化,当前共青团工作和青年工作难以适应这些变化,虽然近年来各级团组织做了大量的工作,但是还有很多领域的工作是我们想做而做不了的。建设青年中心就能很好地在更多领域为共青团提供发挥组织功能的空间,更好更多地竭诚为青年服务。

青年中心建设必须按照试点先行,积极稳妥,务求实效的原则扎实推进,要成熟一个发展一个,保持它持久的活力和生命力。自全国农村青年中心试点工作现场推进会以来,各地迅速行动,积极推进试点工作,省级团委普遍召开书记办公会议,听取了一次台州会议精神汇报,研究了一次青年中心建设工作,制定了一个试点工作落实方案,有的省市已召开了一次现场推进会。承担试点工作的市、县,普遍召开了党委常委会,听取了试点工作汇报,成立了专门的领导机构,制定了具体的工作方案,出台了相关的支持措施。各地已新建起一批农村青年中心,解决了农村青年的很多实际问题,受到了青年的欢迎,成效非常显著。当然,青年中心是一个新概念、新载体和新措施,在农村青年中心试点实践过程中,各地对青年中心的基本定位问题、组织创新问题、实践操作问题等有各自不同的看法和理解,这很正常,但从一定程度上影响了试点工作的推进力度,需要进一步强调、统一和协调。

通过试点实践和理论探索,我们对青年中心的理论和实践的认识有了进一步深入。青年中心建设的总体要求是围绕建起来、活起来、亮起来三个关键环节,着力在组织、工作、阵地和机制方面进行创新,通过工作方式社会化、建设模式多样化、服务项目菜单化、日常管理制度化的建设,努力分步实现青年中心“七个一”的规范化建设目标,即有一个组织、一个骨干、一个依托、一个网络服务平台、一套服务项目、一个章程和一个统一的形象标识,最终把青年中心建成充满生机活力的新型社区青年组织。举全团之力,用5年左右的时间,在全国普遍建立机制健全、运行良好、服务有效的农村青年中心。在青年中心的阵地依托上,可以按照“不求所有、但求所用”的建设思路,采取灵活多样、切实可行的多种建设方式。可以实行股份合作制,整合现有社会资源,采取合作方提供场地资金,团组织主要从事软环境建设等方式进行服务;也可以实行部门合作制,与党政有关部门合作建设,形成双方共建项目。在组织形式上,青年中心具有新的组织形态,是加入自愿、退出自由的社团法人,要探索会员制、理事会、网络化等组织形式,并以俱乐部或社团的方式开展活动,会员既是服务者又是建设者。在资金来源上,青年中心是非营利性组织,可以采取争取政府支持、社会赞助等方式解决运转资金,实现自收自支和自我运转,避免将青年中心建成单纯的娱乐场所和营利性场所。在人力保障上,基层团委的主要着力点是推动中心理事会的组建,帮助组织发展会员,抓实抓好秘书处的工作,各级团组织可以通过招募、选派大学生志愿者到青年中心担任管理骨干。在服务项目上,青年中心应大力开发菜单式服务项目,切实为农村青年、务工青年、青年学生、待业青年等基本群体提供具体服务,着重满足大众化需求。在管理运作上,青年中心具有新的管理形态,它的结构是扁平化的,直接面向青年,由青年自主管理,并积极探索社会化、市场化、项目化运作方式,以青年的需求为导向,广泛吸纳社会资源,坚持社会效益优先,同时兼顾经济效益,保持青年中心的可持续发展。在形象设计上,青年中心要统一标识。

试点工作时间短,任务重,意义重大,各试点单位要一鼓作气抓紧、抓实、抓好。今年试点工作时间只有两个月了,而青年中心建设作为一项全团第一创新品牌工作,我们的认识还有待于深化,需要探索的工作内容也比较多,我们所能够动员的资源也还很有限,全团第二批试点工作的成效,直接关系到青年中心建设今后在全团的推进程度和速度。任重道远,各试点单位要以创新为动力,大胆地尝试,勇敢地创造,认真总结经验,为农村青年中心建设探索出一条行之有效的道路。

二、以《农村青年中心章程(试行范本)》的推出为契机,扎实推进试点工作

青年中心是一种新型的组织形态。制定符合市场经济体制和青年特点,既具指导性又具操作性的章程是青年中心的核心和灵魂。《农村青年中心章程(试行范本)》的制定、规范和推行是推进农村青年中心建设的重要措施。各地要以《章程》的推出为契机,本着积极稳妥的原则,按照全面试点,逐步铺开;全面建设,逐步完善;全面推进,逐步规范的步骤,稳步推进农村青年中心试点工作。

《农村青年中心章程(试行范本)》是在初步总结各地试点工作的基础上制定的,供各地研讨参考,以推进青年中心建设管理的规范化。各地要在《章程》的指导下,重点做好以下三项工作。

第一,大力推进农村青年中心建立。要在明确中心基本定位、基本做法和基本方向的基础上,有步骤地全力推进青年中心建设,扎扎实实“建起来”。在建设上,团组织不能大包大揽,要把握好位置,着力点放在推动促进上;在服务上,要指导青年中心开发农村青年人力资源,服务农村青年增收成才,开发菜单式服务项目,用项目促进青年中心建设,吸引青年参与,服务青年成长发展;在管理上,要指导青年中心按照国家有关法律法规,在当地民政部门登记注册,并制定青年中心工作职责、领导机构、部门设置、运行机制、财务管理等一系列规章制度,制定青年中心管理骨干招募标准,推动青年中心规范化运作、项目化服务、品牌化经营、企业化管理。

第二,培训工作骨干,逐步形成一支相对

稳定的高素质的青年中心志愿工作队伍。要制定培训计划，大规模、有计划地培训青年中心志愿工作者，提高青年中心工作人员的业务素质，推动中心的可持续发展。青年中心的核心骨干要通过与大学生西部志愿服务计划密切结合，选派优秀大学生志愿者担任青年中心秘书长，专门从事青年中心的日常工作，为农村青年中心发展提供有力的管理人才支撑。

第三，开发青年发展项目。要通过开发青年发展项目，整合全团、全国乃至国外的资源，并采用项目化运作的方式，指导扶持青年中心开展活动和推进工作，更好地为农村青年中心建设提供有力的支持和服务，逐步探索一定区域的联网服务，以尽快构建全国性的网络服务平台，逐步实现青年中心的健康有序、可持续发展。青年中心先期可以以开发文化娱乐项目为主，但文化娱乐项目只是青年中心服务项目很小的一个方面，不是最终目的，更重要的是要为青年的成长成才开发全面的服务项目。

三、下一步试点工作应注意的几个问题

从各地的试点情况看，今后一段时间应注意以下几个问题：

一要着眼于组织创新。青年中心的建设，核心是组织创新。只有着眼于把青年中心建设成为面向所有青年，直接服务青年的新型社区青年组织，才能有力地推进团的工作思路、工作方式和自身建设的创新。在组织创新过程中，要正确处理好青年中心与党委、政府、团委、社团组织、阵地实体以及社会效益与经济效益、团务和青年事务、自办与承办等几个关系，即青年中心不是政府部门，但必须争取党委、政府的支持；不是团组织或青年联合会，但要在团委领导下建设和开展活动；是单个社团、单个协会的平台，是多个社团、多个协会的联结纽带；不能等同于阵地实体，但必须要有强有力的阵地依托；坚持社会效益优先，同时也要能够维持正常运转；不是包揽团务，而是通过依托青年中心建立团组织来重点承担新经济组织、新社会组织和流动团员青年的团务管理，受托承办社会化的青年事务。

二要坚持一切从实际出发。建设青年中心，要因地制宜，采取灵活多样、切实可行的方式。要积极争取各级党委、政府和有关部门的关心支持，注意整合政府、市场、社会和团内各种资源，开放互动，形成合力。条件具备的地方，可以建设软硬件配套、功能较为齐全的青年中心；条件尚不完备的地方，青年中心的建设可以相对简单，不求全责备，待条件成熟以后再逐步丰富和完善，不搞"一刀切"，关键是要推动建立新型的社区青年组织。

三要探索市场运作机制。在市场经济条件下，青年中心建设只有走社会化、市场化的路子，才能长期生存并充满活力。青年中心既要服务青年，也要生存发展，一开始就要建立一个既充分体现公益服务特点，又能够自我运转、收支平衡的运行机制。

四要尊重基层的创造精神。青年中心本身就是基层的创造，来源于实践，创新于实践。在建设过程中，要鼓励基层团组织开动脑筋，放开思路，大胆地试，大胆地闯，努力在实践积累的基础上，闯出一条服务大局、服务青年的新路子。

五要整合资源。要城乡互动、加强统筹，整合全团和社会资源，把社会各方面的资源挖掘好，尤其要把团的各条工作战线的优势发挥好，形成合力。要积极争取党委、政府和有关部门的大力支持，力争在人力、物力、财力等各方面出台具体的支持措施。

六要选择重点区域。在青年中心建设过程中，要注意选择青年相对集中，有一定服务需求，有一定规模人口的区域，建设农村青年中心，否则，建起来的青年中心没有青年参与，就失去了青年中心建设的价值和意义。

同志们，青年中心建设是一项事关共青团和青年工作全局的重要工作，意义重大而深远。让我们牢记胡锦涛同志对团干部提出的忠诚党的事业、热爱团的岗位、竭诚服务青年的要求，扎实工作，务求实效，大力推进农村青年中心建设，为实现最大限度地联系青年、引导青年、服务青年，动员组织广大农村青年为全面建设小康社会而不懈奋斗！

尔肯江·吐拉洪在共青团十五届二中全会上的讲话

2003 年 12 月 26 日

团十五届二中全会，是新世纪召开的一次重要会议。会议期间，王兆国同志代表党中央发表了重要讲话，高屋建瓴，立意高远，内涵深刻，充分体现了党中央对青年一代的亲切关怀和对共青团工作的高度重视，为当前和今后一个时期共青团工作指明了方向。周强同志代表书记处所作的报告，开拓创新，求真务实，思想性强，对共青团工作和建设具有很强的指导意义。全会讨论通过的《全面建设小康社会进程中共青团工作战略发展规划》，对今后五年共青团工作进行了部署，这是指导共青团工作和建设的重要文件。

当前和今后一个时期，农村共青团工作面临着良好的发展机遇。党和国家十分重视农村小康社会的建设，把解决好“三农”问题作为全党工作的重中之重。十六大、十六届三中全会、中央经济工作会议和刚刚闭幕的中央农村工作会议，明确提出要统筹城乡经济社会发展，调整农业结构，扩大农民就业，加快科技进步，深化农村改革，强化支持保护，提高粮食生产能力，力争实现农民收入较快增长，实现农村经济社会全面发展的奋斗目标，并作出具体部署。12 月 8 日，党中央书记处在听取团中央书记处工作汇报时，也特别强调了要抓好农村团的基层组织建设，竭诚为农村青年的成长成才服务，搞好农村团的工作。周强同志、赵勇同志及书记处其他同志一直十分重视和关注农村团的工作，亲自参加调研，听取青农工作汇报，提出工作要求。下面，根据周强同志和书记处的安排，就明年农村团的重点工作我讲几点意见。

明年农村共青团工作总体要求是：以邓小平理论和“三个代表”重要思想为指导，全面贯彻党的十六大、十六届三中全会、全国人才工作会议、中央经济工作会议、中央农村工作会议和团的十五大精神，坚持以城乡良性互动为基本途径，大力开发农村青年人才资源，重点抓好农村青年中心建设、农村青年增收成才行动、保护母亲河行动三项重点工作，努力做到服务大局有新作为，服务农村青年有新突破，农村团的建设有新发展。

一、攥紧拳头，集中力量，加快推进农村青年中心建设

建设青年中心是团组织实践“三个代表”重要思想，在新的历史起点上推进团的事业发展的重大战略举措，是共青团适应建立公民社会、适应青年社会结构变化、适应市场经济条件下解决青年问题、适应不断增强团组织内在活力的重大创新，是共青团组织更好地服务大局、服务青年的重大战略决策。建设青年中心这一重大思路，是今年 1 月 4 日，周强同志在山西省灵丘县调研时提出的。尔后，团中央青农部开始在浙江省台州市、辽宁省沈阳市、山西省灵丘县开始试点工作。书记处先后几次专门召开会议进行了研究部署。团的十五大报告把建设青年中心作为一项重要的战略举措，慎重地提出来。近一年时间来，特别是团十五大召开以后，书记处和全团上下都十分关注青年中心的建设。周强同志、赵勇同志多次过问、作出重要批示和主持会议研究，并亲自到基层进行调研。团中央于8月份在浙江省台州市召开试点工作现场推进会，11月份于四川省双流县召开试点工作座谈会，交流经验，统一思想，推进工作。据初步统计，目前全国共有29个省区市202个县市已经开展了试点工作，建成520个农村青年中心，有的青年中心已初具雏形，运转正常。这些有益探索为下一阶段全面推进农村青年中心建设积累了宝贵经验。

通过试点探索，我们对青年中心的理论和实践的认识有了进一步深入。(1)在组织形式上，青年中心既不是团组织也不是团组织的延伸，更不是青年联合会，青年中心是一种新的组织形态，是加入自愿、退出自由、自主组织的社团法人，青年中心可以探索会员制、理事会、网络化等组织形式，并以俱乐部或社团的方式开展活动，小型分散，会员既是服务者又是建设者。(2)在阵地建设上，青年中心可以按照“不求所有、但求所用”的建设思路，采取灵活多样、切实可行的多种建设方式。可以实行股份合作制，整合现有社会资源，采取合作方提供场地资金，团组织主要从事软环境建设等方式进行合作开发；也可以实行部门合作制，与党政有关部门合作建设，形成双方共建项目。(3)在资金来源上，青年中心是非营利性组织，可以依法争取政府支持、社会赞助、合作收入、服务性收入等各项资金，实现自收自支和自我运转，但不能以盈利为主要目的。(4)在人力保障上，基层团委的主要着力点是推动中心理事会的组建，帮助组织发展会员，抓实抓好秘书处的工作，团委书记可以兼任青年中心理事长，各级团组织也可通过招募、选派大学生志愿者到青年中心担任管理骨干。(5)在服务项目上，青年中心应大力开发菜单式服务项目，积极探索参与青年事务管理，提供法律援助，维护青年权益，开展各种技能培训，切实为农村青年、务工青年、青年学生、待业青年等基本群体提供具体服务，满足大众化需求。(6)在形象设计上，青年中心应统一章程，统一标识。(7)在管理运作上，青年中心具有新的管理形态，它的结构是扁平化的，直接面向青年，由青年自主管理，并积极探索社会化、市场化、项目化运作方式，以青年的需求为导向，广泛吸纳社会资源，坚持社会效益优先，同时兼顾经济效益，保持青年中心的可持续发展。

建设农村青年中心作为一项全新的探索，加之试点时间短，各地在认识上、工作中还有许多需要改进的地方。一是认识有待深化。现在各地各级团组织对青年中心建设的重要性均有比较深刻和全面的认识，但部分地区在“组织创新”这一核心问题的认识上还存在偏差，没能较好处理团组织和青年中心的关系。在建设中心这个问题上，团组织是“第一推动力”，是“组织核心”，这一点不能有丝毫含糊，中心的建设要由团组织来牵头、来推动，团员要在中心发挥先锋模范作用，团委书记要在中心理事会中发挥核心作用，团组织开展工作要与中心互动，把团的工作项目与中心结合起来，既推进团的工作，又使中心活起来。同时，团组织还要尽可能地为中心组建和发展做好服务工作，但要防止以青年中心代替基层团组织，这一点是绝不能含糊的。二是机制有待创新。部分地区沿用以前基层团建的方式方法、管理模式，有的甚至简单地把中心理解为是过去文体室的翻版，没能结合时代特点和经济社会发展形势变化，在市场化、社会化机制方面做出探索。三是项目有待开拓。部分地方团组织工作重点放在硬件设施等外在形式的投入上，尚未在青年中心的项目拓展上下功夫，尚未在项目化经营方面做探索，尚未在如何保证中心的长效运转和良性发展保障方面有突破。四是功能还有待开发。先期建设的部分青年中心由于建设模式的单一导致了服务功能趋于单一，这部分中心的阵地依托了现有的文化中心、影视场地、培训中心等，这样做简单易行，容易吸引青年，又能很快投入运作，但如果我们不注意扩大服务功能，根据青年需要开展多层次的服务，开展面向基层青年的大众化服务，中心的功能作用发挥效果就不是十分明显，这个势头应引起我们的重视。

明年，我们将继续本着积极稳妥的原则，按照试点先行、全面铺开、全国联网、逐步规范的步骤，鼓励各级团组织特别是农村基层团组织发扬敢闯敢拼的精神，坚持从实际出发，因地制宜，不拘泥于形式，大胆创新，大胆尝试，边建边探索，边建边总结，大胆探索农村青年中心建设规律，全力推进农村青年中心建设。上半年我们将适时召开全国农村青年中心建设推进大会，推动各地工作。

1. 加快组建农村青年中心。青年中心的组建是当前建设青年中心工作的首要任务。只有想办法建起来，才有可能亮起来、活起来，才有望探索出成熟的经验。要坚决摒弃那种畏难情绪，摒弃那种观望态度，紧紧围绕建设、运转、管理等关键环节，以“推动建设、培养骨干、构建平台、发展项目”为重点，全力推动农村青年中心的组建。努力分步实现青年中心“七个一”的规范化建设目标，即有一个组织、一个骨干、一个依托、一个网络服务平台、一套服务项目、一个章程和一个统一的形象设计，最终把青年中心建成农村团的组织、工作、阵地有机结合的新型青年组织。我国农村情况千差万别，经济社会发展状况极不平衡，我们在农村青年中心建设上不搞硬性指标，成熟一个建立一个，巩固一个。明年，农村青年中心要在全国普遍试点，要求31个省（区、市）的所有县（市）都要建立起农村青年中心。争取用5年左右的时间，在全国普遍建立机制健全、运行良好、服务有效的农村青年中心，构建起面向农村青年的全国性综合服务网络。团的领导机关要制定明确的工作目标，加强指导和督促，加大宣传力度，为基层团组织组建农村青年中心提供更多的支持和营造良好的外部环境。要从全面试点入手，以《农村青年中心章程（试行范本）》为基本规范，明确中心基本定位、做法和方向，推动试点工作开展。从有序推进入手，编制《全国农村青年中心建设工作指导手册》，建立目标责任制，分阶段、分区域、分步骤、分类别，推动各地创建青年中心。通过统一品牌、统一标识、统一口号等途径，上下联动，合力打造农村青年中心社会品牌。

2. 建设一支业务素质高、规模整齐的志愿工作队伍。这是保证农村青年中心正常运转和发展的重要基础。由志愿者专职从事中心的日常工作，可以为农村青年中心的发展提供人力和人才支撑。通过与大学生志愿服务西部计划接轨，每年选派一定数量的优秀大学毕业生到农村青年中心从事日常工作，形成接力机制；通过聘任当地热心青年工作的志愿者为中心秘书长，专职从事中心的日常工作等主要模式，保证志愿工作队伍的稳定来源。明年争取每一个农村青年中心都配备一名志愿工作者。

实行中心骨干培训工作分级负责制，举办农村青年中心建设团干部和志愿者骨干培训班，制定《农村青年中心志愿者工作守则》，使农村青年中心专职志愿工作者工作制度化。提高工作人员的业务素质，培养一支核心工作队伍。对志愿工作队伍既要严格要求，严格管理，又要热情关心，努力创造一个团结紧张、心情舒畅的工作局面。计划明年把所有农村青年中心的志愿者培训一次。

3. 大力实施青年发展项目。青年发展项目是农村青年中心持续发展、保持活力的关键，应当成为农村青年中心活动方式的一个重要努力方向。以开发农村青年人才资源、服务农村青年增收成才为重点，开发服务项目，用项目促进青年中心建设，吸引青年参与，服务青年成长发展。整合团内资源，与团的工作全面接轨，全力开发中心特色项目，真正做到组织、工作、阵地三合一，把农村青年中心逐步建成团的各项工作在农村基层的显示终端，更好地发挥中心服务农村青年的作用。积极推动有关部门和社会力量以中心为中介和平台，将有关农村青年的发展项目，集中放到农村青年中心，为农村青年增收成才提供更多实际帮助。农村青年文化是青年文化的重要组成部分，要通过开展富有时代特色、地方特色、乡土特色的农村青年文化活动，丰富青年中心活动项目，满足广大农村青年日益增长的文化需求，促进农村群众性精神文明活动的创建。

4. 积极构建网络服务平台。互联网的高速发展，使网络化成为可能。根据国际社会经验，实现网络互联，具有资源共享、信息互动、工作联动等优点，是未来工作发展的趋势。团中央拟建立开放的全国农村青年中心网，为全国农村青年中心提供一个交流信息、公布项目、提供服务、展示成果的工作平台，为广大农村青年提供健康、准确、及时的信息服务。有条件的地区可以尝试推动构建以互联网为载体，以区域为单位的农村青年中心联谊会，形成信息联网、资源共享、互动服务的农村青年中心网络体系。

此外，在联合建设青年中心过程中，要防止一些不法商人以赢利为目的，简单挂牌经营，损害青年中心声誉和形象，要有高度的政治意识，严防有人利用青年中心以协会等名义开展违法犯罪活动。

二、大力开发农村青年人才资源，服务农村青年增收成才

人才，是农村发展的关键因素。只有把农村人口多的压力变成人才多的优势，农村的发展面貌才能焕然一新，全面建设农村小康社会的目标才能顺利实现。全国人才工作会议和中央农村工作会议都把农村青年人才的培养放在重要的位置，要求全社会都要高度重视。各级团组织要认真贯彻两会精神，牢固树立全面、协调、可持续的发展观，以服务农村青年增收成才为主线，以开展农村青年人才培训工程为载体，紧紧抓住教育培训、创业扶持、表彰激励等关键环节，提高农村青年综合素质，开发农村青年人才资源，为农村青年创业、致富、成才提供切实有效的帮助和服务。

1. 深入开展青年农民科技培训工程。教育培训是开发农村青年人力资源、培养农村青年人才的最有效的途径，是近年来各级党委政府运用政策、科技、投入解决“三农”问题的重要载体。温家宝同志 1999 年 4 月 19 日在农业部、财政部、团中央联合上报的《关于实施跨世纪青年农民科技培训工程的报告》上作出重要批示：“实现农业现代化，需要千千万万高素质的农业劳动者。从现在起，就应着手培养造就一大批觉悟高、懂科技、善经营的新型农民，使他们成为下世纪建设社会主义新农村的中坚力量。农业部、财政部和团中央提出实施跨世纪青年农民科技培训工程，是贯彻落实十五届三中全会精神和科教兴国战略的具体行动，是一件很有意义的事情。希望周密规划，精心组织，抓好试点，积累经验，取得实效。”2001 年 7 月 23 日，他再次在三部委《关于跨世纪青年农民科技培训工程试点工作情况的报告》上批示：“加强对青年农民的培训，提高他们的科学文化水平，是新阶段科教兴农的一项基础性工作，也是一项长期的艰巨的历史任务。要认真总结经验，精心组织，完善措施，继续把青年农民培训工程试点工作做好，努力提高培训效果，充分发挥示范和推动作用。”1999 年以来，团中央与农业部、财政部共同组织实施了“跨世纪青年农民科技培训工程”，全国已有 747 个县市受益，中央财政累计投入 1.5 亿元，地方财政配套投入 3 亿元，系统培训了 200 多万农村青年，取得了良好的成效。各级团组织要

充分发挥自身优势，抓住机遇，乘势而上，配合农业、财政部门，进一步抓好这项得人心的政府工程。要积极扩大工程实施面，做好学前动员、学后跟踪服务、典型宣传等工作，每年确保动员组织60万名农村青年参加培训工程。要重点依托农业标准化生产示范户和示范基地，对农村青年进行系统的标准化生产培训，引导和动员农村青年按照优质、高效、安全的要求，大力发展农业标准化生产和产业化经营。

2. 大力实施农村青年转移就业促进计划。农村富余劳动力向非农产业和城镇转移，是工业化和现代化的必然趋势，也是今年中央农村工作会议的一项重要内容。现在，农村劳动力正在加快由种植业向养殖业转移，由农业向非农产业流动，由农村向城镇集聚。已有超过三分之一的农村劳动力转移到非农产业，大批农村劳动力跨地区流动和进城务工。而且，我国农村劳动力的就业格局还将继续呈现农业就业比重逐步下降、非农产业就业比重稳步上升、外出就业较快增加的基本态势。中央农村工作会议提出，要加强技能培训，改善就业环境，努力拓展外部增收空间。并要求突出抓好两件事，一是善待农民工，维护好他们的合法权益。二是培训农民工，提高他们的就业技能。目前，一些地方团组织在开展促进农村青年转移就业方面进行了一些有益的探索，积累了一些好的经验。比如，2001年以来，江苏省各级团组织狠抓动员农村青年外出务工工作，通过举办供需见面会、开展城乡结对、培养青年经纪人和劳务中介机构、实施定向培训和订单输出等办法，走出了一条“组织化推进、市场化运作、一体化服务”的劳务输出新路子，累计输出农村青年25万名，培训农村青年30万名，受到党政领导的充分肯定和广大农村青年的热烈欢迎。从明年开始，全团将全面推开农村青年转移就业促进计划，力争每年帮助和引导100万农村青年向非农产业和城镇转移就业。各级团组织要把这项工作摆上重要位置，高度重视，加强领导。要重点组织开展好城乡互动工作，充分调动城市和农村两个方面的积极性，实现输出地团组织与输入地团组织的工作对接，实现培训机构与用工企业的信息对接，实现政府引导和市场主导的服务对接。

3. 巩固发展青年星火西进计划。青年星火西进计划是团中央、科技部、民进中央共同组织实施，旨在调动社会各界力量特别是东中部地区的科技、人才资源积极参与西部大开发，帮助西部地区农村青年提高科技素质的创新行动。2002年以来，已帮助6000多名西部农村青年骨干通过“以劳助学”的形式，到东部接受科技培训，推动了200多个东部科技项目西进。明年，各级团组织要继续以提高科技致富、转移就业和自主创业能力为重点，进一步采取在东部地区抓示范基地、在西部地区抓示范县，组建专家服务团等办法，推进东西部地区协作与对口支援，推动东西部地区互动开展科技培训、科技示范、科技协作和科技服务，每年确保推动100个东部科技项目西进。

4. 积极培养农村青年创业致富带头人。培养青年带头人是农村共青团和青年工作的一个显著特点和突出优势。对广大农村青年来说，自己身边看得见、学得了、比得上的成功创业典型最有说服力和影响力。各级团组织要积极适应深化农村体制改革、完善农村经济体制的新形势，按“五个”统筹和“五个”坚持的要求，以评选表彰“中国杰出青年农民”为牵动，采取协调政策、资金、技术和信息等方面的优先优惠条件、建设各类示范、推广、培训基地等办法，培养一大批包括青年星火带头人、青年经纪人、青年农业产业化带头人和青年工商创业带头人在内的农村青年创业致富带头人，辐射带动更多的农村青年和农民群众创业致富。依托中国青年乡镇企业家协会，通过开展培训、商洽、展览等活动，培养一批青年乡镇企业经营管理人才，促进乡镇企业结构调整和体制创新。

三、以深化保护母亲河行动为重点，推动青少年生态环保活动

保护母亲河行动实施以来，共向社会筹集各类资金2.5亿元，完成工程项目882个，植树造林280多万亩，增强了青少年的生态环境意识，产生了广泛影响。明年要按照强势推进、全面深化的总体要求，围绕生态文化、生态体验、生态经济，以江河流域为单元，关注国家大型重点建设工程的环境保护，构建保护母亲河行动发展新格局，促进青少年树立全面、协调、可持续的发展观，积极参与国家生态环境建设，为促进可持续发展做贡献。

1. 以"保护母亲河日"、"同一条河"文化活动为重点，掀起保护母亲河行动春季高潮。深入开展以"同饮一江水，同护母亲河"为主题的"保护母亲河日"活动，通过刊播公益广告、张贴宣传画，在校园、城市广场、农村集市等公共场所，组织青少年参加植绿护绿活动，广泛宣传保护母亲河行动。组织文艺界知名人士，开展"同一条河"文艺采风活动，创作一批颂扬母亲河、保护母亲河的优秀生态文化作品。举办"保护母亲河——全国大学生环保时装大赛"，动员全国各高校大学生，以环保材料为主要原料，设计制作时装，在全社会倡导健康文明的绿色消费观。

2. 以"秀美山川环保之旅"、"天天环保"活动为重点，组织青少年亲身体验大自然。要联合建设、旅游部门，以风景名胜区、革命圣地、生态环境教育基地为主要场所，开展"秀美山川环保之旅"活动，动员青少年和社会公众走进大自然、体验大自然。邀请一批社会知名人士，制作带有名人形象的"请跟我来，天天环保"绿色承诺卡，在飞机、火车、轮船、汽车等交通工具以及宾馆、风景区等场所广泛发放，广大青少年和社会公众同名人一起参加相关环保活动，带动青少年和社会公众从小事做起，天天环保。全国命名100个全国青少年生态环保教育基地，1000名优秀导游为"保护母亲河宣传员"。

3. 以流域为单元，以三峡库区、南水北调工程为重点，发动青少年保护家乡的母亲河，参与国家大型重点建设工程的环境保护。启动"美化新三峡，保护母亲河"活动，以长江上游省份为主，通过签署保护母亲河（长江）公约、建设纪念林、开展生态监护、创建"保护母亲河号"、组织环保之旅等主要载体，发动广大青少年积极参与长江三峡库区的环境保护。启动"共饮丹江水，保护母亲河"活动，以南水北调中线沿线省（市）为主，举办丹江水库"同一条河"文艺演出、保护母亲河使者上北京、建设饮水思源林、开展生态监护活动等。开展太湖流域江浙沪青年环保行动。

4. 大力建设青少年绿色家园，扎实推进保护母亲河工程建设。整合社会资源，以县为单位，重点建好100个中国青少年绿色家园。加强工程管理，建好10万亩保护母亲河工程。适时举行保护母亲河工程竣工仪式，向全社会展示保护母亲河行动成果。适时召开保护母亲河行动大会，总结经验，展示成果，表彰先进。

同志们，明年是落实《规划》的第一年，也是推进农村青年中心建设、促进农村青年增收成才、深化保护母亲河行动关键的一年，让我们共同努力，以百倍的热情，开拓创新，扎实工作，全力推进全会提出的各项任务。

王晓同志讲话

王晓在中国青年企业家协会八届二次理事会议上的讲话

2003年11月5日,根据录音整理

当前,世界形势正在发生着广泛而深刻的变化。世界多极化和经济全球化在曲折中发展,极大地改变了人类社会的面貌和世界历史发展的进程;知识经济浪潮汹涌澎湃,迅速改变着生产方式、经济结构和管理模式;信息技术迅猛发展,深刻地影响着人们的学习、工作和生活,带动了社会的巨大进步。顺应世界发展的潮流,国内形势也呈现出前所未有的变化。改革开放特别是党的十四届三中全会以来,我国经济发展取得了巨大的成就,国内生产总值突破10万亿元,人均国内生产总值接近1000美元,人民生活总体上达到小康水平。党的十六大确定了以"三个代表"重要思想为指导、全面建设小康社会的奋斗目标,描绘了我国社会主义现代化建设事业的宏伟蓝图。在今天的华夏大地上,全国各族人民正在党的领导下,沿着"三个代表"重要思想指引的方向奋勇前进。

前不久胜利闭幕的党的十六届三中全会,审议并通过了《中共中央关于完善社会主义市场经济体制若干问题的决定》,对完善社会主义市场经济体制作出了全面的规划和部署,为全面建设小康社会提供了体制保证。企业是市场经济的主体。完善市场经济体制,实施市场取向的改革,给企业发展带来了多种变量因素,使企业面临着不断变化的外部环境,并对企业的内在素质提出了新的更高的要求。这些变量涉及市场、政府、科技、文化等多个领域,集中表现在外生变量和内生变量两个方面。认真研究、正确把握这两个变量,是市场经济条件下搞好企业的基本前提。

从外生变量看,影响企业发展并不断变化着的外部因素主要来自六个层面。

一是市场层面。市场,是企业改革和发展的舞台。随着经济全球化进程的加快和社会主义市场经济的不断发展,在我国国内市场迅速成长的同时,国际市场也在不断地成长。然而,在经济全球化趋势增强导致国际国内两个市场日益融合的条件下,市场成长却并非是使各国均能受益的普照之光。特别是加入WTO后,跨国公司大举进入中国,世界500强企业中已有400多家以各种形式进入了我国市场,其目的就是抢先利用我国的发展优势,分享我们的改革成果。在这样的背景下,令人担忧的是我国的产业和企业能否分享、能在多大程度上分享这些有利条件。放眼望去,经济全球化客观上使我们一下子同时拥有了国际国内两个市场,我们的市场机会遍布全球,越来越多的产品打上了"Made in China"的标识。在美国,很多小孩子认为圣诞老人的故乡在中国,因为美国市场上销售的圣诞老人玩具多是中国制造的。可是,我们的企业在全球市场份额中能占多大比重?能利用多少市场资源?我们企业的扩张是物理、数量上的扩张,还是物化水平上、数量和质量并重、规模和效益并举的扩张？我们产品的档次和附加值是高还是低？答案并不令国人感到愉快。有13亿人口的中国的轿车产量仅占世界汽车市场份额的2%左右，而日本的轿车产量却占到了世界汽车市场份额的20%，中国一汽集团的年销售额仅相当于美国通用汽车公司年销售额的2%。国内市场垄断、割据，跨国公司来势汹汹，特别是在预期人民币升值无望的情况下，美、日等国是否会掀起反倾销浪潮也未可知，我国企业面临的市场竞争形势复杂而严峻。三中全会《决定》第一次提出废止各种分割市场的规定，提出了深化涉外经济体制改革、全面提高对外开放水平的要求，对于促进国内市场的统一和发展、加快内外贸一体化进程、拓展企业的生存和发展空间具有十分积极的意义。

二是政府层面。在计划经济体制下，从中央政府到地方政府再到企业是一条纵向、高度集权的“指令性计划链”，链的上端是政府，下端是企业。而在市场经济条件下，企业成了市场竞争的主体，建立现代企业制度的核心是调整、规范政府和企业的关系，亦即调整、规范政府和企业家的关系。尽管在当前的企业家群体中，存在着“官本位”、“企而优则仕”的价值观，在政界、企业界和舆论界存在着“好的企业家应该当官”的观念，有相当数量的“官员企业家”，他们屁股坐在企业，心里想着政府，一只眼睛看着市场，另一只眼睛盯着市长。但原来的政府决定企业、企业决定用户的纵向关系还是在发生着显著的变化，变成了用户决定企业、企业评价甚至选择政府、政府服务企业的横向关系。前不久，国内两个城市之间发生的“英飞凌科技”（Infineon Technologies）招商争夺战就是一个极好的例证。在“英飞凌科技”项目招商中失手的某市政府，及时推出了提供一系列优惠政策的“173”计划，努力创造“亲商”环境，吸引企业到该市投资。当前，各级政府正在贯彻实施《中华人民共和国行政许可法》，以建设服务型政府为目标，以行政审批制度改革为突破口，转变政府职能，提高工作效率。国务院决定第二批取消行政审批406项，并将82项行政审批项目移交行业协会或社会中介机构管理。三中全会《决定》第一次提出把政府经济管理职能转到主要为市场主体服务和创造良好发展环境上来，意味着政府经济管理职能从微观领域退出，政府由“划桨”改为“掌舵”，将微观主体的经济活动交给市场调节。这必将进一步重塑社会主义市场经济条件下政府和市场、企业的基本关系，将政府的宏观管理和调控建立在规范的制度约束基础上，从而彰显政府行使公共权力的性质，从根本上发挥政府协调社会多元利益的作用，促进政府与企业之间的良性互动。可以说，政府经济管理职能的重大转变，既是对政府的考验，也是对企业家和企业的考验。

三是政策层面。近年来，我国经济政策的创新步伐不断加快，政策的先导功能和保障作用日益显著，特别是三中全会推出的一系列新政策，为我国企业的发展提供了新的机制保障。在产权方面，三中全会提出大力发展混合所有制经济，使股份制成为公有制经济的主要实现形式；放宽市场准入，允许非公有资本进入法律法规未禁入的行业和领域；建立健全现代产权制度等，使非公有制企业在行业准入、资源获取、市场拓展等方面享受“国民待遇”，保护了公有制经济和非公有制经济的利益。特别是经过多年的发展，一大批机制灵活、实力雄厚的民营企业已经具备了参与大规模国有资产处置的条件和能力。在政策的保障下，公开合法规范的产权交易，将有效防范国有资产流失或民营企业掉入陷阱的风险，从而保障了国有、非国有资本的权益，促进了产权的有序流动。最近，北京104家国有及国有控股企业公布了面向外资和民间资本的寻求并购重组计划，目前已有180多家有并购意向的企业进行了登记。在金融方面，三中全会第一次提出了建立健全货币市场、资本市场、保险市场有机结合、协调发展的机制,以维护金融市场稳定,防范金融风险。今年前三个季度,全社会累计固定资产投资3.44万亿元,同比增长30.5%,其中,房地产、钢铁、机械、煤炭、纺织行业的增长幅度分别达到了34%、150%、74%、52%和626%;而投资的增长来源于信贷的支撑,贷款增加了2.47万亿元,比去年全年增量高出1/3,远远超过了全年调控目标;投资与贷款的增长又引发了货币供应速度的提升,广义货币 M_2 的余额达20.6万亿元,同比增长20.7%,狭义货币 M_1 的余额达7.7万亿元,同比增长20.3%;直接融资与间接融资比例高达1∶62.5(成熟的市场经济国家一般在1∶1左右),将风险集中到了银行。大家知道,我国的储蓄率很高,约为GDP的40%,银行以此作为自己的信贷资源贷给企业,劳动力创造新财富后再存入银行,银行再贷给企业,使以大量贷款为支撑的增长成为一种寅吃卯粮的“借来的增长”。尤其严重的是,在经济结构不合理、信用环境不理想、治理结构不完善、内控机制不健全的情况下,信贷的过猛增长潜伏着巨大的“金融风险”。为此,中央银行已运用若干窗口指导和道义劝告工具对市场施加压力,将银行存款准备金率由6%调至7%,释放出收缩信贷的信号。信贷政策的调整将不可避免地对企业的资金环境造成一定的影响。在税收方面,三中全会第一次提出增值税由生产型改为消费型,将设备投资纳入增值税抵扣范围,有利于调动企业的积极性,提高企业扩大再生产的能力。需要注意的是,自明年1月1日起,部分机电产品、服装和棉纺织品的出口退税率要下调4个百分点,将直接导致相关企业税务成本的提高和利润下降。在就业方面,三中全会提出实施积极的就业政策,标志着我国将继续坚持“多用劳动、少用资本”的工业化技术路线,大力发展劳动密集型产业,扶持中小企业,在税收等方面提供吸纳就业的优惠政策,从而在为国有企业减轻人员负担的同时,也为非公有制企业、中小型企业吸纳就业提供了有利的政策环境。

四是科技层面。当今时代,科技发展日新月异,科学技术已经空前广泛地渗透到人类社会的各个领域,给整个人类社会的生产生活带来重大影响。各国经济和社会发展对科技进步的依赖程度越来越高,科技竞争日益成为国际经济竞争的决定性因素。从产业成长方面看,电子货币、互联网络等信息技术服务极大地加速了全球性的投资、生产和贸易活动,成为产业成长和市场竞争的主要手段。经济合作和发展组织成员国在过去的10年里,高新技术产品在制造业中的份额和出口比例翻了一番,达到20%—25%。同时,科技渗透到第一、二、三产业,出现了产业大融合的趋势。美国《财富》杂志从1994年起在对世界500强企业进行排名时,就取消了工业企业与服务企业的分类。从企业生产方面看,科技进步使经济运行的周期逐渐淡化,产品的生命周期缩短,依靠科技进步加快产品的升级换代、保持对市场信号的灵敏度、提高决策的及时性,已成为企业生存和发展的必然选择。从消费方面看,消费需求的领域和内涵不断扩大,消费成了“主动创造性”行为,有效需求不足的状况得到了一定程度的缓解。从流通方面看,网络和电子商务的蓬勃发展,给传统的贸易方式带来了巨大的冲击,引发了一场商品流通领域的新的革命,企业的经营方式、交易方式发生了重大变化。从分配方面看,加快建立有效的激励机制,探索知识和技术作为生产要素参与分配的具体途径和形式,已成为企业发展的客观要求。同时,科技已经而且必将继续显示权力的特征,以知识产权保护为核心的一整套科技法律体系建设正在加紧进行。

五是法律层面。尽快完善与市场经济运行、市场经济秩序和制度实施等密切相关的法律体系,是保障我国社会主义市场经济体制从初期走向中期的关键。改革开放以来,尽管我国先后颁布了一系列法律法规,在保障经济运行、促进企业发展等方面发挥了积极作用,但与市场经济深入发展、建立现代企业制度、适应经济全球化进程等要求相比,我国的法律建设还相对滞后,修改《公司法》、《证券法》、《担保法》,制定《反欺诈交易法》、《反垄断法》、《民商法》的呼声日益高涨。特别是《证券法》的修改已成为焦点问题。《证券法》是1998年底出台的,当时亚洲金融危机余音犹在,我国证券市场的实践尚不够丰满,对年轻的证券市场的定位和走势不甚明晰。因此,现行《证券法》过多强调扎紧篱笆、防范风险,原则性条文较多,限制性和禁止性条款比比皆是,可操作性和可塑性有待加强。尤其是入世以后,现行《证券法》中的一些内容与国际证券市场的游戏规则难以衔接。同时,我们也应看到,党和政府在法律建设方面一直是不遗余力的,有关市场退出方面的法律——《破产法》已数易其稿,即将出台;在制度实施方面,司法管辖权、宪法司法化、诉讼成本过高等问题正在逐步得到解决。三中全会审议并决定提交第十届全国人大常委会审议的《中共中央关于修改宪法部分内容的建议》,是我国在法律建设方面的重大举措。尽管最终修改的内容目前还不能确定,但对财产权保护等条款的修订,必将调动各种所有制经济成分的积极性。此外,我国还全面清理了2300件法规,废止法规830件,修订法规325件。同时,由于积极推行电子政务,法律法规的公开性和透明度不断提高,为企业提供了良好稳定的法律预期。

六是文化层面。文化环境,对企业的发展至关重要。也是各国文化不同,有的有利于企业家的成长和创新,有的却不然。美国文化特别是硅谷文化,鼓励创新,激励创业,宽容失败,我们不妨称之为"牛仔文化"。而日本文化只能称作是"守序文化",等级森严,长幼有序,不利于创新。我国传统文化的核心是中庸,有优秀成分,但往往不偏不倚,被有些人发展成了"折中文化"或"骑墙文化",也不利于创新,再加上平均主义的"红眼病文化",更不利于企业和企业家的成长。过去百年,我国企业家没有茁壮成长,除了经济体制、企业体制等原因外,文化环境也是一个不可忽视的重要因素。《礼记王制篇》中说:"修其教而不易其俗,齐其政而不易其宜",历延千年,根深蒂固。此外,社会对企业家的认识也有一定的偏见,长期形成的"不患寡而患不均"的观念,使得一些人对身穿西装、开着轿车的企业家们充满了排斥心理。随着改革开放的不断深化,社会主义市场经济体制的日趋完善,深刻的社会变革使传统的"中庸文化"受到了越来越强烈的冲击,竞争观念已逐步深入人心,文化环境正发生着有利于企业家成长的变化。

从内生变量看,决定企业内质并不断变化着的因素主要来自四个层面。

一是要素配置层面。要素配置,是企业生产经营的基础环节。当前,企业有形要素和无形要素的价值取向发生了根本性的变化。一方面,产业重组和结构调整要求企业把握正确的时机,运用恰当的比例,采取合理的方式,对各种要素进行最优配置,以降低经营成本,拓展市场空间。另一方面,经济全球化促进了资本、技术、人才等要素的全球性流动,为企业实现要素配置最优化提供了便捷的路径。当今风行世界各国企业的德隆模式,就是以整合全球性产业、品牌资源和营销网络,实现企业要素最优配置为特征的典型要素配置模式。海尔集团在企业要素的优化配置方面取得了成功,先后在美国、伊朗、印度尼西亚等国家建立分厂、营销网点和服务网点,形成了全球性的生产、销售和服务网络,实现了内外要素资源的最优配置。

二是流程再造层面。流程再造,是企业生产经营的关键环节。企业流程包括决策流程、组织流程、管理流程、运营流程等。各种流程由若干环节构成,集合组成了企业的"血脉网络",为企业的正常运转提供支持。流程再造,是基于信息技术发展,以市场为导向,通过对企业流程的具体环节进行改进，摒弃企业价值链上不提供价值的环节，从而实现成本和效率的整体优化，增强企业的竞争力。美国沃尔玛公司的成功就是建立在科学现代的流程再造基础上，其运用先进高效的卫星网络配送系统，形成了生产——配送——供应——销售的高速在线流程，短短几个小时便能完成从“填订单”到“产品入户”的整个过程，大大降低了成本，加速了存货周转，提高了资金利用率。

三是能力集成层面。能力集成，是企业生产经营的核心环节。能力集成是指通过对企业的学习能力、创新能力、决策能力、运营能力等各种能力的战略组合，使各种能力相互渗透、相互促进，融合内化为企业的持续竞争能力。在资源经济时代，企业一般只注重运营能力的开发。而在知识经济时代，企业必须具备很强的学习能力、旺盛的创新能力、高超的决策能力和高效的运营能力，其中，学习能力是基础，创新能力是核心，决策能力是关键，运营能力是保证，四者相辅相成，缺一不可。目前，能力集成已越来越被有战略眼光的企业所重视。

四是文化建设层面。文化建设，是企业生产经营的驱动环节。有关企业文化的概念很多，据不完全统计约有二百多种。但有一个共识，就是企业文化是现代企业管理的核心，是企业形成核心竞争力的基础，是企业实现可持续发展的基本驱动力。我国企业面临的一个基本问题是可持续性发展问题，很多企业凭借企业家的胆略和敏锐，抓住某个机遇迅速成为“明星企业”，但由于没有系统地进行企业文化建设，没有解决企业持续发展的理念等问题，很快成为“流星”企业。美国兰德公司、麦肯锡公司、国际管理咨询公司的专家研究结果表明，世界500强企业胜出其他公司的根本原因，就在于善于建设企业文化，不断为企业发展注入活力。

内生变量和外生变量的交互作用，使企业发展的内部外部环境发生了巨大变化。企业家是现代企业的灵魂。美国著名企业家戴维·西尔弗在《企业家》一书中说“企业家创造了经济。企业家们使经济活跃起来，他们发动了这场竞赛，带来了球拍和手套”，形象地表明了企业家的重要作用。可以说，在任何一个充满活力和竞争力的企业面前，都站着一位杰出的企业家。对企业家来说，变化就是最好的机会，发现变化，了解变化，善于把握变化带来的改变游戏规则的机遇，就能开创出与众不同的事业。作为企业家群体的重要组成部分，青年企业家具有思维敏捷、思想解放、较少保守、勇于创新等特点，在经济社会发展中发挥着尤为重要的作用。青年企业家要充分认清内外变量给企业发展带来的机遇和挑战，以积极进取的作为，努力做优做强企业，以带领企业站在时代潮头不断实现新发展的作为报效祖国，报效人民。

要树立新的发展观。党的十六届三中全会明确提出，完善社会主义市场经济体制要坚持“五个统筹”，即统筹城乡发展、统筹区域发展、统筹经济社会发展、统筹人与自然和谐发展、统筹国内发展和对外开放，体现了经济、社会和人全面发展的要求，指明了一条新的发展道路。青年企业家要按照“五个统筹”的要求，切实树立适应市场经济发展要求的新的发展观。要树立强化创新促发展的意识，积极推动理论创新、制度创新、科技创新、文化创新以及其他各方面的创新，通过加大创新的力度来提高发展的速度和质量。要树立深化改革促发展的意识，满腔热情地支持改革、参与改革，通过建立现代企业制度、完善法人治理结构、理顺产权关系、深化内部改革等途径，为企业发展创造良好的体制环境。要树立扩大开放促发展的意识，注重培养世界眼光，以更加积极、开放的姿态走向世界，参与国际经济技术合作与竞争，在世界经济的大舞台上一展风采。要树立依靠群众促发展的意识，相信职工群众，依靠职工群众，尊重职工群众的首创精神，放手让一切创造财富的源泉充分涌流。树立全面、协调、可持续的发展观，是社会进步的客观要求。青年企业家要积极投身社会主义物质文明、政治文明和精神文明建设,实现集约型经营,加强职工队伍人力资源能力建设,努力促进经济、社会和人的全面发展。

要培育企业成长能力。环境和机遇为企业成长提供了可能性。把可能变为现实,最终的决定力量是企业的成长能力。青年企业家要着眼于企业的长远发展,精心培育企业的成长能力。要培育企业的学习能力。按照精简、扁平化、富有弹性和张力、善于自我创造和自主管理的要求,建设学习型组织,夯实企业发展的根基。要培育企业的决策能力。认真分析国际国内经济结构调整和产业梯度转移的趋势,适时把握经济全球化和社会主义市场经济发展进程中分工重新调整、资源重新配置的机遇,结合企业生产经营实际,制定相应的战略目标,找准企业定位,发挥比较优势,不断提高企业决策的效益性和科学性,牢牢把握市场竞争的主动权。要培育企业的技术创新能力。将技术创新作为企业的核心战略,以创新促成长,以技术保持领先,努力形成一批具有自主知识产权的技术和产品,推动企业在创新中实现跨越式发展。要培育企业的运营能力。通过变革运营方式、优化运营流程、提高运营效率、降低运营成本,促进人才、品牌、资本、技术等智力、物力要素资源的优化配置和无边界流动。要培育企业的文化驾驭能力。根据社会发展的趋势和文化的渐进性,结合国家、企业的未来目标和任务,坚持先进文化的前进方向,弘扬优秀传统文化,吸收世界优秀文化成果,科学确定企业文化建设的内容,积极探索企业文化建设的模式,形成独具特色的企业文化,从而促进企业文化和管理制度的良性互动,实现经济与伦理的有机结合,为先进文化建设提供扎扎实实的生长点。

要加强自身修养。企业家的自身修养水平和综合素质是事关企业兴衰成败的决定性因素。青年企业家要着眼于人的全面发展,切实加强自身修养。要认真学习、深刻领会、全面贯彻"三个代表"重要思想,把"三个代表"重要思想作为认识问题、分析问题、解决问题的强大思想武器,坚定紧跟党走中国特色社会主义道路的信念。要强化责任感和使命感,把搞好企业作为毕生的追求,把国家富强、民族振兴、人民幸福作为人生理想,致富思源,富而思进,正确处理好立德与立功、利益与道义、个人与社会的关系。要勤于学习,强化终身学习观念,养成良好学习习惯,使自己成为通晓经济、熟悉科技、精通管理的专门人才。要实践社会主义道德,自觉养成诚实守信等与市场经济发展相适应的道德观念和行为习惯,带头弘扬扶贫济困等时代新风,在创造物质财富的同时,努力成为社会精神财富的创造者。要发扬艰苦奋斗的作风,不自满,不懈怠,努力用奋斗成就事业,用奉献充实人生。

中国青年企业家协会是共青团领导下的全国性的青年企业家群众组织,肩负着服务党和国家工作大局、服务青年企业家成长成才、团结凝聚青年企业家为社会主义现代化建设做贡献的光荣使命。党的十六大和十六届三中全会为新世纪新阶段的青企协工作指明了前进的方向。各级青企协组织要站在新的历史起点上,以"三个代表"重要思想为指导,高扬服务的旗帜,创新工作理念,改进工作方式,加强自身建设,充分发挥桥梁纽带作用,做到服务大局有新贡献,服务青年企业家有新作为,自身建设有新发展。一是要创新工作理念。经过多年的共同努力,我们创出了响亮的活动品牌,树立了良好的社会形象,拥有了高素质的会员队伍和干部队伍,形成了过硬的工作作风,这些都是我们非常宝贵的工作资源,是一批庞大的优质工作存量资产。面对新的形势和任务,各级青企协组织要主动适应工作领域、工作对象、工作手段、工作环境、工作力量等方面的新变化,树立"盘活存量,调整增量"的工作新理念,在工作中努力培育增长点,转变增长方式，完善增长机制，通过对优质工作存量资产的盘活和工作增量的结构性调整，实现工作总量的与时俱进。要正确把握服务能力不能满足服务需求这一当前青企协工作中的基本矛盾，树立服务是青企协组织发展第一要务的理念，以青年企业家的需求为导向，把竭诚为青年企业家服务作为全部工作的出发点和落脚点，把服务青年企业家的成效作为检验工作的根本标准。二是要改进工作方式。适应青年企业家协会工作的发展要求，以品牌化、市场化、社会化、项目化、国际化的方式为青年企业家提供高层次、多元化的工作产品，在组织动员青年企业家参与活动的方式上为青年企业家提供更多的选择。走品牌化路子，就是要在工作中实施品牌化经营战略，提高青企协工作的社会知名度和会员参与度。走市场化路子，就是要以青年企业家需求为导向，着力提高青企协工作产品的创新含量、经济含量和群众含量，提高青企协工作产品在青年企业家中的市场占有率。走社会化路子，就是要善于借助社会力量，整合社会资源，探索形成新的社会动员机制。走项目化路子，就是要通过一个一个的项目，量化目标，整合资源，培育人才，推进工作。走国际化路子，就是要开拓国际视野，培育世界眼光，利用国际资源，提高青企协工作的开放度。三是要加强自身建设。着力推进协会的科学化、制度化和规范化建设，不断增强协会的吸引力和凝聚力。推进科学化建设，就是要做到组织科学、领导科学、管理科学。推进制度化建设，就是要抓好制度创新、制度衔接和制度落实等关键环节，为协会可持续发展提供制度保障。推进规范化建设，就是要将成本、质量、效益、标准等观念和评价机制引入协会工作，主动与国际接轨，提高协会工作的品质。

同志们，伟大的时代呼唤青年企业家崭新的作为。让我们紧密团结在以胡锦涛同志为总书记的党中央周围，高举邓小平理论伟大旗帜，全面贯彻“三个代表”重要思想，与时俱进，开拓进取，扎实工作，在全面建设小康社会的伟大实践中，创造出无愧于祖国、无愧于人民、无愧于时代的崭新业绩。

王晓在上海青年职业生涯导航活动推进大会上的讲话

2003 年 12 月 11 日

多年来，上海市共青团组织在市委、市政府和团中央的领导下，始终坚持以邓小平理论和“三个代表”重要思想为指导，紧密结合上海青年工作实际，开拓创新，扎实工作，很多工作走在了全团的前列，为共青团事业的发展提供了许多宝贵的经验。1994 年团中央在上钢三厂召开了青年岗位能手活动现场启动大会，揭开了青年岗位能手活动腾飞的一页。作为活动的发祥地，上海市各级团组织为青年岗位能手活动十年来的蓬勃发展奠定了坚实的基础。2001 年以来，上海团市委在全市范围内逐步开展了青年职业生涯导航活动，在实践中取得了很好的成效，得到了企业党政领导的充分肯定和青年职工的广泛认同。团中央将其作为深化青年创新创效活动的重要载体，在全团青工战线进行了大力推广。实践充分证明，上海市各级团组织工作思路与时俱进，工作措施具体有效，工作作风务实严谨，工作成效扎实卓越。团中央书记处对上海共青团工作是非常满意的。今天，上海团市委联合市总工会、建设和管理委员会、金融工作委员会、经济工作委员会、社会工作委员会、国有资产监督管理委员会、人事局、劳动和社会保障局等部门召开上海青年职业生涯导航活动推进大会，这对于上海市各级团组织深入学习贯彻"三个代表"重要思想、党的十六大、十六届三中全会和团十五大精神，进一步统一思想、振奋精神，开创上海共青团工作新局面必将产生积极的影响。在此，我谨代表共青团中央向会议的召开表示热烈的祝贺！向长期以来关心、支持共青团工作和青年成长的上海市各级党政领导和有关部门，向为共青团事业发展付出辛勤劳动、做出积极贡献的上海市广大团干部和团员青年表示衷心的感谢！

世界经济发展实践证明，物质资本和人力资本相比，后者更为重要，特别是物质资本积累到一定规模和水平以后更是如此。20世纪以来，发达的工业化市场经济国家人力资本积累的规模、速度和投资收益率，都远远超过了物质资本。二战以来创造了经济发展奇迹的新兴工业化国家和地区也都是在物质资源不足的情况下，依靠人力资源的开发和人力资本的运营取得了重大的成就。当今时代，是以知识经济为特征的时代。在这样一个时代，国与国之间综合国力较量的核心越来越集中到人才的竞争上。人力资源的地位和作用与工业经济时代相比显得更为重要。我国是世界上人力资源最丰富的国家，实行的是"多用劳动，少用资本"的工业化技术路线。由于我国劳动力的整体素质不高，劳动力技能结构重心偏低，劳动技能指数仅居世界第59位，巨大的人力资源潜能更多地表现为人口负担，没有转化成人力资源的现实优势。据统计，在我国的从业人员中，初中及以下文化程度者占84%，技师和高级技师仅占1.5%；技术工人中高级工仅占3.5%，与发达国家30%—40%的水平相距甚远；工商企业特别是制造业技术工人结构不合理，已经造成了令人担忧的后果，企业产品的平均合格率只有70%，每年因不良产品造成的经济损失达2000亿元以上；高级工短缺及其木桶效应带来的产品质量等问题十分突出。现在很多企业已经不是"巧妇难为无米之炊"，而是"有米"难寻"巧妇"，有不少企业甚至因为没有足够的技术工人的支撑而破产。

上海是国内最发达、最具竞争力的城市。我曾看到过上海市统计局提供的一组数字：在上海目前的技术工人中，高级技师仅占0.1%，技师占1.1%，高级工占6.1%。上海是我们国家重要的工业基地，与上海目前产业发展水平相匹配的技术工人结构应该是高级技师占2.1%，技师占6.1%，高级工占13.9%。此外，上海技术工人的年龄结构也令人担忧，统计数字表明，36岁以下的高级工仅占4.9%，初级工占54.7%，高级技师一个也没有。上海尚且如此，其他地方情况估计更不乐观。世界银行提供的资料显示，我国人口是美国的4.58倍，但人力资源仅相当于美国的44.3%，中美两国平均劳动生产率相差4.5倍。即便如此，为了保持他们的人力资源优势，美国提出了要"培训21世纪美国人"的目标，日本提出了要"培养世界通用的21世纪日本人"的计划。可以说，加大人力资源开发工作力度已经成为事关我国经济发展后劲和国际竞争实力的一项重大而紧迫的任务。

面对新的形势，党中央高瞻远瞩地提出了"人力资源是第一资源"的科学论断。党的十六届三中全会提出要坚持以人为本，树立全面、协调、可持续的发展观，促进经济、社会与人的全面发展。中央政治局今年已两次召开会议，专题研究实施人才强国战略的问题，本月19至20日还将召开全国人才工作会议，这一切都为新形势下人力资源开发工作指明了前进的方向。企业是人力资源开发的主要场所和直接受益者。作为企业成本的重要组成部分，人力资源是创造企业效益的根本源泉和宝贵财富。未来企业的竞争将集中体现为人力资源质与量的综合较量，并呈现出国内竞争国际化和国际竞争国内化的现实特征。

青年职工是企业职工的主体，分布在企业生产经营体系的各个层面，在企业的改革发展实践中发挥着重要作用。从一定意义上讲，青年职工队伍人力资源能力的高低是企业持续竞争能力强弱的晴雨表，也是企业能否形成并保持核心竞争优势的重要标志。开发青年人力资源，培养造就一支政治坚定、技能过硬、结构合理、能够适应走新型工业化道路和现代企业生产经营要求的青年职工队伍，是各级团组织服务党和国家工作大局、服务企业改革发展全局、服务青年成长成才需求的重要途径。上海开展的青年职业生涯导航活动正是抓住了青年对自身价值实现、潜能开发、未来发展的迫切需求，在青年与企业的互动沟通中，客观地描绘了青年的成才目标和成长轨迹，并通过进行思想教育、提供行为指导、强化资源保障等途径，给青年职工以必要的人文关怀、事业关注和生活关心，使青年和企业在互动发展中实现了双赢。上海市的成功实践充分证明，青年职业生涯导航活动是新形势下共青团组织开发青年人力资源的成功载体。上海市共青团组织所积累、探索的经验值得学习借鉴。

关于职业生涯，国际上有几种主导型理论，代表人物有施恩、约翰·霍兰德、金斯伯格·帕金森、格林豪斯等。他们将职业生涯的定义自然表述为职业个体所经历的所有职位的整个历程。这个历程不仅包括过去、现在和未来能够实际观察得到的职业发展过程，而且包括职业个体对职业生涯发展的见解和期望。职业生涯是一个漫长的过程，青年时期是职业生涯的设计和形成阶段。对青年而言，成功的职业生涯设计要建立在其对自身条件正确评估和把握的基础上，而且要在团组织的帮助下，根据实际工作需要与时俱进地调整和修正职业目标，培养对职业的热爱和敬业精神，从而在职业生涯中实现职业价值，成就职业理想。从理论上讲，职业生涯是人在青年时期自主决定的，但从现实角度看，青年具有思维活跃、感性有余、理性不足的年龄特征，特别是由于人生阅历尚浅，往往不能十分准确地把握自身条件和职业要求，在职业生涯规划和设计中容易迷失方向或“走弯路”。企业团组织对青年进行职业生涯导航，一方面有助于推动企业人力资源管理由被动式向主动式转变，降低企业人力资本的运营成本；另一方面则全面实践了共青团组织竭诚服务青年的宗旨，通过对青年成功规划职业生涯提供科学化、规范化、系统化的指导，降低了青年职业发展的个体成本，铺设了青年在企业改革发展实践中成长成才的绿色通道。同时，企业团组织通过开展这项活动强化了工作职能，创新了工作方式，拓展了工作领域，增强了自身的吸引力和凝聚力。

刚才听了四位同志的发言和洪辉同志的报告，很受启发。接下来，杨晓渡市长还要作重要讲话。借此机会，我就深入开展青年职业生涯导航活动谈四点意见，供大家参考。

一、要通过开展青年职业生涯导航活动，引导青年树立崇高的职业理想

职业理想是从业人员对职业目标、职业种类和职业成就的向往、选择和追求。职业理想是随着社会分工的出现而产生和发展起来的。在职业活动成为人们实践活动中心的当今社会，职业理想对个人理想、道德理想和社会理想的树立产生着重大的影响，成为人们生存的精神支柱和前进的动力源泉。企业团组织要坚持不懈地用“三个代表”重要思想武装团员、教育青年，引导团员青年学会用“三个代表”重要思想认识问题、分析问题、解决问题，按照“三个代表”的要求健康成长，自觉地把全面建设小康社会的进程作为职业理想树立和实践的过程，以爱国主义、社会主义、集体主义为职业理想的航标，树立正确的世界观、人生观和价值观。要通过召开座谈会、举办报告会、进行发展性谈话等途径，引导青年把个人的职业发展目标与祖国、与上海、与企业的发展目标紧密结合，形成为事业而凝聚、为社会而凝聚、为民族而凝聚的职业理想导向，牢固树立建设中国特色社会主义、为全面建设小康社会而努力奋斗的社会理想；引导青年把个人努力与集体奋斗紧密结合，爱岗敬业，艰苦奋斗，团结拼搏，无私奉献，与企业同甘共苦、同生共长；引导青年在实践职业理想的过程中，确定不同阶段、不同时期的攻坚目标，努力用扎实的奋斗成就事业，用无私的奉献充实人生。

二、要通过开展青年职业生涯导航活动，帮助青年培育较高的职业素质

职业素质是从业人员在职业生涯中所必备的基本能力和素质，是个人职业生涯能否走向成功的重要基石。职业素质的培育是一个复杂的过程。青年在不断学习、提高自身职业适应能力的同时，也面临着各种职业危机，经受着择业危机、发展危机乃至失业危机等诸多考验。企业团组织要主动适应社会发展和产业梯度转移速度日趋加快、社会分工细化程度迅速提高、职业的创新含量和技术含量不断增大、职业素质与企业发展要求之间的矛盾日益突出等新形势，充分发挥自身优势，以需求为导向，以促进青年职工成长成才为目标，着力培养造就一支具备较高职业素质的青年职工队伍。一是要帮助青年提高思想道德素质。坚持以理想信念教育为核心，在青年中深入开展邓小平理论和“三个代表”重要思想宣传教育活动，深入开展爱国主义和社会主义道德教育，深入开展革命传统、基本国情和党的路线、方针、政策教育，引导青年坚定跟党走的信念，引导青年大力弘扬民族精神，引导青年按照《公民道德建设实施纲要》的要求自觉实践社会主义道德，养成与社会主义市场经济相适应的道德观念和行为习惯，不断提高自身的道德修养和道德水平。二是要帮助青年提高科学文化素质。积极倡导全员学习、全程学习、终身学习、团队学习的理念，组织青年广泛开展读书学习活动。企业团组织要在培育青年学习精神、激发青年学习热情、提高青年学习能力、优化青年学习环境等方面下苦功夫，引导青年学习掌握各种有益知识，不断提高文化层次，完善自身的知识结构。三是要帮助青年提高技术技能素质。适应现代企业生产经营和市场竞争要求，通过组织新知识新技能培训、开展岗位训练、举办学术讲座、进行课题研究等途径，着力优化青年职工的技能结构，提高青年职工的技能等级和水平。要引导青年积极参加青年创新创效活动，把个人职业发展与企业创新实践紧密结合在一起，立足岗位，勇于创新，不断提高创新意识、创新能力和创新效率。四是要帮助青年提高生理心理素质。针对新形势下青年成长的特点，加强青年职工的生理健康教育，积极开展健身活动，增强青年身体素质，使青年的生理素质能够更好地适应现代社会工作和生活的要求。加强青年心理健康评价、咨询和教育工作，引导帮助青年保持良好的心理状态，提高职业心理适应能力、情绪控制能力和心理调节能力，增强自信心，拥有坚忍不拔、持之以恒的顽强毅力。

三、要通过开展青年职业生涯导航活动，组织青年建设高度的职业文明

职业文明是一种职业在社会意识和社会精神层面的体现，外在表现为职业的社会认同度，包括职业道德、职业纪律、职业作风等多个方面。市场经济是效率经济，也是文明经济。加强职业文明建设，是市场经济发展的内在要求。在我国经济社会生活和服务人民群众生产生活需求的各个领域，处在第一线的大都是青年，他们的职业文明状况在很大程度上影响和决定着整个社会的整体职业文明水平。要引导青年建设并弘扬一流的职业道德。通过组织教育和自我教育相结合、理论学习和实践锻炼相结合、个人示范和集体影响相结合等途径,加强青年职业道德教育,引导青年树立正确的发展观、权利观和义务观。同时,发扬“勇开风气之先”的光荣传统,发挥青年在职业道德建设中的积极作用,引导青年做加强职业道德建设的先锋力量。要引导青年遵守并展示严明的职业纪律。通过制定规章制度,加强监督管理,落实奖惩措施等途径,规范青年的职业意识,提高青年的职业纪律性,并使之最终演变成自觉的职业行为,成为良好的职业习惯。同时,向社会展示良好的形象,带动整个职工队伍职业纪律性的提高。要引导青年培育并发扬优良的职业作风。培养青年的艰苦奋斗精神和团结协作意识,引导青年视每一岗位为其实现职业理想的“阶梯”,树立正确的得失观,勇于承担困难和艰苦工作,充分展示当代青年职工崭新的职业风貌。

四、要通过开展青年职业生涯导航活动,引领青年实现最优的职业价值

职业价值是指从业人员的职业活动对所从事职业的贡献程度。职业,作为一种社会存在形态,相互之间没有价值的区别。但对某一种职业而言,由于承担职业角色的主体差异,职业价值的实现程度也有所不同。俗话说,“三百六十行,行行出状元”,关键是看职业个体是否敬重职业、热爱工作,是否能够在本职工作岗位上做出无愧于自己、无愧于职业、无愧于社会的贡献。我国历史上记载着很多兢兢业业、至死方休的攻坚志业事迹。徐霞客经过几十年的跋山涉水,才写出了地理学著作《徐霞客游记》;李时珍经过27年的艰辛奋斗,才完成了医学巨著《本草纲目》。伟大的人物实现了自己的职业价值,雷锋、徐虎、李素丽等也在平凡的工作岗位上交出了让党和人民满意的答卷,实现了自己最优的职业价值。企业团组织要引导青年职工踏踏实实地干好本职工作,在企业改革发展实践中实现职业理想,体现、提升自己的职业价值。要引导青年不断提升职业标准,从单纯完成任务向更高的目标迈进。要优化青年职工建功成长环境,在企业发展壮大的进程中,不断提升青年职工的职业成就感,激发青年提升自身职业价值的热情,引导他们为企业改革发展做出更大贡献。

同志们,上海共青团有着光荣的传统和坚实的工作基础。我们相信,在上海市委、市政府和团中央的领导下,上海市各级团组织一定能够百尺竿头,更进一步,取得更大的成绩。让我们紧密团结在以胡锦涛同志为总书记的党中央周围,全面贯彻“三个代表”重要思想,团结带领广大团员青年为全面建设小康社会做出新的更大的贡献!

王晓在共青团十五届二中全会上的讲话

2003年12月26日

几天来,我认真学习了党中央书记处的指示和兆国同志、周强同志以及团中央书记处几位同志的讲话,在三个半天的讨论中认真听取了第六小组委员们的精彩发言,感到很受教育和启发。下面,我按照周强同志的要求,结合贯彻本次全会精神,就深化中国青年创业行动、进一步做好促进青年就业和再就业工作作一个专题发言。不正之处,请同志们批评指正。

团十四大以来，特别是去年10月共青团全国促进青年再就业工作会议以来，各级团组织认真贯彻党的十六大和中央领导同志作出的团组织要在帮助青年就业和再就业方面发挥积极作用的一系列指示精神，根据党和政府的要求，结合自身实际，深入推进中国青年创业行动，取得了可喜的成绩。

为进一步深化中国青年创业行动，把促进青年就业和再就业工作提高到一个新水平，团中央决定于本月28—29日在山东召开“中国青年创业行动现场推进会”。周强同志将出席会议并作重要讲话，对深化中国青年创业行动、进一步做好促进青年就业和再就业工作进行再动员、再部署。这里，我就深化中国青年创业行动谈几点初步的想法，仅供大家参考。

一、着眼于党和国家工作大局来认识中国青年创业行动

就业是民生之本，是民富之源，更是安国之策。做好就业和再就业工作，关系人民群众的切身利益，关系改革发展稳定大局。当前，我们党正在研究、改进自己的执政方式，努力提高执政能力和执政水平。对执政党来说，群众工作是各项工作的核心，是基础性、第一位的工作，而非一种执政的工具、策略或权宜之计。能否代表维护群众利益，是共产党人能否经受住考验的决定性因素。立党为公，执政为民，这个“民”就是人民群众的根本利益，就是人民群众的幸福生活和美好未来。做好就业和再就业工作，是党从执政为民的高度，对新时期保持党的先进性所作出的郑重承诺。党和政府历来高度重视就业和再就业工作，先后作出了一系列重大决策。党的十六大提出要实行促进就业的长期战略和政策，并将社会就业比较充分作为全面建设小康社会的目标之一。党的十六届三中全会提出要把扩大就业放在经济社会发展更加突出的位置，实施积极的就业政策。今年8月，党中央、国务院专门召开了全国再就业工作座谈会，胡锦涛总书记、温家宝总理、黄菊副总理发表了重要讲话。会议从党和国家工作全局的战略高度，全面分析了我国就业和再就业形势，深刻阐述了做好就业和再就业工作的极端重要性，提出了符合我国国情的就业发展战略，明确了做好这项工作的任务和要求，为做好当前乃至今后一个时期的就业和再就业工作指明了方向。

从党和国家工作大局来看，当前和今后一个较长时期内，我国就业形势比较严峻，今年城镇就业岗位缺口近1400万个，城镇登记失业率在4.3%左右。明年的任务更加艰巨，下岗失业人员总量仍将保持在1400万人左右。刚刚结束的全国劳动和社会保障厅（局）长会议确定的2004年工作目标是“95147”，即新增就业900万人，下岗失业人员再就业500万人，其中困难人员再就业100万人，城镇登记失业率控制在4.7%。

就业与青年密切相关。从一定意义上讲，就业问题是一个青年问题。与我国就业形势相一致，青年就业和再就业形势也相当严峻。尽管随着城镇登记失业率的上升，青年失业呈现较大幅度的下降趋势，从1992年的89.2%到1998年的54.7%，再到2002年的31.3%，但在1300—1400万下岗失业人员中，青年仍占到了相当比例；在城镇每年新增的近1000万劳动力中，青年占绝大多数，特别是今年高校毕业生总量达212万人，比2002年增加46.2%，明年将达到280万人，就业难的问题不容忽视；在1.5亿农村富余劳动力中，向非农领域转移和进城务工的主要是青年，就业和再就业已成为当前青年最具体、最现实、最紧迫的利益。

作为党的助手和后备军，共青团要努力为党和政府分忧，积极协助党和政府做好青年就业和再就业工作，在促进青年就业和再就业工作中实现服务大局和服务青年的统一。解决就业问题，不能就安置论安置，而应通过加强人力资源能力建设，培养创业型人才，创造新的就业岗位，通过创业带动就业和再就业。青年人风华正茂，思维敏捷，文化程度相对较高，自主意识较强，最易成长为创业型人才。以培养创业型青年人才为突破口，实施中国青年创业行动，是共青团组织学习贯彻"三个代表"重要思想的具体实践、服务改革发展稳定大局的重要途径和服务青年的有力举措。几年来的工作实践证明，以培养创业型青年人才牵动促进青年就业和再就业工作，既是共青团组织服务大局的客观要求，又是团组织的自身优势所在；既有利于创造新的就业岗位，又有利于搭建青年成长成才的舞台；既增强了团组织的吸引力和凝聚力，又实现了共青团事业的新发展。

二、着眼于经济社会发展全局来谋划中国青年创业行动

思考谋划中国青年创业行动，需要我们紧密结合经济和社会发展要求，找准工作定位，明确努力方向。根据全国再就业工作座谈会的有关要求，今后一个时期深化中国青年创业行动、进一步做好促进青年就业和再就业工作的基本思路是，以"三个代表"重要思想为指导，深入学习贯彻党的十六大、十六届三中全会、中央经济工作会议、全国再就业工作座谈会、全国人才工作会议和团十五大、十五届二中全会精神，以增加就业岗位、促进青年就业为目标，以创业为主题，以创业扶持、技能培训、中介服务、观念引导、就业援助为主要手段，以阵地建设为保障，构建完善促进青年就业和再就业工作体系，努力把促进青年就业和再就业工作提高到一个新水平。工作目标是，继续加强全国青年就业和再就业工作重点联系城市青年就业服务中心建设，推动青年就业服务中心实现自主经营、规范运作、健康发展，每年帮助100万名青年掌握创业本领，帮助10万名青年创办自己的企业，为下岗失业青年提供就业服务150万人次，力争使服务对象的再就业率达到60%。同时，为城镇新增青年劳动力、农村富余青年劳动力提供切实有效的就业和再就业服务。

按照这一思路，实现这一目标，需要把握一条主线，抓好五项重点工作，正确处理三个关系。

把握一条主线，就是要以培养创业型青年人才、积累创业型人力资本、扶持青年创业为主线。解决就业问题的根本之路在于创造新的就业岗位。就业离不开创业。一个社会的创业者越多，这个社会的生产要素组合就越丰富、越活跃，提供生产要素的就业行为也就越容易。当前，我国人均GDP接近1000美元，比照国际经验，正好处在产业结构调整最剧烈的变动期，结构调整过程中将产生很多新的商业机会，为创业提供了良好的机遇和广阔的天地。作为社会生活中最具活力和创造力的一个群体，青年有着相对较新的观念和相对较高的文化技能水平，蕴含着巨大的创业潜能。我们要结合青年的特点，引导帮助青年走自主创业之路，通过创业的乘数效应实现就业的倍增效应。

抓好五项重点工作，就是紧紧抓住促进青年就业和再就业工作的关键环节，抓好创业扶持、技能培训、中介服务、观念引导、就业援助等工作。一是要强化创业扶持。着眼于开发新的就业岗位，培养大批创业型青年人才，扶持有创业愿望和一定创业能力的青年到第三产业特别是服务业领域创办微型企业，向社会提供新的就业机会。二是要加强技能培训，引导青年树立终生学习、终身培训的观念，坚持以市场为导向，以培育青年就业核心能力为目标，通过开展"订单式"培训、组织就业见习等途径，注重以培训结果校对和调整培训方式，增强青年的就业能力、创业能力和职业适应能力，切实改善青年劳动力的供给结构，提高青年劳动力就业的稳定性。三是要开展中介服务。目前劳动力市场上16—35岁的求职者占69.7%。要依托青年就业服务中心，通过发布用工信息、举办就业洽谈会、组织劳务输出、建立青年择业超市等途径，为青年就业和再就业牵线搭桥。要深入实施“工岗快递”行动，逐步扩大省际、省内、网上“工岗快递”的覆盖区域和参与群体，探索建设有形与虚拟相结合、开放型、国际化的劳务协作区，引导青年跨行业、跨地区、跨部门、跨经济成分流动，从而有效缓解青年劳动力就业在空间上的分布不均，实现青年劳动力资源的宏观调配和重新组合。四是要进行观念引导，引导青年树立正确的市场就业观，树立职业平等、劳动光荣的观念，走自谋职业、自主择业之路。五是要实施就业援助。按照团中央开展“真情暖万家”活动的要求，大力开展以关爱进万家、岗位进万家、政策进万家为主要内容的“真情助困进万家”等活动，切实帮助特困下岗失业青年等困难群体解决生活难、培训难、就业难等问题。

正确处理三个关系，就是要树立新的发展观，正确认识和解决关系工作长远发展的一些问题。一是要正确处理工作重点和工作全局的关系。当前我国面临的就业形势，是劳动力总量矛盾和就业结构性矛盾相叠加，下岗失业人员再就业、城镇新增劳动力特别是大学毕业生就业和农村富余劳动力转移就业等问题相交织，情况复杂。对党和政府来说，下岗失业人员再就业问题更特殊、更紧迫，是就业工作的当务之急和重中之重；同时，大学生就业问题也备受关注。因此，我们在开展工作时，就要分清轻重缓急，处理好下岗失业青年再就业与青年就业工作全局、大学生就业与青年就业工作全局的关系，既要抓住主要矛盾和矛盾的主要方面，又要着眼全局，努力做到统筹兼顾。二是要正确处理工作存量和工作增量的关系。经过多年的共同努力，我们在工作中创出了响亮的活动品牌，树立了良好的社会形象，拥有了高素质的干部队伍，形成了过硬的工作作风；同时，与改革开放同生共长的当代青年，在社会主义市场经济大潮中也掌握了一定的知识和技能，树立了较强的市场意识和竞争观念，积累并形成了一定的人力资本存量，这些都是我们开展工作的优质存量资产。而新的形势和任务又要求我们在新的征程中，以与时俱进的精神对工作增量进行调整，以适应时代的要求。因此我们应主动适应工作领域、工作对象、工作手段、工作环境、工作力量等方面的新变化，树立“盘活存量、调整增量”的工作新理念，通过对优质存量资产的盘活和对工作增量的结构性调整，实现工作总量的与时俱进。三是要正确处理工作规模和工作效益的关系。一方面，要努力拓展工作领域，丰富工作项目，扩大工作覆盖面，推动工作上规模。另一方面，要将成本、质量、效益、标准等观念和评价机制引入工作之中，着力提高工作效益，确保工作在上规模的同时上水平，实现质与量的有机结合。

三、着眼于共青团事业的长远发展来推进中国青年创业行动

深化中国青年创业行动、进一步做好促进青年就业和再就业工作，是共青团组织服务大局、服务青年的重要措施，也是团组织增强吸引力和凝聚力的有效途径。我们要认真学习贯彻本次全会精神，站在新的历史起点上，进一步统一思想，振奋精神，与时俱进，埋头苦干，推动中国青年创业行动不断实现新发展。

1.要突出创业主题。经济发展的历史和现实均表明，鼓励创业、培育创业意识是一个国家经济发展的根基。在我国的特殊国情下，做好这方面的工作尤为重要。深化中国青年创业行动，就要以创业为主题，以培养创业型青年人才为着力点，引导帮助青年通过创业实现并带动就业和再就业。要开展创业培训。通过举办培训班、开展创业方案竞赛活动、建立创业实践基地等途径，帮助青年掌握创业的基本知识，提高创业本领。要强化创业指导。通过建立青年创业项目库、举办创业项目发布会、成立青年创业指导团等途径，为青年创业提供项目论证、业务咨询、政策指导、决策参考等服务。要优化创业环境。通过建立专项基金、提供小额贷款、协调落实政策、减免加盟连锁费用等途径,降低青年创业的门槛,为青年创业提供良好的外部环境。要培育创业文化。通过打造青年创业文化品牌、传唱青年创业歌曲、统一青年创业标识、举办青年创业论坛等途径,营造鼓励青年创业的文化氛围。要进行创业激励。通过树立青年创业典型、举办创业事迹报告会等途径,激发青年的创业热情,增强青年自主创业的信心和决心。

2. 要创新推进方式。推进中国青年创业行动,要坚持走市场化导向、项目化运作、品牌化经营、社会化推进、国际化发展的路子。走市场化导向的路子,就是要深入研究完善社会主义市场经济体制进程中促进青年就业和再就业工作面临的新情况,按照国家建立的"以劳动者自主就业为主导,以市场调节为基础,以政府促进就业为动力"的就业机制的要求,注重以市场为导向,与青年就业发展需求相适应,充分发挥市场在青年劳动力资源配置中的基础性作用,以市场化的观念、手段、模式和机制推进工作。走项目化运作的路子,就是要通过一个一个的项目,量化目标、整合资源、培育人才、推进工作。项目化运作,是近年来共青团适应社会主义市场经济发展要求创新工作方式的一个重要方向。近年来,通过各级团组织的共同努力,我们已经拥有了"工岗快递"、"中国青年创业网网上招聘大会"、"真情助困进万家"、"玫琳凯"、"青创田园"等一批好的工作项目。今后要在抓实抓好这些项目的基础上,努力打造一批青年欢迎、社会认可、具有共青团特点的工作项目。按照周强同志的要求,我们正在积极争取劳动和社会保障部的支持,准备实施"青年就业见习计划"。走品牌化经营的路子,就是要在工作中实施品牌化经营战略,在创业扶持、技能培训、中介服务、就业援助等工作领域打造具有较高知名度、忠诚度和美誉度的青年创业品牌、培训品牌、职介品牌,树立中国青年创业行动的良好形象。走社会化推进的路子,就是要加强与有关部门和机构的交流与合作,善于借助社会力量,广泛吸纳并有效整合社会资源,引入社会化工作机制,不断加快促进青年就业和再就业工作的社会化进程。走国际化发展的路子,就是要开拓国际视野,积极适应经济全球化带来的就业岗位资源全球配置的新形势,积极实施"走出去"战略,扩大国际交流与合作,努力在国际交换中获得更大的就业比较利益。

3. 要强化阵地依托。以城市青年就业服务中心为节点的阵地网络在深化中国青年创业行动中具有特殊重要的作用。要争取劳动保障等部门的支持,将青年就业服务中心建设纳入地方劳动力市场建设的整体格局,使之成为地方劳动力市场的有机组成部分。要积极吸纳社会各方面智力、物力和财力资源,切实强化青年服务中心建设发展的人才支撑和物质依托。要按照团中央下发的《青年就业服务中心管理条例》的要求,规范青年就业服务中心(站)的工作,确保机构到位、人员到位、场地到位、制度到位、工作到位,并以空岗信息占有率、职业介绍成功率等指标评价、规范中心工作。同时,要大力加强青年就业信息网络阵地建设,逐步构建起以中国青年创业网为主干,以各地青年就业工作网站为联结、与青年就业服务中心有形阵地网络良性互动的网上工作平台。

4. 要完善工作机制。机制建设,是一个带有根本性、全局性、长期性的问题。周强同志在本次全会上,就加强共青团工作的机制建设进行了全面深刻的阐述,为我们的工作指明了前进的方向。深化中国青年创业行动,就要在机制建设上下苦功夫,为促进青年就业和再就业工作的健康发展提供基本保障。一是要完善组织领导机制。去年共青团全国促进青年再就业工作会议以来,各地均成立了促进青年就业和再就业工作领导小组。最近,团中央书记处对共青团全国促进青年就业和再就业工作领导小组进行了充实和调整，周强同志担任组长，书记处其他六位同志担任副组长，由我来兼任办公室主任，办公室日常工作由青工部承担，进一步加强了对这项工作的领导。各地团组织要切实加强本地区促进青年就业和再就业工作的领导，充分发挥领导小组和领导小组办公室的作用，整合各个部门、各条战线的资源，集成工作能量，优化工作流程，形成齐抓共管、整体推进的工作格局。二是要完善动态管理机制。通过建立青年创业人才库、青年创业项目库、青年创业数据库等途径，切实加强青年创业行动的人才管理、项目管理、阵地管理和网络管理，推动工作不断向科学化、规范化、制度化方向发展。三是要完善政策保障机制。进一步加强对党和政府就业和再就业政策的学习，积极参与地方政府的政策制定和实施，充分考虑、及时反映青年的愿望和要求，切实抓好政策衔接、政策创新和政策落实三个关键环节，努力创造有利于青年就业、创业和再就业的政策环境。四是要完善评价考核机制。在搞好团内评价的同时，通过书面调查、实地调查、网上调查等途径，广泛征求地方领导、政府有关部门、服务对象等对本地促进青年就业和再就业工作的评价和建议，把自我评价、行政评价和社会评价有机结合起来，构建社会化的考核评价机制，逐步实现工作评价指标化、工作认证规范化和工作成果显性化，不断提高工作品质。五是要完善表彰激励机制。建立以“中国青年创业奖”为龙头的表彰体系，对青年创业典型、中国青年创业行动中表现突出的单位和个人进行表彰，以形成有效激励和积极导向，激发各方面支持促进青年就业和再就业工作的热情。

同时，我们在企业将继续深化青年创新创效活动，启动实施“青工技能振兴计划”；在职业青年群体中以庆祝创建青年文明号活动10周年为契机，掀起青年文明号创建活动的新高潮；深入开展“青年企业家西部行”、“青年企业家东北行”等活动，进一步做好青年企业家协会工作；切实加强企业、机关事业单位团的自身建设，不断开创共青团青工工作新局面。

各位委员，同志们，深化中国青年创业行动、进一步做好促进青年就业和再就业工作，是共青团面临的一项重大而紧迫的任务。我们相信，在以胡锦涛同志为总书记的党中央的领导下，经过我们的共同努力，这项工作必定结出更为丰硕的果实，为促进经济社会发展做出更大的贡献。

新年将至，衷心祝愿同志们新年快乐，身体健康，工作顺利，万事如意！

王晓在中国青年创业行动现场推进会上的总结讲话

2003年12月29日，根据录音整理

这次会议，是全团深入贯彻党的十六届三中全会、中央经济工作会议、全国再就业工作座谈会、全国人才工作会议和团十五届二中全会精神的一次非常重要的会议，对于提高认识、统一思想、明确任务、推动工作，进一步调动各级团组织实施中国青年创业行动的主动性、积极性和创造性，进一步加快促进青年就业和再就业工作体系的建设和发展，进一步形成全团各个部门、各条战线齐心协力、共同作战的工作格局，必将产生重要的推动作用。

中共中央政治局委员王兆国非常重视促进青年就业和再就业工作,多次对共青团组织实施中国青年创业行动作出批示,这次又给我们的会议发来贺信。兆国同志在贺信中全面分析了我国就业和再就业的形势,充分肯定了近几年来各级团组织在实施中国青年创业行动、促进青年就业和再就业方面发挥的积极作用,明确提出作为党的助手和后备军的共青团组织要加大工作力度,继续配合党和政府做好促进青年就业和再就业工作,为我们开展工作指明了前进方向。周强同志和团中央书记处非常重视促进青年就业和再就业工作,多次听取专题汇报,就如何做好这项工作多次作出具体指示。昨天周强同志又出席会议,发表了重要讲话。周强同志的讲话深刻分析了实施中国青年创业行动、做好促进青年就业和再就业工作的重要性和紧迫性,明确提出了进一步做好这项工作的基本思路、主要任务和工作要求,讲得很全面、很具体、很深刻,对于新形势下全面推进促进青年就业和再就业工作,具有重要的指导意义。大家要认真学习,会后迅速传达,抓好落实。会议期间,我们还举行了中国青年创业行动示范项目的签约仪式,观摩了山东各级团组织实施“青春创业行动”的运作模式和实际效果,交流了部分地区团组织的基本做法和经验。这次会议虽然时间不长,但主题鲜明,内容丰富,开得很成功。刚才几名同志代表各自讨论小组的发言,讲得很好,我很赞同,听了以后也很受启发。下面,结合贯彻兆国同志的贺信和周强同志的讲话精神,我讲三个方面的问题,供同志们参考。

一、关于本次会议的成果和主要收获

本次会议的成果和主要收获主要有以下四点:

一是进一步增强了实施中国青年创业行动、做好促进青年就业和再就业工作的责任感和紧迫感。大家认为,王兆国同志的贺信,充分反映了党中央对就业和再就业工作极端重要性的深刻认识,对青年就业和再就业工作的高度关注。大家表示,通过这次会议更加深刻地认识到,就业是民生之本,是民富之源,更是安国之策。在我国当前和今后一个较长时期就业形势非常严峻、就业任务更加艰巨,这项工作已经成为党和国家工作的重中之重的背景下,深化中国青年创业行动、做好促进青年就业和再就业工作,是实践“三个代表”重要思想的必然要求,是全面建设小康社会的必然要求,也是切实服务青年从而增强团组织吸引力和凝聚力、巩固党的青年群众基础的必然要求。大家纷纷表示,周强同志在讲话中指出,要把这项工作做得如何作为衡量一个共青团干部工作是否务实、是否扎实的重要标准,体现了团中央书记处抓这项工作的决心,回去以后一定更加自觉地把实施中国青年创业行动摆上更加突出的位置,尽最大的努力取得最大的成效。

二是进一步把握了实施中国青年创业行动、做好促进青年就业和再就业工作的基本原则和方向。大家认为,周强同志的讲话和会议印发的《共青团中央关于深入实施中国青年创业行动、进一步做好促进青年就业和再就业工作的意见(讨论稿)》,为今后更好地开展工作指明了方向。大家一再表示,要在今后的工作中结合本地实际坚决贯彻好这些要求,推动本地区促进青年就业和再就业工作实现更大发展。

三是进一步明确了实施中国青年创业行动、做好促进青年就业和再就业工作的总体任务和措施。大家认为,在团十五届二中全会刚刚闭幕、《全面建设小康社会进程中共青团工作战略发展规划》刚刚通过的背景下,团中央立即召开这次会议,明确了促进青年就业和再就业工作的目标和任务。会议所提出的“建立较为完善的促进青年就业和再就业的工作体系,每年帮助100万名青年掌握创业本领,帮助10万名青年创办自己的企业,为下岗失业青年提供职业培训、就业指导、职业介绍等服务150万人次，力争使服务对象的再就业率达到60%，同时为城镇新增青年劳动力、农村富余青年劳动力提供切实有效的就业和再就业服务”的总体目标是务实的，体现了共青团组织服务青年就业和再就业不贪大、不贪多、务求实效的基本方针，回去以后将结合本地实际，层层分解任务，落实责任到人，并按照会议的部署，确保全团工作目标的实现。

四是进一步坚定了实施中国青年创业行动、做好促进青年就业和再就业工作的信心和决心。大家表示，会议印发的《学习材料》，折射出党和国家对就业和再就业工作的高度重视以及解决问题的决心，体现出党对共青团组织在就业和再就业工作中发挥积极作用的殷切期盼；会上交流的各地经验，也使大家看出共青团组织发挥优势、取得成效的美好前景。大家相信，在“三个代表”重要思想的指引下，在各级党委和政府的关心和领导下，在社会方方面面的大力支持下，中国青年创业行动一定能够成为党政满意、青年满意、社会满意的共青团工作“名牌”。

二、抓住关键环节，全面深化中国青年创业行动

周强同志在讲话中就如何深化中国青年创业行动作了具体部署，是指导我们开展工作的纲领性文件。在认真学习、狠抓落实的过程中，要着重抓好以下几个关键环节。

第一，要突出创业主题。经济发展的历史和现实均表明，鼓励创业、培育自主创业意识，是一个国家经济发展的根基。就业离不开创业。一个社会的创业者越多，这个社会生产要素的组合就越丰富、越活跃，提供生产要素的就业行为也就越容易。回顾历史，我们可以看到，新中国成立以来，先后经历了几次失业高峰。正是依靠人民群众的艰苦创业，才使国家不仅渡过了就业难关，而且获得了推动经济发展的新的活力。当前，我国人均GDP接近1000美元，比照国际经验，正好处在产业结构调整最剧烈的变动期，结构调整过程中将会产生很多新的商业机会，为创业提供了良好的机遇和广阔的天地。但是，我们也应看到，当前无论是在管理体制上还是人们的思想认识上，对创业活动仍然存在着诸多制约因素，人们的创业意识和能力仍然不足，7万亿元的民间储蓄难以转化为有效投资就很能说明这个问题。这里有鼓励创业的政策和体制问题，更有创业意识和创业能力不足的问题。作为社会中最具活力和创造力的一个群体，青年具有相对较高的文化知识和技能水平，自主意识较强，蕴含着巨大的创业潜能，最易成长为创业型人才。以培养创业型青年人才来牵动促进青年就业和再就业工作，既是团组织服务大局的客观要求，也是团组织自身的优势所在，不仅有利于开发新的就业岗位、搭建青年成长成才的舞台，也有利于增强团组织的吸引力和凝聚力，实现共青团事业的新发展。深化中国青年创业行动，就要以创业为主题，以培养创业型青年人才、积累创业型人力资本为着力点，将促进青年就业和再就业与帮助青年创业结合起来，将帮助青年创业与开发青年人力资源结合起来，引导青年走自主创业之路，通过创业的乘数效应实现就业的倍增效应。

第二，要把握工作内容。就是要切实抓好创业扶持、技能培训、中介服务、观念引导和就业援助等五方面工作。一是要强化创业扶持。着眼于开发新的就业岗位，培养一大批创业型青年人才，引导帮助有创业愿望和一定创业能力的青年到第三产业特别是服务业领域创办企业，通过创业带动就业和再就业。要开展创业培训。通过举办培训班、开展创业方案竞赛活动、建立创业实践基地等途径，引导帮助青年掌握创业基本知识，提高创业本领，逐步形成以培训促进创业、以创业促进就业的良性机制。要强化创业指导。通过建立青年创业项目库、举办创业项目发布会、成立青年创业指导团等途径，为青年创业提供项目论证、业务咨询、政策指导、决策参考等方面服务。要优化创业环境。通过建立专项基金、提供小额贷款、协调落实政策、减免连锁加盟费用等途径，降低青年的创业门槛，为青年创业创造良好的外部环境。要培育创业文化。通过打造青年创业文化品牌、传唱青年创业歌曲、统一青年创业标识、举办青年创业论坛等途径，营造鼓励青年创业的文化氛围。要进行创业激励。通过树立青年创业典型、举办青年创业事迹报告会等途径，激发青年创业热情，增强青年自主创业的信心和决心。二是要加强技能培训。大家都知道，我国的劳动力资源很丰富，但劳动力技能结构重心很低，实行的是“多用劳动，少用资本”的工业化技术路线。从就业岗位的需求来看，现有就业岗位存量的调整过程是绝对单向减少低素质劳动力的过程，新的岗位需求则面向高素质劳动力。因此，要切实抓好技能培训这一促进青年就业和再就业的基础性工作，引导青年树立终生学习、终身培训的观念，坚持以市场为导向，注重以培训结果校正和调整培训方式，通过开展“订单式”培训、组织就业见习等途径，增强青年的就业能力、创业能力和适应职业变化能力，从而逐步改善我国青年劳动力的供给结构，提高青年劳动力就业的稳定性。三是要开展中介服务。目前，劳动力市场上16—35岁的求职者占求职者总数的69.7%。要依托青年就业服务中心，通过发布用工信息、举办就业洽谈会、组织劳务输出、建立青年择业超市等有效途径，为青年就业和再就业牵线搭桥。要深入实施“工岗快递”行动，逐步扩大活动的覆盖区域和参与群体，探索建立有形与虚拟相结合、开放型、国际化的青年劳务输出协作区，引导青年跨行业、跨地区、跨部门、跨经济成分流动，从而有效缓解青年劳动力就业在空间上的分布不均，实现青年劳动力资源的宏观调配和重新组合。四是要进行观念引导。引导青年适应市场经济条件下就业模式转变的大趋势，树立正确的市场就业观，树立职业平等、劳动光荣的观念，走自谋职业、自主择业之路。五是要实施就业援助。从实践来看，就业困难群体很难被经济增长所带来的就业机会吸纳，也难以通过一般的就业政策和就业服务实现就业，需要实施特殊的就业援助。要按照团中央开展“真情暖万家”活动的要求，大力开展以关爱进万家、岗位进万家、政策进万家为主要内容的“真情助困进万家”等活动，广泛动员社会力量，为特困下岗失业青年等困难群体送岗位、送政策、送钱物、送培训，切实帮助他们解决生活难、培训难、就业难等问题，特别是要在元旦、春节期间掀起持续性高潮。

第三，要创新推进方式。深化中国青年创业行动要适应经济社会发展的要求，坚持走市场化导向、项目化运作、品牌化经营、社会化推进、国际化发展的路子。市场化导向，就是要深入研究完善社会主义市场经济体制进程中促进青年就业和再就业工作面临的新情况，注重与青年多样化、个性化、差异化的就业发展需求相适应，充分发挥市场在青年劳动力资源配置中的基础性作用，以市场化的观念、市场化的手段、市场化的模式、市场化的机制推进工作。项目化运作，就是要通过实施一个一个的项目，量化目标，整合资源，培育人才，推进工作。项目化运作，是近年来共青团组织适应社会主义市场经济发展要求创新工作方式的一个重要方向。通过各级团组织的共同努力，我们已经拥有了“工岗快递”、“中国青年创业网网上招聘大会”、“青创田园”等一批好的工作项目，山东“青春创业行动”就是一个项目化运作的典型。目前，我们按照周强同志的要求，正在争取劳动和社会保障部的支持，准备推出“青年就业见习计划”，其目的是开发一批见习岗位，为青年提供更多的阶段性就业机会，是深化中国青年创业行动的一个重大项目。今后，各级团组织要在扎实抓好已有工作项目的基础上，努力打造一批青年欢迎、社会认可、具有共青团特点的工作项目。品牌化经营，就是要在工作中实施品牌化经营战略，在创业扶持、技能培训、职业介绍、就业援助等工作领域打造具有较高知名度、美誉度和忠诚度的青年创业品牌、青年培训品牌、青年职介品牌。“中国青年创业网”今年1月份开通后，我们之所以在每季度第一个月的15日—25日定期举办网上招聘大会，就是为了遵循媒体的运作规律，全力打造网上的青年职业介绍品牌。社会化推进，就是要在整合团内资源的同时，加强和有关部门、机构的交流与合作，善于借助社会力量，广泛吸纳并有效整合社会资源，引入社会化工作机制，不断加快促进青年就业和再就业工作的社会化进程。国际化发展，就是要拓展国际视野，适应经济全球化带来的就业岗位资源全球配置的新形势，积极实施“走出去”战略，扩大国际交流与合作，努力在国际交换中获得更大的就业比较利益。

第四，要强化阵地依托。坚实的阵地，既是工作的依托，也是工作的平台。以城市青年就业服务中心为节点的阵地网络，在深化中国青年创业行动中具有特殊重要的作用。要以城市青年就业服务中心建设为重点，进一步加大促进青年就业和再就业的有形阵地网络和虚拟阵地网络建设，为工作的开展提供坚实的依托。要积极争取劳动保障等部门的支持，将青年就业服务中心建设纳入地方劳动力市场建设的整体格局，使之成为地方劳动力市场的有机组成部分。要广泛吸纳社会各方面的人力、物力、财力、智力资源，切实强化青年就业服务中心建设与发展的人才支撑和物质依托。要按照团中央下发的《青年就业服务中心管理条例》的要求，规范中心（站）的工作，确保机构到位、人员到位、场地到位、制度到位、工作到位，并以空岗信息占有率、职业介绍成功率等指标评价、规范中心的工作。同时，要切实加强虚拟网络阵地建设，逐步构建起以“中国青年创业网”为主干，以各地青年就业工作网站为联结、与有形阵地网络良性互动的网上工作平台。

第五，要完善工作机制。机制建设，是一个带有根本性、长期性、全局性的问题。周强同志在团十五届二中全会上就加强共青团的机制建设进行了全面深刻的阐述，为我们推进工作指明了方向。深化中国青年创业行动，就要在机制建设上下苦功夫，为促进青年就业和再就业工作的健康发展提供基本保障。一是要完善组织领导机制。团中央书记处最近对共青团全国青年就业和再就业工作领导小组进行了调整，周强同志任组长，书记处其他同志任副组长，由我来兼任办公室主任，日常工作仍由青工部承担，进一步加强了对这项工作的领导。各地要进一步加强对本地促进青年就业和再就业工作的领导，充分发挥领导小组和领导小组办公室的作用，整合各个部门、各条战线的资源，优化工作流程，集成工作能量，形成齐抓共管、整体推进的工作格局。二是要完善动态管理机制。通过建立青年创业人才库、青年创业项目库、青年创业数据库等途径，切实加强促进青年就业和再就业工作的人才管理、项目管理、阵地管理和网络管理，推动工作不断向科学化、规范化、制度化方向发展。三是要完善评价考核机制。在搞好团内评价的同时，通过书面调查、网上调查、实地调查等途径，征求地方党政领导、政府有关部门、服务对象对本地促进青年就业和再就业工作的评价和建议，把自我评价、行政评价和社会评价有机结合起来，构建社会化的评价考核机制，逐步实现工作评价指标化、工作认证规范化和工作成果显性化，不断提高工作品质。四是要完善政策保障机制。进一步加强对党和政府就业和再就业政策的学习，积极参与地方政府就业和再就业政策的制定和实施，充分考虑、及时反映青年的愿望和要求，切实抓好政策衔接、政策创新、政策落实三个关键环节，为青年就业、创业和再就业创造良好的政策环境。五是要完善表彰激励机制。建立以“中国青年创业奖”为龙头的表彰体系，对青年创业先进典型、实施中国青年创业行动中表现突出的单位和个人进行大力表彰，形成有效激励和积极导向，激发各方面支持这项工作的热情。

三、正确把握深化中国青年创业行动中的几个问题

在推进中国青年创业行动的过程中，要树立新的发展观，正确认识和解决关系工作长远发展的一些问题。主要是要处理好以下四个关系：

第一，要正确处理工作重点和工作全局的关系。当前，我国就业形势非常严峻，突出表现为劳动力总量矛盾和就业的结构性矛盾相叠加，下岗失业人员再就业、城镇新增劳动力特别是大学毕业生就业和农村富余劳动力转移就业等问题相交织，情况十分复杂。今年城镇登记失业率约为4.3%，城镇就业岗位缺口近1400万个，明年下岗失业人员总量仍将保持在1400万人左右。在刚刚结束的全国劳动厅(局)长会议上，劳动和社会保障部提出的2004年工作目标是“95147”，即明年新增就业900万人，下岗失业人员再就业500万人，其中有100万人是困难人员再就业，城镇登记失业率控制在4.7%，任务相当艰巨。对党和政府来说，下岗失业人员再就业问题更特殊、更紧迫，是就业工作的当务之急和重中之重，同时，大学毕业生就业问题也备受关注。从青年就业的形势来看，尽管随着城镇登记失业率的上升，青年失业呈现较大幅度的下降趋势，失业率从1992年的89.2%到1998年的54.7%，再到2002年的31.3%，但在下岗失业人员中青年仍然占相当比例，明年大学毕业生增至280万人，就业难的问题不容忽视。因此，我们在推进工作时，要分清轻重缓急，处理好下岗失业青年再就业和青年就业工作全局的关系，处理好大学生就业与青年就业工作全局的关系，处理好扶持青年创业与青年就业工作全局的关系，既要抓住主要矛盾和矛盾的主要方面，又要着眼全局，努力做到统筹兼顾，做好城镇新增青年劳动力、农村富余青年劳动力的就业服务工作。

第二，要正确处理工作存量和工作增量的关系。经过多年的共同努力，我们在工作中创出了响亮的活动品牌，树立了良好的社会形象，拥有了高素质的干部队伍，形成了过硬的工作作风；同时，与改革开放同生共长的当代青年，在社会主义市场经济大潮中掌握了一定的知识和技能，树立了较强的市场意识和竞争观念，积累并形成了一定的人力资本存量，这些都是我们开展工作的优质存量资产。而新的形势和任务又要求我们开拓新的工作领域，开展新的工作项目，创造新的工作手段，以与时俱进的精神对工作增量进行结构性调整，以适应时代的要求。因此，我们要主动适应工作领域、工作对象、工作手段、工作环境、工作力量等方面的新变化，树立“盘活存量、调整增量”的工作新理念，通过对优质存量资产的盘活和对工作增量的结构性调整，实现工作总量的与时俱进。

第三，要正确处理工作热情和科学态度的关系。促进青年就业和再就业工作，要求高、难度大、任务重，来不得半点虚假，需要保持旺盛的工作热情。安阳团市委把几千名青年送到福建去异地就业，这件事一个巴掌拍不响，但如果这个巴掌不伸出来，就不可能和其他的巴掌拍到一块儿去。各级团组织和团干部要发扬不怕吃苦、坚韧不拔的精神，保持旺盛的进取心，把服务对象当成自己的兄弟姐妹，发自内心地关注他们的需求，关心他们的疾苦，为他们办实事、做好事、解难事，永不轻言放弃，永远追求向上。在保持这样一种工作状态的同时，我们也要认识到，做好这项工作仅仅有热情是远远不够的，还要有一个科学的态度。要把握工作定位，在党和国家就业和再就业工作全局中找准位置，明确自己的角色、职责和努力方向，制订切实可行的目标，选择合适的作用路径和方式。要树立全局观念。进一步统一思想，统一品牌，统一标识。要加强分类指导，在统一品牌的前提下，根据各地经济发展水平和工作重点，因地制宜地推进工作，在推进模式上不强求一律。要加强工作研究，在着力解决当前工作重点、难点的基础上，着眼长远，积极研究、逐步解决影响事业长远发展的战略性、根本性问题，力求建立推动工作持续健康发展的长效机制；善于培养、发现典型，及时总结经验，将基层的成功做法升华提炼为进一步指导我们工作实践的理论创新，将应急性的工作措施转化为长效的工作机制，将行之有效的有力举措转化为经常性的工作方法，探索形成规律性的认识和成果。

第四，要正确处理工作规模和工作效益的关系。在推进中国青年创业行动中，我们一方面要努力拓展工作领域，丰富工作项目，扩大工作覆盖面，推动工作上规模，提高工作的知名度和影响力；另一方面也要注重把质量、成本、效益、标准等观念和评价机制引入到工作中，着力优化工作效益，突出工作效益在工作评价中的核心地位，把工作效益如何作为检验工作的根本的、重要的标准，实现质与量的有机统一。要坚持实字当头，做到思想务实、措施切实、作风扎实、成果真实，把对上负责和对下负责统一起来，把对党负责和对青年负责统一起来，防止工作中出现缺乏实劲、缺乏狠劲、缺乏韧劲等现象，脚踏实地，埋头苦干，务求实效。

同志们，实施中国青年创业行动、促进青年就业和再就业工作，是当前和今后一个时期全团的一项重要而又紧迫的任务。让我们紧密团结在以胡锦涛同志为总书记的党中央周围，高举邓小平理论伟大旗帜，全面贯彻“三个代表”重要思想，与时俱进，开拓创新，求真务实，扎实工作，全力推动促进青年就业和再就业工作实现新发展，为服务改革发展稳定大局做出新的更大贡献。

张晓兰同志讲话

在“三个代表”重要思想指引下
努力把培养少年儿童的工作做得更好

——张晓兰在少先队工作者座谈会上的讲话

2003年9月8日

少先队是党委托共青团领导的中国少年儿童的群众组织，是少年儿童学习中国特色社会主义和共产主义的学校，是建设社会主义和共产主义的预备队。少先队事业是党的事业的一部分。胡锦涛同志代表党中央、国务院在第四次全国少代会上的祝词中指出：“少先队事业的蓬勃发展，是党的事业始终保持生机和活力的重要源泉；少年儿童的健康成长，是国家和民族永远兴旺发达的希望所在。”

党把共青团作为助手和后备军，并委托共

青团直接领导少先队，把少先队作为预备队，党的指导思想也是少先队的工作指南和根本方向。各级少先队组织和广大少先队工作者要在各项工作中全面贯彻“三个代表”重要思想，形成这样的共识：围绕党要始终代表中国先进生产力的发展要求，努力提高少年儿童的综合素质，引导和教育他们为长大以后在推进社会生产力发展中发挥积极作用做好全面准备；围绕党要始终代表中国先进文化的前进方向，用优秀的文化陶冶少年儿童，引导和教育他们为长大以后在建设面向现代化、面向世界、面向未来的民族的科学的大众的社会主义文化中发挥积极作用做好全面准备；围绕党要始终代表中国最广大人民的根本利益，努力服务少年儿童的健康成长，引导和教育他们为长大以后报效祖国，全心全意为人民服务做好全面准备。

一、努力提高少年儿童的综合素质

党的十六大提出了全面建设小康社会的宏伟目标，少先队组织要紧紧围绕这一目标，服务少年儿童综合素质的提高，服务少年儿童的健康成长，引导少年儿童为实现宏伟蓝图做好全面准备。根据党的十六大报告对全面建设小康社会的描述，我们要理解国家和社会对未来人才的要求，要努力把当代少年儿童培养成永远坚定跟党走的一代，继承和弘扬民族精神的一代，为实现新型工业化做贡献的一代，不断把改革开放推向前进的一代，为实现社会全面进步服务的一代，追求美好生活的一代。

改革开放以来，少先队始终把提高少年儿童的综合素质作为自己的重要任务，这既是把少年儿童培养成为社会主义事业的合格建设者和接班人的要求，也是代表他们的具体利益，服务他们健康成长的需要。少先队作为国家实施素质教育的重要力量，在全面推进教育改革、实施素质教育中可以发挥哪些不可替代的作用，应该如何发挥作用，怎样才能不断提高少年儿童的综合素质，是少先队组织和少先队工作者应该重点思考的问题。

围绕提高少年儿童综合素质，少先队已经开展了“中国少年雏鹰行动”和“手拉手”等很多意义深远、广有影响的少先队活动，这些活动对于少年儿童提高综合素质特别是思想道德素质起到了积极的作用。在第四次全国少代会上，全国少工委又进一步总结少先队50年的光荣传统和基本经验，完善了“把少年儿童组织起来，尊重他们在少先队组织的主人地位，发挥他们在教育过程中的主体作用，引导他们在广泛的社会实践中按照党的教导和时代的要求，提高综合素质，全面发展”的教育思想，特别是在此基础上提出了“体验教育”的思想，这既是少先队教育思想逻辑发展的结果，也是提高少年儿童思想道德教育针对性、实效性和主动性的积极探索。

体验教育旨在引导少年儿童在亲身实践中把做人做事的道理内化为健康的心理品格，养成良好的行为习惯，这是一个道德认知的过程，一个道德情感升华的过程，一个道德实践的过程，一个人的社会化过程。各级少先队组织要把体验教育的思想融入少先队各项活动中，以此为基本途径，推动“中国少年雏鹰行动”和“手拉手”等少先队活动的不断深化。要大张旗鼓地宣传体验教育思想，引导广大少年儿童以形成对他人、对社会、对自然、对自我的态度为核心，以感知相关的基本认知和培养相应的能力为基础，以通过反复体验养成的良好行为习惯为外在标志和落脚点，以扮演角色和进入特定的情景为主要形式，从家庭生活、学校生活、社会生活、大自然的各个方面，寻找一个“岗位”，扮演一个角色，获得一种感受，明白一个道理，养成一种品质，学会一种本领，使儿童在实践体验活动中全面提高综合素质，为实现宏伟蓝图，做好全面准备。

二、用先进文化陶冶少年儿童

少先队组织、少先队工作者在贯彻“三个代表”重要思想的过程中，应思考如何把党的要求、时代的需要通过弥漫在少年儿童日常生活中的文化载体和文化氛围，传递给少年儿童，使少先队组织的教育引导作用在少年儿童的成长过程中，施加更大的影响，留下更深的印记。从这个意义上讲，少先队的一切建设都可以从文化建设的层次来认识，从这个角度研究少先队工作，就可以从文化角度整体地提升少先队工作。

各级少先队组织要用先进的文化陶冶少年儿童，努力构建少先队文化。关于少先队文化研究的初步成果可以概括为：少先队文化是由少先队性质决定的，在少先队的长期实践中形成的，植根于少年儿童群体，面向未来的，具有鲜明的政治性、教育性、导向性和实践性，并以一切可以利用的资源特别是社会资源为载体的独特的文化。从少先队文化的定义出发，就要求我们充分利用可以利用的各种条件和资源，营造少先队所特有的文化氛围。通俗地说，就是制造少先队的“影响场”，或建筑少先队的“宫殿”，让进入这个“影响场”或这个“宫殿”的少年儿童，都受到这个“影响场”或这个“宫殿”所营造的独特氛围的深刻影响；当他走出这个“影响场”或这个“宫殿”时，身上已带有这个“影响场”或这个“宫殿”留下的深刻痕迹。这就是说，这个文化，不是唱歌、跳舞、演节目，而是通过少先队的工作形成强大的影响力。深层次讲，是一种在少先队组织内由少先队员、少先队辅导员和少先队工作者所形成的心照不宣的精神默契。这个精神默契，是指少先队所倡导的一切理念。因此，少先队对少年儿童的影响就不局限于当少先队的鼓乐声响起之时，不局限于在参加少先队的活动之时，而是让少先队所能利用的一切，如“小家务”、墙报、壁报、红领巾广播站、红领巾电视台、队室及所能参与营造的一切校园环境和所能涉及到的社区阵地等社会资源都讲少先队的理念，都对少年儿童做人做事产生影响。

少先队组织历来重视通过少先队特有的标志和礼仪及物化的形式对少先队员进行教育和引导，并往往给一代又一代少先队员留下了终身难忘的印象，许多人多年之后再听到少先队的鼓乐声仍然激动不已，这是因为这些标志和礼仪给少年儿童以生动形象的启迪，给即将入队的少年儿童以向往、以追求、以期盼，从而激励他们积极向上，努力追求；给已经入队的少年儿童以震撼、以鼓舞、以力量，从而激励他们更加自觉地按照少先队的要求去做；给即将离队的队员以留恋、以回味、以遐想，从而激励他们追求更高的目标。

少先队员、少先队辅导员和少先队工作者的言谈举止等行为方式也在文化层面上体现着少先队的价值取向。少先队要倡导人人都平等的文化，营造充满尊重、平等、和谐的氛围，让少年儿童一进入少先队组织，就感到春风拂面、温暖快乐；倡导人人都是主人的文化，营造对自己负责、对他人负责、对集体负责的氛围，让少年儿童努力做到自己的事情自己做好、他人的事情帮助做好、集体的事情一起做好；倡导人人都探求的文化，营造争做“小问号”、“小发现”、“小能手”的氛围，让少年儿童在丰富多彩的实践活动中发现问题、研究问题、解决问题；倡导人人都创造的文化，营造充满童趣和幻想的氛围，让少年儿童的想像力得以充分发挥，处处是创造之地，时时是创造之机，以幻想为快乐，以创造为光荣；倡导人人追求美好的文化，营造热爱美、欣赏美、发现美、追求美、创造美的氛围，使少年儿童把美好的种子扎根在心中，具有高尚的情操和优雅的情趣。

少先队的队章、组织生活原则、评优、奖励机制等制度建设作为少先队文化的重要组成，要给少先队员和少先队工作者以强烈的印象：少先队组织肯定什么，否定什么；提倡什么，反对什么，要把物质文化和行为文化层面上成熟的东西以规章的形式固定下来。像“全国十佳少先队员”、“全国十佳辅导员”、“全国十佳志愿辅导员”和“全国红旗大队”、优秀中队、特色小队等先进的个人和集体无一不体现着少先队组织的价值理念。当独特的少先队文化发挥它应有作用的时候，少先队组织就会更具吸引力、凝聚力和影响力，就会更好地完成党交给的团结、教育和引导少年儿童的光荣任务。

三、竭诚服务少年儿童的健康成长

竭诚为少年儿童健康成长服务，是党的全心全意为人民服务的根本宗旨在少先队工作中的具体体现。少先队组织和少先队工作者学习贯彻“三个代表”重要思想，要进一步明确把竭诚为少年儿童健康成长服务作为少先队工作全部的出发点和落脚点，一切为了孩子，为了一切孩子，为了孩子的一切。在少先队的视野里，不论是我们的工作理念、工作方式、工作手段以及工作的各个方面、各个环节，都以服务少年儿童的健康成长为根本，都以是否真正促进少年儿童的健康成长为检验标准；不论少年儿童生长在城市还是农村，不论他们的身体是健康还是残疾，不管来自哪个地区和民族，都是要全心全意服务的对象；少年儿童的生活需求、安全需求、学习需求、身心健康需求、娱乐需求等一切需求，只要有利于孩子们的健康成长，都要尽力去满足。

我们有一些很好的服务少年儿童健康成长的活动项目，比如“雏鹰热线”、“知心家庭学校”、“少年儿童平安回家”、“少年军校”、“中国少年科学院”、“中华少年小甲A足球活动”等，这些项目从少年儿童在学习、生活、娱乐、安全等多方面的具体需求入手，尽心竭力为他们办实事、办好事。我们要进一步抓好这些示范性的具体服务项目，并努力在更加宽广的领域创设更多的具体服务项目，为维护少年儿童合法权益、倡导少年儿童积极参与、促进少年儿童健康成长提供更多的服务。各级少先队组织和少先队工作者还要在办好具体服务项目的同时，形成这样的共识：评价少先队组织要看服务，看是否为基层组织和少年儿童做了实事和好事；评价辅导员工作要看服务，看是否真心实意为少年儿童成长排忧解难；评价少先队的小干部也要看服务，看是否为队员的学习生活提供了实实在在的服务。

少先队事业是灿烂的事业，值得我们去奋斗；新世纪少先队工作任重而道远，需要我们去奋斗。让我们以“三个代表”重要思想为指导，在以胡锦涛同志为总书记的党中央的坚强领导下，继续发挥少先队的光荣传统，与时俱进，扎实工作，奋发有为，努力把培养少年儿童的工作做得更好。

少先队与教育创新

——张晓兰在首届“辅导员论坛”开幕式上的讲话

2003年11月28日

少先队辅导员朋友们：

在首届“辅导员论坛”开幕之际，我代表团中央书记处向首届“辅导员论坛”的举办致以热烈的祝贺！向对论坛给予大力支持的各位专家、学者表示衷心的感谢！向参加论坛的少先队辅导员和少先队工作者致以诚挚的问候！

这次辅导员论坛的主题是“少先队与教育创新”。教育创新是教育改革与发展的重要问题，也是少先队组织、少先队辅导员和少先队工作者十分关注的问题。江泽民同志在北京师范大学 100 周年庆祝大会上的讲话，全面阐述了教育创新的思想，把教育创新提高到与理论创新、制度创新、科技创新同等重要的地位。党的十六大又进一步提出了教育创新的任务，要求坚持教育创新，深化教育改革，优化教育结构，合理配置教育资源，提高教育质量和管理水平，全面推进素质教育，造就数以亿计的高素质劳动者、数以千万计的专门人才和一大批拔尖创新人才。刚刚召开的党的十六届三中全会通过的完善社会主义市场经济体制若干问题的决定，在论述深化科技教育文化卫生体制改革，提高国家创新能力和国民整体素质的问题时，再次明确提出要推进教育创新，优化教育结构，改革教育模式，提高教育质量，形成同经济社会发展要求相适应的教育体制。

少先队事业是党的事业的一部分，是共青团事业的一部分，是教育事业的一部分，肩负着培养中国特色社会主义事业合格建设者和接班人的神圣使命，既要服从服务于教育创新的大局，又要努力推动教育创新的进程。

少先队要服从于教育创新的大局，推动教育创新的进程，就要把握教育创新的深刻内涵。创新的本质是解放思想、实事求是、与时俱进，其结果是发生进步性的转变，既不能因循守旧，又不是表面上的花样翻新，或是全盘否定过去，一切推倒重来。教育创新的结果应该是有利于受教育者德智体美全面发展，有利于教育事业的健康发展，并得到人民群众的拥护和支持。

少先队要服从服务于教育创新的大局，推动教育创新的进程，就要全面了解当前教育创新的任务。当前进行教育创新，首先要坚持和发展适应国家和社会发展要求的教育思想；关键是通过深化改革不断健全和完善与社会主义现代化建设要求相适应的教育体制；根本目的是要推进素质教育，全面提高教育质量；必须要充分利用现代科学技术手段，大力提高教育的现代化水平，必须面向现代化、面向世界、面向未来，加大教育对外开放的力度。即教育思想创新、教育体制创新、教育内容创新、教育技术创新。

少先队要服从服务于教育创新的大局，推动教育创新的进程，就要在实施素质教育中发挥不可替代的重要作用。少先队是少年儿童成长进步的摇篮。在新的形势下，更要注重根据少年儿童身心发展特点，从满足他们的成长需求入手，为少年儿童提高自身素质服务；注重依据少年儿童群体生活特征，以少先队组织生活为重要形式，把少年儿童组织起来；注重遵循中小学生认知规律，以实践育人为基本途径，深化体验教育；注重针对少年儿童受社会环境影响的现实，协调和动员社会力量，为少年儿童的健康成长营造良好的氛围。总之要充分发挥少年儿童在教育过程中的主体作用，以独具特色的组织教育、生动活泼的实践教育、扎实有效的自我教育，帮助少年儿童全面发展，健康成长。

少先队要服从服务于教育创新的大局，推动教育创新的进程，就要以创新的精神推动自身事业的新发展。要树立正确的儿童观和教育观，发挥少年儿童的主体作用，坚持实践育人，努力实现少先队教育思想的创新；要调动社会力量，挖掘社会资源，建立起与经济社会发展相适应的社会化工作格局，努力实现少先队的工作机制的创新；要切实加强少年儿童思想创新教育，大力培养他们的创新和实践能力，把竭诚为他们的健康成长服务作为全部工作的出发点和落脚点，努力实现少先队工作内容的创新；要开展丰富多彩、生动有趣的实践活动，充分利用现代科技手段，借助现代信息和传播技术，努力实现少先队工作方式的创新。

教育创新不仅是我们国家创新体制中的重要组成部分，同时教育创新还要为各方面的创新工作提供知识和人才基础。我们只有按照“三个代表”要求,大力推进教育创新,不断发展有中国特色社会主义教育事业,才能不断为我国经济和社会发展培养高素质的劳动者、建设者、管理者和领导者。在这个伟大事业中,我们广大少先队辅导员和全国教师一样,是教育创新的中坚和基石。贯彻党的教育方针,推进教育创新,培养大批高素质人才,离不开少先队辅导员和教师的辛勤工作。我们要牢记党的教诲,志存高远、爱国敬业,为人师表、教书育人,严谨笃学、与时俱进,做先进生产力和先进文化的弘扬者和推动者,做少年儿童健康成长的指导者和引路人,努力成为无愧于党和人民的人类灵魂的工程师。

让我们充分认识历史责任,自觉肩负崇高使命,紧密团结在以胡锦涛同志为总书记的党中央周围,高举邓小平理论伟大旗帜,全面贯彻“三个代表”重要思想,为培养全面建设小康社会、实现中华民族伟大复兴的合格人才做出应有贡献!

适应完善社会主义市场经济体制的要求 肩负起培养中国特色社会主义事业 合格建设者和接班人的神圣使命

——张晓兰在全国少工委四届五次全委会上的讲话

2003年12月17日

各位委员,同志们:

这次会议的主要任务是:以“三个代表”重要思想为指导,深入学习贯彻党的十六届三中全会精神和团的十五大精神,研究部署2004年少先队工作。

下面,我代表团中央书记处,就少先队适应完善社会主义市场经济体制和教育改革与发展的新要求,肩负起培养中国特色社会主义事业合格建设者和接班人的神圣使命,谈四点意见。

一、贯彻落实党的十六届三中全会精神,进一步明确少先队在完善社会主义市场经济体制的历史进程中肩负的光荣任务

少先队是党领导的少年儿童组织,党的指导思想就是少先队的工作指南和根本方向。少先队开展各项工作,首先要了解党的路线方针政策,了解国家大局。今年11月份,党中央召开了十六届三中全会,作出了完善社会主义市场经济体制的决定,这就是当前的大局。这个决定意义十分重大,它为实现党的十六大提出的全面建设小康社会的宏伟目标提供了强有力的体制保证,对于全面推进改革开放和社会主义现代化建设具有重大的现实意义和深远的历史意义。

《决定》在许多方面有新的突破和发展。比如,在推行公有制的多种有效实现形式方面,强调要使股份制成为公有制的主要实现形式;在深化农村税费改革方面,强调要逐步降低农业税率,切实减轻农民负担;在建立健全社会信用体系方面,强调要加快建设企业和个人信用服务体系,建立信用监督和失信惩戒制度;尤其是在深化科技教育文化体制改革方面，大力强调营造实施人才强国战略的体制环境，构建现代国民教育体系和终身教育体系，建设学习型社会，全面推进素质教育，增强国民的就业能力、创新能力、创业能力，提高国家创新能力和国民整体素质。这些方面的突破和发展都凸显了我们党与时俱进的改革精神，每一项改革的目标和任务都将对少先队工作产生深刻影响，对培养未来建设者和接班人提出了新的要求和新的课题。少先队要主动适应这种新形势，积极探索与完善社会主义市场经济体制相适应的少先队工作新格局。

《决定》特别强调了“五个统筹”和“五个坚持”。“五个统筹”就是要按照统筹城乡发展、统筹区域发展、统筹经济社会发展、统筹人与自然和谐发展、统筹国内发展和对外开放的要求，更大程度地发挥市场在资源配置中的基础性作用。按照“五个统筹”的要求提出改革目标，体现了经济、社会和人的全面发展，体现了改革发展稳定三者紧密结合、相互统一的战略思想。这就要求少先队要把培养德智体美全面发展的建设者和接班人作为根本任务，推动少先队教育的全面深入；要求少先队统筹考虑城市农村少先队工作、东西部少先队工作、学校社区少先队工作，推动少先队事业整体协调发展；要求少先队努力构建与经济社会相适应的社会化运行机制，推动少先队工作的机制建设。

“五个坚持”就是要在完善社会主义市场经济体制中，坚持社会主义市场经济的改革方向，坚持尊重群众的首创精神，坚持正确处理改革发展稳定的关系，坚持统筹兼顾，坚持以人为本。“五个坚持”体现了“三个代表”重要思想的要求，体现了以往改革的成功经验，体现了全面、协调、可持续的新发展观。这就要求少先队坚持实践育人，坚持以人为本，尊重少年儿童的主体性，努力提高少年儿童的思想道德素质、创新精神和实践能力，提高他们的综合素质，为促进经济社会和人的全面发展做出积极贡献。

总之，在完善社会主义市场经济体制的历史进程中，少先队的光荣任务就是以“三个代表”重要思想为指导，继承和发扬少先队的优良传统，在继承中创新，在创新中发展，充分发挥少先队在素质教育中的积极作用，为全面建设小康社会，为实现中华民族的伟大复兴，培养有理想、有道德、有文化、有纪律，德智体美全面发展的合格建设者和接班人。

二、按照完善社会主义市场经济体制对未来人才的要求，全面提高少年儿童的综合素质

在完善社会主义市场经济体制的历史进程中，培养社会主义事业的合格建设者和接班人是少先队的光荣任务和神圣使命。什么样的人才是社会主义事业的合格建设者和接班人，或者说什么样的人才是全面建设小康社会要求的人，这是值得我们深入探讨的问题。

党的十六大报告指出，全面建设小康社会有四大目标，其中之一就是要促进人的全面发展，使“全民族的思想道德素质、科学文化素质和健康素质明显提高”。根据这一表述，我们能够更加清楚地看到，全面建设小康社会要求的人才需要同时具备较高的思想道德素质、科学文化素质和健康素质。按照这一目标，少先队就要以体验教育为基本途径，努力提高少年儿童的思想道德素质、科学文化素质和健康素质，为他们的全面发展奠定坚实的基础。

第一个素质是思想道德素质。少先队要把提高少年儿童思想道德素质放在各项工作的首位。如何将这项工作抓实、抓好，如何提高这项工作的针对性和实效性，我们要善于总结规律，把握办法，不断地进行创新。当前，少先队提高少年儿童思想道德素质要从三个方面入手，一是引导少年儿童养成良好的行为习惯，二是在少年儿童中培育和弘扬民族精神，三是引导少年儿童逐步树立中国特色社会主义的理想信念。

首先，行为习惯是一个人思想道德素质的

外在表现，是道德认知和道德实践相统一的表现，因此帮助少年儿童从小培养良好的行为习惯，对于提高他们的思想道德素质往往能起到事半功倍的效果。行为习惯的养成需要一个过程，这就要求少先队以体验教育为基本途径，引导少年儿童通过丰富多彩的实践体验活动，学习处理人与人、人与社会、人与自然等基本关系，在实践中明白做人做事的基本道理，逐步养成良好的行为习惯。比如，坚持在学校生活中开展角色体验活动，就能让少年儿童更加深刻地感受老师呕心沥血的培养，感受同学伙伴的友情，感受班级、队组织的温暖，感受纪律对集体生活的重要性，从而为他们养成尊敬师长、互助友爱、团结合作、遵纪守法的行为习惯奠定坚实的基础。

其次，民族精神是民族文化的本质和灵魂，坚持和弘扬民族精神是个人思想道德素质的重要组成部分。民族精神具有强大的社会凝聚力和社会整合功能，是国家发展和稳定的精神基础，一个国家只有坚持弘扬和培育高尚的民族精神，才能把全国人民的精神振奋起来，使全体人民始终保持昂扬向上的精神状态，为了共同的理想和目标去奋斗。因此，少先队在帮助少年儿童养成良好的行为习惯的同时，要在少年儿童中大力弘扬和培育以爱国主义为核心的民族精神。这就要求我们从增强少年儿童爱国情感入手，帮助他们了解民族精神的丰富内容，感受民族精神的伟大力量，体验民族精神的时代内涵，逐步树立民族自尊心和自豪感。中宣部、中央文明办、共青团中央、教育部、全国少工委已于今年10月份启动了“民族精神代代传”活动，这项活动以体验教育为基本形式，以少先队中小队为基本单位，以“中国了不起、中国人了不起、做个了不起的中国人”为主要内容，通过引导少年儿童寻找一件能体现民族精神的事，寻访一位能体现民族精神的人，开展一项能体现民族精神的小活动，让少年儿童在实践体验中切身感受民族精神的内涵和力量，让民族精神在少年儿童心中扎根。这项活动是2004年全队的重点活动。当前，我们要充分认识在少年儿童中弘扬和培育民族精神的极端重要性和紧迫性。

从国际上看，世界多极化和经济全球化趋势继续在曲折中发展，科技进步日新月异，和平与发展仍然是当今时代的主题。但天下很不太平，国际上各种力量争夺战略要地、战略资源、战略主动权的矛盾错综复杂。世界经济增长缓慢，南北发展差距继续拉大，不稳定、不确定、不安全的因素有所增长。美国推行单边主义，极力谋求世界霸权。西方文化和意识形态对我国的渗透日益增强，对青少年的争夺尤其明显，他们不想看到一个强大的中国出现。

从国内来看，随着改革开放的深入和社会主义市场经济的发展，我国社会经济成分、组织形式、就业形式、利益关系和分配方式日益多样化，各种思想文化相互激荡，人们的思想活动日趋活跃，影响着少年儿童的思想观念和价值取向。社会生活的一些领域道德失范，拜金主义、享乐主义、极端个人主义等消极腐败现象，以及黄赌毒等社会丑恶现象，给少年儿童健康成长带来负面影响，互联网等社会媒体快速发展，给未成年人学习娱乐创造了新的条件，同时，不良信息也会利用这些渠道趁机传播。

我们培养的人首先是中国未来的建设者，肩负着全面建设小康社会、实现中华民族伟大复兴的使命。“我是中国人”的信念应该牢牢地扎根在当代少年儿童心中。各地团队组织要和宣传部门、教育部门一起把这项活动抓实、抓好，真正让民族精神融入少年儿童的日常学习和生活中，让广大少年儿童都能从感受中国了不起，中国人了不起入手，立志长大后做了不起的中国人，建设了不起的中国。

再次，理想信念是高层次的思想道德素质的表现，人活着不能没有理想。少先队是少年儿童学习共产主义和中国特色社会主义的学校，必须在引导少年儿童养成良好行为习惯和增强民族情感的基础上，引导他们逐步树立中国特色社会主义的理想信念。这就要求我们通过开展丰富多彩的实践活动，让少年儿童感受现实生活中发生的日新月异的变化，了解改革开放和社会主义现代化建设取得的巨大成就，明白只有社会主义才能救中国，只有社会主义才能发展中国，使他们从小就把个人的成长进步同祖国的繁荣富强紧密联系在一起，为实现宏伟蓝图做好全面准备。

总之，提高少年儿童的思想道德素质是我们工作的重中之重，也是中国少先队的重要责任。我们要以体验教育为基本途径，开创新思路，探索新办法，从行为习惯、民族精神和理想信念三个方面入手，切实加强少年儿童思想道德建设，提高他们的思想道德素质。

第二个素质是科学文化素质。学习科学文化知识是提高科学文化素质的重要组成部分，科学文化知识的传授主要是在学校进行的，由教育行政部门和学校来实施，少先队提高少年儿童科学文化素质主要从以下三个方面入手，一是培养他们的创新精神和实践能力，二是帮助他们形成科学态度，三是提高他们的审美情趣。

培养少年儿童的创新精神和实践能力，就是要培养他们的创新勇气、创新意识、创新思维和创新技能，让他们在丰富多彩的实践生活中，感受生活中充满着可探究的问题，处处是创造之地，时时是创造之机，感受实践出真知和创造的快乐，从而提高他们勇于求索、勤于实践、不断创新的能力。

帮助少年儿童形成科学态度，就是要让他们在日常的学习和生活中，通过实践活动懂得客观事物存在着密切联系、万事万物处在不断的变化中、必须按照客观规律办事才能取得成功的道理，提高他们搜集和处理信息的本领，提高他们发现问题、分析问题、解决问题的能力，帮助他们养成认真严谨、理性思考、尊重事实、崇尚科学的行为习惯。

提高少年儿童的审美情趣，就是要通过实践活动，让他们感受世界充满着和谐和美好，感受各种艺术所具有的神奇魅力，感受艺术欣赏和艺术表达带来的愉悦和享受，从而提高他们感受美、鉴赏美、创造美的能力。

总之，少先队提高少年儿童的科学文化素质，就是要配合学校的教育教学，通过丰富多彩的实践活动提高他们的创新精神和实践能力，帮助他们形成科学态度和养成审美情趣。

第三个素质是健康素质。竭诚服务少年儿童的健康成长是少先队工作的出发点和落脚点，其中一项重要内容就是提高少年儿童的健康素质。当前，少先队提高少年儿童的健康素质主要从两个方面入手，一是提高他们的身体素质，二是提高他们的心理素质。

提高少年儿童的身体素质，就要让少年儿童结合良好行为习惯的养成，感受身体健康对自己和家庭的重要性，感受运动和清洁带来的身心愉悦，从而自觉锻炼，讲究卫生，合理饮食，养成规律的生活习惯。

提高少年儿童的心理素质，就要让少年儿童在集体生活中学习处理人与自我的关系，感受时间和生命的可贵，感受战胜困难和挫折、努力实现目标的成功与快乐，帮助他们正确认识自我，正确对待他人，正确面对困难，从小养成珍惜时间、珍爱生命、乐观开朗、勇敢顽强、健康向上的行为习惯。

总之，少先队提高少年儿童的健康素质，就要从身心两方面入手，通过一些具体的服务性项目，通过少先队文化的引导，帮助少年儿童强健体魄，健全心智，为全面建设小康社会打好身体基础。

三、按照完善社会主义市场经济体制对深化教育体制改革的要求，发挥少先队在推进教育创新中的积极作用

按照完善社会主义市场经济体制的要求，未来需要培养思想道德素质、科学文化素质和健康素质全面发展的人才。要培养出这样的人才,就要求全社会深化教育体制改革,推进教育创新,优化教育结构,改革教育模式,提高教育质量,形成同经济社会发展要求相适应的教育体制。在这一过程中,少先队既要服从服务于教育创新的大局,努力推动教育创新的进程,又要以创新的精神推动自身建设的新发展。

服从服务于教育创新的大局,努力推进教育创新的进程,首先要坚持和发展与国家和社会发展要求相适应的教育思想;关键要通过深化改革不断健全和完善与社会主义现代化建设要求相适应的教育体制;根本目的就是要推进素质教育,全面提高教育质量。长期以来,少先队以其独具特色的组织教育、生动活泼的实践教育、扎实有效的自我教育,在实施素质教育的过程中发挥着不可替代的作用。因此,少先队服务服从于教育创新的大局,就要进一步高举素质教育的旗帜,发挥自身优势,服务少年儿童的健康成长,服务少年儿童综合素质的提高。

同时,少先队要以创新的精神推动自身事业的新发展,在少先队教育思想、工作机制、工作内容、工作方式上有新创新。要进一步树立正确的儿童观和教育观,坚持实践育人,坚持少年儿童在教育中的主体地位,努力实现少先队教育思想的创新;要进一步调动社会力量,挖掘社会资源,建立起社会化工作格局,努力实现少先队工作机制的创新;要进一步创设新的服务项目,竭诚服务少年儿童的健康成长,努力实现少先队工作内容的创新;要进一步开展丰富多彩的实践体验活动,并充分利用现代信息和传播技术,努力实现少先队工作方式的创新。

总之,少先队要服从服务于国家教育体制改革的大局,主动参与到教育创新中,善于探索,勇于创新,为推进素质教育,为完善与社会主义市场经济体制相适应的教育体制做出积极的贡献。

四、深化少先队体验教育,推动雏鹰行动与基础教育课程改革的有机衔接

正在进行的第八次基础教育课程改革正令人瞩目地在全国稳步推进,这正是当前教育创新的主要任务。因此,现阶段少先队参与和推动教育创新,就是要努力使少先队教育与基础教育课程改革实现有机结合。

课程在学校教育中处于核心地位,教育的目标、价值主要通过课程来体现和实现,课程改革对于少年儿童的成长具有重要意义。这次改革的基础教育新课程是按照分科课程、综合课程和综合实践活动来构建的,加强了书本知识与社会实践的密切联系,增加了少年儿童在实践中学习和消化书本知识的机会,为深化教育改革,全面推进素质教育提供了强大的推动力,也对我们少先队工作提出了新的挑战和机遇。

新课程改变了旧课程过于注重传授知识的做法,强调要激发学生的学习兴趣,这就要求少先队教育更加尊重少年儿童的主体地位,充分发挥他们在教育过程中的主体作用。

新课程改变了旧课程过于强调接受学习、机械训练的做法,倡导学生主动参与、乐于探究、勤于动手,这就要求少先队教育进一步发挥实践育人的优势,引导少年儿童在实践中立志向、学知识、长本领。

新课程改变了旧课程偏重书本知识的做法,强调加强课程内容与学生生活以及现代社会科技发展的联系,这就要求少先队教育进一步调动社会力量,挖掘社会资源,为他们的成长进步营造良好的氛围和环境。

新课程改变了旧课程过分强调评价和选拔的做法,主张发挥评价促进学生发展和改进教学实践的功能,这就要求少先队教育进一步探索建立非竞争性的激励机制,为衡量少年儿童的内在素质和能力提供依据。

新课程的这些改变为少先队工作的创新

和发展提供了方向和参考。结合少先队多年的经验,展望少先队事业的发展趋势,我们认为当前少先队配合基础教育课程改革,进一步推进素质教育的主要任务是以体验教育为基本途径,完善雏鹰行动。

回顾一下雏鹰行动的发展可以看到,发端于90年代初期的"跨世纪中国少年雏鹰行动",一开始就提出了"学会生存,自理自律;学会服务,乐于助人;学会创造,追求真知"的素质教育目标,并设立了激励少年儿童不断进步的非竞争性的"雏鹰奖章"。1994年5月24日,江泽民同志又为"跨世纪中国少年雏鹰行动"题词,勉励少年儿童"自学、自理、自护、自强、自律,做社会主义事业的合格建设者和接班人",极大地推动了雏鹰行动的深入开展。随着实施素质教育的全面提出,雏鹰行动更是得到了教育部门的肯定和支持,1998年12月团中央和教育部联合发布了《关于深入开展"中国少年雏鹰行动"推进素质教育的意见》,明确规定要"使'雏鹰奖章'成为衡量少年儿童内在素质和能力的重要依据"。2000年5月,团中央、教育部又联合下发《关于进一步加强少先队工作的意见》,再次重申了上述原则,并明确表示要通过"雏鹰争章"等有效活动载体鼓励每个有差异的少年儿童从日常生活和学习的具体环节入手,不断为自己确立新的目标,不断发现自己的潜能,不断看到自己的进步,不断证明自己的成功,促进少年儿童的全面发展。此时,"雏鹰争章"已突破传统的单纯靠分数评价优劣的模式,成为衡量少年儿童综合素质的重要依据,这也标志着雏鹰行动已经有系统地成为素质教育的重要组成部分。

我们再来回顾一下体验教育活动。2000年第四次全国少代会,为适应提高中小学德育工作针对性和实效性的要求,少先队在总结50年少先队教育思想的基础上,提出了"体验教育"的理念。此后的3年中,经过各地的积极探索,体验教育的思路更加清晰,各级少先队组织通过开展扮演角色或进入设置情景的实践活动,教育引导广大少年儿童在亲身经历的实践中懂得做人做事的道理,养成良好行为习惯。体验的过程必须是亲身经历的过程,必须要以社会生活实践为背景,因而体验教育充分体现了素质教育所要求的自主性、实践性和社会性,成为开展各项少先队教育活动的有效载体,成为少先队配合基础教育推进素质教育的有效途径。

结合体验教育与雏鹰行动的内涵和发展历程,我们可以看到,少年儿童争章的过程必须通过实践活动来完成,这个过程实际上就是一个体验的过程,体验教育理念正是雏鹰行动的教育思想,因此以体验教育为基本途径开展雏鹰行动,是少先队在新世纪发挥自身优势,配合基础教育课程改革,推进素质教育的有效方式和现实途径。这就要求各级少先队组织依据素质教育的要求与新课程的结构和内容,在原有雏鹰奖章的基础上,完善以思想道德素质、科学文化素质和健康素质为基本框架的雏鹰奖章新体系,并结合少年儿童的生活实践、学习实践和自身成长需要,以体验教育活动为基本方式,以大中队为基本单位,以定章、争章和颁章为基本环节开展丰富多彩的雏鹰争章活动,发挥雏鹰争章的激励作用,促进少年儿童综合素质的提高,实现少先队教育与新课程的有机衔接。这项任务也是2004年全队的重要任务,并是少先队长期的任务。总之,一是以此高举素质教育的旗帜,二是以此与教育行政部门和学校密切配合,三是以此进一步深化体验教育和雏鹰行动,四是以此进一步服务少年儿童的健康成长。此事事关重大,一定要引起我们的高度重视,认真研究,狠抓落实。

今年召开的团十五大,充分肯定了少先队在促进少年儿童健康成长方面发挥的重要作用,并进一步明确了全团带队是党交给共青团的重要职责,要求各级团组织要进一步加强对少先队组织的领导。新通过的《团章》也进一步明确要健全少先队各级工作机构，支持少先队创造性地开展活动，保护和关心少年儿童健康成长。在少先队建队 54 周年前夕，共青团中央又发出了《关于加强全团带队的意见》，提出了新世纪新阶段加强全团带队的总的要求和基本原则，并强调指出各级团的领导机关要把全团带队落到实处。这一系列的表述，充分显示了团的领导机关对少先队工作的重视，对全团带队工作的重视，各级少先队组织尤其是各级少工委要以此为契机，进一步加强自身建设，进一步加强与各行各业团组织的联系，争取多方面的支持，创造良好的工作环境，努力开创少先队工作的新局面。

同志们，胡锦涛同志代表党中央、国务院在第四次全国少代会上的祝词中指出："少先队事业的蓬勃发展，是党的事业始终保持生机和活力的重要源泉；少年儿童的健康成长，是国家和民族永远兴旺发达的希望所在。"我们要不负重托，不辱使命，以"三个代表"重要思想为指导，在以胡锦涛同志为总书记的党中央的坚强领导下，肩负起培养中国特色社会主义合格建设者和接班人的神圣使命，让星星火炬，代代相传！

张晓兰在共青团十五届二中全会上的讲话

2003 年 12 月 26 日

结合分管的少先队工作，我就加强少年儿童思想道德建设谈几点意见。

一、进一步加强少年儿童思想道德建设是共青团一项十分重要和紧迫的任务

进一步加强和改进青少年思想道德建设是本次会议的主要议题，也是 2004 年共青团、少先队工作的重要任务。当前，7 至 14 岁的少年儿童（也就是少先队员）有 1.3 亿，他们的思想道德状况，关系到整个中华民族的整体素质，关系到国家前途和民族命运。党把领导少年儿童的光荣任务交给共青团和少先队，就是让我们把少年儿童培养成未来的合格建设者和中国特色社会主义事业的接班人。做好新形势下的少年儿童思想道德建设工作，要求我们牢牢把握党和国家事业发展的大局，全面科学地分析和把握面临的形势。

党的十六大提出全面建设小康社会目标就是大局，促进人的全面发展是全面建设小康社会目标之一，要使"全民族的思想道德素质、科学文化素质和健康素质明显提高"，可见，较高的思想道德素质是全面建设小康社会中人的首要素质之一。党的十六届三中全会提出的完善社会主义市场经济体制也是大局，这次会议进一步明确了以人为本的新的发展观，人的全面发展就是我们经济社会发展的目标，人的思想道德方面的发展是首要的发展要求。前不久党中央召开的全国宣传思想工作会议提出在新形势下进一步加强宣传思想工作的任务也是大局，这次会议进一步强调了宣传思想工作要着眼于促进社会全面进步和人的全面发展，要武装人、引导人、塑造人、鼓舞人，坚持"三贴近"，做好思想政治工作。刚刚召开的全国人才工作会议提出的实施人才强国战略也是大局，这次会议进一步强调了要注重加强思想政治教育，促进各类人才树立正确的世界观、人生观、价值观，并且明确提出坚持德才兼备原则，把品德、知识、能力和业绩作为衡量人才的主要标准。按照党和国家事业发展的大局要求，共青团、少先队必须大力加强少年儿童思想道德建设，为全面建设小康社会培养合格的建设者和接班人。

同时我们要看到，当前少年儿童思想道德建设面临着新的形势和挑战。从国际上看，随着经济全球化和我国对外开放的不断扩大，特别是互联网、现代通讯系统、广播电视等现代电子媒体的广泛应用，我们面临着西方资本主义国家传播其意识形态、进行文化扩张和渗透的更大压力，境内外的文化市场、文化资源、文化阵地的争夺将更加激烈，对青少年的争夺尤其明显。从国内来看，随着改革的深化和市场经济的发展，我国社会经济成分、组织形式、就业形式、利益关系和分配方式日益多样化，各种思想文化相互激荡，人们的思想活动日趋活跃，影响着少年儿童的思想观念和价值取向。社会生活的一些领域道德失范，拜金主义、享乐主义、极端个人主义等消极腐败现象，以及黄赌毒等社会丑恶现象，给少年儿童的健康成长带来负面影响。现代媒体的快速发展，给少年儿童学习娱乐创造了新的条件的同时，不良信息也利用这些渠道乘机传播。我们的少年儿童思想道德建设在体制机制、思想观念和方法手段上还不能完全适应时代条件变化的要求，因此，我们更要从确保党和国家事业后继有人的战略高度，从实现全面建设小康社会奋斗目标的全局高度，充分认识加强少年儿童思想道德建设的重要性和紧迫性。

二、共青团、少先队加强少年儿童思想道德建设的任务

当前，共青团、少先队加强少年儿童思想道德建设的主要任务概括起来有三个方面：一是进一步明确思想道德教育的内容；二是发挥自身优势进一步探索思想道德教育的途径；三是联合社会各方面的力量，积极营造有利于少年儿童思想道德建设的良好氛围。

第一个任务就是要明确少年儿童思想道德教育的内容。经过多年的实践总结，我们认为加强少年儿童思想道德教育应该主要从三个方面入手：一是引导少年儿童养成良好的行为习惯，二是在少年儿童中弘扬和培育民族精神，三是引导少年儿童逐步树立中国特色社会主义的理想信念。这三个方面也是三个递进的层次。首先，行为习惯是一个人思想道德素质的外在表现，是道德认知和道德实践相统一的表现，帮助少年儿童从小培养良好的行为习惯，对于提高他们的思想道德素质往往能起到事半功倍的效果。其次，民族精神是民族文化的本质和灵魂，坚持和弘扬民族精神是个人思想道德素质的重要组成部分。民族精神具有强大的社会凝聚力和社会整合功能，是国家发展和稳定的精神基础，一个国家只有坚持弘扬和培育高尚的民族精神，才能使全体人民始终保持昂扬向上的精神状态，为了共同的理想和目标去奋斗。因此，在帮助少年儿童养成良好的行为习惯的同时，必须在少年儿童中大力弘扬和培育以爱国主义为核心的民族精神，让民族精神牢牢地扎根在当代少年儿童心中。再次，理想信念是高层次的思想道德素质的表现。加强少年儿童思想道德建设，必须引导他们逐步树立中国特色社会主义的理想信念，从小就把个人的成长进步同祖国的繁荣富强紧密联系在一起，为实现宏伟蓝图做好全面准备。

第二个任务就是要探索加强少年儿童思想道德教育的途径。实践育人是少先队的优良传统，共青团、少先队开展少年儿童思想道德教育的主要途径就是要依据体验教育的理念，开展丰富多彩的实践活动，让少年儿童在亲身实践中，明确做人做事的基本道理，逐步养成良好的行为习惯，形成高尚的民族情感和正确的理想信念。我们鼓励各个地方根据当地的实践情况创造性地开展不同的实践活动，同时对“手拉手”、“中国少年雏鹰行动”、“民族精神代代传”等经过时间考验、在少年儿童思想道德建设方面确实能够发挥巨大影响力的品牌活动，要继续深化下去，要全国联动形成一盘棋，在社会上产生更大的影响。

深化“手拉手”活动要进一步加强城市与农村、富裕地区与贫困地区、身体健康与有残疾的少年儿童的手拉手结对工作，完善找朋友、交朋友、有条件的地方看朋友等环节。鼓励各地按照就近就便的原则，在本省(区)内进一步深化城乡少年手拉手助学活动和手拉手志愿接待家庭活动。同时，要加强机制建设，通过地域间的少先队组织手拉手，少先队辅导员手拉手，强化少先队员之间手拉手，并带动学校之间手拉手，家庭之间手拉手，使“手拉手”活动持续不断地开展下去。

深化“中国少年雏鹰行动”就必须了解第八次全国基础教育课程改革。这次基础教育课程改革是我国基础教育领域的一件大事，对于深化素质教育，促进少年儿童全面发展将起到巨大的推动作用。新课改对共青团、少先队开展少年儿童思想道德教育既是一个机遇，也是一个挑战，我们要认真研究新课改的相关内容，找准自己的定位，本着“融入并凸显”的原则，配合基础教育课程改革加强少先队工作。目前，我们配合基础教育课程改革的主要途径就是以体验教育为基本途径完善雏鹰行动，参照新课程的结构、内容和要求重新审视已有的雏鹰奖章，在继承的基础上，从思想道德素质、科学文化素质和健康素质三个方面，构建新的雏鹰奖章体系，鼓励每个有差异的少年儿童从日常生活和学习的具体环节入手，不断为自己确立新的目标，不断发现自己的潜能。尤其要注重发挥雏鹰奖章的激励作用，让每个少年儿童通过努力都能获得自己想争的雏鹰奖章，而不是少数少年儿童才能获得奖励；要淡化少年儿童之间的相互竞争和功利目的，而是倡导少年儿童自己和自己竞争，不断挑战自我，不断感受成功的喜悦，努力使雏鹰奖章成为衡量少年儿童内在素质和能力的重要依据。

深化“民族精神代代传”活动，要以丰富多彩的体验教育活动为载体，通过形式多样的学习实践活动，引导少年儿童以少先队中队、小队的组织形式，开展以“中国了不起、中国人了不起、做个了不起的中国人”为主要内容的“三个了不起”系列活动，教育引导少年儿童通过寻找一件体现民族精神的事、寻访一个体现民族精神的人和开展一项能体现民族精神的活动，了解民族精神的丰富内容，感受民族精神的伟大力量，体验民族精神的时代内涵，从小树立民族自尊心和自豪感。在少年儿童寻找事件、人物和做一件事情的基础上，广泛征集和评选既体现民族精神又深受少年儿童喜爱、便于流传的优秀原创歌曲，通过丰富多彩的推介和传唱活动，让民族精神在少年儿童心中扎根。

第三个任务是联合社会各方面力量，积极营造有利于少年儿童思想道德建设的良好氛围。周强同志在前天的讲话中强调要形成全社会齐抓共管的教育机制，要健全社会动员机制。少年儿童思想道德教育关系到国家的前途命运，是个系统工程，是全社会的共同责任，要通过社会化的工作运行机制，动员社会方方面面共同参与到少年儿童思想道德建设中，一起把这项工作抓实抓好。一是工作动员社会化，在党委、政府的重视和支持下，协调有关部门和社会各方面齐抓共管；二是活动内容社会化，围绕经济社会发展的大局，根据教育改革与发展的要求，为社会各方面参与少年儿童素质教育提供有效的载体；三是少先队组织社会化，在巩固学校少先队组织的基础上，大力发展城市社区少先队组织，特别重视和大力加强农村少先队组织建设；四是工作队伍社会化，努力加强学校辅导员队伍建设，提高辅导员的全面素质，并不断壮大由家长和社会各界有识之士组成的志愿者辅导员队伍；五是活动阵地社会化，在管理和利用好现有活动阵地的基础上，运用政府的、社会的、市场的手段，大力建设少年儿童课外活动设施，尤其要积极发展小型分散的社区活动场所；六是教育手段社会化，除了配合课堂教学和开展少先队活动外，还要利用广播、电视、报刊、网络、短信等现代传媒手段，进行“三观”教育和理想信念教育，多渠道加强少年儿童思想道德教育；七是理论研究社会化，在加强各级少先队工作学会建设的基础上，广泛吸收大学、科研院所等各个领域的专家学者参与少先队的理论研究。总之，要积极倡导成人都做少年儿童的表率，在全社会形成人人尊重少年儿童、人人关心少年儿童、人人服务少年儿童的良好氛围。

三、加强全团带队工作，为共青团、少先队开展少年儿童思想道德教育提供保障

团中央下发的《关于加强全团带队的意见》是共青团组织加强对少先队领导的重要文件，也为共青团、少先队开展少年儿童思想道德教育提供了制度保证，各级团队组织要以此为契机，重点抓好以下工作。

要进一步加强各级少工委建设。设在团委内的少年工作部门同时是少先队工作委员会的日常工作机构，不能等同于一般业务部门，更不能以任何理由随意撤销或合并。要根据各地机构改革的新情况，建立健全少先队的各级工作机构，保证必要的编制。要加大少年工作干部交流的力度，优化干部队伍结构，保持这支队伍的朝气与活力。

要进一步加强辅导员队伍建设。团组织要注意调查了解少先队工作的困难，及时向党委、政府反映辅导员的意见和要求，积极协调落实有关政策规定。要重视加强辅导员政治素质和业务素质的提高，采取多种方式，加大培训力度，实施《2004—2007 年全国少先队辅导员培训计划》。在不断巩固学校辅导员队伍的基础上，壮大志愿辅导员队伍，组织动员老模范、老同志，选派部队、企业、机关、高校等优秀党团员担任志愿辅导员，努力实现城市农村学校大队、中队以及每个社区小队都有一名志愿辅导员。

要加强各行各业团组织与少先队的联系。团组织要牢固树立服务意识，增强服务能力，提高服务水平。发挥团的青工、青农、学校、政法、科技等战线的基层组织和团干部、团员在全团带队工作中的作用。农村的有关组织，企业事业单位，教育科研机构，立法、司法、行政的相关部门的团组织都要利用自己的资源和优势，参与对少先队工作的指导，为少先队员提高各方面的素质服务。

要给少先队事业物质上的支持。团组织要积极争取财政部门的支持，把少先队工作经费纳入各级财政预算。各级团委每年应划拨10%的团费专门用于少先队辅导员的奖励和培训。对于少先队重大的专项活动，要给予必要的专项拨款。基层团组织要争取社会各界的支持，充分利用各级各类校外教育机构、区、县、街道、居民小区、村等综合性、社区性少年儿童校外教育活动阵地，大力发展和建设各种类型的少先队教育基地，支持鼓励发展团属少先队事业。

同志们，少年儿童是祖国的未来，民族的希望。加强少年儿童思想道德建设，关系到国家的前途、民族的命运和中国特色社会主义事业的兴衰成败。让我们共同努力，一起把这项工作做好，为全面建设小康社会、实现中华民族伟大复兴培养合格的建设者和接班人。

第三部分

重 要 文 件

一、共青团中央书记处会议纪要

十四届(2003)第4次

4月19日下午,周强同志主持召开团中央书记处扩大会议,深入学习胡锦涛总书记、温家宝总理关于防治和消除非典型肺炎工作的重要讲话精神,学习中共中央政治局常务委员会会议关于进一步加强非典型肺炎防治工作的精神和国务院召开的全国非典型肺炎防治工作会议精神,学习《中共中央办公厅、国务院办公厅关于切实加强领导,进一步做好非典型肺炎防治工作的通知》,传达学习中共中央政治局委员王兆国同志电话指示精神,结合青年和共青团工作实际,进一步研究部署防治和消除非典型肺炎工作的具体措施。

会议强调,党中央、国务院对防治和消除非典型肺炎工作十分关心、高度重视,多次召开会议研究,采取了一系列重大措施,充分体现了以胡锦涛同志为总书记的党中央对人民群众身体健康和生命安全的极端负责,对奋战在第一线的广大医护人员的亲切关怀,必将极大地推动防治和消除非典型肺炎工作。

会议指出,非典型肺炎防治工作,关系到广大人民群众的身体健康和生命安全,关系到我国改革发展稳定的大局。各级团组织要从实践"三个代表"重要思想和贯彻十六大精神的高度,进一步认识做好这项工作的极端重要性,把思想统一到党中央、国务院的一系列重大决策和工作部署上来,把维护人民群众的身体健康和生命安全放在首要位置,切实做好防治非典型肺炎工作。既看到防治和消除非典型肺炎疫情的严峻性和长期性,又沉着应对,坚定信心。

会议强调,在当前形势下,共青团作为党的助手,要积极行动起来,为党分忧,为人民群众解难,以实际行动为夺取防治和消除非典型肺炎工作的完全胜利和维护改革发展稳定大局做出应有贡献。

会议结合青年和共青团工作实际,研究提出以下具体贯彻落实措施:

一、高度重视,加强领导。各级团组织要切实统一思想,提高认识,在当地党委、政府的统一领导下,切实把做好非典型肺炎防治工作作为当前的一项重大任务抓紧抓好。团的各级领导干部要坚守工作岗位,层层建立责任制,狠抓落实,一抓到底,切实把各项防治措施落到实处。为加强领导,团中央成立防治非典型肺炎工作领导小组,由周强同志任组长,赵勇同志任常务副组长,书记处其他同志任副组长,机关有关部门主要负责同志参加,下设办公室,负责日常工作。

二、采取有效措施,切实做好团中央机关和直属单位的防治非典型肺炎工作,保护干部职工的身体健康和生命安全。各直属单位都要成立相应工作机构,务必责任到人,措施到位,制定应对突发情况的详细预案,健全信息反馈制度,建立有效工作机制。要把各种可能出现的情况都预想到,把各个环节都防范到,把工作做实做细做深入,严防死守,力争团中央机关和直属单位不出现一个非典病例。要切实增强责任感和紧迫感,加强监督检查,决不允许出现防治死角和缺口，决不允许出现脱岗和无人负责的情况。要从干部职工的办公场所、交通、就餐、防疫药品和消毒设施等具体环节入手，切实做好防治工作。要突出重点，切实加强易感岗位等特殊人群的防治工作。

三、发挥组织优势，狠抓工作落实。各级团组织要充分发挥政治优势和组织优势，有效动员组织广大团员青年积极行动起来，防治疾病，发展生产，维护稳定。团干部和广大团员要切实增强大局观念和责任意识，充分发挥骨干作用和先锋模范作用，多做解疑释惑的工作，多做稳定人心的工作。要在当地党委、政府的统一领导下，开展青年志愿服务活动，为奋战在第一线的医护人员提供志愿服务，参加公共场所的防疫消毒工作，宣传科学预防知识，消除疑虑，稳定人心等。要积极协助防治机构切实做好在校学生、务工青年等青年群体的防治工作。

四、加强宣传引导，营造良好舆论氛围。团属报刊要充分发挥舆论宣传阵地的作用。大力宣传疾病预防知识，提高群众自我保护的能力；大力宣传党和政府高度重视，防治和消除非典型肺炎的措施；大力宣传广大医护人员无私奉献、救死扶伤、对人民健康高度负责的精神；大力宣传全国各族人民在党中央的坚强领导下齐心协力，同舟共济，同非典型肺炎灾害作斗争的感人事迹。

会议最后强调，要周密安排，精心筹划，切实落实团的十五大筹备期间防治非典型肺炎工作的各项措施。

十四届(2003)第5次

4月20日下午，周强同志主持召开团中央书记处会议，传达学习《中共中央办公厅、国务院办公厅关于北京地区非典型肺炎防治工作情况和调整卫生部、北京市政府主要负责同志的通报》，传达学习中共中央政治局委员王兆国关于做好高校学生防治非典型肺炎工作的重要批示精神，结合青年和共青团工作实际，进一步研究部署防治非典型肺炎工作的具体措施。

会议认为，党中央、国务院对防治和消除非典型肺炎工作高度重视，多次召开会议，专门研究和部署防治工作，胡锦涛总书记、温家宝总理多次深入疫区和有关医疗、科研单位考察疫情，慰问奋战在防疫第一线的医疗科研人员，这次又进一步采取重大措施，充分体现了以胡锦涛同志为总书记的党中央对非典型肺炎防治工作的高度重视，对广大人民群众的极端负责，对疫情态度的严肃坦诚，对战胜疫病的坚定信心，是对全国各族人民齐心协力、同舟共济，战胜疫病的巨大鼓舞。共青团中央要坚决贯彻党中央、国务院的一系列重大决策和工作部署，进一步采取有效措施，加大工作力度，切实做好非典型肺炎防治工作。

会议进一步研究提出以下具体贯彻落实措施：

一、进一步加强领导，健全责任制。机关各部门和各直属单位要切实把思想统一到中央的精神上来，从贯彻“三个代表”重要思想的高度，从维护人民群众身体健康和生命安全的高度，从维护改革发展稳定的高度，充分认识非典型肺炎防治工作的极端重要性和紧迫性，切实加强对防治工作的领导。团中央已经成立非典型肺炎防治工作领导小组，机关各部门、各直属单位主要负责同志要坚守工作岗位，切实负起责任。各部门一把手要亲自抓，并指定专人负责。各直属单位在成立相应工作机构的基础上，主要负责人要亲自抓、负总责。要层层建立责任制，切实增强责任感和紧迫感，加强监督检查。

二、周密部署，狠抓落实。机关各部门和各直属单位要根据自身实际，制定详细的工作方案，落实防疫措施，保护广大干部职工的身体健康和生命安全。要认真研究，精心筹划，狠抓落实，不留死角。要特别加强中国青年政治学院、中国青年报社、中国青年旅行社、中日青年交流中心、中国青年实业发展总公司等单位的在校学生、干部职工等易感人群的防疫工作，加强针对性，提高实效。要进一步做好防治工作应急预案，一旦发现病人和疑似病例要采取果断措施，救治病人，隔断传染源，坚决防止疫情蔓延。各部门和各直属单位要做好相应工作安排，近期一般不再召开大型会议或组织大规模集体活动。

三、进一步建立健全信息反馈制度。各部门和各直属单位要切实加强值班工作，坚持每日24小时值班，加强疫病监测，准确核实疫情，如实报告情况。正常情况一日一报，重大情况随时报告，确保信息畅通。同时，要加强与卫生部、北京市有关工作机构的联系，主动争取他们的指导。

四、沉着应对，坚定信心。防治和消除非典型肺炎工作是一场长期而艰巨的斗争，是对各级领导干部应对突发事件、驾驭复杂局面能力的一次严峻考验。我们既要看到防治和消除非典型肺炎疫情的严峻性和长期性，又要沉着冷静，坚定信心。有以胡锦涛同志为总书记的党中央的坚强领导，有全国各族人民的万众一心、同舟共济，只要我们坚定信心，措施得当，扎实工作，齐心协力，就一定能够夺取这场没有硝烟的战斗的完全胜利。

十四届(2003)第6次

4月29日下午，周强同志主持召开团中央书记处会议，学习4月28日中共中央政治局会议精神，结合青年和共青团工作实际研究贯彻落实措施。

会议认为，4月28日中共中央政治局会议是一次十分重要的会议，对于全面贯彻十六大精神，推动全党兴起学习贯彻"三个代表"重要思想新高潮具有极其重要的意义，对于在当前形势下处理好非典型肺炎防治工作和经济工作的关系，在切实抓好防治非典型肺炎这件大事的同时牢牢坚持经济建设这个中心不动摇具有极其重要的意义。

会议认为，党的十六大把"三个代表"重要思想同马克思列宁主义、毛泽东思想、邓小平理论一道确立为党必须长期坚持的指导思想，实现了我们党指导思想上的又一次与时俱进。始终做到"三个代表"，是我们党的立党之本、执政之基、力量之源。在全党兴起学习贯彻"三个代表"重要思想的新高潮，是推动党的事业继往开来、与时俱进的重大战略举措，关系党和国家工作的全局，关系中国特色社会主义事业的长远发展，关系中华民族的伟大复兴。

会议指出，共青团作为党的助手和后备军，要把在广大团员青年中全面贯彻十六大精神，兴起学习贯彻"三个代表"重要思想新高潮作为首要的政治任务。要切实做到：坚持不懈地用"三个代表"重要思想武装全团，教育青年，用"三个代表"重要思想构筑广大团员青年的精神支柱；以"三个代表"重要思想统领团的各项工作，坚持与时俱进，不断开创工作新局面；教育引导广大团员青年在各行各业的本职工作中，在各级团组织开展的具有自身特点的活动中，努力为先进生产力和先进文化的发展做贡献，努力为最广大人民谋利益；以"三个代表"重要思想为指导，全面推进团的建设，切实提高团组织的服务能力和服务水平，使基层团组织成为贯彻"三个代表"重要思想的组织者、推动者和实践者。

会议要求，紧密结合共青团工作实际，采取切实有效措施，在全团迅速兴起学习贯彻"三个代表"重要思想的新高潮。当前和今后一个时期要重点做好以下工作：以团干部、大学生和各条战线青年骨干为重点，加强学习培训，举办十五届团中央委员"三个代表"重要思想读书班和各级各类团干部理论骨干培训班，抓好团干部的理论武装；充分发挥大中专学生"三个代表"重要思想学习研究社团的作用，组织大中专学生暑期"三个代表"重要思想宣讲团等活动，使大学生学习贯彻"三个代表"重要思想工作取得新成效；与有关部委联合召开大学生学习贯彻"三个代表"重要思想经验交流会，及时总结推广实践中好的做法和经验，把大学生学习贯彻"三个代表"重要思想活动进一步引向深入。组织共青团《"三个代表"重要思想学习纲要》宣讲团，在各行各业团员青年中广泛开展形式多样、切合自身实际的"三个代表"重要思想主题学习活动。加强青年理论研究，推出一批有深度、有见解、有说服力的理论成果；充分发挥团属新闻报刊和网站的作用，大力宣传报道广大团员青年学习贯彻"三个代表"重要思想的生动实践，为兴起学习贯彻"三个代表"重要思想新高潮营造良好舆论氛围。向全团发出通知，对全团兴起学习贯彻"三个代表"重要思想新高潮的各项工作提出明确要求。团的十五大将就高举邓小平理论伟大旗帜，全面贯彻"三个代表"重要思想，深入学习贯彻党的十六大精神作出全面部署。

会议强调，兴起学习贯彻"三个代表"重要思想新高潮，要紧密结合青年和团干部思想实际，在务求实效上下工夫。要引导广大青年坚定理想信念，树立正确的世界观、人生观、价值观。要努力建设一支与时俱进、开拓创新、求真务实、艰苦奋斗的团干部队伍。广大团干部要按照"刻苦学习，勤奋工作，勇于创造，自觉奉献"的要求，身体力行"三个代表"，牢记"两个务必"，自觉做到"八个坚持、八个反对"，永葆蓬勃朝气、昂扬锐气、浩然正气，真正做到扑下身子抓工作，一心一意谋发展。

会议强调，各级团组织要处理好非典型肺炎防治工作和坚持以经济建设为中心的关系。一手抓防治非典型肺炎，一手抓工作。一方面，要根据当前防治非典型肺炎工作面临的形势，按照当地党委、政府的统一部署，把非典型肺炎防治工作作为一项重大政治任务加强领导，强化措施，狠抓落实，充分发挥团组织的优势，充分发挥广大团员青年在群防群治中的生力军作用。另一方面，要牢牢坚持经济建设这个中心不动摇，维护工作、学习和生活的正常秩序，扎实推进各项重点工作，服务改革发展稳定大局，服务经济建设中心，组织引导广大团员青年为完成今年经济和社会发展的各项任务做出积极的贡献。

十四届(2003)第8次

6月2日下午,周强同志主持召开团中央书记处会议,学习传达国务院第九次常务会议精神,研究实施大学生志愿服务西部计划的有关工作。

会议认为,党中央、国务院历来高度重视高校毕业生就业工作,十分关心广大青年学生的健康成长。由于高校毕业生总量增加,同时又受到非典型肺炎疫情的影响,今年高校毕业生就业形势比较严峻。做好今年高校毕业生就业工作,关系200多万毕业生的切身利益,关系高等教育的改革发展,关系科教兴国战略的实施,关系社会政治稳定。各级团组织要按照党中央、国务院的统一部署,积极配合教育、人事、劳动保障等部门,以动员应届大学毕业生到西部地区志愿服务为重点,采取有效措施,努力为高校毕业生就业办实事、办好事,营造有利于高校毕业生就业的良好氛围,积极帮助和促进高校毕业生就业。

会议提出,国务院第九次常务会议决定国家支持团中央、教育部组织实施大学生志愿服务西部计划,充分体现了党和国家对青年学生的亲切关怀、对共青团组织的高度信任,是对我们的巨大鼓舞。近年来,团中央发起实施的青年志愿者行动在服务社会、教育青年、促进发展等方面发挥了重要作用,形成了青年志愿者扶贫接力计划等名牌项目和一套比较成熟的组织管理机制,得到了各级党委政府的充分肯定、人民群众的普遍欢迎和社会各界的高度评价。有党中央、国务院的关怀和领导,有实施青年志愿者行动的成功经验和良好基础,我们有信心、有决心与有关部门共同实施好大学生志愿服务西部计划。各级团组织要从实践"三个代表"重要思想的高度,以对党的事业、对一代青年高度负责的态度,精心组织、周密部署、扎实推进这项计划,为广大青年学生健康成长服务,为西部大开发和实施人才强国战略做出积极贡献。

会议强调,要充分认识实施大学生志愿服务西部计划的重大意义。实施这项计划,有利于促进西部地区经济和教育、卫生、农技、扶贫等社会事业的发展;有利于培养造就一批政治上坚定,既有现代科学文化知识、又有基层工作经验和强烈社会责任感的优秀青年人才队伍;有利于开辟大学生就业的新渠道,缓解高校毕业生就业压力;有利于弘扬"奉献、友爱、互助、进步"的志愿精神,促进社会主义精神文明建设。实施这项计划,为广大青年学生提供了在党的领导下,同人民紧密结合,为祖国奉献青春的正确成长之路;为共青团组织更好服务大局,服务青年成长成才,参与西部大开发和人才强国战略搭建了新舞台;为完善与社会主义市场经济体制相适应的共青团工作运行机制做出了新探索。

会议强调,要切实搞好宣传发动,教育引导广大青年学生转变就业观念,到基层和艰苦地区去,在现代化建设的第一线经受磨练、增长才干、建功立业。要高扬理想主义的旗帜,引导青年学生走同人民紧密结合,为祖国奉献青春的成长之路;要大力宣传西部干部群众的艰苦奋斗精神,大力宣传西部建设取得的辉煌成就,大力宣传西部蕴涵的巨大潜力和发展机遇;要叫响"到西部去"的口号,让在西部大开发中实现人生价值、在基层建功立业成为青年学生中的时代强音。要充分看到,当代青年学生生逢伟大时代,肩负民族复兴的历史使命,是有理想、有抱负、有责任感的一代，他们在邓小平理论和“三个代表”重要思想指引下，志存高远，胸怀远大，扎根基层，艰苦奋斗，必将谱写出建设中国特色社会主义的壮丽的青春之歌。

会议提出，实施大学生志愿服务西部计划是党中央、国务院交给共青团组织的一项光荣而艰巨的任务，要高度重视，扎实推进。在充分看到共青团组织实施大学生志愿服务西部计划的有利条件、坚定信心的同时，也要切实估计面临的困难，把工作做细。要充分调查了解西部地区受援地的实际需求，充分调查了解高校毕业生尤其是农、林、水、牧、医和师范专业毕业生的实际情况，合理确定重点招募对象，科学分配对口人才。要与有关部委协同配合，认真落实好有关优惠政策。要加强对大学生志愿者的服务与管理，确保安全。

会议强调，实施大学生志愿服务西部计划，是新形势下共青团组织服务大局、服务青年的新举措，要长期坚持和不断完善。实施这项计划，要与实施人才强国战略紧密结合起来，着眼于为西部地区培养一支优秀基层干部队伍；与西部大开发紧密结合起来，积极推动西部地区经济社会发展；与实施科教兴国战略紧密结合起来，支持西部地区教育事业的发展；与共青团重点工作紧密结合起来，大力推动农村青年中心、县县上网工程和农村基层团组织建设；与加强城乡互动紧密结合起来，促进城乡经济社会协调发展；与共青团工作的社会化、项目化紧密结合起来，大力吸纳社会资源，狠抓规范管理。

为加强对实施工作的领导，会议决定成立团中央大学生志愿服务西部计划领导小组，周强同志任组长，赵勇、胡伟、杨岳同志任副组长；成立项目管理办公室，赵勇同志兼任办公室主任。领导小组下设六个工作组，分别是：综合组，卢雍政同志任组长；招募组，周扬帆同志任组长；宣传组，刘可为同志任组长；保障组，李晓军同志任组长；青年中心组，陶宏同志任组长；就业服务组，尹德明同志任组长。会议要求各省、区、市，各受援县和有关高校相应成立领导小组和项目管理办公室，具体落实项目实施工作。

十五届(2003)第1次

7月29日下午，周强同志主持召开团中央书记处会议，进一步学习中共中央总书记、国家主席胡锦涛在同团中央新一届领导班子成员和团十五大部分代表座谈时的重要讲话，进一步学习中共中央政治局常委、中央纪委书记吴官正代表党中央在团十五大开幕式上的祝词，结合青年和共青团工作实际，研究贯彻落实工作。

会议一致认为，胡锦涛总书记的重要讲话和党中央的祝词，高屋建瓴，内涵丰富，语重心长，催人奋进，具有鲜明的时代感和很强的针对性，充分体现了党中央对青年一代的殷切期望和对共青团工作的高度重视，进一步明确了当代青年在全面建设小康社会的进程中所肩负的光荣使命和共青团组织所担负的重要任务，为当代青年的健康成长和共青团事业的发展指明了方向。

会议一致认为，胡锦涛总书记的重要讲

话，与毛泽东、邓小平、江泽民同志对青年和青年工作的论述一脉相承，体现了党中央对广大团员青年的一贯要求；同时，与时俱进，进一步深化了马克思主义青年观，是新世纪青年和共青团工作的纲领性文献，必将为青年一代在全面建设小康社会的伟大实践中健康成长、建功立业注入强大动力，推动中国青年运动和共青团事业不断开创新局面。

会议一致认为，胡锦涛总书记重要讲话高度评价了全国各族青年在我国革命、建设和改革的各个历史时期所发挥的重要作用，肯定了在抗击非典斗争中广大团员青年所做出的重要贡献，使我们深受鼓舞，倍感振奋，必将激励全国广大团员青年自觉把个人的命运同祖国和民族的命运紧紧联系在一起，把个人的理想追求同全面建设小康社会的伟大事业紧紧联系在一起，自觉服务祖国，无私奉献社会，艰苦奋斗，不懈进取，为实现全面建设小康社会的宏伟目标贡献青春、智慧和力量。

会议一致认为，团的十五大开得圆满成功，是一次团结的大会、奋进的大会、胜利的大会，得到了各方面和全体代表的高度评价。党中央的高度重视和亲切关怀，党的十六大精神的指引，是开好这次大会的前提条件和根本保证。大会圆满成功，是全体与会代表共同努力的结果，也是与近年来共青团工作发展，各项事业全面进步密切相关的。

新一届团中央书记处深感党中央的期望和关怀，深感全国广大团员青年的信任，深感责任重大、使命神圣、任务艰巨。要不负重托，不辱使命，紧密团结在以胡锦涛同志为总书记的党中央周围，高举邓小平理论伟大旗帜，全面贯彻“三个代表”重要思想，牢记“两个务必”，做到“八个坚持、八个反对”，发扬共青团的光荣传统，与时俱进，开拓创新，求真务实，艰苦奋斗，团结带领广大团员青年在全面建设小康社会的宏伟进程中创造新业绩，做出新贡献，谱写新篇章。

会议要求各级团组织认真学习、及时传达、深入贯彻胡锦涛总书记的重要讲话和党中央祝词，要与贯彻落实党的十六大精神结合起来，与兴起学习贯彻“三个代表”重要思想新高潮结合起来，与贯彻落实团的十五大报告结合起来，进一步开创共青团工作新局面。

会议强调，要着重抓好以下几个方面的工作：

一、认清形势。胡锦涛总书记在讲话中指出，共青团事业的发展正处在一个新的历史起点上。这是一个十分重要的论断，指明了新世纪新阶段共青团工作面临的新形势和所处的历史方位。要充分看到全面建设小康社会给共青团工作带来的宝贵机遇，找准在经济社会发展中的切入点，不断做出新贡献，实现新发展；要清醒认识经济全球化背景下的共青团工作，既善于抓住宝贵机遇，又沉着应对挑战；要认真总结社会主义市场经济条件下共青团工作所做出的积极探索和积累的宝贵经验，认真研究新情况，解决新问题。认清新形势，可以使广大团干部进一步增强责任感和使命感，进一步增强工作的主动性和自觉性。

二、教育引导广大团员青年沿着党指引的方向健康成长。要坚持不懈地用邓小平理论和“三个代表”重要思想武装全团、教育青年，用科学理论构筑青年一代的精神支柱，帮助青年牢固树立实现中华民族伟大复兴的崇高理想和永远跟党走的坚定信念。要引导青年按照党的要求健康成长，树立远大理想，坚持发奋学习，注重锤炼品德，不断开拓视野，始终艰苦奋斗，坚持学习科学文化与加强思想修养的统一，坚持学习书本知识与投身社会实践的统一，坚持实现自身价值与服务祖国人民的统一，坚持树立远大理想与进行艰苦奋斗的统一，勤于学习，善于创造，甘于奉献，努力成长为有理想、有道德、有文化、有纪律的人，成长为对党和国家、对人民有所建树的人，在全面建设小康社会的伟大实践中创造出无悔的青春、永恒的青春。

三、创造新业绩，开创新局面。胡锦涛总书记在讲话中明确要求我们在工作思路上要创新，工作方式上要创新，自身建设上要创新。各级团组织要深刻理解和牢牢把握这一要求，紧密结合实际，始终坚持与时俱进、开拓创新，推动共青团工作不断焕发出蓬勃的生机与活力。要以强烈的创新意识和饱满的创新激情开展工作，以创新求活跃，以创新求发展，使共青团工作和共青团组织始终站在时代前列，始终保持对广大青年的吸引力和凝聚力。

四、不断加强自身建设。胡锦涛总书记在重要讲话中对团中央新一届领导班子寄予殷切期望。我们一定要高举邓小平理论伟大旗帜，坚持以“三个代表”重要思想为根本指针，大力加强和改进团的自身建设。团中央委员会是全团的最高领导机构，发挥着贯彻党的意志，集中全团智慧，统一全团思想，指挥全团行动的关键作用。要努力把团中央委员会建设成为信仰坚定、作风扎实、团结奋进、充满活力的坚强领导集体。在团中央委员会全体会议闭会期间，团中央书记处行使团中央委员会的职权。要切实加强团中央书记处的建设，努力把团中央书记处建设成为全团学习贯彻“三个代表”重要思想的模范，成为全团坚持民主集中制原则的榜样。要切实加强团干部队伍建设，努力建设一支忠诚党的事业，热爱团的岗位，竭诚服务青年，让党放心、让广大青年满意的团干部队伍。要切实加强团员队伍建设，努力保持团员的先进性。要以创新的思路切实加强团的组织体系、运行机制和学习、服务能力建设。

十五届（2003）第8次

12月9日下午，周强同志主持召开团中央书记处会议，学习12月8日下午党中央书记处听取团中央书记处工作汇报时所作重要指示精神，结合实际研究贯彻落实工作。

会议认为，党中央书记处充分肯定了团十五大和团十五大以来的共青团工作，中共中央政治局常委、国家副主席曾庆红同志和党中央书记处各位领导对共青团工作十分关心，所作的重要指示思想深刻，语重心长，切合实际，要求明确，为下一阶段的共青团工作指明了方向。这充分体现了党中央对共青团工作的高度重视和亲切关怀，令我们倍受鼓舞，倍感振奋，我们要认真学习领会，深入贯彻落实，与时俱进，开拓创新，努力开创共青团工作新局面。

会议强调，要坚持不懈地用邓小平理论和“三个代表”重要思想武装全团、教育青年，进一步加强和改进新形势下青年思想政治工作。团十五大以来，全团在理论武装工作上狠下工夫，通过开展形式多样的学习活动，进一步兴起学习贯彻“三个代表”重要思想新高潮，工作扎实，成效明显。下一阶段，要抓好重点群体，创新工作方式，把学习新高潮不断引向深入，使广大团员青年进一步坚定为实现全面建设小康社会宏伟目标而奋斗的理想和跟党走中国特色社会主义道路的信念。要深入研究新形势下青年的特点，抓住机遇，改进方法，把青年思想政治工作放到十分重要的位置上抓紧抓好，突出抓好青年学生思想政治工作。青年思想政治工作要创新工作方式，切实增强针对性和实效性；要深入具体，一抓到底，引导广大团员青年树立正确的世界观、人生观和价值观，正确对待改革发展前进过程中出现的问题，自觉维护社会稳定，把力量团结凝聚到全面建设小康社会的宏伟目标上来。要精心筹备好2004年的全团思想政治工作会议。

会议强调，要切实做好服务大局工作。要教育引导广大团员青年认清形势，倍加珍惜本世纪头20年的重要战略机遇期，增强机遇意识和责任意识，发奋学习成才，努力创新奉献，在实现中华民族伟大复兴的历史进程中建功立业。要紧紧围绕全面建设小康社会的奋斗目标，全面深化推进农村青年增收成才行动、青年职工创新创效行动、青年科技创新行动、青年西部创业行动、保护母亲河行动、青年志愿者、青年文明号、创建青年文明社区、大中专学生社会实践、青年文化建设等各项重点工作，在促进社会主义物质文明、政治文明和精神文明协调发展中发挥生力军作用。要引导广大团员青年切实增强政治意识和大局意识，倍加珍惜来之不易的大好局面，积极为维护社会稳定做贡献。

会议强调，要进一步做好服务青年工作。要坚持把竭诚服务青年作为全部工作的出发点和落脚点，以培育“四有”新人为根本，努力把服务青年工作提高到一个新水平。要进一步增强服务意识，提高服务能力，丰富服务内容，强化服务手段。要牢牢把握青年的具体需求，服务青年学习成才，促进青年就业创业，帮助下岗失业青年、农村贫困青年、进城务工青年、特困大学生、残疾青年等有特殊困难的青年群体解决实际问题，切实维护青少年的合法权益。

会议强调，要适应新形势，研究新情况，与时俱进，不懈探索创新，努力开创工作新局面。要科学理解和认识共青团事业发展所处的历史新起点，坚持和发扬团的优良传统，深入研究和紧密结合新的时代特征，牢牢把握共青团工作环境和工作对象的新发展，把胡锦涛总书记对共青团工作提出的“三个创新”的要求落到实处。要用创新的思路突出抓好基层团组织建设，夯实基础，增强活力，建立健全与社会主义市场经济体制相适应的组织体系和运行机制。

会议强调，要进一步突出重点工作。重点工作在服务党和政府工作大局，服务青年，牵动社会，形成导向方面作用重大，要注意工作方法，处理好全面推进工作与突出重点工作的关系。对已经确定的重点工作，要攥紧拳头，形成合力；要坚持不懈，扭住不放，有恒心，有韧劲；要扎实推进，练实功，求实效。

会议强调，要进一步做好青年统战工作，切实加强和改进对港青年工作。青年统战工作是党的统战工作的重要组成部分，在团结凝聚海内外各族各界中华青年促进祖国繁荣富强，推动祖国完全统一，实现中华民族伟大复兴方面发挥着不可替代的作用。要按照中央统一部署，深入分析对港青年工作形势，严格掌握政策，认真研究具体措施，切实加大工作力度，精心准备，积极稳妥地做好对港青年工作。

二、综合

共青团中央2003年工作要点

2003年1月1日

2003年共青团工作总的要求是:高举邓小平理论伟大旗帜,全面贯彻“三个代表”重要思想,深入学习贯彻党的十六大精神,与时俱进,开拓创新,扎实工作,艰苦奋斗,团结带领广大团员青年为实现全面建设小康社会的宏伟目标做贡献。

一、把深入学习贯彻党的十六大精神作为全团的首要政治任务来抓

用党的十六大精神统一广大团员青年的思想。组织广大团员青年原原本本地学习江泽民同志的报告,帮助广大团员青年围绕十六大的主题,把握十六大的灵魂,理解十六大提出的全面建设小康社会的宏伟目标和经济、政治、文化建设等各项任务,进一步增强贯彻十六大精神的自觉性和坚定性,坚定走中国特色社会主义道路的信念。

用“三个代表”重要思想武装全团、教育青年。把深入学习“三个代表”重要思想与学习江泽民同志在纪念中国共青团成立80周年大会上的重要讲话结合起来,帮助团员青年全面深入地领会“三个代表”重要思想的科学内涵和精神实质,牢牢把握贯彻“三个代表”重要思想的根本要求,用“三个代表”重要思想构筑强大的精神支柱。要把“三个代表”重要思想贯彻落实到团的工作和青年工作的各个领域,体现在团的建设的各个方面,以推动广大团员青年健康成长和当代青年运动蓬勃发展。

充分发挥广大团员青年在全面建设小康社会中的生力军作用。坚持理论联系实际的马克思主义学风,运用十六大精神指导实践、推动工作。紧紧围绕全面建设小康社会的奋斗目标,结合青年和青年工作实际,不断深化团的各项工作,推动广大团员青年在中国特色社会主义经济、政治、文化建设和体制改革中充分发挥生力军作用,为开创中国特色社会主义事业新局面做出新的更大的贡献。

积极开展主题鲜明的学习教育活动。以“贯彻十六大,创造新业绩”为主题,以团干部和大学生为重点,在全团广泛开展学习教育活动,把学习贯彻党的十六大精神引向深入。根据不同青年群体的特点,开展形式多样的主题团队活动,使学习教育活动深入到广大团员青年之中。根据不同领域、不同战线的实际,广泛开展有特色的活动,引导广大团员青年立足岗位,争创佳绩。要把在大学生中开展的“实现宏伟蓝图,奉献青春智慧”活动引向深入。团的各级领导机关和领导干部要带头学,成为学习贯彻十六大精神的模范。团属新闻出版舆论阵地和各级团校要在学习教育活动中发挥重要作用,为主题活动营造良好氛围。通过开展主题教育活动,使十六大精神在广大团员青年中入脑入心,转化为成长成才、建功立业的实际行动。

二、团结带领团员青年为促进经济发展做贡献

全面推进农村青年增收成才行动。深化

青年农民科技培训工程，引导广大农村青年积极参加职业技能培训和职业技术教育。大力培育农村青年经纪人队伍，适时组建中国农村青年经纪人协会，带动更多的农村青年和农民群众增收致富。组织农村青年学习农业标准化知识、开展绿色承诺活动，引导农村青年按照国际通行规则和质量标准组织农业生产，不断提高我国农业的市场竞争力。建设各级农村青年信息网，组织城乡项目洽谈会、科技大篷车等活动，帮助农村青年增收成才。

深入开展青年创新创效活动。与青年岗位能手活动相结合，实施"青工技能振兴计划"，对青年职工进行广泛的技术业务培训，广泛开展能工巧匠技能竞赛和评选活动，建立和完善青工资质认证系统。积极探索有形载体，为青年职工创新搭建舞台，完善全国青年创新创效活动示范基地评选表彰制度。分行业举办"青年成果专利进企业"系列活动，组织优秀青年创新成果巡回示范推广，促进青年创新成果向现实生产力转化。深化"青年安全生产示范岗"创建活动。

深入实施中国青年科技创新行动。实施金桥计划，组织青年专家科技服务团，为地方经济建设和企业创新提供智力支持。以"2003 海外学人回国创业周"为重点，以高科技园区、经济开发区为载体，以短期交流、项目合作、创办高新技术企业等为主要形式，推动青年留学人员为国服务。发挥中国青年科技创新行动示范基地、教育基地的作用，依托中国青年科技信息网和中国青年科技创新在线博览会，建立各级青年科技信息服务站。继续举办中国青年创新论坛，引导青年科技工作者追踪科技、经济和社会发展等前沿热点问题，加快科技成果的产业化进程。举办第八届"挑战杯"全国大学生课外学术科技作品竞赛，全面建立全国、省、校三级赛制，引导更多大学生参与科技创新活动。

为西部大开发做贡献。大力实施中国青年西部创业行动，通过科技培训、项目扶持和资金支持，帮助西部地区的青年面向市场，自主创业。深入开展"博士服务团"、"青年企业家西部行"、"青年星火西进计划"、"志愿者西部智力援助行动"、"展望计划"等活动，为西部地区经济社会发展服务。实施青年志愿者西部计算机实用人才培训计划。深入实施"培养计划"，进一步做好西部地区和民族地区团干部到东部沿海经济相对发达地区挂职锻炼工作，加强对西部地区和民族地区团干部的培训。

深化保护母亲河行动。大力培育生态文化，通过打造"同一条河"生态综艺文化品牌，举办环保论坛，刊播公益广告和宣传画，办好保护母亲河网站，传播生态文明理念，培育和弘扬生态环境道德。广泛开展生态体验，通过推行"天天环保"、创建"保护母亲河号"、推进生态监护活动、建立青少年生态体验教育基地，促进青少年走进大自然，自觉养成良好的环保习惯。积极推动生态经济发展，通过大力建设保护母亲河工程、引导青少年参与国家重点生态工程建设、推行清洁生产，把环境保护与经济建设结合起来，走可持续发展之路。

全面实施大学生素质拓展计划。加强大学生职业设计指导，深化素质拓展训练，建立健全以《大学生素质拓展计划证书》为载体的综合素质评价体系，促进大学生综合素质的不断提高，为成才发展、就业创业打好基础。

三、组织青少年积极参与精神文明建设

围绕培养"四有"新人这一根本任务，按照《公民道德建设实施纲要》的要求，进一步加强青少年思想道德建设，大力弘扬民族精神，充分发挥青少年在精神文明建设中的生力军作用。

深化青年志愿者行动。根据"着眼发展，着力建设"的基本思路，全面推行志愿者注册制度，进一步加强志愿服务的组织、项目、队伍和机制建设。以纪念学雷锋活动开展 40 周年暨青年志愿者行动实施 10 周年为契机，开展"弘扬雷锋精神、参与志愿服务、建设精神文明"主题活动。着眼群防群治，与公安部联合开展维护社会治安志愿者筑城行动。深入推进青年志愿者社区发展计划，实施青年志愿者助残行动和为老服务金晖行动，使“一助一”长期结对达到300万对，使规范的志愿者为老服务站达到3万个。加大扶贫接力计划地市级项目的实施力度，使参加扶贫接力计划志愿者人数稳定在3500人左右。推广实施“保护母亲河”青年志愿者绿色行动营计划，组织青少年参与环保服务和生态建设。推进实施青年志愿者海外服务计划。

深化青年文明号活动。深入实施“青年文明号信用建设示范行动”，通过开展全国青年文明号信用文化建设、青年文明号信用调查神州行、百城万店青年文明号信用评议等活动，动员和组织青年文明号集体为构建社会道德体系和信用体系做贡献。进一步发挥青年文明号在强化企业基础管理中的积极作用，使青年文明号成为企业管理创新的一种模式。在巩固现有成果的基础上，把创建活动向建筑、文化市场、海关等领域拓展，并在全国范围内建设一批青年文明号山、路、街和市场，更好地体现综合效应。建立全国青年文明号网上管理系统，实现省级以上青年文明号集体申报、评选、监督、命名的信息化动态管理。

深化大中学生社会实践活动。以学习、宣传、实践党的十六大精神和“三个代表”重要思想为主线，深入推进大中专学生“三下乡”和“四进社区”社会实践活动，引导广大青年学生积极参与城乡两个文明建设。深入开展18岁成人仪式教育活动，广泛开展“青春辉映夕阳红”敬老主题志愿服务活动，全面提高中学生的道德素养。

深化手拉手活动、雏鹰行动和少年军校工作。按照体验教育的思路进一步深化手拉手活动，重点开展好健康少年儿童和残疾少年儿童手拉手活动。继续开展各民族少年志愿接待家庭活动和城乡少年手拉手助学活动，引导少年儿童充分体验社会主义大家庭的温暖，增强民族凝聚力。深化中国少年雏鹰行动，把“雏鹰争章”作为体验教育重要的评价体系和激励机制，激发广大少年儿童的主动性和创造性。以举办第四届全国少年军校检阅式为契机，加强少年军校各项工作，推动少年军校活动机制化建设，深化青少年国防教育。

深化创建青年文明社区活动。开展青年文明社区示范城（区）活动，充分发挥典型的示范带动作用，形成城（区）、街道、社区共同推进青年文明社区创建工作的整体态势。着眼当前青年就业的需求，通过创建就业中介组织、开展就业信息服务，不断培育社区就业岗位。继续举办社区青年文化节，开展青年文明社区“大家乐”活动，丰富社区文化。整合各类资源，采取多种模式，大力加强社区青少年活动阵地建设，探索并运用青年文明社区网络信息化服务机制和社区青年活动参与评价机制，不断创新社区青少年工作的组织方式、服务方式、活动方式和工作机制。

深化青年文化活动。以“贯彻十六大，创造新业绩”为主题，办好第五届“乡村青年文化节”。举办第四届全国“乡村青年歌手大赛”，带动农村基层青年歌咏活动的普遍开展。开展创建“青年文明一条街”活动，围绕文明经商、志愿服务、环境卫生、植绿护绿等方面，推动农村青年文明创建活动的蓬勃开展。开展争当“文明好青年”活动，加强农村青年公民道德建设，引导农村青年健康成长。办好首届中国大学生校园歌手竞赛，全面活跃校园文化生活，推动校园精神文明建设。开展城市青年文化广场创建活动。开展共青团“五个一工程”评选活动。

加强青少年阵地建设。加强对团属新闻出版单位的管理，牢牢把握正确的舆论导向，唱响主旋律，打好主动仗；深化内部改革，促进持续发展。加大建设网上青少年思想教育阵地的力度，继续加强中青网的建设，加强以中国共青团为龙头的团属网站建设，实施专题纪念网站建设计划，逐步形成以“血铸中华”和“民族魂”为主体的网上爱国主义教育体系。切实加强青少年活动阵地建设,强化服务意识,充分发挥青少年活动阵地在实用技能培训、素质拓展、科学普及、文艺体育活动等方面的作用。

四、切实做好服务青年的工作

为青少年学习成才服务。深化青少年新世纪读书计划。稳步推进读书计划青年助学行动,扩大助学规模,为家庭经济困难的青年提供免费或低费接受中高等学历教育和实用技能培训的机会。大力开展读书活动。进一步加强青少年读书俱乐部、青少年书屋和青少年读书基地建设,扩大读书计划在基层的覆盖面。深入推进希望工程。继续实施希望之星资助计划,构建面向农村特困家庭的大中小学生资助体系。加强管理和制度建设,做好助学金拨付的"直通车"试点工作。加大筹资力度,继续为贫困地区援建希望小学,扩大希望小学教师培训规模。开展希望工程远程教育,加快希望网校建设步伐。以提高职业技能和综合素质为重点,深化千校百万培训,大力推进进城务工青年发展计划。

为青年就业创业服务。深入贯彻全国再就业工作会议精神,努力构建促进青年就业和再就业的工作体系。以市场需求为导向,围绕产业结构调整,加强青年就业观念的教育和引导,帮助青年树立正确的择业观和就业观。以下岗失业青年和城镇新增青年劳动力、农村富余青年劳动力为重点,努力做好青年就业和再就业工作。分区域、分阶段实施"工岗快递"行动,举办下岗失业青年用工洽谈会,帮助青年劳动者在全国范围内合理流动。继续实施"帮助青年创业计划",建立青年创业实践基地,成立全国下岗失业青年创业专家指导团,根据社会需求积极开发创业岗位,帮助青年通过自主创业实现再就业。大力加强组织阵地网络特别是青年就业服务中心的建设。开通中国青年创业网,逐步与各地青年就业和再就业工作信息网站链接,实现就业信息资源共享。实施青年境外就业计划,积极拓展境外就业市场,组织青年参加国际劳务输出。开展"就业政策进万家"活动。

为维护青少年权益服务。完善优秀青少年维权岗创建活动运行机制,落实各项制度,拓展创建活动的领域和范围,推动创建活动向基层延伸,不断扩大维权工作的覆盖面。以省市一级青少年维权中心为枢纽,以区、街、社区青少年维权岗为终端,建立整体联动的维权网络。大力开展创建青少年安全放心网吧、清理整顿不健康口袋本图书等活动。积极推进青少年自我保护教育工作,使之向规范化、社会化的方向发展。

广泛开展为特殊困难青年送温暖活动。元旦、春节期间,深入农村贫困地区、城市社区,帮助特殊困难青年群体解决在工作、学习和生活中遇到的困难。针对下岗失业青年,开展送钱物、送岗位、送政策活动。针对进城务工青年,配合有关部门开出返乡专列、解决工资拖欠等问题。针对农村特困青年,开展送种子、送化肥等活动,组织青年技术人员为西部农村青年提供技术服务。针对贫困大学生,开展春节期间团拜慰问活动,进一步做好各项奖助学金的评选、发放工作,深化"一助一"结对扶助工作。组织志愿者艺术团赴灾区、老区、贫困地区和重点建设第一线进行慰问演出,并就地开展义诊、送药下乡、科教文化等志愿服务活动。开展给下岗职工子女送温暖活动。

五、教育引导广大青少年自觉维护社会稳定

充分发挥广大青少年在维护社会稳定中的作用。继续动员广大青少年与"法轮功"作斗争。深入开展同"疆独"、"藏独"等民族分裂主义势力的斗争,坚决反对民族分裂势力、宗教极端势力、暴力恐怖势力的犯罪活动。

深入推进预防青少年违法犯罪工作。广泛建立青少年法律学校及各级青少年法律研究会,加强对青少年的法制教育。面向社区,以未成年人为重点，围绕青少年教育、管理、服务和环境优化等环节，全面实施青少年违法犯罪社区预防计划。联合有关部门深入实施预防艾滋病"青春红丝带"和"社区青少年远离毒品行动"，优化青少年成长的社会环境。

六、以"三个代表"重要思想为统揽加强团的建设

大力推进团建创新，进一步加强团的基层组织建设。坚持党建带团建，把团的建设纳入党的建设总体规划之中。研究新情况，创新团的基层组织设置形式、管理方式和工作运行机制。深化创建"五四红旗团委"活动，结合争创"团建先进县(市)"和"五四红旗团支部"，进一步巩固县、乡、村三级团组织层层创建、整体联动的基层团建工作机制。抓好基层团组织按期集中换届工作，配齐配强基层团组织班子，增强团组织内在活力。适应非公有制经济组织发展和青年的流向变化，进一步加强非公有制经济组织团的建设。探索在进城务工青年中建立团组织的方式方法。加强社区团组织建设，配备好街道专职团干部，在居民区、工业区、商业街、集贸市场等功能社区建立团组织，努力构建以街道团工委为核心的社区团组织网络。

按照"党放心、青年满意"的要求，加强团干部队伍建设。加强团干部队伍思想政治建设和作风建设，进一步抓好《共青团中央关于加强和改进团的作风建设的决定》的落实。进一步落实《2002—2005年全国团干部教育培训规划》，重点开展万名西部地区团干部培训工程和新任职专职团干部培训。进一步加强团干部国(境)外培训工作。以加强团干部培训、发展各类青年职业技术教育培训为重点，大力加强团校建设。

以团员意识教育为重点，加强团员队伍建设。开展团员思想状况调查，为加强团员队伍建设提供依据。在广大基层团组织中推行团日活动制度、重温入团誓词制度、规范团的活动仪式等组织制度，开展团员意识教育，引导和督促团员在工作和学习中发挥模范作用。加强团员发展工作，按照全国发展团员规划，重点推进农村、中学团员发展工作，加强社区和非公有制经济组织团员发展工作，不断提高团组织的覆盖面和影响力。进一步做好推荐优秀团员作党的发展对象工作，壮大团员入党积极分子队伍，为党组织不断输送新鲜血液。

深化"共青团县县上网工程"，加强团的信息化建设。开通"团内邮局"，设立一批网上信息直报点，形成联接全团的信息沟通与工作交流系统。以中青网为核心，搭建统一的网上信息平台，逐步实现"县县上网、全团互联"。加大对团干部信息化知识和互联网应用技能的培训力度。

同时，进一步做好青年统战工作和青年外事工作。加强调查研究，进一步了解民族地区青年、少数民族青年和信教青年的思想状况。组织全国宗教界青年代表人士赴西部考察活动。加强与港澳台青年的交流。进一步加强与各国青年组织的友好交流。启动新一轮为期3年的"中越青年友好会见"活动。配合《中日和平友好条约》缔约25周年，举办中日青年友好交流活动。继续推进"中日青年生态绿化合作项目"。开展中俄青年互访活动。在全国设立5所国际青年交流学院，与周边发展中国家合作开展青年干部培训。加强与联合国及其他国际性、区域性组织在青少年权益维护、青少年发展领域的合作。实施国际青年文化驿站项目，组织"丝绸之路"青年文明对话活动。实施中国青年人才"走出去"计划。

加强青联、学联、少先队以及青年企业家协会、青年乡镇企业家协会、青年科技工作者协会、青年志愿者协会、青少年网络协会等青少年组织和青年社团的工作，进一步发挥好它们的积极作用。

筹备和开好共青团第十五次全国代表大会。

中国人民解放军和武警部队的青年工作，由解放军总政治部统一作出部署。

共青团中央关于在全团兴起学习贯彻“三个代表”重要思想新高潮的通知

2003年6月23日

共青团各省、自治区、直辖市委，军委总政治部组织部，全国铁道团委，全国民航团委，中直机关团工委，中央国家机关团工委，中央金融团工委，中央企业团工委：

在全党兴起一个学习贯彻“三个代表”重要思想新高潮，是党的十六大提出的具有战略意义的重要举措。为贯彻落实这一战略任务，党中央发出了《关于在全党兴起学习贯彻“三个代表”重要思想新高潮的通知》，对这项工作作出全面部署。各级团组织要认真学习贯彻中央《通知》精神，广泛开展具有特色的学习贯彻活动，在全团兴起学习贯彻“三个代表”重要思想新高潮。通知如下。

一、充分认识兴起学习贯彻“三个代表”重要思想新高潮的重大意义

“三个代表”重要思想同马克思列宁主义、毛泽东思想和邓小平理论是一脉相承的科学体系，是马克思主义基本原理同中国具体实际相结合的产物，科学回答了我们党和国家事业发展所遇到的一系列理论和实际问题，开辟了马克思主义的新境界，是马克思主义中国化的最新成果。党的十六大把“三个代表”重要思想同马克思列宁主义、毛泽东思想、邓小平理论一道，确立为党必须长期坚持的指导思想，实现了我们党指导思想上的又一次与时俱进，这是一个历史性决策，也是一个历史性贡献。几年来，各级团组织坚持用邓小平理论和“三个代表”重要思想武装全团、教育青年，构筑青年强大的精神支柱，党的十六大后，按照党中央的要求，围绕主题，把握灵魂，狠抓落实，在广大团员青年中兴起了学习贯彻十六大精神的热潮。“三个代表”重要思想是十六大的灵魂，也是贯穿十六大报告的一条主线。学习贯彻十六大精神，核心是学习贯彻“三个代表”重要思想；把学习贯彻十六大精神的热潮引向深入，最重要的是兴起学习贯彻“三个代表”重要思想新高潮。

21世纪头20年，对我国来说，是一个必须紧紧抓住并且可以大有作为的重要战略机遇期。面对错综复杂的国际形势和激烈的国际竞争，我们要全面建设小康社会，在本世纪中叶基本实现现代化，必须牢固树立中华民族强大的精神支柱，巩固发展全党全国各族人民团结奋斗的共同思想基础。最根本的就是以马克思列宁主义、毛泽东思想、邓小平理论和“三个代表”重要思想为指导，兴起学习贯彻“三个代表”重要思想新高潮，把“三个代表”重要思想作为统领全局、贯穿各项工作的根本指针。

深入学习贯彻“三个代表”重要思想，关系党和国家工作的全局，关系中国特色社会主义事业的长远发展，关系中华民族的伟大复兴。青年是祖国的未来、民族的希望，是中国特色社会主义事业的建设者和接班人。用“三个代表”重要思想教育广大青年，关系到中国特色社会主义事业的前途命运。各级团组织要充分认识兴起学习贯彻“三个代表”重要思想新高潮的重大意义，以高度的政治责任感把这项工作切实抓好，在全团兴起学习贯彻“三个代表”重要思想新高潮，努力使广大团员青年在对“三个代表”重要思想的时代背景、实践基础、科学内涵、精神实质和历史地位的认识上达到新的高度，在认真贯彻“三个代表”重要思想的根本要求、始终做到“三个代表”上取得新的成效,紧密团结在以胡锦涛同志为总书记的党中央周围,解放思想、实事求是、与时俱进、开拓创新,为全面建设小康社会,开创中国特色社会主义事业新局面贡献青春、智慧和力量。

二、引导团员青年在对“三个代表”重要思想的认识上达到新的高度

“三个代表”重要思想是一个系统的科学理论,内涵丰富、博大精深,涵盖了经济、政治、文化和党的建设各个领域,体现在改革发展稳定、内政外交国防、治党治国治军各个方面。在前些年对“三个代表”重要思想学习的基础上,要引导团员青年深刻领会“三个代表”重要思想的基本精神,使他们对“三个代表”重要思想的认识上达到新的高度。要用“三个代表”重要思想构筑起团员青年强大的精神支柱,引导他们牢固树立正确的世界观、人生观和价值观,树立远大的理想,坚定跟党走中国特色社会主义道路的信念。在学习贯彻中要着重把握以下几个方面。

1. 引导团员青年牢牢把握“三个代表”重要思想的历史地位和指导意义。深刻理解“三个代表”重要思想是对马克思列宁主义、毛泽东思想和邓小平理论的继承和发展,反映了当代世界和中国的发展变化对党和国家工作的新要求,是加强和改进党的建设、推进我国社会主义自我完善和发展的强大理论武器,是全党集体智慧的结晶,是党必须长期坚持的指导思想。始终做到“三个代表”,是我们党的立党之本、执政之基、力量之源。

2. 引导团员青年始终坚持解放思想、实事求是、与时俱进。努力掌握贯穿“三个代表”重要思想的马克思主义的立场、观点和方法,思想上不断有新的解放,理论上不断有新的发展,实践上不断有新的创造。自觉把思想认识从那些不合时宜的观念、做法和体制的束缚中解放出来,从对马克思主义的错误的和教条式的理解中解放出来,从主观主义和形而上学的桎梏中解放出来,善于在解放思想中统一思想,用发展着的马克思主义指导新的实践。

3. 引导团员青年毫不动摇地坚持党的基本理论、基本路线、基本纲领和基本经验。改革开放以来,党在总结历史经验和新的实践的基础上,逐步形成了党的基本理论、基本路线、基本纲领和基本经验,这是我们做好工作的法宝。十六大科学概括的基本经验,集中体现了我们党领导人民在建设中国特色社会主义实践中形成的重大认识和重大方针。要注重从党的基本理论、基本路线、基本纲领和基本经验的内在联系出发,加深对“三个代表”重要思想的认识。

4. 引导团员青年为实现全面建设小康社会目标而奋斗。深刻领会学习贯彻“三个代表”重要思想,就要紧紧抓住本世纪头20年的重要战略机遇期,全面建设惠及十几亿人口的更高水平的小康社会,使经济更加发展、民主更加健全、科教更加进步、文化更加繁荣、社会更加和谐、人民生活更加殷实。

5. 引导团员青年坚定不移地坚持发展这个党执政兴国的第一要务。“三个代表”重要思想是以发展这一主题来贯穿的。紧紧抓住发展这个主题,把坚持党的先进性和发挥社会主义制度的优越性,落实到发展先进生产力、发展先进文化、实现最广大人民的根本利益上来,推动社会全面进步,促进人的全面发展,就从根本上把握了人民愿望,把握了社会主义现代化建设的本质。要坚持以经济建设为中心,坚持深化改革、扩大开放。一切妨碍发展的思想观念要坚决冲破,一切束缚发展的做法和规定都要坚决改变,一切影响发展的体制弊端都要坚决革除。聚精会神搞建设,一心一意谋发展。

6. 引导团员青年积极促进社会主义物质文明、政治文明和精神文明协调发展。社会主义物质文明、政治文明和精神文明互为条件、互为目的、相辅相成。物质文明处于基础地位。政治文明为物质文明提供政治保证和法律保障,建设社会主义政治文明,最根本的是要把坚持党的领导、人民当家作主和依法治国有机统一起来。精神文明为物质文明提供思想保证、精神动力和智力支持,要大力发展面向现代化、面向世界、面向未来的,民族的科学的大众的社会主义文化,弘扬和培育民族精神,不断丰富人们的精神境界,不断增强人们的精神力量。

7. 引导团员青年深刻领会要最广泛最充分地调动一切积极因素,不断为中华民族的伟大复兴增添新力量。最大多数人的利益和全社会全民族的积极性创造性,对党和国家事业的发展始终是最具有决定性的因素。在我国社会深刻变革、党和国家事业快速发展的进程中,妥善处理各方面的利益关系,把一切积极因素充分调动和凝聚起来,至关重要。必须贯彻尊重劳动、尊重知识、尊重人才、尊重创造的重大方针,营造鼓励人们干事业、支持人们干成事业的社会氛围,放手让一切劳动、知识、技术、管理和资本的活力竞相迸发,让一切创造社会财富的源泉充分涌流。

8. 引导团员青年永远跟党走。深刻认识我们党来自于人民,植根于人民,服务于人民,始终把全心全意为人民服务作为自己的根本宗旨,立党为公、执政为民,权为民所用、情为民所系、利为民所谋,务必继续保持谦虚谨慎、不骄不躁的作风,务必继续保持艰苦奋斗的作风。深刻认识学习贯彻"三个代表"重要思想,大力加强和改进党的建设,保证我们党始终是中国工人阶级的先锋队,同时是中国人民和中华民族的先锋队,始终是中国特色社会主义事业的领导核心,始终代表中国先进生产力的发展要求、代表中国先进文化的前进方向、代表中国最广大人民的根本利益,进一步坚定跟党走中国特色社会主义道路的信念。

9. 引导团员青年沿着党指引的方向健康成长。深刻认识马克思主义政党只有赢得青年,才能赢得未来,党的事业离不开青年,青年的成长更离不开党。一切有理想有抱负的中国青年,只有在中国共产党的领导下,同人民紧密结合,为祖国奉献青春,才能大有作为。这是总结中国青年运动得出的必然结论,也是当代中国青年运动必须坚持的正确方向。要坚持学习科学文化与加强思想修养的统一,坚持学习书本知识与投身社会实践的统一,坚持实现自身价值与服务祖国人民的统一,坚持树立远大理想与进行艰苦奋斗的统一,努力成长为有理想、有道德、有文化、有纪律的人,成长为对党和国家、对人民有所建树的人。

三、以"三个代表"重要思想为统领开创团的工作和建设的新局面

学习贯彻"三个代表"重要思想,重在理论联系实际,要着力解决实际问题。要增强实践"三个代表"重要思想的自觉性和坚定性,把"三个代表"重要思想的要求贯彻落实到团的工作和建设的各个方面,紧密结合团员青年和团的工作实际,研究新情况,解决新问题,提出新思路,落实新举措,使团的工作和建设实现新突破,开创新局面。

1. 统一思想,凝聚力量。要把思想进一步统一到"三个代表"重要思想和十六大精神上来,把智慧和力量进一步凝聚到实现十六大确定的各项任务上来,围绕全面建设小康社会的奋斗目标和重大部署,规划团的工作,提出工作目标,形成工作思路,采取切实措施,推动团的各项工作取得新的进展。要通过学习贯彻"三个代表"重要思想,进一步树立与时俱进、开拓创新的良好精神状态,查找思想观念和精神状态上存在的差距,振奋精神,开拓视野,着眼新的实际,总结新的经验,探索新的路子,使各项工作都体现时代性、把握规律性、富于创造性,推动团的工作和建设的创新。要坚持一切从实际出发,朝气蓬勃、实事求是,鼓实劲、求实效。

2. 充分发挥团员青年在全面建设小康社会中的生力军作用。要开辟渠道，提供载体，加强引导，把广大团员青年的积极性和创造性充分发挥出来，把热情、智慧和力量充分调动起来，围绕实施科教兴国战略、可持续发展战略、西部大开发战略、人才强国战略，大力开发青年人力资源，团结带领团员青年在全面建设小康社会的伟大实践中充分发挥生力军作用。要进一步深化青年志愿者、青年文明号、保护母亲河、农村青年增收成才行动、青年文明社区、新世纪读书计划、大学生素质拓展计划、青年科技创新行动、希望工程、博士服务团等团的重点工作，推动广大青年踊跃参与社会主义物质文明、政治文明和精神文明建设，努力为我国先进生产力和先进文化的发展做贡献，为最广大人民谋利益。当前，要按照中央的统一部署，坚持一手抓防治非典这件大事不放松，一手抓经济建设这个中心不动摇，动员组织广大团员青年为夺取防治非典和经济发展的双胜利积极贡献力量。

3. 进一步提高服务青年的能力和水平。要始终坚持把竭诚服务青年作为全部工作的出发点和落脚点，热情关心青年，深入了解青年，密切联系青年，促进青年的健康成长。要根据青年工作、学习、生活等方面的具体需要，切实帮助青年解决成长成才中的实际困难和问题。要实施好大学生志愿服务西部计划、中国青年创业行动等工作项目，为青年就业、创业开辟渠道，提供切实服务，引导青年到基层去，到祖国和人民最需要的地方去建功立业。要特别关心贫困地区青年、下岗失业青年、进城务工青年、残疾青年等困难青年群体的生活，千方百计帮助他们解决生产生活中的实际困难，多做暖人心、稳人心的工作。要坚持以育人为目的，以促进青年成长成才为着力点，强化服务青年的载体和手段，构建服务青年的体系，不断提高团组织服务大局、服务青年的能力和水平。

4. 大力加强和改进团的建设。广大团干部要率先垂范，落实“两个务必”，按照“八个坚持、八个反对”的要求锤炼扎实的作风，做党放心、青年满意的团干部。要在广大团员中广泛开展以先进性教育为主要内容的团员意识教育，发挥好团员的先进模范作用。要以“三个代表”重要思想为指导，大力推进团的建设，适应新形势，积极探索和创新社会主义市场经济条件下团的工作运行机制、工作方式和基层组织形式。要针对基层团组织建设中存在的问题，采取有针对性的措施，进一步加强团的基层组织建设，不断增强基层团组织的吸引力、凝聚力和战斗力，使团组织努力成为贯彻“三个代表”重要思想的组织者、推动者和实践者，使广大团员努力成为实践“三个代表”重要思想的模范。

四、突出重点区分层次，广泛开展具有特色的学习实践活动

在全团兴起学习贯彻“三个代表”重要思想新高潮，要充分体现共青团的特色和优势，突出重点，区分层次，推动团员青年学习实践“三个代表”重要思想活动广泛深入地开展。

团的领导机关和广大团干部要在兴起学习贯彻“三个代表”重要思想新高潮中率先垂范，学在前面、用在前面，做持久学、深入学的表率，成为学以致用、用有所成的模范。第三、四季度，各级团委要组织认真研读党的十六大报告和党章，认真研读江泽民同志《论“三个代表”》、《论党的建设》和《江泽民论有中国特色社会主义》(专题摘编)等一系列重要著作，把《“三个代表”重要思想学习纲要》作为重要辅助材料，既从整体上深刻领会“三个代表”重要思想，又分专题展开深入研讨。团中央将在团十五大召开后举办专题读书班，组织团十五届中央委员认真学习“三个代表”重要思想。各地要发挥各级团校的作用，通过举办各种形式的研讨班、培训班、学习班，把各级团的领导干部轮训一遍。

要高度重视抓好青年学生的理论武装工作。10月，团中央将与中宣部、教育部、解放军总政治部联合召开全国大学生学习贯彻“三个代表”重要思想经验交流会，推动青年学生学习实践“三个代表”重要思想活动的深入开展。各地要坚持抓骨干、抓实践、抓活动、抓社团、抓网络的工作思路，在高校推动建立学习研究“三个代表”重要思想的学生社团组织，开展具有青年学生特色、丰富多彩的学习实践活动，加强对学习骨干的培训，充分运用互联网等现代工作手段，使“三个代表”重要思想在青年学生中真正入脑、入心。今年暑期，要着力抓好以“实践三个代表，弘扬民族精神”为主题的大中专学生志愿者暑期“三下乡”社会实践活动。

要组织引导各条战线的青年骨干认真学习贯彻“三个代表”重要思想。各级青联组织和共青团联系的各级各类青年协会，要发挥各自的优势，通过行之有效的方式，引导各条战线的青年结合实际，学习掌握“三个代表”重要思想的基本精神，把“三个代表”重要思想贯彻落实到实际工作中。团中央宣传部将与中央党校联合举办共青团理论学习骨干培训班，培训各条战线的青年理论学习骨干。

要广泛开展青年学习实践“三个代表”重要思想主题教育活动，组织广大团员青年认真学习贯彻“三个代表”重要思想，坚持不懈地用“三个代表”重要思想武装全团、教育青年。广泛开展“三个代表”重要思想读书学习活动，充分运用报告会、座谈会、读书交流会、研讨会、知识竞赛、征文等形式，引导团员青年认真学习十六大报告和党章，学习《“三个代表”重要思想学习纲要》。广泛开展学习实践“三个代表”重要思想的主题团日活动，引导广大团员深入领会“三个代表”重要思想，立足本职岗位，争创一流业绩，以实际行动实践“三个代表”重要思想。要把学习贯彻“三个代表”重要思想与青年的成长成才结合起来，使学习贯彻“三个代表”重要思想融入到青年获取各种信息和知识之中，融入到青年喜闻乐见的各种活动之中，融入到青年全面建设小康社会、创造幸福生活的奋斗之中。

五、加强领导，迅速在全团兴起学习贯彻“三个代表”重要思想新高潮

兴起学习贯彻“三个代表”重要思想新高潮，推动十六大精神进一步贯彻落实，是党的事业继往开来、与时俱进的战略举措。各级团组织要充分认识这项工作的重大意义，把在全团兴起学习贯彻“三个代表”重要思想新高潮作为首要的政治任务切实抓好。要加强对学习贯彻活动的组织领导，按照党中央的要求和团中央的统一部署，结合本地、本单位的实际，制定具体方案，统筹规划安排，精心组织实施。各级团组织的主要负责人要亲自抓，同时落实专门的部门和人员具体负责这项工作，加强组织领导，把兴起新高潮的工作落到实处。

要加强对团员青年学习贯彻“三个代表”重要思想的指导。为了配合学习贯彻“三个代表”重要思想的工作，团中央和中央文献研究室编辑出版了《毛泽东邓小平江泽民论青少年和青少年工作》（增订本），各地要组织团员青年认真学习。要把学习贯彻“三个代表”重要思想与团干部的培训工作结合起来，与加强领导班子建设和基层团组织建设结合起来。要切实组织好青年学生的理论武装工作。各条战线要结合所联系青年群体的特点开展有针对性的学习贯彻活动。各级团校要把学习贯彻“三个代表”重要思想作为教学和培训的首要内容。团属青少年研究机构要加强对“三个代表”重要思想与青少年和青少年工作的研究，努力形成一批有深度、有见解、有说服力的理论成果。团的宣传部门要切实负起责任，加强组织协调，担负起在团员青年中兴起学习贯彻“三个代表”重要思想新高潮的具体任务。

要加强宣传，及时总结推广团员青年学习贯彻“三个代表”重要思想的经验和典型。宣传各地开展学习贯彻活动的情况，反映学习贯彻“三个代表”重要思想取得的新成效新进展，宣传团员青年学习实践“三个代表”重要思想的先进典型和先进事迹，加强对学习贯彻活动的引导。宣传要贴近实际、贴近生活、贴近青年，为青年喜闻乐见。团属新闻报刊和网站等宣传舆论阵地，要开辟团员青年学习实践“三个代表”重要思想的专题栏目，组织重点文章，营造学习贯彻的浓厚氛围，推动学习贯彻“三个代表”重要思想活动深入开展。

各地要及时将团员青年学习贯彻“三个代表”重要思想的情况报送团中央。年底，团中央将采取适当的形式，对各地学习贯彻“三个代表”重要思想活动的情况进行检查。

共青团中央关于开展“兴起新高潮，创造新业绩”主题活动把全团学习贯彻“三个代表”重要思想新高潮引向深入的通知

2003年9月28日

共青团各省、自治区、直辖市委，军委总政治部组织部，全国铁道团委，全国民航团委，中直机关团工委，中央国家机关团工委，中央金融团工委，中央企业团工委：

“三个代表”重要思想是马克思主义中国化的最新成果，是全面建设小康社会的根本指针，是全国人民共同奋斗的强大思想基础，也是新世纪新阶段共青团一切工作和建设的根本指针。坚持不懈地用“三个代表”重要思想武装全团、教育青年，构筑当代青年的强大精神支柱，关系到共青团事业的未来和发展，关系到坚持党的基本路线不动摇，关系到党和国家的未来。为把前一阶段在全团兴起的学习贯彻“三个代表”重要思想新高潮不断引向深入，推动全团坚持不懈地用“三个代表”重要思想武装教育青年，努力开创工作新局面，实现新发展，共青团中央决定在全团开展“兴起新高潮，创造新业绩”主题活动。现将有关事宜通知如下。

一、主题

兴起新高潮，创造新业绩

二、工作目标

紧密结合全面建设小康社会的生动实践，紧密结合广大团员青年的思想实际，紧密结合团的工作和青年工作的实际，坚持不懈地用“三个代表”重要思想武装全团、教育青年，在深入人心上下功夫，在开拓创新上下功夫，在力求实效上下功夫，进一步推动广大团干部和团员青年深入学习贯彻“三个代表”重要思想，在认识上达到新高度，在实践上取得新成效，做到真信、真学、真用。要推动广大团干部和团员青年把“三个代表”重要思想作为建功立业、健康成长的行动指南，用“三个代表”重要思想构筑起强大精神支柱，坚定理想信念，树立正确的世界观、人生观和价值观，坚定不移跟党走建设中国特色社会主义道路，为全面建设小康社会贡献青春、智慧和力量。要推动各级团组织和团干部把“三个代表”重要思想作为一切工作的根本指针，狠抓落实，求真务实，开拓创新，不断开创团的工作和建设新局面。

三、主要内容

一是大力加强团干部的理论学习和培训。要帮助广大团干部全面系统地学习掌握“三个代表”重要思想，成为持久学、深入学的表率，成为学以致用、用有所成的表率。各地要按照分级培训、分类实施的原则，充分发挥团属院校作用，层层举办“三个代表”重要思想培训班、学习班、读书班，开展大规模的集中、系统的“三个代表”重要思想学习培训。年底以前，确保全国18万专职团干部都得到培训，不留死角。各省级团委要对县以上团委班子成员，部分乡镇团委书记，大中型企业、大中专院校团委书记进行培训，各地（市）团委和县（市）团委要对乡镇和各条战线的基层团委（总支、支部）书记进行培训，各级团组织的一般干部，主要由本单位负责组织培训。万名西部团干部培训工程、新任职团干部培训等团的各项培训都要把学习贯彻“三个代表”重要思想作为重要内容。要努力做到“四个一”，即每一名团干部参加一次集中学习培训，至少写一篇有深度的学习心得体会，至少联系一个基层团委或青年，帮助他们解决一些实际问题。

二是重点抓好青年学生理论武装工作。11月，团中央将与中宣部、教育部、解放军总政治部联合召开全国大学生学习贯彻“三个代表”重要思想经验交流会。各地要以此为契机，认真总结经验，加强学习交流，促进大学生理论学习活动的深入开展。要坚持抓骨干、抓实践、抓活动、抓社团、抓网络的工作思路和做法，积极推动高校普遍成立学习研究“三个代表”重要思想学生社团，深入扎实开展具有青年学生特点的学习实践活动，努力使“三个代表”重要思想在青年学生中入脑入心。要利用寒暑假，组织广大青年学生开展“实践‘三个代表’、弘扬民族精神”的社会实践活动。要组织实施“校园文化进社区”活动，动员全国100所高校组织1000支学生队伍深入10000个社区，开展丰富多彩的文化活动，活跃社区文化，宣传和实践“三个代表”重要思想。团属院校要把学习“三个代表”重要思想作为重要内容纳入教学和培训计划，加强教材的编写和师资队伍建设，促进“三个代表”重要思想进教材、进课堂、进学生头脑。

三是组织引导各条战线的青年骨干认真学习实践“三个代表”重要思想。要引导他们结合实际加深对“三个代表”重要思想的理解，在推动先进生产力和先进文化发展中做贡献，脚踏实地地为人民谋利益。各级青联、学联组织和青科协、青企协、乡企协等青年组织，要充分发挥联系青年广泛的优势，通过行之有效的方式，做好教育引导工作。要组织青年专家学者深入基层，深入青年，开展宣讲辅导活动，针对青年在学习贯彻中遇到的问题解疑释惑。要大力组织“博士服务团”、“青年科技专家服务团”，动员青年专家和科技工作者深入西部，深入基层，促进人才与项目、科技与经济的对接，为推动科技进步和经济发展贡献力量。要组织动员青年志愿者艺术团深入基层、深入老少边穷地区和国家重点建设工程工地进行慰问演出，在促进先进文化发展中发挥开风气之先的作用。

四是在广大团员青年中广泛开展教育普及活动。要通过开展丰富多彩、富有实效的学习教育活动，组织广大团员青年认真学习党的十六大报告和《“三个代表”重要思想学习纲要》，学习掌握“三个代表”重要思想的基本精神，把思想进一步统一到“三个代表”重要思想和十六大精神上来，立足岗位，创造一流业绩，为全面建设小康社会贡献力量。各地要注意抓好新经济组织、下岗青工、流动人口中团员的学习。团中央将组织编写《学习“三个代表”重要思想（青年读本）》，加强对团员青年的学习辅导。要充分发挥生动活泼的青年文化活动和艺术形式在学习宣传实践“三个代表”重要思想中的积极作用。

五是充分利用互联网加强对青年的教育

引导。要充分发挥好互联网的优势，把更多的青年吸引到学习宣传“三个代表”重要思想的行列中来。中青网要继续开辟学习实践“三个代表”重要思想专栏，有条件的省级团委也要建立青年理论学习的网站。积极推广清华大学、北方交通大学、哈尔滨工业大学等高校建立理论学习“红色网站”的做法。组织青年专家学者、先进人物和各方面人士利用互联网站BBS、聊天室加强与青年的对话与交流，使互联网成为广大团员青年学习贯彻“三个代表”重要思想的新阵地。

六是大力宣传学习实践“三个代表”重要思想的典型。要大力宣传学习实践“三个代表”重要思想的先进青年典型，为青年树立可亲、可信、可敬、可学的榜样，激励引导广大青年学习实践“三个代表”。要及时表彰推广在学习贯彻活动中涌现出来的先进集体和有效做法，推动基层积极探索学习贯彻“三个代表”重要思想的有效载体和方法。

七是充分发挥团属新闻舆论阵地的积极作用。团属青年报刊等新闻舆论阵地要开辟团员青年学习实践“三个代表”重要思想的专题栏目，大力宣传报道广大团员青年学习实践“三个代表”重要思想的生动实践，反映各地的学习动态，推动学习贯彻活动的深入开展。中国青年报已开辟“在新的历史起点上”专栏，重点报道各级团组织学习贯彻“三个代表”重要思想，与时俱进，开创工作新局面的情况。要针对青年在学习贯彻中的热点和难点问题，组织刊发系列文章解疑释惑，加强学习辅导，积极营造浓郁的学习氛围。

八是加强理论研究，促进学习贯彻活动的深化。围绕如何认识在经济全球化背景下开展团的工作、如何认识和把握全面建设小康社会给共青团带来的机遇、如何认识当代青年的深刻变化和状况、如何认识“三个代表”重要思想与青年的内在联系、如何认识社会主义市场经济条件下青年工作的运行机制、如何认识信息传媒和互联网络的飞速发展对青年和青年工作产生的影响、如何认识中国青年与中国和平崛起新道路的关系等重大课题，组织力量进行攻关，形成有份量、有价值、有影响的研究成果。进一步抓好青少年和青少年工作研究规划，整合社会资源，在全团形成理论研究的有效机制，充分发挥理论研究成果的作用。

九是努力探索建立学习实践“三个代表”重要思想的有效机制。要把学习贯彻“三个代表”重要思想纳入到团的自身建设中，使学习贯彻活动与团的领导班子建设、组织建设、作风建设有机结合起来，要把学习贯彻“三个代表”重要思想纳入到团的各项特色活动中，纳入团的各项评比表彰激励制度中，纳入到各级团校的教学计划中，纳入到青少年宫等团的阵地建设和工作中，作为考察、评判团的建设和工作的重要依据。要把学习贯彻“三个代表”重要思想与青年的成长成才结合起来，使学习贯彻“三个代表”重要思想融入到青年获取各种信息和知识之中，融入到青年喜闻乐见的各种活动之中，融入到青年的日常学习、工作和生活之中，融入到青年全面建设小康社会、创造幸福生活的奋斗之中，形成常抓不懈、持之以恒的学习机制。

四、工作要求

一是要加强组织领导。把“三个代表”重要思想学习好、贯彻好、落实好，是一项长期的重大政治任务。各级团组织要提高认识，高度重视，切实加强对这项工作的领导。要制定周密的计划，采取有力措施，确保各项学习贯彻工作有步骤地扎实推进。要对各地的学习贯彻活动进行及时督导，对学习情况进行认真总结。团中央在适当时候将组织督查。还将对学习贯彻活动中的先进个人和集体进行表彰。

二是要努力贴近青年。要注重加强团组织与青年、青年与青年之间的对话和交流，实现教育者和教育对象的互动，调动广大青年参与理论学习的内在积极性。要针对不同领域、不同行业、不同文化层次青年的特点，采取不同的方式，提出不同的要求，有针对性地加强指导和辅导。要多采取青年喜闻乐见的形式，多使用青年自己的语言，多运用青年身边的人、身边的事，多用青年身边的变化教育青年，使学习贯彻活动入情入理，生动具体，真实感人。要通过组织开展团的特色活动项目，引导广大青年在参与中、在实践中加深对“三个代表”重要思想的理解。

三是要注重实际效果。兴起新高潮，创造新业绩，重在取得实效。要用实践标准来检验活动效果，坚决防止形式主义。一切工作都要以青年是否满意来衡量，要用“三个代表”重要思想的标准来衡量。兴起新高潮，创造新业绩，关键要落实到行动上，最终要体现在青年对“三个代表”重要思想认识的提高上，要体现在促进青年健康成长上，要体现在推动青年为全面建设小康社会做贡献上。

四是要大胆探索创新。各地要积极探索和创新具有鲜明时代气息、青年喜闻乐见的鲜活载体和有效方法，不断创造新鲜经验，不断增强理论武装工作的针对性、时代感和吸引力，使“兴起新高潮，创造新业绩”主题活动在广大青年中深入人心，生动活泼，扎实有效，把全团学习贯彻“三个代表”重要思想新高潮不断引向深入。

年底前，各省级团委要将开展“兴起新高潮创造新业绩”主题活动、把团员青年学习贯彻“三个代表”重要思想新高潮引向深入的情况形成专题报告报团中央。

共青团中央关于认真学习贯彻党的十六届三中全会精神团结带领广大团员青年在完善社会主义市场经济体制的历史进程中充分发挥生力军作用的决议

共青团中央常委会通过，2003 年 12 月 18 日

共青团中央常委会议认真学习了《中国共产党第十六届中央委员会第三次全体会议公报》，学习了《中共中央关于完善社会主义市场经济体制若干问题的决定》等文件。

会议一致认为，党的十六届三中全会是在全党兴起学习贯彻“三个代表”重要思想新高潮，全国各族人民沿着十六大指引的方向满怀信心全面建设小康社会的历史进程中召开的重要会议，对于全面推进我国改革开放和社会主义现代化建设，把中国特色社会主义伟大事业继续推向前进，具有重大的现实意义和深远的历史意义。党的十六届一中全会以来，以胡锦涛同志为总书记的新一届中央领导集体坚持以邓小平理论和“三个代表”重要思想为指导，全面贯彻十六大精神，团结带领全党全国各族人民在改革开放和现代化建设中取得了新的重大成就。全会通过的《决定》是进一步深化经济体制改革，促进经济和社会全面发展的纲领性文件。《决定》对完善社会主义市场经济体制的各个方面作出了全面规划和工作部署，必将为全面建设小康社会提供体制保证。现行宪法是一部符合我国国情的好宪法。根据经济社会发展的客观要求，依照法定程序，把十六大确定的重大理论观点和重大方针

政策写入宪法，有利于宪法更好地发挥国家根本法的作用。

会议认为，共青团事业的发展正处在一个新的历史起点上。我国已进入全面建设小康社会、加快推进社会主义现代化的新的发展阶段。建成完善的社会主义市场经济体制，是党在新世纪新阶段做出的具有重大现实意义和深远历史意义的决策，必将对我国经济社会生活产生巨大而深刻的影响。新的形势新的任务对共青团组织提出了新的要求。完善社会主义市场经济体制，为广大青年的成长发展开辟了新空间，为共青团团结带领广大团员青年在全面建设小康社会的伟大实践中建功立业提供了广阔舞台，同时也必然对共青团的工作方式、组织体系和运行机制产生深刻的影响。在新的历史起点上，共青团组织肩负着重要的历史责任，要抓住机遇，迎接挑战，推动共青团事业实现新发展。

会议要求，各级团组织要认真学习贯彻党的十六届三中全会精神，以“三个代表”重要思想为指导，主动适应完善社会主义市场经济体制的要求，深入思考新形势下共青团发展的重大问题，坚持和发扬团的优良传统，紧密结合时代特点，大力推动工作思路、工作方式和自身建设的创新，构建与完善社会主义市场经济体制相适应的团的组织体系和运行机制，团结带领广大团员青年在全面建设小康社会的伟大历史进程中充分发挥生力军作用。

为此，特作出如下决议：

一、组织广大团员青年学习领会十六届三中全会精神，把思想统一到全会精神上来

认真学习贯彻党的十六届三中全会精神，是当前摆在各级团组织和广大团员青年面前的一项重要任务。要紧密结合兴起学习贯彻“三个代表”重要思想新高潮，引导团员青年认真学习、领会全会精神，全面准确地掌握党中央关于完善社会主义市场经济体制的规划部署，树立全面、协调、可持续的发展观，把广大团员青年的思想统一到全会精神上来。

要引导广大团员青年深刻认识深化经济体制改革的重要性和紧迫性。既要看到我国经济体制改革在理论和实践上取得的重大进展，也要看到我国处于社会主义初级阶段，经济体制还不完善，生产力发展仍面临诸多体制性障碍。为适应经济全球化和科技进步加快的国际环境，适应全面建设小康社会的新形势，必须加快推进改革，进一步解放和发展生产力，为经济发展和社会全面进步注入强大动力。

要引导广大团员青年全面把握完善社会主义市场经济体制的目标和任务。充分认识完善社会主义市场经济体制，就是要按照统筹城乡发展、统筹区域发展、统筹经济社会发展、统筹人与自然协调发展、统筹国内发展和对外开放的要求，更大程度地发挥市场在资源配置中的基础性作用，为全面建设小康社会提供强有力的体制保障。理解和把握完善社会主义市场经济体制，就是要完善公有制为主体、多种所有制经济共同发展的基本经济制度，建立有利于逐步改变城乡二元经济结构的体制；就是要形成促进区域经济协调发展的机制，建设统一开放竞争有序的现代市场体系；就是要完善宏观调控体系、行政管理体制和经济法律制度，健全就业、收入分配和社会保障制度，建立促进经济社会可持续发展的机制。

要引导广大团员青年深刻理解深化经济体制改革的指导思想和原则。深刻认识深化经济体制改革，必须以邓小平理论和“三个代表”重要思想为指导，贯彻党的基本路线、基本纲领、基本经验，全面落实十六大精神，解放思想、实事求是、与时俱进；必须坚持社会主义市场经济的改革方向，坚持尊重群众的首创精神，坚持正确处理改革发展稳定的关系，坚持统筹兼顾，坚持以人为本，树立全面、协调、可持续的发展观，促进经济社会和人的全面发展。

各级团组织要结合本地、本单位实际，在团员青年中广泛开展多种形式的学习宣传贯彻活动，团属新闻出版单位要有针对性地加强宣传引导，帮助团员青年认真学习、深刻领会全会精神。要把加强青年思想政治工作放在突出的位置来抓，进一步增强团员青年的使命感、责任感和紧迫感，使青年牢固树立大局意识，倍加珍惜宝贵的战略机遇期，倍加珍惜稳定，投身改革，促进发展，充分发挥聪明才智和创造活力，以实际行动为完善社会主义市场经济体制、实现全面建设小康社会的目标做出积极贡献。

二、团结带领广大团员青年在完善社会主义市场经济体制的历史进程中充分发挥生力军作用

青年是深化经济体制改革中一支生机勃勃的力量，在完善社会主义市场经济体制的伟大历史进程中，青年大有作为。各级团组织要紧紧围绕完善社会主义市场经济体制的目标、任务及各项部署，贯彻“五个统筹”、“五个坚持”的要求，充分发挥自身特色和优势，广泛动员和组织团员青年积极投身改革实践，团结带领他们充分发挥生力军作用，为建成完善的社会主义市场经济体制和更具活力、更加开放的经济体系做出积极贡献。

一是团结带领青年为促进城乡协调发展做贡献。统筹安排城乡共青团工作，以城乡互动为基本途径，带动农村青年在全面繁荣农村经济、加快城镇化进程中增收成才。着力建立和拓展城乡青年之间联系、沟通和合作的渠道，促进城乡生产要素自由流动和优化配置，实现城乡青年之间双向受益、双向互动。大力培养农村青年创业致富带头人，继续深化青年农民科技培训工程，积极示范推广科技项目，构建农村青年社会化服务体系，帮助农村青年成才致富。深化进城务工青年发展计划，促进农村青年劳动力向城镇有序转移。

二是团结带领青年为促进区域经济协调发展做贡献。大力加强各地团组织之间的联系和交流，进一步有效整合团内外资源，形成多种层面、多种形式的交流合作平台，促进东中西部地区的信息、技术、人才等资源合理配置和流动，促进区域经济协调发展。要广泛动员团员青年踊跃参与西部大开发和振兴东北等老工业基地战略的实施，扎实开展青年企业家西部行、青年企业家东北行、东西互助、博士服务团、青年星火西进、青年绿色示范工程等活动，大力实施大学生志愿服务西部计划，引导青年到西部去、到基层去建功立业。实施少数民族干部培训计划等活动，帮助西部地区加快培养青年人才。

三是团结带领青年为促进经济社会发展做贡献。按照国家经济和社会发展战略部署，动员组织广大团员青年在促进经济社会全面发展中充分发挥作用。深化青年创新创效活动、青年岗位能手、青年科技创新等活动，引导青年立足岗位学习成才、建功立业，在促进国有企业增强经济活力和市场竞争力中发挥作用。扎实推进青年创业行动，推动青年创业、就业。深入实施送温暖活动，切实帮助下岗失业青年、农村贫困青年等群体解决实际困难，积极推动社会保障体系的完善。深入开展“青年文明号”活动，开展形式多样、生动活泼的青少年诚信教育，推动社会信用制度的建立。大力实施青年文化行动，引领青年文化潮流，开展青年文化活动，创作推广青年文化精品，培养发现青年文化人才，不断壮大青年文化事业和产业。要加快团属新闻出版网络影视事业的改革和发展，更好地发挥在服务大局、服务青年中的作用。

四是团结带领青年为促进人与自然协调发展做贡献。围绕国家生态环境建设，坚持群众性生态公益事业发展方向，以教育青少年、影响全社会为出发点，深入开展保护母亲河行动，扎实推进重点工程项目，大力培育生态文化，广泛开展生态体验，积极促进生态经济。要在青少年中大力倡导和树立生态文明意识和可持续发展意识，普及生态和环保知识，引导青少年从身边的小事做起，养成爱护生态环境的良好习惯，积极参与生态保护和建设。

五是团结带领青年为促进国内发展和对外开放做贡献。实施“引进来，走出去”战略，积极参与世界青年事务，不断深化与国际组织、与周边国家和其他友好国家和地区的双边、多边交流合作。把握人才国际化的发展机遇，大力开展引进国际智力、青年境外培训等活动，充分利用国内外资源培养青年人才。不断拓展在经济发展、环境保护、志愿服务、文化体育、信息技术、卫生健康等领域的国际间项目交流和合作，服务国内经济社会发展。积极鼓励和支持国内优秀青年参与国际竞争，帮助更多的企业到国际市场拓展事业。

完善社会主义市场经济体制，青年可以发挥作用的领域很多，共青团开展工作的舞台十分宽广。各级团组织要抓住人才培养这个中心环节，围绕发展这个党执政兴国的第一要务，大力开发青年人力资源，适应完善社会主义市场经济体制的需要，创新活动项目和工作机制，开辟更多的渠道，引导青年在促进社会主义物质文明、政治文明和精神文明协调发展中充分发挥作用，在促进经济社会全面进步和人的全面发展中充分发挥作用。

三、积极探索建立与完善社会主义市场经济体制相适应的团的组织体系和运行机制

完善社会主义市场经济体制对团的建设的各个方面都提出了新的要求，构建与社会主义市场经济相适应的团的组织体系和运行机制，是新形势下共青团面临的一项重要任务。各级团组织要坚持从实际出发，坚持党建带团建，以改革的精神加强和改进团的建设，不断提高团组织的自我完善和发展的能力，进一步增强团组织吸引力和凝聚力，使团组织在新形势下更好地服务大局服务青年。

要优化和完善团的组织体系。适应经济社会结构和青年群体分布的变化，巩固既有组织体系，大力推动团建创新，灵活设置基层团组织，构建联系青年的新型纽带，有效扩大团组织的覆盖面和影响力。重点加强高校、企业、乡镇、小城镇和社区团的建设。加强机关团的建设。加大非公有制经济组织和新型社会组织的团建力度。大力推进青年中心建设，逐步把青年中心建设成为充满生机和活力、具有强大服务功能的新型社区青年组织。广泛运用互联网等现代科技手段拓宽团组织和团员青年联系的渠道。

要探索建立充满活力、富有效能的团的运行机制。形成基层团建整体推进机制，努力增强基层活力。坚持和完善团内民主制度，增强团组织的内在活力。着力健全团的社会化工作机制，促进青年工作力量、工作资源、工作方式的社会化，实现工作品牌的运作项目化、事业化。在党的领导下，努力形成以团组织为核心，以青联、学联、少先队组织为骨干，以青年社团为延伸的青少年工作新格局。

要积极构建坚持以人为本、促进青年全面发展的服务工作体系。尊重青年的主体地位，紧紧围绕青年教育、青年参与、青年发展、青年事务、青年权益等具体内容大力推动服务青年的工作体系建设。积极协助政府做好青年事务，推动青年有效参与社会发展。抓好具体的服务项目，着力提高共青团服务青年的能力。抓好阵地建设，不断开辟青年就业服务中心、青少年素质拓展基地、社区青少年法律学校等新的服务阵地。强化服务手段，加强青少年信息网络体系建设，提高全团的信息化水平，更好地为青年服务。

团结带领广大团员青年在完善社会主义市场经济体制的历史进程中充分发挥生力军作用，是新世纪新阶段共青团的一项重大战略任务，是对各级团组织和广大团干部的新的重大考验和锻炼。广大团干部要自觉适应新的形势，牢记“两个务必”，忠诚党的事业，热爱团的岗位，竭诚服务青年，做党放心、青年满意的团干部，在完善社会主义市场经济体制的历史进程中创造新业绩，做出新贡献。

会议决定在年底前召开团的十五届二中全会，就贯彻党的十六届三中全会精神作出进一步部署。

会议号召，全国广大团员青年紧密团结在以胡锦涛同志为总书记的党中央周围，高举邓小平理论和“三个代表”重要思想的伟大旗帜，贯彻落实党的十六大精神和党的十六届三中全会精神，勤于学习，善于创造，甘于奉献，充分发挥生力军作用，为建成完善的社会主义市场经济体制、实现全面建设小康社会的宏伟目标不懈奋斗。

三、团中央全会

全面建设小康社会进程中共青团工作战略发展规划

共青团十五届二中全会通过，2003 年 12 月 26 日

共青团事业的发展正处在一个新的历史起点上。党的十六大站在时代和历史的高度，提出要紧紧抓住本世纪头 20 年这个重要战略机遇期，聚精会神搞建设，一心一意谋发展，全面建设惠及十几亿人口的更高水平的小康社会。党的十六届三中全会作出完善社会主义市场经济体制的战略部署，为全面建设小康社会提供强有力的体制保障。中国特色社会主义事业展现出勃勃生机和美好前景。

中国的发展与世界紧密相连。当今时代，世界多极化和经济全球化趋势在曲折中发展，科技进步日新月异，综合国力竞争日趋激烈，世界范围内各种思想文化相互交融激荡。更加开放的中国面临宝贵机遇和严峻挑战。

当代青年生逢其时。全面建设小康社会的宏伟事业，需要青年为之奋斗，也为青年提供了建功立业、施展才华的广阔舞台。在党的领导下，实现全面建设小康社会的奋斗目标，实现推进现代化建设、完成祖国统一、维护世界和平与促进共同发展这三大历史任务，在中国特色社会主义道路上实现中华民族的伟大复兴，是全国各族人民的共同理想，也是当代青年的历史使命和当代青年运动的主题。

在全面建设小康社会的新征程中，共青团要按照在工作思路上创新、在工作方式上创新、在自身建设上创新的要求，抓住机遇，继往开来，与时俱进，艰苦创业，奋发有为，不断开创工作新局面，谱写中国青年运动新篇章。

根据党的十六大精神，落实团十五大提出的主要任务，今后五年共青团工作发展的总体目标是：以邓小平理论和“三个代表”重要思想为指导，按照进一步加强青年思想教育、积极引导青年参与、努力促进青年发展、协助做好青年事务、加强青年组织建设的基本思路，引导青年勤于学习、善于创造、甘于奉献，在建设社会主义物质文明、政治文明和精神文明中发挥生力军作用，帮助青年成长为社会主义“四有”新人，团结带领青年在以胡锦涛同志为总书记的党中央领导下，为实现全面建设小康社会的宏伟目标而努力奋斗。

实现这样的总体目标，共青团必须坚定不移地贯彻党的基本理论、基本路线、基本纲领和基本经验。同时，必须解放思想，实事求是，与时俱进，努力贯彻以下指导原则。

——坚持党的领导，牢牢把握正确的政治方向，在思想上、政治上、行动上同党中央保持高度一致，坚决贯彻党中央的决策部署，带领广大青年坚定不移地走中国特色社会主义道路。

——坚持与国家经济和社会发展战略相一致，根据全党全国工作大局来谋划团的工作，找准定位，发挥优势，整体推进，重点突破，动员组织广大青年为改革发展稳定贡献力量。

——坚持与完善社会主义市场经济体制的进程相协调，把握科学发展观，建立健全与社会主义市场经济发展相适应的青年工作机制。

——坚持把竭诚服务青年作为全部工作的出发点和落脚点，尊重青年的主体地位，调动青年的积极性，帮助青年解决实际困难，把青年培育成为“四有”新人，把青年团结凝聚在党和政府的周围。

——坚持以改革的精神推进团的建设，研究新情况，解决新问题，创新基层团组织形式，构建联系青年的新型纽带，不断增强团组织的生机与活力，努力扩大团组织的覆盖面和影响力。

青年思想教育

加强青年思想政治工作，坚持对青年进行思想教育和正确引导，始终是共青团的首要任务。在全面建设小康社会的进程中，共青团要以理想信念教育为核心，在青年中深入开展马克思列宁主义、毛泽东思想、邓小平理论和“三个代表”重要思想的宣传教育，深入开展爱国主义教育和社会主义道德教育，引导青年牢固树立把我国建设成为富强民主文明的社会主义现代化国家，实现中华民族伟大复兴的远大理想，树立坚持党的基本理论、基本路线、基本纲领和基本经验不动摇，坚定不移走中国特色社会主义道路的信念，树立正确的世界观、人生观和价值观，把个人的理想与祖国的命运和人民的意愿紧密结合起来，以昂扬的姿态和饱满的热情投身全面建设小康社会的伟大实践，在与人民紧密结合、为祖国奉献青春的奋斗中更好地实现人生价值。

1.用“三个代表”重要思想构筑青年一代的强大精神支柱。加强青年思想教育，最根本的是要用“三个代表”重要思想武装全团、教育青年，教育引导青年沿着“三个代表”重要思想指引的方向健康成长。共青团必须从关系党和国家工作全局，关系中国特色社会主义事业长远发展，关系中华民族伟大复兴的战略高度，坚持不懈地用“三个代表”重要思想构筑青年一代的强大精神支柱。着重抓好团干部、青年学生和青年骨干的理论武装工作，带动广大团员青年的理论学习。建立健全理论学习领导责任制、中心组学习、干部脱产培训、学习考核等制度，形成扎实有效、常抓不懈的工作机制，把青年学习贯彻“三个代表”重要思想的新高潮不断引向深入。针对不同领域、不同行业、不同文化层次青年的特点，广泛开展“三个代表”重要思想宣传教育和学习贯彻活动。通过举办专题培训班、学习班、读书班等方式，加强团干部的理论学习和培训，使团干部成为持久学、深入学的表率，学以致用、学有所成的表率，成为“三个代表”重要思想的忠实实践者。坚持抓活动、抓实践、抓骨干、抓社团、抓网络的工作思路，进一步推动“三个代表”重要思想进课堂、进教材、进学生头脑，使“三个代表”重要思想成为青年学生健康成长的行动指南和积极进取、奋发有为的精神动力。组织引导各行各业的青年骨干结合思想和工作实际，不断加深对“三个代表”重要思想的理解，积极践行“三个代表”，为推动我国先进生产力和先进文化发展做出更大贡献。树立学习实践“三个代表”重要思想的青年典型，为青年树立可亲、可信、可敬、可学的榜样。充分发挥团属新闻舆论阵地的积极作用，针对青年学习贯彻“三个代表”重要思想中的热点、难点问题进行正确引导，营造浓郁的学习氛围。

2. 在青少年中弘扬和培育以爱国主义为核心的伟大民族精神。爱国主义是中国青年运动的旗帜。在青少年中大力弘扬和培育以爱国主义为核心的伟大民族精神，始终是青年思想教育工作的一项重要任务。要以重大活动、重大事件和重大节庆为契机，抓住青少年入学、入队、入团、入党、18 岁成年等时机，广泛开展各具特色的主题教育活动，营造弘扬和培育民族精神的浓郁氛围，引导青少年增强民族自豪感、自尊心、自信心，增强忧患意识和加快发展的紧迫感、责任心。发扬实践育人的传统，积极探索新载体，建设新阵地，把民族精神教育融入青少年的学习、工作和日常生活之中。教育引导青少年牢记创新是民族进步的灵魂和国家兴旺发达的不竭动力，勇于创新，善于创新，不断创新，努力走在全社会创新的前列。切实加强革命传统、基本国情和党的路线方针政策教育，广泛宣传革命先烈、民族英雄和仁人志士的崇高气节，使青少年从中受到熏陶，不断汲取前进的力量。加强国防教育，增强青少年的国防意识和国家安全意识。加强民主法制和维护社会稳定教育，充分发挥青少年在维护社会稳定中的作用。加强民族团结、国家统一教育，引导青少年同各种分裂祖国的言行作斗争。

3. 加强青少年思想道德建设。充分发挥青年引领社会风气之先的作用，引导青年努力做中华民族传统美德的传承者、体现时代进步要求的新道德规范的实践者、新型人际关系和良好社会风尚的倡导者，是青年思想教育的重要目标。深入贯彻《公民道德建设实施纲要》，以为人民服务为核心、集体主义为原则、诚实守信为重点，引导青少年自觉实践社会主义道德，养成与社会主义市场经济发展相适应的道德观念和行为规范，坚决抵制各种腐朽思想文化的侵蚀和影响。利用公民道德宣传日等时机，广泛开展社会公德、职业道德和家庭美德教育，引导青年在一点一滴、一言一行中修身立德。深化青年文明号活动，推行职业实践档案和信用公约，实施青年文明号信用建设示范行动，大力弘扬职业道德。推进希望工程，以没有实现两基目标的贫困县为重点资助区域，开展希望之星培养和希望小学援建等工作。深化手拉手活动，加强城市与农村、富裕地区与贫困地区、身体健康与有残疾的少年儿童手拉手结对工作。深化大中专学生“三下乡”活动，以宣传、实践党的十六大精神和“三个代表”重要思想为主线，引导青年学生在实践中成长成才。深化创建青年文明社区活动，扩大创建范围，向中小城市延伸，开展青年文明社区大家乐活动、社区信息化建设工作，建立青少年社区参与综合评价系统。加强对青少年的网络道德教育。

青年参与

青年是推动社会历史进步的一支伟大力量。当今时代，青年在推进经济社会发展中的现实作用更为显著，青年积极投身全面建设小康社会的伟大实践，能够为经济社会发展不断注入新的活力，是经济持续快速协调健康发展的社会全面进步的必然要求；能够为青年融入社会、建功立业提供有效途径，是青年全面发展的客观需要。

共青团要着眼党政工作大局，调动青年参与热情，拓宽青年参与渠道，提高青年参与能力，引导青年广泛参与全面建设小康社会的伟大实践。引导青年围绕发展这一我们党执政兴国的第一要务，积极投身经济建设和经济体制改革，在促进社会主义物质文明建设中发挥生力军和突击队作用。引导青年认识发展社会主义民主政治的根本要求，正确行使民主权利，积极参与基层民主实践，自觉遵守法律，学会依法办事，坚决维护社会稳定，在推进社会主义政治文明建设中发挥积极作用。引导青年坚持先进文化的前进方向,积极参与群众性精神文明创建活动,在建设社会主义文化中发挥开风气之先的作用。为此,着重推进以下重点工作。

(一)青年创业行动

艰苦磨炼人,创业造就人。全面建设小康社会是一个艰苦创业的过程。共青团要围绕经济建设和经济体制改革的战略部署,深化青年创业行动,引导广大青年弘扬新时期创业精神,增强创业意识,提高创业能力,参与创业实践,在艰苦创业中实现理想抱负、报效祖国人民。

——引导青年在全面繁荣农村经济、加快城镇化进程中增收成才。创建农产品标准化生产青年示范基地,组织青年率先实行标准化生产,优化品种结构,提高质量效益,推动传统农业向现代农业转变。支持青年发展农业产业化经营,培养大批青年经纪人,提高农村青年进入市场的组织化程度,有效开发农产品市场。引导青年更多地从事非农产业,积极有序地向城镇转移,在加快农村工业化和城镇化进程中发挥重要作用。发挥青年创业致富带头人的典型引路作用,带动农村青年更加有效地参与农业和农村经济发展。引导和支持青年企业家到国外从事农业开发。

——引导青年在经济结构战略性调整、促进企业改革发展中创业。从加强创业培训、开展创业见习、强化创业指导、培育创业意识、优化创业环境等方面入手,提高青年的创业素质,激发青年的创业热情。着眼于项目带动和项目引导,在充分发挥青年兴业领头人示范作用的基础上,鼓励青年到第三产业、劳动密集型产业和高新技术产业创业。通过建立青年创业基金、青年企业家帮扶等方式,扶持青年创办和领办股份合作制、合伙制、个体等不同经营方式和组织形式的企业。

——引导青年在西部大开发和振兴东北地区等老工业基地中艰苦创业。从科技培训、生产实践、创业扶持等方面入手,引导西部地区和老工业基地青年解放思想,苦干实干,建设家乡,为西部地区和老工业基地增强自我发展能力贡献智慧力量。深化"西部行"系列主题活动,动员东中部地区青年关注西部发展,参与西部开发,为西部地区提供信息、技术、人才、资金等方面的支持。引导青年在东北地区等老工业基地的振兴和发展中充分发挥作用。

——引导青年在国家重点工程建设中建功立业。动员青年积极参与三峡工程、青藏铁路、西气东输、西电东送、南水北调等国家重点工程建设。鼓励大中专毕业生到国家重点建设工程一线创业成才。充分发挥青年突击队等青年模范集体在重点工程建设中的示范带头作用。

(二)青年科技创新行动

发展的希望在创新,创新的希望在青年。当今时代,科技发展日新月异,青年在科技创新中的作用越来越突出。共青团要围绕实施科教兴国战略,深入实施青年科技创新行动,引导广大青年积极参与国家创新体系建设,勇攀科技高峰,促进科技成果向现实生产力转化。

——引导青年立足岗位创新创效。动员青年职工学习和运用新知识、新技能,推动企业开发新产品。组织青年职工参与企业技术创新、管理创新、营销创新和服务创新,促进企业调整结构,不断增强企业活力和市场竞争力。围绕创造效率、效果、效益,实施创新项目制,成立创新项目储备库,实施技能振兴计划,帮助青年职工增强创新意识和创新能力,参与企业创新实践。

——激励青年发明创造科技成果。鼓励青年科技工作者在关键领域和科技发展前沿创新。通过建设科技信息网、举办青年科技创新论坛等方式,为青年科技工作者交流研究成果、孕育创新思想、传播科技知识提供舞台。深入开展"挑战杯"全国大学生课外学术科技作品竞赛,引导更多的大学生提高创新能力,参与科技创新。

——引导青年促进科技成果推广应用。深化金桥计划，推动大专院校、科研院所与企业之间、东部与西部地区之间青年科技人才与项目的对接、科技成果供给与需求的对接，促进科研与产业紧密结合。发挥青年科技创新示范基地、高新技术园区的孵化器作用，促进科技成果商品化、产业化，加快向现实生产力转化。

——促进青年科技国际交流与合作。深化海外学人为国服务活动，组织引导海外留学人员以项目合作、技术服务和直接创办高新技术企业等多种方式为国内科技创新献计出力。

（三）保护母亲河行动

保护和改善生态环境，走可持续发展之路，是我国的一项基本国策。引导广大青年参与生态环境建设，既是发挥青年在保护生态环境中重要作用的有效途径，也是对青年进行生态环境教育的重要载体。共青团要围绕实施可持续发展战略，以深入开展保护母亲河行动为基本途径，组织青年积极参与生态保护和建设，保进人与自然和谐发展。

——培育生态文化。在青少年中普及生态和环保知识，传播环保理念，弘扬生态道德，促进青少年以至全社会提高生态环境意识，牢固树立人与自然和谐发展的生态文明理念。

——开展生态体验。引导青少年从自我做起，从小事做起，养成爱护生态环境的良好习惯。

——发展生态经济。动员青年参与国家重点生态工程建设，参与国家大型重点建设工程的环境保护，建好管好每一个保护母亲河工程项目。

——加强青少年环保国际合作。拓展中日青年生态绿化合作。深化“澜沧江——湄公河青年友好之船”活动。建好中埃青年友谊林。积极参与联合国系统和区域组织的青年环保交流活动。

（四）青年文化行动

文化塑造青年，青年创造文化。文化对青年思想观念、价值取向和行为方式的影响日益深刻。共青团要牢牢把握先进文化的前进方向，以弘扬和培育民族精神为主线，以文化育人为主题，大力发展健康有益、充满活力的青年文化，不断满足青年日益增长的精神文化需求，引导青年积极参与社会主义文化建设。

——营造积极向上的青年文化氛围。积极采取措施跟踪青年文化动态，研究青年文化时尚，关注青年文化热点，切实加强对青年文化的引导，引领青年文化发展潮流。充分发挥团属新闻出版、网络影视等阵地在青年文化建设中的重要作用，坚持正确的舆论导向，加大青年文化宣传力度。

——开展丰富多彩的青年文化活动。以富有时代特色的青年文化专题活动和节庆活动为牵动，广泛动员青年参与校园文化、社区文化、企业文化、乡村文化、打工文化和军营文化建设。开展青年网络文化活动，在青少年和全社会中倡导网络文明公约。把握重大节庆和重大事件契机，集中组织青年文化展示活动。

——创作推广青年文化精品力作。调动团内外各方面力量，创作、生产和推广优秀青年文化作品。在青年中宣传推广中华民族优秀文化精品和世界文化经典力作。开展青年文化精品展示展演等推广活动。组织共青团“五个一工程”等优秀青年文化作品评选。

——发现培养优秀青年文化人才。开展各种竞赛活动，建立选拔培养机制，促进优秀青年文化人才脱颖而出。充分发挥青年文化名人的社会影响和积极作用。积极为青年文化人才的成长发展铺路搭桥，多办实事。培育发展各类青少年文艺、体育活动兴趣小组和文化社团。

——发展壮大青年文化事业和文化产业。发展青年政治学院、团校和青少年报刊、出版、网络影视等团属青年文化事业。积极推进改革，增强团属青年文化产业的整体实力和市场竞争力。引导支持青年文化工作者在发展我国文化事业和文化产业中大显身手。

（五）青年志愿者行动

经济发展和社会进步呼唤志愿服务。志愿服务已成为全球性的共识，成为中国政府大力支持、社会广泛赞同、青年积极参与的自觉行动。青年志愿服务事业正蓬勃发展，面临难得的机遇。共青团要进一步弘扬“奉献、友爱、互助、进步”的志愿精神，大力推进青年志愿者行动，使之成为广大青年参与社会发展的新的动员组织方式，使志愿服务成为包括青年在内的全社会广泛参与的高尚事业。

——拓展志愿服务项目。广泛动员组织青年参与扶贫开发、环境保护、大型活动、抢险救灾等领域的志愿服务。大力推进大学生志愿服务西部计划、扶贫接力计划、保护母亲河绿色行动营计划和海外服务计划等重点志愿服务项目。根据经济社会发展的需要，进一步拓展志愿服务项目。

——做好经常性志愿服务工作。组织动员青年志愿者立足社区，通过“一助一”结对、包户帮扶等方式，为困难群众提供经常性的实际帮助。加强基层志愿者服务站建设，深入开展青年志愿者为老服务金晖行动、助残行动、筑城行动和大中专学生志愿者“四进社区”活动、中学生成人预备期志愿服务、少先队志愿辅导员社区服务等活动。

——建立健全工作机制。加强青年志愿者组织、招募、选派、培养、管理和评估等制度建设，不断探索和完善工作运行机制。普遍推行注册志愿者制度，形成规范的注册志愿者管理办法。建立健全社会化的筹资机制。积极推进志愿者工作的立法进程。

青年发展

坚持以人为本，促进人的全面发展，是完善社会主义市场经济体制、全面建设小康社会的一条重要原则。青年发展主要涉及青年的教育培训、劳动就业、身心健康、权益维护等领域。青年发展既是经济社会发展的产物，又是经济社会发展的重要目标。实现自身成长发展，是青年的强烈愿望和根本需求，也是青年参与经济社会生活、建功立业的基本前提。

竭诚服务青年，是共青团一切工作的出发点和落脚点。共青团要牢固确立以青年为本的观念，围绕青年发展的基本问题，把握青年发展的紧迫需求，加大服务力度，以培养“四有”新人为根本目标，着力实施青年人才开发、促进就业、优化发展环境和信息网络服务等重点项目，促进青年全面发展。

（一）青年人才开发计划

学习成才是青年成长发展的根基。人才资源是第一资源。紧紧围绕实施人才强国战略，抓住青年人才开发的关键环节，引导青年主动适应学习型社会的要求，勤于学习，勇于实践，奋发成才，培养造就规模宏大的青年人才大军。

——培养培训青年人才。开发青年人才，关键在于加强青年人才资源能力建设，切实培养青年的学习能力、实践能力、创新能力。深入开展青年职工、青年农民和进城务工青年培训，帮助青年提高职业技能和综合素质，为各行各业培养更多的岗位能手和行家里手。通过实施大中学生素质拓展计划，帮助大中学生全面提高素质，增强创业创新能力。通过读书计划、雏鹰奖章和济困助学等活动，培养青年人才后备军。

——举荐集聚青年人才。通过表彰举荐等方式广泛吸引集聚青年人才，是开发青年人才的重要途径和成功做法。大力宣传表彰五四青年奖章、杰出青年等各级各类青年成才典型，在全社会营造鼓励青年干事业、支持青年干成事业的良好氛围，激励更多的优秀青年人才脱颖而出。积极向组织人事部门和社会各个方面举荐优秀青年人才，为青年人才发挥作用、施展才华搭建舞台。发挥共青团和青联、学联、青年企业家协会、青年乡镇企业家协会、青年科技工作者协会、青年志愿者协会、青少年研究会、青少年法律研究会、青少年网络协会、青年中心等青年组织的作用，竭诚为青年人才的成长发展和生产生活提供服务，广泛吸引凝聚各行各业、各个层次的青年人才，不断增强青年人才的群体优势。

——配置用好青年人才。促进青年人才资源优化配置，推动青年人才各得其所、各展所长，是开发青年人才的根本目的。积极引导农村青年富余劳动力转移，大力推进大学生服务西部、服务基层和博士服务团等工作，促进城乡、东西部青年人才合理配置。引导扶持海外留学人员回国创业或以各种方式为祖国服务，积极推动国内青年人才"走出去"参与国际市场竞争，促进海内外青年人才合作交流。

（二）青年就业促进计划

就业是民生之本，是影响我国青年发展的重大现实问题。促进青年就业是共青团促进青年发展的一项长期而艰巨的任务。按照全国就业再就业工作统一部署，以市场需求为导向，以具体工作项目为牵动，大力组织开展青年就业培训、就业见习和就业中介等工作，帮助青年转变就业观念，提高就业能力，增加就业机会，引导青年自立自强、发展事业。

——开展就业培训。重点组织开展下岗失业青年就业培训和农村青年外出务工技能训练。把就业培训与市场需求相结合，大力发展"订单式"培训，突出抓好家政服务、初级护理、市场营销等市场需求量大的职业技能培训，切实提高青年的就业率。实施"青年职业资格证书培训工程"，把就业培训与考取职业资格证书相结合，参照职业资格证书要求制定培训标准，安排培训课程，突出培训重点，增强培训实效。把就业培训与观念引导相结合，引导青年采用更加灵活多样的方式就业，特别是到服务性行业、劳动密集型产业、中小企业、非公有制经济中就业。

——组织就业见习。以大学生为重点实施青年见习就业计划，推荐大学生、下岗失业青年等到企事业单位、政府部门进行短期见习就业，积累实际工作经历，增强求职就业能力。帮助青年实现阶段性临时就业。

——提供就业中介服务。遵循劳动力市场规律，以定向结对、提供岗位为主要手段，组织开展劳务输出，逐步扩大省际、省内和网上工岗快递的覆盖区域和参与群体，引导青年实现跨地区跨行业就业。借助各类劳务市场、人才市场和职业介绍所等社会中介服务机构，开展就业信息发布、职业指导、供需见面、劳务输出等工作，为青年就业提供便捷可信的中介服务。积极争取工商、税务、劳动保障等部门的支持，出台扶持青年就业再就业的实际措施。

——加强青年就业服务中心建设。以市场为导向，争取社会支持，建设更多的青年就业服务中心，逐步形成省（区、市）、地（市）、县三级青年就业服务网络。

（三）青年成长社区计划

城乡社区是广大青年学习、工作、生活的主要场所，良好的社区环境对促进青年发展至关重要。共青团要充分发挥自身优势，广泛整合社区各方面力量和资源，以社区为单元广泛组织开展促进青年身心健康、丰富青年闲暇生活、维护青年合法权益等工作，努力推动城乡社区营造更加有利于青年成长发展的良好环境，形成社区关心支持青年成长发展、青年积极融入社区生活的生动局面。

——促进青少年身心健康发展。青少年处在身心健康发展的关键时期，形成强健体魄和健康心理直接关系青少年的成长发展。推动建立健全社区青少年工作机制，形成促进青少年身心健康发展的合力。针对青少年成长发展过程中的心理问题，组织开展青春期心理卫生教育和心理咨询辅导等活动，帮助青少年养成积极向上的健康心理。围绕黄赌毒、性病艾滋病、非法网吧、意外伤害等严重危害青年身心健康的突出问题，组织开展"远离毒品"、

“青春红丝带”、“阳光网吧”、防灾避险教育等活动。

——丰富社区青年闲暇生活。丰富多彩、健康有益的社区闲暇生活，对于促进青年身心健康发展具有不可替代的重要作用。面向青年广泛组织开展社区文化体育活动，引导青年合理安排闲暇时间，积极从事看书学习、文体娱乐、社会交往等健康向上的闲暇生活。加强对社区青年时尚生活的引导，使青年在追求时尚、创造时尚的过程中引领健康文明的生活方式。

——维护青少年合法权益。配合有关部门实施好《未成年人保护法》和《预防未成年人犯罪法》，建立青少年维权中心，发动社区各方面力量为权益受到侵害的青少年提供法律援助和舆论支持。围绕青少年权益保护的重点领域和关键环节，在城乡社区开展“青少年维权岗在行动”活动，同侵害青少年合法权益的行为作斗争。实施青少年违法犯罪社区预防计划，加强社区闲散青少年教育管理，建立健全城乡社区组织体系和阵地网络，探索建立预防青少年违法犯罪的有效机制。开展自护教育，提高青少年自我保护的意识和能力。

(四)青年信息网络发展计划

信息网络的迅猛发展对青少年的学习、工作和生活已经和正在产生广泛而深刻的影响。必须紧紧抓住信息网络时代带来的宝贵机遇，主动应对信息化社会提出的严峻挑战，切实提高青少年信息网络工作水平，使信息网络在促进青年全面发展中发挥积极作用。

——健全青少年信息网络体系。积极发展青少年网站，努力构建以中青网为龙头，以各级各类青少年网站为骨干，广泛覆盖企业、农村、机关、学校、街道的青少年信息网络体系。建好农村青年信息网、青年创业网、打工青年发展网、保护母亲河网、青少年维权网、青年志愿服务网、雏鹰网等网站。巩固和发展“民族魂”、“血铸中华”等网上青少年爱国主义教育基地。建设短信服务平台。

——强化青少年信息网络服务。围绕青年成长发展的基本需求，大力开发网络信息，提供有效信息服务。针对青年学习需求，开设网上团校，建立网上书店，发行电子期刊。针对青年就业需求，开辟网上招聘会、网上工岗快递中心。针对青年社会交往需求，组建网上社区、网上俱乐部、网上联谊会等网上青年交流阵地。

——实施青年卡项目。青年卡是面向广大青年、以网络信息技术为基础的综合服务卡，以18岁至35岁城镇青年为主要服务对象，具有数据服务、青年特色服务、商务服务等基本信息网络功能，为青年学习、成才和创业提供优惠服务。

青年事务

青年事务是政府和社会组织围绕青年基本需求和生存发展状况，行使青年教育、管理、保护、发展等综合服务事项。全面推进青年事务，是促进青年广泛有效参与经济社会生活，不断实现自身全面发展的根本保证。

积极协助政府管理青年事务，是共青团组织的一项基本职能。共青团要积极推动我国不断健全完善青少年政策体系，建立健全青年事务决策和实施机制，把服务青年工作推向新的广度和深度。

1. 推动制定实施有关青年的法律和政策。青年政策是开展青年事务的基本依据。制定有关青年的法律和政策是青年事务的核心。推动有关青年的立法进程和青年政策的制定，为青年成长发展创造良好的法律政策环境，是共青团代表和维护青年具体利益的重要途径。增强参与立法的意识，针对青年群体的具体利益，积极向立法机关提出有关青年的立法建议，把青年的需求充分体现到有关法律法规之中。主动向政府反映青年的意愿和呼声，努力使青年学习、就业、维权等事务纳入国家和地方经济社会发展规划。大力宣传有关青年的法律和政策，配合有关部门检查、监督、评估有关青年的法律和政策的执行情况，促进法律政策的落实与完善。

2. 加强青年事务的管理。加强对青年社团的管理和指导，促进青年社团规范健康发展，发挥青年社团在服务青年中的积极作用。配合有关部门做好预防青少年违法犯罪工作，加强青少年法制教育，优化青少年成长环境。加强对青年外事工作的归口管理，广泛开展同世界各国青年的友好交流与合作，增进青年之间的友谊，推动国家关系的发展；促进青年对外交流，在对外交流、经贸合作、人才培养等方面为青年提供服务；加大力度引进国际资源，促进青年工作重点项目的国际合作；积极参与世界青年事务，展示中国青年和中国青年组织的良好形象。积极适应政府职能转变，主动承担更多的政府授权委托的青年事务。

3. 推动青年事务协调机制的建立。青年事务的开展涉及不同部门，建立青年事务协调机制，能够形成开展青年事务的合力，更好地促进青年成长发展。积极建立党委和政府领导、相关部门共同参与、团组织具体运作的青年事务协调机构。探索建立青年工作联席会议、青年工作委员会等青年事务协调机制。

4. 深化与政府部门间的项目合作。主动争取政府有关部门的重视和支持，加强与政府部门的沟通，积极拓宽合作领域，深化大学生志愿服务西部计划、预防青少年违法犯罪等合作项目，不断拓展新的合作项目，逐步形成由政府给项目、给支持，共青团承办落实的工作格局。

5. 加强青少年活动阵地建设。建好、用好各类青少年活动场所，是青年事务的重要内容。积极推动各级政府将青少年活动场所建设纳入经济和社会发展规划，切实加大建设力度。争取更大支持，建好用好青少年活动营地、青少年宫、素质拓展基地、社区青少年法律学校等各类活动场所。

6. 加强青年调查研究。大力组织开展青年研究工作，为开展青年事务、制定青年政策提供决策咨询和决策依据，是共青团组织的一项重要任务。积极扶持青年研究机构加强科研，推动青年研究工作者拓展研究领域，提高研究水平，着重针对重大青年问题进行理论思考，开展应用研究。紧扣时代发展脉搏，认真研究社会主义市场经济和"四个多样化"条件下我国青年和青年工作的发展变化，努力认识和把握新形势下青年工作的基本规律。加强青年研究的国际交流，借鉴国际上开展青年事务的成功经验和做法。制定青年研究规划，形成青年理论研究的有效机制。

青年组织

团结引导广大青年为实现全面建设小康社会的宏伟目标而奋斗，健全完善与社会主义市场经济体制相适应的青年组织体系是重要保证。必须坚持和巩固共青团在青年组织中的核心地位，努力构建以共青团组织为核心，青联、学联、少先队组织为骨干，城乡社区青年中心为基础，各类青年社团组织为外围的青少年组织体系，切实加强青年工作者队伍建设，最广泛地影响青年、覆盖青年，最有效地联系青年、服务青年，最大限度地把广大青年紧密团结凝聚在党的周围。

1. 以改革的精神加强和改进团的建设。坚持党建带团建，坚持以服务促建设、以服务求活跃，与时俱进，开拓创新，不断建立健全与社会主义市场经济发展相适应的共青团组织体系和运行机制。

——推动基层党建带团建。以落实"五带一优化"为重点，使团的建设纳入党的建设总体规划，做到一同研究、一同部署、一同考核、一同落实。在农村党建"三级联创"和城市创"五好"党组织活动中充分发挥团组织作用。建立健全党建带团建工作责任制度、联席会议制度、工作考核制度和团建工作情况通报制度，推动党建带团建工作机制的建立完善。

——推进基层团建创新。创新基层组织设置形式，突破单纯以单位为依托、完全与党政建制相对应的建团模式，积极探索联合建团、依托建团、社区建团、公寓建团等多种团组织设置形式。创新组织制度，建立健全基层团组织设置制度、县(市)及其以下团组织按期集中换届制度以及基层团的组织生活制度。创新团员管理方式，对团员实行多重组织覆盖，探索团组织与团员的新型组织联系方式，探索电子团员证，广泛运用互联网等现代科技手段联系团员。切实加强农村、国有企业、学校、城市社区等领域的基层团组织创新，加大非公有制经济组织和新型社会组织的建团力度。

——完善组织运行机制。深化创建"五四红旗团委"活动，建立健全县(市)团委、基层团委、团支部"三级联创"推进机制。坚持民主集中制，活跃团内民主生活，保障团员对团的工作和事务的知情权、参与权、建议权、监督权。基层团组织负责人可以采用不指定候选人、公开竞争的办法民主选举产生。加强与有关部门和机构的协作，推动工作力量、工作资源、工作方式的社会化，构建全社会共同关注青少年事业的运行机制。

——增强学习能力和服务能力。把学习制度化，使经常性学习成为团的组织生活的重要内容；加强团属院校等教育培训阵地建设，开展有针对性的各类培训；团的各级领导机关要努力建设成学习型机关。建立健全服务体系，增强团组织服务能力，找准服务青年的工作着力点，深化服务项目，改进服务方式，努力为青年办实事、解难事、做好事。

——加强团员队伍建设。努力建设一支先进性强、模范作用突出的团员队伍。广泛开展以学习实践"三个代表"重要思想为主要内容的团员先进性教育活动。做好经常性发展团员工作。加强流动团员管理。进一步加强推荐优秀团员做党的发展对象工作。切实做好服务团员的工作。

2. 大力推进城乡青年中心建设。大力发展以城乡基层团组织为核心的青年中心，是共青团在社会主义市场经济条件下推动团的工作发展和实现青年工作社会化的战略举措，是新形势下健全完善青年组织体系的基础工程。按照"联系青年、服务青年、凝聚青年"的工作理念，全面指导和推动城乡青年中心建设，把青年中心建设成为服务会员、服务社区的新型社区青年组织，成为联系青年的新型纽带。

——探索运行机制。围绕建立、运转、管理等环节，积极探索青年中心服务会员、服务社区的具体途径，以及共青团在青年中心中发挥核心作用的工作机制。推动青年中心逐步实现有一个组织、一个工作骨干、一个工作阵地、一个网络服务平台、一套服务项目、一个章程、一个形象设计的规范化建设目标。树立青年中心整体形象，传播青年中心文化，打造青年中心品牌。

——开发服务项目。以项目化运作方式，把共青团服务青年学习成才、创业就业、生活娱乐、身心发展、维护权益和组织青年服务社会等工作项目直接落实到基层，落实到青年。积极推动政府有关部门和社会力量以青年中心为中介和平台实施青年项目，为青年成长发展提供更多的实际帮助。

3. 加强青联、学联、少先队组织和青年社团建设。青联、学联和少先队组织是中国青年组织的骨干力量，青年社团是青年组织体系的重要组成部分。要充分发挥共青团组织在青联组织中的核心作用，对学联组织的指导作用和对少先队组织的领导作用。切实加强对各类青年社团组织的管理和指导。

——青联组织。推动青联组织用爱国主义和社会主义的旗帜更广泛地吸引和团结海内外各族各界中华青年。充分发挥青联组织人才荟萃、联系面广的优势，最大限度地吸引、凝聚各方面人才，为经济建设和社会发展服务。进一步加强与港澳青年组织的合作与交流，不断壮大爱国爱港爱澳青年力量。深化与台湾青年组织的交流，为早日实现祖国完全统一做贡献。

——学联组织。加强对学联组织的指导和帮助，增强学联组织的自我服务、自我管理、自我教育的能力。着眼新世纪对人才素质的要求，以大中学生素质拓展为重点，探索新的途径和项目，为青年学生的全面发展提供服务。

——少先队组织。按照"全团带队"的要求，进一步加强对少先队组织的领导，健全少先队的各级工作机构，加大培训力度，提高辅导员队伍工作能力，抓好团队衔接和推优入团工作，开展以体验教育为基本途径的各项活动，引导少年儿童自学、自理、自护、自强、自律。

——青年社团。按照"一手抓培育发展，一手抓监督管理"的原则，认真履行管理和指导青年社团的职责，促进各级各类青年社团规范健康发展。围绕青年多样化需求，针对不同青年群体，依照有关法律法规，培育和发展各类青年社团。加强对网络俱乐部、网友联谊会、网络社区等网上虚拟青年社团的跟踪研究和正确引导。

4. 加强青年工作者队伍建设。青年工作者队伍是中国青年组织发展壮大的根本力量和重要保证。要适应组织形式多样化和青年工作项目社会化运作的要求，积极吸纳各方面的力量参与青年工作，建设一支以专兼职团干部为骨干，数量多、能力强、素质高的青年工作者队伍。

——共青团干部。切实加强团干部队伍建设，以作风建设为重点，努力建设一支忠诚党的事业、热爱团的岗位、竭诚服务青年，党放心、青年满意的高素质团干部队伍。团干部要身体力行"三个代表"，牢记"两个务必"，自觉做到"八个坚持、八个反对"，始终保持蓬勃朝气、昂扬锐气、浩然正气。开展以学习贯彻"三个代表"重要思想为主要内容的大规模培训工作。深入实施"万名西部团干部培训工程"，开展新任职团干部培训工作。进一步推进完善团干部挂职锻炼交流制度，努力为团干部在职高学历教育创造条件。有计划地开展团干部出国(境)培训。协助党组织做好团干部选拔、配备、管理和使用工作。

——职业青少年工作者。以各类青少年工作、研究人员为重点，努力建设一支热爱青少年事业、拥有专门知识、社会工作能力较强的职业青少年工作者队伍。注重加强对各类青年社团专兼职工作人员的培训引导。

——青少年工作志愿者。丰富动员方式和手段，壮大从事青年工作的志愿者队伍。以大中专学生为主体，组织动员更多的志愿者到基层从事青少年工作。加强对青年志愿者队伍的管理，建立健全有关制度。动员热心青少年事业的社会各界人士以多种方式为青少年提供义务指导。

本规划是一个具有战略性、宏观指导性、开放性的工作规划，是今后五年推动共青团工作发展的重要文件。实施本规划是一个长期、动态的过程，各级团组织和广大团干部要始终保持奋发进取、求真务实、艰苦奋斗的工作状态，既继承传统，又力求创新，既全面推进，又突出重点，既形成合力，又区分层次，循序渐进，逐步实施。要积极争取党委政府的重视支持，广泛吸纳和运用社会资源。要运用项目化运作方式，着眼长远，立足当前，一个项目一个项目地落实，使工作不断积累不断前进。要充分发挥基层和青年的积极性、创造性，尊重基层的首创精神。要坚持一切从实际出发，出实招，办实事，求实效，力戒形式主义、短期行为，力戒急功近利、工作飘浮。只要全团统一思想，齐心协力，扎实工作，开拓创新，就一定能够实现本规划提出的各项任务，不断开创共青团工作新局面，为全面建设小康社会做出新的更大贡献。

四、组织

团中央机关职能部门和机关党委机构改革方案

2003年2月25日

根据《中共中央办公厅关于印发〈共青团中央机关机构改革方案〉的通知》和团中央书记处会议精神，团中央机关职能部门和机关党委机构改革方案确定如下：

一、办公厅

（一）主要工作任务

协调和承办团中央机关日常事务；负责团中央机关内外联系，转达和督办书记处交办事宜；负责团中央日常文书的处理；负责书记处会议和全团性大型会议及重大活动的会务、秘书工作；负责团中央有关文件、文稿的起草、修改和团中央文件的核稿、印发；围绕全团重要工作部署，组织调查研究，收集信息动态和编发内部简报；负责机关文秘文电、机要保密、来信来访、档案图书、安全保卫、值班接待工作；规划、协调和指导团内信息化建设；负责机关财务及职工福利；负责团中央机关和直属单位的资产管理和审计工作；对团中央直属单位进行相关业务指导。

（二）内设机构

内设9个处级机构：

1. 书记处办公室

负责团内外向团中央的请示、报告、问讯等事宜的转呈、催办和答复；转达和督办书记处交办事宜；负责书记处会议和书记处办公会议的会议记录，会议纪要的整理、发送；负责团中央各类上行文和平行文的核稿、编号和发送；编辑《共青团中央工作周报》；负责团中央印章、机要通讯设备的使用和管理；负责团中央机关总值班室的工作。

2. 秘书处（对外开展工作可使用"团中央信访办公室"名称）

负责机要件的收发、传递和管理；负责机关收发，机要传递和通信；负责团中央保密办的日常工作；负责来信来访的处理、接待和督办。

3. 综合处

围绕团中央总体工作部署就经济社会及青年方面的有关情况开展综合调研；起草团中央有关重要讲话和团中央有关重要文件；承担协调全团信息报送工作的任务；编发《中国青年动态》、《重要信息》、《信息专报》和《经济与社会动态》。

4. 调研处

承担全团重点工作调研和信息反馈的工作任务；起草团中央有关重要讲话和团中央有关重要文件；编制调研计划，承担协调全团调研工作、组织团内理论研究的工作任务；编发《全团要讯》。

5. 文书与档案处

负责团中央各类下行文的核稿、编号和印制；团中央各类文件、文稿、简报及文字材料的印制；团中央重要会议的文书工作；团中央机关档案的接收、鉴定、立卷、保管和使用；团中央机关、直属单位和全团重要及特殊档案的征集和管理；团中央档案信息化建设；《团的文件汇编》的编辑和发行；机关图书、报纸、杂志的订购、借阅和管理；承担指导团中央机关各部门和直属单位文书与档案工作的职责。

6. 信息与技术处

承担机关局域网、“中国共青团”网站建设和维护的工作任务；落实对团中央机关和直属单位网络宣传进行指导和管理的任务；参与规划、协调和推动全团信息化建设；负责团中央机关计算机信息保密工作；采购和维护团中央机关信息设备及耗材；负责团中央信息化工作领导小组办公室的日常工作。

7. 财务处

负责团中央机关和直属单位各项财政拨款、外汇的申请、领拨、核算和管理；团中央机关其他收入资金的收支、管理；研究提出团中央机关财务管理制度，指导、监督团中央直属单位财务工作；对团中央机关和直属单位财务人员进行业务培训及行业管理；办理团中央机关职工工作调动工资转移手续。

8. 资产管理与审计处

负责团中央机关和直属单位资产有关事项的审核、报批与管理工作；验审和汇总团中央直属单位年度会计决算报表；协调、指导和开展团中央机关、直属单位审计工作；研究提出团中央机关和直属单位资产管理与审计工作的规章制度；对团中央机关和直属单位资产管理人员、审计人员进行培训。

9. 保卫处

负责机关的安全保卫和传达室工作；负责机关消防、社会治安综合治理工作；负责机关集体户口的管理和有关证件的办理；管理机关非机动车辆；协调团中央重要会议和重大活动的安全保卫工作；负责团中央电视监控系统的使用和管理；指导团中央直属单位的安全保卫工作。

二、组织部

（一）主要工作任务

研究制定共青团组织、干部和团员队伍建设的政策、措施；指导共青团地方领导机关、基层组织、干部队伍和团员队伍建设；承担团中央书记处协助省级党委管理省级团委领导班子的有关工作；规划指导团的干部院校建设和团干部的教育培训，指导中国青年工作院校协会的工作；负责团中央机关和直属单位的机构编制、干部人事、工资、职称、离退休等项工作。

（二）内设机构

内设5个处级机构：

1. 干部一处

承办团中央机关的调配、任免、考核、劳动工资、干部培训、人事档案管理等干部人事工作；承办团中央直属单位领导班子配备、考核和中层干部审核备案工作；负责团中央机关和直属单位的机构编制、出国政审、职称评审和专家管理工作；研究提出团中央机关和直属单位干部人事工作规章制度，指导团中央直属单位的干部人事工作。

2. 干部二处

研究提出团的干部工作的各项制度；承担指导团干部队伍建设工作的任务；落实协助省级党委管理省级团的领导班子的工作任务；承担指导团的各级组织机构设置与配备和团的各级地方领导机关参照《国家公务员暂行条例》管理的工作；研究提出团的选举规则，指导团的各级组织做好团的选举工作。

3. 组织处

研究提出有关团的组织建设的规章制度；承担指导和综合协调各条战线团的组织建设的任务；研究提出团的组织发展方针和规划，指导团员发展和团员教育管理工作；负责“中国青年五四奖章”评选表彰工作；负责接待团员青年有关团的组织建设的来信来访；负责团费收缴、管理和团的组织统计工作。

4. 干部教育处

研究提出团干部教育培训规划；承担指导全国青年工作院校（团校）建设的任务；落实中国青年政治学院教育业务管理的任务；负责中

国青年工作院校协会秘书处的日常工作。

5. 离退休干部处

研究提出团中央机关和直属单位离退休工作的各项规章制度；负责团中央机关离退休工作；指导团中央直属单位的离退休工作。

三、宣传部

（一）主要工作任务

研究分析团员青年思想状况，提出各个时期进行团的思想政治工作的意见，组织开展团的思想政治教育活动；指导团员青年理论学习，提供和编写青年教育读物；指导、协调和推动团的理论研究；指导青少年活动阵地建设；指导开展健康有益的青少年文化、体育活动；管理全国青少年活动阵地和青少年教育基地；管理青少年报刊和出版工作；指导全国青少年宫协会和中国青年报刊协会的工作；负责团中央的新闻宣传工作，抓好团的宣传队伍建设。

（二）内设机构

内设4个处级机构：

1. 思想教育处

承担协调、指导团的思想政治教育工作的任务；组织开展青少年思想教育活动；承办树立、宣传和表彰青年先进典型的具体工作；落实全国青少年教育基地建设和管理的工作任务。

2. 新闻报刊处

承担策划、协调、组织团的重点宣传报道的工作任务；对团中央所属新闻、出版单位进行业务管理；审读青年报刊；负责中国青年报刊协会的日常工作。

3. 理论宣传处

承担指导并组织团员青年开展理论学习活动的工作任务；开展党的路线、方针和政策的学习、教育工作；研究提出和实施青少年和青少年工作研究规划；组织培训共青团理论学习骨干。

4. 文体处

指导并组织开展健康有益的青少年文化、体育活动；承担全国青少年文化活动阵地建设和管理的工作；负责全国青少年宫协会的日常工作。

四、青工部

（一）主要工作任务

研究、指导企业团的工作，围绕企业改革发展和青年成长成才开展活动；研究、指导机关事业单位团的工作，促进机关事业单位青年成长成才；研究、指导中国青年企业家协会的工作，推动青年企业家成长；联系指导铁道、民航、中直机关、国家机关、金融系统、中央企业团的工作和青年工作；负责青工战线先进青年人物、先进青年集体的评选表彰和管理工作；指导城市企业、机关事业单位和有关新型社会组织团的基层建设。

（二）内设机构

内设3个处级机构：

1. 企业处

承担指导企业团的工作和青工工作的任务；研究、掌握企业改革、发展过程中团员青年的思想特点和规律，为团员青年成长成才提供服务；联系铁道、民航、金融系统、中央企业团的工作和青年工作；指导企业青年文化建设；指导企业团的基层建设。

2. 机关事业处

承担指导机关事业单位团的工作和青年工作的任务；联系中直机关、中央国家机关团的工作和青年工作；组织动员机关事业单位开展职业文明、思想教育、文化建设等活动；指导机关事业单位团的基层建设。

3. 青年企业家工作处（对外开展工作可使用“青年企业家协会办公室”名称）

承担青年企业家的培训、表彰和宣传的工作任务，为青年企业家成长成才和事业发展提供服务；组织动员青年企业家服务改革发展大局，服务经济建设；推动会员企业开展合作和交流；指导各地青年企业家协会的工作。

五、青农部

（一）主要工作任务

研究、指导农村、林区、牧区、国营农场、林场和乡镇企业团的工作；协调、指导青少年生态环境保护工作；组织农村青年围绕经济建设开展活动、学习科学文化知识、进行实用技术培训，培养农村青年致富人才，推动农村经济发展和社会进步；指导中国青年乡镇企业家协会的工作；指导农村团的基层建设。

（二）内设机构

内设3个处级机构：

1. 农业处

提出并落实农村（含国营农场）团的工作的意见，承担指导农村团的工作的任务；组织开展对农村青年及团的工作的调查研究；指导农村团的基层建设。

2. 林牧处

提出并落实林、牧区（含国营林、牧场）团的工作意见，承担指导林、牧区团的工作的任务；落实协调、指导青少年生态环境保护的工作任务；开展对林、牧区青年及团的工作有关情况的调查研究；指导林、牧区团的基层建设。

3. 乡镇企业处（对外开展工作可使用“乡镇企业家协会秘书处”名称）

提出并落实乡镇企业、城市郊区及小城镇团的工作意见，承担指导乡镇企业、城市郊区及小城镇团的工作的任务；开展对乡镇企业、城市郊区及小城镇团的工作的调查研究；指导乡镇企业、城市郊区及小城镇团的基层建设；负责中国青年乡镇企业家协会的日常工作。

六、学校部

（一）主要工作任务

研究指导大、中专院校和中学团的工作；了解掌握青年学生的思想动态，贯彻党的教育方针，开展团的各项活动；指导大、中学生开展社会实践、勤工助学和课外科技、文化活动，做好大学生素质拓展工作；负责全国学联的日常事务，参与外事工作中的接待、派遣工作；指导学校团的基层建设。

（二）内设机构

内设3个处级机构：

1. 大学处

承担规划和指导高等院校共青团工作和团的思想政治教育工作的任务；组织开展高等院校的社会实践活动和志愿服务活动；做好大学生素质拓展工作；进行高校学生思想状况调查；指导高校团委开展课外培训；承办全国高校优秀学生和先进集体典型的评选、表彰工作；指导高校团的基层建设。

2. 中学中专处

承担规划和指导中等学校的共青团工作和研究指导中学生思想政治工作的任务；组织开展中学生公民道德教育和实践活动；指导中学生团校建设工作，协助做好团队衔接工作；开展中学生志愿服务活动；组织中等学校开展专项技能竞赛活动；指导中学团的基层建设。

3. 全国学联办公室

负责全国学联秘书处的日常工作；组织开展高等院校的课外学术科技和校园文化活动；组织实施全国大学生“挑战杯”系列竞赛活动；承办全国学联对外交流事务；负责全国大学生的济困助学工作。

七、少年部

（一）主要工作任务

研究、指导全国少先队工作；负责全国少工委的日常事务；研究并组织开展少年儿童的思想道德教育及科学文化、游戏娱乐、军事体育等多种教育活动；维护少年儿童合法权益；指导少先队校外阵地建设，指导少年宫（家）开展活动；负责少先队宣传工作，对全国少先队报刊进行管理和指导；研究制定少先队辅导员队伍建设的政策、措施；指导少先队地方工作委员会、基层组织、干部队伍和队员队伍建设。

（二）内设机构

内设3个处级机构：

1. 宣传教育处

研究分析少年儿童的状况，组织开展少先队的教育活动；负责少先队工作的宣传报道，指导少先队宣传队伍建设；负责全国少工委办公室的文秘工作；联系少年儿童报刊工作者协会，履行指导少先队报刊业务工作的职能。

2. 组织培训处

研究提出少先队组织、干部队伍和辅导员队伍建设的政策、措施；培训、表彰辅导员；组织开展少先队理论研究；负责中国少先队工作学会秘书处的日常工作；负责少先队的组织统计工作。

3. 校外教育处

承担研究、指导少先队组织开展校外教育活动的任务；研究校外教育工作理论，指导校外阵地建设；联系校外教育机构，负责中国教育学会少年儿童校外教育专业委员会秘书处的工作；维护少年儿童的合法权益；指导社区少先队组织的工作；承办少先队国际交流和与港澳台地区少年儿童组织的交流事务。

八、统战部

（一）主要工作任务

研究、指导青年统战工作；负责全国青联秘书处的工作；研究、指导并开展民族地区青年工作；在青年知识分子、民族地区青年和信教青年、非公有制经济领域青年、出国和归国青年留学人员等各族各界青年代表人士中开展交流和联谊工作；开展对港澳台地区青年和海外青年侨胞的统战工作；履行归口管理全国性青年社团的职能；负责中国青年科技工作者协会的日常事务；协调、指导青年科技工作者开展科技工作。

（二）内设机构

内设5个处级机构：

1. 青联办公室

负责全国青联秘书处的日常工作；指导地方和行业青联的工作；组织全国青联委员开展各类活动；负责“中国十大杰出青年”评选、表彰的具体工作；负责联系民主党派青年和无党派青年代表人士；开展青联工作理论研究；编辑《全国青联通讯》。

2. 社团和民族宗教工作处

承担管理、指导全国性青年社团的工作任务；承担研究、指导民族地区青年工作的任务；联系宗教界青年、民族地区青年、少数民族青年、信教青年代表人士；表彰各族青年团结进步的先进典型；开展青年统战政策、青年社团工作理论研究；培训青年统战系统干部。

3. 港澳台工作处

承担归口管理团中央机关、直属单位和全国性青少年团体对港澳台地区青少年的交流工作的任务；了解、掌握地方各级共青团、青联组织对港澳台地区青少年交流工作的情况，开展对港澳台地区青少年的交流工作；开展对港澳台地区青少年社团动向的调查研究。

4. 科技工作处

联系青年科技工作者，帮助青年科技工作者开展科技工作，促进科技成果转化；评选、表彰和宣传青年科技工作者先进典型；组织开展青年科技教育、宣传、培训、交流等工作；负责中国青年科技工作者协会秘书处的日常工作。

5. 海外学人工作处

在青年留学人员及海外青年侨胞中开展交流联谊工作；为海外留学人员回国创业提供服务；推动和帮助海外留学人员以多种方式为国服务；评选、表彰和宣传海外留学人员回国创业典型。

九、社区和维护青少年权益部

（一）主要工作任务

研究有关青少年发展问题，参与制定保护青少年健康成长的法律、法规；参与处理侵害青少年权益的重大案件；维护青少年合法权益，为青少年健康成长提供服务；会同有关部门做好未成年人保护工作，构建青少年维权工作体系；协调、指导社区团的工作和青年工作，指导社区团的基层建设；负责中央综治委预防青少年违法犯罪工作领导小组办公室的日常工作。

（二）内设机构

内设3个处级机构：

1. 法制工作处

会同有关部门参与青少年立法、执法、法律监督、法制宣传和法制研究的有关工作；在青少年中开展法制教育、预防犯罪和社会治安综合治理等工作；落实为进城务工青年服务的工作任务。

2. 维权工作处

组织开展未成年人保护活动，落实构建青少年维权体系的工作任务；参与处理侵害青少年权益的重大案件，维护青少年合法权益。

3. 社区工作处

研究提出开展社区团的工作的意见，承担指导社区团的工作的任务；指导社区青少年开展健康有益的活动，落实构建社区青少年服务体系的工作任务；指导社区团的基层建设。

十、国际联络部

（一）主要工作任务

履行归口管理全国青少年、学生外事工作的职责；履行代表中国共青团和各青年、学生组织与各国青年、学生组织和政府及议会青年机构建立联系、开展交流活动的职责；履行归口管理青年组织、团体同国外社会、经济、文化等各方面的务实合作和涉外事宜的职责；协调和指导省、自治区、直辖市青少年组织的国际交往；负责制定有关青少年、学生对外交往的规划和规章制度；负责同国际性、区域性青年学生组织及联合国系统青年机构的联络交流与合作工作；归口管理团中央机关和直属单位引进国外智力工作；指导地方青年外事工作；负责青年工作的对外宣传；负责调查研究国外青年状况、青年组织机构、青年政策和青年工作及国际青年事务的状况。

（二）内设机构

内设6个处级机构：

1. 办公室

负责办理国际联络部的日常事务，协调部内业务工作；负责文秘、接待、签证、护照、综合协调等工作；承担归口管理团中央机关和直属单位外事工作的任务；落实青年工作对外宣传的工作任务；负责协调对国外青年状况、青年工作、青年组织和青年机构的调查研究、信息收集和咨询工作；负责《中国青年外事》、《全国青联通讯（英文版）》的编印工作。

2. 一处

承担同日本、朝鲜、韩国、蒙古等东北亚各国青年交流的工作任务。负责对该地区和国家的青年状况、青年组织机构的调查研究、信息收集工作，及时反映该地区国家青年的有关情况及发展动向，并提出交往建议；负责处理与该地区国家青年组织的信电往来；负责该地区国家进出国团组的联络、请示、接待和简报工作；负责出访该地区国家团组的联络、组织、派遣等工作。

3. 二处

承担同东南亚、非洲、大洋洲和拉丁美洲国家青年交流的工作任务。负责对该地区和国家的青年状况、青年组织机构的调查研究、信息收集工作，及时反映该地区国家青年的有关情况及发展动向，并提出交往建议；负责处理与该地区国家青年组织的信电往来；负责该地区国家进出国团组的联络、请示、接待和简报工作；负责出访该地区国家团组的联络、组织、派遣等工作。

4. 三处

承担同欧洲、北美及中亚各国青年交流的工作任务。负责对该地区和国家的青年状况、青年组织机构的调查研究、信息收集工作，及时反映该地区国家青年的有关情况及发展动向，并提出交往建议；负责处理与该地区国家青年组织的信电往来；负责该地区国家进出国团组的联络、请示、接待和简报工作；负责出访该地区国家团组的联络、组织、派遣等工作。

5. 四处

承担同联合国系统各机构的交流与合作的工作任务；承担同国际性、区域性青年组织、机构的交流与合作的工作任务；承办有关国际性、区域性的国际会议和多边活动的事宜。

6. 项目合作处

承担归口管理青少年外事工作中对外项目合作的工作任务；落实对外项目合作的调研规划、组织实施、评估验收、宣传、协调工作；落实对外合作项目所需资金的筹措、监管、使用工作。

十一、机关党委

（一）主要工作任务

负责团中央机关和直属单位党的建设、纪律检查工作和精神文明建设；协同团中央机关有关部门抓好机关的内部建设；领导团中央直属机关工会、共青团和其他群众团体的工作。

（二）内设机构

内设5个处级机构：

1. 党委办公室

宣传党的路线、方针、政策；组织、安排直属机关党员的理论学习；落实党员发展、教育、管理和监督的工作任务；负责党费的收缴和管理，培训和管理党务干部；在党员职工中开展思想政治工作；参与机关干部考核工作，参与机关内部管理工作。

2. 纪委办公室

负责团中央直属机关党的纪律检查的日常工作；贯彻落实团中央直属机关党委、纪委关于党内廉政建设和反腐败工作的各项决定；开展党风、党纪的宣传和教育；接待和处理来信来访，查办案件；负责纪检干部的培训。

3. 文明办

负责贯彻落实中直文明委和团中央直属机关文明委部署的工作任务；研究提出团中央直属机关精神文明建设工作的意见；承担协调、指导团中央直属机关的精神文明建设工作的任务；负责团中央直属机关文明委的日常事务。

4. 工会办公室

负责团中央机关工会的日常工作，承担指导直属单位工会工作的任务；代表和维护职工的合法权益，关心职工生活；组织职工开展文化体育活动；负责工会经费的收缴、管理和使用。

5. 团委

负责团中央机关团的工作，指导直属单位团的工作；负责团中央直属机关团员青年理论学习和思想教育工作；围绕团中央直属机关中心工作和青年需求开展活动；负责团中央直属机关团组织建设和团务工作。

共青团中央办公厅关于2002年全国发展团员工作情况的通报

2003年7月7日

共青团各省、自治区、直辖市委，军委总政治部组织部，全国铁道团委，全国民航团委，中直机关团工委，中央国家机关团工委，中央金融团工委，中央企业团工委：

2002年团的组织统计工作已经结束，现将全国2002年发展团员工作情况通报如下。

一、团员队伍情况

2002年全国发展团员987.6万名，比2001年减少25.6万名。截至2002年底，全国共有团员6986万名，比2001年增加145万名。按照国家统计局提供的青年数计算，全国团青比例为22.6%，比2001年上升0.5个百分点。

2002年全国农村发展团员253.8万名，团员数量为2188.6万名，比2001年减少约27万名；全国农村团青比例为13.9%，比2001年上升0.1个百分点。

2002年大中学校发展团员603.2万名，比2001年增加1.5万名；全国学生团员数量达3122.6万名，比2001年增加115万名，团青比例为48.3%。其中，大专院校学生团员总数为661.6万名，比2001年增加107.4万名，团青比例为82.4%，比2001年下降5.8个百分点；中等专业学校的团青比例为66.5%，比2001年下降1.1个百分点；职业高中的团青比例为58.2%，比2001年下降2.7个百分点；普通高中的团青比例为63.4%，比2001年上升2.5个百分点；初中的团青比例31.3%，比2001年下降0.9个百分点。

2002年，全国团员行业构成基本稳定。其中，全国农村团员占全国团员总数的比例为31.3%，比2001年下降1个百分点；全国学生团员占全国团员总数的比例为44.7%，比2001年上升0.7个百分点。

2002年，全国非农产业从业团员总数为2021.1万名。其中，在国有经济组织中从业的团员为1379万名，占68.2%，比2001年下降3.3个百分点；在集体经济组织中从业的为297万名，占14.7%，比2001年下降0.5个百分点；在私营经济组织中从业的为251.7万名，占12.5%，比2001年上升3个百分点；在外商经济组织中从业的为60.3万名，占2.9%，比2001年上升0.6个百分点；在港澳台经济组织中从业的为31万名，占1.5%，比2001年上升0.5个百分点。

2002年，全国共有24个省级团委发展团员数量多于2001年。其中，西藏、新疆、海南、中央直属机关增长10%以上；山西、浙江、江西、广西、云南、青海、宁夏、解放军、中央国家机关比2001年增长3%以上；天津、江苏、安徽、福建、山东、河南、湖北、湖南、四川、甘肃、铁道都有所增长。

2002年，全国共有24个省级团委团员总数呈现增长。其中，北京、山西、浙江、河南、云南、西藏、青海、宁夏比2001年增长5%以上；内蒙古、黑龙江、上海、福建、江西、广西比2001年增长1%以上；天津、河北、辽宁、江苏、安徽、山东、湖南、海南、重庆、解放军都有所增长。

二、发展团员工作中存在的问题

2002年团的组织统计情况表明，全国发展团员工作基本保持稳定。经测算，团员流失数量比2001年减少约100万名，团员超龄离团数量比2001年减少约30万名，团员总数增加，同时，主要存在以下几个问题。

1.农村团青比例偏低。据统计，全国农村团青比例为13.9%，行政村中的团青比例仅为12.8%。

2.第二产业和部分第三产业发展新团员数量减少。2002年，全国发展新团员数几年来首次下降，第二产业发展新团员数量整体下降11.1%，第三产业中交通运输、仓储及邮电通信业下降55%，应引起各级团组织高度重视。

3.团组织在流动团员中覆盖不够。据统计，2002年全国流入各地团组织的团员为327万名，流出各地团组织的团员为530万名。这表明近一半流出团员没有被流入地团组织覆盖，从而造成团员流失。

三、继续做好发展团员工作的要求

1.坚持不懈地抓好发展团员工作，保持团员总数基本稳定。发展团员工作是一项重要的基础性工作，各级团组织要始终把发展团员工作摆在加强团的建设的重要位置，常抓不懈。要以“三个代表”重要思想为指导，坚持党建带团建，不断深化创建“五四红旗团委”活动，加强基层团组织建设，增强团组织活力，更好的吸引和凝聚青年。要以深入学习贯彻“三个代表”重要思想为主要内容，采取切实措施，增强团员先进性和对团组织的归属感，把符合团员条件的青年源源不断地吸收到团组织中来。

2. 切实加强农村团员队伍建设。要按照“强乡带村”的思路，加强乡镇团组织建设，带动农村各类团支部活跃，要重视小城镇团组织建设，依托行业建团和乡镇企业团组织，更好地吸收和凝聚团员青年。要把行政村中的团员管理作为重点来抓，认真做好学校毕业生团组织关系转接和外出务工团员组织关系管理，减少团员流失。

3. 进一步加强社区和非公有制经济组织的团员管理工作。各地要加强流动团员集中的社区和非公有制经济组织团的工作，按照“流入地为主，流出地为辅”的原则，及时了解流入团员情况，主动做好组织关系转接和身份确认工作。要针对流动团员的实际情况开展工作，鼓励流动团员就近就便参加团的活动。要采取联合建团、行业建团、公寓建团等多种形式，切实加强社区和非公有制经济组织团的建设，不断扩大团组织对团员的有效组织覆盖。

共青团中央办公厅关于团中央青年志愿者行动指导中心同时以“团中央青年志愿者工作部”的名义开展工作的通知

2003年10月16日

共青团各省、自治区、直辖市委，军委总政治部组织部，全国铁道团委，全国民航团委，中直机关团工委，中央国家机关团工委，中央金融团工委，中央企业团工委：

中国青年志愿者行动是共青团组织在改革开放和社会主义市场经济条件下，服务大局、服务社会、服务青年的重要动员方式和工作手段。实施十年来，在弘扬“奉献、友爱、互助、进步”的志愿精神、锻炼教育青年、促进经济发展和社会进步等方面发挥了积极作用，产生了广泛的影响，成为全团的重点工作和品牌项目。团中央青年志愿者行动指导中心充分发挥全团青年志愿者工作的规划、协调和指导职能，在指导和组织开展青年志愿服务，推动青年志愿者事业发展等方面做了大量卓有成效的工作。团中央青年志愿者行动指导中心今年具体实施政府委托的长期工作项目“大学生志愿服务西部计划”，起步顺利，取得明显成效，这个项目的实施为志愿服务事业提供了广阔的空间，也对青年志愿者行动的组织、指导、管理等工作提出了新的更高的要求。

为适应新形势新任务的要求，进一步加强对全国青年志愿者行动的指导、协调和管理，整合团内外资源，推动全国青年志愿者工作不断向前发展，团中央书记处研究决定，团中央青年志愿者行动指导中心同时以“团中央青年志愿者工作部”的名义开展工作；团中央青年志愿者行动指导中心主任、副主任同时为团中央青年志愿者工作部部长、副部长。

共青团中央办公厅关于成立团中央青运史档案馆的通知

2003 年 11 月 27 日

共青团各省、自治区、直辖市委，军委总政治部组织部，全国铁道团委，全国民航团委，中直机关团工委，中央国家机关团工委，中央金融团工委，中央企业团工委：

为进一步做好青运史研究工作，更好地为共青团工作和青年工作服务，团中央书记处研究决定，成立团中央青运史档案馆，设在中国青少年研究中心。

团中央青运史档案馆的主要职能和任务是：负责征集、保管、整理青运史档案资料；协调、指导和开展青运史档案资料的编辑、研究和利用工作；负责借阅、参观青运史资料的安排接待等工作；承办团中央交办的其他事项。

五、宣传

共青团中央关于开展学习郑培民同志活动的通知

2003 年 4 月 4 日

共青团各省、自治区、直辖市委，军委总政治部组织部，全国铁道团委，全国民航团委，中直机关团工委，中央国家机关团工委，中央金融团工委，中央企业团工委：

中共中央总书记胡锦涛今年 3 月 11 日就深入学习郑培民先进事迹作出重要批示，要求全党同志特别是领导干部都要向郑培民同志学习。中共中央组织部、中共中央宣传部发出通知，决定在全体党员干部特别是领导干部中广泛开展学习郑培民同志先进事迹的活动。为贯彻落实胡锦涛总书记的重要批示精神，按照中组部、中宣部下发的关于开展学习郑培民同志活动的通知要求，共青团中央决定在全团特别是广大团干部中广泛开展学习郑培民同志活动。

郑培民同志生前曾任中共湖南省委副书记，省人大常委会党组副书记、副主任。他在担任领导职务的近 20 年里，身居领导岗位，心系人民群众，始终把“做官先做人，万事民为先”作为自己的行为准则，廉洁从政，艰苦奋斗，尽职尽责，鞠躬尽瘁，真心诚意地为人民谋利益，以自己的模范行为和崇高品德，赢得了广大群众的衷心赞誉。郑培民同志的先进事迹集中体现了当代共产党人的精神风貌，是新时期领导干部的优秀代表，是广大共青团员和团干部学习的榜样。

在全团特别是广大团干部中扎实开展向郑培民同志学习的活动，对于加强共青团的思想、组织和作风建设，培养和造就一支党放心、青年满意的团干部队伍；对于推动团员青年深入学习“三个代表”重要思想活动，进一步兴起学习实践“三个代表”重要思想的新高潮，都具有十分重要的意义。

共青团员特别是广大团干部一定要认真学习领会胡锦涛总书记的重要批示和中组部、中宣部的通知精神，紧密联系思想实际和工作实际，积极投身学习郑培民同志活动。要努力学习郑培民同志坚定理想信念，时刻不忘以共产党员的党性要求规范自己行为的崇高品格，坚定不移地跟党走中国特色社会主义的道路，忠实实践“三个代表”重要思想；学习他心系群众，把全心全意为人民服务作为人生最高追求的公仆情怀，竭诚为青年服务；学习他奋发有为、扎实工作、艰苦奋斗的革命精神，始终保持朝气蓬勃、求真务实、与时俱进、开拓进取的精神状态；学习他始终保持共产党人一身正气、两袖清风、谦虚谨慎、克己奉公的高尚情操，自觉做青年的表率；学习他顾全大局、公道正派，以坚强的党性、优良的作风认真履行所承担职责的模范行为，努力为党做好新形势下的青年工作。

各级团组织要把开展向郑培民同志学习的活动作为加强和改进团的思想作风建设的一项重要内容，结合学习贯彻“三个代表”重要思想和十六大精神，精心部署和实施。要充分发挥团属新闻出版阵地的作用，大力宣传郑培民同志的模范事迹。要组织开展生动活泼的学习活动，务求学习实效。通过开展学习活动，进一步推动各级团组织和团干部密切联系青年，竭诚服务青年，引导和帮助广大团员青年树立正确的世界观、人生观和价值观，进一步在全团兴起学习实践“三个代表”重要思想的新高潮。

广大团干部要认真学习郑培民同志的先进事迹，以郑培民同志为榜样对照检查自己，找出差距，明确今后的努力方向。要像郑培民同志那样，始终坚持全心全意为人民服务的根本宗旨，始终做到“两个务必”，自觉实践“三个代表”重要思想，严以律己，率先垂范。要深入青年，了解青年，心中始终装着青年，想青年之所想，急青年之所急，做青年的贴心人，满腔热情地为青年服务。要脚踏实地，开拓进取，真抓实干，艰苦奋斗，努力做好新形势下的青年群众工作，进一步巩固党的青年群众基础，团结带领广大团员青年为实现全面建设小康社会的宏伟目标而奋斗。

共青团中央、教育部、财政部、人事部关于实施大学生志愿服务西部计划的通知

2003年6月8日

各省、自治区、直辖市团委、教育厅（教委）、财政厅（局）、人事厅（局）：

根据国务院常务会议、《国务院办公厅关于做好2003年普通高等学校毕业生就业工作的通知》（国办发〔2003〕49号）和2003年全国高校毕业生就业工作电视电话会议精神，国家

决定从2003年开始实施大学生志愿服务西部计划。现将有关事项通知如下。

一、指导思想

鼓励青年知识分子到实践中去、到基层和艰苦地区去，经受磨练，健康成长，是我们党和政府的一贯方针，在新的形势下，站在执政兴国和人才强国的战略高度，需要长期坚持和不断完善并逐步形成制度。实施大学生志愿服务西部计划要以邓小平理论和“三个代表”重要思想为指导，引导大学生到西部去、到基层去、到祖国和人民最需要的地方去建功立业；促进西部贫困地区教育、卫生、农技、扶贫等社会事业的发展；拓展大学生就业、创业的渠道；培养造就一大批既有现代科学文化知识、又有基层工作经验和强烈社会责任感的优秀青年人才；弘扬“奉献、友爱、互助、进步”的志愿精神，推动经济社会的全面发展。

二、工作内容

大学生志愿服务西部计划从2003年开始，按照公开招募、自愿报名、组织选拔、集中派遣的方式，每年招募一定数量的普通高等学校(以下简称“高校”)应届毕业生，到西部贫困县的乡镇从事为期1－2年的教育、卫生、农技、扶贫以及青年中心建设和管理等方面的志愿服务工作。志愿者服务期满后，鼓励其扎根基层，或者自主择业和流动就业。

三、政策支持

参加大学生志愿服务西部计划的志愿者除享受国家规定的高校毕业生就业优惠政策外，给予以下政策支持：

1. 服务期间，享受一定的生活补贴(含交通补贴和人身意外伤害、住院医疗保险)。

2. 服务期间，计算工龄，党团关系转至服务单位。本人要求户口和档案保留在学校的，按规定保留两年，在此期间，档案管理机构对保管其档案免收服务费用；本人要求将户口转回入学前户籍所在地的，公安机关按照规定为其办理落户手续，人事、教育部门所属人才交流机构负责办理相关手续，人事部门所属人才交流服务机构免费提供人事代理服务。服务期满落实工作单位后，公安机关按有关规定办理户口迁移手续。

3. 服务期间，可兼职或专职担任所在乡镇团委副书记、学校及其他服务单位的管理职务。

4. 服务期满考核合格的，报考研究生给予加分，在同等条件下，优先录取，具体规定在当年的研究生招生政策中予以明确。

5. 服务期满考核合格报考党政机关公务员的，可适当加分，同等条件下，应优先录用，具体规定由省级公务员考试录用主管机关在当年招考中予以明确。

6. 服务期满，对志愿者作出鉴定，存入本人档案；考核合格的，颁发证书，作为志愿者服务经历和就业、创业的证明。

7. 服务单位应向志愿者提供住宿等必要的生活条件；在录用党政机关公务员和新增国有企事业单位专业技术人员、管理人员时优先录用、招聘志愿者。

8. 服务期为1年、服务期满考核合格的，授予中国青年志愿服务铜奖奖章。服务期为2年、服务期满考核合格的，授予中国青年志愿服务银奖奖章，表现优秀的授予中国青年志愿服务金奖奖章，表现特别优秀的推荐参加中国青年五四奖章、中国十大杰出青年、中国十大杰出青年志愿者、国际青少年消除贫困奖等评选。

鼓励各高校和社会各方面对高校毕业生的工作、生活、学习、就业和创业提供帮助和支持。

四、组织机构

1. 共青团中央、教育部联合成立全国大学生志愿服务西部计划领导小组和项目管理办公室，负责这项工作的总体规划、协调和指导。

2. 各省、区、市团委、教育厅(教委)要相应联合成立省、区、市领导小组和项目管理办公室，负责本省这项工作的协调组织；服务省项目管理办公室同时要负责志愿者的培训及协调指导服务县项目管理办公室的工作。

3. 各高校要加强领导。高校团委和毕业生就业指导中心要联合成立学校项目管理办公室，主要负责志愿者招募的具体工作。高校毕业生参加这项计划，可列入学校该年度就业率统计。

4. 各服务县要成立县领导小组，县团委、教育局及有关部门要联合成立县项目管理办公室，主要负责协调指导服务单位工作和对志愿者进行日常管理。服务单位负责落实工作岗位，提供免费住宿等相关保障，并对志愿者的工作进行业务管理。

各级项目管理办公室设在团组织，具体负责日常工作。

五、工作要求

各级团组织、教育部门要密切配合、形成合力，精心组织、狠抓落实，以项目运作的方式扎实推进这项工作。各级财政、人事部门要给予积极支持。

1. 加强领导。加强项目领导机构和项目管理机制的建设，明晰职责、相互支持，加强沟通、紧密合作，保障计划的顺利实施。

2. 广泛动员。要唱响"到西部去"的时代强音，以报效祖国、服务人民的崇高理想感召和动员大学毕业生自觉选择到基层、到艰苦环境中锻炼成才，同人民紧密结合、为祖国奉献青春。

3. 按需选拔。要在面向全国公开招募、自愿报名的基础上，根据西部贫困地区的需求，选拔思想过硬、品学兼优、具有较强奉献精神的毕业生参加这项计划，尤其要鼓励西部高校和农业、林业、水利、医学、师范类专业的毕业生参与，对入学前户籍所在地在西部地区的毕业生要优先选拔。

4. 搞好服务。要为志愿者安排好服务岗位，提供必要的工作和生活条件；积极协调有关部门、有关单位，落实相关保障政策，努力为志愿者服务期满后升学、就业以及创业等创造有利条件。

5. 严格管理。各服务地区、服务单位要切实负起责任，加强对志愿者培训和日常管理，关心大学生志愿者的生活和安全，确保这项计划规范、有序地实施。同时，要加强项目资金管理，严格做到专款专用，提高资金使用效率。

有条件的省、区、市可实施地方性项目，纳入全国项目的表彰范围，志愿者享受同等政策待遇。

附：全国大学生志愿服务西部计划领导小组名单

组　长：周　济　教育部部长
周　强　共青团中央书记处第一书记
副组长：袁贵仁　教育部副部长
赵　勇　共青团中央书记处书记
成　员：林蕙青　教育部高校学生司司长
靳　诺　教育部社会科学研究与思想政治工作司司长
李晓军　共青团中央办公厅主任
尹德明　共青团中央组织部部长
刘可为　共青团中央宣传部部长
陶　宏　共青团中央青农部部长
卢雍政　共青团中央青年志愿者行动指导中心主任
周扬帆　共青团中央学校部副部长

全国项目管理办公室主任：赵　勇（兼）

全国项目管理办公室下设综合组、招募组、宣传组、保障组、青年中心组、就业服务组。

共青团中央办公厅关于印发《关于团中央大学生志愿服务西部计划工作领导小组办公室各工作组职责分工的方案》和《团中央大学生志愿服务西部计划领导小组及办公室各工作机构负责人名单》的通知

2003年6月9日

共青团各省、自治区、直辖市委：

为大力推进大学生志愿服务西部计划，团中央书记处决定，成立团中央大学生志愿服务西部计划领导小组。现将《关于团中央大学生志愿服务西部计划工作领导小组办公室各工作组职责分工的方案》和《团中央大学生志愿服务西部计划领导小组及办公室各工作机构负责人名单》印发给你们，请各地抓紧建立相应的领导机构，并明确职责，形成合力，狠抓落实。

关于团中央大学生志愿服务西部计划工作领导小组办公室各工作组职责分工的方案

一、综合组

1. 协调和承担办公室的日常事务，负责与相关部委的日常联系，拟定总体工作方案，协调重大活动；

2. 负责办公室的内部协调与联系，收集工作信息，编发工作简报，转达和督促书记处和领导小组交办的事宜；

3. 指导、协调各省（区、市）的总体工作，负责志愿者的培训、派遣和日常管理等工作；

4. 负责组织评估考核、评选表彰等工作；

5. 负责制作公益广告、主题海报等，编写培训教材、工作手册等；

6. 负责编制活动经费预算，审核经费支出。

综合组主要由志愿者中心组成。

二、招募组

1. 拟定全国招募计划，组织重大招募活动，承担招募的日常工作；

2. 负责指导、协调、联系各省（区、市）及相关高校团组织，按照总体工作进度推进各项招募、选拔工作；

3. 负责编制、审定各省（区、市）及各高校招募、选拔方案，审核入选人员名单；

4. 负责协调各省（区、市）及高校与志愿者签订服务协议，发放主题海报、报到通知书、青年卡等；

5. 负责与教育部的日常联络与沟通。

招募组主要由学校部组成。

三、宣传组

1. 拟定新闻宣传工作方案，并负责组织实施；

2. 负责协调、联系各新闻单位，对活动进行宣传；

3. 与有关媒体联系开设专题节目或宣传专栏，定时播放或发布活动消息；

4. 指导、协调各省（区、市）的新闻宣传工作；

5. 负责与中宣部的日常联络与沟通。

宣传组主要由宣传部组成。

四、保障组

1. 拟定工作保障方案，负责中央领导及团中央、教育部等相关部委领导的活动安排与服务，负责各组的工作保障；

2. 负责中国志愿服务网暨“西部计划”专门网站的改造与建设，配合各组组织网上宣传、网上报名、公布入选名单、建立网上人才数据库等活动；

3. 负责联系、制作青年卡；

4. 负责经费的日常业务管理，及时划拨经费、安排报销等；

5. 负责编制活动决算，组织财务审计等；

6. 负责与国务院办公厅、财政部的日常联络与沟通。

保障组主要由办公厅、网络影视中心组成。

五、青年中心组

1. 拟定青年中心工作方案，负责青年中心的总体规划与建设，组织与青年中心有关的重大活动；

2. 指导、协调各省（区、市）青年中心的规划建设、工作推进和管理服务工作；

3. 负责在各省（区、市）青年中心服务的志愿者的日常业务指导；

4. 负责外部的协调联络，争取相关的政策支持和社会支持。

青年中心组主要由青农部、社区和青少年权益部组成。

六、就业服务组

1. 负责联系中组部、人事部、西部办等部委，进一步争取政策支持，鼓励志愿者在西部就业，落实志愿者在升学、报考公务员等方面的鼓励政策；

2. 利用社会化手段，动员青联委员和各级青企协、乡企协成员单位及社会各界力所能及地为志愿者就业提供帮助；

3. 指导、协调各省（区、市）志愿者的就业服务工作。

就业服务组主要由组织部、统战部、青工部组成。

团中央大学生志愿服务西部计划领导小组及办公室各工作机构负责人名单

组　长：周　强

副组长：赵　勇

　　　　胡　伟

　　　　杨　岳

办公室主任：赵勇（兼）

办公室下设综合组、招募组、宣传组、保障组、青年中心组、就业服务组。

一、综合组

组　长：卢雍政

副组长：张学成

二、招募组

组　长：周扬帆

副组长：李小豹

三、宣传组

组　长：刘可为

副组长：徐绍川　李文革

四、保障组

组　长：李晓军

副组长：李文革　李　薇　张　劲

五、青年中心组

组　长：陶　宏

副组长：白平胜　姜新波

六、就业服务组

组　长：尹德明

副组长：夏光志　张良驯　安桂武

共青团中央关于贯彻中央通知精神组织广大团干部和团员青年认真学习《"三个代表"重要思想学习纲要》的通知

2003年6月13日

共青团各省、自治区、直辖市委，军委总政治部组织部，全国铁道团委，全国民航团委，中直机关团工委，中央国家机关团工委，中央金融团工委，中央企业团工委：

近日，中共中央发出关于印发《"三个代表"重要思想学习纲要》的通知。《"三个代表"重要思想学习纲要》比较全面、准确地反映了"三个代表"重要思想，有助于更好地理解"三个代表"重要思想这一系统的科学理论，是学习"三个代表"重要思想的重要辅助材料。各级团组织要认真贯彻中央通知精神，组织广大团干部和团员青年认真学习《纲要》，把"三个代表"重要思想的学习贯彻引向深入，在团员青年中兴起学习贯彻"三个代表"重要思想的新高潮。

各级团组织要把《纲要》的学习纳入"三个代表"重要思想的学习计划，开展丰富多彩、扎实有效的学习活动，组织广大团干部和团员青年以《纲要》为线索，认真研读江泽民同志的原著，深入系统地学习掌握"三个代表"重要思想。团的各级领导机关和县处级以上团干部要带头学，进一步建立健全经常化、长期化的学习制度，同时要精心组织好团员青年的学习。要通过学习，努力使广大团员青年对"三个代表"重要思想的时代背景、实践基础、科学内涵、精神实质和历史地位的认识上达到新的高度，在认真贯彻"三个代表"重要思想的根本要求、始终做到"三个代表"上取得新的成效。

坚持用马克思列宁主义、毛泽东思想和邓小平理论武装全体党员，在全党兴起一个学习贯彻"三个代表"重要思想的新高潮，是十六大提出的关系党的事业继往开来、与时俱进的战略任务。各级团组织要结合学习《纲要》，在团员青年中兴起学习贯彻"三个代表"重要思想的新高潮，坚持不懈地用"三个代表"重要思想武装全团、教育青年，构筑团员青年强大的精神支柱。要以"三个代表"重要思想为统领，紧密结合团员青年的实际，进一步开创团的工作和建设新局面。要把广大团员青年的思想和行动进一步统一到邓小平理论和"三个代表"重要思想上来，把智慧和力量进一步凝聚到实现十六大确定的各项任务上来，紧密团结在以胡锦涛同志为总书记的党中央周围，努力为先进生产力和先进文化的发展做贡献，为最广大人民谋利益，解放思想、实事求是、与时俱进、开拓创新，为全面建设小康社会、开创中国特色社会主义事业新局面而努力奋斗。

共青团中央关于认真学习胡锦涛总书记在"三个代表"重要思想理论研讨会上重要讲话的通知

2003年7月3日

共青团各省、自治区、直辖市委，军委总政治部组织部，全国铁道团委，全国民航团委，中直机关团工委，中央国家机关团工委，中央金融团工委，中央企业团工委：

在纪念中国共产党成立82周年之际，胡锦涛总书记在"三个代表"重要思想理论研讨会上发表了重要讲话。讲话站在全局和战略的高度，深刻阐明了兴起学习贯彻"三个代表"重要思想新高潮的重大意义和基本要求，对"三个代表"重要思想的重大理论创新价值和巨大实践指导意义，对牢牢把握"三个代表"重要思想的本质，坚持用马克思主义态度学习贯彻好"三个代表"重要思想，进行了系统阐述。讲话高屋建瓴，内容丰富，具有很强的理论性、思想性和指导性，是对全党兴起学习贯彻"三个代表"重要思想新高潮的再动员、再部署，是推动全党兴起学习贯彻"三个代表"重要思想新高潮的纲领性文献。全团要认真学习领会，坚决贯彻落实。

一、认真学习讲话精神，在全团兴起学习贯彻"三个代表"重要思想新高潮

胡锦涛总书记的重要讲话对于在全党兴起学习贯彻"三个代表"重要思想新高潮具有十分重要的意义。各级团组织要认真学习讲话精神，按照《中共中央关于在全党兴起学习贯彻"三个代表"重要思想新高潮的通知》要求，根据团中央的部署，切实加强领导，紧密结合本地区、本部门和本单位的工作实际，精心组织、周密安排、及时指导、加强督促，不断把学习贯彻活动引向深入，在团员青年中兴起学习贯彻"三个代表"重要思想新高潮。要切实使广大团员青年在对"三个代表"重要思想的时代背景、实践基础、科学内涵、精神实质和历史地位的认识上达到新的高度，在认真贯彻"三个代表"重要思想的根本要求、始终做到"三个代表"上取得新的成效，解放思想、实事求是、与时俱进，同心同德地为全面建设小康社会、开创中国特色社会主义事业新局面而奋斗。

二、认真领会讲话精神，引导广大团员青年对"三个代表"重要思想的认识达到新的高度

学习胡锦涛总书记的重要讲话，要着重引导和帮助广大团员青年认真学习领会对"三个代表"重要思想作出的一系列科学阐述。要深刻理解和认识"三个代表"重要思想同马克思列宁主义、毛泽东思想和邓小平理论是一脉相承而又与时俱进的科学体系，是马克思主义在中国发展的最新成果；深刻理解和认识"三个代表"重要思想是新世纪新阶段全党全国人民继往开来、与时俱进，实现全面建设小康社会宏伟目标的根本指针；深刻理解和认识"三个代表"重要思想的本质是立党为公、执政为民，学习贯彻"三个代表"重要思想必须以最广大人民的根本利益为根本出发点和落脚点；深刻理解和认识坚持用马克思主义态度学习贯彻好"三个代表"重要思想，用"三个代表"重要思想指导新的实践，并努力在实践中继续发展马克思主义。要深刻领会讲话提出的一系列重要论断，进一步加深对"三个代表"重要思想的理解，不断增强学习贯彻"三个代表"重要思想的自觉性和坚定性，牢固树立"三个代表"重要思想在一切工作中的指导地位，自觉用“三个代表”重要思想指导自己的思想和行动。

三、认真落实讲话精神，按照“三个代表”重要思想的要求推动共青团和青年工作取得新成效

各级团组织要紧密联系共青团和青年工作实际，认真贯彻胡锦涛总书记重要讲话精神，把“三个代表”重要思想的要求贯彻落实到团的工作和建设的各个方面，探索新思路，采取新措施，开创新局面，实现新发展。

要坚持不懈地用“三个代表”重要思想武装全团、教育青年，构筑起广大团员青年的强大精神支柱，引导团员青年坚定不移跟党走中国特色社会主义道路，坚持“四个统一”，努力成长为有理想、有道德、有文化、有纪律的人，成长为对党和国家、对人民有所建树的人。要服务大局，围绕实施科教兴国战略、可持续发展战略、西部大开发战略、人才强国战略，大力开发青年人力资源，深化团的各项工作，团结带领广大团员青年踊跃投身社会主义物质文明、政治文明和精神文明建设，在全面建设小康社会中充分发挥生力军作用。当前，要大力弘扬民族精神，团结动员广大团员青年为夺取防治非典和促进发展的双胜利贡献力量。要始终坚持把竭诚服务青年作为全部工作的出发点和落脚点，诚心诚意办实事，尽心竭力解难事，坚持不懈做好事，努力帮助青年解决学习、工作、就业、生活等方面遇到的实际问题，促进青年健康成长。要坚持与时俱进，以改革的精神推动团的自身建设，研究新情况，解决新问题，积极探索社会主义市场经济条件下团的工作运行机制，进一步增强团组织的吸引力、凝聚力和战斗力，巩固党的青年群众基础，努力使团组织成为学习贯彻“三个代表”重要思想的组织者、推动者和实践者。广大团干部要做学习实践“三个代表”重要思想的表率，牢记“两个务必”，落实“八个坚持、八个反对”，成为党放心、青年满意的团干部。

各地学习贯彻胡锦涛总书记重要讲话的情况，请及时报团中央。

共青团中央关于组织团员青年认真学习贯彻胡锦涛总书记在纪念毛泽东同志诞辰110周年座谈会上的重要讲话的通知

2003年12月28日

共青团各省、自治区、直辖市委，军委总政治部组织部，全国铁道团委，全国民航团委，中直机关团工委，中央国家机关团工委，中央金融团工委，中央企业团工委：

12月26日，中共中央总书记、国家主席胡锦涛在纪念毛泽东同志诞辰110周年座谈会上发表了重要讲话。讲话全面科学地评价了毛泽东同志和毛泽东思想的历史功绩和历史地位，高度概括了我们党理论创新的历史进程，深刻揭示了毛泽东思想、邓小平理论和“三个代表”重要思想的内在联系，强调必须始终坚持毛泽东思想、邓小平理论和“三个代表”重要思想，坚持马克思主义的立场、观点和方法，进一步阐明了今后一个时期党和国家的方针政策和主要任务。讲话对指导我们党把毛泽东同志等老一辈革命家所开创的事业继续推向前进，具有重大的意义。

各级团组织要组织广大团员青年认真学习胡锦涛总书记的重要讲话，紧密结合正在全团兴起的学习贯彻“三个代表”重要思想新高潮，紧密结合学习贯彻党的十六大和十六届三中全会、中央经济工作会议、全国宣传思想工作会议、全国人才工作会议精神，引导广大团员青年进一步加深对毛泽东思想、邓小平理论和“三个代表”重要思想的认识，牢固树立实现中华民族伟大复兴的远大理想，坚定紧跟党走中国特色社会主义道路的信念，勇敢地肩负起历史赋予的神圣使命。各级团组织要切实贯彻讲话精神，团结带领广大团员青年沿着毛泽东思想、邓小平理论和“三个代表”重要思想指引的方向奋勇前进，在全面建设小康社会的历史进程中充分发挥生力军作用，为实现中华民族伟大复兴贡献力量。

要引导团员青年深刻领会胡锦涛总书记重要讲话精神。深刻认识毛泽东思想是马克思列宁主义在中国的创造性运用和发展，是被实践证明了的关于中国革命和建设的正确的理论原则和经验总结，是中国共产党集体智慧的结晶，在任何时候任何情况下，我们都要始终高举毛泽东思想的伟大旗帜。深刻认识以邓小平同志为核心的党的第二代中央领导集体和以江泽民同志为核心的党的第三代中央领导集体继承、丰富和发展毛泽东思想，创立邓小平理论和“三个代表”重要思想的重大意义，坚持走邓小平同志开辟的、以江泽民同志为核心的党的第三代中央领导集体坚持并发展了的中国特色社会主义道路。深刻认识毛泽东思想、邓小平理论和“三个代表”重要思想虽然形成于我国革命、建设和改革的不同历史时期，面对着不同的历史任务，但都贯穿了辩证唯物主义和历史唯物主义的世界观和方法论，都代表着最广大人民的根本利益，是我们党在长期实践中形成的一脉相承而又与时俱进的科学思想体系，是我们要始终珍惜的最可宝贵的精神财富。深刻认识我们必须始终坚持解放思想、实事求是、与时俱进，继续在新的时代条件下把马克思主义基本原理同中国具体实际相结合，不断推进马克思主义的中国化；必须始终坚持一切为了群众、一切依靠群众，坚持立党为公、执政为民，不断实现好、维护好、发展好最广大人民的根本利益；始终坚持独立自主地探索中国社会主义建设的道路，善于根据国情进行自主创新，又积极借鉴国外有益经验，不断开拓和发展中国特色社会主义道路。深刻认识实现国家的现代化，实现祖国的完全统一，实现中华民族的伟大复兴，是毛泽东、邓小平和他们的战友们以及千百万革命先烈的伟大理想；我们对毛泽东同志最好的纪念，就是把老一辈革命家历经千辛万苦开创的伟大事业继续推向前进，把实现中华民族的伟大复兴的史诗继续谱写下去，这是历史赋予我们的神圣使命。

要团结带领广大团员青年在全面建设小康社会中充分发挥生力军作用。党和人民在新世纪新阶段的任务，就是紧紧抓住并充分运用本世纪头 20 年的重要战略机遇期，集中力量全面建设惠及十几亿人口的更高水平的小康社会，各级团组织要团结带领广大团员青年为实现这一宏伟目标而努力奋斗。要坚持不懈地用“三个代表”重要思想武装全团、教育青年，构筑青年一代强大的精神支柱。要紧紧围绕发展这个党执政兴国的第一要务，引导团员青年树立全面、协调、可持续的发展观，在推动国民经济持续快速协调健康发展中充分发挥作用，为建立完善的社会主义市场经济体制和更具活力、更加开放的经济体系做出积极贡献。要引导团员青年进一步增强民主法制意识，维护稳定，在建设社会主义政治文明中发挥积极作用。要大力弘扬和培育伟大民族精神，牢牢把握先进文化的前进方向，引导团员青年在社会主义精神文明建设中充分发挥作用。要围绕科教兴国战略、可持续发展战略、人才强国战略、西部大开发战略、振兴东北等老工业基地战略等的实施，深化拓展团的重点活动，大力实施青年创业行动、青年科技创新行动、保护母亲河行动、青年文化行动、青年志愿者行动和青年人才开发计划、青年就业促进计划、青年成长社区计划、青年信息网络发展计划等重点项目，团结带领团员青年在全面建设小康社会的伟大实践中建功立业。要广泛团结海内外中华青年，加强内地与港澳台青年的交流，为实现祖国完全统一做出贡献。广大团员青年要高举毛泽东思想、邓小平理论和“三个代表”重要思想伟大旗帜，更加紧密地团结在以胡锦涛同志为总书记的党中央周围，万众一心、发愤图强、艰苦奋斗、开拓创新，为实现全面建设小康社会的宏伟目标而不懈奋斗，在中华民族复兴的伟大历史进程中贡献青春、智慧和力量。

六、青农

共青团中央关于动员组织广大团员青年积极参与农村非典型肺炎防治工作的通知

2003年5月8日

共青团各省、自治区、直辖市委，军委总政治部组织部，全国铁道团委，全国民航团委，中直机关团工委，中央国家机关团工委，中央金融团工委，中央企业团工委：

根据党中央、国务院的统一部署，为贯彻落实全国农村非典型肺炎防治工作电视电话会议精神和中共中央政治局委员王兆国在团中央机关考察非典型肺炎防治等工作做出的重要指示，团中央要求各级团组织和广大团员青年迅速行动起来，在农村非典型肺炎防治第一线充分发挥生力军和突击队作用，为党和国家分忧，为人民群众解难，以实际行动为夺取农村非典型肺炎防治和农村经济发展的全面胜利做出应有的贡献。现将有关事项通知如下。

一、充分认识做好农村非典型肺炎防治工作的重要意义

自我国一些地区发生非典型肺炎疫情以来，党中央、国务院多次召开会议，专门研究和部署防治工作，作出一系列重大决策，采取了许多坚决果断的措施，防治工作取得一定成绩。但目前疫情还没有得到完全控制，全国非典型肺炎防治形势依然严峻。千方百计防止非典型肺炎疫情向农村扩散和蔓延，确保农村不发生大规模疫情，是当前非典型肺炎防治工作中一项非常紧迫的重要任务。在医疗资源十分薄弱、农民普遍缺乏卫生防疫知识和防范意识的农村，一旦发生大规模疫情，后果不堪设想。做好非典型肺炎防治工作不仅关系农民健康和农村经济社会的发展，也直接关系全国疫病防治的成败。对此，各级团组织和广大团员青年必须有清醒的认识，绝不能有任何麻痹思想和畏难情绪，充分认识做好农村非典型肺炎防治工作的重要性、艰巨性和紧迫性，切实增强大局意识、责任意识和忧患意识。要按照党中央、国务院的统一部署，以“三个代表”重要思想为指导，不怕困难，勇挑重担，拼搏奉献，恪尽职守，发挥团的组织优势和团员骨干带头作用，组织开展群体预防、群体控制，打一场防治非典型肺炎的人民战争，构筑起一道抵御疫情、抗击疫病的严密防线，千方百计确保农村不发生大规模疫情，确保广大农民群众身体健康和生命安全，确保农村经济健康发展和社会稳定。

二、以青年志愿服务队为主要载体，在农村非典型肺炎防治工作中办实事

组建抗击非典青年志愿服务队，适合青年的特点和共青团工作的实际，也是全社会防治非典型肺炎所急需的，应当成为各级团组织带领团员青年为农村防治非典型肺炎贡献力量的一个基本途径。全国每一个县、每一个乡、每一个村以及外来务工青年集中的城市社区都要组建起至少一支抗击非典青年志愿服务队。要以青年志愿服务队为主要载体，在农村非典型肺炎防治工作中办好五件实事：

1. 带头参加群防群控。以村为单位，组建抗击非典青年志愿服务队，主动承担检查外来人员、监督排查村民身体状况、在公共场合消毒等工作。带头移风易俗，避免婚丧嫁娶大操大办，减少疫病传播机会。开展集贸市场、批发市场等农民群众经常聚集的场所的预防工作，配合有关管理部门做好防治预案以及消毒和检疫等工作。协助做好农村中小学防治非典型肺炎工作，组织学生参与对非典型肺炎的群防群控，坚决阻断非典型肺炎进入农村学校的途径。

2. 广泛开展科普宣传。依托乡村青少年服务中心、青年文化广场等活动阵地和宣传阵地，通过电视、报纸、广播、板报、网络等媒体和组织宣讲、编印小册子、散发材料等行之有效的形式，大力宣传党中央、国务院关于防治非典型肺炎的方针政策，宣传《中华人民共和国传染病防治法》，宣传普及科学防治非典型肺炎的基本知识。采取分片包干的办法，组织城市的志愿者和乡镇中学老师中的青年志愿者，深入农村一户一户进行讲解，手把手进行指导，做到家喻户晓、人人皆知。

3. 积极组织助耕帮困。全面推进农村青年增收成才行动，动员组织广大团员青年抓好当前农业生产和农村各项工作，确保不误农时，不放松农村经济建设，把非典型肺炎造成的损失减少到最低限度。组织当地团员青年帮助农村卫生工作者、外出务工人员和非典型肺炎患者及疑似患者家庭抢种抢收，解除他们的后顾之忧。开展送温暖、献爱心活动，对生活上有困难的农村家庭，力所能及地送去生活用品和消毒用品，帮助他们解决实际困难。

4. 向生活陋习开战。引导团员青年带头搞好个人、家庭、房前屋后的环境卫生整治，消除卫生死角，做好灭蝇、灭鼠、灭蟑螂等工作，创造一个清新整洁的卫生环境。以防治非典型肺炎为契机，带头开展改水改厕、人畜分居等活动，改善农村生活条件，倡导科学、文明、健康的生活方式。组织“向生活陋习开战——红领巾行动”，发动农村少先队员从找出当地最需要克服、也能够克服的种种生活陋习，从自身做起，影响带动人人养成健康文明的生活习惯，特别是公共卫生习惯。

5. 切实服务进城务工青年。输出地团组织要做好外出务工青年的摸底工作，以村组为单位写信劝阻他们暂时不要返乡，安心在外务工。输入地团组织要在社区和用工单位加强对进城务工青年预防非典型肺炎知识的普及教育，宣传政府对于农民和农民工中的非典型肺炎患者实行免费医疗的特殊政策。开展“关爱进城务工青年行动”，按照属地管理要求，做到就地预防、就地观察、就地治疗。协调社会资源向进城务工青年发放一批预防非典型肺炎的书籍、挂图和消毒、防护用品。要配合社区和用工单位指导他们做好生活和工作场所的防疫消毒，搞好个人卫生。引导进城务工青年用电话、书信等方式向家乡的亲友报平安，介绍非典型肺炎防治办法。

三、采取有力措施，保障各项防治工作切实落到实处

各地要围绕上述工作任务，制定有力措施，建立相应机制，切实把农村非典型肺炎防治工作落到实处。

1. 加强组织领导，建立行之有效的协调机制。成立共青团农村非典型肺炎防治工作领导机构，统筹安排防治工作。主要负责人要亲自抓、负总责，班子成员和相关部门要分工负责，建立工作责任制。团内各部门和各直属单位要服从和服务于群体防治工作需要，密切配合，协同作战。

2. 协调各方资源，建立快速高效的动员机制。按照统筹城乡经济社会发展，促进城乡良性互动的原则，动员组织社会各方面的人力、物力、财力，投入农村非典型肺炎防治工作。广泛调动青年参与积极性，既要组织城市青年志愿者，又要发动农村青年志愿者，实行城乡联防联控。

3. 组建储备队伍，建立配套运行的应急机制。根据防治工作全过程要求，组建各个方面、各种形式青年志愿服务队，主动担负起急、难、险、重的防治任务。专门建立一支维护公共卫生安全的青年志愿者储备队伍，作为应对农村各种突发疾病灾害的重要力量，一有需要，迅速出击。

4. 严明工作纪律，建立奖罚分明的激励机制。大张旗鼓地表彰奖励在防治工作中涌现出来的先进青年集体和个人，宣传他们的事迹，树立起当代团员青年的良好形象和时代榜样。对于防治工作不力的团干部和团员，要依照有关规定予以严肃处理。

各地开展此项工作情况请及时报团中央各相关部门（青农部联系电话：(010)85212023，传真：85212028，电子邮箱：xqc@cycnet.com；社区和维护青少年权益部联系电话及传真：(010)85212136，电子邮箱：tzyqyb@cycnet.com；志愿者指导中心联系电话及传真：(010)85212049，电子邮箱：zyz@cycnet.com）。

全国农村青年中心建设试点工作方案

2003 年 8 月 21 日

青年中心是共青团主动应对新世纪新阶段新任务的要求，大胆进行基层组织创新的有效实现形式。它是在当地团委领导和指导下，以35岁以下团员青年为主要服务对象，以现代电子信息技术等为主要服务手段，以服务青年成长发展为主要目标的社区青年组织，也是新形势下开展基层共青团和青年工作的一个综合性服务平台。其基本功能是联系青年，服务青年，引导青年。为认真贯彻党的十六大和共青团十五大精神，切实推进全国农村青年中心建设，共青团中央特制定本方案。

一、指导思想

以邓小平理论和“三个代表”重要思想为统揽，深入贯彻党的十六大和共青团十五大精神，适应农村全面建设小康社会的新形势和当代农村青年的新特点，以保持团的先进性为核心，以密切联系青年、有效服务青年、积极引导青年为目标，解放思想，实事求是，与时俱进，充分运用社会化、市场化手段，统筹整合社会城乡资源，大力推动农村基层团组织建设创新，更好地服务农村全面建设小康社会和农村青年增收成才。

二、目的意义

当前，我国已进入全面建设小康社会、加快推进社会主义现代化的新的历史发展阶段。我们所面对的国际国内形势已经并正在发生着越来越深刻的变化。共青团作为党的助手和后备军，必须紧紧围绕党在新时期的中心任务，把广大青年紧密地团结在党的周围，使中国特色社会主义事业始终拥有强大的生力军。这就要求我们必须适应新形势新任务的需要，适时进行基层团建创新，使基层团组织做到联系青年经常、服务青年有力、引导青年有效，团结引导带领青年永远跟党走，这成为新阶段做好农村共青团和农村青年工作的关键所在。

第一，建设青年中心是创新共青团基层组织形式，扩大团组织覆盖面的迫切需要。建设一个与时代发展相适应的基层组织网络，是共青团生存与发展的重要基础。改革开放以来，全团上下积极探索，努力工作，推动基层组织建设不断进步，取得了明显成绩。但是，从目前农村的实际情况来看，问题仍然存在，乡村基层青年工作力量严重不足。长期困扰共青团的整瘫轮回怪圈还没有从根本上解决。在“双新组织”和流动青年中还存在大量团建空白点。因此，大胆地进行基层组织创新，努力扩大基层团组织的覆盖面，是形势所迫，大势所趋。

第二，建设青年中心是加强共青团服务能力建设，增强团组织凝聚力、影响力和战斗力的迫切需要。经过二十多年的改革开放，农村青年的生产方式、生活方式、就业方式等越来越多样化，他们迫切需要多样化的服务方式和高质量的服务水平与之相适应。但是，农村基层团组织普遍存在服务力量薄弱、服务手段缺乏、服务时有时无等现象。农村青年高涨的需求与农村基层团组织服务能力严重不足形成十分突出的矛盾。建设青年中心，就是要最广泛地整合城乡资源，为农村基层团的组织搭建一个强有力的服务平台，及时满足青年的现实需求，从而全面提高基层团组织的吸引力、凝聚力和战斗力。

第三，建设青年中心是加快农村青年人力资源开发，促进农村全面小康建设的迫切需要。党中央吹响了全面建设小康社会的号角，解决好“三农”问题成为现阶段全党工作的重中之重，也为全团指明了工作方向。建设小康社会的重点和难点都在农村。青年农民是农村社会主义物质文明、政治文明、精神文明建设的生力军，也是全国青年的主体。农村青年科技文化素质和组织化程度的高低，不仅影响农村，而且影响全局；不仅影响当前，而且影响未来。青年中心建立后，可以运用现代电子信息技术等手段，为青年农民提供一个综合性服务平台，一方面推动农村青年带头示范、带动推广农业新品种新技术，积极调整农业产业结构，发展农业产业化；另一方面，提高农村青年的就业创业能力和水平，开发农村青年人力资源，带头发展二、三产业，积极向非农领域转移，实现劳动力优势向人才优势的转变，最大可能地满足现代化、城镇化发展要求。

三、试点范围

青年中心建设鼓励各级各地积极开展试点，原则上每个省（区、市）至少选择1至2个市（地）、县（市）进行试点，由团省（区、市）委直接联系指导。各市（地）、县（市）也可选择部分地方开展试点。

为推进试点工作，团中央确定辽宁省沈阳市、浙江省台州市、广东省东莞市和北京市密云县、山西省灵丘县、吉林省公主岭市、江苏省常熟市、河南省偃师市、湖北省应城市、四川省双流县、新疆维吾尔自治区米泉市等地作为联系点，进行重点联系。联系点所在地区60%以上的乡镇应建设青年中心。

与大学生志愿服务西部计划对接，在西部12省(区、市)各选定2个市(地)、县(市)，湖北省恩施土家族苗族自治州、湖南省湘西土家族苗族自治州各选1个县(市)，开展试点工作。6000名被选拔派遣到西部服务的大学生志愿者都可专职或兼职参与青年中心建设，工作需要、个人条件特别优秀的可挂任乡镇团委副书记兼青年中心主任，其他大学生志愿者可挂任青年中心主任或副主任。试点地区由有关省级团委确定，报团中央备案。

选择的试点地区经济社会发展应具有一定基础，小城镇建设发育有一定规模，团的工作基础和外部环境较好，所在地区具有试点工作积极性。

四、工作内容

青年中心是新时期农村基层团建创新的重大举措，实现团的组织、工作、阵地有机结合，辐射带动基层团组织整体活跃。青年中心按照"先建设、后规范"的路子，逐步实现"七个一"的规范化建设目标。

一个组织。青年中心在当地团委的领导和指导下，通过会员制或青年社团的形式联系凝聚广大团员青年，以理事会制民主管理青年中心事务，依照国务院颁布的《民办非企业单位登记管理暂行条例》运行。

一个依托。青年中心可依托中学、文化站(中心)、广播电视站(中心)、图书馆、影剧院等已有的固定场所建立。有条件的也可单独建设。

一个网络。青年中心要配备至少一部电话、一台计算机、一台电视机，拥有卫星接收设备和互联网接入线路等一套电子信息基础设施，形成一个以现代电子信息技术为主要手段的工作阵地。

一个骨干。每个青年中心都要招募至少一名大学生志愿者作为骨干力量，专门从事青年中心工作。大学生志愿者由市(地)以上团委负责招募选派，定期轮换。

一套项目。青年中心应结合当地实际，选择易于为青年提供便利服务的一个以上产业发展服务项目和其他服务项目，用项目促进青年中心建设，用项目吸引青年参与，用项目服务青年增收成才。

一个章程。青年中心要制定统一的章程，实行规范化运作、项目化服务、品牌化经营、企业化管理。

一个形象。青年中心要统一进行形象设计，共同树立青年中心形象，共同传播青年中心文化，共同打造青年中心品牌。

试点工作要围绕着建设、运转、管理三个环节，努力探索青年中心建设的规律和机制。

1. 建设。青年中心是新形势下扩大农村共青团工作覆盖面和组织覆盖面的新途径，是服务青年的新载体，是凝聚青年的新阵地。青年中心依照国务院颁布的《民办非企业单位登记管理暂行条例》在当地民政部门登记注册，在当地团委领导和指导下，承办团务和政府委托的部分青年事务，以青年社团联盟的形式建设成为各类青年社团和农村专业经济合作组织的活动会所。每个青年中心至少配备一部电话、一台计算机、一台电视机，拥有卫星接收设备或互联网接入线路等一套电子信息基础设施，形成一个以现代电子信息技术为主要手段的工作阵地。按照"不求所有，但求所用"的建设思路，鼓励有条件的地方独立建设青年中心，也可依托乡镇中学、乡镇文化站(中心)、广播电视站(中心)、图书馆、影剧院等已有的固定场所建设。可以整合当地现有资源，采取合作方提供场所阵地，团组织主要从事软环境建设等方式进行合作开发。可以调动社会力量，采用股份制等市场化手段进行合作建设。也可以争取财政和有关部门支持进行自主建设，形成团属阵地。无论采取哪种形式，选择的场所应交通便利，适宜人群聚集，适合成为服务窗口。试点地区要形成青年中心统一管理、相互联通的工作机制，统一青年中心标识，逐步开发共同活动项目，共同树立青年中心形象，传播青年中心文化，打造青年中心品牌。

2. 运转。青年中心以开发农村青年人力资源、服务农村青年增收成才为主要任务。一是开展远程教育和技能培训。利用丰富的网络教育资源，联合开办远程教育、学历教育等业务，满足农村青年学习科学文化的要求；以市场为导向，开展职业技能、农业科技和经营管理知识培训，引导农村青年自主创业，带头兴办二、三产业，带头进行农业产业化经营；根据国家职业准入制度，帮助青年进行职业技能鉴定，获取职业资格证书。二是提供信息和咨询服务。利用互联网络等现代信息传媒，开展科技、市场、人才、项目等信息查询、信息发布、资料收集、数据分析等服务；开展劳动中介服务，帮助青年就业，促进农村富余劳动力向非农产业和城镇转移；开展政策和法律法规宣传咨询活动；承办远程医疗，举办婚姻家庭、健康卫生知识讲座、心理咨询等。三是开展青年联络与交流活动。可采取会员制的办法，以青年中心为依托开展丰富多彩的文体活动，凝聚广大农村青年；以共青团组织为核心，以青年中心为平台，以各类农村青年专业协会和专业经济合作组织为支点，促进城乡各类组织在市场、技术、文化、产业等资源与信息方面的交流与合作。四是办理团务和承办部分青年事务。在当地团委领导下，参与管理本区域团的日常事务，落实团的工作项目，促进基层团支部工作活跃；受政府委托，协助政府管理部分青年事务，逐步参与管理青年社团、青年志愿者行动、维护青少年权益和预防青少年犯罪等青年事务。

3. 管理。青年中心在当地团委领导和指导下，通过会员制形式联系凝聚广大团员青年，以理事会制民主管理青年中心事务，依照国务院颁布的《民办非企业单位登记管理暂行条例》运行。每个青年中心至少有一名志愿者作为骨干工作力量，该志愿者可挂任当地团委副书记，专门从事青年中心工作。青年中心将制定统一的《章程》，进行规范化运作，项目化服务，品牌化经营，企业化管理，以低偿养无偿，形成长期良性运行机制。全国青年中心建设规划和统一网络平台建设由团中央负责，青年工作志愿者的招募、派遣和管理以团中央、团省委两级为主实施，各省（区、市）和试点市（地）团委负责统筹城乡社会资源、为青年中心建设管理提供力所能及的政策物资支持，试点县（市）团委负责具体实施和指导日常管理。

五、实施步骤

青年中心的建设，按照试点先行、全面铺开、全国联网、规范运作四个阶段分步实施。从现在试点工作开始，力争用5年时间，在全国符合条件的乡镇基本建立起青年中心（符合条件的中心村也可建立）。试点工作将分三个阶段实施。

1. 部署安排阶段。各试点地区根据有关要求，在充分调研论证的基础上，形成具体实施方案。团中央适时召开全国农村青年中心建设试点工作现场推进会，对试点工作进行具体部署安排。

2. 组织实施阶段。各试点地区按照制定的具体实施方案全面开展试点工作。团中央和有关省（区、市）、地（市）团委加强调研指导，畅通信息交流，提供必要服务。

3. 总结推广阶段。各地对试点工作进行阶段性总结，形成书面总结材料报团中央。团中央将适时组织各地进行交流研讨，总结推广成熟的做法和经验。

六、有关要求

1. 提高认识，加强领导。各级团的领导机关要把青年中心建设试点工作作为关系到团的工作全局的大事来抓，摆上重要工作日程，切实加强领导，精心组织实施。各试点地区要成立青年中心建设试点工作领导小组，由团省（区、市）委和试点地区党委主要领导任组长，做到书记亲自抓，分管书记具体抓，有关部门协调配合，齐抓共管，形成合力。

2. 争取支持，优化环境。积极争取各级党委、政府和有关部门的关心支持，从人力、物力、财力等各方面为青年中心的建设管理工作争取有力的政策支持。试点地区要把青年中心建设试点工作作为全年工作的重中之重，争取当地党委政府和有关部门出台具体支持措施。县以上团的领导机关要加大服务基层的工作力度，为试点地区青年中心的建设提供具体指导和实际支持。各级团组织要充分利用现代传媒手段，广泛宣传，积极推动广大农村青年和社会各个方面都来参与支持试点工作，形成良好的工作环境。

3. 整合资源，城乡互动。逐步把青年中心建成促进城乡团的工作良性互动的重要平台，以青年中心为联接点和中心枢纽，促进城乡青年在人力资源、产业、市场、信息、文化等方面良性互动。县和县以上团组织尤其要重视动员组织城市各方面资源和力量支持青年中心的建设和农村共青团工作。

4. 大胆创新，积极探索。坚持以创新的精神积极推进青年中心建设试点工作。注意把握方向，突出重点，广泛开展组织创新、工作创新、阵地创新和机制创新。团的领导机关要充分发挥基层团组织的积极性和创造性，深入开展调查研究，及时总结推广经验，指导推动面上的工作。团中央将对试点工作先进单位和个人予以表彰，对基层在实践中创造出来的行之有效的试点经验予以总结推广。

请各地将试点工作情况及时上报团中央。地址：北京市前门东大街 10 号团中央青农部，邮编：100051，电话：010—85212021、85212023，传真：010—85212021、85212028，E - mail：acyc@cycnet. com。

七、学校

共青团中央、教育部、全国学联关于进一步做好促进高校毕业生就业工作的意见

2003 年 3 月 26 日

长期以来，我国高等教育为社会主义建设事业培养了大批专门人才，做出了巨大贡献。1999 年，党中央、国务院着眼于提高国民素质、实施科教兴国战略，做出了扩大高等学校招生规模的重大决策。几年来，高等学校招生规模的不断扩大，在很大程度上满足了广大青年学生接受高等教育的需求，缓解了适龄青年的升学压力，推动了教育改革的深化，具有重大而深远的意义。同时，由于改革进入攻坚阶段、宏观经济结构处于调整时期以及就业观念落后等原因，导致部分高校毕业生就业出现暂时困难。但从总体来看，目前高等学校毕业生数

量与社会需求量相比还远远不足，在地区分布和专业结构上也不平衡，就业困难只是结构性的问题，但不解决好将会影响在校生的思想，影响社会稳定。党和政府历来高度重视毕业生就业工作，制定了一系列重大决策，毕业生就业工作取得了重大进展。各级共青团组织、教育行政部门和学联组织，要积极采取措施，进一步做好促进高校毕业生就业工作，帮助高校毕业生实现充分就业。

一、意义

进一步做好促进高校毕业生就业工作，不仅是经济问题和社会问题，更是一项事关全局的政治问题，对于维护改革发展稳定的大局，促进党和国家就业和再就业工作具有重要意义。高校毕业生是宝贵的人才资源。帮助高校毕业生实现充分就业，使其在全面建设小康社会的宏伟事业中更好地发挥积极性、主动性和创造性，是各级共青团组织、教育行政部门和学联组织贯彻“三个代表”重要思想，大力开发人力资源，服务经济社会发展的重要举措。

二、主要措施

1. 大力加强思想政治工作，引导毕业生树立正确的择业观、就业观和成才观。通过组织形势报告会、开展社会实践活动等多种形式，帮助毕业生全面了解我国经济社会的发展状况和正确分析就业形势，转变计划经济下毕业就业的陈旧观念，树立行行建功、处处立业的就业成才观，鼓励他们抓住西部大开发、小城镇和城市社区建设、产业结构调整等契机，到西部就业，到中小城市和社区就业，到中小企业就业。树立一批投身西部大开发、投身农村乡镇和城市社区建设、自主创业、在祖国最需要的地方成长成才的毕业生的先进典型，宣传一批支持子女正确择业就业创业的毕业生家长的优秀事迹。要及时了解掌握应届毕业生的状况，有针对性地开展深入细致的思想政治工作，并为毕业生排忧解难，做好相应的服务工作。

2. 切实做好大学生就业指导和就业信息服务。充分利用高校网络普及率高的优势，建立网上就业服务体系，向毕业生提供就业政策指导和用人岗位信息，向社会用人单位提供高校毕业生信息，把用人单位的需求和大学毕业生的求职愿望进行全方位对接。积极联合其他有关部门组织专业人士进校园，为毕业生提供毕业就业设计咨询服务，指导毕业生根据自己的实际状况正确选择就业方向。要广泛动员学校内部各个部门多渠道、多媒体向社会推荐优秀毕业生，形成积极的导向。同时，各级共青团组织要积极协调青联组织、青年企业家协会、青年乡镇企业家协会等做好相应的工作。

3. 全面推进大学生素质拓展计划，不断提高大学生就业创业本领。要全面实施大学生素质拓展计划，通过职业导航设计、素质拓展训练、建立评估体系、强化社会认同四个环节，帮助大学生在入校之初和在学期间就能树立与自身条件相适应的从业目标，并围绕这一目标在加强专业知识学习的同时，有针对性地进行全面素质培养。要把素质拓展的项目更有针对性地与社会对大学生就业创业的需求结合起来。

4. 积极扶持大学生通过自主创业实现就业。毕业生自主创办科技性、服务性企业，既实现自我就业，还能够提供更多的就业岗位，是今后大学毕业生就业的重要途径之一。要组织优秀青年企业家对有意向有条件的毕业生进行创业指导和辅导。要广泛吸纳社会资源，多层次多渠道设立专门的风险投资基金，为大学毕业生创办企业提供资金支持。继续办好“挑战杯”全国大学生课外学术科技作品竞赛和创业计划竞赛，积极推动学生科技成果转化工作，帮助大学生凭借知识优势自主创业。

5. 努力开辟灵活、临时的就业渠道。积极联合有关部门出台相关政策，建立志愿服务保障制度，借鉴已成功实施的“青年志愿者扶贫接力计划”的经验，鼓励高校毕业生参与志愿服务，到农村支教、支农、支医、扶贫。招募大学毕业生担任乡镇和城市社区的专职团干部，既加强基层团组织建设，提高基层团干部素质，又在一定程度上延缓大学生就业压力。

三、工作要求

1. 高度重视。把促进高校毕业生就业工作作为学习贯彻党的十六大精神和“三个代表”重要思想的重要措施，作为维护改革发展稳定大局的重要途径，作为服务青年学生成长成才的重要内容，共同抓紧做实做好。各地要努力做到目标明确、措施到位、保障有力，确保这项工作能够顺利、健康开展。

2. 扎实推进。以办事业的精神和项目化的方式推进高校毕业生就业工作。把帮助多少大学生实现就业作为衡量服务青年学生工作成效的重要标准，努力把促进高校毕业生就业工作提高到一个新的水平。

3. 建立机制。立足于工作的长期开展，努力构建科学规范的运行机制，实现促进高校毕业生就业工作的措施与党和国家就业和再就业工作的接轨。建立促进高校毕业生就业的检查评价体系，大力宣传工作开展得好的单位和个人，推动此项工作向纵深发展。

共青团中央、全国学联、全国少工委关于协助做好大中小学生非典型肺炎预防和控制工作的通知

2003年4月18日

各省、自治区、直辖市团委、学联、少工委，全国铁道团委，全国民航团委，中直机关团工委，中央国家机关团工委，中央金融团工委，中央企业团工委：

自我国一些地区发生非典型肺炎疫情以来，党中央、国务院对此十分关心、高度重视，胡锦涛总书记、温家宝总理等中央领导同志多次做出重要批示，多次召开会议研究，采取了一系列重大措施。各地区、各部门按照中央要求做了大量工作，非典型肺炎防治工作取得了很大成绩，但非典型肺炎防治工作面临的形势依然严峻。学校是人员高度聚集的场所，学校预防和控制非典型肺炎工作应采取更为严密、严格的措施和快速反应机制，坚决阻断非典型肺炎在学校的传播。为贯彻落实中央领导同志指示和全国非典型肺炎防治工作会议精神，动员学校共青团、学联和少先队组织，协助做好大、中、小学生非典型肺炎预防和控制工作，现将有关事项通知如下。

（一）高度重视，提高对疫情预防和控制工作认识。做好预防和控制非典型肺炎的工作，直接关系到学生的身体健康和生命安全，关系到校园和社会的稳定。各级共青团、学联和少先队组织要从贯彻“三个代表”重要思想和十六大精神的高度，充分认识非典型肺炎预防和控制工作的重要性、复杂性和艰巨性。要在党委、政府的统一领导下，全力协助做好预防和控制工作。学校团委、少先队组织主要负责人要亲自抓，要有专人负责这项工作，在了解信息、反映情况和稳定学生情绪等方面发挥重要作用。

（二）密切配合，发挥学校党政助手作用。学校团组织、学生会和少先队要按照学校党政

对防治疫情工作的统一部署，积极参与，主动服务，动员各级团干部、学生干部和少先队辅导员，狠抓各项预防和控制措施的落实。已发现疫情的学校，要配合党政部门采取行之有效的防治措施，防止疫情出现反复，力争尽快消除疫情；未发现疫情的学校，要保持高度警惕，加强监控和防范，切实维护广大同学的健康安全。发现疫情的地方，团学组织和少先队要根据实际情况，近期不要举行大型活动尤其是室内大型活动。

（三）加强宣传，普及预防知识和方法。利用墙报、广播、校园局域网和健康教育课等多种形式，宣传党和政府关于预防和控制非典型肺炎一系列政策措施，向广大同学介绍疾病预防知识和防治措施。鼓励并动员学生多到户外进行身体锻炼、提高免疫能力，强调搞好个人卫生、养成良好卫生习惯的重要性。要通过扎实细致的工作，澄清各种不实信息，进一步疏导学生情绪，稳定学生思想。

（四）完善制度，保证信息畅通。建立、完善值班制度和疫情信息报告制度。密切关注学生的健康状况，及时掌握疫情，一旦发现，迅速向学校党政和上级共青团、学联和少先队组织提供及时、准确的信息，为齐心协力打好非典型肺炎防治工作的攻坚战，努力夺取防疫工作的胜利做出应有的贡献。

各地各校情况，请于每天下午5时前报团中央学校部和少年部。

学校部电话：010—85212180

传　　真：010—85212336

少年部电话：010—85212090

传　　真：010—85212326

共青团中央关于实施中学生素质拓展计划的意见

2003年9月10日

为深入贯彻《中共中央国务院关于深化教育改革全面推进素质教育的决定》（中发〔1999〕9号）和《国务院关于基础教育改革与发展的决定》（国发〔2001〕21号）精神，适应中学生升学和就业的需要，全面推进素质教育，进一步开发青年人力资源，培养有理想、有道德、有文化、有纪律的社会主义建设者和接班人，共青团中央决定在全国中学生（含全日制初级中学、普通高级中学、中等职业学校和民办学校学生，下同）中实施中学生素质拓展计划。现提出以下意见。

一、实施目的

中学生素质拓展计划是共青团组织实施的一项优化课外活动内容、促进学生全面发展的素质教育计划，旨在全面贯彻党的教育方针，以邓小平理论和“三个代表”重要思想为指导，以育人为目标，以培养中学生的公民意识、创新精神和实践能力为重点，在教育部门的支持和学校党政的领导下，组织开展各种形式的实践教育活动，帮助中学生提高综合素质，成为社会主义现代化事业所需要的合格人才。

实施目的是以素质拓展计划统揽中学共青团工作，通过对学生参与素质拓展的经历和成绩进行客观记录和评价，实现中学共青团参与素质教育的有形化；通过中学生素质拓展手册与雏鹰奖章、大学生素质拓展证书紧密衔接，实现大、中、小学实践教育活动的系统化；通过促进中学生在德智体美方面协调发展，实现中学共青团工作的全面活跃。

二、主要内容

思想道德教育活动。深化中学生18岁成人仪式教育，开展公民意识教育、法制教育、志愿服务、成人仪式等活动，加强对中学生的爱国主义教育，帮助他们增强社会责任感和法制观念，促进文明习惯的养成，培养良好的道德品质，提高他们的思想道德素质。

科技创新创造活动。开展创造发明、科技竞赛、科技夏令营、科技周等活动，帮助中学生学习科技知识，掌握科学方法，培养科学精神和创新创造精神，树立科学思想和科学态度，逐步形成科学的世界观和方法论，提高他们的科技素质。

技能训练实践活动。开展生产实习、公益劳动、勤工助学、技能比赛等社会实践活动，关注中学生个体差异，科学引导他们的兴趣爱好，帮助他们掌握实用技能，培养动手能力和团队精神，增强他们适应社会生活的能力。

健康审美活动。开展各种体育和艺术活动，举办心理健康教育等各种培训，帮助中学生培养健康意识、良好的心理素质和行为习惯，提高审美能力和人文素养，具备健康的审美情趣，形成健康的生活方式和高尚的情操。

为保证素质拓展计划的顺利实施，争取把计划的实施纳入学校德育工作的总体规划中；争取教育、劳动、人事等部门和其他社会力量在政策、信息和培训等方面的支持；协同有关行业协会通过专业技能资格证书的颁授，推动中学生接受初步的职业意识培养和技能培训；试行《中学生素质拓展手册》，以思想道德教育等活动的记载为内容，建立记录中学生各学年参加素质拓展计划客观情况的评价机制，为社会和高一级学校评价学生综合素质提供依据。

这项计划，分三年左右时间在各省（区、市）全面展开。2003年，确定105所学校（名单见附件）先行试点；2004年，实施学校达7万所；2005年，力争覆盖全国所有学校。

三、工作要求

加强领导。中学生素质拓展计划是中学共青团参与推进素质教育的有效形式，是服务中学生成长成才的重大举措，要加强对计划实施的领导。省级和地市级团委分别成立领导小组，协调本地活动计划的实施。争取学校党政领导的高度重视和学校有关部门的大力支持，成立领导小组，认真规划，建立制度，精心实施。根据初中、普通高中和中等职业学校在培养目标、课程设置、管理制度等方面的不同特点，分类指导，增强工作针对性。

配套推进。做好素质拓展手册和雏鹰奖章、大学生素质拓展证书的衔接工作，在中学生升学和就业中发挥重要作用。今年先在部分学校试点。各地可根据本地实际情况，结合教育行政部门关于中小学评价与考试制度改革的要求，切实考虑学生内在的、长远的需求，做好计划推进的试点工作，逐步统一品牌，总结经验，探索规律，稳步推进。衔接工作先从有自主招生权的部属和省属高校做起。

构建机制。以计划统揽中学共青团工作，中学生的理论学习、实践教育等工作，均应围绕计划作出安排，并以素质拓展手册的填写和认定过程作为活动的工作机制，确保素质拓展计划全面、长期地实施下去。构建激励机制，对成绩突出的有关单位和个人进行表彰。

附：全国中学生素质拓展计划试点学校名单（共105所）

北　京

北京市景山学校

北京师范大学第二附属中学

北京市十一学校　北京市房山交道中学

北京市求实职业学校

北京市酒店管理职业学校

北京市金融商贸职业技术学校

天　津

天津市新华中学　天津市杨柳青第一中学

天津市经济贸易学校

河　北

石家庄市第二中学　保定市定州中学

唐山市车轴山中学　保定市女子职业中专

山　西

太原市第十二中学　晋城市李寨中学

太原电力学校　运城市风陵渡中学

灵丘县豪洋学校

内蒙古

呼和浩特市第一中学

呼和浩特市第九中学

包头市第二十二职业高中

辽　宁

沈阳市第二中学　鞍山市海城牌楼中学

大连女子职业中专

吉　林

吉林市毓文中学　德惠市第三中学

长春职业技术学院

黑龙江

哈尔滨市第一中学

齐齐哈尔市职业教育中心

林口县龙爪中学

上　海

上海市复旦实验中学　上海市川沙中学

上海市现代职业技术学校

江　苏

南京市第十三中学　东台市安丰中学

江苏省丝绸学校

浙　江

杭州市学军中学　临海市大田中学

临海市中等职业技术学校

安　徽

合肥市琥珀中学　巢湖市炯炀中学

蚌埠市职教中心

福　建

福州市第三中学　建瓯市小桥镇中学

厦门市旅游职业学校

江　西

南昌市第二十八中学　南昌市师范学校

山　东

济南市第二中学　寿光市北洛初级中学

临沂市卫生学校

河　南

郑州市第五十一中学　开封县第一中学

郑州市幼儿师范学校

湖　北

华中师范大学第一附属中学

沙洋县西湖中学

湖北省实验幼儿师范学校

湖　南

长沙市第一中学　澧县第一中学

长沙市广播电视学校

广　东

广州大学实验中学　东莞市长安中学

佛山市财经学校

广　西

梧州市高级中学　扶绥县扶绥中学

南宁市第一中等职业学校

海　南

海口市景山学校　澄迈县白莲中学

海南商业学校

重　庆

巴蜀中学　重庆市江津中学

万县中医药学校

四　川

成都市西北中学　德阳市绵竹中学

四川省医药学校

贵　州

遵义市第一中学　普定县马关中学

贵阳市女子职业学校

云　南

昆明市第三十三中学　玉溪市第二中学

昆明市财经商贸学校

西　藏

拉萨市第八中学　堆龙德庆县中学

西藏综合中专学校

陕　西

西安市第三中学　宝鸡中学

宝鸡市石油中学　宝鸡市凤翔中学

西安艺术师范职业中专

西安实验职业中专

甘　肃

兰州市第八中学　皋兰县什川中学

兰州市文科职业学校

青　海

西宁市第一中学　乐都县第一中学

青海省新世纪中等职业学校

宁　夏

银川市唐徕回民中学　银川市良田中学

银川市第一职业技术中专学校

新　疆

新疆实验中学　昌吉市滨湖乡中学

新疆商业学校

新疆生产建设兵团兵团

农一师第二中学　农八师148团第一中学

兵团高级技工学校

八、少工委

共青团中央办公厅、教育部办公厅、公安部办公厅全国少工委办公室关于开展“中国少年儿童平安行动”的通知

2003年3月25日

各省、自治区、直辖市团委，教育厅(教委)，公安厅(局)，少工委：

少年儿童的安全牵动千家万户，事关少年儿童的切身利益、人民群众的幸福和社会的安定。预防少年儿童意外伤害是保护少年儿童安全的一项十分重要的任务。为深入贯彻十六大精神，全面贯彻“三个代表”重要思想，保护少年儿童的生命安全和身心健康，保证少年儿童拥有良好的健康成长环境，共青团中央、教育部、公安部、全国少工委决定，在少年儿童中开展“中国少年儿童平安行动”。

一、平安行动的宗旨

“中国少年儿童平安行动”是共青团中央、教育部、公安部、全国少工委于2000年4月共同开展的“少年儿童平安回家”活动的深化和拓展，是一项引导全社会都来关注和预防少年儿童意外伤害、促进少年儿童健康成长的社会公益活动，旨在进一步贯彻落实《中华人民共和国教育法》和《中华人民共和国未成年人保护法》，以共青团、少先队组织和教育、公安部门为主导，通过多种方式增强少年儿童自我保护的意识和能力，提高全社会预防少年儿童意外伤害的责任意识，营造全社会维护少年儿童合法权益、为少年儿童健康成长服务的良好氛围。

二、平安行动的内容和形式

少年儿童意外伤害是威胁少年儿童安全的主要因素。开展“中国少年儿童平安行动”，要倡导和组织少年儿童、少先队工作者、家长、

教师、公安民警和社会各方面热心人士，了解日常生活中可能遇到的少年儿童意外伤害的内容，认识预防意外伤害的重要性和紧迫性，调查和发现少年儿童学习、生活、成长环境周围的潜在威胁，开展广泛深入的安全教育活动，预防少年儿童意外伤害的发生。

（一）开展丰富多彩的自护自救活动。共青团、少先队组织要引导少年儿童通过知识竞赛、征文、模拟训练、游戏、课题研究等多种生动活泼的形式，增强自护意识，提高自护自救的本领，人人争当“平安娃娃”。教育行政部门要把“中国少年儿童平安行动”纳入到中小学校安全工作的总体规划之中，支持指导该项活动深入开展。公安部门要结合警民共建，组织警力，采取多种形式帮助少年儿童掌握自护知识，进行自护自救训练。

（二）进行扎实深入的意外伤害调查。深入实际，实事求是，开展少年儿童意外伤害问题调查。一方面将发现的问题、提出的对策和可行方案直接应用到实践中去，为学校、社区和有关方面预防少年儿童意外伤害提供参考。另一方面是有意识、有目的地收集有关少年儿童意外伤害的热点和焦点信息，对各种即时性问题进行剖析，为有关部门制定相关政策法规提供第一手材料。

（三）建立行之有效的社会化工作机制。共青团、少先队组织、教育和公安部门要发挥各自优势，整合社会资源，形成齐抓共管、坚强有力、全面配合的动员推进机制；加强由社会各界专业人士、热心人士等组成的“平安使者”工作队伍建设，形成活跃高效、互为配合的队伍支持机制；围绕预防少年儿童意外伤害的主题，利用好现有的活动阵地，促进新的安全教育活动设施建设，形成运转有效、保障有力的阵地机制。

（四）进一步结合创建优秀青少年维权岗，协调有关部门整治学校周边环境和社区环境，加大对不法和犯罪行为的打击力度，优化少年儿童的成长环境。

三、平安行动的时间和范围

今年3月31日中小学生安全教育日起，在全国各直辖市、省会城市和计划单列市率先启动这项活动，逐步在全国城镇全面展开，长期推进。

四、平安行动的要求

各级共青团、少先队组织、教育和公安部门要认真总结自2000年4月开展“少年儿童平安回家”活动以来创造的好经验、好做法，加强各级团队组织、学校与公安部门的警民共建，确保活动的连续性和有效性。在深化和拓展的基础上，要充分认识这次开展“中国少年儿童平安行动”的重要意义，把这项活动作为深入贯彻十六大精神，全面贯彻“三个代表”重要思想的工作来抓，高度重视，广泛发动，依法办事，按照少年儿童安全教育工作的要求，调动广大少年儿童和有关方面参与到活动中来，使活动具有广泛的群众基础。

各级少先队组织是活动的具体组织者和实施者。各级共青团组织要指导少先队组织开展好这项活动。教育行政部门和学校要依照每年“安全教育日”的主题，支持少先队根据自身特点开展好这项活动。公安部门要将促进这项活动的深入开展，列入当地安全工作的重要议事日程，加强对少年儿童学习和生活周边环境的治理。

各地要充分发动各种媒体做好对活动的宣传，调动社会资源，抓好典型，搞好试点，为开展好这项活动营造良好的舆论氛围和社会环境，促进广大少年儿童和成人树立预防意外伤害的安全意识，增强少年儿童自护自救的意识和能力，为少年儿童营造更安全、更和谐、更快乐的成长环境，帮助少年儿童平安生活、快乐学习、健康成长。

在适当时机主办单位将对活动开展卓有成效的单位和个人予以表彰。

各地贯彻落实的情况，请及时报共青团中央、教育部、公安部、全国少工委。

共青团中央、全国少工委关于认真学习贯彻中共中央总书记胡锦涛给《中华小记者》杂志七名小记者复信精神的通知

2003年6月2日

各省、自治区、直辖市团委，少工委：

“六一”国际儿童节前夕，中共中央总书记、国家主席胡锦涛给《中华小记者》杂志的七名小记者回信，向他们并向全国各族少年儿童致以节日的祝福和亲切的问候，对少年儿童的健康成长寄予殷切希望。各级共青团、少先队组织要认真学习、深刻领会、切实贯彻胡锦涛同志复信精神，教育引导全国亿万少先队员时刻准备着，为祖国的现代化建设和中华民族的伟大复兴贡献力量。

一、充分认识胡锦涛同志复信对当代少年儿童健康成长的重要意义

少年儿童是祖国的花朵，是民族的未来和希望。党和政府历来十分关心少年儿童的成长，重视少先队事业的发展。胡锦涛同志的复信，情真意切，语重心长，充分表达了党和国家对少年儿童的亲切关怀和殷切期望，同时对全党全社会做好少年儿童工作提出了要求，指明了方向，具有重要的现实意义和长远的指导意义。

我国正处在全面建设小康社会、加快推进社会主义现代化的新的发展阶段。中国特色社会主义的正确道路，赋予民族复兴新的强大生机。当代少年儿童的人生历程与祖国在新世纪的前进步伐紧紧相伴，全面建设小康社会的宏伟蓝图将在他们手中绘就，中华民族伟大复兴的奋斗目标将在他们手中实现。胡锦涛同志的复信，对当代少年儿童的健康成长寄予了殷切期望，提出了明确要求，必将激励亿万少年儿童沿着党指引的方向茁壮成长。

当前，全国人民在同非典型肺炎的斗争中，奏响了一曲曲万众一心、众志成城，团结互助、和衷共济，迎难而上、敢于胜利的壮歌。这是伟大的民族精神在这场斗争中的集中体现。胡锦涛同志的复信，是送给全国少年儿童的一份珍贵礼物，必将激励亿万少年儿童在与全国人民一道抗击非典型肺炎的斗争中体验中华民族绵延五千年的伟大精神，在日常的学习和生活中汲取民族精神蕴涵的强大力量，将不屈不挠、自强不息的民族精神代代相传。

二、深刻领会胡锦涛同志复信对新时期共青团、少先队工作提出的新要求

胡锦涛同志的复信，饱含着党和国家在非常时期对少年儿童的健康、生活和学习的惦念，饱含着对全国少年儿童经历磨练和锻炼，为祖国的现代化建设和中华民族的伟大复兴做好全面准备的鼓励。各级共青团、少先队组织要从自觉实践“三个代表”重要思想的高度，认真学习、深刻领会胡锦涛同志复信精神，进一步肩负起党赋予的神圣职责，满腔热忱、千方百计为少年儿童的身体健康和成长进步创造更为有利的条件，把服务、教育、引导少年儿童的工作做得更好。

各级共青团组织要进一步履行好党赋予的全团带队的光荣职责，与教育行政部门一道，全面贯彻党的教育方针，坚持教育为社会主义现代化建设服务，为人民服务，与生产劳动和社会实践相结合，培养德智体美全面发展

的社会主义事业接班人。要把弘扬和培育民族精神作为少年儿童工作的极为重要的内容，使少年儿童从小树立远大理想、坚定爱国信念，学习科技知识、掌握报国本领，培养优良品德、锻炼强健体魄，从各方面提高自身素质，努力成长为中国特色社会主义事业的合格建设者和接班人。

各级少先队组织要坚持把竭诚为少年儿童健康成长服务作为全部工作的出发点和落脚点，一切为了孩子，为了一切孩子，为了孩子的一切，从少年儿童健康、生活和学习的多方面需求入手，尽心竭力为他们办实事、办好事。要以体验教育为基本途径全面推进素质教育，深入开展“实现宏伟蓝图，做好全面准备”活动，在少年儿童中大力弘扬和培育民族精神，培养良好的行为习惯，不断提高少年儿童的综合素质。

各级共青团、少先队组织要在党和政府的领导下，进一步争取全社会的重视和支持，与有关方面密切配合，齐抓共管，下大气力解决好少年儿童工作中存在的突出问题，大力加强少年儿童素质教育，切实维护少年儿童的合法权益，进一步加大对少年儿童事业的投入，努力形成人人关心少年儿童、爱护少年儿童、为少年儿童办好事、为少年儿童作表率的良好风尚。

三、把胡锦涛同志复信精神落实到培养少年儿童的各项工作之中

各级共青团、少先队组织要通过多种形式，把胡锦涛同志复信精神迅速传达到每一名共青团干部、少先队辅导员、少先队工作者之中，传达到每一名少先队员之中，把学习贯彻胡锦涛同志复信精神的工作落到实处，长抓不懈。

要帮助广大团干部进一步认清服务少年儿童健康成长的职责，从各自工作实际出发，积极投入到关心、爱护少年儿童的工作中来。不仅要真心实意做好团的工作，还要真心实意帮助少年儿童健康成长，千方百计为少年儿童的成长进步创造有利条件。

要帮助广大少先队辅导员、少先队工作者进一步树立正确的儿童观、教育观和人才观，爱岗敬业，做少年儿童最亲密和最信赖的朋友。适应教育改革与发展的要求，努力提高思想素质和业务素质，积极实践和探索符合素质教育要求的少先队工作新方式、新途径，用先进的思想启迪少年儿童，用先进的文化熏陶少年儿童，用生动的实践锤炼少年儿童，切实担负起培养亿万中国特色社会主义事业合格建设者和接班人的光荣任务。

要帮助广大少先队员认真学习、真切体会胡锦涛同志复信所蕴含的丰富内涵，通过主题队会、座谈讨论、交流心得等方式感受党和国家的关怀和厚望，通过开展学校和社区丰富多彩的少先队活动实践党和国家的要求，通过加强小队、中队集体建设创造学习、生活、实践和进步的乐园。把胡锦涛同志复信精神化作成长进步的动力，不断提高自身素质，在学校里做一个好学生，在家庭中做一个好孩子，在社会上做一个好少年，努力做到德智体美全面发展，为少先队事业增添新的光辉，从小为祖国的现代化建设和中华民族伟大复兴做好全面准备。

各级共青团、少先队报刊、网络等宣传舆论阵地都要为学习、宣传、贯彻好胡锦涛同志复信精神做好工作。

各地要将贯彻落实情况及时报全国少工委办公室。

共青团中央关于加强全团带队的意见

2003年10月8日

为深入贯彻"三个代表"重要思想，落实团的十五大和《团章》的要求，进一步加强全团带队工作，提出如下意见。

一、充分认识新世纪新阶段加强全团带队的重要性

全团带队是党赋予共青团的重要职责，也是为党输送新鲜血液，保证党的事业后继有人的必然要求。共青团是党的助手和后备军，少先队是党亲手创立并委托共青团领导的少年儿童学习中国特色社会主义和共产主义的学校。党把共青团的事业作为党的事业的重要组成部分，把少先队事业的蓬勃发展作为党的事业始终保持生机和活力的重要源泉。自少先队成立之日起，党就把带领少先队的任务赋予了共青团。一代又一代优秀少先队员成为共青团员，在共青团这所大学校中又有大批优秀团员按照党指引的方向健康成长，跨入党的行列，使我们党始终充满生机与活力，不断将党的事业推向前进。

少先队工作是共青团工作的基石，也是共青团工作的重要组成部分。跟随共青团前进的步伐，少先队走过了50多年的光辉历程。少先队在各个历史时期开展的生动活泼、丰富多彩、独具特色的活动，为促进少年儿童的成长进步发挥了不可替代的重要作用，有力地促进了共青团事业的不断发展。加强全团带队，为共青团实现自身事业的发展夯实了基础。

加强全团带队是引导少年儿童健康成长，承担起全面建设小康社会和实现中华民族伟大复兴历史重任的需要。我国正处在全面建设小康社会，加快推进社会主义现代化建设的新阶段。当代少年儿童的人生历程与祖国在新世纪的前进步伐紧紧相伴。实现全面建设小康社会的宏伟目标和中华民族伟大复兴的重任，将历史地落到他们的身上。共青团只有充分发挥少先队组织团结教育少年儿童的核心作用，才能把广大少年儿童团结好、教育好、带领好，也才能更好地引导少年儿童为推进祖国新世纪大业做好全面准备。

长期以来，各级团组织认真履行全团带队的光荣职责，探索和积累了丰富的经验。面对我国改革发展稳定的新形势，面对深化教育改革，推进素质教育的新进展，面对当代少年儿童成长的新特点，少先队工作必须加强不能削弱。当前，特别要进一步加强少先队工作机构和工作队伍建设，进一步活跃少先队的基层组织，进一步提高团队组织服务少年儿童健康成长的能力。因此，各级团组织必须从战略的高度充分认识进一步加强全团带队的重要性，采取切实有力的措施，把这项工作进一步做实抓好。

二、加强全团带队的总的要求和基本原则

加强全团带队的总的要求是：以"三个代表"重要思想为指导，按照党的要求，进一步加强对少先队的领导，支持少先队创造性地开展工作，在全面推进团的建设的过程中，带领和推动少先队的基层建设，不断增强基层少先队组织在少年儿童中的吸引力、凝聚力和影响力，努力提高少年儿童各方面的素质，把广大少年儿童紧密团结在党的周围，确保党的事业后继有人、兴旺发达。

加强全团带队要遵循以下基本原则：

——坚持团建带队建。借鉴党建带团建

的经验，依托团建带队建，把少先队建设纳入团的建设总体规划，把党的要求落实到少先队工作之中。

——坚持实践育人。发挥少先队组织在实践中育人的优势，围绕素质教育开展丰富多彩的体验活动，探索少年儿童思想道德教育的有效方式。

——坚持整合社会资源。充分调动社会各方面的积极性，形成关心少先队工作的合力，为少先队工作的发展创造有利条件，为少年儿童的健康成长营造良好环境。

——坚持改革创新。从基层共青团组织和少先队工作的实际出发，以改革的精神不断研究全团带队工作面临的新情况，总结新经验，探索新规律，解决新问题。

三、切实履行好全团带队的职责

全团带队关键在“带”。各级团组织、广大团干部和团员青年，要增强全团带队的责任意识，履行好这一职责。

1. 带思想建设，帮助少先队坚定正确的方向。

带思想建设是履行全团带队职责的首要任务。各级团组织要切实加强对少先队组织的思想政治领导，使少先队组织自觉贯彻落实“三个代表”重要思想，用先进的思想启迪少年儿童，用先进的文化陶冶少年儿童，用生动的实践锻炼少年儿童，使其成为未来生产力的创造者和推动者，先进文化的继承者和弘扬者，最广大人民利益的服务者和维护者。支持少先队根据少年儿童的特点及其成长规律，以体验教育为基本途径开展丰富多彩的活动，教育引导少年儿童从小树立坚定的理想信念，为长大后全面建设小康社会和实现中华民族的伟大复兴努力提高各方面的素质，打牢思想基础。充分发挥少先队组织在思想教育中的作用，指导少先队组织了解党的历史和改革开放以来我国各方面发生的巨大而深刻的变化。深入开展爱国主义、集体主义和社会主义教育，弘扬和培育民族精神，以重大活动、纪念日、建队日为契机，开展主题教育活动，使思想教育渗透到少年儿童日常的学习、劳动、娱乐、生活之中。指导少先队组织认真贯彻《公民道德建设实施纲要》，引导少年儿童从小养成良好的道德习惯和健康的心理品格，成为有理想、有道德、有文化、有纪律的一代新人。

要加大对少先队思想道德教育工作的投入，充分发挥青年社团和各种青少年教育阵地的作用，丰富教育手段，扩大教育的覆盖面，争取有关部门的支持，利用报刊、广播、电视、互联网等现代大众传播媒介树立正确的导向。

2. 带组织建设，巩固和打牢少先队工作的基础。

带组织建设是履行全团带队职责的基础工作。各级团组织对基层少先队组织负有指导的责任。要坚持有利于团对少先队工作的领导，有利于少先队职能的发挥，有利于服务少年儿童健康成长，有利于少先队事业发展的原则，重视和支持少先队组织在巩固发展上进行探索和创新。各地各类中小学团组织都要发挥带队作用，切实加强少先队大、中、小队建设。适应现代农业的要求和共青团“强乡带村”的工作思路，在加强农村基层团组织建设的同时，加强农村乡镇中心校的少先队组织建设，发挥其示范作用，牵动村级少先队组织建设。按照有组织、有阵地、有制度的基本要求，让农村学校的中小队活跃起来。根据农业产业化的发展趋势，与农村经济组织、社会组织相结合，积极探索在农业基地、重点企业、第三产业和特定经济区域建立少先队基层组织，拓展工作平台。在城市社区，要在加强街道团工委建设、配齐配强团干部的同时，加强少先队组织建设，依托团建抓队建，探索少先队由校内向校外广泛拓展，让少年儿童在社区等地方都能找到自己的组织，把少年儿童更有效、更广泛地组织起来。凡是建立团支部的居委会都应建立少先队大、中、小队组织，形成以街道团工委为核心，以热心少年儿童教育的，有时间精力参与社区少先队活动的各方面人士，包括家长、离退休老同志、青年志愿者等为骨干，以丰富多彩的活动为载体的少先队开放、灵活、协调、充满活力的组织网络。适应目前办学模式的发展变化，积极探索在民办等各类非公立学校中建队的方式，总结推广经验，使适龄少年儿童都能加入到队组织中来。中学共青团组织要加强对少先队员入团前的培养教育，帮助中学少先队组织做好推荐优秀少先队员作团的发展对象的工作。设在团委内的少年工作部门同时是少先队工作委员会的日常工作机构，不能等同于一般业务部门，更不能以任何理由随意撤销或合并。要根据各地机构改革的新情况，建立健全少先队的各级工作机构，保持必要的编制。要加大少年工作干部交流的力度，优化少工干部队伍结构，保持这支队伍的朝气与活力。

3. 带队伍建设，建设高素质的少先队工作者队伍。

带队伍建设是履行全团带队职责的关键环节。各级团组织要进一步建立和完善选拔、配备、培训和激励等相关制度和措施，为优化辅导员队伍结构、全面提高辅导员素质提供重要保证。落实团中央、教育部《关于进一步加强少先队工作的意见》（中青联发〔2000〕37号）要求，与教育部门一道做好辅导员的选配和聘任工作，将热爱少年儿童、熟悉少年儿童工作、作风正派、年富力强的优秀教师选拔到辅导员岗位上来，从源头上保证辅导员队伍的高素质并保持相对稳定。大队辅导员按不低于副教导主任的条件来选拔、配备。各省（区、市）、地（市）团委应设总辅导员，各县（市、区）团委要在本单位或争取在教育部门设总辅导员。县（市、区）、乡（镇）总辅导员工作调动时，在征求上级团委和教育行政部门意见后，才能履行解聘手续，并做到随缺随补。

各级团组织要重视加强对辅导员政治素质和业务素质的提高，采取多种方式，加大培训力度，按照全国、省（区、市）、地（市）、县（市、区）四级分级负责，分类推进。发挥各级团校的作用，中央团校和各级团校按照团中央、全国少工委培训计划的要求定期培训辅导员。各级团校在团校教学中要把讲授少先队工作列入正式课程。争取教育部门的支持，抓好辅导员在职学习，鼓励他们参加函授自学考试和在职攻读硕士及以上学位，引导辅导员结合岗位职责和任务刻苦学习，学以致用，提高他们实施素质教育的自觉性和能力。建立辅导员表彰奖励制度，激励辅导员爱岗敬业，无私奉献，全国优秀少先队辅导员每五年表彰一次，“全国十佳少先队辅导员”每年表彰一次。在共青团组织相关的各类表彰中，辅导员要占一定的比例，特别要增加对农村辅导员的表彰比例，努力营造吸引优秀人才做少先队工作的良好环境。

各级团组织要注意调查了解少先队工作的困难，及时向党委、政府反映辅导员的意见和要求，积极协调落实有关政策规定。在不断巩固学校辅导员队伍的基础上，壮大志愿辅导员队伍。发挥关心下一代工作委员会的作用，组织动员老模范、老同志，选派部队、企业、机关、高校等优秀党团员担任志愿辅导员，努力实现城市农村学校大队、中队以及每个社区小队都有一名志愿辅导员。加强各级少先队工作学会建设，广泛吸收大学、科研院校等各个领域的专家学者参与少先队的理论研究，争取教育部门支持，把少先队教育研究纳入实施素质教育的科研体系建设之中，形成一支少先队理论研究社会化的专业队伍。

4. 带工作发展，促进少先队工作水平的不断提高。

带工作发展是履行全团带队职责的重要任务。各级团组织要指导少先队组织围绕党的中心工作和少年儿童的成长需要开展各项工作和活动。将少先队工作纳入本地区、本单位团的工作规划和要点，给少先队组织把方向，提要求，交任务，加强工作的指导和落实，努力解决工作中的困难和问题。县级以上团的领导机关负责人中要有专人分工负责少先队工作，委员会或常委会每年研究少先队工作应不少于两次。县（市、区）总辅导员是团员的，要吸收其作为团的委员会委员。县级以上团的领导机关负责少先队工作的同志应是常委会成员，不是常委会成员的，根据工作需要，应列席团的常委会，以利于少先队工作负责同志及时了解落实党、团组织的工作意图，更好地抓好少先队工作。要支持少先队组织依据队章创造性地开展工作，要尊重爱护关心理解少年儿童，切实维护少年儿童合法权益。在研究制定涉及少年儿童工作的政策时，认真听取少先队组织的意见。在成立有关青少年工作机构时，注意吸收少先队干部参加。

要牢固树立服务意识，增强服务能力，提高服务水平。发挥团的青工、青农、学校、政法、科技等战线的基层组织和团干部、团员在全团带队工作中的作用。农村的有关组织，企业事业单位，教育科研机构，立法、司法、行政的相关部门的团组织都要利用自己的资源和优势，参与对少先队工作的指导，为少先队员提高各方面的素质服务。团干部和团员要积极参加少先队组织的活动，心里想着少年儿童，努力接近少年儿童，切实服务少年儿童。要协调推动各方面力量关心支持少先队工作，为少先队组织开展工作创造良好的环境。积极争取财政部门的支持，把少先队工作经费纳入各级财政预算。各级团委每年应划拨10%的团费专门用于少先队辅导员的奖励和培训。对于少先队重大的专项活动，要给予必要的专项拨款。基层团组织要争取社会各界的支持，充分利用各级各类校外教育机构，加强区、县、街道、居民小区、村等综合性、社区性少年儿童校外教育活动阵地建设，大力发展和建设各种少先队校外教育基地，支持鼓励发展团属少先队事业。各级团属的面向少年儿童的事业单位，是少先队事业的一部分，各级团组织要按照少先队事业发展的总体要求，加强管理，把社会效益放在第一位，使他们成为少先队组织服务少年儿童健康成长的延伸手臂。

四、加强领导，把全团带队落到实处

各级团组织要以对党的事业高度负责的精神，进一步明确少先队工作在共青团事业中的基础地位，始终把少先队工作纳入共青团工作的整体格局之中。要建立以团委主要负责同志负总责的责任制，一级抓一级，一级带一级，逐级负责，层层抓落实。要把少先队建设纳入团建的总体规划，把少先队建设的目标任务纳入团建的目标任务，将团带队工作情况纳入团的工作考核指标，做到一同研究，一同部署，一同落实，一同检查。团带队工作不合格的，其所在团组织不能评优。各级团组织特别是主要负责同志要像抓好团的自身建设那样，以强烈的责任感和使命感，悉心抓好团带队工作，切实履行好团带队的光荣职责。

县以上团的领导机关要重视少先队的基层建设，牢固树立服务意识，不断转变工作作风，深入基层，调查研究，加强指导，搞好服务，帮助少先队组织解决实际困难和问题。坚持与时俱进，以改革的精神研究新情况，总结新经验，创新少先队的组织方式和活动方式，不断提高少先队组织吸引力、凝聚力和影响力。

各级团组织的少年工作部门是团带队的职能部门，负有重要责任。要从实际出发，提出团带队的工作思路。研究制定团带队的具体工作措施，做好有关规划、指导、协调工作，推动团带队在基层的落实。今后各级团组织要定期对团带队工作进行检查，团中央也将适时对各级团组织的团带队工作进行检查考核。

九、权益

共青团中央办公厅关于动员城市社区团员青年积极参与预防和控制非典型肺炎工作的通知

2003年4月28日

共青团各省、自治区、直辖市委：

当前，我国部分地区出现了非典型肺炎疫情。按照党中央、国务院的统一部署，各地加强非典防治工作正在迅速展开。城市社区是广大居民和青少年居住和生活的地方。为帮助社区居民和青少年增强防病意识、掌握基本防治方法，协助政府更快、更好地预防和控制疫情，赢得这场特殊战役的全面胜利，根据团中央的统一要求，社区团组织和团干部要紧急行动起来，动员城市社区广大团员青年在当地党政领导下，配合协助有关部门，积极参与预防和控制非典型肺炎工作。现将有关要求通知如下：

一、提高思想认识，认清社区防疫形势

非典型肺炎是一种新发现的传播性很强的传染病。因其流行特点还没有完全掌握，鉴别、诊断和治疗困难，防治工作具有相当的艰巨性、复杂性。由于该病主要在城市传播和蔓延，而城市社区又是人口密集、流动性大、外来人员多的区域，各级团组织要从实践“三个代表”重要思想，维护社区青少年和社区居民根本利益的高度，充分认识防治非典工作的重要性和迫切性，全力以赴地做好各项工作。要把动员城市社区团员青年参与非典防治工作，作为当前社区共青团工作的首要任务，作为深化“青年文明社区”创建活动的一项重要内容来抓。要充分发挥团组织的政治优势，切实做好社区居民和青少年的思想政治工作，积极宣传党中央、国务院关于防治非典型肺炎的大政方针、战略部署，让广大社区居民和青少年知道非典型肺炎可防、可治，及时解疑释惑，消除恐惧心理，保持正常的生产、生活、学习秩序，维护社会稳定。

二、加强防治宣传，增强自我防范能力

社区团组织要充分依托社区青少年服务中心、“大家乐”广场等各类社区青少年活动阵地和宣传阵地，利用黑板报、宣传栏、信息咨询等形式向社区居民和青少年进行科普教育，广泛宣传非典的预防、治疗和控制的科学知识，宣传卫生部发布的社区综合性预防措施（试行），让社区居民和青少年了解和掌握预防非典的好经验、好作法，帮助居民树立“三勤”、“四早”（勤洗手、勤换衣、勤通风；早发现、早报告、早隔离、早治疗）的意识，教育社区居民和青少年尤其是进城务工青年高度重视自身防护，养成良好的卫生习惯和健康的生活方式。同时，要积极利用社区有利条件，组织开展适宜的健身运动，增强全民体质，使社区真正成为抵御疫情蔓延的第一道防线。

三、突出重点群体，开展青年志愿者服务

社区团组织要动员社区团员青年加入志愿者队伍，积极行动起来，为医务人员家属、进城务工青年、非典患者家庭等重点群体提供志愿服务，帮助他们解决实际困难。

——开展“为‘白衣天使’献爱心行动”。在抗击非典的斗争中，广大医务工作人员发扬救死扶伤、奉献爱心的优良传统，舍家离子、夜以继日地奋战在战争的第一线，谱写了一曲曲感人的生命赞歌。社区青年志愿者要主动宣传他们的感人事迹，在社区弘扬临危不惧、舍己为人的精神；要发动团员青年为白衣天使捐献“爱心包”，组织开展慰问战斗在第一线的广大医务工作人员家属的活动，照顾好他们的生活，解除一线医务人员的后顾之忧。

——开展“关爱进城务工青年行动”。城市社区中进城务工青年数量多、流动性大、卫生状况差，是感染和传播非典型肺炎的高危人群。城市社区团组织要积极主动配合政府及相关职能部门，关心进城务工青年的起居生活，力所能及地为他们送去生活用品和消毒药品，解决生活上的实际困难；要组织青年志愿者通过发放宣传画、知识手册等宣传资料在务工青年中重点宣传、普及防治知识，帮助他们养成良好的卫生习惯和健康的生活方式；要通过送书送报、组织文体活动等形式丰富进城务工青年的业余生活；要做好细致的思想工作，帮助他们消除恐慌心理，劝其近期不要返乡探亲访友和外出旅游，以切断疫情传播途径，控制疾病蔓延。

——开展“非典患者家庭关怀行动”。社区青年志愿者要积极配合社区居委会和有关部门主动关怀非典患者的的家庭，对已经康复出院的患者及其家属，要从思想上、生活上予以关心、帮助，减少患者的精神负担。对有困难的非典患者家庭，要组织青年志愿者进行慰问，帮助解决实际困难，保障有困难的非典患者及家庭的基本生活。

四、开展“清洁日”行动，净化社区卫生环境

社区团组织要积极动员社区青少年广泛参与爱国卫生运动，开展社区“清洁日”行动。一要带头做好家庭卫生，保持洁净的生活环境；二要协助卫生防疫部门定期对社区内公共场所以及外来人员密集的居住地、工作场地进行消毒、通风；二要开展卫生大扫除活动，对社区内的卫生死角进行重点治理，同时做好灭蝇、灭鼠、灭蟑螂工作，改善社区卫生环境。

各级团组织要及时了解掌握基层开展非典型肺炎防治工作的情况，注意挖掘社区中抗击非典斗争中涌现的青年典型和先进事迹，对好的做法和经验要及时总结、宣传，并上报团中央社区和维护青少年权益部。

共青团中央、中央社会治安综合治理委员会关于共青团组织进一步参与社会治安综合治理工作的意见

2003年7月9日

长期以来，各级共青团组织积极参与社会治安综合治理工作，为实现社会治安明显进步、维护社会稳定做出了贡献。为了深入学习贯彻党的十六大精神和“三个代表”重要思想，贯彻落实好《中共中央、国务院关于进一步加强社会治安综合治理的意见》，充分发挥共青

团组织在社会治安综合治理中的积极作用，现就共青团组织进一步参与社会治安综合治理工作提出如下意见：

一、充分认识共青团组织参与社会治安综合治理工作的重要意义

社会治安的状况关系到青少年一代的健康成长，关系到人民群众的生产生活，关系到经济、社会的发展，关系到国家的长治久安。社会治安综合治理是一项复杂的社会系统工程，需要社会各方面力量共同参与。青年是社会中最富有朝气、最富有活力、最富有创造性的群体，是我国改革开放和现代化建设的一支生机勃勃的力量，是维护社会稳定的重要力量。动员和组织广大青少年参与社会治安综合治理，是共青团服务大局，服务青年，参与社会主义物质文明、政治文明、精神文明建设的需要。共青团作为党的助手和后备军，要动员广大共青团员和青少年积极参与社会治安综合治理，把这项工作纳入到青年工作的总体规划中，作为共青团工作的一项重要内容，切实抓紧抓好。

二、加强青少年的理想、道德和法制教育，提高青少年素质

用党的十六大精神和“三个代表”重要思想教育青少年，引导广大青少年树立建设中国特色社会主义、实现中华民族伟大复兴的坚定信念；树立报效祖国、服务人民的远大理想，增强贯彻执行党的基本路线的自觉性和坚定性。充分发挥团属报纸、杂志、网络等宣传舆论阵地的作用，牢牢把握正确的舆论导向，唱响主旋律，进一步加强青少年思想道德和法制教育，在青少年中倡导“爱国守法、明礼诚信、团结友善、勤俭自强、敬业奉献”的公民道德规范。以社区青少年法律学校为重要阵地，大力宣传《未成年人保护法》和《预防未成年人犯罪法》，使全社会都来关心、爱护青少年的健康成长；通过生动活泼的法制教育活动，帮助广大青少年知法、懂法、守法，增强法制观念，抵御犯罪，防范侵害，依法维护自身的合法权益。组织开展适合青少年特点、便于参与的各种社会实践活动，引导青少年从我做起，从一点一滴的小事做起，逐渐养成良好的道德习惯。

三、深化创建“青年文明社区”活动

继续开展全国“青年文明社区”创建活动，从推动城市文明建设的战略高度出发，发挥“青年文明社区”示范城(区)的带动作用和城(区)在城市建设中承上启下的作用，形成城(区)、街道、社区共同推进青年文明社区创建的整体态势。在城市社区广泛建立“青年中心”，加强社区共青团和少先队的组织建设，加强对社区内青少年团体的协调和管理，协助政府管理青少年事务，把社区青少年团结在共青团组织周围，积极参与社区文明建设。积极引导社会资源向社区倾斜，使学校、家庭和社会的力量在社区有机结合起来，形成教育资源在社区共享，服务项目在社区结合，青年情况在社区沟通，预防违法犯罪工作在社区衔接的良好局面。推进社区青少年法律学校、青少年法制教育基地、校外活动阵地等的建设，拓展为社区青少年和群众服务的渠道。广泛开展“大家乐”等群众喜闻乐见、寓教于乐、健康有益的群众性业余活动，丰富社区生活，增强社区亲和力和凝聚力，营造安全、文明、和谐的社会环境。

四、深入开展创建优秀“青少年维权岗”活动

完善“优秀青少年维权岗”创建活动运行机制，落实各项制度，拓展创建活动的领域和范围，扩大维权工作的覆盖面。动员有关部门和基层单位，为青少年健康成长办实事、办好事，提供优质服务。推动青少年维权中心建设，完善青少年维权工作联席会议制度，针对影响青少年健康成长的突出问题，动员社会各方面力量齐抓共管，及时有效地维护青少年的合法权益。积极推进青少年自我保护教育工作，使之向规范化、社会化的方向发展；通过拍摄播放自护题材的影视作品，举办自护培训班、训练营、自护学校，帮助青少年掌握正当防卫、紧急避险、法律援助等必要的自护知识和技能，增强抵御犯罪、防范侵害的意识和能力。

五、加强对流动青年的教育和管理，做好服务进城务工青年的工作

大力推进进城务工青年发展计划，在进城务工青年群体和非公经济组织中加强团组织建设，继续探索对流动团员、青年进行教育和管理的有效工作机制。继续深化"千校百万"进城务工青年培训计划，通过建立青年志愿者讲师团，评选进城务工青年良师益友和先进集体等措施，提高进城务工青年的文明素质；积极协调社会力量，确定一批职业技能培训基地，大力开展进城务工青年职业技能培训，为他们就业谋生、创业发展提供帮助和服务。通过设立咨询服务热线、发放维权手册和维权服务卡、建立健全共青团劳动保障法律监督员队伍等方式，维护进城务工青年的合法权益。大力弘扬有时代特色的务工文化，通过在媒体举办务工文化栏目、在社区和企业建立进城务工青年之家等方式，丰富进城务工青年的业余文化生活。

六、组织青少年参与治安防范工作

根据中央综治委关于加强治安防范工作，建立和完善社会治安防控体系的要求，大力开展"维护社会治安志愿者筑城行动"，动员、组织青年志愿者以治安巡逻、看楼护院、邻里守望、法制宣传、扶危济困等主要方式，协助公安机关和基层单位、村居委会维护社会治安秩序，增强人民群众的安全感。动员青少年监督文化、娱乐、服务场所的经营活动，发现违法违纪行为和不安全隐患，及时向有关部门举报，共同维护良好的社会治安秩序。

七、做好预防青少年违法犯罪工作

各级共青团组织要把预防青少年违法犯罪工作作为重要任务来抓。针对危害青少年健康成长、诱发青少年违法犯罪的突出问题，及时向党委、政府及其有关部门反映，积极会同有关部门开展整治工作。面向社区，以闲散青少年和有轻微违法行为青少年为重点，围绕青少年教育、管理、服务和环境优化等环节，全面实施《青少年违法犯罪社区预防计划》。通过提供就业信息、加强职业培训、提供助学金、开展"一助一"结对服务等活动，为闲散青少年提供就业、学习上的帮助，帮他们在生活上解难、精神上解惑、行为上纠偏，有效地预防和减少青少年违法犯罪。深入开展"社区青少年远离毒品"行动，大力宣传毒品的危害，增强青少年拒毒防毒意识。配合有关部门开展清理整顿不健康口袋本图书活动，净化文化、出版物市场。继续开展创建"安全放心网吧"活动，改善青少年的上网条件，为青少年提供健康、安全的网络环境。

八、关心、帮助困难青年群体

做好促进青年就业与再就业工作，帮助青年解决工作和生活中的实际困难。各级团组织要通过开展多种形式的送温暖、办实事等救济帮困活动，为下岗青工、贫困学生、进城务工青年等有困难的特殊青年群体提供帮助。要通过技能培训、创业辅导等方式帮助困难青年提高就业能力，尽快实现再就业；通过开展希望工程、设立助学基金、开展勤工俭学等措施，帮助贫困学生完成学业。

九、积极参与社会帮教工作

各级团组织要加强对有轻微违法犯罪行为的青少年、判处监外执行的青少年犯、刑满释放解除劳教人员的帮教工作，维护他们的合法权益；依托社区建立家庭、学校、社会联动的机制，有针对性地开展"一助一"、"多助一"等活动，通过赠送书籍和学习用品、书信联系、座谈讨论、技能培训、帮助就业等方式，使他们充分感受到党和政府的关心和帮助，促使他们改过自新，回归社会，走上健康的生活之路，防止重新违法犯罪。有条件的地方，团组织可与监狱、劳教管理部门联系，组织团员、青年到监狱、劳教场所对服刑、在教人员进行帮教工作。

十、及时排查青少年中存在的不稳定因素,加强信息反馈工作

各级共青团组织要注意倾听青少年的呼声,主动了解各界青年的思想动向和遇到的实际问题,通过互联网络、咨询热线、维权信箱等方式,掌握青少年合法权益受侵害的情况,掌握青少年中的不稳定因素及社会生活中的热点难点问题,及时向党委、政府及有关部门反映。要及时受理青少年的来信来访,正确处理青少年反映的各种问题,把信访作为服务青年的窗口,作为化解矛盾纠纷的第一道防线。要定期做好信访动态分析,为党政机关决策提供依据。

十一、树立社会治安综合治理的先进青年典型

继续开展"中国杰出(优秀)青年卫士"、"优秀青少年维权岗"、"中国杰出(优秀)进城务工青年"、"千校百万"进城务工青年培训学校、"进城务工青年良师益友"等评选活动,弘扬社会正气,鼓励更多的青少年积极投身社会治安综合治理工作。

全国城市青年中心建设试点工作方案

2003年9月2日

青年中心建设是共青团组织服务经济社会发展大局,适应社会结构和青年群体分布的变化,发挥街道团组织的优势,按照有利于联系团员青年、有利于增强内在活力、有利于整合工作力量的原则加强团的自身建设,创新团的基层组织形式的一项战略举措,是共青团服务大局、服务青年的必然选择。城市青年中心是以街道团组织为核心,团结青少年社团组织,依托有形阵地,以项目化运作为主要方式,以信息技术为手段,以服务青少年成长发展为主要目标,能直接组织联系团员青年的城市社区型青年组织,是团的组织、工作、阵地的有机结合,是城市共青团工作平台。为认真贯彻党的十六大和团十五大精神,切实推进城市青年中心建设,共青团中央特制定本方案。

一、背景及意义

建设城市青年中心是共青团组织主动适应城市青年思想观念的变化和流动分布的特点,整合社会资源,协助政府管理青少年事务,满足不同层次青年的需求,构建服务青年的工作体系,努力实现城市基层团组织创新的有效形式。

1. 建立青年中心是共青团组织团结带领青年在全面建设小康社会的实践中建功立业的必然要求。全面建设小康社会要求广大青年积极投身社会主义物质文明、政治文明、精神文明建设。随着青年群体分布的变化和青年需求多元化,生活方式个性化,就业形式多样化,共青团现有的组织形式、工作职能、工作方式等已经不能完全适应青年的需求。建设青年中心,就是要充分发挥共青团作为党联系青年的桥梁与纽带作用,充分发挥共青团的政治优势、组织优势,广泛协调各种社会资源,满足不同青年群体的要求,帮助他们就业创业,把广大青年的积极性引导到全面建设小康社会的伟大实践上来。

2. 建立青年中心是共青团组织协助政府管理青年事务的客观要求。协助政府管理青年事务，要求共青团的工作触角延伸到青少年的教育、就业、健康、权益保护、文化生活等各个方面。建立青年中心，就是要为共青团协助政府管理青年事务提供有效工作平台，协助政府合理配置各种资源，切实代表和维护青少年根本利益，服务广大青年的普遍需求，解决青少年发展过程中遇到的困难和问题，把广大青年团结、凝聚在党的周围，推动青年全面有效参与社会发展。

3. 建立青年中心是共青团组织竭诚服务青年成长发展的现实要求。新世纪的青年有着多种多样，十分具体的发展需求，并且发展需求自身也处于不断的变化过程中。青年中心既要作为青年信息采集点，也要作为服务青年成长发展的基本作业面，全方位多角度地收集各类青年发展所需求的信息资源，并配以相关的具体服务措施，服务青年学习成才、促进青年就业创业，帮助特殊困难青少年群体解决实际问题，维护青少年的合法权益。要通过青年中心的建设，从丰富服务项目、加强阵地建设、强化服务手段等方面，推动服务青年的工作体系建设。

4. 建立青年中心是创新团的基层组织形式，探索团组织与团员青年的新型组织联系方式的迫切需要。在社会主义市场经济条件下，共青团组织必须在保持组织体系总体稳定的同时，根据时代需要大胆创新团的基层组织形式，实现对团员青年的有效覆盖，辐射带动基层团组织整体活跃。青年中心的建立，可以实现城市基层团组织在社区的有形化，使其成为青年学习、交流、娱乐的平台，成为直接面向青年进行团务管理的平台，拉近团组织与青年之间的距离，增强团组织服务青年的针对性和有效性。通过青年中心建设实现共青团组织、工作和阵地的有机结合，不断增强团组织的凝聚力、影响力和战斗力。

二、指导思想

以邓小平理论和“三个代表”重要思想为指导，认真贯彻党的十六大和团的十五大精神，深刻领会胡锦涛总书记对新世纪共青团工作提出的“工作思路要创新、工作方式要创新、自身建设要创新”的要求，立足创新团的基层组织形式，运用行政化、市场化、社会化手段整合城市资源，构建共青团城市工作平台，努力把握城市青少年的思想和需求，联系、服务、凝聚最广大城市青年，为城市青少年成长创业营造良好的社会环境，巩固党在城市的青年群众基础。

三、试点范围

青年中心建设是一项全新工作。为探索全国城市青年中心建设方式，团中央选择了共青团工作基础较好，经济社会发展状况比较有代表性的浙江省杭州市、吉林省四平市、北京市朝阳区、上海市长宁区进行试点，研究青年中心建设工作中带有普遍性的问题，逐步完善青年中心运行机制。

全国31个省、自治区、直辖市应根据本地区社会经济发展总体状况和社区青少年需求确定试点街道，制定试点工作规划，开展青年中心建设试点工作。每个省、自治区、直辖市要确定15%—20%的街道进行试点。试点的确定要与61个全国“青年文明社区”示范城（区）创建单位和50个青少年违法犯罪社区预防计划试点单位相结合。

四、试点内容

试点单位要根据当地实际情况，抓住建设、运转、管理等主要环节，抓好青年中心建设。青年中心建设可采取新建、改建、联建等方式，按照新的建设理念、新的职能定位、新的组织架构建设。各地可尝试采用民办非企业法人、社团法人登记等方式明确青年中心的地位，保证青年中心长期健康发展。在运转上，要研究探索项目化服务、品牌化经营、企业化管理等方式，建立青年中心可持续运转的机制。

青年中心建设要本着“先建设、后规范”的

原则，首先达到以下五项基本要求：

1. 一个统一形象。青年中心必须按照统一样式进行挂牌，并按照有关规定使用统一标识，为青年中心品牌化、规范化管理奠定基础。

2. 一个固定场所。青年中心必须具备一定面积的室内场地，地点应选择在青少年相对密集、交通便利、具有一定的辐射面积的街道中心地带。

3. 一名专职人员。青年中心要采取志愿服务接力形式聘用一名热爱社区青年工作，有一定工作能力的专职工作人员进行日常管理，考核合格后，这名工作人员可担任青年中心的副主任。青年中心还可根据项目和活动的安排，聘请多名青年志愿者负责青年中心的各项工作。

4. 一个组织形态。青年中心是在街道团工委领导下的社区型青年组织。青年中心可探索会员制、理事会制等组织形式，开放性地吸纳青年，凡遵守青年中心规定，愿意参加青年中心活动的青年，都可成为青年中心的一员，从而更广泛地联系青年、服务青年、凝聚青年。

5. 一套工作项目。青年中心要设立一套以团务管理、青少年服务和青少年事务管理为基础内容的工作项目，特别要探索协助政府管理青少年事务的项目，实现青年中心承担社区团组织服务、管理、教育青年的职能。

各地在青年中心建设试点工作中要了解和研究青少年的特点和需求，有针对性地开展青少年欢迎、团组织力所能及、党政支持、社区条件具备的工作项目，要把握“实事求是、量力而行”的原则，在工作项目的设置上可以由单一到多样，逐步完善项目体系。

五个基本项目：

1. 团务管理。指导、协调社区团支部和辖区内团的建设和团务管理，负责应建团单位的建团工作；开展主题宣传教育活动；加强对辖区内青年俱乐部、青年社团等青年组织的管理、指导、协调。

2. 信息服务。利用信息化平台，在青年中心信息网上为青年提供学习、就业、生活、娱乐等相关信息查询；开发青年服务卡和服务手册，使更多的青年得到便捷、优惠的服务。

3. 青年志愿者服务。建立青年志愿者服务站，招募社区青年志愿者，以社区注册志愿者为骨干，面向社区青少年和社区群众积极开展志愿服务。

4. 青少年读书俱乐部。实施新世纪青少年读书计划，通过社会化、市场化运作方式，组织青少年开展读书活动并为他们读书成才提供服务，引导青少年树立终生学习的观念。

5. 青少年事务管理。协助政府管理青少年生存、教育、就业、社会参与、婚恋、住房等方面的事务；调查研究青年发展中的需求，为政府制定青少年政策提供建议；维护青少年合法权益；预防青少年违法犯罪。

在拥有基本项目的基础上，各地可以根据各地区的特色和青年的需求开发新的项目。

五、工作步骤

计划用三年左右的时间，在全国 5000 多个街道普遍建设青年中心，并利用现代信息技术，形成青年中心的区域、城市乃至全国联网，实现共青团组织在城市街道中团务管理和协助政府管理青少年事务的有机统一，逐步构建全国性开放式的青年工作和服务网络。青年中心建设工作分为先期试点、逐步推广、形成网络三个阶段，建设过程中采取先易后难、典型示范与普遍推广相结合方法。

试点阶段分四个步骤实施。

1. 调研摸底、制定规划。各试点单位要对当地社区青少年基本状况、社区青少年组织活动情况、青少年需求、青少年活动阵地情况进行调查摸底，在充分论证的基础上制定试点工作的具体实施方案。

2. 动员部署、组织实施。各地在确定试点单位后，要成立相应的组织机构，按照试点工作推进计划，细化试点建设要求，动员有关力量，组织人员和资金，周密部署，落实试点建设的各项措施。

3. 总结经验、完善机制。各地在青年中心试点建设的基础上，要总结建设和运行的经验，进一步探索青年中心建设办法，完善各项运行机制，实现青年中心可持续运转。

4. 宣传试点、逐步推广。各地在试点工作取得阶段性成果后，要通过多种形式宣传青年中心的工作内容和活动项目，介绍青年中心的建设和管理办法，扩大青年中心在社会和青少年中的影响。同时，各地还要通过简报、工作会议、现场观摩等形式积极推广试点单位的做法，全面推进青年中心建设。

六、工作要求

1. 提高认识，加强领导。做好试点工作是确保青年中心建设顺利实施的基础环节，各地共青团组织要把青年中心建设试点工作作为现阶段城市共青团工作的一件大事抓紧抓好。各地要主动向当地党委政府汇报试点工作的进度和取得的成效，积极争取党政领导的支持；要尽快成立由当地党委政府分管领导任组长，团组织和有关部门负责人为成员的青年中心建设领导小组，对青年中心建设过程中所遇到的问题，及时进行协调和解决。

2. 立足实际，创出特色。各试点单位要按照团中央试点工作的统一部署，立足当地实际，做好青年中心的软硬件建设。要围绕基层团组织创新这个核心，大胆尝试，切实把创新的理念贯穿于青年中心的建设中，不断拓展和完善青年中心职能，力求创造出适合不同地区特点的不同工作模式，为全面铺开青年中心建设提供经验。

3. 整合资源，优化环境。各试点单位要广泛动员街道社区内各种社会力量，积极整合各类社会资源，妥善解决青年中心建设、运行、管理中需要的资金、场所和人员问题。要积极争取当地党委政府出台相关扶持政策，将青年中心建设纳入当地党政青年工作的整体规划，切实为青年中心的规范建设和长远发展争取更好的政策环境。

4. 着眼长远，完善机制。建设城市青年中心是一项复杂的系统工程，需要长期的艰苦努力。各地在试点期间，要从青年中心建设与发展的实际出发，开动脑筋，大胆尝试，积极建立市场经济体制下与城市管理发展相适应的各项青年中心组织体系、管理体系、保障体系、评价体系，确保青年中心持续健康的运转和发展。团中央将及时推广试点单位好的经验和做法，对好的试点单位给予表彰、奖励。

请各地将试点工作情况及时上报团中央。

电话：010－85212132、85212148

传真：010－65112501、85212136

E－mail：tzyqyb@ cycnet. com

第四部分

重点工作概述

“三个代表”重要思想学习教育活动

2003年,全团抓理论武装工作力度大,措施多,成效显著。在推动广大团员青年普遍加深对“三个代表”重要思想的学习理解的同时,着力在引导、帮助团员青年用“三个代表”重要思想构筑强大精神支柱、指导自身成长上下功夫,着力在引导和推动各级团组织以“三个代表”重要思想为指导开创新局面、实现新发展上下功夫。

贯彻党中央要求,抓好全团理论武装工作的部署。理论武装是一项政治性、政策性很强的工作。团中央严格按照中央统一要求,结合共青团和青年工作的实际,扎实部署推进。先后印发《关于贯彻中央通知精神,组织广大团员青年认真学习〈“三个代表”重要思想学习纲要〉的通知》、《关于在全团兴起学习贯彻“三个代表”重要思想新高潮的通知》,对全团进一步兴起学习贯彻“三个代表”重要思想新高潮提出要求,作出部署。7月,下发了《关于认真学习胡锦涛总书记在“三个代表”重要思想理论研讨会上重要讲话的通知》,指导全团认真学习贯彻落实讲话精神。党的十六届三中全会后,团中央常委会作出《关于认真学习党的十六届三中全会精神团结带领广大团员青年在完善社会主义市场经济体制中充分发挥生力军作用的决议》,号召和引导广大团员青年深入学习领会并牢固树立和落实科学的发展观,指导和推动各级团组织更好地带领广大团员青年投身全面建设小康社会的火热实践。

坚持“五抓”,不断焕发理论武装工作的生机和活力。在总结以往“三抓”的基础上,形成“五抓”,即抓活动、抓实践、抓骨干、抓社团、抓网络的工作思路。抓活动,就是通过开展丰富多样、喜闻乐见的特色活动,吸引广大团员青年在参与中加深对“三个代表”重要思想的学习和领会。2003年初,团中央与求是杂志社联合举办全国青年学习十六大精神和“三个代表”重要思想知识竞赛和征文活动,吸引了全国320万各行各业青年参与,收到征文1.5万多篇,结集出版了《“三个代表”与青年》一书。同时,在全团广泛开展青年学习实践“三个代表”重要思想主题教育活动和“兴起新高潮创造新业绩”主题活动,激励广大团员青年立足岗位,争创一流业绩。各地也纷纷开展各式各样、富有实效的理论学习活动。抓实践,就是充分发挥共青团实践育人的特点和优势,引导和帮助团员青年在实践中、在亲身体验中加深对“三个代表”重要思想的理解。抓骨干,就是注重培养和发现学习贯彻“三个代表”重要思想的青年骨干,充分发挥他们的示范带头作用。抓社团,就是充分尊重青年的主体性、积极性、创造性,根据青年的特点、爱好和兴趣建立各级各类理论学习社团,有效组织团员青年学习贯彻“三个代表”重要思想。抓网络,就是充分运用互联网,建设青年学习宣传“三个代表”重要思想的网络阵地。中国共青团、血铸中华、民族魂等网站,以及各地、各学校团组织创办的理论学习网站,已经成为团员青年学习和宣传理论的重要阵地。

突出重点，着力在团干部、大学生和各条战线青年骨干中开展好学习贯彻活动。建立健全理论学习中心组制度，举办各级各类培训班，推进团干部和各条战线青年骨干的学习贯彻。团中央举办了第六期共青团学习理论骨干培训班，对来自全国的220多名团干部进行了培训，还先后举办团中央委员、团中央系统处级以上干部培训班。在高校，以建立理论学习社团和开展丰富多彩的具有青年特色的学习实践活动为重点，推动大学生的学习贯彻。据不完全统计，高校共举办"三个代表"重要思想专题讲座和报告会近2万场，开展主体团队日活动近10万次，成立"三个代表"重要思想理论学习社团近千个，覆盖学生数百万。11月底，团中央与中宣部、教育部、解放军总政治部联合召开全国大学生学习贯彻"三个代表"重要思想经验交流会，进一步推动了大学生的学习贯彻活动。

加强学习宣传辅导，营造浓郁的学习贯彻氛围。配合全团理论学习活动，在中青报组织刊发《兴起学习贯彻"三个代表"重要思想新高潮》以及8篇学习贯彻胡锦涛总书记重要讲话精神的系列评论员文章，编辑出版了《毛泽东邓小平江泽民论青少年和青少年工作》（增订本）、《在"三个代表"重要思想指引下——共青团学习贯彻"三个代表"重要思想文件资料汇编》，加强对团员青年学习的辅导、解疑释惑，帮助和引导他们深入学习领会"三个代表"重要思想。从年初开始，在中青报开设了"兴起新高潮，创造新业绩"、"在新的历史起点上"专栏，刊出了"以'三个代表'重要思想为统领，开创共青团工作新局面"等4个专版，中青网也开设"三个代表"重要思想学习专栏，为全团学习贯彻"三个代表"重要思想营造良好舆论氛围，推动全团学习贯彻"三个代表"重要思想进一步深入。

青少年思想教育主题活动

2003年3月5日是毛泽东等老一辈革命家号召"向雷锋同志学习"40周年纪念日。为认真贯彻落实党的十六大精神，全面贯彻"三个代表"重要思想，在全社会弘扬和培育民族精神，切实加强思想道德建设，促进社会主义物质文明与精神文明协调发展，中宣部、中央文明办、解放军总政治部、共青团中央在2003年以"弘扬雷锋精神，参与志愿服务，建设精神文明"为主题，共同开展了纪念学习雷锋40周年活动。

3月27日，中宣部、中央文明办、解放军总政治部、团中央联合在人民大会堂召开纪念学习雷锋活动40周年大会。来自各地的全国学习雷锋、志愿服务先进代表与首都群众一起共话雷锋精神。中共中央政治局常委李长春出席大会并发表重要讲话。中共中央政治局委员、书记处书记、中宣部部长刘云山主持大会。中共中央政治局委员、全国政协副主席王兆国，中共中央书记处书记、解放军总政治部主任徐才厚出席大会。团中央书记处第一书记周强、内蒙古"12·14"营救落水儿童英雄群体代表刘小杰、青年志愿者代表李泓霖、雷锋生前所在团政委修长智、山东省作协副主席张海迪先后发言。会上，对100个全国学习雷锋、志愿服务先进集体和100名先进个人予以表彰。会前，李长春等中央领导同志亲切会见了全国学习雷锋、志愿服务先进集体、先进个人代表并合影留念。

纪念学习雷锋40周年活动期间，开展了贯穿全年的“弘扬雷锋精神、参与志愿服务”主题系列活动，动员广大青少年和部队官兵广泛开展志愿服务等多种形式的学习雷锋活动，扎实开展助老、助残等扶贫帮困志愿服务，广泛开展“寻雷锋足迹、扬志愿精神”主题团队日活动，积极推进环境保护领域的志愿服务工作，并进行经验总结和理论研讨。

各地也抓住纪念学习雷锋活动40周年活动有利契机，组织开展集中性纪念活动，采取召开纪念会、座谈会、组织专题研讨、先进事迹报告会、举办专题展览、群众性文艺活动等多种形式，在全社会大力弘扬雷锋精神，弘扬社会主义道德风尚。在组织开展好志愿服务和各种社会公益服务活动的同时，引导人们以雷锋为榜样，立足岗位，创造一流的成绩，为祖国的建设和发展做贡献。

在全国人民抗击非典的斗争中，各级团组织坚决贯彻党中央、国务院的部署，统一思想，迅速行动，周密安排，动员组织广大青少年充分发挥生力军作用，为夺取抗击非典斗争的胜利发挥了重要作用，广大青少年也接受了深刻的思想教育。

青少年爱国主义教育网站建设

经过两年多时间建设，网上青少年爱国主义教育基地作为青少年思想道德教育的一种有益尝试，得到了社会方方面面的关注、支持和肯定。

2003年2月至3月，开通网上“孙中山纪念馆”、“周恩来纪念馆”、“陈庚纪念馆”、“肖劲光纪念馆”、“雷锋纪念馆”。

3月，以共青团中央、中央文明办、中央外宣办、文化部、中国社会科学院为指导单位，启动“我们的文明”主题系列活动，开通“我们的文明”网站。“我们的文明”网站，是以展示中华民族5000年文明史，特别是1840年以来中华民族坚苦卓绝的奋斗史，展望中华文明伟大复兴的光辉未来为内容的爱国主义教育公益网站。

3月至4月，举办“学习伟人周恩来”知识竞赛、“纪念学习雷锋活动40周年”知识竞赛。

4月，共青团中央、全国学联、全国少工委联合举办“网上祭英烈，共铸中华魂”主题团队日活动。全国各大专院校和中小学校的共青团、学联、少先队组织，在清明节期间网上纪念民族英烈。

4月3日至8日，联合国内千家网站举办第二届“网上祭英烈，共铸中华魂”网上共祭活动。活动期间，网站访问量达100多万人次。

4月至7月，开通叶欣、陈静秋（台湾）、谢婉雯（香港）等66位抗击非典英模网上纪念馆。举办“我们的文明”特别行动，号召网络界和广大网友“同心协力，战胜非典”。网上抗击非典留言选——《我们同行》由中国青年出版社出版。

8月至12月，开通网上“刘少奇纪念馆”、“朱德纪念馆”、“粟裕纪念馆”、“罗瑞卿纪念馆”、“张云逸纪念馆”、“续范亭纪念馆”、“辛亥革命纪念馆”、“九一八事变纪念馆”、“长征纪念馆”、“抗日英烈纪念馆”、“11·3灭火抢险英烈纪念馆”等。

11月26日，联合百家网站在网上发起并举办纪念毛泽东诞辰110周年活动，开通“纪念毛泽东诞辰110周年”专题网站，举办“学习伟人毛泽东”知识竞答和“毛泽东诗词书画大赛”活动。网上“毛泽东纪念馆”留言选萃——《永远的毛泽东》图书和光盘由中央文献出版社出版。

共青团县县上网工程

在全团的共同努力下，“共青团县县上网工程”的实施有了一个良好的开端，为推动全团信息化工作打下了扎实的基础。2003年，随着共青团信息化建设事业的不断发展，在互联网具有独立域名的团属网站已达400余个，共青团中央及其直属单位和85%以上的省级团委、47%以上的地(市)级团委都有了独立的网站。为进一步落实团十五大关于推进共青团县县上网工程，提高全团的信息化水平，更好地为青年服务的精神，落实团中央书记处关于“工程”建设要达到“县县上网，全团互联”的目标，形成团的网上信息中心、资料中心、研究中心、交流中心的要求，从2003年开始，团中央开始筹划建设全团共享、共用的公共信息平台系统建设工作。共青团公共信息平台是实现共青团“县县上网、全团互联”的基础性工程，是进一步提高全团信息化水平的必由之路。建设该平台可以逐步实现所有县级以上团委均有一个相对独立网站的目标；可以真正实现全团信息基于统一平台的共享，实现信息发布和报送的“县县互联”；可以基于这一平台通过互联网向社会全面展示全团的工作。2003年，团中央办公厅在大量调研的基础上着手研究下一步继续推进“工程”进度的措施，有关平台系统建设技术方案的策划与征集工作在顺利进行之中。

深化创建“五四红旗团委”活动

按照“抓落实，求深化”的工作要求，坚持把进一步深化创建“五四红旗团委”活动作为加强团的基层组织建设的重要载体，配合农村党建“三级联创”活动，提出《关于深化创建五四红旗团委活动，推进县(市)团委、基层团委、团支部三级联创的意见》，通过县(市)团委、基层团委、团支部三级联动，促进基层团的建设全面加强和团的工作全面活跃，进一步提高基层团建的整体水平。第二季度，确定了第五批全国五四红旗团委创建单位。第三季度，与团中央有关战线部门共同开展了全国五四红旗团委创建单位团委书记的轮训工作。

党建带团建工作

坚持党建带团建，把党建带团建作为推动团的基层建设的根本保证和有效措施。贯彻落实全国基层党建带团建工作会议精神，进一步加大宣传和工作指导的力度，督促各地将党建带团建的各项任务落到实处，进一步推动各地出台具体的政策措施，建立健全党建带团建工作责任制度、联席会议制度、工作考核制度和团建工作情况通报等制度，促进党建带团建工作机制的建立完善。

非公有制经济组织团建工作

深入贯彻落实全国非公有制企业党建工作经验交流会精神，对各级团组织坚持党建带团建，逐步建立起符合非公有制企业特点、充满生机与活力的工作运行机制做出安排部署。以扩大非公有制经济组织团的组织覆盖和工作覆盖为着眼点，采取多种方式建团，努力提高非公有制经济组织建团率，取得了显著成效。

“树组工干部形象”集中学习教育活动

2003 年 7 月以来，按照中组部的统一部署，团中央系统组织人事部门深入开展了以公道正派为主要内容的“树组工干部形象”集中学习教育活动。团中央书记处对于集中学习教育活动高度重视，周强同志先后三次作出重要批示，要求组织部认真贯彻落实中央要求，周密组织，精心安排，务求取得实效。活动开展以来，组织部按照“对人公正，对己清正，对内严格，对外平等”的要求，自觉提高思想认识，切实改进工作作风，结合团的组织工作实际，采取有力措施，内强素质，外树形象，集中学习教育活动取得了明显成效。

一是以学习为重点，自觉提高思想认识。把深入学习“三个代表”重要思想作为树组工干部形象的首要任务，贯穿活动始终。通过举办培训班、专题学习讨论、座谈会、征文比赛等多种形式，扎实开展学习教育，牢固树立公道正派理念。二是切实加强业务培训和作风建设。认真组织学习《毛泽东、邓小平、江泽民、胡锦涛关于组工干部队伍建设的论述》等有关文件材料，召开业务交流座谈会，努力提高组工干部的业务素质。三是认真查摆解决突出问题。向机关各部门、各直属单位人事部门发放征求意见函，针对提出的意见和建议，认真制定整改措施，切实解决突出问题。四是探索建立坚持公道正派的长效机制。研究提出《团中央系统组工干部行为规范》，进一步完善工作程序，把公道正派的要求细化到组织人事工作的每一个环节。严格执行《党政领导干部选拔任用工作条例》，牢固树立"坚持按条例规定办事就是公道正派"的理念，形成严格的工作制度和鲜明的用人导向。

以上做法和经验得到了中组部的充分肯定，并在《组工通讯》上予以介绍交流，团中央选送的征文也获得全国组工干部征文评选优秀奖。

团建创新工作

着眼于经济社会发展的新要求和青年的新变化，指导各级团组织着力在团的基层组织设置、组织体系、组织制度、团员管理、工作方式等方面大胆创新。截止2003年，已确定三批共100家全国团建创新试点单位。第四季度，对河南、山东、湖北等地的团建创新工作进行了深入调查研究，通过典型的示范作用，指导和推动各地进行团建创新。

保持团员先进性教育活动的准备工作

会同中国青少年研究中心开展全国团员思想状况调查，提出了加强团员先进性教育的措施。通过各种形式，组织广大团员深入学习党的十六大精神和"三个代表"重要思想。广大团员经过学习，进一步提高了对"三个代表"重要思想的认识，加深了对党的感情，思想政治素质有了提高。2003年，全国共有135万名团员加入党组织。

万名西部团干部培训工程

《2002—2005 年全国团干部教育培训规划》中提出,深入实施"万名西部团干部培训工程"。

"万名西部团干部培训工程"的主要内容是,贯彻落实党中央《西部地区人才开发十年规划》精神,围绕西部大开发的战略目标和重点任务,以观念更新为先导,以提高能力为重点,以学习邓小平理论和"三个代表"重要思想、团的业务工作本领和新知识、新技能为主要内容,在西部地区自身努力的基础上,团中央和东部省市团委充分利用各自的教育培训资源,采取多种形式,从现在起到 2005 年,帮助西部地区培训万名以上团干部。其中,团中央结合《2001—2005 年实施西部地区和少数民族地区团干部"培养计划"》,机关各部门各尽其职,依托中央团校和其他各类教育培训阵地,通过举办培训班、挂职锻炼、考察交流、务工锻炼等形式培训西部地区团干部。东部省市团委在将此项工作纳入东西部对口支援总体规划之中统一安排的基础上,采取自愿结对等方式培训西部地区团干部。

为推动"万名西部团干部培训工程"等工作的顺利完成,团中央于 2002 年 9 月专门下发了《2002—2005 年全国团干部教育培训规划》有关工作任务分解实施方案。方案明确了团中央机关各部门、中央团校和东部 10 个省市团委实施"万名西部团干部培训工程"的分解任务,团中央负责培训的人数不少于 6000 名,东部省市团委负责培训的人数不少于 4000 名。

"万名西部团干部培训工程"启动以后,有关部门和省市团委高度重视,采取切实措施,通过多种形式推进此项工作。截止到 2003 年年底,承担分解任务的有关部门和省市团委共培训西部团干部 8000 余人,"万名西部团干部培训工程"进展顺利。团上海市委制订实施了"西部地区千名优秀基层团干部培训计划",在 2002 年 10 月至 11 月、2003 年 5 月至 6 月,先后举办两期培训班,免费培训西部各省、自治区、直辖市团干部 1000 名,率先完成了"万名西部团干部培训工程"的分解任务。团中央书记处书记胡伟两次出席开班典礼并讲话,并且就学习贯彻团十五大精神作了专题辅导报告。团广东、山东省委通过举办短期培训班和安排西部团干部挂职锻炼、考察交流等多种方式,分别培训西部团干部 400 余名,提前完成了培训任务。团中央机关有关部门和中央团校也按照"万名西部团干部培训工程"的要求,认真做好培训工作,一些部门提前完成培训任务。

"万名西部团干部培训工程"的深入实施,对于帮助西部地区团干部全面提高自身素质,更好地投身西部大开发和团的事业发展发挥了积极的作用。

中国青少年新世纪读书计划

2003年,各级团组织在总结以往工作经验的基础上,广泛开展了内容丰富、形式多样的读书学习活动,积极建设读书阵地,加强读书辅导,努力为青少年读书学习提供切实有效的服务,在推动青少年读书学习中发挥了积极作用。

为在广大团员青年中兴起学习"三个代表"重要思想的新高潮,举行了全国青年学习十六大精神与"三个代表"重要思想知识竞赛和征文活动。活动历时3个月,收到知识竞赛答题卡320万份,征文15000篇,很多基层团组织都把组织团员青年参加竞赛活动作为学习贯彻"三个代表"重要思想和十六大精神的重要举措,在团员青年中广泛开展了读书演讲、报告会、座谈会、主题团日活动等丰富多彩的主题教育活动,收到了良好的学习效果。

为给广大西部地区的青少年读书学习、成长发展提供帮助,组织了"名社好书送西部"活动,动员组织一批国内具有较高知名度的优秀出版社经常性地向西部地区的青年中心、新世纪读书俱乐部和新世纪书屋等阵地赠送优秀图书。首批参加的中国人民大学出版社、外语教学与研究出版社、北京大学出版社和清华大学出版社向甘肃兰州石化公司动力厂新世纪读书俱乐部、宁夏吴忠市利通区高闸镇青年文化中心、广西南宁火车站青年新世纪书屋和四川广安市广安区青少年新世纪书屋等4个青少年学习阵地,赠送了近年出版的200种4000册优秀图书。

继续开展2003年度青年助学行动,全国共有22所民办高校提供1194个免费或减费助学名额,减免费用869万元,为城乡家庭经济困难的青年、下岗青年和进城务工青年创造了接受中高等教育的机会。

"千宫百万"行动

2003年,各地青少年宫按照团中央关于加强青少年活动阵地建设与管理的工作要求,深入实施"千宫百万"行动,广泛开展了内容丰富、形式多样的计算机、剑桥少儿英语和体育艺术类普及培训与比赛工作,努力为青少年健康成长提供切实有效的服务,各项工作取得了新的成绩。

计算机普及活动。为了保证计算机培训考试工作在各级青少年宫系统顺利进行,团中央宣传部联合劳动和社会保障部职业技能鉴定中心开展了更具权威性和规范性的全国计算机信息高新技术培训考试活动。首先批准建立了首批66家全国计算机信息高新技术培训站,制定了计算机考试大纲与管理细则,其次,举办了计算机师资培训班,来自全国各地70多名教师经过培训考核,获得了劳动和社会保障部颁发的上岗证书。

外语普及活动。为给广大青少年学习英

语提供帮助,与教育部考试中心、英国剑桥大学全面推广剑桥少儿英语的培训与考试工作,据统计,到目前为止,全国各级青少年宫已建立了250家青少年外语培训站,2003年有1.5万名学员参加了全国统一考试,并获得了教育部与英国剑桥大学的一、二、三级考试证书。为进一步规范和管理,8月在上海召开了2003年度全国青少年外语培训考务工作会议。

艺术类普及活动。各级青少年宫在文化部门的支持下,全面开展了音乐、舞蹈、美术的普及、比赛与考试活动,通过规范化的考试和比赛,带动了青少年艺术培训活动的蓬勃开展。2003年2月,团中央宣传部、全国青少年宫协会在哈尔滨市举办了"全国青少年声乐、器乐、舞蹈比赛",来自全国各地800名选手参加了本次活动,收到了良好的效果。

体育类普及活动。为增强青少年身体素质,推动群众性体育事业蓬勃发展,各级青少年宫按照团中央、国家体育总局的工作要求,全面开展了深受广大青少年喜爱的围棋、足球、游泳、乒乓球、武术、模型制作等项目。为进一步规范和提高青少年三项棋类培训比赛工作,首先与中国棋院出台了《全国青少年棋院竞赛管理办法》,逐步规范和完善相应赛制和具体竞赛规程,其次命名了新一批青少年棋院,2003年12月,在河南郑州举办了第三届全国青少年棋类比赛,来自全国各地500名选手参加了本次活动。

中国青年创业行动

各级团组织高扬服务旗帜,通过抓职业培训、抓中介服务、抓创业扶持、抓阵地建设、抓观念引导、抓再就业援助等有效途径,进一步为青年提供切实有效的就业和创业服务。一是明确思路,部署工作。为增强工作的针对性,我们于今年上半年组织专门力量,多次赴山东、山西、湖北、四川、黑龙江、辽宁等地进行专题调研,就各地实施中国青年创业行动情况进行了深入了解,并形成了数份有参考价值的调研报告。为挖掘山东经验,推进中国青年创业行动奠定了基础。在此基础上,12月底,在山东济南召开了"中国青年创业行动现场推进会",各省级团委分管书记、青工部长、101个重点联系城市团委书记参加了会议。会议总结了2002年召开"共青团全国促进青年再就业工作会议"以来,各地团组织开展中国青年创业行动的经验和做法,并推出了山东"青春创业行动"的典型经验。会议印发了《共青团中央关于深入开展"中国青年创业行动"进一步做好促进青年就业和再就业工作的意见(讨论稿)》和《国家级青年再就业技能培训基地标准》,明确提出以扶持青年创业为主线,以开发就业岗位、促进青年就业为目标,努力建立较为完善的促进青年就业和再就业的工作体系,引导、帮助广大青年在创业中实现就业。会上还签署发布了一批扶持青年创业的合作项目,为青年创业提供资金、项目、技能等方面的扶持,真正实现此项工作的项目化运作。二是提供保障。向党中央、国务院有关领导呈交了报告,并向劳动和社会保障部提交报告,争取相关的政策支持,为活动的开展优化外部环境。为加强对此项工作的领导和协调,对共青团全国促进青年就业和再就业领导小组进行了调整,书记处7位书记全部担任领导小组成员,进一步整合了全团资源，形成了工作合力。建立形成了定期通报制度、联络员制度等一系列工作保障机制，为各项工作的顺利部署与实施提供了制度保障。加强中心建设，完善中心职能，发挥中心作用，逐步形成相互融通、功能互补的阵地网络，为青年就业和再就业工作提供有效的组织依托和服务阵地。截至到12月底，101个重点联系城市青年就业服务中心建成率达到90%。三是强化技能培训。推出“下岗失业青年技能培训玫琳凯项目”，此项目主要以下岗失业青年为扶助对象，旨在为他们提供创业技能培训。目前已经在成都、武汉、哈尔滨等地建立了“下岗失业青年玫琳凯美容培训教室”。实施“百万下岗失业青年技能培训工程”，对下岗失业青年进行操作技能、市场适应力训练和职业指导教育，帮助下岗失业青年提高再就业能力，为他们顺利就业打下技能基础。瞄准企业用工需求开展“订单式”培训，确保了培训的实效性。截至到2003年12月底，各地共青团组织共举办各类培训班4746期，共培训青年116万人次。四是多渠道扶持青年创业。按照团中央的总体思路，各地团组织通过建立“青年创业基金”，提供创业指导，发布创业项目，争取创业优惠政策等形式，为青年创业提供形式多样的扶持。据不完全统计，2003年，各地团组织共扶持青年创业5万多人，开发新增就业岗位65万个。五是分区域、分阶段实施了“工岗快递”行动。指导各级团组织通过挖掘空缺岗位、发布用工信息、建立青年择业超市、举办就业洽谈会、组织劳务输出、建立专门网站等方式，实现了不同省份之间、省内不同城市之间、市内不同城区之间用工信息的共享，帮助引导下岗失业青年在全国范围内合理流动。2003年全年共计为青年提供中介服务约100万人次，帮助近30万人次青年实现了异地就业和再就业。依托“中国青年创业网”举办了四届全国青年网上招聘大会，共为青年提供78400多个有效职位，网上访问人数达到1983339人次，共有19774人次在网上直接申请职位，达成了初步的就业意向。六是扶持阜新市实施中国青年创业行动。作为团中央扶持东北能源枯竭型城市经济转型试点，先后3次派专人赴阜新市进行专题调研，并在建设青年就业服务中心、建立家政服务公司、开展“工岗快递”行动等几方面，帮助阜新市团组织实施中国青年创业行动，促进阜新市青年就业和再就业。七是加大再就业工作宣传力度。在新华社、人民日报、经济日报、中国青年报等媒体大力宣传各地团组织实施中国青年创业行动的先进经验和突出典型；联合玫琳凯公司拍摄了“青春不下岗”主题公益广告，并在中央电视台和各地方卫视黄金时段播出。在“中国青年创业网”上组织青年就业和创业专家在线指导，对青年就业和创业过程中遇到的困难和问题进行答疑解惑，在广大青年中取得了良好的凡响。编发了《中国青年创业行动简报》，将各地实施中国青年创业行动的经验和情况进行及时宣传，加大对基层的指导力度，为基层团组织开展工作提供了有意的借鉴。在2003年召开的“全国再就业工作座谈会”上，推荐了太原的典型经验，在全国范围内宣传了团组织开展促进青年就业和再就业工作的情况。

青年文明号活动

继续按照《公民道德建设实施纲要》的有关要求,以实施“青年文明号信用建设示范行动”为突破口,大力倡导诚实守信的职业道德,充分发挥青年文明号集体在构建社会信用体系中的积极作用。一是深入实施“青年文明号信用建设示范行动”。在年初的全国青年文明号活动组委会办公会议上,明确提出要把“青年文明号信用建设示范行动”作为2003年青年文明号活动的重点工作抓紧抓好。并在随后的工作推进过程中,总结推出了青年文明号的四种创建模式。各地纷纷通过推出信用评议制度、公布青年文明号信用警言、开展岗位信用服务等方式,号召青年文明号立足本职,诚信自律。各行业也通过开展以“信用第一、信誉至上”为主题口号的主题活动,公开信用承诺,加强信用监督,发挥信用示范作用,为市场秩序的综合治理和市场经济的健康发展做出了积极的贡献。二是结合重大活动和突发事件开展了一系列主题活动。2003年非典是影响我国社会经济方方面面的一件大事。5月初,在举国上下众志成城抗击非典过程中,组委会办公室向全国各级青年文明号集体和争创集体发出号召,开展“抗击非典——青年文明号与您同行活动”,要求各级青年文明号集体,尤其是站在抗击非典一线的集体开展健康与您同行、诚信与您同行、爱心与您同行等主题活动,帮助广大群众了解预防非典的知识,增强自我防护的能力,维护市场正常秩序。继续开展“青年文明号助万家”活动,为广大群众及时解疑释惑,使其消除恐惧心理,保持正常的生产生活秩序,为抗击非典取得最终胜利做出了应有的贡献,得到了社会的普遍好评。结合团的十五大的召开,动员民航、铁道、旅游等系统的青年文明号集体为团十五大代表提供优质的服务,展示了青年文明号集体的风采,同时也进一步树立了青年文明号的良好形象。上半年,根据中宣部等八部委的统一部署,继续开展了“百城万店无假货”活动。在全国范围内组织开展了“百城万店青年文明号信用实践示范日”活动,进一步动员和组织商业(服务)企业青年文明号集体及争创集体,围绕弘扬诚实守信的职业道德,开展打假、防假、辨假的活动,在整个商贸行业牢固树立“以德经商”的道德意识。三是拓展了青年文明号的活动领域,进一步扩大了青年文明号活动的覆盖面。建设部正式在全行业开展青年文明号活动,国家电网公司、中国石化集团公司等系统也分别将青年文明号活动在农电、加油站等行业领域推开。四是表彰了一批典型。2003年上半年,组委会继续评选表彰了2002年度全国青年文明号集体。国家海洋局、国家质检总局等部门通过表彰会、典型推介会等形式表彰奖励了本系统的优秀青年文明号集体。五是加强了网络化建设。设计筹建了“全国青年文明号在线”,通过此网站将逐步实现青年文明号活动的网络化和动态实时管理。

青年创新创效活动

2003年，团中央以开发青年人力资源为着力点，以提高青工素质为目标，全力推进青年创新创效活动，重点抓了两项工作。

一是召开全国青年创新创效大赛总结表彰会。4月，共青团中央联合劳动和社会保障部、国家知识产权局、中国科协、国家电网公司、中石油集团、中石化集团、中航一集团、中远集团等部门召开全国青年创新创效大赛总结表彰会，对首届全国青年创新创效大赛进行总结，交流获奖集体和个人的典型经验，对获奖集体和个人进行表彰。根据中青联发[2002]53号通知的精神，劳动和社会保障部授予中国石化集团长岭炼化公司李寿涛、华北电力集团公司彭新立、中航一集团沈阳发动机设计所项玉清三名同志“全国技术能手”称号；共青团中央、国家经贸委、劳动和社会保障部联合授予中国石化集团长岭炼化公司李寿涛、华北电力集团公司彭新立、中航一集团沈阳发动机设计所项玉清三名同志“全国青年岗位能手”称号；共青团中央、国家经贸委、国家知识产权局、中国科协联合授予中国石化集团长岭炼化公司李寿涛等36名同志“全国青年创新创效奖”；共青团中央、国家经贸委、国家知识产权局、中国科协联合命名首钢总公司团委等52家单位“全国青年创新创效活动先进单位”；共青团中央、国家经贸委、劳动和社会保障部、国家知识产权局、中国科协联合授予国家电力公司团委等30家单位“全国青年创新创效大赛组织工作先进单位”。通过表彰先进，树立典型，营造青年职工崇尚创新的良好氛围，推动创新创效活动的进一步深化发展。

二是指导行业举办青年创新创效大赛。指导电力、石油、石化、中航一集团、中远集团等企业进行职业技能竞赛。通过依托行业举办大赛，较好地展示各行业开展创新创效活动的成果，调动了青年创新积极性，形成了良好的社会导向。

目前，青年创新创效活动已在全国85%以上的国有大企业、相当数量的国有中小企业、20%以上的非公有制企业、1000多万青年职工中开展，培养出一大批创新型青年人才，取得了一大批创新成果，创造了可观的经济效益。

青年岗位能手活动

2003年，团中央着眼于提高企业青年职工的技能水平，造就适应走新型工业化道路要求的企业青年劳动人才大军，采取积极措施，继续深化青年岗位能手活动，取得了明显成效。一是大力树立先进典型。团中央联合国家经贸委、劳动和社会保障部命名表彰了2002年度全国杰出青年岗位能手和全国青年岗位能手，树立了先进典型，浓厚了活动氛围，形成了积极导向。二是抓好工作指导。在深入调研的基础上，指导各地各企业结合实际，广泛开展了“青工技能月”、导师带徒、推广先进操作法等内容丰富、形式多样的主题活动，形成了蓬勃发展的工作局面。指导各地各企业以普及互联网知识和技术为切入点，加强新技术、新技能培训，促进青年职工整体素质的提高。三是突出青年岗位能手在企业安全生产中的示范作用。在青年岗位能手的培训、考核、评价过程中突出安全生产的内容，充分发挥青年岗位能手在企业安全生产中的示范作用。2003年与国家安全生产监督管理局联合开展“全国青年安全生产知识竞赛”，收到答卷16万份，提高了广大青工的安全生产意识。

据不完全统计，目前，青年岗位能手活动已在90%以上的国有企业、1000多万青年职工中广泛开展，涌现出各级各类青年岗位能手70多万名，参加活动的青年职工的技术水平较活动开展前普遍提高1－2个技术等级。

“青年企业家西部行”活动

为了配合实施西部大开发战略，动员引导广大青年企业家为西部大开发做贡献，2000年3月，共青团中央、中国青年企业家协会组织开展“青年企业家西部行”活动。活动开展以来，中青企协通过组织广大青年企业家开展经贸考察协作、为西部地区生态环境建设和基础教育事业做贡献、加强西部地区青年企业家能力建设，积极服务西部大开发战略。2003年，“青年企业家西部行”活动不断向广度和深度发展。2003年9月，中国青年企业家协会联合国务院三峡办在湖北省宜昌市、重庆市万州区共同组织开展了“青年企业家三峡行”活动，共签订意向性合作协议29个，协议金额18.72亿元，并为三峡库区捐建了三所希望小学。11月，在“中青企协八届二次理事会议”召开期间，组织开展了“中国青年企业家九江、黄冈经贸考察活动”，共有300余名青年企业家参加了活动，活动期间达成合作协议59个，协议金额123.01亿元，其中，合同金额10.1亿元，框架性协议金额50亿元。此外，还联合湖北省荆门市人民政府举办了“湖北荆门市北京经贸合作洽谈会”。为服务东北老工业基地振兴，帮助资源型城市加速转型，组织开展了“青年企业家阜新经贸考察活动”。

农村青年增收成才行动

2003年，为深入贯彻落实党中央关于“三农”问题的指示精神以及2月18日温家宝同志对共青团农村工作做出的重要批示精神，共青团中央提出以农村青年增收成才行动统揽整个共青团农村工作，要求各级团组织紧紧围绕调整农业和农村经济结构、增加农民收入的中心任务，以统筹城乡团的工作为着眼点，以城乡良性互动为基本途径，大力培养创业致富带头人，建设现代农业，发展农村经济，服务农村青年增收成才，为全面建设小康社会做出了新贡献。主要推进措施有：

（一）培育壮大农村青年经纪人队伍。一手抓培训，大规模组织农村青年经纪人资质培训，规范经纪行为。一手抓建设，促进各地积极探索成立各类农村青年经纪人协会和专业经济合作组织，促进农业和农村经济结构调整，繁荣城乡市场，带动农民群众增效增收。

（二）培养农村青年创业致富带头人。以“中国杰出青年农民”等评选表彰为牵动，重点培养了一大批青年科技兴农带头人、青年经纪人、青年农业产业化带头人和青年工商创业带头人等各类农村青年创业致富带头人。依托农村青年创业致富带头人建立起各类示范、推广、培训基地，辐射带动更多的农村青年创业致富。10位青年农民获得“中国杰出青年农民”称号，1000多名农村青年获得“创业致富带头人”称号。

（三）发动农村青年实行农业标准化生产。通过组织农村青年学习农业标准化生产知识、实行农业标准化生产、开展绿色承诺，在全国培养了一批青年农业标准化生产示范户，提高了农业生产的质量和效益，促进了现代农业的发展。在山东潍坊试点工作的基础上，总结出以培养各级青年示范户为基本途径推动农业标准化生产的典型经验，进一步推广到浙江、黑龙江、四川、重庆等地。

（四）提高农村青年信息化水平。丰富和完善了“中国农村青年信息网”，支持有条件的地方加快信息化，形成快速、便捷、可靠的为农村青年增收成才服务的信息网络。2003年全年通过中国农村青年信息网为农村青年发布各类科技服务信息3000多条。

保护母亲河行动

2003年，按照团中央书记处和全国保护母亲河行动领导小组的统一部署，保护母亲河行动以培育生态文化、开展生态体验、促进生态经济为着力点，大胆创新，勇于实践，取得积极成效。

（一）举办“保护母亲河——青春在绿色工程中闪光知识竞赛”。与国家林业局共同主办，以网络、报刊答题的方式进行预赛，选拔优胜者在中央电视台进行复赛、决赛，共吸引32万青少年和社会公众参与，6支参赛队伍分获一、二、三等奖。特别是在春节期间，中央电视台3次播出决赛实况，在全社会产生了广泛的影响。。

（二）举行第二届“母亲河奖”颁奖典礼。经过推荐、评选、公示，11位为中国生态环境建设做出突出贡献的社会人士荣获第二届“母亲河奖”殊荣。颁奖典礼以录制中央电视台品牌栏目《人与自然》特别节目的形式，于1月中旬在中央电视台举行。全国人大副委员长许嘉璐、全国政协副主席赵南起以及保护母亲河行动主办单位领导出席。颁奖典礼在中央电视台黄金时间播出4次，产生积极的反响。

（三）召开2003年全国保护母亲河行动电视电话会议。会议于2月下旬在北京举行，明确了2003年保护母亲河行动总体要求，提出要以生态文化、生态体验、生态经济为新的支点，构建保护母亲河行动新格局，并拓展了“同一条河文化活动”、“请跟我来，天天环保”、“母亲河之旅”等新的文化与体验活动载体。同时，就保护母亲河行动机制建设提出具体要求。

（四）以“人人参与，共建美好家园”为主题，开展“保护母亲河日”活动。3月9日，全国保护母亲河行动领导小组办公室（以下简称“办公室”）邀请了赵忠祥、王刚、周涛、鞠萍等4位著名节目主持人，制作带有他们形象的20万份“请跟我来，天天环保”绿色承诺卡，面向广大青少年发放，牵动全社会养成天天环保的好习惯。设计“同一条河”文化活动标志，制作了1万份招贴画印发各地。在办公室的牵动下，全国各地从3月9日起，开展了“同一条河”文化广场、“请跟我来，天天环保”、植绿护绿、生态监护、“母亲河之旅”生态游等丰富多彩的生态文化和体验活动。中央电视台新闻联播对3月9日活动进行了详实报道。

（五）建设“安利林”、“真情无限林”，推进保护母亲河工程建设。与安利（中国）日用品公司合作，启动“哪里有安利，哪里就有绿色”绿色系列计划，在天津、河北、内蒙古、山西、陕西等地建设5片“保护母亲河工程安利林”，植树20万棵。与中央电视台《真情无限》栏目组合作，录制《真情无限——保护母亲河》特别节目，用节目现场拍卖所得资金在黄河沿线建设“保护母亲河工程真情无限林”。同时，与国家林业局合作，推荐甘肃陇西、湖北浠水两个项目为中日青年友好交流项目。对地方工程建设也给予了有力指导，下发了《关于做好保护母亲河工程年度作业检查验收工作的通知》，提出了确保工程建设进度和质量的具体要求。

（六）编写《啊，母亲河》报告文学和宣传画册。抽调专门人员编制保护母亲河行动画册，编写报告文学《啊，母亲河》，借助文学艺术的形式，对已实施了近5年的保护母亲河行动进行总结，向团的十五大献礼。

（七）开展“保护母亲河——革除陋习，天天环保”活动。活动从6月初起在全国范围内开展，6月5日是全国统一行动日。全国各地上百万青少年纷纷行动起来，以革除乱扔垃圾、随地吐痰、吃野生动物、人畜混居、厕所脏乱臭、饮用不清洁水、烧荒等生活陋习为重点，以开展革除陋习大讨论、革除陋习——红领巾行动、组织青年革除陋习志愿服务、革除陋习监护活动为主要形式，动员广大青少年积极行动起来，从我做起，带头革除陋习，倡导健康文明的生产生活方式，为战胜非典型肺炎做出积极贡献。

同时，着力加强保护母亲河行动宣传工作。一是抽调专门人员开发保护母亲河行动网站，使网站成为团组织、环保社团以及青少年相互学习、交流环保经验的信息平台，成为宣传保护母亲河、传播生态文化的阵地。二是充分利用电视、报刊、网络等媒体，广泛宣传保护母亲河。中央各大报刊、中央电视台、中央人民广播电台、国内各大知名网站以及地方各大新闻媒体都多次报道保护母亲河行动活动情况、公益广告等。三是编发《保护母亲河行动简报》。扩大发送范围，既有力地指导了各地开展工作，又扩大了保护母亲河行动的影响。

农村青年中心建设工作

建设青年中心是共青团在新的历史起点上推进团的事业发展的重大战略举措。2003年,通过广泛开展试点,稳步推进农村青年中心建设的理论研究和实践探索。至12月底,全国已有29个省(区、市)202个县(市、区)开展了试点工作,建成农村青年中心520个。

(一)深入调查研究,促进全团上下逐步达成共识。在充分调研和大量查阅国内外相关资料的基础上,撰写了《全国青年中心建设可行性报告》和《全国乡镇青年中心建设规划》,团中央书记处领导同志多次作出重要批示。逐步推动青年中心建设在全团达成共识,作为全团重要创新工作写进了团的十五大报告。

(二)认真制定试点工作方案,稳步推进试点工作。经过深入调查研究,制定了《农村青年中心试点工作方案》。坚持边研究边试点,在山西省灵丘县、浙江省台州市、辽宁省沈阳市开展了先期试点工作,初步探索出东中西部、党政支持与市场运作等不同条件下的建设模式和运行机制。并与大学生服务西部计划对接,在西部12省(区、市)确定了26个县(市、区)开展试点工作。

(三)及时召开现场推进会议,专题部署全国试点工作。8月26至27日在浙江省台州市召开了全国农村青年中心建设试点工作现场推进会,11月在四川省双流县召开全国农村青年中心建设试点工作座谈会,进一步明确了总体工作思路,并提出了具体落实措施,交流了试点工作经验。通过建立试点专人联系制度,制定印发《农村青年中心章程(试行范本)》,编发青年中心建设工作简报等,有力地推动了各地因地制宜建设农村青年中心。

(四)整合社会资源,全力打造青年中心品牌。协调中央各大新闻媒体,对农村青年中心建设进行深入宣传报道,营造了良好的社会氛围。协调中国青年报等单位捐款捐物,向全国试点单位捐赠图书近10万册,价值53万余元。就现代电子信息服务和平台建设,与中国农科院、清华力合公司、中央农广校等单位进行了广泛探讨,达成了初步意向。面向社会公开征集评定青年中心统一标识。

(五)成立农村青年中心建设指导处。为更好地推进农村青年中心建设工作,11月,青农部调整内设机构和职能,专门成立了农村青年中心建设指导处,负责落实协调、指导农村青年中心建设的工作任务;组织开展对农村青年中心建设工作的调查研究;指导农村(含林区、牧区、国营农场、林场、乡镇企业)和城市郊区、小城镇团的基层建设和青年社团建设。

乡村青年文化活动

2003 年,乡村青年文化活动以"贯彻十六大、创造新业绩"为主题,依托农村青年中心,以第五届"乡村青年文化节"活动和第四届全国乡村青年歌手大赛为主要内容,通过开展丰富多彩、有趣有为的文化活动,繁荣了农村文化生活,促进了农村青年增收成才,有力地推动了农村精神文明建设。

(一)举办第五届"乡村青年文化节"活动。以"贯彻十六大、创造新业绩"为主题,依托农村青年中心,组织文艺演出和科技大集 1 万多场,赠送主题春联年画 100 多万幅。命名"乡村青年文化活动先进县(市、区)"95 个,"优秀乡村青年文化活动项目"92 个,并首次推出十大乡村青年文化示范项目,首次评比表彰了一批乡村青年文化名人。

(二)举办第四届全国乡村青年歌手大赛。在北京举办第四届乡村青年歌手大赛,聘请徐沛东等音乐界著名人士担任评委,决赛节目由北京电视台全程录制,在中央电视台播出,近千名农村青年踊跃报名参赛。大赛共评出民族组、通俗组一等奖各 1 名,二等奖各 2 名,三等奖各 3 名,以及荧屏奖、优秀奖、纪念奖、原创奖和组织奖。

青年农民科技培训工程

2003 年,为了深入推进"青年农民科技培训工程",团中央联合农业部、财政部下发《2003 年青年农民科技培训工程通知》,进一步扩大了工程实施面,并且明确规定培训对象、内容和形式,采取以县为单位立项申报、省级审批、部委督查的办法组织实施,使得培训工作取得明显成果。

在推进"青年农民科技培训工程"中,共青团组织主要采取以下两项措施:

一是积极配合农业、财政部门,加大检查监督力度,督促县级团委完成好学前动员、学后跟踪服务和青年农民典型事迹宣传等工作。

二是广泛开展农业标准化生产知识、二、三产业劳动技能培训试点,系统培训了 60 万名农村青年,同时注重丰富工程内容,服务青年就业。

截止 2003 年底,新增项目实施县(市、区)213 个,累计达到 747 个,中央财政投入 5000 万元,累计达到 1.5 亿元,省、市、县财政配套投入 1 亿元,累计超过 3 亿元。为培养造就觉悟高、懂科技、善经营的新一代青年农民做出了贡献。

青年星火西进计划

2003年，团中央全面总结东西协作成功经验，健全东西部地区协作与对口支援机制，推动青年星火西进计划进入全面实施阶段。

（一）采取“以劳助学”的方式培训西部地区农村青年5100人次，促进了东部培训、项目西进和后续服务的有机结合。

（二）大力培养以星火带头人为主体的青年创业致富带头人队伍，全年培养全国青年星火带头人860多名，并鼓励他们带头领办示范项目300多个。

（三）成立“青年星火科技专家服务团”，在示范县（市）开展技术培训、信息交流和项目洽谈合作，帮助当地农村青年提高科技素质，服务西部青年自主创业。

（四）2003年6月开始，选拔高校农技专业应届毕业生750名，到西部贫困县的乡镇从事1年－2年的农技志愿服务，为西部地区发展提供智力支持。

“三下乡”社会实践活动

2003年是全面贯彻落实党的十六大精神的第一年。共青团中央和全国学联会同中宣部、中央文明办、教育部共同组织开展的大学生“三下乡”社会实践活动，以“实践‘三个代表’，弘扬民族精神”为主题，动员组织了600万大中专学生深入农村基层，以科技支农、企业帮扶、文化宣传、支教扫盲、法律普及、医疗服务、环境保护等方式，广泛开展了学习实践“三个代表”重要思想、弘扬和培育民族精神、为抗击非典办实事、革除社会陋习、弘扬文明新风等内容的志愿服务活动，受到基层农民群众的热烈欢迎。特别是2000余支党员大学生“三个代表”实践服务团、大学生防治非典实践服务团，主题鲜明，活动扎实，效果突出，产生了广泛的影响，受到普遍好评。

活动中，大学生积极发挥专业技能优势，传播推广先进生产力，服务农村经济社会发展。清华大学、湖北大学、浙江大学、山东大学、华北电力大学等高校大学生在专家教授指导下，深入到农村、社区、厂矿、学校开展科技推广活动，针对地方乡镇企业发展中碰到的技术难题，组织力量集中攻关，解决了不少制约企业发展的技术和管理难题。北京大学、复旦大学、扬州大学、重庆大学等高校大学生还把实践中一时解决不了的技术难题带回校内，继续攻关。

活动中，大学生传播先进文化，为农村精神文明建设做出了积极贡献。江西师范大学、上海师范大学、浙江师范大学、吉林大学、辽宁工程技术大学等高校大学生通过开办扫盲培训班、师资培训等形式，培训农村青年技术骨干，普及网络知识，提高农民群众的文化水平。江苏、山东、黑龙江、山西、广东等省的大学生编排了一大批反映“三个代表”重要思想的文艺节目，送到田间地头、农户院里、打谷场上，既为群众送去了生动活泼的文艺节目，丰富和活跃了群众的文化生活，又很好地宣传了“三个代表”重要思想。

活动中，大学生围绕群众生产生活的实际需求，努力为群众办实事、办好事，受到了群众普遍好评。第二军医大学、天津医科大学等医学院校选拔了一大批政治强、业务精、临床经验丰富的博士生硕士生组成“共青团健康快车”博二团，深入基层开展健康普查、卫生讲座，为患者免费治疗。博士生们还通过学术交流、疑难病例讨论和手术带教等形式，帮助提高基层卫生机构的业务水平。川北医学院、河南中医学院等高校大学生除为群众义诊义治外，还走村串户，宣讲文明健康的生活方式，帮助群众革除生活陋习。他们还为村卫生站捐赠了一批医疗设备，在该村建立了长期实践基地，定期前来开展医疗卫生服务。

据统计，在 2003 年“三下乡”社会实践活动中，大学生为群众举办各类讲座 3 万场次，培训各类技术骨干 50 万人次，传播实用技术 2000 多项，解决技术、管理难题 5000 余个，1000 余支大学生文艺团体演出节目近万场次，观众 800 多万人，为近百万人次提供义诊义治，捐赠价值 100 多万元的医药用品，发放医疗卫生宣传品 10 多万份，捐献图书 10 余万本。大学生“三下乡”社会实践活动有力地促进了农村三个文明建设发展。

大学生素质拓展计划

2003 年是全面推进大学生素质拓展计划的一年。一方面，各地各高校以素质拓展计划统揽高校共青团工作，促进了高校共青团各项工作和建设的发展提高；另一方面，完善机制，重在建设，着眼于全员化、全过程育人，扎实推进素质拓展计划各项工作，促进大学生综合素质不断提高。重点开展了以下几个方面的工作：

一是推出了大学生素质拓展计划网络版。针对高校互联网络便捷的特点，组织力量开发了“大学生素质拓展计划电子版”，进一步提高了工作效率，形成了网上和网下的良性互动。

二是进一步完善了《大学生素质拓展计划手册》。针对《手册》试行期间各地反映的问题，对《大学生素质拓展计划手册》进行了进一步的完善。改进后的《手册》使打印更加方便，同时与电子版结合起来，为大学生参与素质拓展计划提供了更加科学的指导和便捷的服务。

三是突出了大学生就业创业这个重点。针对大学生就业矛盾突出的实际，把大学生素质拓展计划的实施与服务大学生就业创业结合起来，把提高大学生的就业创业素质作为开展综合素质训练的重点，大力实施大学生就业见习行动，积极支持大学生创业实践。

选拔高校毕业生到基层工作

为贯彻落实党中央关于进一步加强人才工作和《西部地区人才开发十年规划》的有关精神，拓宽高校毕业生就业渠道，为西部地区培养一批优秀团干部和青年干部，中组部、人事部、团中央、中编办、教育部共同组织实施选拔高校毕业生到西部基层工作。

7月11日，五部委联合下发《关于选拔高校毕业生到西部基层工作的通知》，正式启动选拔高校毕业生到西部基层工作。在工作中，五部委精心组织、齐心协力、通力配合、扎实推进。为保证活动扎实开展，帮助高校毕业生了解选拔工作有关事宜，五部委及时出台相关政策，明确选拔工作严格按照"公开、公平、公正"的原则开展。经过报名、资格审查及考试考察、体检录用、培训上岗等程序，从2003年普通高校应届毕业生中选拔出600名同学赴西部基层工作。

大学生就业见习行动

为贯彻"三个代表"重要思想，落实中央关于促进就业和再就业工作的方针政策，按照团十五大的要求，进一步深化"大学生素质拓展计划"，竭诚服务大学生成长成才，大力促进大学生就业创业，引导大学生更好地为全面建设小康社会建功立业，团中央、全国学联联合劳动和社会保障部于2003年9月起共同组织实施"大学生就业见习行动"。

"大学生就业见习行动"整个体系，通过建立专门网络信息发布平台，并以此为核心辅以高校海报等信息发布渠道，建立大学生人才信息与企业岗位信息的双向资源库，借助测评软件，科学、客观地向企业推荐优秀大学生，不断完善大学生人才交流系统。活动将有百名专家、企业家到高校授课指导就业，同时采用网站、热线电话等媒介与大学生展开互动，帮助大学生提升职业技能，丰富职业经历，拓宽就业渠道，树立正确的就业、择业观，培养正确的职业意识与职业素养。活动还将与选定的企业在全国共建500个"大学生就业见习基地"，基本覆盖各行业排头企业。企业通过公布招聘信息、参照学生简历和测评信息等方式更有效的筛选人才，满足企业的个性化需求，为企业培养人才提供便利。

中学生素质拓展计划

中学生素质拓展计划是共青团组织在中等学校学生中实施的一项优化课外活动内容、促进学生全面发展的素质教育计划，旨在认真贯彻党的教育方针，以邓小平理论和"三个代表"重要思想为指导，以育人为目标，以培养中学生的公民意识、创新精神和实践能力为重点，在教育部门的支持和学校党委的领导下，组织开展各种形式的实践教育活动，帮助中学生提高综合素质，成为社会主义现代化事业所需要的合格人才。

实施计划的目的是以素质拓展计划统揽中学共青团工作，通过实践教育活动促进中学生在德智体美方面协调发展，实现中学共青团工作的全面活跃，并通过与少先队体验教育、大学生素质拓展计划紧密衔接，实现大、中、小学实践教育的系统化。

中学生素质拓展计划主要内容包括以下四方面：一是思想道德教育活动。深化中学生 18 岁成人仪式教育活动，重点开展公民意识教育、法制教育、志愿服务、成人宣誓仪式等活动，加强对中学生的爱国主义教育，帮助他们增强社会责任感和法制观念，促进文明习惯的养成，培养良好的道德品质，提高他们的思想道德素质；二是科技创新创造活动。通过开展内容丰富的科技活动，帮助中学生学习科技知识，掌握科学方法，培养科学精神和创新创造精神，树立科学思想和科学态度，逐步形成科学的世界观和方法论，提高他们的科技素质；三是技能训练实践活动。通过开展生产实习、公益劳动、勤工助学、技能比赛等社会实践活动，关注中学生个体差异，科学引导他们的兴趣爱好，帮助他们掌握实用技能，培养动手能力和团队精神，增强他们适应社会生活的能力；四是健康审美活动。通过开展各种体育和艺术活动，举办心理健康教育等各种培训，帮助中学生培养健康意识、良好的心理素质和行为习惯，提高审美能力和人文素养，具备健康的审美情趣，形成健康的生活方式和高尚的情操。

济困助学工作

近年来，由于经济结构调整、区域经济发展不协调及遭受自然灾害或家庭发生意外等原因，一些来自城乡低收入家庭的高校学生在学习生活中遇到了暂时困难。党和政府十分关心高校经济困难学生学习生活状况，出台了大量相关政策，帮助他们克服经济困难，缓解心理压力。1996 年，团中央、全国学联设立了全国学联济困助学办公室，并开始通过吸纳社会资源设立济困助学金、奖学金，开展"一助一"结对扶助服务，提供勤工助学岗位，帮助经济困难学生解决心理问题，宣传资助人和经济困难学生自立自强优秀典型等方式积极开展济困助学工作。这项工作得到了社会各界热心人士的积极回应。

截至目前，团中央、全国学联已面向全国高校学生发放"恒安自强奖学金"等各项奖、助学金700余万元，同时还有许多单位和个人通过多种渠道多种方式帮助高校经济困难学生。全国学联济困助学办公室已办理"一助一"结对扶助近5000对，提供勤工助学岗位1100余个。自1996年起，每年春节前夕团中央、全国学联都要组织首都高校老少边穷地区留京学生新春联欢会，组织演艺界青联委员为学生表演节目。截止目前约有3700人次参加了这一活动。2002年，团中央特别组织了来自山东沂蒙、福建龙岩等革命老区的100名贫困中学生到京过年，并资助他们三年全部学杂费，向经济困难学生送去了党和政府的关怀。

"实现宏伟蓝图，做好全面准备"主题活动

"实现宏伟蓝图，做好全面准备" 主题活动是少先队组织学习贯彻党的十六大精神的具体行动。少先队组织学习贯彻十六大精神，就要把十六大提出的全面建设小康社会的宏伟目标与当代少年儿童的成长紧密地结合起来，引导他们为实现宏伟蓝图做好全面准备。"实现宏伟蓝图，做好全面准备" 主题活动以丰富多彩的体验教育活动为载体，引导少年儿童领悟十六大精神的实质，知道一个思想——"三个代表" 的重要思想，了解一个目标——全面建设小康社会的宏伟目标，确立一个志向——为实现中华民族伟大复兴做好全面准备。

"实现宏伟蓝图，做好全面准备"主题活动包括"红领巾心向党"、"手拉手，话小康"、"养成道德好习惯"、"民族精神代代传"、"争奖章，做准备"、"中华少年小甲A足球活动"等六项内容。这六项主要内容在"实现宏伟蓝图，做好全面准备"的主题下形成一个有机整体，涵盖了"三个代表"重要思想的教育和对全面建设小康社会目标的理解，把少年儿童应具备的民族精神、良好的思想品德和多方面的能力放在了突出的位置。

"红领巾心向党"活动以领悟十六大的灵魂"三个代表"重要思想为主题，引导少年儿童感受生产力发展所带来的巨大变化，感受文化事业发展所带来的新面貌，在此基础上引导少年儿童感受党、团、队的特殊关系，培养对党的深厚感情，进一步增强和坚定永远跟党走的信念和决心。

"手拉手，话小康"活动以十六大提出的"全面建设小康社会"的目标为依据，引导少年儿童了解当地近年来经济建设和社会发展取得的新成就和实现小康的目标，通过写作、图画、制作等形式分别设计自己家乡和小伙伴家乡未来的美好蓝图。

"养成道德好习惯"活动以十六大提出的"认真贯彻公民道德建设实施纲要"、"加强青少年的思想道德建设"为依据，继续贯彻共青团中央和全国少工委《关于加强少年儿童思想道德教育深入开展体验教育的意见》，通过反复的实践培养17个基本行为习惯，为少年儿童养成社会公德、职业道德和家庭美德奠定基础。

"民族精神代代传" 活动以弘扬和培育"以爱国主义为核心的团结统一、爱好和平、勤劳勇敢、自强不息的伟大民族精神" 为主题，以丰富多彩的体验教育活动为载体，通

过形式多样的学习实践活动，引导少年儿童以少先队中队、小队的组织形式，开展以“中国了不起、中国人了不起、做个了不起的中国人”为主要内容的“三个了不起”系列活动，教育引导少年儿童了解民族精神的丰富内容，感受民族精神的伟大力量，体验民族精神的时代内涵，逐步树立民族自尊心和自豪感，从小立志为实现中华民族的伟大复兴做好全面准备。

“争奖章，做准备”活动按照十六大提出的“坚持教育创新”、“全面推进素质教育”的要求，进一步深化“雏鹰争章”活动，创设新的雏鹰奖章，激励少年儿童积极、主动地参加活动，在定章、争章、颁章的各个环节中引导少年儿童提高综合素质，为实现宏伟蓝图做好全面准备。

“中华少年小甲 A 足球活动”根据十六大提出的“德智体美全面发展”和“开展全民健身运动，提高全民健康水平”的要求，因地制宜地建立形式多样的小甲 A 足球活动俱乐部，开展足球游戏活动、足球文化活动和足球竞技活动。

“手拉手”活动

“手拉手”活动由共青团中央、全国少工委联合有关部门于1990年初发起，旨在引导广大少先队员团结互助、共同进步，是少先队组织开展未成年人思想道德教育的重要载体，是亿万少年儿童参与社会主义精神文明建设的生动实践。城市和农村少年儿童手拉手，富裕地区和贫困地区的少年儿童手拉手，身体健康和有残疾的少年儿童手拉手，各民族少年儿童手拉手，使不同环境、不同状况的少年儿童架起了沟通的桥梁，建起了感情融合的纽带。

2003年，在继续开展好各项“手拉手”活动的基础上，全国少工委、中国残联重点开展了“红领巾手拉手助残”活动，动员和组织广大少年儿童以各种形式为残疾人献爱心、做好事，以实际行动弘扬社会新风，推动社会主义精神文明建设，展示中国少年儿童富于爱心，乐于助人，奋发向上的精神风貌。各级少先队组织纷纷成立助残小组、志愿小分队，与特殊教育学校、福利工厂、社会福利院等残疾人相对集中的单位和社区建立起“手拉手”联谊关系，定向、定点、定时为残疾人进行经常性服务。广大少先队员与残疾儿童或残疾人家庭的小伙伴，成为保持经常联系的手拉手好朋友，为他们送去关心和温暖。活动期间，全国各地涌现出很多的感人事迹和先进典型。为鼓励先进，弘扬新风，全国少工委、中国残联在2003年“六一”前夕联合授予北京市东城区地坛小学六(1)中队等843个助残集体“全国红领巾手拉手助残先进集体”的荣誉称号。

2003年寒假期间，全国少工委还在广大少先队员中开展了“红领巾手拉手送温暖”活动，组织少先队员围绕“五个一”(即制定一份爱心计划，写一封手拉手友谊信，为贫困队员献上一点零花钱，为老人、残疾人读一次书报，帮助军烈属打扫一次卫生)开展“送温暖”活动。广大少先队员和数万支“雏鹰送温暖小队”深入下岗职工、五保户、军烈属、残疾小伙伴家庭中，通过做家务、送春联、与“手拉手”小伙伴谈心等不同的方式，把温暖和关爱送给贫困小伙伴和需要帮助的人，使他们感受到社会主义大家庭的温暖。活动推出以后，在社会上引起强烈反响，对少先队员的成长进步也起到了积极的推动作用。

“新世纪我能行”体验教育活动

“新世纪我能行”体验教育活动是共青团中央、全国少工委贯彻“以德治国”重要思想，落实第四次全国少代会精神而推出的少先队思想道德教育载体。它始于2000年，基本内容是通过开展符合少年儿童身心发展规律的具有儿童情趣和时代气息的实践活动，帮助少年儿童从家庭生活、学校生活、社会生活和大自然等各个方面，寻找一个“岗位”，扮演一个角色，获得一种感受，明白一个道理，养成一种品质，学会一种本领，在实践中明白做人做事的基本道理，养成良好的行为习惯。

2003年，共青团中央、全国少工委以“养成道德好习惯”为主题，在广大少先队员中进一步深化“新世纪我能行”体验教育活动。各级少先队组织以《关于加强少年儿童思想道德教育深入开展体验教育的意见》提出的人与人、人与社会、人与自然、人与自我的关系为基本构架，动员和组织广大少先队员在家庭生活、学校生活、社会生活和大自然中，通过扮演不同角色和进入特定的事件和情景，体验感知17个知道，通过14种感受形成14种态度，在知道和感悟的基础上锻炼18种能力，通过反复的实践体验培养17个基本行为习惯，为少年儿童养成社会公德、职业道德和家庭美德奠定基础。

非典期间，各级少先队组织结合“养成道德好习惯”体验教育活动的开展，引导少先队员通过了解预防非典的知识，进一步明确养成良好的行为习惯，特别是公共卫生习惯，不仅关系到个人的健康安全，也关系到别人的健康安全，并把这种收获落实到日常的生活中，从身边的小事做起，从克服不好的习惯入手，成为具有文明健康卫生习惯的人。广大少先队员通过开展“防非典健康连着我和你”网页设计大赛，“生活陋习大曝光”主题队会，红领巾健身操等丰富多彩的形式，向生活陋习开战，加入到中华民族抗击非典的洪流中。通过这些实践体验活动的开展，广大少先队员明白了养成良好行为习惯的重要性，纷纷表示要从现在做起，从身边小事做起，增强抗非典意识，自觉革除陋习，从小养成讲文明、讲卫生、讲科学的良好行为习惯。

中国少年儿童平安行动

在深化团中央、教育部、公安部、全国少工委于2000年共同开展的“少年儿童平安回家”活动的基础上，团中央等四部委于2003年3月联合启动“中国少年儿童平安行动”，旨在增强少年儿童的自我保护意识、提高他们的自我保护能力，并为他们创造良好的成长环境。

“中国少年儿童平安行动”分为五个部分：“平安行动”启动、“火眼金睛”搜索、“安全隐患”曝光、“平安娃娃”自护、“平安快乐”展示，这些内容充满了儿童情趣，充分调动了少先队员的主动性和创造性。少先队员以中小队的形式开展了丰富多彩的活动：学唱《平安歌》，学跳“平安舞”，举行知识竞赛，开展安全知识讲座，动用“火眼金睛”搜索安全隐患，举行逼真的安全模拟演习等等。在这些生动有趣的知识中，孩子们增强了自我保护意识，提高了自我保护能力。

“平安使者”是“中国少年儿童平安行动”的一大特色，是少先队工作社会化运行机制的重要探索。平安保险公司从全国20多万名员工中挑选出2万余名优秀员工，通过统一、严格的专项培训使他们成为“平安使者”，带领孩子们参加“火眼金睛”搜索、“安全隐患”曝光等自护活动，主动向成人和孩子们讲授安全自护知识，极大地推动了“中国少年儿童平安行动”的发展。

“少年军校”活动

“少年军校”活动是共青团、少先队组织在解放军和武警部队的积极参与和热情支持下、在教育行政部门的统一协调和指导下、面向全体少年儿童开展的国防教育活动，是对广大少年儿童进行爱国、爱党、爱军教育的重要载体。自1989年起，“少年军校”活动在全国迅速开展起来，活动内容不断丰富、活动方式不断创新、活动阵地不断设立，已经成为对少年儿童进行国防教育和提高他们多方面素质的重要活动项目。2001年4月，“少年军校”活动被写入了公布施行的《中华人民共和国国防教育法》。

2003年全国少年军校活动有了进一步发展，在四个方面取得了丰硕的成果：一是继续开展“百万少年进军校”活动，让更多的少年儿童走进军校接受锻炼；二是举办了“第四届全国少年军校检阅式”暨“第二届全国少年军校生存技能大赛”，充分展示了各地少年军校的风采；三是落实“全国少年军校教官（辅导员）培训计划”，举办了“全国少年军校教官（辅导员）培训班”，为全国少年军校教官、辅导员提供交流、学习的机会；四是制定了全国少年军校建设三年规划，提出管理规范化、活动制度化、训练标准化的理念，为今后开展好少年军校活动奠定了坚实的基础。

2003年9月28日，共青团中央、解放军总政治部、全国少工委在北京隆重举行了第四届全国少年军校检阅式，来自全国各地的22支少年军校，500余名少年军校小学员参加了检阅活动。检阅式上，少年军校学员代表汇报了他们在少年军校活动中学习锻炼、成长进步的情况，少年军校教官代表汇报了指导少年军校小学员们开展活动、进行训练、开展少年儿童国防教育的情况。中共中央政治局委员、中央军委副主席、国务委员兼国防部长曹刚川上将出席了检阅式并发表讲话。检阅式上，共青团中央、解放军总政治部、全国少工委还联合表彰了全国优秀少年军校工作者，命名了全国第二批少年军校示范校。

“中华少年小甲A”足球活动

中华少年小甲A足球活动由共青团中央、全国少工委发起并联合中国足球协会、中央电视台共同主办，是少先队开展的普及性少年儿童体育活动，旨在贯彻落实邓小平同志“足球从娃娃抓起”的指示，促进和发展我国的少年儿童足球事业，为少年儿童的健康成长服务。小甲A足球活动充分融入并全面体现少先队的体验教育思想，它以“体验足球，快乐成长”为主题，通过开展各种足球游戏活动、足球文化活动和足球竞技活动，充分调动少年儿童“爱玩”的天性，使更多的少年儿童在无拘无束的氛围中接触足球，了解足球，热爱足球，从小培养现代足球文化理念，在足球活动中提高身体素质，锤炼意志品质，养成良好的体育道德和行为习惯。

2003年，中华少年小甲A足球活动在原有活动的基础上，又进行了理论和实践上的新探索。全国少工委对“进一步准确把握小甲A足球活动与体验教育和素质教育的关系”这一新课题进行了认真的研究，认识到，作为一项深受广大少年儿童欢迎的群众性实践体验活动，小甲A足球活动拓宽了少先队服务素质教育的途径，是少先队服务少年儿童健康成长的具体举措。各级少先队组织要发挥“雏鹰争章”对小甲A足球活动的激励作用，引导少先队员在活动中争获“团结章”、“拼搏章”和“奉献章”，帮助他们在强健体魄的同时培养良好的行为习惯。同时，全国少工委进一步探索社区小甲A足球活动的发展模式，引导社区少先队组织利用各种社会资源，帮助少先队员成立社区小甲A足球俱乐部，聘请志愿辅导员，定期开展单项趣味性足球游戏，不定期组织社区足球节、亲子足球活动、社区“小甲A明星”评选等，引导广大少先队员和家长自觉参与到小甲A足球活动中，使得社区足球游戏活动成为小甲A足球活动重要的发展方向和不同于其他青少年足球运动的鲜明特点。

2003年4月中旬，全国少工委还在北京举行了“全国欢乐足球活动营”，来自全国各地的28支小甲A红领巾俱乐部代表队参加了活动营。活动营以“足球游戏节”和“趣味足球运动会”为主要形式，开展了流星赶月颠球赛、带球过迷宫赛、一定千钧传接球技能赛、百步穿杨射门赛、网式足球技能赛和三对三对抗游戏赛等丰富多彩的足球游戏活动、足球文化活动和足球竞技活动。小甲A队员们在绿茵场上，以参与体验快乐、以团结显示力量、以互助感受友爱，充分体会到了足球的魅力，也充分展示了全国近百万参加小甲A足球活动的少先队员们“体验足球，快乐成长”的风采。

抗击非典系列活动

2003年4月—6月间，面对突如其来的非典疫情，按照团中央书记处的统一部署，广大青年志愿者迅速行动起来，积极参与“青年志愿者抗击非典活动”，开展了形式多样、内容丰富的抗击非典志愿服务。一是踊跃参与“抗击非典，与你同心”志愿者爱心包捐赠一线医护人员活动，开通“白衣天使后援热线”，提供家政服务、子女家教、用车服务等，解决他们的后顾之忧。二是积极开展科普宣传，通过专题讲座、发放材料、现场咨询等方式深入社区、村镇普及非典防治知识，增强群众的科学防病意识。医学院校的志愿者自愿到当地的疾控中心、急救中心接听热线，解答市民咨询。三是积极参加群防群控，到车站、码头、机场、公共场所为乘客测量体温，参与应急留置、疫情监控等，进行保洁消毒，清理卫生死角，开通隔离区热线，关怀非典患者和被隔离家庭，帮助采购生活用品。四是开展助耕帮困活动，帮助外出打工户家庭抢种抢收，解决其实际困难，志愿者“健康直通车”开到田间地头，为农民测量体温、血压，检查身体，赠送药品。五是广泛开展倡导健康文明的生活方式，向生活陋习开战活动，宣传传染病防治知识，与封建迷信作斗争，并动员各方力量向乡镇卫生院、村卫生室和农村贫困家庭捐赠卫生口罩、温度计、消毒器械、预防药品等。

据不完全统计，全国有超过1200万人次的青年志愿者参与到各项抗非典工作中去，他们无私奉献、自觉服务，经受了考验，发挥了作用，用青春和汗水构筑起防治非典的爱心长城。“公开招募，自愿参与”的志愿服务动员机制在发动社会力量投身抗非典中发挥了积极作用，为夺取抗击非典的全面胜利做出了积极贡献。

非典期间，全国青联充分发挥自身优势，广泛动员青联委员积极开展工作，为夺取防治非典斗争和促进经济社会发展的双胜利发挥了积极作用。开展的主要活动有：

1.“你我同心抗击非典”全国青联委员寄语活动。

2003年5月，在抗击非典的特殊时期，全国青联开展了一次特殊意义的委员活动，组织全国青联委员尤其是在京委员，以寄语方式，表达对抗击非典的医务工作者的敬佩之情，表达社会各界万众一心，众志成城，立足本职，争创佳绩，以实际行动支持抗击非典斗争的心声。

活动得到了委员们的积极响应和大力支持，短短的三天时间，就收到了陈章良、陈肇雄、蔡振华、吉狄马加、李静海、秦文贵、李杨、冯巩、王伟斌、邓伟、刘伟、刘斌、吴一坚、张征宇、张思民、杨元庆、郁钧剑、展涛、阎维文、黄宏、彭丽媛、李瑞英、袁家军、陈永川、俞敏洪、解小东、那英、郭为、周涛、王楠、蔡国庆、小香玉、韦唯、朱军、亚宁、白岩松、于魁智等近百位青联委员饱含深情的寄语。

寄语中,企业界委员表示,医护工作者战斗在抗非典一线,作为企业人,我们要抗非典,保经营,促发展,用实际行动给抗非典工作以最强有力的支持。科技战线的委员们说,白衣战士身上所体现的伟大民族精神将激励我们加倍努力,锐意创新,无私奉献,不辱使命!许多文艺界委员在这个特殊时期,不顾个人的安危,多次走到医护工作者中间,为他们献上专门创作的歌曲,他们的行为正像解小东、那英所说的:“我们不怕危险,因为我们是十指连着心的姐妹弟兄,我们要一起面对生命中袭来的雨和风!”

这次活动进一步激发了广大青联委员的爱国之情,表达了委员们抗击非典,你我同心,报效祖国,奋勇当先的豪情壮志。

5 月 23 日和 5 月 22 日,“寄语”整版在《人民日报》和《北京青年报》上刊登,在社会上产生了较好的反响。

2.“万众一心抗非典,浓墨重彩颂英雄”美术书法作品展。

2003 年 7 月 15 日至 19 日,中华全国青年联合会主办的“万众一心抗非典,浓墨重彩颂英雄”美术、书法作品展在中国国家博物馆举行。团中央书记处书记胡伟出席开幕活动并讲话。

本次展览主要面向中青年美术书法艺术家征集作品。经过组委会艺术家们的严格筛选,共有 135 件美术书法作品参展。一些德高望重的老艺术家也青春焕发,挥毫泼墨。这些优秀作品紧扣主题,立意新颖,形式多样,不乏生动传神之作。

参展作品集中展现了全党全国人民在党中央领导下,万众一心,众志成城,团结互助,和衷共济,迎难而上,敢于胜利的伟大民族精神;展现了白衣战士无私奉献,科技先锋日夜攻关,广阔农村严防死守的感人场面;展现了当代青年在严峻考验面前,以高度责任感,用青春、智慧乃至生命绘就的时代风采。

在开幕式上,主办单位特邀中日友好医院和北京朝阳医院曾战斗在抗击非典一线的 4 位医务人员叶志东、龚海燕、曹志新、张锦为展览剪彩。中国书法家协会主席沈鹏、中国美术家协会常务副主席刘大为,全国青联副主席吉狄马加、李杨、张继禹、杨慧珠及部分在京全国青联委员、首都医护人员代表和大学生共计 150 多人出席了开幕活动。

展览结束后,主办单位将部分作品赠送给在抗击非典斗争中做出突出贡献的医疗机构和医护人员,编辑出版了《“万众一心抗非典,浓墨重彩颂英雄”美术书法作品集》。

“培养计划”西部地区和民族地区团干部挂职锻炼工作

2003 年是实施“培养计划”的第六年,团中央统战部加大了工作力度,3 月下旬在重庆专门召开会议,安排部署团干部挂职工作。由于非典型肺炎疫情等因素影响,今年的报到时间推迟。8 月底、9 月初,来自西部地区和民族地区 16 个省(区、市)16 个民族的 49 名团干部到东部 10 个经济相对发达的省(市)挂职锻炼。其中少数民族干部 34 名,在团地(市、州、盟)委工作的 7 名,在团县(市、旗)委工作的 37 名,在高校、企业等团委工作的 5 名。在近五个月的挂职锻炼期间,挂职干部虚心学习,努力工作,转变观念,提高能力,取得了很大的成绩。

根据团中央的要求，派出和接收的26个省(市、区)做了认真细致的工作，特别是接收省份克服了许多困难，圆满完成了工作任务。接收省份团组织高度重视，始终把这项工作摆在重要位置；有关单位热情参与、鼎力支持，保证了挂职工作的实施；挂职团干部积极进取，得到了锻炼，展示了良好形象；相互学习、促进交流，东西部合作得到加强；进行了认真的工作总结。北京、江苏等地党政领导高度重视、大力支持团干部挂职锻炼工作，并对有关工作提出具体要求；团江苏、浙江、海南省委专门召开了书记办公会议，团山东省委专门召集了5个接收团市委的分管书记和统战部长会议，研究安排这项工作；团北京、天津、上海、江苏、浙江、山东等省(市)委主要领导亲自参加接待工作，与挂职团干部座谈；团北京、上海、江苏、浙江、山东、海南等省(市)委精心挑选挂职锻炼岗位，有的给挂职团干部安排了较高职级的工作岗位，有的根据情况的变化调整了安排等；山东实施接待工作"无缝隙覆盖"，上海实施挂职团干部"无障碍"参与挂职单位实际工作并坚持"挂实职、做实事、出实效"的原则；团北京、江苏省(市)建立了谈心、考察等制度，团江苏省委建立了"培养计划"工作基金，辽宁等团省(市)委还给挂职干部安排发放生活补贴；团江苏省委书记魏国强、副书记李国华亲自送挂职干部到挂职单位，江苏镇江、南通等市党政领导出席了欢迎挂职干部的座谈会；团上海市松江区委专门向松江区委、区委组织部领导做了专题汇报，区委分管领导专门看望了挂职团干部；新疆团区委主要负责同志亲赴山东省，商谈有关培养工作，看望挂职团干部。挂职团干部虚心好学、工作主动、注重调研，严格要求自己，取得了好成绩。许多团干部撰写了多篇调研报告。一些挂职团干部积极开展东西部人才交流与经济项目合作，取得了成效。

12月28日至29日，团中央在北京举办了2003年西部地区和民族地区挂职团干部培训班，就有关民族理论与政策、国家宏观经济形势等方面内容进行培训。12月29日，举行了总结座谈会，5位挂职团干部代表作了发言。会上表彰了优秀挂职团干部，经各接收省(市)团委考察、推荐，团中央统战部评选出今年的优秀挂职团干部19名。团中央书记处书记胡伟出席了总结座谈会并讲话。

"青年专家河南行"科技服务活动

为深入贯彻党的十六大、十六届三中全会精神，认真落实科教兴国和人才强国战略，为地方的科技进步和经济发展提供人才、智力支持，共青团中央、全国青联、中国青年科技工作者协会于11月22日至26日在河南举办了"青年专家河南行"科技服务活动。近100名青年科技专家汇聚河南，共同为河南全面建设小康社会献计献策。

中国科学院副院长白春礼、中国航天科技集团公司五院副院长袁家军、南开大学副校长陈永川教授、山东大学校长展涛教授、中国科学院数学与系统科学研究院副院长袁亚湘研究员、中国农业科学院副院长屈冬玉研究员、中国电子信息产业集团信息技术研究院副院长潘爱华研究员、中国农业科学院畜牧研究所副所长王加启研究员等分别在郑州、焦作、安阳、濮阳等地为机关、企事业单位负责人、高校学生、企业员工、农业科技人员作科技报告，内容涉及世界科技、航天、数学、电子信息、农业、畜牧等领域。据不完全统计，共作科技报告 I7 场，听众达 2 万余人次。

来自北京的中国农科院、中国农业大学、机械科学研究院、石油化工科学研究院、北京有色金属研究总院、北京机电研究所、北京矿冶研究总院等 10 多家科研单位的青年专家在郑州参加了科技成果发布洽谈会。共发布科技成果 110 多个，涉及农业、机械、化工、冶金、计算机等领域。参会的河南省 70 余家企业、投资机构、园区和科研院所与项目发布人进行了现场洽谈和对接，共达成合作意向 10 多项。

青年专家还分赴焦作、安阳、濮阳等地，针对当地提供的项目需求和技术难题开展科技服务。他们深入企业车间、农村专业户以及高新园区，与当地技术人员交流探讨，进行技术指导、咨询、培训和攻关。活动得到了当地的热烈欢迎，有 13 家企业和 1 户养牛专业户当场与青年专家达成合作意向，另有 3 家企业表示近期将赴北京与青年专家面谈，请教技术并商谈进一步合作事宜，有 7 家企业为青年专家颁发了长期科技顾问的聘书。

青年专家科技服务活动，是团中央、全国青联按照实施科教兴国战略、人才强国战略和推进国家创新体系建设的总要求，利用自身优势组织青年专家服务地方经济建设的一项重要举措。实践表明，青年专家科技服务团把从事科研开发、高新技术企业、高科技园区、风险投资、科技管理等领域的青年人才聚集起来，形成科技成果转化的人才链，使个体无法独自完成的科技成果转化工作，在人才的有效聚合中得以实现，促进了官、产、学、研、资等要素的有效结合。

2003 海外学人回国创业周活动

创建：为推动更多的海外学人回国创业，帮助他们在祖国建设和科技进步中做出更大贡献，从 2001 年起，共青团中央、全国青联、欧美同学会于每年年底，联合组织了“科技创业、报效祖国——海外学人回国创业周活动”。

措施：2003 年 12 月 20 日至 26 日，共青团中央、全国青联和欧美同学会共同举办了“科技创业、报效祖国——2003 海外学人回国创业周”活动。本次活动共有来自美国、日本、德国、英国、法国等 23 个国家和地区的 900 多名海外学人参加，他们分为六条路线，分赴北京、天津、河北、上海、江苏、浙江、山东、河南、湖北、陕西十个省(市)的 33 个高新技术园区、经济技术开发区进行参观考察和项目合作洽谈，举办新技术与新产品发布会，交流回国创业和为国服务经验。海外学人共参观考察了 88 家高科技企业和园区，参加了 43 场座谈会、项目洽谈会和交流会，与 587 家国内企业和 60 多家投资机构进行了项目洽谈和对接。12 月 24 日，中共中央政治局委员、全国人大常委会副委员长王兆国在人民大会堂亲切接见了参加活动的部分代表并发表重要讲话。

本次创业周活动得到了各地党政领导的高度重视和有关部门的大力支持。中共中央政治局委员、湖北省委书记俞正声亲自宴请了参加湖北活动的海外学人并讲话，天津、河南等省(市)的主要分管领导也分别会见了参加活动的海外学人。各地对活动进行了精心策划和准备,动员了大批国内企业、投资机构、科研院所参加对接活动,组织了高层次论坛、项目发布与对接、参观考察等各类丰富多彩的活动。陕西举办了海外学人创业成果展,举行了"大型青年创新创业之歌——创业感动奖"颁奖晚会。天津泰达经济技术开发区举办了"TEDA - WATSON 生物技术及医药国际研讨会"第二届年会,邀请了诺贝尔生理及医学奖评委会主席 Jan - AkeGustafsson 先生等国际生物技术和医药领域知名人士作主旨发言。河南和湖北分别举办了"青年创业(国际)论坛"和"国际制造业发展(武汉)论坛",邀请了来自日本、韩国、加拿大、俄罗斯、中国香港等地的百余名企业和投资界人士参加。在北京地区,分别在清华科技园、北京留学人员海淀创业园、中关村德胜科技园举办了三场项目洽谈会,举办了"2003 海外学人回国创业论坛",邀请了 UT 斯达康(中国)公司总裁吴鹰、中科院自动化所所长谭铁牛等有留学经历的知名企业家和科技专家,结合自己回国创业、报效祖国的亲身经历,与海外学人进行了现场交流。

成效:参加创业周活动使海外学人切身感受了国内经济社会的发展状况,更深刻地了解了国家鼓励海外学人回国创业和为国服务的有关政策;通过参加创业周活动,海外学人与回国创业成功人士进行交流,全面了解了回国创业的有关情况,进一步坚定了回国创业的决心;部分海外学人和海外学人社团通过创业周活动,加深了对共青团和青联组织的了解和信赖,纷纷表示愿意与共青团和青联组织建立密切联系,迫切希望共青团和青联组织为他们提供服务和帮助。活动中共发布了 850 多个涉及生物医药、信息通讯、新材料、农业、环保等领域的项目,签署了 132 份意向性协议。

意义:2003 年海外学人回国创业周活动是在全国人才工作会议刚刚闭幕之际举办的,是共青团、青联组织贯彻人才强国战略,落实全国人才工作会议精神,进一步推动海外学人回国创业和为国服务的具体举措。

中国青年科技创新行动

2003 年,中国青年科技创新行动进入了一个新的发展阶段,"金桥计划"得到深入贯彻和落实。各级团组织以营造创新氛围为前提,以搭建创新平台为手段,以培育创新人才、促进创新实践为中心,以推动科技进步、服务经济建设为出发点和归宿,积极引导和帮助青年参与科技创新实践,增强创新意识,提高创新能力,广泛营造了大批优秀青年人才脱颖而出的良好社会氛围,为推动科技进步和社会发展做出了积极贡献。

1. 实施"金桥计划",推进青年科技创新行动,促进科技与经济的紧密结合。"金桥计划"是青年科技创新行动的核心内容。2003 年,团中央通过开展"青年专家河南行科技服务活动"、博士服务团、大学生志愿服务西部计划、青年职工创新创效、青年星火西进计划和海外学人回国创业周等活动,组织了国内外大专院校、科研院所的 2000 多名青年专家携带近万项科研成果,深入全国各地尤其是西部地区的企业和高科技园区开展科技服务活动,达成了1000多项包括技术转让、项目合作、投融资等经济技术协议，促进了官、产、学、研、资等要素的有效结合。在各级团组织的共同努力下，青年科技创新行动工作思路进一步明确，主要的工作项目、工作载体、工作品牌初步形成，项目化、社会化的运作机制逐步建立，一些品牌项目在社会上产生了较大影响，得到了各级党政领导的高度重视和大力支持，受到了广大青年科技工作者的热烈欢迎，初步形成了团内团外统筹协调的工作格局。

2. 坚持以人为本，重视尖子人才的培养和使用，有效开发青年科技人才资源。2003年，青年科技工作按照“以人为本”的原则，加强中华全国青年联合会、中国青年科技工作者协会和中国青年企业家协会等社团的建设，在社团内部、社团与社团之间开展相同学科或不同学科的交流与合作，团结凝聚了大批高端人才，充分发挥了人才聚合效应，使个体无法完成的工作在人才的有效聚合中得以解决。通过开展第十四届中国十大杰出青年、第五届中国青年科学家奖和第六届中国青年科技创新奖、第二届“中国软件行业杰出青年”等评选表彰工作，促使大批青年人才脱颖而出。目前，在获奖者中已有21人当选两院院士、全国人大代表和全国政协委员。还有多人在国家“863”、“973”等项目中担任课题负责人或专家组成员。除此之外，我们还通过开展“青年专家科技服务团”、“博士服务团”等活动，组织高层次青年科技人才赴基层进行科技服务，在实践中探索出培养复合型人才和创新型人才的有效途径。

3. 加强载体建设，构建平面媒体、图书出版、互联网等立体宣传网络，广泛开展科学知识的普及和宣传。利用平面媒体，激发青少年学科学、用科学的兴趣和热情；利用互联网，采取有效形式为青少年创办科学网上乐园；丰富科普活动载体，推动青少年校外科普工作向纵深发展；加强科普阵地建设，为青少年校外科普实践提供保障。

4. 总结工作，交流经验。3月和4月，有关人员赴北京、天津、河南、河北等省（市），就中国青年科技创新行动实施情况进行调研，撰写了《实施青年科技创新行动的调查与思考》。致函团中央机关有关部门和各省级团委，对青年科技创新行动的实施情况进行总结并部署安排下一步工作，在此基础上形成了《实施青年科技创新行动的工作报告》。11月22日，在河南郑州召开了中国青年科技创新行动经验交流会。会议总结了工作，交流了经验，探讨了规律，部署了今后一个时期的工作任务，要求全团上下进一步统一思想，提高认识，紧紧围绕科教兴国战略和人才强国战略，大力实施“金桥计划”，全面深化中国青年科技创新行动，团结带领广大青年特别是青年科技人才为全面建设小康社会做贡献。团中央书记处书记胡伟、河南省委副书记王全书出席并讲话。团中央统战部部长、全国青联秘书长郭长江作了工作报告，团北京、江苏、河南省（市）委以及团沈阳、宁波市委分别汇报了开展中国青年科技创新行动的情况。全国省级团委分管书记、统战部长和副省级、省会城市团委分管书记近100人参加了会议。

全国青联志愿者艺术团慰问演出活动

全国青联志愿者艺术团成立于2000年10月，是在全国青联长期组织开展的“心连心”、“三下乡”、赈灾助残、扶贫帮困等文艺慰问活动的基础上组建的。艺术团以“回报社会，奉献人民，培养德艺双馨艺术家”为宗旨，通过组织开展各种主题鲜明、形式多样的慰问演出活动，把党和政府的关怀和温暖送到人民群众中和祖国现代化建设的第一线。全国青联志愿者艺术团已经成为青联组织发挥人才优势，服务社会，奉献人民，树立良好形象的一个有效载体。

2003年，全国青联志愿者艺术团继续坚持艺术团宗旨，以慰问国家重点工程建设者为主线，开展了丰富多彩的慰问演出活动，受到当地人民群众、广大青年和青联委员的普遍欢迎。

2003年1月，全国青联落实中宣部等12部委有关精神，组织志愿者艺术团来到辽宁北票五间房乡开展“三下乡、送温暖”活动，通过慰问演出、医疗义诊、科普大集等形式，把温暖送到农民群众中。7月份，志愿者艺术团精心策划，为来自全国各地的团十五大代表奉献了一台主题鲜明、阵容强大的文艺晚会，晚会在中央电视台播出，受到广大团员青年的广泛好评。10月以来，志愿者艺术团以走近国家重点项目建设者为主题，分别在北京、山东东营和贵州纳雍举行了3场大型演出，慰问“神舟五号”飞船研制人员、胜利油田工人和“西电东送”水电职工，把广大青年的问候和敬意送到共和国的建设功臣中。一年来，文艺界委员共上百人次参加了慰问活动，演出10多场，观众近15万人。

2003年，河南、福建、贵州等省级青联成立起地方分团。志愿者艺术团已经成为青联组织发挥优势、奉献社会的又一品牌项目。

第四批“博士服务团”

9月25日至27日，中组部、团中央在京对第四批“博士服务团”成员进行了出发前的培训和动员。中宣部副部长雒树刚、国家发改委副主任李子彬、中央党校党建教研部主任卢先福应邀在培训班上为青年博士分别就学习"三个代表"重要思想、中央实施西部大开发战略、党的建设和民主集中制原则等方面作了报告。中组部副部长王东明、团中央书记处书记胡伟分别在动员会上讲话。培训结束后，第四批“博士服务团”128名青年博士奔赴西部10个省（区、市）和江西省进行为期一年的锻炼服务，实践“三个代表”重要思想，为西部大开发提供人才智力支持。

组织“博士服务团”到西部地区锻炼服务，是中组部和团中央为贯彻落实西部大开发战略和人才强国战略，加强对青年专业技术人才培养而采取的一项重要举措。从1999年开始,已经派出了三批,共有243位青年知识分子圆满完成了挂职锻炼任务。几年来,“博士服务团”成员认真贯彻“三个代表”重要思想,做了大量卓有成效的工作,为西部地区科技进步和经济社会全面发展做出了贡献,自身也得到了锻炼成长。第四批“博士服务团”共有128名成员,来自中央国家机关有关部委、科研院所、高等院校、国有大型骨干企业及北京、天津、上海、广东等省(市),平均年龄38岁。

9月25日,团中央统战部在京召开“博士服务团”工作座谈会,总结工作,交流经验,围绕如何发挥共青团的自身优势,进一步做好“博士服务团”工作进行了研讨。团中央统战部部长郭长江、副部长倪邦文,中央组织部知工办处长罗梅建出席会议并讲话。来自接收“博士服务团”成员的西部10省(区、市)和江西省团委统战部、组织部负责人参加了会议。座谈会上,与会的各省(区、市)团委有关负责同志分别发言。他们建议中组部、团中央出台相关政策,在“博士服务团”成员返回原单位后,在适当时机安排他们回访,以继续发挥“博士服务团”的作用。他们认为,“博士服务团”到西部服务,是一件“双赢”的好事,有利于提高博士们的自身素质,有利于促进地方经济的发展,希望将“博士服务团”工作制度化,规模适当扩大。他们希望多选派具有较强组织领导能力和实际工作经验的中央机关或大型企事业单位的专家型人才到西部锻炼服务,形成“博士服务团”到西部锻炼服务的长期制度,不断为西部地区经济社会发展提供高层次的人才支持。

几年来,有关省、区、市共青团、青联组织积极配合地方党委组织部门、派出单位和接收单位,在为“博士服务团”创造良好工作环境、组织集体活动、丰富业余生活等方面,做了大量工作,取得了良好效果,积累了一些好的经验和做法:

一是高度重视,加强对“博士服务团”工作的组织领导。有关省、区、市共青团、青联组织把做好“博士服务团”工作作为一项重要政治任务,摆上议事日程,认真抓好落实。加强对有关省、区、市团组织为“博士服务团”服务情况的检查督促,增强做好“博士服务团”工作的责任感和自觉性。认真总结工作经验,促进相互交流,努力提高服务水平。

二是增强主动意识,积极配合有关部门开展工作。协助党委组织部门通过组织培训、考察等多种形式,提高博士们的思想政治水平。主动与接收单位联系,掌握了解“博士服务团”成员的工作生活情况,协调解决他们工作、生活方面的问题。尝试建立“博士服务团”走访制度,定期了解博士的思想、生活状况,积极配合有关地方和单位做好博士们的思想工作,使博士们集中精力搞好锻炼服务。

三是找准工作切入点,把博士服务团工作与青年工作有机结合起来。充分发挥博士的人才智力优势,积极吸纳博士加入青联、青年科技工作者协会等组织,把更多的优秀青年人才团结凝聚起来,充分发挥人才聚集效应。把“博士服务团”工作与实施青年科技创新行动、开展青年专家服务活动等紧密结合起来,创造和探索一些有利于博士搞好服务、锻炼成长的活动载体,丰富“博士服务团”的活动形式,提高服务的质量和效率。发挥好共青团在树立和宣传青年典型方面的优势,充分利用团属新闻报刊和其他社会传播媒介,进一步加大宣传力度,认真深入挖掘、树立、宣传“博士服务团”成员的先进事迹,努力营造良好的舆论环境和社会氛围。

2003年,“博士服务团”在邓小平理论和“三个代表”重要思想的指引下,深入基层,扎实工作,开拓创新,为西部大开发和全面建设小康社会做出了积极的贡献。

2003年全国宗教界青年代表人士考察学习团活动

为贯彻落实党的十六大精神，更好地团结、教育和引导宗教界青年代表人士，促进宗教与社会主义社会相适应，为民族团结、社会发展和祖国统一做贡献，团中央、全国青联于10月31日至11月6日举办了2003年全国宗教界青年代表人士考察学习活动，来自全国18个省份的30位全国宗教界青年代表人士赴辽宁、天津、北京等地进行了为期一周的考察学习活动。11月6日下午，共青团中央、全国青联在北京举行总结座谈会。全国政协副主席、中共中央统战部部长刘延东出席座谈会并作重要讲话。团中央书记处第一书记周强、中共中央统战部副部长黄跃金、团中央书记处书记胡伟、国家宗教事务局副局长齐晓飞等出席座谈会，考察学习团所有成员和部分北京市宗教界青年代表人士近40人参加座谈会。座谈会上，五大宗教青年代表人士交流了考察学习的感受和体会。

刘延东首先代表中央统战部和国家宗教局对宗教界青年朋友们的到来表示欢迎，对他们在考察学习中取得的成绩表示祝贺。她指出，党中央一贯高度重视宗教工作，2001年召开的全国宗教工作会议，对党的宗教理论和政策作出了许多新的概括、新的阐述和新的发展，对宗教工作作出了一系列重要的决策和部署。党的十六大报告对我们党在新世纪新阶段宗教工作的基本方针和基本任务也作了重要的论述。贯彻党的十六大和全国宗教工作会议精神，各宗教积极加强自身建设，不断探索与社会主义社会相适应的途径，取得了新的成果。广大信教群众和不信教群众一起，紧密团结在党和政府周围，积极投身于全面建设小康社会的伟大事业，党和爱国宗教界人士的统一战线得到了进一步巩固和发展。

刘延东指出，宗教界青年人士是新中国成立后出生的，是伴随改革开放成长起来的。她希望宗教界青年代表人士要深入学习“三个代表”重要思想，充分认识社会主义制度的优越性和中国共产党的先进性，增强接受中国共产党领导的自觉性；希望继承老一代爱国宗教界人士爱国主义的优良传统，推动宗教活动服从和服务于国家的最高利益和民族整体利益，把爱国和爱教紧密结合起来；希望自觉坚持独立自主自办的原则不动摇，自觉抵御境外利用宗教进行的各种渗透活动；希望主动适应时代和社会发展的需要，加强学习，刻苦磨练，不断丰富科学文化知识，提高宗教学识和道德修养，树立良好的形象，接好老一代宗教界人士的班，为推动宗教与社会主义社会相适应，促进民族团结、社会稳定和祖国统一发挥骨干作用。

她最后强调，团中央、全国青联通过组织考察学习活动来加强与宗教界青年代表人士的联系、交流和沟通，是一种非常好的做法，应该继续坚持并不断完善，在竭诚服务宗教界青年方面进一步发挥自身的独特优势。

周强同志主持了座谈会，并简要介绍了近年来团中央、全国青联加强宗教界青年代表人士培养，教育、引导信教青年积极为维护稳定、推动统一、促进发展做贡献等方面的工作情况。

座谈会结束后，考察学习团成员热烈讨论，畅谈感想，表示一定要把这次讲话的精神带回去，向教众传达、宣传，在实际工作中贯彻落实。11月11日，刘延东同志在团中央统战部、全国青联秘书处报送的《刘延东同志讲话在宗教界青年代表人士中引起强烈反响》上作出重要批示:“在培养宗教界青年代表人士工作中,要更好地发挥共青团、青联的作用。建立一定的工作机制。”周强同志、胡伟同志就贯彻落实刘延东同志重要批示精神作了批示。

参加考察学习的宗教界青年代表人士由全国青联宗教界委员、在社会上和信教青年中具有一定影响力和号召力的省级青联宗教界委员组成,佛教、道教、伊斯兰教、天主教、基督教都有青年代表人士参加。考察学习团团长由全国人大常委、全国青联副主席、中国道教协会副会长张继禹担任。

考察学习团举办了两次学习班。10 月 31 日上午,考察学习团在辽宁省沈阳市举办学习班开班式,团中央统战部、全国青联处,共青团辽宁省委、省青联和辽宁省宗教局有关领导出席开班式并作了讲话,国家宗教事务局政策法规司司长贺克敏作了宗教工作法律法规讲座。本次考察学习团成员和沈阳的宗教界部分青年代表人士共 50 人参加了开班式。11 月 6 日上午,考察学习团在北京举办了第二次学习班,中共中央统战部二局副局长蒋坚永,全国青联委员、国家统计局中国经济景气监测中心副主任张仲梁分别作了宗教工作政策理论和经济形势报告。

在为期一周的活动中,考察学习团参观考察了沈阳浑南开发区、东软集团、鞍山钢铁集团公司、大连新船重工有限公司、天津经济技术开发区、摩托罗拉公司、天津泰达——华生生物园、南开大学;参观了九一八纪念馆、中华航天博物馆等爱国主义教育基地;考察了佛教、道教、伊斯兰教、天主教、基督教的宗教活动场所。

考察学习团成员表示,组织全国宗教界青年代表人士考察学习团活动,体现了党和国家对信教青年的重视和关怀。听了讲座和报告,进一步提高了对宗教政策理论、法律法规的认识;参观开发区、国有特大型企业和跨国公司,开阔了视野,增长了见识,切身感受到了社会主义现代化建设的勃勃生机和伟大成就;参观九一八纪念馆、中华航天博物馆等爱国主义教育基地,激发了爱国热情,增强了责任感;考察五大宗教的寺观教堂,感受到党的宗教政策得到全面落实,进一步增强了积极与社会主义社会相适应,报效祖国的自觉性;通过各教之间的交流,加深了了解,扩大了共识,增进了友谊。大家表示,回去后要把本次考察学习成果在教友中宣传交流,在教务活动中贯彻落实,团结带领广大信教青年,坚持爱国爱教、团结进步的宗旨,为维护社会稳定、民族团结和祖国统一做出应有的贡献。大家表示,考察学习团内容丰富,时间紧凑,筹备充分,取得了圆满成功。

2003 年海峡两岸青年元宵联欢活动

应台湾中华青年交流协会的邀请,以八届全国青联常委、国家新闻出版总署纪检组组长任泽民为团长的全国青联祖国大陆青年元宵联欢访问团一行 44 人,于 2003 年 2 月 13 日至 22 日赴台湾访问。与台湾青年共同举办了元宵联欢晚会、座谈会,在日月潭共同植下了象征友谊的树苗。

在联欢会上,两岸青年欢聚一堂,载歌载

舞，共赏元宵花灯，两岸青年艺术家表演了精彩的节目，表达出两岸青年本是一家人的心声。在“薪火相传、超越精进——两岸杰出青年座谈会”上，两岸青年畅所欲言、各抒己见，围绕人文、科技、经贸等三个方面进行座谈。访问团团员分别做了《在奋斗中超越，在超越中升华》、《加强交流，推动两岸医药产业的合作》、《大陆的政策环境是企业向科技型转化的强力催化剂》、《企业管理必须不断创新，个人创业必须超越自我》等精彩演讲，受到与会台湾青年的热烈欢迎。两岸青年还就如何面对入世后经贸、科技的发展趋势和挑战，如何培养新世纪青年领袖的个人素质等问题坦诚地交换了意见。

访问期间，团员们先后走访了台北、桃园、新竹、苗栗、台中、南投、嘉义、台南、高雄、屏东、台东、花莲、宜兰等地，参观了台北故宫博物院、薇阁中小学、南投日月潭风景区、嘉义阿里山风景区、高雄出口加工区、高雄港、餐旅技术学院、屏东垦丁风景区、花莲太鲁阁风景区等，领略了祖国宝岛引人入胜的秀美风光，体会到两岸青年同宗同源、手足情深的同胞情谊。

“青年文明社区”创建活动

2003年全国“青年文明社区”创建活动以城市青年中心建设为统揽，以社区团建为龙头，以社区服务和社区文化为着力点，以社区青少年活动阵地为依托，努力构建城市社区共青团工作的新格局，扎实推进“青年文明社区”创建以及“青年文明社区”示范城区创建活动，取得了显著成效。全国各地涌现出了一大批“青年文明社区”和“青年文明社区”示范城(区)创建活动的典型。截止12月31日，各地开展城市青年中心试点建设工作的街道数已达468个。

1. 深化开展“青年文明社区大家乐”活动和“科学文明健康”——社区青年文化节活动。2003年各地团组织以“科学文明健康”为主题，以大家乐舞台、广场、楼道等为载体，以“青年文明社区”大家乐活动为主要形式，通过社区青少年和广大居民自编、自演、自娱、自乐的方式，使社区大家乐舞台成为了社区开展丰富多采的文化、艺术、体育、科普活动的最重要、最有效的载体。7月以来，各地陆续开展了社区文化节优秀节目汇演，为团的十五大的召开营造良好的氛围。12月在福建召开了社区青年文化建设暨“科学文明健康”——社区青年文化节组织奖、创新奖表彰大会，并在全国推广社区青少年“三人篮球”运动。

2. 以“青年文明社区”为平台，开展社区抗击非典活动。在抗击非典的斗争中，全国各级团组织认真贯彻落实党中央、国务院指示精神，按照团中央的统一部署，以社区为单位，动员全国各级“青年文明社区”广大团干部、社区青年志愿者和社区青少年运用社区青少年法律学校、社区宣传栏、“大家乐”广场等阵地，向广大群众宣传抗击非典知识、派发抗击非典宣传物品、药品，社区青年志愿者上门入户，消除社区卫生死角、整治社区环境，得到了社区居民和各级党政领导的高度评价，以实际行动践行了“三个代表”重要思想。

3. 开展“青年文明社区”示范城(区)创建活动，推动“青年文明社区”活动不断拓展和深化。2003年，根据各地上报的材料，进一步确定了61个全国“青年文明社区”示范城(区)创建单位,在此基础上,我们进一步总结全国各地“青年文明社区”创建活动案例,汇编出版《社区青春行》一书,并下发至省级团委和有关部门。树立了一批创建“青年文明社区”的先进城(区)典型,充分发挥典型引路、以点带面的作用,对各地的“青年文明社区”创建活动进行直接有效的指导,进而推动全国“青年文明社区”创建活动在各级城市的发展。

4. 在创建“青年文明社区”活动中开展“校园文化进社区”系列活动。为贯彻落实“三个代表”重要思想,推动先进文化的发展,弘扬民族精神,提高公民道德,满足人民群众日益增长的精神文化需求,促进校园文化和社区文化的融合互动,加强社区青年文化建设,团中央和全国学联下发《关于组织开展“校园文化进社区”系列活动的通知》,开展“校园文化进社区”系列活动,具体活动内容有:开展社区文艺演出;深入社区宣传先进文化;扶持社区青年社团;参与社区文化阵地共建等。

5. 创新求实,大力推进城市青年中心试点建设。为进一步深化“青年文明社区”创建活动,适应新时期社会结构和青年群体分布的变化,更好地将社区青年团结凝聚起来,服务于经济社会发展大局,2003年“青年文明社区”创建活动在原有工作的基础上,着力开展了城市“青年中心”试点建设工作:

(1)下发《全国城市青年中心建设试点工作方案》,指导、部署全国城市青年中心试点建设工作。

(2)确定第一批全国城市青年中心建设试点。确定了浙江杭州、上海长宁区、北京朝阳区、吉林四平市为全国城市青年中心第一批试点。通过试点,探索城市青年中心组织形态、管理形态、活动形态、运转形态的创新,为全国城市青年中心建设积累经验。

(3)成立全国城市青年中心建设专家指导小组并召开专家研讨会。成立由社会学、管理学、法学、美学、青少年思想等方面的专家、教授组成的全国城市青年中心建设专家指导小组,并于10月15日举行了专家研讨会,加强对城市青年中心建设理论研究,指导青年中心建设。

(4)召开全国城市青年中心建设工作会。10月24日至25日召开全国城市青年中心建设工作会,总结城市青年中心试点建设经验成果,部署全国城市青年中心建设。各省、自治区、直辖市、副省级城市、省会城市团委分管书记、权益和城区部长以及部分城市青年中心建设试点地区党委领导、团工委书记等200多名代表参加了会议。先期进行城市青年中心建设试点工作的四个试点交流了各自的做法和经验。浙江省杭州市闸弄口街道、文新街道、紫阳街道的青年中心向与会者展示了城市青年中心的不同模式。

(5)举办全国城市青年中心建设培训班。10月24日至27日,举办了全国城市青年中心建设培训班,加强对各地青年中心建设的具体指导。来自各省、自治区、直辖市团委的权益(城区)部长、首批城市青年中心建设试点城市(区)的街道团工委书记、全国青年文明社区示范城区创建单位团委负责人、全国青少年违法犯罪社区预防计划试点街道团工委书记和部分街道党工委书记共150多人参加了培训。通过培训工作,提高了基层社区共青团工作者的理论水平,加强了对具体工作的指导,取得了良好的效果。

进城务工青年工作

2003年，全国各级共青团组织积极贯彻实践“三个代表”重要思想，加大服务力度，急青年之所急，想青年之所想，积极为进城务工青年办好事，办实事，推动进城务工青年工作深入有效开展。

1. 建好阵地，构建进城务工青年成才发展的社会平台。通过大力创建打工青年网站、进城务工青年之家、“千校百万”进城务工青年培训基地、进城务工青年大家乐舞台等工作阵地，促进了进城务工青年的成才发展。一是依托“千校百万”进城务工青年培训基地，抓好建筑等重点行业的培训工作，以城市文明素养和职业技能教育为重点，结合法制、自护、禁毒等专项教育内容，进一步推动了进城务工青年工作。截至2002年底，各地共建立了3200多家进城务工青年培训学校，对2800多万进城务工青年进行了针对性、实用性强的培训，受到了用工单位和广大进城务工青年的欢迎，得到了社会各界的理解和支持。二是依托打工青年发展网、进城务工青年之家和进城务工青年大家乐舞台，促进进城务工青年就业、娱乐和自身的发展提高，发现和培养进城务工青年骨干，弘扬有时代特点的打工文化。

2. 强化宣传，营造有利于进城务工青年成长成才的舆论氛围。各级团组织通过开展杰出（优秀）进城务工青年评选、举办先进事迹展览、组织报告团及给予适当嘉奖等多种方式，表彰进城务工青年先进典型和热心帮助进城务工青年成长成才的先进集体和个人。通过人民日报、中国青年报、法制日报的报道，及与中央电视台《劳动就业》、《金土地》、《走进都市》等栏目合作等形式，向社会介绍了一批优秀进城务工青年和普通打工仔的工作和生活情况，介绍了共青团组织开展的进城务工青年团组织建设、“千校百万”进城务工青年培训、打工文化、权益保护、返乡创业等方面的工作，提高了全社会对进城务工青年的关注程度，优化了进城务工青年的成长环境。

3. 鼓励返乡创业，开展“把文明带回家”活动。为鼓励广大进城务工青年在开阔视野、积累资金、掌握技能后投身家乡建设，各地团组织积极争取政策支持，提供创业信息，帮助外出务工青年了解家乡的变化，号召广大进城务工青年把打工过程中学到的科学文化知识、创业致富技能和文明生活习惯带回家乡，架起城乡之间传播文明的桥梁。

4. 突出具体服务，为进城务工青年办实事、办好事。团组织还开展了“平安打工”、“三送一助”（“送知识、送文化、送健康、助安全”）、送温暖等主题活动，把党和政府的关心和爱护送到进城务工青年身边。每逢重大节假日，各地团组织积极开展为进城务工青年送温暖活动，通过开展同吃年夜饭、组织服务进城务工青年专列，赠送IP电话卡、维权服务卡、文体娱乐卡，组织慰问演出，组织卫生系统志愿者为他们免费体检，组织青年志愿者在火车站提供服务等形式，向进城务工青年提供物质和精神上的帮助和支持，把党和政府的关心和爱护送到青年们身边。在抗击非典期间，北京城建集团团委开展了“送爱心到工地”活动，给各工地送了大批信纸、信封和邮票。“爸爸妈妈，我在这里很好”、“我在这里接着干活，跟以前一样，你们不用担心”、“我们这里很安全，你们在家里要多消毒”等真情话语把进城务工青年的平安信息报给了家人。团委聘请了理发师、裁缝、修鞋匠，组成服务小分队，送爱心到工地。各青年突击队项目经理部除做好消毒等工作外,还为进城务工青年免费提供2部长途电话,保证他们不出工地就能和家里保持热线联系。在团组织的带动下,奋战在北京重点工程建设工地的9支在京施工企业青年突击队联合举行誓师大会,发出了《坚定信心,拼搏奉献——为抗击非典和首都建设贡献青春和力量》的倡议,号召在京务工创业的青年们顾全大局,稳定队伍,坚守岗位促生产,抗击非典做贡献。

城市青年中心建设工作

2003年年初,团中央书记处提出建设青年中心的重要工作思路后,社区和维护青少年权益部立即开展了青年中心课题的信息收集和调查研究工作,并选择在浙江省杭州市、吉林省四平市、北京市朝阳区、上海市长宁区作为第一批试点建设单位。以周强同志在团的十五大报告中正式提出建设青年中心作为一项重要的战略举措为标志,社区和维护青少年权益部进一步加快了城市青年中心试点建设的力度,试点建设工作取得了显著成绩。

1. 制订《全国城市青年中心建设试点工作方案》,确定工作总目标和年度工作目标。从2003年年初开始,社区和维护青少年权益部就开始认真研究青年中心建设的有关问题,并形成了可行性报告。在征求了有关专家和基层团干部的意见后,我们起草了《全国城市青年中心建设试点工作方案》,并于2003年9月2日正式下发。方案阐述了青年中心含义及青年中心建设的战略意义,重点对试点的范围、试点内容、试点工作步骤进行了规范,对全国各地青年中心建设试点工作起到了指导作用。

2. 及时召开会议,推进城市青年中心试点建设。(杭州会议、福州会议)为总结青年中心试点建设的经验,为全国各地的建设工作树立具有可比性和可操作性的典型,10月25日-26日,在先期进行试点建设的杭州市召开了全国城市青年中心建设工作会。书记处常务书记赵勇同志做了重要讲话,书记处书记杨岳同志对全国城市青年中心建设做了部署。12月15日-16日,在福州市召开了全国城市青年中心建设座谈会,并观摩了社区青少年"三人篮球"活动,专门交流青年中心建设工作的思路和方法。

3. 构建青年中心建设专家咨询机制,科学稳步推进青年中心建设。为加强对青年中心建设的理论研究和实践指导,我们积极联系有关各方面的专家学者,组成青年中心建设专家小组,学科门类涉及社会学、青年学、法学、组织学、公共管理学等方面,并建立了和专家定期咨询沟通的制度,向专家求贤问计。10月15日上午,召开了全国城市青年中心建设专家研讨会,在座专家学者围绕城市青年中心建设的必要性、组织形态、运转机制、对共青团基层组织建设创新等方面的理论、政策问题和难点问题进行了研讨。研讨会的成果在中国青年报刊登了专版,供各地在工作中参考。

4. 研究制定《城市青年中心章程》试行范本,推进青年中心建设规范发展。按照国家民政部有关社团登记管理的条例和社团章程示范文本，参照沈阳、上海、浙江等地基层青年中心的做法，同时还征求了有关社团组织学、政治学等方面的专家的意见，我们集中力量起草了城市青年中心章程，章程对青年中心的定义、会员、业务范围、组织机构、经费等方面都做了规范性的要求。

5. 抓好干部培训，提高对青年中心的认识。为加强对基层团干部青年中心建设的具体指导，2003 年 10 月 24 日至 27 日，我们在杭州市举办了各省、自治区、直辖市团委的权益（城区）部长、首批城市青年中心建设试点城市（区）的街道团工委书记、全国青年文明社区示范城区创建单位团委负责人、全国青少年违法犯罪社区预防计划试点街道团工委书记和部分街道党工委书记共 150 多人参加的全国城市青年中心建设培训班。在培训班上分别就城市青年中心建设工作的意义、项目设计、操作原则、组织形式、运行机制、服务内容、注意事项等问题进行专题讲座。

6. 发挥网络优势，加强对各地经常性的指导。为提高城市青年中心信息化的水平，团中央社区和维护青少年权益部开通了“城市青年中心信息网”，将其作为青年中心建设信息发布、工作交流、经验介绍、专家咨询的工作网站，着力加强青年中心网站和青年的交流性，通过网站建设，对各地基层城市青年中心试点建设进行经常性的指导。

团中央建设青年中心的决策得到各地党政、基层团干部和青年的欢迎，赢得了社会各界广泛的支持。吉林、浙江、福建、山西、甘肃等省领导对青年中心建设给予了高度评价，专门对青年中心建设情况进行调研，并做出批示给予支持。各地的街道、社区党政专门拨出建设用地、专项建设资金，支持青年中心建设。各省级团委积极召开青年中心工作会议，专题研讨青年中心建设工作安排，并陆续制定出各省的青年中心建设规划。北京、山东、上海、新疆、湖北、广东、浙江、福建等地团委就青年中心建设工作数次召开党组会议，并成立相应的建设领导小组，研究着手青年中心建设；北京、上海、山东、浙江、福建、广东、广西等地城市青年中心陆续挂牌。

创建优秀“青少年维权岗”活动

创建优秀“青少年维权岗”活动由共青团中央、中央综治委联合最高人民法院、最高人民检察院等有关部门共同开展。2003 年创建工作以“重基础建设，抓规范管理，促持续发展”为原则，进一步创新服务方式，完善活动机制，拓展维权工作的广度和深度，坚持把维权工作与预防青少年违法犯罪工作相结合，着力优化青少年成长环境。

1. 健全创建活动相关制度，推进创建活动各项制度的落实。通过联查、抽查、自查等方式，督促各地落实《全国优秀“青少年维权岗”创建、评比、表彰、考核及管理办法》和司法行政系统优秀“青少年维权岗”职责与奖励办法，尽快出台其余各系统优秀“青少年维权岗”职责与奖励办法、实施细则、评比表彰、检查考核的具体标准等相关制度。

2. 完善创建活动各项机制。机制建设是一项活动能够长期健康发展的重要保证。今年，一是着重完善创建活动动态管理机制，对优秀“青少年维权岗”单位不搞“终身制”，继续分级对优秀“青少年维权岗”单位经常性地组织抽查,阶段性地进行检查,并逐步引入社会化的考评办法,让群众参与考评,优胜劣汰。二是建立激励机制,推动各部门制定并落实各项表彰奖励的制度、措施。三是建立区域联动机制。广泛建立各级青少年权益保护协调中心,配备受理和处置青少年权益事务的工作人员,设立维权热线电话,实行联席会议制度,研究解决本地区青少年成长面临的重大问题,协调各相关“青少年维权岗”单位解决青少年权益受到侵害的投诉,并对案件进行跟踪监督,将处理结案率作为命名优秀“青少年维权岗”的重要依据。四是进一步完善监督机制。建立监督员队伍,明确监督员岗位职责,设立监督举报电话和信箱,并通过定期在报纸、电视、网络等媒体上公示优秀“青少年维权岗”单位名称、联系人、电话和工作职责等多种形式,增强群众对优秀“青少年维权岗”的信任和了解,便于投诉和监督,形成良性监督机制。

3. 拓宽创建活动履盖行业与范围。优秀“青少年维权岗”单位贴近基层、贴近青少年,可以及时便捷地解决危害青少年健康成长的各种不良现象和问题,已经成为整个维权体系的基础性环节。2003年团中央又联合教育、建设、民政等部委开展创建工作,进一步扩大了“青少年维权岗”的创建规模,拓展维权领域。针对地市和区县一级创建活动开展不平衡的情况,在纵向上推动创建活动向基层延伸,特别是中西部地区,加大创建活动力度,在市、区、县一级培育出更多的维权实体,使维权工作的覆盖面更广。针对家长虐待子女、青少年吸毒、贫困家庭子女入学困难等社区问题,推动“青少年维权岗”单位拓展职能,进一步延伸工作手臂,深入社区和家庭,与预防青少年违法犯罪工作相结合,着力解决新时期社区生活中出现的青少年权益保护问题,使青少年权益保护工作走向深化。

4. 构建社会化维权服务网络。以省市一级青少年维权中心为枢纽,以区、街、社区青少年维权岗、站、点为终端,以行业为纵线、以地区为横线,形成纵横交错、区域联动、行业联动的立体维权网络。通过推行联席会议制度、设立维权热线电话、开辟青少年权益保护网站,建立健全青少年维权工作接待咨询制度、维权岗单位驻社区活动制度、值班制度、档案管理制度等,形成基本工作流程,依托优秀“青少年维权岗”,广泛开展维权服务、法制教育、安置帮教等工作,建立规范、有效的运转机制。

5. 加大表彰宣传力度。今年,团中央分别联合最高人民法院、最高人民检察院、公安部等9个参与创建的部门,共同开展对优秀“青少年维权岗”集体、创建活动先进个人和突出贡献奖的评选表彰活动,对各部门青少年维权工作的先进基层单位以及几年来为创建活动做出突出贡献的先进个人进行表彰,并大张旗鼓地进行宣传,落实评选制度和激励机制,扩大了维权工作在社会上的影响。

青少年自我保护教育工作

今年自护教育活动以抓规范管理、推进社会化进程、创新活动方式为主,重点是扩大培训的覆盖面,增强培训的针对性和实效性,提高青少年自护意识和自护能力,扩大自护教育

的社会影响。主要做了以下几项工作:

一、加强基础建设

1. 推动各地广泛建立自护学校。一是依托优秀"青少年维权岗"、青少年宫、社区青少年活动中心以及各种青少年校外活动场所,尝试建立一批规范的青少年自护教育阵地。二是利用互联网建立网上自护学校。组织中小学生开展生动活泼的网络教育活动,学习以网络知识、安全上网知识、文明上网知识、文明上网聊天等为主要内容的网络自护知识,培养法制观念和网络道德意识,自觉远离网吧,安全文明上网。三是开设自护训练课堂。利用自护训练课堂定期开展多种形式的自护宣传教育活动,使青少年学会更好地运用法律武器维护自身权益,帮助青少年正确认识和对待成长中遇到的各种心理、生理问题,增强青少年防灾避险的意识和技能,帮助青少年养成健康的娱乐习惯和高尚的道德情操。

2. 建立青少年自护教育师资队伍。一是聘请优秀"青少年维权岗"单位工作人员担任自护辅导员,结合工作实际,讲授青少年自护知识和技能。二是聘请律师志愿者等法律工作者担任自护辅导员,教育青少年依法维权的基本方法。三是聘请有关青少年生理、心理、安全、自救等方面的专家,为青少年开展相关方面的自护教育。

3. 编写和制作青少年自护教育书籍、制品。团中央权益部策划出版《展开生命的翅膀——中小学生自护手册》、《青少年预防艾滋病——自我保护掌中宝》,各地团组织也组织有关专家编写了一系列针对性强、实用性强的自护教材、自护书籍,这些书籍为广大青少年提供了健康的精神食粮,受到了广大青少年及其家长的好评。团中央权益部联合有关部门监制推出以青少年自护教育为题材的系列影视、音像作品,如与中央综治委预防办监制拍摄了我国首部以青少年自护为主题的20集电视连续剧《自护智多星》等影视作品,丰富了青少年自护教育的形式和内容。

二、创新活动方式,丰富活动内容

1. 集中开办自护营和培训班。针对不同年龄阶段青少年生理、心理状况及不同地区的环境特点,利用寒暑假和节假日开办自护营或培训班,采取专家授课、录像观摩、模拟情景训练等多种方式,集中向青少年教授自我保护的基础知识和基本技能。如北京团市委在"星光青春自护训练营"的基础上,又推出了"双休日"自护营、"亲子自护营"和"让青春不再朦胧——中学生性教育"等专题自护营,在青少年中广泛开展"认识社会、拒绝诱惑、远离危险、防范侵害"等方面的教育和训练,逐渐形成了青少年安全教育的品牌工程。

2. 广泛开展自护知识、技能比赛。团中央权益部与中央综治委预防青少年违法犯罪领导小组办公室、公安部消防局、中青网等部门联合举办"青少年防火自护 flash 大赛",在青少年中普及安全防火自护知识,学会火场逃生自救的方法。各地团组织也积极组织中小学生开展讲座、征文、绘画比赛等生动活泼、形式多样的自护知识、技能比赛,并通过电视台等新闻媒体进行宣传,在全社会形成重视青少年权益保护、关心青少年健康成长的良好氛围。

3. 采取社会化方式开展自护教育。广泛利用各种机构、设施为青少年开展自护教育,通过现有的与青少年密切相关的研究机构、青少年宫、青少年维权中心、法律服务中心、心理咨询站等为青少年提供法律、心理等方面的咨询和各种技能训练。

青少年法制建设工作

2003年，在“三个代表”重要思想的指引下，共青团组织深入贯彻落实党的十六大精神，广泛团结和动员青少年法律工作者，着力推进青少年法制建设，维护青少年合法权益，优化青少年成长环境，为加快社会主义法制建设进程，推进实施依法治国方略发挥了积极作用。

1. 利用社区资源，深入开展青少年普法工作。共青团中央根据全国“四五”普法规划的部署，进一步加强青少年法制教育工作，培养青少年自觉学法、懂法、守法、护法的意识。重点在寒、暑假期和法律宣传活动月、活动日期间，各地团组织积极依托社区、学校、执法职能部门、企业以及青少年宫、青年中心等青少年活动阵地，把社区内具备一定法律知识的大学生、法律工作者等青年志愿者组织起来，对社区内的青少年开展法律宣传、咨询等志愿服务，深入宣传邓小平民主法制理论和党的依法治国、建设社会主义法治国家的基本方略，宣传宪法和国家基本法律，着重宣传贯彻《未成年人保护法》和《预防未成年人犯罪法》。并通过聘请专门法律工作者组成志愿者宣传帮教小组，对有不良行为的青少年进行法律宣传、思想引导等帮教工作。

2. 加强阵地建设，社区青少年法律学校成效显著。各地团组织把“青少年法律学校”作为推进青少年法制教育的主要阵地，教师志愿者轮流走进“青少年法律学校”，以“两法一例”为重要讲授内容，坚持定期给中小学生和社区青少年上好法制课。坚持定期组织观摩、体验教育。通过组织学生到少年审判庭旁听、到少管所戒毒所参观，倾听失足青少年“现身说法”、举办模拟法庭等方式，增强青少年遵纪守法意识。重点开展了青少年法律学校暑期社区行活动，组织社区青少年法律学校广泛开展法制夏令营、普法课堂、青少年法制漫画比赛、法律教案比赛等多种形式的参与式法制教育活动，让青少年在实践中树立是非观念和法律意识。

3. 夯实基础建设，青少年法律研究工作不断拓展。2003年元月9日，在各级领导的关心、支持和中国法学会、共青团中央的共同努力下，中国法学会青少年法律研究会在北京正式成立。研究会确定了为构建青少年法律体系服务、开展青少年维权工作实践、加强预防青少年违法犯罪工作、加强研究会自身建设等为重点的四项工作目标。研究会成立以来，从加强自身建设入手，加强调研和理论研究，注重沟通交流，推动地方组织发展壮大，做了大量切实有效的基础性工作，进一步扩大了中国法学会青少年法律研究会的社会影响，为青少年法律研究会开辟了更为广阔的发展空间，为研究会的发展壮大奠定了坚实的基础。

预防青少年违法犯罪工作

中央综治委预防青少年违法犯罪工作领导小组办公室围绕"青少年违法犯罪社区预防计划"的深入实施,积极协调各有关部门,狠抓了社区青少年法制教育、问题青少年社区矫治、社区闲散青少年的教育和管理以及领导机构的组织建设等工作,取得了初步成效。

1. 进一步加强工作机构建设。根据工作需要,及时对中央综治委预防青少年违法犯罪工作领导小组及其办公室进行了调整,成功召开了2003年度中央综治委预防青少年违法犯罪工作领导小组第二次全体会议,有关成员单位的参与意识得到明显增强。通过年初的检查和自查,各地在机构建立和人员、经费方面都有了很大进展。

2. 深化实施"青少年违法犯罪社区预防计划"。选择50个试点街道和社区,落实到各成员单位和有关部门作为长期联系工作点。通过工作督导、编发信息等形式,总结推广了上海等地的工作经验。实施社区预防计划以来,一些地方的青少年违法犯罪状况得到明显好转。举办"青少年违法犯罪社区预防计划"实施工作培训班,来自全国50个试点街道和社区以及各省及部分城区从事预防青少年违法犯罪工作的负责同志进行了政策理论和业务知识的培训。

3. 青少年法制教育工作的实效性得到进一步增强。各地积极创建"社区青少年法律学校",举办模拟法庭、现身说法报告会、自护教育、网上论坛等形式,切实加大了青少年的法制教育力度。在为中小学校配备法制副校长工作方面有了明显突破。各地还出版发行和播放了青少年喜闻乐见的法制教育读本和影片。预防办监制了《与法同行》专题教育电视片、《预防未成年人犯罪法卡通读本——小新多多和律师阿姨》等图书影视作品。

4. 青少年成长环境得到进一步优化。在全体成员单位和各省市的共同努力下,针对重点问题,围绕禁毒宣传和不良"口袋书"、非法网吧和淫秽盗版音像制品的整治,积极开展了一系列活动。开通的"青少年禁毒网站"在不到4个月的时间,访问人次就达到了8万多。各地还充分利用校园内外的网络资源,实现区域性共享,并向广大青少年优惠开放。吉林省长春市在部分中小学开办的"新阳光网室",受到了社会的支持、家长的认可和学生欢迎。

第一期东南亚青年干部高级研修班

2001年11月,朱镕基总理在中国与东盟领导人会议上提出,中方将农业、信息通讯、人力资源开发、相互投资和湄公河流域开发等五个领域确定为新世纪初中国与东盟合作的重点领域,并在今后10年内建立中国—东盟自由贸易区。为落实朱镕基总理的指示精神,进一步深化和务实中国与柬埔寨、老挝、泰国和越南青年的交流与合作，共青团中央与柬埔寨教育青年体育部、老挝人民革命青年团、泰国总理府青年局(后改为泰国社会发展和人类保障部)和越南胡志明共青团就中国为柬埔寨、老挝、泰国和越南培养政治、经济等领域的青年人才达成共识。经中央批准，中国广西国际青年交流学院于2002年3月成立，隶属于共青团中央国际联络部、共青团广西区委，由共青团广西区委负责具体管理。2002年9月至2003年7月，第一期东南亚青年干部高级研修班在中国广西国际青年交流学院举办。

第一期研修班学员共35名，均为各国负责青年事务或工作的优秀青年干部。主要课程设置包括中国政治与经济、汉语、中国青年工作、计算机和书画等。学院还为研修班设置专题课，内容涉及中国的政治经济制度、中国青年组织、青年工作和中国青年现状、中国改革开放政策、中国—东盟自由贸易区等。此外，学院还组织各国领队用汉语介绍各自国家的概况及青年工作，达到了锻炼汉语，增进交流的目的。

在学校学习的基础上，2003年2月28日至3月16日，组织学员赴上海、苏州、南昌、厦门、深圳和宜昌进行了实习考察。通过一系列深入实际、丰富多彩和具有较强针对性的活动使考察团学员实践了所学知识，提高和巩固了所学成果，全面了解了中国政治、经济和社会发展情况。

2003年7月，组织研修班全体学员来北京实习考察。在京期间，团中央书记处第一书记周强会见了全体学员，并勉励学员回国以后努力工作，为加强中国、柬埔寨、老挝、泰国和越南四国青年之间的相互理解和友谊做出努力。同月，第一期研修班结束。

通过举办研修班和实习考察，学员们逐渐掌握了汉语，了解了中国政治、经济和社会发展形势以及中国革命历史和传统文化，加深了对中国的感情，增进了友谊，深化了学员对湄公河流域开发和东盟10+1自由贸易区的认识，对促进我国与周边国家睦邻友好关系的进一步发展发挥了积极的作用。

第12届“中国环游”国际公路自行车比赛

为庆祝《中日和平友好条约》缔结25周年，全国青联、中国自行车运动协会及日本“中国环游”实行委员会于2003年10月30日至11月2日在北京联合举办了2003丰田杯“中国环游”国际公路自行车赛。

“中国环游”活动是由全国青联、中国自行车运动协会和日本“中国环游”实行委员会联合在华举办的一项国际公路自行车赛。该活动始于1992年，当时作为中日邦交正常化20周年的纪念活动及声援北京市申办2000年奥运会活动的一部分在北京举行，迄今已先后在北京、甘肃、新疆、内蒙古等地连续举办过11届。其中，2000年为声援北京申奥而在北京举办的赛事活动广受好评，其精彩镜头在申奥陈述片中被多次使用。该比赛从1996年起在国际自行车联盟正式注册为2.5级赛事，目前已成为亚太地区持续时间最长的自行车运动赛事。

以已故中国人民的老朋友冈崎嘉平太先生之子、日本日中新世纪协会会长冈崎彬为团长的日本“中国环游”实行委员会代表团一行13人及来自荷兰、比利时、澳大利亚、新西兰、日本、哈萨克斯坦、蒙古、韩国、印度尼西亚、中国香港、中国台北及国内有关省市的15支自行车代表队的87名选手参加了比赛。全国人大常委会副委员长司马义·艾买提会见了日本“中国环游”实行委员会代表团一行。赞助商日本丰田汽车公司、日本卡乐比公司分别派代表观摩了比赛。团中央书记处书记、全国青联负责人胡伟出席了闭幕式，为获奖选手颁奖并宴请了日本“中国环游”实行委员会代表团。经过四天的激烈角逐，日本禧玛诺职业车队获得团体总成绩第一名，其队员阿部良之获得个人总成绩第一名，澳大利亚珀斯队的霍兰茨获得个人总积分第一名，中国队的最好成绩是八一队的运动员王国章，获得个人总成绩第8名和个人总积分第7名。

该项活动的举办不仅有助于推动我国的全民健身运动和促进中国体育与世界接轨，而且对提高世界范围内的自行车运动水平有着积极的意义，同时也为在新时期开展更为务实的中日友好合作、探索中外青年交流新方式摸索出了一条切实可行的新路子。

青年创业国际计划

为紧密配合共青团青年就业和再就业工作的实施，团中央国际联络部积极引进国外促进青年就业和创业的先进经验和项目模式，于2003年正式启动了中国青年创业国际计划，在整合国际国内资源，探索青年就业工作的项目化和国际化运作方面取得了开创性成果。

首先，以全国青联名义与英国青年创业国际计划、联合国青年就业网络等国际机构合作，于2003年11月25日至26日在京举办青年创业国际论坛。国际劳工组织就业事务执行主任胡廷、英国威尔士王子、国际商业领袖论坛首席执行官戴维斯以及50余名国际组织和跨国公司代表、70余名国内企事业单位代表参加了会议。论坛认真贯彻落实党的十六届三中全会提出的“努力改善就业和创业环境”的精神，以“帮助培养青年企业家：倡导企业社会责任”为主题，得到了政府部门和社会各界的普遍关注。全国人大常委会副委员长韩启德出席了论坛开幕式暨中国青年创业国际计划启动仪式并讲话。团中央书记处第一书记周强向论坛开幕致辞并宴请了部分与会代表。团中央书记处书记胡伟出席了欢迎宴会，并在第一期青年创业导师培训研讨班开班仪式上讲话。国家工商行政管理总局副局长杨树德、全国工商联副主席张龙之、英国驻华大使韩魁发作为中国青年创业国际计划的倡导人出席了论坛开幕式。国家发改委、劳动和社会保障部的有关领导也出席了论坛相关活动并做专题发言。其次，成立了中国青年创业国际计划倡导人委员会和中国青年创业国际计划全国办公室。接受了第一笔捐款人民币100万元，资助第一个创业青年刘建刚创办了自己的家政服务公司，培训了第一批50余名创业导师，编辑了第一本创业导师培训手册。第三，编写了《问题·对策·实践——国外青年就业和再就业调研资料汇编》一书。组织部内同志对国外青年就业和再就业状况和对策进行了深入的专项调研，编写了20万字的调研文章并汇集成册，在一定意义上填补了国内在这一领域的资料空白，得到团内外相关人士的广泛欢迎。

全国青联与欧洲委员会建立固定交流合作机制

欧洲委员会（以下简称欧委会）成立于1949年，是欧洲大陆上成员最多、历史最长的政府间组织，现有正式成员国45个，覆盖人口达8亿，是泛欧合作的重要组织机制。欧委会重视青年工作，在青年事务领域经验丰富，影响较大。

2002年起，我以全国青联名义与欧委会正式建立了双边交流关系，开拓了青年外事多边合作的新渠道。2002年3月，欧委会青体署署长率团访华，2003年3月，全国青联代表团访问欧洲青年中心，双方实现首次互访。2003年10月，团中央书记处第一书记周强率团访问欧委会。欧委会秘书长沃尔特·施威梅尔先生在总部会见并宴请了代表团，欧委会议会秘书长、欧委会对外关系署署长以及欧委会青体署、欧洲人权法院的代表分别与代表团进行了会谈。期间，双方签订了《全国青联与欧洲委员会合作联合声明》，以文件形式确定了中欧青年交流的重要性和深远意义，并为今后的交流规划了蓝图，标志着全国青联与欧委会之间的合作关系取得突破性进展，步入了新的阶段。

与欧委会建立固定交流合作机制，不仅有利于加强我与欧洲各国政府和青年组织在青年事务领域的交流与合作，而且有利于我在更高层次、更广层面上参与世界青年事务，也有利于增进中欧青年友好，促进中欧关系的发展。

中德青年就业论坛

2003年11月12日至11月23日，应德国巴符州平等福利会邀请，以中国青少年服务发展中心主任艾玲为团长的中国青年代表团一行14人赴德参加了第一届中德“青年就业问题”学术讨论会。该讨论会是两国各界代表和专家第一次就青年就业问题举行的专题研讨会，标志着中德青年就业论坛机制正式确立。

中方参加论坛的有来自全国青联、地方青联、就业咨询培训机构、劳保部门、学术机构、媒体等机构和行业的代表，以及下岗职工、就业问题研究人员等涉及青年就业的方方面面的人士。研讨会分为两个阶段：第一阶段为参观考察阶段，该阶段旨在通过参观扶助青年人就业和创业的培训项目，对德国探索使用“社会工作”途径解决青年失业问题的思维模式和操作方式获得初步的感性认识。在德方的陪同下，代表团分别拜会了位于柏林的联邦家庭、妇女、老年和青年局、青年咨询中心——指南针中心、SOS 职业培训中心、闲散青少年工作协会，位于马格得堡的马格得堡大学，位于格拉的东图林根培训中心，位于麦森的麦森劳动局等。第二阶段为交流研讨阶段，即举办第一届中德"青年就业问题"讨论会。会议期间，中方代表与前一阶段拜会过的机构或项目的主要负责人、高校青年问题研究者、私人培训项目主管等就两国的青年就业创业现状、青年就业培训体系和青年就业有关政策进行了广泛的交流，并力图寻求两国在上述领域中开展合作的途径。

中国—东盟青年友好交流

配合中国—东盟自由贸易区的建设以及大湄公河流域的开发，2003 年，中国青年组织进一步加大了与东盟国家青年友好交流的力度，加深了相互间业已存在的合作关系。除巩固与东盟各国青年组织之间的双边常规交流关系之外，2003 年着重开展了第四届"东盟青年了解现代中国讲习班"活动、第三届"澜沧江—湄公河青年友好之船"活动以及第二期"东南亚青年干部高级研修班"活动。

2003 年 9 月 21 日至 10 月 1 日，受中国政府委托，全国青联承办了第四届以"中国—东盟青年友好"为主题的"东盟青年了解现代中国讲习班"活动，来自东盟 10 国的 29 名青年代表参加了此次活动，并对上海、重庆和北京进行了友好访问。活动期间，团中央书记处第一书记周强、中共重庆市委副书记滕久明、上海市副市长杨晓渡分别会见了东盟各国青年代表；举办了中国—东盟青年友好论坛、中国—东盟年轻政府官员座谈会、中国—东盟青年经济发展与经贸交流座谈会和中国—东盟青年联谊会；代表们拜会了外交部、商务部、浦东新区政府、重庆高新技术开发区管委会等相关部门，参观了学校、企业，部分代表还参加了国庆招待会。第四届"东盟青年了解现代中国讲习班"活动是 10 + 1 框架内首次开展的青年领域的交流活动，对于把青年领域的固定交流机制纳入 10 + 1 框架具有积极的意义。

在前两届"澜沧江 - 湄公河青年友好之船"活动成功举办的基础上，第三届"澜沧江—湄公河青年友好之船"活动于 2003 年 12 月 3 日至 11 日举行，来自中国、泰国、越南、缅甸、老挝和柬埔寨的 62 名青年代表参加了此次活动。活动期间，团中央书记处第一书记周强会见并宴请了老挝、柬埔寨的青年领导人和各国代表团团长及青年代表，团中央书记处书记胡伟出席了出航仪式并与老挝人民革命青年团代书记佩沙空・銮阿派和柬埔寨教育青年体育部副国务秘书则・乍巴共同向六国青年代表授友谊之旗；各国代表在云南昆明听取了以"湄公河区域的开发与合作"、"云南与周边各国经贸关系"为主题的讲座，举办了青年文化之夜联欢晚会等活动。之后，六国青年代表从景洪港乘"湄公河王子号"船出发，沿澜沧江湄公河顺流而下，经缅甸万崩至泰国清赛，经清迈乘飞机赴老挝琅勃拉邦省，并在该省举行了闭幕式。各国青年代表还在船上举行了主题为“青年参与 GMS（大湄公河流域）开发与合作”的论坛及文化交流活动。

在第一期东南亚青年干部高级研修班成功举办的基础上，经中央批准，第二期东南亚青年干部高级研修班于2003 年9 月至2004 年7 月举办。此次研修班学员共有39 名，分别由柬埔寨教育青年体育部、老挝人民革命青年团、缅甸联邦巩固与发展协会、泰国社会发展和人类保障部和越南胡志明共青团选送。第二期研修班开设的课程包括汉语课、专题课、文化体育课和社会考察课等，主要涉及的内容有汉语、中国基本概况、中国－东盟自由贸易区展望、中国改革开放的基本思路、中国对外贸易概况、中国青年组织和青年工作、中国音乐欣赏和武术等。此外，研修班还组织学员到中国青年政治学院进行了为期10 天的短期学习，并赴南京、青岛和深圳进行了社会考察。

这一系列形式多样、内容丰富、特点鲜明的活动，促进了东盟青年对现代中国政治、经济、文化和社会发展各方面的了解，增进了中国与东盟青年之间的理解和友谊，探索了双方增强互信与理解、扩大沟通与合作的新途径，从而为推动中国和东盟各国国家关系的发展、加快中国－东盟合作进程发挥了积极作用。

中日青年友好交流

2003 年，我们主动出击，克服非典的不良影响，保持了对日青年交流的连续性和稳定性。特别是中日青年“百人团”互访项目的成功实施，为非典之后中日青年交流向更深层次、更广领域的发展奠定了良好基础。

2003 年度访日“百人团”是非典之后我国派出的第一个大型出访团组。2003 年8 月27 日至9 月18 日，根据1987 年中日两国政府间换文实施的“中日青年友情计划”，应日本政府邀请、由全国青联派遣的中国青年考察团一行100 人访问了日本。考察团分青年育成分团、经济分团、地域振兴分团和教育分团，成员来自我国31 个省区市和中央国家机关等部门，按行业类别分别访问了日本东京都、大阪府、奈良县、北海道、鸟取县、富山县等地区，并就相关专业领域进行了考察研修。在为期近一个月的访问期间，考察团成员通过参观访问、听取经济文化历史讲座、参加合宿研讨会、民宿等活动，与日本青年及各界民众进行了深层次的对话与交流，增进了相互理解和友谊。

根据中日两国政府于1998 年签署的《关于进一步发展青少年交流的框架合作计划》，应全国青联邀请，由日本日中友协派遣，以日本日中友好议员联盟会长林义郎之子、参议院议员林芳正为团长的日本青年代表团一行101 人于2003 年12 月6 日至14 日来我国北京、济南、南昌、南宁、上海等地进行了友好访问。这是根据该项计划来访的首轮第5 批日本青年代表团。代表团阵容庞大，界别广泛，包括各地公务员、企业员工、新闻记者、学生等各界青年代表。活动期间，中共中央政治局常委、全国人大常委会委员长吴邦国与全团合影留念，并会见了代表团主要成员；团中央书记处第一书记周强宴请了全团。代表团还在中日青年交流中心与中方各界青年代表共同开展了座谈、书法、茶道、京剧、传统剪纸、泥人制作、体育比赛等内容丰富的文化交流活动。在座谈交流中，两国青年就历史问题、中国城市建设问题、女性权利问题、两国媒体所担负的使命和责任问题、中国知识产权保护问题、传统文化如何与现代文明结合等问题，进行了深入认真的讨论。在地方，日本青年通过座谈、联欢、民宿等交流活动，与中国青年建立起深厚的友谊，达到了增进互信，扩大共识的目的。

中日青年“百人团”互访项目的持续稳定开展对促进两国青年和人民之间的相互了解和友谊，巩固中日友好的社会基础，推动两国长期稳定的睦邻友好合作关系的发展发挥了积极作用。

中越青年友好交流

2003 年，我们积极贯彻落实胡锦涛总书记关于加强中越青年交流的一系列重要指示精神，开展了第四届“中越青年友好会见”、中越边境青年交流及越南青年干部培训等活动，进一步加大对越青年交往力度。

2003 年 9 月 2 日至 11 日，应越南胡志明共青团中央邀请，以中国共青团中央书记处书记胡伟为总团长的中国青年代表团一行 93 人赴越参加了第四届“中越青年友好会见”活动，并对河内、广宁、岘港、广南、胡志明和前江等省、市进行了友好访问。活动期间，越共中央政治局委员、越南政府总理潘文凯会见了两国青年代表团主要成员并与全体代表合影留念，越南祖国阵线中央委员会主席团主席范世阅出席了“中越青年友好会见”开幕式。中越两国青年代表举办了讨论会、联欢会、纪念植树等一系列丰富多彩的活动，进行了广泛、深入的交流，两国共青团还签署了 2004 年至 2005 年合作协议。

2003 年 11 月 29 日至 12 月 3 日，“中越边境青年友村行动周”在中国广西和越南凉山省和广宁省举办。本次活动是在 2002 年中越边境地区青年友好交流取得突破性进展的基础上举行的，目的是使中越边境地区的乡镇(社)、村屯相互结为中越边境青年友好县(市)和中越边境青年友好乡镇(社)，建立长期、稳定的联系，进而为中越边境地区青年在更深层次、更多渠道和更高领域的友好交往，特别是经贸和旅游合作奠定基础。活动期间，举行了“中越边境地区村屯青年友谊站建设行动”启动仪式、“中越边境青年友谊站挂牌仪式暨主题活动”、“中越边境青年经贸项目合作推介会”、“中越青年国际旅游论坛”、“中越边境青年干部暨青年友谊站站长座谈会”、“中越边境青年美食啤酒文化节”等丰富多彩的活动，两国边境青年代表团讨论并通过了《中越边境青年友谊站章程》(试行)，参加了首个“中越边境青年友谊站”的挂牌仪式，种植了“中越边境青年生态友谊林”，听取了“中越边境青年生态科学”讲座。在这次活动中，中越两国共建立了 32 个友谊站，分别设在中国广西崇左市 4 个与越南广宁、高平和凉山省接壤的县市。

这种大规模、延续性的青年友好交流活动，极大促进了中越青年之间的相互了解和友谊，为进一步加强两国青年之间的务实合作奠定了坚实的基础，对中越两国发展长期稳定、面向未来的睦邻友好与全面合作关系发挥了积极的促进作用。

大学生志愿服务西部计划

大学生志愿服务西部计划是团中央、教育部根据国务院常务会议精神，在财政部、人事部的支持下，从2003年6月起共同组织实施的，旨在引导大学生到西部和基层地区工作，拓宽大学生就业渠道，促进西部地区经济社会发展。该项计划按照公开招募、自愿报名、组织选拔、集中派遣的方式，招募普通高校应届毕业生到西部地区贫困县的乡镇一级，开展为期1—2年的教育、卫生、农技、扶贫以及青年中心建设和管理等方面的志愿服务工作。志愿者服务期满后，鼓励其扎根基层，或者自主择业和流动就业。

为保证工作的顺利开展，团中央、教育部共同成立了西部计划全国领导小组和项目管理办公室，各省（区、市）、服务县和高校也相应成立了领导小组和项目管理办公室，构建起职责明晰、分工协作、合力推进的组织协调网络；建立健全了动员招募、按需选拔、培训派遣、服务管理、考核评估、评选表彰、就业服务等工作制度，形成高效、规范、科学的工作运行机制，确保西部计划持续、健康推进。

这项工作自实施以来，吸引了大批高校毕业生踊跃参与，受到了西部地区干部群众的热烈欢迎，得到了社会各界的广泛关注和大力支持，在高校学生中唱响了“到西部去、到基层去、到祖国和人民最需要的地方去”的时代强音。2003年，团中央、教育部选拔派遣了6000名志愿者（其中，团中央自筹资金招募了310名），在西部12省（区、市）、新疆生产建设兵团和湖北恩施、湖南湘西两个自治州共计191个贫困县开展服务；贵州、河北、辽宁、北京、宁夏、广东、重庆、甘肃、山东等省（区、市）地方项目的4090名志愿者正在各地164个贫困县的基层开展服务。广大青年志愿者在各自岗位上努力学习、勤奋工作、真诚奉献，利用自己所学所能，在教育、医疗、农技、扶贫等领域已经做出了一定成绩，为西部地区老百姓带来了实惠，受到用人单位和当地群众的好评。同时，青年志愿者自身也得到了很好的锻炼和提高，增长了才干，部分志愿者已明确服务期满后留在当地工作。大学生志愿者的实际行动也推动了更多青年学生就业观念的转变，“到西部去、到基层去”已成为当前高校毕业生就业的重要选择之一。

实践证明，采取志愿服务方式引导大学生到西部和基层地区工作，探索了一种市场经济条件下运用社会化手段配置人才资源的新机制，有利于培养青年人才和促进人才资源的东西互动、城乡互动，服务人才强国战略；有利于促进西部地区经济社会发展，服务西部大开发战略；有利于转变大学生就业观念，提高大学生就业能力，拓宽大学生就业渠道，促进大学生就业和创业。

中国青年志愿者扶贫接力计划

中国青年志愿者扶贫接力计划是青年志愿者行动在扶贫开发领域的重点项目。这项工作采取公开招募、自愿报名、定期轮换、长期坚持的接力机制，动员和组织城市青年以志愿方式到中西部贫困地区开展为期半年至2年的基础教育、医疗卫生、农业科技推广等方面的服务，从1996年试点，1998年开始全面实施。截止2003年10月，全国30个省、区、市和中央直属机关组织实施了这项计划，共有近30万名城市青年自愿报名参加，先后从中派遣了14240名青年到包括西藏、新疆等在内的中、西部19个省(区、市)开展服务，服务贫困县达到223个，已形成省内发达地区支援欠发达地区和东西部地区对口支援两种模式和支教扶贫、支医扶贫两大支柱项目，形成了包括招募、培训、派遣、日常管理、评估、经费筹措等方面一套组织实施和管理机制。

为探索项目发展规律，团中央联合有关部门实施了全国示范项目。在支教领域，从1999年开始，团中央、教育部连续组建了六届扶贫接力计划研究生支教团，并实施了招募以在职人员为主的山西静乐、广西田阳扶贫支教项目。在支医领域，团中央、卫生部已组建两届青年卫生志愿者扶贫接力计划西部服务团。2003年扶贫接力计划全国共派遣882人，服务地区达到19省54个县，全国项目派遣329人，上海、青岛、贵州、辽宁、福建、安徽、四川等省(市)继续开展该项工作。

扶贫接力计划服务于国家西部大开发战略，促进了中西部地区经济社会的全面发展，在全社会弘扬了“奉献、友爱、互助、进步”的文明新风，推动了社会主义精神文明建设；传播了现代文明和科学知识，促进了贫困地区群众思想观念的转变，对于提高和完善农村教育、医疗卫生体系起到了积极作用，带动了全社会对贫困地区的关注和支持；锻炼和培养了大批优秀青年，他们在参加扶贫接力计划的实践中得到了全面的锻炼和教育。

“百县千乡宣传文化工程”志愿服务行动

根据中央关于加强欠发达地区和少数民族地区文化事业建设的精神，为进一步巩固、扩大“百县千乡宣传文化工程”的成果，不断加强中西部农村基层宣传文化队伍建设，中宣部、中央文明办、文化部、共青团中央决定自2003年起共同组织实施了“百县千乡宣传文化工程”志愿服务行动。这项工作按照公开招募、自愿报名、组织选拔、集中培训、统一派遣的方式，每年在全国普通高校应届毕业生和东、中部的大中城市中，招募一批大学专科以上学历、品学兼优、具有奉献精神和宣传文化特长的志愿者，到“百县千乡宣传文化工程”定点资助的中西部乡镇宣传文化站和县级宣传文化中心从事为期一年的志愿服务。

2003年是该项工作实施的第一年，中央文明办确定了20个省、区、市和新疆生产建设兵团的83个县、100个乡镇文化站为首批服务县和服务单位。经过全国招募、严格选拔和集中培训，来自浙江大学等74所高校的首批99名应届大学毕业生志愿者于2003年9月初分赴服务地。为强化服务管理，中央文明办秘书组、团中央青年志愿者工作部于2003年10月联合下发文件，进一步规范了服务省、县两级文明办和团组织的管理职责。

实施过程中，这项工作在组织指导、动员招募、选拔派遣、服务管理等方面进行了认真的探索和实践，初步形成了一整套比较完善的工作运作机制，在安全健康、服务管理、检查监督、评估激励等方面建立了一系列制度，为志愿者提供了工作、学习和生活方面的政策保障，有力确保了这项工作的有效开展。

这项工作适应了当代大学生自主意识和参与意识较强的特点，受到大学生和基层地区的热烈欢迎。志愿者在基层艰苦环境中找到了施展才华、实现价值的崭新天地，增强了使命感和责任感，服务工作成效显著，有力地促进了基层宣传文化工作，他们还兼任了服务地乡镇团委副书记等职务，有效充实了基层乡镇团委和青年工作力量。在基层服务工作的同时，志愿者自身也深入了解民情和国情，开阔了视野，经受了锻炼，增长了才干。

第五部分

命名及表彰

中国青年五四奖章

为了贯彻落实《中共中央关于加强社会主义精神文明建设若干重要问题的决议》精神，进一步加大树立和宣传当代青年先进典型的力度，在广大青年中形成崇尚先进、学习先进的风气，引导和激励广大青年在新的历史时期继承和发扬"五四"光荣传统，积极投身改革开放和社会主义现代化建设，在建设有中国特色社会主义的伟大实践中建功立业，健康成长，共青团中央和全国青联作出决定，对在社会主义现代化建设中表现突出，做出重大贡献的先进青年颁发"中国青年五四奖章"。

"中国青年五四奖章"是共青团中央、全国青联授予青年的最高荣誉。其颁发条件是：(1)14周岁至40周岁的中国青年；(2)积极拥护中国共产党的领导，坚持党的基本路线，热爱社会主义祖国，是广大青年政治进步的楷模；(3)踊跃投身改革开放和社会主义现代化建设实践，爱岗敬业，勤奋学习，艰苦创业，在工作中做出了突出成绩和重大贡献，是广大青年建功成才的典范；(4)积极参加社会主义精神文明建设，具有良好的社会公德、职业道德和家庭美德，是广大青年精神文明的榜样。

"中国青年五四奖章"原则上每年"五四"青年节授予，有特殊贡献者，可以随时授予。1997年，"中国青年五四奖章"首次颁授，迄今已颁授七届，秦文贵、陈永川、杨元庆、谭铁牛、卢柯、李金城等60名同志先后获得此项殊荣，李向群、黄华东、王伟等3名同志被追授"中国青年五四奖章"。"中国青年五四奖章"获得者们来自各行各业，是我国改革开放和社会主义现代化建设实践中涌现出来的优秀青年典型。他们的先进事迹集中体现了当代青年报效祖国、热爱人民的崇高思想；艰苦奋斗、无私奉献的高尚情操；锐意进取、勇于探索的创新精神；不畏艰难、不折不挠的坚韧品格；爱岗敬业、脚踏实地的实干作风。他们的事迹充分反映了党和人民对青年一代的期望和要求，集中体现了当代青年崭新的时代风貌，昭示了在新世纪的伟大征程中当代青年成长成才的必由之路，他们的全国广大青年学习的榜样。

团中央、全国青联动员全国各级团组织、青联组织通过多种形式，广泛深入地开展了宣传和学习"中国青年五四奖章"获得者先进事迹的活动。每年"五四"期间，团中央、全国青联都要组织"中国青年五四奖章"获得者与首都高校大学生座谈，举办专题报告会或互联网论坛，印制"中国青年五四奖章"获得者宣传册，编辑出版《青春的奉献——"中国青年五四奖章"丛书》，联络中央主要新闻媒体对"中国青年五四奖章"获得者进行详细报道。"中国青年五四奖章"评选表彰活动在广大团员青年中促进了崇尚先进、学习先进、争当先进的良好风气的形成，增强了团员青年的责任感、使命感和紧迫感，对引导和激励广大团员青年积极投身改革开放和社会主义现代化建设的伟大实践，锐意进取，艰苦创业，自觉奉献，产生了积极的意义。

"中国青年五四奖章"评选表彰活动得到

了党中央领导的亲切关怀，1997 年 5 月 4 日，江泽民同志亲切接见了第一届“中国青年五四奖章”获得者。胡锦涛同志先后接见了第一至第六届“中国青年五四奖章”获得者。

2003 年中国青年五四奖章获得者名单

北京市朝阳医院综合科护士、团支部书记张锦

中日友好医院副院长、SARS 防治专病医院副总指挥许树强

水利部黄河水利委员会勘测规划设计研究院南水北调地质队队长陈书涛

中国科学院计算技术研究所研究员、“龙芯 1 号”研制组组长胡伟武

武汉钢铁(集团)公司党委书记、副总经理王炯

山东大学校长展涛

中国航空工业第一集团公司成都飞机设计研究所总设计师杨伟

北京第一机床厂重型加工二分厂柔性线工段副段长魏刚

江苏远东集团有限公司董事长、党委书记蒋锡培

中国人民解放军 66498 部队 6 连班长肖毅

武警云南省总队德宏州支队副参谋长张云波

红蜻蜓集团有限公司董事长钱金波

新疆尉犁县兴平乡达西村团总支书记买买提·沙吾尔

湖南大学机械与汽车工程学院教授李光耀

海南省昌江县十月田镇敬老院管理员豹爱芳

云南省西双版纳州景洪市勐养镇中心小学少先队辅导员岳丽群

天津人民广播电台滨海台总监印永清

重庆山城超市有限公司总经理任渝欣

中国十大杰出青年

第 14 届“中国十大杰出青年”评选活动包括五个环节：1. 各省级青联根据要求推荐人选；2. 组委会确定 30 名候选人；3. 在媒体上公布候选人事迹，进行为期一个月的社会公示；4. 评委会以无记名方式投票选出“十杰青年”；5. 举办系列颁奖表彰活动。本届评选进一步扩大评委库规模，继续以电脑随机抽取的方式产生评委，使评选更加科学规范、公正客观。

2003 年 5 月 23 日，第 14 届评选正式拉开帷幕。本届评选继续对人选推报环节提出严格要求。各推报单位在接到通知后，组织专人对人选进行考察，在认真听取人选所在单位的组织人事、纪检、公安和计划生育等单位的意见后形成书面意见上报组委会，有效地确保人选质量。7 月 20 日推报工作截止，经评选办公室形式审核，33 家单位共推报了 46 名人选参评。

9 月 25 日，组委会召开第二次会议，认真审定人选申报材料，确定了其中 30 名为候选人，并从 9 月 26 日起通过报纸和网站进行为期一个月的社会公示。

10 月 25 日，社会公示结束。评选办公室在去年设立评委库的基础上，将评委库的规模扩大为 177 人。

鉴于解放军某部航天员杨利伟为我国首次航天飞行做出的巨大贡献，经总政组织部推荐，根据《评选章程》，组委会决定增加杨利伟为本届候选人，不再进行社会公示。

11 月 25 日，在组委会的监督下，评选办公室通过电脑程序随机抽取产生了 65 人组成的

评选审定委员会。

11 月 27 日,评审会在京召开,与会评委进行了无记名投票,并结合推报单位先期进行的通讯投票结果,最终选出第 14 届“中国十大杰出青年”。

2004 年 1 月 4 日,主办单位在昆明举办了隆重的颁奖典礼,除姚明在美国参加 NBA 常规赛外,其他 9 位杰出青年均到场接受颁奖。中共中央政治局委员王兆国同志亲切接见“十杰”青年,并颁奖、座谈。颁奖活动期间,主办单位通过举办颁奖晚会、事迹报告会等活动,广泛宣传他们的感人事迹和奋斗精神。

2004 年 5 月 23 日下午,全国青联在京为刚刚回国的姚明补颁第 14 届“中国十大杰出青年”奖,团中央书记处第一书记周强为姚明颁发了奖杯、奖牌和证书。

第 14 届“中国十大杰出青年”名单

杨利伟　解放军某部航天员大队航天员

姚　明　上海体育运动技术学院运动员

水均益　中央电视台新闻中心记者

陈　薇(女)　军事医学科学院微生物流行病研究所研究员

张积慧(女)　广州市第一人民医院联合病区护士长

王伟斌　北京双全天地科技发展有限公司董事长

朱准平　新疆维吾尔自治区巴楚县琼库尔恰克乡党委书记

和志刚(纳西族)　云南省丽江市古城区残联肢残协会主席

荣毅超　中国空空导弹研究院院长

高　翔　哈尔滨圣泰制药有限公司董事长

第 14 届“中国十大杰出青年”提名奖获得者名单

(按姓氏笔画排序)

王玉洁　承德市公安局副局长

王振滔　奥康集团有限公司董事长、总裁

乔　燕(女)　洛阳铁路分局洛阳北车站职工

刘　强　中国石油抚顺石化分公司总经理

余绍水　中铁十二局集团公司青藏铁路指挥部指挥长

吴捍卫　安徽省公安厅刑警总队副总队长

应泽从　天津应大皮革时装有限公司总经理

李彬卓　吉林省禾丰米业股份有限公司总经理

李琼芬(女、苗族)　贵州省罗甸县蔬菜办主任

陈泽峰　福建省丰泉环保集团有限公司董事长、总裁

范士杰　甘肃省宕昌县临江铺乡计生站站长

金荣华　北京佑安医院感染科主任

娄学全　南京长江第三大桥建设指挥部副指挥长、南京长江第二大桥管理局局长

胡志红(女)　中国科学院武汉病毒研究所所长

唐燕子(女)　四川广安市广安区彭家乡农民

秦江玉　宁夏英力特化工股份有限公司总经理、宁夏西部聚氯乙烯有限公司董事长

袁绍宏　中国极地研究中心副主任兼“雪龙”号极地考察船船长

曹广晶　中国长江三峡工程开发总公司副总经理

景　柱　海南汽车集团有限公司董事长、总裁

潘　刚　内蒙古伊利实业集团股份有限公司总裁

魏东光　山西省人民医院呼吸科副主任

全团调研奖

全团调研奖是共青团调查研究方面的最高奖项。为推动全团大兴调查研究之风,提高调研工作水平,推动共青团工作和青年工作发展,共青团中央开展了2002年度全团调研奖申报与评选工作。各地团组织高度重视,加强领导,精心组织,积极参与,及时报送了一批具有较高水平的调研文章。

根据《全团调研奖条例》,经全团调研奖评选委员会的认真评审,决定授予《试论共青团工作的社会化》等8篇调研文章2002年度全团调研奖一等奖,授予《台州市椒江区洪家街道团员直接选举街道班子工作的调查报告》等32篇调研文章二等奖,授予《2002年中央国家机关团建调研报告》等51篇调研文章三等奖;授予共青团广东省委等16家单位2002年度全团调研奖组织奖。

2002年度全团调研奖名单

一等奖8名

1. 试论"共青团工作的社会化"
(四川省团校　汤继平)
2. 佛山外来务工青年调查报告
(团广东佛山市委)
3. 关于海口市青少年涉毒状况的调查报告
(团海口市委　宁虹雯)
4. 北京市小城镇共青团工作研究
(团北京市委青农工作部)
5. 关于转型过程中社会组织与当代上海青年的研究报告
(团上海市委研究室)
6. 浚县四村团情调查
(团河南省委调研组　李亚、蒋卫民、聂庆忠、曹克舜、杨毅、尚晓轩、李秋海、李华北、高博、付亚杰)
7. 继承与超越——1992—2002年黑龙江省青年十年对比调查
(黑龙江省委青少年研究所　宋国力、吕杰)
8. 天津共青团组织促进城乡良性互动的实践和思考
(团天津市委　薛辉、钱晓军、惠冰、刘尧、姜琦)

二等奖32名

1. 台州市椒江区洪家街道团员直接选举街道团委班子工作的调查报告
(团浙江省委　葛慧君、赵一德、鲁俊、陈重)
2. 内蒙古青少年发展调查报告
(内蒙古自治区团校　张建华)
3. 深圳市青年思想状况调查报告
(团深圳市青年思想状况调查课题组)
4. 青岛青年思想状况调查统计报告
(团青岛市委)
5. 关于21世纪初上海青年生存与发展状况的调研
(团上海市委)
6. 努力培养创造性青年人才
(团湖南省委　谭平)
7. 可持续发展战略中的共青团
(团山西省委　张九萍、张号)
8. 共青团应在服务大局中实现更高参与率、贡献率、认同率
(团四川省委　罗强)
9. 关于青少年吸毒情况的调查与思考
(团河南省委调研组　陶明伦、程明武、韩维俊)
10. 关于中国共青团与时俱进的战略思考
(辽宁省青少年研究所　江洪)

11. 河北青年发展报告
(团河北省委　于广大、骆艳青、王茂盛)
12. 广东省青年民营企业家基本状况调研报告
(团广东省委城乡部　周海金、温士常)
13. 江西高校本科生价值取向调查报告
(江西师范大学团委　袁建生、曾妍、王丽君)
14. 当代大学生职业价值观世俗化过程探析
(山东青少年研究所　张华)
15. 做好农村进城务工青年这篇大文章
(团江西省委　钟志生)
16. 构筑三大工程,预防未成年人犯罪——对湖北省荆门市未成年人犯罪问题的调查与思考
(团湖北省荆门市委　周文霞、闫梦筠)
17. 构建信息服务平台,努力提高共青团服务大局,服务青年的水平
(团云南省委　罗国权)
18. 大连青年志愿者行动考察报告
(团辽宁省委宣传部)
19. 加强青年工作与业务经营工作有效结合的探索与思考
(中国工商银行团委)
20. 湖南省团组织实施下岗青工创业行动的调查与思考
(团湖南省委　李晖)
21. 与时俱进促发展
(团广东省委　万庆良)
22. 浙江省非公有制企业团建工作调研报告
(团浙江省委　陈浩、俞慧敏、俞科军)
23. 新时期共青团群众性问题的思考
(团湖南省委　张值恒)
24. 把握规律,与时俱进,开创共青团工作的新局面
(团山东省委　陈伟)
25. 对开发农村青年人力资源与培育贫困区经济增长点的思考
(团山西省委　席小军、邓光辉)
26. 关于组织农村青年在"公司化创业行动"中建功立业的调查
(团陕西省委　井剑萍、梁晓军、赵莉萍)
27. "三个代表"重要思想与共青团组织的新发展
(团辽宁省委　孙国相、辽宁省青少年研究所江洪)
28. 入世对共青团和青年工作的影响
(团北京市委　何旭萍)
29. 关于甘肃省未成年人违法犯罪现状的调查报告
(团甘肃省委　黄泽元、张惠武、杨晓蓉)
30. 关爱进城务工农民
(团内蒙古自治区委　白向群)
31. 加入 WTO 后共青团组织参与效益农业开发的途径和方法探索
(团浙江省委　赵一德、顾艳)
32. 一条新形势下富民兴国的好路子
(团广西区委　全桂寿、刘勇、赵永富、林志华)

三等奖 51 名

1. 2002 年中央国家机关团建调研报告
(中央国家机关团工委)
2. 在行业协会中拓展青年工作的研究
(团上海市委)
3. 浙江省城市社区团建工作调研报告
(团浙江省委　葛慧君、赵一德、鲁俊、陈重)
4. 关于基层团组织建设状况的调研报告
(团青岛市委　张惠)
5. 加大工作力度,强化开拓意识,努力实现全省"大学生素质拓展计划"的良好开局
(团山西省委　刘志杰)
6. 田野新生代和青年工作——"十县百村"青年发展和团支部建设的调查
(团黑龙江省委青农部、黑龙江青少年研究会　宋国力、李兵、李海威、吕杰、田凯)
7. 对非公有制企业团建工作的调查与思考
(团宜昌市委)

8. 甘肃省青少年发展状况报告
（团甘肃省委）
9. 对贵州省未成年人犯罪特点、原因的调查与思考
（团贵州省委社区和维权部　刘杰）
10. 关于上海非公经济组织青年群体思想动态的调研
（团上海市委组织部）
11. 走出“精英实践”组织模式——对当前大学生社会实践活动的思考
（浙江宁波大学团委　徐军伟、孙黎明、汪盛科）
12. 发挥农村青年专业协会的龙头作用促进农村青年增收成才
（团四川省委青农部　张绍军、彭涛）
13. 关于深化青年创新创效活动实践与思考
（上海铁路局团委）
14. 重庆市非公有制经济组织团建工作调研报告
（团重庆市委）
15. 辅导员职业生涯发展的思考与规划
（团福建省委少年部　邱孝感）
16. 西部地区大学生网络主体性调查及其研究
（广西师范学校团委　曾令辉、李玲）
17. 关于吉林省农村青年劳动力向城市转移情况的调查报告
（团吉林省委　庞宏胜、黄秀清、郭京徿、于艇、韩雪梅）
18. 新形势下农村共青团工作的几点思考
（团湖北省委青农部　施真强、陶峥嵘、蔡卿、王创）
19. 以“大学生素质拓展计划”为平台构建共青团工作新体系
（天津大学团委）
20. 重庆市社区共青团工作现状及其发展方向调研报告
（团重庆市委）
21. 网络文化条件下加强高校共青团工作的对策
（山西大学外语学院团委　贾朋俭、郑卫丽）
22. 关于上海青少年思想道德建设的调研
（团上海市委宣传部）
23. 高校校园网上学生思想教育工作构思
（河北经贸大学团委　杨淑欣、武玉鹏、赵志川）
24. 企业共青团工作现状与发展的思考
（江西铜业集团公司团委）
25. 与时俱进开拓创新开创社区共青团工作新局面
（团广州市委）
26. 北京市中学生使用计算机、互联网和游戏机状况调查报告
（团北京市委权益部）
27. 成都共青团基层组织建设现状与思考
（团成都市委　张彤）
28. 关于学生社团建设的形势分析与对策
（西安电子科技大学团委）
29. 关于时尚文化对少年儿童影响的调查报告
（团青岛市委学少部、青岛少工委办公室）
30. 重庆市农村共青团工作专题调研报告
（团重庆市委）
31. 新时期共青团工作的新定位
（团东莞市委　翟崇碧）
32. 关于新形势下共青团工作方式的调查报告
（团鞍山市委　孙慧芳、赵勋、杜云川）
33. 高等院校学生社团在培养创新型人才中的作用
（天津南开大学团委　张宁宁、王凤）
34. 江苏省青年人力资源开发的战略思考
（团江苏省委　周永中）
35. 北京市非公有制经济组织团建工作现状、存在的问题和对策
（团北京市委组织部）
36. 社区青年问题研究
（团甘肃省委）
37. 北京市私营企业主社会群体意识研究
（北京市青年联合会）

38. 抓抢机遇，与时俱进，社区共青团工作大有作为
（团内蒙古通辽市科尔沁区委）
39. 把学习实践“三个代表”向团员青年延伸，努力为党培养合格的后备军
（总政组织部青年局）
40. 关于全区共青团基层组织建设情况的调查报告
（团青海海东地委）
41. 学习型社会形成过程中的浙江省共青团干部（辅导员）培训状况调查
（浙江省团校　王曙光、杨坚康、周敏、戴雅娟、蔡宜旦、张波、王雁）
42. 关于民营科技创业团建工作方法的研究
（团上海普陀区委）
43. 传统的裂变——对当前高校中“边缘大学生”群众问题的探微
（河北职业技术学院　刘勇）
44. 浅谈如何在新世纪新阶段保持共青团组织的先进性与群众性的有机统一，扩大党的青年群众基础
（团天津市委　崔巍）
45. 社会力量举办学校团建现状的调查与思考
（团湖南常德市委　杨明、杨敏）
46. 践行“三个代表”，建设“三型”组织
（团福建省委　陈训明）
47. 青年知识分子群体党群关系状况调研报告
（团云南省委宣传部　李家龙）
48. 中国农业银行青年发展状况调查报告
（中国农业银行团委）
49. 当前加强基层团的建设的几点思考
（新疆生产建设兵团十四师团委　陈万平）
50. 甘肃非公有制青年人力资源流动态势的调查与研究
（团甘肃省委）
51. 对团刊发行发展问题的调查与思考
（团陕西省委　徐学海）

2002 年度全团调研奖组织奖名单

共青团广东省委　共青团天津市委
共青团浙江省委　共青团黑龙江省委
共青团山东省委　共青团河北省委
共青团上海市委　共青团内蒙古区委
共青团北京市委　共青团重庆市委
共青团四川省委　共青团河南省委
共青团辽宁省委　共青团广西区委
共青团湖南省委　共青团山西省委

全国五四红旗团委（团支部）和全国团建先进县（市）

通过层层选拔，在团十五届二中全会上，评选表彰10个全国五四红旗团委标兵、190个全国五四红旗团委、10个全国五四红旗团支部标兵、290个全国五四红旗团支部、60个团建先进县市和190名全国优秀团干部、182名全国优秀团员。通过树立典型，表彰先进，促进基层团的组织建设，在基层团组织和广大团员中形成了学习先进、争创先进、赶超先进的良好氛围。

2003 年全国五四红旗团委标兵名单
（10个）

宝山钢铁股份有限公司团委
北京市通州区西集镇团委

郑州大学团委
江西九江庐山区十里街道团委
中国人民武装警察部队山西省总队吕梁地区支队团委
四川省电力公司团委
山东烟台市牟平区姜格庄镇邹革庄村团委
石家庄铁道学院团委
大庆石油化工总厂团委
内蒙古通辽市科尔沁区永清街道团工委

2003 年全国五四红旗团委名单

（190 个）

北京市朝阳区亚运村街道团工委
北京住总集团有限责任公司团委
北京航空航天大学团委
北京市朝阳区教育工委团工委
天津铁路分局团委
天津市水利局团委
天津电力建设公司团委
天津大学团委
承德钢铁集团有限公司团委
河北沧州任丘市于村乡团委
华北冶金建筑公司马万水工程公司团委
河北保定市高碑店军城办事处团委
华北油田第一钻井工程公司团委
神头第一发电厂团委
山西财经大学团委
山西省电力公司团委
山西临汾市翼城县南梁镇团委
内蒙古呼和浩特市公安局交警支队团委
内蒙古医学院团委
内蒙古包头市昆区前进街道办事处团工委
包钢集团公司焦化厂团委
大化集团公司团委
辽宁沈阳市供电公司团委
辽宁鞍山市教育局团委
辽宁桓仁县铧尖子镇团委
铁岭市农业职业技术学院团委
辽宁朝阳供电公司团委
辽宁大学团委
吉林省吉林市教育局团委
吉林师范大学团委
吉林辽源市地税局团委
长春海关机关团委
吉林长春市朝阳区重庆街道团工委
吉林石油集团有限责任公司团委
吉林白山市露水河林业局团委
双鸭山第一发电有限责任公司团委
齐齐哈尔师范大学黑河分校团委
黑龙江省鸡西电业局团委
哈尔滨铁路局团委
黑龙江省农垦总局牡丹江分局团委
上海卢湾区五里桥街道团工委
中远集装箱运输有限公司团委
同济大学团委
上海国际机场股份有限公司虹桥机场管理分公司团委
江苏无锡市国家税务局团委
南京汽车集团有限公司团委
江苏淮安供电公司团委
江苏张家港市杨舍社区团工委
徐州发电厂团委
江苏省交通厅团委
江苏大学团委
浙江富润集团有限公司团委
浙江温州市房产管理局团委
浙江电信有限公司温州市分公司团委
湖州师范学院团委
浙江平湖市当湖镇团委
义乌工商职业技术学院团委
衢州职业技术学院团委
中国人民解放军第五七二〇工厂团委
中共安徽省委办公厅直属机关团委
安徽淮北市相山区相南街道办事处团委
安徽滁州市凤阳县曹店乡团委
安徽宣城市绩溪县华阳中学团委

福建厦门市湖里区禾山镇团委
福建东山县铜陵镇团委
福建福鼎市白琳镇团委
福建省公安厅团委
福建福州嘉福电子公司团委
福建三钢集团有限公司团委
昌河飞机工业集团公司团委
蓝天职业技术学院团委
华东交通大学团委
江西省高等公路管理局团委
山东金乡县人民医院团委
山东东营供电公司团委
烟台大学团委
山东青岛市四方区海伦路街道团工委
山东德棉股份有限公司团委
滨州职业学院团委
山东十里泉发电厂团委
开封大学团委
中国一拖集团有限公司团委
河南漯河高中团委
河南灵宝市阳平镇团委
河南郑州市管城回族区西大街街道团工委
河南周口市通信公司团委
河南舞钢市枣林乡团委
武汉钢铁集团公司团委
湖北武汉市公安局团委
华中农业大学经济贸易学院分团委
湖北省大冶有色金属公司团委
湖北省教育厅团委
湖北鄂州市卫生局团委
湖北广水市应山街道办事处团工委
湘潭钢铁公司团委
张家界航空职业技术学院团委
湖南省交通厅团委
湖南省金竹山电厂团委
湖南衡阳有色冶金机械总厂团委
湖南邵阳市公安局团委
湖南长沙市教育局团委
广电集团广东江门新会供电分公司团委
广东佛山市顺德区容桂街道团委
韶关钢铁集团有限公司团委
广东惠东县黄埗镇团委
广东阳江市公安局团委
广东肇庆市第一人民医院团委
广西北流市民乐镇团委
广西桂林旅游股份有限公司漓江游船公司团委
广西南宁市新城区新竹社区团工委
广西贺州市交通局团委
海南农垦总局医院团委
海南软件职业技术学院团委
海南五指山市南圣镇团委
长安汽车集团有限责任公司团委
重庆市卫生局团委
重庆钢铁集团有限责任公司团委
重庆工学院团委
重庆市长寿区国税局团委
万县财贸学校团委
重庆市第一公共交通公司团委
中国电子科技集团公司第29研究所团委
四川平昌县财政局团委
东方电机厂团委
四川广安市广安区协兴镇团委
中国南车集团资阳机车厂团委
自贡鸿鹤化工股份有限公司团委
泸州职业技术学院团委
贵州遵义供电局团委
水城钢铁集团有限公司团委
贵州师范大学团委
贵航集团黎阳机械厂团委
云南大姚县石羊镇团委
云南鹤庆县辛屯镇团委
昆明卷烟厂团委
临沧财贸学校团委
西藏自治区卫生厅系统团委
西藏日喀则地区电信局团委

西藏山南地区职业技术中等专业学校团委
陕西兴化集团公司团委
西安印钞厂团委
西安电子科技大学团委
陕西榆林210国道收费处团委
陕西移动通信有限责任公司团委
陕西宝鸡市公安局团委
陕西西安市莲湖区北院门街道团委
长庆油田公司第二采油厂团委
西北师范大学团委
甘肃定西公路总段团委
中国核工业集团公司五零四厂团委
青海省天峻县龙门乡团委
青海省果洛州大武镇团委
青海铝业集团有限责任公司团委
宁夏东方有色金属集团公司团委
宁夏泾源县六盘山镇团委
宁夏银南供电局团委
新疆尉犁县兴平乡团委
新疆沙湾县大泉镇团委
新疆布尔津县杜来提乡团委
新疆阿图什市上阿图什乡团委
塔里木油田公司开发事业部团委
新疆生产建设兵团农一师十三团团委
新疆方兴科农股份有限公司一分公司团委
中国人民解放军西安通信学院团委
中国人民解放军后勤工程学院团委
中国人民解放军63656部队团委
中国人民解放军92497部队团委
中国人民解放军94655部队团委
中国人民解放军96421部队团委
中国人民解放军66010部队团委
中国人民解放军68304部队团委
中国人民解放军71777部队团委
中国人民解放军73023部队团委
中国人民解放军77266部队团委
哈尔滨铁路局齐齐哈尔分局团委
沈阳铁路局锦州分局团委
郑州铁路局郑州分局团委
广铁集团长沙总公司衡阳车辆段团委
民航华北空中交通管理局团委
民航乌鲁木齐管理局团委
中共中央党校团委
全国总工会机关团委
文化部团委
农业部直属机关团委
教育部直属机关团委
中国人民银行天津分行团委
中国银行沈阳市分行团委
中国航天科技集团公司团委
中国石油天然气管道局团委
中国航空第一集团公司沈阳黎明航空发动机集团公司团委

2003年全国五四红旗团支部标兵名单

（10个）

湖南长沙丰日电气集团有限公司团总支
浙江台州温岭市松门镇远景村团总支
重庆邮电学院通信工程学院通信工程专业2001级6班团支部
湖北武汉市硚口区宗关街道发展社区团总支
中国人民解放军96315部队通信营1连团支部
广东广州市信息中心团支部
山西晋中市昔阳县大寨镇大寨村团支部
江苏省常州高级中学瞿秋白团支部
海南东方市八所镇滨海社区团支部
中国建设银行福建泉州市分行营业部团支部

2003年全国五四红旗团支部名单

（290个）

北京科技大学管理学院国贸01—2班团支部
北京市大兴区薄村团支部
北京市爱义行汽车服务有限公司团支部
北京公交公司电车客运分公司103路团支部
北京市广渠门中学高三(1)班团支部

天津体育学院体育健康教育系团总支
天津地方铁路运输处机务段团总支
天津市蓟县下营镇常州村团支部
天津市河北区人民检察院团支部
天津电视台团总支
河北栾城县供电局团支部
承德石油高等专科学校计算机与信息工程系多媒体 0102 班团支部
河北张家口市宣化区医院团总支
河北秦皇岛市房产产权产籍监理处团支部
河北唐山市发电总厂汽机运行团支部
华北航天工业学院计算机系 01515 班团支部
中央司法警官学院劳教系 2001 级普专班团支部
河间石油公司团支部
河北冀州市医院团支部
河北邯郸市邯山区渚河路街道办事处团总支
保津高速公路冀津站团支部
河北长安胜利汽车有限公司技工学校团支部
山西大同县西坪镇水头村团支部
山西晋城市城区建设路社区团支部
山西忻州供电分公司超高压输电工区团支部
山西长治市中级人民法院团支部
山西襄汾县陶寺乡张再村团总支
山西吕梁地区国家税务局团支部
太原卫星通信局团支部
华北工学院 01090B2 班团支部
内蒙古林业总医院内科团支部
内蒙古呼和浩特铁路局临河车务段团支部
内蒙古乌海电业局乌达供电分局团支部
中国河西化工机械公司红岗机械厂四分厂团支部
内蒙古呼和浩特众环集团有限责任公司团支部
东风朝阳柴油机有限责任公司铸造一厂团总支
东北大学信息科学与工程学院 2001 级计算机科学与技术 1 班团支部
辽宁鞍山市铁东区湖南街道石河社区团支部
辽宁抚顺眼病医院团支部
辽宁本溪市聋哑学校团支部
辽宁锦州市古塔区天安街道惠安社区团总支
辽宁农业职业技术学院畜牧兽医 5.6 班团支部
辽宁阜新市细河区四合镇黄家沟村团支部
庆阳化工集团有限责任公司检测中心团支部
辽宁葫芦岛市龙港区龙湾街道腾飞社区团支部
辽河油田兴隆台采油厂采油作业二区团总支
大连客运段 T83/84 次列车第一团支部
吉林四平热电有限责任公司发电团支部
吉林通化市地税局直属分局团支部
吉林石化公司聚乙烯厂乙烯车间团支部
吉林大安市烧锅镇乡富新村团支部
吉林长春市鸿兴管道建设有限公司团支部
吉林白山市浑江发电公司发电分场团总支
中国大唐辽源热电有限责任公司发电分场团支部
和龙森林公安局团总支
吉林白城市汽车附件厂团总支
吉林延边第一中学二年级六班团支部
黑龙江哈尔滨市道外区太古街道办事处新街社区团支部
黑龙江依安县新屯乡新建村团支部
黑龙江牡丹江市崔凤岐新娅美容美发学校团支部
黑龙江佳木斯通信分公司 114 查号中心团支部
大庆石油管理局供水公司一分公司南水源团支部
黑龙江鹤岗市环境保护局团支部
黑龙江绥化市体校团总支
大兴安岭新林区宏图林场团总支
黑龙江省哈同公路公司金家管理所团支部
哈尔滨理工大学人文社会科学学院日语 2000 级 2 班团支部

上海交通大学学生“三个代表”重要思想实践团团总支
东方上证数据通讯有限公司团支部
上海浦东新区高行镇解放村团支部
上海师范大学教育科学学院学生宿舍社区团总支
上海市测绘院第四团支部
江苏京沪高速公路有限公司收费管理分公司胡集收费站团支部
江苏爱特福公司团总支
江苏州市吴中区太湖桥岛景区管理处团支部
江苏镇江市公安局治安支队防爆大队一中队团支部
江苏扬州市江都水利工程管理处邵仙闸管理所团支部
南京铁路分局丹阳车务段丹阳站团支部
江苏徐州市鼓楼区人民检察院团支部
江苏无锡市水利局团总支
江苏大丰市西团镇西灵村红旗团支部
连云港港务局东联港务分公司机械二队团支部
江苏靖江市供电公司电力营销团总支
浙江杭州市江干区采荷街道双菱社区团支部
宁波港北仑股份有限公司矿石分公司机械二队团总支
浙江湖州市电力局市区供电公司团总支
浙江嘉兴市港航管理局团总支
浙江绍兴县福全镇富强村团总支
浙江金华市第六中学教工团支部
浙江衢州市柯城区石梁镇白岭村团支部
浙江大学竺可桢学院文科001班团支部
浙江省公安厅高速公路交通警察支队杭州大队团支部
浙江丽水电力检修公司团支部
江西昌河汽车股份有限公司合肥分公司工具处团支部
安徽江淮汽车股份有限公司车架厂团支部
合肥工业大学材料学院团总支
上海铁路局蚌埠铁路分局蚌埠机务段运用车间二车队团支部
安徽马鞍山市供电公司运行工区团支部
安徽铜陵市邮政局储汇团支部
安徽亳州蔬菜批发市场团支部
安徽宿州市埇桥区祁县镇初级中学团总支
福建福州市仓山区仓山镇东升村团总支
福建建阳市童游街道徐墩村团支部
福建武平县平川镇兴南村团支部
福建泉州运城制版有限公司团总支
福建莆田市荔城区镇海街道文献社区团支部
福建省发展计划委员会机关团支部
福建医科大学医学技术与工程医学检验系团总支
福建漳州市公安局巡警支队直属大队团支部
福建省区域地质调查队地质分队团支部
南昌高等专科学校计算机应用技术系团总支
南昌铁路局鹰潭车段一场列检所团总支
江西鹰潭市月湖区交通街道办事处胜西社区团支部
东华理工学院010321班团支部
江西师范大学政法学院01政教团支部
江西省电信公司网络管理中心团支部
中国四冶鹰潭奥科现代外语学校高中团支部
江西崇义章源钨制品有限公司团总支
江西财经大学国际经贸学院团总支
山东济南市长清区平安店镇小王村团支部
青岛港集团有限公司前港分公司机械一队团支部
山东铝业股份有限公司热电厂电气车间团支部
颐中烟草集团有限公司青州卷烟厂科研生产技术团支部
山东肥城市国税局城区分局团支部
山东威海市公路局高等级公路管理处团总支
山东日照市市区国税局团支部
山东金光玻璃钢集团有限公司团总支
山东聊城市公安局机关团支部

山东曹县五里墩村团支部
三联集团城建开发总公司阳光舜城分公司营销策划团支部
胜利石油管理局井下作业公司鲁胜石油开发公司采油二队团支部
中石化齐鲁股份有限公司烯烃厂芳烃车间团总支
济南铁路局青岛铁路分局淄博机务段检修车间定修团支部
中国海洋大学经济学院团总支
山东垦利县国税局团支部
河南焦作市解放区焦西街道电翔社区团支部
河南洛阳市涧西区工农乡南村团支部
河南新乡市自来水公司第四水厂团支部
河南驻马店市移动通信分公司解放路营业厅团支部
河南鹤壁市财政局国库支付中心团支部
河南濮阳市国税局计划征收科团支部
河南睢县中医院团总支
郑州铁路局洛阳铁路分局洛阳北供电段阳城接触网工区团支部
中原油田采油三厂准备大队油管厂团支部
郑州工程学院外语系 2001 级 5 班团支部
河南淅川县上集镇老刘沟村团支部
水利部小浪底水利枢纽建设管理局水力发电厂团支部
民航局河南省安全检查站团支部
河南高速公路发展有限公司安新公司安阳北收费站团支部
河南省郸城县卫生局团总支
河南省安阳市农业局团总支
中石化荆门分公司催化二车间团支部
湖北省电力公司黄石市区供电公司团支部
湖北南漳县国家税务局征收分局团支部
湖北荆州市沙市区胜利社区青年中心团支部
湖北宜昌市城市管理监察支队团总支
湖北孝昌县供电局磨山供电营业所团支部
湖北省地球物理勘察技术研究院物探工程处团支部
湖北十堰市第二中学教工团支部
湖北恩施州民族妇幼保健院团支部
湖北省国家安全厅团委第三支部
湖北神农架林区地税局团支部
湖南湘潭市岳塘区建设路深塘社区团支部
湖南武冈市地税局团总支
湖南教育报刊社团总支
湖南衡阳西环路建设开发有限公司蒸水大桥收费站团总支
湖南娄底电信分公司营业中心团支部
长沙理工大学数学与计算科学学院团总支
湖南益阳资江三桥收费站团支部
湖南理工学院机电系爱心社团总支
湖南永州市芝山区公路局团支部
湖南张家界市武陵源区地税局团支部
湖南科技大学商学院团总支
广东深圳市规划与国土资源局罗湖分局团支部
广东珠海市香洲区金路幼儿园团支部
汕头职业技术学院应用外语系团总支
广东东源县电信局团支部
广东梅州市电视台团支部
广东鹤山市毛巾实业有限公司团总支
广东阳江市宝马利汽车空调设备有限公司团支部
广东茂名供电分公司多经团支部
广东揭东县锡场镇锡东村团总支
广东云安县工商行政管理局团支部
广东省电信有限公司数据通信局团总支
广西南宁市宾阳县大桥镇新道村团总支
柳州铁路局柳州车辆段到达场列检所团总支
广西宜州市矮山乡畔塘村团支部
广西阳朔县阳朔中学高一(1)班团支部
广西玉柴机器股份有限公司冷加工厂团总支
广西东兴市东兴镇江那村团支部
广西富川瑶族自治县妇幼保健院团支部
广西崇左市江州区人民医院团总支

南方航空海南公司客仓部乘务队团支部
海南师范学院中文系2000级3班团支部
重庆合川市财政局团支部
重庆市奉节县新城乡原梁村团支部
重庆交通运业有限责任公司陈家坪汽车站团支部
重庆市电力公司江津供电局运管所团支部
民航重庆市管理局机关团支部
重庆大学绿色青年志愿者服务队团支部
西南师范大学外国语学院2000级5班团支部
西南财经大学金融学院团总支
四川简阳市贾家镇大山村团总支
四川石油管理局川钻53队团支部
四川南充市顺庆区团委机关联合团支部
四川遂宁市电信分公司通信生产团支部
四川绵阳市中心医院外科团支部
四川泸州市江阳区法院团支部
四川泸州北方化学工业有限公司动力分厂团总支
四川省水土保持局团支部
四川仁寿县铧强中学教职工团支部
四川攀枝花市东区银江镇攀枝花村团支部
四川康定县民族中学团总支
川北高速公路股份有限公司团总支
四川什邡市湔底镇龙泉村团支部
武警甘孜州支队理塘县中队团支部
贵阳医学院临床医学2000级团总支
贵州三都水族自治县民族职业教育中心团总支
中铝贵州分公司碳素厂第三组装车间团支部
贵州紫云县地税局团总支
贵州贵阳市女子职业学校团总支
贵州雷山县丹江镇猫猫河村团支部
贵州遵义杂技团团总支
贵州铜仁市供水总公司团支部
云南蒙自县文澜镇南山屯团支部
云南三环化工有限公司机电车间团支部
云南玉溪市中医医院针灸推拿团支部
云南省宜良监狱第二监区团支部
昆明钢铁集团有限责任公司动力厂燃气车间团支部
楚雄师范学院初等教育系2002级四班团支部
云南弥渡县密祉乡莲峰村团总支
云南中医学院2001级中医学类4班团支部
昆明理工大学学生社区教育管理中心莲花园区男生七栋团总支
西藏察隅县下察隅镇沙马村团支部
西藏藏医学院教学团总支
西藏昌都地区国税局团总支
长庆石油勘探局建设工程总公司第七分公司团总支
陕西西安市自来水公司管网所团支部
陕西省地税局机关团总支
宝鸡惠民乳品有限公司团支部
陕西丹凤县商鞅邑城收费站团支部
中交第一公路勘察设计研究院第五分院团支部
陕西西安市长途电信线务局团支部
陕西铜川市李家沟收费站团支部
西飞集团公司技装分公司65厂团支部
兰州铁路局金昌车站团支部
甘肃白银市平川区宝积乡响泉村团支部
甘肃兰州市公安局巡警支队团总支
兰州大学物理学院2000基地班团支部
甘肃秦安县强民制衣厂团支部
甘肃省合作一中高一(1)班团支部
青海同德县尕巴松多镇完科村团支部
青海乌兰县赛什克乡路顺村团支部
青海通仁县曲库乎乡瓜什则村团支部
宁夏电力公司大坝发电厂汽机分场团支部
宁夏银川市农村信用联社机关团支部
宁夏银川市第一中学高二(8)班团支部
新疆精河县大河沿子镇拜尔盖斯村团支部
新疆喀什市罕南力克镇9村团支部
新疆克拉玛依市中心医院普外科团支部
新疆乌鲁木齐市齐红庙子街道办事处金泰社

区团支部

新疆昌吉市公交运输有限责任公司1路车组团支部

新疆生产建设兵团农八师一二一团三连团支部

石河子大学师范学院中文系团总支

中国人民解放军艺术学院舞蹈系学员队团总支

中国人民解放军63798部队地面技术营团总支

中国人民解放军92057部队女兵队团支部

中国人民解放军94072部队63分队团支部

中国人民解放军军事科学院院务部警卫连团支部

中国人民解放军国防科技大学电子科学与工程学院三队团支部

中国人民解放军65042部队72分队团支部

中国人民解放军75231部队77分队团支部

中国人民武装警察部队重庆市总队二支队六中队团支部

北京铁路局天津分局丰润车务段丰润站团支部

济南铁路局济南客运段T35/36次列车一组团支部

昆明铁路局电务管理中心元谋团支部

上海铁路局上海客运分公司T13/14次“东方号”车队团总支

民航合肥空中交通管理中心技术保障部团支部

中国民航飞行学院飞行技术与航空工程学院学生三队团总支

中国科学技术馆团支部

中央组织部办公厅团总支

中国社会科学院考古研究所团支部

中国农业发展银行总行营业部团支部

中国民生银行深圳宝安支行团支部

中国人寿保险股份有限公司晋江支公司团支部

中国人寿保险股份有限公司渭城支公司团总支

中国南车集团戚墅堰机车车辆厂内机分厂机车二车间团总支

中国建筑工程总公司二局裕鸿项目团支部

中国电子信息产业集团公司北京圣非凡电子系统技术开发有限公司团支部

中国电信集团公司大客户事业部团支部

2003年全国团建先进县(市)名单

(60个)

共青团北京昌平区委

共青团天津东丽区委

共青团河北清河县委

共青团河北宣化县委

共青团河北廊坊市安次区委

共青团山西太原市迎泽区委

共青团山西永济市委

共青团内蒙古鄂尔多斯市乌审旗委

共青团内蒙古呼伦贝尔市阿荣旗委

共青团辽宁本溪满族自治县委

共青团辽宁东港市委

共青团吉林辉南县委

共青团吉林舒兰县委

共青团黑龙江哈尔滨市南岗区委

共青团黑龙江绥化市北林区委

共青团上海闸北区委

共青团江苏丹阳市委

共青团江苏通州市委

共青团江苏丰县县委

共青团浙江富阳市委

共青团浙江慈溪市委

共青团浙江临海市委

共青团安徽怀宁县委

共青团安徽舒城县委

共青团福建厦门市集美区委

共青团福建宁德市蕉城区委

共青团江西万年县委

共青团江西抚州市临川区委
共青团山东荣成市委
共青团山东新泰市委
共青团山东博兴县委
共青团河南固始县委
共青团河南汤阴县委
共青团河南许昌县委
共青团湖北罗田县委
共青团湖北松滋市委
共青团湖南岳阳市岳阳楼区委
共青团湖南涟源市委
共青团广东广州市芳村区委
共青团广东遂溪县委
共青团广西南宁市新城区委
共青团广西北海市铁山港区委
共青团海南东方市委
共青团重庆渝北区委
共青团重庆江津市委
共青团四川峨眉山市委
共青团四川成都市龙泉驿区委
共青团四川华蓥市委
共青团贵州余庆县委
共青团贵州印江县委
共青团云南楚雄市委
共青团云南江川县委
共青团西藏革吉县委
共青团陕西西乡县委
共青团陕西蒲城县委
共青团甘肃张掖市甘州区委
共青团青海湟中县委
共青团宁夏中卫县委
共青团新疆新源县委
共青团新疆鄯善县委

全国优秀共青团员

2003 年全国优秀共青团员名单

（182 名）

肖　晗　北京汽车工业控股有限责任公司人事劳资科职员
张永利　北京华利丰农产品种植有限公司董事长
郝泽宏　北京市教育委员会机关党委宣传干事
王浩雷　北京大学马克思主义学院教师
张　琳（女）　北京申安集团总裁办公室副主任
李　智　天津港保税区物流发展局干部
龚淑艳（女）　天津市塘沽区自来水公司水质管理工程师
赵　焘　天津大学管理学院学生
孙志民　天津美术印刷厂技术质量管理科科长
王丽华（女）　河北吴桥县梁集镇彭庄中心小学教师
郑腾飞（女）　河北秦皇岛市第一中学学生
马国苍（回）　华北石油管理局第一机械厂涂层分厂工人
翟勇俊　山西焦煤集团官地矿二采区掘进二队技术员
王俊刚　沁源县郭道货栈负责人
侯永波　山西农业大学经济法系学生
孙兆奇　山西师范大学政法学院学生
霍振星　山西司法学校学生

吕志刚　内蒙古呼和浩特市赛罕区公安分局中专路派出所指导员
朱　艳（女）　内蒙古磴口县第一中学学生
刘　玫（女）　海勃湾股份有限公司干部
郑雪娇（女）　内蒙古民族大学物理与机电学院学生
程　君　内蒙古名流实业有限公司经理
赵复军　辽宁丹东市公安交警支队高速一大队警员
周　超　辽宁西洋特肥股份有限公司总经理
金国峰（朝族）　辽宁工程技术大学学生
陈　阳（女）　辽宁省通信公司铁岭市分公司投诉受理中心副主任
王茂昌（满）　中铁十九局集团公司洛湛指挥部工程部部长
孙震松　江河林业局高中学生
孙　茜（女）　吉林通化市卫生局卫生监督所干部
臧　元（女）　吉林白山市人事局事业单位管理局干部
杨　婧（女）　吉林省粮食高等专科学校学生
崔玉梅（女）　黑龙江牡丹江市爱民区崔凤岐新娅美容美发职业技能培训学校副校长
于宏伟　黑龙江佳木斯市郊区宏伟养殖场场长
窦晓彦（女）　黑龙江大兴安岭韩家园林业局工人
张　林　上海市金山区惠良蘑菇基地场场长
洪懿琤（女）　上海华联超市股份有限公司华山门店副店长
沈晓红（女）　上海中医药大学附属曙光医院急症内科医生
姚　明　上海市体育运动技术学院篮球运动员
方正平　华东理工大学高等技术学院学生
吴世昊　徐工集团徐州工程机械制造厂产业分厂钳工
殷春艳（女）　江苏常州市五进区星辰实验学校辅导员
张晓征（女）　中石化仪化公司涤纶五厂806青年女子班工人
张建伟　国电集团谏壁发电厂发电部工人
马文艳（女）　江苏省宁连公司连云港收费站收费员
张锦林　浙江金华市锦林佛手开发有限公司董事长
黎　洁（女）　浙江大学法学院硕士研究生
胡晓丽（女）　浙江桐昆化纤集团股份有限公司工人
应静波　浙江省建工集团有限责任公司第三工程管理部经理
郑莱莉（女）　浙江康奈集团有限公司副总经理
杨　正　安徽省砀山中学学生
方红艳（女）　安徽淮北第一纺织有限责任公司细纱车间工人
许石红　安徽池州市贵池区乌沙镇红杨村农民
张敏烨　安徽马鞍山市公安局刑警支队四大队警员
谢　宇　安徽宣城市第二中学学生
兰　娟（女，畲）　福建福州市体校田径教练员
谢国华　福建连城县莲峰镇新兴村农民
林　蕴（女）　福建莆田市邮政局文献邮电营业部主任
胡　敏（女）　福建南平市延平区东坑小学总辅导员
蒋林娟（女）　福州大学材料学院学生
刘洪琳（女）　景德镇陶瓷学院工商学院学生
胡　妍（女）　江西铜业集团公司德兴铜矿泗州选厂干部
郑　兵　江西鹰潭市职业技术学院学生
刘赣清　洪都航空工业集团公司飞机部装厂工人
赵　培（女）　南昌大学新闻与传播学院学生

刘　艺(女)　山东青岛公交巴士公司汽车三队304路乘务员
夏文英(女)　山东寿光市洛城镇绿色食品示范基地主任
古艳云(女)　山东聊城市人民医院护士
柏承山　山东省公安厅交警总队高速公路交警支队淄博大队副主任科员
汪　杰　石油大学研究生院学生、校研究生会主席
李红利(回)　河南新蔡县李桥回族镇李桥村党支部书记
常志磊　河南新乡汽车运输总公司诚信汽车修理中心工人
刘媛媛(女)　河南焦作市解放区太行西路社区干部
刘文新　河南信阳市文新茶业有限公司总经理
夏　亮　郑州大学机械工程学院学生
徐　旻(女)　湖北黄石市黄石岗区钟楼社区计划生育主任
谭绍伟　湖北汉川市福星中学学生
詹武魁(土家)　湖北省恩施州高级中学学生
朱亚东　中国石化公司荆门分公司催化一车间副主任
肖　何　湖北十堰市郧阳中学学生
谢　莉(女)　中国石化长岭炼化公司催化剂厂干部
熊　星(苗)　武警湘西自治州吉首市消防中队战士
彭　宏　中南大学资源加工与生物工程学院学生
文　彣　湖南友谊阿波罗股份有限公司干部
范　建　湖南益阳市市政工程管理处工人
李炯锋　广东潮州韩江专修学院计算机系学生
李正鸿　中国石化茂名炼油化工股份有限公司联合六车间副班长
卢俊雄　广东惠州博罗县公安局交警大队副股长
方　娟(女)　广东东莞安力科技园建造有限公司职员
梁　略　广东新兴县稔村镇皮村农民
胡金生　广西柳州华锡集团有限公司干部
谭乃林　广西浦北县浦北中学教师
刘艺霞(女)　广西桂林旅游股份有限公司导游员
冯炳柒(京)　广西东兴市江平镇万尾小学教师
谢芳秋(女)　广西宾阳县双桥乡上王村农民
黄开科　海南琼海市阳江镇红色村农民
曹　爱(女)　北亚航空公司乘务员
田绍勇　中国海洋石油富岛股份有限公司尿素车间工人
陈　旦　海南亚龙木业有限责任公司工人
杜定奎　海南海口市琼山区龙塘镇政府城监队队员
喻春曦(女)　重庆市十一中学学生
周雪平　重庆梁平县教委少先队总辅导员
王洪刚　西南铝业集团有限责任公司熔铸厂扁熔车间工人
肖　锋　民航重庆市局扩建指挥部航站楼工程土建主管
李青锋(女)　西南农业大学经济管理学院学生
常　艺(女)　四川省歌舞剧院演员
许　颖(女)　四川马尔康中学学生
吉利宁　四川天驰油气工程建设有限责任公司川东分公司工人
郭璇妍(女)　川北医学院临床医学系学生
陈　宁(女)　四川大英县河边镇铁路沟村农民
毕云霞(女)　贵州遵义医院医生
张　一(女)　贵州省电信公司贵阳运营中心营销中心中华南路职员
封玉琴(女)　贵州毕节市市东办事处麻园村党支部副书记

浦　仁　贵州盘县水利局干部
刘建明　云南嵩明县花窝特禽养殖场场长
李剑飞　云南思茅地区体育职业高级中学工人
谭　静(女)　云南铜业股份有限公司收尘车间会计
季绍文　云南电视大学2000级财会审计专业学生
格勒亚皮(藏)　西藏昌都地区中学学生
贺黔阳(苗)　西藏林芝地区气象局干部
达娃次仁(藏)　西藏山南地区公安处刑警支队
索南顿珠(藏)　西藏阿里地区中学高中部学生
阿旺索朗(藏)　西藏拉萨达孜县农民
谢广利　国营262厂科研所助理工程师
张世甫　长庆石油勘探局采油一处井下作业公司工人
校进平　陕西渭南市临渭区辛市镇新冯村主任
李振华(藏)　甘肃甘南州合作第一中学学生
王　瑞　河西学院数学系学生
赵宏伟　甘肃省国营红峰机械厂
顾浩元　甘肃省武威电力局修试工区工人
李贵兴　水电四局三峡工程青云水利水电联营公司干部
马富超　青海明胶股份有限公司技术员
田　芸(女)　青海西宁市商业银行双拥支行出纳
姜　波　青海水泥股份有限公司烧成车间技术员
樊小斌　中国石油宁夏石化分公司尿素一车间工人
丁惠军　宁夏石嘴山市公安局石炭井分局刑警大队中队长
万　力　宁夏固原第一中学学生
司恩妍(女)　宁夏高等级公路管理局会计
马晓飞　宁夏银川市第一人民医院主治医师
玛依拉·胡达拜尔地(女,维)　新疆医科大学公共卫生学院学生
李小金　新疆阿克苏地区二中学生
肉孜巴克·伊迪力斯巴克(维)　新疆和田县巴格其镇布坎拜村农民
周　杰　新疆乌鲁木齐市公安局天山区分局刑警大队侦察员
杨　虎　塔里木公司西南分公司柯克亚油矿哈得项目部工人
郝建强　新疆北新路桥建设股份有限公司工程师
黄大平　新疆建设兵团农就是建安总公司四社区干事
李伟东　沈阳军区65146部队押运队一级士官
胡善霞(女)　内蒙古军区66471部队84分队排职技术员
张奉献　兰州军区68232部队73分队班长
王　宁　济南陆军学院二大队九队学员
王振远　南京军区73146部队83分队班长
付海涛　广州军区75240部队67分队军械员兼文书
龚　凯　成都军区77105部队52分队战士
黄金安　第二炮兵96514部队一级士官
祁　明　总装备部63820部队司令部通信站士官
唐定华　武警陕西省总队汉中市支队城固县中队班长
刘　颖(女)　哈尔滨铁路局齐齐哈尔站售票车间售票员
王　丽(女)　北京铁路局阳泉车辆段职教科教员
杨　健　南昌铁路局政研室秘书
李金玉　兰州铁路局湟源工务段线路工
张　华(女)　乌鲁木齐铁路局乌鲁木齐电务段信号工
周　鹏　中国民航飞行学院飞行技术系学生
刘倩女(女)　中国东方航空股份有限公司客

舱服务部乘务员

苏钰炜　首都国际机场公安分局刑侦支队民警

宋　海　民航西南空管局通信网络公司电信网络部移动通信室主任

洪　雷　人民日报社图书馆职员

郑丽君(女)　中央党校后勤服务部综合服务中心招待所所长助理

林　罡　新华社参编部经济科技编辑室副主任

杜　东　团中央国际联络部干部

卢远建　中国新闻社人事部助理经济师

鄢勇兵　民政部管理干部学院教师

于　颖(女)　国家统计局办公室干部

张兰兰(女)　国家工商行政管理总局消费者权益保护局干部

周　琳(女)　中国工商银行信阳分行营业部营业室副主任

黄慧玲(女)　农行深圳分行国贸支行职员

王　涛(女)　中国银行广西全州支行湘山路储蓄所储蓄员

李　森(土家)　中国建设银行深圳分行风险管理部信息管理科经理

沈　悦　中国人寿保险公司广东省分公司营业管理部第二支公司

马馨萍(女)　东风汽车公司东风汽车模具厂工人

刘树元　中国第一重型机械集团公司舰炮研究所设计员

张海青　上海宝钢集团公司一钢公司炼钢车间工人

张相国　中国北方机车车辆集团公司大同机车厂技术中心技术员

闫　坤(蒙古)　中国三峡工程开发总公司三峡电厂二江分厂副值班员

全国优秀共青团干部

2003年全国优秀共青团干部名单

（190名）

杨学东　中国网通集团北京市通信公司团委书记

李小兵　团北京市大兴区委书记

王红兵　团北京东城区委书记

束　为　清华大学团委书记

李　航　海淀区教委团工委副书记

孙更春　天津石化公司团委书记

肖　刚　团天津市津南区委书记

朱　颖(女)　天津市河西区马场街道办事处团工委副书记

侯　洁(女)　天津医科大学团委书记

吴　璠(女)　天津市卫生局团委副书记

左红江　团河北平山县委书记

杨淑欣(女)　河北经贸大学团委书记

张德彬　邯郸钢铁公司团委书记

陈雪梅(女)　河北唐山市丰南区胥各庄镇团委书记

牛洪涛　河北承德市交警支队团总支书记

邓雁平　团山西运城市委书记

高文胜　山西财经大学团委书记

张锁明　太原铁路分局团委书记

华　楠(女)　山西医科大学附属第二医院团委书记

刘　源　团山西垣曲县委副书记

吕建伟(女)　团内蒙古呼伦贝尔市委书记
陈　波　呼和浩特铁路局团委书记
张立东　内蒙古医学院团委书记
宫　伟(满)　团辽宁丹东市委书记
常春友　团辽宁葫芦岛市委书记
钟俊生　团辽宁省委宣传部部长
杨万卿(满)　辽宁盖州市熊岳中学高三一班团支部书记
王　哲　沈阳工业大学团委书记
王　健　吉林省国家安全厅直属机关团委书记
肖庆彪　吉林公主岭市范家屯镇团委书记
石兴华　吉林辽源供电公司团委书记
李　栋　吉林延边林业集团公司团委书记
从中梅(女)　团吉林长春市朝阳区委书记
王　莉(女)　大庆石油管理局团委书记
闫红蕾(女)　黑龙江哈尔滨锅炉厂有限责任公司团委书记
朱佳萍(女)　黑龙江省农垦总局团委副书记
韩　威　团黑龙江海伦市委书记
杨国民　团黑龙江哈尔滨市委宣传部部长
毛　毅　上海市长宁区华阳街道团工委副书记
王　勇　上海医药集团有限公司团委书记
俞立巍　上海第二医科大学团委书记
朱　祥　上海市市级机关团工委书记
李　华　团上海市委青工部部长
王　峰　团江苏沭阳县委书记
王素俊　团江苏句容市委书记
冯会章　江苏南京市玄武区新街口街道团工委书记
王银霞(女)　江苏东海县南辰乡西山后村团支部书记
周更生　三江学院团委书记
胡　侠　团浙江杭州市委书记
柯婉瑛(女)　团浙江台州市路桥区委书记
徐　毅　浙江余姚市泗门镇团委书记
楼　旻　浙江省电力集团公司团委书记
张建国　杭州商学院团委书记
浦晓辉　团安徽肥东县委书记
赫璞峰　团安徽阜阳市委书记
朱爱民　团安徽巢湖市委书记
黄晓武　团安徽安庆市委书记
余向东　团安徽黄山市委书记
陈　琛(女)　团福建厦门市委书记
黄天凯　团福建晋江市委书记
黄红金　福建漳州市平和县山格镇团委书记
邓　琳(女)　福建永安市燕南街道团工委书记
胡代真　福建省电力有限公司直属单位团委书记
卢勇军　南昌铁路局团委书记
徐光井　南昌航空工业学院团委书记
李明生　团江西赣州市委书记
江晓斌　团江西抚州市委书记
于　丽(女)　团江西新余市委书记
刘　静(女)　团山东莱芜市委书记
赵　森　山东省直机关团工委书记
韩明涛　山东大学团委书记
迟　伟　济南铁路局团委书记
李晓玲(女)　团山东省委组织部部长
董汉生　团河南平顶山市委书记
郭岩松(女)　团河南濮阳市委书记
冯　新　团河南宁陵县委书记
郑之俊　河南鹤壁市浚县钜桥镇团委书记
汤孝轩　团河南郑州市二七区委书记
张震龙　团湖北荆州市委书记
杜文清　团湖北咸宁市委书记
陈东灵　团湖北襄樊市委书记
张明虎　中国葛洲坝集团有限公司团委书记
白江源(回)　中南民族大学团委书记
刘　哲　涟源钢铁集团有限公司团委书记
蒋永清　团湖南株洲市委书记
李爱武(女)　湖南省直机关团工委书记
刘安吾　湖南文理学院团委书记
彭生智　团湖南郴州市委书记

翟崇碧　团广东东莞市委书记
国亚萍(女)　中山大学团委书记
陈德培　团广东广宁县委书记
陈拥军　广东新丰县小正镇团委书记
陶　风　广东广州经济开发区员工服务中心团委书记
吴宗勋　团广西区委希望工程办公室主任
黄振辉　团广西玉林市委书记
陆海平　团广西贺州市委书记
欧　波(壮)　团广西南宁市委副书记
陈　红(女)　团广西北海市委副书记
吉　民(黎)　团海南省委工农青年部部长
吴少雄　团海南文昌市委书记
许红梅(女)　团海南屯昌县委书记
陈长宽　海南省教育厅直属机关团委书记
宁虹雯(女)　团海南海口市委书记
施崇刚　团重庆合川市委书记
陈兴明　团重庆开县县委书记
王　军　重庆市直属机关团工委书记
谭向阳　重庆重型汽车集团有限责任公司团委书记
刘　革(女)　西南政法大学团委书记
黄劲松　团四川眉山市委书记
何洪波　团四川达州市委书记
王　军　团四川省委社区和维护青少年权益部部长
袁　波(女)　团四川都江堰市委书记
于　浩　贵阳中医学院团委副书记
龙丽红(女,苗)　贵州省铜仁师范高等专科学校团委书记
张　军　贵阳铝镁设计研究院团委书记
张　雁(女)　贵州省黔西南州电信分公司团委书记
梁厚明(布依)　贵州长顺县第二中学团委书记
杨金莹　团云南玉溪市委书记
施毅英(女)　团云南红河州委副书记
杨建伟(彝)　团云南楚雄州委副书记
范知万　中国联通云南分公司团委书记
刘启勇　昆明理工大学团委书记
刘　春(女,藏)　西藏日喀则地区人民医院政治处副主任
阿　旺(藏)　西藏阿里地区中学团委书记
拉　珍(女,藏)　团西藏堆龙德庆县委书记
平措旺堆(藏)　西藏大学计算机系团总支书记
德　央(女,藏)　团西藏昌都县委副书记
张文禄　陕西省直机关团工委书记
严　琦　西安铁路分局团委书记
王东京　团陕西泾阳县委书记
靳宝良　陕西宝鸡县天王镇团委书记
文新农　甘肃省直机关团工委书记
吴先锋　玉门石油管理局团委副书记
王　涛　甘肃省白银有色金属公司团委
邓文科(土)　西北民族大学团委书记
彭旭峰　中国石油长庆油田公司第二采油厂团委书记
陈　亮(藏)　团青海称多县委书记
周全厚(藏)　青海大学团委副书记
万春伟　青海西宁供电局团委书记
李积录　团青海乐都县委书记
杨占仓　团青海大通县委书记
王　勇　团宁夏银川市委书记
杜慧莹(女)　宁夏农林科学院团委书记
杨海峰(回)　团宁夏吴忠市委学校部负责人
杨　懋　银川铁路分局团委书记
周文韬　宁夏医学院团委书记
安尼瓦尔·热合曼(维)　团新疆巴音郭楞蒙古自治州委书记
杜　勇　新疆石油管理局团委书记
吐尔逊江·阿迪　新疆疏勒县库木力克乡团委书记
余　洁(女)　新疆有色集团公司团委书记
蔡　静(女)　新疆师范大学外国语学院团总支书记
张　静(土家)　新疆生产建设兵团农六师团

委书记
马峰宝　新疆生产建设兵团农八师 148 团团委书记
荆南进　沈阳军区政治部组织部青年处处长
谷　峰　北京军区 66393 部队政治部组织处正营职干事
王龙宏　兰州军区政治部组织部青年处副团职干事
金　铨　海军 92196 部队 315 艇副政委、团支部书记
郑　捷　广州军区空军政治部组织处青年科科长
李　武　第二炮兵 96421 部队警卫营 4 连副政治指导员、团支部书记
肖　倩　总参通信部政治部组织处副营职干事
李海燕(女)　解放军总医院心血管内科监护室护士长
彭　诚　国防科学技术大学学员旅一队学员、团支部书记
张永刚　武警贵州省总队黔南州支队副政委、团委书记
万兆军　沈阳铁路局团委书记
王凌云　柳州铁路局团委书记
郭振荣　昆明铁路局团委书记
王耀辉　西安铁路分局团委副书记兼西安工程集团公司团委书记
李翔鹏　济南铁路分局团委书记
王　曼(女)　新疆航空公司团委书记
史清莲(女)　中国航空结算中心团委书记
虞　俊　民航华东空管局团委书记
王　舸　中纪委直属机关团委书记
李　历(女)　中央办公厅直属机关团委书记
赵丽君(女,达斡尔)　中国外文局党委青工部部长、团委书记
徐　微(女)　全国总工会直属机关团委书记
庞井君　国家广电总局直属机关团委书记
李晓琳(女)　水利部直属机关团委书记
孙宝林　新闻出版总署直属机关团委负责人
茅院生　中国法律图书公司总经理
闪伟强(回)　原国家经贸委直属机关团委书记
傅　强　中国人民银行广州分行团委书记
汤　凯　中国工商银行山东省分行营业部团委书记
梁　琳　中国农业银行山东省东营市分行营业部团委书记
刘　晖　交通银行武汉分行团委书记
彭云苹(女)　中国人民保险公司深圳市分公司团委书记
王兴男　中国航空工业第一集团公司团委书记
陈一军　中国煤炭工业进出口集团公司团委书记
钱桂林　中国铁道建筑总公司团委书记
侯玉柱　中国航天科工集团公司第六研究院团委书记
孙　鸿(女)　中国石油天然气集团公司石油管道公司团委书记

抗击非典有关表彰

全国防治非典型肺炎工作先进基层团组织

（198 个）

北京佑安医院团委
北京化工集团有限责任公司团委
北京汽车工业控股有限责任公司团委
北京市通州区张家湾镇团委
北京市顺义区南法信镇团委
北京市石景山医院团委
北京市公安局安康医院团委
北京市卫生局团委
北京地坛医院团委
北京急救中心团委
北京市疾病预防控制中心团委
清华大学机械工程系机械 13 团支部
北京大学第一医院团委
北京大学第三医院团委
北京大学公共卫生学院团委
中国人民大学团委
北京中医药大学团委
北京市海淀区委教育团工委
天津市卫生局团委
天津市传染病医院团委
天津中医学院中医系团总支
天津医科大学团委
天津医科大学总医院团委
武警医学院院务部保障大队团总支
天津一建建筑工程有限公司团委
天津住宅建设发展集团有限公司机关团支部
天津市津南区咸水沽医院团总支
天津市公安局巡警(防爆)总队团委
河北建筑工程学院团委
张家口医学院第一附属医院团委
河北保定市传染病医院 SARS 病区临时团支部
河北职工医学院附属医院团委
河北唐山市公安交警支队第二大队团支部
河北唐山电视台团支部
河北石家庄市卫生防疫站团总支
河北省胸科医院内科团支部
河北承德市卫生局团委
河北廊坊市公安局指挥中心团支部
山西太原日报社团委
山西晋中市榆次区交通局运管所团支部
山西晋中市第一人民医院团委
山西临汾市传染病医院团支部
山西青年管理干部学院团委
山西省通信公司太原市分公司团委
山西电视台团委
山西省人民医院团委
山西医科大学团委
山西太原市中心医院团委
山西青年报省城新闻部团支部
内蒙古医学院第一附属医院第八团支部
内蒙古呼和浩特市卫生防疫站团总支
内蒙古包头医学院第一附属医院 SARS 病区团支部
内蒙古赤峰市传染病防治医院团支部
内蒙古通辽市传染病医院团支部
内蒙古鄂尔多斯市东胜区卫生防疫站团支部
内蒙古锡盟苏尼特右旗医院团支部
内蒙古巴盟临河市医院团支部
内蒙古阿拉善中心医院团总支
内蒙古自治区医院急诊科团支部
辽宁沈阳市非典防治领导小组调度热线青年志愿者服务队团支部
辽宁葫芦岛市中心医院内科团支部
辽宁大连市第六人民医院临时病区团支部

吉林长春市结核病医院团委
吉林市中心医院团委
吉林长春生物制品研究所团委
哈尔滨铁路局团委
黑龙江省医院团委
黑龙江省哈双高速公路公司团委
上海市卫生局团委
上海市松江区市政管理局团委
上海第二医科大学团委
江苏南京市第二医院团委
江苏南通市第三人民医院抗非隔离病区团支部
浙江杭州市第六人民医院团总支
浙江省疾病预防控制中心团总支
杭州铁路分局疾病预防控制中心团支部
安徽省肺科医院团总支
安徽蚌埠市交通局团委
福建厦门中山医院内科团支部
福建三明市第一医院急救中心团支部
福建省卫生防疫站团委
江西上饶市人民医院团委
南昌铁路中心医院团委
江西医学院"爱心医学会"团支部
山东省胸科医院抗击非典一线团支部
山东青岛市抗击非典青年突击队临时团委
山东烟台市卫生局团委
河南襄城县人民医院团总支
河南濮阳县徐镇镇前范寨村团支部
河南商丘市第一人民医院传染科团支部
华中师范大学团委
武汉铁路分局汉口火车站团委
湖北武汉市传染病医院团委
湖南邵阳市中心医院团委
南华大学附属医院抗击非典临时团支部
湖南怀化市第一医院团委
广东省卫生厅直属机关团委
南方航空公司客航部团委
广东外语艺术职业学院音乐系团委
广东省人民医院急诊科团支部
广东省一七七医院团委
广东广州市第一人民医院团委
广东广州市第八人民医院团委
广东深圳市东湖医院团总支
广东佛山市第一人民医院团委
广东中山市中医院团委
广东江门市中心医院团委
广东肇庆市第一人民医院团委
中山大学附属第二医院内科团支部
中山大学附属第三医院传染病科团支部
广州中医药大学第一临床医学院门诊部团支部
广东省中医院团委
广州医学院第一附属医院呼吸疾病研究所团支部
广西医科大学第一附属医院急诊科团支部
广西南宁市第四人民医院团总支
广西贵港市人民医院第一团支部
海南省疾病预防控制中心团支部
海南省人民医院传染科团支部
海南海口市 120 急救中心团支部
重庆市胸科医院非典隔离病房临时团支部
西南政法大学综合楼隔离区临时团支部
重庆成渝高速公路有限公司西段处桑家坡收费站团支部
四川省广元市 410 医院团委
四川省绵阳市青年志愿者抗非典应急服务队临时团委
四川省泸州市人民医院团总支
贵州省疾病预防控制中心传染病防治所团支部
中国人民解放军第四十四医院内科系统团支部
贵阳铁路分局医院团委
云南晋宁县晋城镇北门村团总支
昆明医学院第一附属医院团委
云南民族大学团委

西藏医学院团委
西藏交通厅运输管理局团支部
西藏自治区卫生防疫站团支部
陕西西安市第八医院临床第一团支部
陕西省结核病防治院团委
陕西咸阳市第二人民医院团委
甘肃定西县香泉镇团委
甘肃天祝县疾病预防控制中心团支部
甘肃兰州公交集团有限公司团委
青海省疾病预防控制中心团委
青海大学团委
青海西宁市第一人民医院团总支
宁夏医学院附属医院团委
宁夏银川市第一人民医院团委
宁夏海原县海城镇团委
新疆维吾尔自治区卫生厅团委
新疆乌鲁木齐市雅玛里克山街道团工委
新疆医科大学附属中医院团委
防化指挥工程学院教练营洗消连团支部
解放军第三〇二医院感染二科团支部
解放军第三〇九医院结核三病区团支部
解放军第三〇六医院消化内科团支部
海军总医院门急诊团支部
解放军第四五八医院内科系团支部
二炮总医院内科团支部
解放军第二〇八医院团委
解放军第二五二医院团委
解放军第四六四医院分院团委
解放军第一医院团委
解放军第一五九医院团委
解放军第一八〇医院团委
广州军区广州总医院呼吸内科团支部
解放军第一五七医院放射线科团支部
成都军区总医院团委
武警北京市总队五支队十六中队团支部
武警广东省总队医院团委
武警医学院附属医院内科团支部
北京铁路局天津铁路中心医院团委
呼和浩特铁路局临河站团委
上海铁路局沪宁杭客运分公司团委
广州铁路(集团)公司广州车站客运团支部
北京首都国际机场股份有限公司航空安全部旅检一科团支部
民航广州医院内科团支部
全国政协直属机关团委
中央党校直属机关团委
中国外文出版发行事业局团委
国家广电总局直属机关团委
北京电子科技学院团委
解放军第三〇五医院团委
中国青年政治学院团委
中纪委监察部机关综合服务中心团支部
新华社国内部团支部
国家发展和改革委员会价格司团支部
科技部直属机关团委
交通部公路司团支部
卫生部中日友好医院团委
北京医院房山医院临时团支部
中国药品生物制品检定所团委
煤炭总医院团委
中科院心理研究所团委
中国康复研究中心门急诊团支部
中国研究院广安门医院团委
中国保监会天津办公室团委
中国人寿保险公司内蒙古巴彦淖尔分公司团委
华泰财产保险股份有限公司北京分公司个险理赔部团支部
中国铁道建筑总公司总医院内科团支部
中国航空工业第一集团公司中心医院团总支

全国防治非典型肺炎工作优秀共青团员
(338名)

白雪莲(女)　北京市大兴区医院重症监护科护士
杨大朋(女)　北京市供销合作总社北京佳之

兴商业有限公司销售组长
姜　涛　中国建筑一局集团有限公司建设发展公司项目部主任工程师
何　姁（女）　北京地铁运营公司客运公司行车值班员
王春雨　北京建工集团六建公司项目部副经理
杜乃博　北京市怀柔区环境卫生服务中心工人
韩金莉（女）　北京市门头沟区龙泉镇龙泉务村村民
王　赛　北京电力设备总厂二分厂工人
刘　龙　北京市第六医院内科住院医师
董鸿蓉（女）　北京市朝阳区中医医院检验师
杜文利　北京市海淀区环境卫生服务中心六五填埋场工程师
王　宁（女）　北京市丰台医院护士
王凌航　北京地坛医院医师
樊　静（女）　北京胸科医院护士
程　鸽（女）　北京佑安医院护士
李坚韧　北京急救中心医师
刘京龙　北京市疾病预防控制中心公卫医师
陶　渝（女）　北京天坛医院护士长
刘　庚（女）　北京友谊医院护士
陈　辉　北京积水潭医院医师
龚　艳（女）　北京同仁医院护士长
王　涌　北京大学第六医院副护士长
王　鹏　北京大学第三医院医师
符云霞（女）　北京大学口腔医学院颌面外科护士
张道俭　北京大学第一医院骨科医师
杨　培（女）　北京大学第一医院妇产科护士
杨　薇（女）　北京大学人民医院急诊科护士
张慧秋（女）　北京科技大学学生
李　杰（女，回族）　北京林业大学学生
张俊杰　中国农业大学学生
韩志华（女）　北京中医药大学东直门医院急诊科护士
张　厂　北京中医药大学东方医院消化科医师
郭　悦（女）　中国协和医科大学阜外医院医生
杜铁宽　中国协和医科大学北京协和医院急诊科医师
贺瑞云（女）　北京市朝阳师范附属小学校医
石　玲（女）　天津市肺科医院外科护士
陈　卉（女）　天津市环湖医院第八病区护师
李　伟（女）　天津市第一中心医院急症学部护士
侯　涛（女）　天津市胸科医院心内科护士
王　颖（女）　天津市南开医院胸外科护士
李　静（女）　天津医科大学总医院发热门诊护士长
王　茜（女）　天津医科大学第二医院内科一病区护士
周立芯（女）　天津医科大学附属肿瘤医院护士
陈　明　天津医科大学附属肿瘤医院医生
朱晓东　武警医学院院务部保障大队战士
张　桐　天津中医学院第二附属医院医生
蓝　靖　天津市东方化工厂销售部业务员
纪洪钧　天津市东丽区卫生防疫站医师
安　博　武警天津市总队第二支队二大队卫生所医师
夏　志　天津理工学院材料科学与工程系团总支书记
王云鹏　天津市电视台都市频道《都市报道》新闻组组长
林　波（女）　天津市和平区岳阳道小学教师
陈云召　河北石家庄市公安交通管理局新华大队科员
刘　兵　河北石家庄电视台记者
秦　静（女）　河北保定市第五医院隔离病房护士长
宋子正　河北职工医学院附属医院 ICU 病房医生

吴艳萍(女) 河北张家口市第一医院外三科护士
景海斌 河北建筑工程学院数理系教师
米 乐 河北张家口市公安局巡警防暴支队干警
侯 鹏 河北唐山市公安局治安行动队队长
周 堃 河北唐山市高新技术开发区城管监察中队分队长
胡博理 河北日报报业集团政科教新闻采编中心记者
张 丽(女) 河北省胸科医院外科护士
高晓芳(女) 河北抚宁县人民医院传染病科护士
周振国 河北冀州市公安交通警察大队交通协管员
张国民 河北承德医学院附属医院传染科医生
刘 红(女) 河北邯郸市传染病医院护士
何玉霞(女) 河北沧州市传染病医院护士
李 镇 河北廊坊市人民医院呼吸消化科医生
刘 玮(女) 山西太原市第四人民医院肺部疑难病科护士
阚 敏(女) 山西太原市第二人民医院急诊科护士
吕 皎(女) 山西大同市第五人民医院神经外科护士
周海林(女) 山西阳泉市第三人民医院呼吸结核科护士
张 瑞(女) 山西长治市沁县人民医院妇产科护士
王 丹(女) 山西晋城市人民医院 SARS 隔离区护士
马 涛 山西朔州市中心血站医师
徐珍梅(女) 山西忻州市人民医院护士
王 轩(女) 山西晋中市直机关团工委书记
郭润玲(女) 山西汾阳医院隔离病区护士
孙亚莉(女) 山西临汾市人民医院护士
史冬芳(女) 山西运城市传染病医院护师
杨艳变(女) 山西汾西机器厂职工医院医生
桑志宏 山西省疾病预防控制中心干部
任晋晖 山西电视台新闻中心记者
左佳林 山西青年报摄影记者
冯殿卿(女) 山西太原市卫生局卫生监督所干部
王艳芳(女) 内蒙古医学院第一附属医院护士
柳 鹏 内蒙古呼和浩特市卫生防疫站团总支组织委员
宁秀英(女) 内蒙古呼和浩特市第一医院医师
张 杰 内蒙古包头市卫生防疫站医师
张慧芳(女) 包钢医院呼吸内科护士
贺春霞(女) 包头医学院第一附属医院护士
李 宗(女,蒙古族) 内蒙古通辽市医院护士
李 慧(女) 内蒙古鄂尔多斯市东胜区富兴街道办事处干部
阿荣高娃(女,蒙古族) 内蒙古呼伦贝尔市医院内一科医师
张春影(女,回族) 内蒙古锡林浩特市医院护士
任舒丹(女,蒙古族) 内蒙古锡盟苏尼特右旗医院医师
陈 亮 内蒙古乌盟卓资县医院儿科主任
刘雯雯(女) 内蒙古临河铁路医院防治非典病区护士
王 艳(女) 内蒙古巴盟医院传染科护士
苏美玲(女) 呼和浩特铁路局包头铁路医院内一科护士
赵俊萍(女) 内蒙古医院儿科护士
赵青云(女) 内蒙古胸科医院外一科护士
张建阳 辽宁沈阳市公安局巡警支队抗非典应急突击队队员
宋 侠(女) 辽宁大连市第六人民医院临时病区护士
姬一兵 辽宁辽阳市疾病预防控制中心干部

王明涛　辽宁省第三人民医院精神科一科医师
阚封林　辽宁绥中县卫生防疫站职员
张兴媛(女)　吉林长春市传染病医院护士
于　彦(女)　吉林长春市公安局城市管理治安支队政秘科内勤
史东彬　吉林省人民医院放射科医师
蔡　郁(女,满族)　吉林大学第二医院护士
王丽影(女)　延边大学医学院附属医院护士
朱国涛(女)　黑龙江省医院南岗分院急救中心医生
任燕(女)　黑龙江省医院感染内科护士
赵珊珊(女)　黑龙江省第二医院药剂科中药士
贾维刚　黑龙江省中医研究院医生
夏靖夷(女)　黑龙江哈尔滨市胸科医院综合内科护士
窦文婷(女)　第二军医大学附属东方肝胆外科医院胆道二科护士
曹蓓蕾(女)　上海市传染病医院护士
丁　烨(女)　上海铁路分局上海站售票部售票员
顾盈华(女)　上海青年报社记者
吴　梁　上海医疗器械股份有限公司医疗设备厂技术开发研究室助理工程师
李　玲(女)　江苏南京市第二医院护师
赵云峰　江苏连云港市第一人民医院医生
纪庆霞(女)　江苏盱眙县人民医院护士
赵艳丽(女)　江苏徐州市铁路医院内一科护士
王　飞　华东船舶工业学院学生
邬丹娜(女)　浙江宁波市传染病医院护士
潘挺黎(女)　浙江温州市志愿服务中心干部
吴汝富　浙江台州仙居县田川谷商行总经理
颜丽辉(女)　浙江金华市中心医院护士
丁晓红(女)　浙江大学医学院附属第一医院重症监护室护士
陈尊元　安徽合肥市传染病医院住院医师
黄　莺(女)　安徽蚌埠市卫生局干部
黄　帅　安徽阜阳市第二人民医院住院医师
赵　明　安徽滁州市南谯区办事处干部
钱菊云(女)　安徽安庆市立医院护士
陈杨伟　福建福州市卫生防疫站医师
樊文丽(女)　福建厦门市第二医院海沧分院急诊科护士
程艺云(女)　福建泉州市第一医院护士
官惠卿(女)　福建三明市第一医院急诊内科护士
王　玲(女)　江西吉安市中心人民医院内四科护士
应淑媚(女)　江西南昌第九医院护士
杨兴华　江西抚州市卫生防疫站主管医师
钟　圆(女)　洪都集团南昌三三四医院护士
付　明　江西中医学院药学系学生
袁　良　团山东省委组织部干部
梁　艳(女)　山东济南长途汽车站总站检票处检票员
王春霞(女)　山东济南市传染病医院护士
邹　悦　山东青岛市胸科医院住院医师
左楠楠(女)　山东莱州市人民医院手术室护士
刘丽珍(女)　河南开封市传染病医院住院医师
郭晶晶(女)　河南洛阳市第一人民医院内科护士
姚　峰　河南新乡市传染病医院四病区副主任
秦　波　河南焦作市第三人民医院助理医师
岳永华(女)　河南沈丘县人民医院护士
刘　鲲　湖北省疾病预防控制中心传染病防治研究所医师
杨北方　湖北武汉市疾病预防控制中心医师
余秀梅(女)　湖北黄冈市中心医院干部
席立群(女)　中房集团襄樊房地产开发股份有限公司职员
马芳芳(女)　湖北十堰市保安服务总公司副

总经理

谢光临(女) 湖南临湘市人民医院急诊科护士

彭　静(女) 湖南益阳市第一中学学生

龙胜武(苗族) 湖南花垣县雅酉镇农业综合服务站职工

阳　艳(女) 湖南省人民医院护士

罗继红(女) 中南大学湘雅医院发热门诊护士

苏　华 南华大学附属第一医院医生

黄　晶(女) 广东省人民医院感染科医生

王　建(女) 广东省疾病预防控制中心医师

张吉凯 广东省疾病预防控制中心医师

罗　力 广东省卫生监督所卫生监督员

黄惜华(女) 广东省一七七医院非典专科护士

陈春果(女) 广东广州市红十字会医院护士

卢伟能 广东广州市儿童医院医师

吴宝花(女) 广东广州市胸科医院二内科 ICU 护士

高　阳(女) 广东广州市疾病预防控制中心干部

王春晓 广东广州市卫生监督所干部

伍　彪 广东广州越秀区疾病预防控制中心干部

陈庆良 广东广州黄埔区卫生防疫站医生

黄艳卿(女) 广东广州番禺区疾病预防控制中心干部

禹　弘(女) 广东深圳市东湖医院医师

陈振明 广东佛山南海区疾病预防控制中心干部

胡建峰 广东佛山顺德区第一人民医院外五科医师

黄　奕(女,瑶族) 广东韶关市粤北第二人民医院门诊部护士

张华苑(女) 广东惠州市中心人民医院护理师

吴玉玲(女) 广东中山市博爱医院急诊科护士

张春来 广东江门市中心医院呼吸内科医师

文美贞(女) 广东江门市疾病预防控制中心干部

欧庆连(女) 广东肇庆市第一人民医院肿瘤科护士长

刘小丽(女) 中山大学第一附属医院内科护士

张翠荣(女) 中山大学第二附属医院妇产科护士

林国莉(女) 中山大学第三附属医院传染科护士

吴巧媚(女) 广东省中医院 ICU 护士

骆丽玲(女) 广东省中医院内三科护士

单妙航(女) 暨南大学附属第一医院感染科护士

刘伊娜(女) 广东医学院附属医院护士

叶健莺(女) 广州医学院第一附属医院呼吸疾病研究所重症监护中心护士

尚　薇(女) 广州医学院第二附属医院门诊部护士

高汉华 广东医学院临床医学一系学生

陈佩娟(女) 广州军区南方医院急诊科护士

钱　秀(女) 广州军区南方医院惠侨科护士

韦巧灵(女) 广西医科大学第一附属医院神经内科护士

梁　艺 广西南宁市第二人民医院医师

谢文昆(壮族) 广西崇左县人民医院外二科医师

陈雄娟(女) 广西贵港市人民医院传染科护士

钟健群(女) 广西岑溪市人民医院内二科护士

欧阳瑜(女) 解放军一八七医院烧伤整形科护师

张苏民(女) 海南日报社记者

徐华丽(女) 海南省汽车运输总公司西环客运分公司防非典应急消毒组组

长
方小丽(女)　海南省人民医院医师
梁丽花(女)　海南省农垦总局医院护士
周晶晶(女)　重庆市第一人民医院急诊科护士
李　洁(女)　重庆市涪陵中心医院感染科护士
银　涛(女)　重庆市疾病预防控制中心消毒杀虫科防疫人员
严　伟(女)　重庆市汽车运输集团有限责任公司汽车北站售票员
任　皓　重庆市公安局治安总队秘书科指挥室民警
魏　来(女)　四川乐山市疾病预防控制中心公共卫生医师
吴志明　四川兴文县人民医院晏阳分院医生
李　嵘　四川眉山市第二人民医院内科医生
张克梅(女)　四川移动通信有限责任公司资阳分公司数据部综合主管
赵志刚　四川岳池县卫生防疫站干部
龙　江(苗族)　贵州都匀市人民医院内科医生
谢　阳　贵州省疾病预防控制中心信息中心疫情管理员
梁　军　武警贵州省总队一支队卫生员
邓　良　贵州大学学生
沈坤莉(女)　民航贵州省管理局医疗急救中心护士
杨　英(女)　云南曲靖市第一人民医院感染科护士
周　全　云南大全视光学眼镜有限公司总经理
李　娟(女,彝族)　昆明铁路局曲靖医院护士
雍华红　中国人民解放军78315部队卫生队卫生员
田　波(回族)　玉溪红塔烟草集团有限责任公司医生
张太文　西藏大学学生
刘栋华　西藏自治区人民医院内一科医生
顿珠多吉(藏族)　西藏自治区卫生防疫站医师
次　拉(女,藏族)　西藏自治区第二人民医院护士
田　萌(女)　陕西西安市公安局指挥中心警员
付　康(女)　陕西西安市结核病医院护士
瑞　燕(女)　西安交通大学第一医院传染科护士
杨　平　陕西宝鸡市公安局巡警支队机动大队警员
雍　明(女)　陕西省镇巴县人民医院护士
王玉明(女)　甘肃省疾病预防控制中心干部
窦方栋　甘肃兰州运输集团汽车西站稽查员
银万栋　甘肃张掖市防疫站地方病室干部
李怀珠　甘肃省交通厅柳古公路收费管理处干部
王世宏　甘肃陇西县卫生局干部
周　措(女,藏族)　青海海南州人民医院妇产科护士
解延芳(女)　青海海北州疾病预防控制保健中心护士
祁延菊(女,土族)　青海同仁县保安镇计生办计生干事
王　国　青海西宁市公交公司一分公司驾驶员
白　蕊(女,回族)　青海循化县交通局运管所稽查员
安春燕(女)　宁夏回族自治区人民医院儿科护士
任建华　宁夏银川市公安局防暴警察支队一大队民警
赵艳梅(女)　宁夏石嘴山市第一人民医院内三科护士
孙学东　宁夏盐池县地方病防治所干部
张润天(回族)　宁夏西吉县直机关干部
李　莉(女)　新疆医科大学第一附属医院心

血管病中心护理师

杨　怡(女)　新疆医科大学附属肿瘤医院门急诊护士

牛玉红(女)　新疆医科大学附属中医医院内分泌科护士

任　燕(女)　新疆维吾尔自治区人民医院儿科护士

马　超(回族)　新疆鄯善县人民医院医士

屈艳艳(女)　总参管理局第一门诊部护师

刁增兵　总政直工部管理处士官

张南南(女)　第一军医大学第一附属医院神经外科护士

吴　洁(女)　解放军总医院内科临床部呼吸内科护士

王　洁(女)　军事医学科学院附属医院肿瘤二科护士

董文娟(女)　解放军第三〇二医院感染二科护士

王　欢(女)　解放军第三〇六医院药剂科药师

郭晓亮　解放军第三〇六医院勤务连士官

刘振峰　解放军第三一三医院门诊部医士

唐宇星(女)　海军总医院海军航空潜水医学专科中心护师

石　玮(女)　空军总医院普通外科护士

罗　亮　解放军第四五八医院勤务排驾驶员

颜建好(土家族)　第二炮兵96606部队士官

姜　波　沈阳军区65429部队卫生队班长

刘传宝　沈阳军区65571部队医院医疗所卫生班班长

曹静玉(女)　解放军第二五二医院妇产科护士

卢翠敏(女)　北京军区总医院妇产科医生

李国栋　白求恩国际和平医院汽车队士官

韦　艳(女)　兰州军区兰州总医院干一科护士

李　红(女)　解放军第一四八医院心肾内科护士

倪晓娟(女)　解放军第一〇一医院神经外科护师

陈培昕　广州军区武汉总医院器材科技师

刘　英(女)　解放军第四二二医院妇产科护士

彭志敏　解放军第一五七医院勤务连战士

陈元浩　广州军区76172部队勤务汽车连炊事班长

普照强　成都军区78468部队驾驶排战士

王国毅　成都军区机关第一门诊部小儿科医生

姚龙海　军事科学院院务部警卫连二班班长

张庆丽(女)　国防大学第一门诊部医师

罗凌波　国防科学技术大学校务部医院医士

孟菁菁(女)　武警内蒙古总队医院内一科护士

王友三　武警山西省总队机关门诊部卫生员

梁春炎　武警广东省总队广州市支队卫生队卫生员

张婷婷(女)　武警医学院护理系学员

郭　娜(女)　哈尔滨铁路中心医院骨科护士

张红坤(女)　北京铁路分局中心医院手术室护士

刘　文(女)　济南铁路局客运分公司列车长

李　丽(女)　郑州铁路局襄樊客运分公司列车员

王　敏(女)　成都铁路局成都客运分公司列车长

王晓荣　兰州铁路局兰西铁路医院医师

李　蓓(女)　铁道部北京铁路总医院呼吸内科护士

李　晶(女)　民航总医院内科团支部书记

高　鹏(女)　首都机场集团公司综合保障部医疗急救中心旅检科临时团支部书记

乔　涛　中办机要局通信中心传送处科员

赵　磊　新华社对外部记者

华春玫(女)　中国国际广播电台老挝语组记

者
江　黎(女)　中央电视台新闻采访部《共同关注》栏目记者
钟晓光　中央人民广播电台音乐之声编辑、主持人
李　谨(女)　工人日报社记者
袁正兵　最高人民检察院《检察日报》记者
陈东升　教育部直属机关党委办公室干部
王仕涛　科技部农社司星火处干部
李　倩(女)　秦城监狱医院医师
张　航　财政部国库司预算执行处干部
徐　辉　中国城市规划设计研究院主力城市规划师
蔡　靓(女)　北京铁路总医院干部医疗科护士
胡　欣(女)　国家计算机网络与信息安全管理中心干部
张　涛　农业部农村合作经济经营管理总站干部
张　卉(女)　中国国际贸易中心国贸饭店职员
翟　京　中日友好医院后勤团总支书记
徐　佳　北京冶金医院医师
王　军　国家质检总局产品质量监督司综合处干部
赵　阳　中国药品生物制品检定所实习研究员
孙　伟(女)　首都大酒店餐饮部餐厅副主管
王　俊　北京华大基因研究中心主管
袁　娜(女)　中医研究院望京医院护士
李　然　中国再保险公司人力资源部职员
周　兴　中国出口信用保险公司短期业务承保部承保人
钟　昊　平安人寿北京分公司理赔部调查员
程　威　新华人寿保险公司北京分公司海淀支公司海天部高级经理
王　鹏(女)　泰康人寿保险公司办公室职员
王　巍　北京冶金医院放疗科技士
茹立超(女)　中国铁道建筑总公司总医院麻醉科护师
吴　瑞　中国建筑工程总公司一局建设发展公司北大科技项目经理部机电安装经理
王海鹏(蒙古族)　北京航天总医院医师
张建宇　中国医药集团总公司医疗器械工业公司财务部职员
许为锦　中国航天科工集团第三研究院七三一医院传染科医师

全国防治非典型肺炎工作优秀团干部

(147 名)

戎　明(女)　北京朝阳医院团委书记
曹为民　北京市二清环卫工程集团有限责任公司团委书记
刘荣利　北京市公交总公司巴士旅游分公司八队团支部书记
李小兵　团北京大兴区委书记
陈万涛(女)　北京水利医院团委书记
张　羽　北京市西城区丰盛医院团支部书记
邵　光　团北京崇文区委书记
白　杰　团北京宣武区委书记
程　军(女)　北京安贞医院团委书记
沈千帆　北京大学团委书记
魏　国　北京师范大学团委书记
姜泽廷　中国政法大学团委书记
朱凌云(女)　中央财经大学团委书记
冯　伟　北京中医药大学东直门医院团委副书记
吴彦胜　北京市宣武区教育工委团工委副书记
胡　琳(女)　天津市人民医院团委干部
孙艳玲(女)　天津市天和医院团支部书记
敖立功(蒙古族)　天津医科大学团委副书记
孙晓军(女)　天津医科大学第二医院团委副书记
陈　宁(女)　天津中医一附院赴传染病医院

医疗队甲二病区团支部书记

史秀红（女） 天津铁路中心医院团委书记

屈国栋 天津市蓟县下营医院内科团支部书记

唐　文 天津市河东区鲁山道街道办事处团委委员

宋拥军 河北石家庄乐仁堂医药股份有限公司团委书记

冯卫红（女） 河北石家庄市第五医院团总支书记

王雅茹（女） 河北保定市第三医院内科团支部书记

李　静（女） 河北保定市第二医院第三团支部组织委员

罗　义 河北建筑工程学院西校区临时团总支书记

刘海春 河北张家口市传染病医院传染病区团支部书记

刘燕鹰（女） 开滦医疗集团开滦医院 2001 届大学生团支部书记

崔向军 华北煤炭医学院团委书记

高　波 团山西太原市委书记

雷雪槟 山西太原市人民医院团委副书记

张冬明 团山西晋中市委书记

陈志强 团山西介休市委书记

冀孝如 山西省卫生厅直属机关团委书记

张　伟 山西临汾市卫生局团支部书记

原　弘（女） 太原师范学院团委书记

华　楠（女） 山西医科大学第二附属医院团委书记

郭春霞（女） 内蒙古呼和浩特市第二医院团总支书记

淡永霞（女） 内蒙古包头中心医院神经内科团支部书记

刘淑清（女） 内蒙古自治区医院团委书记

刘卫江 团内蒙古区委宣传部干部

李成广 团内蒙古区委办公室干部

刘　忠 内蒙古乌盟察右前旗防疫站团支部书记

王瑞云（女） 内蒙古巴盟卫生学校团委书记

张晓巍（女） 内蒙古呼和浩特市防疫站团总支书记

甄　辉 团辽宁沈阳市委统战部部长

刘佩海 团辽宁大连市委夏令营基地主任

于立群（女） 团吉林长春市宽城区委书记

王　驰 吉林省卫生厅卫生监督所团支部书记

金英姬（女，朝鲜族） 黑龙江省哈尔滨市朝鲜族第二中学团委书记

张雪枫（女） 民航黑龙江省管理局团委副书记

李江英（女） 上海市卫生局团委书记

王承栋 上海航空股份有限公司团委书记

林　云（女） 江苏南京市儿童医院内科团支部书记

张　翔（女） 江苏常州市第三人民医院感染一科团支部委员

沈民玉（女） 浙江杭州市第六人民医院 SARS 病区临时团支部委员

王　蕾（女） 团浙江嘉善县委书记

朱　刚 安徽巢湖市第二人民医院团委委员

许继荣 安徽大学团委书记

张绍华（女） 福建厦门中山医院呼吸内科团支部委员

吴艺阳 福建泉州市市直卫生系统团委书记

王小勇 团江西南昌市湾里区委书记

卢　凌 江西省疾病预防控制中心团总支书记

吴茂华 山东青年杂志社副社长

肖　伟 山东省卫生厅直属机关团委副书记

乔宪丽（女） 郑州大学医学院团委干事

朱志鹏 团河南确山县委书记

施真强 团湖北省委副书记

范晓岚（女） 团湖北宜昌市委书记

罗国艳（女） 湖南株洲市第一医院团委副书记

方　明　湖南湘潭市疾病控制中心团总支书记
唐航浩　团广东广州市委书记
袁宝成　团广东深圳市委书记
刘　珊(女)　团广东佛山市委书记
翟崇碧　团广东东莞市委书记
周惠红(女)　团广东江门市委副书记
林海武　团广东湛江市委书记
黄永华　团广东清远市委副书记
刘志军　广东外语外贸大学团委副书记
于红蕾(女)　广州军区南方医院团委副书记
方　艳(女)　广东省疾病预防控制中心团总支副书记
杨卫国　广东省一七七医院团委书记
吴少玲(女)　广州市胸科医院临二团支部书记
陈耀庭　中山大学第二附属医院介入科团支部书记
胡延滨　广东省中医院团委书记
卢俊勇　广州医学院第一附属医院内科团支部书记
陈永强　广西医科大学第一附属医院急诊科团支部书记
周杰良(女)　广西南宁市第四人民医院团总支书记
黄　海　海南海口市卫生防疫站团支部书记
孟卫红(女)　海南农垦三亚医院团委副书记
李仕康　重庆市胸科医院团总支书记
王　鹏　西南农业大学团委干部
张绍军　团四川省委青农部部长
张　彤　团四川成都市委书记
童　若(女)　贵州贵阳市肺科医院团委组织委员
罗秋鹏　贵阳铁路分局贵阳南站团委副书记
王太义　团云南昭通市委干部
阮　佳(傣族)　团云南景洪市委书记
刘　华(女,藏族)　西藏自治区人民医院急诊科团支部书记
王国玉　陕西西安市雁塔区卫生防疫站团支部宣传委员
赵广秀(女)　陕西省人民医院团支部书记
王力阳　陕西咸阳市第一人民医院团委书记
牛玉森　甘肃武威市人民医院团委副书记
徐瑛瑛(女)　甘肃定西地区医院团委书记
刁淑贤(女)　青海西宁市公安局防暴巡警支队团总支书记
严学军　宁夏中宁县医院团总支书记
王　军　团宁夏石嘴山市石嘴山区委干事
张雪纯(女)　新疆疾病预防控制中心附属传染病医院团委委员
孙　黎(女)　乌鲁木齐市第一人民医院临床团支部书记
李　儒　新疆哈密地区中心医院团委书记
殷晓伟　解放军第三一六医院内儿科团支部书记
宋进展　解放军第三〇四医院团委副书记
姜晓宇(女)　解放军第三〇九医院结核三病区团支部书记
王　彤　海军总医院团委委员
李金红(女)　解放军第四六六医院外二科团支部副书记
李宏亮　解放军第五三一医院团支部书记
陈　红(女)　沈阳军区总医院麻醉科护士长、团支部书记
罗兴志　北京军区联勤部政治部组织处青年干事
耿秀萍(女)　解放军第二七三医院传染科团支部书记
赵志钢　济南军区赴京医疗队团支部书记
邹耀祥　解放军第一七五医院团委委员
李艳春(女)　广州军区广州总医院呼吸内科团支部书记
裴小红(女)　成都军区总医院团委委员
赵志刚　武警总医院团委委员
王　锐　沈阳铁路局沈阳站团委书记
王志平　北京铁路局太原铁路分局团委副书

记

阳　军　广州铁路(集团)客运公司团委副书记

常树梅(女)　铁道部直属机关团委书记

吴克宇　中央电视台团委书记

李　鹏(回族)　中央人民广播电台团委书记

张　峰　中国日报社团委副书记

张树辉　中国青年政治学院团委书记

周　伟　国务院办公厅行政司团总支书记

郭　昕　外交部服务中心团支部文体委员

魏洪波　国家发展和改革委员会直属机关团委书记

孙浩荃　民政部救灾救济司团支部书记

王　涛　司法部燕城监狱团支部宣传委员

罗缚海　北京交通管理干部学院教工团总支组织委员

程晓红(女)　北京医院内科团总支副书记

贺　丹(女,土家族)　国家人口和计划生育委员会直属机关团委书记

郭建军　中央国家机关团工委组宣部负责人

王建丽(女)　中国人民保险公司锡林郭勒分公司团委书记

陈　刚　中国人寿保险公司广东省分公司团委副书记

柴玉欣(女)　中国石油天然气集团公司管道局总医院神经消化科团支部书记

王利飞　中国航空工业第一集团公司中心医院团总支书记

共青团精神文明建设“五个一工程”奖

第七届共青团精神文明建设“五个一工程”评选工作自2002年底开始启动,活动开展以来,各地团组织把实施“五个一工程”作为深入贯彻党的十六大精神,促进先进文化发展的重要举措,精心创作和组织了一批思想性和艺术性较高,贴近青年、贴近生活、贴近团队工作实际的文化作品和文化活动。全国40个省级团组织以及共青团中央有关部门、直属单位共申报作品和活动380项,其中图书96部(套),文章50篇,歌曲82首,电视剧(片)37部,广播剧3部,戏剧26部,电影1部,文化活动85项。参评作品和活动内容丰富,形式多样,具有鲜明的时代气息和青年特点,充分反映了当代青年的精神风貌和团队工作实际,对于丰富青少年的精神文化生活,促进青少年的健康成长,发挥了积极作用。

共青团中央精神文明建设“五个一工程”评选委员会对参评作品和活动进行了严格认真的评审。在初评环节中,约三分之一的作品和活动入围。终评分为两大块:文化活动与文化作品,其中文化活动提交各省级团委评审,最终通过投票的方式评选出入选“优秀文化活动奖”的活动项目。文化作品由来自中宣部和新闻出版、文化艺术战线的专家按作品类别分头评审,评出荣获“入选作品奖”的各类作品。最后经共青团中央书记处研究批准,团北京市委等12个单位荣获团的“五个一工程”组织工作奖,《青春的足迹——北京青年运动大事记》等24部图书,《黑龙江“十县百村”青年状况调查报告》等16篇文章,《拥抱五环》等18首歌曲,《幸存者》等8部电视剧(片),《少年英雄》1部电影,《马骏就义》等7部戏剧,《中华五千

年》1部广播剧荣获入选作品奖，“朝阳区青少年科学文化节”等24项文化活动荣获优秀文化活动奖。

2003年恰逢第九届全国“五个一工程”评选开评，团中央从团内“五个一工程”评选的获奖作品中选出部分作品参评，经过激烈的角逐，歌曲《兄弟姐妹》获优秀作品奖，歌曲《土娃子》、电视片《开国共产党人的亲情家事》、图书《中国科普名家名作——院士数学讲座专辑》获入选作品奖。为推动优秀文化作品的传播，从历届团的“五个一工程”获奖歌曲中精选出27首结集出版了《共青团“五个一工程”获奖歌曲精选》(CD)，分为少儿类和青年类，分别向中小学生和大中专学生推荐。首批CD以捐赠的形式送往西部贫困地区的青少年宫、青年中心，受到了广泛欢迎。

第七届共青团精神文明建设“五个一工程”获奖名单

组织工作奖

共青团北京市委　共青团广东省委
共青团上海市委　中央国家机关团工委
共青团山东省委　军委总政组织部
共青团浙江省委　中国少年儿童出版社
共青团安徽省委　中国青年出版社
中国青少年研究中心　中国青年政治学院

入选作品奖

图书

1. 青春的足迹——北京青年运动大事记　共青团北京市委
2. 精神的绿地　共青团河北省委
3. 社会组织与当代青年　共青团上海市委
4. 江苏省青少年生存发展状况蓝皮书　共青团江苏省委
5. 跨入新世纪的浙江青年　共青团浙江省委
6. 青苹果　共青团福建省委
7. 中国科幻文学创作丛书　共青团安徽省委
8. 青年道德读本　共青团安徽省委
9. 绝顶　共青团山东省委
10. 高举团旗唱大风　共青团广东省委
11. 青少年禁毒教育画册　共青团海南省委
12. 团委书记　全国铁道团委
13. “三个代表”青年读本　中央国家机关团工委
14. 青年塑造未来　中央国家机关团工委
15. 与青年谈人生·与青年谈成长　军委总政组织部
16. 长城世纪星　军委总政组织部
17. 保护母亲河行动教育丛书　共青团中央青农部
18. 我是谁？我到底要什么？——信仰，青年人安身立命之本　中国青年政治学院
19. 志愿行动在中国：中国青年志愿者行动研究　中国青少年研究中心
20. 教育的秘诀是真爱　中国青少年研究中心
21. 中国科普名家名作——院士数学讲座专辑　中国少年儿童出版社
22. 百科小史博览丛书　中国少年儿童出版社
23. 梅兰芳全传　中国青年出版社
24. 人类文明的演进　中国青年出版社

文章

1. 黑龙江“十县百村”青年状况调查报告　共青团黑龙江省委
2. 巩固党执政的青年群众基础　共青团上海市委
3. 青年政策制定的科学性与有效性　共青团浙江省委
4. 农村青年进城障碍之分析　共青团江西省委
5. 关于基层团组织建设的调研报告　共青团山东省委
6. 开设“三校”使团队工作一体化　共青团新疆区委
7. 论网络时代青少年创新素质培养　军委总政组织部
8. 中国青少年流行文化的现状、成因与对策

共青团中央宣传部

9. 中国青少年网络结社研究　共青团中央宣传部
10. 体制外生存:非国有企业青年报告　中国青少年研究中心
11. 任弼时与青年团工作研究述评　中国青少年研究中心
12. 解读新白领　中国青少年研究中心
13. 爱国教育在国外　中国青年政治学院
14. 中国青年政策执行过程的初步研究　中国青年政治学院
15. 伟大的八十年与伟大的复兴　中国青年报
16. 论"三个代表"与中国青年　中国青年报

歌曲

1. 拥抱五环　共青团河北省委
2. 渔家的孩子　共青团浙江省委
3. 幸福花园　共青团江苏省委
4. 团旗扬起的地方　共青团江西省委
5. 我送爸爸去西部　共青团山东省委
6. 15岁的花季　共青团福建省委
7. 流水你别急　共青团湖南省委
8. 快乐校园　共青团广东省委
9. 永恒的承诺　共青团广东省委
10. 世界是一家　共青团广西区委
11. 有家的感觉真好　共青团青海省委
12. 高原红　共青团四川省委
13. 青春你我　共青团重庆市委
14. 我们是青年文明号　全国铁道团委
15. 永远的雷锋　军委总政组织部
16. 高举旗帜跟党走　军委总政组织部
17. 古丽　军委总政组织部
18. 土娃子　共青团中央少年部

电视剧(片)

1. 幸存者　共青团北京市委
2. 诺贝尔自然科学奖百年百星　共青团北京市委
3. 永远跟党走——青春耀浦江　共青团上海市委中国青年政治学院
4. 我跟你说——少年犯的自白　共青团浙江省委
5. 西部娃的渴望　共青团福建省委
6. 永不褪色的记录　军委总政组织部
7. 人与自然——首届"母亲河奖"颁奖典礼特别节目　共青团中央青农部
8. 开国共产党人的亲情家事　中华儿女杂志社

电影

1. 少年英雄　共青团中央网络影视中心

戏剧

1. 马骏就义　共青团北京市委
2. 风雨蓓蕾　共青团河北省委
3. 蓓蕾欢歌　共青团安徽省委
4. 我长大了　共青团湖北省委
5. 青春礼赞　共青团广东省委
6. 扎西德杰　共青团甘肃省委
7. 让你离不成　军委总政组织部

广播剧

1. 中华五千年　中国少年儿童出版社

优秀文化活动奖

1. 朝阳区青少年科学文化节　北京市朝阳区团委
2. "小海归"寻根文化系列培训　北京市青年宫
3. "体验社区数字生活"社区青少年文化综艺大舞台活动　共青团牡丹江市委
4. 长春小记者,西部去会师　共青团长春市委
5. "大红鹰杯"全国乡村青年大力士擂台赛　共青团温岭市委
6. 纪念建团80周年歌咏大会　共青团合肥市委
7. "我与汽车城同行"嘉定区青少年技能大赛　上海市嘉定区团委
8. "回顾光辉历程,高奏盛世凯歌"之"重温那份永恒"　共青团泰安市委
9. "青春风采"主持人大赛　江汉油田团委
10. 永远跟党走——惠州青少年万人同唱一首

歌集会　共青团惠州市委

11. 中越边境青年友好交流活动　共青团南宁市委

12. 珠峰下的集体婚礼　新疆青年杂志社　团新疆区委婚庆指导与服务中心

13. 西迁之路“兰天情”大学生自行车寻访活动　西北师范大学团委

14. 大众广场土家族摆手舞　重庆市黔江区团委

15. 小记者采访活动　春城晚报等

16. 世纪广场天天舞会　共青团资阳市委

17. 军营操场文化　广州军区政治部宣传部

18. 新世纪·新青年·新网络主题论坛　中国外文局团委等

19. “东方之光”大型诗歌演唱会　中国作家协会团委、中央电视台等

20. 纪念建团80周年部长寄语团员青年活动　中央国家机关各部门团委

21. 青年学者重走长征路　中国社科院青年人文社会科学研究中心中国社科院团委

22. 中国青少年美育绘画工程　中国青少年发展服务中心

23. 永远跟党走——纪念中国共产主义青年团成立80周年晚会　中央电视台等

24. 全国青少年“中华美德”读书教育活动　中国青年出版社

五四新闻奖

五四新闻奖是共青团中央、中华全国新闻工作者协会共同设立的授予宣传青年和共青团工作优秀新闻作品的年度最高奖，是经中宣部批准的常设国家级新闻奖。五四新闻奖评选宗旨是坚持正确的政治方向和舆论导向，突出时代特征，为促进青年成长、推动青年工作发展和繁荣新闻事业服务，同时不断提高科学性和权威性，发挥示范作用，推动青年工作宣传报道多出精品，多出人才。评选自1994年开始，迄今已连续评选9届。

五四新闻奖评选工作安排在每年的7月至11月，参评作品是上一年1月1日至12月31日期间公开发表的、报道青年和共青团工作（含青联、学联、少先队工作）的新闻作品，分为文字、图片、广播、电视四类。中央主要新闻单位、各省（区、市）主要新闻单位均可参评。评选经过初评、复评和定评。各中央主要新闻单位和各省（区、市）团委、记协进行初评后，将推荐作品报送至五四新闻奖全国评选委员会办公室，由评选委员会负责组织复评和定评工作，最后评出文字、图片、广播、电视类作品一、二、三等奖，分别颁发证书和奖金。同时对组织工作出色的参评单位进行表彰，颁发组织奖及奖金。

五四新闻奖全国评选委员会由中宣部、新闻出版总署、广电总局、新华社、人民日报、光明日报、经济日报、中央电视台、中央人民广播电台等单位的领导和专家组成。评选委员会办公室设在团中央宣传部，负责评选具体工作。五四新闻奖评选出了一大批主题深刻，极富思想性和艺术性，展示当代青年风采，反映共青团工作及其成果的优秀作品，对于加强青年题材的新闻报道，推动青年领域新闻报道出精品、出人才，促进青年和共青团工作发展，起到了积极作用。一是五四新闻奖评选出了一批具有代表性的优秀作品，集中反映党中央对

青年一代和青年工作的关怀重视，对祖国未来的殷切希望。这些作品令每一位青年工作者深感鼓舞，让每一位志在创造美好未来的青年心潮澎湃，成为教育、引导、激励青年和青年工作者的优秀教材。二是五四新闻奖获奖作品弘扬了时代主旋律，充分反映了广大青少年积极向上的时代风貌，为广大青年的健康成长和建功立业创造了良好的舆论氛围。历届五四新闻奖参评作品都热情报道富有时代精神的青年典型，真实反映青年生存状态，揭示青年问题。三是五四新闻奖的评选对共青团工作和青年工作的宣传报道起到了推动作用，为新世纪共青团工作和青年工作的开展提供了有力的舆论支持。五四新闻奖为新闻宣传战线和青年工作战线提供了一条联结的纽带，评选中涌现出了大量宣传报道各级共青团组织团结带领广大青年投身改革开放和社会主义现代化建设生动实践的优秀作品。四是五四新闻奖的评选促进了青年新闻工作者的成长进步，培养造就了一批钟情于青年领域新闻宣传的编辑记者。近年来，五四新闻奖在广大新闻工作者特别是青年新闻工作者中的影响越来越大，更多的青年新闻工作者参与到评选中来，参评作品数量逐年增加。

五四新闻奖的评选至今已经走过了9年的历程，逐步发展为一项具有较高质量、为社会各界所关注的新闻奖项。为展示历年来的评选成果，团中央宣传部、中国记协国内部获奖作品汇编成册，邀请国内新闻界知名专家对获奖作品进行点评，出版了《青春的行板——五四新闻奖获奖作品点评集》系列丛书三册。团中央、中国记协以后将进一步总结经验，努力探索，不断扩大五四新闻奖的评选规模，增设新的评选项目，推选出更多的反映青年精神风貌和共青团工作实践的优秀作品，更好地发挥其在促进青年健康成长和推动共青团工作发展中的作用。

第八届五四新闻奖（2001年度）获奖作品名单

文字类

作品名称	体裁	作　者	推荐单位	发表日期
一等奖（10件）				
中学生当了文坛的家？——关于中学生出书热的冷思考	评论	邬焕庆	新华社	9月14日
这片新绿如此迷人	通讯	胡　果	人民日报社	8月26日
失信的求职包装	通讯	原春琳 张灿灿	中国青年报社	3月28日
进城务工青年创业寻踪之一（系列）	述评	黄　勇 李菁莹	中国青年报社	8月7日—8月15日
“雪山牦牛”的传奇经历	通讯	赵丕聪 蔡汉银 刘明学 刘化迪	总政青年局	5月21日
我为什么次次如期归来？	评论	黄选军 傅永国 徐青云	解放军报社	10月18日

北大“状元”墙不见了	消息	韩少华	团北京市委	9月10日
孩子上网在干啥(连续报道)	述评	张虹红	团天津市委	8月24日—8月31日
从无序走向有序——江苏农村青年外出务工寻踪之一	通讯	沈峥嵘 周旭东	团江苏省委	12月26日
推动苏南经济发展的新生代——江苏农村青年外出务工寻踪之二	同上	同上	同上	2002年1月4日
回流桑梓的“创业群”—— 江苏农村青年外出务工寻踪之三	同上	同上	同上	2002年1月5日
两个40%让人喜——第八届“上海十大杰出青年”评选侧记	侧记	陈　瑜	团上海市委	9月19日

二等奖(12件)

让青春为党旗增辉——全国大学生“三个代表”实践活动掠影	述评	吕诺	新华社	9月14日
6000封信架起心灵之桥	特写	袁梦德	中国青年报社	4月26日
我们为什么不喝水	述评	于长坤	中国少年报社	4月11日
《王伟留给我们青年的人生启迪》系列评论	评论	张彦甫	总政青年局	5月29日、6月12日、7月12日、8月14日
中国空军锻造“知识英雄”	通讯	吴　谋 曾卫民 刘国江	总政青年局	5月7日
“学雷锋标兵”为啥要求撤掉“称号”	通讯	隗铁军 王庆君 胡　英	解放军报社	2月15日
感受程跃的育儿经	通讯	王丽文	团北京市委	4月6日
《夕阳工程1+1爱老助老青年志愿者大行动》系列报道	报道	刘冬梅 吴　彬 任　桐 周晓静	团天津市委	6月6日—7月9日
我们对党说:永远跟你走	报道	梅志清 张春生	团广东省委	4月23日
《杭州欲为志愿者立法》系列报道	报道	卢　凯 韩海芳	团浙江省委	12月5日、6日、7日、8日、10日、11日
把根扎在宁夏——记宁夏五四青年奖章获得者、宁夏医学院教授、硕士生导师徐方	报道	隋生秀 陈志国	团宁夏区委	12月12日
乌鲁木齐首次评选“建设第二故乡杰出(优秀)外来务工青年”系列报道	报道	丁建仁	团新疆区委	9月11日

三等奖(27件)

十名青年荣获“中国青年五四奖章”	消息	赵　颖	新华社	5月3日
“洋志愿者”的中国冲击波	述评	江　华	中国青年报社	6月16日
“洗”出新观念,抱回“大金娃”	通讯	王海洲 周欣宇	中国青年报社	11月29日
状告OK镜	述评	王　韧	中国少年报社	9月11日
青年志愿者为农村卫生改革开具“良方”	述评	张　峰	中国日报社	3月30日
青年志愿者:APEC青年节上的一道风景	通讯	张　立	检察日报社	7月20日
吴筱萍:为着最坚强的情感后盾	通讯	孙　丽	检察日报社	9月
一位老兵班长和一位“世纪新兵”的故事	通讯	赵丕聪 陈依文 陈太富	总政青年局	2月6日
我骄傲我是志愿者	通讯	张　颖	团北京市委	12月5日
走进基层 走进群众 走进青年——燕赵杰出青年志愿援助行动	通讯	张月霞 李洪峰 徐江卫 裴红川 张　冬	团河北省委	5月8日
青春之火在农村闪烁——“青年星火带头人”活动采访记	通讯	刘晓文	团辽宁省委	11月25日
在“体验”中成长	通讯	张弘韬 张利宇	团黑龙江省委	11月12日
爱拼才会赢	通讯	孟银凤	团山西省委	5月4日
痴心不改求学志	通讯	周俊山	团吉林省委	5月22日
他们期待更多的微笑	通讯	吴雅茗	团浙江省委	12月5日
八方爱心汇暖流	消息	朱首彦 曹多兵	团安徽省委	1月17日
“一分钱”基金	通讯	周祥波 晏亮保	团江西省委	3月10日
飘扬在人们心中的旗帜	报道	陈新民 余　凯	团湖北省委	3月21日
少年英雄壮举引发沉重话题:未成年人自护教育迫在眉睫	述评	唐卫彬 李鹏翔	团湖北省委	6月1日
邱波,你是否听见了父亲的深情呼唤?	通讯	陈国忠	团湖南省委	3月3日
青春铸忠魂	通讯	谭　柯	团重庆市委	7月26日

青少年健康上网——我市青少年“绿色上网”活动启动	消息	胡　健 江小舟	团四川省委	7月26日
“科技红娘”王永信	通讯	张　莉	团新疆区委	12月19日
在西部有这样一位被称为“爸老师”的青年	通讯	刘云川	团贵州省委	5月
体验教育:为素质教育带来生机	通讯	李海秀	光明日报社	10月31日
你了解孩子的“性问题”吗?	通讯	陈　瑜	团上海市委	12月29日
有烦恼,请打斯琴姐姐热线	特写	李凤莲	团内蒙古区委	6月1日

电视类

作品名称	**体裁**	**作　者**	**推荐单位**	**播出日期**
一等奖(7件)				
“骒马队长”尹祥美	人物报道	胥晓东等5人	中央电视台	5月23日
胡锦涛看望青年科技工作者和务工青年	消息	汪保国 胡　玮 林　键	中央电视台	5月4日
温州形成非公有制企业团的建设新模式	消息	刘京山	中央电视台	6月9日
青春无悔	专题	林　宇 陈厚增 王振辉 金　炼 卓贵春	团浙江省委	8月7日
春雨	专题	杨　华	团云南省委	4月23日
英雄的脚步	新闻评论	王雪莲 李原野	团内蒙古区委	6月25日
雪域情怀——到祖国最需要的地方去	专题	曹绪中	中央电视台	12月8日
二等奖(8件)				
新闻特写:再见,来自青岛的“志愿者”	消息	董冠群	团山东省委	6月13日
光荣岗位　神圣职责——中央国家机关“我自豪我是公务员”演讲比赛集粹	专题	组宣部	中央国家机关团工委	7月30日
青藏铁路建设青年突击队授旗仪式全国现场直播	专题	全国铁道团委 中央电视台社会新闻部	全国铁道团委	7月1日

我省非公有制经济组织团建工作取得了可喜成效	新闻	景 佳	团辽宁省委	12月3日
李怀财草莓:炕头上做起的国际贸易	新闻	刘 彦 黄学义 邓 伟	团吉林省委	5月3日
因为有爱	报道	朱力军 孙汀娟 曹东军 郑汉军	团湖北省委	12月15日
换童裙的日子	纪录片	章 勇	团四川省委	5月28日
实践成长	专题	刘 斌 郭晓珊 李永宝	团甘肃省委	8月

三等奖(13件)

吉大学子成为后勤改革当家人	新闻	曹会中 汤振锋	团吉林省委	4月28日
多亏子弟兵保住咱家园——东平湖区群众欢送抗洪子弟兵	消息	王 笑 蔡 林 刘 庆 李 楹 王振富	团山东省委	8月17日
北京青年志愿者在行动系列报道	报道	胡志萍 乔晓鹏 孙强华	团北京市委	12月4日、5日
本市四青年志愿者甘肃扶贫支教归来	消息	孙 涛 殷加宁	团天津市委	7月8日
蓬勃发展中的青年文明号	新闻	苏云丽 耿辉旺	团山西省委	5月11日
灿烂的季节	栏目 专题	高 巍 吕 进 姜 丽	团山西省委	5月7日、7月8日
红河书屋:孩子们的精神家园	报道	孟祥明	团黑龙江省委	5月4日
见闻:五四街头献血忙	报道	黄 棕 厉 军	团江苏省委	5月4日
新世纪新学期第一课	消息	余进开 吴 丹	团江西省委	2月6日
迟到的婚礼	新闻	张 勇 许继彬	团河南省委	12月30日

世纪畅想:将创业进行到底	报道	郑华平	团湖南省委	1月3日
播种希望的人	新闻专题	屈晓忠 董　鹏	团宁夏区委	8月2日、3日
追寻长河	专题	刘　岸 侯友权 葛鲁平	团新疆区委	12月20日

广播类

作品名称	体裁	作　者	推荐单位	播出日期
一等奖(2件)				
青春的纪念——新疆生产建设兵团三代人的青春故事	专题	温秋阳 姜海清	中央人民广播电台	11月10日、11日
浙江非公有制企业建团率达97%以上,团中央第一书记周强认为浙江经验为全国非公有制企业团建起了示范带头作用	新闻	沈在蓉	团浙江省委	6月12日
二等奖(3件)				
不是亲人,胜似亲人	专题	吴丽萍	团甘肃省委	5月4日
在西部的天空下	专题	姜海清 范　明	中央人民广播电台	11月25日
农家女的奥运情	专题	王剑辉 刘　婕	团河北省委	7月18日
三等奖(6件)				
情满人间——寻找光明的志愿者	专题	刘　蒙 徐　宁 许　伟 许　莉	团山东省委	8月18日
系列报道"共青团风采"	系列报道	范　屹	团天津市委	12月
五星级护士的故事	录音报道	刘　英 王　秋	团吉林省委	5月12日
农民身边的"城里大夫"——来自安徽省青年卫生志愿者扶贫接力行动的报道	新闻专题	李　莉 丁麟生	团安徽省委	3月30日
为"学雷锋"这块丰碑添光彩	新闻述评	梁　伟	团江西省委	3月5日
撑起宁南山区支教蓝天的开路人	录音通讯	朱爱华 温建军 郭秀芝	团宁夏区委	4月

图片类

作品名称	体裁	作者	推荐单位	发表日期
一等奖(2件)				
7.13之夜—我为北京狂	新闻照片	李建泉	中国青年报社	7月14日
党的女儿成长足迹	组照	葛昌秋	团河北省委	6月30日
二等奖(3件)				
搜索青春	组照	张东贺	总政青年局	10月27日
为生命义演	新闻照片	蒲永强	团山东省委	5月23日
超越生命极限—人大社会实践团在西藏高原上演青春舞曲	新闻组照	陈　柏	团北京市委	7月28日、8月
三等奖(6件)				
安塞人玩起西洋乐	新闻照片	陶　明	新华社	4月13日
开学第一天	新闻照片	张志刚	中国少年报社	9月5日
新军嫂上小岛	新闻组照	张海峰	总政青年局	2月10日
“世纪放歌”——江苏第三届大学生艺术节	新闻照片	吴　俊	团江苏省委	4月29日
商家:法律明文禁止未成年人饮酒,你知道吗?	新闻照片	傅　军	团安徽省委	5月25日
共架心桥	新闻照片	张京明	团湖南省委	5月28日
特别奖(2件)				
挑战杯特刊	特写	集体	中国青年报社	9月18日—9月24日
同一种信仰激动上海	特写	王唯铭 刘永钢	团上海市委	7月1日

组织奖

新华社
中央电视台
团广东省委
团安徽省委
团山东省委
团黑龙江省委
团浙江省委
团湖北省委
团上海市委
团江苏省委
团宁夏区委
总政组织部青年局

第九届五四新闻奖(2002 年度)获奖作品名单

文字类

作品名称	体裁	作　者	刊播单位
一等奖(12 件)			
青春,在西部大开发第一线闪光——中组部、团中央“博士服务团”工作综述	通讯	田雨	新华社
勇做实践“三个代表”的先锋——写在五四青年节到来之际(一组三篇)	通讯	李术峰 吕　诺 秦　杰 孙永斌 沈路涛	新华社
“青春万岁!”——党的三代领导核心关心青年和青年工作纪实	综述	胡　果	人民日报
不可阻挡的价值发现(上、下篇)	通讯	罗旭辉 刘　畅 从玉华 毛　浩	中国青年报
这一代:平等眼光看世界等四篇(在党的旗帜下成长·青年风貌篇系列)	系列报道	谢念	中国青年报
暴力游戏:今天你“杀”了几个人?	通讯	邱四维	中国青年
上地白领择偶难	通讯	李　罡	北京青年报
“助跑学子工程”系列报道	系列报道	卢　凯 程志勇 毛剑杰 俞连明 孙午飞	青年时报
我在大院里大喊“赶超摩托罗拉”	通讯	陈广腾 梅志清 张春生	南方日报
我渴望在青草地上走一走	通讯	梅志清 黄　沁 张春生 陈广腾	南方日报
陕西青年农民千里送巨款	系列报道	邢小俊	华商报
“青年鲁班”今安在——来自江南造船(集团)有限责任公司的调查报告	调查报告	陈　瑜	解放日报

二等奖(17 件)

永远跟党走	评论	林治波	人民日报
大中专学生暑期“三下乡”活动系列报道四篇	系列	江　华	中国青年报
	报道	罗旭辉	
		吴湘韩	
		朱丽亚	
		黄　勇	
南粤进城务工青年维权系列报道(1 – 7)	系列	李　勇	法制日报
	报道	游春亮	
在党的旗帜下与时俱进	通讯	李为民等	解放军报
青春是棵骆驼刺	专题	李海波	中国青年
龙芯故事	通讯	熊　璞	中国青年
探访学生官的业余生活	通讯	江伯友	解放军报
		王前生	
		唐守伦	
学士战士勇士	系列	虞章才	人民海军
	报道	王　鹏	
雪域放歌	通讯	李夕葭	人民铁道
		韩耀先	
		任碧江	
高等教育是否已走出“紧缺时代”	评论	张天蔚	北京青年报
全班 55% 考上清华北大并不是孙老师最看重的	消息	程　婕	北京青年报
唐山福利院最后一位地震孤儿成家了	通讯	葛昌秋	河北日报
充满想象的 9 岁小姑娘	通讯	尚慧辉	山西日报
		陈永刚	
临河籍打工仔侯军玺当上了珠海市团委副书记	消息	徐永生	北方新报
火鸟般的红丝带漫卷沈城	消息	李雨滢	辽宁经济日报
苍山如海	通讯	严岛影	江汉石油报
布宫脚下雏鹰展翅	通讯	陈永富	拉萨晚报

三等奖(22 件)

中国志愿服务组稿	通讯	房　宁	新华社
		易　凌	
		李延丽	
志愿服务:“赠人玫瑰,手有余香”	言论	刘文宁	工人日报
让孩子的心灵学会呼吸	言论	金　勇	中国妇女报
忠于职守的好警官——记第 12 届“中国十大杰出青年”刘小宁	专题	俞泳江	解放军报
		巫文通	
		杨光伟	

青年文明号扬帆新世纪	消息	张 颖	北京青年报
北京青年宫成了市民“充电器”	消息	周家望	北京晚报
希望小学苦盼电脑教师	通讯	商 越 王晓倩	辽沈晚报
庆祝建团80周年特刊	特写	李欢辰 卢 凯 庄小琴 韩淑芳 郭 涛	青年时报
青年才俊奋战重点工程	特写	金 涛 牛 韧	文汇报
狮城来的青年志愿者	通讯	刘 伟	黑龙江日报
“红领巾提案”提醒更多关爱	通讯	沈峥嵘	新华日报
“湿地使者”在行动	通讯	张 雪 彭兴庭	江西日报
播火中原	通讯	宋华茹	河南日报
壮乡团旗红艳艳	通讯	蓝俊义	广西日报
青春的足迹	通讯	李 鹏	重庆日报
给下岗青工一片蓝天	通讯	姚 奉 游 佳	四川日报
科技伴我“闯”新城	通讯	高玉洁 德庆白珍	西藏日报
航空报国终不悔——记“中国十大杰出青年”西安飞机设计研究所所长黄强	通讯	卓九成 李琼燕 雷 飙	陕西日报
科技星火在乡村播撒	通讯	汪小娟	陇南报
宁夏青年:与塞上共同提速	通讯	李文龙 龚万国	青年生活导报
好风凭借力 致富总争先——探访垦区青年科技致富带头人	通讯	启 明	准噶尔时报
誓言无声	通讯	王 遐 宋慧敏	兵团日报

电视类

作品名称	体裁	作 者	刊播单位
一等奖(7件)			
从亚马逊归来的生态学者——张树义	人物专题	徐文华 于志辉	中央电视台
当代青年“读书热”方兴未艾	消息	刘京山	中央电视台

我国首批海外青年志愿者在老挝开展志愿服务	消息	温天越 姚文利	中央电视台
开学当天送款入户，百名贫困大学生再获“学子阳光”助学款	消息	胡志萍 孙强华 乔晓鹏	北京电视台
12·14勇救落水儿童英雄群体追踪报道	系列报道	马瑞萍 王虎全 王　宇 宋塔娜 维　桐 解晓燕 王耀红 张醒宇 翟　超 班布尔等	内蒙古电视台
永远的奔腾（上、下）	专题	王泽坤 朱祥松	江苏教育电视台
选择特校无怨无悔	专题	葛红奇 次　珍	拉萨电视台
二等奖（9件）			
泸沽湖畔的北京老师	人物专题	周翼虎 禄焕宇	中央电视台
暑期生存体验	消息	谢　嵚	中央电视台
阿娇的故事	人物专题	胡冬云	中央电视台
数学王国里快乐的探索者	人物专题	刘　硕 关子牛	中国教育电视台
用爱心奏起生命的最强音	消息	景　佳 王雪冬	辽宁电视台
“你在他乡还好吗”徐州市农村务工青年回访活动系列报道	系列报道	邱　强 张子仪 许　波 李　萍 李　智 陈　浩	徐州电视台
点一盏希望的灯	专题	周　宓	长春电视台
希望工程黔中行见闻录	系列报道	王　瑞 蒋　炜	贵阳电视台

下乡	专题	韩仁国	浙江电视台
三等奖(13 件)			
学生村官乡下忙	专题	郭再杰 张建良 郝明全	河南电视台
维权之路	专题	郭保娅	西安电视台
相聚团旗下	系列报道	宋　炜 吕　文	河北电视台
我们是青年志愿者	新闻评论	段俊梅 王小波 刘凤林 朱建斌	山西电视台
"傻事"见精神——访十六大代表丁淑琴	人物专题	罗俐珍 饶晓刚 谢祥震	江西电视台
莘莘学子心向党	新闻评论	徐　畅 林嘉涛	青岛电视台
闪光的足迹	人物专题	李志宏 邓长海	湖北电视台
峡谷山童	专题	李　瀛 罗立新	云南电视台
创业——公平的机会	专题	唐志辉	中央电视台
受教育长才干做贡献	新闻评论	高　飞 王　健	中国教育电视台
重庆市希望工程十年回访系列报道	系列报道	韩　屹 陈　望 柯　雯	重庆电视台
新世纪·新青年	新闻评论	杨　华	云南电视台
更新知识提升素质上海青年应对挑战	消息	李姬芸 孙伯雄	上海电视台

广播类

作品名称	体裁	作　者	刊播单位
一等奖(3 件)			
青春在大漠中闪光	专题	谭淑惠 刘　芳	中央人民广播电台

以志愿者的名义(20集)	系列报道	温秋阳 范　明 陶　炜 姜海清 张小艳 耿晓梅 王志刚 刘源源 杨沼畔 郑　颖	中央人民广播电台
民营企业家林圣雄和100所希望小学	消息	肖丽林	中国国际广播电台
二等奖(5件)			
用青春的激情成就创业的梦想	专题	郭　森 范　明	中央人民广播电台
越来越多中国海外学人回国创业	消息	肖丽林	中国国际广播电台
世纪畅想青春放歌——十六大精神进校园	专题	社教部	山东人民广播电台
关注新北京人	专题	朱　秦	北京人民广播电台
情满田间——访凭祥市农村科技致富能手梁杰飞	专题	方瑞生 蒙　洁 黄洪初 陈　艳 潘呈光	广西人民广播电台
三等奖(8件)			
让"红烛"照亮社会	专题	姚雪飞 张若鹏	吉林人民广播电台 中国国际广播电台
打工,打出自己璀璨的天空	专题	赵文华	湖北人民广播电台
一心助残无怨无悔——访全省"五四"奖章获得者王梅	专题	金　亮	甘肃人民广播电台
我是天津的青年志愿者	专题	范　屹	天津人民广播电台
别让孩子沉迷网吧	消息	周　玉	江西人民广播电台
真情换民心	专题	刘　寅 李俊敏 韩　冰	河南人民广播电台
佛手·市场·钱利江(含评论)	通讯	马昌华 方加进 江　涛	云南人民广播电台
青春之歌——记西藏农牧学院志愿者服务队	通讯	罗　华	西藏人民广播电台

组织奖

新华社
中央电视台
总政组织部青年局
团黑龙江省委
团天津市委
团四川省委
团浙江省委
团山东省委
团河南省委
团广东省委
团西藏区委
团重庆市委

全国青年文明号

2002 年度全国青年文明号名单

公 安 系 统

一、继续认定的

北京市公安局指挥中心 110 报警服务台
北京市公安局交管局西城支队府右街南口岗
北京市公安消防总队四支队双榆树消防中队
北京市公安局东城分局交道口派出所
北京市公安局宣武分局牛街派出所
北京市公安局朝阳分局南磨坊派出所
天津市公安局河西分局土城派出所
天津市公安局东丽分局大毕庄派出所
天津市公安消防总队司令部"119"调度指挥中心
河北省保定市公安局交警支队车辆管理所
河北省霸州市公安交通警察大队
河北省冀中公安局巡警支队一大队
河北省唐山市公安局路南区分局巡警防暴大队
河北省公安厅高速公路交警总队一支队涿州大队
山西省临汾市公安局尧都分局交警大队四中队
山西省临汾市公安局尧都分局 110 报警服务台
山西省朔州市怀仁县公安局鹅毛口派出所
山西省孝义市公安局兑镇派出所
山西省太原市公安局交警支队一大队广场东岗
山西省太原市公安局巡警(防暴)支队特警大队
内蒙古自治区呼市公安局交警支队车辆管理所业务股
内蒙古自治区公安消防总队乌海市消防支队三中队
辽宁省公安消防总队锦州市消防支队北宁消防中队
辽宁省朝阳市喀左县局巡警大队
辽宁省抚顺市公安局望花分局朴屯派出所
黑龙江省双鸭山市公安局交警支队尖山大队
黑龙江省安达市公安局巡警大队
黑龙江省大庆市公安局指挥中心 110 调度科
黑龙江省佳木斯市公安局指挥中心 110 报警服务台
黑龙江省牡丹江市公安局交警支队驾管科
黑龙江省齐齐哈尔市公安局交警支队铁锋大队
黑龙江省哈尔滨市公安局交警支队南岗大队大厦岗组
上海市公安局 110 报警服务台
上海市公安局交巡警总队高架道路支队南北高架岗段
上海市公安消防总队第二支队天山消防中队

上海市公安局浦东分局交巡警支队东方明珠中队
上海市公安局静安分局交巡警支队二中队
上海市公安局宝山分局大场派出所
江苏省南京市公安局夫子庙派出所户籍室
江苏省徐州市公安局青年派出所
江苏省常州市公安局南大街派出所
江苏省常熟市公安局指挥中心 110 处警服务中队
江苏省扬州市公安局邗江分局刑警大队技术中队
江苏省镇江市公安局交巡警润州大队中山西路道口岗亭
江苏省通州市公安局交巡警大队兴仁中队
浙江省杭州市公安局江干区分局闸弄口派出所
浙江省台州市公安局路桥分局刑侦大队
浙江省舟山市公安局定海分局刑侦大队
浙江省公安厅高速公路交警支队杭州大队
浙江省宁波市公安局鄞州区分局姜山派出所
浙江省公安消防总队衢州市消防支队直属一中队
安徽省六安市公安局交警支队一大队一中队
安徽省巢湖市庐江县公安局巡警大队
安徽省马鞍山市公安局花山分局刑警大队
福建省福州市公安局东街派出所
福建省福州市公安局对湖派出所
福建省厦门市公安局交警支队开元大队公园岗
福建省漳州市公安局巡警支队直属大队
福建省石狮市公安局刑警大队
福建省晋江市公安局刑警大队
江西省赣州市公安局交警支队直属大队女警中队
江西省九江市公安局交警支队直属大队汽车站岗
山东省龙口市公安局交警大队车辆管理所
山东省济宁市公安局培训中心收款处
山东省博兴县公安局 110 指挥中心
河南省济源县公安交警五大队
湖北省鄂州市公安局鄂城区分局杨叶派出所
湖北省武汉市公安局江汉区分局民意街派出所
湖北省孝感市公安局交警支队直属一大队二中队
湖北省黄梅县公安局濯港派出所
湖北省咸宁市公安局咸安区分局贺胜桥派出所
湖南省长沙市公安局交警支队科研所团支部
湖南省怀化市公安局广场派出所
湖南省公安厅户政处人口信息科
湖南省公安消防总队平江县消防大队
湖南省常德市公安局城西派出所
湖南省衡阳市公安局治安(防暴)支队一大队暨 110 出警大队
湖南省临武县公安局刑侦大队
湖南省株洲市公安局巡警支队防暴大队
广东省广州市公安局东山分局华乐街派出所社区警务中队
广东省广州市公安局越秀分局刑警大队人民街中队
广东省深圳市公安局福田分局天安派出所
广东省汕头市公安局 110 报警服务台
广东省惠州市公安局交警支队高速公路一大队白云中队
广东省东莞市公安局城区分局特警队
广东省中市公安局出入境管理科
广东省湛江市公安局霞山分局解放派出所
广西壮族自治区南宁市公安局巡警支队 110 警务大队
广西壮族自治区桂林市公安局第一车辆管理所
广西壮族自治区钦州市公安局车辆管理所
广西壮族自治区平南县公安局燕湖派出所
海南省琼海市公安局潭门边防派出所
海南省公安消防总队海口市消防支队琼山消

防中队
重庆市公安局交通警察总队一支队临江门岗组
重庆市公安局水上警察总队朝门派出所
重庆市公安局石柱县南宾第一派出所
重庆市綦江县公安局110报警服务台
重庆市万州区公安局交警支队二大队
重庆市公安局渝中区分局大阳沟派出所
四川省成都市公安局北干道派出所
四川省成都市公安局青羊区分局巡警大队
四川省公安消防总队成都市消防支队五中队
四川省内江市公安局交警支队东兴区大队一中队
四川省三台县公安局巡警大队
四川省广汉市公安局巡警大队
四川省乐山市公安局交警支队直属大队张公桥中队
四川省彭山县公安局刑警大队
贵州省厅交通管理局直属支队贵遵三大队
贵州省凯里市公安局巡警大队
民航贵州省管理局公安局机场派出所
云南省昆明市公安局五华分局武成路派出所
云南省昆明市公安局交警支队六大队北站岗位
云南省武定县公安局刑警大队
云南省曲靖市公安局交警支队直属一大队南宁岗亭
西藏自治区拉萨市公安局八廓派出所
西藏自治区拉萨市公安局技术情报中心
甘肃省公安消防总队兰州市消防支队安宁消防中队
甘肃省金昌市公安局金川分局广州路派出所
甘肃省西峰市公安局巡警大队
青海省西宁市公安局防暴巡警支队三大队七中队
宁夏回族自治区银川市公安局交警支队兴庆区一大队严管街中队
新疆维吾尔自治区沙湾县公安局交警大队
新疆维吾尔自治区克拉玛依市公安局刑警大队
新疆生产建设兵团石河子市公安局交警支队城区大队
昆明铁路公安处乘警支队一大队
兰州铁路公安局110报警服务中心
重庆铁路公安处乘警支队京渝五组
南昌铁路公安局南昌站派出所
长江航运公安局宜昌分局客运站派出所
大连港公安局刑警支队大窖湾刑警中队
民航河南省局公安局郑州新郑机场候机楼派出所
民航黑龙江省局公安局哈尔滨机场候机楼派出所
江西省万载县公安局森林分局
江西省安福县公安局森林分局章庄派出所
四川省珙县公安局森林公安分局
四川省冕宁县公安局林业公安分局
公安部刑侦局爆炸恐怖案件侦查处
黑龙江省公安边防总队黑河边防支队红旗街（镇东）边防派出所
广东省公安边防总队第六支队十三中队
海南省公安边防总队琼海边防支队潭门边防派出所

二、新命名的

北京市公安局出入境管理处中国公民出入境管理处前台接待组
北京市公安局丰台分局西罗园派出所
天津市公安局和平分局防暴（巡警）支队
天津市公安局刑侦二支队青年突击队
天津市公安局交通管理局河东支队六纬路大队十一经路大岗组
天津市公安局大港分局板厂路派出所
河北省邯郸市公安局邯山区分局贸易东派出所
河北省衡水市景县公安局刘集中队
河北省保定市公安局公交治安分局站前派出所

河北省邢台市公安局公安交警支队一大队五中队
山西省阳泉市公安局巡警支队
内蒙古自治区包头市公安局东河区分局南门外大街派出所
内蒙古自治区赤峰市红山区公安分局巡逻防暴警察大队三中队
内蒙古自治区呼伦贝尔市海拉尔区巡警大队河东中队
内蒙古自治区兴安盟乌兰浩特市公安局爱国派出所
辽宁省沈阳市公安局铁西分局兴华派出所
辽宁省大连市公安局旅顺口分局民主桥派出所
辽宁省鞍山市公安局交通安全管理支队立山大队双山岗
辽宁省本溪市公安局交警支队溪湖大队
辽宁省营口经济技术开发区公安局月牙湾治安派出所
辽宁省葫芦岛市公安局龙港区分局西街派出所
辽宁省公安厅警卫局首长处
吉林省长春市公安局二道分局东盛路派出所
吉林省吉林市公安局巡警支队三大队
吉林省敦化市公安局巡警大队
吉林省四平市公安局铁西分局北沟街派出所
吉林省公安消防总队辽源市消防支队特勤中队
吉林省洮南市公安局兴隆派出所
吉林省白山市公安局巡警支队110机动大队
黑龙江省黑河市公安局交警支队驾管科
黑龙江省鹤岗市公安局工农分局治安大队
上海市公安局监管处第一收容教育所三中队
上海市公安局城市轨道分局徐家汇站派出所徐家汇站警务站
江苏省扬中市公安局城西派出所
江苏省宜兴市公安局洑东治安卡口
江苏省建湖县公安局沿河派出所
浙江省缙云县公安局交巡警大队新碧中队
浙江省嘉兴市公安局110报警服务台
安徽省蚌埠市公安局交警支队东区大队一中队
安徽省亳州市公安局北关派出所
安徽省宿州市泗县公安局交警大队大桥中队
安徽省安庆市公安局杨桥派出所
福建省三明市公安局列东派出所
江西省公安消防总队井冈山消防大队
江西省鹰潭市公安局巡警支队四大队
江西省公安厅交警总队直属支队二大队
江西省公安消防总队星子县消防大队
江西省南昌市公安局西湖分局筷子巷派出所
山东省章丘市公安局明水第一派出所
山东省青岛市公安局交警支队市南大队宁夏路中队
山东省淄博市公安局交警支队车辆管理所淄川分所
山东省枣庄市公安局山亭区分局刑警大队
山东省莒县公安局巡警大队
山东省公安消防总队菏泽市消防支队巨野县消防大队
山东省公安厅车辆管理所车管二科
河南省平顶山市公安交警支队执勤一大队平声岗中队
河南省周口市淮阳县公安局城内派出所
河南省濮阳市濮阳县公安局110特勤队
河南省洛阳市伊川县公安交警大队
河南省长葛市公安交通警察大队
河南省焦作市公安交警支队一大队百货岗楼
河南省安阳市公安局巡警支队防暴大队
河南省商丘市虞城县公安交警大队310中队
河南省开封市公安局强制戒毒所
湖北省黄石市公安局黄石港区分局刑侦大队三中队
湖北省襄樊市公安局交警支队指挥中心
湖北省天门市公安局马湾派出所
湖北省公安消防总队荆州市消防支队监利消

防大队
湖南省公安厅交警总队高支队常大队朝阳中队
广东省梅州市公安局110报警服务台
广东省江门市公安局出入境管理科
广西壮族自治区桂林市公安局治安巡逻警察支队六大队
广西壮族自治区贵港市公安局港北分局巡警大队
广西壮族自治区贺州市公安局交警支队特勤大队
海南省文昌市公安局交通警察大队
重庆市公安消防总队特勤大队第一中队
四川省泸州市公安局指挥中心
贵州省贵阳市公安局南明区分局遵义路治安派出所
贵州省遵义市公安局开发区分局刑侦大队一中队
云南省昭通市公安局刑侦支队
云南省公安消防总队昆明市消防支队世博园消防大队
云南省公安消防总队曲靖市消防支队特勤中队
陕西省宝鸡市公安局渭滨分局马营派出所
陕西省咸阳市公安局渭城分局正阳派出所
陕西省铜川市公安局印台分局城关派出所
陕西省渭南市公安局交警支队临渭大队前进路女子岗
陕西省西安市公安局交管支队特勤队
陕西省洛南县公安局巡警大队
甘肃省武山县公安局缉毒大队
甘肃省成县公安局110巡警大队
青海省西宁市城西公安分局胜利路派出所
青海省公安厅警卫局警卫队
宁夏回族自治区石嘴山市公安局防暴巡警支队二大队
宁夏回族自治区中卫县公安局交警大队
新疆维吾尔自治区阿克苏市公安局交巡警大队东城中队
新疆生产建设兵团农七师奎屯垦区公安局六十户派出所
新疆生产建设兵团农一师阿拉尔垦区公安局刑警大队
洛阳铁路公安处洛阳站派出所站勤二班
天津铁路公安处北戴河站派出所
怀化铁路公安处古丈站派出所
库尔勒铁路公安处喀什站派出所
上海铁路公安处巡警支队
铁路工程公安局第五公安处第三分处第三派出所
天津港公安局治安科管理组
民航江西省局公安局昌北机场候机楼派出所
河南省栾川县森林公安局
江西省崇仁县森林公安局许坊派出所
浙江省舟山市公安局普陀山分局森林派出所
拱北海关缉私局海上缉私处二中队
广州海关缉私局侦查一处一科
广州白云出入境边防检查站五队
河北省公安边防总队秦皇岛边防支队西河南边防派出所
内蒙古自治区满洲里边防检查站监护三中队
辽宁省公安边防总队大连市边防支队龙王庙边防派出所
吉林省公安边防总队延边边防支队新华边防派出所
黑龙江省公安边防总队绥芬河边防检查站监护中队
江苏省公安边防总队南通边防支队吕四港边防派出所
浙江省公安边防总队舟山边防支队罗家岙边防派出所
福建省公安边防总队福州机场边防检查站执勤业务一科
福建省公安边防总队宁德边防支队三都边防派出所
山东省公安边防总队青岛边防支队沙子口边

防派出所
湖北省公安边防总队武汉边防检查站执勤业务一科
广东省公安边防总队深圳经济特区检查站同乐分站五科
广东省公安边防总队珠海市边防支队下栅公安检查站
广西壮族自治区公安边防总队南宁地区边防支队峙浪边防派出所
重庆市公安边防总队执勤业务二科
四川省公安边防总队执勤业务三科
云南省公安边防总队临沧边防支队河底岗公安检查站
云南省公安边防总队德宏边防支队机动二中队
西藏自治区公安边防总队林芝边防支队岗嘎桥公安检查站
陕西省公安边防总队执勤业务二科
新疆维吾尔自治区公安边防总队伊犁边防支队霍尔果斯口岸边防派出所
新疆维吾尔自治区公安边防总队红其拉甫边防检查站监护中队

建设系统

一、继续认定的

北京燃气集团公司呼家楼液化气站
北京市自来水集团丰源公司业务部
北京市四清环卫工程集团四车队一班
北京地铁运营公司客运公司阜成门站
北京地铁运营公司车辆一公司古城运用车间A1轮乘班
北京地铁运营公司车辆二公司A01轮乘组
北京市公交总公司电车客运分公司108路85832车组
北京市公交总公司保修三厂三车间保一组
北京市公交总公司电车客运分公司103路858703车组
北京市公交总公司第六客运分公司374路车队
北京市公交总公司第六客运分公司1路67046车组
北京市公交总公司第四客运分公司47702车组
北京市公交总公司第三客运分公司44路(小环)37037车组
北京市公交总公司第三客运分公司323路34128车组
北京市公交总公司第一客运分公司21路12492车组
北京市公交总公司第一客运分公司13路12309车组
北京首佳物业管理有限公司青年管理集体
北京城建集团玉泉路粮油市场
天津市燃气集团有限公司第二销售分公司河北营业所京津服务站
天津市花卉管理处宜兴阜花圃工程组
天津市住房资金管理中心资金部
天津三建陈印桥青年突击队
天津公交集团一公司5路1-9083车组(原1-0252车组)
天津公交集团二公司96路0707车组(原5707车组)
天津公交集团二公司40路车队
天津公交集团三公司8路3-1323车组(原9301车组)
天津公交集团四公司7路4-0604车组
天津市公路局养路费征稽处
天津建工集团二建罗马花园工程青年突击队
天津市一市政青年路桥有限公司
天津市红桥区环卫局五四青年路岗组
河北省石家庄市公交总公司6路230车组
河北省石家庄市公交总公司1路
河北省保定市公交总公司2156车组
河北省保定市公交总公司一路线
河北省秦皇岛市公交总公司368号车组
河北省唐山市新华道机械化清扫保洁队(原清

扫保洁一条街)
河北省唐山市公交总公司5路176车组(原044车组)
河北省邯郸市公共交通总公司6046车组(原3046车组)
河北省邯郸市热力公司铁西分公司(原热交换站)
河北省承德市公交总公司5路516车组
河北省建设勘察研究院岩土工程处
山西省太原市自来水公司兰村水厂运行二组
山西省太原市公交总公司1路
山西省大同市公共交通有限责任公司一公司203号车组
山西省大同市公共交通有限责任公司三公司387号车组
山西省大同市公共交通有限责任公司四公司427号车组
山西省大同市公共交通有限责任公司四公司512号车组
山西省长治市煤气化总公司营业所
山西省长治市煤气化总公司供气调度中心
山西省建筑设计研究院综合设计一所
山西省勘察设计研究院岩土工程处
内蒙古自治区呼和浩特市公交二公司1路56号车组
内蒙古自治区呼和浩特市公交三公司3路74号车组
内蒙古自治区包头市公交四公司11路4-109号车组
内蒙古自治区乌海公共交通公司5-36号车组
内蒙古自治区呼和浩特市房地产产权市场管理处
内蒙古自治区包头市燃气总公司营业所
内蒙古自治区包头市热力总公司供热二公司机动抢修队
内蒙古自治区赤峰市富龙热力股份有限公司红山供热所
辽宁省沈阳市客运集团南塔公共汽车分公司214路
辽宁省沈阳燃气股份有限公司和平营业分公司营业部(原沈阳市煤气总公司和平营业分公司维修服务部)
辽宁省大连市第二公共汽车公司19路2940车组
辽宁省鞍山市煤气总公司湖南管修所
辽宁省抚顺市公共汽车总公司2路8891号车组
辽宁省本溪市公共交通总公司兴安车厂7路
辽宁省营口市公交总公司2005号车组(原251号车组)
辽宁省锦州市公交总公司第三车队3415号包车组
吉林省辽源市公交公司999包车组
吉林省长春水务集团绿园供水处服务二公司青年服务队(原长春市自来水公司绿园供水处青年便民服务队)
吉林省四平市安居解困益民物业管理站
黑龙江省哈尔滨市公共汽车总公司一公司二车队
黑龙江省哈尔滨市公共电车总公司110车队2246车组(原2070号包车组)
黑龙江省哈尔滨市公共电车总公司105车队
黑龙江省大庆市石油管理局公共汽车公司东风分公司二车队592车组
黑龙江省大庆市石油管理局公共汽车公司乘风分公司十车队3606车组
黑龙江省哈尔滨市房地局直属机关房产经营分公司
黑龙江省哈尔滨房产经营(集团)有限公司道外房产经营公司第三分公司滨江房管站
黑龙江省哈尔滨市房产信托经营公司王兆热电厂共青团包烧号
黑龙江省哈尔滨市房地产交易中心
上海申新巴士公共交通有限公司49路SWK-10号车组(原上海市申新巴士有限公司49

路HP1－54号车组）

上海巴士一汽公共交通有限公司70路PK－41号车组（原上海市第一汽车公司70路PK－34号车组）

上海巴士四汽公共交通有限公司42路－FC136号车组（原上海市公交公司72路－K266号车组）

上海五汽冠忠公共交通有限公司46路－AYH6266号车组（原上海市第五汽车公司46路PC－362号车组）

上海巴士电车集团股份有限公司一分公司37路L－26号车组（原上海市一电公交公司37路－PK01号车组）

上海浦东大众公共交通有限公司980路（原上海市浦东大众公共交通有限责任公司980路）

上海浦南大众公共交通有限公司石化一线P2－181号车组（原上海市金山公交公司一车队石化一线P1－149号车组）

上海宝山巴士公共交通有限公司728路－KJ31号车组（原上海市宝山公交公司53路－KP17号车组）

上海强生集团有限公司静安公司沪A－M1545号车组（原上海市浦东强生出租汽车股份有限公司沪A－M1545号车）

上海强生集团有限公司浦西公司沪B－W9581号车组（原上海市浦东强生出租汽车股份有限公司沪B－N0992号车）

上海市第一建筑有限公司金茂工程管理部（原上海市一建金茂工程管理部）

上海四平物业管理有限公司青年管理站（原上海卫百辛集团控江物业管理公司青年管养段）

上海市合流污水管理所彭越浦泵站（原上海市排水公司合流污水管理所彭越浦泵站）

上海市新长宁房产销售有限公司销售部

上海市第四建筑有限公司青少年校外活动营地青年项目管理部

上海市环境监测中心现场监测室

上海市黄浦区城市规划设计室

江苏省南京市公交总公司25053车组

江苏省南京市客运交通管理处票证科

江苏省南京市公共交通总公司9路线

江苏省镇江市公共交通总公司W6113车组（原1003车组）

江苏省镇江市自来水公司金西水厂中控室

江苏省苏州市公共交通总公司1619车组

江苏省常州市公共交通总公司1036车组

江苏省徐州市公共交通总公司286车组

江苏省无锡市鼋头渚公园管理处游船服务部神仙号游船

江苏省南京中北（集团）股份有限公司公交3路线

江苏省无锡市自来水公司营业所

江苏省徐州市公共交通集团11路线

江苏省徐州市房产管理局产权监理处评估科

江苏省江都市建设工程总公司田晓明项目部

浙江省金华市公共交通总公司8路线

浙江省杭州市自来水总公司室内供水设施维修中心

浙江省杭州市公共交通总公司K16路线

浙江省杭州市公共交通总公司38路2－1131号车组

浙江省金华市公共交通总公司8路1－003号车组

浙江省宁波市公共交通总公司15路37009号车组

浙江省衢州市公共交通总公司1路228号车组

浙江省遂昌县环境卫生管理所

浙江省温州建设集团公司第二项目部

浙江省第五建筑工程公司缙云客运大楼项目部

安徽省马鞍山市公交总公司1277号车组

安徽省芜湖市供水总公司杨家门水厂生产技术处

安徽省蚌埠市供水有限公司供水规划设计处
安徽省合肥市公交总公司四车队 T369 车组
安徽省合肥市公交总公司三车队 D816 车组
安徽省合肥市燃气总公司管道公司维修所
安徽省蚌埠市公交总公司 2002 车组
安徽省蚌埠市燃气公司中荣街营业所
安徽省阜阳市公交总公司四分公司 13 路 118 号车组
安徽省滁州市公交公司 048 号车组
福建省福州市公交总公司营大公司 8 路 109 车组
福建省福州市公交总公司集资公司亚细亚 265 车组
福建省福州市煤气公司管线所抢修班
福建省厦门市公交总公司 12 路 1755 车组（原 1465 车组）
福建省厦门市公交总公司 2 路 1733 车组（原 1415 车组）
福建省厦门市轮渡公司厦鼓 20 号船
福建省泉州市清源山风景名胜区管理处接待科
福建省南平市公交公司 050 车组
福建省三明市公交公司闽 GY－0333 号车组（原 114 车组）
江西省南昌市公交公司电车一队 12426 车组
江西省南昌市公交公司电车二队 17223 车组（原 11471 车组）
江西省南昌市煤气公司城北营业处
江西省赣州市公交公司 B－02921 车组（原 A1029 车组）
江西省赣州市自来水公司用水管理所
江西省赣州市环卫处文清路班
江西省鹰潭市燃气公司送气服务队
江西省景德镇市公交公司一分公司 H04966 车组（原 H03815 车组）
江西省新余市公共汽车公司 2 路线 990 号车组（原 944 号车组）
江西省铅山县房地产交易所
江西省庐山风景名胜区园门北山收费班
山东省济南市自来水公司“小白热线”服务中心
山东省济南市公交总公司恒通出租汽车公司鲁/T0633 出租车（原 T1851 出租车）
山东省潍坊市城市管理执法监察支队直属大队一中队（原奎文中队一分队）
山东省日照市环卫处保洁一队三班
山东省日照市公共汽车公司 3 路无人售票车组
山东省济南四建集团有限公司邢继宪项目部
山东天元建设集团北京工程公司青年突击队
河南省郑州市公交总公司 4 路 108 号车组
河南省洛阳市自来水公司涧东水厂临涧泵工班
河南省安阳市公交总公司 2 路 37 号车组
河南省安阳市公交总公司二路线
河南省安阳市供水总公司供水服务处
河南省安阳市天然气公司 110 服务热线
河南省新乡市公交总公司 1 路 83 号车组
河南省新乡市自来水公司营业所抄表一组
河南省开封市公共交通总公司四公司 13 路线
河南省开封市供水总公司女子抄表班
河南省平顶山市公交总公司 404 号车组
河南省平顶山市公交总公司 6 路线
河南省南阳市市政管理处女子疏浚班
河南省濮阳市公用事业服务热线
湖北省武汉市公共汽车总公司 66 路 227 号车组
湖北省武汉市轮渡公司轮渡 5 号船
湖北省武汉市水务集团有限公司供水公司江汉营业所抄表股
湖北省武汉市电车公司 4 路电车 36 号车组
湖北省武汉市出租汽车公司熊斌出租车
湖北省十堰市公共汽车总公司 20545 号车组
湖北省十堰市公共汽车总公司 10808 号车组
湖北省宜昌市市政维修管理处道路维修养护班

湖北省宜昌市公交总公司409号车组
湖北省宜昌市公交总公司335号车组
湖北省荆州市公交总公司18路线
湖北省黄石市城市公交集团有限公司615号车组（原黄石市城市公交集团公司710号车组）
湖北省襄樊市公交总公司三分公司32号车组
湖北省襄樊市公交总公司二分公司43号车组
湖北省武汉煤气（集团）公司武昌液化气分公司中北路煤气供应站
湖南省长沙市公共交通总公司12－106号车组
湖南省长沙市公共交通总公司12－50号车组
湖南省长沙市公共交通总公司2－19号车组
湖南省永州市芝山区自来水公司娘子岭水厂
湖南省益阳市公共交通总公司7－07号车组
湖南省常德市公交总公司1路
湖南省巴士股份株洲公交有限责任公司200号车组
湖南省岳阳市公共汽车总公司20路营运线
湖南省长沙市燃气总公司蓝焰维修服务队
湖南省长沙市巴士股份有限公司303－104号车组
湖南省长沙市房屋产权登记发证小组
湖南省湘潭市住房委员会办公室
广东省广州市第一公共汽车公司10路线792号车组
广东省广州市第二公共汽车公司509专线40485号车组
广东省广州市白云出租汽车集团有限公司粤A－A8081号车组
广东省广州市白云出租汽车集团有限公司粤A－A2433号车组
广东省广州市煤气公司红帽子志愿服务队
广东省珠海市公共汽车公司拱北分公司4路粤C05858号车组
广东省珠海市公共汽车公司三灶分公司201路粤C05940号车组（原C04725号车组）
广东省汕头市轮渡公司“金凤”轮
广东省汕头市自来水总公司新津水厂
广东省中山市公共汽车公司22路线
广东省佛山市供水总公司沙口水厂
广西壮族自治区南宁市白马公共交通有限责任公司N00012车组（原南宁市公交总公司6－669号车组）
广西壮族自治区玉林市公共汽车总公司16号车组
广西壮族自治区桂林市公共交通集团有限责任公司11路线桂C－06315车组（原桂林熊本友谊号）
广西壮族自治区桂林市公共交通集团有限责任公司10路线
广西壮族自治区桂林市公共交通集团有限责任公司624号车组
广西壮族自治区柳州市公共交通有限公司4－228号车组
广西壮族自治区柳州市公共交通有限公司19路线
广西壮族自治区梧州市公共汽车总公司二车队三路线2－220号车组
四川省内江市公共交通集团有限责任公司2－66号车组
四川省攀枝花市公交客运总公司共青团线路7路
四川省成都市公共交通总公司35126号车组（原36062号车组）
四川省成都市公共交通总公司37053号车组（原36080号车组）
四川省绵阳市公共汽车公司10路101车组
四川省泸州市公共交通总公司三分公司3301号车组
四川省宜宾市寓苑房地产开发有限公司工程部
重庆市渝北区园林绿化工程处
重庆市沙坪坝区城镇建设拆迁管理办公室
重庆万州天然气公司青年抢险突击队

云南省昆明市公共汽车总公司第一公司四车队4路线481号车组(原823号车组)
云南省昆明市公共汽车总公司第三公司十五车队68路线2299车组
云南省昆明市公共汽车总公司第四公司九车队9路线2085号车组(原116号车组)
陕西建筑二公司西安高新工程处经理部
甘肃省兰州市公交总公司三分公司3路3065号车组
甘肃省兰州市公交总公司一分公司1路1027号车组
甘肃省兰州市公交总公司二分公司31路2061号车组
甘肃省兰州市公交总公司五分公司4路5035号车组
甘肃第七建筑工程集团公司吴建华青年抹灰领包队
海南省海口市自来水公司中心化验室
海南省海口市城市排水监测站
海南省三亚市城建监察大队一大队
海南省琼山市房地产管理局
新疆维吾尔自治区乌鲁木齐市公交总公司第三分公司15-36车组(原3-36号车组)
新疆维吾尔自治区哈密市城建管理监察大队
新疆维吾尔自治区昌吉市公共交通有限责任公司1路线
新疆维吾尔自治区喀什市自来水公司团支部
新疆建工集团三建李全军青年项目部
新疆建工集团四建黄河分公司中天广场黎明青年项目部

二、新命名的

北京市公交总公司第二客运分公司19路
北京地铁运营公司车辆二公司检修车间调试班
北京城建北斗商厦有限责任公司收银组
北京北辰实业集团公司慧苑居住区管理处电工班
北京市公交总公司李素丽服务热线
北京市自来水集团第九水厂一分厂加药班
北京市地铁运营公司车辆一公司四惠运用车间B3轮乘班
天津市自来水集团有限公司供水服务网络中心
天津市市政工程总公司津晋高速公路项目经理部
天津市排水管理处信息中心
天津市建工集团总承包公司杨建国青年项目突击队
河北省秦皇岛市煤气总公司制气车间主控室
河北省唐山公共交通二公司2路429车组
河北省廊坊市城区环路桥收费处
河北省廊坊市园林局绿化管理处
河北第四建筑工程公司第二分公司
山西省太原市煤气公司(叶晋庆)燃气具维修服务中心
山西省太原市道路照明管理处
内蒙古自治区包头市城区改造办公室
内蒙古自治区呼和浩特市房地产产权市场管理处
内蒙古自治区呼和浩特市住房公积金管理中心区直分中心
辽宁省沈阳惠天热电股份有限公司陵西供暖所
辽宁省鞍山市城市建设管理监察支队
辽宁省铁岭市市政管理维修处
辽宁省鞍山市公共交通总公司共青团216路线
吉林省长春公交集团“长春号”包车组
吉林省吉林市路桥收费管理处
吉林省通化市公交公司3路182号包车组
吉林省吉林市公共交通总公司157号包车组
黑龙江省哈尔滨市房产局道里区安康分公司
黑龙江省齐齐哈尔市园林队生产一班
黑龙江省大庆市96440服务指挥中心
上海市自来水市南有限公司小郭热线青年班组

上海地铁运营有限公司地铁一号线上海火车站
上海市房地产交易中心受理科
上海燃气市北销售有限公司真如煤气储配站
上海野生动物园游园车队施燕班组
上海市市容环境卫生管理局水上管理处苏州河管理站一分站
上海市第八建筑有限公司模板青年仓库
江苏省南京中山陵园管理局孙中山纪念馆社教部
江苏省南京市煤气总公司输配分公司急修班
江苏省华建建设股份有限公司深圳袁帮权项目经理部
江苏省海门市建筑安装工程公司上海仁恒滨江园项目部
江苏省泰州市城市管理局监察支队一大队
江苏省盐城市房地产交易市场
江苏淮安市住房公积金管理中心公积金服务大厅
江苏仪征市自来水公司营业部
浙江省宁波市自来水总公司清泉热线
浙江省玉环县建设规划局为民服务窗口
安徽省合肥供水集团有限公司抢修中心青年服务队
安徽省芜湖市公交总公司24路381号车组
福建省厦门市轮渡公司鼓浪屿站务班
福建省厦门市城市综合执法局市政大队市政中队
福建省福州市公交总公司971路639车组
江西省赣州市市政工程管理养护处下水道女子班
江西省景德镇市房地产交易管理处
江西省萍乡市白蚁防治所
山东省城建设计院市政设计所
山东省济南市城肥清运管理二处青年突击队
山东省青岛市建委政务办理大厅
河南省许昌市供水总公司服务中心
河南省洛阳市公共交通总公司5路线
河南省信阳市房屋产权产籍监理处
河南省新乡市公共交通总公司9路线
河南省南阳市公共汽车公司18路线
湖北省宜都市建设工程报建交易管理中心
湖北省建筑工程质量监督检测站
湖北省鄂州市玉泉自来水有限责任公司
湖北省武汉市江汉区房产局"一条龙服务窗口"
湖南省长沙市自来水公司管道维修公司青年义务抢修组
湖南省株洲市房地产权属与市场管理处
湖南省耒阳市自来水公司营业所
湖南省益阳市市政工程管理处下水道疏浚"范建班"
广东省深圳市城市绿化管理处第四管理所
广东省汕头市龙湖土地房产交易管理所交易确认窗口
广东省惠州市自来水总公司江北水厂
广东省广州市市政设施收费处五丫口大桥收费站
广东省中山市公共汽车公司汽车修配厂大修理生产线
广西壮族自治区南宁市自来水公司陈村水厂技术服务岗
广西壮族自治区南宁市房屋产权交易中心登记管理科
广西壮族自治区柳州市公共交通有限公司2148号车组
广西壮族自治区梧州市自来水公司营业处
广西壮族自治区桂林市公共交通集团有限责任公司11路线桂C－06304车组
四川省成都市工业设备安装公司第九项目部
四川省成都市公用事业监察大队
四川省泸州市城市绿化管理处
重庆市路灯管理处工程队
重庆市沙坪公园榕湖宾馆
重庆市南山公园一棵树观景园管理科
重庆市万州总建水电安装突击队

甘肃省兰州市公交总公司四分公司三车队4132号车组
甘肃省建总公司六公司四分公司王润生抹灰青年突击队
新疆建工集团一建高层分公司李延江青年项目部
海南省海口市排水管理所
海南省文昌市自来水公司管道抢修、维修青年突击队

铁道系统

一、继续认定的

哈尔滨铁路局三棵树机务段DF4D－3094号机车组
哈尔滨铁路局南岔机务段DF4C－5300号机车组
哈尔滨铁路局塔河运输管理中心西罗奇站
哈尔滨铁路局伊图里河车辆段伊图里河列检乙班
哈尔滨铁路局牡丹江站运转车间四班二调
哈尔滨铁路局昂昂溪机务段DF4－1220号机车组
哈尔滨铁路局免渡河站青年调车组
哈尔滨客运段T17/18次第一乘务组
哈尔滨站客运车间软席班组
哈尔滨铁路局佳木斯车辆段K687/688次列车
哈尔滨铁路局牡丹江机务段DF8－0089号机车组
哈尔滨铁路局加格达奇医院林海卫生所
哈尔滨铁路局佳木斯机务段DF4－1710号机车组
哈尔滨铁路局牡丹江列车段K265/266次第五乘务组
哈尔滨车辆段哈南一场二班一组
沈阳铁路局大连客运段T227/228次第二、第三乘务组
沈阳北站客运一班第一候车室
沈阳铁路局叶柏寿车务段老锅站
沈阳铁路局大安北机务段DF4－9007号机车组
沈阳客运段K53/54次车队
沈阳铁路局本溪列车段4203/4204次第二乘务组
沈阳铁路局长春列车段T59/60次第二乘务组
沈阳铁路局吉林列车段K271/272次第五乘务组
沈阳铁路局图们列车段K675/676次第一乘务组
沈阳铁路局锦州机务段DF8B－0022号机车组
沈阳铁路局梅河口车务段兴隆河站
沈阳铁路局赤峰站运转车间二队一调
沈阳铁路局长春站售票中心预售班
沈阳铁路局大安北工务段三十三工区
沈阳机务段电力SS9－0054号机车包乘组
沈阳铁路局阜新车务段小东站
沈阳铁路局奈曼车务段三义井车站
北京铁路局丰台机务段DF8b－5066机车组
北京铁路局北京西站客运车间036候车室
北京铁路局天津机务段DF4d－0355机车组
北京铁路局秦皇岛南站运转车间乙班第一调车组
北京铁路局邢台车务段官庄站
北京铁路局石家庄客运分公司K521/524次车队
北京铁路局石家庄工务段探伤工区
北京铁路局太原分局榆次站行一车间乙班一调
北京铁路局太原客运段K701/702次4组
北京铁路局侯马车务段刘村站
北京铁路局太原北机务段8G－25号青年包乘组
北京铁路局侯马北机务段DF4－6413包乘组
北京铁路局湖东车辆段修制车间制动组
北京铁路局大同客运分公司包头车队第五包乘组
北京铁路局北京铁路工程公司王志雷青年突

击队

北京铁路局太原铁路建设集团有限公司王锋青年突击队

呼和浩特局客运公司 K263/264 次车队

呼和浩特站丙班三调

呼和浩特铁路局包头西机务段 DF4－4275 号机车组

呼和浩特铁路局集宁机务段 DF4－1415 号机车组

呼和浩特铁路局临河工务段杜家台养路工区

呼和浩特铁路局包头西车辆段包西列检到达丙班

呼和浩特铁路局二连站运转车间乙班宽轨一调

呼和浩特铁路局集宁车辆段南站列检所丁班

郑州铁路局西安站一楼东去候车室

郑州铁路局郑州客运分公司 K179/180 次列车

郑州铁路局洛阳机务段 6K－059 机车组

郑州铁路局信阳老场公寓

郑州铁路局西安东站二班四调

郑州铁路局荆门车务段桃子岭站

郑州铁路局紫阳工务段巴山指导区

郑州铁路局武汉客运分公司 T37/38 次列车

郑州铁路局武昌电务段乌龙泉信号维护工区

郑州站供水车间

郑州铁路局西安东车辆段新丰一场列检所红外线班组

郑州北站 YIS 系统室

郑州铁路局襄樊客运分公司 K49/50 次第二、第四乘务组

郑州局中心医院重症监护病房

郑州铁路局西安客运分公司 T41/42 次第三、第四乘务组

郑州铁路局洛阳北供电段阳城接触网工区

郑州铁路局江岸机务段 SS4－288 号机车组

郑州铁路局郑州机务段京武快速机车队

济南铁路局徐州客运分公司 2565/2566 次车队

济南机务段 DF11－0039 号机车组

济南铁路局徐州车务段桃山集站

济南铁路局烟台站客运车间

济南铁路局青岛客运分公司 2539/2540 次车队

济南站客运车间南方向候车室

济南铁路局徐州工务二段三张茂养路工区

济南铁路局青岛客运分公司 T25/26 次列车

济南铁路局徐州站客运车间北区候车室

济南铁路局大型机械化养路段大机一队 332 号机组

济南铁路局泰安车务段泰山站客运车间服务房

济南铁路局济南客运分公司 T35/6 次车次

上海列车段 T13/14 次车队

上海铁路局漳平机务段 SS3－4027 号机车组

上海铁路局宿州车务段十里堡站

上海铁路局南京列车段 T65/66 次车队

上海铁路局衢州车务段十里铺站

上海铁路局厦门电务段西洋信号工区

上海铁路局阜阳机务段检修车间第二包修队

上海铁路局杭州列车段 T31/32 次第一、第二乘务组

上海铁路局京九线王楼至阜阳南段

上海车辆段制动室

上海铁路局常州站贵宾软席候车室

上海站张庆恒服务台

上海铁路局杭州北车辆段艮山门到达场列检所二班

南昌铁路局鹰潭站熊云清售票窗口

南昌铁路局宜春车务段宣风站

南昌站客运三组

南昌铁路局新余车务段潭岗站

南昌铁路局上饶机务段 DF4－3918 号机车组

南昌铁路局新余工务段探伤二班

南昌站公安派出所客勤三组

南昌铁路局客运总公司 K167/168 次车队

南昌铁路局南昌客运公司 1453/4 次 1、2 乘务

组
广铁(集团)公司怀化车辆段到达场列检二班
广铁(集团)公司广州客运事业部 T15/16 次第二乘务组
广铁(集团)公司株洲电务段株北驼峰信号楼
广铁(集团)公司长沙客运事业部 T1/2 次第二乘务组
广铁(集团)公司广深客运事业部广九第二乘务组
广铁(集团)公司广州客运事业部 T29/30 次第三乘务组
广铁(集团)公司怀化车务段仁里冲站
广铁(集团)公司广梅汕动力事业部 DF4－7569 机车组
广铁(集团)公司广州北车辆段轮轴检修组
广铁(集团)公司株洲站软席贵宾室
广铁(集团)公司株洲水电站 110KV 变电站
柳州南站运转车间甲班三调
柳州车辆段柳南到达场列检所
柳州局客运公司 T5/6 次第二、第六乘务组
柳州局客运公司 K1379/1380 次第二、第六乘务组
柳州铁路局湛江车辆段段修车间青年台车组
柳州铁路局南宁站软席候车室
柳州铁路局南宁电务段黎塘一场信号工区
柳州铁路局百色供电段百色牵引变电所
柳州铁路局玉林工务段居仕养路工区
成都车站第四候车室
成都铁路局内江车务段汉王山站
成都铁路局六盘水机务段辅机组
成都铁路局成都分局客运服务公司 K113/114 次列车
成都铁路局重庆西机务段 SS1－235 号机车组
成都客运段 T7/8 次车队
成都机务段 DF7－5168 号机车组
成都铁路局重庆站区刑警大队
成都铁路局遵义机务段 SS3－0459 号机车组
成都铁路局重庆客运段 T9/10 次第四乘务组
成都东站营销中心策划部
昆明铁路局山腰站
昆明客运公司客运副班
昆明局客运公司 T61/62 次第三、第八乘务组
昆明铁路局广通机务段 SS3B－4388 号机车组包乘组
昆明公安处宜良北站派出所青年警组
昆明东站调车组四组二调
兰州铁路局中卫车务段中卫站乙班调车组
兰州铁路局格尔木车务段鱼水河站
兰州西机务段 SS3B－4225 号机车包乘组
兰州铁路局武威南机务段 SS3－6066 号机车包乘组
兰州铁路局石嘴山车辆段设备车间电工班
兰州客运段 T75/76 次第一、第二乘务组
兰州铁路局嘉峪关车辆段嘉峪关列检所丙班
兰州铁路局天水机务段 SS3－0585 号机车包乘组
兰州铁路局西宁机务段 DF4－1105 号机车包乘组
兰州铁路局迎水桥机务段 SS3B－4126 号机车包乘组
兰州铁路局武威南供电段安远变电所
兰州铁路局西宁车辆段哈尔盖列检车间戊班
乌鲁木齐铁路局哈密工务段红光养路工区
乌鲁木齐铁路局和静车务段上新光站
乌鲁木齐铁路局吐鲁番站运转车间二班一调
乌鲁木齐客运段 T53/54 次第八乘务组
乌鲁木齐铁路局奎屯车辆段阿拉山口列检所
乌鲁木齐铁路局哈密车辆段敦煌列检所
乌鲁木齐铁路局库尔勒客运段旅游车队
乌鲁木齐铁路局北疆公司阿拉山口换装作业所起重工班
乌鲁木齐铁路局哈密机务段检修车间包修一组
乌鲁木齐铁路局乌鲁木齐客运公司 T69/70 次第三乘务组
铁道第一勘察设计院地质路基处青年突击队

铁道第二勘察设计院桥隧处桥隧室
铁道第三勘察设计院线路处轻轨所
铁道第四勘察设计院轨道院武汉轻轨项目部
铁道通信信息有限责任公司内蒙古公司素齐机械室
铁道部专运处列车段三队列车三班

二、新命名的

哈尔滨铁路局齐齐哈尔客运分公司 T47/8 次第一乘务组
哈尔滨铁路局佳木斯车站软席青年班组
哈尔滨铁路局海拉尔客运分公司 1303/4 次第二乘务组
沈阳铁路局通化机务段 DF4C－4160 机车包乘组
沈阳铁路局图们车辆段鹿道列检所一班
沈阳铁路局大连北站运转三班第一调车组
北京铁路局北京客运分公司 T21/2 次车队
北京铁路局天津车务段军粮城站调车丁班
北京铁路局湖东电力机务段检修车间电子一组
呼和浩特铁路局呼和浩特客运公司 K89/90 次车队
呼和浩特铁路局呼和浩特机务段 7305 机车包乘组
郑州铁路局信阳车辆段上行列检所三班
郑州铁路局三门峡工务段阳店线路工区
郑州铁路局宝鸡车务段青石崖车站
济南铁路局潍坊车务段东站调车组
济南铁路局济南工程公司第二项目部青年突击队
上海铁路局上海机务段 DF11－1898 号机车包乘组
上海铁路局南京站软席候车室
南昌铁路局向塘机务段 DF4－9356 机车包乘组
南昌铁路局南昌铁路公安局萍乡刑侦队
广州铁路(集团)公司怀化客运事业部 K267/8 次第六乘务组
广州铁路(集团)公司广州机械保温车段第 95 列青年包乘组
柳州铁路局贵港车站运转丙班一调
柳州铁路局南宁医院内二科护理班组
成都铁路局峨眉车务段峨眉车站客运室
成都铁路局重庆西车站货运车间交付组
昆明铁路局开远机务段 073 号机车包乘组
昆明铁路局芷村工务段 416 工区
兰州铁路局石板沟车站
兰州铁路局嘉峪关机务段 DF11－0198 包乘组
乌鲁木齐铁路局奎屯机务段 9475 机车包乘组
乌鲁木齐铁路局乌铁工程集团铁诚分公司第三项目部
铁道第一勘察设计院桥隧处青年突击队
铁道第三勘察设计院建筑分院建筑设计三所
铁道第四勘察设计院桥梁处设计技术研究室
铁通沈阳分公司沈河营业厅
铁通株洲分公司钻石路营业厅
铁通辽宁丹东分公司丹东十一纬路营业厅
铁道部信息技术中心信息部

交 通 系 统

一、继续认定的

北京市车辆购置附加费征稽管理处
首都高速公路发展公司
北京市公路局京津塘高速公路管理处北京收费站
北京市车辆购置附加费征稽处征费二所
首都高速公路发展公司天竺收费站第五道、十道
天津市特种车修理厂检测站
天津市交通局二号院公路征费稽查站
天津市汽车运输六场一车队运行四班
河北石安高速公路邢台北收费站
河北省石家庄市运管处出租汽车管理大队
河北省交通规划设计院第一测设队
河北省怀来县交通局运输管理站
河北省保定市交通局易县收费站

河北省井陉西收费站
河北省高速公路管理局石家庄收费站
河北省公路工程局第四工程处三工区油面施工组
山西原太高速公路有限公司养护事业部
山西省太旧高速公路管理局阳泉管理处旧关收费站
山西省公路局晋中分局108线榆次东长寿至祁县东观“青年文明号”创建管理组
山西省太旧高速公路管理局晋中管理处武宿收费站
山西省柳林县交通征稽所
内蒙古包头市公路路政稽查大队四中队
内蒙古自治区乌海市通行费110国道三麻段征稽所
内蒙古自治区锡林浩特汽车站
辽宁省本溪市阿家岭收费站
辽宁省高速公路管理局本溪管理处
辽宁省阜新市公路管理段大巴沟道班
辽宁省路桥建设二公司二处测量班
辽宁省高速公路管理局沈阳管理所
辽宁省沈阳高等级公路建设总公司第一工程公司四队
辽宁省铁岭市运输总公司长途客运站站务二班
吉林省交通建设集团有限公司第三公司延图项目部
吉林省高速公路管理局四平收费站
吉林省长春公路客运北站
吉林省长春市公路客运中心站服务乙班
吉林省通化市运输公司客运总站
黑龙江省牡宁高等级公路管理中心牡丹江收费站
黑龙江省高等级公路管理局肇东处安达所
黑龙江省高等级公路管理局磨刀石所
黑龙江省交通征费稽查局哈尔滨一处南岗所
黑龙江省哈尔滨市公路客运总站南岗客运站站务班
黑龙江省高等级公路管理局尚志管理所
上海地铁运营有限公司车辆分公司12号列车乘务组
上海市浦东汽车运输总公司三分公司青年班组
上海钢铁汽车运输股份有限公司共青分公司
江苏省南通汽运集团南通汽车站
江苏省苏北航务管理处邵伯船闸管理所
江苏省宁沪高速公路股份有限公司南京收费站
江苏省南京机场高速公路主线收费站
江苏省交通工程总公司淮江高速公路项目总经理部
江苏省武进市交通建设工程总公司淮江高速公路K9标项目经理部
江苏省无锡市公交公司11路238车组
江苏省苏州市汽车北站
江苏省南京江海航运(集团)公司二公司“江苏627”轮13队
江苏省宁连公路南城收费站
江苏省交通科学研究所中心试验室
浙江省37、39省道东阳征费所
浙江省交通工程建设集团一处上三青年突击队
浙江省205国道开化通行费征收管理所
浙江省余姚市“四自”公路管理所
浙江省舟山市轮船公司“锦屏”轮青年服务队
浙江省03省道金华收费站
浙江省路桥工程处杭甬高速公路六标路面工区
浙江省杭州运河客运旅游公司“天堂”轮
安徽省高速公路总公司高界管理处
安徽省路港工程公司青年突击队
安徽省铜陵长江公路大桥收费站
安徽省机械疏浚工程公司南淝河工程项目经理部
安徽省淮北市运输管理处运政管理科
福建厦门大桥管理中心

福建省海上安全监督局船舶报验中心
福建省公路通行费飞鸾岭征管所
福建省公路通行费赛岐大桥征收管理处
福建省福州外轮代理公司电脑部
江西省公路管理局萍乡公路分局湘东公路段机关
江西省南丰公路段路政巡查大队
江西省玉山古城贷款路通行费征收站
江西省高等级公路管理局邹家河管理所
江西省高等级公路管理局艾城管理所
江西省鹰潭贷款路征收站
山东省滨州市公路工程监理咨询公司
山东省交通工程总公司四分公司
山东交通济宁高速运业有限公司
山东省济南市历城区交通局稽查站
山东省淄博市公路管理局淄河大桥收费处
山东省济青高速公路济南收费站
山东省烟台市公路局烟青一级公路管理处
山东省莱芜市交通局17号交通稽查站
山东省济南长途汽车总站
河南省濮阳市一O六国道王助收费站
河南省G107线信阳甘岸收费站
河南省高速公路建设管理局郑州分局机场收费站
河南省高速公路建设管理局新乡分局卫辉收费站
河南省许昌市公路管理总段107国道俎庄收费站
河南省平顶山市运管处征费科
河南省新乡市公路总段沥青一库
湖北省京珠高速公路建设指挥部武汉军山长江大桥项目部
湖北省黄黄高速公路建设指挥部综合办公室
湖北省交通规划设计院第七勘察设计室
湖北省路桥公司第二分公司
湖北省宜昌市恒通公司大公桥水陆客运站公路售票班
湖北省襄樊市公路建设有限责任公司
湖北省恩施州公路总段野三河收费站
湖北省高等级公路管理局青年突击队
湖南省长常高速公路朝阳收费站
湖南省高速公路总公司长永管理处黄花收费站
湖南省三湘客车集团有限公司客车研究所车身研究室
湖南省株洲市交通规费征稽处直属一所
湖南省江永县公路局新铺道班
湖南省冷水江市运输公司东站运输站
湖南省张家界市直交通运输管理所
湖南省嘉禾县交通规费征稽所
广东省航务工程总公司岩土
广东省深圳市宝安区公路局水田收费站
广东省长大公路工程有限公司三公司路面机械化施工队
广东省佛开高速公路路政大队
广东省汕头海湾大桥收费站
广东省深圳市罗湖汽车客运站
广东省珠海市公共汽车公司10路粤C04450车组
广东省恩平桥路收费站
广佛高速公路横沙收费站
广东省钢结构工程公司三公司
广东省广州市长途汽车运输公司客运分公司售票站
广西贵柳高速公路管理处
广西铁山港跨海特大桥建设工地青年文明号共创集体
广西壮族自治区桂柳高速公路僚田收费站
广西壮族自治区漓江旅游航运公司花桥37号船
广西壮族自治区桂林汽车运输总公司观光车船公司“观光—701”船
广西壮族自治区路桥总公司二处三岸邕江大桥经理部
四川路桥集团宜昌长江公路大桥分公司第四项目经理部

四川省交通厅公路规划勘察设计研究院隧道研究设计处
四川省成都银帆运业有限公司川 A—15686 号车组
四川省路桥集团大桥分公司第二项目经理部
四川省绵阳市绵江公路征费站
四川省成渝高速公路成都收费站
四川省公路桥梁工程总公司桥梁公司二处万县长江公路大桥青年突击队
四川省轮船公司“中华”号客轮
四川省汽车运输自贡公司自贡汽车客运站微机室
四川省泸州市公路运输管理处兰田片区站
重庆市第二公共交通公司共青团 215 空调路队
重庆交通运业有限责任公司重庆汽车站服务总台
重庆市成渝高速公路管理处重庆收费站
贵州仁怀市盐津河大桥收费站
贵州省交通厅关岭征费稽查所
贵州省独山公路管理段麻尾道班
贵州省贵阳公路养护总段粑粑坳道班
贵州省高等级公路管理局金关征费站
云南公路桥梁工程总公司第四项目经理部
云南省昆嵩高速公路管理段严家山收费站
云南省下关汽车运输经贸总公司大理苍山号游船
云南省开远公路管理总段蚂蝗塘收费站
云南省大山公路总段富宁段那河管理所
云南省武定交通规费征稽所
云南省曲靖精工达轿车维修中心
西藏自治区交通厅公路规费征稽局拉萨征稽所
西藏自治区拉萨交通运输管理所
西藏自治区客运总公司拉萨汽车站
陕西省渭南公路管理局合阳金水沟大桥收费处
陕西省靖边收费站管理处
陕西省岐山交通征稽所
甘肃省平凉公路总段眉苋段管理所东收费站
甘肃省武威公路总段 G312 线六坝河收费站
甘肃省 312 国道车道岭隧道管理所收费站
甘肃省青江驿公路养护管理站
青海省湟源公路段
青海省清水河公路段查龙穷工区
青海省房建公司交通大楼项目经理部
宁夏公路工程局三处
宁夏回族自治区公路管理局固原公路段周庄公路站
宁夏回族自治区公路管理局大武口公路段
新疆阿勒泰总段卫东养护站
新疆生产建设兵团交通局一运司加油站
新疆维吾尔自治区路桥二处四工区青年突击队
新疆维吾尔自治区塔城总段夹河子道班
新疆维吾尔自治区喀什公路养护总段红其拉甫道班
新疆维吾尔自治区和田公路总段安迪尔道班
中国三亚外轮代理总公司
海南省海口外轮代理公司船务部
中国海口外轮代理公司船务部
中远散货运输公司漫海轮
中远集装箱运输有限公司民河轮
上海海运(集团)公司大庆 42 轮
上海中远国际货运有限公司电脑部
上海远洋运输公司“洛河”轮
青岛远洋运输公司“泰华海”轮
天津远洋运输公司“天目山”轮
上海海兴轮船股份有限公司货运分公司“振奋2”轮
广州远洋公司安龙江轮
中海集团广州海运公司“摩星岭”轮
中海发展股份有限公司油轮公司大庆 48 轮
中海发展股份有限公司油轮公司广州泰华分公司明池轮
广州海运(集团)有限公司内部银行

大连海运(集团)公司“棒棰岛”轮客运部
中国长航(集团)武汉长江轮船公司长江22015轮
长航南京石油运输有限公司大庆436轮
长航青山船厂造船事业部外业车间电焊工段七组
长航集团重庆长江救助打捞公司潜水队
长航集团南京长江油运公司“大庆419”轮
长航集团上海长江轮船公司“甲81057”驳
黑龙江省航道局测量大队测量七队
黑龙江航运管理局哈尔滨船务公司“龙推314”轮
深圳市招商名仕花园护管队
长江引航中心镇江引航站
长江三峡通航管理局一号船闸集控室
长江航道局张家港征稽站
南京港轮驳公司宁港拖1008轮
武汉港客运总站服务部便民服务台
中港(集团)第一航务工程局四公司三分公司
中港(集团)第四航务工程局二公司三处盐田港二期青年突击队
中港(集团)广州航道局一公司赤湾轮
路桥(集团)公路二局海沧大桥总经理部
路桥(集团)北京中交建安公司第一项目部
招商局蛇口工业区鲸山别墅保安中队
珠江水系航运规划办公室
上海集装箱码头有限公司营运操作部电脑组
上海港机厂金属车间项目攻坚组
广州航道局“黄埔号”轮
第二航务工程局三公司三O二青年突击队
第三航务工程局赵晖青年项目经理部
第二公路工程局南昌八一大桥青年突击队
第一公路工程总公司重庆嘉陵江大桥项目经理部
重庆公路科学研究所隧道工程室
广州救捞局南天龙工程队
广州救助打捞局“南天马”潜水分队
交通部水运科学研究所港电室
交通部科技信息研究所信息技术研究室
南京高等交通专科学校管理系
上海海上安全监督局海测大队制图队绘图组
上海海上安全监督局吴淞交管分中心
广州海上安全监督局海测大队制图队
大连海上安全监督局通信处中控台
中国交通通信中心海事运行部
武警交通一总队二支队二营
武警交通二总队五支队七连
长江航道局莲花背信号台
南京港第三港务公司装卸分公司
宜昌长江港监局船员考试科
上海集装箱码头有限公司工程技术部技援组
青岛港明港公司桥吊队2号车组
日照港务局第一装卸公司中控室
连云港港务局第三港务公司固机队电修班
宁波港务局轮驳公司甬港1004驳
湛江港股份有限公司散货事业部机械队技术组
广州港务局新沙港务公司煤矿队装船机中队
南通港务局集装箱码头有限公司桥吊室
张家港港务局船舶服务中心张港8号轮
上海港务局引航管理站引航青年班
大连港香炉礁港务公司衡重室
大连港务局大连湾港务公司流机队叉车二班
烟台港务局第一港埠公司货商科
天津港务局第二港埠公司成机队备货组
营口港务局计划处计算中心
大连海事大学董氏镀铁集团有限公司
海南海事局海口话台
天津港第六港埠固机队电工班
烟台救捞局港务处客运站
烟台海上安全监督局东港区监督站
烟台港集装箱公司工程部
武警交通川藏公路机械化养护支队6中队
武警交通一总队机械化养护支队六连
武警交通二总队四支队机场指挥所
新疆生产建设兵团道路桥梁总公司二公司

天津市公路局京津塘高速处二所
北京运达交通技术开发公司
交通部第三航务工程勘察设计院设计一所水工二室
交通部第二公路勘察设计院第二设计室
交通部公路科学研究所交通工程研究室
中国交通通信中心卫星通信处

二、新命名的

北京市门头沟区交通局稽查大队
北京市首发实业股份有限公司京石高速公路(北京段)
天津市公路局公路工程总公司桥梁分公司青年项目经理部
天津市交通局汽车运输一场天环客运站
河北省廊坊市公路管理处
河北省京秦高速公路管理处山海关收费站
河北省保津高速公路管理处冀津收费站
山西省公路局吕梁分局汾阳公路管理段
山西省交通征稽局长治分局常村征稽站
内蒙古自治区鄂尔多斯市运管处东胜区管理所
内蒙古自治区呼和浩特高等级公路管理处罗家营收费所
内蒙古自治区临河交通征费稽查所征费大厅
辽宁省高速公路管理局桃仙管理处沈阳收费站
辽宁省丹东港务局国际客运站
吉林省辽源市公路客运总站
吉林省通化市长白公路凉水收费站
黑龙江省道路运输稽查总队
黑龙江省黑大公路北安管理所
黑龙江省鸡西市公路收费处
上海市航务管理处市区航务管理所华江路签证点
上海强生控股股份有限公司业务调度中心62580000青年频道
上海市公路规费稽查大队机动中队
江苏京沪高速公路有限公司淮安南女子收费站
江苏扬子大桥股份有限公司江阴大桥收费站
江苏省交通厅政治处
浙江省104国道湖州收费站
浙江省宁波汽车南站售票组
安徽省淮南市地方海事局水上行政执法稽查大队
安徽省公路勘测设计院
安徽省六安市裕安区交通执法督察大队女子中队
福建省高速公路通行费泉州征收管理所
福建省公路通行费樟湖征收管理所
江西省九江市城区运管所
江西省九瑞贷款路通行费征收站
江西省祥符贷款路通行费征收站
江西省吉安河东贷款路通行费征收站
山东省高速公路有限责任公司鲁西分公司德州管理处鲁冀收费站
山东省青岛公交集团三分公司六路队
山东省烟威高速公路烟台管理处
河南省高速公路发展有限责任公司郑州公司郑州东收费站
河南省开封黄河公路大桥收费站
湖北省京珠高速公路建设指挥部
湖北省宜黄高速公路经营有限公司黄(石)黄(梅)分公司
湖北省宜城市邬家冲收费站
湖南省长潭高速公路管理处马家河收费站
湖南省湘潭县交通规费征稽所
广东省深圳梅观高速公路公司梅林黎光段
广东省长大公路工程有限公司第一分公司第一施工处
海南省海口港客运站票务中心
广西壮族自治区高速公路管理局南宁管理处南宁收费站
广西壮族自治区钦州市公路管理局钦州收费站
重庆市道路运输管理局运政业务大厅

重庆市公共电车公司405路队465线
四川省成都机场高速公路收费站
四川省川北高速公路股份有限公司棋盘关收费站
四川省广安市交通稽征处
贵州省高等级公路管理局小碧征费站
贵州省兴义公路管理局兴仁公路管理段摆布河道班
云南省公路规划勘察设计院第四公路测设处
云南省芒市公路总段瑞丽段姐勒收费站
西藏自治区拉萨交通运输管理处
陕西省咸永收费管理处双照收费站
陕西省延长交通征费稽查所
甘肃省张掖公路分局高台公路管理段元山子养护管理站
甘肃省金昌交通征稽处河西堡交通征稽所
青海省湟源公路建设养护公司第四项目部
青海省大阪山隧道收费站
宁夏回族自治区高等级公路管理局银灵吴收费站
新疆维吾尔自治区高等级公路管理局乌拉泊管理处吐鲁番收费站
新疆维吾尔自治区交通厅公路管理局伊犁公路总段则克台段则克台公路养护管理站
新疆生产建设兵团奎屯旅客运输公司小汽车修理厂特约服务站
中远集运"松子"轮
中远物流公司上海中远国际航空货运代理有限公司
中海发展股份有限公司货轮公司宁安10轮
长航集团上海长江轮船公司申康汽车综合监测站
中港一航局一公司第九项目部"永进号"
中港广州航道局测量勘察分公司测量一队
路桥集团中交第二公路勘察设计院西藏墨脱公路工可项目组
路桥集团二公局润杨大桥总经理部青年突击队
招商局重庆交通科研设计院桥梁工程室
长江航务管理局万县长江通信导航处共青团安全监督岗
长江航道工程建设指挥部工程一部
大连港大窑湾港务公司理货公司日勤班
天津港埠一公司机电科运行岗
山东烟台港客运总公司客运站
天津海事局交管中心值班室
镇江海事局交管中心
上海救捞局"大力号"船
中国船级社上海分社建造处驻沪东厂区组
人民交通出版社汽车图书编辑部

信息产业(通信)系统

一、继续认定的

国家邮政局
北京市海淀区北太平庄邮电局营业股
北京市建内大街邮电局储蓄组
北京市东城区邮政投递局东四投递部
北京市百万庄共青团邮电局营业班
北京邮区中心局信函处平常进口科甲班
北京市南区邮电局计算机中心
天津市邮政储汇局红旗路储蓄所
天津市鞍山道邮政支局
天津市天津站邮政支局邮政营业组
河北省廊坊市邮政局递送服务局
河北省石家庄邮区中心局邮件转运局石长押运班
河北省邯郸市邮政局中华大街邮政营业厅
山西省新绛县邮政局营业厅
山西省太原市邮政局广场收投分局
山西省临汾市邮政局平阳北街邮政支局
内蒙古自治区通辽市邮政局和平路营业班
内蒙古自治区乌盟邮政局发递局投递组
内蒙古自治区赤峰市邮政局红山分局昭乌达路储汇中心
内蒙古自治区呼伦贝尔市邮政局中央街支局
辽宁省抚顺市邮政局营业分局望花营业班

辽宁省沈阳市邮政局和平区局共青团支局
辽宁省大连市邮政局营业分局站前营业部
辽宁省丹东市邮政局七经街营业班
吉林省吉林市邮政局船营分局营业室
吉林省长春市邮政局桂林路邮电局投递室
吉林省长春市邮政局桂林路邮电局同志街邮电支局
吉林省白城市邮政局青年街营业支局
黑龙江省大庆市邮政局会战营业分局营业班
黑龙江省双鸭山市邮政局储汇中心
黑龙江省佳木斯市邮政局储汇营业厅
黑龙江省哈尔滨市邮政局南岗营业分局邮政营业厅
上海市邮政局曹家渡投递支局投递三班
上海市邮政局市南区局卢湾支局综合服务台
上海市邮政局邮区中心局押运科沪长71班
江苏省镇江市邮政局火车站支局
江苏省苏州市邮政局察院场支局
江苏省扬州市邮政局文昌支局
江苏省无锡市邮政局人民路支局
浙江省岱山县邮政局高亭支局
浙江省宁波市邮政局中山东路支局
浙江省瑞安市邮政局万松邮政营业厅
浙江省金华市邮政局西市街营业班
安徽省合肥市邮政局鸿迅邮政投送公司中区分公司
安徽省界首市邮政局综合营业班
安徽省铜陵市邮政局长江路支局营业厅
江西省宜春市邮政局中山西路邮政储蓄所
江西省九江市邮政局投递组
江西省南昌市邮政局广场邮政分局营业班
山东省济南市邮政局师范路投递局
山东省泰安市邮政局投递班
山东省青岛市邮政局广西路邮电支局
山东省济南市邮政局经二路营业室
福建省福州市邮政局鼓楼分局华林支局
福建省莆田市邮政局文献邮电营业部
福建省厦门市邮政局湖滨西路邮电支局
福建省三明市邮政局列东邮政营业组
福建省泉州市邮政局九一路支局
福建省漳州市邮政局南昌路邮政储蓄所
河南省郑州市邮政局花园路收投服务分局三八女子投递班
河南省新乡市邮政局分拣转运科转运站
河南省安阳市邮政局火车站营业班
河南省驻马店市邮政局解放路邮政营业处
湖北省武汉市邮政局水果湖支局储蓄组
湖北省武汉市邮政局航空路支局邮政组
湖北省荆州市邮政局发投支局荆中投递班
湖南省长沙邮区中心局长京1/2次押运班
湖南省常德市邮政局青年投递班
湖南省张家界市邮政局中心储蓄所
湖南省衡阳市邮政局邮电大楼邮政储蓄所
广东省东莞市邮政局运河西邮政营业处
广东省中山市邮政局小榄分局营业班
广东省广州市邮政局中山大道东邮政局
广西壮族自治区桂林市邮政局中南营业处
广西壮族自治区南宁市邮政局新城邮政营业处
广西壮族自治区柳州市邮政局邮件处理中心邮件转运站
海南省海口市邮政局海府营业部
海南省海口市邮政局南宝邮政储蓄所
海南省琼海市邮政局邮政储蓄营业班
重庆市渝中区邮政局解放碑邮政营业室
重庆市南岸区邮政局南坪营业室
四川省南充市邮政局人民中路邮政营业厅
四川省成都市邮政局沙湾邮政分局营业部
四川省成都市邮政局建设路投递部
云南省大理州邮政局建设路综合营业室
云南省河口县邮政局营业组
云南省瑞丽市邮政局邮政营业组
贵州省瓮安县邮政局储汇班
贵州省贵阳市邮政局喷水池营业部
贵州省遵义市邮政局中华南路邮政所
西藏自治区拉萨市邮政局投递局投递班

西藏自治区那曲地区邮政局营业班
西藏自治区阿里地区邮政局中心营业厅
陕西省西安市邮政局小寨邮电支局营业组
陕西省咸阳市邮政局中心分局邮政营业班
陕西省延安市邮政局中心街邮政支局
甘肃省兰州市邮政局中央广场分局营业部
甘肃省天水邮区中心局火车邮件转运站
甘肃省陇南地区邮政局投递班
甘肃省武威市邮政局城区邮政支局
宁夏回族自治区银川市邮政局城区投递服务局女子投递班
宁夏回族自治区银川市邮政局虹桥营业厅
宁夏回族自治区石嘴山市邮政局中心营业厅
青海省西宁市邮政局五四大街邮政支局
青海省西宁市邮政局邮政礼仪服务中心
新疆维吾尔自治区乌鲁木齐市邮政局石化支局
新疆维吾尔自治区伊犁州邮政局斯大林街邮政储汇组
新疆维吾尔自治区吐鲁番地区邮政局城市投递班
中国电信
上海市电信有限公司市场部114查号中心
上海市电信有限公司长途通信事业部南京东路营业厅
上海市电信有限公司数据通信事业部数据网络中心
江苏省电信有限公司苏州市分公司集团客户部
江苏省电信有限公司苏州市分公司电话装机公司
江苏省电信有限公司徐州市分公司电信营业处营业厅
江苏省电信有限公司扬州市分公司跃进桥营业处
浙江省电信有限公司岱山县电信局营业班
浙江省电信有限公司杭州市分公司武林广场电信营业厅
浙江省电信有限公司温州市分公司南站市话营业班
浙江省电信有限公司金华市分公司西市街营业厅
福建省电信公司泉州市分公司帐务计算机中心
福建省电信公司福清市分公司综合营业厅
福建省电信公司厦门市分公司第二客户服务部(江头)营业部
福建省电信公司福州市分公司第二客户服务部枢纽综合营业厅
福建省电信公司漳州市分公司112应急通信抢修中心
福建省电信公司厦门市分公司第三客户服务部1000平台
安徽省电信公司合肥市分公司数据分局
安徽省电信公司合肥市分公司营业处芜湖路营业厅
安徽省电信公司滁州市分公司讯维中心
江西省电信公司南昌市分公司数据分局电报投递班
江西省电信公司九江市分公司线路维护安装中心
江西省电信公司九江市分公司浔阳路电信营业厅
广东省电信有限公司珠海市分公司吉大电信营业厅
广东省电信有限公司广州卫星通信局国际通信室
广东省电信有限公司佛山市分公司亲仁电信营业中心
广东省电信有限公司深圳市分公司160人工信息咨询台
广东省电信公司汕头市分公司计算机站
广东省电信公司广州市分公司电信客户服务中心114查号台
广东省电信公司汕尾市分公司香洲营业班
海南省电信公司海口市电信局海府区域中心

海南省电信公司海口市电信局海府营业中心
海南省电馆公司三亚市电信局客户服务中心
广西壮族自治区电信公司南宁市分公司大客户服务部
广西壮族自治区电信公司柳州分公司龙城路营业部
广西壮族自治区电信公司梧州分公司文化路营业班
湖南省电信公司长沙市分公司线维二处
湖南省电信公司常德市分公司装移查修中心
湖北省电信公司武汉市分公司海大信息资讯分公司960人工信息台
湖北省电信公司襄樊市分公司老河口市电信局花园路经营部
湖北省电信公司武汉市分公司武昌区局东亭支局
湖北省电信公司荆州市分公司江津电信营业厅
湖北省电信公司仙桃市分公司112修障中心
四川省电信公司成都市分公司人民东路营业厅
四川省电信公司南充市分公司综合电信营业厅
四川省电信公司乐山市分公司玉堂街邮电广场电信综合营业厅
四川省电信公司成都市分公司新华营业厅
四川省电信公司绵阳市电信实业有限责任公司22局装机维护组
重庆市电信公司大坪综合营业厅
重庆市电信公司涪陵区电信局高笋塘营业厅
重庆市电信公司巴南区电信营业厅
云南省电信公司楚雄州分公司电信营业厅
云南省电信公司昆明市分公司营销中心
云南省电信公司大理州分公司下关人民街电信营业室
云南省电信公司西双版纳州分公司电信营业室
贵州省电信公司黔西南州分公司电信营业班
贵州省电信公司贵阳市分公司营销中心中华南路营业厅
贵州省电信公司黔南州分公司传输中心光缆维护段
贵州省电信公司遵义市分公司1000服务中心114查号台
西藏自治区电信公司拉萨业务部营业班
西藏自治区电信公司拉萨业务部市话线路维修班
陕西省电信公司渭南市分公司韩城市电信局营销中心组
陕西省电信公司汉中市分公司电信营业班
甘肃省电信公司兰州市分公司帐务结算中心
甘肃省电信公司嘉峪关市分公司中心营业处
宁夏回族自治区电信公司吴忠市分公司网管中心
宁夏回族自治区电信公司数据通信局终端维护班
青海省电信公司海东地区分公司平安电信营业班
青海省电信公司海晏县电信局营业班
新疆维吾尔自治区电信公司克拉玛依分公司中心电信营业班
新疆维吾尔自治区电信公司乌鲁木齐市分公司胜利路市话分局维护一班
新疆维吾尔自治区电信公司吐鲁番地区分公司电信营业厅

中国网通

北京市通信公司八区局五课松局查修班
北京市通信公司三区局西单局查修班
北京市通信公司长途电话局国际台
北京市通信公司四区局左家庄局查修班
天津市通信公司专用通信局线务班
天津市通信公司八分局黄山路分局线路一班
天津市通信公司长途通信局营业厅
天津市通信公司数据通信局信息业务开发部
河北省通信公司衡水市分公司114查号台
河北省通信公司石家庄市分公司中山路营业

厅(原河北省电信公司石家庄市分公司营业处桥东综合营业厅)
山西省通信公司太原市分公司呼叫受理中心114查号台
山西省通信公司大同市分公司营业中心营收班
山西省通信公司晋中市分公司112集中受理中心
山西省通信公司运城市分公司万荣县电信局营业厅
内蒙古自治区通信公司呼伦贝尔市分公司伊敏街营业厅
内蒙古自治区通信公司鄂尔多斯市分公司达拉特南路营业厅
辽宁省通信公司沈阳市分公司114查号台
辽宁省通信公司丹东市分公司营销一分局大厦营业班
辽宁省通信公司鞍山市电信技术有限公司
辽宁省通信公司大连市分公司通信营业中心民生营业厅
吉林省通信公司吉林市分公司解放大路营业厅(原吉林省电信公司吉林市分公司电信营业室)
吉林省通信公司通化市分公司营业服务中心营业班
吉林省通信公司通化市分公司线路维护中心江东站
吉林省通信公司靖宇县分公司新花路营业厅(原吉林省电信公司靖宇县电信局营业班)
黑龙江省通信公司总经理受理中心
黑龙江省通信公司哈尔滨市分公司尚志营业厅
黑龙江省通信公司鸡西市分公司大客户事业部
山东省通信公司临沂市分公司市话装机班
山东省通信公司济南市分公司营销事业部共青团路营业部
山东省通信公司青岛市分公司客户服务中心杭州路营业厅
山东省通信公司威海市分公司线路分局线路查修队
山东省通信公司淄博市分公司重点客户服务中心
河南省通信公司新乡市分公司客户服务中心
河南省通信公司郑州市分公司白花路营业厅
河南省通信公司驻马店市分公司建苑营业厅

中国联通

中国联通山东济南分公司市中第一营业厅
中国联通广西柳州分公司话务中心
中国联通江西南昌分公司叠山路营业厅
中国联通山西晋中分公司寻呼台
中国联通北京分公司西直门营业厅
中国联通福建厦门分公司江头营业维修班
中国联通河南平顶山分公司火车站营业厅
中国联通内蒙古包头分公司话务中心
中国联通湖南湘潭分公司126寻呼台
中国联通江西鹰潭分公司东湖营业厅
中国联通河南安阳分公司话务中心
中国联通河南开封分公司127机房
中国联通江苏徐州分公司126话务中心
中国联通浙江杭州分公司寻呼部话务中心
中国联通江苏南京分公司寻呼事业部话务台
中国联通北京分公司198寻呼台
中国联通广西南宁分公司话务中心
中国联通天津分公司寻呼事业部话务室
中国联通辽宁锦州分公司客服中心
中国联通重庆分公司歇台子营业厅(原小洞天营业厅)
联通国脉公司无线寻呼部话务查询中心
中国联通新疆伊犁分公司客服中心
中国联通宁夏分公司寻呼事业部话务中心寻呼一班
中国联通四川乐山分公司中心营业厅
中国联通福建龙岩分公司营业厅
中国联通湖北十堰分公司话务中心
中国联通吉林长春分公司寻呼事业部话务部

（原吉林分公司寻呼事业部话务部）
中国联通内蒙古赤峰分公司运维部基站班
中国联通河北石家庄分公司话务中心
中国联通山西太原分公司126话务中心（原126寻呼台）
中国联通陕西分公司客服信息部话务中心
中国联通黑龙江佳木斯分公司寻呼话务部
中国联通湖南长沙分公司呼叫中心
中国移动
北京移动通信有限责任公司广渠门营业厅
北京移动通信有限责任公司客户服务中心1860呼叫中心
天津移动通信有限责任公司中心营业厅
河北移动通信有限责任公司秦皇岛分公司设备维护中心
河北移动通信有限责任公司石家庄分公司大客户服务中心
山西移动通信有限责任公司忻州分公司定襄营业部
内蒙古移动通信公司网管中心交换室
辽宁移动通信有限责任公司沈阳分公司南顺城营业厅
辽宁移动通信有限责任公司沈阳分公司客户服务中心
吉林移动通信公司辽源市分公司客户营业服务中心
吉林移动通信公司长春营销中心客户服务中心
黑龙江移动通信公司哈尔滨事业部中央大街营业厅
上海移动通信有限责任公司九江路营业厅
江苏移动通信有限责任公司姜堰分公司营业销售中心
浙江移动通信有限责任公司湖州分公司营业班
浙江移动通信有限责任公司余姚分公司营业班
浙江移动通信有限责任公司金华市分公司营业中心
安徽移动通信有限责任公司合肥市分公司芜湖路营业受理班
安徽移动通信有限责任公司黄山市分公司建维部维护中心
福建移动通信有限责任公司移动通信维修中心
福建移动通信有限责任公司厦门分公司莲前客户服务中心
江西移动通信有限责任公司新余市分公司移动通信班
江西移动通信有限责任公司南昌营销中心客户八一大道营业厅
山东移动通信有限责任公司潍坊分公司早春园营业厅
山东移动通信有限责任公司济南分公司客户服务中心
河南移动通信有限责任公司市场经营部
河南移动通信有限责任公司许昌分公司市区营业部
湖北移动通信有限责任公司荆州分公司广场营业厅
湖北移动通信有限责任公司十堰市分公司客户服务中心
湖南移动通信有限责任公司邵阳市移动通信机房
广东移动通信有限责任公司深圳分公司客户服务热线1860
广东移动通信有限责任公司中山分公司恒信营业厅
广东移动通信有限责任公司顺德分公司网管维护中心
海南移动通信有限责任公司海口分公司大客户服务处
广西移动通信有限责任公司柳州分公司营业中心营业工作部
重庆移动通信有限责任公司歇台子营业厅
四川移动通信有限责任公司成都营销中心太

升南路营业厅

四川移动通信有限责任公司泸州分公司水井沟营业厅

贵州移动通信公司黔西南州分公司营业班

贵州移动通信公司安顺分公司塔山西路营业厅

云南移动通信公司昆明营销中心东华营业厅

云南移动通信公司大理白族自治州分公司大理市人民街营业厅

陕西移动通信有限责任公司西安市营业部尚朴路营业厅

陕西移动通信有限责任公司咸阳分公司计费班

甘肃移动通信公司兰州建设维护中心交换中心

青海移动通信公司省会营销中心第一事业部东大街营业部

宁夏移动通信公司银川营销中心虹桥营业厅

新疆移动通信公司计费业务中心技术部

中国卫星

中国通信广播卫星公司测控监测中心

二、新命名的

国家邮政局

北京市东四邮电局营业组

河北省保定市邮政局五一邮政储蓄组

山西省长治市邮政局英雄路支局南营业组

辽宁省本溪市邮政局投递分局平山投递班

吉林省长春市邮政局绿园邮电局人民广场邮电支局

黑龙江省大兴安岭地区邮政局人民路邮政支局

上海市邮政局宝山区局友谊路支局营业组

江苏省南京市邮政局鼓楼邮政大厦报刊销售中心门市部

浙江省临海市邮政局赤城路储汇组

安徽省马鞍山市邮政局湖北路支局营业大厅

江西省新余市邮政局广场邮政支局

山东省长岛县邮政局投递班

福建省晋江市邮政局英林分局

河南省平顶山市邮政局火车站邮政储蓄所

湖北省襄樊市邮政局中心营业处

湖南省长沙市邮政局五一路邮政储蓄所

广东省深圳市邮政局邮区中心局邮件转运站

广西壮族自治区玉林市邮政局东门邮政支局

重庆市开县邮政局中心营业部

云南省西双版纳州邮政局储蓄组

贵州省黔东南州邮政局投递班

西藏自治区拉萨市邮政局营业科营业一班

甘肃省兰州市邮政局耿家庄邮电分局营业部

宁夏回族自治区石嘴山市邮政局石嘴山区河滨邮政支局

青海省西宁市邮政局城东邮政分局互助路支局

新疆维吾尔自治区阿克苏地区邮政局南大街支局

中国电信

上海市电信有限公司浦东电信局东昌分局设备组

浙江省电信有限公司绍兴市分公司综合营业厅

湖北省电信公司恩施州分公司账务处理中心

湖南省电信公司益阳市分公司中心营业厅

广东省电信有限公司中山市分公司客户服务中心114查号台

安徽省电信公司马鞍山分公司电信营业部

宁夏回族自治区电信公司银川业务部客户经理部

广西壮族自治区电信公司玉林分公司民主路营业中心

青海省电信公司果洛州分公司营业班

江西省电信公司鹰潭市分公司广场营业班

福建省电信公司泉州市分公司石狮市电信局营业厅

江苏省电信有限公司南京市分公司大客户部

甘肃省电信公司陇南分公司市话机线维护中心

新疆维吾尔自治区电信公司阿克苏地区分公司阿拉尔市电信局营业厅
贵州省电信公司贵阳运营中心数据设备维护中心
重庆市电信公司电视电话会议中心
陕西省电信公司宝鸡市分公司商业客房部营业中心
西藏自治区电信公司昌都分公司电信分局
中国网通
北京市通信公司西单营业厅
天津市通信公司客户服务中心受理中心
河北省通信公司邢台市分公司桥东营业班
山西省通信公司临汾市分公司 112 测维中心维护组
内蒙古自治区通信公司呼和浩特市分公司营业部中山路营业厅
辽宁省通信公司沈阳市分公司营业处综合营业班
吉林省通信公司吉林市分公司站前营业室
黑龙江省通信公司哈尔滨市分公司“180”总经理热线
山东省通信公司烟台市分公司电信世界市话业务营业厅
河南省通信公司开封市分公司 114 查号台
中国联通
中国联通安徽六安分公司六安营业部
中国联通陕西延安分公司延安市营业厅
中国联通河北唐山分公司营业部
中国联通四川泸州分公司联通通讯广场
中国联通浙江温州分公司大诚营业厅
中国联通黑龙江哈尔滨分公司寻呼话管部
中国联通吉林吉林市分公司光华路营业厅
中国联通广东广州分公司天河营业厅
中国联通山东青岛分公司延安三路营业厅
中国联通内蒙古乌海分公司中心营业厅
中国联通广西南宁分公司东葛路营业班
中国移动
北京移动通信有限责任公司网络优化中心
天津移动通信有限责任公司客户服务中心
河北移动通信有限责任公司唐山分公司兴源道营业厅
山西移动通信有限责任公司太原营销中心城区营业部迎泽营业厅
内蒙古移动通信公司鄂尔多斯市分公司伊金霍洛街营业厅
辽宁移动通信有限责任公司大连分公司上海路营业厅
吉林移动通信公司通化市分公司客户营业服务中心营业班
黑龙江移动通信公司客户服务中心
上海移动通信有限责任公司大客户服务部
江苏移动通信有限责任公司丹阳分公司丹凤南路营业班
浙江移动通信有限责任公司温州分公司营业班
安徽移动通信有限责任公司巢湖分公司人民路营业厅
福建移动通信有限责任公司宁德分公司商城客户服务中心
江西移动通信有限责任公司赣州分公司红旗大道营业组
山东移动通信有限责任公司威海分公司中心营业厅
河南移动通信有限责任公司郑州分公司农业路营业厅
湖北移动通信有限责任公司武汉营销中心客户服务中心
湖南移动通信有限责任公司长沙移动营销中心涂家冲营业厅
广东移动通信有限责任公司汕头分公司网管维护中心
海南移动通信有限责任公司儋州分公司
广西移动通信有限责任公司桂林分公司营业中心阳桥营业厅
重庆移动通信有限责任公司客户服务中心
四川移动通信有限责任公司绵阳分公司江油

市营业部纪念碑营业组
贵州移动通信公司贵阳市营运中心营业中心延安东路营业厅
云南移动通信公司楚雄分公司红房子营业厅
陕西移动通信有限责任公司数据信息中心
甘肃移动通信公司客户服务中心
青海移动通信公司平安县营业部
宁夏移动通信公司客户服务中心
新疆移动通信公司营销中心南门营业厅
西藏移动通信公司拉萨营销中心西郊营业厅
中京邮电通信设计院第二设计所

商 贸 系 统

一、继续认定的

北京友谊商店服装部丝绸组
北京百货大楼二卖场男衬衫柜组
北京长安商场家电商店冰箱组
北京崇文门饭店安保部门卫组
北京王府井百货大楼第一卖场化妆二组
北京西单商场股份有限公司文化用品部照像器材组
北京贵友大厦皮件部皮件组
北京金伦大厦小家电经营部
北京张一元茶庄
北京燕莎友谊商城有限公司
北京西单商场股份有限公司男服部男装服饰组
北京莱市口百货有限公司黄金珠宝首饰部
天津好利来食品有限公司下瓦房店
天津一商集团友谊商厦前卫店总服务台
天津油脂(集团)有限公司新港油脂库改扩建项目组
天津滨江商厦有限公司“十姐妹”柜组
天津百货大楼股份有限公司汝舜电器分公司
天津金元宝商厦集团公司日百商场箱包部
天津劝业场股份有限公司勿忘我礼仪服务部
天津美膳酒楼一楼营业部
天津利金粮油股份有限公司专用粉实验厂制粉二班
天津威通生产资料有限公司金属一公司
天津鸿起顺饭庄总店厨房组
天津华联商厦股份有限公司电器商场电视机组
天津北辰区集贤大酒家
河北石家庄燕风楼烤鸭店二楼服务部
河北华鑫集团公司车辆器材公司零件经营部
河北石家庄建华百货大楼女装精品专柜
河北保定商场日化商场化妆品三组
河北邢台市中桥商场
河北邯郸市美食林商场
河北唐山百货大楼集团有限公司女装分公司
河北石家庄蓝天商厦
河北邯郸市第一物资再生利用总公司
河北石家庄市新燕春集团花园酒店
河北沧州华北商厦集团有限公司
山西忻州市商业实习饭店
山西太原市五一商厦照相机组
山西太原五一百货大楼股份有限公司服装商场精品部
山西上海汽车工业销售有限公司
山西临汾市第一百货大楼文化组
山西化轻总公司塑料分公司
山西物产轮胎橡胶有限公司
山西机电设备仓库物资经销分公司
山西长治市金威商场服装部
内蒙古呼和浩特市第三粮库青年保管组
内蒙古包头市百货大楼集团股份公司工艺商场
内蒙古包头市家乐粮油总店昆区39粮店
内蒙古包头市百货大楼集团股份公司蓝天商厦
内蒙古民族集团家电分公司东芝电视专柜
中央储备粮内蒙古通辽直属库
内蒙古通辽泰来金银珠宝有限公司哲里木金店
内蒙古呼和浩特市第一粮库经济民警队

辽宁大连天百大楼股份有限公司李林班
大商集团辽宁本溪商业大厦有限公司家电商场
辽宁沈阳商业城股份有限公司服装公司女装商场
辽宁沈阳商业城(集团)鞋帽公司皮鞋二商场
辽宁大商集团大连商场家电卖区国产电视机班
辽宁大连天百大楼股份有限公司小伙子专柜
辽宁沈阳和平宾馆青年接待班
辽宁中兴—沈阳商业大厦化妆商场进口膏霜组
辽宁大商家家广场(大连店)家具商场家具一班
辽宁阜新国泰大厦股份有限公司食品部
辽宁中兴—沈阳商业大厦服装商场东方仙玛专柜
辽宁沈阳商业城(集团)针织品公司
辽宁沈阳铁西百货大楼金店
辽宁大商集团抚顺百货大楼钟表商场照相器材班组
吉林白山市方大商业有限公司
吉林长春百货大楼五金商场冰箱部
吉林吉林市百货大楼家电商场
吉林辽源市凯玛商贸有限公司
吉林长春欧亚集团欧亚车百电讯商场电视部
吉林燃料股份有限公司自备车营运处
吉林吉林市东方商厦股份有限公司音像商场影像商品部
吉林长春百货大楼电讯商场小收录机部
吉林东方商厦股份有限公司儿童商场玩具商品部
黑龙江哈尔滨秋林集团纺织商场阿尔巴斯羊绒组
大商集团黑龙江牡丹江百货大楼总台礼仪班
黑龙江哈尔滨第一百货商店电讯商场电视机组
黑龙江哈尔滨秋林集团黄金总汇首饰二组
黑龙江哈尔滨中央商城
上海第一百货商店摄像机柜组
上海虹桥友谊商城皮件部鞋区
上海九百家具装饰商城静安店洁具部
上海华联王震信息科技有限公司照相机柜
上海培罗蒙西服公司定制中心
上海第一百货股份公司东楼礼品部
上海妇女用品商店新一代青年女子专柜
上海新亚(集团)股份有限公司新城饭店门厅小组
上海良友海狮油脂实业有限公司小包装车间
上海物资集团汽车贸易有限公司营销部
上海华联超市公司华山店
上海东方商厦有限公司超市商场
上海华生化工公司新产品试制小组
上海兰笋山庄
上海物资学校《物校学生报》报社
浙江湖州市星火服装有限公司
浙江杭州百大集团杭州大酒店前厅部总台
浙江宁波市第二百货商店“老凤祥”首饰柜
浙江元通汽车有限公司
浙江百大集团杭州百货大楼食品商场烟酒柜
浙江宁波长发商厦男鞋精品部
浙江绍兴市国商大厦有限公司食品部
浙江台州市金路超市有限公司
浙江宁波城隍庙黄金专柜
安徽六安商之都针织鞋帽商场衬衫组
安徽合肥鼓楼商厦国产彩电组
安徽徽商股份有限公司市场部
安徽蚌埠百货大楼股份有限公司衬衫组
安徽徽商金属材料有限公司
安徽商之都食品商场宣礼凤柜组
安徽黄山市购物中心照相器材组
安徽徽商集团新能源股份有限公司晋煤公司
安徽徽商集团物华汽车服务有限公司
安徽华物期货经纪有限公司投资发展部
安徽合肥长江饭店客房部四楼
安徽巢湖饭店客房部三楼班组

安徽徽商集团化轻股份有限公司轻纺分公司
福建银河花园大酒店
福建莆田市国货精品大商场
福建福州市饮食(集团)公司美食园餐厅
福建厦门市华联商厦服装部金利来柜
福建南平市四鹤百货大楼
江西南昌亨得利钟表眼镜公司珠宝金行
江西物资储运总公司仓储分公司装卸一班
江西南昌百货大楼股份有限公司电视机组
江西赣江宾馆前厅部总服务台
山东鲁能物资集团有限公司贵和购物中心
山东滨州市百货大楼有限公司一分公司超市
山东济宁市华联商厦股份有限公司洗化商场护肤柜
山东银座商城股份有限公司
山东济南世界购物广场
山东德州友谊形象设计有限公司
山东桓台宾馆
山东威海市永利坚装饰有限公司
山东青岛崂山百货大楼(集团)股份有限公司
山东淄博商厦股份有限公司
山东日照市百货大楼
山东德州市龙马金建集团有限公司
河南洛阳市百货大楼百货部飞利浦小组
河南新乡市百货大楼有限责任公司日化部
河南洛阳市洛阳酒家贵宾厅
河南驻马店商业大厦服装公司
河南平顶山商场文化部笔组
河南机电设备总公司轴承公司
河南郑州市刘胡兰有限责任公司糕点组
河南平顶山市中原集团公司衬衣分公司
河南郑州华联商厦文化商场照测部
湖北武商集团武汉广场总服务台
湖北孝感汉川市白云大酒店
湖北恩施市午阳大酒店
湖北孝商集团百货部化妆柜
湖北武汉商场日用化妆公司刘莉柜
湖北武汉市武昌金属回收公司资源科
湖北武汉中心百货商场鞋帽商场郭和平柜
湖北武汉市汉商集团日化公司邹三梅专柜
湖北鄂州市化工建材总公司
湖北中南商业大楼电视机柜
湖南郴州北湖商场副食柜
湖南长沙物资贸易总公司计划财务部
湖南怀化国家粮食储备库铁路货场
湖南金盛化工防腐研究中心
湖南长沙阿波罗商业城照相器材专柜
湖南长沙友谊商店家电部冰箱柜
湖南株洲西苑宾馆股份有限公司
湖南益阳爱丽丝连锁有限公司
湖南马王堆蔬菜批发市场
广东物资集团汽车贸易公司汽车销售中心
广东天河城广场管理中心
广东广州百货股份有限公司自选商场超市收款一岗
广东建材公司江村仓库吊机班
广东广州百货大厦文化商场笔机岗
广东广州友谊商店股份有限公司工艺品商场骏河行
广东广州市新大新公司女服商场单一岗
广东中山百货大厦三商场衬衣柜
广东中山市益华百货四海电器中心
广东广州王府井百货大楼第二卖场黄金部足金组
广西桂林市华中华商厦首饰部足金柜
广西贵港市贵港宾馆客房部
广西南宁南方大酒店旋宫
广西柳州市五星商厦一楼销售部进口影视组
广西柳州市五星商厦三楼销售部纺织组
四川绵阳绵州酒店有限公司销售部
四川乐山市三八商场连锁有限公司
四川物资宾馆客房部
四川成商集团武侯分场食品区冷冻柜
四川物资储运公司金属科保管组
重庆商社新世纪百货分公司日化二组
重庆商社家电维修有限公司电子电讯部

重庆新世纪百货女装分公司经典组
重庆百货股份有限公司北碚商场小食品柜
云南昆百大集团股份有限公司服装二部精品二柜
云南曲靖市麒麟区兴城供销大厦商场
云南大理州苍山饭店总服务台
陕西汉中世纪阳光商厦有限公司电子音响部电子二科
陕西宝鸡市宝鸡饭店客房部总服务台
陕西西安民生集团股份有限公司邢峰柜组
陕西西安开元商城电视机音像商场
陕西西安市唐城集团股份有限公司百货商场护肤用品柜
陕西西安饭庄秦苑餐厅青年服务班
陕西宝鸡市远洋化轻有限公司民爆分公司经营部
陕西西安太白商业大厦
陕西西安市老孙家饭庄二楼服务班
陕西天斗蛋业有限公司
陕西咸阳市宴友思宾馆
青海纺织品股份合作公司纺织品大楼床上用品组
青海纺织品股份合作公司纺织品大楼化妆品组
宁夏华联商厦海尔组
宁夏糖酒副食品连锁经营公司西街超市
宁夏石嘴山市人民百货商场有限公司
宁夏糖酒副食品连锁经营公司连锁总店
宁夏银川新华百货大楼有限公司针织部羊毛衫组
宁夏银川市新华百货丽华连锁有限公司丽华商场糕点组
宁夏华联商厦整机组
新疆石河子市巴蜀名吃城
新疆生产建设兵团医药有限公司销售部
新疆乌鲁木齐市友好商场股份有限公司百货用品商场铝制品组
新疆生产建设兵团农二师博斯腾宾馆客房部
新疆生产建设兵团伊力特实业股份有限公司热电厂运行一值
新疆百花村股份有限公司“一品红”快餐厅
新疆生产建设兵团农七师明珠楼
新疆徕远经贸总公司徕远宾馆销售部
海南第一百货商场化妆钟表部

二、新命名的

北京古船食品有限公司品研部中心化验室
北京西单商场股份有限公司鞋帽皮件部精品组
天津红旗饭庄有限公司厨房部岗组
天津滨江商厦有限公司家电商场洗调部
河北廊坊市商业明珠大厦
河北衡水爱特购物中心家电部电视组
内蒙古通辽批发城有限公司
内蒙古五原县京原有限公司
辽宁中兴—沈阳商业大厦(集团)股份有限公司鹿王摊
辽宁大商超市集团鱼肉菜果卖区海珍班
辽宁锦州中百商厦有限公司女装商场
吉林长春百货大楼文体用品商场照相器材部
吉林长春欧亚商都海尔电器园
吉林电子商务交易中心业务部
上海第一医药商店“依嘉医药热线”
江苏苏州市得月楼菜馆3号班组
江苏常州新世纪商城空调组
安徽合肥市糖业烟酒有限公司名烟名酒专卖连锁五店
安徽宿州市华夏商厦烟酒组
福建三明四海医药连锁有限公司医药商场医药柜
江西省南昌商业储运总公司企业专职消防队
山东济宁饭店总服务台
三联集团山东济南家电商场
山东威海糖酒站超市中心店
湖北宜昌市国贸大厦一楼卖场彩化一区
湖北荆门市东方百货大厦
湖南步步高连锁超市有限责任公司

四川成商集团盐市口商场家电部空调柜
重庆商社新世纪百货男装分公司牛仔组
贵州贵阳市百货大楼集团有限公司钟表柜
贵州华联酒店客房部
贵州六盘水百货公司金店
陕西西安秋林公司(总店)
陕西德发长饺子馆宴会部
青海青百百货股份有限公司青百超市城西店酒水一组
青海西宁大十字百货商店有限公司百货部化妆一组
宁夏糖酒副食品连锁经营公司棉厂超市
宁夏银川新华百货购物中心有限公司家电部电子组
新疆生产建设兵团农九师西裕糖厂制糖车间
新疆百花村股份有限公司艺术摄影制作中心营业部
海南商贸信息服务中心

卫 生 系 统

一、继续认定的

北京天坛医院神经内科二病房
北京市结核病胸部肿瘤研究所六病区
北京市红十字朝阳医院内科血液病房
中医研究院广安门医院二病区护理组(原五病区护理组)
中医研究院西苑医院呼吸科护理组
北京中医药大学东直门医院急诊科
首都医科大学附属北京同仁医院急诊科
北京急救中心院前青年急救车组
北京安定医院锣鼓巷14病区
北京大学第一医院泌尿科
北京大学第三医院神经科高干病房
北京大学第一医院儿科二病房
北京医院神经内科病房护理组
中国医学科学院北京协和医院ICU病房
北京友谊医院急诊科
天津市第三医院门诊化验室
天津黄河医院急诊内科
天津市第二中心医院肿瘤病房
天津市第一中心医院检验学部临床检验科
天津医科大学肿瘤医院高级病房护理部
河北省人民医院急救中心青年文明号
河北邯郸市中心医院儿科
河北冀州市医院外科
河北保定市儿童医院新生儿科
河北衡水市哈励逊国际和平医院内二科
山西省人民医院内分泌科二病区
山西医科大学第一医院呼吸科
山西医科大学第二医院药剂科
山西医科大学第二医院骨科
山西阳泉市第三人民医院手术科
山西长治市人民医院妇产科
辽宁锦州市亚东眼科医院
辽宁阜新市中医院全国中医泌尿外科结石病医疗中心
辽宁大连医科大学附属二院心血管内科
中国医科大学附属第二医院儿科急救中心
中国医科大学附属第二医院感染科一病房
中国医科大学附属第二医院心内科病房
辽宁沈阳市红十字会医院外科十病房
辽宁沈阳市第五人民医院普外一科
辽宁大连市儿童医院重症监护病房
辽宁大连市中医医院骨2病房
辽宁抚顺市第二医院内科门诊
辽宁抚顺市中心医院影像科
辽宁大连市第五人民医院胸外一科
吉林省人民医院血液内科
吉林省人民医院特诊病房
吉林大学中日联谊医院急诊医学科护理组
吉林四平市中心医院门诊服务岗
吉林省肿瘤医院胸二科护理组
黑龙江大庆市第四医院骨外科
黑龙江哈尔滨医科大学第一临床医学院普外科
黑龙江哈尔滨医科大学附属第二临床医学院

二部六病区
黑龙江佳木斯市中心医院肾内科血液透析中心
黑龙江省医院心血管外科
黑龙江哈尔滨市儿童医院急救中心
黑龙江牡丹江心血管医院监护室
上海市第一人民医院眼科
上海市第六人民医院产科病区
上海中山医院肝肿瘤科
上海瑞金医院灼伤科三楼病区
上海第二医科大学附属仁济医院药房窗口
上海中医药大学附属曙光医院检验科门急诊窗口
上海市二医院急诊护理组
江苏南京市鼓楼医院急诊中心护理组
江苏昆山市中医医院
江苏常州市第二人民医院心血管内科
江苏无锡市第二人民医院心内科病区
江苏盐城市第一人民医院二病区护理组
浙江省人民医院急诊科
浙江省中医院八病区
浙江湖州市中心医院妇产科
浙江杭州市余杭区第一人民医院急诊护理站
浙江宁波市医疗中心李惠利医院胸心外科
浙江温州医学院附属第一医院急诊科
安徽省立医院 ICU
安徽蚌埠医学院附属医院 ICU
安徽蚌埠市第一人民医院儿科护理部
安徽省立医院输血科
安徽省血吸虫病防治研究所血吸虫病研究室
福建省立医院“120”急救中心
福建省妇幼保健院五区产房护理组
福建省肿瘤医院内科六区护理组
福建龙岩市急救中心
福建厦门市仙岳医院第二病区
福建省人民医院五区护理组
江西省人民医院重症监护病房
江西医科大学第一附属医院妇产科
江西省肿瘤医院医院放疗技术组
江西赣州市人民医院急诊科
山东省立医院消化东病房(护理单元)
山东泰安卫生学校学生工作处
山东精神卫生中心青年志愿者心理健康热线
山东大学齐鲁医院肿瘤中心七病房
山东济南市友谊血液净化中心
山东济南市传染病医院检验科
山东青岛市妇女儿童医疗保健中心——脑瘫康复中心
山东青岛市立医院神经外科病房
山东淄博市中心普外科
山东潍坊市人民医院妇科
河南三门峡市卢氏县防疫站
郑州大学二附院妇产科
河南省人民医院内四病区(心血管内科)
河南漯河市第一人民医院外二科
河南洛阳正骨医院髋部损伤科
湖北省人民医院检验科
湖北省肿瘤医院肿瘤内科(化疗科)
湖北同济医院内科血液病房
湖北武汉市第四医院肿瘤科
湖北襄樊市中心医院神经外科
湖北荆门市二医院妇产科
湖北鄂州市中心医院心血管内科
湖南省肿瘤医院放疗二科
湖南邵阳市中心医院儿科观察室
湖南湘潭市第一人民医院十一病室
湖南湘潭市中心医院心血管内科(十六病室)
中南大学湘雅二医院代谢内分泌研究所
中南大学湘雅二医院胸心外科
广东广州市中医医院肿瘤科一区
广东粤北人民医院老年病科
广东肇庆市第一人民医院急诊科
广东汕头大学医学院第一附属医院内七病区
广东深圳市人民医院显微外科
广东深圳市保安区人民医院外科一病区
广西医科大学第一附属医院神经内科专五病

房
广西玉林市第一人民医院急诊科
广西柳州市人民医院心胸外科
广西桂林医学院附属医院消化内科
广西梧州市妇幼保健院妇产科
海南省人民医院肿瘤内科
海南农垦总局院急诊科
海南海口市120急救中心
四川省人民医院“绿色生命通道”急救组
四川成都市第三人民医院老年干部科
四川成都市第一人民医院重症监护病区
四川大学华西医院新心内科护理组
四川成都市妇幼保健院产科高危病区
四川德阳市人民医院内一病区
重庆医科大学附一院检验门诊
重庆医科大学儿童医院重症监护市
重庆市第三人民医院老年病科
云南大理州人民医院干疗科（原内三科东病区）
云南省第二人民医院肝胆外科
云南昆明市延安医院心胸外科
云南红河州人民医院心内科（原内一科）
贵州省人民医院急诊科
贵州贵阳市妇幼保健院新生儿科
贵州贵阳医学院附属医院外二科
贵州遵义医学院附属医院急诊科
西藏第一医院小儿科
陕西省肿瘤医院CT室
甘肃卫生厅规划财务处
甘肃兰州医学院第一附属医院CCU病房
甘肃省中医院急诊科
青海省人民医院精神外科
青海省妇产儿童医院电生理科
内蒙古医学院附属医院门诊部
宁夏人民医院眼科
宁夏银川市第一人民医院肝胆外科
宁夏医学院附属医院神经外科
宁夏人民医院普外科
宁夏医学院附属医院胸心外科
新疆人民医院急救中心团支部
新疆卫生防疫站肝炎室
新疆乌鲁木齐市血液中心检验科
新疆乌鲁木齐市妇幼保健院产房
新疆生产建设兵团农十三师红星医院外科

二、新命名的

北京佑安医院“爱心家园”
北京丰台区医院心血管重症监护病房
北京积水潭医院创伤骨科八病房
天津医疗急救指挥中心通讯调度科
天津医科大学总医院干部保健病房
河北医科大学第三医院创伤急救中心
河北省廊坊市中心血站
山西长治医学院附属和平医院检验科
山西省中医药研究院内分泌科
辽宁沈阳市第一人民医院神经内一科病房
辽宁鞍山市中心医院神经内科
吉林长春市中心医院综合注射室
吉林吉林市中心医院手术室护理组
黑龙江牡丹江市中医院放心药房
黑龙江医院普外一科
黑龙江双鸭山市人民医院骨外科
上海复旦大学附属华山医院神经外科青年医师组
上海第二医科大学附属新华医院儿童医学中心小儿心胸外科
江苏镇江市第一人民医院输液室
江苏徐州市第四人民医院急诊科
浙江妇女保健院妇一科
浙江嘉兴市第一医院十一病区
安徽中医学院第一附属医院二病区
安徽安庆市第一人民医院内二病区
福建漳州市中医院“120”急救中心
福建医科大学附属协和医院ICU护理组
江西九江市第一人民医院神经内科
江西新余市人民医院外二科
山东济宁市红十字会中心血站体检采血科

山东烟台市烟台山医院急诊科护理组
河南鹤壁市第一人民医院儿科
河南洛阳市妇幼保健院新生儿科
湖北宜昌市第一人民医院
湖北武汉市儿童医院香港路门诊部输液室
湖南人民医院肝胆科
广东中医院内一科
广西人民医院眼科
广西桂林市第三人民医院内一科
海南安宁医院女病区
重庆中山医院重症监护室
四川肿瘤医院放疗中心技术组
四川内江市第一人民医院外三科
贵州毕节地区人民医院急诊科
贵州遵义医院内四科
云南第一人民医院生殖遗传科
西藏藏医院心脑血管科
陕西肿瘤医院胸外科护理部
陕西西安市第四医院眼科
甘肃新生儿重症救护中心
青海医学院附属医院心胸科护理部
新疆伊犁哈萨克自治州友谊医院肿瘤内科
新疆医科大学第一附属医院中心手术室
新疆生产建设兵团奎屯医院内四科
中国医学科学院协和医院神经内科
中国疾病预防控制中心传染病预防控制所腹泻病研究室
中日友好医院心脏血管外科护士站
北京大学肿瘤医院内五病房
北京大学人民医院创伤骨科
中华医学会杂志社微机室
深圳宝安区中医院
厦门中心血站
青岛海慈医疗集团急诊科

国资委监管企业

一、继续认定的

中国兵器装备集团公司建设工业（集团）有限责任公司建设宾馆前厅销售部
中国兵器装备集团公司长安汽车（集团）有限公司231车间A线
中国南方机车车辆工业集团公司四方机车车辆股份有限公司工贸棘洪滩制造厂总装方法分部
中国南方机车车辆工业集团公司眉山车辆厂货车公司货一车间中梁电焊班
中国南方机车车辆工业集团公司南京浦镇车辆厂车架车间铆焊三组
中国南方机车车辆工业集团公司戚墅堰机车车辆厂内机分厂机车二车间电焊一班
中国南方机车车辆工业集团公司北京二七车辆厂货车车间三通阀门班
中国南方机车车辆工业集团公司石家庄车辆厂轴承检修基础工艺线
中国南方机车车辆工业集团公司株州电车机车研究所变流器开发部
中国南方机车车辆工业集团公司贵阳车辆厂台车车间轴承工段
中国南方机车车辆工业集团公司株州电力机车厂九方装备公司引进设备维修服务中心
中国港湾建设（集团）总公司中航一航局长江口项目部
中国港湾建设（集团）总公司中航三航局二公司“建港劲旅”青年项目管理部
神华集团神府东胜煤炭有限责任公司大柳塔矿综采一组
神华集团公司新华航空公司祥鸽乘务示范组
中国核工业第二三建设公司深圳纽科利核电工程有限公司检修部
中国机械装备（集团）公司中工国际工程股份有限公司成套工程一部
中煤建设集团公司中煤第五建设公司徐州友谊宾馆前厅部
中铁十四局集团有限责任公司隧道工程分公司株六铁路复线项目部
中铁十五局集团二公司西安未央路立交桥项

目部
中国第一汽车集团公司客车有限公司产品规划开发部底盘设计室
中国第一汽车集团公司动能分公司锅炉车间1号炉
中国第一汽车集团公司轿车公司二发厂双轴车间团支部
中国煤炭工业进出口集团公司山西神州煤电焦化股份有限公司焦化厂炼焦车间热工段
中国煤炭工业进出口集团公司山西省平朔安太堡矿选煤部工艺龙班
中国化学工程第七建设公司独山子重整青年突击队
中国中旅(集团)公司北京丽都假日饭店泰国餐厅
中国中旅(集团)公司北京丽都假日饭店前厅部电话班
中国中旅(集团)公司中旅大厦楼层组
中国航空工业第二集团公司602所十九室(直升机旋翼动力学国防科技重点实验室)
中国航空工业第二集团公司昌河飞机工业集团公司涂装车间运行工段
中国房地产开发集团公司三峡置业股份有限责任公司
中国电信集团贵州省电信公司黔南州分公司市郊中心机线组
中国兵器装备集团公司长安汽车(集团)有限公司235车间“长安之星”总装线
攀技花钢铁集团公司新钢钒股份有限公司炼铁厂三烧车间
攀技花钢铁集团公司冷轧厂镀锌机组
攀技花钢铁集团公司炼钢厂连铸浇钢组
中国石油天然气集团公司北京燕化公司合成橡胶事业部聚合车间化工三班
中国电子信息产业集团公司北京和利时系统工程股份有限公司
中国电子信息产业集团公司中国华大集成电路设计中心CAD部
中国北方机车车辆工业集团公司北京南口机车车辆机械厂油泵油嘴分厂车二班
中国北方机车车辆工业集团公司大连机车车辆厂铸钢厂造型大件组
中国北方机车车辆工业集团公司唐山机车车辆厂质量检查处柴油机检查组
中国北方机车车辆工业集团公司大同机车厂铸铁车间合金组
中国北方机车车辆工业集团公司北京二七机车厂传动车间箱体班
中国北方机车车辆工业集团公司长春客车厂转向架分厂轮轴车间轴承班
中国北方机车车辆工业集团公司哈尔滨车辆厂产品开发部设计组
中国北方机车车辆工业集团西安车辆厂冲压车间拼板组
中国北方机车车辆工业集团济南机车车辆厂备料分厂预处理一班
煤炭科学研究总院北京中煤公司金草田分公司
中铁宝桥有限责任公司道岔车间大刨组
中国航天科技集团公司一院211厂33车间
中国航天科技集团公司五院529厂一车间数控班
上海船舶运输科学研究所机舱监控自动化项目组
彩虹集团公司彩管一厂ITC组
中国核工业第二一建设公司第五项目部
北京有色金属研究总院有自公司
中国普天信息产业集团公司普天东方通信移动系统生产制造部
中国铁路通信信号集团公司西安凯仕信控制显示技术有限公司
中国铁路通信信号集团公司济南工程公司第一信号段
中国铁路通信信号集团公司上海工程公司轨道交通项目部
中国铁路通信信号集团公司济南工程公司城

市交通工程处
鞍钢集团新钢铁公司热轧带钢厂1780生产线青年集体
上海宝山钢铁股份有限公司炼钢厂铸钢分厂青年浇钢台
上海宝山钢铁股份有限公司技术中心信息技术及亚欧信息研究组
中国建筑工程总公司湖南平和堂商贸大厦项目部
中国建筑工程总公司中建一局张运龙项目管理型青年突击队
中国建筑工程总公司中建七局(上海)有限公司四分公司751项目部
中国建筑工程总公司中建七局四公司428项目部
中国建筑工程总公司中建七局徐州公司项目经理部
山东省电力集团公司潍坊供电公司农电青年优质服务岗
山东省电力集团公司青岛供电公司客户服务中心营业厅

二、新命名的

中国航空工业第一集团公司成都飞机工业集团公司民机公司
中国葛洲坝水利水电工程集团有限公司三峡防渗基础灌浆工程项目部
中国铁路工程总公司中铁一局集团新运公司青藏铁路铺架青年突击队
中国石油天然气集团公司东方地球物理公司国际勘探部
中国铁道建筑总公司中铁十二局集团第二工程有限公司西南铁路项目部
中国铁道建筑总公司中铁十六局集团第三工程有限公司上海磁悬浮项目部
中国航天科技集团公司第一研究院14所第二研究室
中国电子信息产业集团公司中软网络技术股份有限公司系统集成总部
中国路桥(集团)总公司第一工程局第一工程公司合徐项目
中煤建设集团公司第五建设公司第二工程处204青年突击队
中国远洋运输(集团)总公司燕京轮
中国南方机车车辆工业集团公司株洲车辆厂备料分厂大型钢班
中国煤炭工业进出口集团公司大屯煤电集团公司电力生产线
中国北方机车车辆工业集团公司永济电机厂一机车间加工中心
中国建筑工程总公司三局三公司武汉销品茂项目经理部
北京有色金属研究总院复合材料研究中心
中国铝业股份公司中州分公司生产运行部电力调度室
中国铁路工程总公司中铁五局(集团)有限责任公司青藏指挥部

质 检 系 统

一、继续认定的

山西出入境检验检疫局机场办事处
山西出入境检验检疫局技术中心
黑龙江黑河出入境检验检疫局大黑河岛办事处
上海吴淞出入境检验检疫局动植物和食品检验检疫科
安徽马鞍山出入境检验检疫局综合业务科
湖北出入境检验检疫局三峡工程办事处
福建马尾出入境检验检疫局检务科
福建出入境检验检疫局检务处
福建宁德出入境检验检疫局检务科
福建莆田出入境检验检疫局检务科
福建福清出入境检验检疫局检务科
广东中山出入境检验检疫局小榄办事处
广东东莞出入境检验检疫局凤岗办事处
广东深圳笋岗出入境检验检疫局动物检验检疫科

广西东兴出入境检验检疫局货检组
陕西出入境检验检疫局机场办事处旅检科

二、新命名的

山西质量技术监督局计量产品质量监督检验站
山西纤维检验局棉花监督科
吉林标准研究院代码室
上海产品质量监督检验所食品化工室
江苏技术监督情报研究所组织机构编码管理技术中心
江苏盐城质量技术监督局服务大厅
浙江物品编码中心
山东东营市质量技术监督局东营区分局综合业务科
山东淄博市质量技术监督稽查大队
河南信阳市质量技术监督局平桥区分局稽查队
海南质量技术监督标准与信息所
重庆荣昌县产品质量监督检验所
甘肃标准计量情报研究所代码办公室
北京出入境检验检疫局检务处产地证科
北京首都机场出入境检验检疫局旅检处
天津东港出入境检验检疫局检务科
天津空港出入境检验检疫局检务处报检科
内蒙古二连浩特出入境检验检疫局公路口岸科
内蒙古满洲里出入境检验检疫局植检处
吉林出入境检验检疫局检务处签证科
吉林珲春出入境检验检疫局圈河办事处
黑龙江绥芬河出入境检验检疫局检务科
上海检验公司
上海出入境检验检疫局航交所办事处
江苏南京出入境检验检疫局机场办事处
江苏常熟出入境检验检疫局检务科
浙江温州出入境检验检疫局报检厅
安徽出入境检验检疫局报检大厅
安徽黄山出入境检验检疫局综合业务科
福建晋江出入境检验检疫局检务科
福建厦门出入境检验检疫局机场办事处综合科
江西出入境检验检疫局报检签证大厅
江西赣州出入境检验检疫局综合业务科
山东青岛出入境检验检疫局化矿金实验室
山东威海出入境检验检疫局检务与综合业务科
广东广州出入境检验检疫局食品实验室
广东湛江出入境检验检疫局化矿检验鉴定处登轮科
广东深圳盐田出入境检验检疫局检务科
海南出入境检验检疫局检务处签证岗
广西柳州出入境检验检疫局检务鉴定科
重庆出入境检验检疫局法规与执法稽查科
云南国际旅行卫生保健中心

民航系统

一、继续认定的

民航华北空管局空管中心塔台(进近)管制室
民航内蒙区局航管中心呼和浩特区域管制室
民航山西省局太原空管中心区域管制室
民航华北空管局气象中心预报室
中国国际航空公司客舱服务部三分部“金凤”一组
中国国际航空公司客舱服务部二分部“金凤”二组
中国国际航空公司货运分公司北京货运部特运室
中国国际航空西南公司地面服务部要客室
中国国际航空西南公司飞机维修基地航线部B737－300分部机械工段
中国国际航空西南公司成都乘务部“蓝色旅途”乘务组
中国国际航空重庆公司客舱服务部乘务一中队“红岩”乘务组
中国国际航空重庆公司客舱服务部乘务二中队“银鹰”乘务组
中国国际航空公司内蒙古分公司飞机维修基

地定检维修分部
中国国际航空公司内蒙古分公司运行分控中心签派室
中国国际航空公司内蒙古分公司客舱服务部“百灵”乘务组
中国国际航空公司天津分公司售票处
北京空港航空地面服务有限公司客运部国际值机室
中国航空集团公司资产管理公司民航徐州设备修造厂一车间
中国首都机场集团公司要客部北京空港贵宾服务有限公司服务中心
中国首都机场集团公司运行保障部天然气管理中心设备维修站
中国首都机场集团公司运行保障部暖通管理中心集中供热站
北京首都国际机场股份有限公司航空安全部消防支队
北京首都国际机场股份有限公司航空安全部安检站国际旅检一科
天津滨海国际机场公安分局派出所
天津滨海国际机场候机楼问询处
北京天航信民航通信网络发展有限公司网络部
天信达信息技术有限公司应用开发部
民航华东空管局浦东航管站空管中心进近管制室
民航安徽省局合肥售票中心
杭州萧山国际机场航空地面服务公司服务部
南京禄口国际机场有限公司安检护卫部安检二科
民航山东省局济南售票处
温州航空客运有限公司
中国东方航空股份有限公司客舱部“凌燕”乘务示范组
中国东方航空股份有限公司飞机维修基地航线部“2308 青年样板机维护组”
中国东方航空股份有限公司山东分公司青岛飞行部“鲁燕”乘务示范组
中国东方航空股份有限公司市场营销部上海营业部售票处“青年创优服务窗口”
中国东方航空股份有限公司江西分公司飞行大队乘务中队“赣燕”乘务示范组
中国东方航空股份有限公司安徽分公司飞行部乘务一中队“皖燕”乘务示范组
中国东方航空股份有限公司安徽分公司飞行部“黄山”乘务组
中国东方航空股份有限公司江苏有限公司客舱服务部“苏燕”乘务组
中国东方航空股份有限公司山西分公司太原售票处
中国东方航空股份有限公司山西分公司“白鸽”乘务示范组
中国东方航空股份有限公司保障部客运部旅客服务部“温馨组”
中国东方航空股份有限公司江苏有限公司“苏鹰”文明机组示范组
中国东方航空股份有限公司运行管理部签派科“希望号”
上海东美航空发展有限公司票务中心
中国东方航空西北公司飞行部客舱服务部乘务二中队“如意”乘务组
中国东方航空西北公司飞机维修基地空客定检车间
中国东方航空西北公司飞机维修基地航线部特种车辆一工段
中国东方航空西北公司地面服务部服务处问讯及特殊服务小组
中国东方航空西北公司货运部咸阳货运处国内营业室
中国东方航空西北公司甘肃公司营运部地面服务处
中国东方航空云南公司客舱部“金孔雀”乘务组
中国东方航空云南公司地面服务有限公司旅客服务部

中国东方航空云南公司昆明中心售票处
上海国际机场股份有限公司虹桥候机楼管理分公司服务部电话问讯室
上海国际机场股份有限公司虹桥候机楼管理分公司虹桥服务部贵宾室
上海国际机场股份有限公司虹桥安检护卫分公司国内科一分队
上海机场运行管理公司虹桥运行保障部供电科灯光站
上海航空股份有限公司客舱服务部“金鹤”示范乘务组
上海航空股份有限公司客舱服务部“银鹤”示范乘务组
上海航空股份有限公司上海营业部中心售票处
上海航空股份有限公司商务部顾客服务中心
厦门航空有限公司客舱服务部乘务分部
厦门航空有限公司运输服务部旅客服务处值机室
厦门国际航空港集团有限公司客运代理公司运行服务科
山东航空股份有限公司客舱服务部“彩虹”乘务队
山东航空股份有限公司市场部济南营业部
民航中南空管局管制中心白云塔台
民航中南空管局气象中心预报室
民航湖南省局现场运行指挥中心客运部候机室
民航河南省局地面服务处旅客服务部
民航河南省局安检站一中队一分队
民航长沙空管中心航务管理部区域管制室
民航海口空管站技术保障部
民航中南机场设计研究院质量组
桂林两江国际机场地勤服务总公司旅客服务队
武汉天河机场公司场务修缮公司灯光动力部
华南蓝天航空油料有限公司湖北分公司航空加油站
中国南方航空股份有限公司客舱部乘务二部“春风”乘务示范组
中国南方航空股份有限公司客舱部乘务一部“春晖”乘务组
中国南方航空股份有限公司地面服务保障部航班不正常处理室
中国南方航空股份有限公司湖南公司乘务队“芙蓉”乘务示范组
中国南方航空股份有限公司湖北分公司“楚韵”乘务示范组
中国南方航空股份有限公司海南公司“含笑”乘务示范组
中国南方航空股份有限公司海南公司中心售票处
中国南方航空股份有限公司深圳公司“木棉”乘务示范组
南航汕头航空有限公司“虹云”乘务示范组
广州飞机维修工程有限公司地面保障设备部特种车辆修理分队
广州南方航空报关有限公司
中国南方航空集团北方公司空地服务部“共青团微笑乘务组”
中国南方航空集团北方公司空地服务部服务室
中国南方航空集团北方公司飞机维修基地大修部发动机车间
中国南方航空集团北方公司长春飞机维修厂三车间
中国南方航空集团北方公司哈尔滨基地飞机维修厂航线车间
中国南方航空集团北方公司沈阳客运营业部马路湾售票处
中国南方航空集团北方公司长春中心售票处
中国南方航空集团北方公司大连分公司大连航空信息服务中心
北亚航空公司客舱部乘务队“天涯知己”乘务组
中国南方航空集团新疆公司客舱服务部乘务

大队三中队“雪莲”示范乘务组
中国南方航空集团新疆公司航空地面服务公司机场问询处
中国南方航空集团新疆公司市场营销部售票处客运室
广州白云国际机场公安局刑警大队
广州白云国际机场股份有限公司贵宾室
广州白云国际机场股份有限公司航空护卫分公司(安全检查站)一中队
广州白云国际机场股份有限公司旅客服务分公司天龙酒家烧腊房
广州白云国际机场股份有限公司易登机商旅服务有限公司售票处直销室
广州白云国际机场宾馆饮食部贵宾房服务组
深圳航空有限责任公司乘务部乘务大队
深圳航空有限责任公司商务部华联售票处
深圳机场(集团)公司承远航空加油站
深圳机场(集团)公司旅客服务部服务科
深圳机场(集团)公司安检站旅检二分队
海南航空股份有限公司乘务大队“飞鹿”乘务组
民航西南管理局办公室秘书科
民航西南空管局成都管制中心塔台管制室
民航西南空管局气象中心预报室
民航西南空管局航管站
民航重庆市局公安局交巡警支队
民航贵州省局贵阳售票处
民航云南省局大理航站营运科
成都双流国际机场安全检查站安检一科
重庆江北国际机场候机楼总服务台
中国航空油料西南公司成都航空加油站
中国民航飞行学院广汉分院机务工程部团员安全监督岗
中国民航飞行学院洛阳分院航站安检站
四川航空股份有限公司乘务分部“心连心”乘务组
四川航空股份有限公司机务工程部 A320 维修三分队
西安咸阳国际机场公安分局机场派出所
西安咸阳国际机场动力公司灯光站
民航甘肃省局公安处中川机场派出所
民航宁夏区局银川中心售票处
民航兰州空管中心航务部区域管制室
中国航空油料西北公司咸阳航空加油站
民航东北空管局沈阳空管运行中心气象中心预报科
民航东北空管局哈尔滨空管中心航务部调度室
民航吉林省局长春机场候机室
沈阳桃仙国际机场安检站安检一科
大连周水子国际机场公安分局派出所
大连周水子国际机场商贸公司免税店
民航乌鲁木齐管理局通信导航处莎车导航站
民航乌鲁木齐管理局公安局候机楼派出所
民航乌鲁木齐管理局公安局机场消防大队一中队
民航乌鲁木齐管理局酒店管理公司机场宾馆客房部服务组
中国航空油料新疆公司航空加油站三分队

二、新命名的

中国国际航空西南公司成都飞行部五中队
中国国际航空天津分公司飞机维修基地航线车间三工段
民航快递有限责任公司广州分公司物流部
中国首都机场集团公司运行保障部水电管理中心供电站 110KV 变电站
中国航空油料大连分公司航空加油站
中国航空结算中心海外业务部 BSP 数据处理中心
民航厦门航务管理站航行气象处航行科
民航江西省局安检站旅检二组
中国东方航空股份有限公司山东分公司市场部东海路售票处
中国东方航空股份有限公司山西分公司客舱部“银鸽”乘务示范组
中国东方航空云南公司客舱服务部二分部“云

莺”乘务组
厦门国际航空港集团公司安检护卫中心旅检科三班
武汉天河机场公安分局候机楼派出所
珠海航空有限公司客舱部“明珠”示范组
中国南方航空北方公司“银燕”共青团乘务组
新疆航空公司“蓝天”示范乘务组
广州白云国际机场股份有限公司航空护卫分公司(安全检查站)三中队
深航货运有限公司燕南路营业部
民航西藏区局客运销售部拉萨售票处
民航西北空管局管制中心区域管制室
民航黑龙江省局哈尔滨市售票处
民航总医院骨科

旅 游 系 统

一、继续认定的

北京丽都假日饭店饮食部泰国餐厅
北京国际饭店礼宾部行李房
北京昆仑饭店保卫部前厅门卫
中国职工之家客房部
北京饭店中华礼仪餐厅
北京饭店餐饮部宴会服务班
北京新侨饭店前厅部电话班
北京前门全聚德烤鸭店餐厅组
北京首汽集团公司国宾队
北京颐和园管理处殿堂队德和园班
北京长富宫饭店宴会厅青年班组
北京北海公园琼岛景区
北京世界公园安保部
北京中华民族园
北京天坛公园回音壁殿堂班
中国人民解放军空军航空博物馆团委
北京建国饭店西餐厅
北京港澳中心电话总机班
北京长城饭店茶园餐厅
北京五洲大酒店总机班
北京民族饭店磨坊咖啡厅
北京京都信苑饭店香榭丽寨咖啡苑
北京昌平区十三陵特区办事处定陵博物馆
天津利顺德大饭店白金汉宫宴会厅
天津水晶宫饭店西餐服务组
天津友谊宾馆营销小组
天津蓟县盘山风景名胜区索道公司
天津塘沽海滨旅游度假区温泉游乐宫
天津大亚旅行社导游部
河北宾馆金燕都餐厅
河北秦皇岛市山海关老龙头景区管理处
河北承德避暑山庄管理处群工部
河北石家庄市国际大厦客房部12—15楼班组
河北唐山饭店餐饮部美食林宴会服务班
河北廊坊市天都大酒店
河北遵化中国国际旅行社北京接待中心
山西大酒店客房部
山西国旅大厦酒店
山西大同云冈石窟文物研究所宣传接待部
山西太原市晋祠博物馆群工部
山西太原市迎泽宾馆客房部
山西大同云冈宾馆有限责任公司客房部七楼班组
山西太原愉园大酒店客房部前厅岗
内蒙古呼和浩特市新城宾馆八号楼青年集体
内蒙古呼伦贝尔市巴彦呼硕旅游度假村
内蒙古呼和浩特市哈素海旅游度假村
内蒙古呼伦贝尔宾馆餐饮部
内蒙古集宁映山大厦贵宾楼
内蒙古巴盟电力大酒店
辽宁沈阳市凤凰饭店客房部
辽宁大连天富大酒店前台接待部
辽宁本溪水洞管理处导游班
辽宁凤凰山风景名胜区管理局山门管理科
辽宁鞍山玉佛苑青年导游服务班
辽宁抚顺友谊宾馆客房部
辽宁沈阳园林国际旅行社国内旅游业务中心
辽宁大连博览大酒店康乐中心
辽宁抚顺雷锋纪念馆

吉林集安市翠园宾馆客房部
吉林宾馆客房部
吉林长春市长白山宾馆客房部
吉林吉林市银河大厦总服务台
吉林长春市乐府大酒店客房部
吉林长春华侨饭店客房部
吉林长春市伪满皇宫博物院宣教部
黑龙江中国青年旅行社港台部
黑龙江哈尔滨天鹅饭店餐饮前厅部
黑龙江哈尔滨观光国际旅行社外联部
黑龙江大庆市铁人纪念馆
黑龙江哈尔滨市马迭尔宾馆总服务台
黑龙江大庆宾馆总服务台
黑龙江哈尔滨铁道国际旅行社国际部
黑龙江旅游培训中心培训部
黑龙江哈尔滨铁路分局旅游公司黑河号列车
黑龙江牡丹江北山宾馆
上海锦江饭店前厅礼仪班组
上海海仑宾馆索菲特俱乐部
上海宾馆迎接青年服务班
上海国际旅行社国内部门市营业部小组
上海银河宾馆客房部 VIP 班组
上海衡山宾馆客房部一号电梯班组
上海新锦江大酒店青年国宾接待班组
上海华亭宾馆宴会厅
上海和平饭店客房部北四楼青年班组
上海大厦前厅销售部大堂班组
上海华东大酒店房务部总台班组
江苏南京金陵饭店中餐部佳宾厅
江苏南京夫子庙旅游商贸区
江苏苏州市虎丘山风景区管理处检票组
江苏徐州市云龙山观景台管理所
江苏南通文峰大世界总服务台
江苏连云港连岛海滨浴场
江苏常州江南春宾馆客房服务一班
江苏溧阳市天目湖宾馆餐饮部
江苏张家港国贸酒店前厅部
江苏无锡大饭店有限公司总机商务班
江苏盐城市盐阜宾馆房务部迎宾苑服务班
浙江杭州望湖宾馆望湖楼餐厅
浙江宁波亚洲华园宾馆商务中心
浙江杭州香格里拉饭店商务中心
浙江温州华侨饭店客房部
浙江杭州大华饭店“共青团服务楼”
浙江台州市凤凰山庄房务中心
浙江奉化市溪口台胞服务中心
浙江杭州大厦总台
浙江湖州国际大酒店总服务台
浙江舟山市普陀山息耒小庄保安部
安徽六安市寿县寿州宾馆客房部
安徽池州市九华山庄前厅部
安徽饭店主楼客房服务班
安徽黄山西海饭店总服务台
安徽黄山北海宾馆总服务台
安徽黄山云谷索道贵宾室
安徽池州市九华山索道公司
安徽芜湖市铁山宾馆竹苑楼
安徽安庆市安庆迎宾馆御苑餐厅
安徽马鞍山市林散之艺术馆
安徽黄山狮林大酒店总服务台
安徽滁州市红三环大酒店有限责任公司客房部
安徽淮北市相王府宾馆总服务台
安徽巢湖市临湖宾馆客务部
福建福州大饭店
福建泰宁县金湖导游服务公司
福建泉州酒店客房部
福建厦门鹭江宾馆总台
福建外贸中心酒店客房部
福建青旅航空服务有限公司
福建永安市桃源洞风景区导游班组
江西南昌市青山湖宾馆客房部
江西南昌市江西宾馆客房部七楼小组
江西赣州中国国际旅行社
江西景德镇宾馆客房部二班
江西庐山宾馆客房部

江西南昌市滕王阁管理处接待科
江西九江宾馆餐饮部居易山庄服务小组
江西抚州温泉宾馆客房部
江西萍乡市安源宾馆宴会厅
江西赣州市虔城大酒店客房部
江西上饶龟峰旅行社
江西赣州悦来旅行社
山东威海卫大厦鲁苑厨房
山东青岛海天大酒店东来顺餐厅
山东蓬莱市蓬莱阁管理处导游科
山东泰安市博物馆导游部
山东青岛崂山风景区奇石馆
山东威海刘公岛景区甲午海战馆导游讲解班
山东潍坊富华游乐园摩天轮、过山车机组
山东济南市贵都大酒店餐饮部
山东荷泽南华牡丹大酒店前厅部
山东临沂陶然居大酒店餐饮部
山东曲阜孔子六艺城艺术团
山东淄博中国古车博物馆
河南南阳宾馆紫竹园餐厅服务班
河南新乡宾馆客房部
河南郑州市嵩山饭店餐饮部7号楼餐厅
河南郑州市嵩山少林旅行社接待部
河南开封包公祠讲解组
河南安阳市殷墟博物苑讲解班
河南洛阳市新友谊大酒店客房部礼宾班
河南濮阳宾馆贵宾楼服务班
河南焦作市月季大酒店餐饮部
河南三门峡明珠宾馆房务部前厅部
河南安阳宾馆四号楼服务组
河南许昌大酒店客房部
河南开封清明上河园有限公司保卫科
湖北黄鹤楼公园管理处主楼科
湖北鄂州康福国际旅行社
湖北襄樊市隆中风景名胜区导游接待班
湖北武汉市东湖磨山管理处旅游接待部
湖北宜昌国际大酒店前厅部
湖北十堰商业贸易大厦客房部
湖北赤壁市金桥宾馆青年集体
湖北荆门市八方国际大酒店客房部
湖南衡阳市雁城宾馆共青团文明楼
湖南资兴市东江湖风景旅游区兜率岛景点
湖南中国青年旅行社导游部
湖南张家界市琵琶溪宾馆客房部二号楼服务班
湖南岳阳市中银大酒店前厅部
湖南常德市华都大酒店餐饮部
湖南吉首市湘西民族宾馆前厅部
湖南郴州国际大酒店前厅部
广东湛江海滨宾馆六号楼服务班
广东中山国际酒店前台部
广东广州市中国大酒店酒水部
广东白天鹅宾馆管家部机动综合班
广东广州酒家正店三楼班组
广东深圳世界之窗有限公司表演部日本园
广东佛山市旅游总公司旅游部
广东深圳锦绣中华发展有限公司中国民俗文化村
广东深圳世界之窗
广东广州白云山云台花园
广东肇庆七星岩游览公司龙岩洞讲解班
广东江门市恩平金山温泉度假酒店前厅部
广东南海市中旅集团公司云影琼楼酒店前台
广东万绿湖风景区票务部
广东韶关市东明商贸有限公司广客隆金沙商场
广东南海市迎宾馆客房部
广东罗浮山旅游开发总公司门楼管理部
广西桂林旅游股份有限公司漓江游船公司桂海27号船组
广西柳州饭店四号楼餐厨班
广西南宁邕江宾馆大堂酒吧
广西桂林榕湖饭店榕湖楼餐厨组
广西桂林旅游股份有限公司漓江游船公司八桂17号船组
广西桂林芦笛公园女子导游班

广西北海银滩管理处票务部
广西柳州饭店前厅接待组
广西梧州市五丰大酒店房务部
广西桂林宾馆前厅部
广西桂林旅游股份有限公司漓江游船公司山水 18 号船组
广西凭祥市园林大酒店
海南兴隆金银岛大酒店前厅部
海南三亚明珠海景酒店客房部 A 座服务班组
海南海口市南庄酒店公关部
海南南山佛教文化苑保安部
海南海口市金海岸罗顿大酒店前堂部
海南三亚珠江花园酒店珠江春中餐厅
海南宝华海景大酒店客房部
重庆人民宾馆前厅部东楼前台
重庆大足石刻艺术博物馆宣传讲解组
重庆巫山县小三峡清洁队
重庆扬子江假日饭店客房部
重庆宾馆客房部服务中心会议组
重庆奉节县白帝城文管所讲解组
重庆武隆县芙蓉洞讲解组
重庆新亚国际旅行社海外部
四川成都市锦江宾馆客房部主五楼小组
四川成都市岷山饭店客房部三区
四川峨眉山万年索道有限公司
四川峨眉山金顶索道公司
四川长宁县竹海风景区竹海宾馆
四川峨眉山市红珠山宾馆客房部
四川九寨沟民族艺术团
贵州凯里宾馆总服务台班组
贵州中国国际旅行社国内部
贵州山水旅行社外联接待部
贵州中国国际旅行社欧美部
贵州铁路通达饭店餐饮部服务班
贵州青年文化旅行社
云南石林风景名胜区管理局导游组
云南瑞丽新凯通国际大酒店房务部
西藏拉萨假日酒店牦牛咖啡厅
西藏宾馆客房部
陕西华山风景名胜区园林环境卫生管理处
陕西秦始皇兵马俑博物馆宣教部
陕西宝鸡市太白山索道公司
陕西兴平市茂陵博物馆
甘肃兰州丝路旅行社
甘肃嘉峪关市长城宾馆餐饮部
甘肃嘉峪关关城文物管理所
甘肃武威市博物馆
甘肃敦煌月牙泉管理处接待部
甘肃嘉峪关宾馆客房部
甘肃张掖电力宾馆客房部
甘肃兰州假日旅行社
甘肃敦煌宾馆
青海中国青年旅行社
青海宾馆客房部总服务台
宁夏沙湖旅游公司旅游部
新疆库尔勒巴音郭楞宾馆客房部
新疆石河子宾馆客房部
新疆库尔勒巴音郭楞宾馆清真餐厅前堂部
新疆吐鲁番市葡萄沟游乐园
新疆生产建设兵团农十师北屯宾馆客房部
新疆生产建设兵团伊犁大酒店客房部
新疆生产建设兵团徕远宾馆餐饮部零点组

二、新命名的

北京新世纪饭店客房预定部
上海虹桥宾馆食府班组
上海国旅英语接待部青年导游小组
天津水晶宫饭店中厨房集体
天津友谊宾馆客房服务中心
重庆万盛石林旅游区讲解组
重庆海逸酒店前台
河北石家庄市平山县天柱山景区管理处
河北秦皇岛市海燕国际旅行社有限公司
河南平顶山友好旅行社有限公司
河南驻马店西园宾馆客房部
山东烟台市中心大酒店客房服务一班
山东舜耕山庄总服务台

陕西宝鸡西虢宾馆客房部
甘肃兰州金轮宾馆客房部
甘肃天水金龙大酒店
甘肃嘉峪关大自然旅行社
山西省煤炭运销总公司愉园温泉度假村前厅部
内蒙古满洲里市友谊宾馆
黑龙江五营国家森林公园
黑龙江齐齐哈尔市白鹤宾馆旋转餐厅
吉林四平宾馆客房部
吉林长春香格里拉大饭店宴会及会议统筹部
辽宁张氏帅府博物馆宣教部
辽宁大连中国青年旅行社
湖北丹江武当山索道有限公司索道站
湖北武穴龙潭宾馆前厅部
湖南株州市金龙大酒店客房部
安徽顺达旅行社金寨路营业部
安徽合肥明珠国际大酒店前厅部
江苏镇江宾馆礼宾部
江苏扬州市外事旅游实业公司游船部导游讲解组
浙江嘉兴国际旅行社有限公司
浙江杭州楼外楼实业有限公司东厅接待部
江西鹰潭市龙虎山旅游集团公司导游管理所
江西新余市北湖宾馆客房部
江西九江市五丰宾馆前厅部
福建武夷山庄贵宾楼服务班组
福建漳州大酒店前厅部总机班
四川峨眉山大酒店
四川宜宾酒都饭店
四川九寨沟管理局专职消防队
广东阳江国际大酒店丰泽园餐厅
广东东莞市国际旅行社接待部前台
广西梧州市五丰大酒店前厅部
广西天湖酒店前台班
海南琼海金芙蓉度假村房务部
新疆生产建设兵团农四师伊犁花城宾馆客房部A楼班组
新疆生产建设兵团农五师艾比湖大酒店总服务台

金融系统

一、继续认定的

中国人民银行
天津分行太谷县支行
天津分行塘沽中心支行营业部
天津分行办公室文书科
天津分行黎城县支行
天津分行安国市支行
天津分行文安县支行
天津分行霍林郭勒市支行
沈阳分行抚顺市中心支行货币信贷与统计处
沈阳分行长春中心支行营业部与清算分中心
沈阳分行白山市中心支行科技科
沈阳分行哈尔滨中心支行调查统计处统计一组
沈阳分行大连市中心支行营业部
沈阳分行鞍山市中心支行外汇管理处
沈阳分行铁岭市中心支行国库科
沈阳分行齐齐哈尔市中心支行科技科
上海分行银行管理处业务管理科
上海分行南平市中心支行营业室
上海分行杭州中心支行经常项目管理处出口收汇核销管理科(原上海分行杭州中心支行经常项目管理处出口收汇管理科)
上海分行嘉兴市中心支行外汇管理科
上海分行泉州市中心支行营业室
上海分行大田县支行农村合作金融监管股(原上海分行大田县支行合作金融机构监管股)
上海分行嘉兴市中心支行营业部
南京分行宿松县支行
南京分行盐城市中心支行营业室
济南分行广饶县支行
济南分行淄博市临淄区支行
济南分行邹城市支行
济南分行舞阳县支行

济南分行柘城县支行
济南分行宝丰县支行
济南分行寿光市支行
武汉分行万年县支行
武汉分行上高县支行
武汉分行荆门市中心支行支付科技科
武汉分行襄樊市中心支行营业室
武汉分行余江县支行
武汉分行婺源县支行
广州分行办公室
广州分行深圳市中心支行营业部
广州分行深圳市中心支行科技处
广州分行柳州市中心支行营业室
广州分行江门市中心支行国库科
成都分行蒙自县支行
成都分行贵阳中心支行营业部联行、核算科
成都分行松潘县支行
成都分行德宏傣族景颇族自治州中心支行科技科
成都分行宜宾市中心支行核算中心（原成都分行宜宾市中心支行营业室）
西安分行略阳县支行
西安分行平凉市中心支行国库科（原西安分行平凉地区中心支行国库科）
西安分行拜城县支行营业部
西安分行湟中县支行
西安分行果洛藏族自治州中心支行货币信贷与统计科
西安分行石嘴山市中心支行营业部
西安分行海东地区中心支行货币金银科
西安分行庆城县支行（原西安分行庆阳县支行）
重庆营业管理部资本项目处外资外债科
重庆营业管理部云阳县支行会计国库股
南京造币厂 W160 落镗机台
上海印钞厂凹印车间乙班史一明机台
石家庄印钞厂凹印车间 010 机台
保定钞票纸厂四二车间抄纸丙班（原保定钞票纸厂四二车间抄纸丙组）
中国证券监督管理委员会
上海证券交易所
大连商品交易所
深圳证券交易所综合研究所
中国工商银行
北京市王府井支行王府井储蓄所
北京市翠微路支行玉泉路储蓄所
北京市海淀新技术产业开发试验区支行技术保障科
北京市新街口支行地安门外大街储蓄所
天津市分行北站储蓄所
天津市塘沽分行营口道储蓄所
天津市河东支行万新村储蓄所
河北省张家口市分行解放街储蓄所
河北省分行营业部桥西支行营业室（原河北省石家庄桥西支行营业室）
河北省邢台市冶金路支行
河北省邯郸分行中华北大街储蓄所（原河北省邯郸分行中华北路储蓄所）
山西省太原市迎泽支行金厦储蓄所（原山西省分行营业部金厦储蓄所）
山西省临汾分行平阳支行东大街分理处（原山西省临汾市支行东大街储蓄所）
山西省长治市牡丹支行（原山西省长治市支行牡丹办事处）
山西省分行营业部大营盘分理处（原山西省分行营业部大营盘储蓄所）
山西省运城分行广场分理处（原山西省运城分行广场办事处广场储蓄所）
山西省阳泉市分行桥头储蓄所
山西省太原市建设路支行建设北路储蓄所（原山西省太原市建设北路储蓄所）
内蒙古自治区包头市环城路支行商场储蓄所
内蒙古自治区呼伦贝尔分行营业部储蓄专柜（原内蒙古呼盟分行河东支行储蓄专柜）
辽宁省抚顺市分行雷锋储蓄所
辽宁省锦州市古塔支行大楼储蓄所

辽宁省本溪市平山支行解放路储蓄所
辽宁省葫芦岛市连山支行新华储蓄所
辽宁省分行营业部太原一分理处(原辽宁省分行营业部太原街第一储蓄所)
吉林省分行营业部大经路支行三八储蓄所(原吉林省长春市三八储蓄所)
吉林省吉林市吉化市支行湘潭储蓄所
吉林省长春经济技术开发区支行
黑龙江省分行营业部西十二支行中央大街第一储蓄所
上海市外高桥保税区支行
上海市黄浦支行南京东路第三储蓄所
上海市分行第一支行
上海市浦东分行证券大厦分理处
上海市淮海中路第二支行会计组(原上海市徐汇支行淮海中路分理处会计组)
江苏省扬州市分行营业部
江苏省分行营业部雨花支行西善桥分理处(原江苏省南京雨花支行西善桥分理处)
江苏省镇江市分行中山路储蓄所
江苏省南通市长桥分理处
浙江省杭州市西湖支行延中分理处储蓄专柜(原浙江省杭州市西湖支行延安路储蓄所)
浙江省湖州市分行红旗路分理处(原浙江省湖州市分行红旗路储蓄所)
浙江省分行营业部解放路支行储蓄专柜
浙江省瑞安市支行营业部储蓄专柜
安徽省淮北市分行营业部相山储蓄所
安徽省马鞍山分行营业部会计股
安徽省分行营业部回龙桥储蓄所
福建省福州市闽都支行储蓄专柜
福建省泉州市分行营业部
福建省分行营业部南门支行储蓄专柜
江西省南昌县莲塘分理处(原江西省南昌县支行莲塘储蓄所)
江西省分行营业部胜利路分理处(原江西省分行营业部胜利路储蓄所)
江西省九江市分行柴桑分理处
山东省济南市大观园储蓄所
山东省济南市中区支行经十纬二路储蓄所
山东省济南市经二路支行经二纬三路分理处(原山东省济南市经二纬三路储蓄所)
山东省济南市解放路储蓄所
山东省济南市经二纬十二路储蓄所
山东省潍坊市分行营业部
山东省莱芜市莱城区支行城关储蓄所
山东省济南市中区支行七里山西路储蓄所
山东省济南高新技术产业开发区支行
山东省东营市分行东城支行
山东省淄博高新技术产业开发区支行
山东省济南市经二路支行经四纬一路储蓄所(原山东省分行营业部经四纬一路储蓄所)
河南省郑州市分行建设路支行建设路分理处(原河南省郑州市建设路储蓄所)
河南省新乡市分行银行卡中心
河南省安阳市分行安钢一生活区分理处(原河南省安阳市分行安钢一生活区储蓄所)
河南省洛阳市分行营业部中州路储蓄所
河南省安阳市分行人民大道分理处(原河南省安阳市分行人民大道储蓄所)
河南省焦作市分行三八储蓄所
河南省郑州市行政区支行政二街分理处(原河南省分行营业部行政区支行政二街分理处)
河南省分行营业部国际业务部
湖北省随州市支行营业部(原湖北省随州市支行第二营业部)
湖北省潜江市支行营业部
湖北省荆州市分行营业部
湖北省分行营业部民航新村分理处
湖北省分行营业部青山区支行十九街坊储蓄所
湖北省荆门市石化工业区支行白庙储蓄所
湖南省长沙市银迅支行储蓄专柜所(原湖南省分行营业部银迅支行储蓄专柜)
湖南省长沙市韶山路支行大楼储蓄所(原湖南省分行营业部韶山路支行大楼储蓄所)

湖南省湘潭市岳塘支行岳塘储蓄所
湖南省长沙市南门口支行南门口储蓄所（原湖南省分行营业部南门口储蓄所）
广东省广州市署前路支行（原广东省广州市署前路储蓄所）
广东省佛山市分行向秀丽储蓄所
广东省分行营业部长堤路支行（原广东省分行营业部长堤路分理处）
广东省惠州市分行长寿路储蓄所
广东省汕头市分行大厦储蓄所
广西壮族自治区柳州市分行解放北路分理处
广西壮族自治区桂林市分行阳桥储蓄所
广西壮族自治区分行营业部桃源路第二分理处（原广西壮族自治区分行营业部桃源街储蓄所）
广西壮族自治区柳州市分行鱼峰分理处
广西壮族自治区桂林分行解放东路储蓄所
广西壮族自治区玉林分行解放路分理处
海南省海口市金贸分理处
重庆市渝中区支行渝都储蓄所
重庆市九龙坡区支行西郊分理处
四川省分行营业部盐市口支行营业室
四川省达州市通川支行东风路储蓄所
四川省分行营业部春熙支行春熙路储蓄所（原四川省成都市春熙路支行春熙路储蓄所）
四川省分行营业部滨江支行青羊宫分理处（原四川省成都市滨江支行青羊宫分理处）
四川省泸州市纳溪支行河东储蓄所
四川省自贡市分行沙湾分理处储蓄专柜（原四川自贡市分行沙湾储蓄所）
四川省南充市顺庆支行茧市街储蓄所
贵州省分行营业部云岩支行交际处储蓄所（原贵州省贵阳市云岩支行交际处储蓄所）
贵州省分行营业部甲秀支行
云南省昆明市银通支行
云南省丽江地区分行营业部新大街储蓄所
云南省大理州分行振兴街储蓄所
陕西省铜川分行营业部红旗街储蓄所（原陕西省铜川市支行红旗街储蓄所）
陕西省宜川县支行大街储蓄所
陕西省西安市咸宁路储蓄所（原陕西省分行营业部咸宁路储蓄所）
陕西省咸阳分行个人金融服务中心
陕西省西安市东新街支行（原陕西省分行营业部东新街支行）
甘肃省分行营业部东岗支行定西南路储蓄所（原甘肃省兰州市东岗办事处定西南路储蓄所）
甘肃省分行营业部金城支行储蓄专柜（原甘肃省兰州金城支行储蓄专柜）
青海省西宁市分行城中支行营业室（原青海省分行营业部城中支行营业室）
青海省分行营业部营业室
宁夏回族自治区石嘴山区支行南街储蓄所（原宁夏回族自治区石嘴山市分行南街储蓄所）
宁夏回族自治区吴忠市分行裕民分理处（原宁夏回族自治区吴忠市分行裕民街储蓄所）
新疆维吾尔自治区石河子市分行百大城分理处
新疆维吾尔自治区分行营业部北京路支行三宫分理处（原新疆维吾尔自治区分行营业部北京路支行三宫储蓄所）
大连市青泥洼桥支行站前储蓄所
大连市青泥洼支行商品交易所分理处
青岛市分行龙口路分理处（原青岛市分行龙口路储蓄所）
青岛市分行登州路储蓄所
宁波市分行鼓楼支行鼓楼储蓄所
宁波市分行营业部会计结算部
深圳市分行营业部金融大厦储蓄所
深圳市深圳湾支行营业部
深圳市罗湖支行营业部
厦门市分行东渡分理处
三峡分行葛洲坝支行石子岭分理处
苏州张家港市城西路储蓄所
总行营业部

中国农业银行

北京市宣武区支行骡马市分理处

北京市朝阳区支行定福庄分理处

天津市河东支行六纬路分理处

河北省秦皇岛市迎宾支行

河北省石家庄市广安支行

河北省石家庄市西城支行

河北省唐山市建设南路支行

山西省太原市分行水西关支行营业室

山西省大同市振兴支行

山西省运城市河东支行

辽宁省分行营业部砂山支行

辽宁省抚顺市望花支行

辽宁省本溪市新华支行新华储蓄所

吉林省长春市北安支行

吉林省四平市分行红嘴分理处

吉林省公主岭市支行黄龙办事处

吉林省蛟河市支行电脑储蓄专柜

黑龙江省牡丹江市园明支行中心储蓄所

黑龙江省大庆市分行卧里屯支行

黑龙江省哈尔滨市昆仑支行

黑龙江省直属支行兴垦分理处

上海市浦东分行庄家桥营业所

上海市虹口支行大连西路营业所

上海市嘉定支行安亭营业所

上海市宝山支行吴淞营业所

上海市普陀支行陆家宅营业所

江苏省吴江市支行东方办事处

江苏省徐州市分行营业部

江苏省江阴市支行璜土办事处

江苏省邗江县支行新区办事处

江苏省昆山经济技术开发区支行国际业务部

浙江省杭州市西湖支行营业中心（原浙江省杭州市西湖支行中心储蓄所）

浙江省温州市中山支行中山储蓄所

浙江省绍兴市分行营业部中心储蓄所

浙江省长兴县支行解放路储蓄所

浙江省金华市义乌支行中兴分理处（原浙江省金华市义乌支行第一储蓄所）

安徽省庐江县支行营业部

安徽省临泉县支行营业部

安徽省宣城分行城中支行

福建省莆田市涵江支行石庭营业所（原福建省莆田县支行石庭营业所）

福建省福州市鼓楼支行营业厅

福建省晋江市支行营业部

江西省赣州市分行营业部国商分理处

江西省广丰县支行营业部（原江西省广丰县支行）

山东省分行营业部和平支行

山东省淄博市桓台县支行

山东省东营市东营区支行基东办事处

山东省临沂市兰山区支行营业部

山东省青州市支行营业部

河南省南阳市内乡县支行营业部

河南省商丘市八一路支行

湖北省武汉市江岸区支行建设大道分理处

湖北省武汉市武昌区支行大东门储蓄所

湖北省宜都市支行营业部

湖北省荆州市分行营业部泰安分理处

湖南省分行营业部城中支行营业部

湖南省永州市零陵支行（原湖南省永州市分行营业部）

湖南省邵阳市昭陵支行朝阳分理处

广东省分行营业部白云支行萝岗储蓄所

广东省南海市支行国际业务部

广东省顺德市支行营业部

广东省分行营业部西湖路办事处

广东省东莞市厚街支行营业部

广西壮族自治区南宁市国贸支行天桃分理处

广西壮族自治区柳州市分行飞鹅二路分理处（原广西壮族自治区柳南支行飞鹅路第六储蓄所）

广西壮族自治区桂林分行分分钟支行（原广西壮族自治区桂林市分行营业部分分钟储蓄所）

海南省分行科技处
海南省万宁支行兴隆储蓄所
四川省西昌市支行营业部
四川省巴中市巴州区支行平梁营业所
四川省成都市总府支行营业部
四川省绵阳市涪城区支行营业部
四川省广安市分行营业部
四川省泸州市纳溪支行营业部
重庆市万州市分行营业部
重庆市梁平县支行屏锦营业所
重庆市分行营业部上清寺分理处
贵州省水城县支行营业室
贵州省贵阳市青云支行
贵州省贵阳市甲秀支行
云南省昆明市盘龙支行
云南省红河州建水县支行营业室
西藏自治区山南地区中心支行营业部
陕西省延安市分行营业部
陕西省咸阳市分行营业部
陕西省渭南市分行营业部（原陕西省渭南分行营业室）
陕西省分行营业部莲湖路分理处
陕西省汉中市分行营业部
陕西省榆林市长城支行（原陕西省榆林市长城路支行）
甘肃省张掖市西区支行城关分理处
青海省海北州门源县支行青石嘴办事处
青海省格尔木市支行营业室（原青海省格尔木市支行营业部）
宁夏回族自治区银川市北京路支行
宁夏回族自治区银川市开发区支行
宁夏回族自治区银川市广场支行南郊分理处
新疆维吾尔自治区库尔勒石油支行营业部
新疆维吾尔自治区焉耆县支行营业部（原新疆维吾尔自治区焉耆县支行新城储蓄所）
新疆维吾尔自治区乌鲁木齐市中山路支行营业部
新疆维吾尔自治区阿克苏兵团支行营业部
新疆维吾尔自治区巴音郭楞兵团支行营业部
新疆维吾尔自治区阿克苏兵团支行一团营业所
大连市沙河口支行民生分理处
青岛市四方区支行杭州路分理处
青岛市市北区第一支行京山分理处
宁波慈溪市支行中国食品城分理处
厦门市滨北支行
厦门市海沧支行新阳分理处
厦门市莲花支行
深圳市田贝支行
深圳市龙兴支行
深圳市福田支行营业部

中国银行

总行营业部长安处
北京市西城区支行三里河分理处储蓄专柜
北京市经济技术开发区支行业务部
北京市丰台支行西站分理处
天津市河东支行天山路储蓄所
河北省石家庄市机场路支行零售业务部
河北省石家庄市育才支行储蓄专柜
山西省忻州分行长征路储蓄所
山西省太原市北城支行
山西省朔州分行平朔支行
内蒙古自治区通辽分行东城分理处
内蒙古自治区包头市分行包百大楼分理处
辽宁省鞍山市分行中银储蓄所
辽宁省沈阳市分行中山支行
吉林省延边分行友谊分理处
黑龙江省分行营业部储蓄科
黑龙江省齐齐哈尔市分行营业部储蓄专柜
黑龙江省牡丹江市分行营业部储蓄专柜
上海市分行资金计划处外汇交易科
上海市分行结算业务处结算二科
上海市金桥支行洋泾支行
江苏省苏州市分行营业部
江苏省南通启东支行储蓄专柜
江苏省南通海门支行营业部

江苏省南京市城北支行百子亭分理处
江苏省苏州昆山支行鹿城分理处
浙江省绍兴市分行清道桥分理处
浙江省舟山市分行普陀山支行
浙江省杭州市钱塘支行营业部
浙江省台州市黄岩支行青年东路分理处
浙江省台州市温岭支行储蓄专柜
安徽省分行营业部零售业务科
安徽省合肥市三孝口支行营业部
安徽省芜湖市分行营业部
安徽省阜阳分行向阳分理处
福建省厦门市思明支行厦禾分理处
江西省分行营业部储蓄专柜
江西省赣州市分行文清路储蓄所
江西省新余市分行渝水支行财会营业部
江西省南昌市东湖支行大院分理处
山东省青岛市市南区支行香港西路分理处
河南省洛阳分行国际结算部
河南省郑州市陇西支行营业部
河南省郑州市文化支行营业部存汇专柜
湖北省武汉市沌口支行江汉二桥分理处
湖北省武汉市洪山支行何家垅分理处
湖北省潜江广华支行
湖北省武汉市汉口支行营业部非贸易柜组
湖南省分行营业部
湖南省岳阳分行营业部
湖南省长沙市蔡锷支行八一路分理处
广东省惠州分行营业部储蓄专柜
广西壮族自治区梧州分行河西分理处
海南省分行营业部储蓄专柜
海南省海口市海甸支行营业部
四川省双流支行营业部
四川省成都市蜀都大道支行东城根街分理处
四川省绵阳分行中心储蓄所
重庆市九龙坡支行中心储蓄所
云南省开远支行
云南省分行营业部零售业务科
云南省昆明市南窑支行机场分理处
西藏自治区分行营业部
陕西省宝鸡分行体育路分理处
陕西省分行营业部综合结算二部
陕西省西安市解放路支行营业部
陕西省西安市北大街支行四府路分理处
甘肃省兰州市城关支行广武门分理处
青海省西宁市城中支行大十字分理处
宁夏回族自治区银川市新城支行怀远路分理处
宁夏回族自治分行营业部储蓄专柜
新疆维吾尔自治区乌鲁木齐市解放路支行营业部
新疆维吾尔自治区克拉玛依石油分行通讯路支行
深圳市分行银行卡中心客户服务

中国建设银行

北京市分行朝阳支行营业部
北京市分行城建支行安华里储蓄所
北京市分行海淀支行科南路储蓄所
北京市分行前门支行永安分理处
北京市分行金安支行(原北京市分行铁道支行金安分理处)
天津市分行河西支行平山道储蓄所
天津市分行南开支行王顶堤储蓄所
天津市分行塘沽分行广州道分理处(原储蓄所)
天津市分行河北支行铁路办事处
河北省分行邯郸铁西办事处
河北省分行石家庄市西大街支行
河北省分行唐山广场办事处
山西省分行营业部
山西省分行晋城市分行营业部
山西省分行新绛县支行
内蒙古自治区分行乌海市海南区支行老石旦分理处
辽宁省分行沈阳皇姑支行第一储蓄所
辽宁省分行沈阳铁路支行中兴街分理处
辽宁省分行营业部沈中支行储蓄专柜

辽宁省锦州市分行储蓄专柜
吉林省分行营业部人民广场支行
吉林省分行公主岭市支行
吉林省吉林市分行武汉路储蓄所
黑龙江省分行哈尔滨市南岗支行储蓄专柜
黑龙江省牡丹江市分行中心储蓄所(原牡丹江水电专业支行中心储蓄所)
上海市分行第五支行业务一部市政小组
上海市分行宝钢支行营业室
上海市分行黄浦支行营业室
上海市分行杨浦支行长阳路办事处储蓄专柜
江苏省淮安市分行清浦支行
江苏省分行南通市启东支行营业部储蓄专柜
江苏省无锡分行学前支行会计科
江苏省徐州市分行营业部储蓄专柜
江苏省分行射阳县支行营业部
江苏省分行仪征市支行城南分理处
江苏省分行营业部新街口支行汉中路分理处
浙江省分行杭州市宝石支行松木场储蓄所
浙江省分行杭州市高新支行储蓄专柜
浙江省分行温州市瓯海区支行营业部
浙江省分行绍兴市大通支行营业部储蓄专柜
安徽省分行合肥市钟楼支行储蓄专柜(原安徽省分行营业部钟楼支行储蓄专柜)
安徽省分行合肥市庐阳支行营业部储蓄专柜(原安徽省分行营业部营业处储蓄专柜)
福建省分行福州市城北支行会计储蓄专柜(原福建省分行福州市城北支行会计部)
福建省分行晋江市支行
福建省莆田市分行营业部储蓄专柜
江西省赣州市分行文清路分理处储蓄专柜
江西省分行南昌市永叔支行永叔路口储蓄所
山东省分行济宁市城区支行
山东省分行济南市历下区支行营业部(原朝山街分理处)
山东省潍坊市分行营业部
山东省分行齐鲁石化公司专业支行
山东省分行新汶矿区专业支行
河南省分行郑州市金水支行桐柏路支行营业部
河南省平顶山分行煤炭支行营业部
河南省分行郑州市金水支行营业部储蓄专柜
湖北省分行襄樊市襄城支行
湖北省分行武汉市省直支行储蓄专柜
湖北省分行武汉市长江支行胜利街储蓄所
湖北省分行荆州市新桥分理处
湖南省分行长沙市华兴支行营业部
湖南省分行长沙市芙蓉支行梓园储蓄所
湖南省分行长沙市长岭支行
广东省分行广州市署前路支行
广东省分行广州市白云登峰支行
广东省茂名市分行官渡分理处
广西壮族自治区柳州分行营业部储蓄专柜(原北站路第二储蓄所)
广西壮族自治区分行南宁市朝阳支行朝阳路分理处(原朝阳路储蓄所)
广西壮族自治区分行南宁市新城支行新民分理处
广西壮族自治区分行南宁市民主支行园湖路分理处
海南省分行海口市义龙分理处
海南省分行海口市美舍河分理处
海南省分行营业部储蓄专柜
重庆市万州分行营业部
重庆市分行高新技术区支行营业部
重庆市分行杨家坪支行营业部
重庆市涪陵分行营业部新星分理处
四川省绵阳市分行江油支行纪念碑分理处
四川省分行直属支行南郊办事处
四川省分行成都市第一支行羊市街储蓄所
四川省分行成都市岷江支行蜀都储蓄所(原省分行岷江支行蜀都分理处储蓄专柜)
贵州省六盘水市分行共青团储蓄所
云南省大理州分行庆丰分理处
云南省分行昆明市城西支行棕树营分理处(原昆明城西支行棕树营储蓄所)

云南省分行昆明市城东支行营业室储蓄专柜
西藏自治区分行城西支行营业厅
陕西省分行西安市友谊东路分理处
陕西省咸阳分行城区办事处
陕西省分行西安市长乐中路分理处储蓄专柜
陕西省分行蒲城电厂专业支行
甘肃省分行兰州市电力支行西固办事处
甘肃省分行兰州市电力支行城建办事处
甘肃省分行兰州市铁路支行营业部营业室
甘肃省分行兰州市城关支行武都路分理处储蓄专柜
青海省分行西宁市城北支行储蓄专柜
宁夏回族自治区分行盐池大水坑分理处储蓄专柜
宁夏回族自治区分行青铜峡市铝厂支行(原青铜峡铝厂办事处)
新疆维吾尔自治区分行营业部黄河路支行营业部
新疆维吾尔自治区分行营业部铁道支行营业部
新疆维吾尔自治区分行营业部红山路支行营业部
大连市分行民航机场分理处
大连市分行栾金分理处
宁波市分行营业部(一支行)储蓄专柜
宁波市分行镇海区支行储蓄专柜
厦门市分行中山储蓄所
厦门市分行湖里支行储蓄专柜
厦门市分行厦大支行
厦门市分行文灶分理处
青岛市分行市南区支行贵州路储蓄所
青岛市分行高科技工业园支行
深圳市分行东乐支行
深圳市分行营业部结算服务部
苏州市分行张家港市支行金洲储蓄所
苏州市分行金阊分理处储蓄专柜
苏州市分行吴江市支行盛泽分理处
总行营业部结算部

中国农业发展银行

河北省分行营业部营业室
山西省长治市分行营业部
辽宁省阜新市分行营业部
江苏省沛县支行
江西省南昌市西湖支行
河南省漯河市分行营业部
新疆维吾尔自治区巴州分行营业部
新疆维吾尔自治区大河沿支行

交通银行

上海分行鞍山路支行
上海分行业务部会计科
上海分行金杨路支行
南京分行营业部储蓄专柜
南京分行新街口支行营业部
武汉分行江岸支行会计科
武汉分行竹叶支行
武汉分行武昌支行会计科
青岛分行市北第一支行营业厅
大连分行大连湾分理处
南宁分行桃源支行
哈尔滨分行营业部会计科
郑州分行黄河路支行
郑州分行铁道支行储蓄专柜
重庆分行南坪支行南城支行
重庆分行营业部营业厅
昆明分行建设路支行
石家庄分行裕华西路支行
西安分行大雁塔支行
长春分行长春大街支行核算科(原储蓄专柜)
合肥分行营业部
太原分行高新技术开发区支行
长沙分行湘湖支行
兰州分行城关支行结算柜组
乌鲁木齐分行营业部
乌鲁木齐分行开发区支行营业部
无锡分行营业部储蓄专柜
苏州分行张家港支行营业部储蓄专柜

大庆分行开发区支行
常州分行营业部营业厅(原储蓄专柜)
温州分行营业部对私业务专柜(原储蓄中心)
洛阳分行营业部
扬州分行营业部出纳科
岳阳支行营业部储蓄专柜
中山分行华桂支行
遵义分行万里支行舟水桥办事处

中国人民保险公司

天津市分公司国际业务营业部非水险二部
辽宁省沈阳市分公司国际保险部
安徽省淮南市洞山支公司
青海省西宁市城中区支公司
青海省格尔木市支公司
江苏省南京市下关支公司
广东省广州市海珠市支公司业务综合部
上海市宝山支公司宝钢办事处
山东省泰安市分公司营业部
山东省潍坊市分公司业务处理中心
大连市中山支公司财产险一科
福建省泉州市分公司营业部
湖北省宜昌市葛洲坝支公司
河北省唐山市分公司国际保险部
甘肃省天水市分公司五里铺营业所
黑龙江省绥化市分公司营业部
山东省东阿县支公司
四川省宜宾市分公司营业部
福建省分公司营业管理部运输保险部
甘肃省安西县支公司
云南省玉溪市红塔区支公司
安徽省铜陵分公司营业部
浙江省分公司国际部第二展业小组
湖南省衡阳水口山支公司
上海市外高桥支公司业务一部
广西壮族自治区桂林分公司营业部
厦门市湖里区支公司
江苏省常熟支公司定损理赔中心
天津市经济技术开发区支公司业务一部
山西省运城分公司营业部

中国人寿保险公司

广东省佛山城区支公司(原广东省佛山分公司营业部)
内蒙古自治区赤峰市元宝山支公司
河南省洛阳市城东支公司业务科(原河南省洛阳市城郊营业部业务科)
江苏省分公司营业管理部城北支公司
广西壮族自治区柳州市鱼峰支公司
山东省聊城分公司临清营业部
福建省莆田市涵江区支公司
四川省宜宾市分公司营销二部(原四川省宜宾市分公司营业部)
陕西省商州市支公司
浙江省天台县支公司
山西省阳泉市城区支公司
云南省澜沧县支公司
内蒙古自治区四子王旗支公司
湖北省五峰土家族自治县支公司
福建省邵武市支公司

招商银行

沈阳分行营业部个人银行部
南京分行营业部
北京分行营业部
武汉分行营业处营业室会计组
深圳红岭支行
上海分行徐家汇支行

中国民生银行

北京管理部营业部
北京管理部万寿路支行
北京管理部上地支行
深圳分行罗湖支行

中国银河证券有限责任公司

中山营业部

中国光大(集团)总公司

中国光大银行黑龙江分行哈尔滨市经济开发区支行
中国光大银行济南市舜耕支行

中国中信集团公司
中信实业银行杭州分行嘉兴支行营业部

二、新命名的

中国人民银行
天津分行平陆县支行
天津分行吉县支行
沈阳分行内审处
上海分行绍兴市中心支行外汇管理科
南京分行常州市中心支行营业室
济南分行邓州市支行
济南分行胶州市支行货币金银科
济南分行滑县支行会计国库科
武汉分行长沙中心支行营业部
广州分行河源市中心支行银行管理科
成都分行苍溪县支行货币金银科
西安分行富蕴县支行会计发行股
重庆营业管理部江津支行银行管理科
重庆营业管理部巴南支行银行管理科
成都印钞公司印钞事业部印码车间彭俊林机台
成都印钞公司金银精炼厂100号电解青工班
北京印钞厂印钞二部张燕春机台
西安印钞厂印码车间5号机贾新兵台班
南昌印钞厂凹印车间王毅机台
上海造币厂一车间新线电镀甲班
沈阳造币厂八车间设计组
昆山钞票纸厂水印车间制网甲班
中国证券监督管理委员会
上海期货交易所市场部
中国工商银行
北京市分行东城支行营业室
天津市保税区分行外汇业务部
河北省承德市分行营业部
山西省太原市迎泽支行营业室
内蒙古自治区包头市昆区支行包百大楼储蓄所
辽宁省盘锦市分行国际业务部
黑龙江省哈尔滨市大直支行奋斗路储蓄所
上海市分行营业部理财室
江苏省南京市玄武支行营业部储蓄专柜
浙江省台州市分行黄岩支行青年路储蓄所
安徽省合肥市雷锋储蓄所
福建省宁德市分行营业部营业厅
河南省开封市分行南关支行纪念塔分理处
湖北省武汉市汉阳区支行钟家村储蓄所
湖南省衡阳市分行营业部
广东省中山市分行张家边支行
重庆市分行南坪储蓄所
四川省成都市草市支行草市街储蓄所
贵州省贵阳市瑞北支行储蓄专柜
陕西省西安市高新支行营业室
新疆维吾尔自治区昌吉州分行延安中路分理处
大连市分行二七广场支行
宁波市分行国际业务部单证处理中心
厦门市分行江头支行莲秀分理处
苏州市分行工业园区支行
中国农业银行
北京市朝阳区支行营业部
天津市红桥支行光荣道分理处
河北省石家庄市自强支行
内蒙古自治区赤峰市元宝山区支行营业部
黑龙江省大庆市龙南支行
江苏省无锡市江海分理处
浙江省杭州市城东支行朝晖分理处
安徽省合肥市东陈岗支行营业室
福建省漳州市分行营业部
福建省龙岩市新罗支行营业部
江西省九江市浔阳支行化纤厂分理处
山东省肥城市支行石横办事处
湖南省岳阳市巴陵支行营业部
广东省佛山市同济支行营业部
海南省分行营业部华信分理处
青海省西宁市城西支行营业室
新疆生产建设兵团分行营业部建设路支行新华北路分理处

宁波市鄞州区姜山分理处
深圳市国贸支行营业部
中国农业银行总行营业部
陕西省汉中市勉县支行和平路分理处
中国银行
总行公司业务部业务三处
上海市分行营业部贵宾服务室
辽宁省沈阳市分行营业部储蓄科
浙江省温州市分行个人金融服务中心
云南省昆明市东风支行华山西路分理处
江苏省无锡分行营业部储蓄科
河北省分行营业部零售科
广东省佛山分行南海支行储蓄部
北京市朝阳区支行丰联广场大厦分理处
天津市塘沽分行泰达大街分理处
四川省德阳分行营业部
重庆市万州分行营业部储蓄专柜
山东省东营分行西城分理处
青海省西宁古城台支行营业部
中国建设银行
北京市分行清华园支行
河北省分行衡水分行营业部
内蒙古自治区分行营业部如意支行电力分理处
辽宁省分行鞍山市市府广场储蓄所
黑龙江省大庆市分行营业部
上海市分行国际业务部项目融资部
江苏省分行直属支行营业部
安徽省淮北市分行电厂分理处储蓄专柜
福建省泉州市分行营业部储蓄专柜
江西省分行储蓄专柜
山东省分行济南市泉城支行
河南省洛阳分行库区支行财会部
湖北省分行襄樊汽车产业开发区支行营业部
湖南省郴州市分行营业部南大分理处
广东省惠州市分行营业部南湖支行
广西壮族自治区桂林分行营业部储蓄专柜
四川省分行成都市新鸿路支行储蓄专柜
三峡分行营业部储蓄专柜
国家开发银行
总行营业部综合业务处
昆明分行客户二处
成都分行财会处
西安分行评审处
中国农业发展银行
安徽省分行营业部营业室
湖北省宜昌市分行营业部
交通银行
北京分行王府井支行
南昌分行国际业务部
中国人民保险公司
黑龙江省哈尔滨市道里支公司
江西省南昌市西湖区支公司
福建省南安市支公司
上海市分公司营业一部非水险部
中国人寿保险公司
上海市分公司代理人管理部
湖南省郴州分公司营销部
河北省沧州分公司业务处理中心
中国民生银行
上海外滩支行
招商银行
重庆分行营业部
中国银河证券有限责任公司
厦门美湖路营业部
绍兴营业部
中国光大(集团)总公司
中国光大银行郑州分行营业部

海洋系统

一、继续认定的

山东烟台长岛县渔政监督管理站
山东青岛市海丰集团加工厂动力车间
山东青岛市城阳区渔政船检站
海南寰岛集团寰岛2号半潜式海底观光船
国家海洋局东海分局北礵海洋站

国家海洋局北海分局日照海洋站
国家海洋局南海分局向阳红 14 号船
国家海洋局水处理中心工程部
国家海洋技术中心计算机网络实验室

二、新命名的

山东青岛市海洋与渔业局办公室
山东渔业船检局保险处
天津古海岸与湿地国家级自然保护区管理处
国家海洋局北海分局航空支队信息技术科
国家海洋局东海分局宁波海洋预报台预报室
国家海洋局南海分局闸坡海洋环境监测站
国家海洋信息中心海洋数据中心
国家海洋技术中心卫星遥感研究所
国家海洋卫星中心技术部

供销系统

一、继续认定的

北京市丰台区亿客隆商城六里桥商场烟酒组
北京市万事吉商城食品部保鲜组
北京市亿客隆商城闭架烟酒组
北京市京北大世界商贸集团家电商场通讯器材组
北京市佳之兴商业有限公司
北京市顺义隆华购物中心冰箱组
天津市宁河县供销社芦阳百货大楼化妆品组
天津市港商医药总公司业务科
河北省石家庄市中山路化妆品专业商店
河北省邯郸市腾达贸易有限公司家电公分司
河北省廊坊市农业生产资料公司化肥科
河北省石家庄市大众商场燃气具组
河北省冀兴房地产开发公司
河北省武安市供销大厦
河北省武安市蓝天宾馆餐饮部
河北省邢台站北汽车站调度室
山西省运城市华夏大酒店
山西省阳泉市天元商厦
山西省供销合作社招待所
山西省柳林县贸工农实业有限公司
山西省农业生产资料公司化肥二分公司
山西省盐业公司太原分公司皇后园批发部
山西省朔州市家用电器公司
山西省晋城市太行饭店
山西省商业供销职工医院内科住院部
内蒙古自治区赤峰市喀喇沁旗乃林供销社科技兴农服务部
内蒙古自治区赤峰市宁城县汐子供销合作社
辽宁省大连市旅顺供销大厦青年服务队
辽宁省沈阳市玫瑰大酒店前厅部
辽宁省盘锦供销大厦有限公司
辽宁省辽阳市翰林府大市场管理处
辽宁省沈阳市农业生产资料总公司化肥经销公司
吉林省长春市农业生产资料总公司邦农商社
吉林省白山市合兴实业股份有限公司食品化妆商场
吉林省供销大厦客房部
黑龙江省哈尔滨星河宾馆客房部
黑龙江省大庆市五金工具总汇有限责任公司
黑龙江省哈尔滨市陶瓷总公司建材分公司
黑龙江省哈尔滨市农资总公司化工储运分公司
黑龙江省尚志市北方商场首饰组
黑龙江省大庆市供销合作社开发公司
黑龙江省哈尔滨市埃德乐器公司
江苏省天京大酒店总服务台
江苏省大丰市银都大酒店
江苏省果品苏果超市有限公司总部
江苏苏农农资连锁有限责任公司
江苏省徐州供销大厦有限责任公司
浙江省衢州市家电城有限责任公司
浙江省湖州市浙北大酒店总服务台
浙江省杭州市宝善宾馆管家部楼层班组
浙江省绍兴大通商城股份有限公司副食商场烟酒组
安徽省马鞍山市珍味南北货有限责任公司
安徽省新世纪大厦餐饮部

福建省仙游县枫亭供销社枫江商场
福建省忠门供销商厦
福建省莆田市湄州湾北岸灵川供销社商厦
江西省萍乡市供销大厦钟表柜组
江西省新余市供销大厦黄金首饰柜组
江西省旅游商贸职业学院经济管理系
山东省东营市东营大酒店
山东省兖州市广场商厦
山东省青岛北方国贸大厦股份有限公司
山东省泰安市华联商厦
山东省安丘市供销大厦
山东省淄博东泰商厦
山东省即墨市新世界大厦皮鞋部“森达”皮鞋组
山东省枣庄购物中心有限公司
山东省日照市凌云大厦
河南省商城大厦有限责任公司照材器材钟表商场相机柜
河南省商城大厦工艺商场K金二柜
河南省中国郑州贸易中心栈商城饭店总台
河南省内乡县新大新有限公司新大新商场
河南省洛阳市供销储运总公司仓储分公司
河南省农业生产资料总公司化肥购销公司
河南省商丘市银河纺织有限公司
湖北省供销社循礼门饭店“崔红班组”
湖北省随州市新世纪购物中心三资化妆柜
湖南省长沙县路口区供销社路口商场
湖南省岳阳市九州大厦
湖南省岳阳市九龙商厦
湖南省长沙市泰阳商城
湖南省商务学校经济贸易专业科
湖南省娄底银海商业广场黄金柜
广东省普宁市中都大酒店
广东省东莞市长安供销社新世界超级广场影音部
广东省云浮市百惠超级商场有限公司
广西壮族自治区百色地区供销大厦
广西壮族自治区玉林市金城商厦有限责任公司床上用品柜
贵州省供销工业品联销公司紫林商场食品组
贵州省供销工业品联销公司紫林商场针织柜
贵州省贵阳市山林大酒店客房部楼层班组
贵州省盘县朱东供销合作社
云南省供销合作社储运公司甸尾分公司生产科
陕西省勉县新世纪商城
陕西省商洛乾元宾馆客房部
青海省农牧生产资料总公司仓储部
宁夏回族自治区国棉农药公司经警队
新疆维吾尔自治区石河子市棉麻公司检验科
新疆生产建设兵团棉麻大厦利华大酒店营销部
中国农业生产资料集团公司农药储备处
海南果蔬食品配送有限公司

二、新命名的

北京市昌平新世纪商城黄金部
河北省廊坊市民得利超市文安店
内蒙古自治区锡盟蒙古包楼购物广场
中国农资公司沈阳分公司阜新经营部
吉林省辽源市千甲超市
江苏圣大集团射阳县第三纺织厂前纺车间
江西省供储报关有限公司
山东省青岛利客来商贸股份有限公司
山东省临沂市供销石油公司
山东省荷泽花都大酒店
河南省农业生产资料总公司农药化工公司
广东省茂名市明湖百货有限公司明湖商场大家电组
云南省玉溪市红塔区供销社玉溪百信购物广场
贵州省福泉市农业生产资料公司
贵州省贵阳市山林大酒店餐饮部
新疆维吾尔自治区棉麻南疆公司

中国石化集团公司

一、继续认定的

胜利石油管理局胜利石油化工建设有限责任

公司青年突击队
胜利油田有限公司现河采油厂一矿五队青年突击队
胜利石油管理局通讯公司胜中通讯分公司
胜利石油管理局北京胜利饭店
中原油田分公司采油一厂17号计量站
中原油田分公司采油五厂采油六队48号计量站
中原石油勘探局钻井三公司70101钻井队
河南石油勘探局地质调查处2235地震队
河南石油勘探局勘察设计研究院热机室
河南油田分公司第一采油厂魏岗联合站
江汉油田分公司井下作业处作业六队青年突击队
江汉石油管理局中心医院机械分院托老康复中心
江汉油田分公司江汉采油厂采油一队
江苏油田分公司试采二厂采油九队韦庄集转站
江苏石油勘探局钻井处40569钻井队
管道储运分公司邹城输油处临邑站加热炉班
新星油气西南分公司川西采输处新场集输气站
上海海洋石油局勘探三号
燕山石化公司化工一厂电气车间低压班
北京燕山石油化工有限公司化工一厂仪表车间高压班
北京燕山分公司炼油厂检验中心分析组
天津石化公司化工厂PTA车间
高桥分公司炼油厂催三车间反应内操岗
高桥分公司化工厂苯酚车间2#装置氧成内操岗
金陵分公司加氢精制车间全员文明岗
金陵石化公司烷基苯厂制气车间
扬子石化股份公司化工厂醋酸车间乙醛工段
扬子石化股份公司芳烃厂中央控制室
扬子石化股份公司贮运厂液体装卸车间桶装台
仪征化纤股份有限公司涤纶五厂806青年女子班
仪征化纤股份有限公司动力厂总降青年文明生产区
南京化工公司氮肥厂硝酸车间直硝工段
南京化工公司东方化工有限公司环己酮车间
齐鲁分公司腈纶厂聚合车间回收岗
齐鲁分公司胜利炼油厂重油加氢车间循环压缩机岗位
巴陵石化公司合成橡胶厂SBS车间聚合岗
巴陵石化公司化工厂环已酮车间主控室
长岭分公司1#常减压车间主、外操岗位
长岭炼化公司催化剂厂加氢车间DCS主操室
长岭炼油化工总厂运销公司装油车间计量大班
茂名石化公司港口公司营业大厅
茂名石化公司乙烯工业公司化工处
茂名石化公司经理办官度村客房部
安庆石化总厂检安公司工修车间电工班
安庆石化总厂港贮公司油品七罐区
安庆石化总厂化肥厂合成车间合成氨装置生产线
广州分公司炼油二部重整装置
广州分公司仪控中心一车间重催班
荆门分公司催化一车间气压机岗
四川维尼纶厂热电厂燃运车间青年突击队
洛阳分公司炼油厂二催化车间
洛阳分公司炼油厂常减压车间
九江分公司炼油厂芳烃岗位
九江分公司化工厂聚丙烯车间内操岗位
石家庄炼化股份有限公司动力站电气运行岗
济南分公司聚丙烯车间
济南分公司二催化车间
武汉分公司联合车间润滑油站青年团员岗
沧州分公司炼油二部
重庆一坪润滑油分公司销售公司市场部
南京化工厂设计所工艺室
青岛石化厂催化车间DCS岗位

上海石化股份公司炼化部1#乙烯联合装置C-402压缩机系统岗位
上海石化股份公司化工事业部聚乙烯醇联合装置合成岗位
上海石化股份公司涤纶事业部2#长丝联合装置POY2#生产线
镇海炼化股份公司炼油二部延迟焦化作业区
福建炼化股份公司重油催化车间
北京零售石油分公司宣武门加油站
天津石油公司三号路加油站
天津石油公司气象台路加油站
河北石油公司石家庄分公司建设大街加油站
河北石油公司邯郸分公司第十一加油站
山西石油公司临汾分公司尧庙加油站
上海石油公司信息管理处
江苏石油公司徐州分公司矿山路加油站
江苏石油公司南京分公司汉中门加油站
安徽石油公司蚌埠分公司营业部
山东石油公司日照石化宾馆餐饮部
湖北石油公司直属销售公司王家墩加油站
湖南石油公司宁乡县石油支公司湘宁加油站
第二建设公司安装工程公司管工童林宝组
第五建设公司安装三队青年突击队

二、新命名的

胜利油田有限公司油气集输公司孤岛公司青年突击队
中原石油勘探局钻井一公司32747钻井队
河南油田分公司第二采油厂8#女子计量站
江汉石油管理局油建公司穿越施工作业处青年突击队
江苏油田分公司试采一厂刘陆联合站
新星石油公司西北分公司塔河采油二区S86井班组
天津石化公司乙烯厂乙烯部
金陵分公司热电分部汽机车间
齐鲁石化股份公司氯碱厂电解单元看槽岗
长岭炼化公司岳阳兴长气体分离岗
安庆分公司腈纶厂化工一厂丙烯腈装置
镇海炼化股份公司炼油四部重整加氢作业区
北京石油公司金融街加油站
天津石油公司滨海分公司津塘路加油站
浙江石油公司杭州天目山路加油站
安徽石油公司淮南分公司泉山加油站
山东石油公司泰山分公司泰安第十加油站
云南石油公司昆明分公司昆玉加油中心呈贡加油站
河北石油公司张家口分公司第一加油站
山西石油公司忻州分公司北加油站
海南石油公司海口分公司海秀加油站
第四建设公司设备公司焊接一队孙松贵班

国家电网公司

一、继续认定的

天津市电力公司高压供电公司继电保护管理所
天津市电力公司滨河供电分公司塘沽营业站
天津市电力公司河西营业站
天津市电力公司第一热电厂汽机运行热水网岗位
天津市电力公司调度通信中心调度运行处
天津市电力公司城东供电分公司河北营业站
湖北省电力公司钟祥市供电局城区供电所
湖北省电力公司襄樊供电局襄樊分局客户服务中心
湖北省电力公司武汉供电局洪山营业所
湖北省电力公司黄石供电局市区分局黄石港供电所
湖北省电力公司宜昌市夷陵区电力局营销中心
湖北省电力公司宜昌供电局东山分局优质服务快速反应“小虎队”
湖北省电力公司汉新发电有限公司#2青年文明机组
湖北省电力公司超高压荆门分局运检队
电力建设研究所北京国电富通科技发展有限责任公司水灰渣事业部

山西省电力公司大同供电分公司新开路营业所
山西省电力公司运城供电分公司继保自动化所
山西省电力公司忻州供电分公司匡村变电站
山西省电力公司长治供电分公司大用户营业所
山西省电力公司临汾供电分公司洪洞营业所
山西省电力公司太原供电分公司建设北路营业站
国电东北分公司哈尔滨超高压局大庆变电站运行二班
国家电网公司调度通信中心调度运行科
中国电力科学研究院电网调度自动化公司
国电西北公司调通中心调度处
辽宁省电力有限公司沈阳供电公司郭家售电站
辽宁省电力有限公司大连供电公司甘井子供电局用电服务处
辽宁省电力有限公司大连供电公司金州供电局服务班
辽宁省电力有限公司鞍山供电公司客户服务中心
辽宁省电力有限公司营口供电公司西市供电分公司用户服务中心
辽宁省电力有限公司送变电工程公司送电第五分公司
辽宁省电力有限公司沈阳供电公司送电工区青年集体
辽宁省电力有限公司沈阳供电公司和平营业大厅
辽宁省电力有限公司鞍山供电公司调度所二次集控站
辽宁省电力有限公司两锦供电公司南山一次变电所
安徽省电力公司安庆供电局地调组
安徽省电力公司铜陵供电局客户中心营业厅
安徽省电力公司芜湖供电局客户服务中心营业大厅
安徽省电力公司马鞍山供电局配网检修班
安徽省电力公司巢湖供电局营业大厅
安徽省电力公司合肥供电局客户信息部包河区营业部
吉林省电力有限公司辽源供电公司西安营业所
吉林省电力有限公司白城供电公司洮北客户中心营业厅
吉林省电力有限公司吉林供电公司龙潭供电分公司营业室
陕西省电力公司安康水力发电厂电气分厂保护班
陕西省电力公司西北电建四公司 107 工程队
陕西省电力公司西北电力建设调试施工研究所
陕西省电力公司延安供电局黄陵县电力局城区供电所
陕西省电力公司西安高压供电局蓝田基地站
陕西省电力公司西安供电局西关营业站
江西省电力公司赣西供电局 220KV 白沙变电站
江西省电力公司赣西供电局新余分局营业大厅
江西省电力公司送变电建设公司送电一处二队
江西省电力公司火电建设公司调试青年突击队
江西省电力公司水电工程局一分局第一工程队
江西省电力公司九江供电局 220KV 妙智变电站
江西省电力公司景德镇供电局用电营业厅
江西省电力公司赣州供电局用电管理所客户服务中心
国电华中公司湖北襄樊发电有限责任公司发电部四值
国电华中公司中国电力财务有限公司华中分

公司营业部
浙江省电力公司江山供电局外线二班
浙江电力公司杭州市电力局城南供电局营业厅
浙江电力公司温州电力局送电工区运检二工区
国电华东公司华东电力调通中心调度处
国电华东公司富春江水力发电厂运行中控室集体
国电华东公司新安江电厂经济民警中队
国电华东公司新安江电厂运行三值
国电东北公司元宝山发电厂二号机组运行集体
国电东北公司丰满发电厂运行分厂五值
黑龙江省电力有限公司大庆电业局东风供电局汇丰营业所
黑龙江省电力有限公司佳木斯电业局浩良河供电局
黑龙江省电力有限公司牡丹江电业局东安供电局
黑龙江省电力有限公司齐齐哈尔电业局建华供电局售电班
黑龙江省电力有限公司哈尔滨电业局道里供电局新阳售电所
重庆市电力局万州电业局三峡供电局营销中心
重庆市电力局长寿供电局220KV东新村变电站
重庆市电力局江北供电局用电营业厅
重庆市电力局北碚供电局220KV梅花山变电站
重庆市电力局杨家坪供电局巴山变电站
重庆市电力局南岸供电局用电营业厅
重庆市电力局沙坪坝供电局电力营销中心营业班
重庆市电力局城区供电局用电营业厅
新疆电力公司巴州电力有限公司铁门关水电厂运行分场
新疆电力公司玛纳斯发电有限责任公司运行部锅炉运行三班
新疆电力公司玛纳斯发电有限责任公司检修公司汽机本体班
新疆电力公司乌鲁木齐电业局地调所调度运行班
新疆电力公司乌鲁木齐电业局市北供电局急修班
江苏省电力公司栖霞供电公司营业厅
江苏省电力公司镇江供电公司220KV官塘变电所
江苏省电力公司徐州市西供电局用电服务中心
江苏省电力公司常州供电公司客户服务中心
江苏省电力公司盐城供电公司用电营业厅青年服务队
江苏省电力公司扬州供电公司变电工区500KV江都变电所
江苏省电力公司苏州供电公司市区供电营业厅
江苏省电力公司徐州发电厂汽机公司本体一班
江苏省电力公司连云港供电公司连云供电营业部业务班
内蒙古电力有限责任公司丰镇发电厂汽机车间
内蒙古电力有限责任公司乌拉山发电厂检修公司锅炉队
内蒙古电力有限责任公司巴彦淖尔电业局调度所调度班
内蒙古电力有限责任公司呼和浩特供电局新城分局鼓楼营业站
内蒙古电力有限责任公司包头供电局调度所微波班
内蒙古电力有限责任公司鄂尔多斯电压局客户服务中心
内蒙古电力有限责任公司蒙达发电有限责任公司运行部

内蒙古电力有限责任公司华电包头第二热电厂电气主控室
内蒙古电力有限责任公司包头第一热电厂电气主控室
内蒙古电力有限责任公司电力科学研究院热工所
甘肃省电力公司庆阳电力局修试所高试班
甘肃省电力公司天水供电局秦城供电所配电班
甘肃省电力公司白银供电局西区供电所
甘肃省电力公司兰州供电局桃树村变电站
甘肃省电力公司兰供电送电处一工区带电班
甘肃省电力公司兰州供电局海石湾变电所
上海市电力公司沪西供电分公司线路一班
上海市电力公司浦东供电分公司营业室
上海电力公司超高压输变电公司500KV南桥交直流变电站
上海市电力公司金山供电分公司线路运行一班
上海电力公司输能电力工程公司青年工程队
上海电力公司电力电缆工程有限公司二分公司青年工程队
青海省电力公司火电工程公司桥电项目部
青海省电力公司送变电工程公司送电四处三队
青海省电力公司西宁供电局城东电力营业所
青海省电力公司西宁供电局湟源县电力局
青海省电力公司海东供电局送电工区带电班
宁夏电力公司银川供电局新城变电所
宁夏电力公司石嘴山供电局大武口区分局营业班
宁夏电力公司固原供电局固原变电所
河南省电力公司开封市电业局供电抢修中心
河南省电力公司焦作市电业局供电110班
河南省电力公司送变电建设公司变电工程公司施工一队
河南省电力公司安阳市电业局调度通信中心调度班
河南省电力公司第二火电建设公司锅炉钢架青年突击队
河南省电力公司南阳市电业局220KV青台变电站
河南省电力公司郑州市电业局220KV石佛变电站
山东电力集团公司日照供电公司营业厅
山东电力集团公司济南供电公司天桥供电部营业厅
山东电力集团公司枣庄供电公司永安供电所
山东电力集团公司临沂供电公司客户服务中心服务部
山东电力集团公司超高压公司500KV淄博变电站
山东电力集团公司淄博供电公司张店供电部配电班
山东电力集团公司威海供电公司客户服务中心营业厅
山东电力集团公司烟台供电公司客户服务中心客户代表工作部
山东电力集团公司济宁供电公司客户服务中心
山东电力集团公司滨州供电公司客户服务中心
河北省电力公司保定供电公司用电服务中心
河北省电力公司石家庄供电局桥东营业大厅
河北省电力公司电建一公司锅炉大件吊装青年集体
河北省电力公司沧州供电公司客户服务中心
河北省电力公司衡水供电公司用电抢修服务中心
河北省电力公司电力调度通信中心调度处
河北省电力公司邯郸供电公司电力客户服务中心
华北电力集团公司秦皇岛电力公司市区供电公司营抄班
华北电力集团公司张家口供电公司宣化区供电分公司抄收班

华北电力集团公司唐山供电公司路北供电营业公司建设路营业站
华北电力集团公司廊坊供电公司开发区分公司
华北电力集团公司华北网调调度运行班
华北电力集团公司十三陵蓄能电厂运行主值
福建省电力有限公司水口发电有限公司机电维护处自动化班
福建省电力有限公司超高压输变电局500KV泉州变电站
福建省电力有限公司三明电业局电力调度中心
福建省电力有限公司福州电业局马尾供电局
福建省电力有限公司龙岩电业局营业大厅
福建省电力有限公司莆田电业局客户服务中心城区营业所
福建省电力有限公司厦门电业局城区电力客户服务中心
湖南省电力公司湘潭电业局荷塘变电站
湖南省电力公司电力调度通信中心调度科
湖南省电力公司长沙电业局天顶变电站
湖南省电力公司长沙电业局城南供电局营业站
湖南省电力公司民丰500KV变电站
湖南省电力公司株洲电业局云田变电站
四川省电力公司成都电业局双流测控中心
四川省电力公司德阳电业局电通寻呼台
四川省电力公司德阳电业局220KV新市变电站
四川省电力公司宜宾电业局江南客户服务中心
四川省电力公司自贡电业局沿滩供电局客户服务中心
四川省电力公司乐山电业局220KV范坝变电站
四川省电力公司攀枝花电业局青龙山变电站

二、新命名的

天津市电力公司北辰供电分局用电营业窗口班
湖北省电力公司武汉供电局汉阳分局带电班
湖北省电力公司荆州电力局荆城供电分局客户服务中心
山西省电力公司太原供电分公司解放路营业站
国电东北公司齐齐哈尔超高压局500KV冯屯变电站
安徽省电力公司安庆供电局电力客户服务中心营业厅
安徽省电力公司宿州供电局电力报修中心
吉林省电力有限公司长春供电公司客户服务中心
山东电力集团公司鲁能恒源经贸集团有限公司山西调运分公司
山东电力集团公司德州供电公司客户服务中心
山东电力集团公司聊城供电公司客户服务中心
陕西省电力公司铜川供电局电力客户服务中心营业厅
陕西省电力公司勉县电力局
江西省电力公司南昌供电局市中分局营业班
江西省电力公司宜春供电局市场营销部城北营业班
国电华东公司富春江水电厂经济民警分队
河南省电力公司平顶山市电业局供电报修中心
河南省电力公司驻马店市电业局配电抢修“110”班
国电自动化研究院自动控制所工程三部
黑龙江省电力有限公司鸡西电业局鸡冠供电局中心营业所
黑龙江省电力有限公司绥化电业局绥化供电局中兴路营业所
重庆发电厂21号机组
新疆电力公司奎屯电业局客户服务中心市场开发运营部

江苏省电力公司无锡供电公司春申营业厅
江苏省电力公司电力调度通信中心调度处
内蒙古电力(集团)有限责任公司超高压供电局修试工区
上海电力公司市区供电公司客户服务中心承询室
上海电力公司超高压输变电公司220KV机场变电站
青海省电力公司海东供电局平安县电力局
青海省电力公司海晏县电力局
四川省电力公司乐山电业局嘉州供电局客户服务中心
甘肃省电力公司武威电力局供电所用电组
甘肃省电力公司兰州供电局客户服务中心
宁夏电力公司银南供电局五里坡变电所
国电华中公司湖北襄樊发电有限责任公司发电部一值
辽宁省电力有限公司盘锦供电公司市场营销部负荷管理中心站
华北电力集团公司承德供电公司榆树沟变电站
华北电力集团公司秦皇岛发电有限责任公司运行部三值二单元
福建省电力有限公司漳州电业局配电中心操作抢修班
福建省电力有限公司调度通信中心调度处
湖南省电力公司常德电业局电力科技开发中心
湖南省电力公司长沙电业局调度管理所远动班
河南省郑州市电业局“雷锋号”电力抢修队

个协私协系统

一、继续认定的

北京海淀区芳雪药店
北京用友软件股份有限公司财务开发部
北京朝阳区新静粤菜酒楼有限公司
北京正辰科技发展有限公司
天津阔佬皮衣超市
天津乐氏商贸有限公司乐乐敬老院
天津宝成会议服务公司服务部
河北唐山市牛燕美容美发院
河北迁安市北方家具城
河北阜城县华兴服装有限公司
河北藁城市京虎实业有限公司
河北唐山龙悦酒业饮品有限公司
河北唐山贺祥锆业有限公司
河北怡达食品集团有限公司
河北小洋人食品有限公司
内蒙古锡林浩特市万利达商贸有限公司
内蒙古恒茂集团有限公司
内蒙古乌兰浩特市建华图片社
内蒙古鄂尔多斯市爱国商贸有限公司
辽宁大连金三角双盛园餐饮娱乐有限公司
辽宁沈阳小土豆餐饮有限公司
辽宁海城市吉利来蛋糕鲜花世界
辽宁营口市大石桥市新世界家私城
辽宁阜新市天妮美容院
辽宁葫芦岛市连山区丽君服装店
吉林桦甸市亚太冷藏有限公司
吉林白城市蓝盾美容美发学校
吉林万隆路桥工程有限公司
黑龙江牡丹江市四季红百货批发商行
黑龙江齐齐哈尔市清真轩饭店
黑龙江哈尔滨市明日水泥制品有限公司
黑龙江哈尔滨市香香快餐店
黑龙江大庆市北方皮草行有限公司
黑龙江庆东集团有限公司工程一处
黑龙江哈尔滨云马酒店管理有限公司
黑龙江千里集团有限公司
上海杨浦区小苏北旧货调剂商店
上海复旦金仕达计算机有限公司
上海百达辉琪市场拓展服务有限公司
上海视点公共关系有限公司
江苏海安县李堡镇春明发廊
江苏赣榆县小丽养鸡场

江苏南通易安达机电设备有限公司
江苏月星家具集团有限公司总部
江苏江阴市贝贝布艺中心
江苏南京海世界实业有限公司
江苏江都市金鑫电器制造有限公司
浙江台州市光明眼镜钟表店眼镜柜组
浙江诸暨市新中义摩托车销售有限公司维修中心
浙江缙云县布厂织布车间
浙江嘉兴市精诚电器有限公司
浙江铁牛实业有限公司
浙江舟山市普陀区普乐家电维修服务部
浙江传化集团有限公司化学制品公司三车间
浙江温州市浙南农副产品中心市场第二组
安徽宿州市符离集刘老二烧鸡食品有限公司
安徽源牌实业集团有限公司
安徽界首市良威塑化有限公司
安徽临泉山羊集团有限公司
安徽万厦建安集团有限公司
福建泉州市肖厝家禽研究所
福建万友企业集团有限公司
福建福州市鼓楼区梳剪美容美发城
福建惠安县洛阳庆达石雕厂
福建福州鸟语林游乐有限公司
江西高安市新兴饭店
江西赣州港嘉兴食品有限公司
江西上饶县复混肥厂
江西万安县无线电学校
江西东乡县缫丝总厂
江西天义广告艺术有限公司
江西仁和药业集团有限公司总部
江西赣县液化气供应站
山东望海实业集团有限公司
山东潍坊金丝达实业有限公司
河南周口市东方机绣有限公司
河南永城市佳丽制衣厂
河南焦作市精益眼镜有限公司
河南平顶山市美味思大酒店
河南内乡县牧园养殖有限公司
湖北孝感市楚特麻糖米酒有限公司
湖北宜昌市沙龙宴餐饮有限公司
湖北武汉小蓝鲸健康美食酒店管理有限公司
湖北永兴房地产开发有限公司
湖北长友食品有限公司
湖北安康置业有限公司
湖北荆门市永兴茶庄
广东祥兴制衣集团有限公司
广东广州市恒生集团有限公司
广东深圳市龙岗区坪山镇六联餐室
广东惠阳裕华永兴电子有限公司
广东深圳市深信电器冷气服务有限公司
广西南宁市周小容连锁店
广西玉林巨东种养有限公司
广西玉林市顺达纺织品经营部
海南儋州艺进实业有限公司
重庆江城化工厂
重庆川江车辆制造有限公司
四川光荣实业有限公司
四川南充市银峰房地产综合开发有限公司
四川宜宾宏远纸业有限公司
四川铁骑力士实业有限公司
四川成都市金牛区耘涛美容美发总院
四川王氏集团有限公司
贵州遵义金旭实业发展有限公司
贵州遵义市明豪购物广场
云南昆明市宝太祥工贸有限公司
云南优耐达信息产业有限公司
云南大理亦乐商饮有限公司
陕西宝鸡市长静蔬菜批发公司
陕西安康市鑫源批发市场
陕西西安市世纪金花商场巴利专柜
陕西西安市于素梅脚病修治部
甘肃兰州益民伊甸园饮食有限公司
甘肃酒泉市创通科贸有限公司
青海绿宝天然饮品有限公司
青海视健光学贸易有限公司

青海西宁市九眼泉松柏园餐厅
青海金溢新型铝型材有限公司
宁夏多维药业有限公司
宁夏中卫县张氏集团有限公司
宁夏石嘴山市大恒电子商贸有限公司
新疆洛浦县亚克西综合商贸中心
新疆奇台县永合医院
新疆乌鲁木齐市天山区好运电器维修中心

二、新命名的

北京罗威婚纱摄影有限公司
北京更香茶叶有限公司
天津南开区思齐美容用品经营部
天津开发区白云宾馆有限公司
天津西青区金三角电器商行
河北廊坊新奥酒店管理有限公司新奥贵宾楼客房部
内蒙古鄂尔多斯市中意商贸有限公司
辽宁沈阳市塞尔曼专卖店
吉林紫鑫药业股份有限公司
吉林松原市玉顺堂药业有限公司
吉林长春市明廊眼镜有限公司
黑龙江哈尔滨贵恩服饰有限公司
上海徐汇区蔚晨电器电脑经营部
江苏太平洋工程集团有限公司
江苏昆山市曼氏香精有限公司
安徽淮北市天煌美容整形院
福建福州榕乐豆制品有限公司
江西华龙物业有限公司
山东中瑞海产食品有限公司
山东青岛中能集团有限公司
山东科汇电气股份有限公司
山东绿叶制药股份有限公司
山东一滕集团有限公司
山东鲁圣电力器材有限公司
山东临沂麒麟家具广场有限公司
山东临清市第二色织厂筒染车间
河南新天明广告信息传播有限公司
河南商丘市影帝艺术摄影图片社
湖北襄樊市妞妞食品有限公司
广东珠海新东升集团有限公司
广东盛海酒店管理有限公司
海南乐东县佛罗中心幼儿园
海南海润珍珠科学馆有限公司
重庆华林印务有限公司
重庆皇城装饰工程有限公司
贵州六盘水市百合婚纱影楼
云南天天餐饮管理有限公司
陕西渭南白杨科工贸有限公司销售部
甘肃临洮美兰花卉有限公司
甘肃武威市伊宁斋商贸有限公司
甘肃临夏市清真银星餐厅
青海红人科技有限公司
宁夏青铜峡市聚豪餐饮有限公司
宁夏银川市林峰园特色餐厅
新疆克拉玛依市星星大酒店

其　他

一、继续认定的

北京房山区劳动和社会保障局养老保险科
北京丽晶皇城老妈饮食有限公司宣武店
北京天安门城楼管理处
北京海淀区人民检察院审查起诉一处
北京医药股份有限公司计算机中心
北京建材经贸集团新科公司国际精品厅
北京怀柔区劳动和社会保障局职业介绍服务中心
北京第一社会福利院颐养区
北京首饰进出口公司业务二部首饰组
北京焦化厂回收一纺场东鼓风冷凝泵房
北京京棉纺织集团一分厂细纱车间丙班七组
北京国际会议中心会展部二层班组
北京海关总关报关厅
北京京煤集团总医院导医服务队
天津有机化学工业总公司溶剂厂苯酐车间
中铁十八局集团五公司滨海立交桥项目部
天津梨园监狱六监区

天津新港海关查验处查验一科
天津钢管公司轧管厂热轧作业区
天津一汽夏利汽车股份有限公司一轿厂装配车间C线
天津工商局大港分局太平工商所
天津石化公司乙烯厂聚乙烯部
天津减速机股份有限公司一车间柔性线班
天津渤海石油公司采油渤西油气处理厂
天津渤海化工集团天津化工厂聚氯乙烯分厂合成车间转化岗
河北邢台矿业(集团)有限公司东庞矿机掘一队
河北高碑店市白沟箱包交易市场
河北石家庄车辆厂轴承检修基础工艺线
华北制药集团114车间八楼
河北沧州黄骅港航务工程有限公司水工分公司
中国华冶二公司西部矿山建设青年突击队
河北秦皇岛耀华国投浮法玻璃有限公司
河北唐山钢铁股份有限公司棒材厂
河北沧州市农村信用合作社中心社
河北邯郸市雪驰集团有限公司销售公司
河北石家庄东方热电燃气集团有限公司燃气分公司营业所抄表班
河北邢台电缆厂交联车间
河北唐山钢铁集团有限公司运输部1127机车包乘组
河北邯郸钢铁集团有限公司炼铁厂5#高炉工段
河北国防工业建筑工程公司张晓珍青年突击队
河北石家庄市乐仁堂调剂部
河北省委办公大楼服务科
河北宝山集团有限公司电镀车间
山西医药杂志社
山西太原市财政局办公室
山西天维尔食品发展有限公司
山西太原市青年创业服务中心
山西国阳新能股份有限公司一矿选煤厂重介洗选组
山西太原新世纪眼镜有限公司
山西晋中市榆次区郭家堡乡财政所
山西太原第一监狱运输科机电维修组
西山煤电集团公司机电总厂结构分厂金属构件生产线
山西大同市永和红旗美食城
山西大同北方电器有限公司
山西太化集团公司氯碱分公司112号泵房
山西太原钢铁(集团)有限公司金属制品分公司
山西国营大众机械厂第一研究所青年岗
山西大同市左云县鹊儿山煤矿综采队
山西证券有限公司太原迎泽大街营业部
内蒙古通辽市扎鲁特旗会计核算中心
内蒙古呼和浩特市回民区人民检察院公诉科
内蒙古包钢(集团)公司生产部总调度室
内蒙古党政专用电信局话务科
内蒙古康源药业有限公司
内蒙古呼和浩特市回民区司法局公证处
内蒙古包钢(集团)公司房地产开发公司房改办
内蒙古呼和浩特市新城区人民检察院审查批捕科
内蒙古森工集团满归森工公司绿星宾馆
内蒙古伊敏华锋实业有限责任公司物业管理分公司水厂二级泵站
内蒙古铁骑集团棉纺织厂织布二车间保养组
内蒙古通辽通顺铝业股份有限公司供电分厂
内蒙古莫尔道嘎林业局龙岩山庄总服务台
内蒙古自治区党委机关幼儿园
内蒙古呼和浩特宾馆西楼服务组
辽宁沈阳市铁西供电分公司郭家售电站
辽宁鞍山市铁东宾馆
辽宁北方华兴机械有限公司军品研究所设计室
辽宁天宝虎台煤业分公司选煤厂跳汰机1—5

号
辽宁凌源钢铁集团炼铁厂喷煤制粉班
辽宁辽阳市商业银行辽阳县支行
中国科学院金属研究所纳米材料研究组
辽宁丹东化纤集团股份有限公司粘胶长丝一厂加工车间
辽宁阜新矿务局海州露天煤矿运输段6608包机组
辽宁大连瓦房店金刚石股份有限公司汽车队
辽宁鞍山市社会保险总公司基金财务处
辽宁本溪市城市信用联社东宫储蓄所
辽宁沈阳超高压局辽阳送变电工区运行班
辽宁葫芦岛市财政局预算科
辽宁大连海洋渔业集团公司安全处消防队
辽宁锦州市商业银行凌云支行储蓄专柜
吉林长春市商业银行安达街支行
吉林吉林市昌邑区人民检察院反贪局
吉林四平市站前城市信用社
中国民族证券有限公司长春西安大路证券营业部
吉林辉南县工商局市场分局
吉林辉南县工商局朝阳分局
吉林吉林市工商局注册分局企业登记注册窗口
吉林白城电视台新闻部
吉林汪清林业局森铁处027青年包车组
吉林化学工业股份有限公司有机合成厂苯乙烯车间苯乙烯精馏青年岗
吉林石油集团公司石油大厦
吉林化学工业股份有限公司化肥厂压缩车间1号压缩机青年岗
黑龙江哈尔滨市皇山公墓管理处
黑龙江大庆市让胡路区人民检察院起诉科
黑龙江双鸭山市机关事业单位会计核算中心
黑龙江齐齐哈尔市商业银行营业部
黑龙江哈尔滨市工商局道外分局南十六工商管理所
黑龙江齐齐哈尔富拉尔基监狱狱政接见室
黑龙江齐齐哈尔市矿产勘查开发总公司溜槽组
黑龙江哈尔滨飞机工业集团公司飞机事业部设计所九室结构组
黑龙江哈尔滨锅炉厂有限公司联箱分厂三通组
黑龙江大庆石化公司炼油厂重油催化生产线
黑龙江哈尔滨市药材总公司服务中心
上海西郊宾馆中宾接待班组
上海宝山钢铁股份有限公司技术中心信息技术及亚欧信息研究组
上海汇众汽车制造有限公司内燃机配件厂二车间轮毂生产线
上海三菱电梯有限公司工程本部急修中心
上海永新彩色显象管有限公司制造一部工艺质量科
上海徐汇区人民检察院公诉科
上海通用汽车有限公司动力总成厂V6缸体生产线
上海利泰进出口有限公司第四业务部
上海海洋石油钻井工程公司“勘探二号”平台钻井队
上海提篮桥监狱青年实验分监区
上海东方明珠广播电视塔有限公司接待部
上海豫园旅游商城绿波廊酒楼三楼服务组
上海海关调查局调查处二科办案组
江苏苏州海关报关厅
江苏如东县工商信息咨询服务中心
江苏盐城市工商局直属市场管理分局人民路工商所
江苏南京市江宁区汤山法庭
江苏南京海关行邮处旅检科
江苏南京证券有限责任公司大钟亭营业部
江苏泰兴电视台新闻部
江苏徐州市工商局朝阳市场管理所
江苏无锡市财政局预算管理处
江苏淮阴市水利建设集团有限公司生产经营部

江苏徐州卷烟厂三车间
江苏恒顺集团灌装线青年集体
江苏昆山市陆家镇财政所
江苏华泰证券南通姚路营业部
江苏南京夫子庙晚晴楼接待部
江苏省气象台观测站
江苏仪征化纤集团公司证券交易营业部
江苏金坛市国土规划局
江苏电视台新闻中心《大写真》专栏
江苏徐州市财政局直属征收管理处
华泰证券有限责任公司常州和平南路证券营业部
江苏南通海关查验科
江苏苏州证券有限责任公司张家港杨舍证券营业部
江苏铜山县三堡农村信用合作社
浙江临海市信用联社营业部
浙江浦江县农机监理站
浙江嘉兴市工商行政管理局秀城分局新丰工商所
浙江大成建设集团有限公司合徐高速公路项目部
浙江博物馆社教部
浙江杭州中美华东制药有限公司三车间
浙江杭州钢铁集团公司小轧公司连轧车间P3操作室
浙江宁波市工商局奉化分局溪口工商所
浙江化纤联合集团有限公司长丝分厂牵伸M－4029#机
浙江杭州市商业银行官巷口支行营业部
浙江金华市商业银行市府支行
浙江省气象台中短期预报科
浙江湖州市图书馆外借部
浙江三狮水泥股份有限公司烧成车间2#回转窑看火班
浙江杭州海关驻邮局办事处申报台
浙江镇海炼油化工股份有限公司重三装置区六位一体生产线
浙江横店进出口有限公司
中共安徽省委办公厅机关招待所
安徽合肥鑫胜工贸有限公司
安徽淮北市物价局相山分局
安徽芜湖市工商行政管理信息中心
安徽芜湖海员宾馆
安徽宁国市工商局城关工商所
安徽省委办公厅综合调研室
安徽华光玻璃集团有限公司浮法锡退工段
安徽芜湖造船厂希亚德大酒店房务部楼层
安徽肥东宾馆迎宾楼餐饮服务班
中华人民共和国黄山海关报关厅
福建泉州市鲤城区工商行政管理局中区工商所
福建兴业证券股份有限公司福州古田路营业部
福建福州市鼓山地区人民检察院
福建黄金大酒店餐饮部
福建省直单位公积金管理中心
福建兴业银行福州分行营业部
福建漳州市区土地登记处
福建厦门基业衡信工程监理有限公司
福建漳州市工商行政管理局12315消费者投诉服务台
福建福州市仓山区工商行政管理局12315消费者投诉服务分台
福建兴业证券股份有限公司泉州营业部
福建兴业银行厦门分行思明支行
福建兴业银行福安支行储蓄专柜
江西南昌市商业银行中山支行营业部
江西上饶县华坛山农村信用合作社
江西铜业公司德兴铜矿泗洲选矿厂碎三圆锥车间
国泰君安证券九江甘棠路营业部
江西江铃全顺汽车厂总装车间吊装班
江西井冈山革命烈士陵园管理处
江西庐山博物馆群工部讲解组
江西江南信托投资股份有限公司南昌证券部

江西铜业公司德兴铜矿采矿场工程机械维修青年突击队
江西新余钢铁有限公司运输部1610号青年包乘组
江西新华印刷厂八色机车间
江西铜业公司永平铜矿9#电铲青年机组
江西电视台青少部
江西铜业公司德兴铜矿精尾综合厂4#坝青年突击队
江西赣州市商业银行青年支行
山东莱芜市城市信用社钢城办事处营业部
山东烟台市商业银行西大街支行
山东威海市外商投资服务中心
山东日照市市级机关服务中心服务部
山东济南市天桥区人民检察院反贪局
山东淄博市商业银行营业部
华夏银行济南市城东支行
山东济南化肥厂有限公司甲醇车间
山东广饶石化集团股份有限公司催化主控室
山东世界银行贷款项目培训中心客房部
山东烟台市委机要局业务科
山东青岛钢铁集团公司第一线材厂青年轧制生产线
山东淄博市博山区人民检察院反贪污贿赂局
山东泰安市工商行政管理局企业注册局
山东济南电视台新闻节目中心
河南安阳卷烟厂科技交流中心
河南周口市人民检察院起诉处
中国铝业河南分公司热力厂燃化车间除盐水站
中国船舶重工集团公司七二五研究所三室橡胶制品车间
河南濮阳师范学校行政办公室
河南洛阳玻璃股份有限公司浮法一线
河南安阳钢铁股份公司炼铁厂四高炉车间
河南平顶山煤业集团天宏焦化公司80炼焦厂乙工段
河南义煤(集团)公司机电总厂采掘分厂
中国铝业河南分公司氧化铝厂六车间成品过滤岗位
河南新野纺织集团股份有限公司东织分厂织造车间
河南开封县人民检察院综合服务中心
河南安阳市人民检察院技术处
河南驻马店地区检察院技术科
河南舞阳钢铁公司煤气公司煤气车间发生炉工段
河南开封市人民检察院技术装备处
河南平顶山煤业集团一矿综采三队程太昌班
河南日报新闻出版部夜编组
湖北襄樊邓城神农园
湖北鄂钢集团公司鄂钢医院外二科(骨科)
中国建筑三局总承包公司湖北出版文化城项目经理部
湖北黄梅县停前镇财政所
湖北省社会劳动保险统筹办公室
湖北武钢矿业公司大冶铁矿球团车间竖炉班
湖北广济药业股份有限公司广宁制药厂
湖北武汉烟草(集团)有限公司武汉卷烟厂制丝车间甲班制丝组
湖北武汉市基础地理信息中心
湖北武汉市公路勘察设计院
湖北襄樊华明光学元件有限公司二车间4号炉
中国葛洲坝集团公司水泥厂烧成一车间2号窑系统
湖北得伟律师事务所
湖南防汛抗旱指挥部办公室
湖南长沙市商业银行金城支行营业部
湖南衡阳市雁峰区财政局
湖南湘潭市商业银行雨湖支行
湖南长沙市商业银行银德支行营业部
湖南长沙卷烟厂六车间甲4#生产线
湖南湘耒公路管理处衡东养护所
湖南湘潭钢铁集团有限公司高速线材轧制生产线

湖南长沙市商业银行华夏支行营业部
湖南常德卷烟厂八车间丙纤加胶棒生产组
湖南黎家坪水泥厂旋窑分厂看火班
湖南计算机股份有限公司技术中心
湖南长沙铁路总公司长沙火车站母婴—军人候车室
广东广州本田汽车有限公司总装科底盘班
广东梅县雁南飞茶田有限公司
广东深圳市规划与国土资源局罗湖分局业务受理中心
广东东莞市凤岗镇康佳电子公司电脑插件厂C班
广东广州市政府总值班室
广东深圳市规划国土局南山分局业务受理中心
广东佛开高速公路有限公司
广东广州白云机场海关非贸物品监管科
广东广州地铁运营有限公司黄沙站
广东东莞市长安镇莲花山庄前台部
广东三茂铁路总公司三水机务段7639号机车青年包乘组
广东珠海市拱北海关行李物品监管处调查科缉毒组
广东珠岛宾馆中心二楼服务班
广东深圳市万厦公司莲花北村管理处
广东深圳市工商局专业市场分局第二工商所
广西柳钢气体公司空分车间二班
广西航空大厦售票处“玉桂组”
广西桂林市商业银行秀峰支行营业部
广西梧州市工商行政管理局南中工商所
广西柳工集团有限公司驱动桥厂托架班
广西玉柴机器股份公司发动机一厂技术科
广西平果铝动力厂供电车间
广西柳州市商业银行营业部
广西柳州市华锡集团车河选矿厂二车间锌组
广西桂林市工商局经济检查支队
广西平果铝业公司电解铝厂铸造车间
广西玉柴机器股份公司冷加工厂缸盖枪铰机组
广西桂林银海纺织集团三分厂甲班
广西柳州五菱汽车有限公司模具中心CAD/CAM工作站
四川成都杜甫草堂博物馆讲解部
四川九寨沟管理局票务处
四川明珠水利电力股份有限公司供电所
四川航空公司客舱服务部客运室
四川成都海关驻机场办事处旅检二科
四川成都市工商局双流分局华阳工商所
四川成都市商业银行营业部
四川德阳工商局旌东分局旌湖工商所
四川泸天化股份有限公司合成二主控岗位
四川峨眉山市工商城市信用合作社
四川广元工商局南河分局
四川遂宁市蓬溪县红江发电厂
四川剑南春集团包装一车间
四川广安市广安区四九滩电站
重庆万州区工商行政管理局直属分局
重庆新华书店集团民生路图书发行大楼
中港二航局二公司机械化公司青年突击队
重庆忠县国土资源局
重钢电子有限公司三峰仪表成套厂
重庆大足县人民检察院反贪局
重庆永川工商局注册登记科
重庆燃气有限公司渝西分公司茄子溪管理站
重庆海关驻机场办事处
中国嘉陵集团公司设备工程公司数控二组
重庆工商行政管理局渝中区分局大溪沟工商所
重庆少管所七管区
重庆工商局企业登记所
重庆商业银行四贤巷支行
贵州贵阳市第十一幼儿园
贵州开磷(集团)有限公司矿业总公司无轨设备维修一班
贵州赤天化股份公司尿素车间总控制中心
贵州金星啤酒有限公司糖化车间

贵州贵阳海关现场业务处
贵州贵阳铝镁设计研究院冶建分院电解组
贵州贵阳市商业银行金城支行营业部
贵州茅台酒股份有限公司制酒二车间一班
贵州水城矿务局汪家寨选煤厂洗煤车间生产三轮班
贵州赤天化集团有限公司育才学校中学青年教师组
贵州开磷(集团)有限公司息烽重钙厂后勤部保健食堂
贵州水城钢铁(集团)有限公司原料处原料科
贵州贵阳市商业银行营业部
贵州贵阳卷烟厂一车间甲班二线
贵州钢绳(集团)有限公司一厂钢丝车间拉丝工段30#机组
云南龙生绿色产业(集团)有限公司科研组
云南玉溪红塔集团生产一部白班包装机修理组
云南滇红集团茶科所科研所
云南第一女子监狱一监区
云南农业科学院园艺所花卉研究中心
云南第三建筑工程公司四处孙开祥青年突击队
云南易门县小街乡财政所
云南锡业公司老厂锡矿掘进13队
云南羊场煤矿沙背冲矿井青年突击队
云南解化集团有限公司农化服务中心
云南昆明水泥股份有限公司质量处物理组
陕西鼓风机集团有限公司产品试验研究室科研二组
陕西西安市商业银行城南支行营业室
陕西西凤酒股份有限公司销售公司市场科
陕西咸阳偏转股份有限公司二分厂
陕西汉江药业股份有限公司706车间
中国第九冶金建设公司金结厂一车间汽焊班
陕西宝鸡市工商局渭滨分局马营工商所
陕西西安变压器厂机械制造分厂钳工一班
陕西铜川市工商局城区分局青年路工商所
中国石油股份有限公司长庆油田分公司第一采油厂王三计量站
陕西宝鸡卷烟厂五车间
西北国棉一厂细纱车间赵梦桃小组
陕西水电工程局四处五队
武警陕西西安市警卫处
陕西长岭股份有限公司29车间钣金组
陕西宝鸡啤酒厂包装一车间丙工段
中华人民共和国西安咸阳机场海关旅检科
陕西宝鸡金太公司
甘肃白银公司深部铜矿机运队运转工段
甘肃八盘峡水电厂机械分场水轮机班
甘肃兰州佛慈制药股份公司销售公司
甘肃银光化学工业公司仪表计量处仪表流量组
甘肃金昌化工集团公司纯碱公司重碱车间碳化岗位
甘肃白银有色金属公司冶炼厂电解车间种板工段
甘肃兰州铝业股份有限公司电解二厂一车间二大组
甘肃靖远煤业有限公司魏家地煤矿综放队
青海劳动教养管理所二大队
中共青海省委幼儿园
青海盐湖钾肥股份有限公司干包车间
西部矿业有限公司脱水车间真空泵机组
青海盐湖钾肥股份有限公司采收车间
宁夏灵州集团有限公司矿务局磁窑堡煤矿充电室
新疆塔城海关报关厅
新疆八一钢铁股份有限公司转炉炼钢厂转炉机修维护组
新疆乌鲁木齐市乌河管理处供水公司红雁水厂运行班
新疆特变电工股份有限公司新变厂总装车间
新疆生产建设兵团农七师奎屯棉纺织厂织布分厂乙班二组
新疆有色集团公司阜康冶炼厂电解车间生产

线
将军烟草集团新疆卷烟厂科研所
新疆水利厅玛河管理处第二水利工程管理站
新疆生产建设兵团建筑工程第一师北新路桥建筑股份公司内蒙项目部
新疆红其拉甫海关
新疆八一(钢铁)集团有限公司能源中心 1159 热线服务台
新疆生产建设兵团农八师石河子市东热电厂化学分场
新疆乌鲁木齐石化总厂化纤厂公用工程车间
新疆生产建设兵团党委机要局译电传真处
新疆五家渠联营棉纺织厂前纺车间丙班
新疆生产建设兵团农二师湖光纺织针织厂电力运转工段
新疆生产建设兵团第一建筑安装工程公司天元公司
新疆通用航空有限责任公司 B－8243 王忠利机组
新疆生产建设兵团农一师青松建材化工总厂水泥厂烧成三分厂
新疆生产建设兵团建筑工程第一师北新路桥建筑股份公司商品砼分公司
新疆伊犁霍尔果斯海关查验二科
海南海口海滩开发管理有限公司假日海滩
海南琼中县检察院审查起诉股
海南海口市中级人民法院书记官处
海南海口工商局振东分局
海南国营八一总场金川农场办公室
海南鸿益药业有限公司
海南海口市罗牛山蛋鸡场
海南海口市国土海洋资源局服务窗口
海南东升农场十一队青年割胶班组
海南丰田汽车特约维修服务中心
武警安徽总队池州市支队九华山中队
武警天津总队三支队六中队
武警福建总队泉州市支队晋江中队
武警四川总队乐山市支队峨眉山中队
武警北京总队二师十四支队六中队
武警浙江总队一支队三中队
武警天津总队二支队四中队
武警广东总队深圳市支队沙头角中队
新华社国内部经济采访室
中央电视台《今日说法》专题栏目组
中央警卫团二大队三中队人民大会堂东门哨位
中央办公厅老干部局文津俱乐部活动处
人民日报社人民网强国论坛组
人民日报社经理部科技处卫星传输室
中央办公厅机要局通讯中心译电处
中央电视台新闻评论部
新华社国际部专稿要闻编辑室要闻片
中办警卫局新华门哨位
中央纪委监察部信息中心硬件部
最高人民检察院检查日报社总编室
国务院国有资产监督管理委员会委主任办公室
国务院办公厅秘书一局信息处
国务院国有资产监督管理委员会办公厅信息调研处
国家图书馆外文新书阅览室
司法部监狱管理局狱政管理处
人事部人才流动开发司人才流动与人才市场处
农业部经管司农民负担管理处
商务部交际司翻译处
国家环保总局办公厅值班室
中国聋儿康复研究中心语言训练部
中国新华航空公司“祥鸽”乘务示范组
国家气象中心中央气象台短期预报科

二、新命名的

北京化工医院休养部(香山老年护理院)
北京北汽福田公司怀柔汽车厂总装生产线
北京 66 中学物理教研组
北京密云水库管理处下会水文站
北京东安市场男服部西服组

中铁十八局集团公司渝怀铁路工程指挥部(天津)
天津铁路分局唐山机务段 DF8B0020 机车组
天津开发区经济发展局(工商分局)
天津港保税区管理委员会贸易发展局
天津天铁冶金集团炼钢厂炼钢车间转炉炳班
河北石家庄西柏坡纪念馆
河北承德市双滦区人民法院
河北保定电视台广告经济信息中心
河北张家口市城市信用社小东门营业部
河北秦皇岛市失业保险事业管理处
山西省人民政府机关事务管理局幼儿园
山西襄垣县财政局预算股
山西铁路护路联防办公室
山西荣军医院骨科
山西太原市迎泽区人民检察院公诉科
内蒙古补连塔煤矿综采队
内蒙古包头铝业集团电解一公司铸造车间多品种生产班
内蒙古平庄煤业(集团)公司平庄宾馆
内蒙古通辽市梦达印务有限公司
辽宁沈阳市商业银行滨河支行储蓄所
辽宁大连重工建筑钢结构厂铆一青年班
辽宁鞍山市人民检察院公诉一处
辽宁抚顺铝厂炭素厂三工段钳工七班
辽宁本溪钢铁集团公司炼钢厂连铸青年文明生产线
吉林吉林市商业银行江北支行
吉林四平市第一中学现代教育技术中心
吉林长春经济技术开发区海关
吉林白山市临江林业局公共事业公司客户服务中心
吉林通化市人民检察院公诉处
黑龙江牡丹江市工商行政管理局收费所
东北高速黑龙江分公司哈尔滨收费站
黑龙江哈药集团医药药材公司康泰药品超市
黑龙江齐齐哈尔电视台政教部
黑龙江哈尔滨汽轮机厂有限公司三分厂转子工段
上海华氏大药房中心店
上海新世纪股份有限公司七楼商场精品自营柜
国泰君安证券股份有限公司上海延平路证券营业部
上海测绘院浦东分院管网科
中华人民共和国江苏常熟海关
江苏吴江市横扇农村信用合作社
江苏扬中市农村信用合作社联合社营业部
江苏兴化市预算外资金管理办公室
浙江上虞市便民服务中心
浙江舟山市审批办证服务中心
浙江衢州巨化氟化公司二车间 DCS 主控室
浙江北仑海关物流监控科
浙江革命烈士纪念馆宣讲科
安徽阜阳市大桥管理处泉河公路桥收费站
安徽华茂集团五分厂后纺特班细纱工序
安徽马钢股份公司三钢厂连铸二车间 3#铸机丙班
安徽水利开发股份有限公司交通公司
安徽铜陵海关报关大厅
福建福鼎市工商行政管理局注册大厅
福建厦门海关东渡办事处机检科
福建晋江市人才交流服务中心
福建兴业证券股份公司福州市湖东路营业部
福建莆田市国土资源局东庄国土资源所
江西赣州市章贡区人民检察院起诉科
江西九江海事局监督科
江西南昌卷烟厂烟叶基地小组
江西赣州监狱一监区铸造一分监区
江西宜黄县工商局凤岗分局
山东海信空调有限公司客户服务中心
山东东营市垦利县人民法院民二庭
山东武所屯生建电厂运行车间
山东威海列车段进京乘务组
山东烟台住房储蓄银行营业三部
河南濮阳市市区幼儿园

河南鹤壁市鹤山区人民法院民事审判庭
中建三局一公司河南开封项目经理部
河南豫光金铅股份有限公司精炼二厂电解工段
河南洛铜集团公司铜板带厂剪切、精整车间
湖北十堰市寿康永乐连锁超市公司
湖北武汉市武昌区社会福利院服务中心
湖北孝感红林机械厂数控加工中心
湖北襄樊市市直财政征管中心
中建三局一公司深圳分公司第二项目经理部(湖北)
湖南长沙市商业银行汇丰支行营业部
湖南娄底市娄星区花山街道办事处计生办
湖南永州市祁阳县三吾农村信用社
湖南郴州市工商行政管理局人民路工商所
湖南水口山有色金属公司机电总厂杨家岭变电站
广东广州珠江电厂热控分部
广东北江监狱八监区
广东深圳市规划与国土资源局龙岗分局业务受理中心
广东梅县华银雁鸣湖旅游渡假村
广东深圳市宝安区经济贸易局加工贸易合同管理办公室
广西贵糖(集团)股份有限公司第一造纸厂8#机
广西河池化工股份有限公司尿素二车间化工二组
广西钦州市接待办贵宾楼
广西三环企业集团炻瓷厂成二车间
广西柳州市汇康医药连锁有限公司龙城店
四川万源市汽车站
四川大学华西医院急诊科
四川德阳东方汽轮机厂主机四分厂核电总装钳工班
四川绵阳市富乐山公园管理处
华能重庆分公司(电厂)运行部一值
第三军医大学重庆大坪医院妇产科
重庆沙坪坝区文化广播电视局新闻中心
中铁五局集团五公司长万高速公司项目经理部(重庆)
重汽集团重庆红岩汽车有限公司总装厂总装车间
贵州黎阳机械厂43车间二号台青年班组
贵州航天凯天科技有限公司三车间总装调试组
中铁五局集团一公司二处六队(贵州)
贵州贵阳车辆厂市场部市场销售组
贵阳电视台三、四、五频道新闻中心
云南铜业股份有限公司熔炼分厂艾萨炉工区
云南第六建筑工程公司第三工程处
云南昆钢焦化厂第二炼焦车间调火班
云南保山市财政局预算科
中铁十二局云南昆石高速公路小团山隧道工程指挥部
陕西航天建筑公司二部青年突击队
陕西西安西电高压开关有限公司十五车间灭弧三组
陕西洋县电力局酉水变电站
陕西西安市未央区辛家庙信用合作社
陕西高速集团榆林市王沙沟收费站
甘肃华亭煤业集团公司华亭煤矿建井公司
甘肃天水长城开关厂FMS板材柔性加工生产线
甘肃甘州区新乐超市有限公司
甘肃酒钢焦化厂设备维检作业区调火班
中国水电四局第一施工局(青海)
新疆伊犁哈萨克自治州红旗幼儿园
新疆区党委办公厅秘书二处文印室
新疆乌鲁木齐市河东污水处理厂运行班
新疆伊犁州苗苗幼儿园
新疆生产建设兵团农五师赛里木油脂集团浸出车间
新疆生产建设兵团农一师电力公司塔里木热电公司电气分场
海南中级人民法院立案庭

海南价格认证中心
海南振业新合纤有限公司生产部
中共中央直属机关事务管理局北戴河接待办公室服务处
人民日报社国内政治部党建组
新华社国内部政文采访室
故宫博物院展览宣教部参观导引组
公安部物证鉴定中心DNA鉴定处

全国杰出青年岗位能手、全国青年岗位能手

2002年度全国杰出青年岗位能手名单

杨月霞(女) 天津纺织集团天一有限公司二细纱车间
孙建军 江苏省镇江市自来水公司
刘 艺(女) 青岛市公交集团巴士公司汽车三队
李天明 一汽—大众汽车有限公司轿车厂焊装车间
周全民 湖南省浦沅集团有限公司工程机械基地
陈 鑫 中国电子科技集团公司二十九研究所
展江宏 中国石油乌鲁木齐石化公司科研所
水均益 中央电视台新闻评论部
张彦军 中国航天科技集团公司第十一研究所
杨汝军 总后沁阳泊料仓库业务处

2002年度全国青年岗位能手名单

北 京
赵国庆 北京市第六建筑工程公司
沈 慧 北京地铁集团有限责任公司通信信号公司
曾 鹏 北京吉普汽车有限公司
彭新立 华北电力集团公司
天 津
宁可兵 天津港第四港埠公司
张 强 天津市建工集团(控股)有限公司
河 北
褚 健 华北制药集团有限责任公司107车间
李占斌 河北路桥集团有限公司
左晓峰 石家庄铁路分局石家庄南车辆段
山 西
任秀婷(女) 太原新凯纺织印染有限公司纺纱分公司
郝 静(女) 中国民生银行太原分行
莫秀凤(女) 山西省政府机关事务管理局幼儿园
内蒙古
韩进才 内蒙古集通铁路有限责任公司白旗车务段
雷 虎 内蒙古包钢(集团)公司高速线材厂
辽 宁
何 雨 沈阳黎明航空发动机(集团)有限责任公司动力厂
陈东旭 锦州石油化工公司检修安装二队
王富春 抚顺市矿业集团公司老虎台煤矿综采二队
项玉清 中航一集团沈阳发动机设计所
吉 林
张 伟 中国石油吉林石化分公司电石厂
秦绪华 吉林通化钢铁集团公司第二炼钢厂
黑龙江

乔　德　大兴安岭图强林业局资源林政科
李佰军　齐齐哈尔北方机器有限责任公司
杨　斌　中国石油哈尔滨石化分公司
上　海
杨　晓　上海电站辅机厂有限公司
罗莉生(女)　上海航华国际船务代理有限公司
钮　杰　上海航空股份有限公司飞行部
李惠麟　上海市第一百货商店
江　苏
姚　峰　中国石化江苏油田分公司工程院
尹　来　淮安市金湖县人民医院
浙　江
曹国平　浙江镇海炼化股份有限公司检安公司
伟　鼎　浙江万向集团公司
潘莉萍(女)　浙江省温州市电信分公司营业分局
安　徽
李　明　安徽省马鞍山钢铁股份有限公司第四炼铁厂
吴东升　安徽省铜陵有色金属公司狮子山铜矿采矿二区
杨震远　合肥昌河汽车有限责任公司设备动力处
福　建
孙晓芳(女)　厦门航空有限公司福州分公司
徐　杰　福建省立医院骨科
孔祥杰　兴业证券股份有限公司福州湖东营业部
江　西
熊有坚　江西省电力试验研究所
刘远飞　赣州市人民医院
李　芳(女)　江西电工厂新源电测设备分厂
山　东
宋宏雷　山东省东营供电公司
刘恩恒　山东鲁抗医药股份有限公司鲁原分公司
河　南
赵普春　中原石油勘探局采油三厂工程技术大队
李　宜　中国铝业公司河南分公司热力厂
于宜洛　中国一拖集团有限公司锻造厂
卞鸿涛　安阳钢铁股份公司第二炼钢厂
湖　北
张茂华　交通部长江航务管理局九江海事局五穴站
刘　青　东风汽车公司技术中心客车部
瞿润萍(女)　湖北省电信公司鄂州市分公司
湖　南
叶　青　湖南省株洲硬质合金集团有限公司装备部
姜　峰　中国石化集团巴陵石油化工有限责任公司技术开发中心
李寿涛　中国石化集团长岭炼化公司
广　东
胡学志　广州市国家税务局中区稽查局
李永梅(女)　广东省佛开高速公路有限公司
冯亚光　深圳能源集团妈湾发电总厂
吴腾涛　深圳三洋华强激光电子有限公司
海　南
曹　爱(女)　北方航空三亚有限公司
林建怀　海南省东方地方税务局八所税务所
广　西
陈卫红(女)　广西壮族自治区电信公司南宁分公司
毛清华　上海通用五菱汽车股份有限公司
重　庆
李小军　重庆市长安汽车(集团)有限责任公司军品技术中心弹药研究所
秦大斌　重庆移动通信有限责任公司
王小渝　重庆市高新技术产业开发区地税局
四　川
谢红星　四川明珠水利电力股份有限公司供电所
郭　莉(女)　四川省宜宾五粮液集团公司

506车间

贵 州

金 鑫 贵州市商业银行科技部

简永红 贵州盘江煤电有限责任公司火铺矿选煤厂

云 南

王正奇 云南驰宏锌锗股份有限公司采选厂

浦同凯 云南沾化有限责任公司

段玉明 云南开远水泥股份有限公司

西 藏

李 娟(女) 西藏自治区拉萨市邮政局

陕 西

贾曼歌 中国东方航空西北公司飞行部

杨 彬 西安咸阳国际机场

赵光勇 郑州铁路局安康铁路分局安康车辆段

青 海

张文山 中国水利水电第四工程局第二施工局

王国强 青海省西宁市供电局信息通讯中心

甘 肃

张吉华 中国石油兰州石化公司催化剂厂

孟亚莉(女) 中国石油长庆油田分公司第二采油厂

宁 夏

刘燕玲(女) 宁夏回族自治区移动通信公司吴忠分公司

闫民力 中国石油长庆油田分公司第三采油厂吴旗采油作业区

新 疆

吾拉音·艾白 新疆喀什公路总段疏附公路段

新疆生产建设兵团

王彩萍(女) 新疆奎屯棉纺织厂纺纱一分厂

总 政

张 华 第四军医大学第二附属医院神经外科

中央金融

杨韶敏(女) 中国工商银行上海市分行营业部

任小抒(女) 中国人民银行扬州市中心支行

曹 蕤 中国农业银行软件开发中心

白 璐(女) 中国银行北京市朝阳区支行南银大厦分理处

杨 旭(女) 中国建设银行总行信息技术管理部

胡剑平 交通银行上海分行研究开发部

铁 道

徐大江 成都铁路分局德阳车务段

邱培军 广州铁路集团公司长沙铁路总公司调度所

夏 雷 上海铁路局南京铁路分局芜湖机务段

张 东 呼和浩特铁路局临河车站

民 航

田 磊 民航乌鲁木齐管理局航行气象处调度室

姚 康 中国东方航空股份有限公司飞机维修基地技术处

中直机关

崔士鑫 人民日报社国内政治部

王晓晖 中央人民广播电台新闻中心

国家机关

杜跃进 信息产业部国家计算机网络与信息安全管理中心

中央企业

蒋继宏 西安飞机工业(集团)有限责任公司技术中心

杨雪峰 哈尔滨东安发动机(集团)有限公司

张 军 沪东中华造船(集团)有限公司

任文祥 中铁二十局集团有限公司第三工程有限公司

郭朝晖 上海宝山钢铁股份有限公司技术中心自动化研究所

蔡孟青 中国路桥(集团)总公司第二公路工程局

孙永乐 富奥汽车零件部有限公司转向机分公司

“中国青年创业行动”优秀组织单位和先进个人

“中国青年创业行动”优秀组织单位名单

首钢总公司团委
天津市青年创业中心
河北省石家庄青年人才交流服务中心
共青团河北省邯郸市委
山西省太原市青年创业服务中心
山西省大同煤矿集团公司团委
共青团内蒙古自治区呼和浩特市委
共青团辽宁省沈阳市委
共青团辽宁省阜新市委
共青团辽宁省抚顺市委
共青团吉林省吉林市委
吉林省四平市就业服务局
共青团黑龙江省七台河市委
共青团黑龙江省佳木斯市委
黑龙江省哈尔滨青年就业服务中心
上海市青少年发展服务中心
共青团江苏省南京市委青工部
江苏省泰州市劳动就业管理中心
共青团浙江省湖州市委
共青团浙江省杭州下城区委
共青团安徽省马鞍山市委
共青团安徽省蚌埠市委
共青团福建省莆田市委
共青团福建省泉州市委
福建三明市梅列区劳动服务公司
共青团江西省南昌市委
江西计算机培训学校
共青团山东省济南市委
共青团山东省青岛市委
共青团山东省泰安市委
共青团河南省安阳市委
共青团河南省周口市委
共青团湖北省武汉市委
共青团湖北省黄石市委
共青团湖北省仙桃市委
湖南省永州市青年就业服务中心
湖南省长沙市青年再就业指导中心
共青团广东省茂名市委
广东省深圳市职业技能训练中心
共青团广西壮族自治区玉林市委
共青团海南省海口市龙华区委
共青团重庆市九龙坡区委
共青团四川省成都市委
四川省德阳就业服务管理局
共青团贵州省六盘水市委
云南省安宁林源经贸有限公司
共青团陕西省宝鸡市委
共青团甘肃省兰州市委
青海省格尔木市就业服务局
共青团宁夏回族自治区银川市委
共青团新疆维吾尔自治区伊犁州委
新疆生产建设兵团农四师劳动和社会保障局

“中国青年创业行动”先进个人名单

洪艳华　北京一轻控股有限公司再就业指导中心副主任
沈　兵　天津市劳动和社会保障局副处长
田理明　共青团河北省衡水市委副书记
史文浩　共青团河北省承德市委副书记
邓雁平　共青团山西省运城市委书记
郜双庆　共青团山西省长治市委书记

宫秉祥　共青团内蒙古自治区通辽市委书记
刘兴波　共青团辽宁省委青工部部长
常　青　辽宁省沈阳市劳动保障局处长
翟天齐　辽宁省本溪市平安车业有限公司总经理
陈晓东　共青团吉林省松原市委书记
刘　军　吉林省长春市就业服务局副局长
姚建华　黑龙江省劳动和社会保障厅主任科员
刘家滨　黑龙江省哈尔滨市金太阳投资发展有限公司董事长
林　虎　共青团黑龙江省委青工部负责人
华　伟　共青团江苏省无锡市委书记
廖　斌　浙江省金华中服网络科技有限公司总经理
张江平　浙江省宁波太平鸟集团有限公司董事长
胡宏同　共青团安徽省合肥市委副书记
王爱武　共青团安徽省安庆市委副书记
陈增华　福建省青年人才开发中心主任
王常和　共青团福建省委青工部主任科员
梁建平　共青团江西省委青工部副处级调研员
魏文生　江西省新余钢铁公司团委书记
许凤伦　共青团山东省委青工部部长
苏　醒　共青团山东省淄博市委书记
武林中　共青团山东省东营市委书记
林　强　共青团山东省威海市委书记
陶向明　共青团河南省安阳市委办公室主任
张高峰　共青团河南省漯河市委副书记
周文霞　共青团湖北省荆门市委书记
朱丽玲　共青团湖北省安陆市委书记
谢天星　湖北省宜昌市劳动就业管理处副主任
黄小明　共青团湖南省永州市委书记
黄跃佳　湖南省长沙万众和社区服务网络有限公司董事长
刘仲林　广东省东莞市就业服务管理中心
林显荣　广东省广州市劳动力市场服务中心特困办主任
黄振辉　共青团广西壮族自治区玉林市委书记
王晓华　共青团海南省委工农青年部部长
张继军　共青团重庆市委青工部副部长
唐发初　共青团四川省德阳市委副书记
文志坚　共青团四川省乐山市委工农青年部部长
唐伟生　贵州省遵义市再就业服务中心主任
李晓静　共青团陕西省咸阳市委书记
张立东　共青团甘肃省酒泉市委书记
王泽丽　青海省西宁市劳动就业局局长
黄志强　共青团宁夏回族自治区平罗县委书记
赛延荣　新疆维吾尔自治区昌吉州劳动就业局就业科科长
谷金花　共青团新疆生产建设兵团农八师石河子市委副书记
宫俊卿　共青团山东省济南市委统战部主任科员
曹　炬　共青团山西省太原市委办公室副主任
钱　晖　共青团湖北省武汉市武昌区委青工部部长

中国杰出青年农民

“中国杰出青年农民”评选表彰活动是共青团中央、水利部、农业部、财政部、国家林业局和全国青联共同组织开展的一项评奖活动。自1996年开展以来,已连续评选表彰了8届,全国共有80位农村青年获此殊荣,有101位青年农民获得提名奖称号,同时全国性的评选表彰活动带动了省、地、县三级层层开展评选表彰活动,在全国树立了一批热爱农村、学用科技、艰苦创业、勇于创新、奋发有为、具有时代特征的青年农民典型。他们主动适应农业和农村经济发展的要求,带头进行农业和农村经济结构调整;带头进行农业标准化生产;带头促进农产品产加销一条龙的农业产业化发展;带头参与农村社会主义民主政治;带头建设农村社会主义精神文明,有力地推动了农村社会的全面进步,在全社会产生了强烈反响,极大地鼓舞着全国亿万农村青年积极参与农村改革和发展,为建设全面小康社会做贡献。

评选表彰活动自启动之日,就一直受到党中央、国务院的高度重视,江泽民同志曾给首届“中国杰出青年农民”致信,对青年农民寄予深切关怀和殷切希望,胡锦涛、温家宝、姜春云、王兆国、布赫、杨汝岱、孙孚凌、乌云其木格等党和国家领导人都曾亲切接见过受表彰的青年农民代表,给广大青年农民以极大的鼓舞,在全社会营造了关心农业、农村、农民的良好氛围。

第八届中国杰出青年农民名单

(10名)

席宝力皋(蒙) 内蒙古自治区通辽市白音他拉镇青年农民
唐燕子(女) 四川省广安市协兴镇青年农民
董成祥 北京市顺义区大孙各庄镇青年农民
吴 琼(锡伯) 辽宁省沈阳市新城子区青年农民
徐国华 山东省寿光市孙家集镇青年农民
张育彪 广东省深圳市布吉镇青年农民
王中旺 河北省隆尧县莲子镇青年农民
胡华锋 湖北省荆州市纪南镇青年农民
彭炳华 福建省莆田市新度镇青年农民
夏国海 上海市闵行区浦江镇青年农民

第八届中国杰出青年农民提名奖名单

(15名)

师向东 甘肃省临洮县新添镇青年农民
毛拉阿吉·司地克(维) 新疆维吾尔自治区伽师县青年农民
颜建芳 江苏省吴江市桃源镇青年农民
张海明 宁夏回族自治区固原市原州区青年农民
包有民 河南省灵宝市阳平镇青年农民
陈树勇 天津市塘沽区新城镇青年农民
王东典 黑龙江省宾县宾州镇青年农民
乔志博 陕西省泾阳县王桥镇青年农民
李长江(土家) 贵州省德江县青龙镇青年农民
蔡朋铮 重庆市北碚区天府镇青年农民
罗时通 江西省高安市筠阳镇青年农民
梁宏彪(壮) 广西壮族自治区钦州市钦北区青年农民
马向东 云南省易门县浦贝彝族乡青年农民
乔道首 山西省山阴县古城镇青年农民
胡南琴 安徽省枞阳县白梅岩前开发区青年农民

全国农村青年创业致富带头人、服务农村青年增收成才奖

"全国农村青年创业致富带头人"、"服务农村青年增收成才奖"评选表彰活动是团中央和农业部联合开展的一项活动。自2001年开展以来,已有2223名农村青年获得"全国农村青年创业致富带头人"荣誉称号,203个地方团委和农业部门获得"服务农村青年增收成才奖"先进集体荣誉称号,214名地方团委和农业部门的工作人员获得"服务农村青年增收成才奖"先进个人荣誉称号。"全国农村青年创业致富带头人"包括科技兴农带头人、青年经纪人、农业产业化带头人和工商创业带头人等农村青年创业致富带头人。他们认真学习贯彻党在农村的各项方针政策,大力推广先进实用农业技术,大胆开拓农产品市场,积极发展农业产业化,带头创办农村二、三产业,致富思源,富而思进,带领广大农民致富奔小康,在农村这一广阔天地里取得了突出成绩。"服务农村青年增收成才奖"先进集体和先进个人是活跃在地方团组织和农业部门,以服务农村青年增收成才为己任,满怀热情,无私奉献,在政策、资金、项目、信息、技术和人员培训等各方面对农村青年给予极大支持,成为广大农村青年创业致富的领路人。

评选活动鼓舞着广大农村青年立足农村,努力学习、运用和推广先进农业技术,积极调整农业产业结构,进行农业产业化经营,寻求新的就业增收渠道,带头增收成才,带领当地农民群众共同致富。同时评选活动也有力地推动了各级团组织和农业部门认真贯彻落实党在农村的各项方针政策,全面推进农村青年增收成才行动,以培养人才、配合服务两个关键环节为着力点,开拓创新,为广大农村青年提供切实有效的扶持和帮助,增强他们的致富本领,帮助他们发展生产,增加收入,为发展农村经济、推进农村全面小康建设做出了积极贡献。

2003年度全国农村青年创业致富带头人标兵名单

(100名)

北　京　胡荣新　罗文兴
天　津　孙洪森　陈树勇
河　北　王治河　陈启忠　张文林　杨永恒
山　西　曹希全　赵成书　乔俊海
内蒙古　张林河　褚福海　王　义
辽　宁　张卫东　李晓春　陈道元　刘权烈
吉　林　程继彦　于大鹏　王银海　李　刚
黑龙江　袁宏伟　李春雷　方东朔　周　军　孙绍伟
上　海　钱红弟
江　苏　陈本金　王新南　陈洪新　吴卫兵
浙　江　干贤青　何华均　金玉兔　张仁斌　吴生锡
安　徽　郝正旺　赵士明　江成生
福　建　施榕斌　陈月红(女)　沈锦丽(女)　许大座
江　西　邱新海　李梦龙　聂国军
山　东　牛兆学　刘　祥　王步峰　张功伦　沈希华
河　南　陈新有　陈　权　付九林　苗峰伟　闫虎成
湖　北　雷裕国　师智敏　付培银

湖　南　王运芳　刘志高　廖邦文
广　东　张育彪　周志明　陈亚振　麦平阳
广　西　梁宏彪　覃锦仁　文　君
海　南　莫朝旭　宋孟达
重　庆　李国铖　郑　勇
四　川　许　军　蔡久荣　刘剑波　康　健
贵　州　王　成　杨树强　潘　林
云　南　张　琨　任洪冰　李云雄
西　藏　嘎　桑　洛松尼玛
陕　西　张向阳　史军辉　任战平
甘　肃　丁玉平　孙建民　张　明
青　海　马国祥
宁　夏　安寿森　马建泽　马玉龙
新　疆　李玉虎　牛国军　艾尼瓦尔·沙依木
　　　　李兰江

2003 年度全国农村青年创业致富带头人名单

（806 名）

一、青年科技兴农带头人（210 名）

北　京　王　鹏　宋绍堂　何　明　张久富
天　津　李俊田　薛春东　高宝华
河　北　孙秀芝　张天明　彭松涛　马应国
　　　　高林冲　李光军　李国通　李海川
　　　　阴运雷
山　西　张建明　赵益民　董建民　张炎武
　　　　张春生　席　瑚　李喜元　曹文善
内蒙古　伊勒塔　白斯古楞　铁木尔巴特
　　　　夏卫红　王英强　贾建跃（女）
辽　宁　刘　斌　李晓东　王文选　李明磊
　　　　吕　峻　马俊生　王玉凤
吉　林　于　雷　李占伟　郭永清　王　岩
　　　　耿尚瑞　崔元浩　李　辉
黑龙江　李宝国　陈志才　梁国权　刘大春
　　　　孙洪伟　唐立华　郭庆文　王洪宇
　　　　唐力军　于春强
上　海　金巧玲　张毓敏
江　苏　李继民　王友成　姜旭红　刘永山
　　　　严天白　丁　鹏　徐德良　周伟峰
浙　江　朱进洪　马国忠　梁英龙　郑米存
　　　　俞宏达
安　徽　魏帮好　李欣利　范恒进　龚建国
　　　　丁中新　候　凯　施银松　鲁绪发
福　建　李志洪　杜清洁　张志文　赖应威
　　　　毛建红（女）　王爱国　张继鹏
　　　　巫南星　叶榅全
江　西　李志明　朱　壹
山　东　朱玉华　王丰好　李春贤　杨留星
　　　　杜飞廉　宋士元　刘伟海　王向东
　　　　滕永富　卢京玉　马绍军　王福增
河　南　陈建政　杨树发　马　魁　李天玉
　　　　陈文兵　凌国钧　从学超
　　　　赵　雪（女）　董先永　史建立
湖　北　宋孝琴（女）　胡为义　王江林
　　　　殷希山　宋秀莹　黄雨胜　郑中国
湖　南　付绪生　王满元　潘先文　罗忠毅
　　　　陈　群　潘太国
广　西　韦　幕　梁春华　潘关德　程宏海
　　　　韩翠运　谭翠群　黄思桥　黄日平
　　　　叶　兰　周文章　李泽坤　卢义贞
海　南　杨英珍（女）　陈永忠　王家琼
重　庆　聂　华　杨安泉　张顺林　陈礼华
四　川　王志国　武春桥　崔修国　舒銮洪
　　　　王永兰（女）　杨天杰　谢厚明
　　　　禹建萍（女）
贵　州　王启发　王　文　杨　衷　徐红刚
　　　　马廷虎　唐胜虎
云　南　杨应开　柯福金　张卫彪　周　俊
　　　　傅开庭　张东成　华明升　刀光红
　　　　李根有　陈学武　农孟兰（女）
　　　　王友翠（女）　杨文超　戴涛良
　　　　李本全　怡马更（女）　付云华
　　　　余树光
西　藏　达　瓦　平措多吉　嘎玛江参
　　　　索朗塔杰
陕　西　赵志辉　袁道刚　郭祥海

朱淑芬(女)　王维廷

甘　肃　宗泮祖　张春军　毛爱平　南长龙　禹　宏　肖正璐　朱爱文　陆增良　杨志壮　道吉草

青　海　蔡索南多杰　托日杰　红　英　蔡有华

宁　夏　皮学亮

新　疆　王西成　邓豫东　胡如付　付金龙　阿提姑丽·吾拉音　方伟勤　李月兰　甫日甫　艾尼·莫依东　马占龙　吴佩东　阿布拉·热西丁

二、青年农业产业化带头人(286名)

北　京　孙　忠　彭宏光　张仁武　童　英(女)　孙洪立　宋瑞祥　郭纪红(女)　邓金臣

天　津　沈晓健　杨连田　刘永远　王国忠

河　北　张敏杰　张贵峰　昌凤艳　王　悦　高继祥　崔明章　陈　刚　刘海良　崔朝晖　鲁炳英

山　西　冯福柱　程林福　张建和　张　广　李宏权　刘　军　王永军　杨停义

内蒙古　茹红卫　王景成　马玉海　徐　伟　赵那木拉　侯宇祥　粟玉刚　夏海军　王学文　巴根那　乌恩其

辽　宁　李海生　薛喜东　贾凤秋　陈　刚　张　鹏　章　娜　谭立萍　王凤文　赵福良　武　宏　冯玉武　戴锡杰　安广杰　陈向阳　腾玉双　赵广海　李国勇　韩百生　赵红军　梁福伟

吉　林　张宝艳　贾永禄　高玉伟　尹万国　梁云才　崔建华　田新军　蒋兴发　张国建　袁英伦　丁学辉　陶福龙　郑　男

黑龙江　侯立君　丁石光　王春清　施文国　李长辉　闵鑫焱　雷井云　高　辉　要延松　韩振远　杨永山　李昌彪　李吉振

上　海　周雪良　张　林　葛　文

江　苏　史林华　史志明　吕兆才　周文林　房国成　沈小美　梁　军　王宗凯　孙德俊　纪小斌

浙　江　王立标　俞国富　朱洪平　费建定　王运来　俞　斌　苏尔苗　罗天生　宋法亮　夏伟华　陈晓寅　杨再能　俞仙友　傅兵忠　吴卫明　吴华东　何建明　徐金伟

安　徽　叶永田　李井泉　王化东　蒋春祥　王仙明　殷坤才　周宗林　方鸿星

福　建　余郑宏　高向登　占文华　陈天赐　黄仁杰　沈卫峰　黄向阳　揭肇春　钟仁斌　张元春　李金杉

江　西　邬洪辉　万修林　李性明　徐鸿建　洪新进　胡建兰　周国安　余华忠　刘升贵　彭海潮

山　东　杨文柱　王永超　王卫东　陈晓合　马健康　吴顺红　刘银泉　高寿红　滕先爱　孙德林　蔡丽霞

河　南　杨军营　李　彬　杨建正　郭高峰　张国华　朱献福　张海龙　杨爱军　孟凡超　周阿祥　牛治中

湖　北　熊　辉　邵忠诚　柯吕松　段　强　李万里　朱　丽　张新贵　魏福桥　马远华　王景红

湖　南　杨建明　李精华　袁建芳　龚　英　余捻宏　余新宇　王芳平

广　东　黄进德

广　西　欧振宏　秦本军　李志聪　林绪志　罗　勇　劳　繁

海　南　梁宝强　王琼星　孙鸿涛

重　庆　万绍碧　潘　兵　陈远合　万　里　黄迎春　陈永发

四　川　方明贵　刘光华　刘刚华　曾　实　童其权　李占平　张明亮　王　洪　唐华全　张德荣　廖灿位　谢玉明　陈志莲(女)　郑传彬　冯天珍(女)

贵　州　杨　敏　杨永刚　卯昌琴　张先金

张　颉　李永江　杨明林　伍荣良
司福应
云　南　唐保坤　和　云　谢朝栋
西　藏　拉　巴　达娃次仁　格桑卓嘎(女)
阿旺尼玛　王宪生　次仁白宗(女)
陕　西　刁枭武　杨荣军　张宏刚　车武安
赵雪红　刘　斌　王广辛　杨瑞星
甘　肃　甘有仁　杨小军　刘　云　孙　英
张延功　王炳坤　李守业　河清吉
马源来　才让扎西
青　海　跃　热　孔繁明　贺廷仁　郭玉胜
王庭云
宁　夏　潘建明　王　祥　袁　辉　孙立军
杜胜兴　张怀成　丁磊杨
海　澜(女)　范淑芳(女)　马　俊
宋建华　白金国
新　疆　阮小平　张启帆　热斯哈孜
刘玉奎　孙江山
吐尔逊江·吾不力卡斯木
许　斌　吐尔洪·热西丁
阿不力克木·伊布拉音
哈特朗　马建国　范永智
艾买提·买买提
艾尼瓦尔·买买提明　殷　燕

三、青年工商创业带头人(200 名)

北　京　徐　玲(女)　高守海　陆远大
刘德君　张福然
天　津　段玉军　王季麟　安立军　朱梦河
刘文华
河　北　陶建林　丁励铨　袁汝海　田来文
贾　巍　韩清华　李　彬
山　西　王双成　张三货　郭和清
张永萍(女)　车陆军　高　帅
段学良　薛国华　白宏斌　武海生
苗　寨　针明斗　席　瑚
内蒙古　石万勇　郝永宽
辽　宁　张继红　张国军　吕　勇
吉　林　马　月　李雪丹　孙大军　鹿炳江
杨旭忠　刘玉财　应颖芳　赵春江
谢云军　于　辉
黑龙江　王青林　李金岩　黄建昌　赵　广
田凤文　王新革　孙大勇　李翠莲
上　海　王均金　徐建刚
江　苏　石祖乾　陆爱萍　郑　飞　胡　向
丁祖清　掌传兵　曹传尚　肖国强
浙　江　张晓青　魏国良　杨以勇
安　徽　郭凤军　潘同庆　强世山　吴国华
胡和平
福　建　郑敦木　黄连福　杨庆聪　王育妙
陈武卫　许国强　叶新财
江　西　叶　杰　章金华　周新才　桂雯庆
蔡殿芳
山　东　王　强　孙东伟　孔维銮　张从祥
李建国　王增明　蔡付涛　张　昭
王步如
河　南　陈　苍　曹大有　闫　雷　侯建军
张会群　蔡建星　马长信　刘建甫
陈专强　李福祥　谢为波　陶建新
湖　北　李荣亮　李　国　吴　朋　肖灯银
冷三成　向阳春　詹洪泽
冯友兰(女)　金鸿冰
湖　南　刘　宁　肖希轩　屈鹏程　王泽伙
胡前明　靳　卫　陈琼武
广　东　陈维建　莫振新　林启生
广　西　覃元高　李日球　石　胜　何开永
杨礼忠　潘峻捅　曾令宽
海　南　黄凤江　杨乐成
重　庆　杨梅竹　徐振洪　郑光中
四　川　黄宗元　李方平　王乾友　孙光荣
马　佳　卢阿姆(女)
贵　州　杨权富　张祥学　戴恒强　朱大学
任政美　覃元高　何利贵　李卫东
云　南　芮茂能　张文金　秦峻霄　李　强
刘丕昌　段怀晋　顾文学
西　藏　旦　巴　罗　布　次　多
尼玛次仁　达　平　多吉坚参

边　久　次仁顿珠　次旺门巴
陕　西　司　楠　谭永昌　王银科　严健康
韩亚军　马志永　周　镒　宋昌安
王　康　张丹英(女)　耿　鑫
田苏辉
甘　肃　刘天泉　张国忠　王世保　王德良
帅金龙　张俊红
青　海　靳有元　王永生　韩生林
宁　夏　严晓桐(女)　张东玲(女)　周立峰
秦　军　孙　霞(女)　王建华
李克学　韩万里
新　疆　方　琪　叶尔肯江·努儿阿斯力
艾孜木拉·艾则孜
帕尔哈提·阿不力孜

四、优秀青年经纪人(110名)

北　京　刘　洋　张爱军　柳小东
天　津　赵树财　窦华彬　高翠莲(女)
河　北　陈志杰　孙金良　殷俊亭　韩耕勃
李绍军　王秀堂
山　西　刘成龙　王学文
内蒙古　谢兵祥
辽　宁　赵　强　刘兴文　于海青　张　周
尹学军
吉　林　冯　刚　刘　伟　鲁长俊　孙冬梅
张万奎
黑龙江　彭艳斌　孟庆虎　孙兆顺　杨树广
褚德彬　杨　宏　杨舒吟　程占利
高俊宇
上　海　朱龙舟
江　苏　胡忠东　骆林超　孙俊竹　宗志伟
陈九龙　何继荣　朱建新　张红梅
张连成
浙　江　许明曙　叶洪台　俞学文
安　徽　刘夫彬　曾祥明　司长军　管章明
万　明　邹胜龙　洪立安
福　建　黄道俊　曹繁荣　刘荣斌
山　东　元建国　于洋覃　侯彦卫　于建洋
孙桂斌　宋朋斌　牛秀珍　高纪富
河　南　钱富强　杨季勋　张菊梅(女)
张青龙　孔凡海
湖　北　望开平　陈　明
湖　南　丁志宏　胡顺开　梁通尧　黄数雄
李传庆
广　东　陈建华
广　西　朱培铭　苏丽秋　胡汉杰
海　南　苏侯菠　谢宏义　罗水凤(女)
重　庆　王小波　钟世荣
四　川　裴宗富　李道华　李朝富　李文彬
唐礼荣　谢　兵
贵　州　杨举英　秦大才　刘良才　赵焕琴
云　南　张卫平
甘　肃　魏周军　席尚江　张义　靳　荣
青　海　马安惠　金　宝
宁　夏　王怀东
新　疆　蔡冬平　魏振江　白克力·吾斯曼
热衣木克力木　巴热·库尔班
外力·艾比不拉

2003年度服务农村青年增收成才奖名单

一、先进集体(103个)

北　京
团大兴区委员会
团平谷区委员会
团昌平区委员会
天　津
团天津市北辰区委
团天津市静海县委
天津市农业广播电视学校
河　北
团保定市委
团大城县委
团内邱县委
山　西
沁源团县委
稷山团县委
晋中团市委

平定团县委
内蒙古
呼伦贝尔市阿荣旗团委
巴盟乌中旗德岭山镇团委
通辽市科尔沁区团委
辽　宁
共青团沈阳市委员会
共青团阜新市委员会
共青团铁岭市委员会
本溪市本溪县南甸子镇党委
吉　林
共青团东丰县委
长春市农业委员会科教处
通化市农民科技教育培训中心
团吉林省汪清县委
黑龙江
团绥化市委员会
团黑龙江省农垦总局委员会
团大庆市委员会
团齐齐哈尔市委员会
上　海
青浦区农委团工委
金山区蔬菜技术推广中心
松江区现代农业园区五库示范区团委
奉贤区农业委员会
江　苏
团镇江市委
团徐州市委
团张家港金港镇团委
浙　江
共青团嘉兴市委
共青团平阳县委
建德市三都镇团委
安　徽
六安团市委
巢湖团市委
五河团县委
福　建
漳州团市委
三明团市委
泉州团市委
江　西
波阳县高家岭镇人民政府
新余市团渝水区委员会
南昌水产技术推广站
山　东
山东省农业广播电视大学
山东畜牧职业学院
山东省潍坊市团委
山东省德州市团委
河　南
团洛阳市委
团鹤壁市委
团南阳市委
河南省农业厅科技教育处
湖　北
团宜昌市委员会
湖北巴东县农广校
团麻城市委员会
团孝昌县委员会
湖　南
资兴市龙溪乡政府
湘潭市雨湖区长城乡农科教中心
桃江团县委
广　东
共青团化州市委员会
共青团连州市委员会
新兴县农业局
广　西
团玉林市委
团梧州市委
桂林市农业局
海　南
中共万宁市和乐镇委
团儋州市委员会
团三亚市凤凰镇委员会

重　庆

团涪陵区委

团沙坪坝区委

团九龙坡区委

四　川

成都市团委

宜宾团市委

眉山团市委

贵　州

团思南县委

黔西南州晴隆县畜牧水产事业局

安顺市农业局

云　南

云南省农业厅科技教育宣传处

云南省玉溪市团委

云南省文山州团委

西　藏

团林芝地区委员会

团山南地区乃东县委员会

团昌都地区芒康县农牧局

陕　西

共青团西安市长安区委

共青团宝鸡市千阳县委

共青团咸阳市委

陕西省商洛市镇安县农广校

甘　肃

甘肃省酒泉市肃州区团委

甘肃省白银市平川区团委

甘肃省庆阳市镇原县团委

甘肃省农牧厅科教处

青　海

海西蒙古族藏族自治州团委

团门源县委

宁　夏

永宁县农牧局

平罗县农牧局

海原县西安镇镇党委

新　疆

新疆生产建设兵团农一师团委

新疆昌吉州团委

新疆喀什地区巴楚县团委

新疆阿克苏地区阿瓦提县团委

二、先进个人(114 名)

北　京　戴　维　程海军　王　杰　王红艳

天　津　钱晓军　齐中波　高印福

河　北　赵险峰　李岩涛　唐效刚

山　西　李立武　杨春枝(女)　张天林　刘振华

内蒙古　赵永军　陈向东　杨冬冬(女)

辽　宁　崔　巍　方健伟　祖春阳　孙达志　肖　建

吉　林　田吉利　张志刚　秦　吉　孙　静

黑龙江　尚德龙　时　林　吴振江　周国伟

上　海　梁东红　沈根华　钱非凡

江　苏　薛　峰　葛玉琪　陈晓东　徐国民

浙　江　陈永峥　钟术清　周建荣　陈真荣

安　徽　徐国余　陈卫东　马晓梅(女)

福　建　叶锦文　吴志林　郑承根　李　宇

江　西　赵尚高　曾繁富　徐鞠晖　李协民　黄新坚　李亮生

山　东　李冬利　闵祥涛　徐国旺　袁瑞农

河　南　谢李广　李变芬(女)　齐永军　孙现民　吴开义

湖　北　陶峥嵘　张洪杰　饶　晓　梁江新　陈　红(女)　郑守新

湖　南　王先跃　谭志鹏

广　东　周海金　汤佐城　蓝亦辉　李新昌

广　西　丘德彬　廖立勇　农民琨　蔡明元

海　南　杨锋符　博　良　何顺劲

重　庆　黄祖英　孔金秀　董昭勇

四　川　张绍军　罗　桃(女)　何洪波　邓　健　李　忠

贵　州　姜　文　何世兰

云　南　杨金莹　陈　阳(女)　邓志刚

西　藏　琼　达(女)　罗布旦增　江　村

陕　西　高　荣　董兆伟　李宏顺　樊　波

甘　肃　张保军　夏　叶　朱永峰

青　海　冶成岚　魏窦兴

宁　夏　徐　珍　王惠军　张兴荣

新　疆　涂　林　蒋　欣　叶尔太　温志新

全国保护母亲河生态监护站

2003 年 1 月 14 日，共青团中央、国家环保总局联合发文，决定命名北京市昌平区保护母亲河生态监护站等 81 个保护母亲河生态监护站为“全国保护母亲河生态监护站”，以表彰有科学合理、行之有效的工作机制，有固定的队伍长年坚持开展生态监护活动，大力宣传生态文明理念的生态监护站。

全国保护母亲河生态监护站名单

（81 个）

北　京

昌平区保护母亲河生态监护站

延庆县保护母亲河生态监护站

怀柔区保护母亲河生态监护站

山　西

太原市迎泽区滨河小学保护母亲河生态监护站

太原市 37 中学保护母亲河生态监护站

山西大学环境与资源学院保护母亲河生态监护站

内蒙古

呼和浩特市玉泉区保护母亲河生态监护站

伊金霍洛旗保护母亲河生态监护站

奈曼旗保护母亲河生态监护站

辽　宁

营口市老边区保护母亲河生态监护站

西丰县保护母亲河生态监护站

本溪市溪湖区峪岗小学保护母亲河生态监护站

吉　林

吉林大学南校区南湖保护母亲河生态监护站

长春市二道区团委保护母亲河生态监护站

吉林市船营区环保局保护母亲河生态监护站

黑龙江

宾县保护母亲河生态监护站

讷河市保护母亲河生态监护站

杜蒙县保护母亲河生态监护站

上　海

临汾路街道保护母亲河生态监护站

浦东新区第二中心小学保护母亲河生态监护站

上海市应昌期围棋学校保护母亲河生态监护站

江　苏

无锡市滨湖区保护母亲河生态监护站

溧阳市天目湖旅游度假区保护母亲河生态监护站

淮安市盱眙县保护母亲河生态监护站

福　建

福鼎市保护母亲河生态监护站

武夷山市保护母亲河生态监护站

漳州市保护母亲河生态监护站

浙　江

彤庐县保护母亲河生态监护站

开化县保护母亲河生态监护站

仙居县保护母亲河生态监护站

江　西

于都县保护母亲河生态监护站

江西农业大学绿源协会保护母亲河生态监护站
九江县保护母亲河生态监护站

安　徽

阜阳市颍州区保护母亲河生态监护站
蚌埠市保护母亲河生态监护站

山　东

平阴县保护母亲河生态监护站
昌乐县保护母亲河生态监护站
蒙阴县保护母亲河生态监护站
烟台市福山小区保护母亲河生态监护站

河　南

河南电视台科教频道《乡村》栏目保护母亲河生态监护站
偃师市保护母亲河生态监护站
淇县保护母亲河生态监护站

湖　北

襄樊市襄城区保护母亲河小雏鹰生态监护站
丹江口市保护母亲河生态监护站
神龙架林区保护母亲河生态监护站
宜城市保护母亲河生态监护站

湖　南

永州市芝山区保护母亲河生态监护站
长沙县保护母亲河生态监护站
邵阳市保护母亲河生态监护站

海　南

琼山市保护母亲河生态监护站
琼海市青少年文化宫保护母亲河生态监护站

广　西

武鸣县团委保护母亲河生态监护站
陆川县团委保护母亲河生态监护站
柳江县团委保护母亲河生态监护站

重　庆

奉节县保护母亲河生态监护站
重庆市江北中学保护母亲河生态监护站
重庆海事局朝天门海事处保护母亲河生态监护站

四　川

成都环境监测中心保护母亲河生态监护站
成都市河道管理处保护母亲河生态监护站
都江堰市保护母亲河生态监护站
泸州市保护母亲河生态监护站

云　南

洱源县(洱海)保护母亲河生态监护站
屏边县(野生动植物)保护母亲河生态监护站
会泽县(草原)保护母亲河生态监护站

西　藏

西藏大学保护母亲河生态监护站
拉萨市拉鲁小学保护母亲河生态监护站
拉萨市拉萨中学保护母亲河生态监护站

陕　西

渭南市谓华子校保护母亲河生态监护站
宝鸡市谓滨中学保护母亲河生态监护站
陕西省小天鹅艺术团保护母亲河生态监护站

甘　肃

兰州炼油化工总厂保护母亲河生态监护站
张掖市保护母亲河生态监护站
靖远县保护母亲河生态监护站

宁　夏

银川市金凤区保护母亲河生态监护站
青铜峡市保护母亲河生态监护站
平罗县保护母亲河生态监护站

青　海

共和县保护母亲河生态监护站
班玛县保护母亲河生态监护站
格尔木市保护母亲河生态监护站

新　疆

尉犁县保护母亲河生态监护站
昌吉县保护母亲河生态监护站

全国保护母亲河行动先进集体和先进个人

2003年2月20日，共青团中央、全国绿化委员会、全国人大环境与资源保护委员会、全国政协人口资源环境委员会、水利部、农业部、国家环保总局、国家林业局决定，授予团北京密云县委等137个集体为“全国保护母亲河行动先进集体”，授予团北京市委副书记戴维等130名同志为“全国保护母亲河行动先进个人”光荣称号。

全国保护母亲河行动先进集体名单
（137个）

北　京
共青团密云县委
北京林业大学团委
希望工程北京捐助中心
北京师范大学团委
北京市大兴区兴达中学
天　津
天津市河东区绿化委员会
天津市河道闸站管理总所
共青团天津市南开区委
河　北
共青团石家庄市委
共青团唐山市委
共青团承德市委
华北电力大学团委
山　西
共青团阳泉市委
共青团垣曲县委
太原源辉农业有限公司
山西师范大学团委
内蒙古
内蒙古自治区保护母亲河行动领导小组
共青团准格尔旗委
共青团锡盟正蓝旗委
共青团吉林市船营区委
共青团通化市委
长春大学团委
黑龙江
共青团哈尔滨市委
黑龙江省农垦总局团委
共青团伊春市委
哈尔滨工业大学团委
上　海
上海市保护母亲河行动领导小组
上海市水务局河道（水闸）管理处
共青团上海市金山区委
同济大学团委
上海市环境监测中心松浦大桥实验室
江　苏
江苏省保护母亲河行动领导小组
江苏泰州引江河管理处
睢宁县邱集乡大余小学
共青团南通市委
共青团巴彦淖尔盟委
辽　宁
共青团沈阳市委
共青团大连市委
共青团营口市委青农部
辽宁省锦州市榴花小学
辽宁省沈阳市和平区望湖路小学
吉　林
吉林省保护母亲河行动领导小组
共青团长春市委
浙　江
共青团宁波市委

共青团台州市委
共青团舟山市委
浙江省交通厅团工委
浙江大学环境与资源学院团委
安 徽
安徽省环保局宣教中心
共青团芜湖市委
共青团铜陵市委
共青团祁门县委
福 建
共青团龙岩市委
共青团宁德市委
共青团闽侯县委
福建农学院团委
江 西
共青团赣州市委
南昌市林业局
共青团新余市渝水区委
江西农业大学团委
山 东
共青团东营市委
莱芜市水土保持办公室
济南市环保宣传中心
聊城市林业局林业站
河 南
河南省环保局宣传教育中心
共青团郑州市委
共青团济源市委
郑州工学院团委
湖 北
共青团荆州市委
黄梅县水土保持站
秭归县林业局
湖 南
湖南省保护母亲河行动领导小组
永州市林业局
共青团邵阳市委
共青团祁东县委
广 东
河源市环保局
汕头市月浦水厂
珠海市青少年文化宫
京珠高速公路粤境北段建设管理处
广 西
广西壮族自治区保护母亲河行动领导小组
柳州地区林业局
共青团桂林市委
共青团贺州市委
共青团北海市委
桂林工学院团委
海 南
共青团琼海市委
琼山市国土环境资源局
重 庆
共青团重庆市涪陵区委
共青团重庆市长寿区委
中国长航重庆长江轮船公司团委
重庆三峡学院团委
四 川
四川省保护母亲河行动领导小组
四川省水利厅
共青团成都市委
共青团泸州市委
共青团广安市委
贵 州
都匀市林业局
共青团水城县委
云 南
云南省保护母亲河行动领导小组
共青团洱源县委
共青团蒙自县委
共青团江川县委
西双版纳纳版河流域国家级自然保护区管理所
西 藏
西藏自治区农牧厅

西藏自治区水利厅
陕　西
共青团兴平市委
咸阳市彬县林业局
陕西省桃曲坡水库管理局
甘　肃
兰州市南北两山绿化工程指挥部
共青团白银市委
共青团张掖市甘州区委
青　海
青海省保护母亲河行动领导小组
共青团贵南县委
共青团称多县委
共青团乐都县委
宁　夏
共青团盐池县委
共青团石嘴山市委
新　疆
共青团昌吉回族自治州委
巴州尉犁县林业局
新疆维吾尔自治区乌鲁木齐市水磨沟三十九小学
新疆生产建设兵团农五师82团
新疆生产建设兵团农六师103团
总　政
总政组织部青年局
北京军区内蒙古鄂尔多斯军分区
兰州军区青海省贵德县人武部
南京军区政治部组织部青年处
海军福建基地(92403部队)
第二炮兵工程技术总队(96531部队)
武警北京总队第十三支队
武警山东总队滨州市支队
武警宁夏总队石嘴山支队
铁　道
兰州铁路局西宁铁路分局团委
国家机关
水利部水土保持司生态建设处
国家统计局机关团委
国家外国专家局直属机关团委
金融工委
中国人寿保险公司团委
中央企业
中铁四局集团有限公司团委

全国保护母亲河行动先进个人名单
（130名）

北　京
戴　维　共青团北京市委副书记
武　军　北京市水源保护林试验工作站工程师
刘大根　北京市水土保持工作总站工程师
韩兴无　共青团门头沟区委书记
李吉跃　北京林业大学博士生导师、教授
天　津
郝立群　天津市人大常委会城建环保委环保处处长
潘学东　天津市林业局农艺师
赵爱忠　共青团天津市武清区委书记
河　北
李军强　共青团河北省委青农部科员
李宏欣　邢台团市委书记
陈保增　唐山市遵化市林业局局长
山　西
陈全龙　山西省林业厅造林局副局长
杨贵明　山西省绿化委员会办公室专职副主任
葛跃强　太原市汾河景区管理委员会副主任
王治国　山西农业大学林学院副院长、教授
内蒙古
常志刚　共青团呼和浩特市委书记
王　芳　共青团乌盟委书记
梁淑芹　共青团赤峰市委书记
辽　宁
宫　伟　共青团丹东市委书记
李昭刚　共青团锦州市委副书记

张　辉　共青团阜新市委副书记

吉　林

常　莉　共青团长春市委县区部部长

刘　嫱　共青团长春市二道区委书记

于茂奇　吉林市昌邑区环保局副局长

黑龙江

陈宏伟　共青团齐齐哈尔市委书记

陈永发　共青团大庆市委青农部部长

李丛一　共青团绥化市委书记

上　海

朱协军　上海园林绿化建设有限公司总经理、工程师

张晓宇　上海市市容环境卫生水上管理处分站长

黄　嵘　上海市环境监测中心团总支宣传委员、助理工程师

江　苏

运国菊　江苏省交通厅航道局工程管理科高级工程师

孙树马　共青团阜宁县委书记

宗勇敏　宜兴市环境监理大队大队长

浙　江

吕志充　共青团丽水市委青少年工作部部长

许　克　共青团金华市委组宣部副部长

陆靖英　共青团海宁市委副书记

安　徽

倪志品　共青团安徽省委青农部部长

周　乐　安徽省林业厅植树造林处副主任科员

福　建

叶锦文　共青团福建省委青农部部长

陈志强　共青团莆田市委书记

杨新洪　共青团南平市委书记

黄天凯　共青团晋江市委书记

江　西

李明生　共青团赣州市委书记

谢金生　共青团新余市委青工青农部负责人

卢　涛　共青团南昌市委青农部副部长

山　东

苗晓刚　共青团山东省委青农部副部长

高存志　共青团青岛市委青农部部长

朱宪珍　山东省林业局造林绿化处处长

屠艳苹　山东省环保宣传中心宣教科科长

王秋生　潍坊市水利局水土保持办公室主任

宋作禹　滨州市林业局林业站站长

河　南

薛乃芝　共青团河南省委青农部正处级干事

李日生　河南省水利厅水保处主任科员

焦林林　共青团灵宝市委书记

湖　北

李新华　共青团湖北省委副书记

唐绍华　武汉市环境宣传教育中心主任

陈兴旺　共青团广水市委书记

胡玉法　水利部长江水利委员会水保局高级工程师

湖　南

罗万方　共青团湖南省委青农部部长

陈晓萍　湖南省林业厅造林处副处长

蒋康俭　共青团邵阳市委书记

刘庆凯　长沙市环保局党组书记

广　东

晏拥军　共青团广州市委城乡部部长

李庆新　共青团东莞市委副书记

广　西

许　锋　共青团北海市委书记

黄　峰　共青团安顺市委市直属团委书记

喻兴铸　贵州省水利厅水保处主任科员

云　南

马德芳　云南省保护母亲河行动领导小组办公室主任

华　炜　云南省林业厅团工委书记

陈　明　云南省水利厅水保处副处长

罗　松　云南省水利科研所设计处处长

赵　薇　共青团洱源县委副书记

西　藏

王同奎　西藏自治区水利厅水保处处长

陕　西

庄长兴　共青团陕西省委书记

朱志文　陕西省防护林建设工作站工程师

任明星　甘泉县城关镇姚店村党支部书记

李　敏　黄河上中游管理局副总工程师

甘　肃

彭长城　甘肃人民出版社《读者》杂志社主编

马　俊　共青团临夏回族自治州委书记

张兴荣　共青团平凉市委办公室主任

于洪波　甘肃省科学研究所副研究员

青　海

赵学章　共青团青海省委工农青年部部长

周洪源　共青团玉树州委书记

河生花　共青团海南州委副书记

杨占仓　共青团大通县委书记

刘天柱　青海省林业局造林处副处长

宁　夏

李建成　共青团宁夏回族自治区委工农青年部部长

杜　迁　灵武市人民政府副市长

马维敏　中共吴忠市利通区委副书记

新　疆

安尼瓦尔·热合曼　共青团巴音郭楞蒙古自治州委书记

潘莉莉　共青团昌吉市委书记

徐伟红　共青团巴音郭楞蒙古自治州尉犁县委副书记

杨义平　新疆生产建设兵团农五师82团团长

蒋　欣　新疆生产建设兵团团委

总　政

李为民　总政组织部青年局干事

周光辉　第三十九集团军(65521部队)政治部组织部干事

马俊德　兰州军区大砂沟绿化工程指挥部助理员

颜　勇　北京军区空军政治部组织部青年科科长

林旭恒　总装第二试验训练基地(63600部队)后勤部营房处处长

侯大伟　国防大学政治部组织部干事

史卓辉　武警陕西省总队政治部秘书群联处副处长

王亚军　武警山西省总队临汾市支队吉县中队中队长

俞文焕　武警青海总队果洛州支队玛多县中队中队长

铁　道

林　锐　乌鲁木齐铁路局南疆铁路临管处团委书记

中央企业

余绍水　中铁十二局集团公司青藏铁路指挥部指挥长

全国绿委

梁宝君　全国绿化委员会办公室部门绿化处处长

全国人大环资委

尚莒城　全国人大环境与资源保护委员会研究室助理巡视员

全国政协人资环委

阎卫东　全国政协人口资源环境委员会办公室资源处处长

窦　文　全国政协人口资源环境委员会办公室综合处副处长

水利部

蒲朝勇　水利部水土保持司生态建设处副处长

农业部

陈　萍　农业部办公厅新闻宣传处副处长

国家环保总局

林又滨　国家环保总局宣教办教育处处长

国家林业局

阎　振　国家林业局计资司处长

李　达　国家林业局植树造林司造林处副处长

高贤栋　国家林业局勘察设计院高级工程师

中国青少年发展基金会

戴金海　中国青少年发展基金会绿化办公室　　　　副主任

乡村青年文化活动先进集体和先进个人

第五届"乡村青年文化节"活动是全团学习贯彻党的十六大精神的一项重要措施，在2002年冬天至2003年春天，以"贯彻十六大、创造新业绩"为主题，组织广大农村青年大力开展了以传播现代农业科技，寒假大学生"三下乡"，进城务工青年"把文明带回家"等为主要内容的文化活动，有力地宣传了党的十六大精神，服务了农村青年增收成才，受到了广大农民群众的热烈欢迎，取得了良好的成效。共命名"乡村青年文化活动先进县(市、区)"95个，"优秀乡村青年文化活动项目"92个，并首次推出十大乡村青年文化示范项目，首次评比表彰了一批乡村青年文化名人。

2002年度"乡村青年文化活动先进县(市、区)"名单
(95个)

北　京

昌平区　房山区　平谷区　大兴区

天　津

东丽区　北辰区　宁河县　大港区

河　北

平山县　秦皇岛市　海港区　邯郸县

山　西

平定县　祁　县　清徐县　阳高县　闻喜县

内蒙古

库伦旗　赤峰市元宝山区　杭锦后旗

辽　宁

瓦房店市　凤城市　铁岭县

吉　林

德惠市　永吉县　敦化市

黑龙江

望奎县　肇源县　龙江县

上　海

青浦区

江　苏

南京市浦口区　海安县

浙　江

慈溪市　温州市鹿城区

安　徽

太和县　五河县　寿　县　铜陵县

福　建

罗源县　诏安县　福鼎市　泉州市洛江区

江　西

遂川县　乐平市

山　东

文登市　沂源县　莱西市

河　南

登封市　叶　县　内黄县

湖　北

武汉市汉南区　潜江市　应城市

襄樊市襄城区

湖　南

张家界市永定区　新晃县　桂阳县

广　东

深圳市宝安区 连平县　仁化县

广　西

北流市　阳朔县　岑溪市　柳州市柳北区

海　南

海口市龙华区　保亭县

重　庆

奉节县　沙坪坝区　江津市

四　川

成都市温江区　简阳市　彭山县　罗江县

贵　州

平坝县　金沙县　盘　县

云　南

呈贡县　陆良县

西　藏

堆龙德庆县

陕　西

户　县　太白县　旬邑县　城固县

甘　肃

甘谷县　民乐县　临夏市

青　海

湟中县　平安县　大通县　门源县

宁　夏

银川市金凤区　青铜峡市

新　疆

昌吉市　和静县　乌苏市　岳普湖县

2002 年度“优秀乡村青年文化活动项目”名单

（92 个）

十大示范项目

长江三角洲乡村青年文化节（共青团浙江省委、共青团上海市委、共青团江苏省委）

百部优秀影片进农村（共青团湖北省委）

百日百乡百万农村青年科技大集（共青团河南省委）

“十六大精神进农家”乡村青年文艺汇演（共青团北京市委）

乡村青年民族歌舞大赛（共青团内蒙古自治区委）

百支千名青年志愿者服务队下乡活动（共青团河北省委）

乡村青年大力士擂台赛（共青团重庆市委）

“送主题年画，贴时代春联”活动（共青团四川省委）

“颂党情、赞津城、三步走、话未来”主题春联大赛（共青团天津市委）

青年文化直通车山区行（共青团广东省委）优秀活动项目

优秀活动项目

北　京

乡村青年文艺汇演（共青团延庆县委）

礼仪模特大赛（共青团顺义区委）

天　津

青年科技赶大集（西青区杨柳青镇团委）

“与您与乐”送先进文化下乡活动（共青团武清区委）

“青年手拉手，爱心献社会，科技跟你走”科技大集（静海县团泊镇团委）

河　北

农业科技下乡（平山县农业局团支部）

青年巧手大赛（秦皇岛市海港区北港镇团委）

“政策宣传进万家，五项服务入农户”活动（邯郸县黄粱梦镇团委）

山　西

乡村青年文化大院活动（共青团壶关县委）

青年旅游文化活动（忻州市东楼乡前郝村团支部）

“永远跟党走”青年文艺节目巡演（共青团平陆县委）

共青团科技传播月活动（共青团阳高县委）

内蒙古

“颂党恩”安代舞比赛（共青团库伦旗委）

学习宣传十六大，百万春联进农家（共青团赤峰市委）

乡村科技大集（磴口县公地乡团委）

辽　宁

庆丰收青年歌会（共青团黑山县委）

项目、科技、文化、法律“四进”农家系列活动（共青团台安县委）

科技下乡“五周行”（鞍山市千山区宁远镇团委）

吉　林

黄牛大赛(榆树市五棵树镇团委)

送科技下乡系列文化活动(共青团吉林市委)

“贯彻十六大精神”系列青年文化活动(共青团珲春市委)

黑龙江

百日青年科技大传播(省农垦总局团委)

农村青年文化大院活动(共青团逊克县委)

青年文化广场活动(铁力市双丰镇团委)

上　海

“青春在康桥的热土上闪光”系列文化活动(南汇区康桥镇团委)

“青春燃烧的岁月”主题文化活动(松江区中山街道团工委)

乡村青年文化活动(崇明县竖新镇前卫村团支部)

江　苏

水乡青年歌手大赛(共青团苏州市委)

青年短信速发大赛(共青团南京市六合区委)

“喜庆十六大盛会”青春风采展示活动(共青团海安县委)

浙　江

长江三角洲发展论坛(共青团慈溪市委)

十六大精神宣传文艺巡演(共青团台州市委)

乡村青年文化擂台赛(共青团磐安县委)

安　徽

青年志愿者农业科技皖东行(共青团滁州市委)

青年龙舟赛(共青团繁昌县委)

福　建

畲乡青年民族文化节目演出(永安市青水畲族乡团委)

“挑幡”艺术表演(共青团建瓯市委)

江　西

“赣沪两地情,喜迎十六大”专场文艺演出(共青团乐平市委)

山　东

书画联谊会活动(临朐县冶源镇团委)

春节“吕剧月”活动(烟台市莱山区清泉寨村团支部)

农业新品种、新技术展评会(荣城市农业局团支部)

河　南

“情系乡村,青年助农”科技大集活动(共青团平顶山市委)

“三联四送三促进”活动(共青团安阳市委)

特色农产品加工技能现场演练会(共青团罗山县委)

湖　北

科技文化法律卫生“四进家”(共青团宜昌市委)

“学习宣传十六大,土苗青年进农村”活动(共青团恩施州委)

湖　南

“我把山歌唱来颂十六大”青年歌手大奖赛(张家界市永定区王家坪乡团委)

青年科技坳会(共青团新晃县委)

农家乐运动会(桂阳县樟市镇团委)

广　东

“义写时代春联,赠送主题年画”活动(共青团高要市委)

广　西

白裤瑶“陀螺节”(南丹县里湖乡团委)

花炮节(田阳县坡洪镇团委)

“牛娘剧”民间艺术演出(共青团岑溪市委)

海　南

十六大精神进黎家(共青团陵水县委)

“我爱五指山”青年文化活动(共青团五指山市委)

重　庆

新年新气象送春联活动(共青团云阳县委)

欢乐苗寨歌咏会(共青团南川市委)

土家摆手舞竞赛(共青团酉阳县委)

四　川

绳玛花艺术团小分队活动(共青团美姑县委)

青年农民运动会(共青团泸县县委)

乡村青年趣味体育运动会(共青团资阳市委)

贵　州

苗族板凳舞专业队演出(兴仁县屯脚镇鲤鱼村团支部)

月月文化广场活动(共青团独山县委)

青春奉献乡村行(共青团贵阳市委)

云　南

迎春文艺汇演(石林县北大村乡月湖村团总支)

青年民族特色文化展示活动(德钦县奔子栏镇团委)

西　藏

乡村青年旅游文化展示活动(林芝县鲁朗镇团委)

陕　西

"贯彻十六大精神"书画工艺作品展(共青团澄城县委)

青年科技传播活动(共青团子洲县委)

甘　肃

鼓子演唱艺术节(皋兰县水阜乡团委)

青年文化直通车(共青团定西地委)

乡村青年科技大集(共青团玉门市委)

青　海

十六大精神宣传直通车进农村(共青团西宁市委)

青年科技大集(共青团祁连县委)

宁　夏

送农业科技下乡活动(共青团永宁县委)

乡村青年文艺汇演(共青团陶乐县委)

新　疆

文明欢乐进农家活动(玛纳斯县兰州湾镇团委)

科技文化下万村活动(共青团伊宁市委)

青年科技信息广场传播活动(新疆生产建设兵团农十师一八四团团委)

"喀拉库勒之春"青年文艺汇演(新疆生产建设兵团农一师三团团委)

"四个一"青年科技传播活动(新疆生产建设兵团农六师团委)

青年现代农业技术传播活动(新疆生产建设兵团农九师一六四团团委)

2002年度"乡村青年文化名人"名单

(72名)

北　京

孙海龙　门头沟区雁翅镇青年歌手

郑书林(女)　密云县云歌艺术团青年歌手

陈振清　通州区文艺节目策划人

天　津

钱红艳(女)　津南区小站镇青年歌手

张利剑　宝坻区青年歌手

朱长存(女)　汉沽区青年文化经纪人

河　北

付峰明　平山县青年书画家

薛　江　昌黎县安山镇贾庄村黎明艺术团创办人

赵洪霞　邱县青年漫画作家

山　西

袁冰娘(女)　高平县"五笔同书"绝技能人

王义平　清徐县徐沟镇背铁棍表演艺术能人

谷王学　夏县农业科技图书中心创办人

何建寰　平遥县青年书画家

内蒙古

白巴根那　扎鲁特旗乌兰牧旗青年演员

徐国彬　赤峰市元宝山区文化活动策划人

辽　宁

安家满　大石桥市高坎镇连三村青年歌手

吉　林

王焕富　农安县农安镇青年画家

房学文　舒兰市青年音乐家

吴强松　原市宁江区善友镇青年书画家

黑龙江

孙本栋　宁安市石岩镇爱路村青年作家

张树泉　七台河市桃山区文艺节目编创人

汪崇光　五常市青年歌手

上　海

张　逸(女)　奉贤区文艺节目编创人
程　峰　嘉定区南翔镇青年书画家
浙　江
夏宾成　桐乡市青年音乐家
冯建伟　杭州市浦沿镇文化活动策划人
安　徽
董　俊　合肥市包河区义城镇青年书画家
曹张宝　怀宁县茶岭镇青年歌手
唐　婧(女)　繁昌县孙村镇青年舞蹈家
福　建
蔡诸发　厦门市同安区新店镇后村青年歌手
黄艳艳(女)　莆田市荔城区西天尾镇渭阳村莆仙戏艺人
林利森　漳平市新桥镇高美村文艺短剧编创人
山　东
韩　娜(女)　莱芜市钢城区艾山街道办事处青年舞蹈家
张冉冉(女)　莱西市文化馆青年歌手
高洪罡　临朐县七贤县镇初家庄村青年书法家
河　南
李伟平　顶山市乡村题材小品创作表演家
张生雷　河南省高空飞车艺术团走钢丝演员
钟励固　始县黎集镇青年书画家
湖　北
向武华　武穴市青年记者
闵鸣潜　江市青年书法家
刘亚敏　通城县塘湖镇青年诗人
湖　南
黄麒华　新晃县文艺活动策划人
曹三彪　桂阳县铜管乐演奏家
广　东
柯碧旋　深圳市龙岗区青年舞蹈家
广　西
黄树新　桂平市石咀乡青年作家
陈小松　南丹县里湖乡青年摄影家
赵春萍(女)　兴安县溶江镇青年歌手
唐健融　安县长安镇青年舞蹈家
重　庆
钟代华　永川市青年诗人
吴云斌　渝北区青年书法家
童一轩　巫溪县青年记者
四　川
王　称　阿坝州阿啧艺术团青年歌手
胡志荣　大足县青年歌手
贵　州
王长燕(女)　黎平县德凤镇侗族大歌艺术团演员
鄢晓东　遵义县新舟镇青年音乐家
云　南
普志光　石林县维则乡舍色村青年舞蹈家
郭婉蓉(女)　新平县桂山镇凤凰区小山头村青年歌手
西　藏
巴　桑　乃东县泽当镇青年歌手陕西
董丹鸿(女)　商南县富水乡青年歌手
吴栋洛　南县宝安乡青年歌手
甘　肃
高清旺　环县洪德乡雕刻皮影影件专家
李全录　武都县马街乡剪纸能手
苏国锦　靖远县平堡乡小品创作表演家
青　海
宋宝元　大通县桥头镇大湾村青年歌手
宁　夏
王振洲　平罗县渠口乡青年曲艺家
柳　君　固原市原州区开城乡青年书法家
新　疆
吐尔洪　温苏县托乎拉乡海力瓦甫村文艺节目策划人
克里木江　焉耆县文体活动策划人
陈爱萍(女)　新疆生产建设兵团农六师一〇一团青年舞蹈家
尚郑军　新疆生产建设兵团农九师一六六团青年书画家
熊美军　新疆生产建设兵团农一师十团青年

书法家

李　莉(女)　新疆生产建设兵团农二师二十二团青年歌手

全国乡村青年歌手大赛

第四届全国乡村青年歌手大赛旨在大力弘扬民族文化,促进农村先进文化建设,展示新世纪农村青年风采。大赛由共青团中央主办,共青团北京市委协办,北京电视台承办。大赛以"弘扬优秀民族文化,展示乡村青年风采"为主题,于2003年4月至12月举行,分为基层群众性演唱活动、地区选拔赛、复赛及决赛三个阶段。比赛分设传统民族唱法、通俗唱法两个组别。决赛聘请糜若如、张黎、金兆均、卞留念、刘青、徐沛东等音乐界著名人士担任评委。共评出民族组、通俗组一等奖各1名,二等奖各2名,三等奖各3名,以及荧屏奖、优秀奖、纪念奖、原创奖和组织奖。

第四届全国乡村青年歌手大赛获奖名单

民族组

一等奖

李勇强　北京市怀柔区南大街

二等奖

刘晚翠(女)　广东省深圳市宝安区光明街道

王正义　天津市北辰区柳滩

三等奖

黄　艳(女)　广东省东莞市虎门镇

髙雪飚　山东省济宁市任城区二十里铺镇

农民三兄弟(胡喜平、欧名生、张利三人组合)　广东省深圳市宝安区沙井镇

荧屏奖

张　淼(女)　吉林省珲春自然保护区管理局

胡喜平　广东省深圳市宝安区沙井镇

曹黎俪(女)　河南省信阳市商城县丰集乡

优秀奖

郭建秀(女)　山西省离石市吕梁

汪　杰　四川省苍溪县陵江镇

郭文秋(女)　江西省铅山县河口镇

杨　念　重庆市黔江区南沟路

袁兰兰(女)　湖北省潜江市积玉口镇

贾　文　贵州省修文县小箐乡

金福林　江苏省如皋市如城镇

温景波　广东省东莞市大岭山镇

安家满　辽宁省大石桥市高坎镇连三村

贺　苹(女)　山东省济南市长清区归德镇

史曼琼(女)　北京市怀柔区南大街

纪念奖

张海军(女,山东)	王国青(女,山东)
邹秀妮(女,山东)	李晓玲(女,山东)
陈　彦(女,广东)	曹张宝(女,安徽)
于祥志(山东)	苏德盛(山东)
李乾坤(安徽)	李延安(福建)
蔡延青(女,广东)	陈歆扬(广东)
邱光平(女,广东)	从晓春(北京)
罗彩霞(女,广东)	祝美娟(女,山西)
谢小庭(广东)	张　利(山东)
潘红粉(女,山西)	古雅丽(女,广西)
蒋碧桃(女,四川)	朱还粉(女,江苏)
向风金(吉林)	施春美(女,江苏)
陈　迫(藏族,四川)	王松平(羌族,四川)
李瑞将(广西)	高英梓(女,北京)
曲　嘉(藏族,甘肃)	王松林(安徽)

史宝萍(江苏)　　梁福兰(女,北京)
边少俊(女,天津)　　张利剑(天津)
水　娜(女,江苏)　　刘立荣(女,浙江)
张晓丹(女,江苏)　　乔　璐(女,安徽)
马伟荣(浙江)　　许冬于(安徽)
宋　娜(女,河南)　　王晓蕊(女,河南)
潘明栋(河南)　　吕晓明(青海)
邵思标(安徽)　　王东杰(黎族,海南)
夺机邓真(藏族,四川)
赖淑岚(女,侗族,广西)
乌云通拉戈(女,蒙古族,内蒙古)
石小红(女,土家族,湖北)
邓　珠(女,藏族,四川)
泽郎哈姆(女,藏族,四川)
陈　澄(女,壮族,广西)

通俗组

一等奖

刘　婵(女)　天津市东丽区大毕庄村

二等奖

蒙美元组合(傈僳族,蒙美元、胡二文、胡二华三人组合)　云南省保山市隆阳区新光村傈僳社

田春良　北京市怀柔区南大街

三等奖

杨东多杰(藏族)　四川省阿坝州松潘县川主寺镇

蒲　洋　重庆市綦江县

王　丽(女)　安徽省怀宁县石牌镇

荧屏奖

洮河三星(藏族,拉毛加、贡宝扎西、旦知加三人组合)　甘肃省甘南藏族自治州碌曲县

优秀奖

范巧惠(女)　福建省福鼎市桐城街

谢　媛(女)　浙江省宁波市鄞州区瞻岐镇东一村

王　宁　山东省烟台市牟平区

柴　华(黎族)　贵州省关岭县白水镇大坪地村

王艳红(女)　山东省郓城县侯集镇侯集村

闫　璐(女)　河南省南阳市宛城区

林海波　河南省洛阳偃师市城关镇

纪念奖

谢慧敏(女,浙江)　　尚彬彬(女,北京)
黄忠雄(福建)　　郑进华(女,北京)
曾伟峰(广东)　　朱　琳(山东)
喻应杰(贵州)　　万　洁(女,江西)
郑玲玲(女,福建)　　刘燕彬(安徽)
王　琳(女,安徽)　　李宝庆(天津)
查育辉(江苏)　　王　慧(女,江苏)
叶剑勇(浙江)　　周晓光(吉林)
杨晓东(北京)　　张玉歌(女,河南)

原创奖

《沙漠里的鱼》　词、曲:蒲　洋
《温暖的太阳》　词、曲:谭灿辉
《中国农民》　词:霍　霍　张文彬　曲:刘建斌
《美丽的生活》　词:车　行　曲:韩　波
《苗乡美》　词:李顺骅　曲:姚　明

组织奖

共青团北京市委青农部
共青团天津市委青农部
共青团吉林省委青农部
共青团江苏省委青农部
共青团浙江省委青农部
共青团安徽省委青农部
共青团山东省委青农部
共青团河南省委青农部
共青团广东省委城乡部
共青团广西区委青农部
共青团四川省委青农部
共青团重庆市委青农部
共青团贵州省委青农部
共青团甘肃省委青农部

"三下乡"系列奖项

大学生"三下乡"社会实践活动由中宣部、中央文明办、教育部、共青团中央和全国学联共同主办,每年对在活动的组织工作中涌现出的先进集体进行表彰,其中:授予组织工作取得突出成绩的省级单位"优秀组织工作奖",授予成绩突出的高校和地方"先进单位奖",授予表现突出的团队"优秀团队奖"。

2003年全国大中专学生志愿者暑期"三下乡"社会实践活动优秀组织工作奖名单

(21个)

福建	湖北	江苏
山西	安徽	江西
新疆	黑龙江	内蒙
河北	浙江	重庆
四川	山东	北京
贵州	湖南	陕西
河南	上海	天津

2003年全国大中专学生志愿者暑期"三下乡"社会实践活动先进单位名单

(329个)

北京市(15)

北京大学	清华大学
中国人民大学	北京师范大学
北京科技大学	北京航空航天大学
北京化工大学	中国农业大学
北京林业大学	中国政法大学
中央财经大学	北京中医药大学
中国地质大学(北京)	石油大学(北京)
北京服装学院	

天津市(11)

天津大学	南开大学
天津师范大学	天津医科大学
天津科技大学	天津理工学院
天津财经学院	中国民航学院
天津职业技术师范学院	天津音乐学院
天津体育学院	

河北省(11)

河北大学	河北师范大学
河北医科大学	石家庄铁道学院
华北电力大学	石家庄经济学院
河北理工学院	石家庄师范专科学校
河北科技大学	河北农业大学
廊坊师范学院	

山西省(11)

山西大学	太原理工大学
山西农业大学	山西医科大学
山西财经大学	山西大同大学
华北工学院	太原重机学院
长治医学院	山西中医学院
太原师范学院	

内蒙古自治区(8)

内蒙古大学艺术学院	内蒙古农业大学
内蒙古医学院	内蒙古工业大学
内蒙古民族大学	内蒙古财经学院
包头职业技术学院	内蒙古大学

辽宁省(11)

东北大学	大连理工大学
沈阳农业大学	东北财经大学
大连水产学院	辽宁工程技术大学
沈阳大学	渤海大学
锦州医学院	辽宁石油化工大学

共青团鞍山市委员会

吉林省(11)

吉林大学　长春理工大学
长春工业大学　吉林体育学院
吉林艺术学院　吉林建筑工程学院
吉林工程技术师范学院　长春师范学院
长春中医学院　长春大学
北华大学

黑龙江省(11)

黑龙江大学　黑龙江中医药大学
东北林业大学　哈尔滨师范大学
哈尔滨工业大学　哈尔滨工程大学
哈尔滨医科大学　哈尔滨理工大学
哈尔滨商业大学　东北农业大学
哈尔滨金融高等专科学校

上海市(15)

复旦大学　上海交通大学
同济大学　华东师范大学
东华大学　华东理工大学
上海大学　上海理工大学
上海财经大学　华东政法学院
上海水产大学　上海第二医科大学
上海师范大学　第二军医大学
上海旅游高等专科学校

江苏省(16)

南京大学　扬州大学
南京师范大学　江苏大学
南京工业大学　中国矿业大学
南京航空航天大学　华东船舶工业学院
东南大学　河海大学
南京农业大学　苏州大学
南京医科大学　盐城师范学院
淮阴师范学院　南京理工大学

浙江省(13)

浙江大学　浙江工业大学
宁波大学　浙江师范大学
杭州商学院　浙江科技学院
浙江工程学院　温州师范学院
浙江林学院　浙江万里学院
中国计量学院　绍兴文理学院
杭州电子工业学院

安徽省(13)

中国科学技术大学　合肥工业大学
安徽大学　安徽农业大学
安徽中医学院　安徽建筑工业学院
安徽师范大学　安徽财贸学院
安徽工业大学　阜阳师范学院
淮北煤炭师范学院　安徽技术师范学院
安庆师范学院

福建省(10)

厦门大学　福州大学
福建师范大学　福建农林大学
华侨大学　集美大学
福建医科大学　福建中医学院
福建教育学院　厦门团市委

江西省(10)

南昌大学　华东交通大学
江西师范大学　江西科技师范学院
江西农业大学　南昌航空工业大学
江西财经大学　南方冶金学院
江西医学院　景德镇陶瓷学院

山东省(15)

山东大学　山东师范大学
山东中医药大学　山东建筑工程学院
济南大学　中国海洋大学
青岛科技大学　山东农业大学
烟台大学　莱阳农学院
曲阜师范大学　山东理工大学
泰山学院　枣庄团市委
德州团市委

河南省(14)

安阳市　鹤壁市
郑州大学　河南大学
河南农业大学　河南师范大学
河南科技大学　华北水利水电学院
郑州工程学院　河南中医学院

焦作工学院　南阳师范学院
信阳师范学院　洛阳师范学院
湖北省(15)
武汉大学　华中科技大学
武汉理工大学　中国地质大学(武汉)
华中农业大学　华中师范大学
中南财经政法大学　湖北大学
武汉科技大学　武汉科技学院
武汉化工学院　武汉工业学院
武汉音乐学院　武汉船舶职业技术学院
五峰县
湖南省(13)
中南大学　中南林学院
湖南大学　吉首大学
湘潭大学　邵阳学院
湖南农业大学　株洲工学院
湖南商学院　湖南网络工程职业学院
南华大学　湖南理工学院
张家界航空工业职业技术学院
广东省(11)
华南农业大学　华南师范大学
广东工业大学　广东商学院
仲恺农业技术学院　广东药学院
广东教育学院　韩山师范学院
佛山科学技术学院　广州金融高等专科学校
番禺职业技术学院
广西壮族自治区(9)
广西师范大学　广西民族学院
广西师范学院　广西艺术学院
广西中医学院　广西工学院
广西体育高等专科学校　广西职业技术学院
广西农业职业技术学院
海南省(3)
海南大学　海南师范学院
华南热带农业大学
四川省(12)
四川大学　电子科技大学
西南交通大学　成都理工大学
四川师范大学　成都信息工程学院
成都中医药大学　西华大学
四川农业大学　川北医学院
乐山师范学院　西华师范大学
重庆市(11)
重庆大学　西南师范大学
西南政法大学　西南农业大学
重庆医科大学　重庆师范大学
重庆工学院　重庆三峡学院
涪陵师范学院　渝西学院
重庆教育学院
贵州省(8)
贵州大学　贵州工业大学
贵州师范大学　贵阳医学院
贵州财经学院　贵州教育学院
黔南民族师范学院　铜仁高等师范专科学校
云南省(9)
昆明理工大学　云南民族大学
云南师范大学　云南财贸学院
云南农业大学　西南林学院
云南中医学院　大理学院
楚雄师范学院
西藏自治区(2)
西藏大学　西藏藏医学院
陕西省(14)
西安交通大学　西北工业大学
西安电子科技大学　长安大学
西北农林科技大学　陕西师范大学
西北大学　西安理工大学
西安科技大学　西安石油大学
西安工程科技学院　西安邮电学院
西北政法学院　西安工业学院
甘肃省(10)
西北师范大学　甘肃政法学院
兰州理工大学　兰州商学院
甘肃农业大学　兰州医学院
陇东学院　西北民族大学
兰州大学　甘肃中医学院

青海省(3)

青海大学　　青海医学院

青海师范大学

宁夏回族自治区(4)

固原师范高等专科学校　　宁夏大学

宁夏医学院　　西北第二民族学院

新疆维吾尔自治区(10)

新疆农业大学　　新疆医科大学

伊犁师范学院　　新疆工业高等专科学校

石河子大学　　新疆大学

伊犁哈萨克自治州　　新疆职业大学

新疆电力学校　　乌鲁木齐职业大学

2003年全国大中专学生志愿者暑期“三下乡”社会实践活动优秀团队名单

(101个)

北京市(5)

北京大学研究生会赴河南“三个代表”重要思想实践团

清华大学“中医药进社区”防治非典实践团

中国人民大学人文学院赴山西大寨“三个代表”重要思想宣讲团

北京师范大学暑期赴贵州支教调研团

北京科技大学求是学会“三个代表”重要思想宣讲团

天津市(3)

天津大学暑期社会实践先进示范队

南开大学暑期社会实践先进示范队

天津医科大学暑期社会实践先进示范队

河北省(3)

河北大学大学生党员“三个代表”博士服务团

河北科技大学赴平山县李家庄村“三个代表”社会实践服务团

河北医科大学药学院大学生党员“抗击非典、三个代表”实践服务团

山西省(3)

山西大学党员大学生“三个代表”实践服务团

太原理工大学党员大学生“三个代表”实践服务团

山西农业大学大学生防治非典实践服务团

内蒙古自治区(3)

内蒙古农业大学赴包头市达茂旗博士服务团

内蒙古医学院内蒙古医学院防治非典直属服务团

内蒙古工业大学党员大学生“三个代表”社会实践服务团

辽宁省(3)

大连海事大学党员大学生实践“三个代表”赴港行企事业调研服务团

沈阳广播电视大学大学生防治非典实践服务团

鞍山科技大学学生党员志愿服务团

吉林省(3)

吉林大学第一医院青年志愿者防治非典医疗服务团

东北师范大学“三个代表”实践服务团

长春工业大学党员大学生“三个代表”实践服务团

黑龙江省(3)

黑龙江中医药大学博士生“三个代表”宣讲实践服务团

东北林业大学人文社会科学学院赴佳木斯市平安乡“三个代表”宣讲实践服务团

哈尔滨师范大学赴双城新兴乡大学生“三个代表”宣讲实践服务团

上海市(5)

复旦大学赴上海崇明三峡村党员大学生“三个代表”实践服务团

上海交通大学赴宁夏党员大学生“三个代表”实践服务团

同济大学赴三峡党员大学生“三个代表”实践服务团

华东政法学院大学生社会法律援助中心

第二军医大学赴上海南汇博士生防治非典实践服务团

江苏省(4)
南通师范学院服务“两个率先”大学生“三下乡”社会实践服务团
徐州师范学院“相伴文明,共赢健康”实践服务团
南京邮电学院“革除陋习,放飞希望”宣传小分队
盐城工学院赴盐阜老区“三个代表”社会实践服务团
浙江省(4)
浙江师范大学赴上海“生存之旅”实践团
浙江工业大学教授博士“三个代表”实践服务团
温州医学院“防治非典,送医下乡”实践服务团
浙江大学医学院“直面非典,践行三个代表”实践服务团
安徽省(3)
安徽理工大学党员大学生“三个代表”实践服务团
安徽医科大学大学生防治非典实践服务团
淮南师范学院党员大学生“三个代表”实践服务团
福建省(3)
福建师范大学党员大学生“三个代表”实践服务团
福建农林大学党员大学生“三个代表”实践服务团
福建医科大学大学生防治非典实践服务团
江西省(4)
南昌水利水电高等专科学校“百村万户青年文明活动示范村”社会实践服务团
江西中医学院赴井冈山博士、硕士青年服务团
宜春学院医学院实践“三个代表”重要思想宣传防非典知识服务团
江西信息应用职业技术学院赴鹰潭志光镇“三下乡”服务队
山东省(4)
山东大学防治非典实践服务团
泰山医学院防治非典实践服务团
潍坊医学院防治非典实践服务团
山东科技大学党员大学生“三个代表”实践服务团
河南省(4)
郑州轻工业学院大学生“三个代表”实践服务团
安阳师范学院大学生“三个代表”实践服务团
郑州牧业工程高等专科学校大学生“三个代表”实践服务团
新乡医学院大学生防治非典实践服务团
湖北省(5)
中国地质大学(武汉)赴荆门防治非典实践服务团
华中农业大学赴贵州省大方“三个代表”实践服务团
武汉化工学院赴秭归党员大学生“三个代表”实践服务团
湖北大学、湖北中医学院、武汉音乐学院、湖北农学院赴五峰“三个代表”实践服务综合团
湖北师范学院党员大学生“三个代表”实践服务团
湖南省(4)
湖南师范大学党员大学生“三个代表”实践服务团
湖南科技大学党员大学生“三个代表”实践服务团
湖南中医学院防治非典大学生实践服务团
衡阳师范学院防治非典大学生实践服务团
广东省(4)
中山大学中山医学院研究生防治非典医疗服务队
暨南大学团委“三个代表”、防治非典综合服务队
广州中医药大学防治非典服务队
广东医学院防治非典专家服务队
广西壮族自治区(3)
广西大学“三个代表”实践服务团

玉林师范学院“三个代表”实践服务团
广西公安管理干部学院“三个代表”实践服务团
海南省(2)
琼州大学“三个代表”实践服务团
海南医学院东方防治非典实践服务团
四川省(3)
西南民族大学党员大学生“三个代表”实践服务团
达县师范专科学校党员大学生“三个代表”实践服务团
成都体育学院党员大学生“三个代表”实践服务团
重庆市(4)
重庆工商大学“三个代表”重要思想和《公民道德实施纲要》宣讲团
重庆交通学院“三个代表”实践服务团
重庆电子科技职业学院防治非典绿色志愿者服务团
重庆邮电学院“诚信在我心”实践调查服务团
贵州省(2)
贵州民族学院党员大学生“三个代表”实践服务团
贵阳中医学院防治非典实践服务团
云南省(3)
云南大学党员大学生“三个代表”实践服务团
曲靖师范学院党员大学生“三个代表”实践服务团
昆明医学院大学生防治非典实践服务团
西藏自治区(1)
西藏藏医学院防治非典实践服务团
陕西省(4)
西安交通大学党员大学生“三个代表”实践服务团
西安电子科技大学党员大学生社区“三个代表”实践服务团
西北农林科技大学大学生防治非典实践服务团
陕西医学高等专科学校志愿者践行“三个代表”防治非典实践服务团
甘肃省(3)
西北师范大学赴定西党员大学生“三个代表”实践服务团
甘肃中医学院赴张掖防治非典实践服务团
兰州理工大学机电学院阳光艺术团文化下乡小分队
青海省(2)
青海民院外语文学系“三下乡”实践服务团
青海大学农牧学院草业科学系“三下乡”实践服务团
宁夏省(1)
宁夏医学院大学生防治非典实践团
新疆维吾尔自治区(3)
新疆农业大学党员大学生“三个代表”实践服务团
新疆医科大学大学生防治非典实践服务团
伊犁师范学院党员大学生“三个代表”实践服务团

全国先进班集体标兵

全国先进班集体标兵是教育部、共青团中央联合表彰全国高校班集体的最高荣誉。每两年由教育部、共青团中央分别进行评选。

2003年全国先进班集体标兵名单

中国人民大学经济学院国际经济与贸易专业2001级本科班

天津大学社会科学与外国语学院法学专业2000级本科乙班

内蒙古农业大学农学院农学专业2002级本科二班

中国医科大学85期七年制(本硕连读)

东北电力学院管理工程系会计专业2000级本科001班

哈尔滨工业大学机电学院2001级博士班

复旦大学学生生活园区管理学院子衿楼2001级

徐州师范大学教育系小学教育专业2001级本科班

山东大学土建学院建筑学专业99级本科班

华中科技大学经济学院胡吉伟班2000级本科班

全国先进班集体

全国先进班集体是教育部、共青团中央联合表彰全国高校班集体的崇高荣誉。每两年由教育部、共青团中央分别进行评选。

2003年全国先进班集体名单

北京市(10个)

北京大学公共卫生学院预防医学系99级1班

清华大学计算机科学与技术系计研4班

北京师范大学化学系99级一班

中央民族大学2001级新闻1班

中国农业大学资源与环境学院2000级土地资源管理班

北京邮电大学0112115班

中央财经大学金融系2000级金融三班

北京市化工学校仪表0103班

北京市建材工业学校工艺49班

北京邮电工业学校0078班

天津市(4个)

天津工业大学机电学院机自001班

天津师范大学化生学院99级生物本科甲班

天津市南开区职业中等专业学校职三1班

天津市经济贸易学校2001—5班

河北省(8个)

河北医科大学研究生学院2001级博士班

河北工业大学自动化003班

河北科技大学化工学院2001级工艺三班

河北农业大学生命科学学院生物技术9901班

石家庄铁道学院机9902—2班

唐山卫生学校2000级妇幼班

张家口市职教中心41班

保定职业技术学院电教 9904 班
山西省(5 个)
山西医科大学第一临床医学院 1005 班
山西农业大学林学院园林 001 班
山西财经大学经济技术学院 2000 级会电 3 班
山西省第二人民警察学校 2001—1 中队高职 8 班
太原电力学校发配电 2025 班
内蒙古自治区(2 个)
内蒙古师范大学汉文系 2000 级(1)班
内蒙古电子学校计 003 班
辽宁省(8 个)
大连海事大学交通运输管理学院外贸运输 991 班
东北财经大学法学院 993 班
沈阳工程学院自动控制系电自 001 班
辽宁工程技术大学机械学院工业设计 991 班
沈阳航空工业学院社科系公共事业管理专业 0408102 班
辽宁省城市建设学校 01 园林(1)班
营口市中等专业学校 2002—17 班
朝阳市财经学校 01 级艺幼 2 班
吉林省(6 个)
吉林大学交通学院 99023 班
长春工程学院岩土与道桥系勘工 0141 班
长春税务学院税务系财政 0148 班
长春金融高等专科学校会计系 0134 班
吉林市女子职业学校 02 空乘与导游班
长春艺术学校幼师 2000 级 6 班
黑龙江省(6 个)
哈尔滨医科大学 2000 级临床七年制三班
黑龙江大学经济学院 2000 级金融 3 班
黑龙江中医药大学针灸推拿专业 2000 级
哈尔滨理工大学电气与电子工程学院电子信息 2000—4 班
哈尔滨市财经学校 2000 级高职会计电算一班
哈尔滨市第 2 职业高中广告设计专业一年八班

上海市(10 个)
上海交通大学电子信息与电气工程学院 F0103405 班
华东师范大学哲学系 2000 级研究生班
华东理工大学化工学院工优 991 班
上海外国语大学英语学院 2000 级 5 班
上海大学知识产权学院法学专业 2000 级
华东政法学院商学院 0029 班
上海师范大学外国语学院志愿者服务队
上海第二医科大学附属卫生学校 010602 班
上海市现代职业技术学校国旅校区 0012 班
上海市逸夫职业技术学校装潢 3 + 3 二年级
江苏省(11 个)
南京大学电子系 2000 级本科班
东南大学 2000 级法律系 251001 班
南京中医药大学第二临床医学院 00 中医美容班
江苏大学汽车学院车辆 012 班
盐城工学院工商管理学院 BD 会计 001 班
苏州大学社会学院 2000 级社会学班
扬州大学数学科学院数学与应用数学 0002 班
南京职业教育中心 9942 班
盐城市第二职业中学 00 级电子(5)班
江苏省城镇建设学校城镇规划高职 2000(1)班
江苏工贸高级技工学校 01 级电子技术(1)班
浙江省(7 个)
浙江大学竺可桢学院 2000 级混合 5 班
浙江工业大学信息学院计算机科学与技术 001 班
浙江林学院经济管理学院会计学 2000(1)班
绍兴文理学院工学院计算机 992 班
温州市瓯海职业中专 01 幼师
湖州艺术与设计学校幼儿保健与教育 114 班
绍兴中专 01 经贸外语(2)班
安徽省(6 个)
中国科学技术大学力学和机械工程系 98 级本科班

安徽大学历史系 99 级历史班
安徽师范大学社会学院 2000 级历史教育(1)班
安徽工程科技学院外语系英语 001 班
安徽省肥西县金桥高级职业中学职一(1)班
安徽省马鞍山师范学校 2001 级英语(4)班
福建省(5 个)
福建中医学院中医师大联合班 1999 级
福建泉州师范学院外国语学院 1999 级英语教育本科(2)班
福建闽江学院管理学系 2000 级市场营销班
福建侨兴轻工学校 2000 财务会计(3)班
福建福州艺术师范学校 2001 级(3)班
江西省(5 个)
东华理工学院 010321 班
江西师范大学计算机科学与技术 99 级师范班
江西农业大学国土资源与环境学院 2000 级土管(2)班
江西省工业贸易学校 2001 级导游班
南昌市第一职业中学高二(7)班
山东省(9 个)
中国海洋大学港口航道与海岸工程 99 级
山东师范大学化学教育专业 2000 级 2 班
山东农业大学 99 农学 3 班
山东理工大学 99 信科 3 班
滨州职业学院 2002 级全科医学 5 班
山东省电子工业学校 99 级 1 班
济南师范学校二年级 5 班
潍坊市对外经济贸易学校 2001 级微机 5 班
烟台城乡建设学校 2001 级装饰 1 班
河南省(9 个)
郑州大学化学系 1999—1 班
河南大学生命科学学院 2000—2 班
河南师范大学化学与环境科学学院 2000 级本科班
河南农业大学农学院烟工专业 2000—2 班
河南科技大学材料成型控制专业 2000—3 班
南阳市第一技术学校车工专业 2002—1 班
商丘市技工学校车工专业 2002—4 班
郑州幼儿师范学校 2001—4 班
郑州水利学校 01061 班(财会)
湖北省(9 个)
武汉大学法学院 2000 级法学 3 班
华中师范大学数学与统计学院 2000 级 1 班
中国地质大学(武汉)010001 地质学理科基地班
华中农业大学经济贸易—土地管理学院经济学 2000 级 1 班
中南财经政法大学工商管理学院市场营销 2000 级 1 班
湖北大学商学院 1999 级工商管理班
武汉理工大学材料学院学硕 0001 班
襄樊市襄城职高 2000 级电子班
钟祥市职业高级中学 2001 级电子电器应用与维修 6 班
湖南省(6 个)
湖南大学土木工程 2001—10 班
湖南师范大学 99 中文基地班
中南大学英语 2000—1 班
湘潭大学法学 2000—2 班
长沙理工大学信息与计算机 2001—1 班
湖南中医学院中西医结合系临床医学 2000 七年制班
广东省(9 个)
中山大学数计学院 2000 级基地班
华南农业大学动物科学学院 1999 级 2 班
华南师范大学外文学院 2000 级 6 班
广东外语外贸大学法学院法学专业 2000 级 3 班
广州中医药大学第一临床医学院 1997 级 7 年制班
广州金融高等专科学校金融系国际金融专业 2001 级 1 班
广东省财政学校会计电算化专业 2000 级 3 班
广东省工业贸易学校商务英语专业 2001 级 2 班

广州卫生学校护理班1999级7班
广西壮族自治区(5个)
广西医科大学临床医学98级4班
广西大学文化与传播学院新闻2000(1)班
广西民族学院政法系2000级政法学与行政学(2)班
南宁市第一中等职业学校01烹饪(2)班
荔浦县中等职业技术学校旅游服务与管理专业018班
海南省(2个)
海南外国语师范学校00(4)班
海南师范学院政法系99级历史本科班
重庆市(6个)
重庆大学2000级机械设计制造及其自动化专业2班
重庆邮电学院119912班
重庆三峡学院2000级英语本科专业4班
重庆石油高等专科学校涉外财会专业2000级1班
重庆市万县中医药学校2001级医疗2班
重庆市石柱第一职业中学2004级种养专业班
四川省(9个)
四川大学生命科学学院2000级生物基地班
西南交通大学电气工程学院电气1999级试点班
西南财经大学会计学院会计学专业2000级2班
四川师范大学教育科学学院2000级1班
成都中医药大学中医学针灸英语方向七年制1999级
成都理工大学地球科学学院旅游管理专业200001401班
四川自贡釜溪职业高级中学2003级13班
四川蒲江职业中学2004届旅游服务与管理专业10班
四川江油师范学校外语系2000级五年制英语班
贵州省(4个)
贵州大学人文学院历史系2000级(2)班
贵阳医学院临床医学2001级C班
贵州师范大学中文系2000级汉语文学(1)班
贵州电子信息职业技术学院中专1001班
云南省(5个)
云南师范大学教育科学与管理学院2000级应用心理专业
云南大学2000级文科综合素质教育实验班
昆明理工大学环境科学与工程学院环境工程专业2000级
云南省旅游学校城建一班
云南省财经学校9005班
西藏自治区(2个)
西藏大学藏学系2000级历史本科班
西藏农牧学校2002现代乡村综合管理高职班
陕西省(8个)
陕西师范大学生命科学学院99级生物学基地班
西北工业大学航天工程学院博士生班
西安交通大学管理学院信息管理与信息系统02班
西北大学文博学院研究生班
西北农林科技大学葡萄酒学院生物工程专业99级本科班
西安工程科技学院机电工程学院机械专业99(3)班
西安铁路运输学校电气化与自动化00034班
陕西省汉中市第一职业中专2001级中专计算机班
甘肃省(3个)
兰州交通大学机设001班
甘肃农业大学动物医学院99级本科班
兰州电力学校电算会计及文秘012班
青海省(2个)
青海民族学院经济与管理学系2000级工商管理班
西宁市第一职业中学高二职业网络班

宁夏回族自治区(2个)
宁夏大学生命科学学院生物科学专业99级
宁夏财经学校2000级会计(2)班
新疆维吾尔自治区(3个)
新疆农业大学水利与土木工程学院水利水电工程002班
新疆医科大学第一临床医学院临床2000—2班
新疆艺术学院影视戏剧学院2000级广播电视编导班

全国优秀学生干部标兵

全国优秀学生干部标兵是教育部、共青团中央联合表彰优秀学生干部的最高荣誉。每两年由教育部、共青团中央进行评选。

2003年全国优秀学生干部标兵名单

北京大学政府管理学院2001级硕士生张鑫
浙江大学材料与化工学院化工系2001级硕士生刘军(满)
南昌航空工业学院测试技术与控制工程系2000级徐乐
成都理工大学文法学院2000级硕士生曹向山
新疆医科大学公共卫生学院2000级玛依拉·胡达拜尔地(女,维)

全国优秀学生干部

全国优秀学生干部是教育部、共青团中央联合表彰学生干部的崇高荣誉。每两年由教育部、共青团中央进行评选。

2003年全国优秀学生干部名单

北京市(8名)
时光寨　陈　新　吴　磊　张海生
巩佳伟　王雪琴　燕　斌(满)　丁晓雪
天津市(3名)
钟　恒　贾启君　武佑文
河北省(6名)
侯　莉　侯军虎　吕　伟　胡　建
刘文燕　张　刚
山西省(3名)
薛虎山　赵　静　王　斌
内蒙古自治区(2名)
李　洁(蒙)　娜　仁(蒙)
辽宁省(6名)
刘　佳　庄承钢　胡远豪　冯　敏
王长伟　谷　成
吉林省(1名)
房　玥
黑龙江省(3名)
高　放　刘占林　刘　晶

上海市(6名)

贾　雷　王　贺　李群峰　张其奇

楼之吟　褚　沁

江苏省(8名)

黄蜀夔　胡　佩　邓　芳　夏珊珊

罗大伟　倪晓佳　张　艳　周　巍

浙江省(2名)

苏　森　韩思思

安徽省(2名)

张腾跃　宋民君

福建省(5名)

吴新竹　陈　盛　柳冬香　吕志红　林玉华

江西省(2名)

邝　澍　熊琴琴

山东省(6名)

朱爱玲　念金波　范孟豹　秦广鹏　于媛媛

张静静

河南省(6名)

王　静(蒙)　常延辉　张鹏举　孙留胜

朱喜义　王姣姣

湖北省(2名)

东　磊　黄　飞

湖南省(2名)

周林森　王育龙

广东省(6名)

熊翠菊　杨臻燊　黄顺好　刘付金

邵美连(瑶)　邹小灵

广西壮族自治区(3名)

黄旭阳　罗东日　朱秋香

海南省(2名)

胡勇杰　谭锋

重庆市(3名)

叶彬强　雷　宇　左晓霞

四川省(3名)

曾　霞　陈　艳　刘文霞

贵州省(3名)

李　娜　樊清熹　田进波(土家)

云南省(2名)

喜　超　李新华

西藏自治区(1名)

扎桑罗布(藏)

陕西省(6名)

李　涛　肖　伟　吴　娟　陈　亮

李　卫　何　婷

甘肃省(2名)

陶　妮　燕爱娟

青海省(1名)

李永进

宁夏回族自治区(1名)

吴学敏

新疆维吾尔自治区(1名)

魏　江

全国三好学生标兵

全国三好学生标兵是教育部、共青团中央联合表彰德智体美等方面全面发展的优秀大学生的最高荣誉。每两年由教育部、共青团中央进行评选。

2003年全国三好学生标兵名单

清华大学法学院99级法91班王赢

河北大学管理学院99级宋超

华北工学院分院计算机工程系2000级王瑞斌

上海交通大学动力与机械工程学院2000级博

士生顾晓安
南京理工大学计算机系99级陈瑜(女)
安徽省安庆商业学校计算机专业2000级王艳(女)
武汉大学法学院2002级博士生邓联繁
西南政法大学民商法经济法专业2000级硕士生王衡
云南财贸学院会计系99级何莉炜(女)
西安电子科技大学通信工程学院2000级韩峥(女)

全国三好学生

全国三好学生是教育部、共青团中央联合表彰大学生的崇高荣誉。每两年由教育部、团中央进行评选。

2003年全国三好学生名单

北京市(7名)
张宏伟 谭廉华 辛 怡 刘殿仁 杜娟娟
王 蕾 卜 玫
天津市(7名)
王青鹏 于春晖 汤利芳 路秀玲 沈建伟
范淑梅 刘迺林
河北省(10名)
赵建利 韩 伟 王震洲 张 梅 高振元
李 琦 赵 钊 冯柏淋
袁致中 李进仕
山西省(5名)
任艳芳 马小娟 易华珍 石莲花 张孝峰
内蒙古自治区(4名)
朱 慧(蒙) 淑 琴(蒙) 包金山(蒙)
代丽梅
辽宁省(6名)
刘海江 夏经钢 邹明江 范本勇
刘 钰(满) 贺 宠
吉林省(6名)
冯 葳 于 燕 罗生存 赵 云 李海波
郭晓婷
黑龙江省(7名)
张 义 崔筱英 姜道民 曹 贺 白 玲
于洪涛 张丽丽
上海市(10名)
韩 甲 陈俏巧 陈立俊 庞 洁 杨 莹
刘铁华 钟丽丹 王 青 张 怡 韩 晨
江苏省(14名)
刘福斌 丁道群 李梦楠 刘晓英 马 涛
徐 晶 陈 榕 武 敏(回) 王雷雷
施培红 袁以恒 王丽枝 王婧怡 吴佳伟
浙江省(6名)
王翔鸿 冯元远 江海丰 王海静 陶建英
余利峰
安徽省(6名)
丁 鹏 王 清 官 银 杨 广 谢寒梅
徐元慧
福建省(4名)
赵易蓉 吴 侠 李 楠 杨柳青
江西省(3名)
廖文梅 张桂华 陈琳琳
山东省(8名)
赵 镝 李 杰 李凤元 刘晓光 李 杨
刘春晖 王瑞明 陈庆涛
河南省(9名)
姜美玲 祁 舒 王 萍 贾 菲 王 娟
蔡 洋 吴俊美 尹 艳

吴春风

湖北省(12名)

陈裕海　袁浚菘　江　琳　余建军　张海禄

王旺平　赵巧妹　于永霞　梁　俊　肖　艳

朱荣平　李淑梅(土家)

湖南省(9名)

汤　琳　宋旭明　谢文兵　肖　露　吴　婕

罗振华　胡水军　柏元飞　潘应彬

广东省(11名)

梅方权　薛　菲　李凤亮　陈侃贞

金　珊(回)　胡娓莎　刘峥嵘　何德明

廖福娣　程　兆　陈雁飞

广西壮族自治区(7名)

林筱颖　林　莉(壮)　马剑丽　赵　静

韦　薇(壮)　黄炳祥(壮)　吕柳艳(壮)

海南省(1名)

曹　莎

重庆市(6名)

蒋再文(苗)　牟　君　张　娟　刘　丹

程　新　左荣梅

四川省(5名)

陈　路　张建中　晁　坤　许珈嘉

尔古伍呷(彝)

贵州省(2名)

邓维佳　葛祺琦(布依)

云南省(4名)

李　源(回)　邹海俊　黄静媛　吴成林(苗)

西藏自治区(3名)

尼玛此里(藏)　李雪琴　普布塔杰(藏)

陕西省(7名)

王　磊　张　岩　任兰滨　李红琴　王　颖

李凤敏　姜延平

甘肃省(2名)

郭志鸿　马立元(撒拉)

青海省(1名)

梁　霞

宁夏回族自治区(1名)

马晓婵(回)

新疆维吾尔自治区(1名)

皇甫盼

新疆生产建设兵团(2名)

努汗·哈斯木(维)　余　静

中国大学生校园歌手大赛

由共青团中央、教育部、全国学联和中央电视台联合主办的首届中国大学生校园歌手大赛历时半年,已经降下帷幕,产生了各种奖项。

竞赛自2002年10月启动以来,各地各高校高度重视,精心组织,大部分省(区、市)经过校级预赛、省级复赛,全国29个省(区、市)的285所高校共向全国组委会呈报了602件作品,参加全国总决赛。2003年4月,首届中国大学生校园歌手大赛复赛在北京举行,经全国评委会的专家严格评审,110名选手入围全国总决赛。由于非典原因,原定于5月举行的全国总决赛取消。经全国组委会研究决定,以复赛成绩为准,授予北京大学刘然等110名入围决赛同学“优秀校园歌手”奖,授予北京市等16个省级组委会“省级优秀组织奖”,授予北京大学等115所学校“校级优秀组织奖”。

首届中国大学生校园歌手大赛为青年学

生们提供了展现才艺的广阔空间和平台，得到了高校学生的广泛欢迎，大部分高校组织了校级竞赛，数万名学生直接参与了比赛。参赛选手的作品格调高雅、健康向上，讴歌了伟大的党、伟大的时代，反映了当代高校学生的精神追求和时代风貌，表达了青年学子要在全面建设小康社会的伟大实践中建功立业的决心。首届中国大学生校园歌手大赛在引领校园文化潮流，丰富校园文化生活，加强校园文化建设方面发挥了积极作用。

各省（区、市）团委、教育厅（教委）、学联要以中国大学生校园歌手大赛为契机，坚持育人宗旨，不断创新活动形式，用先进的文化陶冶青年学生，进一步繁荣校园文化。希望广大青年学生不断提高自身的综合素质，做先进文化的弘扬者，在全面建设小康社会的伟大实践中奋发成才。

首届中国大学生校园歌手大赛“优秀校园歌手”奖获奖名单

（110 名）

北京大学　刘　然
北京师范大学　吴纤尘
北京科技大学　刘少蓉
北京科技大学　徐　昕
中央民族大学　王　珩
中央民族大学　高书琴
石油大学（北京）　李安钰
天津师范大学　罗晓颖
河北大学　杨霁霞
河北职业技术师范学院　王　瑜
山西财经大学　王　勇
山西警官高等专科学校　刘惠君
广播电影电视管理干部学院　孙承志
广播电影电视管理干部学院　张晴君
广播电影电视管理干部学院　杨　蕾
山西艺术职业技术学校　任粉平
内蒙古财经学院　张　韫
大连轻工学院　闫　泽
沈阳音乐学院　王文武
吉林大学　嵇佳斌
延边大学　卞瑛花
哈尔滨工业大学　冯　冲
哈尔滨师范大学　李春朝
复旦大学　高文筠
上海交通大学　李孜佶
上海外国语大学　王　燕
上海大学　许鸥娉
上海师范大学　陆　敏
华东政法学院　沈　力
上海海运学院　顾文婵
南京大学　刘　悦
南京航空航天大学　李　菀
中国矿业大学　王　骏
南京师范大学　王　蕾
南京师范大学　姚剑英
南京师范大学　范宁宁
盐城工学院　王信苏
河海大学　欧拉西
解放军理工大学　韩　录
徐州师范大学　李　冰
扬州大学　朱鑫禹
南通师范学院　王　波
浙江大学　许　立
浙江大学　柳天阳
温州大学　朱　丹
浙江万里学院　杨明礼
浙江师范大学　郭俊莹
福建师范大学　次旦扎西
江西师范大学　白　晓
江西公安专科学校　张　驰
江西科技师范学院　张红英
山东大学　徐雪婷
山东大学　周建伟
山东财政学院　王　鹏
山东财政学院　王　凡

山东财政学院　李　坤
山东艺术学院　丁　慧
郑州大学　陈炜华
郑州轻工业学院　王玮娜
河南大学　朱正华
河南大学　陈　雷
洛阳大学　谢　瑶
中国人民解放军信息工程大学　徐　政
河南省直广播电视大学　霍　锟
武汉大学　叶自强
华中科技大学　佟　雷
华中师范大学　易黎明
华中师范大学　郭一鸣
湖南大学　刘元元
中南大学　胡　幽
中南大学　解海涛
中山大学　王潇潇
中山大学　冯建文
华南理工大学　张　颢
广州金融高专　余鸿宇
深圳大学　佟喜迎
桂林工学院　任　远
广西艺术学院　陈春燕
广西艺术学院　池一萃
海口经济职业技术学院　李诚明
泸州医学院　范文婧
西南交通大学　温亮亮
西南交通大学　高亚伦
成都纺织高等专科学校　肖　纯
四川师范大学　漆亚灵
西南民族学院　莫色坤文
四川音乐学院　吴李红
重庆大学　陈　楠
西南师范大学　谭　洁
西南师范大学　林玉希
西南师范大学　梁晓秋
涪陵师范学院　傅　娟
遵义医学院　赵　淼
云南财贸学院　唐婷婷
云南艺术学院　杨丽霞
西藏农牧学院　索朗西珍
西安交通大学　任　君
西安交通大学　钱晶晶
西安欧亚学院　卞志恒
陕西教育学院　林　泉
陕西教育学院　张婷婷
西安外国语学院　王　洁
西北大学　习　艳
西安工程科技学院　徐丛林
解放军西安通信学院　郜秀雪
西安音乐学院　袁农梅
甘肃联合大学　张蕊蕾
新疆大学　热　娜
新疆医科大学　米克拉依
新疆师范大学　杨　曦

首届中国大学生校园歌手大赛
省级优秀组织奖获奖名单

（16个）

北　京	河　北	山　西	内蒙古
黑龙江	上　海	江　苏	江　西
山　东	湖　北	广　东	四　川
重　庆	陕　西	甘　肃	新　疆

首届中国大学生校园歌手大赛
校级优秀组织奖获奖名单

（115个）

北京大学　中国人民大学
北京师范大学　北京科技大学
中央民族大学　中央音乐学院
天津医科大学　天津大学
天津师范大学　河北大学
河北师范大学　燕山大学
中央司法警官学院　山西财经大学
广播电影电视管理干部学院
太原师范学院　运城学院

内蒙古大学艺术学院　内蒙古工业大学　河南大学　信阳师范学院
沈阳音乐学院　大连轻工学院　郑州航空工业管理学院　武汉大学
辽宁石油化工大学　营口职业技术学院　华中科技大学　武汉理工大学
鞍山师范学院　阜新高等专科学校　华中师范大学　中南财经大学
吉林大学　吉林艺术学院　湖北大学　中南大学
东北电力学院　延边大学　湖南大学　湖南师范大学
哈尔滨师范大学　黑龙江中医药大学　中山大学　广东工业大学
黑龙江大学　东北林业大学　华南理工大学　广东商学院
哈尔滨工业大学　复旦大学　暨南大学　星海音乐学院
同济大学　上海海运学院　广西艺术学院　桂林工学院
上海音乐学院　上海第二医科大学　广西中医学院　海南职业技术学院
上海师范大学　南京大学　西南民族大学(原西南民族学院)
东南大学　南京师范大学　泸州医学院　四川音乐学院
徐州师范大学　南京艺术学院　西华师范大学　四川农业大学
解放军理工大学　浙江大学　涪陵师范学院　重庆大学
浙江师范大学　杭州师范学院　西南师范大学　贵州大学
浙江艺术职业学院　中国科技大学　贵州民族学院　云南艺术学院
合肥工业大学　安徽大学　云南中医学院　陕西师范大学
厦门大学　福建师范大学　西北大学　西安工程科技学院
福建农林大学　东华理工学院　西安外事学院　西安翻译学院
江西科技师范学院　南昌大学　陕西教育学院　西藏农牧学院
江西师范大学　山东艺术学院　兰州商学院　甘肃联合大学
山东财政学院　青岛科技大学　西北师范大学　新疆师范大学
山东农业大学　山东理工大学　喀什师范学院
烟台师范学院　郑州大学

“挑战杯”全国大学生课外学术科技作品竞赛奖

由共青团中央、中国科协、教育部、广东省人民政府、全国学联主办，华南理工大学承办的第八届“挑战杯”全国大学生课外学术科技作品竞赛于2003年11月24日圆满结束。

本届竞赛共吸引了全国1000余所高校的近10万件作品参赛，高校参与面达70%以上，覆盖了所有的重点高校。各参赛高校普遍举办了学生科技竞赛活动，各省(区、市)也都开展了省级“挑战杯”竞赛，校、省、全国三级赛制已经形成。终审决赛阶段，来自内地、香港、澳门、台湾地区和新加坡的375所高校组团参赛参展或前来观摩，参赛参展作品总数达1159

件，参赛规模、作品数量都创历史新高。多名两院院士领衔的100多位著名专家学者组成了评审委员会，全面负责评审工作。经过激烈角逐，清华大学以360分名列团体总分第一，获得"挑战杯"，复旦大学等26所高校获得"优胜杯"，香港中文大学获得"港澳优胜杯"。共有22件作品获特等奖，75件作品获一等奖，219件作品获二等奖，559件作品获三等奖。

从本届竞赛开始，教育部正式成为"挑战杯"竞赛的主办单位，进一步提高了竞赛的权威性和号召力，更加强了各高等院校对竞赛的重视。同时，增设了哲学类和管理类的竞赛内容，使学科设置更专业、更科学。本届竞赛的参赛作品质量普遍提高，具有很高创新性和实用性。竞赛强化了赛事的市场化和社会化运作，加大了学生科技成果的转化力度，首次成功举办了大学生科技成果拍卖会，共有92件作品参与拍卖，10多件作品拍卖成交，涉及生物、通信、医疗、环境、机械及企业管理等多个领域，成交金额近50万元。

竞赛受到了社会各界的极大关注，数百家国内知名企业组团观摩，或直接参与学生科技成果的拍卖和转让洽谈，国外高校首次派代表团出席观摩，"挑战杯"竞赛的影响力辐射到海外。

"挑战杯"竞赛已成为全国大学生课外学术科技领域中层次最高、规模最大、参赛范围最广的群众性赛事，是当代大学生展现课外学术科技成果和综合素质的重要舞台，是国内各个大学展示教学科研能力和综合实力的重要窗口，得到了高校领导的高度重视和大学生的普遍欢迎。

获"挑战杯"的学校

清华大学

获"优胜杯"的学校

复旦大学	上海交通大学
西安交通大学	南京航天航空大学
华南理工大学	国防科技大学
东南大学	中南大学
浙江大学	中国矿业大学
第三军医大学	武汉大学
重庆大学	吉林大学
中国人民大学	南京师范大学
同济大学	华侨大学
中国科学技术大学	华中科技大学
北京大学	湖南大学
北京航空航天大学	湖南师范大学
南京大学	四川大学

获"港澳优胜杯"的学校

香港中文大学

获省级优秀组织奖的省、自治区、直辖市

北京市	江苏省	湖南省
河北省	浙江省	广东省
山西省	安徽省	四川省
辽宁省	福建省	重庆市
黑龙江省	江西省	陕西省
上海市	河南省	新疆维吾尔族自治区

获校级优秀组织奖的学校

中国人民大学	北京师范大学
北京科技大学	北京理工大学
中国地质大学(北京)	中国农业大学
北京航空航天大学	天津大学
南开大学	天津理工学院
河北大学	华北电力大学
河北师范大学	山西农业大学
太原理工大学	山西大学
华北工学院	内蒙古大学
内蒙古工业大学	大连理工大学
东北大学	大连海事大学
沈阳工业大学	吉林大学
长春工业大学	东北师范大学

哈尔滨工程大学　哈尔滨理工大学
齐齐哈尔大学　上海大学
华东理工大学　华东师范大学
东华大学　苏州大学
江苏大学　南京理工大学
江南大学　扬州大学
南京工业大学　河海大学
浙江大学　浙江工业大学
浙江工程学院　中国科技大学
安徽大学　安徽工业大学
厦门大学　华侨大学
江西师范大学　南昌大学
南方冶金学院　山东大学
石油大学(华东)　济南大学
曲阜师范大学　山东科技大学
中国海洋大学　郑州大学
河南农业大学　郑州工程学院
河南大学　武汉大学
华中科技大学　武汉科技大学
中国地质大学(武汉)　华中师范大学
中南大学　湖南大学
湖南师范大学　国防科技大学
南华大学　中山大学
华南理工大学　汕头大学
广东工业大学　广州中医药大学
广州大学　华南师范大学
桂林工学院　桂林电子工业学院
海南大学　电子科技大学
四川大学　西南石油学院
成都理工大学　重庆大学
第三军医大　重庆邮电学院
重庆工学院　贵阳中医药学院
云南大学　云南师范学院
西藏民族学院　西安电子科技大学
西安理工大学　西北工业大学
长安大学　西北农林科技大学
西安外事学院　兰州大学
兰州交通大学　青海大学
宁夏大学　新疆大学
石河子大学

获特别组织奖的单位

中央人民政府驻香港特别行政区联络办教育科技部

中央人民政府驻澳门特别行政区联络办宣教文体部

第八届“挑战杯”全国大学生课外学术科技作品竞赛获奖名单(略)

第八届“挑战杯”全国大学生课外学术科技作品竞赛优秀指导教师名单(略)

全国十佳少先队员

“全国十佳少先队员”是当代中国少年儿童的崇高荣誉,由共青团中央、教育部、全国少工委和中央电视台联合授予,每两年评选一次,1989 评选第一届,从 2003 年开始改为一年一届。评选“全国十佳少先队员”是少先队运用典型引导和激励少年儿童健康成长的重要途径,是少年儿童开展相互学习、自我教育的重要形式。通过评选活动,向全社会展示少年儿童的时代风采，进一步促进少先队自身建设，增强少先队组织的凝聚力和影响力，激励广大少年儿童热爱祖国、勤奋学习，勇于实践，努力成为德智体美全面发展的社会主义事业的合格建设者和接班人。

第八届“全国十佳少先队员”

全面发展、多才多艺、在少先队活动中尽职尽责的重庆市人民小学少先队员王文斌

品学兼优、积极争章、维护民族团结的新疆自治区博乐市第一小学少先队员古孜努尔（女）

勤劳朴实、乐于助人、见义勇为的内蒙古自治区呼和浩特市铁路第一小学少先队员乐雅芳（女）

善于思考、勇于创新、富有爱心的河北省石家庄市桥西区东里小学少先队员刘晓梦（女）

全面发展、乐于奉献、在队组织建设中发挥积极作用的上海市民办交大飞达中学少先队员刘凌英枝（女）

热爱生活、勤于实践、全面发展的山东省济南市燕山学校少先队员李小楠

身残志坚、超越自我、勇创佳绩的广东省深圳市罗湖小学少先队员杨绿野（女）

热爱集体、勤于实践、积极争章的青海省西宁市南山路小学少先队员张哲

素质全面、尽职尽责、热心“手拉手”活动的辽宁省沈阳市铁西区勋望小学少先队员黄涛

朴实无华、全面发展、善于用新思想新观念新知识为家乡服务的四川省邛崃市冉义镇火星小学少先队员喻焰（女）

全国十佳少先队辅导员

“全国十佳少先队辅导员”是少先队辅导员的崇高荣誉，由团中央、全国少工委、教育部联合评选表彰，每两年评选一次，1997 年评选第一届，从 2003 年开始改为每年评选一次。评选表彰“全国十佳少先队辅导员”，是加强少先队组织建设和队伍建设的重要举措。通过评选活动，大力宣传少先队辅导员的无私奉献精神，用榜样的力量教育和感召少先队工作者，推动星星火炬事业代代相传。

第四届“全国十佳少先队辅导员”

张路惠　北京市东城区少先队总辅导员

吴立宏　江苏省江都市实验小学少先队总辅导员

杨丽娟　浙江省仙居县少先队总辅导员

郝经春　山东省招远市张星镇少先队总辅导员

杨建安　河南省潢川县师范附属小学少先队大队辅导员

高兴红　湖南省慈利县苗市镇中心完全小学少先队大队辅导员

潘玉棠　广西壮族自治区梧州市中山小学少先队大队辅导员

莫先燕　贵州省独山县狮山希望小学少先队大队辅导员

王丽秋　陕西省西安市黄河小学少先队大队辅导员

李旭东　甘肃省崇信县锦屏小学少先队大队辅导员

全国十佳少先队志愿辅导员

“全国十佳少先队志愿辅导员”由共青团中央和全国少工委联合评选表彰，每两年评选一次，1999年评选第一届，2003年开始改为每年评选一届。“全国十佳少先队志愿辅导员”评选活动是加强少先队组织建设和队伍建设的重要举措。通过评选活动，大力宣传少先队志愿辅导员的无私奉献精神，进一步优化少年儿童成长的社会环境，激励更多的社会力量关心少年儿童健康成长，支持少先队事业的发展。

第三届“全国十佳少先队志愿辅导员”

耿全会　北京军区空军气象中心计量修理室副主任

周公望　天津市河东区退休干部

王富斗　山西省大同市型煤厂厂长

高健民　吉林省中国第一汽车集团医疗体育协会秘书长

齐习兵　安徽省六安市新星工贸有限公司总经理

何佳汝　福建省厦门市何厝小学退休教师

詹朝晖　江西省上饶市信州区国税局管理二股股长

段永恒　武警湖北省总队黄冈市支队政治处主任

冯　罡　云南省昆明市公安局盘龙分局巡逻警察大队巡长

闫　涛　西藏自治区林芝地区公安消防支队防火监督处助理工程师

“星星火炬”奖章

“星星火炬”奖章用于表彰各条战线长期关心支持少先队工作并做出突出贡献的人士，每5年评选一次，1994年开始评选，每次表彰200—300名。通过评选活动，宣传在党和政府及社会各界的关心支持下，少先队事业所取得的成绩；激励广大少先队辅导员和少先队工作者为培养中国特色社会主义事业合格建设者和接班人而努力工作；吸引和鼓励更多的社会各界人士支持和关心少先队事业；进一步优化少年儿童健康成长的社会环境，推动星星火炬事业再上台阶。

2003年全国“星星火炬”奖章获得者名单

顾志强　中共北京市丰台区委教育工委副书记

董柏林　北京市教委德育处处长、市少工委副主任

高雪东　北京市海淀区教委少工委办公室副主任

吴　方　天津市和平区教育局党委副书记
武士荣（女）　天津市北辰区实验小学校长
徐忠岭　河北省唐山市公安交通警察支队政委
董淑芬（女）　河北省沧州市新华小学校长
樊志新　中共山西省长治县委副书记
王建忠　中共山西省晋中市平遥县委副书记
索木珍（女）　山西省太原市杏花岭区教育局团委书记、少工委副主任
刘菊茹（女）　内蒙古自治区呼和浩特市人民政府副市长
周茂森　内蒙古自治区包钢集团公司党委副书记
乔俊威　内蒙古自治区乌盟凉城县厢黄地小学大队辅导员
丛莲芳（女）　辽宁省沈阳市沈河区文艺路第二小学校长
蒋红伟　辽宁省丹东市实验小学校长
张晨晖　吉林省长春市朝阳区教育局党委副书记、副局长
宋　戈（女）　吉林省第二实验学校校长、党总支书记
宋　泓（女）　黑龙江省哈尔滨市少年宫副主任
王兆福　黑龙江省哈尔滨市南岗区教育局党委副书记、纪工委书记
薛　潮　中共上海市长宁区委书记
陈铁迪（女）　原上海市人大主任、市红领巾理事会名誉主席
张民生　原上海市教委副主任、市少工委主任
马　砾　江苏省南京市教育局初教处处长
邵兰芳（女）　江苏省常州市第二实验小学校长、党支部副书记
方继尢　浙江省宁波市 91100 部队政治委员
黎金福　浙江省杭州市肯德基有限公司总经理
蓝献华　浙江省丽水市教育局副局长
郑敬道　中共安徽省巢湖市委副书记
陈继志　安徽省合肥市蜀山区教育局局长
欧顺华　安徽省滁州师范第二附属小学校长、党支部书记
王一士　福建省关工委常委副主任
邱孝感　团福建省委少年部正处级干事、省少先队工作学会副会长
黄淑贞（女）　福建省莆田市荔城区文献社区关工委主任
邵梅珍（女）　江西省南昌市教育局副局长
文耀挺　江西省南昌师范附属实验小学校长
金笑萍（女）　江西省上饶市逸夫小学校长
金家民　山东省胜利油田管理局教育培训处党委书记
韩曙黎（女）　山东省青岛市教育局副局长
郭欣荣（女）　山东省枣庄市市中区文化路小学校长
马振海　河南省教育厅副厅长
皇甫鸿昌　河南省开封市教育科学研究所所长
陈嵩山　河南省郑州市总辅导员、市少工委副主任
曲　颖（女）　中共湖北省襄樊市委副书记、市纪委书记
张玉春　湖北省潜江市中国石化集团江汉石油管理局党委副书记
郝良浩　湖北省十堰市实验小学校长
曹　亚（女）　湖南省长沙市人民政府副市长
葛惠琪（女）　湖南省株洲市芦淞区教育局局长
吴冠明（女）　广东省广州市东山区少年宫党支部书记
黎达成　广东省广州市越秀区少年宫主任
许贤苏　广东省佛山市南海大沥实验小学校长、党支部书记
刘中川　广西壮族自治区桂林市青少年宫副主任
张小玲（女）　广西壮族自治区柳州市景行小学副书记、副校长

唐上强　广西壮族自治区防城港市防城区江山中心小学副校长
侯秀兰（女）　海南省三亚市第七小学校长
吴启福　海南省定安县第一小学校长
周朝阳（女）　海南省海口市龙峰实验小学副校长
尹家绪　中国兵器装备集团副总经理、重庆长安汽车集团公司董事长、总裁、党委书记
彭智勇　重庆市教委副主任、市少工委副主任
骆世平　重庆市沙坪坝区覃家岗小学德育主任
廖克全　四川省乐山市教育局副局长、党组成员
刘　玉（女）　四川省成都市郫县教育局德育办副主任、县少工委副主任、总辅导员
陈思廉（女）　四川省成都市东城根街小学校长、党支部书记
蒋　志　贵州省毕节市教育局党委副书记、副局长
周光碧（女）　贵州省贵阳市城西小学校长
柯玉明　贵州省黔西南州兴义市黄草坝镇红星路小学副校长
马耀武　云南省耿马县城关完全小学校长、党支部书记
宋楚琨　云南师范大学附属小学校长
李　燕（女）　云南省曲靖市麒麟区北关小学校长
李世华　西藏自治区那曲地区纪委监察局副局长
刘　义（女）　西藏自治区拉萨市第一小学大队辅导员
普布次仁　西藏自治区山南地区第三小学团支部书记、大队辅导员
杨素琦（女）　陕西师范大学附属小学副校长
闫志功　陕西省榆林市靖边县第一小学校长
程棠元　甘肃省酒泉市肃州区教育局局长
黄太兴　原青海省政协副主席、青海省关工委名誉主任
李　生　青海省万立公司党委书记、总经理
高西萍（女）　青海省西宁市西关街小学校长
张梅丽（女）　宁夏回族自治区银川市兴庆区教育局副局长
周少云　宁夏回族自治区吴忠市利通区教育局副局长
俞开莲（女）　宁夏回族自治区原州区城关六小党支部书记、校长
王社会　新疆生产建设兵团农一师三团党委书记、政委
杨永华　新疆维吾尔自治区哈密地区哈密市教育局局长、党委副书记
古丽尼沙汗·艾西买提　新疆维吾尔自治区巴州库尔勒市英下乡总辅导员
安　琴（女）　新疆维吾尔自治区昌吉州聋哑学校政教主任、大队辅导员
谢德茹（女）　新疆生产建设兵团农九师中学大队辅导员

优秀少年军校工作者

“优秀少年军校工作者”由共青团中央、解放军总政治部和全国少工委联合评选，用于表彰热心少年军校工作、乐于奉献的党政军领导、部队官兵、团队干部、教育工作者和社会工

作者，每5年表彰一次，2003表彰了第二届105名“优秀少年军校工作者”。通过评选活动，进一步推进少年军校活动的开展，加强少年军校规范化建设，加强对少年儿童进行爱国主义教育、国防教育和素质教育。

第二届全国优秀少年军校工作者名单

王广发　北京市法政集团景山学校分部少年军校名誉校长
张元华　北京市景山学校分部少年军校教官
张　平　北京市西城区长安中学少年军校政委
梁翠英　北京市西城区长安中学少年军校校长
李瑛彦　北京市丰台五小海燕少年军校校长
滕力实　北京航空航天大学附小少年军校政委
李志敏　北京航空航天大学附小少年军校校长
张汉如　北京市海军蒲洼少年军校校长
张金生　北京礼炮中队五爱屯少年军校名誉政委
翁安圻　上海市浦东新区林苑少年航空军校校长
任淑萍　天津市塘沽区上海道小学少年武警学校副校长
司徒静芳　天津市和平区西康路小学少年军校副校长
徐作军　重庆市合川凉亭小学少年警校政委
吴锦福　重庆市合川凉亭小学少年警校校长
王　红　河北省秦皇岛市耀华三小少年军校执行校长
李树斌　河北省秦皇岛市耀华三小少年军校校长
刘延杰　河北省张家口市青少年艺术军校校长
王桂凤　河北省唐山钢铁公司大庆九号小学少年军校校长
靳世千　山西省太原市太钢二校少儿消防团校长
张文清　山西省太原市迎泽区贵都小学少年军校校长
赵丕佳　山西省长治市城区新华小学少年军校校长
郭万富　内蒙古自治区包头市包钢实验军校校长
杨四格　内蒙古自治区呼和浩特市红旗小学少年军校校长
杨瑞菁　内蒙古自治区呼和浩特市玉泉区少年军校总辅导员
刘淑凤　辽宁省抚顺市新抚区南台小学少年军校校长
赵英杰　辽宁省沈阳市和平区青年大街小学少年军校辅导员
陈星环　辽宁省营口市站前健康小学少年军校校长
金今玉　吉林省长春市光机与物理研究所蓝天少年军校总辅导员
王景双　吉林省通化钢铁集团公司第一小学少年军校校长
孙　辉　吉林省长春市朝阳区宽平小学少年警校副书记
邵　慧　山东省济南市历下区少年军校校长
袁秀菊　山东省青岛经济技术开发区第一少年军校校长
薛建伟　山东省青岛经济技术开发区第一少年军校副校长
于瑞祥　山东省聊城市聊城少年军校校长
郝福振　山东省少先队军事学校军训办主任
孙有德　安徽省六安市少年军校副校长
温　良　江西省南昌市干家巷小学红领巾军校副校长
万　鹰　江西省鹰潭市银鹰少年军校副校长
谢江红　江西省高安市四小少年军校辅导员
陈　锋　江苏省无锡市社桥中学少年女子军

校名誉校长
翁伟铭　江苏省无锡市社桥中学少年女子军校校长
万士根　江苏省常州市戚机厂子弟第一小学少年军校副校长
黄昭华　江苏省南通市海安县角斜镇少年军校校长
李　萍　江苏省南京市梅山一中少年军校校长
张邦密　江苏省徐州市铜山县胜阳中学少年军校校长
金　良　江苏省张家港市巫山小学少年警校校长
邵平安　浙江省舟山市獭山红领巾水兵军校校长
邱满海　浙江省岱山县长涂中心小学少年海军学校校长
马婷婷　浙江省杭州市上城区少年军校总校校长
万昌富　浙江省温州市水心少年军校校长
邵富强　浙江省温州市水心少年军校副校长
屠其灿　浙江省杭州市饮马井巷少年交警学校校长
耿建光　浙江省宁波市东海少年军校常务副校长
余碧定　福建省古田罗华少年军校校长
陆安荣　湖北省宜昌市学院街小学少年军校校长
覃好家　湖北省长阳县资丘镇柿贝少年军校校长
何智彬　湖北省宜昌市葛州坝电厂大江小学少年军校校长
赵　微　河南省安阳市少年军校总校名誉校长
韩　兵　河南省安阳市少年军校总校副校长
李瑞霞　河南省安阳市少年军校总校校长
支彩霞　河南省安阳市少年军校总校总辅导员
任素萍　河南省安阳市豆腐营小学少年警校校长
王淑华　河南省郑州市航院附小少年警校校长
张力生　河南省郑州市国防科技学校少年军校校长
唐小平　湖南省怀化市舞水路小学少年军校校长
谢　果　湖南省会同县林城镇第一完全小学少年军校校长
高兴红　湖南省慈利县苗市镇雏鹰少年军校副校长
肖　燕　湖南省长沙市浏正街小学少年警校校长
戴金益　湖南省长沙市浏正街小学少年警校常务副校长
薛传海　广东省肇庆市端州区青少年军校校长
岑燕群　广东省广州市天河区沙河小学少年军校辅导员
李振海　广东省珠海市前山中学少年军校主任
张晓泉　广东省清远市新北江小学少年警校政委
何向党　广东省江门市新会区少年军校校长
梁艳红　广西钦州市少年军校校长
傅福金　广西钦州市少年军校原校长
周　佳　广西钦州市少年军校教官
李朝德　广西玉林市古定少年警校名誉校长
梁艳丽　广西玉林市古定少年警校辅导员
梁丽珍　广西百色八一希望小学少年军校校长
符容英　海南省海口市二十六小学少年军校校长
傅映柏　海南省海口市景山学校少年军校校长
雷有玉　海南省海口市第二十七小学校少年军校校长

吴多鉴　海南省琼山市第三小学少年军校校长

潘家坤　海南省琼山市大致坡中心小学少年军校校长

吴绵生　海南省海口市美兰区少年军校总校校长

侯运祥　四川省宜宾市翠屏区农业街小学少年军校校长

贾邦彦　四川省广元市苍溪县城郊中学少年军校名誉校长

张　宁　四川省广元市苍溪县城郊中学少年军校校长

王方军　四川省广元市苍溪县城郊中学少年军校教官

曾乐云　四川省绵阳市实验中学少年军校校长

杨绍求　贵州省凯里市黔东南少年军校校长

李　佳　云南省玉溪少年交通警校辅导员

吕茜玲　云南省曲靖市麒麟区城关小学少年警校校长

施跃林　云南省开远市崇文小学少年军校校长

杨雅丽　陕西省西安市远东一小少年军校校长

朱惠珍　甘肃省兰州市万里机电厂子弟小学少年军校校长

赵桂芳　新疆乌鲁木齐市第一小学少年军校校长

张美蓉　新疆乌鲁木齐市第二小学少年军校校长

马　睿　新疆乌鲁木齐市第31小学少年军校校长

牙合甫·吾麦尔　新疆乌鲁木齐市天山区少年军校总校名誉校长

孙宝瑞　新疆乌鲁木齐市天山区少年军校总校副校长

朱军华　新疆石河子市150团中学少年军校主任

高志文　宁夏石嘴山市少年军校主任

申改辛　青海省西宁市城中区南山路小学少年军校校长

全国红旗大队

全国红旗大队由全国少工委评选表彰，每两年评选一次，每次各表彰1000名。少先队大、中队是少先队的重要基层组织，是少先队工作的基础和保障，是少年儿童身心得到锻炼和健康发展的重要阵地。通过评选活动，加强少先队员的集体观念，提高少先队员的团队精神，倡导诚实、勇敢、团结、活泼的队风，推动少先队基层组织建设。

2003年“全国红旗大队”名单

北京市

北京市东城区分司厅小学少先队大队

北京市东城区和平里第一小学少先队大队

北京第二实验小学少先队大队

北京市西城区育民小学少先队大队

北京市崇文区花市小学少先队大队

北京市第一师范附属小学少先队大队

北京小学少先队大队

北京第一实验小学少先队大队

北京市朝阳区管庄中心小学少先队大队

北京市朝阳区呼家楼中心小学少先队大队

北京医科大学附属小学少先队大队

北京市海淀区知春里小学少先队大队

北京市丰台区实验学校少先队大队

北京市丰台区看丹小学少先队大队
北京市石景山区八角北路小学少先队大队
北京市石景山区实验小学少先队大队
北京市门头沟区东辛房小学少先队大队
北京市门头沟区育园小学少先队大队
北京市门头沟区大峪第一小学少先队大队
北京市房山区良乡第三小学少先队大队
北京市通州区东方小学少先队大队
北京市通州区永顺镇中心校少先队大队
北京市顺义区高丽营第二小学少先队大队
北京市顺义区石园小学少先队大队
北京市大兴区庞各庄第二中心小学少先队大队
北京市昌平区昌平镇中心小学少先队大队
北京市平谷区夏各庄学区少先队大队
北京市延庆县第二小学少先队大队
北京市怀柔区第三小学少先队大队
北京市密云县第二小学少先队大队

天津市

天津市和平区万全道小学少先队大队
天津市和平区岳阳道小学少先队大队
天津市河西区中心小学少先队大队
天津市河西区上海道小学少先队大队
天津市河东区第一中心小学少先队大队
天津市河东区互助道小学少先队大队
天津市河北区红星路小学少先队大队
天津市河北区红权小学少先队大队
天津市红桥区跃进里小学少先队大队
天津市红桥区六一小学少先队大队
天津市南开区五马路小学少先队大队
天津市南开区汾水道小学少先队大队
天津市汉沽区盐场小学少先队大队
天津市塘沽区第一中心小学少先队大队
天津市塘沽区上海道小学少先队大队
天津市大港区第三小学少先队大队
天津市大港区第七小学少先队大队
天津市东丽区实验小学少先队大队
天津市西青区杨柳青第一小学少先队大队
天津市北辰区实验小学少先队大队
天津市津南区葛沽第二小学少先队大队
天津市静海县静海镇第五小学少先队大队
天津市宝坻区城关镇第二小学少先队大队
天津市宁河县芦台镇第一小学少先队大队
天津市武清区杨村第六小学少先队大队
天津市大港油田中心区第三小学少先队大队
天津市铁路分局第五小学少先队大队
天津市石油化工第一小学少先队大队
天津市铁厂第二小学少先队大队
天津市技术开发区第一小学少先队大队

河北省

河北省沧州市南湖私立学校少先队大队
河北省沧州市实验小学少先队大队
河北省沧州市新华小学少先队大队
河北省廊坊霸州市第一小学少先队大队
河北省廊坊三河市第二小学少先队大队
河北省石家庄铁路分局邯郸铁路小学少先队大队
河北省唐山市丰润区燕山路小学少先队大队
河北省唐山市路南区第二实验小学少先队大队
河北省唐山市路北区实验小学少先队大队
河北省石家庄市范西路小学少先队大队
河北省石家庄市友谊大街小学少先队大队
河北省石家庄市裕华西路小学少先队大队
河北省石家庄市槐北路小学少先队大队
河北省石家庄市机场路第二小学少先队大队
华北石油教育培训中心水电学校少先队大队
河北省邢台沙河市康达私立小学少先队大队
河北省邢台市巨鹿县育红小学少先队大队
河北省邢台市清河县育才小学少先队大队
河北省承德市双滦区逸夫实验小学少先队大队
河北省承德市隆化县存瑞小学少先队大队
河北省保定市徐水县徐水小学少先队大队
河北省保定市新市区前进小学少先队大队
河北省保定市高阳县西街小学少先队大队

河北省保定市曲阳县燕南小学少先队大队
河北省邯郸市丛台区和平东小学少先队大队
河北省邯郸武安市南关小学少先队大队
河北省邯郸市鸡泽县实验小学少先队大队
河北省衡水市武邑县实验小学少先队大队
河北省衡水市饶阳县第二实验小学阳光大队
河北省张家口市桥西区北新村小学少先队大队
河北省张家口市桥东区铁路斜街小学少先队大队
河北省秦皇岛市北戴河区育花路小学雏鹰大队
河北省秦皇岛市海港区迎宾路小学少先队大队
山西省
山西省太原市迎泽区青年路小学少先队大队
山西省太原市杏花岭区新道街小学少先队大队
山西省太原市杏花岭区东华门小学少先队大队
山西省太原市清徐县实验小学少先队大队
山西省大同市城区第十七小学校少先队大队
山西省大同市南效区马军营示范小学少先队大队
山西省大同煤矿集团有限责任公司实验小学少先队大队
山西省朔州市第二小学少先队大队
山西省朔州市应县城镇第五小学少先队大队
山西省忻州市代县实验小学少先队大队
山西省忻州市河曲县黄河路小学少先队大队
山西省晋中市寿阳县城内学校少先队大队
山西省晋中介休市北坛小学少先队大队
山西省晋中市左权县北街示范小学少先队大队
山西省阳泉市盂县实验小学少先队大队
山西省阳泉市郊区河底中心小学少先队大队
山西省吕梁地区离石市第二小学少先队大队
山西省吕梁地区交城县城南学校少先队大队
山西省长治市惠丰小学少先队大队
山西省长治市长子县丹朱联校少先队大队
山西省长治市襄垣县太行小学少先队大队
山西省晋城市沁水县实验小学少先队大队
山西省晋城市阳城县实验小学少先队大队
山西省临汾市尧都区兵站路小学少先队大队
山西省临汾市侯马市路西小学少先队大队
山西省临汾市霍州市实验小学少先队大队
山西省运城市临猗县庙上小学少先队大队
山西省运城市河津市第二实验小学少先队大队
山西省运城市实验中学少先队大队
山西省晋机集团公司第三子弟小学少先队大队
内蒙古自治区
内蒙古自治区呼伦贝尔市鄂温克旗第四小学少先队大队
内蒙古自治区呼伦贝尔市牙克石市民族小学少先队大队
内蒙古自治区呼伦贝尔市海拉尔区南开路小学少先队大队
内蒙古自治区兴安盟科右前旗大石寨镇兴隆村校少先队大队
内蒙古自治区兴安盟乌兰浩特市第二实验小学少先队大队
内蒙古自治区通辽市科左中旗架玛吐镇中心校少先队大队
内蒙古自治区通辽市霍林郭勒市第四小学少先队大队
内蒙古自治区通辽市扎鲁特旗蒙古族实验小学少先队大队
内蒙古自治区赤峰市克什克腾旗经棚第二小学少先队大队
内蒙古自治区赤峰市敖汉旗古卢板蒿中心小学少先队大队
内蒙古自治区赤峰市喀喇沁旗蒙古族实验小学少先队大队
内蒙古自治区锡盟师范附属小学少先队大队

内蒙古自治区锡盟锡林浩特市第一小学少先队大队
内蒙古自治区乌盟集宁市乌兰小学少先队大队
内蒙古自治区乌盟丰镇市顺城街小学少先队大队
内蒙古自治区呼和浩特市新城区海拉尔路小学少先队大队
内蒙古自治区呼和浩特市新城区东落风小学少先队大队
内蒙古自治区呼和浩特市赛罕区大学路小学少先队大队
内蒙古自治区呼和浩特市赛罕区东风路小学少先队大队
内蒙古自治区呼和浩特市回民区红旗小学少先队大队
内蒙古自治区呼和浩特市玉泉区恒昌店小学少先队大队
内蒙古自治区包头市九原区沙河镇第一小学少先队大队
内蒙古自治区包头市固阳县新城小学少先队大队
内蒙古自治区包头市北方重工集团实验小学少先队大队
内蒙古自治区鄂尔多斯市杭锦旗实验小学少先队大队
内蒙古自治区鄂尔多斯市东胜区实验小学少先队大队
内蒙古自治区巴盟实验小学少先队大队
内蒙古自治区巴盟临河市第四小学少先队大队
内蒙古自治区阿盟阿左旗蒙古族第二实验小学少先队大队
内蒙古自治区大兴安岭林管局牙克石林业第四小学少先队大队
内蒙古自治区呼和浩特铁路局乌海西铁路中学少先队大队
内蒙古自治区神华集团准能公司第二小学少先队大队
内蒙古自治区包头钢铁集团公司第十八小学少先队大队

辽宁省

辽宁省沈阳市铁西区勋望小学少先队大队
辽宁省沈阳市和平区青年大街小学少先队大队
辽宁省沈阳市大东辽宁省大连普兰店市丰荣办事处中心小学少先队大队
辽宁省鞍山市立山区中华小学少先队大队
辽宁省鞍山市铁西区民生小学少先队大队
辽宁省鞍山市铁东区钢都小学少先队大队
辽宁省抚顺市望花区中心小学少先队大队
辽宁省抚顺市新抚区北台小学少先队大队
辽宁省抚顺市实验小学少先队大队
辽宁省本溪市实验小学少先队大队
辽宁省本溪市平山区群力小学少先队大队
辽宁省本溪市明山区东胜小学少先队大队
辽宁省丹东市金汤小学少先队大队
辽宁省丹东市二纬路小学少先队大队
辽宁省丹东市凤凰城区中心小学少先队总队
辽宁省锦州市古塔区保安第二小学校少先队大队
辽宁省锦州市凌河区云飞小学少先队大队
辽宁省营口市鲅鱼圈区熊岳镇前进小学少先队大队
辽宁省营口市站前区红旗小学少先队大队
辽宁省营口市大石桥市南街小学少先队大队
辽宁省阜新市蒙古族自治县沙拉镇中心小学少先队大队
辽宁省阜新市海州区中华路小学少先队大队
辽宁省辽阳市白塔区实验小学少先队大队
辽宁省铁岭市银州区第十三小学少先队大队
辽宁省盘锦市辽化小学少先队大队
辽宁省葫芦岛市兴城市南一小学少先队大队
二校分校静美小学百灵红领巾大队
辽宁省沈阳市皇姑区岐山路第一小学少先队大队

辽宁省沈阳市沈河区文艺路第二小学少先队大队
辽宁省沈阳市和平区望湖路小学少先队大队
辽宁省沈阳市铁西区保工街第二小学少先队大队
辽宁省大连市西岗区五四路小学少先队大队
辽宁省大连市中山区劳动公园小学少先队大队
辽宁省大连瓦房店市轴承小学少先队大队

吉林省

吉林省长春市第一实验小学少先队大队
吉林省长春市东北师大附小分校少先队大队
吉林省长春市朝阳区崇智小学少先队大队
吉林省长春市南关区树勋小学少先队大队
吉林省长春市宽城区浙江小学少先队大队
吉林省长春市双阳区土顶镇中心学校少先队大队
吉林省长春市二道区第一外国语中学小学部少先队大队
吉林省长春市一汽基础教育中心第十三小学少先队大队
吉林省吉林市昌邑区第一实验小学少先队大队
吉林省吉林市丰满区第一实验小学少先队大队
吉林省吉林市船营区第二实验小学少先队大队
吉林省吉林市龙潭双语实验小学少先队大队
吉林省吉林市第一实验小学少先队大队
吉林省吉林市第二实验小学少先队大队
吉林省九台市工农小学少先队大队
吉林省珲春市第一实验小学少先队大队
吉林省延吉市延北小学少先队大队
吉林省敦化市实验小学少先队大队
吉林省四平市铁东区中央东路小学少先队大队
吉林省四平市梨树县梨树镇第五小学少先队大队
吉林省四平市第二实验小学少先队大队
吉林省通化市二道江区二道江乡中心校少先队大队
吉林省通化市东昌区实验小学少先队大队
吉林省通化市通化县快大茂镇中心小学少先队大队
吉林省通化市柳河县前进小学少先队大队
吉林省白城市海明小学少先队大队
吉林省辽源市龙山区多寿路小学少先队大队
吉林省松原市宁江区实验小学少先队大队
吉林省白山市外国语学校少先队大队
吉林省长春光机与物理研究所子弟校少先队大队

黑龙江省

黑龙江省哈尔滨市雷锋小学少先队大队
黑龙江省哈尔滨市安广小学少先队大队
黑龙江省哈尔滨市兆麟小学少先队大队
黑龙江省哈尔滨市泰山小学少先队大队
黑龙江省哈尔滨市友协二小少先队大队
黑龙江省哈尔滨市南虹小学少先队大队
黑龙江省齐齐哈尔市龙沙区青云路小学少先队大队
黑龙江省齐齐哈尔市建华区长庚小学少先队大队
黑龙江省牡丹江市立新实验小学少先队大队
黑龙江省牡丹江市爱民区北山小学少先队大队
黑龙江省佳木斯市第十一小学少先队大队
黑龙江省佳木斯市第二十小学少先队大队
黑龙江省大庆市红岗区金山堡小学少先队大队
黑龙江省大庆市肇州县第四小学少先队大队
黑龙江省大庆石油管理局铁人小学少先队大队
黑龙江省大庆石化总厂第一小学少先队大队
黑龙江省鸡西市百灵艺校少先队大队
黑龙江省伊春市伊春区朝阳小学少先队大队
黑龙江省伊春市金山屯区第三小学少先队大

队
黑龙江省双鸭山市师范附属小学少先队大队
黑龙江省鹤岗市公园小学少先队大队
黑龙江省七台河市第六小学少先队大队
黑龙江省绥化市北林区靖宇小学少先队大队
黑龙江省黑河市逸夫小学少先队大队
黑龙江省大兴安岭地区加格达奇区第一小学少先队大队
黑龙江省哈尔滨铁路局五常铁路职工子弟学校少先队大队
黑龙江省呼伦贝尔市海拉尔区铁路第一小学少先队大队
黑龙江省农垦总局九三分局局直小学少先队大队
黑龙江省农垦总局建三江分局局直小学少先队大队
黑龙江省兴隆林业局兴隆小学少先队大队
上海市
上海市黄浦区文庙路小学少先队大队
上海市江南中学少先队大队
上海市卢湾区第一中心小学少先队大队
上海市永明中学少先队大队
上海市徐汇区建襄小学少先队大队
上海市徐汇区康宁科技实验小学少先队大队
上海市长宁区玉屏南路小学少先队大队
上海市第一师范附属小学少先队大队
上海市培明中学少先队大队
华东师范大学附属小学少先队大队
上海市闸北区第三中心小学少先队大队
上海市青云中学少先队大队
上海市虹口区四川北路第一小学少先队大队
上海市飞虹中学少先队大队
上海市杨浦区水丰路小学少先队大队
上海市国和中学少先队大队
上海市宝山区第三中心小学少先队大队
上海市闵行区平南小学少先队大队
上海市嘉定区真新小学少先队大队
上海市嘉定区紫荆小学少先队大队
上海市浦东新区临沂二村小学少先队大队
上海市浦东新区北蔡镇中心小学少先队大队
上海市金山区张堰中心小学少先队大队
上海市金山区石化第一小学少先队大队
上海市南汇区周浦镇第二小学少先队大队
上海市奉贤区南桥小学少先队大队
上海市奉贤区华亭学校少先队大队
上海市青浦区金泽小学少先队大队
上海市松江区泗联小学少先队大队
上海市崇明县大同中心小学少先队大队
江苏省
江苏省南京市长江路小学少先队大队
江苏省南京市琅琊路小学少先队大队
江苏省南京市游府西街小学少先队大队
江苏省无锡市前洲中心小学少先队大队
江苏省江阴市山观实验小学少先队大队
江苏省无锡市崇宁路中心小学少先队大队
江苏省徐州市矿务集团中心小学少先队大队
江苏省徐州市贾汪区实验小学少先队大队
江苏省徐州市大屯煤电集团公司第一小学少先队大队
江苏省常州市第二实验小学少先队大队
江苏省常州市武进区前黄中心小学少先队大队
江苏省金坛市河滨小学少先队大队
江苏省常熟市支塘中心小学少先队大队
江苏省苏州吴江市实验小学少先队大队
江苏省苏州市南环中心小学少先队大队
江苏省南通师范第二附属小学少先队大队
江苏省南通市如东县马塘小学少先队大队
江苏省通州市金沙小学少先队大队
江苏省连云港市大庆路小学少先队大队
江苏省连云港市灌云县伊山中心小学少先队大队
江苏省淮安市楚州小学少先队大队
江苏省淮安市涟水县圣特外国语学校少先队大队
江苏省盐城市第一小学少先队大队

江苏省盐城市射阳县盘湾小学少先队大队
江苏省滨海实验小学少先队大队
江苏省扬州市邗江实验学校少先队大队
江苏省扬州大学附属小学少先队大队
江苏省翔宇教育集团宝应县实验小学少先队大队
江苏省扬中市三茅中心小学少先队大队
江苏省镇江市江滨实验小学少先队大队
江苏省镇江市丹徒区荣炳中心小学少先队大队
江苏省泰州市大浦中心小学少先队大队
江苏省靖江市城北小学少先队大队
江苏省泰兴市襟江小学少先队大队
江苏省宿迁市宿豫县皂河中心小学少先队大队
江苏省沭阳县青少年广场学校少先队大队
江苏省宿迁市泗洪县青阳小学少先队大队
江苏省南京化学工业有限公司第四小学少先队大队

浙江省

浙江省杭州市淳安县千岛湖镇第一小学少先队大队
浙江省杭州市江干区濮家小学少先队大队
浙江省杭州市拱墅区大关小学少先队大队
浙江省杭州市萧山区益农镇中心小学少先队大队
浙江省杭州临安市城南小学少先队大队
浙江省杭州市余杭区临平二小少先队大队
浙江省宁波市象山县文峰学校少先队大队
浙江省宁波市爱菊艺术学校少先队大队
浙江省宁波市江东中心小学少先队大队
浙江省宁波市雅戈尔小学少先队大队
浙江省宁波奉化市溪口镇中心小学少先队大队
浙江省温州市平阳县鳌江第一小学少先队大队
浙江省温州市龙湾区实验小学少先队大队
浙江省温州市瓯海区新桥镇中心小学少先队大队
浙江省温州市永嘉县瓯北镇第二小学少先队大队
浙江省温州市龙港镇第二小学少先队大队
浙江省嘉兴市海盐县向阳小学少先队大队
浙江省嘉兴市清河小学少先队大队
浙江省嘉兴桐乡市石门镇中心小学少先队大队
浙江省湖州市南浔区镇西小学少先队大队
浙江省湖州市长兴县第一小学少先队大队
浙江省湖州市龙泉小学少先队大队
浙江省金华东阳市第五小学少先队大队
浙江省金华永康市人民小学少先队大队
浙江省金华市武义县熟溪小学少先队大队
浙江省衢州市开化县实验小学少先队大队
浙江省衢州市江山县实验小学少先队大队
浙江省台州临海市临海小学少先队大队
浙江省台州温岭市横湖小学少先队大队
浙江省台州市天台县实验小学少先队大队
浙江省舟山市定海区东海小学少先队大队
浙江省舟山市舟山小学少先队大队
浙江省丽水市莲都区囿山小学少先队大队
浙江省丽水市遂昌县王村镇中心小学少先队大队
浙江省丽水市庆元县实验小学少先队大队
浙江省绍兴市绍兴县湖塘中心小学少先队大队
浙江省绍兴市上虞师范附属小学少先队大队
浙江省绍兴诸暨市天马实验学校少先队大队

安徽省

安徽省合肥市永红路小学少先队大队
安徽省合肥市育新小学少先队大队
安徽省合肥市西园新村小学少先队大队
安徽省合肥市和平小学少先队大队
安徽省合肥市莲花小学少先队大队
安徽省淮北矿业集团岱河矿小学少先队大队
安徽省皖北煤电公司百善煤矿小学少先队大队

安徽省亳州市谯城区州东小学少先队大队
安徽省宿州市第一小学少先队大队
安徽省蚌埠师范附属小学少先队大队
安徽省蚌埠市怀远县实验小学少先队大队
安徽省中铁四局集团第二工程有限公司子弟学校少先队大队
安徽省阜阳市颍上实验小学少先队大队
安徽省阜阳市太和县第三小学少先队大队
安徽省淮南市洞二小少先队大队
安徽省淮南矿业集团新庄孜矿第一小学少先队大队
安徽省滁州市师范第二附属小学少先队大队
安徽省滁州市全椒县实验小学少先队大队
安徽省六安市裕安区城北小学少先队大队
安徽省六安市金寨县希望小学少先队大队
安徽省巢湖市庐江县城关小学少先队大队
安徽省芜湖市新芜区狮子山小学少先队大队
安徽省芜湖市延安小学少先队大队
安徽省芜湖师范附属小学少先队大队
安徽省宣城市广德县桃州一小少先队大队
安徽省铜陵市有色建安小学少先队大队
安徽省池州市贵池实验小学少先队大队
安徽省安庆石化三小少先队大队
安徽省黄石市黟县实验小学少先队大队

福建省

福建省福州市连江县第二实验小学少先队大队
福建省福州市福清市元洪师范附属小学少先队大队
福建省福州市台江区第三中心小学少先队大队
福建省福州市晋安区岳峰中心小学少先队大队
福建省福州师范附属第一小学少先队大队
福建省福州市鼓楼区第一中心小学少先队大队
福建省厦门实验小学少先队大队
福建省厦门市集美区灌口中心小学少先队大队
福建省厦门市思明区民立小学少先队大队
福建省厦门外国语学校附属小学少先队大队
福建省漳州市龙文区步文中心小学少先队大队
福建省漳州市实验小学少先队大队
福建省漳州市东山县第二实验小学少先队大队
福建省泉州市鲤城区通政中心小学少先队大队
福建省泉州市晋江市永和后埔小学少先队大队
福建省泉州市永春县华侨中学少先队大队
福建省泉州市德化县第二实验小学少先队大队
福建省泉州市南安市第一实验小学少先队大队
福建省莆田市仙游县坝下中心小学少先队大队
福建省莆田市秀屿区笏石中心小学少先队大队
福建省莆田市涵江区实验小学少先队大队
福建省三明市大田县均溪中心小学少先队大队
福建省三明市泰宁县实验小学少先队大队
福建省三明市宁化师范附属小学少先队大队
福建省南平市实验小学少先队大队
福建省南平市武夷山实验小学少先队大队
福建省南平市邵武市通泰中心小学少先队大队
福建省龙岩师范附属小学少先队大队
福建省龙岩市松涛小学少先队大队
福建省龙岩市实验小学少先队大队
福建省宁德市蕉城区漳湾中心小学少先队大队
福建省宁德市霞浦县实验小学少先队大队
福建省宁德市屏南县摄影希望小学少先队大队

江西省
江西省南昌市站前路小学少先队大队
江西省南昌市青云谱学校少先队大队
江西省鹰潭奥科现代外语学校实验小学部少先队大队
江西省鹰潭市第五小学少先队大队
江西省赣州市红旗大道第二小学少先队大队
江西省赣州市安远县九龙小学少先队大队
江西省赣州市南康市实验小学少先队大队
江西省九江市长虹小学少先队大队
江西省九江发电厂子弟学校少先队大队
江西省新余市长青小学少先队大队
江西省宜春市高安第一小学少先队大队
江西省宜春市实验小学少先队大队
江西省宜春市万载县康乐镇第一小学少先队大队
江西省萍乡市芦溪县芦溪小学少先队大队
江西省景德镇市文艺小学少先队大队
江西省景德镇市第十二小学少先队大队
江西省南昌铁路第一小学少先队大队
江西省南昌市洪都小学少先队大队
江西省抚州市南城县盱江小学少先队大队
江西省抚州市临川区实验小学少先队大队
江西省抚州市宜黄县棠阴中心小学少先队大队
江西省上饶市铅山县实验小学少先队大队
江西省上饶市横峰县第一小学少先队大队
江西省上饶市波阳县鄱阳镇五一中心学校少先队大队
江西铜业公司贵冶小学少先队大队
江西省吉安市泰和县塘洲镇塘洲中心小学少先队大队
江西省吉安市青原区河东新桥小学少先队大队
江西省吉安市吉州区韶山路小学少先队大队
山东省
山东省济南市历城区实验小学少先队大队
山东省济南市胜利大街小学少先队大队
山东省济南市解放路第一小学少先队大队
山东省济南市长清区实验小学少先队大队
山东省实验小学少先队大队
山东省青岛市延安二路小学少先队大队
山东省青岛即墨市灵山镇中心小学少先队大队
山东省青岛市城阳区实验小学少先队大队
山东省淄博市柳泉艺术学校少先队大队
山东省淄博市临淄区第八中学少先队大队
山东省枣庄市市中区君山路小学少先队大队
山东省枣庄市薛城区北临城小学少先队大队
山东省东营市利津县第一实验学校少先队大队
山东省东营市广饶县第一实验小学少先队大队
山东省烟台市莱阳师范附属小学少先队大队
山东省烟台蓬莱市第二实验小学少先队大队
山东省烟台市潇翔小学少先队大队
山东省潍坊市奎文区幸福街小学少先队大队
山东省潍坊市诸城市密州街道繁荣小学少先队大队
山东省济宁市霍家街小学少先队大队
山东省济宁兖州市实验小学少先队大队
山东省泰安市第一实验学校少先队大队
山东省泰安市新汶矿业集团公司翟镇学校少先队大队
山东省威海文登市实验小学少先队大队
山东省日照市新营小学少先队大队
山东省莱芜市实验学校少先队大队
山东省德州市建设街小学少先队大队
山东省德州市临邑县实验小学少先队大队
山东省临沂市郯城县第三实验小学少先队大队
山东省临沂市兰山区第二实验小学少先队大队
山东省滨州市滨城区第二小学少先队大队
山东省滨州市博兴县第一小学少先队大队
山东省荷泽市实验小学少先队大队

山东省荷泽发电厂子弟学校少先队大队
山东省胜利油田第二小学少先队大队
山东省齐鲁石化公司总校第九小学少先队大队
山东省莱钢集团公司第五中学少先队大队
山东省济南铁路职工子弟第三小学少先队大队

河南省

河南省郑州市中原区伊河路小学少先队大队
河南省郑州市管城区创新街小学少先队大队
河南省郑州市金水区文化路第二小学少先队大队
河南省郑州市二七区幸福路小学少先队大队
河南省郑州巩义市孝义镇孝南小学少先队大队
河南省开封市龙亭区县街小学少先队大队
河南省开封市第二师范附属小学少先队大队
河南省开封市龙亭区大厅门小学少先队大队
河南省开封市南关区演武厅小学少先队大队
河南省开封市鼓楼区复兴街小学少先队大队
中国一拖集团有限公司第三小学少先队大队
河南省洛阳市涧西区青岛路小学少先队大队
河南省洛阳市瀍河区东关回民小学校少先队大队
河南省洛阳市涧西区安徽路小学少先队大队
河南省平顶山市新华区联盟路小学少先队大队
河南省平顶山市卫东区雷锋小学少先队大队
河南省平顶山市平煤集团公司第一小学少先队大队
河南省安阳市北关区自由路小学少先队大队
河南省安阳市文峰区东南营小学少先队大队
河南省安阳市殷都区柴库小学少先队大队
河南省焦作市山阳区焦东路小学少先队大队
河南省焦作市解放区焦西小学少先队大队
河南省濮阳市子路小学少先队大队
河南省濮阳市第七中学少先队大队
河南省许昌禹州市钧台街道办事处北街小学少先队大队
河南省许昌市鄢陵县实验小学少先队大队
河南省漯河市临颍县实验小学少先队大队
河南省鹤壁市山城区火车站小学少先队大队
河南省鹤壁市第四小学少先队大队
河南省南阳市第十二小学少先队大队
河南省内乡县城关镇第一小学少先队大队
河南省商丘市梁园区前进小学少先队大队
河南省商丘市睢阳区第二实验小学少先队大队
河南省周口市川汇区闫庄学校少先队大队
河南省西华师范附属小学少先队大队
河南省驻马店市驿城区第二实验小学少先队大队
河南省驻马店市驿城区第四中学少先队大队
河南省信阳市狮河区第三小学少先队大队
河南省信阳市平桥区第十一小学少先队大队
河南省济源市东园学校少先队大队
河南省郑州铁路局子弟第十一小学少先队大队
河南省中原油田运输小学少先队大队
河南省河南油田第二小学少先队大队

湖北省

湖北省武汉实验外国语学校小学部少先队大队
湖北省武汉市江汉区滑坡路小学少先队大队
湖北省黄石市南湖小学少先队大队
湖北省黄石市湖滨路小学少先队大队
湖北省荆州实验小学少先队大队
湖北省荆州市沙市区大赛巷小学少先队大队
湖北省十堰市五堰小学绿莺大队
湖北省十堰市张湾区实验小学少先队大队
湖北省十堰市东风汽车公司设备制造厂学校少先队大队
湖北省鄂州市吴都小学少先队大队
湖北省武汉钢铁集团公司第十七子弟小学少先队大队
湖北省襄樊市人民路小学少先队大队

湖北省襄樊市第一实验小学少先队大队
湖北省宜城市实验小学少先队大队
湖北省孝感市实验小学少先队大队
湖北省孝感安陆市实验小学雏鹰大队
湖北省仙桃市实验小学少先队大队
湖北省仙桃市师范附属小学少先队大队
湖北省黄冈市罗田县义水学校少先队大队
湖北省钟祥市新堤小学少先队大队
湖北省荆门市金虾路小学少先队大队
湖北省宜昌市五峰土家族自治县实验小学少先队大队
湖北省宜昌市夷陵区小溪塔二小少先队大队
湖北省枝江市实验小学少先队大队
湖北省随州广水市应山办事处第二完全小学红星大队
湖北省随州市曾都区岁丰中心学校少先队大队
湖北省潜江市江汉油田向阳第二小学少先队大队
湖北省潜江市第二实验小学少先队大队
湖北省咸宁市实验小学少先队大队
湖北省恩施市实验小学少先队大队

湖南省

湖南省长沙市芙蓉区大同小学少先队大队
湖南省长沙市芙蓉区育英学校少先队大队
湖南省长沙市开福区三角塘小学少先队大队
湖南省长沙市雨花区砂子塘小学少先队大队
湖南省长沙市岳麓区高新博才寄宿学校少先队大队
湖南省长沙市天心区幼幼学校少先队大队
湖南省衡阳市蒸湘区太平小区小学少先队大队
湖南省衡阳市雁峰区童星学校少先队大队
湖南省株洲市荷塘区荷塘小学少先队大队
湖南省株洲市天元区泰山小学少先队大队
湖南省湘潭钢铁集团有限公司第三子弟学校少先队大队
湖南省邵阳市双清区偕进小学少先队大队
湖南省邵阳市邵阳县第一实验小学少先队大队
湖南省岳阳师范附属小学少先队大队
湖南省岳阳市岳阳楼区站前学校少先队大队
湖南省常德市武陵区育英小学少先队大队
湖南省常德市武陵区北正街小学少先队大队
湖南省常德师范附小少先队大队
湖南省张家界市敦谊实验小学少先队大队
湖南省张家界市慈利县零阳镇第一完全小学少先队大队
湖南省益阳地区资阳区人民路小学少先队大队
湖南省益阳地区沅江市桔园学校少先队大队
湖南省郴州市第九完全小学少先队大队
湖南省郴州市北湖区明星学校少先队大队
湖南省永州市芝山区第一小学少先队大队
湖南省永州市蓝山县毛俊镇中心小学少先队大队
湖南省怀化洪江市安江镇第一完全小学少先队大队
湖南省怀化市新晃侗族自治县第一完全小学雏鹰大队
湖南省娄底市涟源钢铁集团有限公司第四小学少先队大队
湖南省娄底市第四完全小学少先队大队
湖南省湘西民族自治州泸溪县白沙希望小学少先队大队
湖南省湘西民族自治州龙山县民安镇第一小学少先队大队

广东省

广东省广州市荔湾区南源社区少先队大队
广东省广州市东山区中星小学少先队大队
广东省深圳市龙岗区横岗镇保安小学少先队大队
广东省深圳市南山区后海小学少先队大队
广东省珠海教育学院附属小学少先队大队
广东省汕头市鮀浦中心学校少先队大队
广东省汕头澄海市华侨小学少先队大队

广东省佛山市高明区沛明实验小学少先队大队
广东省佛山市顺德区容桂小学少先队大队
广东省韶关钢铁集团有限公司第四小学少先队大队
广东省韶关市浈江区执信小学少先队大队
广东省河源市紫金县城第二小学四年级少先队大队
广东省河源市第三小学少先队大队
广东省梅州市大埔县大埔小学少先队大队
广东省梅州兴宁市汉芬小学少先队大队
广东省惠州市实验小学少先队大队
广东省惠州市第十五小学少先队大队
广东省汕尾市海丰县可塘镇中心小学少先队大队
广东省东莞市东方明珠学校少先队大队
广东省中山市石岐中心小学少先队大队
广东省江门市范罗冈小学少先队大队
广东省江门市蓬江区江华小学少先队大队
广东省阳江市江城区第一小学少先队大队
广东省阳江阳春市春城镇第一小学少先队大队
广东省湛江吴川市城建小学少先队大队
广东省湛江廉江市第一小学少先队大队
广东省茂名市第六小学少先队大队
广东省茂名市石化第一小学少先队大队
广东省肇庆市第十五小学少先队大队
广东省肇庆市鼎湖逸夫小学少先队大队
广东省清远市博爱学校少先队大队
广东省清远市清城区先锋小学少先队大队
广东省潮州市实验学校少先队大队
广东省揭阳普宁市流第五小学少先队大队
广东省揭阳市东山区新河中心小学少先队大队
广东省云浮市第二小学少先队大队
广东省云浮罗定市实验小学少先队大队
广东省广州市铁路第一小学少先队大队

广西壮族自治区

广西壮族自治区柳州市公园路小学少先队大队
广西壮族自治区南宁市天桃实验学校少先队大队
广西壮族自治区北海市海城区第九小学少先队大队
广西壮族自治区河池市金城江区第五小学少先队大队
广西壮族自治区柳州市雀儿山路小学少先队大队
广西壮族自治区贺州市八步区实验小学少先队大队
广西壮族自治区北海市银海区华侨小学少先队大队
广西壮族自治区南宁市民主路小学少先队大队
广西壮族自治区桂林市榕湖小学少先队大队
广西壮族自治区桂林市民主小学少先队大队
广西壮族自治区柳州市岩村路小学少先队大队
广西壮族自治区南宁市宾阳县新宾镇勒马完小少先队大队
广西壮族自治区百色市隆林县新州一小少先队大队
广西壮族自治区北海市海城区逸夫小学少先队大队
广西壮族自治区东兴市第一小学少先队大队
广西壮族自治区柳州铁路局第五小学少先队大队
广西壮族自治区钦州市钦北区小董镇西陵小学少先队大队
广西壮族自治区柳州市铁路局第一小学少先队大队
广西壮族自治区荔浦县荔城镇第一小学少先队大队
广西壮族自治区玉林市玉州区玉林镇东环小学少先队大队

广西壮族自治区北流市永丰小学少先队大队
广西壮族自治区梧州市五坊路小学少先队大队
广西壮族自治区德保县鉴河小学少先队大队
广西壮族自治区容县容城镇第一小学少先队大队
广西壮族自治区钦州市钦南区犀牛脚中心校少先队大队
广西壮族自治区梧州市逸夫小学少先队大队
广西壮族自治区百色市百色镇中华小学少先队大队
广西壮族自治区贺州市富川瑶族自治县第二小学少先队大队
广西壮族自治区防城港市上思县恩阳镇小学少先队大队
广西壮族自治区桂平市桂平镇中心小学少先队大队

海南省

海南省东方市第一小学少先队大队
海南省东方市广坝农场中心学校少先队大队
海南省琼中黎族苗族自治县第一小学少先队大队
海南省文昌市潭牛镇第一学校少先队大队
海南省儋州市那大第一小学少先队大队
海南省儋州市那大第七小学少先队大队
海南省文昌市会文镇烟墩小学少先队大队
海南省乐东县第二小学少先队大队
海南省澄迈县实验小学少先队大队
海南钢铁公司第四小学少先队大队

重庆市

重庆市万州区中加友谊小学少先队大队
重庆市黔江区人民小学校少先队大队
重庆市大渡口区实验小学雏鹰大队
重庆市江北区新村实验小学少先队大队
重庆市沙坪坝区烈士墓小学少先队大队
重庆市九龙坡区杨家坪小学少先队大队
重庆市北碚区朝阳小学少先队大队
重庆市双桥区双路小学少先队大队
重庆市巴南区李家沱小学少先队大队
重庆市江津市几江镇莱市街小学少先队大队
重庆市合川市凉亭小学少先队大队
重庆市永川市萱花小学少先队大队
重庆市綦江县陵园小学少先队大队
重庆市铜梁县第一实验小学少先队大队
重庆市潼南县上合镇小学少先队大队
重庆市大足县龙岗实验小学少先队大队
重庆市荣昌县安富镇中心小学少先队大队
重庆市璧山县璧城镇金剑小学少先队大队
重庆市梁平县虎城镇中心小学少先队大队
重庆市南川市鸣玉镇中心校少先队大队
重庆市丰都县第一小学校少先队大队
重庆市垫江县桂溪小学少先队大队
重庆市武隆县巷口小学少先队大队
重庆市忠县实验小学少先队大队
重庆市云阳县实验小学少先队大队
重庆市奉节师范学校附属小学少先队大队
重庆市巫山县南峰小学少先队大队
重庆市酉阳县实验小学校少先队大队
重庆市彭水县汉葭镇第三小学少先队大队
重庆市人民小学少先队大队

四川省

四川省成都市高新区第三小学校少先队大队
四川省成都师范学校附属小学少先队大队
四川大学附属实验小学少先队大队
四川省巴中市巴州区马鞍小学少先队大队
四川省巴中市巴州区第三小学少先队大队
四川省达州万源市太平镇小学校少先队大队
四川省达州市通川区第七小学少先队大队
四川省绵阳市安昌路小学少先队大队
四川省绵阳江油市花园小学少先队大队
四川省乐山市徐家扁小学少先队大队
四川省乐山市井研县师范附属小学少先队大队
四川省资阳简阳市贾家镇小学少先队大队
四川省资阳市安岳县岳阳镇小学少先队大队
四川省甘孜州康定县回民小学少先队大队

四川省甘孜州炉霍县新都小学少先队大队
四川省攀枝花市仁和区东风小学少先队大队
四川省攀钢集团公司第十二中小学少先队大队
四川省眉山市东坡区苏南小学少先队大队
四川省眉山市仁寿县仁寿师范附属小学少先队大队
四川省南充市西河路小学少先队大队
四川省德阳什邡市实验小学少先队大队
四川省德阳市中江县小南街小学少先队大队
四川省宜宾市武庙街小学校少先队大队
四川省宜宾市农业街小学少先队大队
四川省泸州市龙马潭区石洞镇中心小学少先队大队
四川省泸州市合江县实验学校少先队大队
四川省遂宁市高级实验学校少先队大队
四川省遂宁市市中区城北小学少先队大队
四川省自贡市龙星艺术学校少先队大队
四川省广安市武胜县乐善镇小学少先队大队
四川省广安市广安区北仓路小学少先队大队
四川省雅安市石棉县安顺场八一希望小学少先队大队
四川省凉山州会理县城关二小少先队大队
四川省凉山州西昌市第一小学少先队大队
四川省广元市市中区嘉陵小学少先队大队
四川省广元市实验小学少先队大队
四川省南充市阆中市东风中学少先队大队
四川省阿坝州马尔康县第二小学少先队大队
四川省阿坝州茂县凤仪小学少先队大队
四川省成都市盐道街小学雏鹰大队
四川省泸州市江阳区大北街小学少先队大队
四川省德阳市实验小学少先队大队
四川省绵阳市剑南路小学少先队大队
贵州省
贵州省贵阳市云岩区城西小学雏鹰大队
贵州省贵阳市南明区环南小学少先队大队
贵州省贵阳市花溪区青岩小学少先队大队
贵州省贵阳市第四实验小学少先队大队
贵州省遵义市余庆县松烟小学少先队大队
贵州省遵义市桐梓县娄山关镇第四小学少先队大队
贵州省遵义市遵义县高坪逸夫小学少先队大队
贵州省遵义市松庄小学少先队大队
贵州省安顺市西秀区太平小学少先队大队
贵州省安顺市普定县城关镇第三小学少先队大队
贵州省安顺市双阳小学少先队大队
贵州省安顺市镇宁自治县城关第三小学少先队大队
贵州省六盘水市钟山区第三小学少先队大队
贵州省六盘水市六枝特区岩脚镇第二小学少先队大队
贵州省六盘水市盘县徐霞客小学少先队大队
贵州省六盘水市水城县钟山小学少先队大队
贵州省黔西南州安龙县新安一小少先队大队
贵州省黔西南州兴义市云南路小学少先队大队
贵州省黔西南州普安县青山小学少先队大队
贵州省黔东南州黎平县城关二小少先队大队
贵州省黔东南州凯里市第八小学少先队大队
贵州省黔南州都匀市第二完全小学少先队大队
贵州省毕节地区毕节市第四小学少先队大队
贵州省毕节地区大方县响水乡中心小学少先队大队
贵州省毕节地区织金县第三小学少先队大队
贵州省铜仁地区玉屏县大龙中心完小少先队大队
贵州省零一一基地黎阳子校少先队大队
贵州省贵阳车辆厂子弟学校少先队大队
贵州久联企业集团有限公司九八四四物业分公司子弟学校少先队大队
贵州省中铁五局一小少先队大队
云南省
云南省昆明市嵩明县杨林镇中心小学少先队

大队
云南省昆明市呈贡县龙街小学少先队大队
云南省昆明市西山区棕树营小学少先队大队
云南省昆明市官渡区金星实验小学少先队大队
云南省昆明市盘龙区中华小学少先队大队
云南省昆明铁路局南站小学少先队大队
云南省昆明市五华区莲华小学少先队大队
云南师范大学附属小学少先队大队
云南省临沧地区临沧县前进小学少先队大队
云南省迪庆州师范附小少先队大队
云南省怒江州贡山县省定民族完小少先队大队
云南省丽江地区永胜县永北镇小学少先队总队第六大队
云南省保山市隆阳区永昌镇第二小学少先队大队
云南省大理师范附小少先队大队
云南省大理市下关镇大关邑完全小学少先队大队
云南省西双版纳傣族自治州允景洪小学少先队大队
云南省思茅地区孟连县小学校少先队大队
云南省文山壮族苗族自治州实验小学少先队大队
云南省红河州蒙自县第二小学雏鹰大队
云南省红河州屏边县滴水乡新荣小学少先队大队
云南省红河州弥勒县西三镇希望小学少先队大队
云南省玉溪市红塔区社区少先队市委机关大队
云南省玉溪市新平县南达小学少先队大队
云南省楚雄州大姚县金碧小学少先队大队
云南省楚雄开发区实验小学少先队大队
云南省曲靖市陆良县中枢镇中枢小学少先队大队
云南省曲靖宣威市第三小学少先队大队
云南省昭通市水富县云富镇小少先队大队
云南省昭通市昭阳区第四小学少先队大队
云南省德宏州陇川县第二小学少先队大队
西藏自治区
西藏自治区拉萨市实验小学少先队大队
西藏自治区拉萨市城关区海城小学少先队大队
西藏自治区拉萨市堆龙德庆县中心小学少先队大队
西藏自治区日喀则市第一小学少先队大队
西藏自治区日喀则市白朗县完全小学春蕾大队
西藏自治区日喀则市江孜县第一小学少先队大队
西藏自治区日喀则市亚东县上亚东乡小学少先队大队
西藏自治区日喀则市南木林县完小少先队大队
西藏自治区山南地区贡嘎县吉雄镇中心小学少先队大队
西藏自治区山南地区第一中心小学少先队大队
西藏自治区山南地区琼结县完全小学少先队大队
西藏自治区山南地区乃东县昌珠镇完小少先队大队
西藏军区拉萨八一学校少先队大队
西藏自治区米林县中心小学少先队大队
西藏自治区林芝地区第一小学少先队大队
西藏自治区林芝地区第二小学少先队大队
西藏自治区阿里地区中心小学少先队大队
西藏自治区阿里地区改则县完小少先队大队
西藏自治区那曲地区小学少先队大队
陕西省
陕西省西安市新城区育英小学少先队大队
陕西省西安市碑林区建国路小学少先队大队
陕西省西安市莲湖区第二实验小学少先队大队

陕西省西安市高陵县高陵城关小学少先队大队
陕西省西安师范附属小学少先队大队
陕西省宝鸡石油小学少先队大队
陕西省宝鸡市宝桥小学少先队大队
陕西省宝鸡市陈仓区虢镇小学少先队大队
陕西省宝鸡市金台区西街小学少先队大队
陕西省咸阳市渭城区果子市小学少先队大队
陕西省咸阳市礼泉县仓房巷小学少先队大队
陕西省咸阳市三原县安乐镇中心小学少先队大队
陕西省咸阳市彬县城关小学少先队大队
陕西省铜川市金谟小学少先队大队
陕西省渭南市临渭区南塘小学少先队大队
陕西省渭南市澄城县城关镇第一小学少先队大队
陕西省延安市黄陵县桥山小学少先队大队
陕西省延安市延川县城关小学少先队大队
陕西省汉中师范学校附属小学少先队大队
陕西省汉中市西大街小学少先队大队
陕西省安康师范附属小学少先队大队
陕西省安康市宁陕县城关小学少先队大队
陕西省商洛市商南县清油河镇希望小学少先队大队
陕西省商洛市洛南县三要镇中心小学少先队大队
陕西省榆林市榆阳区第四小学少先队大队
陕西省西安市庆安集团有限公司子弟学校少先队大队
陕西省西安市东方小学少先队大队
陕西省西安昆仑机械厂子弟小学少先队大队
陕西省中铁一局西安子弟学校少先队大队
陕西兴化集团有限责任公司子弟学校少先队大队

甘肃省

甘肃省兰州市城关区宁卧庄小学少先队大队
甘肃省兰州市七里河区安西路小学少先队大队
甘肃省兰州市榆中县一悟小学少先队大队
甘肃省兰炼教育集团第一小学少先队大队
甘肃省白银市白银公司第一小学少先队大队
甘肃省天水市清水县永清镇东关小学少先队大队
甘肃省天水市解放路第一小学少先队大队
甘肃省金昌市实验小学少先队大队
甘肃省陇西师范附属小学少先队大队
甘肃省临洮师范附属小学少先队大队
甘肃省武威市民勤县东关小学少先队大队
甘肃省武威市凉州区会馆巷小学少先队大队
甘肃省平凉市崆峒区黄家园小学少先队大队
甘肃省酒泉市南苑小学少先队大队
甘肃省玉门市三台小学少先队大队
甘肃省甘南州城关小学少先队大队
甘肃省镇原县东街小学少先队大队
甘肃省西峰区寨子乡新建小学少先队大队
甘肃省陇南地区西和县南关小学少先队大队
甘肃省嘉峪关市胜利路小学少先队大队
甘肃省甘肃矿区第四小学少先队大队
甘肃省兰州铁路分局天水铁路第三小学少先队大队
甘肃省嘉峪关铁路职工子弟小学少先队大队
甘肃省建筑总公司第二小学少先队大队
甘肃省兰州铁道学院附属小学少先队大队
甘肃省航空工业万里机电总厂子弟小学少先队大队
西北师范大学附属小学少先队大队
兰州理工大学附属中学少先队大队
甘肃省银光化工集团有限公司子弟小学少先队大队

青海省

青海省西宁市城西区虎台小学少先队大队
青海省西宁市西关街小学少先队大队
青海省西宁市北大街小学少先队大队
青海省西宁市五四大街小学少先队大队
青海省西宁市城西区胜利路小学少先队大队
青海省西宁市城西区刘家寨小学少先队大队

青海省西宁市晓泉小学少先队大队
青海省西宁市城北区柴达木路小学少先队大队
青海省西宁市城北区宁大路第一小学少先队大队
青海省西宁市共和路小学少先队大队
青海省西宁市大通桥头第二小学少先队大
青海省西宁市大通县园林小学少先队大队
青海省西宁市湟中县双寨初级中学少先队大队
青海省西宁市湟源县日月藏族乡中心小学少先队大队
青海省西宁市湟源县城关第一小学少先队大队
青海省西宁市湟中县鲁沙尔镇第二小学少先队大队
青海省海东地区互助县城南小学少先队大队
青海省海东地区平安县第一小学少先队大队
青海省海东地区民和回族土族自治县川口镇红卫小学少先队大队
青海省海东地区乐都县第八中学小学部少先队大队
青海省海北州祁连山小学少先队大队
青海省海北州刚察县完全小学少先队大队
青海省海北州德令哈市实验小学少先队大队
青海省果洛州玛沁县第一民族小学少先队大队
青海省果洛州藏文中学少先队大队
青海省水电四局普教中心乐家湾学校少先队大队
青海省石油管理局基础教育中心第三小学少先队大队
青海省西宁市英才学校小学部少先队大队
青海省西宁铁路分局西宁铁二中小学部少先队大队
青海省海西州格尔木市第四中学少先队大队
宁夏回族自治区
宁夏回族自治区银川市兴庆区第四小学少先队大队
宁夏回族自治区银川市西夏区回民小学少先队大队
宁夏回族自治区银川市金凤区良田中学少先队大队
宁夏回族自治区银川市西夏区第七小学少先队大队
宁夏回族自治区银川灵武市杜木桥乡教委少先队大队
宁夏回族自治区银川市永宁县望远镇红旗回民中心小学少先队大队
宁夏回族自治区银川市贺兰县通义中心小学少先队大队
宁夏回族自治区银川民办长城英豪学校少先队大队
宁夏回族自治区银川市西夏区开元学校少先队大队
宁夏回族自治区吴忠市红寺堡开发区马士基希望小学少先队大队
宁夏回族自治区吴忠市中卫县城镇第五完全小学少先队大队
宁夏回族自治区吴忠市利通区裕民小学少先队大队
宁夏回族自治区吴忠市同心县城第二小学红领巾爱心大队
宁夏回族自治区吴忠市中宁县宁安第一小学少先队大队
宁夏回族自治区吴忠市盐池县城第一小学少先队大队
宁夏回族自治区吴忠市青铜峡市汉坝小学少先队大队
宁夏回族自治区石嘴山市第五小学少先队大队
宁夏回族自治区石嘴山市陶乐县马太沟第一小学少先队大队
宁夏回族自治区石嘴山市第七小学少先队大队
宁夏回族自治区宁夏恒力集团有限公司小学

少先队大队
宁夏回族自治区石嘴山市第三小学少先队大队
宁夏回族自治区石嘴山市平罗县城关逸夫学校少先队大队
宁夏回族自治区石嘴山市惠农县园艺回民小学少先队大队
宁夏回族自治区固原市隆德县城关一小少先队大队
宁夏回族自治区固原市海原县贾塘小学少先队大队
宁夏回族自治区固原民族师范附属小学少先队大队
宁夏回族自治区固原市西吉县城关一小少先队大队
宁夏回族自治区固原市原州区城关六小少先队大队
宁夏回族自治区固原市泾源县城关二小少先队大队
宁夏回族自治区固原市彭阳县白阳镇第一小学少先队大队
新疆维吾尔自治区
新疆维吾尔自治区乌鲁木齐市第一小学少先队大队
新疆维吾尔自治区乌鲁木齐市第二小学少先队大队
新疆维吾尔自治区乌鲁木齐铁路分局第三小学少先队大队
新疆有色金属工业集团有限责任公司喀拉通克铜镍矿学校红领巾大队
新疆维吾尔自治区伊犁州伊宁市第六小学天山雏鹰大队
新疆维吾尔自治区伊犁州奎屯市第三小学少先队大队
新疆维吾尔自治区塔城地区额敏县城镇三校少先队大队
新疆维吾尔自治区阿勒泰地区福海县喀拉玛盖乡寄宿制中心学校少先队大队
新疆维吾尔自治区昌吉州第一小学少先队大队
新疆维吾尔自治区昌吉州奇台县第三小学少先队大队
新疆维吾尔自治区巴州尉犁县第一小学少先队大队
新疆维吾尔自治区巴州轮台县第一小学少先队大队
新疆维吾尔自治区克拉玛依市第八小学少先队大队
新疆维吾尔自治区克拉玛依市独山子区第四小学少先队大队
新疆维吾尔自治区克州阿克陶县第三小学少先队大队
新疆维吾尔自治区博州博乐市第一小学少先队大队
新疆维吾尔自治区阿克苏地区库车县第四中学少先队大队
新疆维吾尔自治区喀什地区喀什市第十小学少先队大队
新疆维吾尔自治区喀什地区麦盖提县第一小学少先队大队
新疆维吾尔自治区喀什地区疏勒县第一小学少先队大队
新疆维吾尔自治区喀什地区巴楚县琼库恰克乡中心小学少先队大队
新疆维吾尔自治区和田地区洛浦县恰尔巴格乡哈里帕艾日克村小学少先队大队
新疆维吾尔自治区乌鲁木齐兵团第二中学小学部少先队大队
新疆生产建设兵团农一师中学附小少先队大队
新疆生产建设兵团农二师华山中学少先队大队
新疆生产建设兵团农五师中学少先队大队
新疆生产建设兵团农六师五家渠第一小学少先队大队
新疆生产建设兵团农七师一二三团团直小学

少先队大队

新疆生产建设兵团农八师一四四团学校少先队大队

新疆生产建设兵团农十二师三坪农场中心小学少先队大队

中国青年科技创新奖

2003年2月,团中央、全国青联开展了第六届“中国青年科技创新奖”评选活动。截至5月31日,组委会办公室共收到36个省级团委、青联推荐的187位参评人材料。其中大学以上文化程度179人,获博士学位44人,具有副高级以上职称154人。组委会办公室经过认真筛选,提出了110位候选人建议名单。候选人建议名单的提出,考虑了以下几方面原则:“优秀奖”候选人在技术发明、科研开发、科技成果推广转化为高科技产业方面做出重要贡献或在领导高科技实业,促进人才与项目对接,加速科技和经济紧密结合等方面成绩突出,且取得良好经济效益;“杰出奖”候选人在创新成果和成果产业化方面做出重大贡献,产生重大影响或填补了国际、国内空白,在同行业中处于领先地位;所有位候选人建议名单兼顾了地区、性别、民族和各推报单位的意见等诸方面因素。26位评委经无记名投票评选出了10名第六届“中国青年科技创新杰出奖”和100名第六届“中国青年科技创新优秀奖”。

第六届“中国青年科技创新杰出奖”获得者名单

(10名,按姓氏笔画为序)

于海斌　中国科学院沈阳自动化研究所副所长

冯　军　北京华旗资讯数码科技有限公司总经理

田溯宁　中国网络通信集团公司副总裁兼中国网络通信有限公司总裁

任志军　亿阳信通股份有限公司副总裁

刘中林　河北省青银高速公路筹建管理处处长

杨　宏　中国空间技术研究院总体设计部921-3副总设计师

陈　薇(女)　军事医学科学院微生物流行病研究所研究员

徐安龙　中山大学生命科学院院长

曹淑敏(女)　信息产业部电信研究院副院长

谭永华　航天推进技术研究院党委书记、副院长

第六届“中国青年科技创新优秀奖”获得者名单

(100名,排名不分先后)

鞠成立　北京梦龙科技有限公司董事长兼总工程师

严望佳(女)　北京启明星辰信息技术有限公司首席执行官

李晨光　北京市建筑工程研究院总工程师

邱　勇　清华大学化学系系主任

张秉军　天津光电通信公司董事长兼总经理

林心宪　天津市迅龙通讯科技有限公司总经理

吕　超　天津天海同步器有限公司总经理

于　勇　唐山钢铁集团有限责任公司二炼铁

厂厂长
连民杰　河北邯邢冶金矿山管理局副局长
张　阳　石家庄华光中医肿瘤医院院长
白雪明　华北石油管理局第一机械厂设计研究院副院长
黄文禄　山西科泰微技术有限公司董事长
李　保　山西省心血管疾病医院副院长
胡林俊　航天科工集团六院四十六所副总工程师
王宝峰　包头钢铁学院冶金研究所所长
雷丙旺　内蒙古北方重工业集团公司副总工程师、技术中心副主任
毕力夫　内蒙古医学院副院长
张宝君　大连翔大科技股份有限公司董事长
杨关林　辽宁中医学院附属医院副院长
姜　川　吉林省信宜网络通讯有限公司总经理
于吉红(女)　吉林大学化学院无机合成与制备化学国家重点实验室教授
孙立中　吉林省神经精神病医院院长
张素梅(女)　哈尔滨工业大学土木工程学院院长
李显筑　黑龙江省中西医结合研究所所长
邵亦波　易趣网络信息服务(上海)有限公司董事长兼CEO
徐　军　中国科学院上海光学精密机械研究所、激光与光电子材料研究与发展中心主任、教授
胡卫生　上海交通大学光网研究中心主任、国家重点实验室主任
辛颖梅(女)　南京擎天科技有限公司董事长
高岳峰　无锡清华双峰环保工程系统有限公司董事长
毛永庆　中国电子科技集团公司第二十八研究所第一研究部副主任、大型重点项目总设计师
周明华　浙江华海药业股份有限公司副董事长、总经理
李小年　浙江工业大学工业催化研究所副所长
杨从登　浙江华峰氨纶股份有限公司总经理
陈　炯　浙江省农业科学院病毒学与生物技术研究所病毒学实验室副主任
何广卫　合肥医工医药有限公司董事长、总经理
魏　臻　合肥工业大学计算机与信息学院副院长
付永标　安徽安科生物工程股份有限公司技术总监
张华坚　福建南平南孚电池有限公司机械工程部经理
孙大海　厦门高新技术创业中心和厦门留学人员创业园主任
方金强　福建省莆田市生物工程研究所所长
饶立新　江西省国家税务局流转税管理处处长
涂彦彬　江西泰豪信息技术股份有限公司总经理
喻子达　海尔集团公司副总裁兼研发推进本部本部长
张贵才　石油大学(华东)山东省油田化学工程技术研究中心主任
张沛存　中石化齐鲁分公司腈纶厂副厂长
刘宗利　山东保龄宝生物技术有限公司董事长、总经理
景国勋　焦作工学院资源与材料工程系副主任
谢遵党　水利部黄河水利委员会规划设计研究院总工助理
李振勇　河南省生物工程技术研究中心总工程师
李红五　中国联通湖北分公司副总经理
黄海舟　湖北省电力试验研究院汽机室副主任
钟发平　长沙力元新材料股份有限公司总经理、总工程师

杨旭静　湖南大学模具技术研究中心主任
种衍民　特变电工衡阳变压器有限公司常务副总经理
宋子明　广州金发科技股份有限公司总经理、总工程师
莫道明　广州昊源集团有限公司董事长
杨建伟　广东蓝凌科技有限公司董事长
许开华　深圳市中金高能电池材料有限公司董事长、深圳市格林美高新技术有限公司董事长
吴　岚　广西德意数码股份有限公司总裁
顾　林(女)　南宁市平方软件新技术有限责任公司副总经理
陈有升　广西柳州钢铁(集团)公司烧结厂厂长
伍于斌　广西桂林市人民医院心内科副主任
刘志崴　海南省农垦中心测试站高级农艺师
冉志林　重庆绿康果业有限公司董事长兼总经理
王维俊(女)　解放军后勤工程学院野战电机电气研究所所长
夏玉先　重庆大学教授、重庆重大生物技术发展有限公司总经理
许唯临　四川大学高速水力学国家重点实验室副主任
蒋开锋　四川省农业科学院水稻高粱研究所研究员
游小明　成都卫士通信息产业股份有限公司总经理、中电科技集团公司第30研究所副所长
冯　涛　四川宜宾丝丽雅集团有限公司董事长、总裁
莫应强　中国航天科工集团061基地3531厂技术部八室室主任
罗琳胤　贵州贵航飞机设计研究所总设计师助理、型号副总设计师
尹　勇　云南省第二人民医院康复医学科主任
孙保平　国家电力公司西北勘测设计研究院副总工程师
郭立新　西安电子科技大学理学院副院长
邓吉牛　西部矿业股份有限公司副总经理
方勤升　青海盐湖钾肥股份有限公司副董事长、总经理
王江伟　甘肃正天科技发展有限公司总经理
樊廷录　甘肃省农业科学院旱地农业研究所镇原试验站站长
晁世元　航空工业兰州飞控仪器总厂总会计师
段秉礼　宁夏彭阳县农业技术推广中心副主任
曾凡哲　中国人民解放军69081部队高级工程师
阿吉艾克拜尔·艾萨　中科院新疆理化技术研究所重点实验室主任
汤宝鹏　新疆医科大学一附院心脏专科副主任、新疆心研所副所长
温新明　新疆农垦科学院水土所室主任、兵团农五师90团副团长
谷新利　石河子大学科技处处长
张旭东　总后军需装备研究所服装功效材料研究室高级工程师
祝之明　第三军医大学第三医院野战外科研究所高血压内分泌科主任
朱　胜　装甲兵工程学院材料科学与工程系主任
王向伟　第二炮兵第三研究所四室副主任
赵秀兵　中国人民解放军66065部队科研室工程师
刘重阳　西安铁路工程集团工程技术处处长
柳忠杰　铁道第三勘察设计院地路处高级工程师
肖于太　北京铁路局太原铁路建设集团有限公司总经理
梅永红　科学技术部办公厅副主任兼调研室主任
尤新刚　国家安全部第一研究所研究员

甘行平　中国地质科学院勘探技术研究所所长、党委书记

王冠军　水利部发展研究中心副主任

姜英权　中国运载火箭技术研究院第十五研究所型号副总师兼行政指挥

肖先国　中国兵器科学研究院副院长

中国杰出(优秀)青年卫士

为深入贯彻党的十六大精神和“三个代表”重要思想，促进依法治国方略的实施，共青团中央、中央社会治安综合治理委员会办公室、最高人民法院、最高人民检察院、公安部、司法部、财政部、卫生部、中国人民银行、海关总署、国家税务总局、国家工商行政管理总局、武警部队总部于2003年联合在全国开展了第四届“中国杰出(优秀)青年卫士”评选表彰活动。

2003年，在政法、经济监督管理和卫生战线中涌现出一大批坚持原则、秉公执法、舍己为人、无私奉献的优秀青年典型，特别是在抗击非典的斗争中，医护人员以忘我的工作热情、无畏的斗争勇气，无私的奉献精神为保障人民的健康和生命做出了巨大贡献，他们展示了当代青年群体的新形象，这些优秀青年凭着对祖国和人民的无限忠诚，立足岗位、勤奋工作、不畏艰险、勇挑重担、舍身忘我，以实际行动捍卫了法律尊严和社会正义，维护了国家和集体利益，保护了人民群众的生命财产安全，为推进社会主义现代化建设进程发挥了巨大作用。

第四届“中国杰出(优秀)青年卫士”评选表彰活动，采取系统推荐、地方推荐和社会推荐相结合的办法。在系统和地方组织严格筛选、层层推荐和社会各界人士大力举荐的基础上，经过严肃认真的评选，评选出11名中国杰出青年卫士和114名中国优秀青年卫士。他们当中有刚直不阿，清正廉洁的人民法官；有一身正气，秉公执法，曾办理胡长清、周雪华等“全国十大公诉案件”的青年检察官；有爱岗敬业、执法为民，为抓捕犯罪分子多次负伤的人民警察；有见义勇为，与劫匪英勇搏斗的监狱女警；有克服困难，勇挑重担，冒生命危险与SARS斗争的优秀护师；有奋战在反走私斗争前沿，破获多起大案要案，多次昏倒在工作岗位的海关缉私队长；有智勇双全，冒着生命危险生擒暴力恐怖分子的武警班长，他们都是在本职岗位创造了不平凡业绩的优秀青年代表。

被评为第四届“中国杰出青年卫士”和“中国优秀青年卫士”的125人，分布于全国31个省、自治区、直辖市。其中：中共党员103人，女性20人，少数民族13人。

第四届“中国杰出青年卫士”名单

(11名，按姓氏笔画排序)

张晓红　黑龙江省齐齐哈尔市龙江县人民法院执行局副局长

曹运革　江西省南昌市人民检察院反贪污贿赂局副局长

黄善华　广西壮族自治区贵港市公安局港南分局副局长

陈　月(女)　四川省女子监狱六监区科员

叶向阳　湖北省枣阳市七方镇财政所农税专管员

李凤珍(女)　中日友好医院护师

滕　峰(女)　中国农业银行广西壮族自治区南宁市民族支行朝阳分理处坐班主任

洪　峰　南京海关缉私局直属队中队长

张云峰(白族)　湖南省张家界市桑植县地方税务局稽查局局长

于雪梅(女)　黑龙江省大庆市工商局企业登记监管科副主任科员

杨厚强　武警新疆生产建设兵团指挥部七支队四中队班长

第四届“中国优秀青年卫士”名单

(114名,按姓氏笔画排序)

于琬河　宁夏回族自治区吴忠市国家税务局副局长

万　凯　江西省南昌市公安局东湖分局缉毒大队长

万象平　武警湖北省总队第八支队反劫机中队中队长

王　力　河北省沧州市公安局运河分局副局长

王　琪　武警山西总队大同市支队一中队排长

王中凯　河北省石家庄市工商局长安分局和平路工商所所长

王世杰(蒙古族)　武警内蒙古自治区兴安盟支队副参谋长

王东浩　天津第一中心医院 ICU 过渡病房科主任

王永怀　北京市财政局经济建设二处主任科员

王吉荣(女)　吉林省白山市八道江区法院院长

王传师　山东省高唐县人民检察院党组成员、反贪局局长

王金福　中国银行黑龙江省鹤岗市分行司机

王录学　海南省海口市公安局大同派出所警长

王树仁　辽宁省沈阳市国家税务局涉外税收管理分局副局长

王健伟　中国疾病预防控制中心病毒预防控制所副研究员

王善永　山东省济南市公安局交警支队历下大队泉城路中队教导员

王燕云(女)　皇岗海关旅检综合科副科长

木合塔尔·马木提(维吾尔族)　新疆维吾尔自治区克州阿克陶县公安局副局长

方　勇　江苏省洪泽湖监狱三监区教导员

尹玉海　青海省湟源县人民法院院长

艾合买提·尼亚孜(维吾尔族)　武警新疆总队阿克苏地区支队库车县中队中队长

石景浩　武警天津市总队第一支队八中队中队长

田　锁　大同铁路公安处大同车站派出所副所长

田小平(回族)　宁夏回族自治区固原市海原县公安局治安大队大队长

史　斌　云南省昆明市公安局刑侦支队技术处法医

史　葭　湖南省新开铺劳教所管理科副科长

史志君(女)　四川省成都市中级人民法院刑一庭及少审庭副庭长

冯　伟　贵州省贵阳市公安局云岩区分局治安大队教导员

兰池军　河北省张家口市人民检察院反贪局助理检察员

朱志威　广东省增城市公安局刑警大队大队长

朱建阳　浙江省诸暨市公安局枫桥派出所所长

任爱国　天津市工商局和平分局科员

刘超智　武警新疆生产建设兵团指挥部第三支队卫生队队长

齐秀敏(女)　河北省齐心律师事务所主任

孙　涌(女)　辽宁省鞍山市人民检察院民行检察处处长
苏英华　沈阳海关办公室副主任、法规室主任
李　刚　河南省周口市郸城县国家税务局稽查局局长
李　伟　河南省周口市公安局沙南分局刑警大队大队长
李　忠　山东省疾病预防控制中心传染病预防防治所副主任技师
李向阳　山西省太原市劳动教养管理所所长
李克慧　新疆生产建设兵团农三师齐干却勒监狱一监区指导员
李其宏(女)　河南省驻马店市泌阳县人民法院庭长
李杰明　河北省黄骅市国家税务局党组书记、局长
李逢春　甘肃省公安厅二十一处侦查队副队长
李增亮　陕西省西安市蓝田县人民法院审判员
杨　敏　安徽省宿州市泗县公安局交警大队城区中队中队长
杨逢春(白族)　云南省大理州洱源县人民法院执行局局长
吴　猛　江苏省镇江市中级人民法院审监庭庭长
吴承刚　广东省疾病预防控制中心主管医师
何　玮　上海市公安局刑侦总队一支队副支队长
宋　恩　黑龙江省大庆市公安局萨尔图分局局长
宋学军　河南省鹤壁市浚县人民法院行政审判庭庭长
张　青　财政部驻湖北专员办主任科员
张长永　辽宁省大连市工商局市场分局副局长
张绍书　贵州省遵义市桐梓县工商局松坎工商所所长
张海波　天津市人民检察院第一分院渎职侵权检察处处长
张福好　海南省公安消防总队三亚市消防支队政委
陆　勇　甘肃省酒泉市安西县人民法院执行庭庭长
陆　森(壮族)　武警广西总队桂林市第二支队荔浦县中队代理中队长
陈　立(女)　山西省临汾市中级人民法院民二庭副庭长
陈　兵　江苏省南通市公安局刑警支队副支队长
陈　楠(女)　天津市河东区国家税务局管理一所干部
陈志斌　山东省德州监狱狱政科科员
武俊峰　山西省孝义市人民检察院侦查监督科副科长
范素文　河北省财政厅社保处主任科员
欧阳代霞(女)　湖北省沙洋劳教所九大队副大队长
凯沙尔吾热孜阿力(维吾尔族)　新疆维吾尔自治区民丰县人民检察院检察长
金荣华　北京佑安医院肝病七科主任
周梅芳(女)　广东省深圳市人民检察院检察员
单红卫　上海第二军医大学长征医院急救科主治医师
居来提·吾不力(维吾尔族)　乌鲁木齐海关缉私局侦查处民警
项秀华(女,蒙古族)　内蒙古自治区扎鲁特旗人民检察院政治处主任
赵年伏　天津市公安局刑侦局一支队副政委
赵华东　浙江省温州市公安边防支队苍南巴艚边防工作站参谋
赵杰然　吉林省吉林市公安局巡警支队三大队大队长
赵城臣　哈尔滨海关缉私局侦查处科长

段人荣　湖南省耒阳市公安局法制办主任
皇甫銮罡(土家族)　湖南省张家界市慈利县法院龙潭河人民法庭庭长
姜延安　湖北省鄂州市公安局交警支队鄂城大队三中队副队长
贺宝华　内蒙古自治区呼和浩特市新成公安分局副局长
贺晓宇　武警内蒙古总队锡盟支队二连浩特中队政治指导员
桂红桥　湖北省武汉市公安局洪山分局和平乡派出所副所长
格桑泽仁(藏族)　西藏自治区昌都地区公安处防爆支队正科级副支队长
贾银虎　北京市公安局石景山分局苹果园派出所民警
夏先德　财政部预算司综合处副处长
徐　捷　甘肃省公安厅刑警总队侵财科科长
高　宁　中国工商银行福建省福州市晋安支行保卫部经理
高　澎　大连海关缉私局侦查处侦查二科副科长
高兆斌　福建省公安边防总队司令部调查站副团职站长
高军强　武警青海省总队海西州支队直属大队一中队副中队长
郭　彪　海南省琼中黎族苗族自治县人民检察院检察长
席志威　山西省交通银行太原分行保卫处处长
唐定华　武警陕西省总队汉中市支队城固县中队班长
黄淑彬(女)　江西省南昌市中级人民法院刑事庭庭长
曹景良　广东省东莞市工商局经检支队支队长
曹锡祯　吉林省桦甸市地方税务局夹皮沟分局局长
盛南光　海关总署缉私局侦查二处处长
常　堤　吐尔尕特海关副关长
常先周　安徽省怀远县姚山乡财政所所长
隋国峰　辽宁省东港市公安局椅圈派出所所长
舒　平　四川省广安市武胜县国家税务局总经济师
普布曲珍(女,藏族)　西藏自治区乃东县检察院副检察长
谢　军　中国建设银行辽宁省锦州市分行会计科科员
赖　辉　四川省广元市四一医院四科主任
赖建文　福建省泉州市国家税务局稽查局副局长
雷海秋(女)　中国农业银行广西壮族自治区南宁市民族支行立交桥分理处主管会计
蔡大军　河北省廊坊市固安县公安局副局长兼交警大队大队长
蔡扶欣　武警福建总队莆田市支队直属一中队班长
裴　雷　武警黑龙江总队双鸭山市支队宝清县中队中队长
滕迎新　福建省建瓯市公安局交警大队办公室副主任
戴　萍(女)　重庆市人民检察院第一分院助理检察员
魏　丹　重庆市公安局水警总队朝天门派出所所长
魏　炜　上海海关驻外高桥港区办事处通关一科副科长
魏竹梅(女)　安徽省合肥市庐阳区检察院检察长

社区青年文化节活动组织奖、创新奖

2003年，为贯彻落实“三个代表”重要思想，迎接团的十五大的胜利召开，讴歌抗击非典斗争中的英雄壮举，挖掘广大社区抗击非典过程中的感人事迹，进一步弘扬伟大的民族精神，团中央在全国“青年文明社区”及争创单位开展了“科学·文明·健康”——社区青年文化节活动。该活动主要通过在社区广泛开展科普教育的“社区科普巡礼”活动、“文明新风进我家”活动、“大家乐”文化体育活动、卫生健康教育等，在全社会营造崇尚科学、文明的社会氛围，推动全社会讲文明、讲卫生、讲科学良好风尚的形成。形式多样的社区青年文化节活动，繁荣了社区青年的文化生活，展现了社区青少年的良好精神风貌。共评选出“科学·文明·健康”社区青年文化节活动组织奖20个，创新奖40个。

2003年度社区青年文化节活动组织奖名单

北京团市委城区部
天津团市委城区部
内蒙古自治区团区委权益部
辽宁团省委权益部
吉林团省委权益部
黑龙江团省委权益部
上海团市委城区部
江苏团省委城工部
浙江团省委权益部
福建团省委权益部
江西团省委权益部
山东团省委权益部
河南团省委权益部
湖北团省委权益部
湖南团省委权益部
广西壮族自治区团区委权益部
重庆团市委权益部
四川团省委权益部
宁夏回族自治区团区委权益部
青海团省委权益部

2003年度社区青年文化节活动创新奖名单

北京市崇文团区委
北京市朝阳团区委
内蒙古自治区呼和浩特团市委
辽宁省锦州团市委
辽宁省大连团市委
吉林省长春团市委
黑龙江省佳木斯团市委
上海市长宁团区委
上海市卢湾团区委
上海市静安团区委
江苏省无锡团市委
江苏省南京市鼓楼团区委
浙江省杭州团市委
浙江省宁波团市委
福建省福州市台江团区委
福建省厦门市思明团区委
福建省南平市延平团区委
江西省九江市庐山团区委
江西省景德镇市昌河集团公司团委
山东省济南团市委
山东省青岛团市委
山东省淄博团市委
河南省鹤壁团市委
河南省商丘团市委

湖北省黄石团市委
湖北省荆州市沙市团区委
湖南省长沙团市委
湖南省衡阳团市委
广西壮族自治区南宁团市委
广西壮族自治区柳州团市委
重庆市九龙坡团区委
重庆市涪陵团区委
四川省成都团市委
四川省宜宾团市委
宁夏回族自治区银川团市委
宁夏回族自治区吴忠市利通团区委
青海省格尔木团市委

全国青少年自我保护绘画大赛奖

为贯彻落实江泽民同志“三个代表”重要思想,认真实施《中华人民共和国未成年人保护法》和《中华人民共和国预防未成年人犯罪法》,增强青少年的自我保护意识和能力,共青团中央、中央综治委预防青少年违法犯罪工作领导小组办公室,在2002年暑期,开展了全国“青少年自我保护”绘画大赛,活动得到各级团组织和青少年的积极响应和广泛参与,取得圆满成功。经评委会评选,于2003年5月,决定授予北京市工艺美术学院附属中学李民等10名同学一等奖,内蒙古自治区包头市第一中学郭芳等32名同学二等奖,辽宁省大连市东北路小学张志达等50名同学三等奖,授予共青团江苏省委权益部等31个单位优秀组织奖,授予山东省青岛市平安路第二小学贺晓红等22名同志优秀指导教师奖。

全国青少年自我保护绘画大赛获奖名单

一等奖(10名)

《课外“作业”》 李　民 北京市工艺美术学院附属中学
《可爱的公共设施》 王　璐 内蒙古自治区根河林业局第五小学
《安全过马路》 卢辰雷 辽宁省大连市中山路小学
《不良习惯》 兰　天 江苏省南京市百家湖小学
《马路嬉戏危险多》 杜好毅 山东省青岛市辽源路小学
《破除迷信》 徐　婷 山东省胶南市第四中学
《泡泡糖的妙用》 徐宛露 山东省青岛市平安路第二小学
《绝境自救》 范培元 甘肃省兰州市第三中学
《远离危险》 李亚辉 新疆生产建设兵团六团中学
《语出惊人》 施长雁 新疆生产建设兵团十团中学

二等奖(32名)

《运用法律武器》 荀　倩 北京市第二十五中学
《学习未成年人保护法》 张　茜 北京市工艺美术学院附属中学
《小心了》 王玲佳 北京市永安里小学

《四不要》 尹　伊　北京市三里屯第一小学
《犯错的好奇心》 郭　芳　关　城　内蒙古自治区包头市第一中学
《树林里玩火真危险》 张志达　辽宁省大连市东北路小学
《危险》 段翰林　辽宁省大连市中山路小学
《不要轻信陌生人》 张　媛　辽宁省大连市第十五中学
《拒绝诱惑》 孙　迪　辽宁省大连市昌平小学
《提高防范意识》 王　恂　吉林省长春市吉林大学第一附属小学
《远离犯罪》 杨　辰　江苏省南京市第十一中学
《休想诱惑我》 陈　培　江苏省南京市金马湖小学
《游泳要注意安全》 陈思闻　江苏省镇江市扬中市实验小学
《透视网吧》 黄雨沐　江苏省江都市少年宫
《保护合法权益》 朱希晨　江苏省南京市江宁实验小学
《学习保护法》 刘云霞　江苏省东台市附属小学
《自护夏令营》 范铭望　江苏省南通师范学院第二附属小学
《漩涡》 徐婷婷　江苏省南京市江宁区百家湖小学
《自我防范》 王熹璇　江苏省大丰市实验小学
《学用未成年人保护法》 岑　帅　浙江省温州市广场路小学
《学会报警》 李春阳　山东省胶南市第四中学
《遵守交通法规》 杜好毅　山东省青岛市辽源路小学
《拒绝网上黄毒》 姜　怡　山东省青岛市辽源路小学
《争取学习的权利》 任晓凤　山东省青岛市鞍山路小学
《勿忘防雷》 陆楚钧　广东省江门市青少年宫
《遵纪守法》 李林穗　四川省江安市仁和中心学校
《死结》 李文婷　甘肃省兰州市第四中学
《圈套》 王　健　甘肃省兰州市第七中学
《安全你我他》 张莹莹　新疆生产建设兵团三团小学
《自食其果》 刘寒梅　新疆生产建设兵团十团中学
《我们需要保护》 郭　瑜　新疆生产建设兵团十团中学

三等奖(50 名)

《保护神》 郑无忘　北京市第八十中学
《烟酒不沾》 张璐晗　北京市官园小学
《拒绝毒惑》 刘子君　北京市第八十中学
《何必如此》 冯冉　北京市安苑北里中学
《如此重负》 王思檬　北京市大望路中学
《注意安全》 曹思炜　北京市永安里小学
《遵纪守法》 刘严聪　内蒙古自治区呼伦贝尔市牙克石市林业第二小学
《拒绝诱惑》 王乃智　内蒙古自治区呼伦贝尔市牙克石市林业第二小学
《注意安全》 王学玲　内蒙古自治区根河市金河林业小学
《危险》 王　繁　辽宁省大连市昌平小学
《小球星—小心》 王佳南　辽宁省大连市昌平小学
《远离危害》 张　程　辽宁省大连市第十五中学
《一扫而光》 陈　琳　辽宁省大连市兴工小

学

《紧急电话》 李 岩 辽宁省大连市第十五中学

《危险》 于 梅 辽宁省大连市新建小学

《遵守交通规则》 陈丹丹 辽宁省大连市新建小学

《课余生活》 侯德权 辽宁省普兰店市安波镇宫家小学

《雷雨天别躲在大树下》 许 娟 江苏省南京市百京湖小学

《急中生智》 潘 定 江苏省南京市江宁区金马湖小学

《狐狸的尾巴又露出来了》 薛 林 江苏省东台师范学院附属小学

《我也懂法了》 朱 缘 江苏省南京市伯乐中学

《我学未成年人保护法》 谢 书 江苏省南京市江都市少年宫

《学会自我保护》 吴媛媛 江苏省大丰市实验小学

《小心触电》 汤丽文 江苏省大丰市实验小学

《做个有心人》 俞小乐 江苏省大丰市实验小学

《拒绝诱惑》 孙 青 浙江省东台市附属小学

《保护自己》 戴舒畅 浙江省温州市瓯海区梧埏镇中心小学

《绝招》 王 蕾 山东省 青岛市洛阳路第二小学

《法律金钥匙》王 姣 山东省青岛市胶南第四中学

《不图小便宜》 李 莉 山东省平度市麻兰小学

《网吧》 马颖慧 山东省青岛市鞍山二路小学

《听妈妈的话》 张雯 山东省青岛市洛阳路第二小学

《增强自护意识》 杨 蕊 山东省青岛市洛阳路第二小学

《小恶勿为》 王花伟 山东省平度市新河中学

《小心恶狼》 陈 阳 山东省青岛市新昌路小学

《逃生自救》 裴玉冰 山东省青岛市洛阳路第二小学

《助人为乐》 栾文姣 山东省即墨市第三实验小学

《远离危险》 管晏羚 广东省东莞市莞城中心小学

《学会自我保护》 赵琦雯 广东省江门市青少年宫

《听妈妈讲安全知识》 区晓琳 广东省江门市美景小学

《远离危险》 莫子盈 广东省东莞市莞城中心小学

《保护自己》 王天乐 四川省自贡市青少年宫

《自我保护》 李晓丹 云南省大理洱源宁湖小学

《吸烟有害》 张 牵 甘肃省兰州市第四中学

《让犯罪远离青少年》 刘 璐 甘肃省兰州市第七中学

《青少年自我保护》 崔 炯 甘肃省兰州市第七中学

《拒绝诱惑》 马学思 甘肃省兰州市第三中学

《拒绝引诱》 聂秋华 新疆生产建设兵团农一师第二小学

《不要与陌生人说话》 岳娇娇 新疆生产建

		设兵团十二团中学	四川省江安市仁和中心学校 共青团云南省大理市委
《不要轻易给陌生人开门》	张莹莹	新疆生产建设兵团三团中学	共青团甘肃省委权益部 共青团甘肃省兰州市委 新疆生产建设兵团团委组织部 新疆生产建设兵团十团团委

优秀组织奖(31 名)

共青团北京市委权益部
共青团内蒙古自治区委权益部
共青团内蒙古自治区包头市委
共青团内蒙古自治区呼伦贝尔市牙克石市委
内蒙古自治区林根河林业局团委
内蒙古自治区林根河市金河林业中学
共青团辽宁省委权益部
共青团辽宁省大连市委
辽宁省大连市昌平小学
辽宁省大连市中山路小学
辽宁省普兰店市安波镇宫家小学
共青团江苏省委权益部
共青团江苏省南京市委
共青团江苏省东台市委
江苏省江都市少年宫
江苏省大丰市实验小学
共青团浙江省委权益部
共青团浙江省温州市委
共青团山东省委权益部
共青团山东省青岛市委
共青团湖南省长沙市委
共青团广东省委权益部
广东省江门市青少年宫
广东省东莞市莞城中心小学
四川省自贡市青少年宫

优秀指导教师奖(22 名)

李献敏	北京市官园小学
王建华	内蒙古自治区林根河市金河林业中学
赵筱娟	内蒙古自治区呼伦贝尔市牙克石市林业第二小学
王桂英	内蒙古自治区呼伦贝尔市牙克石市林业第二小学
李　秀	辽宁省大连市昌平小学
侯德全	辽宁省普兰店市安波镇宫家小学
钟　萍	辽宁省大连市中山路小学
于　丽	辽宁省大连市东北路小学
卢云霞	江苏省大丰市实验小学
朱　骏	江苏省江都市少年宫
马玘明	江苏省南京市百家湖小学
徐国欢	江苏省南京市百家湖小学
董　婷	江苏省东台市师范学院附属中学
刘云霞	江苏省东台市实验小学
贺晓红	山东省青岛市平安路第二小学
陈映端	广东省东莞市莞城中心小学
何瑞香	广东省东莞市莞城中心小学
闲业年	四川省江门市青少年宫
罗忠燕	四川省自贡市青少年宫
王　虎	四川省江安市仁和中心学校
田惠文	新疆生产建设兵团十团中学
夏英英	新疆生产建设兵团六团中学

中国青年志愿服务金奖

2003年是中国青年志愿者行动实施10周年，为进一步弘扬"奉献、友爱、互助、进步"的时代新风，发挥典型的示范激励作用，进一步引导更多青年进而带动其他社会公众参与志愿服务，投身全面建设小康社会的伟大实践，根据《中国青年志愿者注册管理方法(试行)》的规定，2003年12月，共青团中央决定，授予参加志愿服务时间累计均超过2400小时的40位同志2003年度"中国青年志愿服务金奖奖章"，同时授予29位同志"中国青年志愿者行动10年特别贡献奖"。

2003年度"中国青年志愿服务金奖奖章"获得者名单

刘振江　清华大学精密仪器与机械学系研究生
周里智　天津市政工程局排水管理处信息中心副主任
颜　华　天津医科大学总医院眼科主任
宋玉红(女)　河北经济广播电台"同一个星空"助残栏目特约主持人
赵　鸿(女)　河北省衡水市城管局供热中心职工
傅　睿(女)　山西大学管理学院信息管理与信息系统专业学生
林　洁(女)　内蒙古自治区呼伦贝尔市高级技工学校团委副书记
董　明　辽宁省沈阳市白鸽青年志愿者图书银行负责人
任志勇　吉林省长春广播电视大学团委书记、督导室主任
栾景通　黑龙江哈尔滨天龙化工有限公司总经理
冯　艾(女)　复旦大学社会学系研究生
张　静(女)　江苏省南京市白下区洪武路街道爱心驿站负责人
孙　秋　浙江西湖电子集团有限公司团委书记
王大成　安徽中医学院第一附院职工
朱朝枝　福建农林大学农村发展研究所所长
宋军福　江西省肺科医院副主任医师
王洪波　山东省青岛市城阳区夏庄街道办事处干部
国　强　胜利石油管理局供水公司民丰水厂调度员
王淑梅(女)　河南省亚卫实业总公司干部
杨　利　武汉大学化学与分子科学学院研究生
崔德明　湖南省长沙市商业职业中专学校团委书记
朱　颖　湖南冶金职业技术学院团委书记
古志文　广州飞机维修工程有限公司飞机维修员
吴　欣(女)　广东省中山市质量技术监督局办事员
李祥军　广西壮族自治区南宁市人民路东段小学教师
孙衍吾　海南省定安县多校村农民
王录学　海南省海口市公安局大同派出所警察
蔡　旗(女)　四川省绵阳医科学校教师
罗玉萍(女)　贵州省贵阳市市南小学副教导主任
舒　瑜(女)　云南大学文科实验班学生
薛喜媚(女)　西藏大学藏学系学生
王　军　甘肃酒钢机械制造公司重型机械厂

车工

李　顺　团青海省格尔木市委书记

魏述军　宁夏回族自治区人民医院心血管内科副主任医师

张雪芳(女)　北京铁路局北京火车站客运员

王进喜　哈尔滨铁路局团委书记

张中标　中国航空工业第二集团公司江西洪都集团公司洪都中学教师

陈章乐　共青团中央宣传部干部

冷葆青　中纪委监察部宣传教育室干部

晏绍前　科学技术部直属机关团委书记

“中国青年志愿者行动10年特别贡献奖”获得者名单

郭　杰　新华人寿保险股份有限太原分公司总经理

夏树海　中国平安人寿保险股份有限公司呼和浩特分公司总经理

丁励铨　河北省唐山市恒安实业有限公司董事长

朱　明　武警沈阳指挥学院训练部教保科科长

吴永忠　吉林省白山市交通局副局长兼市公路管理处处长

夏立华(女)　中共黑龙江省大庆市委副书记

范鸿喜　上海航空股份有限公司党委副书记、总经理

方宜新　江苏东洋之花化妆品有限责任公司董事长

楼江跃　浙江省广厦房地产开发集团有限公司董事长

高开焰　安徽省卫生厅党组书记、厅长

廖华锋　福建省人大常委会内务司法委员会干部

于　果　江西省蓝天职业技术学院院长

刘德杰　山东大海集团有限公司总经理

刘光亨　山东省青岛市民政局党委书记、局长

赵世信　河南省人大常委会内务司法工作委员会副主任

何祥林　华中师范大学党委副书记

朱培立　湖南工程学院副院长

叶旭全　广东粤港投资控股有限公司党组成员

范　萌(女)　四川省成都市卫生局机关党委书记

黄　翔　重庆电视台记者

胡一飞　贵州省贵阳市博爱医院院长

宋大明　云南省昭通市群艺馆副馆长

贡嘎仓决(女)　中国农业银行西藏自治区那曲地区中心支行营业部副主任

幸　明　中国联通兰州分公司总经理

黄明玉　中铁十二局青海工程总指挥部指挥长

田宝贵　宁夏电视台副台长

黄元才　新疆日报社党委书记、总编辑

孙　毅　中国歌剧舞剧院国家一级演员

朱　明　北京新兴医院党委书记、院长

全国学习雷锋、志愿服务先进集体和先进个人

2003年3月5日是毛泽东等老一辈革命家号召“向雷锋同志学习”40周年。为表彰先进,发挥典型的示范激励作用,倡导“奉献、友爱、互助、进步”的时代新风,引导广大人民群

众弘扬雷锋精神，参与志愿服务，积极投身社会主义精神文明建设，中宣部、中央文明办、解放军总政治部、共青团中央决定，在纪念学习雷锋40周年之际，开展全国学习雷锋、志愿服务先进集体和先进个人评选表彰活动。本次活动评选出100个全国学习雷锋、志愿服务先进集体，100名全国学习雷锋、志愿服务先进个人。评选范围为近年来全国各地、各行各业涌现出的学习雷锋、志愿服务集体和个人。

中宣部、中央文明办、解放军总政治部、共青团中央组成全国评选表彰活动领导小组，负责评选活动的组织领导。领导小组办公室设在共青团中央青年志愿者行动指导中心，具体负责评选活动的日常工作。各地、各系统成立有关部门负责同志参加的评选活动组织机构，由省级团委宣传部门负责日常工作。具体评选办法是：

1.全国评选表彰活动领导小组按一定比例确定各地、各系统候选集体和候选个人推荐名额分配方案。

2.各地、各系统评选组织机构根据推荐名额和评选标准开展评选工作，由各省级团委负责按要求上报候选集体和个人。军队系统的评选推荐工作由解放军总政治部统一安排，单独推荐候选集体和候选个人。

3.全国评选表彰活动领导小组办公室负责对候选集体和候选个人进行初审并报领导小组审定，确定先进集体和先进个人。

2003年2月底在中宣部、中央文明办、解放军总政治部、共青团中央联合召开的学习雷锋活动40周年纪念会上表彰了“全国学习雷锋、志愿服务先进集体和先进个人”。

全国学习雷锋、志愿服务先进集体名单

（100个）

内蒙古“12·14”营救落水儿童英雄群体
北京铁路分局“036”文明服务群体
北京市宣武区天桥街道
北京大学爱心社
天津石化公司化纤厂青年志愿者服务站
天津医科大学青年志愿者协会
河北唐山市青年志愿者服务中心
河北廊坊市安次区银河南路“夕阳红”宣传队
山西太原市煤气公司（叶晋庆）燃器具维修服务中心
山西襄汾县陶寺中学团委
内蒙古包钢（集团）公司钢联轨梁厂青年志愿者分会
辽宁抚顺市青年志愿者协会
中国医科大学团委
辽宁锦州老兵义务电影放映队
东北师范大学“红烛”志愿者协会
吉林白山市地税局直属分局
黑龙江哈尔滨电业局李庆长共产党员服务队
黑龙江哈尔滨市“雷锋号”青年志愿服务车队
上海轻工青年志愿者服务队
上海市开业指导专家志愿服务团
江苏南京晓庄学院“侵华日军南京大屠杀遇难同胞纪念馆志愿讲解服务队”
江苏无锡市志愿者总会
江苏通州市青年志愿者协会
浙江杭州志愿者协会
浙江奉化市供电局“小草”青年志愿者服务队
浙江广播电视大学武林敬老院青年志愿服务队
安徽省青年志愿者协会直属第一服务分队
安徽安庆市供电局团委
安徽医科大学第一附属医院青年卫生志愿者服务队
福建寿宁县南阳青年义务消防队
福建福州市青年志愿者协会
福建三明电业局青年志愿者服务队
江西南昌市东湖区青年志愿者协会
武警井冈山市消防大队
山东济南市公安局交警支队历下大队泉城路中队

山东淄博市周村区地方税务局南闫征收分局
山东龙口市于高良种蛋鸡繁育公司
河南南阳邓州“编外雷锋团”
河南郑州航空工业管理学院青年志愿者助残服务队
河南正阳县建筑工程公司水电暖安装班青年志愿者服务站
湖北荆州市青年志愿者服务总队
华中师范大学圣兵爱心社
湖北省卫生系统青年志愿者服务队
共青团湘潭大学委员会
湖南株洲市(青少年)道德银行
广东省中医院“健康直通车”青年志愿者服务队
广东中山市青年志愿者协会直属总队
广东广州市海珠区拥军助残“一帮一”志愿服务队
广西青年志愿者赴越南医疗服务团
广西防城港市防城区那梭镇平木村“十姐妹学雷锋服务队”
海南海口市第一职业中学志愿者服务队
重庆奉节师范进修学校团委“学雷锋”青年志愿者服务队
重庆市志愿者总队
四川大学青年志愿者总队
四川达县师范高等专科学校
四川自贡卫生学校团委
贵州工业大学青年志愿者协会
贵州毕节市第二中学志愿者服务队
贵州铝厂服务公司团总支
云南师范大学青年志愿者协会生命科学学院分会
云南云天化股份有限公司团委
西藏大学青年志愿者总队
陕西西安市第二十三中学志愿者服务总队
西北农林科技大学科技扶贫博士志愿服务队
西北师范大学化学化工学院“小草服务社”
甘肃兰州电力技术学院青年志愿者协会
青海石油管理局团委
宁夏电力公司团委
新疆伊宁市第六中学
南昌铁路局客运公司1453/4次“雷锋号”列车
民航乌鲁木齐管理局安全检查处(站)
中央警卫团三大队三中队团支部
科技部青年联合会
中国工商银行安徽省分行合肥市雷锋储蓄所
中国航天科技集团公司五院508所青年志愿者服务队
解放军石家庄陆军指挥学院元氏分院教练团装甲1连
解放军八一女子篮球队
解放军第三军医大学第1附属医院烧伤研究所
解放军63783部队
解放军92132部队113舰
解放军91526部队
解放军93808部队
解放军95786部队65分队
解放军第二炮兵指挥学院三系学员10队
解放军65639部队
解放军65042部队72分队
解放军66370部队
解放军66381部队73分队
解放军69231部队72分队
解放军68233部队41分队
解放军71522部队69分队
解放军73181部队82分队
解放军73152部队
解放军75121部队85分队
解放军75403部队79分队
解放军77208部队
解放军军事科学院第2离职干部休养所
解放军国防科学技术大学炮兵学院学员9队
武警辽宁省总队抚顺市支队
武警湖南省总队长沙市支队望城县中队

全国学习雷锋、志愿服务先进个人名单

（100名）

李泓霖　广东深圳市福田区竹园小学副校长

侯宜北　北京燕山石油化工股份有限公司职工

孟宪峰　北京市通州区个体劳动者

王书臣　天津市公安局红桥分局南头窑派出所民警

唐云洪　天津市公安局宁河分局交警支队芦台大队大队长、公安局宁河分局团委书记

魏广海　华北制药集团有限责任公司团委书记

曹焕毅（蒙古族）　河北承德市双桥区中华路办事处迎水坝居委会党支部书记

王培富　山西寿阳县个体劳动者

高福元　山西林业学校团委副书记

刘小杰　内蒙古伊利实业股份有限公司国际商务部职工

丁阳成　内蒙古满洲里海关通关处综合科副科长

程显峰（满族）　武警辽宁省总队沈阳市支队二大队政治教导员

韩　伟　辽宁大连市心连心志愿者协会会长

张德山　辽宁沈阳市新城子区委宣传部副部长、广播电视局局长

于海波（女）　吉林长春市心语志愿者协会会长

吴景贵　吉林市大鹏出租车队司机

王玉林　黑龙江哈尔滨市房产住宅局供暖公司木兰分公司职工

张之胜　黑龙江牡丹江市自来水公司东安二次供水公司维修站副站长

陶依嘉（女）　上海第一医药股份有限公司党委委员、武装部部长

汪家伟　宝钢集团上海第一钢铁有限公司职工

周文浩　复旦大学附属儿科医院医生

吴轶军　江苏金陵科技学院教师

王德林　江苏常州市“一加青年志愿者服务队”队长

刘玉才　江苏众想集团有限公司第二棉纺厂职工

孙　秋　浙江杭州西湖电子集团有限公司团委书记

金海辉　浙江温州市鹿城区青少年法律援助中心常务副主任

梅友棠　浙江舟山市自来水有限公司职工

苗素娥（女）　安徽合肥钢铁总公司职工医院分院医生

肖倩倩（女）　安徽六安市裕安区南市街道办事处干部

董再发　福建石狮市永前建材有限公司副总经理、石狮市太阳风青年志愿者服务队队长

郑瑞龙　福建仙游县医院医生

许琦瑄（女）　福建漳州市青年志愿者服务中心志愿者

郑雪兰（女）　江西上饶市信州区水南街道常青敬老院院长

赵　凌　江西南昌市公安交通管理局西湖大队三中队政治指导员

杨正权　山东威海市环翠区庆威水产购销部经理

李玉亭　山东济南市商河县展家乡楮集村村民

王元成　山东泰安市东方计算机学校校长

胡　霞（女）　山东枣庄市残疾人就业服务部职业指导员

范素海　河南平顶山市燃气公司燃气具发展分公司职工

吴新生　河南郑州市圆方物业管理有限公司职工

孙玉龙　武汉理工大学学生

刘美册　湖北东风汽车有限公司车身厂职工

陈春晓(女) 湖北秭归县归洲镇二中教师
陈　政 湖北武汉市武昌区房地产公司紫阳房管所职工
唐备战 长沙铁路总公司衡阳车辆段职工
杨绍军 湖南常德市阳光孤儿院院长
崔德明 湖南长沙市商业职业中专学校教师
苏莉莉(女) 广东珠海市司法局公证律师管理科副科长
李力锦 广东河源市邮政局城区分局机要班投递员
李庆新 广东东莞团市委副书记、青年志愿者协会理事长
万　宇 广西桂林市银海集团公司设备分厂技术员
李祥军(壮族) 广西南宁市人民路东段小学教师
孙衍吾 海南定安县定城镇多校村村民
王先敏 重庆商报记者
吴登明 重庆大学退休职工
罗　俊 四川成都市第三人民医院医生
熊筠华 四川省电力公司宜宾电业局团委书记
张季俯 四川泸州团市委副书记、青年志愿者协会理事长
马　雷 贵州省青年志愿者行动指导中心主任
陈宏 贵州贵阳市公共交通出租汽车公司驾驶员
舒　瑜(女) 云南大学2000级文科试验班学生
汤金杰 西藏大学经济管理系学生
王维芳 西北电力建设第四工程公司职工
刘建伟 陕西宝鸡市十里铺街道办事处宏文路东社区居委会主任
谢重新 甘肃定西县巉口中学教师
王　梅(女) 甘肃景泰县草窝滩镇杨庄村学生
郭晓华(女) 青海西宁市公共交通有限责任公司团支部书记
康　军 宁夏银川市公安局交警支队严管街中队中队长
艾山江·吾甫(维吾尔族) 新疆库尔勒市市容环境卫生管理处职工
邱雅利(女) 羊城铁路总公司广州火车站团委书记
张颖俐(女) 中国货运航空有限公司货运部浦东货站职工
朱　玉(女) 新华通讯社国内部主任记者
李颖异 中日友好医院神经内科主任医师
杜怡娜(女) 中国银行陕西省分行资金计划处职工
吴　涛 中铁四局集团有限公司第六工程有限公司医院主治医师
刘　芳(女) 国防部外事办公室美洲大洋洲局副营职参谋
姚志祥 解放军62217部队高级工程师
周艳忠(土家族) 解放军总装备部武汉军械士官学校枪炮系教员
张建明 解放军92681部队副部队长
贾跃能 解放军91372部队副部队长
汪家胜 解放军94969部队59分队班长
吴晓明 解放军94456部队副部队长
肖龙旭 解放军第二炮兵第3研究所副总工程师
王圣良 解放军96213部队装备部修理所班长
刘国军 解放军65319部队81分队分队长
贾丹兵(女) 解放军第211医院院长
薛　毅 解放军白求恩国际和平医院口腔科副主任
孙忠运 解放军66319部队76分队机修班班长
王忠贤 解放军68332部队53分队修理所技师
程　鹏 解放军69243部队51分队驾驶班班长

顾　凤(女)　解放军71939部队卫生队副队长

类成信　解放军河南陆军预备役步兵第136师407团副团长

许　峰　解放军73685部队网络信息中心主任

钟捷东　解放军75555部队70分队卫生所所长

吴道江(彝族)　解放军77263部队53分队班长

邓晓宏　解放军78616部队四室主任

霍小勇　解放军国防大学军兵种教研室主任

刘凤健　解放军国防科学技术大学人文与管理学院社会科学史系教研室主任

彭俊杰　武警山东省总队威海市支队乳山市中队政治指导员

林玉梅(女)　武警吉林省总队医院药剂科主管护师

第六部分

组 织 概 况

共青团组织基本情况

截至2003年底，全国共有共青团员7107万人，为历史最高水平；基层团委20.3万个，团总支23万个，团支部255万个，专职团干部18.8万人。

学生团员总数为3411万人，约占团员总数的47%。全国各学校中共有基层团委5.2万个，团总支6.7万个，团支部87万个。

采掘业、制造业、电力、煤气及水的生产和供应业、建筑业以及地质勘查、水利管理业共有团员为626万人。这些行业中，基层团委达3.4万个，团总支3.6万个，团支部30万个。

在农、林、牧、渔业中，共有团员2118万人，基层团委5.1万个，团总支7万个，团支部89万个。

第三产业及其他行业中，团员总数为952万人，建立了基层团委6.6万个，团总支5.7万个，团支部49万个。

其他青年组织基本情况

中华全国青年联合会

中华全国青年联合会简称全国青联，成立于1949年5月4日。全国青联是中国共产党领导下的我国基本人民团体之一，是以中国共产主义青年团为核心力量的各青年团体的联合组织，是我国各族各界青年广泛的爱国统一战线组织。全国青联实行团体会员制，现有团体会员48个，委员1717名。

2003年，全国青联以邓小平理论和"三个代表"重要思想为指导，认真贯彻党的十六大精神，高举爱国主义、社会主义旗帜，广泛团结凝聚海内外中华青年，为促进经济社会发展、民族团结和祖国统一做出了积极的贡献，青联事业取得新发展。

抓住抗击非典和首次载人航天飞行取得成功的契机，大力开展爱国主义教育，弘扬伟大的民族精神。在抗击非典中，全国青联委员捐款捐物总价值6700多万元，文艺界委员创作表演的抗击非典主题作品数十部，组织了100多位委员撰写文章和寄语，表达弘扬民族精神、同心抗击非典的强烈心声，部分寄语在《人民日报》和《北京青年报》刊登，引起了社会的广泛反响。我国首次载人航天飞行成功后，组织文艺界委员进行专场慰问演出，用精彩的节目表达对航天科研人员及家属的无限敬意，召开各界青联委员座谈会，表达青联委员学习和发扬伟大的载人航天精神，在各自岗位争创一流业绩的心声。

发挥优势，服务经济社会发展做出了新贡献。深化中国青年科技创新行动，开展“青年专家河南行”活动，举办科技报告会，发布科技成果，深入企业、高新园区和农村，提供技术指导、咨询、培训等服务，命名第三批示范基地和教育基地，夯实工作基础，扩大覆盖面。组织全国青联志愿者艺术团，深入农村和国家重点工程建设一线，开展慰问演出12场，现场观众近20万人，把全国广大青年的问候和敬意送到人民群众和共和国建设功臣中。组织医药卫生、书画、政法等界别的委员，开展医疗义诊、抗击非典美术书法作品展和《法律援助条例》宣传咨询活动，发挥界别优势，为人民群众提供切实服务。

完善工作机制，促进青年人才发展取得新成效。开展第14届“中国十大杰出青年”和第6届“中国青年科技创新奖”评选活动，进一步规范评选程序，加大宣传力度，努力营造鼓励创新、尊重人才的良好社会氛围。组派第4批博士服务团赴西部地区进行为期1年的挂职锻炼，注重实践环节，培养高素质复合型青年人才。组织企业界委员汇聚北京CBD活动，围绕“入世挑战、奥运商机、企业发展”的主题进行了深入交流和研讨。举办第5期青年管理人才高级研修班，学习国际先进管理经验，提高应对入世挑战的能力，以培训活动为主要载体，为委员学习、发展提供有效服务。

以民族地区青年人才和宗教界青年代表人士为重点，推动民族和宗教工作实现新发展。实施第6期“培养计划”，选派来自西部和民族地区的青年干部赴东部和沿海地区进行为期半年的挂职锻炼，为西部和民族地区经济发展培养青年人才。开展第3次全国宗教界青年代表人士考察学习活动，来自五大宗教的青年代表人士赴辽宁、天津、北京等地进行考察学习，进一步增强了他们对宗教与社会主义社会相适应的认识。

拓宽渠道，加强研究，与港澳台青年交流取得新进展。非典疫情过后，先后举办第4届海峡两岸青年元宵联欢活动和两岸杰出青年、两岸经贸界青年、香港青年才俊等交流活动，组织内地与香港青年学生、青年志愿者交流活动，组团参加CEPA新机遇——两岸四地经贸合作前景论坛和明日领袖高峰论坛等活动，推动了两岸四地青年在经贸、科技、文化方面的交流与合作。共接待来访团组16个，223人次，组派交流团组12个，190人次。同时，针对台湾地区出现的新情况，联合中国青少年研究中心等单位开展专题调研，完成《当代台湾社会环境下青年学生发展状况研究报告》，掌握台湾青年学生动态。

加强联谊，海外学人工作实现新突破。举办2003海外学人回国创业周活动，组织940多名海外学人分赴10个省、市的33个园区开展考察、交流、合作活动，发布项目850多个，签署意向性协议132份，为海外学人参与祖国建设提供人才、项目、资金的对接服务。同时，首次组团赴美国和加拿大参加第4届“北美洲中国留学人员人才交流会”，赴德国和法国进行专业交流，与北美和欧洲留学人员团体和个人进行了广泛接触，扩大了全国青联在青年华侨和海外留学人员中的影响，为拓展海外留学人员工作开辟了渠道。

历届全国青联主席、副主席、秘书长名单

中华全国第一次青年代表大会

（1949年5月4－11日）

主　席：廖承志

副主席：钱俊瑞　谢雪红　钱三强　沙千里

秘书长：吴　晗

与会代表：552人，委员：87人，候补委员：22人，常委：25人

中华全国第二次青年代表大会

（1953年6月10－15日）

主　席:廖承志

副主席:刘导生　钱三强　吴　晗　区棠亮

秘书长:于北辰

与会代表:560 人,委员:120 人,候补委员:28 人,常委:27 人

中华全国第三次青年代表大会

(1958 年 4 月 9－14 日)

主　席:刘西元

副主席:胡　绳　杨静仁　张　超　吴学谦

王光英　李梦华　李　林　刘良模

秘书长:钱李仁

与会代表:600 人,委员:249 人,常委:31 人

全国青联四届一次全委会

(1962 年 4 月 16－30 日)

主　席:刘西元

副主席:王照华　丹　彤　王光英　李梦华

刘良模　魏　巍　钱李仁　孙轶青

林兰英　雪康·土登尼玛　杜近芳

秘书长:王传斌

委员:302 人,常委:41 人

全国青联四届二次全委会

(1965 年 1 月 15－27 日)

主　席:王　伟

副主席:王照华　胡启立　李文耀　钱大卫

杜近芳　徐寅生　曹锦如　徐建春

希林贝赫　刘厚明　陆钟武

胡　颖　傅德喜　罗冠宗

秘书长:朱　良

委员:302 人,常委:47 人

全国青联五届一次全委会

(1979 年 5 月 3－9 日)

主　席:胡启立

副主席:刘维明　徐寅生　周鹏程　杜近芳

高占祥　李海峰　伍绍祖　李寿葆

刘厚明　杨　乐　曲钦岳

嘉木样·洛桑久美·图丹却吉尼玛

秘书长:殷明连

委员:460 人,常委:55 人

全国青联五届二次常委(扩大)会议(1980 年 5 月 16 日)增选李瑞环、荣鸿仁、刘汉良为副主席。

全国青联五届三次常委会(1981 年 4 月 5 日)增选克尤木·巴吾东、朱善卿、殷明连为全国青联副主席。

全国青联五届二次全委会(1981 年 8 月 7—15 日)决定刘维明为代主席,增选何光晧为副主席,选举冯若赐为秘书长。

全国青联六届一次全委会

(1983 年 8 月 17－24 日)

主　席:胡锦涛

副主席:克尤木·巴吾东　刘延东　李海峰

何光晧　刘厚明　杨　乐　李富荣

吴英辅　戚烈云　孙家昶　刘能元

秘书长:克尤木·巴吾东(兼)

委员:523 人,常委:53 人

全国青联六届二次常委会(1984 年 12 月 1 日)决定覃志刚任秘书长。

全国青联六届三次常委会(1985 年 4 月 25 日)改选刘延东为主席。

全国青联六届二次全委会(1986 年 6 月 30—7 月 5 日)增选洛桑、李源潮、张宝顺、李克强、施光南为副主席。

全国青联六届六次常委会(1989 年 12 月 19 日)决定俞贵麟任秘书长。

全国青联七届一次全委会

(1990 年 8 月 19－23 日)

主　席:刘延东

副主席:洛　桑　李源潮　张宝顺　李克强

吴英辅　倪以信　盛承发　张蓉芳

策墨林·丹增赤烈　秦大河

关牧村　霍震寰　杨　岳

秘书长:俞贵麟

委员:664 人,常委 92 人

全国青联七届二次常委会(1991 年 12 月 27 日)改选张宝顺为主席。

全国青联七届四次常委会(1993 年 12 月

8日)改选刘鹏为主席,增选巴音朝鲁、袁纯清、赵实、俞贵麟为副主席。

全国青联八届一次全委会

(1995年7月18-22日)

主　席:刘　鹏

副主席:巴音朝鲁　袁纯清　赵　实
俞贵麟　白春礼　陈章良　陈肇雄
李登海　郝　鹏　关牧村　蔡振华
阿嘉·洛桑图旦　赵玉芬　霍震寰
王敏刚　高开贤　张　菁

秘书长:俞贵麟(兼)

委员:1006人,常委:145人。

全国青联八届四次常委会(1998年1月7日)决定巴音朝鲁任代主席,增选姜大明为副主席。

全国青联八届五次常委会(1998年11月26日)选举巴音朝鲁为主席,增选孙金龙、胡春华、黄丹华为副主席,决定胡伟任秘书长。

全国青联九届一次全委会

(2000年7月10-15日)

主　席:巴音朝鲁

副主席:孙金龙　胡春华　黄丹华　陈章良
陈肇雄　蔡振华　吉狄马加
李静海　秦文贵　竺延风　夏敬源
李　杨　冯　巩　张继禹　杨慧珠
黄英豪　霍震宇　黄树森　申　跃

秘书长:胡　伟

委员:1180人,常委:165人。

全国青联九届三次常委会(2001年12月17日)改选孙金龙为主席,增选崔波、赵勇、邱晓华为副主席。

全国青联九届四次常委会(2003年1月9日)决定郭长江任秘书长。

中华全国学生联合会

中华全国学生联合会(简称全国学联)是中国共产党领导下的中国高等学校学生会、研究生会和中等学校学生会的联合组织。它是中华全国青年联合会的团体会员。其基本任务是:遵循和贯彻党的教育方针,促进同学德、智、体全面发展,团结和引导同学成为热爱祖国、适应有中国特色社会主义现代化建设事业要求的合格人才;发挥作为党和政府联系同学的桥梁和纽带作用,在维护国家和全国人民整体利益的同时,表达和维护同学的具体利益;倡导和组织自我服务、自我管理、自我教育,开展健康有益、丰富多彩的课外活动和社会服务,努力为同学服务;增进各民族同学的团结,加强与台湾和港澳同学的联系,促进中华民族的团结和伟大祖国的统一;发展同世界各国、各地区学生和学生组织的友谊与合作,支持各国、各地区人民和学生的正义事业。

全国学联实行团体会员制。国民教育体系中全日制普通高等学校和中等学校的学生会、高等学校和科研教育机构的研究生会、国外中国留学生团体,承认全国学联章程的,均可成为全国学联的团体会员。目前,全国学联拥有团体会员10万多个,团结和联系着全国近12500万大中学生。全国学联按照民主集中制的原则,在中国共产党的领导下和中国共产主义青年团的指导下,依照国家的法律、法规和《中华全国学生联合会章程》,独立自主地开展工作。全国学联会员团体分别在所在省、自治区、直辖市组成该省、自治区、直辖市学生联合会,为全国学联会员团体的地方联合组织。

2003年度,全国学联及地方学联、各大中学校学生会、研究生会组织,结合我国经济社会发展和青年学生的实际,积极开展工作,在团结引导广大同学高举爱国主义旗帜跟党走,服务于广大同学健康成长,表达和维护广大同学的具体利益等方面发挥了重要作用。一是始终把加强理论武装作为首要的政治任务,积极组织广大同学认真学习"三个代表"重要思想,举办"全国大学生学习贯彻'三个代表'重要思想经验交流会"等活动,引导广大青年学生树立远大理想,坚定走中国特色社会主义道路的信念。二是全面深化“大中学生素质拓展计划”，推广网络管理系统，以职业导航设计、素质拓展训练、建立评价体系和强化社会认同为核心，促进大中学生综合素质的提高。三是发挥文化育人的功能，加强校园文化建设，以第八届“挑战杯”全国大学生课外学术科技作品竞赛为牵引带动校园学术科技活动，以“首届中国大学生校园歌手大赛”为龙头开展丰富多彩的校园文化艺术活动，引导同学们在健康向上的文化活动中陶冶情操，提高身心素质。四是引导广大青年学生走“理论联系实际，与人民紧密结合”的成才道路，广泛开展“大中专学生志愿者暑期‘三下乡’社会实践活动”，在深入社会、了解国情的过程中“受教育，长才干，做贡献”。五是始终坚持服务宗旨，不断提高服务同学的能力：通过实施“大学生就业见习行动”、举办“‘创业者风采’事迹报告团”等活动，为大学生就业创业提供帮助；通过评比、颁发“大中华高校基金会助学金”，为经济有困难的大学生提供帮助；关注大学生心理健康，举办“高校心理咨询员培训班”，切实帮助大学生解决学习、生活中遇到的心理问题。六是普及和深化以公民意识教育、成人预备期志愿服务、素质训练和成人宣誓仪式为主要内容的18岁成人仪式教育活动，激发适龄中学生的爱国情感，树立公民责任感。七是不断加强自身组织和工作建设：召开全国学联主席团会议，协商、部署学联工作和发展；密切与各级学联组织的联系，向各地学联组织和各学校学生会、研究生会的换届会议发表贺信，通过《学校工作简报》对各地学联组织的工作给予指导；关注和研究学生社团的管理和发展。

中国青少年发展基金会

2003年，在团中央书记处领导下，中国青少年发展基金会以希望工程为重点，继续加强社会动员，努力推进各项公益活动，加大管理、监督和机构建设力度，基本实现年度工作目标。

截至目前，中国青基会实现捐款和其他收入6116万元。其中，希望工程3398万元，保护母亲河2490万元，卫生与健康项目114万元，其他基金与收入114万元。

一、展开希望工程主题公益行动，强化希望工程的管理和社会监督

2003年，中国青基会资助希望之星2400多名，建设希望小学70多所，培训希望小学教师近7000名，捐建希望网校近80间，为农村小学和希望小学捐建希望图书室1000个。

为贯彻落实国务院《关于进一步加强农村教育工作的决定》和教育部、团中央等15个部委发出的《关于开展经常性助学活动的意见》，中国青基会及时作出了在全国范围开展“希望工程——让孩子们都上学”主题公益活动的部署，决定在今后一个时期内，将“希望工程——让孩子们都上学”作为希望工程主题公益概念统揽全局，加大社会动员和资助力度。现在，各地已结合实际积极行动起来，如云南的“爱心成就未来”活动、福建的“爱心助学计划”、辽宁的百所希望小学捐建活动、黑龙江的“助学促发展，托起新希望”活动、上海对口甘肃援建希望小学等，都取得积极的社会效果。

2001年底至2002年初，希望工程遭受犯罪分子恶意攻击，不明真相的社会公众对希望工程的清白因此存有疑虑。信誉是希望工程的立命之本。在这种情况下，要消除公众疑虑，提升品牌公信力并继续发挥希望工程在社会捐资助学活动中的积极作用，必须比以往任何时候都要更加严格地加强管理，完善控制机制。为此，中国青基会围绕强化希望工程“一助一”管理制度这一核心，进行了一系列制度调整和建设工作。在希望工程的捐款管理方面，已在全国统一使用希望工程捐款专用收据和管理行政成本的社会公约制度。在对农村特困学生的资助方面，大幅调高资助标准，以增强资助力度和效益；普遍执行通过银行向受助学生划拨助学金的“直通车”制度，以消除管理监控盲区;普遍执行受助学生给捐赠人的写信与助学金划拨相挂钩的信息反馈制度,以强化捐受双方的沟通联系,使“一助一”制度全面落实。在希望小学的资助方面,开展大规模的普查,做到每所小学都记录在案,所有学校的基本信息均集中健全;在坚持原有管理规则的同时,启动小学建设工程监理制度,以加强建校过程的质量动态管理。目前,围绕加强希望工程管理的一套新的规则,包括《关于统一希望工程捐款收据的决定》、《希望之星资助管理规则》、《希望小学资助管理规则》、《希望小学教师培训管理规则》、《关于市(地)级团委(青少年发展基金会)使用希望工程服务商标的管理规定》等已相继执行,为希望工程继续健康发展提供了制度保证。

二、继续培育新的公益项目,开拓为青少年服务和机构自我发展的空间

继续参与实施保护母亲河行动,已实现累计筹资6370万元。项目工程的生态效益、经济效益和社会效益初步显现。

继非典期间开展“爱心包”活动后,顺应社会需求,中国青基会涉足公共卫生领域,成立了卫生与健康办公室,开展“健康袋袋传”活动,在城市社区发送普及公共卫生与健康知识的宣传袋。近两年多来,中国青基会在山西闻喜县试验面向艾滋病患者子女的助学活动,已取得初步经验。2003年,在国际扶轮社的捐助下,又扩大了资助范围。为在青少年中开展预防艾滋病宣传教育工作,我们与桂林乳胶厂、《中国青年报》合作,在濮存昕等人士热情支持下,推出“红丝带行动”大型预防艾滋病综合公益项目,已编印发行《因为爱,我们珍惜——红丝带预防艾滋病公益读本》。

进城务工的农民工子女的义务教育问题已引起政府和社会各界的高度重视。2003年,国务院办公厅转发了教育部等六部委《关于进一步做好进城务工就业农民子女义务教育工作的意见》,其中提出:“积极鼓励机关团体、企事业单位和公民个人捐款、捐物,资助家庭困难的进城务工就业农民子女就学。”对此,中国青基会已在北京、广州、上海等地就面向农民工子女实施助学行动展开可行性调查,并与嘉里粮油(中国)有限公司达成协议,在未来五年内,形成每年1000万元人民币的捐助规模,并在此基础上,动员社会各界参与对农民工子女的助学行动。

三、创新社会动员方式,加速社会捐助由以个人为主向以法人为主的转变,建立较为稳定的捐款来源渠道

希望工程由最初的发起到规模扩张阶段,其社会化动员的方式主要是通过媒体面向大众的大规模社会动员和借助体制资源的系统内动员。希望工程要长期稳定发展,必须不断创新动员方式。2003年,按照以法人为劝募重点、以建立长期基金为动员目标的工作思路,中国青基会相继与可口可乐、摩托罗拉、宝洁、朗讯、肯德基、国际青年基金会、索尼、施耐德电器等跨国公司以及国内的大型企业等签订了2—7年的捐助协议。这些合作关系的建立,已基本改变中国青基会的捐款来源结构,法人捐赠已成为捐款的主体,捐款的一次性已转变为长期和稳定。

动员与合作方式的改变,使希望工程和其他公益项目的实施呈现出个性化特征。如与海外机构合作设立奖学金,以7年为合作周期,以逾一亿元人民币为捐赠目标,以小、中、大学生申请奖学金的方式实行资助,拟定专门章程,建立专门科目,成立专门管理委员会,进行专项助学活动。个性化的捐助,加深了我们与捐赠人的合作程度,使希望工程的动员和资助更具灵活性,也有利于培养机构的客户服务意识和能力,有利于吸取符合国际惯例的管理经验。

四、严格机构内部管理,加强机构能力建设,探索更加有效的机构治理模式

基金会的资产及财务管理是机构管理工

作的核心之一。中国青基会以国家审计局的审计为契机，认真总结经验教训，在资产财务管理方面一是加以评估清理，作出了除以国家划拨资产设立的中青基业投资发展中心外，对其余投资项目在二到三年内全部实现转让、注销或撤消的安排。二是邀请会计师事务所完成了对中国青基会2002年度财务收支的审计。该项审计，检验了我们执行国家审计署审计决定和意见的情况，集中反映了机构成立以来收支、投资与财务管理的状况，审计结论成为能够向社会公布的重要文件。三是建立健全财务管理制度，严格规范财务管理。包括建立协议、合同等法律文件的财务审核和律师审核制度，确保资金流转合法安全。包括修订《中国青基会财务管理制度》、《中国青基会预算管理制度》和《中国青基会内部审计办法》等规章制度，并作好财政部《非营利组织会计制度》一旦颁布即与之接轨的准备。包括加强费用控制，建立一套事前审核、事中监督、事后分析费用支出和项目支出的控制机制。编制年度费用预算和项目费用支出预算，严格执行费用标准，厉行节约，杜绝浪费，减少经费赤字，提高资金使用效益。包括进一步充实财务管理力量，选调高级财务管理人员，加强对现有财务人员的业务培训，加强财务人员的职业道德教育，提高财务工作的管理水平。

2003年，中国青基会引进国际评估工具，全员参与，就机构能力建设的所有方面加以系统、全面地审视，在此基础上确定机构发展的具体目标、任务、手段。选派高级管理人员参加国际机构在华举行的"NPO公信力的价值"培训，参与中国非营利组织《诚信公约》的讨论和国务院《基金会管理条理(草案)》的讨论。这些工作的开展，使能力建设问题有了更为清晰的参照、思路和办法。

创建新型的青基会治理结构，使其具有强有力、多元化和更具适应性的决策过程，以确保组织的有效性，是实现建设一流基金会的组织基础。中国青基会一直致力于非营利组织建设研究，力图同其他组织一道进一步完善非营利组织治理结构，创建具有中国特色、符合国际化要求的新型基金会组织。中国青基会正抓紧研究理事会治理结构改革方案，力争在2004年启动。

中国青年科技工作者协会

2003年，中国青年科技工作者协会以邓小平理论为指导，全面贯彻"三个代表"重要思想，紧紧围绕经济建设这一中心，团结奋进，开拓创新，以实施"金桥计划"为重点，全面推进青年科技创新行动，大力开发青年科技人才资源，充分发挥协会的人才智力优势，为促进科技进步和经济社会发展做出了积极贡献。

一、深入实施"金桥计划"，推进青年科技创新行动

贯彻落实协会三届会员代表大会精神，把实施"金桥计划"作为推进青年科技创新行动的重点工作，团结和带领广大青年科技工作者积极投身科教兴国的伟大实践，努力推动科技进步与创新。

1.以多种形式促进人才与经济相结合。协会以论坛、研讨会、交流会、专家服务团等方式，引导和帮助青年科技工作者参与经济建设，架起人才与项目对接的桥梁，推动科研与产业的结合。协会以"生态·经济·可持续发展"为主题，在山东东营举办了首届中国生态经济青年专家论坛。论坛集中探讨了我国生态经济现状及发展趋势，交流了生态经济科研成果和经验，为促进我国经济与生态环境协调发展献计献策。来自国内外的青年专家、企业家和投资界人士还进行了项目发布和洽谈，共发布项目59项，签订意向性协议30份。协会承办了在天津经济技术开发区召开"泰达华生(TEDA－WATSON)生物技术及医药国际研讨会"，生物科技委员会和医药卫生科技委员会召开了生物、医药发展专题会议，通过了"关于

大力发展我国生物技术产业的倡议书”。协会与农业部全国农业技术推广服务中心等单位在京共同举办了21世纪中国大豆产业发展研讨会,140多位来自全国的专家学者参加了会议,就我国大豆产业存在的问题、比较优势及发展潜力,如何按照WTO规则制定扶持政策等进行了广泛的交流和讨论。

协会的新材料科技委员会积极促进新材料领域官产学研的结合,推动我国新材料产业的快速、健康发展。在大连开展了青年专家科技服务团活动,通过组织新材料领域的专家、学者作报告,全面介绍国内外新材料产业研究、应用与发展趋势以及我国863计划高技术新材料领域研究进展情况,同时结合地方的实际情况,研究新材料产业的发展,并探讨东西部新材料产业的广泛联系与合作。在北京召开了“2003全国新材料产业发展促进交流大会”,结合新材料产业发展的现状与趋势进行了研讨,全国新材料领域的专家、企业家、投资者近100人出席了会议。

2. 承办“海外学人回国创业周”活动。12月23日至27日,协会承办了一年一度的海外学人回国创业周活动。活动以“科技创业、报效祖国”为主题,注重加强国内园区、企业与海外学人之间的对接和服务,得到了广大海外学人的积极响应,也得到了国内园区、企业的热烈欢迎。来自美国、日本、德国、英国、法国等16个国家和地区的400多名海外学人分别在北京、天津、上海、陕西、黑龙江等14个省(区、市)进行了项目合作洽谈,举办新技术与新产品发布会,交流回国创业的成功经验并参观考察。活动期间,在京举行了“海外学人回国创业论坛”,围绕国家有关发展高新技术产业政策、科技风险投资基金、留学人员回国创业政策、科技园区发展规划等方面进行了深入探讨和广泛交流。中共中央政治局委员王兆国亲切接见了参加活动的部分海外学人并与他们座谈。

为更好地做好海外留学人员工作,协会在京召开了青年海外学人工作座谈会,围绕成立青年留学人员组织,开展杰出青年留学人员奖项评选工作以及建立有关青年留学人员的长效工作机制等问题进行了交流讨论。9月14日,协会在河北廊坊召开了“海外学人回国创业周活动经验交流会暨中青科协园区工作委员会(扩大)会议”,对2003海外学人回国创业周活动的各项筹备工作进行了具体安排。

3. 协助做好“博士服务团”工作。协会协助中组部、团中央圆满完成了第三批“博士服务团”共114名博士赴西部地区挂职锻炼工作,第四批“博士服务团”128名青年博士也已经奔赴西部10个省(区、市)和江西省进行为期一年的锻炼服务。9月25日至27日,协会协助中组部、团中央对第四批“博士服务团”成员进行了出发前的培训和动员。中宣部副部长雒树刚、国家发改委副主任李子彬、中央党校党建教研部主任卢先福在培训班上分别作了专题报告。中组部副部长王东明和团中央书记处书记胡伟在动员会上讲话,团中央书记处书记王晓出席并主持了部分报告会。几年来,“博士服务团”成员认真贯彻“三个代表”重要思想,开展了大量卓有成效的工作,为西部地区科技进步和经济社会发展做出了贡献,自身也得到了锻炼成长。

二、广泛开展科技知识的传播活动,营造崇尚科学、鼓励创新的良好氛围

1. 举办中国青年创新论坛。协会利用全国青联常委会、海外学人回国创业周等契机,发挥青年创新论坛凝聚青年英才、促进交流合作的桥梁作用,先后举办了4期青年创新论坛,为广大青年科技工作者追踪科技前沿、探讨创业理念、交流创新思想提供了舞台,使论坛进一步成为碰撞智慧火花、孕育创新思想、传播知识的阵地。

2. 建设好中国青年科技信息网。协会进一步加强网站建设,通过汇集和发布各类具有应用价值的人才、技术和项目信息，向各类专业人才、科研机构和高科技企业提供双向资讯服务。目前，中国青年科技信息网已经广泛汇集了具有应用价值和市场前景的科技成果、专利项目1万多项，充分发挥了互联网在科技成果市场化、产业化过程中的信息集成和中介服务功能，促进了社会创新资源的优化配置，实现了技术、项目、人才、需求等信息的交流与对接，成为展示广大青年科技工作者风采的重要阵地和青年科技创新行动的有效载体。

3. 完善中国青年科技创新在线博览会。中国青年科技创新在线博览会开辟了集高科技人才、项目、产品、企业、投资机构、科技园区于一体的网络展览会，集中展示当代青年科技英才风采，检阅青年科技创新行动阶段性成果，为社会各界提供可长期共享的信息资源。网上博览会采取交互式的服务方式，为企业、园区、人才提供了及时发布和更新信息的专用渠道和平台，充分体现了开放性、综合性、公益性和长期性的特点。

三、积极开展青年科技人才评选表彰活动，宣传优秀青年科技典型

1. 表彰第五届"中国青年科学家奖"。为表彰在科技领域取得重大科技成果的青年科学家，激励广大中国青年科技工作者积极投身科教兴国的伟大实践，提高创新能力，勇攀科学高峰，经过几十位专家、院士的初审和复审，评出佘振苏等11人获得第五届中国青年科学家奖，李嘉禹等6人获得提名奖。中国青年科学家奖评选以来，获奖者中已有13人先后成为两院院士。2003年又有9位获奖者入围院士候选人名单，其中2人当选为两院院士。

2. 评选第六届"中国青年科技创新奖"。为充分发挥广大青年尤其是青年科技工作者在科技创新中的生力军作用，表彰他们在技术创新和科技成果产业化方面取得的突出成绩，促进优秀青年科技人才脱颖而出，协会评选了第六届"中国青年科技创新奖"。于海斌等10位同志被授予"中国青年科技创新杰出奖"、景国勋等100位同志被授予"中国青年科技创新优秀奖"。

3. 开展第二届"中国软件行业杰出青年"评选活动。为表彰、宣传在软件行业有突出贡献的青年典型，激励软件行业广大青年勇于开拓，自主创新，为促进我国软件产业的发展，增强我国信息产业创新能力和国际竞争力做出更大贡献，协会组织了第二届"中国软件行业杰出青年"评选活动，共有来自32个省级团委推报的137名在软件领域做出突出业绩和重大贡献的青年人才参评，其中获博士学位的22人，具有副高级以上职称者82人。最终，王勇峰等10人荣获第二届"中国软件行业杰出青年"称号，孔竟等30人获提名奖。此外，协会还联合中国青少年发展基金会共同启动了"中国青年软件振兴计划"，促进青年软件人才队伍的壮大和我国软件产业的发展。

四、加强协会建设，扩大对外交流，提高服务水平

在各级协会的共同努力下，协会建设有了长足发展。各学科之间的交流与沟通不断加强，人才聚集效应得以发挥，专业研究和成果产业化取得了可喜的成绩。

2003年春天，面对突如其来的非典疫情，党中央、国务院果断采取一系列重大决策措施，率领全国人民打响了一场没有硝烟的特殊战斗。在这场战斗中，中国青年科技工作者协会向战斗在防治非典工作中的青年医务工作者、青年科技工作者及其家人发出了慰问信，向他们表示慰问并致以崇高的敬意。在协会秘书处的组织下，广大会员纷纷为抗击非典斗争捐款捐物，总价值折合人民币7000多万元。协会还号召并组织广大海外学人以各种形式支援祖国人民抗击非典。为此，协会被民政部授予了"抗击非典先进全国性社会团体"称号。

2003年9月，协会部分会员应邀出席了香港资讯科技界国庆访京团在京举办的香港与内地IT界CEO交流会和CEPA论坛。论坛以“内地与香港关于建立更紧密经贸关系的安排”为主题，通过对双方资讯科技界的发展状况和趋势进行比较，探讨CEPA给两地IT界带来的机遇和挑战，就切实加强合作、谋求共同发展达成了许多共识。

2003年11月，协会在河南郑州召开了三届二次理事会。进一步修改了协会《章程》，增(递)补了副会长、常务理事、理事、会员和团体会员。协会个人会员达到1248人，团体会员29个，汇聚了一大批青年科技英才。同时，在发挥信息科技委员会、生物科技委员会、新材料科技委员会、医药卫生委员会、农业科技委员会、科普工作委员会、高科技园区工作委员会和海外学人工作委员会等八个专业技术委员会作用的基础上，成立了哲学社会科学委员会、博士服务团工作委员会和建筑与公路工程建设工作委员会。

中国青年企业家协会

1.“青年企业家西部行”活动。2003年，“青年企业家西部行”活动不断向广度和深度发展。2003年9月，中国青年企业家协会联合国务院三峡办在湖北省宜昌市、重庆市万州区共同组织开展了“青年企业家三峡行”活动，共签订意向性合作协议29个，协议金额18.72亿元，并为三峡库区捐建了三所希望小学。11月，在“中青企协八届二次理事会议”召开期间，组织开展了“中国青年企业家九江、黄冈经贸考察活动”，共有300余名青年企业家参加了活动，活动期间达成合作协议59个，协议金额123.01亿元，其中，合同金额10.1亿元，框架性协议50亿元。此外，还联合湖北省荆门市人民政府举办了“湖北荆门市北京经贸合作洽谈会”。为服务东北老工业基地振兴，帮助资源型城市加速转型，组织开展了“青年企业家阜新经贸考察活动”。

2.形式多样的青年企业家培训活动。着眼于培养一支高素质的青年企业家人才队伍，广泛开展形式多样的培训、研修、研讨活动。一是继续联合有关高校对青年企业家进行在职学历教育。在联合吉林大学对会员进行在职学历教育的同时，2003年，中青企协与北京大学光华管理学院联合举办了“北京大学企业管理专业研究生中青企协实验班”，为会员系统学习经营管理知识开辟了新的渠道。二是举办多种形式的短期培训班和研讨活动。2003年11月，在湖北举办了“中国青年企业家论坛”，邀请著名专家学者、青年企业家代表就“青年企业家与全面建设小康社会”进行了广泛深入的研讨，共有来自全国各地的300多名青年企业家参加，论坛在广大青年企业家中产生了强烈的反响。

3.对外交流工作。中青企协积极促进青年企业家与国外和港澳台地区的青年商会组织、青年企业家开展交流与合作。2003年，中青企协支持香港青年工业家协会召开了“两岸青年企业家论坛”。2003年10月，组织了“澳门青年企业家协会成立典礼观礼团”，来自北京、上海、浙江、甘肃的近20名青年企业家参加了观礼团，观礼团成员受到了澳门特首何厚铧的接见。此外，中青企协多次组织会员与应邀来访的香港青年工业家协会、香港青年商会、澳门青年企业家协会等代表团进行交流。

中国青年乡镇企业家协会

中国青年乡镇企业家协会在团中央书记处的直接领导和关心支持下，坚决贯彻落实“三个代表”重要思想，克服非典造成的不利影响，努力推动协会工作向前发展。

1.组织会员为抗击非典贡献力量。协会广泛发动青年乡镇企业家一方面开展捐助活动，为农村非典防治工作提供物质援助；一方面做好防范工作，维护农村正常的生产生活秩序；另一方面搞好正常的生产经营活动，服务各种大局。非典过后，协会又发动会员积极生产，帮助农民调整产业结构，降低非典对农业的影响。

2. 组织会员为大学生提供就业岗位。2003年是高校扩招后大学本科生毕业的第一年，受非典的影响，大学生就业形势严峻。协会向300多家会员企业发出倡议，为大学生提供就业岗位。既缓解了大学生就业问题，又为会员企业发展注入了新的力量。

3. 组织会员参加全国性活动。为培育企业文化，展示会员企业风采，协会分别组织部分会员企业员工参加了第四届全国乡村青年歌手大赛和全国乡村青年民间工艺品制作大赛。

4. 促进会员团体工作的开展。在协会的指导下，江苏成立青年商会，安徽成立了青年农民科技协会，山西成立了农村青年经纪人协会，河北、湖北、四川大力发展专业服务协会。会员团体的探索与实践，推动了协会的不断发展，使协会充满了生机。

中国青年志愿者协会

中国青年志愿者协会成立于1994年12月5日，是由志愿从事社会公益事业与社会保障事业的各界青年组成的全国性社会团体，是中国共产主义青年团中央指导下的，由依法成立的省、自治区、直辖市青年志愿者组织和全国性的专业、行业青年志愿者组织和个人自愿结成的全国性的非营利性社会组织，是全国青联团体会员，联合国国际志愿服务协调委员会联席会员组织。协会通过组织和指导全国青年志愿服务活动，努力弘扬“奉献、友爱、互助、进步”的志愿精神，推动社会主义精神文明建设，促进社会主义市场经济体制的建立和完善，提高青年的整体素质，为经济社会的协调发展和全面进步贡献力量。协会在宪法和法律许可的范围内开展工作。协会基本任务是：改善社会风气和人际关系，为发展社会主义市场经济创造良好的社会环境；适应社会主义市场经济发展的需要，推动青年志愿服务体系和多层次社会保障体系的建立和完善；培养青年的公民意识、奉献精神和服务能力，促进青年健康成长；为城乡发展、社区建设、扶贫开发、抢险救灾以及大型社会活动等公益事业提供志愿服务；为具有特殊困难以及需要帮助的社会成员提供服务；规划、组织青年志愿服务活动，协调、指导全国各地、各类青年志愿者组织开展工作；培训青年志愿者；开展与海内外志愿者组织和团体的交流。

2003年，协会坚持服务党政大局、服务社会需求、服务青年成长，按照着眼发展、着力建设的工作思路，积极探索志愿服务的组织、队伍、项目和机制建设，努力形成“党政支持、共青团承办、项目化管理、社会化运作”的工作格局，青年志愿者行动不断发展，服务领域不断拓展，志愿者队伍不断壮大，为促进经济发展和社会进步做出了积极的贡献。

2003年在继续实施青年志愿者扶贫接力计划、青年志愿者社区发展计划等重点项目的同时，着重开展了以下工作：一是全面实施大学生志愿服务西部计划，按照公开招募、自愿报名、组织选拔、集中派遣的方式，招募普通高校应届毕业生到西部地区贫困县的乡镇一级，开展为期1－2年的教育、卫生、农技、扶贫以及青年中心建设和管理等方面的志愿服务工作，全国项目和贵州、宁夏、甘肃、重庆、北京、辽宁、河北、广东、山东等九省（区、市）开展的地方项目共招募选派了10090名大学生志愿者到西部300多个贫困县的乡镇基层开展志愿服务，为培养教育青年学生，拓宽大学毕业生的就业渠道，促进西部地区的经济社会发展做出了积极的贡献。二是积极组织青年志愿者投身抗击非典斗争，先后组织1200多万人次的青年志愿者，集中开展了为一线医护人员捐赠志愿者爱心包、热线咨询、普及非典防治知识、助耕帮困、向生活陋习开战等活动，为夺取抗击非典斗争的胜利做出了贡献。三是举办纪念学习雷锋活动40周年大会，开展了“全国学习雷锋、志愿服务先进个人、先进集体评选表彰活动”，在全国评选出100个先进事迹和100个先进个人。四是围绕中国青年志愿者行动实施10周年举行了纪念座谈会，并开展了“真情送万家”志愿服务活动、志愿服务金奖奖章和特别贡献奖评选表彰、10周年庆典大型公益演出等一系列纪念活动，在全社会进一步倡导了“奉献、友爱、互助、进步”的时代新风，为促进社会主义精神文明建设发挥了积极的作用。

截至2003年底，全国经过规范注册的志愿者达1000万人，累计已有1.5亿人次以上的青年在扶贫开发、社区服务、环境保护、大型活动、抢险救灾、海外服务等领域向社会提供了超过55亿小时的志愿服务。福建、河南、黑龙江和浙江等地相继颁行了志愿服务地方法规。全国35个省和三分之二以上的地(市)及部分县都成立了青年志愿者协会或志愿者协会。

中国青年实业发展促进会

中国青年实业发展促进会是全国性的由青年组织所属经济实体和优秀青年经济工作者组成的群众组织。1994年在民政部登记注册。中国青年实业发展促进会以促进社会主义市场经济发展及青年事业的进步为宗旨，致力于社会主义市场经济理论的研究，指导青年组织所属经济实体坚持“为社会经济发展服务，为青少年健康成长服务，为共青团事业服务”的方向，提高经济实体的经济效益和社会效益，培养具有现代经营管理素质的青年人才。现将青促会2003年度主要工作总结如下：

一、认真学习“三个代表”重要思想

各级青促会组织把组织青年企业家学习贯彻江泽民总书记“三个代表”重要思想作为首要任务来抓，通过形式多样的宣传教育活动，引导广大会员深刻认识中国共产党八十年的基本经验，深刻认识“三个代表”重要思想的科学内涵，深刻认识当代青年企业家所肩负的历史重任并持续掀起学习热潮，进一步增强广大青年企业家的使命感和责任感。针对协会工作特点和会员思想实际，坚持把组织理论学习与开展教育活动结合起来，把帮助会员提高思想认识与引导他们投身改革和现代化建设实践结合起来，努力增强学习的针对性和实效性。通过学习，广大会员进一步统一了思想，提高了认识，从而增强了做“三个代表”重要思想忠实实践者的意识，坚定了跟党走建设有中国特色社会主义道路的信念。

二、有效服务青年企业家成长成才

一是举办多种形式的研讨活动。针对中国加入WTO组织中国企业面临的机遇和挑战，组织“中国企业发展论坛”，邀请高校的教授和知名的经济学者和青年企业家一起进行研讨。二是积极为青年企业家与国外和港澳台地区的交流创造条件。三是大力宣传青年企业家在本职工作和社会公益事业等方面做出的成绩，为青年企业家健康成长创造了良好的外部环境。

三、切实加强协会自身建设

青促会始终把加强青促会组织自身建设作为一项重要任务，使协会自身建设水平迈上了一个新的台阶。一是健全制度。各级青促会组织进一步加强制度建设，推动协会工作向科学化、规范化方向发展。二是加强信息化建设。越来越多的青促会建立了自己的网站，并逐步实现了相互链接，为青促会的信息化建设打下了良好的基础。三是加大会员发展力度。各级青促会继续坚持“严格标准、注重质量、积极发展”的原则，将一大批优秀青年企业家吸收到协会当中来。

中国青少年研究会

中国青少年研究会是经团中央书记处同意，国家民政部批准注册，在原中国青年研究

会和中国青运史学会合并的基础上，增加了少年儿童研究的职能，于 1999 年 3 月成立的。中国青少年研究会的中文简称为“中国青研会”，英文译名为 China Youth & Children Research Association，缩写为 CYCRA。本会会址设在中国北京（Beijing China）。办事机构设在中国青少年研究中心。

本会 2003 年的一项重要工作是年度换届，按照章程的规定顺利地完成了换届工作。

1. 实行品牌化发展战略，打造研究会的品牌“航母”。中国青少年研究会作为国家一级学会，要在青少年研究方面形成一个最具综合性、权威性的品牌规模。其中有六大品牌系列是组成研究会品牌“航母”的基石。其中：

（1）报告系列：研究会在专题研究报告以及各类应急报告方面，应该具有一支快速反应部队，能及时准确地破解不同性质和类型的选题，适用相关的理论，及时、快速、准确、科学地写出所需的系列报告，以及青少年发展状况的年度报告。

（2）网络系列：研究会应具有足以应付各种科研活动和多种服务形式的网络。首先，要充分发挥和利用好现代传媒，特别是互联网，为此研究会应进一步做好这方面的基础工作，要把“中国青少年研究”网站建设好，完善网上功能，真正办成一个具有权威性的信息网、服务网。其次，要进一步做好“全青调查”的网络布点工作，充分发挥其以组织为基础的网络覆盖优势，增加调查流量，加快其常规运行的步伐，提高利用效率。同时，要进一步加固《中国青少年研究人才库》、《中国青少年研究专家库》以及《中国青少年研究专家支持系统》的工作，健全中国青少年研究的人力资源网络。

（3）杂志系列：进一步办好三个刊物，力争使刊物栏目、主题都突出体现“三贴近”的宗旨，充分发挥其学术阵地的导向作用、旗帜作用、服务作用和理论指导作用，永远保持其学者热心、读者关心的高办刊水平。

（4）论坛系列：中国青少年研究会应成为青少年研究者以及有关专家、学者展示思想、探讨理论、钻研学术的一块科研绿茵，就青年中的各种热门话题、热点问题、疑难问题畅所欲言、热烈探讨、深刻辨究，营造出一种百花齐放、百家争鸣的科研民主的气氛。要开辟有关中国青少年社会发展问题的高层论坛，以扩大研究会的知名度和影响力。

（5）活动系列：研究会首先应将现有比较成熟的品牌活动精品化，目前已成为我会第一品牌的“星星河快乐农庄”，要进一步扩展其体系、丰富其形式、完善其机制，使其成为促进我国少年儿童成长发展的一项品牌性教育活动。同时对“成功计划”、演讲培训以及新培育出的其他活动，也要进一步精雕细琢，加快发展步伐。

（6）图书系列：目前中国青少年研究会已经推出了由“青年研究”文库、“少年儿童研究”文库、“青运史研究”文库以及“五元家教”丛书等所组成的具有一定规模的图书系列，这既是已有的科研成果系列，也是今后科研蓬勃发展的广阔平台。我们要在这一平台上，广泛发掘课题，深入理论探讨，加强实践指导，切实解决问题，使青少年研究的图书系列成为研究会的重要一翼。

2. 整合全国青少年研究队伍与科研力量，充分发挥研究会的组织协调作用。中国青少年研究会作为全国性学术团体，对全国的青少年研究工作者有着巨大的吸引和凝聚力，要充分利用研究会的理事席位、会员制度，最大限度地延伸青少年研究的手臂，最广泛地把全国青少年研究的力量团结和整合起来，形成一支多学科、多层面、全方位、团结互助、协调作战的科研集团军。特别是要建全和完善各学科的专业委员会队伍的建设，充分发挥出专业委员会的学术领头羊作用。

3. 加强国际接轨，使我国青少年研究逐步走向国际化。为适应日益发展的经济全球化和青少年思想与视野的进一步开放，我们要在青少年研究现有的基础上，加大与国际上有关机构和研究力量合作的力度，进一步搞好课题联合开发与项目合作，加强同国际社会有关研究机构和专家、学者的经验交流与成果共享。

4. 加强科研与实践的亲和力，充分发挥好研究会的服务功能。研究会成立伊始，就确立了其服务的宗旨，在当前新的历史条件下，在举国深入贯彻党的“十六大”精神的历史新阶段，本会更要以“三个代表”为工作的指针，充分发挥其为基层、为第一线服务的职能，使我们的研究课题来自于实践，并反过来为实践服务。我们要抓住科研这条主线，进一步开展时代迫切需求的青少年课题研究。立足于为青少年的健康发展服务，为做好青少年工作服务，为推进社会与青少年发展的紧密结合服务。可以说，为实践服务就是本会赖以生存的生命线。

中国少先队工作学会

2003 年，中国少年先锋队工作学会围绕少先队全队的中心任务，按照推进素质教育的要求，把握少年儿童和少年儿童工作的新特点，一手抓科研课题的深化，一手抓科研成果的转化，推动少先队教育理论的专业化进程和群众性理论研究活动的开展，在继承中创新，在创新中发展，为促进少先队事业的发展服务，取得了可喜的成绩。

科研是学会工作的核心。一年来，学会在课题的管理上通过规范管理程序，建立了课题实施的有效机制。突出抓好课题的立项、申报、审批、督导。学会批复课题 35 个，组织专家到 30 个课题实施单位进行面对面指导，使少先队科研形成了良好发展态势。

学会近年来陆续建立了百余个中国少年儿童信息研究基地。在学会的直接指导下，各基地努力做好信息服务工作，收集并反馈了少年儿童中大量鲜活的信息，对于及时掌握当代少年儿童的思想状况，关注少年儿童的热点问题，维护少年儿童的合法权益，发挥了作用。为繁荣和发展少先队理论研究，营造和活跃少先队学术氛围，广泛开展群众性、实践性课题研究，经过一年努力，在全国建立起 78 所中国少先队工作学会科研实践基地，为开展和进行少先队科研工作发挥了重要作用。

实事求是，深入实际调查研究，抓好少年儿童中的热点和焦点问题，是贯穿学会全年的工作内容和任务。一年来，学会始终有意识、有目的地收集有关少年儿童的热点信息，并在信息收集的基础上对各种即时性社会热点进行问题剖析，编撰成《少年儿童热点问题内参》，为领导和决策部门提供客观、真实的第一手资料。

推动少先队辅导员培训工作，是学会工作的重要内容。2003 年，学会首创了“全国辅导员远程教育”培训模式。辅导员可以通过点击中国少年雏鹰网，研读网上讲义，足不出户地聆听全国级专家的授课。第一次实现了通过现代传播手段直接为一线的辅导员服务，成为辅导员培训工作走上信息化发展道路的有益探索和积极尝试。并实现了全国辅导员培训参训人员一次性超过 5000 人的可喜成果。

在全国辅导员远程教育培训的基础上，将培训成果进行了转化，精心编辑出版了《全国少先队辅导员培训教程——面对专家听讲座》一书。这本书的出版为总结近年来少先队理论研究工作的成果，直接为基层服务，将发挥积极而重要的作用。

中国青年工作院校协会

一、组织简介

中国青年工作院校协会是全国各青年工作院校自愿组成的全国性专业群众团体，接受团中央的领导和政府有关业务部门的指导。协会成立于 1994 年 5 月 25 日，现有理事 62 人，常务理事 19 人。

协会的宗旨是坚持党的基本路线，加强青

年工作院校间的联系和协作，维护青年工作院校及其工作者的合法权益，促进青年工作院校的建设、改革与发展。主要任务包括组织学术交流活动，交流办学经验、研究探讨青年工作者教育中的新问题；举办各种培训，帮助青年工作院校培养专门人才；加强与中央有关部门、协会的联系，积极反映青年工作院校的实际情况，为会员提供有关政策咨询，组织全国性的评选和检查活动；组织与国外及港澳台地区的友好往来和业务交流等。

二、工作概况

2003年，协会在团中央的领导下，认真学习贯彻团十五大精神，按照全国团干部教育培训暨团校建设工作会议精神和《共青团中央关于进一步加强和改进团校建设的意见》的要求，充分发挥团校（青年院校）在团干部教育培训和培养青年人才中的重要作用，团结带领全国团校（青年院校）以"三个代表"重要思想为指导，奋发进取，扎实工作，努力开创团干部教育培训工作和团校建设新局面。

加强团校（青年院校）之间的交流和合作。协会充分发挥桥梁纽带作用，不断加强会员单位之间的合作与交流，为团校的建设和发展提供了切实的服务。一年中，共编发《团干部教育通讯》7篇，为会员单位沟通情况、交流工作提供了有效载体。特别是在非典期间，协会通过《团干部教育通讯》反映各地团校抗击非典的情况，沟通信息，发挥了积极作用。

举办了全国城市团校校长会议。9月，在青岛召开了全国城市团校校长会议，来自15个城市的团校校长交流了贯彻落实全国团干部教育培训暨团校建设工作会议的情况和经验，集中讨论了目前城市团校在教育培训及建设发展中存在的问题，同时提出了加强城市团校教育培训工作的对策和建议。

引导团校不断创新团干部教育培训方式和手段。各级团校在团干部教育培训中运用现代教育培训方法，采取课堂讲授与情景模拟、案例教学、考察交流和实践教育相结合的方式，努力提高团干部教育培训的质量。完成了"全国团干部教育培训网"的筹建工作，为2004年正式开通做好了充分的准备，充分利用互联网方便快捷的优势，逐步构建起团校网络服务体系。

全国青少年宫协会

一、组织概况

全国青少年宫协会是由各级共青团所属的青年宫、少年宫、青少年宫、青少年活动中心等青少年活动场所（以下简称青少年宫）组成的非营利性的全国行业性团体。

全国青少年宫协会的工作宗旨是：服务全党工作大局，服务青少年健康成长，服务全团重点工作。

全国青少年宫协会的基本任务是：正确代表青少年宫的利益，维护青少年宫的权益；指导省级青少年宫协会和各级青少年宫工作，组织工作交流和理论研讨，表彰先进；研究制定政策，为青少年宫的建设与发展创造良好的外部环境；培训青少年宫工作人员，帮助他们提高政治、业务素质；加强管理、开发和利用，不断提高青少年宫的社会效益，人才效益和经济效益；面向社会拓展工作领域，密切同社会有关方面的合作，积极开展青少年活动场所建设和青少年校外教育的国际交流，逐步把青少年宫建设成为开放型、社会化的文化产业。

全国青少年宫协会成立于1988年，目前共有会员单位223个（其中18个为省级青少年宫协会）、理事单位82个、常务理事38个。

二、主要工作

全国青少年宫协会召开了全国青少年宫协会三届三次理事会议，提出把"加强青少年文化建设，促进青少年全面发展"作为青少年宫的基本任务。

全国青少年宫协会成功举办了"2003中国青少年社会教育论坛"，通过这次论坛，使全社会对青少年社会教育的认识达到了一个新的境界，使青少年宫在推动青少年社会教育事业发展的进程中如何发挥作用有了一个新的认识。这次论坛的成功举办必将有力地推动青少年教育事业的改革与发展。

全国青少年宫协会在全国团属青少年宫中开展了安全检查和专项整改工作，并组织协会专职人员赴各地检查。

中国青年报刊协会

围绕全团中心工作，引导协会成员做好共青团重点工作的宣传报道。着力抓好全团兴起学习贯彻“三个代表”重要思想新高潮和团的十五大、纪念学习雷锋活动40周年、大学生志愿服务西部计划等重点宣传报道，营造浓厚氛围。非典疫情发生以来，以刊发抗击非典的公益广告等形式，极大地鼓舞了全国广大青少年。同时，协调调动全国团属报刊的力量做好保护母亲河、青年文明号、手拉手、大学生“三下乡”活动、希望工程、中国青年五四奖章等工作的宣传，使全团宣传保持整体活跃。

1月，团中央、中国报刊协会在京召开全国青年报刊改革与发展研讨会暨中国青年报刊协会第18届年会。各地团属报刊、团中央直属新闻出版单位负责同志100多人参加了会议。会议以党的十六大精神和“三个代表”重要思想为指导，认真分析了当前新闻出版业面临的形势，研究讨论团属报刊改革与发展问题。会议通过《全国青年报刊改革与发展研讨会暨中国青年报刊协会第18届年会纪要》，作为指导今后一个时期青年报刊改革发展的重要文件。

7月，对全国青年期刊进行了调研摸底，撰写了《服务青年，创新改革，实现青年期刊新发展》的调研文章。

11月，按照中宣部、新闻出版总署关于开展“三项学习教育”活动的要求，举办团中央直属新闻出版单位负责人“三项学习教育”培训班，在协会会员单位中深入开展“三项学习教育”活动。

中国少年儿童报刊工作者协会

中国少年儿童报刊工作者协会，英文名称为The Worker’s Association of China Children’s Press，缩写WACCP，是中华人民共和国各民族的少年儿童报刊单位自愿结成的行业性、非营利性的社会组织。中国少年儿童报刊工作者协会1991年12月在北京成立，接受共青团中央和全国少先队工作委员会的领导，接受国家民政部的监督管理。协会总部设在北京中国少年儿童新闻出版总社。

中国少年儿童报刊工作者协会的宗旨是：团结全国少年儿童报刊工作者，加强联系和协作，探讨少年儿童报刊的业务发展，总结交流少年儿童报刊的工作经验，为少年儿童报刊工作者服务，关心和维护少年儿童报刊工作者的利益，促进少年儿童报刊事业的改革和发展。

中国少年儿童报刊工作者协会，是国家一级协会。协会实行单位会员制，以新闻出版部门批准公开出版发行的少年儿童报刊为会员。经过10多年的发展，中国少年儿童报刊工作者协会拥有240家会员单位。从报刊分类上看，报纸会员单位62家，期刊会员单位178家。从隶属关系上看，中央报纸单位5家，期刊单位18位；省市级报刊单位57家，期刊单位160家。从系统分布上看，分属教育、新闻出版、工会、共青团、妇联、民主党派、少数民族等21个行业和团体。中国少年儿童报刊工作者协会拥有7000多从业人员，其中拥有正、副高级职称的编辑、记者达1000多人。

中国少年儿童报刊工作者协会的最高权力机构是全国理事会。全国理事会由加入的各少年儿童报刊单位推荐一名负责人组成。理事会每届任期4年。协会常务理事会是全国理事会的执行机构，每年举行一次会议。协会设会长一名，副会长若干名。中国少年儿童报刊工作者协会召开过四届全国理事会，现任会长海飞，副会长王三选、卢勤、申平华、朱智瑛、李东生、李国庆、李奎义、陈伟新、陈爱武、高洪、陶剑萍、梁建、程士庆、韩锡润、糜若兮，秘书长任新国。为了更有效、更有针对性地开展协会工作，协会下设综合性报纸、综合性期刊、文学艺术性报刊、低幼报刊、学习辅导报刊、科普报刊、少数民族报刊、中学报刊、美术摄影、经营管理等10个专业委员会和小作家分会、小记者分会两个分会，各专业委员会每年召开一次专业委员会会议，积极开展业务工作。

一、"每天课外阅读十分钟"活动，总结表彰大会在北京人民大会堂举行

由中国少年儿童报刊工作者协会主办，全国215家少儿报刊社和30多万所中小学校共同参加的"每天课外阅读十分钟"活动，总结表彰大会在北京人民大会堂举行。

全国政协副主席经叔平、国家教委原副主任柳斌、中国作协书记处书记萧东升和共青团中央少年部副部长高洪，以及来自全国各少儿报刊界和全国中小学生的代表们共1000余人出席了会议。大会向荣获全国中小学生"每天课外阅读十分钟"活动组织奖的《中国少年报》、《少年日报》、《少年先锋报》等26个单位；荣获辅导奖的71所中小学校和荣获个人阅读奖的76名学生代表，分别授予了证书、奖牌和纪念品。上海、湖南、河南、重庆的代表在大会上介绍了开展"每天课外阅读十分钟"活动的经验。

全国中小学生"每天课外阅读十分钟"活动，从2001年6月启动到2002年底历时一年半，通过少儿报刊层层组织，广大中小学校纷纷参与，先后在全国50多万所中小学校全面铺开，从而涌现了一大批阅读书、报、刊的先进典型、优秀骨干和组织队伍。活动受众面已超过2亿人。

二、启动第六届中国少儿报刊奖评选工作

1. 中国少儿报刊（论文）奖（本届论文主题:少儿报刊与先进文化）。

2. 中国少儿报刊（好作品编辑）奖。

3. 首届中国优秀少儿报纸奖；首届中国优秀少儿期刊奖（此两项奖为新增奖项，分设"金奖"和"优秀奖"两等）。

三、申请协会新增分支机构

申请报告向共青团中央统战部社团工作处、国家民政部社团登记管理处，阐述我会新增"经营管理专业委员会、美术摄影专业委员会、小作家分会、小记者分会"分支机构的理由并填写登记表送社团登记管理处备案。

四、首届全国老少儿报刊工作者联谊活动

中国少年儿童报刊工作者协会主办的首届全国老少儿报刊工作者联谊活动，4月21—24日在重庆市举行，其主题为"叙旧情旧义，看新山新水，为协会发展献计献策"。

来自北京、天津、辽宁、四川、河北、湖南、广东、福建、浙江等地的曾经担任协会领导职务，并在当地少儿报刊社已经离退休的老社长、老总编沈腴正、王怀倜、崔烈钧、张遵融、江国锋、黄荣森、孟桂芝、王吉亭、徐国志、向九思、李玉芳、彭佑松、黄舟忠、严雪华等十几位同志以及协会领导、承办单位的编辑、记者欢聚一堂，为协会工作发展出主意、提建议、献计献策。

协会副会长申平华到会与老少儿报刊工作者见面，代表会长海飞向大家表示慰问。

会上按照协会传统，对王怀倜、张遵融两位同志颁发了"特殊贡献奖"的牌匾。

五、少儿报刊大调研

7月份，为了解和掌握全国少儿报刊的发展趋向，拟列了调研提纲，根据各地少儿报刊社寄回的调查表资料，协会秘书处正着手写调研分析报告。

六、协会国际交流

9月16日，由中国少年儿童报刊工作者协会秘书处联系，中国少年儿童报刊工作者协会会长、中国少年儿童新闻出版总社社长海飞在北京会见了来自韩国熊津集团(株)公司代表理事金准熙先生和随行的该社国际业务部主任金庆顺女士。

双方在友好的气氛中相互介绍了各自少儿出版的情况,并就书、报、刊出版合作、交流的有关事宜进行了友好的交谈。

七、中国少儿报刊奖评奖工作会议

由中国少年儿童报刊工作者协会主办的首届中国优秀少儿报(刊)奖评选工作会议,10月13日至18日在安徽省黄山市举行。

第六届中国少儿报刊优秀论文奖和好作品编辑奖评选结果同时揭晓。

共青团安徽省委书记方春明同志,中共黄山市委副书记张开南同志,中国少年儿童报刊工作者协会会长海飞、副会长李东生、李连义、朱智瑛、陈伟新、卢勤、陈爱武、程士庆、陶剑萍、韩锡润,协会秘书长任新国,副秘书长王振华、秘书处主任田仙君,专委会主任谢蔚君、顾汉良、梅花等出席了会议。捷思国际、香港内地经贸协会会长、协会特邀顾问黄炳逢先生,中国少年儿童新闻出版总社人力资源部主任唐勤应邀出席了评奖工作会议。副会长李连义主持了会议。

中国少儿报刊奖评选工作会议历时5天,评出首届中国优秀少儿报刊金奖20家;首届中国优秀少儿报刊奖40家;第六届中国少儿报刊奖(论文与好作品编辑)评选结果同时揭晓,展示了中国少年儿童报刊工作者协会会员报刊在新世纪之初的风采。

八、获奖报刊展示

11月7——10日,举办首届荣获“中国优秀少儿报刊奖”的报刊展示。

九、百家单位赠刊活动

由协会发动100家期刊社,向三峡库区、在南水北调工程的百所中小学校无偿赠送2004年全年期刊活动。

十、组织获首届“中国优秀少儿报刊奖”单位,在《中国新闻出版报》上做宣传。

中国青少年网络协会

中国青少年网络协会是经国家民政部审核登记、团中央批准成立的全国性一级社团组织,负责在青少年中宣传、推广、普及网络知识技术,开展各类计算机网络培训和竞赛活动,促进青少年互联网络服务机构的健康发展。协会目前下设三个工作委员会(高校互联网协会工作委员会、中小学信息化推广与普及工作委员会、青少年上网服务场所工作委员会),三个专业委员会(游戏动漫画专业委员会、信息安全专业委员会、短信专业委员会)。

2003年重点工作:(1)2003年7月5日至6日,中国青少年网络协会联合“中青在线”共同举办了“规范与发展”网络游戏产业研讨会。(2)中国青少年网络协会作为共青团中央和科技部联合举办的“星火计划农村信息化青年科技行动”培训班的承办单位,于2003年7月23日成功举办了为期三天的培训班。

第七部分

事 业 发 展

团中央实业发展中心

一、以发展为主线，青印厂综合改造工作稳步推进

青印厂的综合改造工作为实业中心全年的中心工作。在书记处的亲切关怀和中心全体干部职工的努力下，青印厂综合改造开发工作稳步推进。

1. 青印厂原厂房顺利完成搬迁工作。青印厂是一个具有50多年历史的老企业，场地搬迁是一件具有历史意义的大事。在中心领导同志和青印厂全体干部职工的密切配合下，整个搬迁工作细致稳妥、周密安排，既做到迅速快捷，又有条不紊，未影响企业本身的生产任务。目前，青印厂原有厂房已全部腾空，在新厂房的生产也已开始正常运行。

2. 综合改造开发前期报批工作基本完成。在与开发商的密切配合下，已向中直管理局、北京市规委、北京市建委等相关部门报送青印厂综合改造开发的相关文件。目前，已获得北京市规委《规划意见书》。

3. 有效弥补青印厂改造开发工作的资金缺口。由于青印厂原有厂房搬迁，需要大量资金购置新厂房，整个综合改造开发工作有很大的资金缺口，在报请书记处同意下，实业中心通过认真研究，增加了新的青印厂开发工作的合作者，有效弥补了资金缺口，为整个开发工作注入了动力。

二、立足改革，做好企业产权调整，顺利完成企业的产权和股权划转工作

1. 以有偿转让股权方式转让中国四海工程公司。中国四海工程公司是实业中心三家接收军转企业中唯一具有“中国”字头和建设资质的企业，管理部门人员不多，债权、债务及资产相对清晰。根据书记处对军转企业的处置精神和相关要求，禀着“公平、公正、公开”的原则，通过招标对比，确定了中标者，实业中心以有偿转让股权方式将近40%的股权转让。

2. 以无偿划转方式完成中青集团的划转工作。中青集团是三家军转企业中情况相对复杂的企业，该企业理论移交资产较大，且有些还无法落实，股东权益较难确定，同时缺少无形资产，企业职工较多，历史遗留问题比较严重。中心通过认真研究，决定采取以无偿划拨的方式转给全资国有企业，以保证中青集团目前还不清晰的国有资产不致流失。中心在认真遴选和反复研究的基础上，在报经有关上级部门批准的情况下，最终确定北京福利促进会下属单位北京三环顺天商贸中心作为中青集团的接收单位。中青集团分成三部分划转：中青集团的股东之一北京天南宾馆整建制无偿划转；中青科技发展集团有限公司股权无偿划转；中青对外贸易公司1%股权有偿转让。

3. 以市场化运作转让内蒙古京丰铁合金厂。内蒙古京丰铁合金厂是实业中心军转企业中惟一在外地的企业，是一个以冶炼业为主的老企业，随着市场经济的不断深入发展，企业竞争力逐渐减弱，原有的企业机制已逐渐成为企业发展的桎梏。从企业发展的角度考虑，中心经过认真研究，决定将铁合金厂产权转让

工作推向市场，进行挂牌转让。通过细致的前期准备工作，京丰铁合金厂顺利在北京中关村产权交易中心完成挂牌转让。

三、建设青少年消防基地，开辟新的发展领域

青少年消防基地的项目于2002年立项，2003年，我们正式展开了消防基地的筹备和宣传工作。在工作中，设施建设和宣传工作得到了一定的积累，塑造了较好的社会形象，项目运作人员也积累了一定的管理经验和专业知识。该项目一期目标为改造建设完成7000平方米的综合展馆、2000平方米的综合服务楼和1万平方米的室外培训场地。该项目的功能为：通过图片展览、电化教学、技能培训互动参与等手段普及消防科技知识、增强青少年防火意识及掌握灭火逃生的基本常识，锻炼提高青少年的生存能力。中心将秉着服务社会、服务于青少年的宗旨，积极探索经营管理模式，在取得良好的社会效益的同时争取一定的经济效益，使该项目成为中心今后工作中一个新的发展亮点。

四、大力加强思想政治建设，确保企业内部稳定

1. 认真组织学习“三个代表”重要思想。对于从事经济工作的实业中心来说，深入开展“三个代表”重要思想的学习教育活动是深化企业改革，建立现代企业制度，进一步适应市场经济的需要，对于加强和改善企业的经营管理具有重要的现实意义。为使学习教育活动深入人心，收到实效，实业中心领导班子高度重视，专门成立了学习领导小组，把学习“三个代表”重要思想作为2003年全局工作的一项重点工作。中心学习领导小组结合实际情况，制订了切实可行的计划，对学习的时间、篇目等都作了具体要求，召开了两次处以上干部的集中学习讨论会，同时利用三天时间，组织实业中心部门全体人员进行了脱产学习。学习小组还要求处以上干部在集中学习的同时，认真开展自学，做到“三有”：有学习计划、有读书笔记、有体会文章，从而确保了参学人员、学习时间、学习内容三个到位。

2. 做好非典防治工作。在春夏之交的抗击非典型肺炎的斗争中，实业中心始终以“三个代表”重要思想为指导，沉着应对，认真组织，坚持责任到人，层层负责的原则，积极做好了“认真组织、积极部署、主动防范、做好保障”四个方面的工作，作为团中央系统职工人数最多的直属单位，确保了无一例非典病例出现。通过抗击非典工作，既使广大党员干部经受了党性的考验，自身觉悟和素质得到了锻炼和提高；也进一步增强了广大干部职工的凝聚力和向心力，对企业的发展更加充满信心和斗志。

中国青年政治学院（中央团校）

一、中国青年政治学院（中央团校）2003年基本情况

2003年，中国青年政治学院（中央团校）党委书记、第一副院（校）长：褚平；党委副书记、副院（校）长：陆士桢；党委常委、副院（校）长酒曙光、周振想。

2003年，中国青年政治学院（中央团校）主要设有本科教育、研究生教育、高职教育、团干部培训、成人教育等教学部门14个，教学管理和辅助部门4个，行政和后勤部门12个。

2003 年，中国青年政治学院（中央团校）教职工总数为 474 人，其中教师 209 人。

2003 年，中国青年政治学院（中央团校）在校本科生 3606 人，高职生 808 人，培训团干部 2860 人。

2003 年，中国青年政治学院（中央团校）建筑面积 115806 平方米，经费 6267 万元，固定资产总值 12057 万元。

二、中国青年政治学院（中央团校）2003 年主要工作

2003 年，学院党委把学习贯彻落实党的十六大精神当做学院的首要政治任务，召开了“兴起学习贯彻‘三个代表’重要思想新高潮暨纪念建党 82 周年座谈会”；召开了以“牢记‘两个务必’、实践‘三个代表’、进一步加强学院作风建设”为主题的领导班子民主生活会；举办了中层干部学习十六大精神读书班和“深入学习贯彻‘三个代表’重要思想专题研讨班”；各党总支分别开展了多种形式的学习活动，使“三个代表”重要思想的学习不断普及和深入。

2003 年上半年，突如其来的非典灾难对学院党委和全院师生员工是一场严峻的考验。在团中央书记处的坚强领导下，学院党委认真贯彻落实党中央、国务院及团中央书记处关于防治非典工作的部署，以“是否有利于师生员工的身体健康和生命安全，是否有利于维护学校教学、工作、生活秩序，是否有利于贯彻落实中央防控工作的总体部署”为工作衡量标准，提出了“立足于防，有备于有”的防控方针，充分发挥了学院党委坚强有力的领导核心作用、各级党组织的战斗堡垒作用和党员的先锋模范作用，发挥了工会、团委、学生会的桥梁作用，全院形成了齐心协力共抗非典的感人局面，实现了“御非典于校门之外”的奋斗目标，师生员工也在危难中锤炼和弘扬了校园精神。学院防控工作受到团中央书记处和上级有关部门的充分肯定，学院党委被评为中直机关防治非典工作先进基层党组织。

2003 年是中央团校建校 55 周年，学院组织了以“牢记‘两个务必’，加快学校发展”为主旨的各种小型校庆纪念活动，达到了总结学院办学经验，发扬光荣传统，增进校友联系，促进学校发展的目的。

2003 年，学院精神文明建设再上新台阶，中央精神文明建设指导委员会授予我院“全国精神文明建设先进单位”称号。

2003 年，学院充分发挥中央团校在团干部培训中的主渠道作用和示范效应，结合实际开展了主题鲜明、重点突出的培训项目：举办了深入学习贯彻十六大精神专题培训班；认真实施“万名西部团干部培训工程”，举办了 5 期培训班；积极推进新任职团干部培训，举办了专门的培训班；加大高等院校团干部的培训力度，进行了素质拓展专项培训。

2003 年，在团中央的坚强领导和大力支持下，经过学院认真、扎实、精心的准备，国务院学位委员会批准我院为新增硕士学位授予单位。申硕的成功，提升了学院的办学层次，丰富了学院的办学类型，优化了学院整体办学格局，为学院的发展创造了新的机遇。

2003 年，在教学工作上，学院坚持以本科为主的教育格局，协调发展研究生、本科生、高职生、成教生和留学生教育，不断提高全体学生的培养质量和整体办学水平；继续完善全面学分制及配套的制度规范，推进学分制的有效实施；加强专业学科建设，新设的 3 个专业加强建设，精心准备，并按计划进行了首次招生；学院强化教学管理规范，提倡学生自觉遵守教学纪律，首次在法律系 2001 级 1 班成功地试行了无人监考。

在科研工作上，学院积极落实 2003－2005 年科研工作发展纲要提出的目标，大力实施科研精品战略，打造学院品牌；鼓励教学和科研人员争取院外高级别科研课题，首次实现一个年度获得四项国家级社科基金项目；在团中央的大力支持和学院的政策调节下，科研项目经费额度有了较大增长;继续组织高水平的学术会议,有效地提升了学院的知名度;继续做好“中青学术丛书”的组稿和出版工作,2003年出版的9本学术专著在质量上有显著的提高。

在师资队伍建设上,学院继续保持引进教师力度,同时注重优化师资结构,主动构建学术梯队,使教师的专业结构、学历层次等方面有了较大提升。2003年学院再次引进教师40名。

在学生培养工作上,学院积极推进大学生素质拓展计划的实施,高度关注并努力解决贫困救助、考研就业等一系列与学生切身利益相关的各种问题,使我院没有一名学生因为贫困而辍学,2003届毕业生一分率达到87%。

2003年,学院继续推进管理制度化、规范化建设,内部管理体制改革取得新的进展。在年中对中层干部进行的年度考核中,考核小组采用随机抽样结构式访谈方法,保证了对被考核人的客观性、公平性,这一改革举措标志着我院的考核工作进一步科学化、规范化。学院对新进人员实行人事代理制,并按照社会化的要求对人员的退出机制进行了重大改革,为形成人员能进能出、合理流动的运行机制创造了条件。

学院注意抓管理的基础性工作和制度性建设,按照“清家底、算细账”的要求,对全院和各部门的主要基础性数据进行了全面的清查和整理,为学院制定发展规划、进行重大决策提供了重要参考依据。

学院高度重视校园基本建设、校园环境建设、校园安全建设:完成了图书馆扩建改造工程;新建学生公寓建设工程10月份正式开槽动工;以数字校园推出为标志的学院信息化建设取得实质进展;校园环境综合整治工作有序进行;以防火、防盗、防食物中毒、防突发性事件为主要内容的校园安全工作取得良好成绩,并获得北京市、海淀区等有关部门的表彰。

中国青少年研究中心

一、基本情况

2003年青研中心以“三个代表”重要思想为指导,以“三个服务”(服务决策、服务工作、服务青少年健康成长)为宗旨,紧密围绕党政大局和团中央的重点工作,继续发挥科研优势,积极推进品牌化发展战略,坚持“成就个人,强大集体”的发展理念,科研成果丰厚,管理机制完善,机构建设取得了新进展。

青研中心全年公开发表科研成果820万字。其中青少年研究类著作25部,文章68篇,音像制品3套;出版《中国青年研究》12期,《少年儿童研究》12期,《中国青运史辑刊》4期。完成重点和一般课题9项,形成研究报告32.6万字;撰写并上报“专题研究报告”24辑,46.3万字;“内部参阅研究报告”4辑,10.1万字。全年共收集整理青运史资料150万字,编辑、发布“中国青研网”网上信息21万字,召开大型理论研讨会、专题报告会4次,新建“成功计划——中国青少年素质教育研究实践基地”68个,在全国各地举行专家报告会149场,接待国外相关机构专家来访4次22人;组织出访9次20人。

二、主要工作

1. 青少年研究“品牌”发展战略见成效。

2003 年青研中心进一步加大"品牌"发展力度，两部蓝皮书、一部红皮书、五部青年研究文库、六部少年儿童研究文库、两部青运史研究文库全部正式出版；新推出的 24 辑系列"专题研究报告"、4 辑"内部参阅研究报告"如期面世。

青年蓝皮书以《当代中国青年发展状况指标体系研究报告》为主题，立足青研中心 10 余年的研究积累，参考国内外的相关研究成果，对青年研究的指标体系进行构建，阐述了指标体系构建的理论依据，提出了指标概念的准确定义，并设计了指标数据的获得途径、测量方法及参考题，对我国青年研究的规范化、科学化具有重要意义。以《儿童教育就是培养好习惯——当代少年儿童行为习惯研究报告》为主题的少年儿童蓝皮书，系统探讨了少年儿童习惯的形成、特点、培养与矫正方法、与人格的关系等一系列基本问题，具有理论性与实践性紧密结合、学术性与通俗性紧密结合等特点。红皮书以《家庭抚养和监护未成年人责任履行的社会干预研究报告》为主题，以探索解决我国目前家庭抚养、监护责任履行不到位，影响未成年人健康成长、甚至违法犯罪的迫切问题为出发点，搜集整理并研究了国内外的大量资料，同时对全国 20 名专家和学者进行了专题访谈，三种较为严重的典型问题家庭，对我国目前介入和干预问题家庭的具体制度和措施进行了比较全面和系统的介绍、评价和论述，并提出了对策建议。

"青年研究文库"出版 5 部：《我们怎样教育孩子——中学生父母的 9 堂必修课》、《最新共青团实用知识问答》、《青少年事务与政策研究报告》、《中国当代大学生性现状与性教育研究》、《中国青少年流行文化现象报告》；"少年儿童研究文库"出版 6 部：《教育就是培养习惯》、《孩子今年十四五》、《"较量"背后的沉思——中日儿童教育比较》、《让人变得更聪明》、《走出学习的误区》、《生命发展阶梯》；"青运史研究文库"出版 2 部：《"茨卡莎"留学岁月——苏联中央团校中国班学员回忆录》、《青运春秋》(第一辑)。

《五元家教丛书》是青研中心 2003 年给全国一亿两千万小学生的父母们提供的一种便捷、实用、富有成效的家教指导。该书紧紧围绕现代家庭教育的观念、科学的教育方法、健康的教育心理、良好的生活方式、平等和谐的亲子关系五元素编写，每一本丛书的选题都是父母在家庭教育中遇到的一个难题，是一套广大小学生父母一看就懂、一懂就用、一用就灵的优秀家教读物。

2003 年青研中心推出的"研究报告系列"受到共青团系统及各界的高度关注。24 辑"专题研究报告"和 4 辑"内部参阅研究报告"既有理论界关注的问题，也有紧密结合社会实际的热点话题，分析深入，时效性强，正在成为青研中心"品牌屋"中的一个新亮点。

2. 围绕团中央工作大局的重点课题获得新突破。

2002 年 11 月至 2003 年 4 月，青研中心与团中央组织部在全国 10 个省市开展了团员思想状况调研，在充分调研的基础上，重点就团员的政治趋向、人生态度、精神状态、团员先进性等方面进行了考查和分析，并根据团员的思想状况提出了合理的措施与建议。

在党中央正式印发《"三个代表"重要思想学习纲要》以后，青研中心于 2003 年 6 月 17 日邀请了各方面的专家学者，围绕"'三个代表'重要思想与青少年健康成长"这一主题，畅谈自己的观点、认识和学习体会，从大力开发青年人力资源、树立青年的根本价值目标、充分发挥青少年在精神文明建设中的作用、做好未成年人的法律保护工作、提高全民族的媒介素养、重建青年对人与社会发展的信任、信用、信念及信仰等多角度、多侧面进一步阐明了学习贯彻"三个代表"重要思想与促进青少年健康成长的关系。

全国青少年发展状况调查系统抽样框研究是推动青少年研究的基础性工作，其目标是建立科学的监测系统，从总体上科学把握全国青少年的基本状况及变化趋势。本课题对全国青少年发展状况社会监测系统的抽样框和抽样方法进行了定义和阐述，分层给出了抽样结果。项目成果通过了专家鉴定，并成为“全国青联社会调查系统（全青调查）”在全国布点的依据。

为了落实团中央提出的在全国建设青年中心，进行基层组织创新的目标，青研中心与团中央青农部合作开展了“农村青年中心建设研究”课题，在对试点地区调研分析的基础上提出了农村团组织当前最突出的问题是基层组织设置已经不适应社会主义市场经济发展的要求，对处在流动和迁移中的农村青年缺乏吸引力和凝聚力。建设青年中心是团组织创新变革的需求，是农村青年自身发展的多元化需求。该课题还提出了青年中心的性质、宗旨、特点及必须解决好的七个问题。

青研中心与团中央统战部合作开展的“当代台湾社会环境下青年学生发展状况研究”，从台湾青年的社会政治心态、学习与教育、就业状况、婚恋与性爱观等多角度对台湾青年学生的整体发展状况进行扫描与分析，形成了台湾大学生政治心态分析、台湾青年的教育状况、台湾青年政治态度评析、岛内政治力量对台湾青年的争夺与影响等专题研究报告。

3. 科研成果转化成效显著。

第一，全面提高刊物质量。中国青年研究杂志社以雄厚的科研成果为依托，进一步明确了围绕服务青年成长成才这个具有迫切需要的主题，把杂志办成特色明显、月刊为主、综合开发、品牌推进，既具有科研背景又具有实用特色的办刊思路。少年儿童研究杂志社继续以“父母的难题就是我们的课题”为办刊思路，以科研为依托，向广大读者提供了大量的家庭教育案例，并从专家的角度进行分析，提出具体的对策与建议，使广大读者感到贴近生活，指导性强；每周六的“孙老师热线”对父母在教育孩子过程中随时遇到的各种疑难问题进行解答，全年共接听热线电话 517 个，成为全国家教类期刊中的名牌。

第二，大力推广“星星河”体验教育活动。为了落实全国少工委《关于加强少先队体验教育基地建设，推介“星星河”模式的通知》，青研中心在北京改造并确定了两个示范基地：农户型基地——平谷大华山“星星河”快乐农庄；营地型基地——顺义小叶子自然村“星星河”快乐营地，并集 7 年多的研究与实践，编写了《让孩子在体验中快乐成长——星星河（体验教育）手册》，详细阐述了“星星河”的理念、核心价值观、宗旨、模式、活动设计原则，介绍了“星星河”体验教育活动以及与活动有关的人性化的组织和管理。该书为在全国建立“星星河”体验教育基地，推广“星星河”体验教育活动提供了理论依据和操作规程。

第三，发挥网络优势促进科研成果转化。2003 年青研中心主办的“中国青研网”继续以“了解青少年、研究青少年、服务青少年”为宗旨，加强栏目策划，提高信息质量，利用因特网的优势积极推广青研中心及国内外青少年研究的最新成果，发布信息 21 万字，为探索新的科研成果转化途径做出了积极的尝试。

第四，继续加强国际青少年研究合作与交流。2003 年，青研中心继续致力于与亚洲、欧洲、美洲、大洋洲、非洲等国家青少年研究机构合作的建立与深化工作，全年成功完成了 9 次出访，参加了“第 14 届国际青年论坛”、“亚洲地区儿童参与权课题研讨会”、“救助流浪儿童国际学术研讨会”、“德中青年就业问题研讨会”等国际性会议，在国际青少年研究的合作道路上取得了新的进展。

中国青年报社

2003年是党的十六大召开之后的第一年，对中国青年报社来说，也是改革和发展较为关键的一年。在团中央书记处的领导下，《中国青年报》坚持正确舆论导向，保持和发扬青年特色，报道工作取得了新的成绩；报社在内部管理、队伍建设方面基本保持了稳定；经营部门的融资改制工作取得实质性进展。

一、深入学习、领会十六大精神，贯彻落实全国宣传部长会议的指示，做好全年报道工作

2003年初，报社党组、编委会召开专题会议，传达全国宣传部长会议精神，并几次召开编辑部办公会，提出把严肃媒体的政治责任感、加强和改进时政报道、提高办报质量作为贯穿全年的指导思想；始终把关注青年的生存发展作为报道的主题，把促进青年成长、成才、成功作为《中国青年报》的使命。按照这一指导思想，全年组织的重大报道有：两会、团十五大、抗击非典报道、高考服务报道、大学生志愿服务西部报道、"'三个代表'在基层"报道、载人航天飞船报道等，这些报道均取得了较好的社会效应。

2003年的两会是十六大以后的一次重要会议，是落实十六大人事安排的新的会议。报社党组和编委会对此高度重视，由总编辑牵头成立了两会报道组，选派最强的编辑记者队伍，把"全面建设小康社会"作为两会报道的灵魂，把国策国计国家大政方针、民主法制建设、教育和就业问题，作为三大报道重点，发挥报纸自身资源优势，抓回了大量独家新闻，如《尘封提案走进阳光》、《拜访"黄宗羲定律"》、《温家宝起身跟我合影》等。这次的报道是历年两会报道中内容最鲜活的一次，定位清晰，风格鲜明，形式多样，质量稳定，与往年相比也有了新的特色和进步。

2003年春夏之交的非典，不仅影响了整个国民经济和社会生活，对新闻宣传工作也是一次考验。在团中央书记处的直接领导下，按照中宣部、团中央的统一部署，中国青年报社专门成立了抗击非典报道领导小组，由总编辑亲自担任组长，分管采编的两位副总编辑担任副组长。在明确的报道方针指导下，除非典期间的日常新闻报道外，报纸在头版还开设了《非典时期的怕和爱》专题栏目。先后发出《非典时期的怕和爱》、《请为我的父母祈祷》等多篇稿件，真实地记录了非典时期各行各业人们的情感，篇篇感人，受到有关方面和读者的热情赞誉。报社摄影部主任贺延光、采访中心记者王尧在北京的非典疫情最严峻的时刻，主动申请到非典定点医院——地坛医院一线采访。在地坛医院的18天中，贺延光拍摄了约3000张照片，客观、生动、真实地表现出了抗击非典一线的感人场景。王尧作为距离SARS最近的文字记者，以强烈的职业精神在非典病区采访一线医生、护士的先进事迹，面对面地访问了20多位SARS病人，发回新闻特写《秀兰医生松开了我们挽留的手》、通讯《走进非典病房》等20多篇、近2万字鲜活感人的独家报道，在新闻界和全社会引起了较大反响。他们的报道向公众展现了在万众一心抗击非典的时刻，医务工作者的人情美、人性美，有力地鼓舞了人民群众战胜非典的信心和勇气，产生了很好的社会效果。

关注社会变革及青年生存与发展方面，本报的"冰点"专栏颇受读者欢迎，被评为第十三届中国新闻奖名专栏。该栏目在2003年连续刊发了一些有影响、有分量的文章,《新闻阅评》还专门对该栏目提出了表扬,认为"'冰点'专栏的文章多数是为基层群众说话,批评某些党政部门和干部滥用职权、不关心群众疾苦和国家利益的,敢于直点有关部门和人,在受众中有较高威信,受到较广泛欢迎"。此外,报纸的"教育科技"、"经济生活"、"法治社会"、"国际"等版面也都针对不同时期的热点问题组织了相关的讨论、专栏以及形式多样的报道,在推进社会各个领域的制度建设,引导青年正确领会中央精神等方面都有所作为。这些无不体现了加强和改进时政报道的编辑思想。

二、进一步深化和完善改革,加强内部管理,促进队伍建设

加强内部管理:2003年报社制定了《关于对资深专职记者考核的暂行办法》、《中国青年报社采通报业信息交互系统管理规定》等一系列规章制度,以促进报社在管理方面向现代报业的管理模式靠近。特别是非典期间,报社严格按照团中央关于防治非典工作的部署,成立了专门的领导小组,制定了多项工作预案和工作安排,采取了严密的防控措施,保证了报社内没有发生非典疫情,报纸的采编、出版等没有受到影响。2003年7月,中国青年报社获得"首都防治非典型肺炎工作先进集体"荣誉称号,受到了表彰。

酝酿报纸版面改革:为了增强报纸的思想性、知识性,更好地为共青团组织和广大青年读者服务,2003年8月,报社成立了改版扩版工作小组。工作小组通过内部调研、读者调研、市场调研以及向优秀报纸学习取经,拿出了初步的改扩版方案,并广泛征求意见,为来年顺利实现改版扩版做好充分准备。此外,为了使报社上下对改革达成进一步的共识,结合贯彻中央关于文化体制改革和深化新闻出版事业改革的一系列文件,报社通过党组会、编委会、中层干部会、记者片会、恳谈会等多种形式,针对即将实施的融资改制和改版扩版,加深认识,统一思想。

思想政治和队伍建设:报社高度重视上级部门在11月发出的关于在新闻战线深入开展"三个代表"重要思想、马克思主义新闻观、职业精神职业道德学习教育活动号召,专门召开党组会议研究了报社落实"三项学习教育活动"的工作安排,成立了"三项学习教育活动"领导小组,由总编辑任组长。依据以专题研讨为主要形式的安排意见,报社已于年底组织了两期"三项学习教育"副处级以上干部培训研讨班。

三、探索经营改革,增加报社积累,提高经济效益

从2002年起,中国青年报社报纸经营出现亏损。2003年亏损状况继续恶化。为适应新闻事业面临的新形势,发展壮大团属新闻事业,保持和扩大团属舆论阵地的影响力,根据全国宣传思想工作会议精神和近年来中央关于文化体制改革和深化新闻事业改革的一系列精神,结合报社实际,从2002年初起,报社经营部门融资改制工作就已着手进行。经与多家大型国企洽谈,并经请示团中央书记处领导同志,报社于2003年10月31日与北大青鸟集团签署融资协议,合作成立中青报业传媒发展有限公司,经营部门改制筹备工作也即开始。

印刷厂和中青记者之家饭店在经历了非典的影响后,积极开拓市场,将损失降到了最低,实现了利润与去年基本持平。

四、子报情况

经过不到半年时间谈判,经团中央批准,《青年参考》于2003年7月与北大青鸟集团签署了融资协议,对内部资源进行了重新整合,主编竞聘上岗,发行、广告等业务进入公司运作,并于2003年10月17日起全面改版。改版后的《青年参考》呈现出新的气象,引起社会关注。团中央青年报刊阅评小组对其进行了点评,既肯定了成绩,又指出了需要注意之处和不足。编辑部的工作人员也不断地对内容和形式加以改进,目前势头良好。

《青年时讯》经团中央书记处批准,也于2003年10月与北京综建科技有限公司签约,对经营部门进行了融资改制。

中国青年杂志社

一、《中国青年》

2003年,正值《中国青年》创刊80周年。趁着纪念创刊80周年的有利时机,《中国青年》告别了黑白面孔,改为彩色印刷。这一改版,得到团中央第一书记周强同志的赞扬,称其在社会上为共青团的形象争了光。2003年初,《中国青年》杂志获得由新闻出版总署颁发的中国期刊最高奖——国家期刊奖。这是《中国青年》第二次获此殊荣,为团内惟一连续荣获首届、第二届国家期刊奖的杂志。夏天,非典肆虐全国,《中国青年》推出"我的非典型经历"专栏,做了很好的抗击非典优秀人物的事迹报道,周强同志曾批示表扬。为弘扬各级团组织众志成城、共抗非典的精神,《中国青年》还编辑出版了《抗击非典中的中国共青团》增刊。10月20日,《中国青年》迎来创刊80周年华诞,中共中央政治局常委李长春同志致信祝贺;中共中央政治局委员王兆国同志亲临杂志社,与全社员工同庆。2003年,由中国青年杂志社和团中央宣传部联合主办的"2003年中国青年年度人物"评选活动取得很大成功,并与中央电视台《讲述》栏目合作,举办了隆重的电视颁奖典礼。本年,《中国青年》推出了好几位在社会上备受关注的人物,如严重肌肉萎缩症患者张云成,身残志不残,写就17万字的书稿《假如我能行走三天》并出版,其事迹被中央电视台、江苏卫视、黑龙江电视台、《青年文摘》、新浪网等热烈报道,并被收入高中英语教材,韩国黄梅出版社还出版了《假如我能行走三天》的韩文版;日军侵华遗留化学武器案中方诉讼代理律师苏向祥,八年如一日,坚持"个人抗战",其事迹感动全国,激发了广大青年的爱国热情。

二、《中国共青团》

2003年10月出版的"团中央委员学习贯彻'三个代表'重要思想专号",为在全团掀起学习贯彻"三个代表"重要思想新高潮起到了积极的导向作用。2003年7月出版的"跨世纪的中国青年外事"增刊首次集中展示共青团组织的青年外事工作领域,为广大团干部开展工作、开阔视野起到了学习和交流作用。

三、《青年视觉》

《青年视觉》是一本目前国内期刊市场上独具特色的杂志,也是目前最厚的一本全彩印刷的杂志,它的视野开阔,内容新鲜,具国际特色,杂志一期比一期质量高,市场反馈一天比一天好。在北京一次发行商举办的评奖中,《青年视觉》杂志获得了"2003年度文化艺术冠军杂志"的荣誉。

在全国期刊市场风起云涌,同时又充满机遇与挑战的今天,《青年视觉》杂志紧紧围绕团中央服务当代中国青年的宗旨,为中国青年提供了一份具有较高审美气质、又极具文化底蕴的大型时尚期刊。在强手如林的期刊市场,创立了国内独树一帜的高档期刊品牌。

四、《生活资讯》

2003年3月,《生活资讯》对刊物进行了全面改版,改版后市场反馈良好。

《生活资讯》杂志发展的几年，坚持正确的舆论导向和办刊宗旨，在读者中产生了良好的社会效益。

五、中国青少年音像出版社

2003年，音像社结合中国青年志愿者行动发起10周年，在团中央青年志愿者工作部支持配合下，策划和拍摄了18集电视连续剧《请让我来帮助你》。同时还承接了《时尚先锋——中国青年志愿者》全国公益巡演工作。2003年12月，在北京成功地举办了首次演出。

随着电子科技的发展，电子出版、网络出版等新载体模式不断更新，这些载体以容量大、变化快、清晰度高、形式新颖等多种特点广泛受到观众喜爱。根据这些新形势的出现，音像社及时做出调整，并加大了电子出版物的出版数量，2003年出版品种达200余种。

中国青年出版社

一、图书出版情况

1.2003年度，全社共出版新书400种，再版书170种/233次。再版书占新书品种的42.9%。同年，引进版权123种，办理版权登记222种，卖出版权12种。

2.2003年度，图书获奖有26种(次)。如：《人类文明的演进》、《梅兰芳全传》获团中央"五个一工程"入选作品奖；《首先，打破一切常规》获"中国十大畅销书"奖；《藏地牛皮书》荣获"优秀整体设计"一等奖。

3.图书质量提高，营销宣传开端良好。按新闻出版总署要求，全社本年度送检图书100种，全部被认定为合格品。其中67种被推荐为一等品，经专家审定，55种被定为一等品。

本年度，社里加大了对图书的营销策划、宣传推广等工作的力度。主推重点书，如：有针对性地推销了《文馨当代英汉词典》、《文馨新观念英汉词典》、《揭秘》、《MVP情人》等，发行数量均取得了可喜的成绩。

4.青少年读书教育活动、独立核算部门发展态势良好。2003年，读书活动办公室开展了第14届以"学雷锋精神，树时代新风"为主题的全国青少年读书教育活动，全国有19个省(市、自治区)的700多个单位1000多万青少年参加了活动，累计用书497.15万册，实现利润340.07万元。

社里几个独立核算部门的发展也呈现出良好的态势。IT类图书、励志类图书、法律类图书、音像类图书都为全社图书创品牌做出了贡献。IT类图书在全国同类图书销售中排名第5位。

二、期刊出版发行情况

1.《青年文摘》发展状况良好。

在全国报刊发行量普遍下滑的情况下，《青年文摘》继续保持了强劲的发展势头。在取得与2002年发行量基本持平的业绩的基础上，2003年4月份的发行量创历史新高，达到250万册。《青年文摘》全年(1—12月)发行量为2789.38万册，月平均发行232万册。总发行量比2002年的2470万册增加319.38万册；月发行量比2002年的206万册增加26万册。文摘的广告收入也有提高，广告收入较2002年的700余万元相比，增长了近20%，达到883.64万元。该刊全年实现利润约2650万元。《青年文摘》杂志为我社的稳定和发展做出了重大贡献，成为我社的优质资源和不可缺少的经济支柱。

2. 其他刊物在原有基础上也都有较好的发展。

《青年文摘·人物版》2003 年第 4 期月发行量突破 10 万册,该刊月平均发行量 8.5 万册,经营上实现了从亏损到盈利的转变。2003 年,发行总码洋 400 万元,盈利 28 万多元。《青年心理》创刊一年来坚持专业性、实用性、可读性相统一的办刊方针,在内部管理和用工制度上改革创新,取得了初步成效。《青年文学》下半月版 2003 年 1 月创刊以来,和上半月版配合呼应,在社会上和文学界及文学青年中反响良好。《虹》杂志的发展也较好,由活动推动杂志的发行,一年活动 80 多次,使《虹》的年发行量由 60 万册增加到了 110 万册,发行码洋达 2200 万元,在原有基础上有了较快发展。

三、书刊经营及职工收入情况

1. 书刊经营情况。

据我社财务管理部统计,2003 年我社书刊发行总码洋 25150.8 万元(2.51508 亿元),比 2002 年(2.6195 亿元)减少 1044.2 万元。发行总码洋中,图书发行码洋 13949.2 万元,期刊发行码洋 11201.6 万元。

2. 职工收入情况。

2003 年职工增加 14 人(201 人—187 人),人均年收入 49835 元,比 2002 年(41808 元)人均增加 8027 元;职工人均月收入 4153 元,比 2002 年(3484 元)增加 669 元。全社职工工资、奖金总额为 1002 万元,比 2002 年(773 万元)增加 229 万元。

在 2003 年度,各管理部门配合党的中心工作和社内主要业务,认真负责地提供全方位服务,努力加强管理,为中青社的发展做出了积极的贡献。

2003 年 12 月,中国青年出版社与具有 80 年历史的《中国青年》杂志社合并,成立了中国青年出版总社。

中国少年儿童新闻出版总社

2003 年,是中国少年儿童新闻出版总社跨越式发展的第一年。在团中央书记处强有力领导下,中少总社运作态势平稳,整合优势日益明显,中国一流少年儿童新闻出版传媒集团规模基本形成。2003 年,总社深化书报刊主业改革,努力完善中心制运作,将原有的 8 个中心调整为新闻、期刊、图书等 6 个中心,在中心内部实行总监负责制,推动各中心业务板块朝着产业化、实体化方向快速发展。

新闻中心围绕规范、完善、造大“一条龙”工作主线,推动中少报系的跨越式发展。通过规范工作目标、管理流程、经营行为、市场定位等全面提升报纸品质,稳步扩大在少儿读者中的品牌认同度。同时,侧重发行的市场化运作,建立国内监测网络,成立“西部开发部”,实行有针对性的营销策略,实现发行量 2.55% 的增幅。同时,积极开展少先队队报与少先队文化建设研讨会,密切关注党和政府的重大事件,全力配合少工委“十佳少先队员”评选等少先队文化建设工作,发挥队报职能。期刊中心围绕品牌战略、市场战略、开放战略、人才战略打造高品质中少刊系,发展迅猛,《幼儿画报》、《婴儿画报》和《我们爱科学》先后突破月发 50 万册大关,毛利润增幅达 19.33%。在品牌战略上，广泛开展市场调查，整合宣传资源，适时改版、新辟时效栏目，坚持高标准、高品质的办刊方针，同时，通过组织“成长杯”活动、“我是中国小记者”活动、“手拉手捐助希望之星”、“中青年作家擂台赛”、中国小作家协会等拓展品牌范围；在市场战略上，强化办刊人对市场的关注和理解，明确期刊营销首席定位、概念传播、借势推进、自我表现四个关注点，与同类期刊进行比较，学习先进经验，把握自身定位；在开放战略上，《幼儿画报》吸纳美国幼儿教育新理念，推出多元智能游戏版，一举成功；在人才战略上，宣传成长理念，培养青年编辑，建立一流作者队伍，提升编辑实力。图书中心突出抓质量、抓品牌，继续在图书选题策划上下功夫，着力实现中少书系的战略调整。“压缩规模”战略取得实质性进展，造货码洋和发货数量有明显下降。通过控制选题数量、成立选题小组、推行选题开发项目制等措施加大选题策划的市场化转变。重点开发了以“人物传记”为代表的七类图书，推动了品牌的衍生和扩展。同时，全面启用最新发行管理软件，实现对发货、退货情况的全过程跟踪监控，清理库存盘赢800多万码洋。“院士数学讲座专辑”等重点书的产业化营销取得突破进展，收效显著。活动资讯中心经营、服务两手抓，为总社发展增添活力。2003年，原资讯中心、研究中心、行政管理部纳入活动中心统一管理，活动中心通过“搞大活动”、“建大平台”、“做大调研”为总社发展带来活力。与团中央共同策划团十五大儿童献词《明天我们将和你们一样》，“让共青团倾听儿童的心声”为团的十五大留下浓重一笔。与联合国儿基会合作开展的“中国少年儿童平安行动”、“童心红丝带”艾滋病项目、“我能行”和“手拉手”系列活动，成为影响力巨大的品牌活动。《知心姐姐》改版后步入良性健康发展阶段，“知心姐姐”品牌拓展成功。“中少在线”响应团中央关于开辟网上青少年教育服务阵地的号召，多渠道强化网站建设。2003年被国家教育部、文化部、共青团中央评为“中国十大优秀文化网站”之一。财务中心实现两社彻底并账，细化资金管理、强化监管力度。统一会计核算软件，两社并账，彻底实现总社资金整合；细化会计核算制度，进行以季度为单位的财务分析和审查工作；建立内部审计制度，为清产核资工作做准备。总经理办公室围绕“提高效益、规避风险、完善管理”，制订了《退货管理办法》；与北京图书市场研究所合作制定图书市场信息月报制度；社属骨干企业经营状况态势良好，社属企业销售收入统计表明，金开明、新开明、上海经营部等主干企业经营规模与去年同期相比有较大幅度提升，实现利润和完成上交情况良好。中少大厦建设取得“健康、安全、快速”发展，总投资已达1亿元并于12月24日正式开工，被列为北京市2003年“69项特事特办重点工程”之一，享受“特事特办”优惠政策，大厦建成后将增加2亿元左右的资产。

2003年虽受非典影响，总社经营状况在与去年基本持平的基础上仍略有增长，彰显了总社抗御风险、抗御天灾人祸的能力。非典期间，总社成立预防非典领导小组，建立专门办公室，确保总社非典期间无一例非典或疑似病例；中少书报刊系充分发挥在少年儿童中的宣传主渠道作用，推出了一系列导向正确的优秀报道，受到团中央《少先队要讯》的高度评价；同时还在全国开展“手拉手讲卫生”活动，取得巨大影响。

2003年，《中国少年报》荣获“首届中国优秀少儿报刊奖（金奖）”；《幼儿画报》荣获第二届“国家期刊奖”提名奖；《我们爱科学》荣获“首届中国优秀少儿报刊奖（金奖）”；《院士数学讲座专辑》荣获第六届国家图书奖、第五届全国优秀科普作品奖一等奖，其中《帮你学数学》一书荣获精神文明建设“五个一工程”第九届入选作品奖。总社母体年利润1712万元。

中国青少年发展基金会

（见组织概况部分）

中华儿女杂志社

一、基本情况

2003年中华儿女杂志社在团中央书记处的领导和指导下，遵照中宣部、新闻出版总署对期刊工作的具体要求，紧紧围绕中心工作，不断加强杂志社的思想建设、组织建设和作风建设，从而有力地推动了中华儿女杂志社全面发展。

2003年，中华儿女杂志社坚持办刊宗旨，严格送审制度，正确把握舆论导向，不断加固《中华儿女》品牌，发表了一批深受各界读者欢迎的文章，积极配合党团的中心工作，编撰了专刊、专辑，受到社会各界的关注与好评。

在2003年的特殊时期，杂志社团结一致，共渡难关，所属期刊未出现拖期现象，各部门及下属实体工作正常运转，未出现任何问题。

二、主要工作

1. 掀起学习贯彻"三个代表"重要思想新高潮。

杂志社按照团中央的通知要求，多次组织党员群众认真学习贯彻"三个代表"重要思想，深刻领会胡锦涛总书记在"三个代表"重要思想理论研讨会上的重要讲话精神，紧密结合新世纪、新阶段、新形势下，对杂志社各项工作的新要求、新标准，提高干部职工的思想政治素质，解决突出问题，增强大局意识，政治意识，责任意识和服务意识。在学习中，结合杂志社工作实际，采取灵活多样的方式，认真组织安排学习教育活动各阶段工作。

2. 正确把握舆论导向，加固《中华儿女》品牌。

2003年，国内版坚持选题策划和编前会制度，保证了重要选题的科学性和可读性，如《江泽民与科技强军战略》经过精心组织，严密策划，认真撰写，严格审批，从一个较新的视角反映了党的第三代领导集体在科技强军工作中继承和发展了马列主义、毛泽东思想、邓小平理论，不断开创新局面的远见和卓识，此文一经登出，海内外多家报刊予以转载或摘登。

同时，为配合十届人大、政协会议，团十五大会议召开，我们先后组织了《十届全国人大专刊》、《十届全国政协专刊》、《团十五大》专刊的编辑与出版；为庆祝中国佛教协会成立50周年，编辑出版了"中国佛协50年纪念专刊"，上述工作积极配合了党团的中心工作，充分发挥了《中华儿女》杂志作为主流媒体的正确舆论导向作用。

除《中华儿女》(政要)品牌效益更加巩固外,《中华儿女》海外版从2003年起以“少壮人物”为主题,出刊一年来也受到读者的关注。《留学生》月刊、《中国周刊》(英文)在已确定的市场定位基础上,不断改革,逐渐形成或正在形成各自的风格特色。正在形成以人物纪实为核心内容,跨媒体运作,相关产业贴近的时代新阶段。

3. 紧紧围绕中心工作,积极拓展文化市场。

《中华儿女》杂志作为一本平面杂志,在紧紧围绕继续做好、做强这一中心工作的同时,积极向多方面拓展,以求形成跨媒体经营的发展战略。

杂志社组织了多项公益活动。在“两会”期间,杂志社成功举办了“两会”赠刊仪式暨“两会”专刊首发式,全国人大副委员长蒋正华、全国政协副主席丁光训及部分全国人大代表、全国政协委员出席,受到了各界的关注和好评。

《中华儿女》作为全国青联的机关刊,加强与全国各地青年的交流与沟通是义不容辞的。2003年在团中央国际联络部的支持下,杂志社成功地组织了代表团赴日本及韩国访问,并成功地接待了日本访问中国代表团。组织全国部分省区52名优秀中学生和辅导员赴韩国进行交流访问活动,受到中韩两国媒体热切关注。这些活动既扩大了杂志社在海外的影响,又结交了许多国际组织的友人,为《中华儿女》品牌的社会化、国际化发展进行了有益的探索。

中华儿女文化传播有限公司,在各方面的关心支持下,运转正常,表现出了贴近市场的潜质,各项工作都有不同程度的发展,运作基本能够融入市场。实业的发展已成为中华儿女杂志社经济积累的重要补充,药批、药店、超市在今年都有良好经济收益。

4. 加强地方派驻机构管理、服务社会。

2003年度,我社进一步完善了派驻机构的各项管理制度,在各方面加强了管理,一年以来,收到了良好的效果。杂志社根据实际工作需要,修订了有关管理制度,使各地派驻机构的工作在更加完善的管理体制下有条不紊地进行。特别是下半年,我们根据书记处的有关指示,暂停规模扩张,重点放在抓好规章制度管理上,把现在的派驻机构管理好、建设好。2003年度,我社各派驻机构无论从管理意识还是从精神风貌上都较以往有了长足的进步,都能积极主动地服从管理,卓有成效地开展工作,并取得了一定的成绩,为宣传地方优秀中华儿女做出贡献。

5. 战胜非典齐心协力。

自非典疫情发生以来,在中华儿女杂志社防治非典领导小组的领导下,在保证杂志正常出刊的同时,各项防范措施落实到位。并积极响应号召,向奋战在防治非典第一线医护人员捐款。

在首都暂时不能开展集会活动的非典时期,中华儿女杂志社根据团中央书记处的指示精神,号召杂志社各派驻机构积极在地方开展活动。我社浙江记者站和上海分社筹备处于4月29日联合有关单位,向浙江、北京和香港三地治疗非典患者的医院捐赠了50台可视电话。我社厦门办事处和中华儿女荣誉董事会(厦门)与厦门市卫生局、中国移动厦门分公司一起联合开通“防非典市民咨询热线”,全部经营所得捐赠给厦门市防治非典指挥小组。我社淮海办事处尽自己所能出钱购买了价值2万多元的过氧乙酸消毒液一吨,捐赠给当地的中小学用于消毒防非典。其他派驻机构也尽所能,贡献力量。

为了表达对奋斗在抗击非典一线的广大医护工作者的敬意,中华儿女杂志社、中华儿女书画联谊会联合向北京市地坛医院、普仁医院、小汤山医院、胸科医院、佑安医院等五家医院捐赠百余幅书画作品及杂志、图书、音像制品，价值几十万元。

（六）特殊时期，班子团结，共渡难关。

杨筱怀同志因公殉职后，杂志社按照团中央书记处的指示，积极维护杂志社各项工作的稳定，积极、热情地处理好筱怀同志的后事，做好员工思想工作，维护杂志社安定团结，所属期刊均正常出刊，未出现拖期现象；各部门及下属实体工作正常运转，未出现任何问题。大家把对筱怀同志的怀念之情用于实际的工作之中，使杂志社的各项工作有序开展。

中国青少年发展服务中心

2003 年正当中心全体员工满怀信心，争创中心第二个五年发展计划的第一年的时候，非典的突袭，对中心这样的单位，不能不说是一个巨大的打击。但是危机的突袭，也迫使我们冷静下来反思中心稳步和可持续发展的未来。2003 年主要工作有：

一、围绕全团工作重点，建造服务品牌

1. 重点打造"彩虹工程"青年就业创业服务项目的品牌。

2002 年 10 月，团中央召开了共青团全国促进青年再就业工作会议，把就业和再就业工作提到重要位置并重新作出部署。在《关于进一步做好促进青年再就业工作的通知》中明确提出了发挥中国青少年发展服务中心实施的"彩虹工程"在中介服务中的积极作用，开辟帮助青年就业和再就业的新渠道的指示。与此同时，我中心联合有关部门组织实施了围绕"彩虹工程"而开展的一系列的青年创业就业服务工作。

2. 开通"彩虹工程——中国大学生创业就业信息网"。

为服务大学生就业，团中央学校部、全国学联秘书处和我中心作为主办单位于 2003 年 5 月 21 日建设开通了"中国大学生创业就业信息网"，加大对毕业生和企业的中介力度。团中央书记处第一书记周强同志于网站开通之日，通过网络发表讲话，"大学生就业创业信息网利用现代科技手段，把用人单位的需求和大学毕业生的求职愿望结合起来，减少非典带来的损失，拓宽了高校毕业生的择业渠道，并有利于服务大学生就业的工作经常化、阵地化。"周强书记还要求各级团学组织把这一网站建设成服务大学生就业的窗口、帮助大学生实现创业梦想的基地、团结凝聚青年学生的阵地。

3. 举办全国青年"彩虹工程"创业就业项目洽谈会。

全国青年"彩虹工程"创业就业项目洽谈会是一项符合党和国家的就业政策、符合现阶段的历史背景、以增加就业为目的、以带动青年机会型创业为手段、以全国巡展形式为载体的全国性青年创业就业服务活动。通过引进一批项目，带动一批人就业，及时推出适合青年特点的创业项目。引导和组织有创业理想和创业能力的青年，实施具有投入少、风险小、吸纳就业人数多、发展前景广阔特点的项目。

4. 开展"彩虹工程——明驼万里行"大型公益宣传活动。

1996 年我国高校首次实行扩招以来，我国大学毕业生就业压力增大，仅 2003 年普通高校毕业生就达 212 万多人。为引导和帮助广大青年通过创业实现就业，深入实施"彩虹工程"，围绕"以创业带动就业"的理念，针对大学生毕业后就业难、西部大开发人才短缺的不平衡状况,“彩虹工程”办公室组织专家精心设计了“明驼万里行”活动,倡导全社会青年及大学生“到西部体验创业,为未来发展铺就彩虹之路”。活动于2003年8月13日启程,从丝绸之路的枢纽、人类四大文明的交汇地敦煌出发,沿丝绸之路黄金地段和古长城,经甘肃、宁夏、内蒙古三个西部省区,途经敦煌、嘉峪关、张掖、武威、靖远、中卫、银川、石嘴山、鄂尔多斯、呼和浩特、集宁、张家口,到北京。寓意从过去走向现在,从现在走向未来,从丝绸之路走向彩虹之路,全程近万里。

5. 学历教育。

2003年学历教育增加了体育MBA专业、社会保障专业、共青团公共管理专业等研究生课程班。其中,对中国青年高级人才培训中心与中国人民大学合作举办的共青团MPA课程班,团中央第一书记周强同志作了重要批示:“此项工作纳入团干部培养计划,望切实抓好,并不断探索新形式”。中国人民大学校长纪宝成批示:“此事一定要高质量地办好,进行组织,精心施教,并应教学相长。”首届共青团MPA班从2003年起纳入人民大学的MPA教学计划。

二、围绕服务少年儿童的愉快学习成长,活跃少年儿童兴趣社团

科技教育活动围绕“青少年走进科学世界”,成功举办了全国青少年计算机技能大赛,全国青少年物理化学大赛、第二届全国青少年英语口语大赛等活动,吸引了数百万少年儿童参加。

文化艺术活动以举办首届中国少年儿童艺术节为抓手,普及开展全国少年儿童中华文化经典诵读、全国少年儿童艺术风采展示大赛、少年儿童美术大赛等少年儿童喜爱的活动,不仅中心积累了经验,更重要的是已经成为全国青少年认同的活动品牌。

对外交流活动由于受非典的影响,第二届同心同根万里行活动在香港举行,全港11个制服团体和来自内地的共5000多名青少年,在香港红勘体育场举行盛大活动,香港电视台进行全程直播,特首夫人董赵鸿聘和梁爱诗、范徐丽泰出席活动,并给予了高度评价,已成为被国务院港澳办和香港中联纳入两地青少年交流的重点活动。“中国神州行”已成为世界女童军关注的一项国际交流活动,通过这一活动的成功举办,使全世界的青少年通过这一活动,更好地了解了中国,了解了中国改革开放取得的伟大成就。

社会公益活动根据书记处为中心确立的青少年公益服务机构的定位要求,开展“爱心彩虹”活动,特别是非典期间,动员社会力量共同在中秋佳节期间,组织在抗击非典一线失去亲人的少年儿童和著名艺术家共度中秋。与香港基督教青年会共同开展的燃亮明天公益助学活动,已经分别向云南迪庆藏族自治州捐助400多名中小学生连续六年的学费;目前正在为新疆地区和江西省的部分失学少年儿童筹集资金,同时向贫困地区赠送图书1万多册。

随着全国加强和改进未成年人思想道德建设工作会议的召开,我中心按照书记处的有关部署,迅速兴起学习贯彻的热潮,充分认识新形势下加强和改进未成年人思想道德建设的重大意义,对今后的各项工作进行了新的规划和部署,围绕加强未成年思想道德建设,力争发挥中心各个兴趣社团的作用,按照书记处提出的“八个一”的工作要求,进一步增强工作的针对性和预见性,为未成年人办实事、解实难,准确把握青少年的发展变化和时代特点,探索新形势下未成年人思想道德建设的规律和方法,创造性地开展工作。

中国青年国际人才交流中心

在团中央书记处的亲切关怀和正确领导下，2003年，中心党组团结率领全体干部职工，全面贯彻“三个代表”的重要思想，认真落实共青团十五大提出的工作任务，坚持以为国家改革开放和经济建设服务，为全团中心工作服务的工作重心，紧密围绕国家经济建设和共青团事业在新时期的发展需要，按照书记处关于对中心“不断探索新办法，探索新渠道，打造共青团人才培养品牌，把青年国际人才交流事业做大做强”的要求，与时俱进，开拓创新，发奋拼搏，扎实工作，经过全体员工的共同努力，各项事业取得了长足的进展。

一、切实做好服务团干部成长、成才的工作，把团干部教育培训放在重要的战略位置

1. 百名团干部赴国外研修培训项目。

2003年，中心紧密配合团干部教育培训工作，根据《2001－2005年全国干部教育培训规划》和《2002－2005全国团干部教育培训规划》，加大实施“百名团干部赴国外研修培训项目”的力度。

（1）团干部赴美国密苏里州立大学研修交流项目。中国青年国际人才交流中心与清华大学、美国密苏里州立大学合作，每年举办“团干部赴美国研修交流项目”，学员先在清华大学进行为期3个月的英语强化培训，其后赴美国密苏里州立大学哥伦比亚本部进行为期3个月的专业培训。

（2）团干部赴国外专业培训班。2003年，中心与美国州际教育联合会、美国加州大学伯克利分校、德国卡尔·杜伊斯堡公益中心、新西兰国际人力资源开发中心和新西兰惠灵顿市政府合作，分别组织4批团干部赴美国、德国、新西兰进行为期15天至3个月不等的交流、培训和研修实习，重点学习了发达国家公共行政管理的最新理论、企业管理方法和WTO规则，以及青年人力资源开发等方面的发展趋势等，部分学员还在当地政府部门进行了短期岗位实习。

（3）全国重点大学团干部赴国外专业交流项目。2003年，中心与团中央学校部合作启动全国重点大学团委书记赴国外著名大学专业交流项目。11月29日—12月11日第一期中国青年教育工作者赴美专业交流团一行11人应美国南加利福尼亚大学的邀请，对美国进行了为期13天的访问。访问的大学有哈佛大学、麻省理工学院、哥伦比亚大学、波士顿大学、南加利福尼亚大学、纽约州立大学等。

2. 赴日研修项目。

团中央于1979年率先开展的派遣赴日研修生工作经过20多年的不断努力，取得了显著的人才效益和社会经济效益，得到了社会各界的普遍认同和广大青年的热烈欢迎。赴日研修项目仍然是我中心开展人才培养工作的重要组成部分。该项目实施方式为派遣人员到日本企业通过学习与实践相结合的方式，掌握实用技术，建立业务关系。研修专业涉及机械、电子、计算机、金融、建筑、食品等。

2003年我们继续与日本日中青年研修协会、日本友爱日中研修协会、北海道机械工业会等10多家研修生接受团体以及雅马哈发动机株式会社、松下电器株式会社、雅马哈发动机公司、王子制纸株式会社等20多家企业进行合作，派遣了45名研修生赴日进行研修学习，在日期间多为1－2年，部分青年高级经营管理研修项目学习时间为4－6周。

3. 国际青年结队社区项目。

2002年,中国青年国际人才交流中心与加拿大世界青年组织签署合作协议,双方同意每年合作组织"中加国际青年结对社区实践项目"。

2002年12月-2003年3月,在团中央与北京市朝阳区委的指导下,中心与朝阳团区委合作派遣了第二批国际青年结队社区项目人员。

中加国际青年结对社区实践项目是一项长期性国际青年人才培养项目,通过该项目,与加拿大世界青年组织建立了良好的合作关系,探索和学习了适应新时期社会发展的青年人才培养机制,宣传了中国传统文化和改革开放的显著成就。

4. 启动归国研修生联谊会。

团中央、全国青联在20多年的时间,通过团中央引进国外智力工作渠道,从全国各地选拔派遣了2137名优秀青年技术和管理人员赴日本研修学习。为整合中心20多年来积累的丰富的研修工作资源和人力资源,为研修生事业的发展和中心事业的发展开拓新的空间,经团中央书记处会议研究通过,成立全国青联归国研修生工作部,并以"全国青联归国研修生联谊会"名义开展工作。

二、发挥社会职能,引进国外高科技技术,为国家建设发展培养各类人才

中心坚持以创新发展为动力,不断拓展中心的社会职能发展空间,引进国外高科技技术,围绕具体项目动员社会力量广泛参与,形成可持续发展的机制。

1. 财务人员专业培训。中心与财政部、中直机关管理局、团中央办公厅合作,组织了来自中组部、中宣部、财政部等中央部委财务的专业人员赴境外培训,取得良好效果。

2. 司法人员专业培训。根据十六大提出的我国司法体制改革要求,中心与最高人民法院合作,协助组派了司法行政管理、知识产权、民事诉讼和证据收集、劳动损害赔偿等高级司法专业者代表团赴法国、德国、澳大利亚、新西兰等国家进行了专业交流和考察。

3. 政府青年公务员培训。中心与宁夏自治区人事厅合作,开展了宁夏自治区青年公务员赴新西兰培训实习项目。据中青报报道:日前,宁夏自治区人事厅长率团赴新西兰了解情况,回国后表示非常满意,并表示继续派遣青年公务员赴新西兰培训及扩大与我中心在公务员国际培训方面的合作。

4. 远程教育工作专业培训项目。中心与中国电化教育协会高校远程教育专业委员会合作,组织了三期"中国远程教育工作者赴美培训团"并取得显著成果。有来自北京、重庆等20余个省、市广播电视大学校长、教授专家计30人参加了此项目。

5. 中国奥运工程建设技术人员专业交流培训项目。为了规划和建设具有现代国际最高水平、最先进建筑工程技术、并具有中华民族特色的奥运工程建设项目,学习借鉴外国奥运工程建设技术与管理经验,培养优秀专业技术人才,成功举办北京2008年奥运会,中心从2002年开始启动中国奥运工程建设技术专业交流项目。

与北京城建集团合作项目有:

(1)引进美国超大型钢结构工程施工技术项目。

(2)引进日本超大型天井式钢结构工程施工技术项目。

(3)引进澳大利亚奥运主会场屋顶开启式钢结构体育场馆工程施工技术。

与北京住总集团合作项目有:

(1)与美国英莱克公司正式签订技术合作协议书,建立合作伙伴,参与奥运工程建设。

(2)引进会展中心大跨度钢结构工程设计与施工技术。

合作成果有:

北京城建集团在国家奥运体育主会场、五棵松文化体育中心,奥林匹克运动员村三个奥运重要工程建设项目招标中全部以第一名的身份中标。中心将根据工程需要,继续协助城建集团完成技术引进工作。

6. 高速公路建设技术人员专业交流培训。为引进国外高新技术，服务于我国现代化建设，2003 年中心启动了中日高速道路建设技术交流项目。

4 月 5 日，以前日本驻中国大使桥本恕为团长、日本道路公团技术中心理事长市川义博为副团长的“日本高速道路建设技术友好访华团”一行 15 人来华访问。

4 月 7 日，中共中央政治局委员、全国人大副委员长王兆国同志在人民大会堂会见了全团。他对中日两国开展民间友好活动和开展专业技术交流活动给予了高度评价。

4 月 7 日，共青团中央书记处第一书记周强同志会见并宴请全团。

三、开展调研工作，增强青年国际人才培训的针对性

为解决西部地区团干部和青年人才培训工作的需求和困难，推动西部地区团干部和青年人才培训工作的开展，8 月下旬，由中心主任带队赴陕西、宁夏、甘肃、广西等地作了深入细致的调研工作。收获：

1. 了解了西部地区团干部和青年人才培训工作的现状，和西部地区党政部门对开展青年干部和青年人才培训的思路和设想。

2. 与各地党政人事部门建立联系，交流信息，掌握了广大西部地区团干部和青年对培训特别是出国（境）培训的需求情况。

3. 结合西部团干部培训工作，设计出针对西部团干部成长、成才的项目。

4. 与甘肃、广西两地党委和政府人事部门达成青年公务员国际培训合作意向。

四、外专局“友谊奖”

“友谊奖”是国务院授权国家外国专家局设立的国家级向有突出贡献的外国专家颁发的最高奖励。这一奖项自 1991 年设立以来，已有 700 多位外国专家获此殊荣，其中包括我中心以团中央名义推荐的、长期从事接受我研修生工作的日本友好组织代表奥山忠、野津乔、内田裕昌、梅木信秋等人。

我中心以团中央名义推荐的新西兰国际人力资源开发中心执行董事道格拉斯 · 戴伊先生是惟一获得 2003 年度国家友谊奖的新西兰专家。其长期从事中国与新西兰间人才交流培训工作的事迹给此次友谊奖评审委员会成员留下了深刻印象。

中国少先队事业发展中心

一、围绕团中央、全国少工委的工作部署和广大青少年精神文化需求，进一步办好《辅导员》杂志和《少先队小干部》杂志

《辅导员》和《少先队小干部》杂志是团中央、全国少工委重要的舆论宣传阵地，按照团中央和全国少工委的总体要求，把握正确的办刊方向，坚持服务少先队工作、服务广大青少年、服务社会的宗旨，改革创新，优化机制，增强适应市场竞争的能力，在实用性、可读性、趣味性和专业性上下功夫，不断提高办刊质量和发行规模，努力扩大读者群体，完善发行体系。辅导员和少先队小干部杂志社于 2003 年 8 月 26 日在北京召开“全国队刊宣传工作会议”，扩大了队刊的宣传发行工作影响，加大了全队订阅使用队刊工作力度，更好地发挥队刊在构建少先队文化中的重要作用。

二、认真组织开展四项重点活动，在服务全队中心工作中发挥重要作用

为共青团和少先队的中心工作服务，是少先队事业发展中心的重要任务和基本职能。按照全国少工委的总体工作部署，2003 年中心重点抓好四项活动：

1. 举办“首届辅导员论坛”活动

为加快少先队教育创新的步伐，及时把握国内外教育改革和发展的新动态，探讨少先队辅导员专业职能，在全社会提升少儿工作新理念，全国少工委办公室、中国少先队工作学会于 2003 年 4 月 25－27 日在北京举办了“首届辅导员论坛”活动，来自全国 100 多所学校的辅导员和教育工作者参加了论坛活动。

2. 举办全国少先队员“童心向党”学习竞赛，深入开展“红领巾心向党”主题教育活动

“红领巾心向党”活动是全国少先队“实现宏伟蓝图，做好全面准备”主题活动的重点活动，也是全队深入学习贯彻党的十六大精神，引导当代少年儿童做“永远跟党走的一代”的重要活动载体。少先队小干部杂志社作为活动的具体组织承办单位，2003 年上半年在全国少先队员中开展以“童心向党”为主题的学习竞赛活动，教育培养少先队员成为“了解历史的一代”、“认识国情的一代”和“热爱党的一代”，把党和国家未来发展对当代少年儿童的希望和要求，通过主题活动落实到少先队员身上，让他们在活动中受教育，练本领，长才干。

3. 启动“全国辅导员风采大赛”活动，推动辅导员队伍技能素质的提高

为展示新世纪少先队辅导员的时代风采，推动辅导员队伍建设，不断提高辅导员队伍的能力素质，在全社会宣传少先队工作者的整体形象和在基础教育中的重要作用，团中央、全国少工委于 2003 年 6 月至 2004 年 10 月举办“首届全国辅导员风采大赛”，少先队事业发展中心、辅导员杂志社作为活动的承办组织单位。

4. 以少年军校建设为依托，切实做好“第四届全国少年军校检阅式”和“第三届全国少年军校示范学校年会”的组织工作。

少年军校已成为共青团、少先队组织对广大少年儿童进行国防教育的有效形式和重要载体。2003 年 8 月举办了“第四届全国少年军校检阅式”，中共中央政治局委员、国务委员兼国防部长曹刚川上将、团中央书记处第一书记周强出席了检阅式。检阅式推动了少年军校教育训练逐步向实用化、规范化、科学化方向发展。2003 年 11 月召开了第四届全国少年军校示范学校年会，总结经验，推动少年军校健康发展。

三、组织开展丰富多彩的文化活动，为少年儿童的健康成长创造良好的社会氛围

加强少年儿童文化建设，开展少年儿童文化活动，促进少年儿童健康成长是少先队事业发展中心的重要任务。2003 年中心开展的文化活动主要有：

1. 举办“亿万少年绘祖国迎奥运”活动，加强爱国主义教育，展示少年儿童的时代风采，向 2008 年北京奥运会献礼。

2. 举办电影故事片《飘扬的红领巾》、《我的小学》宣传推广活动，为少年儿童提供健康向上的影视作品，丰富他们的业余文化生活。进行全国少年儿童影片院线网络建设，逐步形成健全完善、互惠互利的全国少年儿童电影放映专业院线。

3. 举办“2003 年体验教育主题夏令营”活动，为广大少年儿童体验教育提供舞台。

4. 积极推进科普俱乐部建设，使全国科普俱乐部总数达到 100 所学校的目标。

5. 开展少年儿童科技创新活动，举办全国青少年计算机程序设计和机器人比赛。

6. 与教育部教育管理信息中心、中国记者协会等有关单位合作，大力开展青少年技能培训工作，建立“青少年信息技术培训指导站”100 个，“小记者培训指导站”30 个，开展各种培训竞赛活动。

团中央网络影视中心

团中央网络影视中心是中央机构编制委员会办公室批准成立的正局级事业单位。其宗旨是根据国家关于网络和影视管理的政策法规，认真贯彻落实团中央书记处关于全团信息化建设的有关要求，通过创办"中青网"、制作、引进、发行青少年影视音像文化产品、开展青少年文化教育和交流活动等，为全国的青少年服务，为团的中心工作服务。

中青网作为全国最大的青少年服务网，面向社会提供信息、数据库、邮件、网上交流、网上多媒体、网络远程教育、电子商务等网络服务，同时为团中央各部门、各直属单位及团的各级地方组织提供网络服务。经过5年的发展，中青网已经成为国内最大的青少年网站，被列入国家重点扶持的8家新闻宣传网站，日益成为广大青少年学习知识的阵地、交流思想的家园和文化娱乐的场所。中青网建设了"血铸中华"、"民族魂"、"三个代表"学习实践网站、青少年道德网和毛泽东、邓小平等100多个专题纪念网站，形成青少年爱国主义教育网站群。中国共青团网站被评为政府上网工程网站建设示范单位，以中青网为龙头、包括300多个团属网站的工作网络，在各级团组织和广大青少年之间架起了信息时代的新型桥梁。中青网拥有"中国共青团"、"新闻中心"、"青年在线"、"青少年园地"、"道德"、"文明"、"英语版"七大版块，170余个子网站，1000多个栏目，形成了由文本、图片、音视频等各种信息资料的约120G的庞大数据库，日均点击量稳定在500万以上，受到了广大青少年和全社会的欢迎，被誉为青少年学习生活的良师益友，共青团创新发展的新型载体，全社会信息建设的重要平台。

青年卡是由共青团中央统一规划、实施，以14—35岁的城镇青年为主要服务对象，以信息网络为技术基础的富有青年特色的综合性服务卡，具有特色服务、信息管理、服务优惠、金融结算、信用记录等基本功能。2003年7月25日，团十五大报告中提出，青年卡要为青年提供学习、工作和生活的便利，要密切团员青年和团组织的联系，要项目化管理、社会化运作。经代表讨论，项目正式立项。8月7日，成立共青团全国青年卡的工作领导机构。8月，共青团全国青年卡工作办公室对中国青年卡卡面和标识在北京范围内公开征集设计方案，并就项目推进的进展在《中国青年报》多次刊登消息。2003年11月初，共青团全国青年卡工作办公室正式启动青年卡服务平台系统的招标工作，并最终选定合作单位。2003年12月27日，中国青年卡推行试点工作会议在北京召开。

中国青少年网络协会是经国家民政部审核登记团中央批准成立的全国性一级社团组织，负责在青少年中宣传、推广、普及网络知识技术，开展各类计算机网络培训和竞赛活动，促进青少年互联网络服务机构的健康发展。协会目前下设三个工作委员会（高校互联网协会工作委员会、中小学信息化推广与普及工作委员会、青少年上网服务场所工作委员会），三个专业委员会（游戏动漫画专业委员会、信息安全专业委员会、短信专业委员会）。2002年重点工作：(1)为加快推进"共青团县县上网工程"，团中央信息办、中国青少年网络协会于2002年4月18—22日举办了"共青团县县上网工程骨干培训班”，对各省级团委及重点城市(区、县)团委办公室系统骨干人员开展网络实务培训。(2)会同北京师范大学信息科学院于2002年9月21—25日共同举办了“网络环境下研究性学习研讨会”。2003年重点工作：(1)2003年7月5日至6日，中国青少年网络协会联合中青在线共同举办了“规范与发展”网络游戏产业研讨会。(2)中国青少年网络协会作为共青团中央和科技部联合举办的“星火计划农村信息化青年科技行动”培训班的承办单位，于2003年7月23日成功举办了为期三天的培训班。

影视部是广电总局批准的团中央惟一影视制作单位，负责青少年音像、影视节目与制作发行等工作，下设青年演艺界联谊会、电影发行公司、广告部、青少年艺术人才中心(网)、音像社等。2003年出品的电影《少年英雄》荣获第11届中国电影“童牛奖”优秀故事片和儿童评委优秀影片奖。共青团中央“五个一工程”奖。该片应邀参加印度第13届金像国际儿童电影节，第11届金鸡百花电影节新片展。

中国青少年社会服务中心是由共青团中央和全国青联批准、在国家工商局注册成立的团属国有企业，以“面向大社会，服务青少年”为工作宗旨。从1999年开始至2002年，连续举办每年一届的中华青年婚礼大典活动。自2003年“我们的文明”主题系列宣传活动正式启动以来，服务中心以此为平台，举办了“纪念毛泽东诞辰110周年网上书画展”、“我们的祝福·英雄儿女婚礼大典”和“中华龙凤呈祥民族青年婚礼大典”等活动。

中青网络家园是经文化部批准的全国连锁公司，提供上网服务、开展远程培训、图书音像发行等综合文化业务。2002年11月，团中央网络影视中心第一个被允许开展全国性互联网上网服务营业场所连锁经营试点。2003年4月，与亿阳集团共同发起成立中青网络家园有限公司。同年获得了湖南省文化厅、内蒙古文化厅、武汉市文化局、陕西省文化厅落地批文，并成立了中青网络家园长沙分公司、中青网络家园通辽分公司、中青网络家园武汉分公司。2003年12月28日，中青网络家园湖南总店开业。

中国青年旅行社总社

2003年，青旅总社在团中央书记处的领导下，贯彻党的十六大及十六届三中全会精神，以“三个代表”重要思想为指导，从企业实际出发，坚持以效益为中心，以管理为主导的原则，加强对所属企业的指导和监督，取得了较好的效果，完成了年初的预定计划。

一、发挥总社的监控作用，加强对所属企业的指导和监督

青旅总社改制后，经过几年磨合，已确定为投资管理型的国有企业，侧重于对所属控股、参股企业的监督和管理。2003年青旅总社把对企业的监控，主要放在按国家的政策法规办事上，力求经营规范，减少经济损失。

青旅总社作为中青旅控股股份有限公司的控股股东，一方面按照国家证监会的要求，认真总结上市五年来的工作，从规范企业的经营管理着手，找出问题，完善制度；另一方面，积极争取国家财政给旅游业的特殊政策，协助中青旅控股股份有限公司尽快摆脱非典给旅游业带来的损失。在团中央的支持下，财政部给予中青旅控股股份有限公司短期贷款贴息利息100多万元，在一定程度上缓解了股份公司资金周转上的压力，对恢复旅游业务起到了积极的作用。2003年尽管旅游业不景气，一些旅游单位面临倒闭，但股份公司做到了基本盈利。

对东交民巷饭店的管理，青旅总社主要从政治上把关，树立团办企业的形象，既严格经营管理，又注意调动员工的积极性。尤其是在非典之后，饭店采取了生产自救等措施，提高饭店档次，经营方式灵活多样，从根本上减少非典造成的经济损失。2003年饭店的营业额与2002年同期相比，只下降5%，达到了较为理想的目标。

二、采取有效措施抗击非典，确保员工健康安全

2003年4月，突如其来的非典，给我国经济建设带来了较为严重的影响，尤其是旅游业的损失更大。在此期间，青旅总社成立了防治非典领导小组，由总经理张骏任组长，副总经理伞翔宇任副组长，成员由各部门负责人组成。从4月下旬至6月下旬，领导小组全体成员每天坚守工作岗位，每天沟通一次情况，不仅要求员工对所在部门的工作环境每天清扫、消毒，还给员工发放了口罩、消毒剂、防病毒中西口服药。为确保员工的安全，青旅总社对上班路途较远，坐车不方便的员工采取不坐班工作制。对于东交民巷饭店则采取了对外暂停营业的办法，有效控制非典感染源的传播。对来自四川、陕西的60多名实习学员，东交民巷饭店采取认真负责的态度，对他们集中住宿地，每天进行打扫、消毒，每天给他们测量体温，解决他们的用餐，以确保安全和健康。由于青旅总社领导的高度重视，具体措施得力，青旅总社及东交民巷饭店、中国青旅实业发展有限责任公司均未发现非典病例或疑似病例。

三、推动所属企业股权改制，降低总社负债风险

一个企业只投入不产出，进入恶性循环的怪圈后，只会把企业拖垮。总社总结分析几年来投入资金后，较少得到回报的情况，作出了利用和吸收社会资金对相关企业进行股权改制的决定，以期尽早偿还总社投入的资金。

上海企业发展公司于2002年底，通过吸纳两家较有实力的民营企业进行了公司化改制，将原总社的全资子公司改制成为由总社相对控股的有限责任公司。依照公司化改制的相关协议，2003年度上海公司及相关受让股权企业共偿付总社近2000万元的转让价款及应付债务，减少总社债务担保近1000万元。改制后的上海公司，已完成向现代企业制度下的法人治理结构的过渡，产业结构的调整已基本到位，并确定了公司发展新的增长点。中国青旅实业发展公司于1999年完成改制后，经营项目多个，但收效不明显，贷款负担重。2003年，他们对原股东进行了调整和置换，增加了两个新股东，资本金得到进一步充实和扩大，同时也减轻了总社的担保负担。

总社财务在加强资金管理，合理调配资金方面做了大量的工作，2003年已归还银行贷款1600万元，减少资金成本200多万元。

四、扶持优质项目，打造"名牌产品"

中青旅江苏置业有限公司近几年在南京市房地产市场享有很高声誉，被评为"南京市'十大明星'楼盘"。其以房产项目的质量，工期的按期完成，资金的及时收回，赢得大家的认可。2003年的中青山庄住宅项目，已于9月底完成全部土建部分的施工，10—11月份完成建筑施工后，于12月份已全部交付使用。工程建设投资和收益，按照联建协议正陆续回收。从此项目开工起，总社给予多方面的支持，除项目融资担保外，还帮助协调当地关系，使其项目顺利完成。2003年，中国青旅实业发展有限责任公司将处于国际领先水平的"纳米测长仪"和达到国际先进水平的"量块快速检测仪"等20个系列100多个品种推向市场后，始料不及的是订单大大超过现有生产能力，于是公司决定扩建现有厂房，增加建筑面积1000多平方米，以解燃眉之急。并同时建设纳米测控设备和科研生产检测大楼6000多平米，预计2004年上半年完工。从2003年的销售情况看，非常令人满意，销售额达500多万元，真正做到了收支平衡。

中日青年交流中心

2003年中心的经营工作承受住由非典疫情造成的严重影响，克服了种种困难，避免经营工作大滑坡，实现营业收入6500万元；对外交流工作在国际教育交流项目上取得新的发展，文化艺术、旅游体育、音像等方面在努力恢复过程中；在企业自身与员工队伍建设方面进一步加强基础知识技能与规章制度的完善、落实等，在着眼长远的基础性措施上加大力度。

一、克服意想不到的困难，避免经营工作大滑坡

中心按照书记处批准的全年经营计划，从新年伊始，抓紧每一天，至3月末圆满完成“两会”接待任务，取得自开业以来最好的经营业绩，创营业收入2073万元。然而，随着伊拉克战争爆发，尤其是突如其来持续数月的非典疫情，给中心造成了意想不到的损失，饭店出租率降至1%，剧院、游泳馆按政府指令停业两个多月，研修大学、国际中学、国际幼儿园相继停课，营业收入由日均20多万元急剧降至2千元—3千元。因非典，中心整体损失70天黄金时段的经营时间，减少营业收入1200万元。面对前所未有的困难，我们沉着应对、妥善处置，首先，在疫情之初做好长期作战的思想准备，在4月中旬做出决定，除经营工作直接支出外，其余一切行政性花费一律停止；其次，坚持除政府明令规定以外的设施不停业，饭店哪怕有一名客人住也照常营业，留学生公寓对未回国的留学生照旧规范服务，室外网球场延长时间全天对外开放，从而保持了企业信誉与形象；第三，在停业停课的部门，工程部加大维护设备力度，做到“磨刀不误砍柴功”，疫情一解除，剧院、游泳馆、国际中学、国际幼儿园即通过政府部门检查在第一时间恢复营业上课。第四，上下一心、同甘共苦、共渡难关。疫情过后，我们想尽办法，加大促销力度，使经营形势迅速好转，力争减少非典等不利因素所造成的损失。

二、因势利导扬长避短，努力打开交流工作局面

由于非典疫情出现以及中日两国关系事端迭起，使中心年内的对外交流项目实施遇到了十分困难的局面，有许多预定的交流项目取消，以至于有些经多年努力形成的年度交流访问项目都未实施。

面对现实，我们从实际出发，抓住近年来势头良好、基础稳固的国际教育研修交流项目力求取得发展。通过采取稳定、提高、扩展的不同措施，使国际青年研修大学、世青中学、青苗国际小学和国际幼儿园在年内的国际教育交流工作取得了新的业绩。作为吸收境外成人学生的研修大学，在非典疫情的特殊时期对于未归国的十几名日本、韩国籍学生采取特殊措施，单独聘请教师与学生同隔离在公寓、一对一的上课，不中断学业，确保安全，得到了良好反映；作为国际文凭组织认可的世青中学注重教学质量，保加利亚籍学生施姗娜直接由此考上美国哈佛大学，获全额奖学金。非典时期，该校通过妥善细致做好十几名外国教师的防疫工作，由他们自己亲身感受向境外媒体讲述我政府控制疫情的决心和措施，北京市政府外办通报了这方面的经验；作为已在社会上有良好口碑的青苗国际幼儿园在已有基础之上谋求外延发展，在当地政府教委的支持之下，相继在东润枫景小区开办了国际小学和国际幼儿园分园。经过努力，目前上述校、园合计在校生达700人，形成了大学、中学、小学、幼儿园较为完整的国际教育体系。

另外，年内经过努力，我们进行了来自日本的跆拳道、茶道、花道、厨艺等方面的交流活动项目，承办了中国青年赴日百人团及日本青年百人访华团等接待任务；中心的音像部还促成和承担了由中央电视台与韩国KBS首部中韩合拍电视剧《北京我的爱》项目。

三、强化企业经营管理，全面加强队伍建设

面对由非典等因素造成的不利影响，我们丝毫没有放松内部的经营管理与队伍建设，反之，进一步加大了力度。

在中心国有资产保值增值方面，经有关主管部门批准，中心下属二十一世纪汽车服务中心与首汽集团通过资产重组，得到了较为丰厚的股权转让收益；合作开发的写字楼二十一世纪大厦工程于年内开工进展平稳，现与合作方继续共同努力争取扩大使用面积方面的审批的工作；中心出资参股的下属股份制企业二十一世纪空间技术公司，位于西三旗的26000平方米的研发基地已经建成投入使用。此外中心的游泳馆经奥组委认定已成为2008年奥运会练习馆，将得到专项资金更新设备。

在企业管理工作中突出严格规范，强调落到实处，讲求实际效果。在非典期间，利用经营工作最少的时机，中心与各部门两级整理、汇集、修订了以往的几十项规章、制度、规范、规定，进行平时难以进行的基础性管理工作；在年内强调、强化服务、管理工作质量检查工作；建立健全中心、部门两级质检机制，推广了饭店严格细致、准确及时、奖罚分明的质检工作经验，取得一定成效。

中国青年实业发展总公司

一、基本情况

2003年，是中青实业在书记处的领导和支持下走过的第十个年头。十年来，公司从迅速发展的创业阶段，到积极稳妥的中期调整，从涉足广告、食品、文化等多元化的经营到总部主营国际贸易，投资主业嘉事堂药业的格局，经过不懈的努力，在市场经济的竞争中得以生存与发展。2003年度，中青实业实现税后利润280万元，嘉事堂药业实现税后利润近900万元。

公司将继续以适应国际化市场环境为目标，不断增强企业参与市场的竞争能力，致力于把公司建成经营结构合理、管理科学高效，并具有良好业绩的现代化企业。

二、主要工作

1. 积极开拓市场，巩固进出口业务。

2003年，为应对我国加入世贸组织后激烈的市场竞争，减少年初非典疫情对业务的影响，公司积极把握国家政策机遇，发挥代理服务品牌优势，及时调整代理品种结构，巩固重点贸易代理项目，全年实现销售总额7700万元，其中进出口贸易额441万美元。

公司已连续三年被国家商务部评为出口收汇信誉企业。

2. 嘉事堂药业实现规模、效益同步增长。

2003年，嘉事堂药业以发展现代医药流通、生物医药为目标，坚持商品经营和资本运营相互促进的经营思路。全年实现销售总额9.3亿元，连锁店规模突破200家。在抗击非典中被北京市政府指定为抗击非典药品物资储备三家单位之一。

新药开发与销售顺利启动。嘉事堂“金尔力”降钙素鼻喷剂2003年10月取得国家药监局颁发的新药专利证书，产品在同年第二季度上市。降钙素是一种与胰岛素同等科技含量的产品，销售前景看好。

为进一步整合资源，提高效率，投资1亿元的嘉事堂新的现代物流中心正在北京光机电一体化产业基地筹建中，该中心占地62亩，设计配送能力20亿元，预计2005年底投入使用。

3. 完成股份制改造工作，进入上市辅导期。

2003年11月，经国家国资委批准，嘉事堂药业公司进行股份制改造，并经中国证监会同意进入上市辅导期，计划通过上市进一步实现企业的全面发展，努力进入国家医药骨干企业的行列。

中青国际（香港）有限公司

2003年，在团中央书记处和中联办的正确领导下，中青国际（香港）有限公司全体员工励精图治、精诚团结，一方面认真学习贯彻团中央书记处和中联办关于加强中资企业建设的一系列指示精神，积极完成和落实好中联办交办的各项政治任务；另一方面在公司管理上精益求精，在业务发展上开拓创新，积极发挥了团中央窗口公司的积极作用，使公司保持了高效、快速、平稳的发展。

中青国际（香港）有限公司从团的全局工作出发，努力为青企协会员企业安排招商服务、融资服务；为国内相关院校组织青年学生交流活动；为有关国有大型企业组织协调贸易结算和贸易融资。同时，考虑到香港产业结构调整的步伐明显加快，香港作为国际贸易集散地的地位也发生了诸多变化等因素，也为了使中青国际的总体业务与团的全局工作更加紧密的对接，公司将发展的战略重点转向了内地，通过充分挖掘社会资源，组织规范化的国际资本运作，于2003年底与杭州之江国家旅游度假区管委会签署了建设杭州中青国际文化交流中心的合作协议。目前，项目的建设资金已经准备就绪，土地规划已经完成，交流中心项目运作正按照有关部门的要求进入到实质性阶段。这一中心的发展目标是建设一个国际化、现代化、数码化的国际青年文化交流中心，为团中央、各团省市委提供包括国际会议、国际培训、国际交流、国际旅游在内的综合性服务。

一年来，中青国际（香港）有限公司在香港经济不景气的情况下，克服SARS对经营活动产生的影响，保证了企业的稳定发展。特别是经过2003年以来的运作，中青国际文化交流中心筹备工作进入到实质性、程序性运作阶段，为中青国际的未来发展奠定了历史性的基础。

第八部分

省级团委工作简介

北京团的工作

2003年，共青团北京市委以邓小平理论和“三个代表”重要思想为指导，认真贯彻落实党的十六大、十六届三中全会、团十五大和市第九次党代会等重要会议精神，以实现共青团工作现代化为目标，继续坚持“建设、服务、创新、发展”的工作理念，扎实推进《北京青春奥运行动规划》、《北京青年新世纪成才计划》的实施和服务青少年工作体系的构建，着力加强学习型组织和服务型组织的建设，积极投身抗击非典斗争，团的各项事业有了新的发展。

一、以邓小平理论和“三个代表”重要思想为指导，开展多种形式的理论学习活动，青少年思想政治工作进一步加强

在全市团组织中持续掀起学习贯彻“三个代表”重要思想的高潮，召开了团市委书记学习贯彻“三个代表”重要思想研讨会、区县局级团委书记及市青联委员学习十六届三中全会精神报告会，开展了“学习实践‘三个代表’为团旗增辉”主题团日活动和“三个代表”重要思想学习实践月活动，举办了团市委机关及直属企事业单位处级干部“三个代表”重要思想培训班。认真抓好青年学生的思想理论建设，率先成立首都高校学生理论社团学会，编辑出版《“火红的青春”——首都大学生学习宣传实践“三个代表”重要思想成果集》，组织近百支“首都大学生‘三个代表’重要思想宣讲团”，开通“红帆网站”。团十五大召开后，团市委召开常委（扩大）会议和全委（扩大）会议，对北京共青团学习贯彻团十五大精神进行安排和部署。深入开展“全面建设小康社会”主题教育活动，编写了《小康读本》，在《北京青年报》上陆续刊登23个专版的主题教育辅导材料，制作“我们的小康生活”电视论坛，举办六期“网上小康论坛”。针对两会、伊拉克战争等国内外热点和突发事件，准确把握青年的思想动态，开展了关于危机应对与青年工作的专题研究，加强《北京青年动态》的报送，创编《网络动态参阅》。

二、积极响应党和政府的号召，参与抗击非典斗争

非典疫情发生后，团市委及时建立应急机制。4月下旬，成立了防治非典工作领导小组，调整工作格局。选派团市委机关的30余名干部到市防治非典联合工作小组办公室、市防控非典工作组督察办公室等部门工作，为全市防治非典做出贡献。4月15日，制定了《关于开展“与你同心”主题活动，做好防治“非典型肺炎”有关工作的通知》，动员广大团员青年积极投身到抗击非典斗争之中去。开通白衣战士后援热线，通过开展综合包户等活动，为一线医务人员解决实际困难。4月27日，发出题为《汇聚青春力量——共筑战胜非典新长城》的“致首都青年倡议书”，号召广大团员青年立足本职，在党和政府的领导下以实际行动支援抗击非典斗争。举办了“民族精神与青年责任”北京青年学生网上先锋论坛，召开了“青少年公民道德与民族精神教育”研讨会，组织“与你同心，抗击非典”FLASH及手机短信创作大赛，创作了《行进在无畏的行列中》和《情暖人间》两首抗击非典公益歌曲。

三、认真实施《北京青春奥运行动规划》，组织青少年开展丰富多彩的活动，为社会发展贡献青春才华

启动“青春绿色行动”，围绕第二道绿化隔离地区、“五河十路”绿色通道重点地段、山区绿色生态屏障建设掀起绿化热潮。组织青少年文化体育活动，举办首届北京国际长走大会、“首都高校学生纪念‘一二·九’运动68周年文艺晚会”、“北京青年韵律操大赛”等多种活动。积极整合社会资源，形成了以北京科技周、北京科技产业博览会、北京青少年科技节等大型活动为展示平台，以“快乐科普教育”、“北京青少年科普剧场”、“北京青少年课外科学体验课程”、“北京科普志愿讲师团”、“北京青春健康教育志愿讲师团”等活动为基本内容的青少年科技工作模式。全市团组织开展了形式多样、内容丰富的志愿服务活动，成立了团市委志愿服务指导中心和北京志愿者学校。在做好“到公益机构去”等传统项目的基础上，推出了“旅游志愿者”、“市民讲外语志愿日”、“星期六志愿服务日”等新项目。

四、扎实推进《北京青年新世纪成才计划》，切实为青年成长成才服务

紧密结合“优化发展环境，加快经济发展”的工作主题，开展了“优化发展环境，青年争做先锋”活动。推出第二批“新世纪号”优秀职业青年群体，并进行优秀青年文明号、青年突击队的评选表彰。大力推动京郊青年增收成才行动，举办首届北京青年现代农业与绿色技术网上博览会。开展首届创新创效评比活动，将“五小”成果评比纳入创新创效成果评比。积极推进社会实践工作，以“实践‘三个代表’，弘扬民族精神，倡导社会文明”为主题，开展了大规模的大学生暑期社会实践活动。积极加强对青年集体和个人的激励机制建设，对“十佳进京创业青年”进行了表彰，编辑出版了《北京青年发展报告——北京青年指数2003年版》，推进京郊青年现代化素质培训工程和“千校百万”培训计划。

五、制定落实《共青团北京市委关于进一步加强服务青少年工作的意见》，积极为广大青少年办实事

积极参与青少年事务，参与修订《北京市未成年人保护条例》等的立法调研和草案起草工作，积极建立“青年文明社区”创建的长效工作机制，初步形成了创建工作的中央、市、区三级评价体系。通过多种形式和渠道加大募集力度，大力开展“捐资助学”和“扶贫济困”行动。为青年就业提供条件，启动“帮下岗青工再就业”行动，并组织部分报名的下岗青年参加就业指导培训。针对大学毕业生就业形势严峻的问题，推出了“万名大学生平面媒体招聘会”。做好青少年维权工作，继续大力推进“星光青春保护行动”，扩大了优秀“青少年维权岗”创建活动范围，举办了“阳光心语大课堂”系列活动，成立了未成年人法学研究会。

六、主动适应形势发展，全面加强团的建设，青联、学联和少先队的作用进一步发挥

召开了“北京市深化基层党建带团建，推进非公有制经济组织团建工作会议”，不断探索非公经济团组织发挥作用的有效途径和方式方法。推进团建创新工作，开展对企业团的工作职能化等方面的创新。推进学习型组织建设，召开了北京共青团建设学习型组织研讨会。加强团市委网站建设，形成以北京共青团网站为龙头的100余个团属网站的工作网络，培育团干部的信息化意识。大力开展多种形式的团干部教育培训工作，团干部队伍建设得到加强。加强青联自身建设和对区县青联的指导力度，积极开展与港澳台侨青年社团的交流。学联作用进一步发挥，有力地促进了青年学生的成长成才。少先队建设稳步推进，“团队衔接”工作取得新的进展。

天津团的工作

2003年,天津市各级共青团组织全面落实市十一次团代会提出的各项任务,紧密围绕市委中心工作和团中央的工作部署,全面推进天津团"四一六"工作格局,开展了形式多样、扎实有效的活动,在全社会产生了积极而广泛的影响。

"三个代表"重要思想学习教育活动不断深入。举办了两次"三个代表"重要思想团干部培训班,累计培训400余人次。举办了"学习团的十五大知识竞赛"、"天津青年才俊论坛"、"天津女排先进事迹报告会",收到良好效果。近10万名在校大中专学生组成100余支实践服务队,开展了"四进社区"和"三下乡"活动,推动"三个代表"重要思想学习教育活动深入开展。

理论创新成效显著。先后发表了《以"三个代表"重要思想为指导,发挥共青团在"三个文明"建设中的作用》、《开发青年人力资源,服务"三步走"战略》、《共青团在统筹城乡经济社会发展中大有作为》等多篇理论文章,对新时期共青团工作进行了深入的理论思考和实践探索。

抗击非典发挥作用。在突发的非典疫情面前,团市委倾全团之力,展开防治非典的攻坚战。深入开展宣传教育,努力为一线人员献爱心、办实事。团市委向防控一线的医务工作者赠送了30万元的1000个"爱心包",向海河医院捐赠了11万元的物品,联合热心公益事业的有关单位为1300名抗击非典一线医务人员子女捐赠了92万元的"爱心节日卡"。在抗击非典过程中,共为交管局、地铁一号线工地、医务人员、进城务工青年、特困青年家庭捐赠款物达306万元。在防治非典的斗争中,共青团组织向党和人民交出了一份满意的答卷。

"天津青年六大体系"建设成果丰硕。一是青年创造体系建设不断提高。举办了首届"青工技能节",10余万名企业青年参加青年岗位能手技能大赛等活动,涌现出"全国杰出青年岗位能手"杨月霞和"中国青年科技创新奖"张秉军等一大批先进典型。推进"城乡互动1+1'百业千对'"活动,促进了城乡之间各种资源的良性互动。投资20万元建设"保护母亲河工程——安利林",建立首批市级监护站6个,全国保护母亲河工程启动仪式在天津举行。启动了城区青年"五进"海河两岸综合开发改造现场活动。深入开展了大学生课外学术科技作品竞赛活动,全市共有24件作品在全国"挑战杯"获奖。积极拓宽服务对外开放的工作渠道,表彰了20名"天津杰出留学回国青年创业者"和"优秀留学回国青年创业者",感召和吸引更多海外留学青年来津创业。二是青年文化体系建设不断丰富。以"新天津、新生活、新青年"为主题,举办了天津青年文化艺术节暨荷花展,10余万名青年参与了"激情天津"优秀青年书画作品和摄影作品展等10项主题鲜明的文化活动,开创了天津青年文化的崭新局面。全面实施青年文明号信用建设示范行动和青年文明号"促发展、保安全"活动,全市共有12个青年集体被命名为全国青年文明号。完善了青年文明社区创建活动,全市共命名18个市级青年文明社区,9个青年文明社区大家乐舞台,5个街道被团中央命名为重点联系街道。加快了青年志愿者行动社会化的步伐,已有1.6万人通过电子注册加入到青年志愿者的行列。三是青年服务体系建设不断完善。建立了天津市青少年维权与法律服务中心,接待青少年案件信访220余人次,电话咨询180余起,妥善解决了一批较有影响的青少年侵权案件。成立了天津青基会理事会。通过开展“爱心助学”等活动,募集资金100多万元,援建两所希望小学。开展了“圆特困家庭心愿”活动,组织1000个青年文明号集体与困难青年家庭结成“一助一”帮扶对子,为2000余户特困青年家庭和困难青年子女求学提供了援助。筹资100万元组建天津青年创业中心,举办大型人才交流洽谈会26次,举办大学生专场招聘8次。成立了天津市青年人才交流服务有限公司,为千余名青年找到了合适的工作。创立了全国首家“大学生职业导航中心”。为1000余名毕业生推荐了工作岗位。以服务区域经济建设为载体,推荐、促成高校青年科技成果与需求方对接,2003年与塘沽区委、区政府达成长期协议,为其选拔高新技术人才。四是青年组织体系建设不断创新。继续深化“五四红旗团委”创建活动。狠抓团干部的培训工作,形成了《天津农村全面奔小康青年带头人培训工作的调研报告》。不断做好经常性发展团员和“推优”工作,确保了团员发展和“推优”数量的稳步增长。发挥青联的联结优势,指导基层搞好换届和建立青联工作,不断健全和完善基层青联组织建设,扩大了青年爱国统一战线。加强学联的自身建设,召开了学联十一届三次全会。成功召开了天津青年企业家协会第九次大会。少先队开展“红领巾心系海河”、“手拉手、话小康”、“做热爱天津、建设天津的小主人”等系列活动,为开创天津现代化建设的新局面做好全面准备。五是青年产业体系建设不断壮大。青年宫新宫开业。少年宫保持了全年培训上万人次、22个专业、200多个培训班的好成绩。青少年活动中心综合教育培训楼主体部分建成并投入使用,游乐项目收入比去年增长了8.7%。青年职业学院向社会输送既懂专业又懂管理的高级蓝领500人,就业率在82%以上。凤凰山营地全年累计接待青少年5万多人次。青年友好使者艺术团走进社区、学校、部队、厂矿和乡村,大力讴歌天津巨变,为“三五八十”喝彩。青年绿色文明基地基本建设达2万多平米,完成培训任务12万人次,被命名为“全国青少年生态环境教育基地”。《天津中学生》杂志荣获了“首届中国优秀少儿报刊金奖”。天津共青团网站开通了“共青团工作网上邮局”,实现了团的政务信息网上传送。团属企业未来集团总资产达1.6亿,创立了我市单层体量最大的超市——未来超市;未来药业公司建成46个连锁店;乐园宾馆盘活1.4亿资产。青年联合实业公司开发创新、加快调整,取得了良好的经济效益。青年旅行社努力开拓市场,实现全年营业额突破1个亿的历史新高。天津共青团产业总资产超过30亿元。六是青年外联体系建设不断健全。构建青年外事三级工作网络。与马来西亚等国外青年团体建立友好关系,组派了天津青年代表团赴马来西亚、欧洲、日本神户进行友好访问,接待了朝鲜平壤、日本神户访津团,进一步拓展了对外联络和交流渠道。

青年人才培养进一步深化。以增强青年的学习能力、就业能力、创新能力和创业能力为主线,实施青年培训工程,10余万名企业青工在“青工技能节”活动中得到培训,9000多名农村青年参加青年农民培训,对1.1万余名下岗青工进行了择业观教育,在大学生中举办就业形势报告会和就业讲座、论坛,培训大学生2万多人。建立了青年“百万人才库”和“十万企业库”,目前已有3.2万人入库。完善了“五四”奖章、“十大杰出青年”以及“青年岗位能手”、“十杰百优农村青年”等评选表彰活动,推动了各个领域青年人才脱颖而出,不断壮大青年人才大军。

河北团的工作

2003年，在省委和团中央的正确领导下，河北省各级团组织高举邓小平理论和“三个代表”重要思想的伟大旗帜，深入学习贯彻党的十六大、十六届三中全会和省委六届三次、四次全会精神，认真落实团十五大和省十二次团代会确定的各项任务，围绕全省工作大局，正确处理“务虚”与“务实”、“有所为”与“有所不为”、“守业”与“创业”的关系，积极应对非典带来的冲击和挑战，团结带领广大团员青年在我省全面建设小康社会的宏伟实践中做出了积极贡献，全省共青团和青年事业在新世纪新阶段取得了新的发展。

一、围绕“树讲求”教育活动，努力塑造团干部正确的世界观、人生观、价值观。团省委以省委“树讲求”学习教育活动统揽全局，提出了“树有发展的正气，讲有正气的团结”的指导思想。一是以“三个代表”重要思想构筑团干部强大的精神支柱，以“贯彻十六大、创造新业绩”为主题，在团干部中开展了知识竞赛、专题讲座、读书征文等形式多样的主体活动，进一步增强了团干部振兴中华的责任心和使命感；二是教育活动与业务工作紧密结合，始终用厅处两级领导干部的示范作用带动和影响全体干部职工转变作风、团结协作，坚持一手抓活动，一手抓工作，有效解决“孤立搞教育”和“因工作忙而忽视教育”的问题，真正确保了教育活动人员、时间、内容、效果的四落实和既定工作任务的圆满完成。不仅教育活动收到成效，同时有力地促进了省团代会召开、青年五四奖章和杰出青年企业家评选、抗击非典等工作的顺利开展。

二、共青团河北省第十二次代表大会胜利召开。认真做好省团代会代表的选举和委员、候补委员候选人的酝酿推荐工作，保证了代表和委员会构成的广泛性和代表性。大会审议并通过了共青团河北省第十一届委员会的工作报告，提出了今后五年全省共青团工作的指导思想和奋斗目标，选举产生了共青团河北省第十二届委员会，并在一次全会上选举产生了常委、副书记和书记人选。

三、围绕抗击非典三大战役，发挥团员青年三大作用。在同非典斗争的“遭遇战”中，各级团组织充分发挥党的助手和后备军作用。面对突如其来的非典疫情，我们针对大学生、进城务工青年、青联委员、青年企业家协会会员、青年志愿者、少先队员等不同青少年群体，分别发出6篇倡议书。在全省先后启动实施了“拒绝非典，关爱生命”青年志愿者健康直通车、“奉献爱心，全力抗击非典”——五四特别援助行动等活动，组织青年志愿者20多万人次赴农村开展卫生防病服务工作，发放宣传资料120多万份。在同非典斗争的“攻坚战”中，各级团组织充分发挥团员青年的突击队和生力军作用。开展了“燕赵青年志愿援助行动”，共收到省内外捐款捐物总价值达74万元。团省委先后划拨专项经费16万元用于基层团组织开展抗非斗争。支持大学生、下岗青工、进城务工青年、一线医护人员及家属、一线公安干警和新闻工作者等六类社会群体开展抗击非典斗争。在城市开通了“志愿服务阳光热线”，在农村组建防治非典青年志愿服务队，开展群防群控、科普宣传、助耕帮困、维持秩序等各项工作。在同非典斗争的成果保卫战中，各级团组织充分发挥青少年开风气之先的作用。团省委在全省青少年中大力开展“革除陋习，共享健康”文明实践活动，大力开展了“农村青年‘四个一’健康工程”和“健康文明进社区”活动。制作了大型MTV《大爱无言》和生动活泼的公益广告，在中央电视台和省电视台循环播出，出版了《非典捆不住我们的翅膀——河北省少年儿童“抗非典，迎六一”优秀作品集》，受到省委领导的充分肯定和社会各界的普遍赞誉。

四、围绕河北省四大主体战略的实施，为加快全面建设小康社会贡献力量。一是围绕科教兴冀战略，开展了“促进农村青年增收成才行动”、企业青工创新创效活动和大中学生科技发明竞赛活动；启动了“河北大学生志愿者健康行动计划”，从省内8所医学院校选拔出100名优秀大学生，赴张家口、承德两市的贫困县从事为期一年的疾病防控工作。二是围绕两环开放带动战略，做好对外交往交流工作。坚持“不求所有，但求所用”的原则，举办了海外学人回国创业周活动，吸引了周边9个省市50多名海外留学人员到廊坊高科技园区开展活动；引进中国博士后基金，与河北天同集团合作成立了投资2亿元的“中博集团有限公司”；与北京市联合开展了京冀少年“同体验、共成长”手拉手活动。非典过后，青年对外交往工作再掀新高潮，先后组织6批次20多人赴日本、韩国、澳大利亚、越南等国考察访问。三是围绕城镇化战略，加快青年农民从农业向第二、第三产业转移。全省各级团组织输出农村青年富余劳动力近5000人；开展“工岗快递”活动，成立了河北省青年创业就业和再就业服务中心，共帮助5200多名青年实现了就业或再就业；开展“进城务工青年发展计划”，培训进城务工青年近万人（次），维护他们的合法权益，帮助他们进得城、住得稳、闯得开。四是围绕可持续发展战略，深入开展“保护母亲河”行动，规划实施了4个国家级造林项目，引入资金390多万元。从“日中绿化交流基金”（也称“小渊基金”）引入1800万日元，用于“中日青年丰宁县生态绿化示范林”第四期工程建设。前三期共投资4500万日元，治理荒山荒坡6750亩，第四期计划造林199公顷。为再造秀美山川、推进可持续发展做出了积极贡献。

山西团的工作

2003年，对山西共青团来讲，是具有历史意义的事。今年4月份，在省委和团中央的高度重视和亲切关怀下，山西省共青团成功召开了新世纪的第一次代表大会——共青团山西省第十二次代表大会。大会全面分析了全省共青团工作面临的新形势，确立了邓小平理论和“三个代表”重要思想为团的工作长期坚持的指导思想，客观地总结了过去五年的工作经验，提出了未来五年全省共青团发展的奋斗目标，选举产生了新一届团省委领导班子，从思想上、政治上和组织上为全省共青团工作在新世纪新阶段的发展奠定了坚实的基础。新一届团省委领导班子站在新的历史起点上，与时俱进，开拓创新，努力开创山西共青团工作新局面。

一、以“三个代表”重要思想为统揽，团的理论学习再掀高潮

全省各级团组织深入学习贯彻党的十六

大和十六届三中全会精神，把“三个代表”重要思想学习活动作为首要任务来抓，通过开展形式多样的学习活动，在全省广大青年中掀起了理论学习新高潮。一是掀起学习“三个代表”重要思想新高潮。团省委理论学习中心组带头深入学习“三个代表”重要思想，下发了《关于各级团委中心组认真学习〈“三个代表”重要思想学习纲要〉的通知》，通过一把手亲自抓，强化各级团的中心组的学习制度，使全团的理论学习提高到了一个新水平。以中心组学习、青年代表座谈会、宣讲团、报告会、演讲比赛、知识竞赛、培训学习班等多种形式广泛开展了“三个代表”重要思想的学习活动，全省共计有20余万名各行各业青年开展了“三个代表”重要思想的学习活动。二是深入开展学习胡锦涛同志“七一”讲话活动。转发了团中央《关于认真学习胡锦涛同志在“三个代表”重要思想理论研讨会上重要讲话的通知》，对学习活动进行了精心部署，把理论学习、研究和宣传紧密结合，在《山西青年报》、《共青团山西通讯》开辟了理论学习专栏，刊登了数十篇重要理论学习文章。三是全面贯彻落实团的十五大精神和我省十二次团代会精神。团省委下发了《关于贯彻共青团第十五次全国代表大会精神的通知》，对学习团十五大精神进行了安排部署。各地团组织主要负责人带头学、亲自抓，坚持以团干部为重点，采取集中学习与个人学习、系统学习和专题研讨相结合，写出了体会文章，展现了学习成果。在此基础上，全省还选派了10名优秀基层团干部参加了团中央举办的第五期理论学习骨干班。同时，结合贯彻我省团十二大精神，通过团属舆论宣传阵地，组织开展了召开研讨会、报告会、主题团日等活动，在全省广大团员青年中掀起了学习贯彻落实十二次团代会精神的高潮。

二、积极开展非典防治工作，团的生力军和突击队作用得到充分发挥

在今年的防治非典战役中，山西省作为全国的重灾区，形势严峻，任务艰巨。全省各级团组织团结和带领广大团员青年大力发扬万众一心、众志成城、团结互助、和衷共济、迎难而上、敢于胜利的精神，用热血和青春筑起了防治非典的钢铁长城。

1. 着力搭建非典防控网络。非典攻坚战打响后，各级团组织高度重视，积极行动，成立了防治非典工作领导组，团省委下发了《关于动员和组织广大农村团员青年积极投身农村预防和控制非典型肺炎工作的通知》和《关于进一步动员城市社区团员青年积极参与预控非典型肺炎工作的紧急通知》，各级团的机关多次带队深入基层单位对防治工作进行检查指导，督促各级基层团组织、青年社团组织、团属事业单位成立了工作领导组，组建了省、市、县、乡全方位的防控网络，对非典的防控发挥了积极重要的作用。

2. 大力营造防控非典的舆论氛围。团省委、省青联、省学联、省少工委对全省广大团员青年、学生和少年儿童发出倡议，“同心协力，战胜非典”。利用团属各新闻媒体，开辟专栏报道抗击非典工作。《山西青年报》共做“抗击非典”专版50多个，发稿423篇，发图片近百幅，进行了总计约30万字的宣传报道。《山西青年信息》、“山西共青团”网站也开辟了“抗非典专题”进行了宣传报道，各级团组织编写了数千份专题信息，收到了良好的社会效益。

3. 全力开展非典防治工作。以“奉献爱心、捐款捐物、表彰先进”为主要内容，广大团员青年和青年志愿者勇敢地站到抗击非典的第一线，参与诊治、开展宣传、协助防控、清洁环境。一是广泛开展“献爱心”活动，全省各级团组织共收到捐款155万元，为奋战在防治非典一线的医务人员捐赠2200个“志愿者爱心包”，《山西青年报》红马甲网络公司成为我省向抗非典捐款的第一家单位；团省委联合太原通信公司向省城14所高校捐赠了价值10万元的“爱心电话卡”；向11个团市(地)委发放防非专款5万余元。二是将20万份上海团市委赠阅的抗击非典宣传资料、陕西团省委捐赠的体温计,下发至全省3万多个农村团支部和农村青年手中。三是全省农村各级团组织纷纷组建青年志愿服务联防队、宣传队、助耕队、环卫队、医疗队,"五队"联动抗非典,抓生产、倡新风、促稳定,全省共动员了20余万名青年志愿者开展了80万人次的志愿服务活动。四是进行了总结表彰。对在抗击非典中做出贡献的医务人员、团员青年进行了表彰,并对32个医疗战线的青年集体授予"省级青年文明号"。

三、围绕全面建设小康社会的宏伟目标,团的各项工作稳步推进

2003年是全面建设小康社会的第一年。无论对全国还是对全省来说,各项工作任务异常繁重。全省各级团组织紧紧围绕这一目标,创造性地开展了一系列行之有效的工作。

1. 青年就业和下岗青工再就业取得新成绩。与中国联通太原分公司启动了"青年创业技能千人培训活动";在太化集团、太原市迎泽区等单位和地区连续举办5场"下岗失业青年创业技能培训班",近千名下岗失业青年接受了免费培训,部分青年成功就业;11月,在太原青创中心召开了"山西青年(非公有制经济)用工太原现场洽谈会暨用工信息发布会",30余个行业为下岗失业青年提供了2000余个就业岗位,现场有近50%的下岗失业青年与用人单位签订了用工意向;依托省青创中心开展了"工岗快递"活动,向北京等地输出劳务1500余名,为阳泉、大同等地的60余名农村青年在省内联系了就业场所;完善了青年就业和再就业工作网络。全省再就业共培训青年29972名,实现青年就业岗位40309个,开发青年就业岗位13100个。

2. 青年创新创效活动取得新成效。紧紧围绕企业的改革和发展,以提高广大青年职工的创新意识和创新能力为目标,全省创新创效活动形成上下齐动、条块互动的良好发展态势。截至目前,活动已覆盖全省80%的国有企业和2000多家非公企业,青年职工参与达120多万人,涌现出的创新成果近7万项,创造经济效益12亿多元,有力地促进了我省企业经济效益的提高。

3. 农村青年增收成才行动取得新进展。全省各级团组织精心组织开展农村青年外出务工增收行动,成功向外输出农村青年5万余名;开展农村青年科技培训,培训农村青年12万人次,其中有25%的青年农户获得了农技职称。

4. 保护母亲河行动取得新发展。建设了一批保护母亲河绿色重点工程。利用省匹配50万元造林工程建设资金,高标准、高质量地完成了15.1万亩的建设任务。同时,还在吕梁离石市凤山承建了全国保护母亲河工程"安利林"。

5. 校园师生科技竞赛活动取得新突破。成功举办了省第七届"兴晋挑战杯"高校青年师生学术科技作品竞赛活动;组织山西大学、太原理工大学等6所高校的28件优秀作品参加了全国第八届"挑战杯"大学生科技作品竞赛,18件作品进入终审决赛并获奖,团省委获省级优秀组织奖。

6. 群众性精神文明创建活动呈现新气象。青年志愿者行动共注册8万名青年志愿者;积极组织发动毕业生参与"大学生志愿服务西部计划",全省共有2817名学生报名,位居全国首位,经严格选拔,326名优秀青年分别被派往甘肃、宁夏、贵州等地从事一至两年的志愿服务。青年文明号实行了青年文明号"末位淘汰制",开展了"青年文明号检查监督月"活动。目前,全省共涌现出国家级"青年文明号"158个,省级"青年文明号"1200多个。乡村青年文化节全省1500多个乡镇中有60%的乡镇开展了活动,覆盖农村青年200多万人。大中学生"三下乡"社会实践活动组织全省28所高校、2000所中专中学的20万名大中学生和300名硕士博士生赴120个市、县(区),深入开展了党员大学生"三个代表"实践、企业帮扶实践、四进社区、支教扫盲实践等活动,全省共组建"三下乡"志愿服务队1300余支,农业科技知识讲座24378场,举办文艺演出752场,完成科技项目438项。希望工程收到社会各界捐款160万元,援建希望小学9所,安排救助大、中、小学生75名,建成希望网校单点站3个,接受价值30万元图书,向贫困地区学校送达价值5万元学习用品,配送课桌椅1280套。

四、切实服务青年需求,团的凝聚力、吸引力不断增强

团的十五大要求"共青团要坚持把竭诚服务青年作为全部工作的出发点和落脚点"。山西省团的十二大把竭诚服务青年作为共青团实践"三个代表"重要思想的具体体现,在服务青年需求方面展示了新作为。

1. 积极维护青少年合法权益。实施了"青少年违法犯罪社区预防计划",开展了"社区青少年远离毒品"宣传教育活动,6月23日,举行了省"远离毒品、关爱未来"宣传教育系列活动启动仪式,省委、省政府领导出席了仪式,省禁毒委向新命名的社区"青少年法律学校"赠送了3万元的教育器材和禁毒教材;实施性病/艾滋病预防干预项目,省城大中学生"青春红丝带行动"主题活动在太原理工大学拉开序幕;开展"青少年维权岗"创建活动。目前,全省创建优秀"青少年维权岗"活动已遍及11个行业系统。

2. 努力为特殊困难青年服务。开展青年文明号济困助学活动,为家庭经济困难的青年提供了受教育和接受实用技能培训的机会;大力推进希望工程,继续实施希望之星资助计划,构建了面向农村特困家庭的大中小学生资助体系;开展"勤工助学"行动,推动助学贷款计划,帮助贫困大中学生顺利完成了学业,认真落实中央、省委关于切实帮助困难群众解决实际问题的有关精神,开展"真情暖万家"活动,把团的真情和爱心送给那些真正需要帮助的弱势青年群体和困难群众。

3. 拓宽工作领域,团的各项工作蓬勃发展。共青团充分发挥在青联组织中的核心作用、对学联组织的指导作用和对少先队组织的领导作用,更加广泛地团结、凝聚和引导了广大青少年。10月20—21日,隆重召开了省第四次少代会,选举产生了新一届少工委的领导机构;12月29日,召开了省青联八届四次常委(扩大)会议,调整充实了省青联的领导班子;围绕青少年的需求大力发展团属企事业,山西青年干部管理学院、山西青少年报刊社、山西省希望事业发展中心、山西青年志愿者指导中心、山西中国青年旅行社、山西青年农村产业开发服务中心、山西省青年信息中心、中华儿女山西记者站、山西省少年儿童社会发展中心等坚持用办事业的精神和方式推动工作的开展,使工作在积累的基础上稳步前进。

五、夯实组织基础,团的自身建设全面加强

团的自身建设是共青团的工作基础,加强团的自身建设将对团的各项工作顺利开展提供坚实的保障。

1. 推进全省团的基层组织建设。全省各级团组织坚持党建带团建,广泛开展了以创建团建先进县、五四红旗团委、五四红旗团支部为内容的基层团建"三级联创"活动;起草了《关于加强非公有制经济组织团的建设的意见》;建立健全了党建带团建目标责任制、团组织按期换届、团员评议注册和团费收缴管理等配套制度,形成了统一、规范、有序的基层团建工作制度体系。

2. 加强团干部队伍建设。按照《2002—2005年全省团干部教育培训规划》,团省委组织举办了全省新任职团干部培训班;按照"以建档打基础、以换届抓队伍、以制度促协管、以活动强作风"的整体思路,进行了全省团干部协管工作档案库的探索建设。

3. 进一步加强团员队伍建设。下发了《关于认真学习〈中国共产主义青年团章程〉的通知》,采取演讲、主题团日、知识竞赛和座谈研讨等多种形式,广泛开展了新团章学习活动;开展了第六届山西青年五四奖章、优秀团干部、优秀团员的评选表彰活动;加大了在农村、企业、学校、社区和非公有制经济组织中发展团员的工作力度。

4. 探索加强基层组织的有效途径。开展了农村青年中心试点建设工作。组织太原、晋城等市县团委书记参观学习了灵丘县东河南镇、落水河乡等地青年中心的建设经验。9月8日,联合省委宣传部、省关工委和省少工委举行了全省农村青年中心少儿图书室捐建活动启动仪式,在12个农村青年中心捐建了12个图书室,每个图书室获赠价值10万元的科普文学类图书。

内蒙古团的工作

一、青少年思想教育工作深入持久。全区各级团组织始终坚持用“三个代表”重要思想武装全团,教育青年,不断兴起学习贯彻“三个代表”重要思想新高潮。坚持不懈地开展爱国主义、集体主义、社会主义教育,大力开展民族团结教育,引导各族青少年做改革的支持者、稳定的维护者、发展的促进者。发挥团属舆论阵地的作用,推广经验,树立典型,增强教育的实效性。大力开展“12·14”英雄群体宣传教育活动,协调中央和自治区新闻媒体,大力宣传英雄事迹,组织“12·14”英雄事迹报告团在区内外进行巡回宣讲,引起了强烈的社会反响。中宣部、团中央把这一英雄群体作为重大典型推向全国。2月27日,在由中宣部、中央文明办、团中央、教育部组织的纪念学习雷锋活动40周年大会上,“12·14”英雄群体接受了表彰并作典型发言。

二、强势推进“保护母亲河,建设草牧场”行动,不断加大“双百万京(津)北绿色屏障工程”建设力度。全年共创建绿色屏障工程40多处,争取社会各类捐资500多万元。“安利林工程”落户我区,日本“绿色生命”组织在内蒙古青基会设立了“内蒙古治沙专项基金”。内蒙古青少年生态园今年完成投资500万元,绿色希望广场等基础设施建设如期完成,栽植各类苗木36万多株,园区苗木覆盖率由33%提高到了56%。

三、深入开展青年农牧民增收成才行动。推进青年农牧民科技培训工程,对农村牧区基层团干部开展了农业结构调整专题辅导。加大青年星火带头人的培养和扶持力度,通辽市奈曼旗青年农民席宝力高获“全国十大杰出青年农民”称号,道日诺等三位同志被评为全国农村青年创业致富带头人。

四、扎实推进进城务工青年发展计划。举办了全区“进城务工青年就业服务大会”,共为进城务工青年提供就业岗位2.3万个,发布就业信息10万余条,接受各类服务的进城务工青年总数达40万人次。开展了关爱进城务工青年春天行动和暖冬行动,提供就业岗位和信息,依法追讨工资,开展“两节慰问”。召开了首届杰出进城务工青年表彰大会,创立了进城务工青年援助基金。

五组织千名青工技术比武。大力开展全区企业青工岗位练兵活动。10月23日，组织了共青团全区千名青工能手技术比武，全区12个盟市、18家大企业的千余名选手参加了6个工种的比赛，有力地促进了企业青工创新创效实践，推动了企业青年人力资源的开发与培养。

六、召开共青团十省(区、市)青年企业家经贸洽谈会。9月份，来自全国十省(区、市)的140余名青年企业家聚首呼和浩特，签订了20.97亿元的经济合同。通过洽谈会，促进了区内外青年企业家的交流与沟通，有力地宣传了内蒙古，凸显了共青团在经济建设和对外开放中的作用。

七、深入推进青年科技创新行动。表彰了第七届"内蒙古青年科技创新奖"获得者。组织了全区第三届"挑战杯"大学生课外学术科技作品竞赛，全区90%的高等院校、近5万名大学生参与了竞赛活动。在全国第八届"挑战杯"大学生课外学术科技作品竞赛中，全区共有17件作品进入终审决赛，其中5件作品获二等奖，5件作品获三等奖。

八、积极引进各类高素质人才。积极做好博士服务团来自治区挂职服务工作。实施了"草原之光"硕士创业行动，首批选派19名高学历青年人才到12个盟市的19个旗县(市、区)锻炼服务一年。团中央研究生支教团38人到自治区服务。

九、深入实施青年志愿者行动。全面推行志愿者注册制度。开展了"弘扬雷锋精神，参与志愿服务，建设精神文明"主题活动。举办了为全区两个文明建设经验交流会做贡献——万名青年志愿者誓师大会，志愿者服务成为会议期间一道亮丽的风景线。圆满完成了大学生志愿服务西部计划的宣传发动、招募选拔、组织培训、对口安置等项工作。来自北京、山东、内蒙古等地的500名大学生志愿者到自治区开展教育、科技、卫生等志愿服务。

十、推进希望工程。全年共募集希望工程各类捐资500多万元，援建希望小学13所，创办摩托罗拉等希望之星班10个，资助希望之星及贫困学生共1092名，资助贫困大学生220名，争取"大红鹰"希望图书室70套，总价值105万元，家校通软件价值100万元，免费培训希望小学校长、教师20名。

十一、积极推进青少年文化建设。开展第五届乡村青年文化节活动，团中央在自治区通辽市举办了全国第五届乡村青年文化节开幕式，丰富了农村牧区青年的文化生活。开展了第二届社区青年文化节，创建了一大批青年文明社区大家乐舞台，举办了社区青年文化节——千场展演活动，为促进青少年健康成长发挥了积极的作用。举办了首届"闪亮之星"全区大学生校园歌手大赛、第三届蒙语诗歌大赛和第三届全区大中学生网页设计大赛，深受广大青年学生的好评。进一步深化18岁成人仪式教育活动，加强中学生的"三义三观"教育。

十二、推进青少年实践教育活动。共组织近10万人参加大学生暑期"三下乡"活动，不断健全"三下乡"工作机制，加强人才与项目的对接，提高活动质量。组织了"草原少年同体验，争做合格小公民"千人鼓号大赛。40余所学校共4000多人参加活动，展示了红领巾事业的丰硕成果。深入实施"新世纪读书计划"，全面实施大中学生"素质拓展计划"。全区共建立各级各类读书基地560多个，其中有4家被表彰为全国先进集体。建立健全大中学生素质拓展阵地和综合素质评价体系，促进了大学生综合素质的不断提高。举办了学校共青团干部培训班并召开了全区大中专学生素质拓展计划推进会。

十三、为青年就业创业服务。成立了内蒙古自治区共青团青年就业再就业领导小组，不断加强再就业培训，建立了再就业培训基地。编辑发行了《促进青年就业再就业文件汇编》。举办促进青年再就业培训班185期，培训下岗青年6000余人。分区域、分阶段实施了"工岗快递"行动，组织青年参加网上应聘。发动自治区青企协22家会员企业吸纳1.8万名下岗青工。

十四、为维护青少年权益服务。在司法系统实施对优秀青少年维权岗给予记功奖励新的规定,极大地提高了基层参与创建活动的积极性。至今全区参与青少年维权岗创建的行业系统已达21家,是全国活动面最广泛的省份之一。加强对青少年的法制教育,全面实施青少年违法犯罪社区预防计划、预防艾滋病“青春红丝带”和“社区青少年远离毒品行动”,优化青少年成长的社会环境。深入开展“青年献爱心”助老、助残、助困、助学志愿服务活动。开展了“短信献爱心,真情暖明天”新春特别活动,收到的2万余元捐款已分别送往贫困青少年手中。

十五、大力推进团的自身建设。深化“五四红旗团委”创建活动。进一步巩固旗县、乡(苏木)、村(嘎查)三级团组织层层创建、整体联动的基层团建工作机制。制定下发了《2003—2005年全区团干部教育培训规划》。举办了盟市级团委书记学习贯彻“三个代表”重要思想和团十五大精神培训班,编辑出版了《全区盟市级团委书记学习贯彻“三个代表”重要思想培训班论文汇编》。举办了两期“共青团县县上网工程”团干部网络培训班。选调了17名基层团干部分别到自治区团委机关和北京挂职锻炼。从全区公务员考录中单独选调50名应届大学毕业生,派往乡镇苏木从事共青团工作。以团员意识教育为重点,采取有效措施,更好地发挥了团员的模范带头作用。进一步加大“推优”力度,不断为党组织输送新鲜血液。青年政治学院新院区一期工程基本竣工,招生规模实现历史性突破,并已完成大部分搬迁任务。召开了内蒙古青联九届三次常委会,选举了新一届青联主席和副主席,增补了常委、委员,壮大了青联队伍。完成了自治区青年科技工作者协会、青年文学艺术家协会的换届工作。进一步做好青年统战工作和青年外事工作。开展了全区各族青年、特别是信教青年的思想状况调查。接待了蒙古国青联代表团。

十六、推进青年中心建设试点工作。成立了由一把手为组长的全区青年中心建设领导小组。确定试点地区,派人学习考察,以学促建,推动自治区的试点工作。

十七、全力抗击非典。全区各级团组织构筑了覆盖农村牧区、工矿企业、学校、城镇社区等各条战线的五级组织网络,开展“青春绿伞行动”和“团旗在阵地飘扬,团徽在一线闪光”主题活动。全区共有近万名专兼职团干部战斗在第一线,共组建了2000余支“青年志愿者服务队”和“青年突击队”,提供志愿服务15万人次,捐助物资、现金118.4万元。内蒙古团委被评为自治区抗击非典先进集体,机关4名同志被评为自治区抗击非典先进个人。

辽宁团的工作

2003年,共青团辽宁省委坚持用“三个代表”重要思想统揽团的工作,牢牢把握工作大局,团结带领广大团员青年为实现辽宁老工业基地振兴做贡献,并实现了自身工作的新突破。

一、围绕辽宁老工业基地振兴做出了新的贡献。提出并实施了下岗青年创业行动,组建了各级青年创业服务中心,建立了青年创业扶持基金，通过加强创业教育、深化创业培训、提供创业服务等措施，每年培训下岗青工达3万余人次，安置就业2万余人次，此工作多次受到省政府表彰，经验在全国得到推广。创意并实施了共青团招商引资引智活动，有效拓展了共青团组织的职能。2003年，全省各级共青团、青联组织引资额达3119万元，得到省委书记、省长的充分肯定。围绕全省“两大基地”、“三大产业”建设，创造性地提出并实施了青年技能型人才攀登计划、青年职工创新创效活动和农村青年增收成才活动，取得了良好的社会、经济和人才效益。青年文明号诚信集体——沈阳商业城鞋帽柜台，被中宣部列为重大典型在中央各大媒体宣传。积极带领各级团组织和广大团员青年参与防非典斗争，做到了为政府分忧、为人民解愁，受到了嘉奖。大力推进群众性精神文明创建活动，开展了青年文化广场活动、乡村青年科技文化节、“做诚信青年，建诚信辽宁”主题教育实践活动，“小康青春行”大学生志愿者艺术、卫生、科技服务团下乡等活动，收效明显。

二、服务青年成长成才有了新的作为。坚持服务大局与服务青年的有效结合，始终把培养和造就青年人才作为工作的重中之重。青年“三个代表”重要思想学习教育活动成效显著。创造性地启动实施的大学生志愿服务辽西北计划，创新了人才配置方式，2003年派遣516名大学生参加志愿服务。此项工作社会反响强烈，效果明显，得到了曾庆红主席的肯定。坚持开展“青年五四奖章”、“十大杰出青年”、“青年岗位能手”等各类争创活动，建立了各类青年人才库，完善了青年人才培养、发现、举荐的工作机制。青年人才培养工作在全国介绍了经验。广泛开展了以未成年人思想道德建设为主要内容的少先队“雏鹰行动”、“手拉手”和中学生素质拓展计划活动，收到了良好效果。加大了希望工程实施力度，开展了“千家青年文明号救助万名失学儿童”活动，2003年仅省本级希望小学建设筹资就达880万元，创历史新高。近三年全省团组织建希望小学达336所，有效地帮助了弱势青少年群体。

三、团的建设有了新的加强。一是坚持中心组理论学习常抓不懈，认真贯彻民主集中制原则，加强制度建设，明确工作规则，完善决策机制；提出了“把各级团的机关建设成学习型机关、服务型机关”的思想，并开展创建活动；注重加强团干部综合素质的培养锻炼，在全省团的机关干部中实施了读百篇理论文章、参加百日基层调研等“六个百工程”，形成“以素质立身，靠正气进步”的良好氛围，团省委首次被评为“2003年度省直机关目标责任制考核先进单位”。二是广泛开展“五四红旗团委”创建活动，探索团的自身建设创新模式。提出了团的区域化发展思想，在农村，实施“强乡带村”思路，探索出了在产业协会中建团的新路子，增强了基层组织的活力；在非公有制经济组织和社区，按照“条块结合，以块为主，多点辐射，区域覆盖”的团建思路，积极构建团的基层组织网络，扩大了团组织的覆盖面；有效开展了团员意识教育，探索了对流动团员的管理和服务的新方式，切实加强了基层团组织和团员队伍建设。探索出共青团工作作用于“劳动、知识、技术、管理、资本”五大要素的新思路、新方式，收到了良好的成效。三是大胆推行团省委直属单位用人制度、分配制度、财务制度的改革，通过实行直属单位全员聘任、成本核算、目标管理等措施，使团省委直属单位均实现了新的发展。2003年，辽宁青年杂志社、新少年杂志社发行量创历史新高，销售收入均过千万元；完成了辽宁青旅的股份制改造。

吉林团的工作

一、切实加强青年思想教育

1. 掀起学习"三个代表"重要思想新高潮，用科学理论武装青年。以团干部、大学生和各行各业青年骨干为主要对象，以MMD协会、"三个代表"学习研究会为基本依托，以党的十六大报告和胡锦涛总书记"七一"讲话为重点内容，通过研讨班、辅导讲座、报告会等形式，推动学习活动的深入开展。7月份召开了全省各界青年"纪念建党82周年，兴起学习贯彻'三个代表'重要思想新高潮"座谈会。团省委、省学联会同省高校工委举办了理论研讨班，形成理论文章200余篇。大中专学校团组织组织了115支社会实践服务队深入农村，宣传"三个代表"重要思想。

2. 弘扬优秀吉林文化精神，用先进文化引导青年。开展家庭文艺汇演、家庭趣味运动会、书画摄影展览、社区青年文化节等"青年文明社区大家乐"活动。在高校开展"校园文化艺术节"、"周末文化快车"等活动。举办"百事可乐"杯首届吉林省"校园歌手"大赛。开展争当"文明好青年"、创建"青年文明一条街"、第六届"乡村青年文化节"等活动，打造一批农村青年文化活动品牌。举办"创新·创业"吉林青年电视演讲大赛。

3. 把握时代特点和青年思想脉搏，用现实发展要求激励青年。加强调查研究，形成《非典时期我省高校学生思想状况调查报告》、《关于当前我省青年思想状况的调查报告》、《关于我省进城务工青年问题的调查报告》。同时，开展"社区金点子"征文评选等活动，动员青少年围绕家乡发展建言献策。

二、团结带领广大青年在推进吉林经济跨越式发展中发挥生力军作用

1. 围绕企业改革与发展，大力推进创新创效活动和青工技能振兴计划。以企业青年科技人员为重点，深化创新创效活动。以企业一线青工为重点，实施"青工技能振兴计划"，涌现出10名省级杰出青年岗位能手和100名青年岗位能手，1名全国十大杰出青年岗位能手。表彰省级青年安全生产示范岗60个。

2. 围绕农村经济结构调整，广泛开展增收成才行动。开展适用技术培训。主推了黄牛育肥、果树栽培、温室蔬菜、"丰产方"综合生产技术等专项技术。县级以上团组织举办实用技术培训班300余期，培训人员12000余人次。实施第二批跨世纪青年农民科技培训工程项目。举办第二期"以劳助学"草莓项目培训班。各级团组织协调500多万元资金，支持农村青年发展项目。创建省级农村青年科技示范基地87个，扶持培养国家级创业致富带头人35人，省、市级创业致富典型200多个。

3. 围绕生态省建设，深入开展"保护母亲河——创建绿色生态家园"活动。开展"创建绿色生态家园——天天环保"活动，建立省级青少年生态监护站53个、监护队106支、监护点350个，在莫莫格国家自然保护区建立了全省首个青年生态体验教育基地。新建成各类"青少年纪念林"8个。8月，会同省直有关部门举办"建设生态吉林——青少年活动月"活动。组织青联委员和青年企业家认治20公顷的"吉林共青团生态草场"，认治80公顷的"吉林共青团治碱基地"。

三、组织引导青少年积极推动社会进步

1. 深化青少年的普法教育工作。下发了

《关于加强全省青少年学生法制教育工作实施方案》。加大对《中华人民共和国未成年人保护法》和《中华人民共和国预防未成年人犯罪法》的普及和教育力度。在社区开展创建青少年法律学校活动。与司法厅等单位联合开展了"法律援助在吉林"大型公益活动。起草了《吉林省青年志愿者服务条例(草案)》,并提交省人大内司委审议。

2. 深化青年志愿者行动。广泛推行志愿者注册制度,全省注册青年志愿者达4万余人。在纪念学习雷锋活动40周年之际,开展"弘扬雷锋精神、参与志愿服务"主题活动。召开"弘扬雷锋精神"座谈会。以中国青年志愿者行动10周年为契机,开展"真情送万家"志愿服务行动、"维护社会治安志愿者筑城行动"、"保护母亲河"青年志愿者绿色行动营计划、青年志愿者社区服务计划等活动。参与全国"大学生志愿服务西部计划",派遣部分应届大学毕业生到西部参加志愿服务工作。

3. 深化青年文明号活动。推进青年文明号信用建设示范行动,拓展创建领域,加强了党政机关青年文明号创建活动。探索行业独立开展青年文明号创建活动。加大监督和摘牌力度。40个青年集体获国家级青年文明号、173个青年集体获省级青年文明号称号。

4. 深化创建青年文明社区活动。开展青年文明社区示范城(区)创建活动。广泛组织社区服务,开展青年志愿者爱心献社区活动,在家政、托老、购物、医疗等方面实行包保服务,解决社区困难群众的生活困难。

四、竭诚服务青少年的各项需求

1. 着力服务青年就业创业。实施了"工岗快递"行动、"进城务工青年发展计划"和"帮助青年创业计划",初步实现了促进青年就业和再就业工作机构网络化、运作方式项目化、就业培训正规化、经费保障基金化。9月,召开全省团组织服务青年就业和再就业工作典型推介会。依托中国青年创业网,举办了两场网上招聘活动。

2. 积极引导农村青年劳动力有序转移。建立农村青年网络信息服务站6个。召开了全省团组织服务农村青年劳动力转移工作推进会。延边团州委组织了大批农村青年赴韩国务工。

3. 全面实施大学生素质拓展计划。吉林大学等高校成立了由学校党政领导牵头的大学生素质拓展计划实施工作领导小组。发放素质拓展证书2万余册。在全国第八届"挑战杯"大学生课外学术科技作品竞赛中,我省取得历史最好成绩。

4. 服务特殊青少年群体的个性需求。以"6.26"国际禁毒日为契机,在省政府门户网站和吉林共青团网站开设禁毒宣传教育网页。开展社区青少年远离毒品行动。开展创建"青少年安全放心文明网吧"活动和"青少年安全放心文明网吧"评选工作。开展创建"青少年维权岗"活动,参加活动的单位扩充到12个系统,创建优秀"青少年维权岗"76个。继续深化"希望工程",立项援建希望小学11所,资助希望之星特困大学生235名,结对救助小学生近千名。

五、以创新的精神全面加强团的建设

1. 深入学习贯彻团的第十五次全国代表大会和省委工青妇工作会议精神。

2. 大力实施团建拓展工程。积极探索与现代企业制度相适应的团的组织机构设置和活动方式,通过建立党委青年工作部和青年工作委员会,拓展企业团的工作领域。按照"强乡带村"的思路加强农村团建。推行基层团组织按期集中换届,普遍推行村级团组织直接民主选举团支部书记的作法。加强高校校、系两级团组织建设,加强了对学生社团的管理。涌现出全国五四红旗团委7个,全国五四红旗团支部10个,2个团中央表彰的团建先进县。

3. 继续加强团干部队伍和团员队伍建设。实施《2002—2005年全省团干部教育培训规划》。举办全省第二期新任职团干部岗位技能培训班。加大农村、中学、社区和非公有制经济组织团员发展的工作力度。

4. 努力提升各级团的机关信息化建设水平。建设了高标准的机关局域网，完成了吉林共青团网站改版工作。

5. 着力抓好青年中心建设试点工作。在四平市确定了2家社区青年中心试点，在公主岭市确定了2家乡镇青年中心试点。起草了《吉林省青年中心建设试点工作方案（初稿）》。

六、积极投身抗击非典斗争

召开了全省“抗击非典——青少年协力行动”电视电话会议。开展了全省青少年“创建绿色生态家园——革除陋习，天天环保”活动。开展了各种形式的慰问抗击非典一线医护人员及其子女活动。省委书记王云坤对《全省团组织开展抗击非典活动情况的报告》做出批示。

七、稳步推进团的各项事业

1. 少先队工作扎实开展。开展了“小哥白尼杯——争做‘文明小卫士’”系列竞赛、“抗击非典，增强体质”全省中小学生夏令营、“亿万少年绘祖国迎奥运”活动。实施了“吉林少年生态环保世纪工程”，举办“禾丰米业”杯全省青少年生态知识竞赛。评选表彰了第三届“吉林省十佳少先队辅导员”、第六届“吉林省优秀少先队辅导员”和首届“吉林省十佳少先队志愿辅导员”。

2. 青年外事工作积极活跃。组织了12个外事访问团，先后赴日本、韩国、越南、朝鲜、泰国、澳大利亚等国家和地区访问。接待了日本、韩国、越南等国家和地区的青年代表团。

3、团属事业不断发展壮大。团办实业经过一系列的改革，继续在报刊、旅游和青少年课外活动等领域中保持优势。

4. 成功召开了共青团吉林省第十三次代表大会。

黑龙江团的工作

2003年，黑龙江省各级团组织以邓小平理论和“三个代表”重要思想为指导，在团中央和省委的正确领导下，深入贯彻落实党的十六届三中全会和团的十五大精神，紧紧围绕全省工作大局，牢牢把握青年成长成才需求，以“全面贯彻‘三个代表’重要思想，团结带领青年在‘努力快发展、全面建小康’的宏伟实践中勇当先锋，创业成才”的工作主题为统揽，全面深化青少年思想政治工作、团的创业建功活动、服务青年成长成才、团的建设等四项重点工作，扎实推进培养扶持农村青年畜牧大户、青年志愿者行动、“牵手扶贫帮困工程”等十件大事的落实，取得了明显成效。

一、以“三个代表”重要思想为统揽，全面加强青少年思想政治工作

在全省开展了“万名团支部书记宣讲活动”和“龙江快发展，我们怎么办？”大讨论活动，共建设学习宣传“三个代表”重要思想网页40多个，培训省级辅导员和“三个代表”重要思想宣讲员410名。坚持不懈地对青少年进行爱国主义、集体主义、社会主义和民族精神教育，引导青少年牢固树立跟党走中国特色社会主义道路的共同理想。引导青少年带头实践《公民道德建设实施纲要》，全面开展了社会公德、职业道德和家庭美德教育。深入开展“青年文明号”活动,涌现出国家级青年文明号21个,省级青年文明号221个。联合省人大内司委第一个在全国出台了《黑龙江省志愿服务条例》,较好地推进了志愿服务的法制化进程。同时,将黑龙江省青年志愿者协会更名为黑龙江省志愿者协会,2003年注册志愿者35万人。

二、紧紧围绕我省经济社会加快发展大局,全面深化团的创业建功活动

全面深化农村青年增收成才行动,县以上团组织直接领办科技推广项目178个,建立青年畜牧养殖基地(场)98个,通过团组织培养扶持起来的青年畜牧大户1520个,培训农村青年5.2万余人(次),创建团员服务区2万多个。组织动员全省青少年50万人(次)参加义务植树,造林近8万亩。启动了“青工技能振兴计划”,组织开展了黑龙江首届青年职工创新创效成果网上展和“宽带e线”杯互联网络应用知识与技能大赛,推出网上创新创效成果110项。组织开展了全省“青年职工岗位技能大赛”活动,全省近100万名青工参与到大赛中来,有48名参赛选手破格晋升为高级工人技师和工人技师,有39名选手破格晋升了相应的技术等级。深入开展“工岗快递”活动,提供用工信息2万余条,培训下岗青工3万名,有75%的下岗青工掌握了1-2项就业本领。向俄罗斯、韩国等国家和北京、杭州、深圳等城市输送青工3600名。抗击非典期间,全省共组建服务队300余支,有20余万人(次)的青年志愿者参与到活动中来,团省委协同中国人寿保险公司黑龙江分公司为全省奋战在抗击非典一线上的1000名团员青年投保2000万元人民币。

三、以服务青年成长成才为重点,积极为青年提供有效服务

通过成立黑龙江省青年商会、黑龙江省青年教师协会,开展“青年五四奖章”和“十大杰出青年”评比等活动,激励带动更多的青年成长成才。加大了“共青团牵手扶贫帮困工程”的实施力度,通过“一帮一”等形式,共结帮扶对子近3万对,为贫困青年和群众捐款捐物折合人民币百万余元。开展了“助学促发展,托起新希望”捐资助学活动,筹集助学基金240多万元,在十弱县援建了11所希望小学。全省共新增少先队员手拉手对子2万多个,辅导员手拉手对子1500多个,学校手拉手对子100余个。组织了15万名青年学生组成的850余支大中专学生、硕士、博士志愿服务队,开展了“三下乡”社会实践活动。配合劳动、工商等部门对克扣进城务工青年工资的不法企业加大了打击力度,较好地保护了进城务工青年的合法权益。第一个在全国县级以上团的领导机关开通了“96308”小号段青少年维权热线,协调公、检、法、司等相关部门和“青少年维权岗”,对性质严重、社会影响较大的典型案件进行依法查办,震慑了侵害青少年合法权益的不法行为。大力推进“县县上网”工程,全省80%的市(地)级团委,60%以上的县(市)级团委已建有网站或网页,实现了与中国共青团、黑龙江青少年网的链接,充分发挥了互联网服务青少年成长成才的作用。

四、依靠党建带团建,切实加强和改进团的建设

按照强乡带村的要求,积极探索依托乡镇中小学校等加强团的基层组织建设和乡、村两级团干部选育用管新机制。依托省管企业团工委,重点抓了18户国有大型企业团的班子建设,配齐配强企业团干部,有效地推动了企业团的建设。适应高校后勤化改革,依托学生社团、学生生活园区等建立了团组织,确保了对高校学生的有效覆盖。各市(地)按照《关于建立全省社区和非公有制经济组织团的建设联系点》的通知要求,建立联系点852个。下发了《共青团黑龙江省委关于对团市(地)委班子进行考核的通知》,对团市(地)委班子进行全面考核,进一步强化了团的系统领导。与省委组织部联合下发了《关于进一步加强团干部队伍建设的意见》，在团干部的选拔任用、配备管理、培养教育和转业输送工作等方面提供了政策保证。加大了团干部培训力度，各级团组织共培训团干部近5000人。开展了以学习实践“三个代表”重要思想为主要内容的团员先进性教育活动和“举团旗、戴团徽、唱团歌、学团章、过团日、上团课”为主要内容的“六团”活动，团员意识不断增强，较好地发挥了先锋模范作用。

上海团的工作

2003年，上海共青团组织在市委和团中央的领导下，高举邓小平理论伟大旗帜，深入学习实践“三个代表”重要思想，认真贯彻党的十六大和团十五大精神，成功召开了市十二次团代会，坚持服务大局、服务青年，在探索形成“青年为本，以德为先，服务为重，发展为主题”的“四为”工作理念的基础上，进一步深化了“服务年”的工作思路，以制定上海青少年发展规划和上海共青团工作十项计划为主要任务，依靠基础、机制建设和功能开发，扎实地推进了上海青年工作新格局的构建。

深入学习贯彻“三个代表”重要思想，扎实推进青年思想政治工作。通过召开上海团干部学习贯彻《“三个代表”重要思想学习纲要》精神座谈会，向基层青年理论学习组织赠送学习资料，组建专家辅导团，举办系列培训班，开展“在光辉的旗帜指引下”千字文征集、演讲比赛、优秀理论学习组织评选活动，在青年报、青年电子社区开辟专栏、建立专题网页等，促进青年学得生动、学有所获、学而奋进。通过举行“永远跟党走”——上海千名青年新党员入党宣誓仪式、“青春中国”国庆升旗仪式、“上海市18岁成人仪式”和上海青年建设者集体婚礼，启动“万名大学生看国企”、“万名中学生看名校”、“万名困难青少年看上海”寻访活动，开展“汇聚在光辉旗帜下”大学生暑期社会实践活动，组织社区青少年开展“啄木鸟”小队、道德评议等一系列贴近青年、贴近实际、贴近生活的实践教育活动，扎实推进青少年思想道德建设，进一步增强了青年思想政治工作的亲和力、说服力、针对性和有效性。

制定上海青少年发展规划和上海共青团工作十项计划，贯彻落实团代会的总体部署。4月14日至17日，共青团上海市第十二次代表大会胜利召开，中央政治局委员、上海市委书记陈良宇和团中央书记处第一书记周强出席会议并作重要讲话。根据全国和上海团代会的总体部署，团市委集中各方力量，起草完成了全国首个地方青少年发展规划《上海青少年发展规划（2004—2010）》（讨论稿）；制定并下发了《上海共青团工作十项计划实施方案》，这是推动未来五年上海共青团事业可持续发展的指导性文件。

抓好青少年预防非典工作，大力倡导科学、健康、文明的生活方式。积极协助党政切实做好防治非典的有关工作，举办上海青年抗击非典事迹报告会，编辑出版《感动春天——上海青年抗击非典的71个故事》和《上海抗非英雄赞歌》；开展“新青年、新生活——倡导科学、健康、文明的生活方式，做可爱的上海青少年”主题宣传教育活动；青少年基金会在全市率先设立500万元的“抗非”基金；2000多名青年志愿者接听“防非”健康咨询热线，1500余名团干部和团员青年先后集体参加无偿献血；开展“岗位抗非典、青春耀浦江”青年百日立功竞赛活动；支援疫情严重的内蒙、山西、河北等地团组织开展“抗非”工作。

围绕上海经济社会发展，创新品牌、服务大局。积极参与“世博会与上海新一轮发展”大讨论，开展世博会与上海城市国际化、市场化、信息化、法治化以及长三角园区发展等5个课题的研究和相应的论坛，形成了《上海新一轮发展专题研究报告集》。继续开展“上海青年成才实践月”活动，评选表彰了首届上海市青少年科技创新市长奖、第十届十大杰出青年、第二届IT十大新锐、第五届文化新人、第三届十大青年项目经理、年度十大青年经济人物、新长征突击手等优秀典型；举办上海青年创新成果大赛、金融行业青年个人理财服务综合技能大赛、大学生创业计划邀请赛、上海社区青少年技能大赛等活动，召开了全国大学生素质拓展计划现场推进会、上海青年突击队活动20周年纪念大会。积极塑造和培育城市精神，首次组织23名青年志愿者赴老挝志愿服务，146名大学生赴西部志愿服务，1.3万余人报名参加上海青年造血干细胞（骨髓）捐献志愿者行动。开展“青春的节日——让青年走近经典”2003年度上海青年文艺巡演活动，年内组织巡演200多场；组织“共青团号健康快车”活动300多场次；继续开展青年志愿者赴滇扶贫接力、研究生支教团等志愿服务。完成了“西部地区千名优秀基层团干部培训计划”。

积极协助政府管理青年事务，丰富载体、服务青年。在市委、市政府的大力支持下，正式成立了副局级建制的上海市社区青少年事务办公室，并试点组建了职业化的社工队伍，进一步从体制、机制和队伍上深化服务社区青少年工作。试点推出了全团首张集电子团员证、金融服务、交通卡和消费优惠服务于一体的多功能服务卡。开通城市青年网（www.cityyouth.cn），形成了体现网上“大世界基尼斯”才技大冲浪为特色的青少年综合性活动网站。

扎实推进团的各项建设，夯实基础、活跃基层。加大对青年新群体、新现象、新问题的研究力度，出版《政治文明与当代青年——2003上海青年发展报告》。加大对团干部的培训力度，引进卡内基培训等新型培训项目，选派60多名团干部赴港学习。推进“渔阳里”团中央机关旧址整修扩建工程。成功举行市青联九届一次全会。资助基层百个“服务青年学习成才、激励青年就业创业”优秀工作项目、百个“三个代表”重要思想优秀活动项目、支持百家基层团组织建立网站或专门网页，并与上海青年电子社区建立超级链接。

江苏团的工作

2003年共青团江苏省委在团中央和省委的正确领导下，深入学习贯彻党的十六大精神和“三个代表”重要思想，突出发展、创新、团结的主旋律，把握重点，扎实工作，开创了共青团和青年工作的好局面。

一、在团员青年中兴起学习贯彻“三个代表”重要思想新高潮。把在团员青年中兴起学习贯彻“三个代表”重要思想新高潮作为首要的政治任务，抓紧抓实抓深，不断把学习贯彻引向深入。专门印发了开展学习贯彻工作的通知，组织编写出版了《江苏青年学习"三个代表"100问》，举行了全省大学生学习实践"三个代表"重要思想经验交流会、图片展，广泛开展了"实现宏伟蓝图，奉献青春智慧"、"学习'三个代表'，弘扬民族精神"等主题活动。各级团组织以团干部、大学生和各条战线青年骨干为重点，重视发挥理论学习社团的作用，通过举办培训班、专题讲座、论坛、知识竞赛、演讲、签名、倡议等活动，引导广大团员青年自觉用"三个代表"重要思想武装头脑、指导实践。

二、大力动员组织青年创业。围绕"两个率先"的奋斗目标，作出了实施"创业江苏·青春行动"的决定。举行了首届江苏青年创业论坛、"沿江开发与青年人才""333"工程专家论坛、研究生创业论坛、"青春与创业——青年专家苏北行"和"青春伴我行"下岗失业青年创业活动，组织青年企业家参加"长三角"系列论坛，命名了一批江苏省重点建设项目、建设工程"优秀青年突击队"，大力进行宣传发动和组织引导，营造了全团抓创业的氛围，掀起了青年创业的热潮。各级团组织通过建立青年创业基地和创业指导中心，举办创业辅导班、创业"半月谈"、"创业超市"、"青春创业校园行"、团干部创业见习、创业竞赛、创业方案设计大赛等活动，鼓励支持广大青年以创业的实际行动投身"两个率先"。

三、强势推进农村青年劳务输出。召开了全省动员农村青年创业致富工作会议，举行了"全省农村青年劳务输出统一行动日"活动，对这项工作进行了全面部署和推动。出台了优秀青年职业中介服务机构评选认定办法，加强对农村青年进行职业中介经纪人资格培训，促进青年职业中介机构的发展。苏南团组织着力抓好用工岗位、用工信息的组织，苏北和苏中团组织着力抓好技能培训和用工信息的收集，并加强与苏南团组织的对接。全省团组织共输出农村青年超过10万人。

四、积极投身抗击非典和防汛抗洪。面对突如其来的非典疫情，广泛开展"抗击非典——青年文明号与您同行"活动、青年志愿者关爱行动和"改生活陋习，当文明使者"活动，组织团员青年为抗击非典一线医护人员家庭、大学生和外来务工青年提供志愿服务和爱心捐助，带头在全社会养成文明卫生的生活习惯。组建农村青年志愿者服务队，为外出务工人员家庭助收帮耕。在淮河流域发生1954年以来最大洪水之际，广泛组建青年突击队，深入第一线奋力防汛抗洪，积极参与当地生产自救工作；号召团员青年"交一次特殊团费，为抗洪尽一份力量"，开展手拉手救灾助学行动，努力为灾区群众排忧解难。

五、促进青少年成长环境不断优化。召开首次全省预防青少年违法犯罪工作会议，明确了今后一段时期全省预防青少年违法犯罪工作的思路。积极推动青少年法制教育基地和社区"青少年法律学校"建设，实施青少年违法犯罪社区预防计划和青少年网络文明行动、远离毒品行动、"青春红丝带"行动，积极参与建设"平安江苏"、创建最安全地区。12个系统、行业创建优秀"青少年维权岗"活动进一步深化，招募组建了由6000多名法律工作者组成的法律援助志愿者队伍，认真做好维护青少年尤其是进城务工青年合法权益的工作。

六、稳步推进团的品牌工作。志愿者行动再上新台阶。在全国率先成立省志愿者行动协调委员会，组织7000多名青年志愿者，为第六届全国残运会提供全方位的志愿服务，成为残运会上一道亮丽的风景线。大学生志愿服务西部计划顺利展开，落实415名大学生到广西、云南和陕西开展志愿服务各项工作。保护母亲河行动从农村向城市扩展，开展"保护母亲河行动月"活动和保护母亲河青少年"绿城清水"行动，全省共营建各类青年林450多个、43万亩。青年文明号活动的领域不断扩大，

"青年文明号信用建设示范活动"深入发展。大学生课外科技创新活动广泛开展，参加第八届全国"挑战杯"竞赛取得优异成绩。希望工程影响进一步扩大，举办了资助者与受助者"会亲"活动，援建希望小学16所。青年文化活动更趋丰富多彩，广泛开展青少年读书活动和社区青年文化节等各种青少年文体活动，成功举办第四届江苏省大学生文化艺术节。

七、全面加强和改进团的建设。胜利召开省第十二次团代会和省青联九届一次全委会。省青年商会筹组工作进展顺利。在巩固农村、城市社区和高校团组织的基础上，重点加强开发区、非公有制企业和民办高校的团建工作。青年中心建设试点工作正式启动。扩大团的"三级联创"的参与面，基层团组织得到发展。在全省各级团组织中开展"争创学习型组织、争当学习型干部"活动，重视加强团干部培训工作，团干部队伍建设取得新的成效。

八、大力选树先进青年典型。选树表彰了第三届"江苏青年五四奖章"、第九届"江苏省十大杰出青年"、第六届"江苏省杰出青年农民"、第三届"江苏省杰出(优秀)青年卫士"、第一届"江苏省十佳青年学生"、江苏省抗击非典50佳青年等一大批先进青年典型，在青年中进一步营造了学习先进、争当先进的浓厚氛围。

浙江团的工作

2003年底，浙江省14—35周岁青年1422多万，其中14—28周岁团龄青年995多万。全省团员293.4万，团青比例29.5%。全省基层团组织130693个，专职团干部4339名。

一年来，浙江各级团组织坚持以邓小平理论和"三个代表"重要思想为指导，紧紧围绕省委和团中央的要求和部署，团的各项工作取得新的发展。

深入学习贯彻"三个代表"重要思想和党的十六大精神，青少年思想政治工作进一步加强。一是在全省组织开展了"在'三个代表'重要思想指引下成长"主题教育活动，以团干部和青年学生为重点，不断把团员青年学习实践"三个代表"重要思想新高潮引向深入。目前全省高校共有理论学习社团和学习小组近3000个，会员6万余人。二是以民族精神教育为核心，通过开展"实践'五爱'要求，争做'四有'新人"主题教育、"弘扬浙江精神、宣传创业新星"等活动，切实加强青少年思想道德建设。三是坚持以文化育人为主题，通过深入开展青少年新世纪读书计划、群众性青少年文化活动等，切实加强青少年文化建设。目前已建新世纪读书俱乐部和书屋619家，拥有会员10万余名。四是积极探索新形势下加强青少年思想教育的新途径。截至年底，省彩票公益金累计下拨1540余万元，扶持建设青少年活动中心19个。争取省移动公司支持出资2000万元，计划在全省建设100个"天天"社区青少年服务中心，已建成37个。全省11个市都相应建立了青少年领导小组或相应的协调机构。全省已实现"县县上网"，并建成了中国青少年新世纪读书网、共青思维等一批主旋律网站，青少年思想教育网络化进程扎实推进。

紧紧围绕省委的要求和部署，团结带领团员青年为经济社会发展做出积极贡献。一是积极响应省委"主动接轨上海，积极参与长江三角洲地区合作与交流”战略,启动实施“融入长三角,创造新业绩”主题活动,并成功举办了“合作与发展”——长三角杰出青年论坛,省委书记习近平接见了参加论坛的青年代表,省委副书记乔传秀出席论坛并讲话。二是青年效益农业开发行动不断深化,全年培训青年农民73520人次,通过争取银行提供低息免担保小额贷款的方式,共帮助农村青年解决创业资金近2000万元,建成各类青年合作组织312个、青年星火基地912个。三是青工创新创效活动广泛开展,重点抓好青年经营者、青年管理人才和青年技术工人三支队伍的培养。涌现出县级以上青年岗位能手1.1万余名。四是青少年绿色行动扎实开展,保护母亲河生态监护站建设和保护母亲河号创建活动被纳入《2003-2007年生态省建设省市长目标责任书》。启动实施高速公路青年绿色通道建设工程,共完成192公里的绿化任务。五是青年志愿者行动深入开展,全省2.6万余支青年志愿者服务队、近54万名注册志愿者活跃在各个行业、各条战线,建成各类青年志愿者服务站2947个;继宁波之后,11月省人大常委会批准了《杭州市志愿服务条例》。六是按照党委政府的统一部署,组织动员团员青年和青年志愿者在抗击非典中发挥生力军作用,杭州市第六人民医院非典防治病区临时团支部的先进事迹,得到了省委书记习近平的肯定和勉励。

扎实做好服务青年的工作,共青团服务青年的能力和水平不断提高。一是共青团素质教育取得丰硕成果。暑期3000多支实践小分队、18万余名大中学生投身“三下乡”社会实践活动。开展了大中学生素质拓展计划试点工作,在探索建立素质教育认证体系方面取得了有益的成果。在第八届“挑战杯”全国大学生课外学术科技作品竞赛中我省创历史最好成绩,28件作品获奖。二是服务青年创业计划、“大学生志愿服务西部计划”扎实推进。采用社会化方式为大学生提供了700多个就业岗位和近200个见习岗位,向四川输送了122名大学生志愿者,招募了32名大学生专职志愿者到基层从事为期一年的志愿服务工作。联合省移动通信公司举办了“1860”话务员培训班,一批下岗青工经考核上岗。三是进城务工青年发展计划深入推进。全年培训进城务工青年达6万余人次。举办首届进城务工青年技能文化节,吸引了近5万余人次的进城务工青年参与。四是青少年维权工作进一步深化。已在13个系统开展了优秀“青少年维权岗”创建,涌现出全国级优秀“青少年维权岗”38家、省级247家。省未保委成员单位已达26个,各市、县(市、区)都已建立未保工作机构。全省11个市都已成立预防青少年违法犯罪工作领导小组。开通浙江省“96354”青少年维权服务热线,总结推广上虞维权工作区域联动的试点经验。五是大学生助学计划和希望工程不断深化。新筹集大学生助学款328.23万元,结对资助贫困大学生1445人,希望工程共接受社会各界捐款802.27万元,结对资助中小学生1281人,其中新增结对284名。

坚持不懈地推进团建创新,团的自身建设进一步加强。一是团的基层组织建设得到新的加强。联合省委组织部召开了全省基层党建带团建工作座谈会,出台了《在全省农村基层党组织“先锋工程”建设中切实加强农村基层团的建设意见》,开展了农村基层“团建月”活动,促进了农村团工作的整体活跃,同时城市社区、学校、非公有制企业等领域团建成果也不断巩固和深化。二是基层团组织直接选举试点探索稳步推进。在全省16个乡镇(街道)进行了基层团组织的直选试点工作。其中台州的乡镇团委书记直选工作获得“第二届中国地方政府创新奖”鼓励奖。三是青年中心建设的试点探索取得积极成果。8月、10月,团中央全国农村青年中心建设试点工作现场推进会和全国城市青年中心建设工作会相继在台州和杭州召开。四是按照“党放心、青年满意”的要求,切实加强团干部队伍建设。以团员先进性教育为重点,进一步加强团员队伍建设,使团员充分发挥先锋模范作用。

安徽团的工作

2003年,安徽省各级团组织以邓小平理论和“三个代表”重要思想为指导,在团中央和省委的正确领导下,坚持围绕大局、服务青少年,狠抓基层基础,狠抓重点难点,狠抓机制建设,使团的各项工作更加具有实效,团干部队伍作风有了明显转变。

一、全力推进五项重点工作。为突出重点取得实效,2003年,团省委确定了五项重点工作,并全力以赴抓好落实。一是农村青年增收成才行动。以青年农业标准化行动为主题,大力开展科技培训。实施跨世纪青年农民培训工程,开展科技冬训活动。全年培训农村青年10余万人次。与农村信用社等单位合作,开展扶助农村团员青年创业活动。建立了近万人的农村青年致富带头人数据库。大力开展农村青年劳务输出工作,建立长效输出机制,加强输出前培训和输出后服务。全年团组织直接输出青年劳动力5万人。二是促进青年就业和再就业工作。稳步推进青年就业(创业)网络阵地建设,强化青年就业再就业教育培训,积极提供就业、创业服务。在10个市、21个县建立了青年就业(创业)服务中心和服务站。全省接受团组织职业培训的达到2万多人次。组织实施“新世纪帮助青年创业计划”,共提供中介服务3万人次,工岗快递6600多人次。三是青年志愿者行动。进一步完善服务,强化机制,建全组织,壮大队伍。坚持开展青年卫生志愿者、农业科技志愿者扶贫接力计划,组建抗击非典、抗洪救灾青年志愿者突击队,继续开展“一助一”社区扶弱助困行动。重点在激励机制上下功夫,召开了纪念学习雷锋40周年大会,隆重表彰了全省优秀、杰出青年志愿者。全省共成立志愿者组织2225个,全省正式注册志愿者达6万多名。中央电视台《焦点访谈》栏目专题报道了安徽青年志愿者行动。四是爱心助学行动。加强宣传发动,拓展救助方式,加大筹资力度。召开了全省共青团爱心助学行动推进大会,广泛发动社会各界参与此项行动,加强了助学资金的管理。全年共募集爱心助学资金1100万元,实际救助大中小学生3.2万名。五是实施“百乡千村”计划。针对农村共青团基层基础工作薄弱的现状,启动了旨在推进基层团建创新的“百乡千村”计划,并制定了省、市、县三级团干联系农村基层团组织制度。首批试点30个乡镇和300个村,取得初步成效。

二、深入推进常项工作创新。在全力推进重点工作的同时,注意创新方式方法,力求常项工作更有针对性、更具实效性。一是深入学习宣传“三个代表”重要思想,构筑青少年的精神支柱。从培训入手,区别不同对象,抓住重点骨干,有针对性地将理论学习与团的各项活动相融合,进一步增强思想教育的针对性和实效性。扎实开展了团的各级干部“三个代表”重要思想理论学习和研讨活动。坚持抓活动、抓实践、抓社团、抓骨干、抓网络,重点开展大学生“三个代表”重要思想学习宣传实践。全省高校推优对象接受“三个代表”重要思想系统培训率在90%以上,半数高校达到100%。召开了全省大学生学习贯彻“三个代表”重要思想经验交流会。二是认真做好未成年人保护和预防未成年人犯罪工作。依托未保委组织,积极争取党政部门支持,多次开展网吧、游戏机室、出版物市场等联合检查,着力整治校园周边环境。接待全国人大执法检查,受到好评。开展了“两法一例”、“社区青少年远离毒品”等宣传活动。积极创建优秀青少年维权岗。开展了“同一片蓝天”——百名大学生进监帮教未成年犯活动,取得较好效果。三是稳步推进其他各项工作。农村改厕工作狠抓技术攻关,努力降低成本,注重方便实用,全年新增无害化卫生厕所12.6万座。青年文明号、“三下乡”、“手拉手”、保护母亲河、青年统战和外事工作、科技创新行动等更加注重实效。

三、积极参与抗非抗洪斗争。在2003年抗击非典和抗洪救灾的斗争中,按照省委的要求,团省委及时调整工作部署,转移工作重心。组织动员广大团员和青年志愿者,在抗非一线开展防非知识宣传,协助外来人员登记和健康随访,帮助抗非一线人员和外出务工不能返乡人员家庭解除后顾之忧。在抗洪一线,守护大堤,参与抢险,协助群众转移,维护灾区秩序。团省委直接筹措救灾经费和物资价值共达120多万元,全部下拨基层。

四、切实加强班子和队伍建设。高度重视班子自身建设,建立了严格的中心组学习制度,切实抓好理论武装和知识补充。严格执行民主集中制,开展经常性的批评和自我批评。督促班子成员深入基层,站在一线,带头抓好各项工作的落实。高标准,严要求,不断提高工作水平。严格执行廉洁自律各项规定,自觉接受监督。按照省委倡导的“把风气搞正,把作风搞实,按规矩办事”的要求,狠抓队伍作风建设,大兴学习调研之风,大兴求真务实之风。带领并督促各级团干部深入基层、深入青年,努力为青年的成长成才,多办实事,办好实事,努力将团的各项工作落实到基层,体现到服务大局、服务青年的实际成效上,力戒形式主义。

福建团的工作

一年来,各级共青团组织抓住兴起学习贯彻“三个代表”重要思想新高潮这一工作主线,围绕“小康路上团旗红”这一工作主题,积极探索团的现代化,不断强化“发展、服务、开放、创新”意识,引导广大团员青年勤于学习,善于创造,甘于奉献,在全面建设小康社会的进程中发挥了积极作用。

一、始终把兴起学习贯彻“三个代表”重要思想新高潮作为工作主线。一是着重抓好团干部队伍的学习。把学习贯彻党的十六大精神、“三个代表”重要思想同学习郑培民同志先进事迹、谷文昌精神和“12.14”营救落水儿童英雄群体事迹有机结合起来,通过组织发动、示范带动和载体推动抓好学习贯彻活动。二是立足基层,面向团员青年,扎实开展学习活动。4万多名青少年参加了全省团员青年学习“三个代表”重要思想网络知识竞赛和电视大赛。三是重点抓好大学生群体的学习和教育。大学生学理论社团和“三个代表”重要思想学习社团不断涌现,“三个代表”学习网站成为新的学习阵地。“百部优秀影片、百部优秀图书、百首优秀歌曲进校园”活动开展得有声有色。

组织了56支近千人参加的党员大学生“三个代表”重要思想实践队。

二、积极参与非典防治工作。以农村、社区和学校为重点,开展了“全省青少年爱国卫生月”活动和“青年志愿者公共卫生”行动。在少先队组织中开展了“普及科学知识,养成良好习惯”主题教育活动。各级团组织成立“青年志愿者防抗非典突击队”1267支,向社会公开招募了近3万名公共卫生青年志愿者,在全省各行政村张贴“共青团组织期盼您远离非典,健康幸福”宣传画10万张。设区市团委共筹集34.4万元社会捐助,省青企协还发动捐款捐物达30多万元。表彰了一批防治非典型肺炎优秀团干部、团员和先进基层团组织。

三、“小康路上团旗红”活动扎实开展。一是成功举办首届“海峡青年论坛”。论坛被纳入2003年中国福建项目成果交易会,以青年创业与经济发展为主题,突出“海峡、青年、经济”三大特色,邀请知名青年经济学家和企业家到会演讲,邀请省内和在闽的台港澳青年企业家参加,推动青年勇于创业,促进福建经济腾飞。二是强势推进共青团城乡互动百千万工程。明确了全省100个省直单位团组织与100个乡镇团委,1000个市、县(区)直单位团组织与1000个村级团组织结成对子,以创建“五四红旗团委(团支部)”为目标,以城乡组织、人才、市场、信息、产业和文化互动为基本途径,在全省培养一批农村青年创业致富带头人、青年营销员和网络信息员。三是不断深化青年科技创新行动和创新创效活动。组织“青年专家科技服务团”下基层,为我省县域经济发展服务。

四、进一步加大了服务社会的力度。一是青年志愿者行动不断深化。省人大通过《福建省青年志愿服务条例》,推动了省青年志愿服务事业的全面发展。二是“青年文明号”创建活动扎实推进。聘请省人大代表、政协委员、社会知名人士为青年文明号特邀监察员。创建行业发展到38个。三是青年文明社区创建活动不断深化。开展以“科学、文明、健康”为主题的社区青年文化节。福州成功承办了全国社区青年文化建设暨“三人篮球”运动观摩会。四是保护母亲河行动深入开展。与省委宣传部、省林业厅联合开展“弘扬谷文昌精神、绿化美化我家园”主题活动。开展了保护母亲河统一行动日创建、保护母亲河生态监护站等活动。五是乡村青年文化活动扎实推进。开展了第五届“乡村青年文化节”。举办了首届福建省青年民间工艺工艺品制作大赛。

五、进一步增强了服务青年的成效。一是积极推动青少年学习。通过实施青少年新世纪读书计划,建立“青少年读书俱乐部”和“新世纪书屋”等活动,稳步推进读书计划青年助学行动。二是努力帮助青年就业创业。坚持开展以“帮助青年提高技能,帮助青年实现就业,帮助青年勇于创业和送温暖、献爱心”为内容的“三助一送”工作。免费培训890名下岗失业青年,动员1000家青年文明号与1000家特困户结对,接收安置762名下岗失业青年。为河南下岗失业青年提供了4000多人的用工岗位。大力为进城务工青年提供培训服务和就业指导。三是大力实施“大中学生素质拓展计划”。继续深入开展“三下乡”社会实践活动,组织了150多支队伍、10多万大学生到基层实践“三个代表”。选拔了99名毕业生参与“大学生志愿服务西部计划”。四是深化青少年维权工作。开展了创建“社区青少年法律学校”和青少年毒品预防教育系列活动,部署实施社区青少年违法犯罪预防计划。圆满地完成了世行贷款非政府组织艾滋病干预项目,积极开展了“青年红丝带”宣传教育活动。五是努力为弱势青年群体排忧解难。推出新一轮希望工程“爱心助学计划”。举办了“希望圣火”福建希望工程10周年颁奖暨慈善晚会,现场为募得基金1130万元。联合康海医药科技集团设立了200万元福建省大学生济困助、奖学金。积极为进城务工青年提供法律援助和维权服务。六是加强对少先队工作的领导，更好地履行了“全团带队”的职责，广泛开展了“手拉手——话小康”等一系列主题教育活动。七是积极推进“共青团县县上网”工程。据不完全统计，全省已有青少年网站132家。

六、党建带团建力度进一步加大。一是以开展“三级联创”活动为载体，加强了团的基层组织建设。继续推广村级团组织负责人“三位一体”的配置，大力推行“联推竞选”选拔村团支部班子成员。积极探索非公有制经济组织和新的社会组织建立团组织的新途径、新办法。二是扎实推进城市、农村青年中心建设。确定14个城市街道、104个农村乡镇都作为建设青年中心的试点单位。三是以思想作风建设为重点，加强团干部队伍建设。研究制定了《2003年—2007年福建省团干部教育培训工作实施意见》。四是以学习宣传团十五大精神为内容，加强团员队伍建设。推荐优秀团员作党的发展对象工作得到进一步加强。

此外，一年来，积极与台、港、澳青年开展多层次、多领域的交流，促进了与世界各国青年的交往和友谊。组织了省青联交流团首次赴金门访问，省青联第五次赴台交流访问。组织了省青联访问团赴港、澳交流，参加了澳门青年企业家协会成立大会。积极参与团中央、全国青联出访日、韩、美、德、法、澳、新等国家和港、澳地区的组团工作。

江西团的工作

团的自身建设全面加强。在省委和团中央的正确领导和高度重视下，共青团江西省第十三次代表大会会于2003年4月27日至30日在南昌胜利召开。省委书记孟建柱出席大会开幕式并作重要讲话，在昌的省委常委全部出席了开幕式。团中央向大会发来贺信，团省委党组书记钟志生作了题为《以“三个代表”重要思想为指针，团结带领广大团员青年为实现江西在中部地区崛起而努力奋斗》的工作报告。大会选举了新一届团省委委员会。在团省委十三届一次全会上，选举钟志生同志为团省委书记，郭美荐、肖洪波、王少玄、梅亦(女)为团省委副书记。团代会描绘了今后江西共青团的努力方向和发展蓝图，明确了五年江西共青团工作任务、工作思路和工作布局，并对工作决策、工作作风、组织建设等提出了明确要求。按照团代会的要求，团省委顺应历史潮流，以改革的精神、发展的思路、创新的实践不断加强自身建设，增强了内在活力。一是加强思想建设。始终把学习贯彻“三个代表”重要思想作为首要政治任务来抓。团省委党组高度重视，7月，专门组织了党组中心组学习，在认真学习胡锦涛总书记“七一”讲话的基础上，对全省共青团学习工作做出了明确部署，并重点抓好了5个学习活动。8月，在永修举办团省委机关及下属单位处级干部培训班；9月，在共青城举办团省委直属团委书记专题研讨班；10月，在省委党校举办县级团委书记专题研讨班；11月，组织团干部赴上海接受专题培训；12月，在南昌举办大学生学习“三个代表”重要思想经验交流会。全省各级团组织先后举办了各个层次的专题培训班100多次，培训团干部近6500人，形成了“领导带头学、专家辅导学、突出重点学、创新载体学、结合实践学”的生动局面,在团内进一步兴起了学习"三个代表"重要思想的新高潮。二是加强组织建设。继续推进五四红旗团委、五四红旗团支部创建,共确定五四红旗团委创建单位503个,五四红旗团支部创建单位143个,通过扎实有效的创建工作,进一步增强了共青团组织的吸引力、凝聚力和战斗力。三是加强机关作风建设。按照"树立形象、提高素质,增强实力,搞好服务"的要求,全面加强团的机关建设,促进团的机关"工作上水平,队伍出干部"。广泛开展"崛起路上当先锋"机关青年教育活动,引导广大青年公务员增强服务意识,提高工作水平,争做人民满意的公务员。2003年,团省委先后荣获"江西省第八届文明单位"、"省直首届十佳文明机关"和"全省文明行业"等称号。

服务经济发展取得新突破。发挥共青团的独特优势,积极响应省委"对接长珠闽,融入全球化"的号召,以服务开放型经济大发展为重点,先后开展了三次规模大、层次高、影响广的青年经贸交流活动。6月份,主动对接长三角,与苏浙沪青年组织联手,在杭州举办了"合作与发展——长三角杰出青年论坛"。江西的主动参与,形成了"3+1"省级青年工作合作机制,成为活动的亮点。8月份,再度与苏浙沪青年组织联手,在上海国际会展中心举办了"世博会与长三角园区发展青年论坛",来自四省市近200名青年企业家参加了论坛,国内外知名专家学者参加了论坛并作了精彩演讲。活动进一步加深了江西与长三角地区青年组织和青年企业家之间的友谊,为今后进一步开展合作创造了条件。11月份,在团中央的大力支持下,借助"共青城"的品牌,在九江市举办了"中国青年企业家协会八届二次理事会暨中国青年企业家共青论坛",来自全国近300名知名青年企业家和团干部赴赣参加了活动。活动不仅宣传推介了江西,达成了一批经贸合作项目,签约项目27个,合同金额70.54亿元,更重要的是引进了新思想、新观念,增强了江西青年特别是青年企业家建设江西的紧迫感和责任感。青年外事工作取得新发展,先后与柬埔寨、老挝、泰国、越南、德国、日本等国青年开展了友好交流。

青少年精神文明创建活动蓬勃开展。以"弘扬井冈精神,兴我美好江西——青年勇当先锋"主题教育活动为载体,全面推进青少年群众性精神文明创建活动,以井冈山精神统一青年的思想,以发展的成效凝聚青年的潜力。举办了"弘扬井冈精神,兴我美好江西——青年与崛起"电视演讲大赛,共有5000余名青少年参加了预决赛。举办了"弘扬井冈精神,兴我美好江西——毛泽东足迹图片展",共有20余万青年学生参观了展览。实施了"我为江西添光彩"系列活动,不断优化江西的发展环境。继续推进庐山、井冈山"青年文明号山"整体创建,启动铁路、民航两个窗口的青年文明号整体创建工作,引导青年职工诚信从业,促进信用社会的建立。已涌现出国家级青年文明号116个和省级青年文明号971个。在抓好投资700万元建成的中日青年林后期管理的基础上,争取日本小渊基金4000万日元援助,建设共青青年友谊林。以纪念青年志愿者活动实施10周年为契机,深入推进青年志愿者活动,组建了100支"社区治安青年文明志愿者服务队",全面启动"百村万户青年文明行动",引导广大青年奉献社会,实现自我。

服务青年全面发展取得新成效。本着"关注青年基本权益,拓展青年发展空间"的原则,进一步强化服务意识,健全服务体系,提高服务能力,促进青年全面发展。希望工程实现新突破,全年筹集资金1100余万元,新建希望小学30所。青少年维权岗创建机制进一步完善,初步构建起比较完善的青少年维权工作网络。加快青年人才高地建设,博士服务团、大学生"三下乡"社会实践、挑战杯竞赛、大学生志愿服务西部计划等活动都取得了新成效。选树了一批青年典型和青年集体典型,开展了江西省十大杰出青年、十大杰出青年农民、十大杰出青年卫士和首届十大杰出外来创业青年等评选。团省委推荐的曹运革同志被评为“中国十大杰出青年卫士”，詹朝晖同志被评为“全国十佳少先队志愿辅导员”，推荐的九江市庐山区十里街道团委被评为“全国‘五四’红旗团委标兵”，星子县消防大队被评为“中国十大杰出青年志愿服务集体”，较好地树立了江西青年新形象。

在抗击非典战斗中展示风采。带领团员青年坚定地站在抗击非典的第一线，充分展示了团员青年的时代风采，为抗击非典的阶段性胜利做出了积极贡献。广泛开展了“疫病无情人有情，青年文明号献真情”活动，引导青年职工弘扬职业道德，坚守工作岗位。广泛开展了“抗击非典——青年志愿者与您同行”系列活动，组织青年志愿者开展宣传、教育、消毒、巡查、排查等志愿服务。广泛开展了“我为白衣天使献爱心”和“助耕帮困”活动，发出慰问信20余万封。组织团员青年开展了捐款、献血、义卖、赠送爱心包等爱心捐赠大行动。为倡导健康文明的生活方式，组织开展了“推广好习惯——百万青年志愿者（红领巾）与你同行”活动，举行了大中学生“除陋习、树新风”漫画大赛，印发宣传画册10万份，谱写的《天天好习惯》歌曲深受青年喜欢，广为流传。

山东团的工作

2003年，全省共有28岁以下青年1896.7万人，团员545.5万人，团青比例28.76%；基层团委1.09万个，团总支1.52万个，团支部20.9万个；专职团干部1.1万名。共青团山东省委机关编制50人，实有45人；设9个部室：办公室、组织部（含机关党委）、宣传部、青工部、青农部、学校部、少年部、统战联络部和社区与维护青少年权益部。共青团山东省委下辖8个直属事业单位和2个直属企业，并指导山东省青年联合会、山东省学生联合会和中国少年先锋队山东省工作委员会开展工作。

一、加强青少年思想政治教育

1—4月，组织开展了山东青年学习党的十六大精神知识竞赛，全省近15万名青年参加了网上答题或书面答题，从各地各行业选拔的27支代表队参加了复赛。4—6月，开展抗击非典斗争，积极培育和弘扬万众一心、众志成城、迎难而上、敢于胜利的民族精神。全省近5000支青年突击队、100万青年参与到团省委组织开展的“鲜花送给白衣战士”、“发放爱心电话卡”、“开通绿色爱心邮道”等“十件实事”活动中。认真贯彻实施《公民道德建设实施纲要》，积极面向青少年开展社会公德、职业道德和家庭美德教育，年内新推出“青春辉映夕阳红”主题志愿服务、“寻中华文化，颂民族精神”、“华夏情、民族风、民族精神代代传”、“养成道德好习惯”等道德实践活动。扎实开展学习雷锋40周年和志愿服务10周年纪念活动，中国志愿者服务日前后，全省共有5.4万余名青年志愿者为近20万名群众提供了法律援助、健康咨询等不同形式的志愿服务。

二、推动经济社会发展

1月18日，启动青春创业行动（中国青年创业行动）。全年推出省、市、县三级项目597个，帮助5.09万名青年实现就业或创业，培训青年5.28万人次；全省出台青年创业的利好政策40余条，设立专项基金6275万元，银行授信3.13亿元，招募志愿创业导师1400名，建立青春创业园区7个和培训基地110多个。12月28日，中国青年创业行动现场推进会在济南召开，推广了山东的经验。引导企业采取项目化运作、技术培训、岗位练兵、技术比武等方式，推动了青年创新创效活动的开展。4家单位团委和3名同志分别被评为全国青年创新创效活动先进单位和全国青年创新创效奖。规范青年文明号创建工作，对青年文明号实行登记卡和牌匾条码管理，严格控制质量。9月，抽查国家级和省级青年文明号182个。截至年底，全省共有国家级青年文明号299个，全国杰出青年文明号7个，总量居全国前列；省级青年文明号2312个。在高校开展第八届"挑战杯"大学生课外学术科技作品竞赛活动，39所高校236件作品参赛，33件作品入闱全国一、二、三等奖，6所高校获优秀组织奖。联合省财政厅、农业厅开办青年农民省级培训长期班，年内培训学员近600名。开展"农业标准化生产青年示范户、青年示范基地"评选和青年农业产业化带头人、青年经纪人、青年非农产业创业致富带头人培养活动，促进了农村富余劳动力向非农产业的转移。加强青年文化建设，在城市社区，普遍开展"科学·文明·健康"社区青年文化节和"文明新风进我家"、"健康生活你我他"等活动，在农村和高校分别举办了第五届乡村青年文化节和第八届大学生科技文化艺术节。

三、服务青年成长发展

6—10月，实施大学生志愿服务西部计划。全省45所高校2436名大学毕业生报名参加团中央等四部委联合实施的全国计划，236名应届大学毕业生获选到新疆、内蒙古和青海等三省区开展为期1—2年的志愿服务，4名应届大学毕业生入选中央文明办等部门组织的"百县千乡宣传文化工程"。团省委参照团中央做法，实施了大学生志愿服务省内计划，50名志愿者入选，赴德州、聊城、滨州和菏泽等市的乡镇基层进行为期1年的志愿服务。7—9月，全省另有50余所高校、100余所中专学校的近20万名青年学生志愿者参加了暑期"三下乡"社会实践活动。7月，启动"学士后流动站"建设，年内共有199家企事业单位申请设立"学士后流动站"，向大学毕业生提供3125个锻炼岗位，帮助1382名大学生实现就业。全省各级团组织坚持"一手抓创建，一手抓管理"，建立健全了维权岗动态管理机制。年底，青少年维权热线"1600100"试运行。联合省通信公司设立了100万元的山东省进城创业青年"风帆基金"。实施《山东省进城务工青年发展计划》，开展了以送文化、送知识、送健康、助安全为主题的"三送一助"活动。启动新一轮"希望工程助学行动"，进一步整合社会资源，扩大希望工程受益面。全年筹资8154659.17元，建设希望小学30所，希望网校（单点站）16所，救助大学生137名，中小学生353名。再次推出"探访寒门学子，呼唤真挚爱心"助学活动，筹措资金60多万元，使200多名优秀贫困高中应届毕业生顺利进入高校学习。

四、加强团的自身建设

11月，印发《关于在全省实施共青团"凝聚力工程"的意见》，在全省启动共青团"凝聚力工程"，拉开了新一轮基层团组织建设的序幕。深入开展"五四红旗团委"创建活动。1个团委被评为"全国五四红旗团委标兵"，7个团委、15个团支部（总支）分别被评为"全国五四红旗团委"和"全国五四红旗团委支部（总支）"。启动城乡青年中心建设试点工作，确定首批城市青年中心建设试点单位30个和青岛、威海、德州等3个农村青年中心建设试点市。印发《2003—2005年山东省团干部教育培训规划》，不断探索与市场经济相适应的培训制度，拓展培训渠道，充实培训内容。3—8月，联合省委组织部实施"选调优秀大学毕业生充实基层共青团干部队伍计划"，54名优秀应届大学毕业生成为第一批“共青团系统选调生”。着眼于打造学习型、研究型、实干型、创新型青年机关，培养“让党放心、让青年满意”的干部，扎实开展作风建设，活跃机关文化。强化团的信息调研和信息化工作。5月，恢复了山东共青团网站，年内建设了青春创业行动网站和山东省青少年维权网。4月和7—8月，对基层团建进行专项调研。年内推出了青春创业行动和共青团“凝聚力工程”的相关理论成果。

五、推进青少年事业

12月，召开省青联十届一次会议和省学联第九次代表大会，选举产生了新一届省青联和省学联领导机构。省少工委举办了首届山东省少先队辅导员技能技巧大赛暨风采展示活动，在少先队员中组织了“贯彻十六大精神特色小队行动”、“红领巾心向党”征文和小甲A足球比赛等活动。省关工委积极推动市、县、乡、村四级组织网络构建，并联合有关部门发起了“救助最后儿麻”大型公益行动。10—11月，山东省青年代表团首次赴西欧进行了考察访问。年内，接待了古巴赴山东农业考察团、韩国京畿地区青年会议所代表团、日本青年代表团和俄罗斯青年访问团等团体的友好访问。

河南团的工作

2003年，在团中央和省委的正确领导下，河南各级团组织坚持以“三个代表”重要思想为指导，以“小康建设献青春，中原崛起建功业”为主题，围绕大局，贴近青年，开拓进取，扎实工作，使河南团的事业不断取得新进展。

一、团员青年思想政治素质有了新提高

以团干部、大学生和青年骨干的理论学习为重点，在广大团员青年中持续兴起了学习贯彻“三个代表”重要思想的新高潮。团省委下发了《关于在全省广大团员青年中兴起学习贯彻“三个代表”重要思想新高潮的意见》，召开了全省各界青年学习贯彻“三个代表”重要思想座谈会和成果交流会，举办了团省委委员学习读书班。在全省广泛开展了“学习十五大，创造新业绩”、“实现宏伟蓝图，奉献青春智慧”等主题活动，使广大团员青年对“三个代表”重要思想的认识达到了新高度。高校团组织充分发挥学生社团的作用，1840多个学理论社团遍布全省高校，覆盖面达70%。全省各级团组织通过举办专题培训班、学习班、读书研讨班等方式，加强团干部的理论学习，推动了学习贯彻“三个代表”重要思想新高潮的兴起，促进了团十五大和省十二次团代会精神的贯彻落实。

二、为河南经济发展办实事取得新成效

启动实施河南青年创业行动，成功举办了“走进河南——海内外青年创业投资峰会”暨“2003海外学人回国创业郑州行”，合同签约项目13个，签约资金2.2亿美元。设立1000万元河南青年创业基金，推出10亿元扶持河南青年创业贷款资金计划，建立青年创业基地，在青年创业的机制建设上取得了突破性的进展。举办了青年创业国际论坛，评选表彰了首届河南省杰出进城（返乡）创业青年，开展了“青年创新成果进企业”活动，为青年才俊在河南的创业发展营造了氛围，提供了舞台，创造了条件。在农村，以服务农村青年增收成才行动为统揽，创建共青科技示范村320多个，培训青年农民5万多人。农村青年人力资源得到进一步开发，成立了农村青年经纪人协会，为促进农村经济持续发展，做出了积极贡献。在企业，深化青年创新创效活动，评选出十大杰出青年工匠，带领青年走新型工业化道路；实施“工岗快递”，引导帮助14482名下岗失业青年自主创业，促进了企业的改革和发展。在科技创新方面，成功举办了首届河南省青少年科技节，参与的青少年达20万人次，上报作品5000余件，内容涵盖13个学科，网上展出作品2000余件，科技成果转让金额达650万元，取得了显著成效。2003年中国青年科技系列服务活动在河南的成功举办，首届“河南省十大IT青年新锐”评选表彰、“青年专家中原行”巡回服务等活动的开展，激发了广大青少年的创新热情。继续深化保护母亲河行动，广泛开展植绿护绿活动，建好管好保护母亲河重点工程项目，完成治理面积6.5万亩，对保护母亲河和绿化中州的先进青年集体和个人，进行了大张旗鼓的表彰奖励，广大青少年的绿色文明意识、母亲河意识和可持续发展意识不断增强。引导青少年从身边小事做起，培育生态文化，弘扬生态道德。

三、在精神文明建设中倡树新风尚

5月29日，河南省第十届人民代表大会常务委员会第三次会议审议通过了《河南省人民代表大会常务委员会关于深入开展青年志愿者服务活动的决定》，标志着河南省青年志愿服务活动走上法制轨道，成为全国第四个青年志愿者活动立法的省份。《决定》颁布后，各地认真组织学习宣传，积极拓展工作领域，依法推进青年志愿服务事业，现已完成注册青年志愿者61万人。深入开展“三百科技大集”，“大学生艺术节”活动，青年文化建设不断得到加强。实施大学生志愿服务西部计划，青年学生积极响应，2348名应届大学毕业生踊跃报名参加，经过筛选、考察、公示，210名思想过硬、品学兼优的毕业生奔赴西部，为西部的建设奉献青春。青年文明号创建领域进一步扩大，通过开展“青年文明号信用建设示范行动”、“河南省百城万店青年文明号诚信评议”活动，弘扬了诚实守信的职业道德。以“实现宏伟蓝图，做好全面准备”为主题的“大眼睛看河南”系列活动广泛开展和少先队员手拉手活动的进一步深化，使广大少年儿童受到了教育。

四、服务青年成长发展实现新突破

广泛开展就业创业的技能培训，通过实施新世纪读书计划、跨世纪青年农民培训工程、下岗失业青工技能培训、大中学生素质拓展计划等，使各行各业的青年立足岗位成长，努力成为建设小康社会的合格人才；加大维权工作力度，深化创建优秀青少年维权岗活动，切实维护青少年的合法权益；为青少年的健康成长办实事，编发了未成年人自护手册，配合全国人大检查组开展了《未成年人保护法》和预防青少年违法犯罪工作的执法检查，启动了青少年违法犯罪社区预防计划，深入开展了青少年远离毒品、青少年法制教育宣传月等主题活动，完成了“为了明天——河南省预防青少年违法犯罪展览”在全省巡展的任务，有50多万青少年受到教育，为保持全省社会大局稳定做出了贡献。

五、团的自身建设有了新发展

扎实推进团建创新，团省委联合省委组织部下发了《关于坚持党建带团建建立团建基础工程长效工作机制的意见》，初步形成了县级团委、基层团委、团支部“三级联创”的团建机制。农村一、二类支部提高到70%，社区建团率增长到80%，非公有制经济组织建团率上升到69%，民办学校建团率巩固在98%以上。积极加强青年中心建设工作，全省城乡已建成青年中心50多个。通过广泛开展团员教育，重温入团誓词，强化了团员意识，提高了团员素质。团干部队伍建设贯彻“忠诚党的事业，热爱团的岗位，竭诚服务青年”的总要求，进一步加强培训和管理，全省培训各级团干部2万多名。

2003年，成功召开了省十二次团代会和省第四次少代会，规划了新阶段河南共青团工作和少先队工作，提出了新的奋斗目标，为新时期河南共青团和少先队事业指明了方向。加强了“河南共青团”网站建设，全省18个省辖市团委开通了自己的网站，68所高校建立了自己的网站和网页，全省团属网站达到173个，实现了县县上网，全团互联。

六、在同自然灾害的斗争中做出了新贡献

2003年4月，非典疫情突如其来。河南团组织高度重视，组织带领广大团员青年积极投入到抗击非典的斗争中去。高校团学组织积极开展户外文体活动，丰富校园文化生活，协助学校党政做好学生思想工作，稳定学生情绪。社区团组织主动关爱进城务工青年，帮助解决实际困难，劝其在原地务工。农村团组织通过多种形式，引导青年养成良好的卫生习惯和健康的生活方式，开展“写一封家书，报一声平安，办一件实事”的青年志愿服务活动，协助党政做好外出务工青年劝阻返乡工作。“三夏”期间，启动开展了“百台农机助‘三夏’，志愿服务到农家”活动，购买100台小型收割机赠送基层团组织，由30余万名青年志愿者参加的28679支“三夏”青年志愿者服务队，帮助农民收割小麦150万亩，确保颗粒归仓，使外出务工青年安心工作。同时，各地青年文明号检查站、青年安全生产示范岗、青年志愿服务队等活跃在城市社区、乡间公路、村头路口，构筑起一道道严密的青春防线。

面对百年不遇的洪涝灾害，全省各级团组织和广大团员青年，踊跃投身抗灾救灾，表现出了共青团组织的坚强战斗力和强大的凝聚力，为夺取河南抗灾救灾的最后胜利，促进全省政治稳定、社会发展付出了辛勤努力。

湖北团的工作

2003年，湖北各级团组织和广大团员青年坚持以“三个代表”重要思想为指导，按照省第十一次团代会的工作部署，紧紧围绕中心，自觉把握大局，竭诚服务青年，解放思想，抓住机遇，开拓创新，扎实奋斗，各项工作取得了可喜成绩。

一、深入推进青年理论学习，持续兴起学习贯彻“三个代表”重要思想新高潮

团省委举办了委员、候补委员党的十六大精神学习班，举行全省知识竞赛和征文活动，在大学生中开展“实现宏伟蓝图，奉献青春智慧”主题教育活动，组织青年志愿者和“大学生党员‘三个代表’实践服务团”，把十六大精神送进社区、送到农村。联合省委宣传部召开全省青年学习贯彻“三个代表”重要思想经验交流会，推出首届湖北青年世纪风采大赛的网络和书面竞赛，有力推动了青年学习贯彻“三个代表”重要思想新高潮的全面兴起。

二、积极探索招商和创业新模式，直接有效地服务大局促进发展

各级团组织和团干部强化招商意识，创新招商方式，成功组织了中国青年企业家黄冈经贸洽谈会、荆门招商会、三峡经贸洽谈会等一系列活动，吸引了一大批企业家来湖北投资创业，累计签订意向性投资合作项目69个，协议金额70多亿元。经过跟踪服务，已有一批项目正式动工。

三、坚持开展活动和项目建设并举，青年志愿者工作步入新阶段

以学习雷锋活动开展40周年和中国青年

志愿者行动实施10周年为契机,举行表彰座谈会,对全省学习雷锋、志愿服务先进集体和先进个人进行表彰。实施注册志愿者“走进社区”服务接力行动,全省600余支青年志愿者队伍与300余个城市社区结对服务。强力推进大学生志愿服务西部计划,410名大学生志愿者按期分赴重庆和恩施的贫困地区开展志愿服务工作。恩施州及相关县市团委积极落实有关政策,切实做好管理和服务工作。志愿服务组织、项目、队伍和机制建设继续加强,常规项目顺利推进。全省注册志愿者已近70万人,居全国首位。

四、工程建设和环保教育相互促进,保护母亲河行动掀起新高潮

发动社会公众直接参与保护母亲河绿化工程建设,武汉、襄樊、鄂州、随州、孝感等地纷纷开展营建青年林活动;开展优质示范工程林建设评比,促进了已建工程林的管护。举行汉江流域“环保下乡”和“鄂渝青少年‘三峡库区环保下乡’暨创建‘保护母亲河号’”活动,增强了青少年的环境保护意识、绿色文明意识和可持续发展意识。

五、构建青少年维权工作网络,切实加强青少年法制教育和权益保护

全省预防青少年违法犯罪工作领导小组成立,团省委承担领导小组办公室职责,预防青少年违法犯罪工作首次纳入全省社会治安综合治理的年终考评。武汉、宜昌、荆州、咸宁、荆门等地“青少年维权服务中心”建成启动。深入开展青少年“远离毒品”、“预防艾滋病青春红丝带”和“青春自护”系列活动,全省共有50余万青少年参观了禁毒教育图片巡回展出。

六、成功举办“2003海外学人回国创业荆楚行”活动,吸引海外学人以多种方式为国服务

由共青团中央、全国青联主办的“海外学人回国创业周”活动于2003年12月首次在湖北举行,共有来自美国、日本、加拿大、法国等10多个国家(地区)的110多名海外学人和10多个创业团队来湖北进行经贸洽谈和项目合作,并组织开展了园区考察、国际制造业发展(武汉)论坛、创业投资专题节目等活动。经过与园区、企业、有关部门和投资机构的前期对接与集中洽谈,共签署合作协议19份,涉及汽车、环保、电子、新材料、文化教育等领域,有效促进了人才、项目、奖金的对接。

七、开发青年人力资源,服务青年成长成才

全面提升青年素质。以“促生产,岗位增收;促发展,企业增效”活动为牵动,发挥大型骨干企业团组织和团员青年的带头作用;明确了实施农村青年素质训练工程工作思路和工作重点,各地结合实际举办各类素质训练培训班,促进了农村青年整体素质的提高;启动大学生成长发展导航行动,为大学生提供成长指导、职业设计等方面的帮助。

积极促进青年就业和再就业。成立湖北省青年就业和再就业工作领导小组。武汉、荆州、黄石等地成立了青年就业培训机构和基地,全省共培训下岗失业青年13500余人次。实施“工岗快递”行动,组织“订单式”劳务输出,为青年就业再就业牵线搭桥,开展了网上招聘活动。探索为大学生就业服务,与上海浦东新区联合主办“名校——浦东青年人才直通车”大型人才招聘会,吸引2万毕业生参与,提供了数百个工作岗位和项目。

坚持文化育人,丰富青年的文化生活。团省委组织了“百部优秀影片进农村”、第六届乡村青年文化节和农业科技专家农户行、校园歌手大赛、“一二·九”诗歌大赛等活动,全省75所高校共组织1300支实践服务队共25万名大中专学生参加了暑期“三下乡”社会实践活动。

八、团的自身建设在创新中发展,团组织的凝聚力和战斗力进一步增强

召开企业、高校党建带团建工作座谈会和

电视电话会议，使党建带团建工作在思路上、措施上得到了深化和发展。开展团员意识和团的先进性集中教育活动。召开网络会议，举办研讨班，组织知识竞赛，开展团建创新论坛暨创新成果展示，全省各级团组织推进先进性教育的工作氛围日益浓厚。着眼于统筹城乡团的事业发展，组织省直15个厅局团委与试点乡镇团委结成帮扶对子，通过城乡互动，推动农村青年中心建设。

青年外事工作积极、主动、活跃，先后接待了来自韩国、日本、智利、澳大利亚等国和东南地区的青年代表团来鄂访问，组织了12批次的青年代表出访和赴港澳台地区交流。开展少先队“双十佳”评选表彰活动，命名表彰了一批少先队工作示范学校，举办了少先队工作研讨班和“东湖杯”少年儿童美术书法作品大赛等活动。

在抗击非典的斗争中，全省各级团组织广泛发动团员青年、青年志愿者和社会力量，群访群控，科学预防；开展“抗击非典，与你同心”主题公益活动，向“抗非”一线的医护工作者学习捐赠“志愿者爱心包”；积极动员团员青年和青年学生坚守岗位听从指挥，结合生产、工作实际，为防治非典提供服务。各级团组织和广大团员青年在防治非典的斗争中发挥了模范带头作用，在农村、高校、企业等各条战线筑起了一道道抗击非典的青春长城，展示了当代湖北青年的风采。

湖南团的工作

2003年，在省委和团中央的领导下，团湖南省委坚持以“三个代表”重要思想为指导，深入学习贯彻党的十六大、十六届三中全会精神和省委八届四次全会、团的十五大精神，紧密围绕全省工作大局，竭诚服务青少年成长成才，扎实推进各项重点活动，切实加强团的自身建设，全省团的工作取得了新的发展，为湖南实现国民经济持续快速协调健康发展和社会全面进步做出了积极贡献。

围绕加快推进湖南工业化进程，服务经济建设做出了新贡献。广泛开展“青年创新创效”和“青年岗位能手”活动，全省企业团组织年内共培训青工约2.5万人；组建了近1000人的青工QC小组和技术攻关小组。长炼机电公司青工李寿涛在全国青年电工网上模拟创新创效大赛中获得全国总冠军。全年培养“杰出青年岗位能手”101名、“青年岗位能手”1000余名。努力培养青年科技项目带头人，积极发展青年科技中介服务机构，促进青年科技人才与项目的对接，为广大青年科技工作者和科技成果转化提供有力支持。同时，围绕企业技术创新，开展青工科技培训和岗位培训。发挥青年人才、智力优势，鼓励和引导青年积极参与民营经济建设。广泛吸收青年民营企业家进入各级青联、青企协等组织，引导他们积极参与国有企业改革、改组和改造。针对湖南外出务工青年多、部分青年在外已经有了一定的资金、技术和管理经验积累的情况，团省委号召有条件的外出务工青年积极返乡创业，为家乡的建设和发展贡献力量。活动开展以来，得到了广大外出务工青年的积极响应，全年累计约有10万人回乡创业。深入推进新世纪青年农民科技培训工程，年内培训青年农民30514人，在训学员50083人，县以上团组织创建青年科技示范园108个,培养星火带头人5000余名,辐射带动了12万名农村青年增效增收。继续推进"保护母亲河"行动,动员广大青少年在母亲河流域植树造林,治理水土流失,保护生态环境,累计有600余万人次参加了保护母亲河行动,营建县级以上绿色基地72个,基地面积15万多亩,共投入各项资金500余万元。

着眼青少年成长发展的多样化需求,服务青年工作迈出新步伐。为加强对青少年新知识、新技能的培训,提高青少年的综合素质,全省各级团组织广泛开展了"新世纪读书计划"。各级团组织普遍建立了"新世纪读书俱乐部"、"新世纪书屋",全省各级团组织以构建新世纪读书俱乐部,以"红孩子书屋"等网络为基础,加强对青少年的培养。据不完全统计,年内全省参加新世纪读书计划活动的青少年达200多万人次。通过实施"青年文明号助万家行动"、青年企业家"金桥工程"和"工岗快递",举办"下岗青工创业报告团"报告会等活动,直接培训下岗青工10多万人次,为下岗青工提供就业咨询和职业中介服务达1万多人次,举办市级以上下岗青工招聘会55场次,为6000名下岗青工及其家庭捐助资金近65.4万元,培养扶持了559名青年兴业领头人,直接帮助1万余名下岗青工实现了就业。与广东团组织开展了"工岗快递"活动,已输送2000余名青年到广东就业。以开发大学生人力资源为着力点,积极推广《大学生素质拓展证书》,逐步建立了大学生素质拓展的有效机制。为培养大学生创新精神和创新能力,积极推进以"挑战杯"为龙头的大学生科技创新活动。精心部署参加了第八届全国"挑战杯"大学生课外学术科技作品竞赛,国防科技大学、中南大学、湖南大学、湖南师范大学获得"优胜杯";团湖南省委获得竞赛"省级优秀组织奖"。全面深化了优秀"青少年维权岗"创建活动,涌现了1000余个县级以上优秀"青少年维权岗",其中国家级24个,省级47个。希望工程全年重点开展了"芙蓉学子——与希望工程同行"、"时代阳光·希望工程助学基金"、"和一·希望工程助学基金"等活动,年内累计筹资400万元,救助贫困失学儿童28万余名,援建希望小学19所,新建希望网校7所,培训希望小学教师140名。广泛开展了"新世纪我能行"体验教育活动。全省雏鹰假日小队发展到1万多支,活动阵地2万多个,"假日手拉手,大家交朋友"助学行动实现结对10万对。配合抗击非典,开展了"中华少年平安行动"、"摒弃生活陋习——红领巾行动"等活动。

深入贯彻《公民道德建设实施纲要》,服务社会方面取得了新进展。以纪念学雷锋40周年系列活动为契机,不断深化"雷锋家乡学雷锋"主题活动。大力推进"万支服务队温暖万家"活动,全省成立学雷锋服务队16859支,人数达22万人。参与组织了省会学习雷锋活动40周年暨表彰大会,大会在望城县雷锋纪念馆隆重举行,社会各界人士1万余名参加了集会。积极推行青年志愿者注册制度,成立了"湖南志愿者指导中心"。联合省公安消防总队认真开展消防志愿者试点工作,在大型活动和急难险重任务中提供服务。非典期间,积极组织"社会实践服务团"为各界提供社会服务10万余人次。10月,组织了来自全省9个市的第五届全国城市运动会的志愿者骨干进行了培训,为城运会输送了志愿者10万余名。在全国上下抗击非典时期,号召和组织青年志愿者广泛参与到防治非典的工作中来,充分发挥了团员青年的生力军作用。按照团中央、教育部《关于实施大学生志愿服务西部计划的通知》要求,联合教育厅招募选拔了311名大学生服务西部志愿者,其中派往湘西100名。志愿者在服务西部活动中积极发挥自身的特长,对开发西部、服务西部将产生深远的社会影响。文化、科技、卫生"三下乡"活动重点组织了"三个代表"实践服务团、"公民道德"实践服务团和博士生"农村青年增收成才"实践服务团三类团队，参与的学生人数达10多万人，培训农村青年技术骨干上万名，为近万名群众免费义诊、文艺演出1000余场次。为在少年儿童中贯彻落实党的十六大精神和《公民道德实施纲要》，在全省举行“双力文明少年”评选活动，评选出100名湖南省“双力文明少年”；各地媒体进行了充分的报道，在社会上产生了良好的反响。

着力推动基层团组织创新，团的自身建设有了新突破。配合农村基层党建“三级联创”，推动县、乡、村团组织建设的整体联动。针对团的基层组织建设的薄弱环节，加大非公有制经济、城市社区、社会力量举办学校领域的团建工作力度，扩大团组织工作覆盖面。编辑出版了《飘扬的团旗——新时期基层团组织工作范例选编》，举办了五四红旗团委创建研讨培训班暨五四红旗团委书记论坛。目前，全省基层团组织102724个，共青团员3367720名。为加快团内信息化建设，团省委在全省实施了“共青团县县上网工程”。团省委直接为全省60个县市区配备了计算机硬件设备；全省所有市州团委机关和123个县市区团委机关均配备了计算机设备，并且均在“中国共青团”网站配置了“团内电子邮箱”。加大了团干部培训力度，提高了市、县两级团委机关干部网络使用能力。积极筹建省青少年活动中心。已完成土地征用和拆迁工作，中心用地131.28亩，已筹措建设资金3000万元。

广东团的工作

2003年，在省委和团中央的正确领导下，共青团广东省委带领全省各级团组织认真贯彻落实省委九届二次、三次全会和团十五大精神，坚持在继承中创新，在创新中提高，在提高中发展，推动共青团事业迈上新台阶。

一、“三个代表”重要思想学习教育活动扎实开展。始终把学习贯彻“三个代表”重要思想作为首要政治任务，切实抓出成效。把握团干部、大学生、青年骨干等重点群体，通过专题学习研讨班、培训班和成立大学生理论学习社团等活动，不断提升认识水平和思想境界。大力开展学习实践活动，100支“广东大学生党员‘三个代表’实践服务团”进村入户，“三个代表”重要思想征文比赛、演讲比赛、知识竞赛等活动在各地蓬勃开展。突出理论学习的针对性和实效性，及时召开学习胡锦涛总书记视察广东重要讲话精神座谈会、团十五大精神传达报告会和党的十六届三中全会精神学习座谈会，引导广大青年自觉把思想和行动统一到实现广东加快发展、率先发展、协调发展的目标上来。

二、构筑抗击非典的青春长城。面对突如其来的非典疫情，全省各级团组织团结带领广大团员青年在抗非斗争中谱写了昂扬奋进的青春之歌。突出抓好“健康直通车”防治非典志愿服务月行动，组织1500多支志愿服务队、7万多人次青年志愿者，深入各地开展防治非典宣传教育、爱国卫生运动、送医送药等活动，直接和间接受益群众190多万人。突出抓好抗非英雄的表彰宣传，协助省委办公厅组织好广东省抗非先进集体、先进个人表彰大会，特别授予16名一线医护人员“广东青年五四奖章”荣誉称号。突出抓好弘扬抗非精神，举行各界青年学习抗非英雄座谈会和抗非医护人员先进事迹报告会,开展主题读书活动,开辟主题网站,在全社会营造了众志成城抗击非典的良好氛围。

三、带领青年在建设经济强省中大显身手。扎实推进"实践'三个代表',百团扶百村"行动,通过结对帮扶、项目带动等形式,服务了山区农村经济社会发展。深化农村青年增收成才行动和新世纪青年农民科技培训工程,农村青年增收致富能力不断增强。组织60支"广东大学生农村税费改革政策宣传志愿服务队",把农村税费改革政策带到千家万户。在全国率先成立青年民营企业家俱乐部,承办了全国"非公经济与青年发展"研讨会,为民营企业的发展壮大铺路搭桥。大力开展青年岗位能手、青年创新创效等活动,引导青年职工不断提高职业技能,促进国有企业经济效益的提高。

四、精神文明创建活动喜结硕果。青年文明号、青年志愿服务活动有声有色,先进典型层出不穷,20个集体荣获全国青年文明号,4个集体和3名志愿者分别被评为全国学习雷锋志愿服务先进集体和个人。青年文明社区、保护母亲河、"手拉手"、雏鹰行动等成为团队组织参与精神文明建设的重要载体。青年文化生机勃勃,"爱在春天——叶旭全歌词作品演唱会"奏响了服务建设文化大省的序曲,乡村青年文化节、大学生文化艺术节等活动异彩纷呈,大家乐舞台、青年文化广场活动成为城乡亮丽的文化风景线,中国五四新闻奖一等奖首次落户广东,戏剧《青春礼赞》等一批作品喜获第七届共青团精神文明建设"五个一工程"奖。

五、青年人力资源开发重点突出。成功举办第二届"广东省留学青年回国创业之星"评选表彰活动,成立全国首个留学青年回国创业促进会,为留学回国青年来粤创业搭建服务平台。率先创办EMBA青年班,举办粤澳青年社团领袖素质训练研习班,进一步拓宽了高素质青年人才培养渠道。全力推进"大学生志愿服务西部计划"和"广东大学生志愿服务山区计划",引导广大青年学生在艰苦环境中经风雨、长才干。一大批青年先进典型载誉归来,张积慧、张育彪、徐安龙分别荣获中国十大杰出青年、中国十大杰出青年农民和中国青年科技创新杰出奖,朱志威等5人获第四届中国优秀青年卫士称号。另外,评选表彰了第五届"广东青年五四奖章"、"南粤优秀辅导员",使不同行业的青年学有榜样、赶有楷模。

六、服务《十项民心工程》初见成效。围绕保障外来青年员工合法权益,分别开展了以"关爱·平等,共享文明"和"青春暖流"为主题的服务外来青年员工专项行动。围绕济困助学,积极筹建希望工程公安英烈子女助学基金和希望工程民营企业家助学基金,成功举办了第五届希望工程"羊城会亲"、首届"鹏城会亲"活动和公安英烈子女夏令营活动。围绕服务青年就业再就业,广泛开展大学生就业观大讨论和创业实践锻炼;进一步深化下岗青工再就业活动,联合湖南团省委实施省际工岗快递行动,帮助一批青年走向新的工作岗位。围绕优化青少年成长成才环境,广泛创建青少年维权岗和社区青少年法律学校,推动成立了省预防青少年违法犯罪工作领导小组,开展"社区青少年远离毒品"宣传周活动,启动大学生"健心工程",创办"少先队员网络大学",有力促进了青少年健康成长。

七、第八届全国"挑战杯"活动成功举办。第八届"挑战杯"全国大学生课外学术科技作品竞赛首次在广东举行,共有363所大学的3000多名学生和1159件作品参赛,是历届"挑战杯"竞赛参赛人员和作品最多的一次。首次有港澳台地区12所大学参赛以及新加坡的大学组团前来观摩,使"挑战杯"迈出了走向世界的第一步。首次成功举办全国大学生科技成果拍卖会,积极探索了市场化、社会化的路子。首次举办"全国优秀大学生精英推介会"和首届"大学生创新创业工作研讨会",架起了青年人才与市场对接的桥梁。广东代表团共有59件作品获奖,取得了历届最好成绩。团省委荣获第八届全国"挑战杯"特别贡献奖和优秀组织奖。另外,我们还举办了第七届广东省"挑战杯"竞赛,在广大学生中营造了爱科学、学科学、用科学的良好氛围。

八、团的自身建设稳步推进。认真贯彻张德江书记关于进一步加强团干部队伍建设的指示精神，促进机关干部与基层党政领导干部的交流互动，推行基层团干部到上级机关挂职锻炼的做法，强化团干部培训工作，促使团干部队伍结构优化和整体素质的提升。积极探索建设青年中心的有效途径，抓好全国农村青年中心联系点及城市青年中心的试点工作。五四红旗团委创建活动不断深化，一批先进单位受到团中央表彰。继续推进团建创新，社区、非公有制企业、农村等领域团组织在巩固发展中扩大有效覆盖。以省直机关作风建设年活动为契机，进一步转变工作作风，围绕50多个专题开展了全省大调研活动，机关工作环境不断优化；切实服务基层，资助各市团委抗击非典专项资金30万元，资助16个扶贫开发县团委工作资金16万元。省直各单位对团省委机关作风建设的满意率达98%。

广西团的工作

2003年,团区委按照自治区党委和共青团中央的要求,坚持以"三个代表"重要思想为指导,紧紧围绕自治区党政工作大局,深入开展学习贯彻"三个代表"重要思想、党的十六届三中全会、团十五大精神和解放思想再讨论活动,团结带领全区各族团员青年积极投身到广西实现跨越式发展的伟大实践,大力开展广西青年创业行动、青年志愿者行动、保护母亲河行动,深化创建"青年文明号"、青年文明社区、青年科技示范园活动,主动参与"百企入桂"、边境大会战、农业结构调整等中心工作,大力开展"八桂青年千里边境城乡互助建小康行动"、"广西青年劳务输出月"活动,竭诚服务青年成长成才,切实加强团的自身建设,各项工作取得了良好的成效,为实现富民兴桂新跨越目标做出了积极的贡献。

一、组织团员青年深入学习贯彻"三个代表"重要思想。通过举办学习班、研讨会、形势报告会等各种形式的学习活动,不断增强团员青年学习、贯彻"三个代表"重要思想的自觉性和坚定性。一是团的各级领导机关和团干部带头学。通过开展书记班子、中心组学习理论活动,举办各市团委、团区委机关各部(室)、有关高校负责人的培训班,带动全区各级团组织深入学习"三个代表"重要思想。二是引导团员青年领会、掌握"三个代表"重要思想的精神实质。在认真学习领会党中央、区党委、团中央的三个《通知》和《实施意见》精神的基础上,重点学习党的十六届三中全会文件、胡锦涛总书记"七一"重要讲话精神,帮助青年掌握科学的理论,自觉成为"三个代表"的忠实实践者。三是以团干部、大学生为重点,抓好全区团员青年的理论学习,开展党员大学生"三个代表"实践服务团下乡服务等活动,帮助青年农民解决实际困难,将学习活动不断引向深入。2003年,全区共派出2000多支党员大学生“三个代表”实践服务团，受到群众的普遍好评，产生了广泛的社会影响。其中广西大学、玉林师范学院、广西公安管理干部学院等3个实践服务团获2003年全国大中专学生志愿者暑期“三个代表”社会实践活动“优秀团队”奖。

二、大力开展“团旗飘扬耀边境——八桂青年千里边境城乡互助建小康行动”。动员组织全区17个市级团委、团区委各部室、20多所高等院校的团委与8个边境县（市、区）的40个村屯团支部结对子，以城乡结对、互动互助的方式，用2003年一年时间，为边境青年办12件实事，带动边境地区青年增收致富建小康。一年来，通过多种渠道，全区共青团组织筹集投入到40个结对帮扶村屯的物资和资金641万元，建立“共青团创业成才服务站”（青年中心）40个，培训边境青年3万多人次，树立青年诚信创业标兵1368名，组织近万名边境青年外出务工，修建篮球场35个、信息墙36块，建立致富信息服务队36支，组织2.6万多名城市青少年赴边境地区参加了“爱国主义教育边境行”活动；组织城市的中小学校、医院与边境地区中小学校、医院结对，为结对帮扶单位办实事5628件以上；组织开展“三下乡”活动135次（场、批）、青年志愿者为结对村屯贫困群众送温暖活动100多次，资助贫困学生3000多名，扶持培养小康示范户298户；在边境县建立希望小学6所，圆满完成了为边境青年办12件实事的任务。该行动的实施，切实解决边境青年农民生产生活中的各种困难，活跃了全区团的工作，增强了团的凝聚力和影响力，为促进和带动更多的边境青年成才致富，促进边境地区的经济社会发展起到了积极的推动作用。

三、积极参与“百企入桂”活动。我们作为自治区“百企入桂”工作协调领导小组办公室成员单位，自2001年参与“百企入桂”工作以来，努力做好“一传手”工作，充分发挥共青团的优势，先后邀请了北京、天津、上海、广东、福建、浙江、香港等地60多家企业、80多位有实力的青年企业家到广西进行考察投资、洽谈合作，共促成签订合作项目8项，成功引进恒基伟业集团、天津德利得集团、北京帝恒集团、香汇集团、达因集团等知名企业落户广西，总投资46.22亿元（其中合同投资额19.22亿元）。在积极引进青年企业家的同时，探索出一种新的招商引资模式，两次与桂林市人民政府联合组成代表团，先后在北京、广州、东莞、深圳、珠海等地举行“桂林——北京青年企业家恳谈会”、“桂林——粤、港、澳青年企业家恳谈会”，推介桂林招商项目，成功地实现了“百企入桂”工作“引进来”和“走出去”的有机结合，拓展了活动空间。在2003年召开的全区“百企入桂”工作会议上，团区委做了典型经验发言。成功经验在新华社内参《动态清样》上刊登，在全国兄弟团委中引起了强烈反响。

四、组织实施“广西青年创业行动”。为鼓励和扶持青年自主创业，树立青年正确的就业观、择业观，协助各级党委、政府和有关部门大力推进青年就业和再就业工作，近两年来，重点组织开展了“广西青年创业行动”，专门成立“广西青年创业行动”指导中心，建立“青年就业服务网站”，为青年提供就业指导及就业岗位信息。先后成功主办“首届广西边境地区农村青年外出务工招聘会”、“广西青年创业行动现场招聘会”。共有区内外1000多家用工企业和劳务中介机构进场招聘，提供就业岗位7万多个，12万青年踊跃到场应聘，2.5万多名青年当场签订了就业协议，陆续走上外出务工之路。活动得到了团中央领导和广西各级党政领导的高度评价，受到了广大青年和各界群众的一致好评。

五、大力实施“大学生志愿服务西部计划”。西部计划得到广西各级党政领导的高度重视，自治区党委书记曹伯纯、自治区主席陆兵、自治区党委副书记刘奇葆等领导先后对实施西部计划作出重要批示。自治区党委还在规定的西部计划4家成员单位即(团区委、教育厅、财政厅、人事厅)的基础上,增加了自治区党委组织部、区西部计划办、区扶贫办3家单位为成员单位。广西在西部计划的实施过程中,7家成员单位密切配合,发挥各自优势,并共同成立了“大学生志愿服务西部计划”广西项目管理办公室,切实推进西部计划,形成了党政领导亲自抓、团组织具体抓、成员单位协调抓、用人单位主动抓的良好工作机制。区党委组织部明确要求县西部计划领导小组组长要由县委领导担任,并决定2004年从大学生志愿者中选拔20名选调生,作为基层干部的重点培养对象。区财政厅划拨63万元作为2003年西部计划专项经费,并从2004年起每年划拨25万元作为西部计划工作经费。在7家成员单位的共同努力下,2003年,全区40所高校共有2768名应届毕业生报名参加,报名人数之多居全国第二。最后确定区内外的大学生556人在广西16个服务县开展为期1－2年的志愿服务工作。

六、稳步推进“青年文明社区”示范城(区)创建工作。2003年初,根据团中央《关于开展全国“青年文明社区”示范城(区)创建活动的通知》精神,把“创城”工作作为共青团社区工作的重点,提出了创建全国第一个“青年文明社区”示范城市的工作目标,确定南宁市为创建全国“青年文明社区”示范城市的试点城市。一年来,南宁市紧紧围绕“建立良好社区秩序、美化社区环境、完善社区服务、全面提高青少年素质”的总体目标,创城工作取得了显著成绩,经过团区委、区民政厅、区建设厅、区工商行政管理局的联合评定,率先被评为广西“青年文明社区”示范城市。“创城”工作的开展进一步加强了广西城市社区精神文明建设,有效探索了社区团建新模式。

七、切实加强与东盟各国青少年的交流和青年外事、统战工作。一是成功举办了2期国际青年干部高级研修班。2003年7月,首期国际青年干部高级研修班来自越南、老挝、柬埔寨、泰国的全部36名学员顺利学成回国。随后,又举办了第二期国际青年干部高级研修班,来自越南、老挝、柬埔寨、缅甸、泰国的40名优秀青年来到中国广西国际青年交流学院学习。二是积极拓展与越南青年友好交流的渠道与形式。举办以“喜迎新春,共创未来”为主题的中越边境青年春节大拜年走亲戚活动、中越边境青年“友村行动周”活动等,通过组织开展中越边境青年共做团圆饭、共建中越边境“青年友谊站”、中越边境青年饮食啤酒文化节、中越青年国际旅游论坛、中越边境青年经贸项目合作推介暨崇左市投资环境介绍会等一系列活动,进一步活跃和促进了中越边境青年之间的交往,加深了全区青年与越南青年之间的了解,增进了友谊。

海南团的工作

2003年,海南各级团组织以“三个代表”重要思想为指导,深入学习贯彻党的十六大、团的十五大、省第四次党代会精神,积极落实省第四次团代会部署的各项任务,围绕党政中心工作大局,按照“区域有特色,全团创一流”的方针和创新、求实、活力的原则,抓重点、抓特色、抓品牌,开展大量卓有成效、富有影响的活动,推动了全省团的各项工作和自身建设的全面发展。

——全省团员青年学习“三个代表”重要思想教育活动掀起新高潮。各级团组织以学习会、报告会、培训班、宣传栏等形式，在广大团员青年中大力开展“三个代表”重要思想的学习教育活动。着重培养团干部学习“三个代表”重要思想理论骨干，2003年全省团干部受训率达92.5%。通过举办“贯彻十六大，创造新业绩”、“三个代表在我心中”为主题的知识竞赛和征文比赛，在全省团员青年中进一步掀起学习贯彻十六大精神的新高潮，使“三个代表”重要思想在广大团员青年中入耳入脑入心。

——全省共青团组织抗击非典和资助优秀高考特困生行动声势浩大，反响强烈。农垦医院等医疗战线青年志愿者主动请缨抗击非典第一线，农村、学校、社区街道、机关企事业团组织纷纷开展了抗击非典活动。据不完全统计，抗击非典期间全省各级团组织共举办墙报、宣传栏2700余期，广播宣传上万次，成立抗击非典志愿者小分队、护村队约900余支，发放宣传资料42万份，清理卫生3000多次，充分发挥了共青团组织在急难险重任务中的突击队作用。团省委举全省团组织之力组织实施了“有爱就有希望”——海南青年资助优秀高考特困生行动，共募集到捐款206.6万元，资助考上国线的优秀高考特困生567名，受到社会各界的广泛好评。

——围绕中心服务大局工作取得新进展。企业团组织积极开展青工创新创效活动，青工技术大比武、青年岗位能手和安全生产示范岗活动，富有特色和成效。各地团组织继续深化农村青年创业致富带头人和农村青年增收成才活动，联合有关部门开展农村青年实用技术培训、农村青年小额贷款扶持等方面工作，受到农村青年的热烈欢迎。“绿化宝岛”青年植树造林活动在各地铺开。“共青号”文明生态村建设纷纷启动。青年文明号考核管理机制不断完善。“工岗快递”行动在部分企业和地区展开，青年就业和再就业工程取得初步成效。

——青少年参与群众性精神文明创建活动丰富多彩。全省青年志愿者广泛开展便民服务、“革除陋习，关爱家园”、为贫困户送温暖、扶老助残、无偿献血以及提供重大节庆礼仪服务等活动，受到社会各界的广泛好评。“亿万少年绘祖国迎奥运”主题活动得到省领导的重视，省委书记汪啸风同志为此题写了《盛世中华海南卷》卷名。全省各级团组织在“五四”、“六一”等节庆期间广泛开展系列纪念活动、文艺广场汇演等活动，青年文化活动氛围日益浓厚。

——青年励志成才行动在社会引起广泛好评。全省共有422名大学生报名参加“大学生志愿服务西部计划”，经遴选，38名优秀大学生志愿者在贵州省国定贫困县习水县开展志愿服务工作。参加“三下乡”活动的学生达2.3万多人，占全省大学生总数90%以上。创新了“海南五四青年奖章”、“海南十大杰出（优秀）青年”和“海南十大杰出（优秀）青年企业家”评选表彰机制和活动载体。豹爱芳成为海南首位“中国青年五四奖章”获得者，陈骏池以顽强的意志成为海南勇登珠峰第一人。在青年楷模的示范带动下，乐于奉献、顽强拼搏、励志成才的精神在青少年中蔚然成风。

——青少年成长环境进一步优化。全省各级团组织积极推进创建优秀青少年维权岗工作，目前已在11个行业系统开展创建工作；联合建设部门维护进城务工青年合法权益；有效协调治理海口某中学校园保护费个案，主动协调司法部门依法查处一名13岁少女被逼嫁人的典型案例，维护未成年人合法权益，并向社会广泛宣传“两法一办法”，为净化我省青少年社会成长环境做出了积极的贡献。

——青年外事联谊工作不断活跃。成功承办了全国青年外事工作会议。继续开展与港澳台地区青少年在科技、教育、文化等方面的交流与合作，巩固与韩、日青年社团的友谊，青年对外友好交流渠道不断拓宽。

——团的自身建设不断加强。成功召开了共青团海南省第四次代表大会，选举产生了新一届团省委领导班子，确定了今后五年的奋斗目标和主要任务。精心指导市县团委换届工作，以此为契机加强团的基层组织建设。在全省各级基层团组织中实行《团支部(总支)工作手册》和《基层团委工作手册》制度，以此推进"五四红旗团委"创建工作制度化、规范化。城乡青年中心试点建设工作已正式启动。团省委机关积极推进文明机关建设"121工程"(即转变机关作风，提高理论水平、提高工作效率，塑造机关新形象)，举办了10期专家讲座，启动了团省委机关办公自动化系统，基本实现内部办公的无纸化。

——团的各项事业稳步推进。青联、学联、青企协工作取得新进展，促进了共青团工作的全面延伸发展。顺利召开海南省青年企业家协会第四届会员大会。团属各项事业稳步推进，现代青年杂志社抵御住非典疫情的冲击，基本保持发行量的稳定；希望工程办公室进一步加大宣传力度，今年接受捐资95万多元人民币，资助600多名大中小学生，在建3所希望小学；调整充实省青少年活动中心领导班子，加强了领导力量。

一年来，海南共青团工作得到了省委和团中央领导的高度重视和关怀。省委书记汪啸风同志亲切接见团十五大海南代表团全体成员并作重要讲话，对共青团工作寄予厚望；团中央书记处第一书记周强同志、书记处书记王晓同志先后莅临海南考察指导工作，对海南共青团在服务党政、服务青年方面所取得的成绩给予充分肯定。省委常委王守初同志多次听取团省委工作汇报并具体指导。领导的重视和关怀使海南团干部们倍感振奋、深受鼓舞。同时，海南团干部们也清醒的看到，全省各地团工作的发展态势还不平衡，一些市县在抓本地特色工作、打造精品项目方面还缺乏创造性，各级团组织上下左右联动的主动性有待加强，一些团干部忙于具体事务而忽视了理论的学习和能力的提高。这些问题都需要今后不断地加以解决。

重庆团的工作

2003年以来，重庆各级团组织在市委和团中央的领导下，坚持以"三个代表"重要思想为指导，深入学习贯彻党的十六大和十六届三中全会精神，认真贯彻落实团十五大精神，按照"团结、务实、创新、发展"的总体思路，按照"创新出特色，实干树形象"的工作要求，团结带领全市广大团员青年全面投身推进富民兴渝、全面建设小康社会的伟大实践，迅速兴起"一个高潮"，在理论学习上取得新成效；扎实推进"一个行动"，在服务大局上取得新成果；大力实施"一大工程"，在团的事业发展上实现新跨越。

一、兴起"一个高潮"，坚持用"三个代表"重要思想武装全团、教育青年

全市各级团组织始终把兴起学习贯彻"三个代表"重要思想新高潮作为首要的政治任务，按照"先学一步，走快一步"的要求，组织广大团员青年真学、真信、真懂、真用，以"三个代

表”重要思想牢固武装青年的头脑。

团市委举办了2期专题骨干培训班，培训团组织主要负责人400人，依托党校、团校、共青团网络等阵地培训专兼职团干部1万人、团员青年150多万。组建了141支“三个代表”重要思想宣讲队，深入基层广泛宣讲“三个代表”重要思想，发放宣传资料50余万册，开展“三个代表”文艺下乡演出1000多场，带动10多万团员青年开展宣讲。建立了“三个代表”理论学习研究会等“红色社团”，参与学生、青年达2.5万人。以“重庆青少年之窗”网站为龙头，建立了30个“三个代表”重要思想学习网站；创建镇（乡）、村级“三个代表”学习图书站和读书俱乐部89个。团员青年积极撰写发表大量理论学习文章，创作了《“三个代表”之歌》等50多首音乐作品，创造了“五步”学习法、学生党员“一二三四”联系群众制度等具有指导意义的学习方法，出版了一批“三个代表”重要思想学习书籍。在中宣部、团中央、教育部、解放军总政治部联合召开的全国大学生学习贯彻“三个代表”重要思想经验交流会上，重庆进行了大会交流发言，充分展示了我市各级团组织学习贯彻“三个代表”重要思想的成果。

二、推进“一个行动”，团结带领全市广大团员青年积极投身“富民兴渝”的伟大实践

以服务“富民兴渝、加快建设长江上游经济中心”为战略目标，团市委扎实推进“富民兴渝青春行动”，大力实施“富民兴渝青年人才计划”、“富民兴渝青年建功计划”、“富民兴渝青年文明计划”三大计划，带领全市1300多万青少年积极参与推进“三个文明”协调发展。

大力实施“富民兴渝青年建功计划”。团市委开展创建青年文明城镇活动，落实了45个重点镇的青年文明创建措施；开展进城务工青年发展计划，建立了30个农村青年务工指导站。实施农村青年增收成才行动，创建青年现代农业示范基地60余个，培养农村青年创业带头人、青年经纪人、产业化带头人等青年创业致富带头人1.7万多人。组建了1000多支青年突击队，在全市重点工程和城乡重大基础设施建设中承担重大任务。深入开展保护母亲河行动，中日青年重庆合川生态绿化工程举行了第四期工程建设开工典礼，总投资4000万日元。

扎实推进“富民兴渝青年人才计划”。大力推进青年就业和再就业工作，组织开展了“青工创新创效”、“青年岗位能手”、“青春不下岗，我们助您行”、“真情助困进万家”活动、“渝沪青年企业家交流暨经贸洽谈会”，建立了青年就业和再就业各类服务培训机构62个，，共培训下岗失业青年5000人次，组织下岗青工申请小额贷款100万元，帮助2000名下岗青工实现再就业。大力实施跨世纪青年农民科技培训工程，与市农业局一道共争取投入资金360万元，在黔江、开县等9个区县开展跨世纪青年农民科技培训工程，帮助3.5万名农村青年掌握了致富技能。积极开展“博士生服务团”工作，开展“博士库区行”活动，为重庆发展引进人才和智力。选树了全国“十大杰出青年”肖颖彬、全国“青年五四奖章”任渝欣、全国“十大学生标兵”王衡、全国“十佳少先队员”王文斌等一批在全国有影响的先进典型。

深入开展“富民兴渝青年文明计划”。以“贯彻十六大，传承红岩魂”为主题，大力弘扬“红岩”精神，积极加强青年文化建设。组织50万农村青年开展了第五届乡村青年文化节，10万大学生积极参与第22届“校园之春”活动，13万社区青少年参加了社区青年文化节。积极营造青少年健康成长的文化环境，成立了重庆市预防青少年违法犯罪工作领导小组，配合市人大开展了“青少年放心网吧”等执法检查，在社区建立了250个青少年维权岗，组建了重庆市青少年法律援助中心，办理了150起青少年法律投诉案件，切实维护青少年合法权益和社会稳定。

三、实施“一大工程”，切实加强党的助手和后备军建设

全市各级团组织积极配合“党的建设新的伟大工程”的实施，坚持党建带团建，扎实推进“后备军建设工程”，圆满完成团十五大参会任务，切实抓好四项建设。

切实加强基层组织建设。扎实推进“后备军建设工程”，加强基层组织建设。切实加强团干部新知识、新技能的学习，全面开展团干部岗位职务培训分级工作，共培训5000余人。积极开展团建创新，切实加强团员先进性教育，重点加强了非公经济组织、社区、民办高校的团建创新工作，城市和农村青年中心建设试点工作全面展开，团的组织设置和活动方式不断创新。深入开展争创“全国团建先进区县”等活动，涌现出一批“全国五四红旗团委”及标兵，基层组织活力明显增强。

切实加强阵地建设。争取落实资金3780万元，重点在三峡库区、贫困地区投资兴建青少年活动阵地达到22个。市委、市府确定的十大社会事业发展重点项目之一——市少年宫的改造工程正在推进。重庆青年干部管理学院成为团干培训的摇篮，2003年在编在册学生达到2000人。重庆青年报日发行量达到10万份，比2002年增长53%，成为全市三流媒体之一。少年先锋报成为全市少年儿童的良师益友，荣获首届全国优秀少儿报刊金奖，成为西部地区惟一获此殊荣的媒体，发行量达到28万份，比2002年增长7.7%。青年职业学院成为青年职业技能培训鉴定的重要阵地，青年旅行社在发展中壮大。团属事业的快速发展，为我市青少年事业的发展提供了积极的支持。

切实加强青少年工作体系建设。成功召开了市第二次少代会、市青联二届一次全委会、市学联第二次代表大会。适应社会转型和青年群体的变化，积极探索建立新型社区青年组织——青年中心，在九龙坡区含谷镇建立了第一个农村青年中心，召开了现场推进会，确立了万州、沙坪坝等5个区县作为青年中心首批试点区县，不断扩大共青团工作的覆盖面，得到团中央的充分肯定。发挥重庆市青年企业家协会、重庆市青年民营企业家协会等社团服务各个层次青年人才的优势，成立了重庆青联之友联谊会，进一步巩固和壮大党的青年群众基础。

切实加强机关建设。机关队伍建设坚持“高进、严管、优出”，形成了一池活水；投资30万元改造“重庆青少年之窗”网站，加强机关信息化建设；倡树学习新风，坚持每两月举办一次学习论坛，努力建设学习型机关和学习型组织，总体形成了“心齐、气顺、风正、劲足”的良好局面。

圆满完成团十五大参会任务。重庆市出席团十五大的代表始终以高度的政治责任感，严格的组织纪律，饱满的工作热情，良好的精神状态，圆满完成了各项任务，充分展示了重庆青年的崭新风采。重庆市推荐提名的7名团中央委员、候补委员全部当选。大会期间，中央及地方重要媒体先后30余次报道了重庆团的消息。参会期间，中共中央政治局委员、中央书记处书记、中组部部长贺国强同志，中共中央委员、全国人大副秘书长王云龙同志，民政部部长李学举同志，团中央书记处周强书记、赵勇书记、杨岳书记、张晓兰书记都亲切看望了重庆代表团，充分肯定了重庆团的工作，并对重庆共青团和重庆青年提出了新的希望和要求。团十五大召开后，团市委迅速将参会情况向市委进行了书面汇报，并对团十五大精神进行了传达贯彻，基层各级团组织及时进行了深入的学习和贯彻。

一年来，团市委按照“勤于学习、善于创造、甘于奉献”的要求，以成功召开市第二次团代会为新的起点，大力实施二次创业，全面推进工作创新，获得市委、市政府、团中央表彰奖励达到21项。在2003年市委的目标考评中，团市委在市委系统53个部门获得了考评第一名的最好成绩，重庆共青团跨越发展迈上了新的台阶。

四川团的工作

2003年，四川各级团组织高举邓小平理论伟大旗帜，全面贯彻“三个代表”重要思想，深入学习贯彻党的十六大、省第八次党代会和团十五大精神，认真落实省第十一次团代会提出的各项任务，按照“三二三三”的工作思路，大力实施团的六项重点工作，团结带领广大团员青年在推动先进生产力和先进文化的发展中发挥生力军作用，为实现四川发展新跨越做出了积极贡献，团的工作迈上了新台阶。

一、大力开展思想教育活动，积极引导团员青年树立坚定的理想信念

广泛开展“贯彻十六大、投身新跨越、创造新业绩”学习教育活动。在全省开展了学习十六大精神和“三个代表”重要思想知识竞赛和网络征文活动，有37万团员青年踊跃参赛；在“四川共青团”网站开辟学习十六大精神专栏。以“学习宣传十六大、文明欢乐进农家”和“贯彻十六大、温暖进农家”为主题，开展了乡村青年文化节活动。全省组织了200支党员大学生“三个代表”社会实践服务团和十六大精神宣讲团(队)深入乡村、社区开展活动。

积极开展团十五大精神学习宣讲活动。全省各级团组织通过举办读书班、成立宣讲团、召开报告会和座谈会等多种形式广泛宣传团十五大精神。团省委在成都召开四川省共青团干部大会，向来自机关、学校和区县乡镇的1000多名团干部传达了团十五大主要精神。

深入开展青少年公民道德实践教育活动。广泛开展“弘扬雷锋精神，参与志愿服务，建设精神文明”主题活动。举行了四川省纪念学雷锋活动40周年大会，表彰了四川省学习雷锋、志愿服务先进集体和先进个人。开展“红领巾心向党”、“民族精神代代传”和“实现宏伟蓝图，做好全面准备”主题教育活动，召开了四川省未成年人见义勇为研讨会。以“青春、创新、文明”为主题，开展了四川青年文化节活动。举办了四川青年文化节开幕式及大型文艺演出。开展优秀电影展播和“我喜欢”系列评选活动。开展“走近巴金爷爷”读书活动。

二、主动服务党政中心工作，团结带领团员青年在四川跨越式发展中建功立业

扎实开展非典型肺炎防控工作。团省委切实开展了宣传普及、助耕助农、亲情慰问、“与您同心”、爱国卫生和校园健康等活动。全省参与防治宣传活动的团员青年达400万人次，组建2万多支青年志愿者服务队，有50多万团员青年和青年志愿者参与了助耕助农活动，有2000多名青年志愿者参与了检疫工作，有1万多名团员青年义务献血。

圆满完成全国大学生志愿服务西部计划任务。参加高校40多所，报名学生达2000余人。团省委确定了394名志愿者，加上来自河北、吉林、浙江等地的志愿者共656名。组织招募选派了60名支医扶贫青年志愿者和320名支教扶贫青年志愿者。组织实施2003年大学生志愿者暑期“三下乡”社会实践活动，全省共成立各类志愿服务队1000余支。

全面推进农村青年增收成才行动。启动实施了《农村青年实用技术人才培训计划》，依托青年星火带头人、杰出青年农民举办农村实用技术培训、外出务工青年返乡创业、青年经纪人培训班31期，共计培训27820人次。已完成了青年农民科技培训工程前期15个试点县、每县3000人的培训任务。评选表彰了四川省第四届十杰百优青年农民和67名农村青年返乡创业增收成才典型。

深入开展服务青年就业创业行动。全省各级团组织开展了服务青年就业“工岗快递”招聘活动，向青年免费提供就业岗位1.2万多个，有5万余名青年到场或通过网络应聘，25300余名青年找到了合适工作。实施“青年技能振兴计划”，开展“青工技能月活动”，全省有100多万青工积极参与。评选表彰省级青年岗位能手59名、省级青年技术创新带头人64名、省级“青年安全生产示范岗”40个。

继续深化保护母亲河行动。广泛开展了“让团旗在母亲河畔飘扬”、“革除陋习，天天环保”和建设青年绿色长廊活动。举行了“让团旗在母亲河畔飘扬”宣传日活动，发放绿色承诺卡5000张、宣传画5000套，其他宣传资料1万份。省级保护母亲河行动重点工程——沱江流域青年绿色长廊简阳项目工程正式启动。全国保护母亲河绿色工程——四川乐山项目三年完成造林任务2011公顷，提前通过竣工验收。

启动“魅力四川·青春同行”活动。团省委推出了以服务五大精品旅游景区建设为重点，以提高四川旅游及相关行业从业青年的综合素质和服务水平为着力点，切实服务四川旅游经济发展的“魅力四川·青春同行”主题活动。引导动员全省旅游及相关行业80%以上的团员青年积极参与青年文明号连片创建活动，努力创建成功10个青年文明号景区或线路。同时，深入开展“青年文明号信用建设示范行动”，新命名省级青年文明号98家。

三、竭诚服务青年成长发展，努力为青年人才脱颖而出创造条件

着力开展青年人才资源开发工作。举办了中外企业家专家系列讲座，制定了《四川新跨越青年人才发展计划》，举办了首届四川省青年民营企业家论坛。开展了“投资创业在彭州”活动。以“加快人才资源向人才资本转变”为主题，举办了首届MBA创业计划大赛。深入开展第八届“挑战杯”全国大学生课外学术科技作品竞赛和第九届“亿利达”青少年发明奖评选活动。全面实施大学生素质拓展计划，评选发放《大学生素质拓展A级证书》270份。

大力建设青年典型培养宣传工程。团省委先后推出了8个抗击非典斗争和四川发展新跨越中做出突出贡献的全国青年个人和青年集体典型和17个四川先进青年典型。评选表彰了第十一届四川省“十大杰出青年”，命名表彰了四川省第六届“十佳少先队员”和第五届“十佳少先队辅导员”。在中央电视台、人民日报、光明日报、中国青年报等全国新闻媒体上进行宣传报道合计714条（次），在省级新闻媒体上进行宣传报道546（次）。涌现出了以中国青年五四奖章获得者杨伟、全国十大杰出青年农民唐燕子、全国十佳少先队员喻焰、全国青年文明号四川大学华西医院急诊科等先进青年典型个人和集体。

圆满完成省青联换届工作，实施青年中心建设。12月26日，召开了省青联十一届一次全委会议，选举产生了新一届常委班子。积极开展青年中心建设试点工作，出台了《四川省农村青年中心建设工作实施方案》，对全省青年中心建设工作进行了全面部署，成都双流东升等一批青年中心正式揭牌成立。

开展“送温暖、献爱心”活动。元旦、春节期间，全省各级团组织以进城务工青年、下岗青年职工、贫困青年学生、农村贫困青年和残疾青年为重点，广泛开展青年志愿者助老、助残、助困志愿服务、青年文明号为下岗青工“送温暖、献爱心、办实事”、“乡村青年文化节”和“情暖社区”青春行——向社区困难青年送温暖等活动，将200多万元财物送到困难群众手中。

四、切实加强团的基础建设，不断提高团组织的吸引力、凝聚力和战斗力

着力推进团建创新工作。加大了社区、非

公有制经济组织、民办学校建团力度。团省委确定了首批40个“四川省团建先进县(市、区)创建单位”和第四批97个“四川五四红旗团委”创建单位。

大力加强团干部、团员队伍建设。团省委召开了“四川省共青团推优入党工作座谈会”,举办了6期团干部培训班,培训各级团干部400人,表彰了8名“四川青年五四奖章”获得者、116名“省优秀团干部”和199名“省优秀共青团员”。对各市、州团委领导班子及领导干部进行了考核。

积极开展“让团旗在社区飘起来”活动。出台了《关于加强社区团建的工作意见》,开展了社区团员青年防非典、社区青少年远离毒品宣传周、社区青少年文化月和社区青年志愿者综合治理巡逻等活动。

引入评估机制对重点工作实行目标管理。对各市州团委开展六项重点工作的情况实行目标管理。成立评估领导小组,制订下发了重点工作评估办法和评估指标。11月中下旬对各市州重点工作完成情况进行了实地检查。

全面加强团省委机关自身建设。2003年,团省委以“高举团旗跟党走,增强党性强素质,爱岗敬业争先锋”为主题,在机关全体党员中全面开展了保持共产党员先进性教育活动。开展了机关作风建设活动,加强了机关文化建设,开展了创建学习型机关活动。9月份开展了团省委机关“共青团工作理论研讨月”活动,完成了青年与网络专题研究,对高新技术产业青年工作进行了专题研究。积极争取财政资金对机关大楼进行了彻底的改造装修,并完成了雨污水分流和电信网线改造工程,使机关面貌焕然一新。

贵州团的工作

一、以学习宣传贯彻十六大精神、掀起学习“三个代表”重要思想新高潮为主线,青年思想政治工作得到加强

开展了学习十六大和“三个代表”重要思想知识竞赛和征文活动,全省有22万青年团员参加了知识竞赛,团省委被团中央和《求是》杂志社评为优秀组织奖,成为全国获此殊荣的4家省级团委之一。举办了全省共青团干部“三个代表”重要思想学习研讨班,全省处级以上团委的主要负责人参加了学习。各战线部门结合实际开展了一系列活动:在青年学生中开展“十万学子树理想、强素质、奔小康”主题活动;在青年职工和青年农民中开展“弘扬和培育民族精神,全面建设小康社会”主题活动;在少年儿童中开展“手拉手,话小康”主题活动等等。据不完全统计,全省县以上共青团组织开展各类主题活动289次,开设团干部和青年干部“三个代表”重要思想学习培训班102期。

二、团结带领广大团员青年投身富民兴黔大业

围绕企业改革发展,深入开展青年创新创效、青年文明号和青年岗位能手活动。在青年文明号集体及争创集体中深化“青年文明号信用建设示范行动”。开展青工技能竞赛、青年技术攻关等群众性创新创效活动。表彰了贵州省十大杰出青年岗位能手、省级青年文明号集体。积极开展青年岗位快递活动。全国青年就业和再就业重点联系城市贵阳和六盘水的团组织分别举办招聘会,组织210多家用工单位现场招聘,提供就业岗位3145个,1704人达成用工意向。

围绕农村产业结构调整，大力实施农村青年增收成才行动。着力抓好创业致富带头人的培训培养工作，先后组织了两期培训班，共培训362名农村青年致富带头人。配合农业部门开展了跨世纪农村青年科技培训工程，培训农村青年2.1万人。在全国农村青年创业致富带头人评比中，我省36人和4个集体获表彰。推荐了6名青年参加全国农村经纪人协会。开展了评选第四届“贵州杰出青年农民”活动，评选表彰第四届“贵州杰出（优秀）青年农民”。我省李长江获中国杰出青年农民提名奖。探索“保护母亲河行动”新机制，创建了保护母亲河花溪纪念林。继续开展乡村青年文化节活动。

围绕青年学生素质拓展，深入开展学习实践活动。组织2003年全省高校大学生“三下乡”社会实践活动。团省委学校部被评为全国“优秀组织奖”，两支服务队获全国“优秀服务团队”称号，8所高校获全国“先进单位”称号。配合大学生素质拓展计划的实施，举办以“弘扬和培育民族精神，全面建设小康社会”为主题的全省大学生书画摄影比赛和小品比赛。举办全省大学生课外学术科技作品竞赛及第八届“挑战杯”全国大赛选拔赛，有2件作品获得全国二等奖，12件作品获得全国三等奖。

构筑社区青少年事务体系，全面推动社区共青团各项事业的发展。不断提升社区对青少年工作的组织管理能力和服务教育水平，开展“深入贯彻十六大，‘情暖社区’青春行”向社区困难青少年送温暖活动，救助720名处于特殊困境中的社区青少年。开展“‘科学·文明·健康’——社区青年文化节”、“社区科普巡礼”、“文明新风进我家、健康生活你我他”等活动。开展第二届贵州省杰出（优秀）青年卫士评选表彰活动。张绍书、冯伟被授予第四届中国优秀青年卫士称号。

充分发挥共青团的突击队作用，全力以赴开展非典防治工作。以“抗击非典保净土，众志成城耀青春”为主题，开展了“关注健康，青年文明号与您同行”、“保护母亲河——革除陋习，天天环保”、“青年志愿者助耕行动”和“服务进城务工青年防治非典”等多项活动。全省有3个基层团组织、2名团干部、5名团员被评为全国“防治非典型性肺炎工作先进基层团组织和优秀团员团干部”。

三、服务青少年成长成才

拓展维权工作的广度和深度，深化青少年维权工作。深入开展“两法一条例”宣传活动。试点开展创建社区“青少年法律学校”，3所社区青少年法律学校被团中央确定为重点联系学校。积极推动贵州省综治委预防青少年违法犯罪工作领导小组的成立，在2个街道试点实施“青少年违法犯罪社区预防计划”。深入开展“社区青少年远离毒品”活动，举办“贵州省青少年网上百题禁毒知识竞赛”；开展“青春红丝带”行动——青少年预防艾滋病健康教育，继续开展创建优秀“青少年维权岗”活动。

充分发挥青联组织的人才优势，组织各族各界青年投身富民兴黔的宏伟事业。组织和动员青联委员积极为下岗工人献爱心，帮助下岗青工解决实际困难。贵州青联志愿者艺术团组织文艺工作者120人次赴国家重点工程第一线慰问演出，受到基层干部群众的热情欢迎。协同省委组织部接收10名博士到贵州挂职锻炼。完成了接待越南青年代表团的任务，组织省青联7位委员赴越南考察，增强中越青年的相互了解。省“十大杰出青年”李琼芬同志荣获第十四届“中国十大杰出青年”提名奖。

加强少年儿童素质教育，少先队工作不断深化。继续深化“中国少年雏鹰行动”、“手拉手”互助互学活动和“中国少年平安行动”，开展“科技小能手”、“文明小使者”活动。“手拉手，话小康”主题活动方案被全国少工委评为优秀活动方案奖，省少工委荣获优秀组织奖。组织开展全省少先队工作检查，督促各地贯彻落实

《关于进一步加强少先队工作的意见》,推动各地少先队工作向纵深发展。召开"贵州省第六届'双十佳'表彰暨中国少年先锋队建队54周年大会",举办"时刻准备着"红领巾文艺演出。

努力拓宽援助渠道,希望工程再上一个新台阶。省青基会全年累计筹集资金705万元,援建希望小学30所,救助学生3000多人。为40所希望小学配置价值40万元的电脑、电视、图书,为4000多名希望小学学生募集价值20万元的生活、学习用品。选送培训希望小学老师65名,接受捐款数额比2002年翻了一番。

青年志愿者工作开创新局面。开展"弘扬雷锋精神、参与志愿服务"主题系列活动,组织发动广大青少年深入开展敬老助残、扶贫帮困、智力支教、环境保护、公益劳动等志愿服务活动。启动了"大学生志愿服务西部计划"的省级项目,共选拔1255名大学生参加西部计划志愿服务行动。开展了"计生好帮手,爱心进万家"志愿者活动。筹集经费创办全国第一份《志愿者》报。

四、加强团的自身建设

全面加强团的基层组织建设,大力推进团的各项事业发展。继续抓好党建带团建工作,大力推进团建创新。深化创建"五四红旗团委"活动。按照"四个好"的标准和形成新机制、抓好新载体、实现新发展的目标,通过艰苦的努力,涌现了一批红旗团组织。团省委、团各市(州、地)委相继命名了一批省、市(州、地)级"五四红旗团委"、"五四红旗团支部"和团建先进县。全省有4个团组织荣获"全国五四红旗团委"称号,8个团支部荣获"全国五四红旗团支部"称号,2个县级团委获"全国团建先进县"称号。积极探索联系青年的新纽带,在贵阳、遵义两地启动青年中心试点工作。适应非公有制经济组织发展和青年的流向变化,进一步做好非公有制经济组织团建工作。加强社区团组织建设,构建以街道团工委为核心的社区团组织网络。

加强团干部和团员队伍建设,不断提高队伍素质。开展以实践"三个代表"重要思想为主要内容的团员意识教育。继续做好团员发展工作。配合有关部门选拔了45名应届大学毕业生充实基层团干部队伍。实施《贵州省2003—2005年团干部教育培训规划》,重点开展区、县团干部集中培训和新任职团干部培训。积极选送团干部到外地和党校培训,着力提高团干部综合素质。评选表彰了"贵州五四青年奖章"、先进团组织、优秀团干部和优秀共青团员。全省共有3个基层团组织,2名团干部,5名团员受到全国表彰。

深入实施"共青团县县上网工程"。成立贵州省共青团信息化建设工作领导小组,设立地级团委网上信息报送点,并将网上信息报送工作逐步扩大到县一级团委,初步形成联接全省团的信息沟通与工作交流系统。2003年共向团中央报送信息395条。

云南团的工作

2003年是云南共青团事业大发展的一年,在各级党委的正确领导下,团的各项工作蓬勃发展。目前,全省共有106944个团支部,团员2406767人,与全省青年数(14至28周岁)8013684人相比,团青比为30%,团组织的覆盖率和影响力进一步提高,团的整体工作呈现新的气象。一方面全省青年“三个代表”重要思想学习教育活动取得新成效。各级团组织认真组织团员青年学习贯彻“三个代表”重要思想，在广大团员青年中兴起了学习和实践“三个代表”重要思想的新高潮，使“三个代表”重要思想贯穿于整个共青团工作的始终。另一方面全省团的工作有了新局面。省委工青妇工作会议以后，大部分地州市都相应召开了工青妇会议，并出台了许多地方性的政策措施，进一步改善了共青团的工作环境和团干部的成长环境，极大地推动我省共青团事业的发展。团十五大后，团省委及时召开十一届三次全会，结合云南省实际推出“青春献小康”主题活动。各级团组织通过开展形式多样的活动，广泛动员各族青年积极投身全面建设小康社会的伟大实践。

一、综合情况

2003年，全省各级团组织和广大团员青年深入学习贯彻“三个代表”重要思想和党的十六大、省第七次党代会精神，遵照中共云南省委书记白恩培同志在省委工青妇工作会议上提出的“议大事、干本行、抓载体”的要求，围绕“全面建设小康社会，云南共青团怎么办”展开了大讨论，明确了“青春献小康”这一当前和今后一段时间共青团工作的主题。根据全省“全面建设小康社会，基础在农业，重点在农村，难点在农民增收”的实际，进一步明确了“团的工作重点在农村”的指导思想，大力实施“农村青年绿色科技行动计划”和“保护母亲河行动”，突出重点抓生态，依靠科技增效益，围绕增收调结构，服务青年闯市场。认真落实省委主要领导同志关于救助农村贫困学生、解决青少年失学问题的重要批示精神，在进一步加大云南希望工程实施力度的基础上，联合省委宣传部、教育厅、省委省直机关工委，开展了为期4个多月的“爱心成就未来”特别助学行动，在省委主要领导带头捐款的感召下，共筹集资金413万元，救助大中小学生4851名。与此同时，根据省委分管领导“在全面建设小康社会的进程中，共青团要把育人和创新的工作充分凸现出来”的要求，在城镇、企业和学校分别实施了“城市青年学习创新行动计划”和“学生素质拓展计划”。成功举办了云南省首届“少先队艺术节”。实施了“大学生志愿服务西部计划”，招募和吸收了480名省内外大学生志愿者，到6个地州市的16个贫困县开展为期1－2年的教育、科技、文化、扶贫等志愿服务。在抗击非典斗争中，全省各级团组织和广大团员青年积极开展“青春筑城行动”，弘扬民族精神。大力推进共青团信息化建设，在完成“县县上网工程”的基础上，进一步实施了“乡乡上网工程”。召开了“团省委、省青联加强与周边国家青年交流与合作会议”，服务中国——东盟自由贸易区的建立和澜沧江——湄公河次区域合作，积极开展青年的对外交流与合作。不断推进团建工作的创新，积极开展乡镇青年中心和社区青年中心建设的试点工作。

二、具体工作思路

2003年，云南共青团工作的思路是：围绕一个主题，做到四个坚持，突出一个重点，夯实一个基础，全面推动团的工作，提高共青团对经济社会发展的贡献率。“围绕一个主题”，就是围绕全面建设小康社会的目标和任务，团结带领各族团员青年为三个文明建设做贡献。“做到四个坚持”，就是始终做到坚持以育人为目标、以学习为主线、以服务为根本、以创新为动力，努力建设“学习型”、“服务型”的共青团组织。“突出一个重点”，就是突出农村这个重点，服务农村经济社会发展和青年农民的增收成才。“夯实一个基础”，就是全面加强团的自身建设，提高团的凝聚力、战斗力。

1. 进一步兴起学习贯彻“三个代表”重要思想的新高潮。坚持用“三个代表”重要思想武装全团、教育青年，确立“三个代表”重要思想在全团一切工作中毫不动摇的指导地位，把广大青年的思想和行动统一到党的十六大精神上来，把广大青年的智慧和力量凝聚到全面建设小康社会的奋斗实践中去。

2. 围绕“青春献小康”这一主题，为经济社会发展建功立业。深入实施农村青年绿色科技行动计划。按照“深化农村改革，完善农村经济体制”的新要求，紧紧围绕调整农业和农村经济结构、增加农民收入这个中心任务，扎扎实实地实施共青团的科技工程、生态工程、示范工程、人才工程、星火西进计划。积极引导农村青年专业生产协会的发展，加强农村青年经纪人协会建设，引到广大农村青年学科技、会管理、搞经营、闯市场、促增收。深入实施城市青年学习创新行动计划。在广泛深入开展青年文明号、青年岗位能手、青年创新创效活动的同时，努力开展青年创业就业服务。教育引导青年更新就业观念，开展职业技术培训，提供政策咨询、牵线搭桥等中介服务。深入实施大学生志愿服务西部计划，不断扩大服务规模和覆盖领域，引导青年大学生到祖国和人民最需要的地方去建功立业，探索贫困地区引进优秀青年人才的途径和方法。

3. 以学习为主线，以育人为目标，努力造就高素质的青年人才队伍。进一步加强和改进青少年的思想政治工作，不断增强思想政治工作的针对性、实效性。举起文化育人的旗帜，一手抓文化精品建设，一手抓群众性的文化建设，大力发展先进的青年文化。深入实施新世纪读书计划，引导青年树立终身学习的理念。深化学生素质拓展计划，积极推动素质教育，促进青年学生创新能力的增强和综合素质的提高。继续开展助学行动，帮助贫困学生完成学业。加强共青团的人才平台建设，履行好共青团育才、树才、聚才、荐才的职责。加强骨干队伍建设，着力建设一支高素质符合型的团干部队伍，一支会管理、懂经营的青年企业家队伍，一支在学术上有较高造诣的青年专家队伍，一支农村青年兴业带头人队伍和一支较高素质的学生队伍。

4. 以服务为根本，加强共青团的服务功能建设。进一步健全服务青年成长成才、就业创业、青年权益保护的工作体系。大力推进共青团信息化，加快云青网的建设和网络知识的普及，为青年学习知识、获取信息、成才创业提供方便、快捷的服务，致力打造数字共青团。

5. 以创新为动力，全面加强团的自身建设。一是提高干部整体素质。坚持不懈地抓好团干部的“三个代表”重要思想的学习，深入开展“立党为公，执政为民”、“两个务必”和团结干事教育，引导团干部学政治、学经济、学科技、学管理、学历史，强素质、炼本领。二是创新基层组织建设。主动适应社会生活的新变化，创新团的组织设置和工作机制，增强团组织的适应性、扩大团组织的覆盖面、提升团的战斗力。积极推动乡镇、社区青年中心建设的试点工作，探索服务青年、凝聚青年和团建创新的新途径。

西藏团的工作

一、圆满召开了共青团西藏自治区第七次代表大会

2003年3月共青团西藏自治区第七次代表大会在拉萨胜利召开。在区党委的亲切关怀下，在412名与会代表的共同努力下，会议圆满完成了各项任务。会上，团中央书记处书记胡伟同志代表团中央作了重要讲话，区党委常委、秘书长胡春华同志代表区党委致祝词。胡伟同

志的讲话和胡春华同志的祝词，热情洋溢，充分体现了团中央、区党委对区共青团工作的高度重视，明确了当代西藏青年在“一加强，两促进”和全面建设小康社会历史任务中所肩负的光荣使命和共青团组织所担负的重要任务。大会听取了阿旺同志代表共青团西藏自治区第六届委员会所作的《全面贯彻“三个代表”重要思想，团结带领全区各族团员青年为全面建设小康社会实现“一加强，两促进”历史任务贡献青春力量》的工作报告。会议期间，大家认真学习了领导重要讲话，并结合本地区、本部门实际，就如何学习贯彻十六大精神，不断推进新世纪新阶段区共青团工作，切实加强团的建设，进行了热烈的讨论，形成了许多共识，取得了良好的效果。大会的主要收获有：明确了新世纪新阶段全区共青团组织的目标任务、指导思想和原则；明确提出要把深入学习贯彻党的十六大精神和“三个代表”重要思想作为当前和今后一个时期的首要政治任务抓紧抓好，把全区各级团组织和广大团员青年的思想和行动统一到十六大精神上来，把广大团员青年的智慧和力量凝聚到十六大提出的各项任务和自治区“一加强，两促进”历史任务上来。会议同时选举产生了共青团西藏自治区第七届委员会，选举产生了自治区出席团十五大的代表。

二、认真学习贯彻“三个代表”重要思想

2003年，全区各级共青团组织，把兴起学习贯彻“三个代表”重要思想新高潮作为首要政治任务来抓，通过开展形式多样的学习活动，不断增强广大团干部和团员青年学习的自觉性和坚定性。一是团区委机关和领导干部带头学，对全团的深入学习起到了示范带动作用。二是把握学习重点，把学习活动同学习胡锦涛同志“七一”重要讲话，学习郭金龙同志在林芝、山南等地调研时的重要讲话结合起来，深刻理解“三个代表”重要思想的时代背景、实践基础、科学内涵、精神实质和历史地位，力争在认识上达到新的高度，在学习上取得新的成效，坚持“五个不动摇”，紧紧抓住三个重大而关键的问题，把“三个代表”重要思想的要求落实到工作实践中。三是运用组织化、群众化的方式，通过报告会、座谈会、研讨会、读书活动等形式，开展了一系列主题教育活动，引导团员青年在活动中和实践中学习。先后下发了《关于在全区各级共青团组织和广大团员青年中兴起学习贯彻“三个代表”重要思想新高潮的通知》、《关于组织全区大中专学生学习贯彻十六大精神广泛开展“实现宏伟蓝图，奉献青春智慧”主题活动的通知》，组织开展了各族各界青年学习贯彻“三个代表”重要思想座谈会，拉萨市区大中专院校学习贯彻“三个代表”重要思想演讲比赛，组成大学生学习实践“三个代表”重要思想“三下乡”服务队。四是将学习与帮助青少年树立正确的马克思主义“四观”、“两论”相结合，深入揭批达赖政治上的反动性和宗教上的虚伪性，增强青少年维护祖国统一和民族团结的自觉性。五是在团属舆论宣传阵地开辟专栏营造理论学习的浓厚氛围。通过以上活动和措施，在全区各级共青团和广大团员青年中进一步兴起了学习贯彻“三个代表”重要思想新高潮的良好氛围。

三、学习贯彻团十五大精神

团十五大是新世纪共青团的一次盛会，对于共青团组织更好地团结带领广大团员青年为实现全面建设小康社会的宏伟目标而奋斗，具有十分重要的意义。团十五大会议期间西藏代表团全体代表牢记区党委领导的嘱托和全区各族团员青年的殷切希望，遵守大会纪律和各项规章制度，在讨论中踊跃发言，积极地献言进策和参加各项活动，代表和树立了西藏青年干部的良好形象，展现了昂扬奋进的良好风貌。

为把团十五精神学习宣传好、贯彻落实到位，团区委下发了《关于学习贯彻团的十五大精神的通知》，整理下发了《团十五大精神传达提纲》等学习资料，充分利用各种舆论阵地、宣传载体，通过各种形式和渠道加大学习宣传的覆盖面和渗透力，结合区共青团工作和青年工作的实际，提出了“四个结合”的贯彻意见。

四、团的各项重点活动进一步加强

一年来，全区各级共青团组织围绕党政工作中心，团结带领广大团员青年为西藏社会主义物质文明、政治文明和精神文明建设做出了新的贡献。

1. 紧紧围绕区党委、政府工作大局，以开展青年创新创效、农牧区青年增收成才为突破口，为经济建设做出积极贡献。在广泛开展青年农牧民科技培训，积极实施示范推广科技项目的基础上，为进一步发挥团组织及团员青年在促进农牧业产业结构调整和农牧区青年增收成才上的作用，2003 年 9 月，与农牧厅在山南召开了全区第五次农牧区青年工作会议。会议全面回顾和总结了 1996 年全区第四次农牧区青年工作会议以来，团组织带领团员青年在推动农牧区经济社会发展中所取得的成绩和经验。会议上团区委与区党委宣传部、区农牧厅等有关单位和部门出台了《关于加强新阶段农牧区青年工作的意见》、《关于实施农牧区青年增收成才行动的意见》、《关于加强农牧区青年职业教育和成人教育的意见》、《关于加强农牧区青年文化建设的意见》、《关于发挥农牧区青年在农牧区社会治安综合治理中的作用的意见》、《关于加强农牧区青年道德实践活动的通知》等文件。整个会议充分体现了学习贯彻“三个代表”重要思想这一主线，紧紧围绕当前农牧业和农牧区工作的中心任务，部署了今后一个时期农牧区共青团工作和青年工作的主要任务和重点工作，为团结带领广大农牧区青年为实现全面建设农牧区小康社会的战略目标而努力奋斗奠定了良好的基础。

围绕国有企业改革和发展，大力开展了青年创新创效活动和青年岗位能手活动，引导青年职工熟练掌握职业技能，投身创新实践，促进了企业经济效益的提高。围绕科教兴藏战略，深入实施了青年科技创新行动，积极组织参与大学生“挑战杯”、“成才杯”科技竞赛，2003 年开展了全区大学生课外学术科技作品竞赛，评出 27 件优秀作品参加全国大学生“挑战杯”竞赛。围绕可持续发展战略，大力实施保护母亲河行动，开展各种环保活动，动员组织青少年参与生态保护和建设，成立了青少年生态监护站 5 个、监护队 10 个。

2. 充分发挥引领社会风气之先的作用，动员广大青少年参与群众性精神文明创建活动，弘扬了社会新风。2003 年是自治区志愿服务事业取得显著成就的一年，青年志愿者行动进一步深化，开始推行志愿者注册管理制度，经与区民政厅协商，建立了区青年志愿者协会，使自治区志愿者活动走向规范化、制度化。

今年是国家实施大学生志愿服务西部计划的第一年，为使这项活动规范有序地进行，在区党委、政府的关心和支持下，成立了由区党委常委德吉措姆同志任组长，有关单位和部门为成员的自治区大学生志愿服务西部计划领导小组，确定了自治区开展大学生志愿服务西部计划的原则、目标和指导方针，制定了志愿者接待方案、分配方案、培训方案、职责分工、管理条例。今年团中央和教育部分配至自治区的 140 名大学生志愿者的接待、培训、分配等工作均扎实有序地开展，保证了志愿者的安全和身体健康，保证了志愿者作用的发挥，得到了用人单位的高度评价，得到了团中央的高度评价。与此同时，继续开展了青年志愿者扶贫接力计划。2003 年组织了来自北京大学、南京大学、厦门大学、吉林大学、上海交大的 16 名研究生到拉萨、山南等地(市)开展志愿服务。

各级青年文明号集体以爱岗敬业、诚实守信、服务群众的实际行动促进了职业道德建设。积极组织大中专学生文化、科技、卫生“三下乡”活动，为农牧区两个文明建设做出了积极贡献。青年文明社区创建活动进一步推进，完善了“青年文明社区”工作制度，加强社区团组织建设工作，将拉萨城关区贡德林街道办事处当巴社区作为团建创新的试点单位。预防青少年违法犯罪工作得到加强，调整充实了相应的组织机构，开展了青少年法制教育和禁毒教育工作。科技、文化、法律、卫生“四进社区”以及社区青年文化节活动不断深化。目前，第二届社区青年文化节活动正在开展，在活跃社区文化、方便群众生活、优化社区环境等方面发挥了积极作用。

希望工程力度不断加大，继续组织实施援建希望小学项目，今年投资300多万元在拉萨、日喀则、山南、昌都、那曲等地（市）的希望工作空白县和重点县改扩建8所希望小学，为一批已建希望小学解决内部配套设施，投资10余万元为4所希望小学解决了网络设备，举办了希望小学教师培训班，组织了“5·17”希望工程献爱心活动，募集资金达42万元。

开展了全区第六届十大优秀青年评选表彰活动，推出优秀青年的杰出代表，使崇尚先进、学习先进、争当先进成为青年普遍追求的风尚。青年统战和青年外事工作取得新成绩，开展了与内地青年，港澳台青年及对日本、越南等国青年的交流。

3. 切实提高了服务青年工作水平。今年全区共青团组织在服务青年工作上取得了新的进展。在帮助青年学习成才方面，通过深化青少年读书计划，实施了希望工程助学行动，全面开展大学生素质拓展计划，引导和帮助大学生全面成长成才。配合有关部门实施《未成年人保护法》和《预防未成年人犯罪法》，开展普法教育和禁毒教育，深化优秀青少年维权岗创建活动和青少年自护教育活动，积极帮助青年就业，切实维护青少年合法权益。现在服务青年已成为全团高度认同的重要理念，成为推进团的工作的重要着力点。

4. 进一步加强团的建设。今年在团西藏七大上，进一步明确了党建带团建的原则和“强县带乡促村”的工作思路，大力加强团的作风建设、思想建设和组织建设。团干部教育培训工作取得了新的进展，先后举办两期团干部培训班，对区内50余名新任团县委、区直、高校团委书记进行了培训。积极组织人员参加团中央、区党委组织部、区党校组织的各类培训，同时明确了团建在城市、乡镇、学校、农牧区的目标。目前，在拉萨城关区贡德林街道办事处当巴社区开展的社区团建试点、林芝工布江达县巴河镇开展的小城镇团建试点和山南地区乃东县、拉萨堆龙德庆县开展的青年中心建设试点工作都在有条不紊地进行。

5. 在抗击非典的斗争中，全区各级团组织坚决贯彻党中央、国务院以及区党委、政府的部署，统一思想，迅速行动，周密安排，动员组织广大团员青年充分发挥生力军作用，积极参与群防群控，奋战在抗击非典第一线。在抗击非典期间，团区委下发了《关于协助做好非典型肺炎防治工作的通知》等一系列文件，组织西藏藏医学院防治非典大学生“三下乡”服务队，联合有关部门先后在城市、农牧区、寺庙开展了多次宣传咨询活动。

陕西团的工作

组织建设 团省委机关机构改革从1月24日开始进行，分制定方案、学习动员、人员定岗、建章立制四个阶段开展工作，10月31日，经省机构改革领导小组办公室检查验收合格。

主要做法和成效有：一、理顺职能，精减人员编制。撤销研究室，成立联络部，增加引资引智职能，将权益部更名为社区和维护青少年权益部，增加社区职能；精减编制和人员，精减比例24%。二、引入竞争机制，推进干部人事制度改革。19名干部通过公开竞争，分别担任9个正处级、10个副处级领导职位。通过改革，机关处级干部交流轮岗面为68.8%，科级以下干部交流轮岗面为62.5%。三、推进干部年轻化，改善干部知识结构。机构改革后，机关干部平均年龄有所下降，且都具有大专以上学历，本科以上达94.7%，其中研究生3名。

青年志愿者行动 以纪念开展学习雷锋活动40周年暨青年志愿者行动实施10周年为契机，在全省集中开展“弘扬雷锋精神、参与志愿服务、建设精神文明”主题活动。“3·5”期间，全省30余万团员青年投入到志愿者的行列，“一助一”接对达20万人(对)。西北农林科技大学科技扶贫博士服务队等10个集体被评为“陕西省学习雷锋、志愿服务杰出集体”，李润虎等10人被评为“陕西省学习雷锋、志愿服务杰出个人”。

大学生志愿服务西部计划 该计划从6月12日开始实施，来自北京、江苏、河南、陕西四省的540名大学生志愿者到全省7个市的13个县(区)开展为期1—2年的科技、卫生、教育等志愿服务行动。他们在当地结对帮扶贫困学生160名，为灾区捐款1.5万多元，为当地群众义务推销苹果近20吨。

抗击非典 抗击非典斗争中，全省10万多名团员青年共组建9000余支青年志愿者服务队，共散发宣传防非典知识资料30多万份，捐助口罩1.5万只；农村青年志愿服务队为外出务工人员家庭帮耕助收2万余亩，写慰问信3万余封。非典期间，全省团员青年共捐资26万多元，向北京、天津、山西等重点疫区捐赠体温计1万多个。

抗洪救灾 陕西省8月中下旬遭受的洪涝灾害中，志愿者组成青年突击队5000多支，深入防汛抗洪第一线抢险救灾。全省各级团青学少组织捐赠衣物27万多件，学习用品13万多件。各级团组织缴纳特殊团费10万多元，据不完全统计，全省直接赴抗洪抢险第一线的团员青年达17万余人，筹集钱物折合人民币200多万元。

三下乡 2003年暑期，全省50余所高校的10万余名大中专学生组成近千支小分队，分赴全省11个市(区)及80多个县(区)进行基层党建调查、开展抗击非典、环境卫生、农技服务等。受到基层政府和农民的欢迎。

青少年权益保护 青少年权益保护工作以“金色年华青春保护行动”、“社区青少年远离毒品行动”、“青春、生命、阳光”陕西省青少年预防艾滋病系列宣传活动、“青少年生殖与健康”讲座、“进城务工青年发展计划”等形式，构筑起全省青少年权益保护工作社区化网络。

由团省委提出的《陕西省实施〈预防未成年人犯罪法〉办法》被列入省人大十届常委会立法规划，并由团省委进行草案的调研、起草工作，目前，草案已有7章69条，约1.5万字。

保护母亲河行动 全省各级团组织围绕可持续发展战略，以“保护母亲河行动”统揽青少年生态环保工作。一、培育生态文化，普及生态知识，弘扬生态伦理，营造保护生态环境的良好社会氛围；二、开展生态体验。创建“青少年绿色文明校园”，建设“青少年绿色家园”、“小手牵大手，共建美好家园”和“一队一林(绿地)”等活动；三、推动重点项目建设。由“小渊基金”无偿投资260多万元援建的万亩台塬防护林工程和由日本议员联盟援助的300公顷保护母亲河国际合作项目均已顺利施工。“武警西部万亩林”已建成侧柏、拧条防护林300多公顷，经济林30多公顷，长势良好。“安利林”工程已造林3.5万株。据不完全统计，全省县以上团组织建设重点项目160多个，造林种草面积达13万亩。

农村青年产业化创业行动 农村各基层团组织在省级抓建300个示范点的带动下，普遍建立了牧业公司、辣椒公司、淀粉厂、红枣保鲜公司、商品獭兔养殖、种草、养羊、蚕桑、烤烟、畜禽公司、食用菌有限公司等一批青年示范公司，带动了周边群众的经济发展和创业积极性。

各基层团组织还围绕在当地经济结构中已具有产业规模，且农民急需的果树、养殖、种植和农村能源等行业的经营知识和实用技术，吸引广大农村青年广泛参与培训，使一大批农业新品种、新项目得以迅速推广和应用，促进了科技成果向现实生产力的转化。截至目前，已巩固各类农村产业化公司1186个，新创建公司630个。

青工创新创效 一年来全省在90%以上的国企业和45%以上的非公有制企业约12万青工中开展了创新创效活动。活动中成立了各类青年科技攻关小组5000多个，确立创新项目5500多项，完成4000多项，转化创新成果3200多项，转化率达到80%，创经济效益1.5亿元。

就业与劳务输出 一是组织技能培训。全年举办各类培训班860多期，培训青年职工8万人次、下岗青年2万余名，动员社会各界力量筹集资金90余万元，建立各级培训基地180个。二是做好劳务输出，咸阳团市委实施的"展翅工程"建立了3个劳务输出基地，直接组织劳务输出1073名。延安团市委通过实施"康桥工程"，向江苏等发达省份输出务工青年300多名。全省各级团组织共帮助1.5万余名下岗青工和农村青年实现就业。三是培养各级青年兴业领头人500余名，所办实体吸纳了1.6万多名青年就业。四是举办实用技术培训1450多场次，培训农村青年48.5万人次，培养省、市、县各级农村青年星火带头人、创业致富带头人5800名，领办科技推广项目4900多个。

"挑战杯"大学生课外学术科技作品竞赛 第四届"挑战杯"陕西省大学生课外学术科技作品竞赛共收到来自全省18所高校的243件作品，内容涉及信息技术、生命科学、社会、教育、管理、法律等多个领域。

海外学人回国创业周 "科技创业、报效祖国——2003海外学人回国创业周"活动中，来自海外7个国家的45名以博士和博士后为主体的高层次青年海外学人，共发布最新科技成果和专利项目41项，达成经济技术合作协议11项，产生了良好的社会影响。目前，海外学人回国创业周系列活动已成为我省开发利用海外人才资源，借鉴国际先进经验，推动人才、项目和企业实现有效对接的重要平台。

希望工程 希望工程全年筹集资金530多万元，援建希望小学28所，资助失学儿童3200多名、贫困大学生198名，新增希望网校4个，捐赠各类新文具27万余件。由老一辈无产阶级革命家习仲勋同志的夫人齐心大姐牵线搭桥，福建、澳门、珠海工商联合会捐款100万元，在绥德、横山、旬邑等地援建希望小学5所。山东省海尔集团捐款30万元，为潼关县援建希望小学1所。西安卫星测控中心捐款25.5万元，为渭南市临渭区桥南镇援建希望小学教学楼，并为该校配置了桌椅板凳、计算机等教学设备。广东宝洁公司为山阳县捐建学校投资20万元。洪灾期间，希望办接受捐款50多万元，分别在石泉县、华县、山阳县、蓝田县各建一所希望小学。

"红领巾手拉手"活动 由省少工委主办的"情系灾区小伙伴、红领巾手拉手献爱心"活动，9月11日在西安小学举行现场捐助仪式。西安交大附小、西工大附小、陕师大附小等14所小学的师生代表进行了现场捐赠。活动共收到捐款4万多元，衣物近6万件，文具4万余件，课桌200套，慰问信1.16万封。所捐物品、资金分别送往受灾较为严重的华县、华阴、宁陕、合阳、紫阳、佳县等灾区和贫困县，用于少先队大队部、活动室的建设。西工大锦园小学还与华县杏林小学、西安华瑞中学附小与宁陕小学结为“手拉手”互助友好学校，并进行了签约仪式，自行开展结对帮扶活动。

青年引资引智 为适应全省经济发展的需要，充分发挥共青团的组织联络优势，开发利用省内省外两个市场，团内团外两种资源，积极为促进资金、人才和项目的有效对接搭建平台，团省委成立了联络部，制定了《关于加强青年引资引智工作的意见》，建立了“陕西省共青团引资引智项目库”，共涉及能源、交通、农业、食品医药、科技产业化类等11个重点产业领域的项目400多个。据不完全统计，一年来全省各级团组织共引资3亿多元。

甘肃团的工作

深化推进青年人力资源开发工作主题

省十次团代会确定了推进青年人力资源开发的工作主题。团省委思想高度统一，牢固确立推进青年人力资源开发在全省共青团工作中的统揽地位，把工作视角投向青年的生存和发展，在关注青年学习成才就业发展中推动团的工作更为有效地服务大局、服务经济。开展了以推进青年人力资源开发为专题的全团大调研活动，进一步提高了对青年人力资源开发的认识，统一了思想。全省各级团组织在工作布局上坚持传统项目深化和工作创新的有机结合，在工作方式上大胆探索项目化运作，围绕三题，整合资源，搭建平台，狠抓落实，使推进青年人力资源开发的任务落到实处，贯彻这一主题的自觉性、主动性大大提高。

团组织在抗击非典的斗争中发挥了生力军和突击队作用

面对突如其来的非典型肺炎疫情，团省委认识明确，高度重视，及时安排部署，开展了“缴纳特殊团费，开展志愿服务，支持一线抗典”主题系列活动。全省团员青年共缴纳特殊团费72.5万元，分别给发现疫情的定西、陇南、兰州、武威、张掖五地市拨款1万元；购买30万元的救护车捐赠给定西、永登、天祝3地县；制作1500把印有“共青团爱心伞”字样的红色遮阳伞，分送到各室外检查站、消毒点；编印《预防非典型肺炎宣传手册》7万册；编印少年儿童抗非自护“三字经”宣传卡20万份；向在外劳务输出人员发送慰问信5万多封；组建青年志愿者服务队1万多支，开展了防治非典知识宣传、协助政府设卡检查、重点部位消毒、慰问一线医护人员等形式多样的活动，为夺取抗击非典斗争的胜利做出了贡献。

希望工程成果丰硕

针对希望小学建设和贫困失辍学生救助的艰巨任务，团省委坚持一手抓资金募集，一手抓管理和监督，以项目化运作方式，加大建设和救助力度，取得了丰硕的成果。年内建成、在建和达成协议的希望小学31所，希望网校15所，救助失辍学儿童1285名，资助贫困大学生55名，培训希望小学教师125名，募捐了价值15.9万元的图书和物资，累计接受各类捐款突破1000万元，为希望工程实施以来接受捐款数额最多的一年。为贫困地区基础教育和贫困青少年提供了切实有效的帮助服务，倡导了扶贫帮困的社会风尚。

社区团建有了新突破

年初团省委全委会上把社区团建创新行

动作为一项重大举措，结合全团“青年文明社区”示范城区创建活动，在兰州等地进行了试点，在社区团建创新上形成了独立建团、联合建团、公寓建团、依托建团、楼院建团等成功模式。10月12—13日在金昌和武威召开了全省社区团建创新暨“青年文明社区”示范城区创建现场推进会，制定下发了《关于加强社区共青团工作的意见》，确定了城市化发育比较完善的27个县市区为首批推进单位，会后团省委又下发了《进一步贯彻落实金昌、武威会议精神的意见》，制定了层层报告制、层层负责制、全面规划工作和团省委各部门定点联系制四项措施。全省120家街道已有110个成立了团工委或团委，1100个社区中有650个成立了团支部或团总支，建团率达到了60%，同时带动成立非公经济团组织100多个。

大学生素质拓展计划有了新突破

全省各级团学组织以“大学生素质拓展计划”为统揽，进一步就高校团学工作形成了共识，以校园文化、社会实践和三级认证体系为载体，进行了积极的探索和试点。9月份在天水召开了全省“大学生素质拓展计划”现场推进会，总结推广了试点经验，交流了各校的成功做法，安排部署了在全省所有普通高等院校中正式启动实施这一计划。各高校结合自身实际，成立了以团委为主体，各相关部门共同参与的组织领导和实施机构。《大学生素质拓展证书》覆盖了2003级全体在校大学生，三级认证体系开始运作，以“大学生素质拓展计划”为统揽的高校团学工作的新格局已初步形成。

青年志愿者行动有了新突破

以大学生志愿服务西部计划的成功实施为标志，全省的青年志愿者行动进入了一个新的发展阶段。8月底，来自全国的483名和省内招募500名大学生志愿者分赴全省19个项目县开展志愿服务活动。为了确保西部计划的顺利实施，团省委采取协调各方力量、搞好岗前培训，加强项目管理、提供政策支持等四项措施，狠抓了管理和服务。志愿者注册制度全面实施，长效机制得以建立，截至目前，注册志愿者已突破10万名，社会影响面进一步扩大。

共青团信息化建设有了新突破

4月份甘肃共青团网站开通，开辟了重要信息、共青团十五大、基层动态、工作论坛等24个栏目，共发布消息1200多条，成为团省委加强对外交流、展示工作形象的崭新工作平台和重要阵地。同时各地县的网站建设也蓬勃发展，今年全省已先后有张掖等市、10多所高校及省直、电力等大系统和部分县市区都建立了共青团网站，全省共青团信息化建设达到了新的水平。

促进青年就业和再就业初见成效

促进青年就业和再就业是全团的一项重要工作。团省委采取四项措施加以推进。一是成立机构，齐抓共管。调整和充实了领导小组，明确了任务分工，并向各级领导小组配发了《就业与再就业政策法规》。二是为下岗青年实现再就业出实招、出真招。积极争取全省42家企业参与这项工作，提供840个就业岗位，动员7市州地与42家企业实施“工岗快递”行动。协调有关各方培训下岗青工2万余名，完成全省下岗青工再就业8700名，提供就业扶助贷款100万元。三是加强考核，层层抓落实。召开了全省促进青年就业和再就业推进会，表彰了“三个一批”建设活动先进集体和个人，由团中央重点联系的4个市已成立了青年再就业服务中心，建成下岗青工培训基地60个，建立共青团服务市场33个。四是立足长远，制定规划。会同有关部门出台了《甘肃青年创业行动实施意见》。

青海团的工作

2003年,在省委和团中央的领导下,青海省各级团组织坚持以邓小平理论和“三个代表”重要思想为指导,团结带领广大团员青年积极投身西部大开发的伟大实践,求真务实,开拓创新,为促进青海省经济发展和社会进步做出了积极贡献。

一、以邓小平理论和“三个代表”重要思想为指导,深入推进青少年思想政治工作

2003年团十五大召开后,举办了全省团干部学习团十五大精神理论培训班,开展了有6万多名团员青年参与的全省团员青年学习团十五大和“三个代表”重要思想知识竞赛,从而使“三个代表”重要思想深入青年之心;根据省委总体安排,在团内开展了“民族团结进步创建”试点工作,为促进青海民族团结和社会稳定发挥了积极作用;改进教育方式,与相关单位联合开展了为期一个月的“阳光依旧灿烂”青少年法制宣传教育主题系列活动,取得了较好的社会效果,为青少年法律教育实践注入了新的内涵。

二、围绕党政工作大局,团结带领广大团员青年在西部大开发、青海大发展的伟大实践中建功立业

以“青春在重点工程中闪光”活动为抓手,深化“双争”、“双创”活动。2003涌现出一大批在各条战线取得突出成绩的先进典型,有96个先进集体被命名为全省青年文明号,98名先进个人被评为全省青年岗位能手,12个青年集体被命名为全国青年文明号,2名青年岗位能手荣获全国青年岗位能手称号。活跃在全省各条战线上的青年突击队,充分发挥生力军和突击队作用,在各种“急、难、重、险”任务中冲锋在前,勇挑重担,推动了重点工程的建设。

以“服务农牧区青年脱贫致富奔小康”活动为抓手,深化服务青年农牧民成才致富。各地团组织结合农牧区中心工作,培训青年星火带头人17197人次;结合农牧区产业结构调整,推广科技领办项目51个;服务青年农牧民外出务工,组织劳务输出57421人次。11月底,团省委联合省科技厅、省农牧厅召开了全省农牧区共青团工作会议,出台了《关于深化服务全省农牧区青年脱贫致富奔小康活动的意见》,为今后一段时期农牧区共青团和青年工作的开展指明了方向。

以项目建设为抓手,深化保护母亲河行动。狠抓保护母亲河工程项目建设,新增各种形式的青年林、希望林5000多亩,龙羊峡项目通过了全国保护母亲河行动领导小组的总验收。总投资达210万元、建设面积300公顷的“中日青年同德县生态绿化示范林”批准实施;协助完成中央电视台《真情无限》栏目组对青海省保护母亲河专题片的拍摄、宣传工作,筹集资金12.5万元,在循化县建设“真情无限”青海纪念林。

以“工岗快递直通车”为抓手,切实促进青年就业再就业。强势推出“工岗快递直通车”活动,全省共举办下岗失业青年就业再就业培训班60期,2000余名下岗失业青年得到了就业技能培训;举办下岗失业青年就业再就业洽谈会8场,为下岗失业青年提供就业咨询及中介服务6000余人次,共有1000余名下岗失业青年和大中专毕业生实现了就业和再就业。

弘扬民族精神,筑起抗击非典的青春长城。2003年年初,面对突如其来的非典灾难,展开了一场抗击非典的攻坚战。多方筹集资金17万元,开展了以“珍重自己、关爱他人,同舟共济、战胜非典”为主题的系列活动。动员组织广大团员青年和青年志愿者在各自的工作和学习岗位上以各种方式积极参与群防群控，较好地发挥了生力军和突击队作用。

三、引领社会风气之先，团结带领广大团员青年在社会主义精神文明建设中发挥生力军作用

深入开展青年文明社区创建活动。各州、地、市团委积极参与到当地文明社区建设工作之中，将青年文明社区建设纳入文明社区创建整体工作规划，完善各项规章制度，健全服务项目，定期开展社区青少年喜闻乐见的各种文体活动。2003 年，西宁市城西区被团中央等四部委命名为全国青年文明社区示范城区。

大力开展青年志愿者行动。全省共完成志愿者注册 2.1 万人，志愿者行动进一步制度化、规模化、专业化。积极开展“青年志愿者扶贫接力计划”，完成北京大学、清华大学等 9 所全国重点院校的第 4 批 29 名研究生志愿者在青海省贫困地区开展的为期一年的扶贫支教，同时联系派出单位为青海省捐赠教学器材价值达 10 多万元；认真实施大学生志愿服务西部计划，顺利完成了对 234 名大学生志愿者的培训和派遣工作。

大力实施希望工程。2003 年，全省共筹集各类资金 230 万元，援建希望小学 15 所，新建希望网校 6 所，新增救助名额 232 名，选送 17 名希望小学校长和教学骨干赴上海、北京等地参加了免费培训。年内，在青海建成第一百所希望小学之际，团省委隆重举行了青海省百所希望小学落成系列庆典活动，展示了青海省希望工程实施 13 年来取得的丰硕成果。

加强青年文化建设。2003 年，团省委以在全团普及和推广锅庄舞为突破口，举办了“全省共青团干部锅庄舞骨干培训班”，收到了良好的效果；举办了首届“黄河杯”全省青年歌手大赛，为优秀人才脱颖而出搭建了平台，推进了“跨世纪青年人才工程”的深入开展；利用第五届“乡村青年文化节”，开展了科技卫生咨询、文艺团体演出、义诊健康服务、物资交流等服务活动，受到了农牧区群众的欢迎和赞誉。

四、加强和改进团的自身建设，团的凝聚力和影响力进一步增强

与省委督查室、省委组织部联合组成督查组，对全省各地党建带团建情况进行了督查，推动了全省党建带团建工作的深入开展；组织培训全省各级团干部 900 余人次，分期派出 100 余名团干部到新疆、北京、上海等地参加培训学习，团的干部理论水平得到加强。下拨青少年文化活动阵地建设和补助费 180 万元，开工建设了 6 个基层青少年活动阵地；建设青海共青团网站，扩大宣传效果，团的阵地建设得到稳步推进。

2003 年 3 月，成功召开了共青团青海省第十一次代表大会，选举产生了新一届领导班子。会议的召开进一步振奋了精神，坚定了广大团员青年在西部大开发、青海大发展的伟大实践中建功立业的信心和决心。

宁夏团的工作

2003 年初，在自治区党委、共青团中央的正确领导和亲切关怀下，宁夏回族自治区第九次团代会胜利召开并取得圆满成功。会议提出今后五年全区团的工作思路和要求是：服务和投身经济建设要有新业绩,服务和参与精神文明建设要有新贡献,服务和促进青年全面发展要有新举措,加强和改进团的建设要有新思路。按照这"四新"要求,在自治区党委的正确领导下,新一届自治区团委领导班子以邓小平理论和"三个代表"重要思想为指导,认真贯彻党的十六大、十六届三中全会精神和自治区第九次党代会精神,解放思想,实事求是,与时俱进,开拓创新,努力开创共青团工作新局面。2003 年主要做了以下工作。

一、兴起了学习贯彻"三个代表"重要思想新高潮

抓学习。一是始终把深入学习贯彻"三个代表"重要思想作为首要的政治任务来抓,把学习"三个代表"重要思想与学习党的十六大、十六届三中全会精神和自治区第九次党代会精神结合起来,与学习胡锦涛总书记"七一"重要讲话结合起来,与学习陈建国书记在接见自治区第九次团代会全体代表时的讲话和自治区党委的祝词结合起来,不断深化了学习主题。二是通过青年宣讲团、报告会、经验交流会、知识竞赛、演讲比赛等形式,把学习"三个代表"重要思想活动不断引向深入。

抓骨干。一是年初召开了全区团干部、青年学生和青年骨干学习党的十六大精神座谈会,对全区团组织学习贯彻"三个代表"重要思想和党的十六大精神做了安排部署。二是 6 月底举办了自治区团委委员、专职团干部和自治区团委联系点团干部"三个代表"重要思想学习班。三是在青年学生中坚持抓活动、抓实践、抓社团、抓网络,进一步推动"三个代表"重要思想进课堂、进教材、进学生头脑。10 月份,召开了全区大中专院校青年教师和学生学习党的十六大精神和"三个代表"重要思想理论研讨会。四是积极组织引导各行各业青年骨干结合思想和工作实际不断加深对"三个代表"重要思想的理解,立足岗位,争创佳绩。

抓实践。一是深入开展大中专学生科技文化卫生"三下乡"活动,引导学生在实践中加深对"三个代表"重要思想的理解。二是以"兴起新高潮、创造新业绩"为主题,广泛开展"三个代表"重要思想实践活动。三是把握重大事件和突发事件的契机,引导青年在奉献中践行"三个代表"。年底编辑了《践行"三个代表"——宁夏团干部学习十六大精神文集》。

二、投身经济和社会发展有了新业绩

不断深化团的品牌活动。一是积极争取武警部队支持实施"保护母亲河工程——武警西部万亩林"工程,在吴忠市利通区投资 100 万元,植树造林 5000 亩。二是积极筹措资金 630 万元(包括捐物折资),援建了(包括达成协议)18 所希望小学和 2 所希望网校,救助贫困大中小学生 496 名。三是实施了大学生志愿服务西部计划。共争取选派 366 名(包括自治区项目 35 人)大学生志愿者在自治区从事 1 – 2 年的志愿服务。积极配合教育厅、财政厅、人事厅等单位选派 1000 名大学生到南部山区参加支教工作。四是推进青年就业再就业工作。召开了全区促进青年就业和再就业工作会议。自治区人民政府拨付 100 万元用于开展下岗失业青年创业典型示范工程。目前已完成方案的制定,进入项目选报阶段。五是大力实施宁夏青年农民增收成才行动,全年树立自治区级青年致富典型 45 名,各级团组织培训农村各类青年致富典型 1000 多名。六是围绕企业增收创效,开展了以管理、技术、营销、服务创新为主要内容的青年创新创效活动。七是认真开展东西互助活动,开展了上海青年企业家宁夏行活动,积极做好"研究生支教团"来宁服务工作,全年共接收来自区外高等院校研究生 31 名。

积极参与防治非典工作。一是按照区委领导的要求,由自治区团委牵头,联合有关部门向奋战在防治非典一线的医护人员及其家属,非典患者、疑似病人、隔离人员、留观人员及其家属发出了 1.6 万余份慰问信,通过自治区主要新闻媒体向全区职工、团员青年、妇女发出了积极

防治非典的倡议书。二是带着自治区党委政府的亲切关怀，慰问了防治非典一线的医护人员。三是以“在自护中健康成长、在关爱中奉献真情”为主题，在全区青少年中实施了“自护行动”和“关爱行动”。四是充分发挥突击队作用，“五一”长假期间，组织300名青年志愿者赴全区农村开展了为期7天的防治非典宣传服务活动。五是根据自治区防治非典指挥部的部署，组织区直机关领导干部、共产党员、共青团员，以志愿者的身份对银川火车站9000余名返银人员进行了健康登记。自治区团委被评为自治区防治非典工作先进单位。

出色完成民族运动会志愿服务任务。一是组织召开了“第七届全国少数民族运动会志愿服务总团”成立大会和青年志愿者服务民族运动会誓师大会，开展了“支持民族运动会万人签名”活动，营造了关注民族运动会、支持民族运动会的浓厚氛围。二是认真做好3000名青年志愿者的招募、选拔、培训等工作，并举行了青年志愿者服务民族运动会出征仪式。三是民族运动会期间围绕接待、礼仪、翻译、场地服务、民运村客房和餐饮服务工作等领域，积极开展志愿服务工作，累积提供志愿服务40多万小时，向全社会展示了宁夏青年的良好形象，为民族运动会的成功举办做出了积极贡献。自治区团委被评为第七届全国少数民族运动会承办工作先进单位。

三、服务青年发展有了新举措

服务青少年学习成才。一是组织开展了第六届十大杰出青年，首届杰出青年律师、杰出青年法官，优秀团干部、优秀团员、优秀青年志愿者、十佳少先队员等评选表彰工作，树立了一批青少年先进典型。二是深化了青少年新世纪读书计划、大学生素质拓展计划、新世纪我能行体验教育等活动，帮助青少年全面提高素质。三是开展了第六届乡村青年文化节、首届社区青年文化节、第六届校园科技文化艺术节等活动，满足了青年多样化的文化需求。

代表维护青少年合法权益。一是召开了全区预防青少年违法犯罪领导小组和未成年人保护委员会工作会议，调整了自治区预防青少年违法犯罪领导小组和未成年人保护委员会的部分成员单位和成员，完善了相应的工作机制，完成了预防青少年违法犯罪经验交流会的筹备工作任务。二是开展了创建“优秀青少年维权岗”活动，推进中小学聘请法制副校长或法制辅导员工作，建立青少年法律学校，加强青少年法制教育，有效预防和减少了青少年违法犯罪。三是开展了“青少年安全放心网吧”、青少年远离毒品签名活动和预防青少年艾滋病“青春红丝带”行动。四是接受了中央综治委预防青少年违法犯罪工作领导小组联合检查组的检查，检查组对我区的工作给予了充分肯定。

服务困难青年群体。一是在元旦、春节期间，针对进城务工青年、下岗失业青年、贫困学生、农村贫困青年、残疾青年，开展真情助困进万家活动，帮助他们解决在工作、学习和生活中遇到的实际困难。二是采取青年志愿服务、社区服务、“一助一”等形式，做好经常性的志愿服务工作。三是结合三下乡、四进社区、乡村青年文化节等活动，为困难青年群体送医送药、送科技文化、送种子化肥。

四、团的自身建设有了新突破

组织建设进一步完善。一是坚持党建带团建，联合自治区党委组织部召开了全区党建带团建工作会议，出台了《关于进一步加强基层党建带团建工作的意见》。二是制定并实施了农村、学校、社区、非公组织团建工作四个推进方案。三是深化了创建“五四红旗团委”活动，建立健全了县(市)团委、基层团委、团支部三级联创机制。四是充分发挥共青团组织在青联组织中的核心作用、对学联组织的指导作用和对少先队组织的领导作用，切实加强了对各类青年社团的管理和指导。

干部队伍建设进一步加强。一是建立和

完善了自治区团委中心组学习制度、常委会集体学习制度、专职团干部联系点制度和逐级述职制度，今年首次组织四市团委开展了互观互检活动，各市、县（区）团的工作出现了你追我赶、不甘落后的良好势头。二是加大了对专兼职团干部的教育培训和实践锻炼，提高了团干部的综合素质。团干部的转业输送工作得到了加强。三是自治区团委机关率先在区直机关开展了党员先进性教育活动，加强了机关党员的党性修养和作风建设。编辑了《实践“三个代表”，保持共产党员先进性——共青团宁夏区委机关开展保持共产党员先进性教育活动学习文集》。

团员队伍进一步壮大。一是做好经常性发展团员工作。重视在农村、学校等领域团员的发展工作。全年共发展新团员4.2万名。二是加强了对流动团员的管理，出台了流动团员管理规定，积极在社区、非公经济、外来务工青年中建立团组织。三是加大“推优”工作力度，源源不断地为党输送了新鲜血液。

新疆团的工作

团组织状况 截至2003年12月，新疆14—35周岁青年3832718人，其中14—28周岁青年2773320人。团员1065343人（女团员476899人，占44.76%；少数民族团员589190人，占55.31%）。团青比例为38.41%，全年新发展团员144371人，其中女团员72336人，占50.1%。超龄离团50370人，其他原因出团10730人。流入团员40551人，流出团员78497人。全区有基层团委2718个，团总支2993个，团支部41543个。基层团工委195个。有团的专职干部3298人（女性专职干部994人，占30.14%；少数民族专职干部1965人，占59.58%；党员2121人，占64.31%；大学以上文化程度者1942人，占59.03%）。全年推荐优秀团员做党的发展对象39198人，其中14653人入党。

共青团新疆维吾尔自治区第十次代表大会 2003年4月1日至3日，共青团新疆维吾尔自治区第十次代表大会在乌鲁木齐市召开。中共中央政治局委员、自治区党委书记王乐泉及司马义·铁力瓦尔地、艾斯海提·克里木拜、胡家燕、王金祥、陈德敏、周原、符强、海里且姆·斯拉木、努尔兰·阿不都满金、蒋珊等自治区党政军及兵团领导出席开幕式，王乐泉同志在开幕式上发表重要讲话，团中央书记处书记赵勇同志到会并讲话。会议审议通过了《关于共青团新疆维吾尔自治区第九届委员会工作报告的决议》；选举王玉玮等55名同志为共青团新疆维吾尔自治区第十届委员会委员；选举木拉提·阿曼吐尔等12名同志为共青团新疆维吾尔自治区第十届委员会候补委员；选举艾克拜尔·吐尔洪等15名同志为共青团新疆维吾尔自治区第十届委员会常务委员；选举尔肯江·吐拉洪为十届委员会书记，张文全、张华中、伊力汗·奥斯曼、隋霞、吐逊江·艾力、康志敏、哈尔肯·哈布德克里木为十届委员会副书记；选举产生木合拜提克孜·阿里木等34名同志代表我区出席中国共产主义青年团第十五次全国代表大会。

青少年思想道德建设 民族团结主题教育活动。全面启动了百所民汉学校“结对子”、“手拉手”活动，在各族学生中广泛开展以“互相走访、互相学习、互相帮助、互相进步”为主题的团、队日活动，并结合民族团结教育月活动，依托新阵地，采用新形式，开展了“红五月民族团结论坛”网上主题团日活动。

选树民族团结先进典型。2003年11月，举办了第五届新疆各族青年团结进步评选表彰活动，共评选出先进集体53个、先进个人81名。

青年爱国宗教人士培训工作。2003年，组织了23名青年爱国宗教人士到北京、天津等地参观学习，与当地的青联委员、宗教界人士进行了广泛交流，开阔了眼界，提高了认识。

选树优秀青年典型　2003年5月，开展了第六届“新疆青年五四奖章”表彰活动，评选出“新疆青年五四奖章”获得者12名，自治区级优秀团员81名，自治区级优秀团干部80名。举办了第三届“新疆杰出（优秀）青年卫士”表彰大会，表彰杰出青年卫士10名、优秀青年卫士20名。同时，自治区团委积极推荐优秀青年参加各类全国性评选表彰活动，买买提·沙吾尔荣获“中国青年五四奖章”，朱准平当选第十四届“中国十大杰出青年”，毛拉阿吉·斯迪克荣获第八届“中国杰出青年农民”提名奖，钱金耐当选“中国民营企业杰出代表”。

城镇青年就业成才工程　共青团助就业·新疆大中专毕业生人才交流大会。2003年全区大中专毕业生近7万人，就业形势十分严峻。自治区团委、自治区青联、自治区学联、自治区青企协于7月5日举行了“共青团助就业·新疆大中专毕业生人才交流大会”。鼓励毕业生到农村基层去，到兵团一线去，到非公有制企业去，到自主创业的广阔天地中去。吸引了14个地州市的204家用人单位参会，提供就业岗位6209个，区内外102所大中专院校的9000余名大学生参加了交流大会，洽谈18231人次，有3616人与用人单位达成议项。

大中专毕业生就业形势报告会。为深入贯彻国务院办公厅《关于做好2003年普通高等学校毕业生就业工作的通知》精神和团中央《关于进一步做好服务今年高校毕业生就业工作的通知》有关要求，6月16日—22日，自治区团委与自治区就业办在区内各高校联合开展了大学生就业形势巡回报告会，邀请杨刚、黄昌元等自治区领导和7位80年代以来自治区高校毕业生自主创业的优秀代表组成“中青年创业者高校宣讲团”，分别到新疆大学、新疆师范大学、新疆农业大学、新疆医科大学、新疆财经学院、新疆石河子大学、新疆昌吉学院7所院校进行宣讲，教育和引导广大毕业生改变就业观念，主动“到农村基层去、到兵团一线去、到非公有制企业去、到自主创业的广阔天地中去”。并在各大媒体上广泛宣传青年创业典型，在全社会形成了良好的就业导向。自治区团委学校部还编印了《“转变观念、实现就业——自治区2003年大中专毕业生就业形势报告会”文件材料汇编》一书。

打造家政服务新品牌。2003年，创建了新疆青年蓝领时代家政有限公司，迈出了共青团工作实体化、事业化、市场化的新步伐。并立足社区家政保洁，积极拓展特护家教、家庭配送等新兴服务领域，全面提升社区服务的水平和档次，创出家政服务的品牌。在传统业务渠道的基础上，率先建设网站，推动家政服务向信息化、网络化方向发展。

青年岗位能手竞赛活动。为大力开展青年岗位能手竞赛活动，提高广大青工的技能水平，2003年10月20日—22日，自治区团委运用社会化运作的方式，依托劳动、工会等单位多方筹集资金，与自治区职业技能竞赛委员会联合主办了“联通杯”首届自治区青工技能大赛。大赛分汽车驾驶和计算机文字录入两项工种进行，全区有4万多名选手参加了初赛、复赛，共有12个地州市、32个厅局、企业及兵团代表队的250名选手进入决赛。新疆建工集团参赛选手董艳珍，新疆石油管理局参赛选手王建江分别获得大赛个人一等奖；自治区交通厅获得本次大赛汽车驾驶与计算机双项比赛团体一等奖。2003年，全区有2人被评为国家级“青年岗位能手”，60人被评为自治区级“青年岗位能手”，53个单位被命名为自治区级“青年安全生产示范岗”。石化公司青工展江宏获得国家级“十佳青年岗位能手”称号。

农村青年增收成才工程 农村青年致富状元及致富能手评选活动。为积极贯彻落实自治区加快南疆农村经济发展工作会议、北疆经济工作现场经验交流会精神，充分发挥共青团组织和各族青年在农村产业结构调整、农业增效、农民增收中的主力军作用，深化“青年农民增收成才工程”，2003年5月，自治区团委联合自治区党委农村工作办公室、农业厅、畜牧厅、林业局开展以学用科技为主题的农村青年致富状元竞赛活动。并采取自下而上、层层评选的方式，评出种植业、养殖业、林果业、农产品加工营销业等4大类37项61名“农村青年致富状元”和104名“农村青年致富能手”。2004年1月4日，王乐泉、司马义·铁力瓦尔地、努尔·白克力、周原、符强等自治区领导亲切接见了“农村青年致富状元”，王乐泉、司马义·铁力瓦尔地发表了重要讲话。努尔·白克力参加了“农村青年致富状元”表彰大会，并为致富状元颁奖。同时将致富状元事迹编印成书《科技播火》，并把他们的生产、生活情况录制成《科技播火出状元》VCD。

“共青团城乡互动科技播火”行动。为发挥全区各级团组织和团员青年在加快城市经济发展和农村经济结构战略性调整，增加城乡居民收入中的重要作用，促进全区改革、发展和稳定，推动自治区国民经济发展和城乡社会全面进步，自治区团委于2003年6月初启动了“共青团城乡互动科技播火行动”。在全区范围内组织城市条件较好的团组织与贫困村团组织结成互动对子，在项目、科技、信息、人力资源等方面实现互动。目前，全区已有1055个城市团组织与1056个村级团组织结成互动对子，累计为村级团组织提供资金和物资135.5万元，扶持特色项目38个，捐赠图书10571册、电脑31台、打印机9台，转移农村富余劳动力3000人次。

农村富余劳动力转移工作。2003年7月至10月，组织“万名农村富余劳动力转移增收活动”，为各地州提供采摘棉花、番茄、建筑、水利等劳动岗位信息16.8万个，团组织直接转移劳动力9800余名。

拍摄制作农业实用技术系列光碟。2003年4月，成立了电教办公室，拍摄制作了“共青团科技播火”系列光碟，无偿提供给农村青年，带动他们学用科技、依靠科技致富奔小康。全年完成制作了有关哈密瓜种植、杏树栽培、葡萄栽培、奶牛养殖等维汉双语共10部电教片，印制了3万多张科技光碟。

抗击非典 2003年，自治区团委在全区各级团组织中及时成立了万余支防治非典青年突击队和防治非典青年志愿者服务队，活跃在抗击非典斗争第一线；组织印刷了防治非典宣传单、宣传画10余万份，发放到全疆各基层团组织；开展了大学生“抗击非典与弘扬民族精神”讨论会；组织全区900多个乡镇、街道团委集中开展了农村防治非典宣传和卫生大扫除活动；自治区少工委组织全区各族少先队员开展了“红领巾手拉手抗非典献爱心”活动，少先队员以书信、绘画、网上留言和亲自设计制作贺卡等方式向战斗在一线的医护人员献上最真诚的祝福。

组织实施“大学生志愿服务西部计划” 为促进西部贫困地区教育、卫生、农技、扶贫等社会事业的发展，拓展大学生就业、创业渠道，团中央联合国家教育部、人事部、财政部启动实施了“大学生志愿服务西部计划”。自治区团委根据全国项目办要求，选拔了100名本区应届大学毕业生、接收了501名内地高校应届毕业生参与大学生志愿服务西部计划。2003年8月25日—28日，新疆大学生志愿服务西部计划项目办对志愿者进行了培训。自治区党委常委、组织部长周原作重要讲话。8月27

日，举行大学生志愿服务西部计划新疆服务队出征仪式，团中央常委、青农部部长陶宏同志代表团中央作重要讲话，刘传振同志代表自治区大学生志愿服务西部计划领导小组作重要讲话。王乐泉、司马义·铁力瓦尔地、周原、符强、努尔兰·阿不都满金等自治区党政领导亲切接见大学生志愿者，并与大学生志愿者合影留念。目前，全疆601名大学生志愿者已在全疆12个县和新疆生产建设兵团6个师开始为期1至2年的志愿服务。

青年科技创新行动 通过科技创新论坛、大学生“挑战杯”科技竞赛、青年创新能手评比活动等形式，充分发挥青年人才在科技进步和经济发展中的作用。2003年，我区有7名青年科技工作者被吸纳为中国青年科技工作者协会会员，46人被评为自治区级创新能手，4人荣获第六届“中国青年科技创新奖”；3个集体被评为自治区青年科技创新先进集体，4个单位分别被评为青年科技创新示范基地和青年科技创新教育基地。在第八届“挑战杯”全国大学生课外学术科技作品竞赛上，我区荣获省级优秀组织奖，新疆大学、石河子大学、新疆工高专共14件作品分获一、二、三等奖。

精神文明建设 学雷锋、青年志愿者活动。2003年是纪念学习雷锋活动40周年。自治区团委通过举行座谈会，组织学雷锋先进典型宣讲，向南疆地震灾区捐款捐物和送医送药等形式深入开展学雷锋活动，弘扬志愿者精神。全年共向喀什、伊犁地震、洪水灾区捐款6.7万元，拨付特别团费5.7万元，运送救灾物资240吨，价值800万元。7月，组织23名青联委员前往南疆地震灾区开展宣传“三个代表”重要思想暨“三下乡”活动，共为灾区群众演出2场，义诊、科技咨询上千人次，赠送价值共20余万元的科技书籍和药品。1月和12月，自治区团委动员组织自治区青联、自治区青企协、青年文明号集体、青少年维权岗等单位共同开展了“真情助困进万家”和送温暖活动，慰问特困家庭500户，捐助生活用品7万余元、药品2万余元。

开展“阳光行动”。2003年，自治区团委与新疆电视台联合开办了以“爱心、帮助、希望”为主题的“阳光行动”电视栏目，动员热心社会公益事业的企、事业单位通过现金、物品、服务等援助形式为困难青工、特困学生、残疾人员等提供援助。节目播出后，在全社会引起了强烈反响，累计捐款已达6120元，为28名下岗青工联系了就业岗位。

希望工程工作 2003年，希望工程共筹资530万元，资助1361名灾区失学儿童重返校园，援建了48所希望小学和一批希望网校多媒体教室，180名特困学生获得希望工程各类奖学金，424名失学儿童继续享受希望工程救助。

青年文明号创建活动 对青年文明号实行动态管理，加强青年文明号监督管理力度。2003年4月，自治区青年文明号组委会经过复检，对609个自治区级青年文明号集体在全社会进行了公示，并与新疆电视台联办了《争当标兵也时尚》专题节目，进一步扩大了青年文明号的社会影响力。全年共有33个创建集体被授予国家级青年文明号集体称号，82个创建集体被授予自治区级青年文明号集体称号。

保护母亲河行动 2003年9月，自治区团委组织21名青年干部赴甘肃、四川、重庆、湖北等地考察保护母亲河行动。并与溢达集团、中科院新疆生态与地理研究所共同主办了“保护丝路生态承诺活动”，动员组织全区青少年积极参加生态保护和建设，引导青少年从小事做起，增强保护生态环境意识，培育“人与自然和谐与共”理念。

少先队工作 2003年，自治区少工委印发了《关于加强少年儿童思想道德教育，深入开展体验教育的意见》，广泛开展了“养成道德好习惯”活动。各级少先队组织按照体验教育的思路，以“健康少年和残疾少年手拉手”、“各民族少年手拉手”、“城乡少年手拉手”、“城乡少先队组织手拉手”为主题，开展了形式多样的体验教育。

2003年7月至8月，自治区少工委与乌鲁木齐一心书店联合举办“首届新疆少儿英语大赛”，经过初赛、复赛，有259名选手进入决赛。

2003年暑期，自治区团委、自治区少工委以“我爱新疆”为主题，开展了“溢达爱心手拉手环保文化行”活动，邀请南疆三地州50名农村孩子到乌鲁木齐等地参观学习，与首府少先队员结成“手拉手小伙伴”，在相互交流中共同进步。

2003年9月，自治区团委、少工委与新疆电视台联合制作了《爱我新疆——爱心手拉手南疆小学生文化环保行动活动》光碟。

2003年10月，自治区少工委推报的古孜努尔同学荣获“全国十佳少先队员”称号，5人荣获全国“星星火炬奖章”。

青少年维权工作 自治区团委与自治区禁毒办联合开展“远离毒品、关爱未来”禁毒宣传活动，联合自治区禁毒办、自治区教育厅建立了“自治区毒品预防教育示范学校和社区青少年法律学校”6所。2003年新创建国家级优秀青少年维权岗18个、自治区级优秀青少年维权岗108个；创建国家级青少年文明社区2个，全国预防青少年违法犯罪重点联系社区1个。

基层团组织建设和团干部队伍建设 基层团组织“三级联创”活动。根据自治区党委基层党组织“三级联创”的总体要求，结合团的工作实际，自治区团委制定下发了《2003—2007年自治区农村基层团组织建设“三级联创”活动实施意见》。要求各地州、县市分别确定一批村级“五四红旗团支部”、乡镇“五四红旗团委”、团建先进县市创建重点单位，按照建立一个好机制，形成一个好局面，奠定一个好基础，培养一支好队伍，选树一批好典型的目标要求，狠抓团的基层组织建设，全面活跃团的基层工作，增强团组织的凝聚力和战斗力，形成区、地、县、乡、村层层抓组织建设的五级联动、三级联创的工作局面。全年共表彰自治区级“团建先进县(市)”11个，“五四红旗团委”11个，“五四红旗团支部”9个。

多渠道培养锻炼和输送干部。2003年，自治区团委在自治区团校、中央团校等地举办了4期团干部培训班，培训团干部400余人次；选派了362名基层团干部赴中央团校等地参加培训；8月，自治区团委承办了中央团校西部团干部培训班，有160名西部基层团干部参加了培训。自治区团委全年选派13名优秀基层团干部到山东、自治区团委挂职锻炼，选送2名团委机关年轻干部到定点扶贫单位挂职锻炼，推荐6名机关干部转岗。

面向全区公开选拔副处级领导干部。为进一步推动干部人事制度改革，拓宽团干部选拔任用渠道，自治区团委拿出办公室副主任2名，宣传部副部长1名，青工部副部长1名共4个职位，面向全区公开选拔。通过在广播、电视、报纸、网络等媒体上进行了广泛宣传，引起了全社会的强烈反响。共有400多人通过电话、因特网、信函或亲自到自治区团委报名、咨询，其中还有湖南、辽宁、重庆等外省市的人员来电咨询。经资格审查，共有256人符合报考条件。这些报考人员来自全疆14个地州市，有机关工作人员、事业单位专业技术人员、国有企业干部，也有非公有制企业管理人员。这次公选的4名同志，2名来自团的工作岗位，2名来自党政工作岗位；3人来自基层，平均年龄28.5岁，全部具备本科以上学历，其中1人为硕士研究生学历。他们的年龄、知识和工作经历对于改善自治区团委干部队伍结构起到了很好的促进作用。

开展团情大调查。从2003年5月开始，自治区团委在全区范围内开展了大规模的团情大调研，内容涉及团的各个方面。新班子成员分成6个组深入到11个地州市，39个县(市)、109个乡(镇)开展工作大调研，完成调研报告6篇，集中反映了基层共青团工作创造的经验和存在的问题，推动了基层团的工作。

青少年网上教育阵地建设。2003年，继续抓好新青网建设，丰富网站内容，拓展服务项目。新建设了新疆共青团、新疆青农网、新疆青工网等工作网站，开辟了农业生产和农产品供求信息、青工求职信息等服务项目，丰富了服务青年实际需求的手段。

青年外事工作 2003年，自治区青联多形式、多渠道地发展同港澳台地区、各国青年组织和青少年的交往，以港澳台青年统战工作为重点，稳步推进与自治区周边国家、东南亚和西方发达国家青少年间的交流，先后组织了26人次赴港澳台地区和日本、马来西亚、越南等国学习交流、考察研修。

学生联合会工作 大学生素质拓展计划。2003年，自治区学联依托新青网，举办了以"大中专毕业生就业扶助工作"、"共青团与大学生综合素质培养"、"加强高校校风建设，争做文明大学生"、"大学生课外学术科技活动建设与展望"等为主题的高校共青团论坛。采取场内与场外互动的新形式展开讨论，共有500余人次参加了场内论坛，6000余人次参加了网上论坛，取得了良好的学习和社会效果。

大学生状况调查分析。为了解全区大学生的综合现状，以大学生群体为研究对象进行调查、了解、研究、分析，为党委、政府就青年和大学生问题的决策提供依据，提出解决问题的办法。自治区团委学校部对新疆大学、新疆农业大学、新疆师范大学等11所高校的2000余名在校大学生进行问卷调查。问卷调查内容涉及政治思想、社会焦点、学校教育、民族宗教、大学生活、社会实践等方面。调查一是通过问卷调查进行，共发放调查问卷2400份。二是采取座谈、走访、电话调查等方式作为问卷调查的补充形式，直接采访、了解1000余名各族大学生。调查所掌握的情况基本反映出我区大学生的客观现状。

青年企业家协会工作 切实发挥青企协的服务职能，进一步完善协会的各项规章制度。通过召开座谈会，聘请专家学者讲座等形式，切实提高会员的经营管理水平；补充新鲜血液，全年共发展新会员46名；加强经贸考察与交流，选派7名会员参加中国青企协八届二次理事会及经贸考察洽谈会。

军队青年工作

2003年，坚持以"三个代表"重要思想为指导，深入贯彻江主席为全军青年题词精神，着眼服务推进中国特色军事变革，高起点精心筹划，高标准抓好落实，圆满完成了各项任务。

一、坚持抓好用"三个代表"重要思想武装青年、塑造青年、凝聚青年的工作

1. 指导部队深入开展以"三个代表"重要思想为主要内容的团的教育。紧密结合部队实际，组织力量编写团课教育提纲，在基层部队广泛开展读书演讲、共青团夜校、岗位实践等丰富多彩的活动，引导团员青年深化对"三个代表"重要思想的理解，坚定团员青年对"三个代表"重要思想的政治信仰。2. 注重发挥共青团系统的优势抓好青工干部的理论培训。八九月份，先后两次组织41名大单位青年处长、干事和部队的团中央委员，分别参加团中央在北京、北戴河举办的培训班。3. 组织部队团员青年参加全国"三个代表"重要思想学习竞赛活动。2003年3月至7月，团中央举办学习十六大精神和"三个代表"重要思想知识竞赛和征文活动。全军和武警部队150多万团员青年参加了答题，获奖总数名列全国第一。其中，竞赛一、二、三等奖，征文特等奖和一、二、三等奖，占全国获奖总数的三分之一以上；组织奖占全国总数的52%。

二、组织开展纪念学雷锋40周年活动

1. 召开全军学雷锋40周年座谈会。座谈会以“弘扬雷锋精神，实践‘三个代表’”为主题，于2003年2月24日在八一大楼召开，全军部分新老学雷锋典型和驻京各大单位政治部主任、组织部长、青年处长共110人参加，总政领导向全军学雷锋标兵集体和个人颁发了奖牌、证书，5名典型代表介绍了经验事迹，徐主任作了重要讲话。会前，军委领导集体接见先进集体代表和个人，郭副主席、曹副主席分别即席讲话，对与时俱进开展学雷锋活动提出明确要求。2. 组织参加和承办全国性纪念活动。协同中宣部、中央文明办、团中央筹备召开了全国纪念学雷锋40周年大会，组织军队50名先进单位和个人代表、驻京部队部分青年官兵参加。3. 以四部委名义牵头组织协调，在雷锋生前所在团成功举办了《与时代同行》大型文艺晚会。晚会实况录像于3月5日在中央电视台一套节目播出，受到总政领导和部队的好评，产生了良好社会效果。4. 宣扬表彰一批学雷锋先进典型。以总政名义通报表彰学雷锋标兵集体和个人各10个、学雷锋先进集体和个人各40个，空军汪家胜作为全国重大典型在各大媒体进行了集中宣传。

三、深入开展学习成才活动

1. 加强典型和舆论指导。“五四”期间，以总政名义通报表彰了第四届全军十大学习成才标兵和十个先进单位。协调新闻单位对先进典型进行持续宣传，中央各大新闻媒体和军报、解放军电视宣传中心等军队各新闻媒体发消息、设专版专栏宣传标兵单位和个人的经验事迹。2. 召开全军青年学习成才工作座谈会。座谈于2003年9月在西安通信学院召开。各大单位组织部领导、青年处长和12所院校的同志共79人参加。会议重点研究军队院校开展学习成才活动的问题，探索新形势下进一步把学习成才活动在全军部队引向深入的措施和办法。会上，总政组织部领导讲话，5个不同类型院校分别介绍了经验。这次会议对推动学习成才活动的深入开展产生了有力促进作用。

四、组织军队代表出席共青团十五大

指导部队做好团十五大代表的选举工作。全军和武警部队共选举产生代表58名，推荐列席代表2名，推荐中委人选20名、候补中委人选10名，代表构成体现了广泛性、先进性和团员青年主体性等特点。军队代表团严格要求军队代表讲政治、守纪律，圆满完成了大会的各项任务。军队代表成为媒体追踪的重点和大会一道亮丽的风景线。

五、参加保护母亲河行动

2002年底，经总政领导批准，总政组织部下发通知，动员全军青年官兵第二次向保护母亲河行动捐款，全军捐款总额达1800多万元。2003年1月10日，总政治部、团中央在人民大会堂举行了捐款交接仪式，总政治部唐天标副主任、团中央书记处第一书记周强、书记处书记赵勇和驻京部队各大单位政治部领导、组织部领导、青年处长，以及部分青年官兵参加仪式。2003年4月，利用这部分捐款中的200万元，在革命老区西柏坡镇启动兴建了第三个“全军青年万亩林”，有力支援了当地生态环境和经济建设。

六、组织参加全国性各项青年活动

把参加全国性青年活动，作为宣传军队建设成果、展示军队青年风貌和学习借鉴地方青年工作经验的一个重要窗口，始终作为大事来抓，特别在参加全国性青年奖项评选活动中取得了可喜成绩。第十四届“中国十大杰出青年”，军队陈薇、杨利伟2人同时高票当选；左莉、吴道江2人荣获2003年度“中国青年五四奖章”;50个单位和个人被表彰为全国学雷锋先进典型,占全国表彰总数的25%;42个团组织和团员、团干部被表彰为“全国五四红旗团委、支部标兵”、“全国五四红旗团委、支部”和“全国优秀团员”、“全国优秀团干部”;6个团支部和团员、团干部被表彰为全国抗击非典先进团组织和个人;7名同志获得中国青年科技创新“杰出奖”和“创新奖”。南京军区地方大学生干部王海涛,参加了团中央组织的全国青年“创业者风采”巡回报告。军队首次单独组成分团,组织18名青年代表随同中国青年代表团赴越南参加“第四届中越青年友好会见”活动,出色地完成了任务。

2003年,武警部队共青团工作紧扣中心任务和时代主题,按照“抓组织强基础,抓活动促中心,抓根本育人才,抓创新求发展”的工作思路,加强和活跃部队青年工作,圆满完成了年度各项任务。

高标准完成了武警部队出席团的十五大代表选举及组团工作。团中央和总政对选举工作做出部署后,在深刻领会精神的基础上,结合武警部队实际,提出了详细的推进计划,下发了《关于做好团的十五大代表选举工作的通知》,成立了选举办公室。组织全部队10376个团组织和275531名团员,采取自下而上、上下结合、反复酝酿、逐级遴选的办法,组织部队投票选举产生了18名代表,组成武警部队出席十五大代表团。与会期间,顺利完成了大会各项议程。武警部队有8名同志当选团十五届中央委员和候补委员。大会闭幕后,在召开青年工作会议传达学习团十五大精神的基础上,对部队传达学习做出了部署安排,并专题上报了传达学习贯彻会议精神的情况。

认真组织了第六届“中国武警十大忠诚卫士”评选。按照“四结合、四为主”原则,精心组织了评选、表彰和宣传筹备工作。3月底下发了《关于开展第六届“中国武警十大忠诚卫士”评选活动的通知》,对活动作了具体部署。4月初,组织指导部队围绕“永远做党和人民的忠诚卫士”这一主题广泛开展了各种群众性活动。在部队层层遴选的基础上,通过组委会以评委、特邀评委无记名投票的方式,投票产生了“十大忠诚卫士”,7月份在北京隆重召开了表彰大会,党和国家领导人周永康以及总参总政领导接见了第六届“十大忠诚卫士”,并作了重要讲话。《人民日报》、《中国青年报》、中央电视台等多家新闻媒体对评选活动进行了宣传报道,进一步扩大了中国武警十大忠诚卫士的社会影响力。全部队学英模事迹,走英模道路蔚然成风。

广泛开展了纪念学雷锋40周年活动。结合毛泽东等老一辈革命家向雷锋题词发表40周年。年初下发通知部署了部队学雷锋纪念活动。各单位按照总部要求,利用党团日时间,普遍开展了雷锋精神教育,深化了学雷锋活动的内涵。“三五”前后,各单位有计划、有组织地开展了主题活动,广泛发动青年官兵走向社会,开展科普宣传、义务劳动、便民服务、扶贫帮困等社会公益行动,在社会上产生了积极影响。在层层遴选推报的基础上,总部择优分别表彰了10个学雷锋标兵集体和标兵个人,20个学雷锋先进集体和个人,其中辽宁总队抚顺市支队等4个单位和吉林总队医院技师林玉梅等4名个人分别受到全国、全军表彰。

组织部队参与了“保护母亲河行动”。按照总政要求,在广泛宣传教育的基础上,组织广大青年官兵采取自愿捐献的原则,为全国保护母亲河行动领导小组捐款459.8万余元。4月11日在人民大会堂隆重举行了向保护母亲河行动捐款仪式。武警部队隋绳武副政委代表总部党委和全体官兵在仪式上讲了话,团中央第一书记周强盛赞武警部队再次为“保护母亲河行动”做出了贡献。4月中旬,会同中国青少年发展基金会,先后在宁夏吴忠市利通区和陕西榆林市榆阳区启动了“武警西部万亩林”工程，武警总部领导和陕西、宁夏省(区)党政领导出席了启动仪式，并与驻地群众、部队官兵参加了植树活动，为再造西部秀美山川做出了积极贡献。中央电视台、人民日报、中国青年报、人民武警报等首都20多家新闻媒体对武警部队参加保护母亲河行动作了广泛宣传报道，进一步扩大了武警部队社会影响。10月份，会同中国青少年发展基金会对重庆万州区“武警世纪林”项目进行了检查，苗木长势良好，保存率达98%以上，生态效应、经济效应和社会效应显著。

积极探索了新时期加强和改进武警部队青年工作路子。为全面贯彻落实共青团十五大精神，进一步加强武警部队共青团建设，7月在京召开了由各大单位政治部主任参加的青年工作座谈会，4个单位介绍了经验，讨论修订了《认真贯彻落实共青团十五大精神，加强武警部队青年工作的意见》，确立了新时期武警部队青年工作的路子。与团中央权益部共同策划并组织上海总队一支队团委与黄浦区委开展了“思想工作联抓、公益事业联做、文体活动联谊、人才培养联手”活动，并实施了不间断地跟踪指导。3月份会同团中央权益部组成联合工作组，对“四联”活动作了深入细致的调查，指导上海总队协调驻沪的各大新闻媒体召开了新闻发布会，在全武警部队推广了“四联”活动经验。举办了第二期武警部队青年工作干部培训班。9月15日至24日，在上海指挥学院举办了武警部队第二期青年工作干部培训班，围绕如何按照“三个代表”重要思想做好新时期青年工作，提高青年工作干部的思想理论素养和业务能力这一主题，对各总队、机动师、指挥部、直属院校和直属单位的81名青年工作干部进行了培训。通过学习文件、专家辅导、经验交流、专题讨论、参观见学、文艺联欢等形式，增强了培训工作的质量，7名专家教授进行了专题辅导，5个先进团委的书记介绍了经验，使广大青年干部思想上、理论上、实践上有了新的提高和进步，进一步指明了做好青年工作的方向。

培养和推报了各类青年典型。为扩大武警部队的社会影响，以典型的示范作用影响和推动部队青年工作。注重选拔和培养各类青年典型，特别是涉及全国性表彰的典型推荐工作。云南总队德宏州支队副参谋长张云波获第七届“中国五四青年奖章”；抗击非典一线团干部周铁流和团员赵静娜等8个单位和个人，分别被团中央授予“全国先进团组织”、“全国优秀团干部”、“全国优秀团员”称号，上海总队一支队团委、陕西总队班长唐定华、贵州总队黔南州支队副政委张永刚也受到团中央表彰；3个单位、3名个人被表彰为全国保护母亲河行动先进集体和个人。

铁道系统团的工作

2003年是中国铁路实施跨越式发展战略的开局之年。一年来，全路各级团组织认真学习贯彻党的十六大、十六届三中全会和团的十五大精神，兴起学习贯彻“三个代表”重要思想的新高潮；紧密围绕铁路实施跨越式发展战略，开展宣传教育活动，统一团员青年的思想和行动；以全路第七次团代会为契机，深入推进铁路青年学习成才、创新创效、文明先锋三大行动，积极探索创建“学习型、服务型、创新型”团组织；在抗击非典斗争中，团结带领广大团员青年，不畏疫魔，英勇奋战，为确保铁路运输安全畅通，维护群众身体健康和生命安全做出了积极的贡献。

一、学习贯彻“三个代表”重要思想掀起新高潮

始终坚持以“三个代表”重要思想统领铁路共青团工作。全国铁道团委先后下发了《关于组织全路团员认真学习〈“三个代表”重要思想学习纲要〉的通知》和《关于认真学习胡锦涛总书记在“三个代表”重要思想理论研讨会上重要讲话，掀起学习贯彻“三个代表”重要思想新高潮的通知》。以学习研讨班、理论学习小组、知识竞赛等多种形式组织开展学习活动，在团员青年中形成了浓厚的学习“三个代表”重要思想的氛围，引导团员青年用“三个代表”重要思想武装头脑，构筑强大的精神支柱。铁道团委在《铁道团讯》上开辟了“三个代表”重要思想学习专栏，并于11月中旬，举办了铁路共青团“三个代表”重要思想学习研讨班。

二、搞好宣传教育，把团员青年的思想和行动统一到铁路跨越式发展战略上来

铁路实施跨越式发展，为铁路青年发挥作用、展示作为提供了广阔舞台和大好机遇。为充分调动团员青年的积极性，动员和组织团员青年投身铁路跨越式发展的伟大实践，全国铁道团委认真学习领会部党组有关精神，进行专题调研，作出了《关于在铁路实现跨越式发展中发挥共青团生力军和突击队作用的决定》，组织开展了“铁路青年与跨越式发展”主题教育活动。在《人民铁道报》、《铁道团讯》和《铁道青年》网站上开辟专栏，开展铁路青年与铁路跨越式发展大讨论。

全路各级团组织通过编写铁路跨越式发展漫画宣传读本、举办“解放思想与铁路实现跨越式发展辩论赛”、“铁路跨越式发展征文演讲比赛”等，教育引导广大团员青年认清肩负的责任，献计献策，在铁路实施跨越式发展的进程中建功立业。

三、构筑青春防线，全力抗击非典疫情

突如其来的非典疫情，威胁着人民的生命安全。面对严峻的形势，全路各级团组织认真贯彻落实铁道部党组和团中央的有关要求、部署，组织带领团员青年迎难而上，关键时刻经受住考验，强有力地发挥了生力军和突击队作用。

全国铁道团委下发了《关于动员全路团员青年做好非典型肺炎防治工作的紧急通知》，向奋战在抗击非典一线的团员青年发出了慰问信，下拨20万元特殊团费，慰问、表彰战斗在抗击非典一线的团员青年。各级团组织纷纷以拨款、送药、送防护用品等形式开展慰问。据不完全统计，在此期间全路各级团组织共发放各种宣传资料30余万份，向一线团员青年发出慰问信5万余封，下拨特殊团费40余万元。

在抗击非典疫情的攻坚阶段，铁道团委下发了《关于进一步动员全路广大团员青年为夺取抗击非典全面胜利发挥生力军作用的通知》，动员广大团员青年再鼓干劲，再接再厉，为夺取抗击非典斗争的全面胜利多做贡献。全路各级团组织认真总结经验，确定工作重点，通过成立检查督导组，宣传“防非”知识和信息，组织团员青年承担了来往重点疫区的列车添乘和站车消毒任务，成立青年志愿者家庭服务队等方式为防治非典做贡献。西安铁路分局团委组织少先队员开展了“破除陋习万家签名行动”，团中央书记处第一书记周强对这项活动给予肯定，并希望长期坚持下去。

四、围绕重点任务发挥突击作用

一年来，全路各级团组织围绕铁路运输急难险重任务，主动入位，组织开展形式多样的突击活动。2003年春运期间，按照部党组对春运工作的总体要求，铁道团委组织开展了“铁路青年与春运同行”立功竞赛活动。在全国近200个大中城市火车站，数万名铁路青年志愿者开展了查堵危险品、维护站车秩序、扶老携幼等各种志愿服务活动，营造了“文明伴您行，平安把家还”的良好氛围。各级团干部深入一线，很好地发挥了带头作用。各级团组织主动把春运工作重点和共青团特点结合起来，开展丰富多彩的活动，为春运任务的顺利完成做出了贡献。一些有创意、有实效、有特点的活动在社会上产生了广泛的影响。

9月10日，铁道部、团中央、国资委在拉萨河特大桥工地召开“我为青藏铁路建功勋”表彰大会，参建单位的13个青年集体和32名先进个人被授予“国家重点工程建设青年贡献奖”。

全国铁道团委以抓好技术创新为重点，青年创新创效活动呈现不断深化，蓬勃发展之势，创新成果不断涌现。组织了青年信息化建设征文活动，在呼和浩特铁路局举办了铁路信息化建设青年科技研讨会，开展了全国铁路青年科技素质状况调查。

五、青年文明先锋行动得到深化发展

全路各级团组织以打造“诚信铁路”为目标，深化青年文明号信用建设示范行动。加大对青年文明号的管理力度，全面提升青年文明号创建水平，对名不符实的青年文明号进行整改。广大铁路青年志愿者发扬“奉献、友爱、互助、进步”的青年志愿者精神，扶危助困，积极奉献。“助老、助残、助困”献爱心和送温暖活动广泛开展。

去年，是毛泽东“向雷锋同志学习”题词40周年，全国铁道团委下发了《关于纪念开展学习雷锋活动40周年的通知》。全路各级团组织周密部署，精心策划，结合铁路青年志愿者活动有声有色地开展了“弘扬雷锋精神、参与志愿服务、建设精神文明”、“寻雷锋足迹、扬志愿精神”等主题活动。一大批先进典型受到铁道部政治部宣传部、全国铁道团委、全国铁路关心下一代工作委员会的表彰。

铁路青少年发展捐助中心积极探索建立扶贫帮困的长效机制。在成都组织召开了帮困助学工作会议，对下一步帮困助学的工作进行了讨论。8月25日，由铁道部出资110万元援建、由捐助中心参与组织实施的对口扶贫项目——宁夏固原市原州区吴磨火车头希望小学落成揭碑。

六、团的组织建设不断巩固提高

胜利召开共青团全国铁路第七次代表大会。大会认真总结了过去五年的工作，对今后五年铁路团的工作做出了规划，提出了创建学习型、服务型、创新型团组织，为开创新时期铁路团的工作新局面奠定了坚强的基础。这次会议集中展现了铁路团员青年的新形象。

在共青团第十五次全国代表大会期间，铁道部部长刘志军等领导同志与铁道系统出席团十五大的代表座谈并合影留念。刘志军部长在座谈中对团员青年提出要坚持正确的政治方向，要保持昂扬向上的精神状态，要有艰苦奋斗的工作作风，要刻苦学习、练就过硬的本领。8月1日，铁道部政治部召开全路电视电话会议，传达贯彻团十五大精神，铁道部政治部主任何洪达同志作了重要讲话。

民航系统团的工作

2003年是民航系统广大干部职工认真贯彻落实党的十六大精神的第一年，也是深化民航管理体制改革的关键年。全国民航团委以“三个代表”重要思想为指导，按照民航总局党委、共青团中央的工作部署和要求，根据《2003年民航政治工作要点》，适应改革新形势，探索工作新思路，以加强团员青年的思想政治工作，提高青年职工的安全工作素质，促进行业精神文明创建为抓手，扎实做好民航改革进程中的共青团工作和青年工作。

一、切实抓好党的十六大精神宣传教育工作，在团员青年中兴起学习贯彻“三个代表”重要思想的新高潮

把学习贯彻党的十六大精神作为首要的政治任务抓紧抓好。在原原本本学习《报告》原文的基础上，分阶段、分层次、分专题地组织团员青年精读、研读十六大报告。通过举办读书班、开展专题研讨、组织“‘学习十六大、贯彻十六大’知识竞赛”等活动，把学习、宣传、贯彻十六大精神的活动不断引向深入。民航各级团组织明确责任，一级抓一级，一层带一层，在团员青年中努力营造浓厚的学习氛围，引导青年自觉实践“三个代表”要求，把思想和行动统一到十六大报告和中央的要求上来。

认真学习贯彻团十五大精神。团十五大召开后，按照团中央的要求，及时向民航广大团员青年宣传团十五大精神，举办学习研讨班，组织团干部和先进青年代表学习团十五大报告和新修改的《团章》，引导民航广大团员青年按照团十五大提出的新要求健康成长，建功立业。

二、服从民航改革大局，抓好改革进程中基层团组织建设和团员青年的思想引导工作

适应民航体制改革新形势，加强基层团组织建设。改革是2003年民航的工作重点，各地区管理局大幅进行精简；民航各省（市、区）局撤销，组建民航安全监督管理办公室；绝大部分机场下放所在省区市，实行属地化管理。在改革过程中，全国民航团委根据基层各单位的工作实际和现状，对基层团组织的机构设置和调整进行指导，使基层团的工作做到了工作不断、思想不乱、队伍不散。

根据民航体制改革深化的进程，及时理顺团组织关系。按照团组织工作的有关规定，在民航机场体制改革过程中，全国民航团委将各省市机场的团组织关系向相关省（市、区）团委进行了接转。同时，指导首都机场集团、总局空管局、培训中心等直属单位召开团代会，进行换届选举，保持工作的连续性。

教育和引导广大团员青年解放思想，转变观念，讲大局、讲团结、讲稳定。要求基层各级团组织按照本单位党委的部署和要求，做好青年的思想引导、疏导工作，把思想和行动统一到《民航体制改革方案》上来，自觉服从大局，树立全局意识，正确对待改革和利益格局的调整，以实际行动理解改革、支持改革，做拥护改革的先锋。

三、创新载体，狠抓落实，认真做好团的重点工作

组织民航系统代表出席中国共产主义青年团第十五次全国代表大会。3月中旬，召开共青团全国民航代表会议，按照团中央分配的名额、代表的标准和要求，选举出席团十五大的代表。7月份，组成民航代表团参加团十五大，并按照团中央的要求，积极协助做好团十五大期间会议代表的迎送工作。团十五大期间，民航总局全体领导亲切接见民航系统团十五大代表，鼓舞了民航团干部的士气，坚定了团干部为共青团事业奉献青春和聪明才智的信心和决心。

进一步深化青年文明号活动。2月份，承办了团中央青工部召开的全国青年文化号活动组委会办公会议。一季度，组织检查组对民航系统全国级青年文明号进行交叉检查、考核认定，对不符合标准的予以摘牌。按照青年文明号的条件及标准，经层层选拔、把关和公示，以团中央、民航总局名义，新命名了21个全国级青年文明号，确保了青年文明号品牌的荣誉刚性。基层各单位也通过举行授牌仪式，“请进来、走出去”开展交流等形式，推动了青年文明号活动的深入开展。

开展两年一度的“创先争优”评选活动。“五四”前夕，在《中国民航报》上开辟专栏，大力宣传在安全生产第一线涌现的先进团员青年的典型事迹。团十五大召开前夕，评选表彰了一批全国民航先进团支部、优秀团干部、优秀团员和青年师友，进一步调动团干部的积极性和团员青年的工作热情，为团十五大的胜利召开营造良好的舆论环境。

动员组织民航广大团员青年开展防治非典型肺炎工作。非典期间，专门下发文件，号召民航系统广大团员青年从实践“三个代表”重要思想和贯彻党的十六大精神的高度，从保护旅客、民航广大团员、青年职工身体健康和生命安全的高度，从维护民航改革发展稳定大局的高度，充分认识做好防治非典工作的重大意义，不折不扣地贯彻落实总局党委的决策和部署。4月中旬，全国民航团委通过各种形式慰问辛勤工作在抗击非典一线的团员青年，到行业内防治非典定点医院的民航总医院、总局机关门诊部慰问，赠送花篮、悬挂标语，下拨团内抗非典特殊活动经费2万余元，奖励、慰问在一线抗非典斗争贡献突出的团员青年，声援战斗在一线的医务人员。

协助总局预防控制非典型肺炎领导小组办公室和党委宣传部门编印《航空旅客预防传染性非典型肺炎基本知识》宣传品，下发到全国各大机场的候机楼、各航空公司的航班上，宣传民航采取的预防措施，介绍旅游注意事项，介绍飞行途中乘客需要采取的预防措施，为乘机旅客释疑解惑，搞好服务。

大力宣传在抗非典斗争中涌现的先进集体、个人。要求民航各级团组织通过黑板报、宣传栏、团内通讯、内部局域网以及各单位的内部刊物，和“一线扫描，典型追踪”专题报道等多种形式和载体，及时、充分地报道一线医护、安检、值机等方面一线人员的感人事迹和奉献精神；大力宣传民航广大共青团员、青年职工特别是作为行业内防非典定点医院的民航总医院医护人员无私奉献、忘我工作的生动事迹。动员组织广大团员青年广泛开展送温暖、献爱心、缴纳特殊团费活动，为抗非典一线工作人员减轻后顾之忧。

2003年3月5日是毛泽东等老一辈革命家号召“向雷锋同志学习”40周年，2003年也是中国青年志愿者行动实施10周年。全国民航团委在2月下旬至3月上旬，在民航广大团员青年中开展了“弘扬雷锋精神，参与志愿服务”主题系列活动，包括助残慰孤、扶贫济困、义务修理、环境保护、医疗保健、义务植树等。

积极协助、参与组织了“人类动力飞行百年”纪念活动，向社会公众普及民航知识，反映新中国民航五十多年来取得的巨大成就。

推荐全国民航青联委员、优秀团干部代表参加中国青年考察团、代表团赴日本访问，赴香港、台湾学习考察等，开阔了青联委员的视野，强化了委员意识。

中直机关团的工作

一、注重思想政治教育，保持政治敏感性

加强理论学习，认真学习贯彻党的十六大精神。党的十六大召开后，中直团工委和中直青联举办了“中直青年文化社会论坛”（第二

期)“解读十六大”——中直机关十六大青年代表谈十六大活动,请中直机关的十六大青年代表同团员青年交流、座谈学习十六大精神的体会。为了宣传、贯彻十六大精神,中直团工委组织了中直机关十六大精神宣讲团赴河北平山西柏坡宣讲十六大精神。中直团工委组织部分团干部参加了中直机关党委书记十六大精神学习班。中直各机关团组织也纷纷结合本单位的实际,开展各种学习活动,在团员青年中掀起学习十六大精神的热潮。努力建设学习型团组织。按照十六大报告关于建设学习型社会的要求,在几年来广泛开展“天天一小时”读书活动的基础上,团工委号召中直各单位团组织积极开展建设学习型团组织活动。

深入学习贯彻“三个代表”重要思想。中直团工委把大力引导青年认真学习“三个代表”重要思想作为首要任务来抓。为进一步推进中直机关广大团员青年认真学习贯彻“三个代表”重要思想,中直团工委下发了《关于贯彻党中央、团中央通知精神,在中直机关共青团系统兴起学习贯彻“三个代表”重要思想新高潮的通知》;从7月份开始组织开展了以《“三个代表”重要思想与中直青年的责任》为主题的征文活动。中直各机关团组织高度重视,周密组织,积极动员,广大团员青年踊跃参加,促进了学习贯彻“三个代表”重要思想新高潮的兴起,取得较好效果。征文活动的开展还得到各机关党组织的高度重视和大力支持。中直团工委要求各机关团组织以此次征文活动为契机,按照团中央的有关通知要求,积极组织开展“兴起新高潮创造新业绩”主题活动,进一步推动广大团干部和团员青年深入学习贯彻“三个代表”重要思想,在认识上达到新高度,在实践上取得新成效,做到真信、真学、真用。在工作实践中,中直团工委注重以理论为指导,不断增强政治敏锐性,提高工作水平和层次。中直团工委积极开展牢记“两个务必”教育,组织文献研究室、党史研究室、新华社、中央档案馆的同志整理“两个务必”教育的有关史料,组织专家到延安、井冈山、瑞金等革命圣地搜集资料,对中直机关的团员青年进行“两个务必”教育。

二、用优良传统教育青年

通过《中直机关优良传统作风教育青年读本》、《青春的风采》等对中直机关广大团员青年进行优良传统教育。2003年,修订、再版《青春的风采——中直机关青年群英谱》。增加了荣获首届“中直青年五四奖章”、中直机关第五届“十大杰出青年”和“全国青年岗位能手”的23位优秀青年同志的事迹。中直团工委通过编辑下发这两本书,推动中直机关团员青年对优良传统的学习。

看望、慰问老同志。中直各级团组织重视向老同志学习,继承优良传统。2003年,在中直工委常务副书记伍绍祖同志的关心、支持下,又先后组织团干部看望了李葆华、徐乾、郭洪涛、卓雄等几位老同志,用老同志的革命精神教育、鼓舞团员青年,接受党的优良传统教育。

在西柏坡建立联系点和教育基地。为深入学习贯彻党的十六大精神,认真落实中直工委关于建立基层联系点制度的要求,中直团工委于2003年3月初下发了《关于在西柏坡建立中直机关团组织基层联系点和教育基地的意见》,并组织中直各机关团组织负责人赴西柏坡进行考察、座谈。通过在西柏坡建立团组织基层联系点,引导和带领广大青年深入老区乡村农户,了解社情民意,接受光荣传统和艰苦奋斗的再教育,尽力帮助基层解决实际困难,积极为当地经济发展献计献策。中组部、统战部、人民日报等单位都先后展开了建立基层联系点和教育基地的工作,已先后有六家单位、二百余团员青年到西柏坡进行了参观、学习。

派遣青年志愿者到革命老区开展支教扶贫工作。2001年以来,中直团工委先后选派了26人到河北平山西柏坡支教,深入实践,积极了解社情民意,学习继承老区革命传统,大家普遍反映受益匪浅。

三、开拓创新,推动工作发展

创办中直青年“文化与社会”论坛。中直团工委根据中直机关工作特点,发挥优势,创办了中直青年“文化与社会”论坛。这个论坛旨在成为中直机关青年学习、宣传“三个代表”重要思想的阵地,成为创造、传播先进文化的舞台,成为了解国情、关注社会的窗口,成为自我培养、互相沟通的平台。围绕社会热点、难点问题,选择对青年有吸引力的题目,邀请知名青年学者,组织研讨或讲座,力求打造名牌活动。以“中直青年文化社会论坛”为载体,创建符合机关青年需求和特点的学习、教育平台。目前,“中直青年文化社会论坛”已成功举办三期。

创新工作方式,进行现场颁奖。非典疫情爆发时期,中直团工委积极了解中直各单位团员青年抗击非典斗争的情况,指导各单位团组织团结带领广大团员青年围绕本单位中心工作,积极投身到抗击非典斗争中;及时表彰了一批在非典一线采访中表现突出的优秀青年新闻工作者的情况,向王志等10位同志颁发首届“中直青年五四奖章”。同时,为了适应非典时期的特殊形势,中直团工委改进工作方式,到新华社、中央电视台、中央人民广播电台为获奖者现场颁奖并慰问。

四、工作兢兢业业

在贯彻落实十六大精神,完成工委赋予的任务方面,团工委肩负的责任比较重。同时,也得到了领导和同志们的肯定和鼓励。究其原因:一是团工委工作得到了工委领导的重视、关心和各方面的支持;二是团工委的同志齐心协力,心无旁骛。人心齐,泰山移。三是大家艰苦奋斗,真抓实干。团工委在人员较少的情况下,几位同志都特别能吃苦,特别能战斗,经常不辞辛苦,加班加点。四是重视努力学习、长期积累,不断提高工作水平和工作能力,有重担能挑得起。

中央国家机关团的工作

2003年,中央国家机关各级团组织以“三个代表”重要思想为指导,全面贯彻党的十六大精神,认真贯彻落实团十五大工作部署,突出青年理论武装,抓好“读书·实践·成才”和“树典型、学榜样、赶先进”主题活动,切实加强团的建设,团的各项工作取得了新的进展。

一、积极推进青年理论武装工作,兴起学习贯彻“三个代表”重要思想新高潮

中共中央《关于在全党兴起学习贯彻“三个代表”重要思想新高潮的通知》发出后,团工委及时下发通知,对在中央国家机关广大团员青年中进一步兴起学习贯彻“三个代表”重要思想新高潮做了动员和部署,并开展了“兴起新高潮,创造新业绩”主题教育活动。举办了中央国家机关团干部学习贯彻“三个代表”重要思想研讨班,近70名部门团干部参加了研讨,团中央书记处常务书记赵勇及有关方面的专家和学者为团干部做了辅导。年初,团工委与《紫光阁》杂志社联合举办中央国家机关青年学习党的十六大精神和“三个代表”重要思想知识竞赛活动。团工委还与工委宣传部联合举办“弘扬雷锋精神,实践‘三个代表’报告会”,邀请雷锋同志生前战友乔安山和学习雷锋的先进模范李素丽为中央国家机关的宣传干部和青年干部作了报告。

团工委牵头起草了《中央国家机关青年工作领导小组关于贯彻胡锦涛总书记对当代青年提出的三点希望的意见》，由工委印发。同时，团工委开展了中央国家机关青年干部思想状况专题调研，并将调研结果进行汇总和分析，形成了《中央国家机关青年干部思想状况调查报告》。

二、各级团组织和广大团员青年在非典防治工作中做出积极贡献

4月底，正当非典猖狂肆虐之时，团工委发出了《致中央国家机关广大团员青年的一封信》，号召大家手挽手共筑抗击非典的青春长城。团工委注意及时掌握中央国家机关系统青年参与防治非典的情况，并迅速向团中央和首都新闻媒体介绍他们的先进事迹，5月初，中日友好医院副院长许树强和数位团员、团干部受到了团中央的表彰。5月上旬，团工委对在防治非典工作中成绩突出的苑晓冬等8名优秀青年、张威等11名优秀团员、孔令煜等2名优秀团干部进行了表彰，进一步激励了广大团员青年战胜非典的信心和决心。

5月4日，团工委一行专程前往中日友好医院、煤炭总医院和广安门医院，慰问抗非一线青年医务工作者，并赠送了价值一万余元的营养品。在抗击非典取得阶段性胜利之际，团工委、青联会同文化部团委、青联举办了慰问中日友好医院医护人员文艺演出。团工委还会同国青生产力促进中心，争取有关企业的支持，向中央国家机关各部门防治非典工作先进集体和个人捐赠了数十万元的空气消毒机。

三、竭诚为青年服务，努力营造青年成长发展的良好氛围

2003年，团工委大力推进"读书·实践·成才"和"树典型、学榜样、赶先进"两项主题活动，取得了明显效果。团工委联合工会、妇工委举办了首届中央国家机关职工英语风采大赛，共有72个部门组织参加复赛，21个部门进入决赛，全国人大常委会副委员长傅铁山和工委副书记钮茂生、团中央书记处书记尔肯江·吐拉洪等领导同志出席了颁奖仪式并为获奖选手颁奖。

一年来，经团工委推荐，中央国家机关系统共有50位先进个人和56个先进集体受到了团中央及上级有关部门的表彰。团工委也获得了"共青团精神文明建设'五个一工程'组织工作奖"和"中国青少年新世纪读书计划优秀组织奖"等。

团工委还组织中央国家机关部分团干部到广西开展社会实践和扶贫活动；和国青中心联合中国人民大学举办了中央国家机关公共管理研究生班，继续与北京大学举办行政管理研究生课程班；举办11讲中央国家机关团干部经济知识系列讲座。

四、完成出席团十五大的各项工作，团的自身建设稳步推进

为做好出席团十五大的组织准备工作，团工委专门召开了共青团中央国家机关代表会议，差额选举产生中央国家机关出席团十五大的代表29名；工委副书记钮茂生、团中央书记处书记赵勇到会并讲话。按要求协商推荐了团中央委员、候补委员9名及团十五大主席团成员预备人选5名。在团十五大上，中央国家机关系统朱学庆、杨建华、晏绍前、高裕跃、景小勇、魏洪波等6位同志当选为团中央委员，方文杰、何亚兵、张怡宁等3位同志当选为团中央候补委员，中央国家机关团工委书记朱学庆当选为团中央常委。

一年来，各级团组织积极争取党组织的支持，把团建纳入党建的整体格局之中，积极推动机关团建创新。团工委作为中央国家机关青年工作领导小组办公室，积极推动相关工作，领导小组先后两次召开会议，专题研究青年工作，做出相关部署。在工委和团中央的支持下，调整和完善了团工委的领导班子，王平同志调离团工委后，刘涛同志任团工委副书记；增补李辉、李智、何勇、张宏、陈朝、周强、彭宏等7人为团工委委员。按照政府机构改革的要求，及时建立健全团组织、接转团的关系，保证金融系统13家单位和国家电力监管委员会机关团的工作关系顺利交接。积极开展团内创先争优活动，对125名优秀团员、112名优秀团干部和31个五四红旗团组织进行表彰。加大基层组织建设的工作力度，指导22个部门机关团组织进行换届调整或班子配备，一些基础薄弱的部门团组织工作有了新的进展。

中央金融系统团的工作

2003年是金融系统管理体制大变革的一年。团工委在银监会党委和团中央的领导下，认真履行职责，始终坚持“服务大局、服务青年、服务基层”的工作方针，引导青年积极投身金融改革与发展，努力为青年成长成才服务，结合工作实际，主要做了以下几项工作：

一、加强青年思想教育，用“三个代表”重要思想武装青年

坚持从巩固党的青年群众基础的高度出发，认真研究新形势下青年的特点和思想政治工作的规律，扎实工作，取得了良好的成效。

一是用党的十六大和十六届三中全会精神统一广大青年的思想。坚持把学习贯彻党的十六大和十六届三中全会精神作为首要政治任务，帮助青年把握会议的主题和灵魂，引导青年进一步增强贯彻落实党的十六大和十六届三中全会精神的自觉性，明确青年肩负的历史使命，坚定走建设中国特色社会主义道路的信念。

二是在广大青年中兴起学习“三个代表”重要思想的新高潮。按照会党委、团中央的统一要求和部署，通过选派青年骨干参加“三个代表”重要思想学习研讨班、组织动员广大青年参与团中央宣传部和中国青年报举办的“三个代表”重要思想知识竞赛、支持和帮助金融机构开展形式多样的“三个代表在基层”主题学习宣传教育活动等方式，加强对学习活动的引导，努力用“三个代表”重要思想构筑青年的强大精神支柱。

三是组织动员广大青年认真学习胡锦涛总书记在“三个代表”重要思想理论研讨会上的重要讲话精神，通过召开座谈会等形式，引导广大团员青年对“三个代表”重要思想的认识达到新的高度。

二、召开中国共青团金融系统代表会议，组团参加共青团第十五次全国代表大会

按照团中央的统一部署和工作安排，配合做好共青团第十五次全国代表大会的相关筹备工作，是各级共青团组织今年工作中的一件大事。

根据团中央《关于共青团第十五次全国代表大会代表选举工作的通知》的有关要求，3月14日召开了中国共青团金融系统代表会议，来自银行、证券、保险行业的25家金融机构的75名团员代表出席了这次大会。会议以差额选举的方式，从28名候选人中选举产生了23名出席团十五大的正式代表。

团的十五大于7月22日至26日在北京召开。金融系统首次单独组团参加团代会。在会党委的亲切关怀下，代表团按照大会要求，圆满完成了会议的各项任务，较好地展现了金融青年的风采。杨玉柱同志及中国保监会团委副书记刘宏健（女）、中国工商银行团委副书记张立军、中国建设银行团委书记王荣清（满族）当选团十五届中央委员；中国人民银行广州分行团委副书记傅强、中国农业银行新疆和田分行比丽克孜（女，维吾尔族）、中国银行湖北省襄樊分行张萱（女）当选为团十五届中央候补委员。

出席团十五大会议前，人行、银监会、证监会、保监会领导接见了金融代表团全体代表，阎海旺同志作了热情洋溢的讲话。

三、认真履行全国金融系统创建青年文明号工作领导小组办公室职责，推动青年文明号、青年岗位能手活动进一步深化

按照“深化、拓展、创新”的要求，围绕加强信用建设，树立行业新风这一主题，坚持不懈地推动旨在加强职业道德建设、提高青年员工思想和业务素质的青年文明号创建活动和争当青年岗位能手活动的开展。在青年文明号创建活动中，突出创新创效要求，使创建活动进一步向业务工作渗透，为金融系统加强管理、改善服务、提高效益发挥了积极的促进作用。争当“青年岗位能手”活动也取得了可喜的进展。在抓好创建工作的同时，注意做好监督、检查、表彰和经验推广工作，使创建活动充满活力，保持了良好的发展势头。

通过年度检查、评选，今年金融系统又有121个基层单位荣获2002年度全国级青年文明号称号，600个青年集体被继续认定为全国级青年文明号。评选出全国青年岗位能手6名，金融系统青年岗位能手99名。

四、着眼于服务青年、培养人才，组织金融系统青年骨干赴深圳开展金融业务考察活动

为促进金融机构之间的横向交流，加强沟通，更好地服务金融改革与发展，以实际行动支持西部大开发，今年3月，组织了一批中西部金融机构青联委员、青年管理骨干赴深圳进行金融业务学习考察，听取当地金融部门对金融业改革和发展情况的介绍，到有关金融机构就内部管理、业务拓展、金融创新以及精神文明建设等内容进行考察学习，开阔了眼界，交流了经验，取得了良好的成效。大家反映，这种考察切合金融工作实际，针对性强，体现了行业特点，对提高中西部地区金融机构青年干部的素质，改进和加强所在单位的工作具有积极的促进作用。

五、举办“重组与发展”2003年中国金融青年论坛

为了引导和动员金融系统广大青年围绕金融改革与发展，开展献计献策和进行深层次的理论探讨，激发青年的积极性和创造性，从1999年起，每年举办一届中国金融青年论坛。论坛活动开展五年来得到了各金融机构和广大青年的积极响应，已经成为金融系统青年工作的品牌项目。

2003年中国金融青年论坛的主题是“金融重组与发展”。围绕这一主题，各金融机构广泛动员青年参与，对在金融系统形成良好的学习研究风气产生了积极影响。在坚持论坛群众性的同时，注意抓好重点课题的研究，由中国金融青年论坛理事会牵头成立了专题研究小组，就金融重组与发展的有关理论与实践问题分专题进行深入研究，并提出了20余万字的专题报告。

本次论坛活动共收到参评论文近5000篇，通过层层评选，共评选出一等奖16篇，二等奖47篇，三等奖80篇，优秀奖124篇。一、二等奖获奖论文及专题报告已结集付印，即将以全国金融青联的名义由中国金融出版社出版。

六、其他工作

一是深入开展调查研究工作。为了增强工作指导的针对性和有效性，我们一方面注重及时与银监会系统各金融机构交流工作情况，交换工作意见；另一方面采取到地方召开座谈会等形式，了解青年思想状况和青年工作状况，推动基层青年工作的开展，今年主要到上海监管局、浙江监管局、宁波监管局等单位进行了调研，就如何组建银监局团委及如何在新形势下开展青年工作进行了充分交流。

二是及时向团中央反映金融系统体制变革情况，积极配合团中央做好金融系统青年工作体制调整工作。分别于今年2月、3月、7月就此问题向团中央作了三次汇报。在金融系统青年工作体制调整期间，既认真履行银监会团委职责，重点抓好银监会系统共青团和青年工作，也以负责任的态度，继续担负金融团工委的部分职能，主要是作好上传下达工作，确保信息渠道通畅。

三是在非典期间，响应党中央、国务院的号召，按照会党委和团中央的部署和要求，组织动员广大青年积极参与抗非典斗争，带头维护大局，带头落实防治措施，带头做好群众工作，立足岗位，无私奉献，为非典防治工作贡献了力量。

中央企业系统团的工作

2003年，中央企业各级共青团组织认真贯彻党的十六届三中全会、全国人才工作会议和团十五届二中全会精神，落实全国国有资产监督管理工作会议和中央企业负责人会议的有关要求，在国资委党委和团中央的领导下，在各中央企业党政领导的支持下，勇敢迎接非典疫情的严峻挑战，主动适应国有资产管理体制改革的新要求，紧紧围绕企业经营和生产的需要，按照“一条主线，两个重要载体”的工作思路，开展了形式多样、富有成效的活动，发挥了共青团组织应有的作用。

一、以“三个代表”重要思想为指针，切实加强青年思想政治工作

突出重点，深入学习“三个代表”重要思想和党的十六届三中全会精神。中央企业团工委就学习贯彻胡锦涛总书记“七一”重要讲话和党的十六届三中全会精神，掀起学习“三个代表”重要思想新高潮作出了安排。要求在学习过程中要做到两个结合，一是把学习贯彻十六大精神同学习胡锦涛总书记“七一”讲话结合起来；二是把学习贯彻十六大和十六届三中全会精神同引导团员青年坚定信念，岗位成才，为搞好国有经济做贡献结合起来。中央企业各级团组织按照团工委要求，采取多种形式组织基层团员青年开展学习活动。一些企业团委以“三个代表”重要思想为主题举办了团干部培训班；有的企业团委通过报告会、座谈会、出学习板报等形式组织团员青年学习；有的企业团委利用公司局域网开展学习“三个代表”和十六大精神网上答题竞赛活动，在广大青年中取得了很好的效果。

结合实际，大力开展企业改革发展的形势任务教育。中央企业团工委就中央企业共青团工作如何适应国有资产管理改革的需要，促进建立现代化企业制度，完善法人治理结构等专题，进行了研讨。并邀请国务院法制办参与《企业国人资产监督管理暂行条例》起草的同志来机关作辅导报告，加深了同志们对国资管理体制改革和《条例》重要意义的认识。一些中央企业团委定期组织专题讲座，通报企业经营生产情况，宣传解答企业改革发展的形势和理论问题，增强青年职工的大局意识和改革意识；有的企业团委在公司设立了板报天地，将最新的重要时事信息、企业内部重大改革措施，在板报上公布出来，时效性很强，效果也很好。有的企业团委组织老、中、青三代人的座谈会,回顾创业历史,分析目前形势,展望发展前景,使青年进一步增强了信心,认清了差距,明确了责任;还有的企业团委开展"爱国、爱厂、爱岗"主题活动,贯彻落实《公民道德建设实施纲要》,强化职业道德教育,引导青年树立正确的世界观,人生观和价值观。

抓住时机,宣传贯彻团十五大精神。中央企业系统是第一次组团参加团的全国代表大会。国资委党委高度重视中央企业的组团工作和大会精神的贯彻落实。国资委党委委员、国资委副主任王瑞祥同志专门听取了团工委的汇报,提出工作要求,会议召开前夕还专程到大会驻地亲切接见中央企业全体代表,并作重要讲话,对大家提出了殷切的希望。中央企业团工委把民主推荐代表、组团参加大会,作为中央企业团组织在新的历史条件下,回顾团的历史,弘扬团的传统,增强团员意识,创造新的业绩的思想政治教育的契机。经过严格的民主程序,中央企业顺利地完成了团代表人选的推荐选拔。中央企业团工委推荐的9名团中央委员、候补委员人选全部当选。

会议中,代表们认真学习领会中央领导同志讲话,审议工作报告,提出工作建议,展示了中央企业青年良好的精神面貌和议事能力。团代会后,中央企业团工委召开团工委扩大会议,传达会议精神,就宣传贯彻大会精神作出了安排。中央企业各级团组织以研讨会、知识竞赛、培训班等方式组织了传达学习和宣传贯彻活动。有的企业团委还在中央团校举办了贯彻团十五大精神团干部专题培训班,取得了良好的效果。

在抗击非典的斗争中,弘扬青年艰苦奋斗、不怕牺牲的奉献精神。面对非典疫情这一突发事件,中央企业团工委迅速下发了《关于在抗击非典斗争中发挥好基层团组织和广大团员作用的通知》,动员和组织中央企业团员青年以实际行动防治非典,支援重点单位抗击非典,夺回非典疫情造成的经济损失。中央企业团组织在党政的统一部署下,团结一心,众志成城,投入到抗击非典斗争的第一线。在生与死的严峻时刻,青年突击队员勇往直前,连续奋战,创造了许多可歌可泣的动人事迹,充分展示了中央企业青年艰苦奋斗、不怕牺牲、无私奉献的良好精神风貌。2个中央企业团支部、8名团干部受到团中央表彰。

二、深入开展青年创新创效活动,为企业改革发展和青年岗位成才服务

开展青年创新创效技能培训和学习,增强青年的创新意识和能力。中央企业团工委要求,开展青年创新创效活动,首先要做好与青年岗位相关的技能和知识培训,特别是为青工开展岗前适应性培训和岗位强化性培训。这是增强青年创新创效活动的后劲,扩大青年参与面的一项重要的基础工作。有的企业团委举办了大专、本科等多种形式的进修班,与电脑公司联合举办了电脑展示会、网页设计、计算机操作比赛等活动;有的企业团委以企业经营活动为素材,开展青年FLASH创作比赛,引导和帮助青年熟悉和掌握电脑操作知识和技能。一些企业团委组织青年骨干参加企业经营模拟训练培训和由各部门轮流主讲的专题业务培训班。有些二级企业、厂所团组织通过举办计算机讲座、有奖读书活动、青年英语强化班等方式,为青年职工适应岗位创新工作提供服务,深受青年欢迎。

以项目化运作的方式,推进青年创新创效活动。中央企业团工委把项目化运作作为推进创新创效活动的重要措施。要求通过建立一套科学完善的项目申报、考核和奖励机制,确定一批青年创新创效项目,为青年积极投身创新创效活动提供切实的帮助和支持。中央企业各级团组织积极探索、勇于实践,主动争取有关职能部门的支持,广泛选题立项,建立青年创新创效项目库,明确项目目标、责任人、参与人、时间进程和操作方案,并对每一项创效成果进行鉴定考核,兑现奖励措施。一些项目还获得了国家级奖励。有的企业团委与技术部门联合，注重对“五小”活动的规范化管理，把项目的确定和成果的表彰纳入了公司科技创新工作之中，组织实施了青年技术创新百点计划。青年技能大赛和科技论文评比已成为中央企业特别是工业企业和科技型企业团组织培养岗位能手，推进创新创效的制度化工作项目。有的企业还组织了创新创效成果展示、项目大赛。有的企业团组织以创新项目依托，注册成立了公司，把创新的成果推向市场，在创新创效项目的成果转化方面做出了有益的探索。据不完全统计，目前经企业行政、技术和财务部门认定的创新成果近万项，直接或间接为企业创效上百亿元人民币。

广泛开展“号”、“手”、“岗”等活动，夯实青年创新创效的工作基础。中央企业团工委把争创“青年文明号”和争当“青年岗位能手”、青年安全生产示范岗、劳动竞赛、技术比武、导师带徒、岗位练兵、以及“五小”等活动纳入到青年创新创效活动的总体工作中，各中央企业团组织围绕大局，规范管理，整体推进，使传统活动赋予了新的时代内涵，得到了进一步的深化和推广。一些企业把创造青年品牌，创建人才培养基地，提高岗位技能和效益，纳入创建青年文明号、争当青年岗位能手的目标管理，使号手活动有机地统一起来；有的企业组织青工 QC 课题攻关小组，推进群众性的管理创新活动；有的企业根据岗位、项目实施时间和质量对青工劳动竞赛进行分类考核，引导广大团员青年围绕急难险重任务开展创新创效；一些贸易企业团组织以营销创新为重点，开展青年营销竞赛，为企业提高效益做贡献。去年，51 个青年集体获得中央企业青年文明号称号，78 位青年当选中央企业青年岗位能手和中央企业杰出青年岗位能手。迄今为止，中央企业共有 813 个青年集体被团中央确定为全国青年文明号，125 名青年被评为全国青年岗位能手。

开展“我为国家重点工程做贡献”活动，深化青年创新创效活动。中央企业是国家重点工程建设的主力军，参建职工中大多数是青年。中央企业团工委把在国家重点工程中开展青年创新创效作为重点工作，着力深化，以此推动中央企业青年创新创效工作的全面开展。2003 年 9 月，中央企业团工委在西藏拉萨青藏铁路建设工地，召开了“我为青藏铁路做贡献”现场表彰大会，国资委党委、铁道部和团中央联合作出决定，授予在青藏铁路工程建设中做出显著成绩的青年集体和个人“国家重点工程建设青年贡献奖”。国资委副主任王瑞祥同志为青年突击队授旗，并作了重要讲话。中央电视台、人民日报、中国青年报对此作了报道。在西气东输等其他国家重点工程建设中，青年创新创效活动也深入开展起来。12 月，中国铁路工程总公司团委在西气东输工程岳阳城陵矶跨长江遂道工地，举行了隆重的誓师大会。2004 年 1 月，中国长江三峡开发总公司团委在三峡工程工地，召开了青春立功创新竞赛表彰大会。担负重点工程建设的中央企业团组织以签订青工安全包保责任书、加强青工安全教育、青年安全生产监督和工地安全有形化建设为手段，把创建青年安全生产示范岗作为创新创效活动的一项重要内容来抓，采取措施加强安全生产工作，取得较好效果。

三、扎实推进团的自身建设，积极活跃青联工作

为进一步理顺中央企业团的组织关系提供政策服务。国资委党委成立后，中央企业团工委积极争取党委的支持，以国资委党委、共青团中央的名义下发了《关于国资委监管企业共青团工作及有关问题的通知》[国资党发群工(2003)6 号]，对中央企业团委的设置、团干部的选拔任用等问题提出了明确的意见，为中央企业团的组织建设提供了有力的政策依据。以此为依据，组建中央企业团委的工作有了新的进展，一批企业建立了企业团委，还有一批企业团委正在筹建过程中。2003 年共批复 19

家企业成立团委或进行换届选举，协助有关企业党委任命团的主要干部33人。

依靠党建带团建，进一步优化团的外部环境。中央企业团工委就企业团组织的设置、团干部的配备等工作，听取企业党委的意见和建议，进行交流，开展协商，积极争取企业党委（党组）支持，把团的建设纳入到党的建设规划中，大力推进企业共青团和青年工作。企业党委高度重视共青团和青年工作。一些企业通过召开青年工作会、青年思想政治工作会等形式对共青团工作提出要求、做出部署。有的企业在全系统开展了党建带团建工作的调研；有的企业出台了《总公司党建带团建工作考核办法》，下发了《关于对党建带团建工作进行检查的通知》，开展自查和抽查。许多企业领导亲自参加公司团代会并作讲话，与青年职工座谈，专题研究团的工作。通过党建带团建，加强了对企业团组织的领导，带动了团组织的建设，增强了团组织的生机和活力，发挥了团组织的作用。

继续加强制度建设和作风建设。中央企业团工委以《关于做好在京中央企业团的组织统计工作的通知》、《关于中央企业团费交纳和管理使用规定》为依据，使在京中央企业团费收缴和统计工作自上而下、从无到有开展起来，并逐步规范。适时召开的团工委扩大会议在研究和推进工作中取得了较好的效果。协作区工作制度得到坚持，工作得到活跃，各协作区积极开展了工作交流、经验总结和青年活动。一些中央企业团组织还专门就基层团组织换届选举的审批、团内表彰、专兼职团干部的培训和推荐、团内民主生活会以及日常工作订立了工作规范。为了更好地总结工作，寻找差距，中央企业团工委转变作风，以问卷调查的方式，征求各中央企业团委对团工委各方面工作的意见。中央企业各级团组织脚踏实地，注重调查研究，提高工作水平，在作风建设上有了新的面貌。

深入创建五四红旗团委活动，推进基层团组织建设。中央企业团组织以“班子建设好，主题活动好，支部建设好，活动阵地建设好”为创建标准，并与优秀团干部和优秀团员的表彰工作结合起来，普遍开展了创建活动。2003年中央企业团工委确定137家基层团委为第三批（2003－2005）中央企业五四红旗团委创造单位，并在达到创建时间和创建工作目标的单位中审核确定了47家团委为中央企业五四红旗团委。去年评选表彰了70名中央企业优秀团干部，69名中央企业优秀团员。5名中央企业团干部被评为全国优秀团干部，5名团员被评为全国优秀团员。

活跃青联工作，切实为委员服务。开展了第二届“中央企业十大杰出青年”评选表彰工作。我们向全国青联推荐中国十大杰出青年候选人中国空空导弹研究院院长荣毅超，已光荣当选第十四届中国十大杰出青年。为举办中央企业青联“企业改革与发展”论坛作了充分的准备，委员们积极参加，提交了一批论文成果。邀请航天英雄杨利伟、神舟号飞船系统总指挥袁家军、国资委有关部门领导举行了报告会。举办了委员活动日、委员座谈会、中秋联谊、新增补委员座谈会等活动，为委员研讨交流工作，增进了解和友谊，营造了良好的氛围，增强了青联组织的凝聚力。

附　　录

2003 年工作大事记

2003年工作大事记

1月5日—6日 团中央青年志愿者扶贫济困服务团一行60多人，赴革命老区、国家扶贫工作重点县山西灵丘，开展科技、教育、医疗、法律、文艺等志愿服务和扶贫济困活动，为500多户特困群众送去价值40多万元的慰问金、衣物和装有米、面、油等过节食品的"青年志愿者爱心包"。周强、赵勇参加慰问活动，并考察团中央赴灵丘扶贫工作队的有关扶贫工作项目。

1月9日—10日 全国青联九届四次常委（扩大）会议在北京举行。中共中央政治局委员王兆国接见会议全体代表并合影留念。周强出席会议并讲话，孙金龙作工作报告，黄丹华、崔波、赵勇出席。

1月9日 中共中央政治局委员王兆国为刚刚当选的第13届"中国十大杰出青年"颁发奖牌并与大家亲切座谈。座谈会上，王兆国同志发表重要讲话，充分肯定了十杰青年在各自岗位上所取得的成绩，勉励他们珍惜荣誉，追求卓越，再创辉煌。周强主持座谈会，孙金龙、黄丹华、崔波、赵勇、胡伟、杨岳出席。

1月9日 中国法学会青少年法律研究会在北京举行成立大会。全国人大常委会副委员长曹志出席会议，全国政协副主席、中国法学会会长任建新向大会发来书面讲话。周强，中国法学会党组书记、常务副会长佘孟孝出席并致贺词。最高人民法院、最高人民检察院、中央综治办、全国人大内务司法委员会等有关部委负责同志出席会议。中国法学会青少年法律研究会是我国第一个专门从事青少年法律和公共政策研究的社会团体。会议选举产生了会长、副会长、常务理事等领导机构成员。

1月10日 全军青年向保护母亲河行动捐款仪式在人民大会堂举行。周强、军委总政治部副主任唐天标出席仪式并讲话。赵勇主持仪式，军委总政治部组织部部长张铁健等出席。捐款仪式上，军委总政治部组织部负责人代表全军青年把1800.36万元捐赠给保护母亲河行动，用于建设中国青少年绿色家园、解放军青年林等保护母亲河生态工程。

1月10日—11日 共青团社区和权益工作会议在北京召开。杨岳出席并讲话。

1月14日 以孙金龙为团长的全国青联慰问服务团在辽宁朝阳市开展"三下乡，送温暖"活动。

1月15日—24日 团中央书记处集体到各直属单位听取2002年工作情况和2003年工作安排的汇报，慰问工作在一线的干部职工。

1月15日 全国首届下岗失业青年网上招聘大会开幕暨中国青年创业网开通仪式在北京举行。周强在办公室通过互联网参加会议并点击开通中国青年创业网，胡伟参加北京主会场的活动。全国101个促进青年就业和再就业工作重点联系城市设立了分会场，数万名求职青年参加活动。

1月16日—17日 共青团宣传工作会议在北京举行。周强出席并讲话，崔波出席并对2003年团的宣传思想工作作出具体部署。

1月17日 第二届“母亲河奖”颁奖仪式在中央电视台举行。周强、赵勇及全国绿委、全国人大环境与资源保护委员会、全国政协人口资源环境委员会、水利部、农业部、国家环保总局、国家林业局等主办单位负责同志出席并为获奖者颁奖。周强同志发表讲话。

1月17日 黄丹华会见前来出席第二届“母亲河奖”颁奖仪式的日本青年团协议会原会长久保田满宏。

1月29日 周强主持召开团中央书记处会议，集中阅读和认真讨论十届全国人大一次会议《政府工作报告(征求意见稿)》，并提出了具体意见。会议还听取了团十五大文件起草组的工作汇报。

1月30日 中共中央政治局委员王兆国到团中央机关视察工作，亲切看望团中央机关干部职工，并与大家座谈。座谈会上，听取周强的汇报后，王兆国同志发表重要讲话。孙金龙、黄丹华、崔波、赵勇、胡伟、杨岳参加。座谈会前，王兆国同志视察了中青网、宣传部、办公厅等部门。

2月9日—10日 共青团中央召开工作会议，深入贯彻党的十六大精神，以“三个代表”重要思想为统领，研究部署下一阶段团的工作。周强出席并讲话。孙金龙、黄丹华、崔波、赵勇、胡伟、杨岳出席会议。

2月中旬 共青团中央、中央文献研究室共同编辑的《珍贵的手迹——毛泽东邓小平江泽民关怀青少年和青少年工作》一书在全国各地发行。本书收录了毛泽东、邓小平、江泽民同志在不同历史时期有关青少年和青少年工作的手迹97件，包括题词、书信、批示和题名，每件手迹均配有释文。这些珍贵的手迹生动地反映了毛泽东、邓小平、江泽民同志对青少年和青少年工作的亲切关怀和殷切期望，体现了我们党历来对青少年成长和青少年工作的高度重视。

2月14日 中国青年科技工作者协会召开三届一次会长会议。会议总结2002年工作，研究部署2003年工作。

2月20日 全国保护母亲河行动电视电话会议在北京召开。赵勇代表全国保护母亲河行动领导小组对2002年的工作进行总结，并部署2003年的工作。全国人大环境与资源保护委员会副主任委员叶如棠、全国政协人口资源环境委员会副主任委员陈洲其、水利部副部长陈雷、国家环境保护总局副局长王玉庆、国家林业局副局长祝列克及有关方面的负责同志出席会议并讲话。会上还表彰了2002年度保护母亲河行动先进集体和个人。

2月21日—22日 全国青年外事工作会议在海南召开。会议总结了过去5年的青年外事工作，研究部署当前和今后一个时期的青年外事工作。周强出席会议并讲话。他指出，青年外事工作要以国际青年政治交流为基础，全面开展国际青年经济交流、文化交流和项目合作，不断开创青年外事工作新局面。黄丹华作工作报告。中联部副部长张志军，中共海南省委常委、统战部部长王守初等出席会议并讲话。各省级团委及有关单位负责同志参加会议。

2月26日 中央综治委预防青少年违法犯罪工作领导小组2003年第一次全体会议在北京召开。全国人大常委会副委员长、中央综治委副主任、预防青少年违法犯罪工作领导小组组长曹志出席会议并讲话。中央综治委副秘书长、中央综治办主任、预防青少年违法犯罪工作领导小组副组长陈冀平主持会议，周强、杨岳以及领导小组其他成员出席会议。

2月26日—27日 全国“大学生素质拓展计划”现场推进会暨2003年共青团学校工作会议在上海召开。赵勇出席会议并讲话。

2月27日 中宣部、中央文明办、解放军总政治部、共青团中央在人民大会堂共同举行纪念学习雷锋活动40周年大会。中共中央政治局常委李长春出席大会并发表重要讲话。

他强调，雷锋精神展示了共产党人的特殊品格，体现了伟大的民族精神。当前，要深入实践“三个代表”重要思想，继续发扬光大雷锋精神，推动广大人民群众积极投身改革开放和现代化建设的伟大实践，为实现党的十六大提出的全面建设小康社会的宏伟目标而努力奋斗。中共中央政治局委员、书记处书记、中宣部部长刘云山主持大会，中共中央政治局委员、全国政协副主席王兆国出席大会，中共中央书记处书记、解放军总政治部主任徐才厚出席会议并宣读全国学习雷锋、志愿服务先进集体和先进个人表彰决定。106 个全国学习雷锋、志愿服务先进集体和 100 名先进个人在会上受到表彰。周强以及四位青年典型代表就发扬雷锋精神、推动青年志愿者行动等内容先后发言。会前，李长春等中央领导同志亲切会见全国学习雷锋、志愿服务先进集体和先进个人代表，并与大家合影留念。

2 月 27 日　周强主持召开团中央书记处会议，传达学习党的十六届二中全会精神，结合青年和共青团工作实际，认真研究贯彻落实措施。

2 月 27 日　团中央书记处研究决定拨出 20 万元团费，用于紧急支援新疆地震灾区一线团组织开展抗震救灾工作。

2 月 28 日　中宣部、共青团中央、教育部和中共内蒙古自治区委举办学习“12・14”勇救落水儿童英雄群体座谈会。中共中央政治局委员、书记处书记、中宣部部长刘云山出席并讲话。

2 月 28 日　由中宣部、中央文明办、解放军总政治部、共青团中央共同举办的“与时代同行”纪念学习雷锋活动 40 周年文艺晚会在沈阳军区雷锋生前所在团驻地举行。杨岳、解放军总政治部组织部副部长刘健和沈阳军区、辽宁省及抚顺市的负责人出席。

2 月 28 日　共青团中央所属“中国共青团”网站被国家经贸委信息中心、信息产业部信息化推进司、政府上网工程服务中心联合授予“政府上网工程网站建设示范单位”荣誉称号。

2 月 28 日　为纪念无产阶级革命家、军事家、国家和军队的优秀领导者陈赓同志诞辰 100 周年，由共青团中央、中央党史研究室、国家档案局主办，团中央信息办、国家档案局办公室和中青网共同承办的网上“陈赓纪念馆”正式开通。

2 月 28 日　中国少年儿童新闻出版总社向共青团中央定点扶贫的山西灵丘县捐赠 5 万元扶贫资金。

3 月 3 日—14 日　崔波、赵勇、胡伟出席全国政协十届一次会议。赵勇当选为全国政协十届常务委员会委员。

3 月 4 日　黄丹华会见应中联部邀请来访的以马来西亚民政党常务副主席、政府贸工部副部长郭洙镇为团长的马来西亚民政党代表团。

3 月 5 日—16 日　孙金龙出席第十届全国人民代表大会第一次会议，当选为第十届全国人民代表大会常务委员会委员。

3 月 9 日　全国保护母亲河日活动在全国各地开展，共有 100 多万青少年参与。今年的行动主题是：人人参与，共建美好家园。各地团员青年走上街头，张贴、分发宣传保护母亲河、保护生态环境基本知识的宣传画，广泛开展“同一条河”文化活动。

3 月 10 日　共青团中央召开全团青工工作电视电话会议，安排部署 2003 年全团青工工作。会议明确 2003 年全团青工工作要坚持以服务改革发展稳定大局、服务青年职工成长成才为目标，全力推进促进青年就业和再就业工作，着力深化青年创新创效、青年文明号和青年岗位能手活动，进一步做好青年企业家协会工作，切实加强青工战线团的自身建设，推动青工工作实现新发展，团结带领广大青年职工为全面建设小康社会做出更大贡献，以优异成绩迎接团十五大的胜利召开。胡伟出席会议并讲话。

3月12日 《中国新闻出版报》头版刊载近万字通讯《以专业化求强求大求“化学变化”聚变——中国少年儿童新闻出版总社运行寻“迹”录》，并配发评论员文章《向独特“配方”要“化学变化”》。

3月13日 黄丹华会见应全国青联邀请来访的、以韩国文化观光部青少年支援课行政事务官朴光洙为团长的韩国青年代表团。

3月17日 中央团校举行“学习贯彻党的十六大精神专题培训班”开学典礼。赵勇出席并作开班动员报告。

3月17日 黄丹华会见应全国青联邀请来访的、以日本内阁府参事官山本茂树为团长的日本内阁府先遣人员代表团。

3月17日—18日 孙金龙出席十届全国人大常委会一次会议。

3月20日 周强主持召开团中央书记处会议，传达学习十届全国人大一次会议和全国政协十届一次会议精神，结合青年和共青团工作实际，研究贯彻落实措施。

3月23日 孙金龙会见并宴请以日本东京青年会议所日中友好之会会长田中常雅为名誉团长、2003年度理事长平将明为团长的日本东京青年会议所代表团。

3月28日 周强列席中共中央政治局学习讲座。

4月1日 根据韩国、泰国等国友好团体推迟或取消原定的访华计划的情况，共青团中央及时报送“非典型肺炎影响我青年对外交往”的情况反应，提请有关部门予以关注。

4月1日 周强主持召开会议，听取团中央各直属单位负责同志对团十五大工作报告（征求意见稿）的意见和建议。

4月2日 共青团中央发出通知，要求各级团组织在共青团员特别是广大团干部中广泛深入扎实地开展学习郑培民同志活动。

4月3日 十届全国人大内务司法委员会副主任委员张丁华、刘珩一行就青少年法制工作到团中央机关调研。周强出席座谈会并介绍了有关工作情况。

4月3日 在团十五大机关动员大会上，周强要求团中央机关干部职工在筹备团十五大过程中，切实做好非典型肺炎的预防工作，制定详尽的工作方案，确保万无一失。预防非典型肺炎，思想要统一到党和政府精神上来，要相信党和政府，相信我们的各级组织，不听信谣言，不制造恐慌，同时，对每个同志来讲要增加这方面的知识，增强免疫力，提高防范能力。要切实做好思想政治工作，对机关和直属单位的不稳定因素要及时发现，采取措施，做好工作。

4月4日 共青团中央召开创建学习型机关座谈会。会议的主题是“努力建设学习型机关，全面提高干部素质”，大力弘扬团中央机关刻苦学习、奋发创造的优良传统。周强在座谈会上指出，团中央机关创建学习型机关，不仅是认真贯彻党的十六大精神，贯彻江泽民同志号召的需要，同时也是共青团和团中央机关不断适应形势发展的需要，不断开创工作新局面，不断增强凝聚力、战斗力的需要。他强调，要让学习成为个人的一种思维方式，成为一种生存方式或生活方式，成为每个人前进的动力。

4月7日 周强主持召开会议，听取省级团委负责同志对团十五大工作报告（征求意见稿）的意见和建议。

4月8日 由共青团中央、全国少工委联合主办的首届中国少年儿童艺术节拉开帷幕。

4月9日 针对一个时期以来不少大学生对非典的关注程度呈上升趋势的情况，共青团中央及时编发《值班通报》，提请有关部门应高度关注非典型肺炎对大学生的影响。

4月10日 共青团中央、教育部、全国学联联合下发《关于进一步做好促进高校毕业生就业工作的意见》。《意见》提出五项主要措施：一、加强思想政治工作，引导毕业生树立正确的择业观、就业观和成才观，树立行行建功、处处立业的就业观；二、做好大学生就业指导和就业信息服务；三、全面推进大学生素质拓展计划，帮助大学生在入校之初和在学期间就能树立与自身条件相适应的从业目标；四、积极扶持大学生通过自主创业实现就业；五、努力开辟灵活、临时的就业渠道。

4月10日 周强主持召开团中央书记处会议，研究团的十五大有关筹备工作。

4月11日 团中央书记处召开团的十五大工作机构各处负责人会议，研究部署大会筹备工作。

4月11日 中国青少年发展基金会在北京举行武警部队官兵向保护母亲河行动捐款仪式。武警部队此次共捐款460万元人民币，用于在国家重点生态治理区建设“武警世纪林”、“武警西部万亩林”等保护母亲河生态工程。周强在捐款仪式上讲话，武警部队副政委隋绳武等出席。

4月11日—12日 共青团中央在中国农业大学举行“创业者风采”优秀大学毕业生事迹首场报告会。12日上午，在北京大学举行“创业者风采”优秀大学毕业生事迹报告会。

4月12日 共青团中央、全国少工委举行2003年中华少年牵手小甲A足球活动启动仪式暨“全国欢乐足球活动营颁奖大会”。

4月14日 中共中央政治局委员、上海市委书记陈良宇，周强出席共青团上海市第十二次代表大会开幕式并讲话。

4月15日 党中央书记处听取团中央书记处关于团的十五大筹备情况的汇报。

4月17日 周强主持召开团中央书记处会议，研究先进基层团组织及第七届“中国青年五四奖章”评选表彰事宜。

4月18日 由共青团中央、国家经贸委、劳动和社会保障部、国家知识产权局、中国科协联合举办的全国青年创新创效大赛总结表彰会在北京举行。首钢总公司团委、大庆石油管理局团委、中国石化集团长岭炼化公司李寿涛、华北电力集团公司彭新立等获奖集体和个人受到表彰。本次大赛从2002年9月28日开始，历时近半年。据统计，共有30个省（区、市）的1.5万多名青年职工报名参加了各项比赛，200多家企业团委参加了全国青年创新创效先进单位评选，共收到参赛成果1680余项。

4月18日 共青团中央、全国学联、全国少工委发出通知，要求各地各校在党委、政府的统一领导下，协助做好大中小学生非典型肺炎预防和控制工作。各级共青团、学联和少先队组织要全力协助做好预防和控制工作。

4月19日—20日 周强连续两次主持召开团中央书记处扩大会议，深入学习胡锦涛总书记、温家宝总理关于防治和消除非典型肺炎工作的重要讲话精神，学习中共中央政治局常务委员会会议关于进一步加强非典型肺炎防治工作的精神和国务院召开的全国非典型肺炎防治工作会议精神，学习《中共中央办公厅、国务院办公厅关于切实加强领导，进一步做好非典型肺炎防治工作的通知》和《中共中央办公厅、国务院办公厅关于北京地区非典型肺炎防治工作情况和调整卫生部、北京市政府主要负责同志的通报》，传达学习中共中央政治局委员王兆国电话指示精神和关于做好高校学习防治非典型肺炎工作的重要批示精神，结合青年和共青团工作实际，进一步研究部署防治和消除非典型肺炎工作的具体措施。会议要求，在当前形势下，共青团作为党的助手，要积极行动起来，为党分忧，为人民群众解难，以实际行动为夺取防治和消除非典型肺炎工作的完全胜利和维护改革发展稳定大局作出应有的贡献。各级团组织要在当地党委政府的统一领导下，开展青年志愿服务活动，为奋战在第一线的医护人员提供志愿服务，参加公共场所的防疫消毒工作，及时发现报告疫情，宣传科学预防知识，消除疑虑，稳定人心。要积极协助防治机构切实做好在校学生、务工青年等青年群体的防治工作。

4月21日 共青团中央召开机关各部门、各直属单位主要负责同志会议，深入学习胡锦涛总书记、温家宝总理关于防治和消除非典型肺炎工作的重要讲话精神，学习党中央、国务院一系列关于加强非典型肺炎防治工作的重要指示精神，学习《中共中央办公厅、国务院办公厅关于切实加强领导，进一步做好非典型肺炎防治工作的通知》，研究部署团中央机关、直属单位进一步加强非典型肺炎防治工作的具体措施。

4月23日 共青团中央、全国青联、全国学联在广大团员青年中开展"同心协力，战胜非典"特别活动，号召团员青年把思想统一到党中央、国务院的部署上来，面对非典型肺炎这场突如其来的重大灾害，拿出勇气和信心，沉着应对，团结一心，依靠科学，坚定信心，众志成城，战胜疫病。活动主要包括以下内容：众志成城——向战斗在抗击非典第一线的白衣战士们表示崇高的敬意；与你同心——向日夜奋战，抗击非典的医护人员捐赠"志愿者爱心包"；亲情述说——向为抗击非典而奋战的亲人述说理解、关怀和思念；关爱生命——了解非典、认识非典、预防非典，珍重自己、关爱他人；青春誓言——以青春宣誓，用本职岗位的贡献支持抗击非典的战斗，在祖国和人民需要的时候做出奉献。同日，共青团中央、全国青联、全国学联在人民日报、中国青年报等媒体刊登了"同心协力，战胜非典"专版公益广告，在全社会产生了积极反响。

4月24日 共青团中央拨出专款600万元，用于支持各地团组织在学生、农村青年和群众中开展防治非典宣传工作以及实施各项防治措施。

4月24日 共青团中央召开各部门各直属单位主要负责人会议，传达学习中共中央政治局候补委员、书记处书记、中直机关工委书记王刚在中直各单位机关党委书记会议上的讲话精神，进一步研究部署团中央机关、直属单位加强非典防治工作的具体措施。

4月24日 周强看望中国青年政治学院师生员工，考察学校的防治非典工作。他希望同学们要充分信任党和政府，要坚信在党中央和国务院的坚强领导下，在全国人民的共同努力下，我们一定能够做好防治和消除疫情的工作，一定能取得抗击非典的最终胜利。他特别强调，危难之中见精神。当国家和民族面临困难的时刻，正是需要大大增强民族凝聚力、大力弘扬民族精神的时候。面对这场突如其来的灾害，对我们各级团组织和每一位团干部、团员青年都是一次考验。广大团干部和团员青年要在这一没有硝烟的战场上，锤炼民族精神，在抗击非典的战斗中，众志成城，用本职岗位的贡献支持抗击非典的战斗，在人民需要的时候做出我们真诚的奉献，用我们的青春、勇气和信心共筑抗击非典的新长城。

4月25日 周强到中国青年报社看望干部职工，考察报社的非典防治工作。他指出，现在国家和民族正面临困难，特别需要大力增强民族凝聚力，大力弘扬民族精神，报纸对此负有重要的责任。中国青年报前一阶段关于抗击非典的不少报道视角独特，特别感人，效果很好。他希望大家确保自己的健康和安全，办好报纸，激励民志，战胜非典。

4月25日 共青团中央、全国青联、全国学联、中国青年志愿者协会、中国青少年发展基金会共同发起抗击非典"志愿者爱心包"捐赠活动。团中央机关首先行动起来，书记处各同志率先捐款，机关各部门干部职工踊跃捐款。截至当日下午5时，主办单位共收到团中央机关、团中央直属单位和社会各界青年的捐款42.2万元。

4月25日 共青团中央下发紧急通知，要求各级团组织按照国务院办公厅《关于动员北京等地高等学校学生、农民工就地学习务工的紧急通知》精神，以对广大青年和城乡居民高度负责的态度，迅速行动起来，认真做好相关工作。《通知》要求各地高校团组织，要在高校党政统一领导下，积极做好在校学生思想工作，动员学生在校学习和生活，对准备离校的学生要予以劝阻。《通知》要求北京等发病人数较多地区的团组织要动员进城务工青年就地务工。要耐心劝阻进城务工青年近期返乡探亲访友和外出旅游。

4月25日 共青团中央发出通知，要求中西部地区团组织动员青年卫生志愿者赴农村开展以宣传防治非典型肺炎为主要内容的卫生防病服务。通知要求各地立即动员部署，认真组织实施，以系统招募、轮换接力的方式组织本省（区、市）医疗卫生单位、医学高等院校的青年卫生志愿者服务队到农村开展短期卫生防病服务。各医疗单位、医学高等院校的团组织要积极动员本系统、本行业的青年参加。

4月25日 团中央青农部向各省、自治区、直辖市团委青农部门发出紧急通知，要求各地动员和组织广大农村团员青年积极投身农村预防和控制非典型肺炎工作。通知指出，当前按照党中央、国务院的统一部署，各地加强非典型肺炎的预防、治疗和控制工作正在普遍展开，农村是中央明确提出的重点预防地区之一。通知要求农村团组织和团干部，在当地党政领导下，配合协助有关部门，切实做好农村地区非典型肺炎预防工作，控制疫情向农村地区传播和蔓延。

4月25日 “我们的文明”主题系列宣传活动组委会和中青网等13家网站联合向国内各网站发出倡议，号召网络界和广大网友面对非典型肺炎这场突如其来的民族危难，拿出勇气和信心，在党中央、国务院的坚强领导下，充分发挥网络媒体的作用，在这场没有硝烟的战斗中，坚定地同奋战在抗击非典第一线的白衣战士并肩战斗，坚定地同广大人民并肩战斗，同心协力，战胜非典。

4月28日 周强前往北京佑安医院、丰台建筑工地慰问战斗在防治非典一线的青年医护人员、团干部和进城务工青年。在佑安医院，他向辛勤工作在一线的青年医护人员表示亲切的慰问和衷心的感谢，鼓励广大团员青年积极响应党中央、国务院的号召，继续发扬无私奉献、救死扶伤、对人民健康高度负责的崇高精神，再接再厉，顽强工作。在丰台建筑工地，他向仍坚守在工作一线的进城务工青年赠送了预防非典的书籍、药品、生活和文体用品，鼓励进城务工青年在党和政府的坚强领导下，坚定信心，坚守岗位，在做好自我防范的同时，用良好的工作业绩为抗击非典型肺炎做出贡献。

4月28日 共青团中央、全国学联召开网络会议，进一步动员北京等地高校团学组织为抗击非典办实事、作贡献。会议要求各级团学组织、广大团干部、学生干部进一步紧急动员起来，办好四件实事：一是要动员引导北京等地高校学生就地学习，避免因为流动造成更大面积的疫情扩散；二是要建立和完善校园内群防群治的预防控制网络；三是要服务基层团组织和学生社团，开展小型、分散的户外和网上活动；四是要在抗击非典斗争中弘扬和培育民族精神。

4月28日 共青团中央下发通知，要求城市社区团组织动员社区团员青年积极参与预防和控制非典型肺炎工作。通知要求社区团组织和团干部要紧急行动起来，动员城市社区广大团员青年在当地党政领导下，配合协助有关部门，积极参与预防和控制非典型肺炎工作。

4月28日 共青团中央授予大庆油田第一采油厂团委等10个基层团委“全国五四红旗团委标兵”称号、北京门头沟区龙头镇团委等190个基层团委“全国五四红旗团委”称号；授予北京列车段T21/22次列车团支部等10

个团支部（总支）“全国五四红旗团支部标兵”称号、北京市森林旅游开发公司团支部等290个团支部（总支）“全国五四红旗团支部”称号；授予共青团河北昌黎县委等60个团县（市、区）委“全国团建先进县（市）”称号。

4月29日 周强在中南海怀仁堂出席庆祝“五一”国际劳动节全国劳动模范座谈会。

4月29日 周强主持召开团中央书记处会议，学习4月28日中共中央政治局会议精神，结合青年和共青团工作实际研究贯彻落实措施。会议认为，4月28日中共中央政治局会议是一次十分重要的会议，对于全面贯彻十六大精神，推动全党兴起学习贯彻“三个代表”重要思想新高潮具有极其重要的意义，对于在当前形势下处理好非典型肺炎防治工作和经济工作的关系，在切实抓好防治非典型肺炎这件大事的同时牢牢坚持经济建设这个中心不动摇具有极其重要的意义。会议指出，共青团作为党的助手和后备军，要把在广大团员青年中全面贯彻十六大精神，兴起学习贯彻“三个代表”重要思想新高潮作为首要的政治任务。要切实做到：坚持不懈地用“三个代表”重要思想武装全团，教育青年，用“三个代表”重要思想构筑广大团员青年的精神支柱；以“三个代表”重要思想统领团的各项工作，坚持与时俱进，不断开创工作新局面；教育引导广大团员青年在各行各业的本职工作中，在各级团组织开展的具有自身特点的活动中，努力为先进生产力和先进文化的发展作贡献，努力为最广大人民谋利益；以“三个代表”重要思想为指导，全面推进团的建设，切实提高团组织的服务能力和服务水平，使基层团组织成为贯彻“三个代表”重要思想的组织者、推动者和实践者。会议强调，要处理好非典型肺炎防治工作和坚持以经济建设为中心的关系。一手抓防治非典型肺炎，一手抓工作。一方面，要根据当前防治非典型肺炎工作面临的形势，按照当地党委、政府的统一部署，把非典型肺炎防治工作作为一项重大政治任务加强领导，强化措施，狠抓落实，充分发挥团组织的优势，充分发挥广大团员青年在群防群治中的生力军作用。另一方面，要牢牢坚持经济建设这个中心不动摇，维护工作、学习和生活的正常秩序，扎实推进各项重点工作，服务改革发展稳定大局，服务经济建设中心，组织引导广大团员青年为完成今年经济和社会发展的各项任务做出积极的贡献。

4月下旬 为纪念在抗击非典战斗中以身殉职的白衣战士叶欣、邓练贤、范信德、梁世奎同志和刘永佳先生，由共青团中央、中央党史研究室、国家档案局主办的网上“叶欣纪念馆”、“邓练贤纪念馆”、“范信德纪念馆”、“梁世奎纪念馆”、“刘永佳纪念馆”陆续开通，各界人民群众纷纷向白衣战士们献花、留言，在互联网上形成了传递爱心的热潮。

五四青年节前夕 共青团中央作出决定，表彰在抗击非典一线表现突出的团支部和团干部、团员。共青团中央、全国青联作出决定，授予在改革开放和社会主义现代化建设中做出优异成绩，在抗击非典斗争中表现突出的张锦等18名同志“中国青年五四奖章”。

5月4日 中共中央政治局常委、国务院总理温家宝同中共中央政治局委员、国务院副总理吴仪，国务委员陈至立一起来到清华大学、中国农业大学，看望广大青年学生，代表党中央、国务院向广大青年表示节日的问候和祝贺，号召大家发扬伟大的“五四”精神，依靠科学，依靠群众，团结一致，同舟共济，战胜非典型肺炎这场严重的疾病灾害。周强参加了活动。

5月6日 中共中央政治局委员王兆国专程来到团中央机关，考察防治非典等工作，亲切看望机关干部职工，充分肯定前一阶段各级团组织在抗击非典斗争中取得的成绩，并就进一步发挥各级团组织和广大团员青年在抗击非典斗争中的作用，高度重视、切实抓好农村防治非典工作，围绕经济建设中心和改革发展稳定大局大力推进各项工作，进一步在全团兴起学习贯彻"三个代表"重要思想的新高潮，作出重要指示。周强汇报了有关工作。

5月6日 周强主持召开团中央书记处会议，学习中共中央政治局委员王兆国在团中央机关考察防治非典工作时所作的重要指示精神，传达学习全国农村非典型肺炎防治工作电视电话会议精神，结合工作实际研究贯彻落实措施。

5月7日 共青团中央召开非典型肺炎防治工作领导小组工作会议，研究部署进一步加强共青团农村非典型肺炎防治工作和机关直属单位非典型肺炎防治工作。

5月8日 共青团中央下发《关于动员组织广大团员青年积极参与农村非典型肺炎防治工作的通知》，要求各级团组织和广大团员青年以青年志愿服务队为主要载体，办好带头参加群防群控、广泛开展科普宣传、积极组织助耕帮困、向生活陋习开战、切实服务进城务工青年等五件实事，在农村非典型肺炎防治第一线充分发挥生力军和突击队作用。

5月8日 共青团中央召开共青团农村非典型肺炎防治工作电视电话会议，贯彻落实全国农村非典型肺炎防治工作电视电话会议精神和中共中央政治局委员王兆国近日考察团中央机关防治非典等工作时作出的重要指示。会议就全团农村非典型肺炎防治工作作了全面部署。

5月13日 团中央书记处理论学习中心组召开扩大会议，深入学习贯彻4月28日中央政治局会议精神，研究部署在全团兴起学习贯彻"三个代表"重要思想新高潮。周强出席会议并讲话，要求各级团组织认真学习贯彻落实4月28日中央政治局会议精神，在全团兴起学习贯彻"三个代表"重要思想的新高潮，在"三个代表"重要思想指引下，一方面扎实做好非典型肺炎防治工作，一方面着力推动团的各项事业向前发展，不断开创共青团工作新局面，为夺取抗击非典全面胜利、促进国民经济持续快速健康发展做出新的贡献。

5月15日 共青团中央和全国妇联、全国总工会、中国科协、教育部等11个部门联合发出通知，要求各地有关部门在2003年"六一"期间，不组织大型活动。

5月15日 为纪念江泽民同志在纪念中国共产主义青年团成立80周年大会上的讲话发表1周年，团中央书记处理论学习中心组在中国青年报上发表了《沿着"三个代表"重要思想指引的方向奋勇前进》的学习文章。

5月16日 共青团中央到北京大兴区黄村镇薄村，慰问"与你同心，防治非典"农村青年志愿者服务队，向他们赠送保险和介绍非典防治知识的光盘。

5月16日 全国青联、中国青年科技工作者协会发出慰问信，向战斗在防治非典工作中的青年医务工作者、青年科技工作者及其家人表示亲切的慰问并致以崇高的敬意。

5月中旬 全国青联开展以"抗击非典，你我同心，报效祖国，奋勇当先"为主题的委员活动，组织委员以寄语方式，表达对奋战在抗击非典一线的医务工作者的敬佩之情，表达社会各界万众一心，众志成城，立足本职，争创佳绩，以实际行动支持抗击非典斗争的心声。

5月中旬 文化部、共青团中央、新华社和人民日报等12家单位于2000年正式发起的全国网络文明工程组委会向网络界发出了"发挥网络优势，共抗非典"倡议书，呼吁广大互联网业界要加大打击网上谣言力度，不让互联网成为有关非典造谣传谣的温床。

5月中旬 由共青团中央、中央综治委预防青少年违法犯罪工作领导小组主办，《少年与法》杂志承办的全国青少年自我保护绘画大赛圆满结束。绘画大赛自2002年7月开展以来，共收到来自全国31个省、自治区、直辖市的作品7000多件。

5月21日 由团中央学校部、全国学联秘书处、中国青少年发展服务中心共同主办的“彩虹工程——中国大学生创业就业信息网”正式开通。周强通过网络出席了开通仪式并发表讲话。

5月23日 周强主持召开团中央书记处会议，传达学习中共中央政治局委员王兆国5月18日在福建省有关群众团体负责同志座谈会上的重要讲话和5月21日听取共青团中央有关工作汇报时的重要谈话精神，结合青年和共青团工作实际研究贯彻落实意见，并重点研究了进一步加强促进青年就业和再就业工作的具体措施。

5月23日 由共青团中央、安利（中国）日用品有限公司共同开展的“保护母亲河——哪里有安利，哪里就有绿色”绿色计划系列活动正式启动。至此，保护母亲河行动由企业、事业单位出资捐助建设的纪念林已达400多个，面积80多万亩。

5月23日 全国青联向台湾青年社团发去慰问信，对台湾地区爆发非典型肺炎表示关注和慰问。

5月28日 周强列席国务院常务会议，研究实施大学生志愿服务西部计划。

5月28日 共青团中央发出通知，要求广泛开展“保护母亲河——革除陋习，天天环保”活动，动员全国青少年从我做起，从小事入手，大力倡导健康、文明的生产生活方式。

5月30日 由共青团中央、中央党史研究室、国家档案局主办，团中央信息办公室、国家档案局办公室和中青网共同承办的民族魂网站，正式开通网上“王晶纪念馆”、“额尔敦陶格陶纪念馆”、“邓香美纪念馆”和“刘锦蓉纪念馆”。此前，民族魂网站已为在抗击非典前线牺牲的叶欣、邓练贤、范信德、梁世奎、刘永佳、李晓红、陈静秋、张普善、陈洪光、丁秀兰、裴鸿烈、谢婉雯、刘永和、孙阳吉、赵立明、郑雪慧、胡贵芳、林佳铃、石五林、刘贵林、林重威、梁智、杨涛、林永祥、刘维宇、陈冠良、刘彦宁、于海洲、姜国友 、冯志杰等30位医护人员分别开通了网上纪念馆，社会各界反响强烈。

5月30日 全国少工委表彰“全国优秀少先队中队”和“全国优秀少先队中队辅导员”。北京市东城区丁香胡同小学六四中队等991个少先队中队获“全国优秀少先队中队”称号，佟永梅等991名辅导员获“全国优秀少先队中队辅导员称号”。

5月 中央综治委预防青少年违法犯罪工作领导小组首次组成五个工作组，分赴黑龙江、吉林、辽宁、内蒙古、宁夏、陕西、山东、上海、浙江、江苏、湖北、江西、重庆、广西、云南等15个省、直辖市、自治区，就各地落实预防措施的情况进行检查督导。

6月1日 全国少工委、全国妇联、中国记协中华小记者杂志社联合召开座谈会，学习贯彻胡锦涛总书记给中华小记者的复信，庆祝“六一”国际儿童节。上午，全国少工委启动“全国少年儿童网上过节”活动，全国少年儿童共有1600万人次参加活动。“六一”期间，全国少工委制作了5万套“手拉手，抗非典”邮资纪念封作为“六一”特别礼物，并向部分城市社区少年儿童捐赠价值55万元的图书，向北京部分抗击非典一线医务工作者子女赠送了特别礼物。

6月2日 第七届团的“五个一工程”奖评选揭晓，75部作品、24项活动获奖。《青春的足迹——北京青年运动大事记》等24部图书，《黑龙江“十县百村”青年状况调查报告》等16篇文章，《拥抱五环》等18首歌曲，《幸存者》等8部电视剧（片），《少年英雄》1部电影，《马骏就义》等7部戏剧，《中华五千年》1部广播剧获入选作品奖；“朝阳区青少年科学文化节”等24项文化活动获优秀文化活动奖；团北京市委等12个单位获组织工作奖。

6月2日 周强主持召开团中央书记处会议，学习传达国务院第九次常务会议精神，研究实施大学生志愿服务西部计划的有关工作。

6月3日 周强出席国务院召开的全国高校毕业生就业工作电视电话会议，并代表共青团中央发言。

6月4日 共青团中央召开机关有关部门和部分直属单位负责同志会议，就中央政治局会议部署的进一步加强人才工作的问题进行研究。

6月5日 共青团中央下发通知，号召在全国“青年文明社区”及争创单位开展“科学·文明·健康”——社区青年文化节活动。

6月5日 共青团中央发起实施“保护母亲河——革除陋习，天天环保”统一行动。号召青少年革除乱扔垃圾、随地吐痰、吃野生动物、饮用不清洁水等生活陋习，倡导文明健康的生活方式。

6月6日 赵勇就中国青少年发展基金会开展“56个民族的心愿：兴边富民助学工程”有关事宜与国家民委主任李德洙，副主任江家福、牟本理交换意见。

6月6日 大学生志愿服务西部计划全国项目管理办公室召开第一次办公会议，对实施工作作出部署。

6月8日 由全国青联、中国青少年发展基金会与《中国青年报》等10家新闻单位联合主办的第14届“中国十大杰出青年”评选活动日前启动。

6月10日 共青团中央、教育部、财政部、人事部联合下发《关于实施大学生志愿服务西部计划的通知》。当天，共青团中央、教育部举办“大学生志愿服务西部计划”新闻发布会。

6月10日 中宣部、国家安监局、广电总局、全国总工会、共青团中央联合召开“全国安全生产月”电视电话会议。

6月11日 中华儿女杂志社、《中华儿女》书画家联谊会举办“向北京五所收治非典定点医院的医护工作者捐赠百幅书画作品”活动。

6月12日 共青团中央、教育部联合召开网络视频会议，对大学生志愿服务西部计划作出全面部署。周强、教育部副部长张保庆、人事部副部长侯建良出席会议并讲话。赵勇介绍了计划的相关情况，教育部副部长袁贵仁主持会议。中国人民大学校长纪宝成介绍了该校实施这项计划的有关情况和具体做法。团贵州省委书记廖飞代表西部接收地区介绍了接收工作的准备情况。教育部、共青团中央、人事部、财政部有关部门负责人，首都各高校党政负责人和就业中心、团委负责人在主会场出席了会议。各省、自治区、直辖市教育厅（局）、团委主要负责人，高校党政负责人等在各地分会场参加了会议。

6月12日 共青团中央、全国少工委联合印发《关于认真学习贯彻中共中央总书记胡锦涛给〈中华小记者〉杂志七名小记者复信精神的通知》。

6月12日 共青团中央召开部分省、区、市团委书记座谈会，研究部署大学生志愿服务西部计划推进工作。周强出席会议并讲话。

6月13日 周强在人民大会堂出席宪法修改座谈会。

6月14日 共青团中央印发《关于贯彻中央通知精神，组织广大团干部和团员青年认真学习〈“三个代表”重要思想学习纲要〉的通知》。

6月14日 全国学联第23届委员会通过网络召开了全委会。会议主题是：相约西部，放飞梦想，到祖国人民最需要的地方建功立业。会议号召广大大学毕业生参加到大学生志愿服务西部计划中去。

6月18日 周强主持召开团中央书记处扩大会议，认真学习中央政治局关于进一步加强人才工作的会议精神，结合青年、共青团工作和青年人才队伍建设实际，研究贯彻落实措施。

6月18日 由共青团中央、劳动和社会保障部共同组织的2002年度全国青年岗位能手评选揭晓。

6月19日 团中央宣传部、教育部社政司、中国青年报社、中国教育报社联合召开“大学生志愿服务西部计划与人才强国”座谈会。

6月20日 周强出席国务委员陈至立召集的贯彻落实全国高校毕业生就业工作电视电话会议精神和有关宣传工作会议,汇报了大学生志愿服务西部计划的实施情况。

6月24日 共青团中央印发《关于在全团兴起学习贯彻“三个代表”重要思想新高潮的通知》。《通知》指出,在全党兴起一个学习贯彻“三个代表”重要思想新高潮,是党的十六大提出的具有战略意义的重要举措。为贯彻落实这一战略任务,党中央发出了《关于在全党兴起学习贯彻“三个代表”重要思想新高潮的通知》,对这项工作作出全面部署。各级团组织要认真学习贯彻通知精神,广泛开展具有特色的学习贯彻活动,在全团兴起学习贯彻“三个代表”重要思想新高潮。

6月25日 “大学生志愿服务西部计划”报名圆满结束,全国累计报名人数达43763人,其中,专科毕业生31453人,本科毕业生12276人,硕士以上毕业生34人。

6月25日 全国第一家专门面向青少年的禁毒网站——“青少年远离毒品网”(jindu.cycnet.com)在中青网正式开通,70多万青少年参加了网上禁毒论坛和网上禁毒知识竞赛。

6月25日 中共中央政治局委员王兆国在北京会见了以老挝人民革命青年团代书记佩沙空·卢昂·阿帕为团长的老挝人民革命青年团代表团。王兆国同志高度评价了中老两国青年团开展的多方面的交流与合作。他指出,两国人民和青年之间的友谊是国家关系发展的重要基础。希望两国青年组织进一步加强合作,两国青年之间不断加深理解和友谊,为培养中老友好事业的接班人,推动中老友好关系在新世纪的持续深入发展做出积极贡献。胡伟参加了会见。

6月26日 由共青团中央、求是杂志社共同主办的全国青年学习十六大精神和“三个代表”重要思想知识竞赛和征文活动落下帷幕。活动旨在促进青年学习十六大精神和“三个代表”重要思想,引导广大团员青年树立远大理想,增强贯彻落实十六大精神和实践“三个代表”重要思想的坚定性和自觉性。活动共收到竞赛答题卡320万份,网上答题者3.4万多人次,收到征文1.5万余篇。200个基层单位获优秀组织奖,160篇征文获奖,1110名参赛青年获得知识竞赛个人奖。

6月26日 国家禁毒委员会、中央综治办、教育部、共青团中央在北京市第三十五中学联合举行了《中学生毒品预防教育挂图》暨宣传设备赠送仪式。中共中央政治局委员、书记处书记、国务委员、国家禁毒委主任周永康出席仪式,并强调,青少年要远离毒品,努力实现学生不吸毒、校园无毒品。中共中央政治局委员、北京市委书记刘淇出席了赠送仪式。

7月1日 周强参加学习贯彻“三个代表”重要思想理论研讨会。

7月1日 团中央书记处理论学习中心组召开座谈会,学习中共中央总书记、国家主席胡锦涛在学习贯彻“三个代表”重要思想理论研讨会上的重要讲话。会议认为,胡锦涛同志的重要讲话内涵丰富,理论性、思想性、指导性很强。讲话站在全局和战略的高度,深刻阐述了兴起学习贯彻“三个代表”重要思想新高潮的重大意义和基本要求,进一步阐明了“三个代表”重要思想同马克思列宁主义、毛泽东思想和邓小平理论是一脉相承而又与时俱进的科学体系,阐明了“三个代表”重要思想是新世纪新阶段全党全国人民继往开来、与时俱进,实现全面建设小康社会宏伟目标的根本指针,阐明了学习贯彻“三个代表”重要思想必须以最广大人民的根本利益为根本出发点和落脚点,阐明了必须坚持用马克思主义态度学习贯彻好“三个代表”重要思想。讲话对于在全党兴起学习贯彻“三个代表”重要思想新高潮具有十分重要的意义，是对全党兴起学习贯彻“三个代表”重要思想新高潮的再动员、再部署。会议要求各级团组织要认真学习领会、坚决贯彻执行胡锦涛同志重要讲话精神，在全团迅速兴起学习贯彻“三个代表”重要思想新高潮。周强要求，各级团组织要紧密结合青年和青年工作实际，引导团员青年深刻认识“三个代表”重要思想的时代背景、实践基础、科学内涵、精神实质和历史地位，真正做到在认识上达到新的高度，在实践上取得新的成效，把胡锦涛同志的重要讲话精神落到实处。要坚持不懈地用“三个代表”重要思想武装全团、教育青年，构筑青年一代的强大精神支柱，引导青年永远跟党走；要大力弘扬伟大的民族精神，认真总结在抗击非典斗争中广大青年所显示出来的空前高涨的爱国行动；要大力加强青少年思想道德建设，提高青少年的思想道德素质；要抓住青年学生这个重点，使“三个代表”重要思想在青年学生中入脑、入心；要充分发挥团属新闻舆论阵地的作用，加强宣传引导，营造良好的学习氛围。要始终把服务青年作为共青团工作的出发点和落脚点，狠抓落实，抓出实效。要进一步加强新形势下团的自身建设，团的基层组织要成为学习贯彻“三个代表”重要思想的组织者、推动者和实践者，各级团干部要带头学习实践“三个代表”重要思想，学在前面，用在前面，做学习实践“三个代表”重要思想的表率；要勇于创新，研究和解决团的建设中遇到的新情况新问题，积极探索社会主义市场经济条件下团的工作运行机制；要探索新思路，采取新举措，进一步推动团的事业向前发展。总之，要以团的事业的新发展、团的工作的新局面，来检验我们贯彻落实“三个代表”重要思想的工作成效。赵勇、胡伟、杨岳，团中央机关各部门主要负责人，团中央直属单位党委书记，以及先进党支部、优秀党员、优秀党务工作者和离退休党员代表参加了座谈会。

7 月 2 日　周强会见广西国际青年交流学院东南亚青年干部高级研修班第一期学员，勉励他们为中国和东南亚各国之间世代友好作出积极贡献。胡伟和柬埔寨、老挝、泰国、越南驻华使馆官员参加会见。

7 月 3 日　周强主持召开团中央书记处会议，进一步学习中共中央总书记、国家主席胡锦涛在“三个代表”重要思想理论研讨会上的重要讲话，结合共青团和青年工作实际研究贯彻落实措施。

7 月 3 日　共青团中央发出通知，要求广大团员青年认真学习领会胡锦涛总书记在“三个代表”重要思想理论研讨会上的重要讲话，在全团兴起学习贯彻“三个代表”重要思想新高潮。

7 月 4 日　中宣部、中央文明办、教育部、团中央和全国学联在在北京举行 2003 年全国大学生“三下乡”社会实践活动出征仪式。赵勇为各大学生实践服务团授旗并讲话。

7 月 9 日　周强会见来华访问的日本日中友协会长平山郁夫一行。胡伟参加会见。

7 月 11 日　共青团中央与中央文献研究室共同编辑的《毛泽东邓小平江泽民论青少年和青少年工作》（增订本）出版，即日起在全国各地发行。

7 月 17 日　共青团中央决定授予北京佑安医院团委等 198 个基层团组织“全国防治非典型肺炎工作先进基层团组织”称号，授予白雪莲等 338 名共青团员“全国防治非典型肺炎工作优秀共青团员”称号，授予戎明等 147 名团干部“全国防治非典型肺炎工作优秀团干部”称号；追授李晓红、陈惠同志“全国防治非典型肺炎工作优秀共青团员”称号。

7 月 18 日　中国少年军校总校名誉校长迟浩田上将会见全国少年军校学员代表并讲话。

7月22日—26日　中国共产主义青年团第十五次全国代表大会在北京召开。来自全国各地区、各民族、各条战线的1539名团十五大代表和35名特邀、列席代表出席大会。22日，胡锦涛、吴邦国、温家宝、贾庆林、曾庆红、黄菊、吴官正、李长春、罗干等党和国家领导人出席大会开幕式。中共中央政治局常委、中央纪委书记吴官正代表党中央致题为《在全面建设小康社会的伟大实践中谱写新的青春乐章》的祝词。中华全国总工会副主席、书记处第一书记张俊九代表人民团体向大会致贺词。周强代表团十四届中央委员会作了题为《在"三个代表"重要思想指引下，团结带领广大青年为全面建设小康社会而努力奋斗》的报告。24日，选举产生了由189名团中央委员、129名候补委员组成的新一届团中央委员会。25日，团十五届一中全会选举产生了由26名同志组成的新一届团中央常务委员会，周强当选为团中央书记处第一书记，赵勇、胡伟、杨岳、尔肯江·吐拉洪、王晓、张晓兰当选为团中央书记处书记。会后，中共中央政治局委员王兆国接见了新一届团中央委员会全体成员并发表重要讲话。25日，中共中央总书记、国家主席胡锦涛与团中央新一届领导班子成员和部分会议代表以及中国青年五四奖章获得者进行座谈，并发表重要讲话。他在讲话中向全国广大青年提出三点希望：一是要勤于学习，二是要善于创造，三是要甘于奉献。他指出，要坚持和发扬团的优良传统，结合新的时代特征与时俱进、不懈探索，在工作思路上创新，在工作方式上创新，在自身建设上创新，推动共青团工作不断焕发出蓬勃的生机和活力。他要求广大团干部要忠诚党的事业，热爱团的岗位，竭诚服务青年，努力做让党放心、让广大青年满意的干部。曾庆红、吴官正、刘云山、周永康、贺国强、王刚、徐才厚、何勇等参加座谈会，王兆国主持会议。座谈会上，周强介绍了团十五大的情况，张锦等6位出席团十五大的代表发言。座谈会前，胡锦涛、曾庆红、吴官正等中央领导同志亲切会见了团十五大部分代表和第七届中国青年五四奖章获得者。

7月27日　第七届"中国青年五四奖章"获得者座谈会在人民大会堂举行。中共中央政治局委员王兆国出席并讲话。周强主持。赵勇、胡伟、杨岳、尔肯江·吐拉洪、王晓、张晓兰出席。

8月5日　由司法部、中央文明办、中央综治办、全国总工会、共青团中央、中央电视台联合主办的"为实现公平正义——法律援助在中国"大型公益活动启动仪式在北京人民大会堂举行。周强出席仪式并讲话。

8月6日—14日　周强会见以南非共产党姆普马兰加省委书记朱达·措特奇为团长的南非共产党青年访华代表团。

8月7日　周强会见前来拜会的以色列驻华大使海逸达。

8月8日　全国政协副主席刘延东会见以日本前众议院议员户塚进也为团长的日本经济文化代表团。胡伟参加会见。

8月9日　周强会见以越南胡志明共青团中央书记处书记团文泰为团长的越南青年代表团。

8月9日—17日　以印度人民党青年阵线全国主席基尚·雷迪为团长的印度人民党青年阵线代表团来华访问。中共中央政治局委员、全国人大常委会副委员长王兆国会见代表团，周强与代表团举行工作会谈，胡伟参加会见。

8月10日—12日　周强会见以日本JC日中友好之会会长冈田伸浩为团长的日本JC代表团。

8月14日　团中央直属新闻出版单位工作会议在北京举行。会议的主要任务是，认真学习贯彻党的十六大精神，认真学习贯彻胡锦涛总书记在中央政治局第七次集体学习时的重要讲话精神，学习贯彻团的十五大精神，推动直属新闻出版工作以“三个代表”重要思想为指导，牢牢把握正确的舆论导向，加强管理，加快发展，更好地服务大局、服务青年。周强、新闻出版总署常务副署长柳斌杰、赵勇出席会议并分别讲话。团中央直属报刊、出版社和网站的负责人参加会议。同日，共青团中央、全国少工委联合举办“2003 首届中国少年儿童艺术节”开幕式。赵勇出席并致辞。

8 月 18 日　周强主持召开团中央书记处会议，传达学习胡锦涛总书记在中央政治局第七次集体学习时的重要讲话，传达学习胡锦涛总书记、温家宝总理、黄菊副总理在全国再就业工作座谈会上的重要讲话，结合青年和共青团工作实际研究贯彻落实措施。

8 月 18 日—25 日　共青团中央与中组部组织“博士服务团”工作调研组，赴广西、江西、甘肃、陕西看望第三批“博士服务团”成员，围绕深化“博士服务团”工作广泛征求各方面意见和建议。

8 月 19 日　共青团中央、求是杂志社在北京召开全国青年学习十六大精神和“三个代表”重要思想知识竞赛和征文活动总结座谈会。周强、求是杂志社总编辑王天玺出席并分别讲话。赵勇主持，求是杂志社社长高明光出席。

8 月 19 日　中国科协、教育部、科技部、国家环保总局、国家体育总局、国家自然科学基金委、共青团中央、全国妇联和甘肃省人民政府在甘肃兰州市举行第 18 届全国青少年科技创新大赛终审决赛闭幕式。杨岳出席。来自全国各地(包括港澳地区)的 383 名中小学生参加比赛。有 251 个优秀科技活动项目、424 幅科幻绘画作品参加展示和展览。日本、韩国、菲律宾、印度等国家派代表队参加交流和观摩。

8 月 20 日　大学生志愿服务西部计划均瑶基金在北京设立。全国政协副主席王选、全国政协原副主席孙孚凌出席会议，周强出席并讲话，赵勇主持。

8 月 26 日—27 日　全国农村青年中心建设试点工作现场推进会在浙江台州市召开。周强为会议发来贺信，赵勇、尔肯江·吐拉洪出席会议并讲话。周强在贺信中指出，建设青年中心是共青团深入贯彻党的十六大精神和“三个代表”重要思想，落实共青团十五大精神，主动适应时代发展要求和青年需求变化，进行组织创新，加强自身建设的一项十分重要的战略举措，任务光荣而艰巨。各地团组织要以创新为动力，研究新情况，解决新问题，走出一条符合实际的新路子；要以服务为主线，改进服务方式，增强服务能力，把服务大局、服务青年贯穿于工作的全过程；要以发展为目标，把握发展机遇，开发人力资源，动员组织亿万农村青年为全面建设小康社会贡献青春、智慧和力量。会议期间，先期进行农村青年中心建设试点工作的浙江台州市、辽宁沈阳市、山西灵丘县等地团组织交流了各地的做法和经验。各省、自治区、直辖市团委分管书记、青农部长和部分农村青年中心建设试点地区的党委领导、团委书记等 150 多名代表参加会议。

8 月 27 日　胡伟会见并宴请以哈萨克斯坦青年议会协会主席阿马金吉诺维奇为团长的哈萨克斯坦青年代表团。

8 月 29 日　周强会见以朝鲜金日成社会主义青年同盟中央委员会书记金官虎为团长的朝鲜青年友好代表团，胡伟参加了会见。

8 月 29 日　团中央书记处召开 2003 年度民主生活会。会议主题是：认真学习胡锦涛总书记“七一”重要讲话，全面贯彻“三个代表”重要思想，加强团中央书记处班子及成员思想政治建设。周强、赵勇、胡伟、杨岳、尔肯江·吐拉洪、王晓、张晓兰围绕会议主题分别发言。中直机关工委副书记何虎林出席会议并讲话，中组部、中纪委有关负责同志出席会议。

8 月 31 日　2003 年全国大学生志愿服务西部计划出征仪式在北京中华世纪坛举行。

周强、教育部副部长袁贵仁出席仪式并分别讲话。赵勇主持，中央文明办专职副主任翟卫华、人事部副部长戴光前、文化部副部长周和平、财政部部长助理李勇等出席。

9月2日 周强会见来华访问的贝宁青年、体育和娱乐部长瓦朗坦·阿迪迪·乌德一行。胡伟参加会见。

9月2日—14日 第四届"中越青年友好会见"活动在越南举行。由胡伟任团长的中国青年代表团一行93人赴越南参加活动。访越期间，签署了《中国共青团中央与越南胡志明共青团中央2004年至2005年合作协议》。

9月3日—8日 应全国青联邀请，以香港青年联会主席伍威全为团长、中央驻港联络办副主任王凤超为顾问的香港青年才俊访问团一行84人访问北京和辽宁。在京期间，全国政协副主席徐匡迪、国务院港澳办副主任徐泽、国家发展和改革委副主任朱之鑫分别会见了访问团，中央统战部副部长楼志豪、杨岳分别会见并宴请该团。

9月4日 周强会见并宴请以柬埔寨人民党中央委员、青年协会主席满坤为团长的柬埔寨人民党青年干部考察团。

9月4日 2002年度全团调研奖评选工作圆满结束。32个省级团委报来347篇参评文章，经过初评、专家评审和终评，《试论共青团工作的社会化》等8篇文章获得一等奖，《台州市椒江区洪家街道团员直接选举街道班子工作的调查报告》等30篇文章获得二等奖，《2002年中央国家机关团建调研报告》等51篇文章获得三等奖，团广东省委等16家单位获得组织奖。

9月6日 中宣部、国家质检总局、国家发改委、全国总工会、团中央共同举办"2003年全国质量月—北京质量宣传咨询服务日"活动。

9月6日 团中央等单位组织开展"我们的文明"主题系列活动之一——50对曾因抗击非典而耽误婚期的新人在北京人民大会堂参加"我们的祝福——英雄儿女婚礼大典"。全国政协副主席郝建秀出席了有关活动。张晓兰出席并讲话。

9月11日 周强在人民大会堂会见陪同德国总统来华进行国事访问的总统夫人克里斯蒂娜·劳女士。

9月12日 中央团校建校55周年纪念座谈会在北京举行。周强出席并讲话。赵勇及部分曾担任过中央团校领导职务的同志出席。

9月15日—17日 共青团中央在北京召开工作会议，紧密结合共青团工作和青年思想的实际，集中深入学习"三个代表"重要思想。会议研究部署了进一步在全团兴起学习贯彻"三个代表"重要思想新高潮、贯彻落实团十五大精神的具体工作，并就青年中心建设、青年人才工作和青年文化建设等专题进行了研讨。周强出席会议并讲话。赵勇、胡伟、杨岳、尔肯江·吐拉洪、王晓、张晓兰出席，团中央机关各部门负责人和直属单位主要负责人参加。

9月16日 胡伟会见并宴请以俄罗斯青年联盟中央委员会书记谢尔盖·瓦扎耶夫为团长的俄罗斯青年联盟代表团。

9月18日 胡伟会见并宴请以泰国儿童、青年、弱势群体、残疾和老龄人权益保护和促进局副秘书长吉帝·沙马泰为团长的泰国青年领导人代表团。

9月20日—25日 团十五届中央委员学习贯彻"三个代表"重要思想专题研讨班在北京举行。周强出席研讨班并在开班式上发表讲话。他指出，"三个代表"重要思想是马克思主义中国化的最新成果，是全面建设小康社会的根本指针，是全国人民共同奋斗的强大思想基础，也是新世纪新阶段共青团一切工作和建设的根本指针。要紧密联系共青团工作和青年思想实际，把全团学习贯彻"三个代表"重要思想新高潮不断引向深入，使全团对"三个代表"重要思想的认识达到新的高度，在贯彻"三个代表"重要思想根本要求、用"三个代表"重要思想指导团的工作和建设上取得新的成效。他强调，要引导广大团员青年坚定理想信念，永远跟党走中国特色社会主义道路；要坚持发展这个我们党执政兴国的第一要务，牢牢把握当代青年运动的主题；要坚持与时俱进，开创共青团工作新局面；要把握“三个代表”重要思想立党为公、执政为民的本质要求，把服务青年的工作提高到新水平；要保持先进性，切实推进共青团组织的自身建设。研讨班上，委员们认真研读“三个代表”重要思想的重要文献，听取了中央政策研究室原副主任、全国党建研究会副会长郑科扬、中宣部副部长雒树刚、中央文献研究室常务副主任冷溶所作的专题辅导报告，结合共青团工作和青年思想实际，就“三个代表”重要思想的时代背景与实践基础、“三个代表”重要思想的科学内涵和精神实质、“三个代表”重要思想是马克思主义在当代中国发展的最新理论成果、“三个代表”重要思想和中国特色社会主义的执政党建设、“三个代表”重要思想和共青团事业新发展等 5 个专题进行了深入集中研讨。赵勇同志在结业式上作了总结讲话，并对当前和今后一个时期全团“三个代表”重要思想学习贯彻活动提出了具体要求。胡伟、杨岳、尔肯江·吐拉洪、王晓、张晓兰和团十五届中央委员参加了专题研讨班。

9 月 20 日　周强会见来京参加亚太地区次区域环境政策研讨会的联合国副秘书长兼环境规划署执行主任克劳斯·特普费尔先生，向客人专题介绍了保护母亲河行动新的进展情况。赵勇参加会见。

9 月 20 日　由全国老龄委办公室、中宣部、教育部、团中央和全国妇联联合发起的全国青少年敬老爱老助老主题教育活动启动。

9 月 20 日　9 月 20 日是中央精神文明建设指导委员会确定的第一个“公民道德宣传日”。全国各地团员青年、少先队员走进社区、街道、乡村，以“争做文明使者，引领风气之先”为主题，宣传、实践《公民道德建设实施纲要》，掀起了青少年群众性道德实践的热潮。

9 月 22 日　中央综治委预防青少年违法犯罪工作领导小组召开 2003 年第二次全体会议。全国人大常委会副委员长、中央综治委预防青少年违法犯罪工作领导小组组长顾秀莲出席会议并讲话。周强主持，杨岳汇报工作，预防青少年违法犯罪工作领导小组成员单位负责同志参加会议。

9 月 24 日—25 日　周强、杨岳在江西南昌市出席全国社会治安综合治理工作会议，周强在会上代表共青团中央作了发言。

9 月 25 日　《中国青年报》头版发表共青团中央书记处理论学习中心组《立足新起点，开创新局面——学习胡锦涛同志在同团中央新一届领导班子成员和团十五大部分代表座谈时的重要讲话的体会》文章。文章强调，加强团干部队伍建设是共青团事业发展的关键，是共青团加强自身建设的永恒主题。广大团干部要坚定理想信念，忠诚党的事业；要保持奋发有为的精神状态，热爱团的岗位；要牢记根本宗旨，竭诚服务青年。

9 月 26 日　第七届全国三好学生、优秀学生干部、先进班集体及其标兵评选揭晓。

9 月 27 日　周强会见以孟加拉民族主义党总书记、内阁地方政府与农村发展部部长曼南·布延赫和民族主义党第一副总书记塔里克·拉赫曼共同率领的孟加拉民族主义党高级代表团。胡伟参加会见。

9 月 28 日　共青团中央、解放军总政治部、全国少工委在中国少年军校总校北京基地举行第四届全国少年军校检阅式。中共中央政治局委员、中央军委副主席、国务委员兼国防部长曹刚川出席检阅式并讲话。周强、张晓兰、解放军总政治部副主任唐天标出席检阅式。

9 月 29 日　胡伟会见第四届“东盟了解现代中国讲习法”代表团全体成员。下午，胡伟出席“中国—东盟青年友好论坛”开幕式并讲话。

9月30日 团中央召开2004年度《中国青年报》、《中国青年》杂志宣传发行工作电视电话会议，就巩固和扩大团的思想舆论阵地，切实做好《中国青年报》、《中国青年》杂志2004年度发行工作作出部署。周强、赵勇出席会议并讲话。

9月30日 共青团中央发出《关于开展“兴起新高潮，创造新业绩”主题活动，把全团学习贯彻“三个代表”重要思想新高潮引向深入的通知》。通知强调，要通过开展主题活动，使广大团员青年和团干部在认识上达到新高度，在实践上取得新成效，做到真信、真学、真用。

10月10日 周强会见以埃及环境部环境文化宣传司司长穆罕默德·马哈茂德为团长的埃及青年记者代表团。胡伟参加会见。

10月11日 赵勇出席团中央向全国青年中心试点县捐书暨北京市第一个农村青年中心——密云县太师屯镇青年中心揭牌仪式并讲话。尔肯江·吐拉洪出席。

10月12日 共青团中央、教育部、全国少工委、中央电视台在人民大会堂联合举行“全国十佳少先队员、全国十佳少先队辅导员、全国十佳少先队志愿辅导员和星星火炬奖章获得者”颁奖仪式。赵勇出席并讲话，张晓兰、中央电视台副台长胡恩、教育部关心下一代工作委员会主任朱新均出席。

10月12日 在中国少年先锋队成立54周年前夕，团中央下发《关于加强全团带队的意见》，要求各级团组织落实团的十五大精神和修改后的《团章》的要求，进一步加强对少先队的领导，更好地履行全团带队的光荣职责。

10月13日 由中宣部、中央文明办、团中央、教育部、全国少工委共同举办的“民族精神代代传”活动启动仪式在北京中华世纪坛举行。赵勇、教育部副部长袁贵仁等出席。张晓兰出席并讲话。

10月15日 周强主持召开团中央书记处(扩大)会议，传达学习党的十六届三中全会精神，结合青年和共青团工作实际，研究贯彻落实措施。

10月15日 共青团中央、全国青联、全国学联、全国少工委致信载人航天工程指挥部、酒泉卫星发射中心，热烈祝贺“神舟”五号载人飞船发射成功。

10月15日 共青团中央召开共青团城市青年中心建设专家研讨会。周强在研讨会上为专家指导组成员颁发聘书并讲话，杨岳主持研讨会。

10月17日 团中央、全国青联、全国学联、全国少工委召开各界青年庆贺我国首次载人航天飞行圆满成功座谈会。赵勇出席并讲话，胡伟出席，杨岳主持。

10月18日 《中国青年》杂志在京举行创刊80周年座谈会。中共中央政治局常委李长春致信表示祝贺。中共中央政治局委员、全国人大常委会副委员长王兆国出席座谈会并发表重要讲话。周强出席座谈会并讲话，赵勇主持座谈会，中央宣传部副部长李从军、中央统战部副部长楼志豪、新闻出版总署副署长石峰等中央和国家有关部委负责同志出席了座谈会。

10月19日—24日 由团中央组织部主办，中央团校、团重庆市委承办的“西部地区团干部培训班”在重庆举行。来自四川、云南、贵州、重庆等省、市的153名基层团干部参加培训。

10月20日 共青团中央召开部分团省(市)委统战部部长、青联秘书长工作会议，交流近年来青年统战、青联工作的经验，并对今后五年的工作进行了研讨和规划。

10月20日—22日 共青团中央在北京举办机关及直属单位处级以上干部学习贯彻“三个代表”重要思想专题研讨班。本次研讨班是继团中央委员学习贯彻“三个代表”重要思想专题研讨班之后，团中央进一步贯彻落实《中共中央关于在全党兴起学习贯彻“三个代表”重要思想新高潮的通知》精神和中组部、中直机关工委有关要求，继续把全团兴起学习贯彻“三个代表”重要思想新高潮引向深入，切实加强团中央直属机关自身建设的一个重要举措。团中央书记处全体同志参加了研讨班。

10 月 20 日—11 月 1 日 应欧洲委员会、罗马尼亚教育、研究和青年部以及老挝人民革命青年团邀请，周强率中国青年代表团访问欧洲委员会、罗马尼亚和老挝。期间分别签署了《中华全国青年联合会与欧洲委员会青年体育署合作意向声明》、《中华全国青年联合会与罗马尼亚教育、研究和青年部合作协议》、《中国共产主义青年团与老挝人民革命青年团合作协议》。

10 月 21 日 共青团中央在北京召开“彩虹工程”企业家就业项目洽谈会新闻发布会。标志着旨在引导和帮助广大青年通过创业实现就业的大型社会公益工程全面启动。“彩虹工程”项目洽谈会计划每年在全国 30 个城市进行创业项目巡展活动。

10 月 24 日 澳门特区政府教育暨青年局局长苏朝晖、副局长何丝雅拜会全国青联，双方就开展合作交流等事宜交换意见。

10 月 24 日—25 日 共青团中央在浙江杭州市召开全国城市青年中心建设工作会议。赵勇、杨岳出席会议并分别讲话。各省、自治区、直辖市、副省级城市团委分管书记、权益和城区部长以及部分城市青年中心建设试点地区党委负责同志、团委书记等 200 多名代表参加会议。

11 月 2 日 周强主持召开团中央书记处会议，传达学习《中共中央办公厅国务院办公厅关于妥善处理西北大学学生抗议日本留学生下流演出事件切实维护高校和社会稳定的紧急通知》，传达学习中共中央政治局委员王兆国 10 月 31 日就西北大学学生抗议日本留学生下流演出事件给团中央书记处的一封信以及近期关于高校学生和社会稳定的一系列批示精神，结合工作实际认真研究贯彻落实措施。

11 月 4 日 周强会见以蒙古青年联合会秘书长奥云其木格为团长的蒙古青年联合会代表团。

11 月 4 日 共青团中央在北京召开加强青年文化建设座谈会，中宣部、教育部、文化部、国家广电总局、新闻出版总署、中央电视台等有关部门负责同志，中国社会科学院、中国青少年研究中心的专家，团北京、上海市委的负责人参加了座谈会。座谈会提出，共青团要贯彻落实党的十六大精神，大力加强青年文化建设，充分发挥文化育人的作用，更好地促进青年健康成长。

11 月 5 日 中组部、人事部、共青团中央、中央编办、教育部、财政部联合召开高校毕业生到西部基层工作座谈会。中共中央政治局委员、中央书记处书记、中组部部长贺国强出席会议并作重要讲话。周强、人事部部长张柏林、教育部副部长袁贵仁出席会议并分别讲话。会议由赵勇主持，中组部副部长赵洪祝，中央编办副主任王澜明，中组部部务委员彭清华，财政部部长助理、党组成员张少春，杨岳等出席，正在陕西、重庆、甘肃、宁夏、内蒙古等西部省区市基层工作的高校毕业生代表和首都高校大学生代表参加。

11 月 5 日—7 日 中国青年企业家协会在江西九江市、湖北黄冈市举行“中青企协八届二次理事会议暨中国青年企业家共青论坛”活动。王晓出席并讲话。

11 月 6 日 共青团中央、全国青联举行 2003 年宗教界青年代表人士考察学习团总结座谈会。全国政协副主席、中共中央统战部部长刘延东出席并讲话。周强主持。

11 月 7 日 周强出席中共中央、国务院、中央军委在人民大会堂举行的庆祝我国首次载人航天飞行圆满成功大会。

11月11日 最高人民检察院、团中央、中共广西壮族自治区委在南宁市联合召开追授陈革同志荣誉称号暨命名表彰大会。最高人民检察院检察长贾春旺、周强、中共广西壮族自治区委书记曹伯纯出席表彰大会并分别讲话。杨岳及有关方面负责同志出席会议。

11月16日 第六届“中国青年科技创新奖”评选活动结束。“神舟”五号飞船副总设计师杨宏等10人获得“中国青年科技创新杰出奖”。

11月17日 周强与团中央机关新任职局处级干部进行集体谈话，胡伟参加。

11月19日 胡伟出席中国女排表彰大会。会上，共青团中央、全国青联授予中国女子排球队“中国青年五四红旗集体”荣誉称号。

11月19日—20日 周强在广东广州市、东莞市、惠州市考察城市青年中心建设工作。

11月20日 由共青团中央、中国科协、教育部、全国学联、广东省人民政府主办，华南理工大学承办的第八届“挑战杯”全国大学生课外学术科技作品竞赛终审决赛开幕。周强，杨岳，中国科协副主席徐善衍等出席开幕式。来自中国内地31个省、区、市，香港、澳门特别行政区，台湾，以及新加坡等地大学的师生代表及企业界、新闻界人士近万人参加开幕式。

11月20日—27日 应全国青联邀请，以圣多美和普林西比解放运动—社会民主党全国委员会委员、圣普解运青年组织全国书记内尔逊·贡萨尔维斯·德索萨为团长的圣普解运青年组织代表团访华。周强会见并宴请代表团。

11月21日 应共青团中央邀请，以朝鲜金日成社会主义青年同盟中央委员会书记林正德为团长的朝青盟代表团访华。周强会见代表团。

11月21日—26日 应共青团中央邀请，以朝鲜金日成社会主义青年同盟中央委员会书记林正德为团长的朝青盟代表团访华。周强会见代表团 。

11月22日—23日 周强在河南郑州市、洛阳市考察“保护母亲河”绿化项目实施情况和高校共青团工作。

11月22日—26日 共青团中央、全国青联、中国青年科技工作者协会在河南举办“青年专家河南行”科技服务活动。

11月23日 中国青年科技工作者协会三届二次理事会暨第六届中国青年科技创新奖颁奖典礼在河南郑州举行。周强、中共河南省委书记李克强出席会议并分别讲话。中国青年科技工作者协会会长、中国科学院副院长白春礼院士在会上作了工作报告，协会副会长、中国空间技术研究院院长袁家军作了科技报告。胡伟、中共河南省委副书记王全书等出席会议。

11月25日 中宣部、教育部、共青团中央、解放军总政治部在北京联合召开全国大学生学习贯彻“三个代表”重要思想经验交流会。中共中央政治局委员、书记处书记、中宣部部长刘云山出席会议并作重要讲话。周强、教育部部长周济、解放军总政治部副主任袁守芳和部分会议代表在会上分别发言，中宣部常务副部长吉炳轩主持会议，杨岳等出席会议。

11月25日—27日 共青团中央、全国青联在北京举办青年创业国际论坛，正式启动中国青年创业国际计划。全国人大常委会副委员长韩启德出席活动并致词。周强在开幕式上发表书面致词，胡伟出席论坛的主要活动。这项活动是由团中央、全国青联倡议发起的，旨在通过借鉴和利用英国青年创业国际计划的项目模式、先进经验和国际资源，探索符合中国国情和文化特点的创业扶助模式，帮助中国青年成功创业。

11月26日 为纪念毛泽东同志诞辰110周年，由“我们的文明”主题系列活动组委会联合中青网、人民网、中国网、新浪网、搜狐网、网易、中华网等110家中文网站，共同在网上开展的“纪念毛泽东诞辰110周年”主题活动正式启动。

11月26日—29日 共青团中央在北京举办直属新闻出版单位负责人“三项学习教育”培训班。周强、中宣部常务副部长吉炳轩、赵勇出席并讲话。《求是》杂志社总编辑王天玺、中国记协书记处书记李存厚、新闻出版总署报刊司负责同志等分别作了专题辅导。团中央直属新闻出版单位负责人参加学习培训。培训班的宗旨是引导团属新闻出版单位在增强用“三个代表”重要思想统领工作，贯彻执行党的路线方针政策的自觉性和坚定性上有新的提高；在坚持马克思主义新闻观的指导地位，坚持党性原则、把握正确导向，坚持“三贴近”、提高舆论引导水平上有新的进步；在建设一支政治强、业务精、纪律严、作风正的高素质队伍上有新的成效。从这次培训班开始，团属新闻出版单位将用一年的时间扎实开展“三项学习教育”活动。

11月27日 第14届“中国十大杰出青年”评审会在北京召开，以无记名投票方式评选出本届“中国十大杰出青年”。解放军某部航天员大队航天员杨利伟等10人当选为“中国十大杰出青年”。

11月28日 全国少工委办公室、中国少先队工作学会、中国少先队事业发展中心共同举办“首届全国辅导员论坛”。张晓兰出席并讲话。

11月30日 团中央、全国青联组织全国青联志愿者艺术团在北京民族文化宫举行专场演出，慰问为“神舟五号”飞船研制做出突出贡献的科技工作者及其家属。当晚，团中央、全国青联组织各界青年代表与参加“神舟五号”飞船研制发射工作的青年科技专家进行交流。周强讲话，赵勇，全国青联副主席、中国农业大学校长陈章良，全国青联常委、最高人民法院副院长黄松有等出席，胡伟主持交流活动。

12月1日 团中央社区和维护青少年权益部在全国组织开展“青春红丝带”行动——青少年预防艾滋病健康教育活动。

12月2日—3日 全国大学生志愿者服务西部计划项目办在四川成都市召开西部计划工作会议。赵勇、中共四川省委副书记刘鹏出席会议并讲话，全国项目办、团中央、教育部有关工作组负责人及全国31个省、区、市和相关单位代表参加会议。

12月3日 周强在云南昆明市会见并宴请参加第三届“澜沧江—湄公河青年友好之船”活动的老挝人民革命青年团代书记佩沙空·銮阿派、柬埔寨教育青年体育副国务秘书则·乍巴和泰国、缅甸、越南等国青年代表团团长。

12月3日 共青团中央下发《关于在元旦、春节期间开展“促进非农就业青年中心在行动”主题活动的通知》。

12月5日 中国青年志愿者行动实施10周年座谈会在北京人民大会堂举行。中共中央政治局委员王兆国出席会议并作重要讲话。周强在座谈会上介绍了中国青年志愿者行动10年来的实施情况。座谈会由赵勇主持。民政部副部长李宝库、人事部副部长戴光前、国务院西部办副主任段应碧、财政部部长助理冯淑萍出席。

12月6日—19日 应全国青联邀请，由美国民主、共和两党的部分州参议员、众议员组成的美国青年政治领袖理事会代表团来华访问。期间，全国人大常委会副委员长何鲁丽、周强分别会见代表团。

12月7日—10日 应全国青联邀请，以总会长廖懿珍为团长的香港青年商会总会访问团访问了北京和上海。中央统战部副部长楼志豪、胡伟分别会见该团。

12月8日 党中央书记处听取团中央书

记处的工作汇报。周强代表团中央书记处汇报了团十五大以来工作情况和2004年工作安排。党中央书记处充分肯定了团十五大和团十五大以来的共青团工作，对今后一个阶段的工作作出了重要指示，强调要在学习贯彻“三个代表”重要思想上取得新成绩，在服务党的中心工作和服务青年上取得新成绩，在加强和改进团的自身建设上取得新成绩，团结和带领广大团员青年在改革开放和现代化建设中，创造新业绩、做出新贡献。党中央书记处同意共青团中央召开团的十五届二中全会。

12月9日　周强主持召开团中央书记处会议，学习12月8日党中央书记处听取团中央书记处工作汇报时所作重要指示精神，结合实际研究贯彻落实工作。

12月9日　周强主持召开团中央书记处会议，认真学习全国宣传思想工作会议精神，结合青年和共青团工作实际，研究贯彻落实措施。

12月9日　团中央、教育部、全国学联共同主办“‘唱响心中的歌’高校学生纪念‘一二·九’运动68周年文艺晚会”。教育部部长周济、杨岳出席。

12月9日　团中央宣传部、《中国青年》杂志社等举办首届“中国青年年度人物”评选活动。赵勇出席开幕式并讲话。

12月11日　共青团中央、中国记协召开第九届五四新闻奖(2002年度)定评会，共评出文字、电视、广播获奖作品96件。赵勇出席并讲话。

12月12日　由共青团中央、全国人大环资委、全国政协人资环委、水利部、国家林业局、新华社、中央人民广播电台和中国青年志愿者协会等单位共同主办，鄂尔多斯集团协办的“鄂尔多斯环保志愿服务与生态建设奖”评选活动新闻发布会在北京召开。全国人大常委会副委员长蒋正华出席并讲话。赵勇代表主办单位接受鄂尔多斯集团的捐赠并向其颁发了奖牌和荣誉证书。全国人大环资委委员刘海劳和全国政协人资环委副主任温克刚共同开通了评选活动专题网站。

12月13日　共青团中央、水利部、农业部、财政部、国家林业局、全国青联联合在北京人民大会堂举行第八届中国十大杰出青年农民颁奖典礼，席宝力皋等10位青年农民获表彰。全国人大常委会副委员长乌云其木格出席典礼并为获奖者颁奖。周强出席典礼并讲话。颁奖典礼由尔肯江·吐拉洪主持，农业部副部长齐景发、国家林业局副局长祝列克、财政部部长助理王军和水利部纪检组长王继兴出席。

12月15日　由共青团中央主办的“2003中国青少年社会教育论坛”在北京开幕。全国人大常委会副委员长傅铁山出席开幕式。赵勇代表主办单位在开幕式上致辞。教育部、文化部、国家体育总局、中国关心下一代工作委员会、全国妇联、中国科协、全国青少年校外教育工作联席会议办公室等单位负责同志出席开幕式。

12月15日　胡伟会见并宴请以澳亚青年领袖计划主席安德鲁·埃塞尔为团长的澳大利亚青年代表团。

12月16日　全国青少年宫协会在京召开三届三次理事会。会议选举赵勇为全国青少年宫协会会长。赵勇出席会议并讲话。全国青少年宫协会82家理事单位的代表参加。

12月17日—18日　全国少工委在北京召开四届五次全委会。会议选举赵勇为全国少工委主任，张晓兰为全国少工委常务副主任，教育部党组成员、部长助理、基础教育司司长陈小娅为全国少工委副主任。赵勇、张晓兰，教育部副部长、全团少工委常务副主任王湛出席并讲话。

12月18日　共青团中央召开常委会议。会议认真学习《中国共产党第十六届中央委员会第三次全体会议公报》、《中共中央关于完善社会主义市场经济体制若干问题的决定》等文件，深入学习党中央书记处对共青团工作的指示精神，讨论通过了《关于认真学习贯彻党的十六届三中全会精神，团结带领广大团员青年在完善社会主义市场经济体制的历史进程中充分发挥生力军作用的决议》。会议决定在年底前召开团的十五届二中全会，就贯彻党的十六届三中全会精神作出进一步部署。周强出席会议并讲话，赵勇、胡伟、杨岳、尔肯江·吐拉洪、王晓、张晓兰出席会议。

12 月 18 日—25 日 应全国青联邀请，以伊朗总统顾问、伊朗全国青年组织主席拉希姆·艾巴迪为团长的伊朗最高青年理事会代表团来华访问。期间，全国青联与代表团签署了《中华全国青年联合会与伊朗全国青年组织合作协议》。周强会见代表团，胡伟与代表团举行工作会谈。

12 月 20 日—26 日 共青团中央、全国青联、欧美同学会举办"科技创业、报效祖国——2003 海外留学人员回国创业周"活动。24 日下午，中共中央政治局委员王兆国在人民大会堂会见参加"科技创业、报效祖国——2003 年海外学人回国创业周"活动的部分海外学人代表，与大家合影留念并发表重要讲话。周强主持，赵勇、胡伟、杨岳、王晓、张晓兰和欧美同学会副会长陆宇澄参加会见。

12 月 20 日 共青团中央、中国青年志愿者协会在北京举办"爱心彩虹"——中国青年志愿者行动十年庆典晚会暨"志愿者：时尚先锋"公益巡演活动首场演出。周强、赵勇、尔肯江·吐拉洪、王晓、张晓兰出席观看了演出。

12 月 22 日 周强主持召开团中央书记处会议，传达学习全国人才工作会议精神，结合共青团和青年工作实际研究贯彻落实措施。会议还研究了"全国五四红旗团委标兵"、"全国五四红旗团委"、"全国五四红旗团支部标兵"、"全国五四红旗团支部"和"全国团建先进县(市)"评选表彰工作。

12 月 22 日 周强宴请应中联部邀请来华访问的以民主党干事长冈田克也为团长的日本国会议员代表团。

12 月 23 日 重庆开县井喷事故发生后，全国各级团组织以捐款捐物等形式，积极投身到抢险救灾工作中。团中央专门拨款 10 万元特别团费，用于灾区的抢险救灾工作。同时号召全团为灾区群众积极捐款捐物。截至 12 月 29 日，各级团组织累计捐款捐物达 90 余万元。第一批团中央和兄弟省市团委的捐款已经到位，部分物资正在送往灾区。

12 月 24 日—26 日 共青团十五届二中全会在北京举行。中共中央政治局委员王兆国出席会议并发表重要讲话。全会传达学习了曾庆红等中央书记处领导同志在听取团中央书记处工作汇报后的重要指示精神，认真学习了王兆国在全会上的重要讲话精神，审议通过了《全面建设小康社会进程中共青团工作战略发展规划》，并就明年和今后一个时期的工作作出安排。周强在会上作了题为《以"三个代表"重要思想为统领，认真贯彻党的十六届三中全会精神，进一步加强共青团机制建设》的讲话。全会确认孙柱等 7 名同志递补为团十五届中央委员会委员。赵勇作了会议总结，胡伟、杨岳、尔肯江·吐拉洪、王晓、张晓兰出席会议并讲话。

12 月 26 日 共青团中央举行表彰仪式，授予宝山钢铁股份有限公司团委等 10 个基层团委"全国五四红旗团委标兵"称号，授予北京市朝阳区亚运村街道团工委等 190 个基层团委"全国五四红旗团委"称号；授予湖南长沙丰日电气集团有限公司团支部等 10 个团支部"全国五四红旗团支部标兵"称号，授予北京科技大学管理学院国贸 01—2 班团支部等 290 个团支部"全国五四红旗团支部称号"。授予共青团河北清河县委等 60 个团县(市、区)委"全国团建先进县(市)"称号。周强、赵勇、胡伟、杨岳、尔肯江·吐拉洪、王晓、张晓兰出席表彰仪式并向获奖单位颁奖，周强讲话。

12月27日—30日 周强在山东济南市、潍坊市、青岛市看望慰问下岗失业青年和生活困难的青年农民，并就有关工作进行调研。

12月27日 共青团中央在北京召开中国青年卡推行试点工作会议。赵勇出席会议并讲话。北京、上海、江苏、浙江、山东、湖北、广东团省(市)委书记和青年卡工作负责人，全国铁道团委、全国民航团委、中央金融团工委、中央企业团工委书记，全国青年卡意向性合作单位负责人参加会议。

12月28日—29日 共青团中央在山东济南市召开中国青年创业行动现场推进会，研究部署深入开展中国青年创业行动，进一步推动青年就业和再就业工作。中共中央政治局委员王兆国发来贺信，周强、中共山东省委副书记姜大明出席会议并分别讲话，王晓作总结讲话。

12月30日 共青团中央发出通知，要求各级团组织以下岗失业青年、农村贫困青年、进城务工青年、特困大学生、残疾青年等有特殊困难的青年群体为重点，广泛开展"真情暖万家"活动。通知把12月30日定为共青团"真情暖万家"主题活动全国统一行动日，以当天的活动为标志，共青团"真情暖万家"活动全面启动并将长期开展。